学报编辑论丛

（第30集）

主编 刘志强 张 昕

上海大学出版社
·上海·

内容提要

本书是由中国高校科技期刊研究会组织编辑，关于中国高校学报、学术期刊理论研究与实践经验介绍的汇编，也是系列丛书《学报编辑论丛》的第30集。全书刊载论文105篇，内容包括：学报创新与发展、编辑理论与实践、编辑素质与人才培养、媒体融合与新媒体技术应用、期刊出版工作研究 5 个栏目。本书内容丰富，具有理论研究和实际应用的参考价值，可供各类期刊和图书编辑出版部门及主管部门的编辑工作者和管理人员参考。

图书在版编目(CIP)数据

学报编辑论丛. 2023 / 刘志强,张昕主编. --

上海：上海大学出版社，2023.11

ISBN 978-7-5671-4850-5

I. ①学… II. ①刘… ②张… III. ①高校学报－编辑工作－文集 IV. ①G237.5-53

中国版本图书馆 CIP 数据核字(2023)第 223875 号

责任编辑 王　婧
封面设计 柯国富
技术编辑 金　鑫

学报编辑论丛(2023)

（第 30 集）

刘志强　张　昕 主编

上海大学出版社出版发行

（上海市上大路 99 号　邮政编码 200444）

(https://www.shupress.cn 发行热线 021-66135112)

出版人 戴骏豪

*

上海华业装潢印刷厂有限公司印刷　各地新华书店经销

开本 787 mm×1092 mm　1/16　印张 41.75　字数 1002 千

2023 年 11 月第 1 版　2023 年 11 月第 1 次印刷

ISBN 978-7-5671-4850-5/G・3551　　定价 120.00 元

学报编辑论丛(2023)

（第 30 集）

主　办：中国高校科技期刊研究会

主　编：刘志强　张　昕

副主编：赵惠祥　李　锋　黄崇亚　王维朗　陈　鹏　徐海丽
　　　　张芳英　孙　涛

编　委：曹雅坤　陈　斌　陈　鹏　陈石平　邓国臣　高建群
　　　　何　莉　胡宝群　黄崇亚　黄仲一　贾泽军　蒋　霞
　　　　李　锋　李力民　李启正　刘玉姝　刘志强　鲁　敏
　　　　陆炳新　潘小玲　孙　涛　王培珍　王勤芳　王维朗
　　　　吴　坚　吴学军　伍传平　夏道家　徐　敏　徐海丽
　　　　许玉清　闫杏丽　姚实林　叶　敏　于　杰　余　望
　　　　余党会　张芳英　张　昕　张秀峰　赵广涛　赵惠祥
　　　　朱学春　朱夜明

编　辑：王　婧　段　佳　王尔亮

前　言

2023年，我国广大科技期刊工作者坚持以习近平新时代中国特色社会主义思想为指导，深入学习和贯彻党的二十大精神，克服疫情后的多重可能困难，踔厉奋进，积极办刊，努力开创我国科技期刊发展的新时代。在这新的时代，许多科技期刊工作者尤其是青年编辑结合本职工作，积极思考、努力钻研，不断探索我国科技期刊的创新发展之路，其中有部分研究成果和经验总结即将刊登在《学报编辑论丛（2023）》之中。《学报编辑论丛（2023）》为年刊《学报编辑论丛》的第30集，共精选刊登"学报创新与发展""编辑理论与实践""编辑素质与人才培养""媒体融合与新媒体技术应用""期刊出版工作研究"等方面的论文105篇。本集论丛，编委会加大了审稿把控力度，进一步提高了退稿率，编辑团队也加大了编排校印投入，从而使得所刊发论文的内容质量与编校出版质量又有了新的提升，使之更具参考和借鉴价值。

纵观《学报编辑论丛》自1990年第1集至2023年第30集所刊登的论文，可以发现，每一集论丛的内容都与我国科技期刊的发展进程和热点息息相关，从中不仅可以看到中国高校科技期刊30多年来的发展壮大，同时也可以感受到我国科技期刊群体由小变大、由弱变强、由封闭向开放、由国内发展向世界一流迈进的变革与发展。目前，我国科技期刊正在积极贯彻、践行党中央《关于深化改革　培育世界一流科技期刊的意见》的精神，努力探索办刊模式的变革、出版质量的提升、传播方式的创新，而本集论丛所刊载的论文也都与这些主题紧密相关。如在"学报创新与发展"栏目中，有涉及办刊模式专业化、国际化、集约化等方面的论文；在"编辑理论与实践"栏目中，有涉及稿件管理、编校规范、三审三校等方面的论文；在"编辑素质与人才培养"栏目中，有涉及职业规划、专业素养、编辑培养等方面的论文；在"媒体融合与新媒体技术应用"栏目中，有涉及公众号建设、融媒体传播、XML编排、精准推送等方面的论文；在"期刊出版工作研究"栏目中，有涉及选题策划、引证分析、制度改革、文化自信等方面的论文。

从2023年开始，《学报编辑论丛》迎来了可喜的变化，那就是由之前的华东编协（联盟）编辑出版转至中国高校科技期刊研究会编辑出版。这一转变，不仅作者队伍由华东地区高校科技期刊编辑群体扩大到了全国高校科技期刊编辑群体，而且依托中国高校科技期刊研究会的品牌影响力，使得论丛的站位更高、内容更全、受众更广，这一转变必将为《学报编辑论丛》带来了新的可持续发展机遇。与此同时，《学报编辑论丛》依然继承多年来的优良传统，始终致力于为高校乃至全国的科技期刊工作者提供一个专业的、贴近一线编辑的业务学习交流的平台，始终致力于为广大的科技期刊编辑提供优质的出版服务。

希望《学报编辑论丛（2023）》能一如既往地得到广大科技期刊编辑、学者、专家以及相关工作者的喜爱与支持！

中国高校科技期刊研究会副理事长　赵惠祥
2023年10月22日

目　次

学报创新与发展

视频摘要：未来科技期刊发展模式的新探索 ······ 徐　涛 (1)
ChatGPT 在学术期刊编辑出版中的辅助应用 ······ 宋嘉宾 (11)
eLife 发表新模式下对同行评审的思考 ······ 姜　旭，谭玉燕 (22)
提高人文精神在科技期刊中的影响力——以《中国细胞生物学学报》特色栏目《科学人生》
　　为例 ······ 李梓番，李　春，钱倩倩，陈志婷 (28)
集群化办刊模式下编辑加工外包的质量控制探析 ······ 汤　梅，金延秋，陈　禾 (35)
InCites 中 Citation Topics 功能应用于科技期刊选题策划的实证研究
　　——以热带医学研究领域为例 ······ 张　乔，梁　倩，梁婷婵，齐　园，雷　燕，潘　茵 (40)
高校科技期刊的转型与重构 ······ 丁　译 (51)
ChatGPT 人工智能对科技期刊编辑出版的影响及对策 ······ 李春丽，俞　琦 (56)
检验医学领域英文期刊的办刊策略 ······ 王尔亮，褚敬申 (62)
医学期刊长摘要写作要求实施的现状及意义——以 F5000 收录期刊为例
　　······ 王琳辉，徐　虹，倪　明 (71)
中文科技期刊双语出版实践与困境——以《振动工程学报》为例
　　······ 郭　欣，宋　晴，张晨凯 (78)
中文核心医药期刊作者贡献声明著录现状分析 ······ 周春华 (83)
科技期刊学术质量控制策略探析 ······ 欧　彦，赵姗姗 (89)
医学学术期刊拓展科普功能的思考 ······ 沈漱瑜 (94)
我国学术期刊国际化的发展趋势、主要模式及推进路径 ······ 王　纂 (101)
转企改制形势下科技期刊的经营与管理——以浙江《机电工程》杂志社有限公司为例
　　······ 罗向阳 (106)
地方高校学报专业化转型可行性研究 ······ 乔子栩 (110)
ESCI 收录的制造领域英文科技期刊发展现状与思考 ······ 姜春明 (118)

科技强国建设背景下中文科技期刊的作用及发展路径——以《中国粉体技术》为例
....武秀娟，王甲申，朱红霞 (122)
新时期高校学报编辑工作的延伸..................陈爱萍，刘燕萍，张　弘，徐清华，王东方 (128)
《中国兽医学报》在服务高校科技论文写作学科建设中的探索和改革
....刘珊珊，王浩然，沈晓峰，郭建顺 (132)
从协同机制看我国的科技期刊集群化发展....................白　光，张晨烨 (136)
资源整合与科技期刊数字化转型——提升期刊办刊能力的路径
....王海燕，刘　群，许晓蒙，戈　皓 (143)
"双一流"背景下高校农学科技期刊办刊策略探索
　　——以《浙江大学学报(农业与生命科学版)》为例................梁　容 (148)
我国学术期刊开放同行评议实施现状调研及针对现状的策略建议
..................................张文颖，孟　娇，张盛男，治丹丹，刘志刚，田文强，李蓟龙 (154)
以创新编辑工作制度为抓手，提升中文综合性医学期刊专题组建能力
　　——以《上海医学》为例..潘天昳 (159)
大学学术期刊与出版社的合作共赢..................................李　涛 (166)
基于DOAJ数据库对国内外开放获取英文科技期刊APC的调查研究........黎世莹 (171)
经管类学术期刊的影响力及其提升路径探讨..........................高立红 (182)
国际影响力头部期刊的特征分析与影响力提升策略
　　——基于2022年"中国最具国际影响力学术期刊(人文社会科学)"的分析........冯莹莹 (189)
"双一流"建设背景下高校学报协同发展路径研究........顾　凯，陈　玲，邹　栩 (196)

编辑理论与实践

科技期刊论文图像学术不端行为的识别与防范........................陈　静 (202)
科技期刊插图的审读加工在提升科技论文质量中的作用........王　燕，陈　靖，罗　璇 (209)
科技期刊学术论文表格表头编辑加工"三部曲"................郝　娇，寿彩丽 (218)
科技论文图表编辑加工的矛盾方法..................................王育英 (226)
出版实务中汉语拼音隔音符号处理策略探微..........................张　龙 (235)
中文科技期刊英文摘要的特点分析和优化措施............孙　伟，蒋　霞，黄　伟 (241)
煤炭类学术期刊中常见的技术名词误用情况辨析......................蒋爱玲 (246)
参考文献常见准确性和规范性问题举例分析——以《山西医药杂志》为例
....荣　曼，王炳彦 (250)

科技期刊编辑过程中科学性问题的审查与加工——以《油气储运》为例…………刘朝阳 (257)
科技期刊编校质量的控制与提升路径……………………………………………赵翠兰 (262)
计算机学科论文中非规范量符号的编辑加工探析………………………贾丽红，杨　鹏 (266)
增强作者投稿信心的途径分析………………………………………………………汪宏晨 (272)
科技期刊图表印前审读中应注意的问题——以《海军军医大学学报》为例
　　………………………………尹　荼，孙　岩，杨亚红，魏学丽，商素芳，魏莎莎，余党会 (276)
新时期基于波特五力模型的图书出版行业竞争创新思考…………………………冯雅萌 (280)
科技期刊论文插图优化三法……………………………………………王卉珏，方立国 (284)
医学期刊中几组常见易错、易混字词辨析
　　………………………………孙　岩，商素芳，杨亚红，尹　荼，魏学丽，魏莎莎，余党会 (289)
期刊集约化模式下的编校标准化探索与实践——以西安交通大学社科板块为例
　　………………………………………………………原宝华，高　原，张　茜，杨雪莹 (292)
我国医学期刊英文编校常见问题的初步分析……………………………杨亚红，余党会 (297)
科技期刊中英文术语杂糅的现状和规范策略……………………赵　雁，赵　宇，武秀娟 (304)
科技期刊地图插图规范出版路径探索——以《南方水产科学》地图审核为例
　　………………………………………………闫　帅，艾　红，章丽萍，江　睿，荣　辉 (308)
科技期刊英文摘要中比较句型的分析……………………杨亚红，魏莎莎，惠朝阳，余党会 (314)
海洋科学类期刊内容差错典型例析——以《海洋科学进展》期刊为例
　　………………………………………………………………………王　燕，胡筱敏，李　燕 (320)
提高英文科技期刊稿件编辑加工效率实务——以《东华大学学报(英文版)》为例…高　宇 (327)
医学科技期刊 χ^2 检验常见应用错误类型及案例分析………………马　莉，张　怡，李晓丽 (333)
学术著作汉译的文内引用规范……………………………………………………………姜国会 (339)

编辑素质与人才培养

编辑学术引领能力提升路径研究……………………………………………………黎雪娟 (346)
青年编辑学术能力的提升实践………………李金龙，王　祺，陈　永，张　彬，张胖同，李新鑫 (352)
新时期学者型编辑提升路径思考……………………………………………………周明园 (356)
论交叉学科出版给编辑带来的挑战………………………………………………………刘　荣 (360)
期刊青年编辑职业素养提升途径——基于编辑撰写论文视角……………………胡晓梅 (364)
人工智能背景下科技编辑的素养提升……………………………………………………陈　露 (370)
论新时代科技期刊编辑的人文情怀………………………………………………………李文芳 (375)

建立并维护作者与编辑之间的信任关系——学术刊物维持高水准约稿的关键一环
　　……………………………………………………………………………………陈慧妮（380）
业务讨论会议对科技期刊青年编辑成长的作用
　　——以《保密科学技术》编辑部的工作实践为例………刘　晓，李满意，郝君婷，高雨彤（387）
高校学报编辑心理素质问题研究……………………………………………………罗红艳（393）
学术期刊编辑应用人工智能技能的现状及能力提升策略浅析………………………陈小明（398）

媒体融合与新媒体技术应用

学术期刊微信公众号版式多模态话语分析——以 SageNews 为例………于　成，李雨佳（406）
新媒体时代我国科技期刊微信公众号运营现状及提升策略…………………………孔艳妮（413）
媒介可供性视角下科技期刊微信平台的建设实践及完善对策………………高　虹，王　培（418）
期刊"网络直播"研究的现状、问题及对策探赜………刘　菲，张　迪，崔月婷，朱　岚（430）
基于精准语义预测的地学精准推送服务模式实践探索——以《地理科学》为例
　　………………………………………………………………张慧敏，苏　飞，佟连军（436）
行业科技期刊融媒体传播矩阵构建与发展模式探究……………叶　靖，杨一舟，徐石勇（443）
日本出版业智能化转型的探索与实践研究……………………………………………沈　和（449）
浙江省高校学术期刊微信公众号现状调查分析及发展对策…………………………于　芬（454）
媒体融合背景下学术图书出版的困境与出路…………………………………………刘　荣（461）
方正学术出版云服务平台应用实践分析………………………………………………赵　琳（467）
大众期刊如何在法律的框架下嵌入 ChatGPT 技术应用………………………………黄　灵（473）
新媒体融合助力学术期刊"走出去"与优质稿源"引进来"
　　………………………………………………谭春林，闵　甜，王建平，龙秀芬（477）
ChatGPT 背景下基于中文科技期刊的智能学术服务………王　萌，李　瑜，陈昊旻，蒋　实（482）

期刊出版工作研究

地方高校学报稿源现状分析及质量提升策略——以陕西省为例……………吴振松，黄崇亚（488）
SciCloud 投审稿系统在防范期刊学术不端中的应用实践………黄英娟，黄一凡，孟令艳（500）
高校学术期刊的学术伦理问题及防范对策……………………………………………高洪涛（511）
科技期刊同行评议质量提升的路径探索………………………………………………龚梦月（518）
科技期刊伦理审查工作的问题与对策——以公路运输期刊为例
　　………………………………………………张晓冬，宋庆国，康　军，杨海挺，王　佳（524）

科技期刊有效缩短出版周期探究
………………………………徐海丽，梁思辉，张芳英，曹金凤，杨　燕，严巧赟，刘志强（530）
医学论文中隐性学术不端的甄别和处置建议………………………………………………李　锋（536）
媒体融合出版环境下科技期刊编辑参与版权保护的路径探讨
………………………………………………………………黄月薪，叶明辉，张　玲，刘建勇（541）
多措并举，提升期刊影响力——以《卫生软科学》实践为例………邹　钰，王晓锋，张永光（547）
基于文献计量的中国期刊数字化研究态势分析………………………………沈盼盼，王　艳（553）
科技期刊稿源危机及解决方案——以《地震研究》为例
………………………………………………………………郝　洁，武晓芳，张晓曼，宗云婷（562）
中文科技期刊如何进入国际检索数据库——以《电化学》加入Scopus的实践为例
………………………………………………………………郑轻娜，陈咪梓，雷玉娟，顾靖莹（568）
学术期刊与作者的双层关系构建——以互利与发展为背景………………………陈冬博（572）
新时代学术期刊意识形态提升机制研究——以西安交大主办期刊为例…赵　歌，张　丛（578）
中文科技论文泛选关键词问题探讨——以化工领域为例……………………………杨　鹏（583）
科技期刊聚集优质稿源的思考——以《移动通信》为例………………刘宗祥，陈雍君（588）
新时代高校理工类学报影响力提升的问题与对策
　　——基于《华东师范大学学报(自然科学版)》的组稿实践研究…陈丽贞，张　晶，李万会（594）
《渔业现代化》近十年零被引论文统计分析………………………………黄一心，鲍旭腾（600）
国家出版基金医药卫生类项目横断面分析……………画　恒，顾书源，余党会，惠朝阳（607）
2010—2021年全球肿瘤领域论文撤稿趋势及特征分析……………………………………张慧茹（612）
感染性疾病及传染病学期刊引证指标与零被引率的相关性分析……………胡佳丽，曹忆堇（619）
中文科技论文关键词质量分析及其编写、审查策略——以水产学科技论文为例
………………………………………………………………江　睿，艾　红，章丽萍，闫　帅，荣　辉（627）
基于HITS算法的期刊影响力评价指标修正研究………………………………………白林雪（636）
电力工程类中文应用研究型科技论文的影响力提升策略………阎正坤，王　静，常建峰（642）
高校学报高质量发展的实践策略——以《广州大学学报(社会科学版)》为例………罗海丰（649）

视频摘要：未来科技期刊发展模式的新探索

徐 涛

(东北林业大学《林业研究(英文版)》编辑部，黑龙江 哈尔滨 150040)

摘要： 随着媒体融合与新媒体技术的迅猛发展，视频摘要作为一种新的科技期刊发展工具，为科学研究的传播和推广提供了新的途径。本文通过对视频摘要的定义、特点、制作流程以及在科技期刊中的应用场景和优势等进行探讨，旨在探索未来科技期刊发展模式：如何充分利用视频摘要技术，引导和帮助作者组织视频摘要，使其与传统文本学术论文相辅相成，提升科技期刊的传播效果和学术影响力。

关键词： 视频摘要；科技期刊；发展模式；传播效果；学术影响力

随着媒体融合与新媒体技术的迅猛发展，科技期刊在传播科技研究成果和推广学术知识方面面临着新的挑战和机遇。传统的纯文本学术论文已经无法满足读者对多样化、生动直观信息的需求，视频科技期刊出版是学术期刊高质量融合发展的方向和未来。视频摘要作为探索学术论文视频化的起点和一种新的科技期刊发展工具，通过将科学研究成果转化为图像、音频和文字等多媒体形式，加强了传播效果、激发了科技期刊的发展的新动力。

1 视频摘要的定义和特点

视频摘要是指通过动态图像、音频、视频剪辑和同步文本注解等组合，及时、生动地向读者展示科学论文的研究背景、研究方法、研究结果和潜在应用意义等论文核心内容，为论文提供简短的视频演示[1]。与传统的全文摘要相比，视频摘要能够更好地展示论文的内容和亮点，提供更直观、生动的信息传播方式。视频摘要的发展已经取得了一定的进展，具有以下优点[1-2]：

(1) 多媒体形式：视频摘要不仅包含文字，还可以包括图像、音频等多种媒体形式，使信息更加丰富多样、生动、直观和易于理解。相比传统的文本摘要，视频摘要能够更好地传达信息，吸引读者的注意力。

(2) 简洁明了：视频摘要通过对冗长的论文文字内容压缩成几分钟视频内容的提炼和概括，将复杂的信息转化为简洁明了的形式。这有助于读者快速获取核心信息，节省时间，提高阅读效率。

(3) 生动直观：视频摘要通过图像、图表、音频和视频等多媒体形式展示研究过程和结果，能够更好地展示实验内容和数据，使读者更直观地理解研究内容和要点。

(4) 提供更多信息：视频摘要可以通过"多模态融合"，通过链接或二维码等方式提供更多的详细信息，如完整论文、数据集、实验视频等；除了视频的视觉信息，还融合了文本、音频和语音等多模态信息。读者还可以根据需要深入了解研究内容，增加对研究的理解和信任度。

融合多种信息源的视频摘要有助于更全面地理解研究内容。

(5) 提高传播效果：视频摘要可以实时应用，具有更好的传播性，可以通过社交媒体、科研平台等渠道进行分享、传播和应用，读者还可以通过评论、点赞、分享等方式进行互动。相比传统的文本摘要，视频摘要更容易引起读者的注意，增加点击率、观看量和社交性，帮助读者迅速了解最前沿的科技研究动态。

目前，视频摘要技术已经取得了显著进步，但仍存在一些挑战和限制[2-3]。视频摘要的主要缺点是：

(1) 摘要结果的准确性和完整性有限：视频摘要技术目前还无法完全准确地提取出视频中的所有关键信息，可能会漏掉一些重要内容。要说明的是，视频摘要是一项主观任务，对于"关键信息"很大程度上依赖于摘要制作者的主观判断，可能会引发观众误导；另一方面摘要的质量可能会因读者而异。同时，摘要结果的完整性也无法保证，可能会缺少一些细节信息。

(2) 对于复杂场景和多样化视频类型的适应性有限：视频摘要技术在处理复杂场景和多样化视频类型时存在一定的困难，自动生成准确的视频摘要仍然是一个挑战，可能无法提取出关键信息。

(3) 需要较高的计算资源和时间成本：视频摘要技术需要对视频进行复杂的分析和处理，需要较高的计算资源和时间成本，这限制了研究和应用的发展。

综上所述，视频摘要具有多媒体形式、简洁明了、生动直观、提供更多信息和提高传播效果等特点，在展示方式和满足用户多样化需求方面具有优势，但在准确性、完整性和适应性方面仍存在一定的挑战，主观性和数据获取问题也需要更多关注。未来的研究和创新将进一步推动视频摘要技术的发展和应用，以期它能够更好地传播研究成果，吸引读者的注意力，提高研究的影响力和可见度。因此，科技期刊应积极采用视频摘要，以提升期刊的竞争力和读者满意度。

2 视频摘要的重要性

随着科技的不断发展和进步，传统的阅读方式和阅读习惯随之改变，科技期刊也在不断演变和改进。文字语言已经不能满足新时代下读者的阅读需求，音视频学术论文越来越受到专家学者的青睐。视频摘要作为一种新的形式，对当今科技期刊发展具有重要的意义。

(1) 视频摘要能够更好地传达研究成果：相比于传统的文字摘要，视频摘要能够以更直观的方式展示研究的过程和结果。通过图像、实验数据和动态演示，观众能够更清晰地理解研究内容，从而更好地评估其质量和重要性。

(2) 视频摘要能够扩大科技研究的影响力：在当今社交媒体的时代，视频是最受欢迎和传播速度最快的内容形式之一。通过将研究成果以视频的形式发布，科技期刊能够更好地吸引公众的关注和参与，提高科技研究的知名度和影响力。2022 年张新玲以发布视频摘要较多且推广经验丰富的 *Journal of Physical Chemistry Letters* 为例，调查了我国科技期刊视频摘要配备情况。从 2010—2015 年各年度情况来看，有视频摘要学术文章年度篇均下载量和被引频次是无视频摘要学术文章的 2~6 倍[4]。

(3) 视频摘要能够提高科技期刊的竞争力：随着科技期刊的增多和竞争的加剧，吸引优质稿件和读者成了期刊编辑的重要任务。通过提供视频摘要，期刊能够为作者提供更多的展示空间，使其研究更具吸引力和可理解性，从而吸引更多的优质稿件投稿。同时，对于读者来说，视频摘要也能够提供更直观和高效的阅读体验，提高期刊的读者满意度和忠诚度。

由此看来，视频摘要对当今科技期刊发展具有重要的意义，它能够更好地传达研究成果、扩大科技研究的影响力并提高期刊的竞争力。因此，科技期刊应积极采用视频摘要，推动期刊发展与创新。

3 视频摘要技术的应用优势和制作流程

3.1 视频摘要在科技期刊中的应用场景和优势

视频摘要技术在科技期刊的传播效果和学术影响力方面具有巨大的潜力。以下是一些建议，可以帮助作者充分利用视频摘要技术来提升期刊的传播效果和学术影响力[1,4-5]：

(1) 使用视频摘要技术提升传播效果：作者可以将自己的研究成果转化为简洁明了的视频摘要，以吸引更多读者的注意，以便读者可以快速了解研究的主要内容。传统的文本摘要可能无法完全展示研究的细节和结果，而视频摘要则可以通过图像、动画和声音等多媒体元素来更直观地展示实验过程、结果和发现。

(2) 利用视频摘要技术来提高期刊的可读性：视频摘要可以作为一种补充形式，与传统的文字摘要相结合，提供更丰富的信息和视觉效果。相比于纯文本摘要，视频摘要可以通过图像、动画和声音等多媒体元素来展示研究的过程和实验结果，让读者更加深入地了解研究的细节。例如，对于一篇关于新材料的研究，视频摘要可以展示材料的制备过程、性能测试结果等，让读者更直观地了解研究的内容。这样可以吸引更多读者阅读和引用文章，提高期刊的可读性，并提升读者的阅读体验和满意度。

(3) 利用视频摘要技术来拓展研究领域的影响力：视频摘要能够更好地展示科技研究的成果和亮点，使读者更直观地了解研究的重要性和创新之处。通过将视频摘要分享在社交媒体平台上，作者可以增强自己的学术影响力，吸引更多的学术界和产业界关注和引用。

(4) 利用视频摘要技术来增强期刊的多模态融合能力：视频摘要可以与其他形式的多媒体内容，如图像、音频和动画等相结合，形成更丰富和多样化的期刊内容。这样可以吸引更多读者的兴趣，并提供更全面的信息。相比于纯文本的摘要，视频摘要更具有视觉冲击力和吸引力，能够吸引更多读者的关注。视频摘要的多媒体元素可以使研究更具生动性和趣味性，提高读者的阅读兴趣和理解能力。

(5) 利用视频摘要技术来提升期刊的交互性和个性化：视频摘要可以通过交互式功能和个性化推荐算法来提供更加个性化的阅读体验。读者可以根据自己的兴趣和需求，选择自己感兴趣的视频摘要内容，并与作者进行互动和交流。科技期刊中的视频摘要可以通过在线平台进行发布和分享，让更多的研究人员可以观看和了解研究成果。这有助于促进学术交流和合作，激发更多的研究灵感和创新思路。

3.2 视频摘要的呈现方式

视频摘要是一段包含视觉和声音元素的视频。它可以包括实验演示、数据可视化、实地考察等视觉内容，并通常伴随有演讲、解释、背景音乐或音效。科技期刊的视频摘要呈现方式可以根据期刊的需求和读者群体的特点而有所不同。以下是一些科技期刊可能采用的视频摘要呈现方式：

(1) 视频摘要文章附带链接：期刊文章的在线版本可能包含一个与视频摘要相关的链接。读者可以点击链接以观看与文章内容相关的视频摘要。

(2) 嵌入式视频：一些科技期刊会在文章页面中嵌入视频框，允许读者在不离开页面的情况下观看相关的视频摘要。

(3) 视频摘要索引：期刊网站可能提供一个视频摘要的索引或目录，列出所有可用的视频摘要以及它们与文章的关联。

(4) QR 码：期刊文章中可能包含二维码，读者可以使用移动设备扫描该二维码以访问相关的视频摘要。

(5) 在线附加材料：一些期刊可能将视频摘要作为在线附加材料的一部分提供，读者可以从文章页面中链接到这些附加材料。

(6) 视频摘要标签：在文章页面上添加标签或图标，指示文章包含视频摘要，读者可以点击以观看视频。

(7) 封面视频：一些科技期刊的封面可能是一个视频，展示了该期刊的重要内容或亮点瞬间。

(8) 社交媒体分享：期刊文章页面上可能包含社交媒体分享按钮，读者可以通过点击这些按钮将文章及其视频摘要分享到社交媒体平台。

(9) 视频摘要播放器：一些期刊网站可能会提供一个专门的视频摘要播放器，读者可以在其中选择并观看感兴趣的视频摘要。

(10) 交互式摘要：一些高度交互性的科技期刊可能提供一种交互式视频摘要，允许读者与视频内容进行互动，例如，控制播放速度、切换子主题等。

这些呈现方式的选择取决于期刊的发行平台、技术基础设施和编辑策略。视频摘要的引入可以增强期刊文章的可视化效果，吸引更多读者关注已发表的研究成果。科技期刊通常会根据其读者和领域的需求来决定如何呈现视频摘要以提供更好的读者体验。

3.3 视频摘要的制作工具

科技论文视频摘要的制作工具通常涵盖视频编辑和制作软件、屏幕录制工具以及多媒体素材编辑工具。以下是一些常用的科技论文视频摘要制作工具的示例：

(1) Adobe Premiere Pro：Adobe Premiere Pro 是一款专业的视频编辑软件，提供了丰富的视频编辑功能，可以在各种平台下和硬件配合使用。Premiere 用于剪辑、剪裁、添加文本、音频编辑、特效等，用各种格式捕获、编辑视频[6]。它适合制作高质量的科技论文视频摘要。

(2) Final Cut Pro：Final Cut Pro 是苹果公司开发的专业视频编辑软件，为 Mac 用户提供了强大的视频编辑工具，提供了新的 RGB 限制滤镜，达到了增强广播安全滤镜的效果[7]，支持高分辨率视频制作，适合制作科技论文视频摘要。

(3) Camtasia：Camtasia 是美国 TechSmith 公司出品的一款屏幕录制和视频编辑软件，适合制作教育和演示视频，可以用于展示论文中的实验、演示和操作步骤。Camtasia 内置功能强大，便捷易用，不仅录屏和配音清晰，也可后期编辑导入视频、音频和动画，添加图片、字幕，实现交互式操作和网络互动[8]。

(4) Filmora：Filmora 是一款集视频剪辑、格式转换、屏幕录制等多重功能为一体的综合性软件，内置上千种绚丽的视频特效，最重要的是，操作起来非常便捷，操作简单易上手、适合初学者制作视频摘要。

(5) Adobe After Effects：Adobe After Effects 是一款专业的视觉效果和动画制作软件，可以用于创建各种动画元素和特效，增强视频摘要的可视化效果。尤其完成粒子在三维空间穿梭镜头的制作方面具有优势[9]。

(6) OBS Studio：OBS Studio 是一款开源的屏幕录制和直播软件，适合录制实验过程、屏幕演示、直播授课[10]和讲解视频。

(7) Canva：Canva 是一款源自澳大利亚的在线多媒体素材编辑工具，可以用于创建自定义的图形、图像和文本，以丰富视频摘要的内容。2018 年 Canva 进军中国市场以来，化繁为简，对产品进行了汉化工作、功能升级，并且独创了微信、微博、电商等相关设计场景的中国模版，同时支持微信、微博等社交媒体登录和分享。

(8) Audacity：如果需要编辑音频内容，可以使用 Audacity 来处理和编辑声音，以确保音频质量。

(9) iMovie：iMovie 是苹果公司为 Mac 用户提供的视频编辑工具，适合入门级的视频制作和编辑。具备多线程、多任务、速度快、效率高、操作简单等特点。

需要说明的是，选择哪个工具取决于制作者的技能水平、制作需求和可用的硬件和软件平台。还可以考虑是否需要使用素材库中的音乐、图像和视频素材，以增强视频效果。

3.4 视频摘要的制作流程

制作科技论文视频摘要的一般流程如图 1 所示，具体的步骤和细节可能根据制作者的需求和使用的工具而有所不同。在每个步骤中，要确保视频内容准确、清晰，以便有效传达论文的关键信息。

制作视频摘要的流程可以分为以下几个步骤：

(1) 确定目标和受众。首先需要明确视频摘要的目标是什么，是为了提高点击率还是增加观看量？同时也要考虑受众是谁，他们对什么样的内容感兴趣。

(2) 选择合适的研究内容。从整篇文章中选择出最重要、最有吸引力的内容作为视频摘要的主要内容。这些内容应该能够准确传达研究的核心思想和结果。

(3) 编写脚本。根据选定的研究内容，编写视频摘要的脚本。脚本应该简洁明了，能够清晰地表达研究的主要内容。同时，还可以添加一些引人入胜的元素，如故事情节或幽默元素，以增加观众的兴趣。

(4) 视频制作。使用视频编辑软件将脚本转化为视频。具体又分为以下几步：①视频剪辑：对选定的视频进行剪辑，提取出核心内容和亮点。②文字概述：根据视频内容，撰写文字概述，简明扼要地介绍视频的主题、目的和重要观点。③图像和音频处理：根据视频内容，选择合适的图像和音频素材，增强视频摘要的表现力和吸引力。④编辑和制作：将文字、图像和音频等元素进行编辑和组合，制作成最终的视频摘要。同时，还应注意视频的长度，一般为 2~4 分钟。

(5) 导出和发布：完成视频制作后，将视频导出为常见的视频格式，如 MP4。然后，可以将视频上传到视频分享平台，如 YouTube、Vimeo、Instagram 等[11]，或者直接嵌入到期刊的网站或文章中。

(6) 宣传和推广：为了提高视频摘要的曝光度，可以通过各种渠道进行宣传和推广，如社交媒体、电子邮件、博客等。同时，还可以鼓励读者分享和评论视频，以增加视频的传播效果。

总的来说，视频摘要技术具有巨大的潜力，可以帮助作者提升科技期刊的传播效果和学术影响力。通过充分利用视频摘要技术，作者可以创新传播方式，吸引更多读者的关注和引用，提高期刊的可读性和影响力。制作视频摘要需要明确目标和受众，选择合适的研究内容，编写脚本，进行视频制作，导出和发布，以及宣传和推广。通过这些步骤，可以制作出具有吸引力和影响力的视频摘要，提升研究的可见度和影响力。

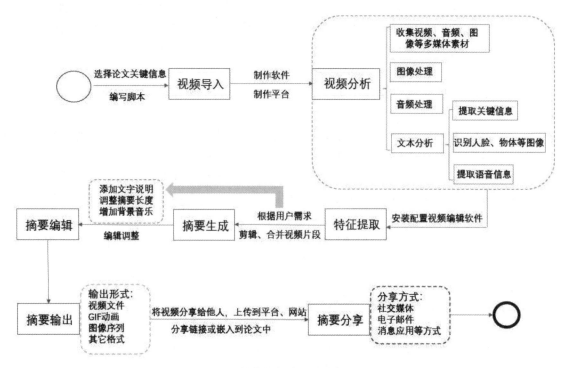

图 1　制作视频摘要的流程图

4　视频摘要与文字摘要、视频论文的差异

4.1　视频摘要与文字摘要的差异

科技论文中的视频摘要和普通文字摘要都旨在为读者提供对论文内容的快速了解，但它们在呈现方式、内容传达方式和适用场景上存在一些差异、各有优缺点，详见表1。

总的来说，视频摘要和普通文字摘要各有优势和适用场景。视频摘要适合需要呈现视觉和声音元素的内容，强调多感官体验和生动演示，但可能需要更多时间观看。视频摘要在展示实际场景、演示和吸引观众方面具有优势，而文字摘要则更适合那些需要快速查找信息或在无声环境中阅读的情况，更适合需要快速了解论文核心内容的读者。文字摘要可以在学术研究中提供精炼的概述，并且在学术出版和学术搜索引擎中更常见。就传播主体、受众和传播效果等方面而言，视频摘要比普通文字摘涵盖面更广泛、更普及[11]。最佳选择取决于论文的性质、读者的需求以及论文发表平台的支持。有时，可以将两者结合使用，以提供更全面和多样化的信息呈现方式。

4.2　视频摘要与视频论文的差异

视频摘要和视频论文是两种不同的形式，它们在目的、内容和呈现方式等方面存在一些差异，见表2。

表1 视频摘要和文字摘要的优缺点比较

		视频摘要		文字摘要
优点	多感官体验	视频摘要通过图像、声音和文字的结合,提供了更丰富的多感官体验,可以更生动地传达信息,有助于更深入地理解论文的关键点	快速阅读	普通文字摘要是纯文本形式,通常是一段简短的段落或若干句话,描述了论文的主要内容、方法和结论。阅读更快速,适合那些只想快速了解核心信息的人
	展示实际场景	适用于展示实际场景、演示、实验结果等需要通过视觉展示的内容	适用于多种场合	文字摘要适用于各种环境,包括无声环境和需要快速查找信息的场合
	吸引力	视频通常更吸引人,尤其是对于那些对文字不太感兴趣或需要生动视觉效果的读者	易于搜索和阅读	文字摘要可以轻松被搜索引擎索引,也方便引用和分享;可以轻松地被读者标注、批注和注释,有利于深入研究论文
	示范和演示	适用于教育、培训、演示和某些科技领域,可以生动地演示新技术、算法或实验成果的效果	适用于长篇内容	对于包含大量文字和数据的长篇内容,文字摘要可以更全面地呈现信息
缺点	时间消耗	观看视频需要更多的时间,不适合那些想要快速了解信息的人	信息有限	文字摘要强调信息的简洁性,目的是在短篇幅内传达关键信息,而不涉及详细的实验细节或视觉内容,无法传达视觉和听觉信息,内容无法完整呈现
	不适于无声环境	对于没有声音或需要安静环境的场合,视频摘要可能不方便	文字阅读难度	对于不擅长或不喜欢阅读的人来说,文字摘要可能不够吸引人
	不易概括大量信息	对于包含大量文字和数据的内容,视频摘要可能无法完整呈现	难以传达情感和体验	文字摘要通常无法传达内容的情感和观感体验

表2 视频摘要和视频论文存在的差异

	视频摘要	视频论文[11-13]
目的	将一篇研究论文或文章的主要内容以视频形式呈现出来,通过图像、声音和文字等多种媒体元素来吸引观众的注意力,并传达研究的核心思想和结果	通过视频形式来展示和解释研究的方法、数据和结论,以便更直观地传达研究的内容和意义
内容	通常会选择论文中的关键信息和结果,以简洁明了的方式呈现出来,它可能会通过图表、实验结果的展示,以及作者的解释和评论来传达研究的主要发现	更全面地呈现研究的整个过程,包括问题陈述、研究方法、实验设计、数据分析和结论等
呈现方式	通常会使用一些视觉效果和动画来增加观看的吸引力和可理解性,它可能会使用配乐、解说词和字幕等来引导观众的理解和关注	更注重于准确和清晰地传达研究的内容,可能会使用更简洁和专业的语言和图表
受众	主要是广大公众和非专业人士,他们可能对研究领域有一定的兴趣,但不具备专业知识	主要是学术界和研究领域的专业人士,他们对研究细节和方法更感兴趣

由此可见，视频摘要和视频论文在目的、内容和呈现方式等方面存在一些不同。视频摘要更注重于简洁明了地传达研究的主要结果，吸引广大公众的关注；而视频论文则更注重于全面地呈现研究的过程和细节，满足学术界和专业人士的需求。

5 视频摘要科技论文的主要类别

视频摘要技术可以应用于各个科技领域的论文，目前国内已经采用视频摘要的科技期刊还比较少，主要包括但不限于以下几个方面的类别[14-15]：

(1) 计算机科学、电子学和人工智能：视频摘要可以用于解释和展示机器学习、深度学习、自然语言处理等领域的论文。例如，可以通过摘要视频介绍新的神经网络结构、图像识别算法或自动驾驶技术。如《计算机学报》，这是中国计算机学会主办的权威学术期刊，近年来开始使用视频摘要技术，为部分论文提供视频摘要。再如《电子学报》，这是中国电子学会主办的学术期刊，也开始使用视频摘要。

(2) 生物医学和医学研究：视频摘要可以用于呈现生物医学研究的结果和发现[3,16]。例如，可以通过视频摘要展示新的药物研发进展、疾病诊断方法或基因编辑技术的应用。如中华医学会旗下有12个科技期刊网站主页有视频摘要，《中华内分泌外科杂志》《中华消化内镜杂志》等科技期刊发布的视频摘要数量较多。

(3) 工程技术、物理学和化学：视频摘要可以用于演示工程技术和物理化学研究的实验过程和结果。例如，可以通过摘要视频展示新的材料合成方法、能源技术或量子计算机的原理。如《电化学能源评论》(*Electrochemical Energy Reviews*，EER)，是由上海大学联合国际电化学与能源科学院主办的学术期刊，EER 于 2018 年创刊，是国际上第一本专注电化学能源的英文综述性期刊，近年来也开始尝试使用视频摘要技术。

(4) 环境科学和可持续发展：视频摘要可以用于展示环境科学和可持续发展领域的研究成果。例如，可以通过视频摘要介绍新的环境监测方法、可再生能源技术或气候变化模型的应用。

(5) 社会科学和人文学科：视频摘要可以用于呈现社会科学和人文学科的研究内容。例如，可以通过摘要视频展示社会调查数据的分析结果、历史事件的解读或文化现象的研究成果。如《中国科学：信息科学》(英文版)，这是中国科学院主办的综合性学术期刊，已出版了附加视频摘要的论文，视频用来展现研究背景、目的、思路、方法等[11]。还有《中国科技期刊研究》，这是中国科技期刊编辑学会主办的学术期刊，致力于科技期刊研究与发展，也开始关注视频摘要技术的应用。

通过视频摘要技术，不同领域的科技论文可以以更直观、生动和易懂的方式呈现给读者。这不仅可以提高读者对论文内容的理解和兴趣，还可以促进不同领域之间的交流和合作。这些期刊的使用视频摘要技术的范围和程度不同，有的只是在少数论文中尝试使用，有的则更加广泛地应用。随着视频摘要技术的不断发展和应用，相信将会有更多的科技期刊开始采用视频摘要来展示论文内容。

6 我国视频科技期刊出版面临的机遇与挑战

目前我国视频科技期刊出版还处于起步阶段，面临着许多机遇。首先，随着互联网和数字技术的快速发展，视频科技期刊可以更方便地传播和共享研究成果。视频可以通过网络平台进行在线播放和下载，使得读者可以随时随地访问和阅读期刊内容。这为期刊的传播和影响力提供了更广阔的空间。

其次，视频科技期刊可以通过多媒体形式更好地展示研究成果。视频可以通过图像、声音和动画等多种方式来呈现研究过程和结果，使得读者更直观地理解和感受研究内容。这不仅提高了期刊的可读性和吸引力，还有助于促进学术交流和合作。

然而，视频科技期刊在出版过程中面临着一些挑战[2,14]。首先，视频制作和编辑需要专业的技术和人力资源，除应具备传统学术期刊编辑应有的编辑技能之外，还要能熟练掌握视频摘要、视频论文主体以及相关视频材料的制作规范，并且还要具有一定的视频审美能力[6]。这些都增加了期刊的制作成本和时间成本。其次，视频科技期刊需要统一标准、完善出版规范、保证内容的质量和准确性，避免虚假信息和误导读者。此外，搭建优质的技术平台，目前我国学术期刊视频出版主要是依靠期刊自建网站和微信视频号、抖音、快手、西瓜视频和 B 站等第三方平台的形式。自建视频网站存在人力、物力、财力不足的问题，难以形成强大的规模。而第三方平台存在分类不明确、受众分散、传播力弱、学术性不能充分表达、传播效果不尽如人意等问题[17]。值得一提的是，视频科技期刊还需要解决版权保护和知识产权问题，确保研究成果的合法使用和传播。

综上所述，我国视频科技期刊在出版过程中既面临机遇又面临挑战。通过充分发挥视频的优势和应对相关问题，视频科技期刊有望在未来发展中取得更大的成功。

7 视频摘要的发展趋势和展望

随着人们对视频信息的需求不断增加，视频摘要技术逐渐受到关注并得到了快速发展。下面将介绍视频摘要的发展趋势和展望。

(1) 自动化和智能化：随着人工智能技术的发展，视频摘要技术将更加自动化和智能化。通过深度学习和计算机视觉等技术，可以实现自动提取视频中的关键帧、关键场景和关键内容，从而生成更加准确和精炼的摘要信息。

(2) 多模态融合：视频摘要不仅仅局限于视频内容的提取，还可以结合其他模态的信息，如音频、文本和图像等，进行多模态融合[2,18]。这样可以更全面地理解视频内容，生成更丰富和多样化的摘要结果。

(3) 个性化和交互性：视频摘要可以根据用户的需求和偏好进行个性化定制。用户可以通过交互方式来指导摘要算法的生成过程，从而得到更符合自己需求的摘要结果。这样能够提高用户的满意度和使用体验。

(4) 实时性和在线性：随着网络带宽的提升和云计算技术的发展，视频摘要技术可以实现实时处理和在线生成。这样可以满足用户对即时性和实时性的需求，提供更快速和实用的摘要服务。

(5) 应用场景的拓展：视频摘要技术不仅仅局限于娱乐和信息检索领域，还可以应用于其他领域，如视频监控、教育培训、医疗诊断等。通过将视频摘要技术与其他领域的应用结合起来，可以实现更广泛的应用和价值。

总的来说，视频摘要技术在自动化、智能化、多模态融合、个性化、交互性、实时性和在线性等方面有着巨大的发展潜力[19]。未来，视频摘要技术将进一步提升用户体验，拓展应用场景，为人们提供更便捷、精准和丰富的视频摘要服务[20]。

9 结束语

视频摘要作为一种创新的科技期刊内容展示方式,为期刊的发展带来了新的探索和机遇。本文通过对视频摘要技术的介绍和应用情况的分析,揭示了视频摘要在科技期刊中的潜力和优势。视频摘要不仅能够提供更直观、生动的论文内容展示方式,还能够提升读者对论文的理解和兴趣,进一步推动科技期刊的传播和影响力。

然而,视频摘要在科技期刊中的应用也面临非常突出的发展瓶颈和问题,如技术成本、版权保护等方面的考虑。因此,科技期刊需要积极探索和研究视频摘要的技术和应用模式,以适应未来科技期刊发展的需求。随着视频摘要技术的不断创新和进步,相信科技期刊将会更加广泛地应用视频摘要,为读者提供更丰富、多样化的论文内容展示方式。

参 考 文 献

[1] 鲁翠涛,赵应征.国际科技期刊视频摘要发展概况及其启示[J].编辑学报,2018,30(1):25-28.
[2] 李杨,林芝.我国科技期刊视频摘要的社交化传播及其优化策略研究[J].编辑学报,2023,35(4):434-438.
[3] 陈汐敏,丁贵鹏.我国医学期刊视频出版存在问题及JOVE的经验[J].编辑学报,2017,29(3):278-281.
[4] 张新玲,谢永生,章权.对比视角下我国科技期刊文章视频摘要制作和推广对策分析[J].科技与出版,2022(9):64-68.
[5] 习妍,孔丽华,郎杨琴,等.信息传播技术在科技论文中的应用:图文摘要、视频摘要及播客的制作[J].科研信息化技术与应用,2018,9(6):47-55.
[6] 曹丽洁.基于Adobe Premiere的初级对外汉语汉字部件教学设计与实践[D].杭州:浙江科技学院,2022
[7] 钱钗.Final Cut Pro 6中的视频技术质量控制方法[J].数字技术与应用,2018,36(3):223-225.
[8] 林喆.Camtasia交互式微课的设计与录制:以茶文化课程为例[J].大学教育,2020(1):118-121.
[9] 温逸娴.After Effects表达式在三维路径制作中的应用[J].电视技术,2022,46(12):110-115.
[10] 谭雄素,张淼,魏晓燕,等.技术应用基于OBS Studio的教学直播系统构建实践与应用探索[J].中国教育信息化·基础教育,2021(12):88-96.
[11] 常传波,王妍.学术期刊的视频论文组织策略[J].荆楚理工学院学报,2023,38(1):85-91.
[12] 陈小娟.国外视频论文的教学创作及启示[J].世界教育信息,2022(5):59-71.
[13] 常传波.视频论文的学术性、批评性与发展趋势[J].湖北第二师范学院学报,2022,39(10):103-108.
[14] 徐丽芳,冯凌.视频科技期刊出版现状及发展策略研究[J].中国科技期刊研究,2022,33(12):1676-1683.
[15] 刘淑宝.视频型科技期刊及其发展研究[J].图书馆,2017(8):32-37.
[16] 薛江,周文凯.医学科技期刊学术论文短视频发展探讨[J].湖北科技学院学报,2020,40(6):321-325.
[17] 史庆华.音频化、视频化:学术期刊融合发展的路径选择[J].媒体观察,2022(21):87-90.
[18] 胡林康.基于多模态语义理解的视频摘要研究[D].合肥:中国科学技术大学,2022.
[19] 袁梦,谷俊朝,程慧娟.学术期刊与新媒体融合发展的研究[J].传播与版权,2021(5):85-87.
[20] 张文静,王东丽.论文+视频:会成为学术发表新标配吗[J].中国科学报,2021(5):1-3.

ChatGPT 在学术期刊编辑出版中的辅助应用

宋嘉宾

(山西医科大学管理学院，山西 晋中 030600)

摘要：随着信息技术的飞速发展，人工智能在各领域的发展变革中展现了巨大的活力，人工智能产品 ChatGPT 的发布，更是引发了各行业关注的浪潮。本研究以 ChatGPT 作为主要对象，探讨了 ChatGPT 在期刊编辑出版过程中包括稿件档案管理、辅助同行评审、编辑排版等多个环节中的应用，认为其可以帮助编辑对来稿进行快速分类与汇总，识别文章质量与价值，辅助编辑阅读以及给出参考意见等。从而实现优化期刊的编辑流程，提高出版效率，缩短发文时滞，增强科学传播力度。本文通过对 ChatGPT 在学术期刊编辑出版中的辅助应用进行讨论与分析，为期刊编辑出版提供了新的思路和方法。

关键词：ChatGPT；学术期刊编辑出版；人工智能

随着人工智能技术的发展，学术期刊编辑出版面临着越来越多的挑战和机遇。当前传统的期刊出版方式已经无法满足科学研究和传播的需要，需要寻求新的方式来适应未来的发展趋势。ChatGPT 作为一种新兴的自然语言处理工具，它可以生成自然语言对话，并具有智能问答和对话功能[1]，可以起到帮助作者和编辑的作用，为学术期刊编辑出版带来新的思路和方法，从而可能改变学术期刊编辑出版的模式[2]。为适应新的发展环境，学术期刊应积极与新媒体合作，在人工智能技术下探索新的发展模式。

1 人工智能技术在学术期刊编辑出版中的辅助应用

人工智能技术可以被应用于期刊编辑的各个环节中，例如稿件档案管理、辅助同行评审、编辑排版和发行，以及后续选题策划等方面。

1.1 稿件档案管理

人工智能技术可以对稿件进行自动分类和分析，识别并且标记有关论文的分类信息，为下一步操作做准备。例如，向 ChatGPT 输入发表自《山西医科大学学报》2020 年的一篇文献的摘要，并要求做出分类判断和进一步处理的判断建议。如图 1 所示，ChatGPT 会根据要求进行一个自动的分析，帮助编辑进行一个初步判断，方便进行归类和后续的处理。

此外，人工智能技术还可以根据投稿文献的主题、关键词、摘要等关键内容去自动推荐相关类型的文章，然后对相关文献进行汇总与分析，用来帮助编辑了解当前相关研究的进展。如图 2 所示，让 ChatGPT 针对肾综合征出血热(HFRS)这一主题，推荐相关文献与专著，并在最后部分进行了一个简单介绍。

SO 目的研究Hippo信号通路下游效应分子YAP在肝细胞肝癌中的作用及其机制。方法在肝癌细胞系BEL7402和HepG2中外源性过表达和沉默YAP利用细胞计数及裸鼠成瘤的方法检测YAP对肝癌细胞体内体外增殖能力的影响。通过Western blot检测过表达和干扰YAP后PTEN及PI3K/AKT/mTOR信号通路相关蛋白的改变。在过表达YAP蛋白的肝癌细胞中分别给予雷帕霉素或过表达PTEN,检测肝癌细胞体内体外增殖能力改变。免疫共沉淀检测YAP与PTEN蛋白的体内结合。结果过表达YAP可以增强肝癌细胞体内体外增殖能力(P <0.05),干扰YAP则出现相反情况。PTEN过表达或给予PI3K/AKT/mTOR信号通路的抑制剂雷帕霉素(rapamycin),均能够抑制YAP过表达带来的肝癌细胞增殖和成瘤能力的增加(P <0.05),YAP蛋白与PTEN蛋白在肝癌细胞HepG2中存在体内结合。结论 Hippo信号通路可以介导PTEN通过PI3K/AKT/mTOR信号通路促进肝细胞肝癌细胞增殖和成瘤。对这个摘要做出总结、判断这段简介是主要研究什么的，研究的领域方向是什么，并且给出是文章具体研究类型的判断。

该研究旨在探讨Hippo信号通路下游效应分子YAP在肝癌中的作用及其机制。研究方法采用了在肝癌细胞系中外源性过表达和沉默YAP，并检测YAP对肝癌细胞体内体外增殖能力的影响。通过Western blot检测过表达和干扰YAP后PTEN及PI3K/AKT/mTOR信号通路相关蛋白的改变。在过表达YAP蛋白的肝癌细胞中分别给予雷帕霉素或过表达PTEN，检测肝癌细胞体内体外增殖能力的改变。最终结果表明，Hippo信号通路可以介导PTEN通过PI3K/AKT/mTOR信号通路促进肝细胞肝癌细胞增殖和成瘤。

该研究的领域方向是肝癌病理生理学，主要研究YAP在肝癌中的作用及其机制。该研究属于实验研究类型，采用肝癌细胞系中的外源性过表达和沉默YAP的方法，通过体内和体外实验来探究YAP在肝癌中的作用及其机制，并通过Western blot和免疫共沉淀等实验方法来研究YAP与PTEN的相互作用。

图 1　ChatGPT 对文章摘要自动分析示例

以下是与该文章方向相关的一些已发表的、可获取的中外文文献或专著的推荐：

1. Gao GF, et al. Hemorrhagic fever with renal syndrome: pathogenesis and clinical picture. Front Biosci. 2008; 13: 1534-1540. DOI: 10.2741/2784.
2. Song G, et al. Epidemiological features of hemorrhagic fever with renal syndrome in China, 2006–2012. BMC Infect Dis. 2014; 14: 384. DOI: 10.1186/1471-2334-14-384.
3. Zhang WY, et al. Epidemiology characteristics of haemorrhagic fever with renal syndrome in Mainland China from 2006 to 2010. Western Pac Surveill Response J. 2013; 4(2): 9-14. DOI: 10.5365/WPSAR.2012.3.4.017.
4. Liu H, et al. Identification of spatial and temporal trends in hemorrhagic fever with renal syndrome epidemic in China through integrating three surveillance data sources. Sci Rep. 2017; 7(1): 5072. DOI: 10.1038/s41598-017-05432-8.
5. Li Y, et al. The epidemiology of hemorrhagic fever with renal syndrome in China. Rev Med Virol. 2018; 28(3): e1978. DOI: 10.1002/rmv.1978.
6. National Health Commission of the People's Republic of China. Guidelines for prevention and control of hemorrhagic fever with renal syndrome (2018 Edition). Beijing: People's Medical Publishing House; 2018. ISBN: 978-7-117-24597-2.
7. Khaiboullina SF, et al. Epidemiology, pathogenesis, and treatment of hemorrhagic fever with renal syndrome. Med Sci. 2021; 9(1): 12. DOI: 10.3390/medsci9010012.

这些文献涉及到HFRS的流行病学、病原学、临床表现、预防和治疗等方面，对于进一步深入了解该病病情具有重要参考价值。

图 2　ChatGPT 对相关文献与专著的推荐

然后人工智能技术还可以依据来稿文献的参考文献来判断文献的参考引用是否充分，引用的新旧程度如何，从侧面对文章的质量进行一个初步判断。如图 3 所示，笔者选取本编辑部发表于 2022 年的《山西医科大学学报》的“审稿专家精准化推荐系统的应用”一文中的参考文献，让 ChatGPT 对其进行判断。ChatGPT 对引用文献的领域进行了总结，并且分别简述了每一篇参考文献的研究内容，这帮助编辑对文章新颖性与专业性有一定的判断补充。

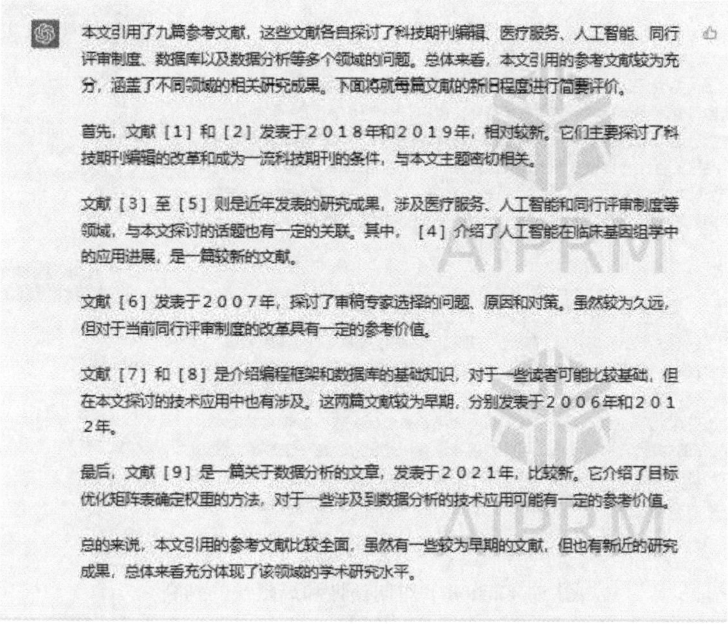
本文引用了九篇参考文献，这些文献各自探讨了科技期刊编辑、医疗服务、人工智能、同行评审制度、数据库以及数据分析等多个领域的问题。总体来看，本文引用的参考文献较为充分，涵盖了不同领域的相关研究成果。下面将就每篇文献的新旧程度进行简要评价。

首先，文献［1］和［2］发表于２０１８年和２０１９年，相对较新。它们主要探讨了科技期刊编辑的改革和成为一流科技期刊的条件，与本文主题密切相关。

文献［3］至［5］则是近年发表的研究成果，涉及医疗服务、人工智能和同行评审制度等领域，与本文探讨的话题也有一定的关联。其中，［4］介绍了人工智能在临床基因组学中的应用进展，是一篇较新的文献。

文献［6］发表于２００７年，探讨了审稿专家选择的问题、原因和对策。虽然较为久远，但对于当前同行评审制度的改革具有一定的参考价值。

文献［7］和［8］是介绍编程框架和数据库的基础知识，对于一些读者可能比较基础，但在本文探讨的技术应用中也有涉及。这两篇文献较为早期，分别发表于２００６年和２０１２年。

最后，文献［9］是一篇关于数据分析的文章，发表于２０２１年，比较新。它介绍了目标优化矩阵表确定权重的方法，对于一些涉及到数据分析的技术应用可能有一定的参考价值。

总的来说，本文引用的参考文献比较全面，虽然有一些较为早期的文献，但也有新近的研究成果，总体来看充分体现了该领域的学术研究水平。

图 3　ChatGPT 对参考文献的判断

最后，人工智能技术可以帮助编辑快速阅读，并对文章总结出可能想知道的主要结论。笔者将 2020 年发表在《山西医科大学学报》的《基于网络药理学和分子对接技术的黄芪赤风汤在化湿败毒方治疗新型冠状病毒肺炎中的作用》一文导入基于 ChatGPT API 的读取 PDF 工具 chatPDF 中。通过这个功能，编辑可以快速掌握文章拟解决的问题，帮助编辑节省时间，提高效率，如图 4~图 6 所示。

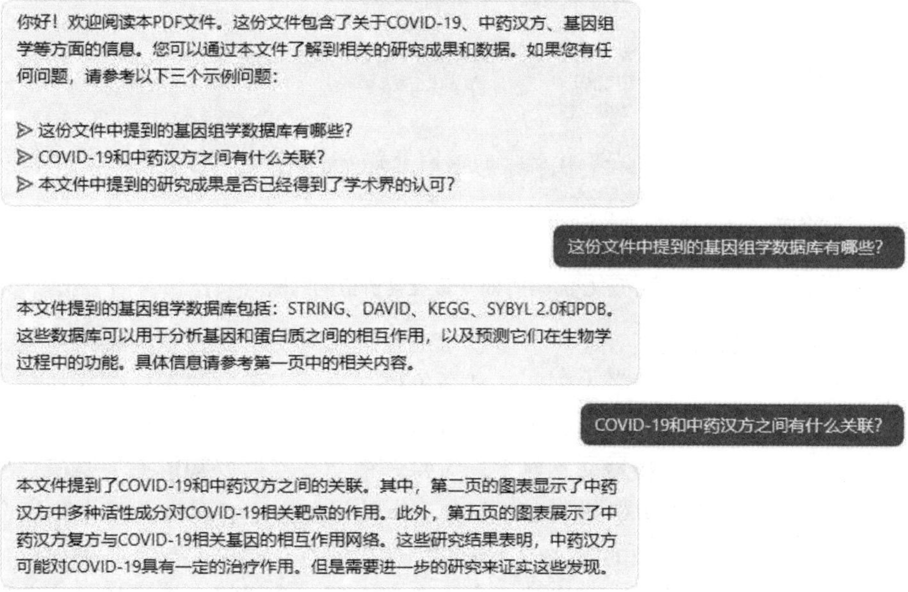
你好！欢迎阅读本PDF文件。这份文件包含了关于COVID-19、中药汉方、基因组学等方面的信息。您可以通过本文件了解到相关的研究成果和数据。如果您有任何问题，请参考以下三个示例问题：

▷ 这份文件中提到的基因组学数据库有哪些？
▷ COVID-19和中药汉方之间有什么关联？
▷ 本文件中提到的研究成果是否已经得到了学术界的认可？

这份文件中提到的基因组学数据库有哪些？

本文件提到的基因组学数据库包括：STRING、DAVID、KEGG、SYBYL 2.0和PDB。这些数据库可以用于分析基因和蛋白质之间的相互作用，以及预测它们在生物学过程中的功能。具体信息请参考第一页中的相关内容。

COVID-19和中药汉方之间有什么关联？

本文件提到了COVID-19和中药汉方之间的关联。其中，第二页的图表显示了中药汉方中多种活性成分对COVID-19相关靶点的作用。此外，第五页的图表展示了中药汉方复方与COVID-19相关基因的相互作用网络。这些研究结果表明，中药汉方可能对COVID-19具有一定的治疗作用。但是需要进一步的研究来证实这些发现。

图 4　ChatGPT 对文献的辅助阅读

> 评价一下全文的学术创新性

本文件提供了一些关于COVID-19、中药汉方和基因组学等方面的研究成果和数据，这些内容可能对相关领域的研究有所帮助。其中，本文件介绍了一些新的分析方法和技术，如网络药理学、分子对接技术等。这些方法和技术可以用于预测药物靶点、筛选活性化合物等方面的研究。此外，本文件还介绍了一些新的研究思路和观点，如中药汉方与COVID-19之间的关联等。这些内容可能对相关领域的研究提供了新的思路和启示。因此，本文件具有一定的学术创新性。

> 评价一下全文的局限

本文件提供了一些关于COVID-19、中药汉方和基因组学等方面的研究成果和数据，但是也存在一些局限性。首先，本文件所提供的研究结果和数据可能存在一定的偏差或误差，需要进一步的验证和确认。其次，本文件所介绍的研究成果和数据并不全面，可能存在其他相关领域的研究结果未被包括在内。此外，本文件并没有提供详细的实验方法和过程，可能对读者理解相关研究存在一定困难。最后，本文件所提供的内容仅供参考，并不能作为临床诊断或治疗的依据。因此，在使用本文件所提供的内容时需要谨慎对待，并结合其他相关信息进行综合分析。

图 5　ChatGPT 对创新性和局限性的判断

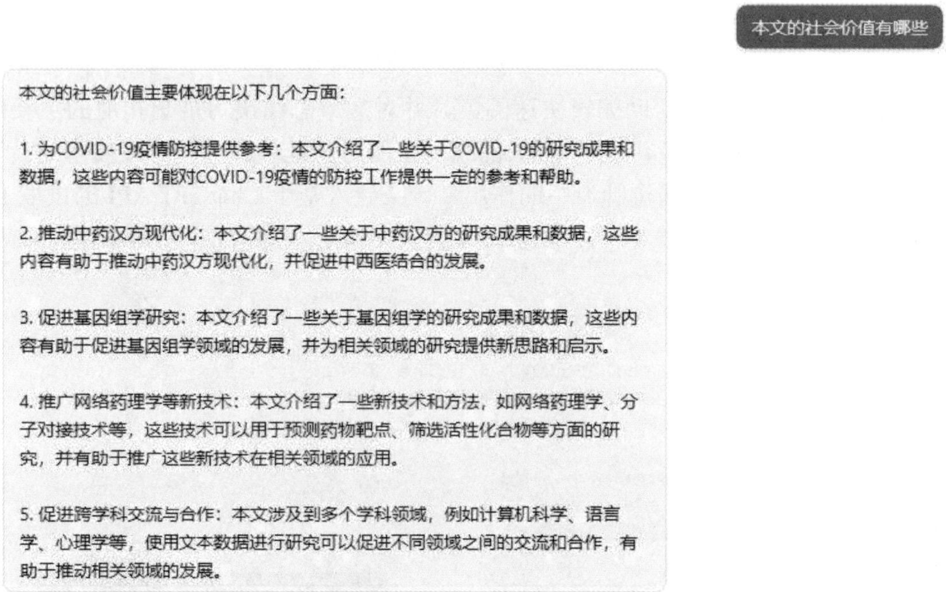

> 本文的社会价值有哪些

本文的社会价值主要体现在以下几个方面：

1. 为COVID-19疫情防控提供参考：本文介绍了一些关于COVID-19的研究成果和数据，这些内容可能对COVID-19疫情的防控工作提供一定的参考和帮助。

2. 推动中药汉方现代化：本文介绍了一些关于中药汉方的研究成果和数据，这些内容有助于推动中药汉方现代化，并促进中西医结合的发展。

3. 促进基因组学研究：本文介绍了一些关于基因组学的研究成果和数据，这些内容有助于促进基因组学领域的发展，并为相关领域的研究提供新思路和启示。

4. 推广网络药理学等新技术：本文介绍了一些新技术和方法，如网络药理学、分子对接技术等，这些技术可以用于预测药物靶点、筛选活性化合物等方面的研究，并有助于推广这些新技术在相关领域的应用。

5. 促进跨学科交流与合作：本文涉及到多个学科领域，例如计算机科学、语言学、心理学等，使用文本数据进行研究可以促进不同领域之间的交流和合作，有助于推动相关领域的发展。

图 6　ChatGPT 对文章社会价值的判断

总的来说，稿件的稿件档案管理环节是学术期刊编辑对文章的初步判断和分类的过程，通过这个初审环节可以对文章的学术创新、社会价值与论证完备度等指标进行判断，从而为寻找专家评审奠定基础。对于学术期刊来说，编辑大多负责多个学科稿件的责编工作，由于来稿量大，再加上对一些专业领域又不熟悉，对每一篇文章都做好初审把关要花费很大的精力和很长的时间[3]。在以往的初审环节中，部分初审编辑受限于自身专业能力和综合素质水平，尤其是对一些涉及专业领域的稿件，无法对稿件内容进行把关，只是简单地进行稿件登记和格式规范性检查，而相关的内容审核则交由专家审稿，这样极大地增加了外审环节的工作量，也给专家带来较大的工作压力，没有真正发挥初审编辑的作用，出现稿件延误等问题，影响科技期刊的出版[4]。

1.2 辅助同行评审

人工智能技术可以被用于自动化的审稿和评估，帮助审稿人员做出一定的判断。例如，它可以用于检测投稿的原创性，并报告可能的抄袭行为(即进行相关文献检索、相似性分析和抄袭检测等工作)。例如选取我们编辑部 2021 年发表在《编辑学报》中《高校医学学报红点指标相关性研究和关键词特征》一文中的部分内容，输入到 ChatGPT 中，以此检查原创性，如图 7 所示，ChatGPT 对内容的原创性进行了分析，并且还对内容进行了简要的总结说明。

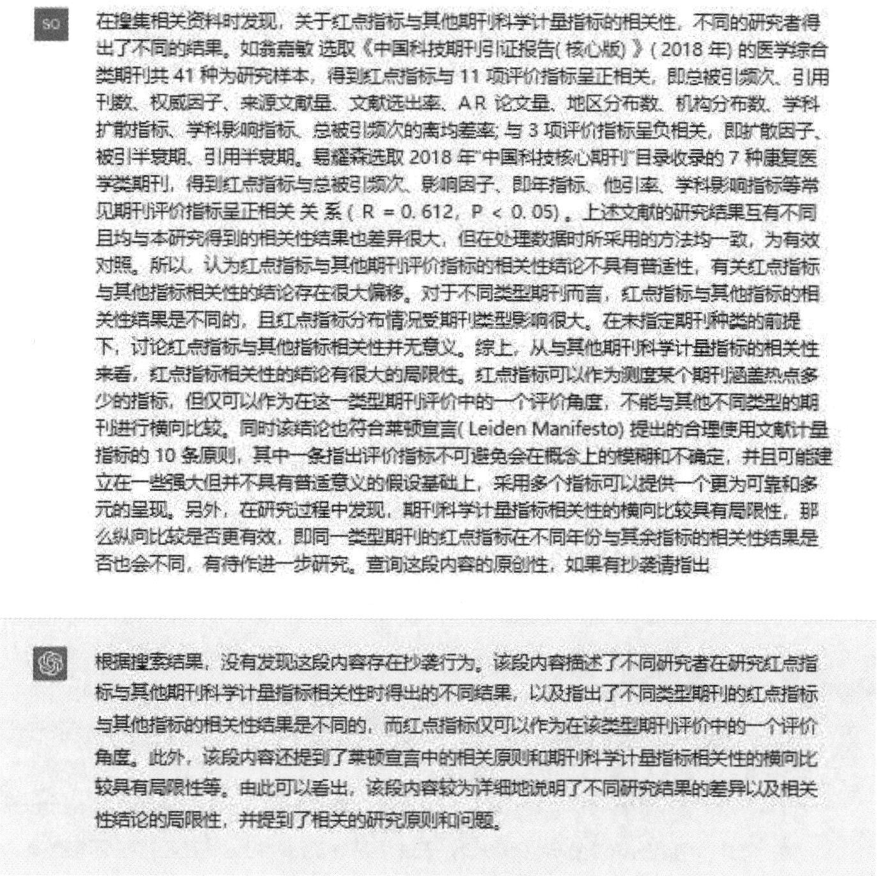
SO

在搜集相关资料时发现，关于红点指标与其他期刊科学计量指标的相关性，不同的研究者得出了不同的结果。如翁嘉敏 选取《中国科技期刊引证报告(核心版)》(2018 年)的医学综合类期刊共 41 种为研究样本，得到红点指标与 11 项评价指标呈正相关，即总被引频次、引用刊数、权威因子、来源文献量、文献选出率、A R 论文量、地区分布数、机构分布数、学科扩散指标、学科影响指标、总被引频次的离均差率；与 3 项评价指标呈负相关，即扩散因子、被引半衰期、引用半衰期。易耀森选取 2018 年"中国科技核心期刊"目录收录的 7 种康复医学类期刊，得到红点指标与总被引频次、影响因子、即年指标、他引率、学科影响指标等常见期刊评价指标呈正相关 关 系(R = 0. 612，P < 0. 05)。上述文献的研究结果互有不同且均与本研究得到的相关性结果也差异很大，但在处理数据时所采用的方法均一致，为有效对照。所以，认为红点指标与其他期刊评价指标的相关性结论不具有普适性，有关红点指标与其他指标相关性的结论存在很大偏移。对于不同类型期刊而言，红点指标与其他指标的相关性结果是不同的，且红点指标分布情况受期刊类型影响很大。在未指定期刊种类的前提下，讨论红点指标与其他指标相关性并无意义。综上，从与其他期刊科学计量指标的相关性来看，红点指标相关性的结论有很大的局限性。红点指标可以作为测度某个期刊涵盖热点多少的指标，但仅可以作为在这一类型期刊评价中的一个评价角度，不能与其他不同类型的期刊进行横向比较。同时该结论也符合莱顿宣言(Leiden Manifesto)提出的合理使用文献计量指标的 10 条原则，其中一条指出评价指标不可避免会在概念上的模糊和不确定，并且可能建立在一些强大但并不具有普适意义的假设基础上，采用多个指标可以提供一个更为可靠和多元的呈现。另外，在研究过程中发现，期刊科学计量指标相关性的横向比较具有局限性，那么纵向比较是否更有效，即同一类型期刊的红点指标在不同年份与其余指标的相关性结果是否也会不同，有待作进一步研究。查询这段内容的原创性，如果有抄袭请指出

根据搜索结果，没有发现这段内容存在抄袭行为。该段内容描述了不同研究者在研究红点指标与其他期刊科学计量指标相关性时得出的不同结果，以及指出了不同类型期刊的红点指标与其他指标的相关性结果是不同的，而红点指标仅可以作为在该类型期刊评价中的一个评价角度。此外，该段内容还提到了莱顿宣言中的相关原则和期刊科学计量指标相关性的横向比较具有局限性等。由此可以看出，该段内容较为详细地说明了不同研究结果的差异以及相关性结论的局限性，并提到了相关的研究原则和问题。

图 7　ChatGPT 的原创性查询

此外，人工智能技术还可以根据主题和审稿历史推荐合适审稿人。例如笔者简单列举了几位外审专家以及对应的研究方向，并以本编辑部 2015 年发表在《山西医科大学学报》的《医学科技论文中存在的逻辑问题及应对措施》一文为例。如图 8 所示，ChatGPT 依据文献摘要内容做出专家审稿相关的判断，而当外审专家众多，研究有交叉导致编辑选择困难时，此功能可以极大减少编辑部的考虑时间。

此外，人工智能技术还可以帮助审稿人识别稿件中的潜在错误或偏见，并提供改进建议，这可以帮助审稿人做出更准确和全面的评价。如图 9 所示，ChatGPT 对可能存在的问题进行了分析，并给出了相应的意见，这可以起到辅助审稿的作用。

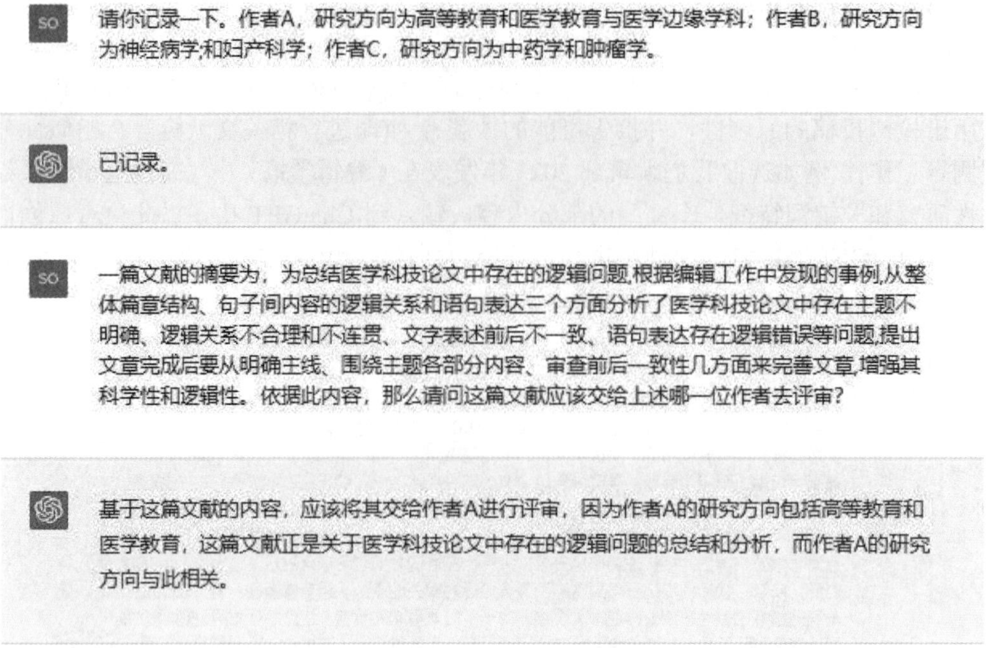

> 请你记录一下。作者A，研究方向为高等教育和医学教育与医学边缘学科；作者B，研究方向为神经病学、和妇产科学；作者C，研究方向为中药学和肿瘤学。

> 已记录。

> 一篇文献的摘要为，为总结医学科技论文中存在的逻辑问题，根据编辑工作中发现的事例，从整体篇章结构、句子间内容的逻辑关系和语句表达三个方面分析了医学科技论文中存在主题不明确、逻辑关系不合理和不连贯、文字表述前后不一致、语句表达存在逻辑错误等问题，提出文章完成后要从明确主线、围绕主题各部分内容、审查前后一致性几方面来完善文章、增强其科学性和逻辑性。依据此内容，那么请问这篇文献应该交给上述哪一位作者去评审？

> 基于这篇文献的内容，应该将其交给作者A进行评审，因为作者A的研究方向包括高等教育和医学教育，这篇文献正是关于医学科技论文中存在的逻辑问题的总结和分析，而作者A的研究方向与此相关。

图 8 ChatGPT 的专家推荐

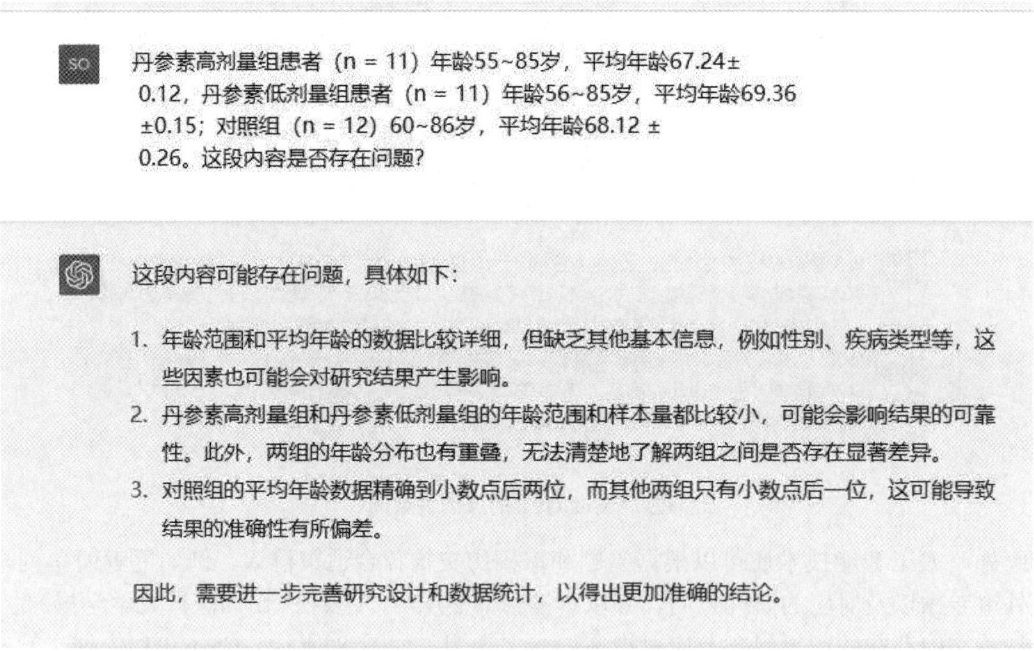

> 丹参素高剂量组患者（n = 11）年龄55~85岁，平均年龄67.24±0.12，丹参素低剂量组患者（n = 11）年龄56~85岁，平均年龄69.36±0.15；对照组（n = 12）60~86岁，平均年龄68.12±0.26。这段内容是否存在问题？

> 这段内容可能存在问题，具体如下：
> 1. 年龄范围和平均年龄的数据比较详细，但缺乏其他基本信息，例如性别、疾病类型等，这些因素也可能会对研究结果产生影响。
> 2. 丹参素高剂量组和丹参素低剂量组的年龄范围和样本量都比较小，可能会影响结果的可靠性。此外，两组的年龄分布也有重叠，无法清楚地了解两组之间是否存在显著差异。
> 3. 对照组的平均年龄数据精确到小数点后两位，而其他两组只有小数点后一位，这可能导致结果的准确性有所偏差。
>
> 因此，需要进一步完善研究设计和数据统计，以得出更加准确的结论。

图 9 ChatGPT 对问题的分析与建议

最后，还可以自动生成关于全篇的一个审稿报告，并提供评估建议，例如笔者选取本编辑部 2022 年发表在《山西医科大学学报》的《审稿专家精准化推荐系统的应用》一文，导入 chatPDF 中，如图 10 所示，该评价意见可以作为第三方的参考依据，为专家同行评议时提供另一个视角的参考。

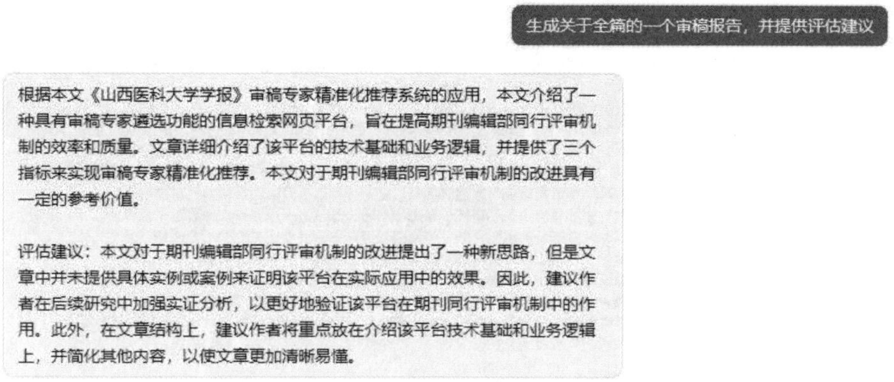

> 生成关于全稿的一个审稿报告，并提供评估建议

> 根据本文《山西医科大学学报》审稿专家精准化推荐系统的应用，本文介绍了一种具有审稿专家遴选功能的信息检索网页平台，旨在提高期刊编辑部同行评审机制的效率和质量。文章详细介绍了该平台的技术基础和业务逻辑，并提供了三个指标来实现审稿专家精准化推荐。本文对于期刊编辑部同行评审机制的改进具有一定的参考价值。
>
> 评估建议：本文对于期刊编辑部同行评审机制的改进提出了一种新思路，但是文章中并未提供具体实例或案例来证明该平台在实际应用中的效果。因此，建议作者在后续研究中加强实证分析，以更好地验证该平台在期刊同行评审机制中的作用。此外，在文章结构上，建议作者将重点放在介绍该平台技术基础和业务逻辑上，并简化其他内容，以使文章更加清晰易懂。

图 10　ChatGPT 对全篇审稿报告及评估建议

综上，人工智能技术在同行评议环节帮助编辑和评审专家做出了审稿辅助判断，对疑问处可以给出评价与建议，从而减少稿件处理的时间和同行评议的时间。目前对于多数期刊编辑部来说，要找到符合专业要求的评议专家并不容易，我国多数期刊的专家数据库规模偏小，有的期刊甚至根本没有自己的专家数据库[5]。编辑一般从期刊专家库中选择审稿人，专家库是科技期刊宝贵的资源，其中的信息需要编辑人员不断地积累更新[6]。而运用人工智能技术不仅可以在自己数据库中快速推荐合适的审稿专家，还可以依据文献研究内容与方向推荐一些相关方向的其他专家，从而起到扩充期刊专家数据库的作用。其次，评议专家常在评议公正性和客观性上受到质疑，这些质疑削弱了评议专家的公信力和正当性，也影响了期刊的学术声誉和口碑[7]。运用人工智能技术生成的第三方评价，这些就可以起到提高同行评审的质量和可信度的作用，甚至起到一个督促专家履行自身职责的作用。

1.3　在编辑校对和排版中的应用

人工智能技术可以被用于自动化的语言检查和修订，可以帮助编辑对文章进行语言校对和润色，以确保文本的语法、拼写、标点符号和格式等方面的准确性和一致性，从而检查和修订一些常见的语法错误、拼写错误和标点符号错误等。

此外，人工智能技术可以被用于自动化的排版和出版。它可以通过分析文本内容，自动生成期刊文章的排版格式，包括字体、字号、段落间距等细节，从而减少出版过程中的人工干预和时间成本，如图11所示，笔者选用本刊发表的《审稿专家精准化推荐系统的应用》一文的部分内容，以未分段的形式进行输入，并要求进行自动排版。

1.4　期刊选题策划方面

人工智能技术可以在后续期刊选题策划方面起到辅助作用，通过总结分析近年热点，给出研究的趋势，编辑人员可以结合本刊定位于发展状况，列出选题的范围，如图12所示，笔者要求 ChatGPT 对近年肿瘤学热点进行分析，并进行论文选题。

对于期刊编辑来说，围绕学术期刊的定位、办刊宗旨有组织有计划地策划选题，是编辑工作中最能体现创造性和主动性的环节。成功的选题策划，能使期刊掌握自身发展的主动权，有效地彰显期刊高质量发展的核心特色[8]。因为期刊编辑人员对热点和前沿问题的敏锐观察能力与捕捉能力，受到信息获取的技巧与个人专业素养的制约，但在人工智能技术的帮助下，可以很好地完成这一关键问题。

[SO] 本文介绍的系统是基于Django框架之上建立的信息检索网页平台。Django框架是一种使用Python语言开发的Web应用框架,通过开发服务端来提供服务,提供了强大的后台管理系统,最初于2005年发布,应用于新闻行业网站,非常适用于内容管理系统类型的应用。数据库为MySQL数据库,服务器端建立在VMware虚拟机上,操作系统为Linux系统,期刊编辑可通过输入IP(InternetProtocol,网际互连协议)地址直接访问平台系统的操作界面。目前,该服务器端数据库约有95名左右审稿专家信息,数据库数据更新时间截止至2021年11月。数据库数据包括审稿专家发表文献特征信息、文献的基金信息、文献被收录期刊来源及期刊复合影响因子、h指数等内容数据,基本涵盖了审稿专家学术领域特征。当有来源稿件需要分配审稿专家时,网页平台即可利用具有审稿专家遴选逻辑功能的评价体系算法对数据库的审稿专家信息进行分析,获取与来源稿件相关的审稿专家排序信息,通过进一步对审稿专家与来源稿件相关的数据库数据二次分析及可视化,即可将审稿专家与来源稿件相关的学术领域特征通过人机交互界面展现给期刊编辑。具有审稿专家遴选逻辑功能的评价体系算法由关联度评价、传播效应评价、专长吻合度3个指标利用目标优化矩阵法联合而成。关联度评价指标评价了来源稿件与审稿专家发表文献之间的文本关联度高低;传播效应评价指标评价了审稿专家发表文献在分享和传播过程中形成的影响力高低;专长吻合度评价指标则评价了审稿专家在与来源稿件相关的研究领域的擅长程度高低。对这段内容依据语义进行自动排版。

[ChatGPT] 本文介绍的系统是一种基于Django框架的信息检索网页平台,它使用Python语言开发,并且提供了强大的后台管理系统。该平台使用MySQL数据库,服务器端建立在VMware虚拟机上,操作系统为Linux系统。期刊编辑可以通过输入IP地址来访问该平台系统的操作界面。

该平台的数据库中包含约95名审稿专家的信息,数据更新时间截止至2021年11月。数据库中的数据包括审稿专家发表文献特征信息、文献的基金信息、文献被收录期刊来源及期刊复合影响因子、h指数等内容数据,基本涵盖了审稿专家学术领域特征。当有来源稿件需要分配审稿专家时,该平台可以利用具有审稿专家遴选逻辑功能的评价体系算法对数据库中的审稿专家信息进行分析,获取与来源稿件相关的审稿专家排序信息。通过进一步对审稿专家与来源稿件相关的数据库数据进行二次分析和可视化,该平台可以将审稿专家与来源稿件相关的学术领域特征通过人机交互界面展现给期刊编辑。

该平台使用了一个具有审稿专家遴选逻辑功能的评价体系算法,该算法由关联度评价、传播效应评价和专长吻合度三个指标联合而成,使用目标优化矩阵法进行评价。关联度评价指标评价了来源稿件与审稿专家发表文献之间的文本关联度高低;传播效应评价指标则评价了审稿专家发表文献在分享和传播过程中形成的影响力高低;专长吻合度评价指标则评价了审稿专家在与来源稿件相关的研究领域的擅长程度高低。

图 11　ChatGPT 的自动排版

[SO] 分析肿瘤学近5年热点,进行期刊论文选题

[ChatGPT] 近年来,肿瘤学领域的研究热点主要包括以下几个方面:

1. 免疫治疗:免疫治疗是近年来肿瘤学研究的重要方向之一,包括抗CTLA-4抗体、PD-1/PD-L1抑制剂等,这些药物可以激活患者自身免疫系统来攻击肿瘤细胞。该领域的研究主要集中在寻找新的免疫治疗靶点、优化免疫治疗方案等方面。
2. 基因组学:基因组学在肿瘤学研究中的应用越来越广泛,包括肿瘤基因组的测序分析、癌症驱动基因的鉴定等。近年来,单细胞测序技术的应用也让研究人员能够更好地了解肿瘤细胞的异质性和进化规律。
3. 液体活检:液体活检是一种无创的肿瘤检测方法,可以通过血液、尿液等体液中的肿瘤标志物来检测肿瘤病情和预后。近年来,该领域的研究主要集中在探索液体活检的临床应用和开发更灵敏、特异的液体活检技术等方面。
4. 人工智能:人工智能在肿瘤学领域中的应用也越来越受到关注,包括利用机器学习算法分析肿瘤图像、预测患者的预后等。近年来,研究人员还探索了人工智能在精准医疗和药物研发方面的应用。

基于以上研究热点,以下是几个可能的期刊论文选题:

1. 免疫治疗方案的优化:分析不同免疫治疗方案的疗效和不良反应,探索如何优化治疗方案,提高免疫治疗的疗效。
2. 基于基因组学的肿瘤治疗:通过对肿瘤基因组的测序分析,鉴定癌症驱动基因,并探索基于这些基因的精准治疗方法。

图 12　ChatGPT 的策划选题

2 人工智能技术在未来期刊发展中的辅助应用

随着技术的不断进步，在未来人工智能技术可以被应用于更加智能化、自动化的期刊运营管理，实现编辑排版一体化，以此来帮助编辑更高效地完成出版工作，减少人力成本和时间成本。在与读者和作者的交流方面，可以保持良好的互动与个性化服务，增强用户黏性。总之，人工智能技术在未来期刊发展中有很大的潜力和应用前景。

2.1 期刊管理方面

人工智能技术可以帮助期刊管理人员实现自动化期刊工作流程，如自动化审稿流程、自动化排版和印刷流程，从而提高工作效率和质量，在基本编辑审稿流程之外，还可以用来帮助期刊编辑评估读者对期刊的反馈和意见，从而提高期刊的质量和服务。而且，人工智能技术还可以帮助期刊编辑和管理人员优化期刊运营。如可以分析期刊的收入和支出情况，优化期刊的出版周期和费用结构，从而提高期刊的经济效益和可持续发展。

2.2 读者服务方面

人工智能技术可以用于期刊内容的智能化推荐和个性化服务。根据读者的兴趣和阅读历史，为读者提供相似文献，从而提高读者的阅读效率，提高期刊的用户体验和满意度。人工智能技术还可被应用于改善读者的阅读体验。如可以自动生成文章摘要、目录、图表说明等内容，这些内容可以让读者更快地了解文章的内容和结构。还可以生成自然语言描述的图片和视频，让读者更深入地理解文章中的概念和实验结果。进一步发展还可以被应用于期刊的智能问答系统中，帮助读者更快速地获得所需信息和解决问题。当读者向人工智能提问关于期刊的问题，人工智能会根据问题类型和相关文章进行回答和解答。

此外，人工智能技术可以帮助期刊编辑和作者构建学术知识图谱，运用可视化的方式帮助读者更好地掌握相关领域的知识。如可以分析期刊的文章和作者，找到相似的研究主题和领域，并将它们关联到知识图谱中。

人工智能技术还可以帮助期刊编辑和作者添加新的节点和关系到知识图谱中，从而扩展和完善知识图谱的内容和结构。

2.3 期刊交流方面

人工智能技术可用于期刊的自动化翻译和跨语言出版，使得期刊可以更加便捷地在不同国家和地区之间传播和共享，促进国际学术交流和合作。还可以帮助期刊编辑和作者进行学术交流和合作。例如，可以分析期刊的文章和作者，找到相似的研究主题和领域，从而促进作者之间的合作和交流。此外，人工智能技术还可以帮助期刊编辑和作者发现学术会议和研讨会，从而促进学术交流和合作。最后人工智能技术还可以被应用于期刊的社交媒体营销和推广中，提高期刊的知名度和影响力。

3 结束语

综上所述，相比传统的编辑方式，人工智能技术可以根据不同的研究主题和学科领域，生成更为专业和科学的文本内容，提高编辑的生产效率和工作质量。此外，人工智能技术可以为期刊编辑更为准确和客观的第三方评价，提高评审的质量和可信度。而且因为传统的编辑方式可能会受到编辑人员个人知识和经验的限制，而人工智能可以通过大规模的数据分析和学习，生成更多样化和创新性的文本内容。这样在期刊编辑时可以提供更多的选择和灵感，从而给出新的评价思考视角，推动期刊编辑的创新发展。总之人工智能技术可以在很大程度上优化期刊编辑和出版的流程，减轻编辑和审稿人的工作量，提高工作效率和准确性，并减少稿件处理的时间，起到缩短出版时滞的重要作用。

然而，与任何技术一样，它也存在潜在的风险和挑战，这需要我们进行多方努力，以确保人工智能技术的可持续性和适用性。对于学术界来说，最重要的问题是学术不端问题。为了保障学术研究的诚信和可靠性，我们需要从多个方面入手。首先，研究人员应该明确写作的法律边界，遵守学术道德准则，进行自我监督，尊重他人的知识产权和学术成果，并保持诚实且公正的态度。因为ChatGPT无法为自己的行为负责，所以ChatGPT无法拥有内容的"署名权"，这就要求作者要为其作品负法律责任[9-10]。在研究过程中，不应该隐瞒数据、篡改研究结果或抄袭他人成果等行为。所以人工智能技术只能用于改善文章的可读性，而不能取代关键的研究任务。如果用该技术进行稿件的撰写和编辑，那么该类的情况必须在稿件内标明[11]。目前已有期刊提议，作者如有使用，那么必须也要说明使用的程度，以便读者更好地理解和评估研究成果的可信度和价值[12]。

除了研究人员自我监督外，学术机构、期刊编辑和审稿人员也应该加强监督和管理。学术机构可以制定更为严格的规定和管理制度，建立专门的学术不端检测机构，定期对研究成果进行审查和检测。期刊编辑和审稿人员也应该加强审稿流程，遵循严格的审稿标准和程序，确保论文的可信度和可靠性。只有共同维护学术研究的诚信和可靠性，才能够为科学研究的发展提供坚实的基础和支持[13]。

此外，我们还需要考虑期刊编辑和作者对人工智能技术引发的新编辑方式和工作流程的适应性。类ChatGPT技术的出现会使期刊编辑和审稿人员的工作变得过时，从而导致他们失业。因此，我们需要确保人工智能技术与人类编辑和审稿人员之间的合作关系，用新技术来指导编辑人员以提高生产效率和质量，而不是代替他们。同时，我们还需要为期刊编辑和作者提供相关的培训和教育，以便他们能够适应这种新的编辑方式和工作流程。目前已经有期刊要求对本编辑人员进行此类技术的培训，以便更好地保证学术严谨[14]。

总之，人工智能技术在期刊编辑和出版领域具有广泛的应用前景和潜力，但也存在一些潜在的风险和挑战。因此我们需要进一步探索和研究人工智能技术在期刊发展中的潜在应用，用技术和制度会规避可能的风险，只有这样，我们才能充分发挥人工智能技术的优势，为期刊编辑和出版领域带来更多的创新和发展。

参 考 文 献

[1] MOREIRA I, RIVAS J, CRUZ F, et al. Deep reinforcement learning with interactive feedback in a human-robot environment [J]. Applied Sciences-Basel, 2020, 10(16):5574.

[2] HILL-YARDIN E L, HUTCHINSON M R, LAYCOCK R, et al. A Chat(GPT) about the future of scientific publishing[J]. Brain, Behavior, and Immunity, 2023,110:152-154.

[3] 陆宜新.学术期刊编辑的学术不当与不端行为辨析及防范[J].编辑学报,2023,35(01):82-85.

[4] 杨莉娟.科技期刊编辑初审的重要性及工作措施研究[J].传播与版权,2022(1):44-46.

[5] 付伟棠.我国学术期刊同行评议研究综述[J].中国科技期刊研究,2019,30(8):819-826.

[6] 艾云,张威,郭娟.科技期刊编辑在同行评议中的作用[J].传播与版权,2018(12):32-33.

[7] 徐刚珍.同行评议在科技期刊应用中存在的问题及对策[J].中国科技期刊研究,2009,20(4):696-698.

[8] 谭晓萍.学术探索社科学术期刊高质量发展中的中国特色构建[J].科技与出版,2022,41(3):148-154.

[9] VAN DIS E A M, BOLLEN J, ZUIDEMA W, et al. ChatGPT: five priorities for research[J]. Nature, 2023, 614(7947):224-226.

[10] BOB S. ChatGPT as an author of academic papers is wrong and highlights the concepts of accountability and contributorship[J]. Nurse Education in Practice, 2023, 68.

[11] JOAQUIN S. Artificial intelligence and the creation of scientific papers[J]. Journal of Shoulder and Elbow Surgery, 2023, 32(4).

[12] AKSELI G. ChatGPT in research: balancing ethics, transparency and advancement[J]. Neuroscience, 2023, 515.

[13] 令小雄,王鼎民,袁健.ChatGPT 爆火后关于科技伦理及学术伦理的冷思考[J].新疆师范大学学报(哲学社会科学版),2023,44(4):123-136.

[14] S R, E K. Elevating scientific writing with ChatGPT: a guide for reviewers, editors… and authors[J]. Anaesthesia, Critical Care & Pain Medicine, 2023, 42(3).

eLife 发表新模式下对同行评审的思考

姜 旭[1]，谭玉燕[1,2]

(1. 上海交通大学医学院附属瑞金医院《转化神经变性病(英文)》编辑部，上海 200025；
2. 上海交通大学医学院附属瑞金医院神经内科，上海 200025)

摘要：介绍eLife从2023年开始采用的新的同行评审模式。eLife发表新模式改变了传统学术出版中同行评审的目的，通过公开了同行评审意见更有效地传达审稿人和编辑的想法，并且提高了审稿的公开透明性，赋予作者更多自主权。在总结其特点和创新性的同时，结合传统的同行评审模式，思考eLife发表新模式带给我们关于同行评审的启示。

关键词：同行评审；eLife；审稿透明性

同行评审是指研究人员阅读、仔细分析研判，并评论其同行工作的一种活动，通常是指对论文的质量、原创性、理论和经验的可靠性进行评审，给出评审意见，作为出版机构选录论文的主要依据[1]。同行评审是学术体系自我控制的重要方式，对于出版机构而言，是一种最为重要的质量控制方式。同行评审至今已有至少 290 年的历史，最初萌生于英国伦敦皇家学会和法国皇家科学院创办的 *Philosophical Transactions* 和 *Journal des Sea vans*。18 世纪早期，英国爱丁堡皇家学会同样对送交的待发表材料引入了审核过程。随着科学的深入发展，同行评审的侧重点也从最初的道德审查或政治审查转变为由领域内的专家主导科学研究与学术创新，使得学术论文的专业性大大提高[2]。近年来，随着"开放科学"概念的产生和发展，陆续出现了许多新的概念和出版模式(例如预印本)。预印本由于其能够缩短论文发布时滞，确立科研人员成果首发权，自 2013 年以来，逐渐发展成为一种以开放获取、学界自治为主导的学术交流模式[3]，并且逐渐建立了与期刊的合作关系模式。与此同时，同行评审作为文章发表过程中最为重要的一个环节，一直颇受关注。例如，王海蓉[4]探讨了在"开放科学"的热潮下，开放同行评议的价值以及对期刊的学术影响力和社会传播力的影响；姚占雷等[5]总结了现行的开放同行评审模式，并且根据不同模式的特点将同行评审模式分为完全开放式同行评议、透明同行评议和开放评论式同行评议 3 种模式。程冰等[6]介绍了目前国外期刊正在采用的同行评审创新实践，例如小组/协作式同行评议，众包式同行评议和注册报告式同行评议等。

2022 年 10 月 20 日，eLife 宣布将从 2023 年起不再采用传统的论文"接收/拒绝"的同行评审模式，而是将所有经过了同行评议的预印本文章，不管评审意见如何，都在其官网上发表，同时也在网站上公开 eLife 编辑的评价意见和同行评审意见。eLife 的这一改革引起了科研界和期刊界的广泛关注。本文中，笔者对 eLife 发表新模式的特点进行了总结，并思考这一新模式

基金项目：中国科技期刊卓越行动计划(B-027)

对传统的同行评审模式所带来的启发。

1 传统同行评审的特点

目前，全球大部分的学术期刊采用"先评审再发表"的出版流程，同行评审则是这个过程中监督学术质量的一个重要环节，编辑继而参考评审意见，对文章做出接受出版或拒绝出版的决定。在学术出版过程中，传统的同行评审具有以下特点：①同行评审由编辑邀请，一般为2~3人；②评审的目的是看文章是否适合发表，并向作者提供审稿意见反馈，帮助提高质量；③同行评审模式一般是单盲或双盲评议，强调匿名性和公平性，评审专家与作者没有直接的互动；④同行评审遵循期刊正式的程序，在出版前进行；⑤一篇文章从投稿到接受发表，需要经过两轮以上的同行评审；⑥同行评审具有选择性；⑦同行评审意见在编辑决定录用或拒绝发表的过程中占据重要作用，但最终做决定的是编辑。

2 eLife 发表新模式下的同行评审

2022年10月20日，eLife宣布将从2023年起不再采用论文"接收/拒绝"的规则，而是将所有经过了同行评议的预印本文章，不管评审意见如何，都在其官网上发表，同时也在网站上公开eLife编辑的意见和同行评审意见，及作者针对评审意见的答复。根据eLife官网所公布的信息(https://elifesciences.org/inside-elife/54d63486/elife-s-new-model-changing-the-way-you-share-your-research)，eLife之所以进行这个改革，主要是出于两个目的：①从作者角度出发，改变传统模式下同行评审缓慢、反复、冗长的作者体验；②从学术体角度出发，将审稿人辛苦完成的评审意见充分利用，避免传统模式下文章被拒稿后，同行评审意见也随之束之高阁的学术资源浪费。

这种新的出版过程共包括五个环节：①作者投稿，编辑通知作者是否进行同行评审；②编辑邀请领域专家进行同行评审，同时收取发表费(2 000美元)；审稿结束后，将eLife评价意见和同行评审意见发送给作者；③期刊将文章连同eLife评价意见和同行评审意见一起发表在eLife网站上，作者也可以按照自己的意愿，决定是否提交一份针对这些意见的答复；④作者自己决定是否修改文章、修改的内容，以及再次投稿的时间；⑤"记录版本"发表，即作者可以选择将文章以"记录版本"的形式进行发表，在进行了作者校样和期刊政策审查后，eLife将文章发给PubMed进行收录。

eLife认为，这种"先出版，后评论"的方式具有预印本快速和公开的特点，使得一篇文章能在评审结束后数周内就能上线发表，同时又公开了所有的同行评审意见，包括在传统的"先评审再发表"模式中本该被拒绝发表的文章的评审意见，极大地实现同行评审的价值。

3 eLife 发表新模式中对同行评审的几点创新

笔者认为，eLife发表新模式在以下方面对同行评审进行了创新或改变。

3.1 理念创新

eLife发表新模式改变了学术出版中同行评审的目的，不再以判断文章是否适合发表为目的，而是强调"所有的研究都应该有机会发表"的理念，弱化了期刊对同行评审的影响。eLife认为，传统的"先评审再发表"模式根源于20世纪在昂贵的印刷和邮发代价下的无奈选择，在纸质版面有限的情况下只能通过同行评审来确定发表哪些文章。而如今，在科技的高度发展下，学术出版早已突破了纸质的束缚，建立了在线的投审稿系统，文章发表形式也由电子版取代了印刷版。在这样的转变下，纸质媒介的限制已不复存在，学术出版的发表模式也应与时俱进。eLife 提出的新发表模式，其实是将出版前进行的同行评审过滤作用放到了研究论文的实际交流之后(即先发布再过滤)，弱化了期刊影响因子对同行评议的影响。

3.2 扩大了同行评审的价值

eLife 发表新模式公开了同行评审意见，这比传统的只给"接收/拒绝"的方式能更有效地传达审稿人和编辑的想法。众所周知，同行评审专家在审稿过程中往往投入了大量的时间和精力，提出了很多宝贵的有助于提升文章质量的意见。而在传统的"先评审再发表"模式中，同行评审的意见最终都压缩成了"接收/拒绝"两种结果，对于拒绝的稿件，其同行评审意见往往无法发表出来，造成了同行评审资源的巨大浪费，而且也不利于科学交流。eLife 发表新模式则在这个方面进行了创新。

3.3 提高了审稿透明性

eLife 发表新模式进一步提高了审稿的公开透明性。在传统的模式中，同行评议模式强调匿名性和封闭性，因此存在透明度不够、评议结果可信度降低、缺乏对评审过程的监督等缺陷，这些问题也一直受到学术界的持续关注。随着 20 世纪 90 年代开放科学运动的兴起，开放同行评议快速发展起来。在 eLife 之前，国外已有不少主流期刊开始推行透明同行评议，即审稿人根据自身的意愿选择公开身份或保持匿名，同时公开其评审意见。继 Nature Communication 和 Genome Biology 之后，Nature 也于 2020 年 5 月宣布将以匿名公开评审意见以及后续回复内容的形式试点透明同行评议。虽然透明同行评议还在发展初期阶段，并且也有研究发现"公开评审对于评审质量、发表建议或评审所需时间没有重要影响，但显著增加了审稿人拒绝评审的可能性"[7]，但是其有利于推动形成"客观、公平、公正、公开"的同行评议活动，并且公开的评审意见也会启发读者自己的研究工作。

3.4 创新了作者和审稿人两方的立场关系

eLife 发表新模式将自主权交给作者，由作者自己决定是否要根据评审意见修改文章，削弱了同行评审意见对于作者的强制性。这在一定程度上是对作者和审稿人两者立场的创新，eLife 认为通过此举，只要作者觉得可以，就可以自由且开放地与同行分享自己的工作。

4 对 eLife 发表新模式中同行评审的思考

4.1 不应忽视期刊传统的"先评审再发表"模式在促进科学发展过程中的作用

诚然，"先评审再发表"最初是由于资源的短缺而不得不做出的选择。虽然随着科学的发展，这些束缚不在了；但与此同时，从事学术研究的人不断增多，研究产出也越来越多，"先评审再发表"的出发点实际上也从最初的"受制于资源的短缺"转变为"把控文章质量，使其达到期刊的发文要求"。在传统的"先评审再发表"模式中，期刊通过实行严格的同行评审，选择文章质量已经达到发表要求的文章进行发表。这样的举措有利于规范学术发表，通过趋于一致的学术标准提高学术发表的严肃性，确保发表的文章是有研究意义的、有扎实的数据支撑的，是具有可读性的。这是对学术团体负责任的表现。至于"所有的研究都应该有机会发表"的理念，事实上，目前全球有数万种期刊，仅我国就有近 5 000 种科技期刊，这些期刊都有自己的办刊理念和期刊定位。研究的论文可能在书写质量、创新性、研究意义等方面各有上下，但只要是研究有意义的，且具有数据支撑，都会找到适合的期刊进行发表。

相反，为了"所有的研究都应该有机会发表"的理念而实行全盘接受就显得有点操之过急，可能会导致一批质量较低的文章未经修改便发表在网上，破坏了科学发表的严肃性。例如，笔者注意到 elife 网站上发表的一篇文章(https://elifesciences.org/reviewed-preprints/80494)，同行评审意见指出文章的实验设计存在缺陷(缺少对照组)，实验逻辑不清，数据不足以支撑结论等比较严重的问题。像这种情况，在文章还未进行修改完善的情况下，直接发表出来，那这样的文章该不该读？如果读者不加以分辨，直接在这个可能错误的结论基础上进行研究，便会造成错误的投入，阻碍科学发展。如果作者要加以分辨，那就要花更多的时间和精力去找到高质量文章，也会造成时间和精力的浪费。

4.2 eLife 发表新模式是加快文章发表、提升作者体验的合适方案吗？

在传统的"先评审再发表"模式中，为了能达到发表要求，作者需要经过一轮或多轮修改、补充和再评审后才能正式发表出来，而更多的论文则是被拒收，进而投给第二个、第三个期刊，进行多次的同行评审，耗费了大量的时间。因此，缩短发表时间，提升作者体验，一直是学术期刊的提升目标和讨论话题。eLife 发表新模式也将其作为了目标之一，通过把出版前进行的同行评审过滤作用放到了研究论文的实际交流之后，加快文章发表。笔者赞同 eLife 的初衷，但是认为它的举措过于激进。当同行评审不再充当把门人的角色后，文章的发表就更像是一种论坛发帖子的做法，同行评审也就失去了审核的作用，这样的话，加快文章发表的意义也有限。

笔者认为，加快同行评审的一个合适的方式是期刊间分享评审意见，这需要依靠政策或由一个组织者将越来越多的同领域期刊集合起来，形成共享团体；同时，积极向审稿人传达共享的意义，让他们解除顾虑，以开放的态度，同意将自己的评审意见转移给其他期刊。例如，笔者所在的《转化神经变性病》(*Translational Neurodegeneration*)在给每位审稿人的审稿单中都会列出一个 Transfer Authorization 选项，请审稿人选择在稿件被拒绝接受后转移至下一个期刊时，是否同意将其审稿意见一并转移，以及是否同意公开其身份信息给下一个期刊。审稿人若选择"同意审稿意见转移"，系统便会在匿名或公开身份信息的情况下，自动将审稿意见转移给下一期刊。如此，便避免了反复的同行评审过程，主编或编辑可以根据自身期刊的发表要求，参考转移来的审稿意见，直接做出决定。此外，设置合理的审稿单，及时向审稿人传达期刊的定位和标准，引导审稿人高质量、高效地进行同行评审，也有助于加快文章的处理过程。

4.3 从 eLife 发表新模式中展望同行评议的持续性

不同于传统的同行评审"一锤定音"的决定方式，eLife 发表新模式强调了同行评议的持续性，不管处于哪个阶段，只要作者愿意根据审稿意见修改并再投，同行评审就可以一直延续下去，没有尽头。笔者认为，这样的观念让学术出版回归了本质，即科学的无止境性，值得赞同。一篇文章的出版并不是结束，而是一个新的科学讨论的开始。在传统的同行评审模式中，期刊往往注重发表前的同行评审，但是在文章发表后没有花很多的精力提供一个讨论平台。事实上，对常规出版模式来说，文章发表之后，所谓的"同行评议"并没有结束，而是进入了由读者主导的"同行评议"环节。有些期刊在收到读者评论后，会将评论发给作者进行回答解释，最后将双方的来信内容以"读者评论"和"作者回答"的形式发表出来。这也是一种讨论的形式，但是这种形式是比较被动的，读者和作者之间的沟通也是通过期刊编辑进行，而非直接的交流。期刊可以通过多种举措，鼓励读者进行"同行评议"，开展科学交流，举措可以是多样化的,例如,完善期刊网站建设,为每篇文章设置专门的读者-作者互动功能,鼓励双方直接交流讨论;在征得审稿人同意的条件下,开放审稿环节中的同行评审报告,激发读者思考;通过各种新媒体手段,将读者和作者纳入一个小圈子,增强双方的互动等。

5 eLife 发表新模式可能带来的后果和解决方案思考

5.1 在学术界引起轩然大波,产生巨大争议

eLife 发表新模式在审稿人的"守门人"角色、内容质量把关等方面与现行的传统模式具有巨大反差,可说是对主流的同行评审模式进行了颠覆,且不说在学术圈引起了轰动,就连编辑部内部也是纷争不断。据新闻报道和 Twitter 社交媒体的信息,eLife 的编辑们不满于主编 Michael Eisen 这种冒进的改革,认为这些举措可能会损害 eLife 的学术声誉。2023 年 3 月 9 日,包括该杂志的前主编、2013 年诺奖得主——Randy Schekman 在内的 29 位 eLife 编辑联名致信 eLife Sciences Publications 的执行董事 Damian Pattinson,要求立即撤换主编 Michael Eisen,他们在信中声称"大量期刊的审稿人和高级编辑随时准备辞职"。

5.2 新模式可能会使得同行评审变为一种形式,降低审稿人的积极性

审稿人在同行评审的过程往往付出了大量的时间和精力来对科学内容进行评价,他们之所以愿意付出巨大的精力来投入这个过程,是本着科学共同体的出发点,通过自己的知识和学识,告知作者进行哪些修改来提升文章的科学性以此带动科学的发展,保证发表内容的质量。而新模式减弱了同行评审的重要性,当一篇文章不管收到什么样的评审意见,都能发表,审稿人的积极性势必会减弱。那审稿意见的意义何在?本该用来提高文章质量的审稿意见,结果只是公开在网上供读者阅读,那就有点本末倒置了,难免变得形式主义。

5.3 新模式可能会影响期刊对读者的吸引力

正如上文所说,新模式无法对发文内容质量有充分的保证,可能会让期刊的声誉有损。虽然这一新模式实现了"快"和"透明性",但对于期刊来说,"质量"才是发展的根本。以质量为代价追求"快"和"透明性",是一种本末倒置的做法。没有一套全面的质量控制体系,就无法保证期刊的质量,长此以往,只会损耗期刊的声誉,也会失去期刊获得优秀文章的竞争力。据 Web of Science 数据库显示,截至 2023 年 7 月,eLife 在 2023 年发表的文章为 632 篇(图 1)。2022 年,在实行传统审稿模式进行筛选的条件下,eLife 全年发表的文章量为 1 900 篇,算上在同行评审后被拒稿的文章,可以看出,在今年实行了新模式后,投稿量有了很大的下降,说明这个新模式让许多作者在选择 elife 投稿时变得很谨慎,也由此让 eLife 损失了很多潜在的作者。

产生以上这些担忧或问题的最大原因是这个新模式有个最大的风险,即可能会让机会主义者有机可乘。学术圈中无法避免地存在小部分机会主义者。新的模式去除了对作者的约束,文章的发表可能就会意味研究的结束,不会再根据审稿意见进行后续的实验补充或实验修改,不仅削弱了期刊的学术声誉,而且也会让审稿人觉得付出并没有实现应有的价值。目前,由于新模式实行时间还很短,无法对这些问题进行全面客观的数据分析。为了解决这些问题,让新模式更具信服力,杂志可以对作者增加适当的约束,比如,针对 2 年内没有改进或修改的文章,或者常年没有跟进或反应的文章,对作者进行提醒,或者要求作者给出不做修改的原因,以此来推动文章的完善,也让审稿意见的意见回归本色。

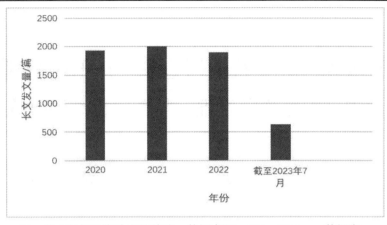

注：长文包括研究论文和综述。数据来源：Web of Science 数据库。

图 1 2020—2023 年 eLife 每年的长文发文量统计

6 结束语

虽然 eLife 发表新模式在同行评审方面进行了多方面创新，但是，相比传统的出版模式，还有很长的路要走，面临很多新的挑战。例如，这种没有经过同行评审筛选的发表模式，是否会造成发表大量质量参差不齐的文章？另外，鉴于有研究显示"公开审稿人信息使得审稿人语调更有礼貌，不像匿名评审一样可以没有顾忌地提出批判性意见"[8]，透明同行评议是否会导致审稿意见更为温和？尤其是在 eLife 发表新模式下，过于温和的评审意见会不会让读者忽略掉一些关键的信息，从而错误判断文章的质量？但另一方面，eLife 发表新模式也带给我们一些启发，例如，需要通过多种举措提高同行评审的效率和利用率，减少反复多次的同行评审，提高作者的投稿体验，以及重视持续性的同行评议对科学发展的积极意义。eLife 发表新模式能否实现其初衷，还需要时间来评判。

参 考 文 献

[1] 王凤产.科技期刊开放性同行评议案例研究[J].中国科技期刊研究,2018,29(3):242-247.
[2] 徐书令,房威.学术论文同行评审:过去·现状·未来[J].编辑学报,2016,28(6):535-538.
[3] 雷雪.预印本与科技期刊的融合发展研究[J].编辑学报,2022,34(6):662-667.
[4] 王海蓉.期刊开放同行评议的价值、机制及应对策略研究[J].编辑学报,2023(2):147-151.
[5] 姚占雷,李美玉,许鑫.开放同行评议发展现状与问题辨析[J].编辑学报,2022(2):142-148.
[6] 程冰,彭琳,杜杏叶,等.学术期刊同行评议创新实践与启示[J].中国科技期刊研究,2022,33(5):602-609.
[7] 王凤产.同行评审的新趋势[J].编辑学报,2018,30(5):547-550.
[8] 王琳.科技期刊同行评议内容公开的现状调研及策略建议[J].中国科技期刊研究,2022,33(6):776-783.

提高人文精神在科技期刊中的影响力
——以《中国细胞生物学学报》特色栏目《科学人生》为例

李梓番，李 春，钱倩倩，陈志婷

(中国科学院分子细胞科学卓越创新中心/生物化学与细胞生物学研究所，
《中国细胞生物学学报》编辑部，上海 200031)

摘要：以《中国细胞生物学学报》为例，阐述其《科学人生》特色栏目的意义及特点，并分析其对本刊学生读者群、青年科学家读者群以及科技期刊编辑的影响。该栏目展现了科学家精神的魅力，让学生、青年科学家等科研工作者对学科发展有了更深刻的认识，并鼓励他们在本领域奋力前行。该栏目的设置不仅对于学报提升品位、扩大影响有一定的现实意义，而且可以提高人文精神在科技期刊中的影响力，增强文化自信，促进学科发展。

关键词：人文精神；科学家精神；科技期刊；《中国细胞生物学学报》；特色栏目

文化是一个国家、一个民族的灵魂。习近平总书记在党的十九大报告中强调了文化自信和文化繁荣兴旺在中华民族复兴的道路上起着举足轻重的作用，激发了全民族文化创新力，建设社会主义文化强国已经成为重要的时代话题。目前，在中国文化"走出去"国家战略推动下，"讲好中国故事""传播好中国声音"，树立文化自信已然十分重要。中华文化思想凝聚着中华哲学思想、人文精神、思维方式、价值观念等。科学家精神是科技工作者在长期科学实践中积累的宝贵的人文品质，是巨大的精神财富。《中国细胞生物学学报》(以下简称"学报")创刊于 1979 年，2019 年为纪念创刊 40 周年，为了不忘创刊初心，牢记办刊使命，学报特举办了一系列纪念活动，设立多个特色栏目，其中《科学人生》栏目刊出的文章得到了科研院所、医疗机构以及各大高校等从事细胞生物学及其相关领域研究人员的一致好评。《科学人生》栏目主要介绍老一辈细胞生物学及相关领域的科学大家的科学人生故事。《科学人生》栏目不仅讲述了老一辈科学家一生的科学成果，也展示了他们求真务实、高瞻远瞩、孜孜不倦、持之以恒的科研精神，这是他们传承给后辈的巨大精神财富。人类社会之所以能不断发展、进步，传承是最为重要的因素[1]。作为科技传播平台，我们更有责任和义务讲好科学家故事，弘扬科学家精神，提高人文精神在科技期刊中的影响力，助力学科的发展。

本文以学报特色栏目《科学人生》为例，介绍了该栏目的特点和意义，弘扬了老一辈科学家精神，探讨了人文精神对本刊读者群的影响，以期为科技期刊同仁提供借鉴。

1 《科学人生》特色栏目的简介

《科学人生》栏目是学报创办的特色栏目，主要介绍细胞生物学或相关领域老一辈科学家的科学人生，2013 年 10 月，学报刊出了第一篇《科学人生》文章，其题为《郑国锠——中国植物细胞生物学的开拓者》[2]，是由中国著名植物细胞生物学家郑国锠院士的学生贾鹏飞执笔的一篇介绍郑国锠先生科学人生的文章。文章不仅抒发了作者对郑先生的怀念之心，也展示了郑先生的科研工作，同时让我们领略了郑老的科学风采。郑先生的正直无私、淡泊名利、为人谦和的高尚品格和持之以恒、坚定信念的治学精神都值得我们后辈学习。

2 《科学人生》系列文章刊出的背景

2.1 时代背景

"讲好中国故事""传播好中国声音"，不仅要讲好当下的故事，也要不忘历史。在这样的时代背景下，正值本刊创刊 40 周年。本刊将《科学人生》栏目作为创刊 40 周年纪念活动之一，力争讲好中国故事，尽好科技传播平台的责任。

2.2 期刊策划背景

2018年4月9—10日，学报在南京召开了第七届编委会第二次工作会议，会议期间各位编委建言献策。《科学人生》栏目主要是针对细胞生物学及相关领域的奠基人和开拓者的科学人生故事进行讲述的。于是，从我国细胞生物学相关领域作出卓越成就的奠基人和开拓者着手，初步拟定了传记人物对象名单。例如：著名的实验生物学家、细胞生物家、生物物理学家和教育家，我国实验生物学和细胞学的开拓者之一和生物物理学的奠基人和开拓者——贝时璋先生[3]；著名的细胞生物学家、实验胚胎学家和生殖生物学家——薛社普先生[4]；著名的细胞生物学家、卓越的实验胚胎学家，我国细胞生物学和发育生物学的创建人和奠基人之一——庄孝僡先生[5]；伟大的生物学家、严谨的实验胚胎学家，显微操作的开拓者、我国克隆之父——童第周先生[6]；我国原生动物细胞学及实验原生动物学的创始人和开拓者——张作人先生[7]；著名的生理学家、组织化学家和细胞生物学家——汪堃仁先生[8]；细胞生物学奠基人、教育家——汪德耀先生[9]；著名的分析细胞学家——薛绍白先生[10]；著名植物生理学家，引领植物细胞培养、植物发育生物学研究的许智宏先生[11]；著名的分子细胞生物学家、免疫学家郭礼和先生[1]；著名的细胞学生物学家、实验生物学家朱洗先生；著名的细胞生物学家，细胞超微结构、放射生物学、病毒与细胞生物学等领域从事科研与教学的翟中和先生；等等。由于传记文章需由非常熟悉老一辈科学家的人来执笔，比如他们的弟子、同事、秘书或者家人，于是，我们采用特别邀请的约稿方式，通过联系老专家退休前所在的单位，或由单位组成"撰写工作小组"，或由单位推荐合适的人选再进行约稿。2019年1月—2021年6月，本刊《科学人生》栏目共向读者展示了10位老一辈科学家的科学风采，其中包括：贝时璋先生[3]、薛社普先生[4]、庄孝僡先生[5]、童第周先生[6]、张作人先生[7]、汪堃仁先生[8]、汪德耀先生[9]、薛绍白先生[10]、许智宏先生[11]以及郭礼和先生[1]，他们对中国细胞生物学学科发展有着重要的意义。很遗憾，还有一些对我国细胞生物学学科发展有着推动性作用的科学家的故事，还未进行介绍，本刊今后将继续推动该栏目的持续发展。

2.3 文章的创作背景

当学报编辑部向中国科学院遗传与发育生物学研究所、中国科学院生物物理研究所、厦门大学生命科学学院分别发出撰写童第周先生、庄孝僡先生和汪德耀先生科学人生的邀请时，这些单位高度重视，当即成立了一个"撰写工作小组"，搜集相关资料，决定执笔人，并负责后期催稿和审稿等相关工作。在撰写汪堃仁先生的"科学人生"时，汪先生的家人也积极提供相关事迹以及珍贵的影像资料。学报于 2021 年 6 月刊出的前主编郭礼和先生的人物传记是由郭先生的秘书、17 位学生以及中国科学院分子细胞科学卓越创新中心众多工作人员经过翻阅档案资料、口述亲身经历等撰写成文的。

学报讲述的每一篇老一辈科学家的科学人生故事，都本着严谨、真实的态度，展示了老一辈科学家的精神、风采。

3 《科学人生》栏目的影响力

3.1 对读者群尤其是学生读者群的影响

相当大的一部分细胞生物学及其相关专业的在读本科生和硕士生对本学科的发展了解甚少，学科发展史是人们对过去科学现象及前人经验的概况和总结，了解学科的发展能帮助科研工作者更好地进行科学研究。针对《科学人生》栏目在读者群中的影响，我们设计了一份调查问卷，调查对象主要针对学报的学生读者群，调查问卷以两种形式发送(共发送 500 份)。一是，在中国生物化学与分子生物学会 2019 年全国学术会议•太原、第二届全国肿瘤细胞生物学年会•天津和 2021 棒棰岛肿瘤前沿论坛•大连等会议期间，以纸质问卷的方式分发给参会的学生代表；二是，以电子邮件问卷方式发送给学报可靠的读者群(电子目录推送及近期的作者群)。问卷共设置 6 道题，其中前 3 道为是非选择题，分别为：近期是否阅读过学报？阅读的当期是否有《科学人生》栏目？是否阅读过当期的《科学人生》栏目？统计以上 3 个问题的答案均为肯定的问卷共有 25 份。问题 4 和问题 5 是关于调查对象在阅读前后对该篇文章介绍的科学家的了解程度。问题 6 是阅读该栏目文章后是否对调查对象在本领域的学习有所帮助。调查结果显示，阅读该栏目前，调查对象完全不认识和不太了解当期《科学人生》老一辈科学家的人数分别为 40%、32%，而通过阅读该栏目后，完全不认识和不太了解的人数均降为 0，且阅读后了解和熟悉的人数合计共占 100%，如图 1 所示。结果显示，100%的读者认为该文章对其今后的学习和研究有所帮助，如图 2 所示。这更加体现了该栏目设置的必要性。以史为鉴，开创未来，历史是最好的教科书，老一辈科学家的精神就是本学科的精神支柱，是推动青少年前进的动力。

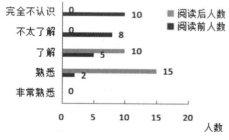

图 1 阅读《科学人生》栏目前后调查对象
对当期老科学家的了解程度

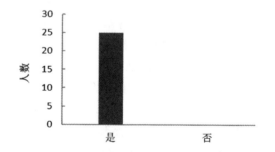

图 2 阅读《科学人生》栏目对学习是否有帮助

3.2 对青年科学家的影响

以铜为镜，以正衣冠；以史为镜，以知兴替；以人为镜，以明得失。学报《科学人生》栏目展示出老一辈科学家精神，无论是胸怀祖国的爱国精神，还或是高瞻远瞩的创新精神，或是求真求实的治学精神，或是永不停息的求学精神，抑或是舍身忘我的奉献精神，又或是奖掖后学的育人精神，无不是新一代科研人员前进的动力，激励他们更好地进行科学研究。

3.2.1 胸怀祖国的爱国精神

人民有信仰，国家有力量，民族有希望。通过阅读学报《科学人生》栏目的文章，我们可以了解到童第周先生不顾战争的危险，谢绝导师的挽留，于1934年底毅然回国，任山东大学生物系教授[6]。汪德耀先生感受到祖国的呼唤、民族的需要，抱着一颗振兴中华的初心，毅然放弃了法国的优厚待遇和优越条件，奔赴回国[9]。越南、新加坡、美国先后以高薪聘请张作人先生，但他怀着报国的愿望，一一拒绝[7]。汪堃仁先生向他的导师艾威教授告辞说："我的祖国革命成功了，我要回国参加新中国的建设。"艾威教授挽留说："中国的局势很不稳定，要进行科学研究，还是留在美国好。"他谢绝了艾威老师的盛意，表示自己回国的决心是绝不动摇的[8]。庄孝僡先生面对二战后祖国百废待兴局面，毅然选择回国，这些老一辈科学家为中华之崛起而读书，报效祖国的高尚情怀[5]，让广大读者深受感动，激励他们在科研道路奋发向上。

科学无国界，技术却有国界，科学家也有祖国，国际上更有竞争。热爱祖国的人，才拥有完整人格，否则"学问"越大，反而对社会的危害也越大，并且也不是真"学问"。无论是做基础研究的科学家，还是做应用科学和研发的科学家，都可以通过在世界权威科学期刊上发表学术成果或解决国民经济和社会发展面临的关键科技难题，从而为国家现代化建设作出贡献。2016年，习近平总书记提出"广大科技工作者要把论文写在祖国大地上"。为了响应习近平总书记和国家号召，科技期刊编委和编辑们有责任打造世界一流的期刊，而科学家也有义务将世界前沿的学术成果发表在国内中英文刊上，共筑科技强国梦。

3.2.2 高瞻远瞩的创新精神

庄孝僡先生在1979年的学报(原《细胞生物学杂志》)创刊第1卷第1期上撰文《遗传与发育的研究分久必合》，提出由于分子水平的调控研究和细胞生物学的技术发展，遗传学和胚胎发育学这两个领域核心的研究问题必然会"分久必合"[12]。庄先生认为遗传学和发育生物学这两大生命学科必能统一起来。目前基因工程、基因编辑和修饰技术、基因组学等的发展在发育生物学中的应用充分印证了庄先生40年前的重要论断。老一辈科学家高屋建瓴、高瞻远瞩的创新和引航精神，是当代青年科学家的必修课，只有真正的创新，方能实现"并跑"，甚至"领跑"。

3.2.3 求真求实的治学精神

"思想要奔放，工作要严密"，这是1979年3月10日童第周先生在临终前20天接受中国青年报的记者采访时，送给中国青年最后的谆谆教诲[6]。贝时璋先生注重秩序，什么事情都细致周密，有条不紊。写完论文的初稿后，他总是先放一放，不急着去发表，总在反复推敲，或者补充实验[3]。现代生活节奏快，使人们更容易心浮气躁、急功近利，实验结果一出来，急于抢先发表，获得首发影响，常常会出现一些图片误用、错用等现象，更有甚者，为了达到发表文章的目的，故意捏造数据，盗用已发表图片，构成严重学术不端行为[13-15]。因此，在探索科学的道路上，科研工作者要始终保持求真务实、严谨审慎的态度。

3.2.4 永不停息的求学精神

贝时璋先生在逝世的前一天，还召集六位科学家讨论国家科技创新问题，与大家讨论了将近一小时[3]。他语重心长地鼓励大家"我们要为国家争气"，这竟成了他的绝唱，更是他留给后辈科学界最后的嘱托[3]。汪德耀先生始终将学生们的成长与发展摆在第一位，直到90多岁、躺在医院病床上，他还在指导学生们撰写论文，为学生们答疑解惑[9]。老一辈科学家的人格魅力给后辈科研工作者留下了不可磨灭的深刻印象，也必将带来深远的影响。

3.2.5 舍身忘我的奉献精神

中华人民共和国成立初期，我国一穷二白，实验条件非常艰苦，分析细胞学家薛绍白先生曾将自己作为测试对象注射放射剂[10]。为了科学实验，老一辈科学家舍身忘我、一心为公，他们淡泊名利、甘为人梯、潜心研究、舍身忘我、不求己利、为人谦和的精神，是人类正能量的伟大体现，推动了我国科学事业在那个时代飞速发展。

3.2.6 奖掖后学的育人精神

许智宏先生提出了"为国家和民族培养具有国际视野、在各行业起引领作用、具有创新精神和实践能力"的人才培养目标[11]，成为指导北京大学教育教学改革的核心思想和基本原则。老一辈科学家对于学生的成长总是不遗余力地给予帮助。薛社普先生不仅充分重视学生科研上的想法和意见，而且还关心学生生活，使学生感受到家庭般的温暖[4]。薛绍白先生始终致力于教书育人，几十年间一直坚持在教学第一线，为本科生讲授细胞生物学课程，付出了大量的精力和心血[10]。人才培养是大学教学的核心使命。只有为年轻一代插上科技翅膀，国家的创新发展才能获得源源不断的动力。

3.3 对科技期刊编辑的影响

作为一名青年科技期刊编辑，在此次《科学人生》栏目的约稿和编校过程中，老一辈科学家的科学人生故事给我带来了一遍又一遍的心灵震撼和精神洗礼。另外，撰稿人及其团队严谨认真的态度，让我们青年科技期刊编辑再次感受到了肩上的责任。

另一个让我印象深刻的事迹是："文革"期间，薛社普先生被下放至江西"五七"干校劳动。薛先生被分配至养猪场，负责包括采集饲料、交配繁殖以及疾病预防等一系列工作。他作为科学家，即便被分配养猪工作，也没有自甘堕落，反而将他的猪养得特别好。"无论做什么事，只要认真就能做好，要么不做，要做就要尽力"[4]，这种精神和理念激励我们每个人在自己平凡的岗位上，做好应做的工作，争取最大的成绩和应有的贡献。

3.4 对期刊的影响

3.4.1 对期刊知名度的影响

期刊的知名度可以从载文情况、下载量、被引情况、转载情况、影响因子等方面分别进行评价[16]。首先我们计算了本刊2019—2020年刊出的《科学人生》系列专栏文章总页码为104，单篇平均页码为10.4，而同年本刊非特约的一般栏目综述文章总页码为1 672，单篇平均页码为7.9。从篇幅长短上看，《科学人生》系列栏目的综述比普通栏目文章平均长31.6%。那么也可以从侧面反映《科学人生》栏目文章论述更系统、更全面。我们从中国知网网站和《中国细胞生物学学报》官网(www.cjcb.org)计算《科学人生》系列文章的下载情况，其中半数以上文章的下载量大于当年的篇平均下载量(见表1)。被引次数相对较低，是因为该类文章性质属于传记类文章，在撰写细胞生物学等相关专业的学术文章时并不会引用像《科学人生》栏目这样传记文章，因此虽有一定的下载量，但是被引次数仍较低。然而，《科学人生》栏目系列文章中的《分析细胞学家薛绍白研究员》一文分别于2019年12月和2021年9月两次被《北京师范大学学报(自然科学版)》的微信公众号"京师理学"所转载。博士论文《中国近代大学生物教科书发展研究(1902—1949)》[17]也引用了《科学人生》栏目系列文章中的《著名动物学家张作人——中国原生动物细胞学的开创者》一文。另外，一些教学类的论文也引用了该栏目的文章。因此，可以看出《科学人生》栏目系列文章对本刊具有一定的影响力。

表1 截至2022年11月《科学人生》栏目系列文章的下载情况

《科学人生》系列文章主题	系列文章单篇下载量 (中国知网+本刊官网)	当年篇平均下载量 (中国知网+本刊官网)
贝时璋	1 329	~1 302
薛社普	1 327	~1 302
庄孝僡	1 351	~1 302
童第周	1 374	~1 302
张作人	947	~1 302
汪堃仁	1 054	~1 302
薛绍白	721	~1 302
汪德耀	884	~1 302
许智宏	595	~948
郭礼和	962	~948

3.4.2 对期刊品牌建设的影响

2016年12月，习近平总书记在全国高校思想政治工作会议中指出：要坚持把立德树人作为中心环节，把思想政治工作贯穿教育教学全过程，实现全程育人、全方位育人，努力开创我国高等教育事业发展新局面[18]。2017年12月教育部印发的《高校思想政治工作质量提升工程实施纲要》对"课程思政"为目标的课堂教学改革有了明确要求[19]。2019年9月《教育部关于深化本科教育教学改革全面提高人才培养质量的意见》[20]和2019年10月《教育部发布关于一流本科课程建设的实施意见》[21]对高校的思政教育课程有了进一步的要求。细胞生物学课程思政的任课教师(经查阅文献和收到相关反馈得知：西北师范大学的王一迪[22]、大连医科大学的孙铮和合肥师范学院的王占军老师等)将本刊刊出的《科学人生》系列专栏文章作为思政教育的教材，带到了高校的课程中，从而帮助其实现国家倡导的中国高等教育"教书育人、立德树人"的目标。科技期刊是我国学术科研成果的重要展示平台，科技期刊品牌建设过程中，不仅需要科技期刊提高核心竞争力、争取学术话语权，而且也要讲好学科发展的故事，提高人文精神的影响力，人文精神的传播可以增加期刊的知名度，从而增加读者群体对期刊的认同度，打通读者获取相关知识的渠道，加强读者对期刊的偏好，而得到更加忠实的读者群体，助力扩大期刊的学术影响力。

4 结束语

科技期刊是我国学术科研成果的重要传播媒介，有担负起讲好中国故事的责任。讲好老一辈科学大家的科学人生故事，展示优秀的人文品质，不仅可以影响读者、作者和期刊编辑，同时也可以助力我国高等教育的思政教育。提升人文精神在自然科学类期刊中的影响力，能树立期刊专业化、特色化的品牌形象，推动期刊和学科发展，进一步扩大期刊的学术影响力。

参 考 文 献

[1] 朱学良.恩师郭礼和[J].中国细胞生物学学报,2021,43(6):1126-1128.
[2] 贾鹏飞.郑国锠:中国植物细胞生物学的开拓者[J].中国细胞生物学学报,2013,35(10):1570-1574.
[3] 王谷岩.贝时璋:真实科学家的科学人生[J].中国细胞生物学学报,2019,41(1):157-172.

[4] 韩代书,刘艾洁.薛社普:细胞分化/去分化调控研究的领航者[J].中国细胞生物学学报,2019,41(2):312-320.
[5] 范国平,寿伟年.庄孝僡先生的科学人生[J].中国细胞生物学学报,2019,41(3):532-536.
[6] 郑瑞珍.童第周的科学人生[J].中国细胞生物学学报,2019,41(4):774-784.
[7] 张小云.著名动物学家张作人:中国原生动物细胞学的开创者[J].中国细胞生物学学报,2019,41(6):1207-1212.
[8] 汪锦城.为生命科学奉献毕生精力:纪念我国著名生理学家、组织化学家、细胞生物学家北京师范大学教授汪堃仁院士[J].中国细胞生物学学报,2019,41(5):992-1000.
[9] 林妍,吴乔.汪德耀:中国细胞生物学的奠基人[J].中国细胞生物学学报,2019,41(8):1671-1676.
[10] 崔宗杰.分析细胞学家薛绍白研究员[J].中国细胞生物学学报,2019,41(10):2047-2056.
[11] 薛红卫,白书农.许智宏:中国植物科学和高等教育发展的践行者和引领者[J].中国细胞生物学学报,2020,42(3):541-548.
[12] 庄孝僡.遗传与发育的研究分久必合[J].中国细胞生物学学报(细胞生物学杂志),1979,1(1):1-5.
[13] 李倩迪.论图书编辑在审稿过程中的"疑"与"信"[J].新闻研究导刊,2021,12(11):207-209.
[14] 孙岳,张红伟.我国中文期刊撤稿因素交叉分析及对策研究[J].编辑学报,2021,33(5):533-538.
[15] 张维,邹仲敏,汪勤俭,等.生物医学论文典型学术造假图片辨析及防范措施探讨[J].编辑学报,2021,33(3):280-284.
[16] 江波,吴梦真,刘小姣,等.科技期刊品牌价值评估模型构建的实证研究[J].科技与出版,2022(10):151-159.
[17] 范晓锐.中国近代大学生物教科书发展研究(1902—1949)[D].呼和浩特:内蒙古师范大学,2022.
[18] 习近平在全国高校思想政治工作会议上强调:把思想政治工作贯穿教育教学全过程开创我国高等教育事业发展新局面[N].人民日报,2016-12-09(2).
[19] 郑永廷.把高校思想政治工作贯穿教育教学全过程的若干思考:学习习近平总书记在全国高校思想政治工作会议上的讲话[J].思想理论教育,2017(1):4-9.
[20] 中华人民共和国教育部.教育部关于深化本科教育教学改革全面提高人才培养质量的意见[J].中华人民共和国教育部公报,2019(9):26-30.
[21] 中华人民共和国教育部.教育部关于一流本科课程建设的实施意见[J].中华人民共和国教育部公报,2019(10):45-50.
[22] 李翡翡,杨宁,王玮,等.细胞生物学中融入课程思政的思考[J].中国细胞生物学学报,2022,44(12):2287-2293.

集群化办刊模式下编辑加工外包的质量控制探析

汤 梅，金延秋，陈 禾

(清华大学出版社期刊中心，北京 100084)

摘要：在集群化办刊模式下，为了有效整合出版资源，专注期刊核心业务的发展，在出版流程上引入编辑加工外包业务。本文主要介绍清华大学出版社期刊中心在编辑加工外包业务方面的举措，总结了在出版流程和质量控制环节的经验。通过出版流程的规范化、制度化管理，以及严格的质量控制，期刊的编校质量得到了提升，确保了期刊的出版周期，加快了期刊的集群化、规模化出版进程，为期刊社的集群化发展提供了有力保障。

关键词：编辑加工外包；集群化；科技期刊；出版流程；质量控制

2021 年，中宣部、教育部、科技部印发《关于推动学术期刊繁荣发展的意见》，指出要推进期刊集群化、集团化建设，该意见的出台从国家层面为我国学术期刊发展指明了方向。在国家政策的大力支持下，在"中国科技期刊卓越行动计划"项目的资助下，中国科技出版传媒股份有限公司、《中国激光》杂志社有限公司、中华医学会、有研博翰(北京)出版有限公司、高等教育出版社有限公司 5 个集群化试点出版单位已经在刊群规模、平台建设、期刊品牌化等方面取得了显著成绩。

清华大学出版社期刊中心作为清华大学科技期刊建设的实施主体，一直努力构建以精品化为引领、以国际化为重点、以集群化为支撑的科技期刊发展格局。依托清华大学雄厚的学科优势，目前正在加快推进纳米科学、信息科学、物质科学与工程技术、气候变化与能源环境等学科刊群的建设[1-2]。其中，信息科学刊群已发展成中国最大的信息科学领域英文专业刊群，覆盖多个学科的高水平社科刊群也已初具规模。随着期刊集群化规模的不断壮大，编辑肩负着更加繁重的工作，在选题策划、组稿审稿、编辑加工、营销推广等环节耗费了很大的精力。实践表明，现有的全流程编辑、编校合一等出版模式已无法适应快速发展的刊群要求，因此需要考虑合理地整合资源和对编辑角色细化分工，让编辑能够更加专注于期刊选题策划和影响力的提升。在这样的背景下，为提高编辑工作效率和期刊核心竞争力，期刊中心采取了编辑加工业务外包的经营策略。本文主要介绍清华大学出版社期刊中心在集群化办刊模式下，在编辑加工业务外包中的经验，以及在出版流程和质量控制方面的措施，通过规范化的流程管理和严格的质量控制，逐渐形成各个刊群编辑加工业务外包体系的固定模式，以期为期刊的集群化发展提供强有力的支撑。

1 编辑加工外包业务运作模式

目前，许多大型出版集团有 1/2~2/3 的图书稿件的编辑加工都是由社外兼职编辑负责完成的[3]。与图书出版业务相比，我国科技期刊的发展长期处于"小、散、弱"的状态，在科技期刊编辑出版方面，编辑加工外包业务的发展相对比较缓慢，涉及外包的业务大多限于排版，多数期刊编辑部仍然包揽了编辑加工、校对、排版等稿件的后期处理工作。目前在国内，专门从事科技期刊编校的公司很少，部分期刊聘请了社外兼职编辑承担部分编辑加工任务，由于编辑加工质量难以控制、部分稿件加工周期难以保证，人员流动性过大等原因，未形成规模化发展。

2021 年，在集群化办刊模式下，为了使编辑专注于期刊学术质量建设和影响力提升，期刊中心开始将部分编辑加工任务外包到北京某信息技术有限公司的期刊编辑部，由该编辑部的出版编辑团队负责完成稿件的编辑加工。相比"单兵作战"的社外兼职编辑，专门从事编校业务的公司具有以下优势：①编辑出版团队人才结构合理，专业分工明确。由公司负责统一招聘，出版编辑团队的专业背景与期刊的学科范围契合度较高，根据出版编辑的专业知识安排相应的期刊进行编辑加工。②定期培训制度，加快编辑成长。由公司定期组织编辑业务培训，讲授编辑加工规范与技能，并在期刊中心编辑的传帮带作用下，进一步提升编辑加工水平。③考核机制明确，编辑责任心较强。由公司对编辑进行考核，考核内容主要包括责任心、专业知识和语言文字水平，主要从编辑加工难度、编辑加工质量、编辑加工速度三个方面考核编辑的工作效果。考核机制的建立，强化了编辑的责任意识，保证了编辑加工质量。

编辑加工外包业务通常由刊群编辑安排具体工作，掌握出版节奏，并对其编辑加工稿件进行终审。在工作初期，一般安排由刊群编辑代培外包加工编辑，从出版流程的各个环节进行指导和培训，包括熟悉期刊编校流程、格式体例等。考虑到前期外包加工编辑业务不熟练，掌握的出版规范不牢固，刊群编辑对其加工返回的稿件进行相对更加严格和频繁的审读，指出其中的不足和纰漏问题，并给予耐心的讲解，帮助加工编辑尽快熟悉出版规范和流程，提高其编校水平和能力。

2 编辑加工质量控制

编辑加工外包后的编校质量控制，是整个出版流程中非常重要的一环，其编校质量将直接影响期刊的出版周期和总体质量，因此需要不断强化质量为先的责任意识，严格贯彻执行稿件"三审三校"责任制度和责任编辑制度[3]。期刊中心在建的理工科刊群和人文社科刊群，因期刊内容的侧重点不同，需要针对不同刊群期刊的不同特点，制定和落实确保编校质量的各项规章制度，并在编辑加工实践过程中不断修改、完善，不断提高编辑水平和出版质量。本文主要从以下四个方面介绍编辑加工质量控制的具体措施。

2.1 政治内容的质量审查

科技期刊作为传播信息的载体，政治把关需贯穿于稿件出版的全过程，尤其对于人文社科刊群，坚持正确的政治方向是人文社科期刊办刊的宗旨，在执行"三审责任制度"时，责任编辑要牢牢把好政治审查关，对稿件进行审读时要坚持正确的政治方向，具备高度的政治判断力，应重视稿件内容是否包含和隐藏难以发现的政治问题，警惕和防范错误思潮、错误言论出现，对于有政治问题的稿件，实行"一票否决制"。

常见的政治内容质量检查主要包括：①对于人文社科刊群，坚持和巩固马克思主义在哲学社会领域的指导地位，坚持和巩固习近平新时代中国特色社会主义思想的指导地位。在内容质量审查时注意稿件中的观点、论据、提法是否符合马克思主义基本原理和基本精神，是否符合党和国家的路线、方针和政策，是否符合正确的社会舆论导向。例如，有的作者在稿件中随意编新词、提新说法，甚至擅自提出政治口号、政治术语，这种情况就需要编辑具备高度的政治判断力加以鉴别[4]。对于理工科刊群，要保证其发表的内容符合我国的各项方针政策和出版法规，遵守出版伦理和保密规定，特别是重大原则问题和重要学术观点的表述必须与国家的对外宣传口径保持一致[5]。②关于中国地图的检查。对于不同刊群的各种期刊必须正确表示涉及中国版图的地图信息以及国际关系的地理位置，不得标注涉密的地理位置等[5-6]。避免错绘、漏绘中国地图，尤其是南海诸岛等，地图插图中标注的文字要符合国家规定。③关于涉及港澳台用语的检查。涉港澳台用语的表述一直是出版行业的敏感问题，在使用称谓时，不能将港澳台地区与中国并列，编校质量检查时必须坚持一个中国原则，避免出现政治错误，尤其对于英文期刊刊群，不得使用 R.O.C、Sinica 等词语表述中国。④其他政治问题检查。例如，人文社科刊群中涉及党和国家领导人的报道、照片、言论，涉及少数民族及宗教问题的人物和事件等[7]，在编校质量检查时一定要提高警惕特别注意。

2.2 科学内容的质量审查

科学内容、学术水平是科技期刊的灵魂。因此，责任编辑在对稿件进行质量审查时，需要借助同行专家的评审意见和个人的专业背景，针对稿件的学术内容、科学准确性、实际应用价值等方面，审读文章是否反映客观事物的真实性和准确性，包含的知识信息是否有价值，学术成果是否是作者原创成果，通过学术不端审核系统检查，确定稿件是否涉嫌学术不端现象，是否存在一稿多投[8]。尤其对于人文社科刊群，责任编辑要着重检查稿件中提出的新理论和新观点在学术上有无偏题之处，有无谬误、伪科学的观点，同时给予必要的修正、取舍，责任编辑要始终坚持科学的观点，同时兼有"百花齐放，百家争鸣"的态度，审查稿件中表述的内容是否符合科学精神的观点和结论。经过科学内容审查后的论文，包含了评审专家、责任编辑等的集体智慧。

2.3 技术内容的质量审查

对稿件技术内容的质量审查主要包括标准化和规范化审查(图、表、量和单位、参考文献等)。由于不同刊群期刊采用的行业规范和标准不同，责任编辑进行质量审查时需根据各刊实际情况进行把控。例如，以《清华大学学报(自然科学版)》为例，主要参考陈浩元主编的《科技书刊标准化18讲》，《清华大学学报(自然科学版)》(英文版)主要参照《作者编辑常用标准及规范》以及对标其他国际上流行的编辑标准，制定了一套适合学报英文版的编辑标准等。

(1) 插图、表格的质量审查。对插图的质量要求主要表现在内容的科学性、绘制的规范性、图面的合理性及印刷的精美性等方面。对表格的质量要求主要表现在是否简单明了、清晰易懂、表达一致。

(2) 量和单位的质量审查。质量审查时严格贯彻执行国家标准中有关量、单位和符号的一般原则，不用已经明文废止的量名称，警惕常用单位符号的书写错误和不规范表述。

(3) 参考文献的质量审查。目前，各个刊群期刊的参考文献修改基本交由北某信息技术有限公司文献组进行修改，编辑加工时只需对文献组返回的参考文献进行修订，责任编辑在质量审查时重点检查参考文献是否有项目缺失、格式错误和标识符号错误等。

2.4 文字内容的质量审查

语言文字的加工是编辑加工中工作量最繁重的一道工序，其质量直接影响到期刊的质量。对稿件文字内容的质量审查主要包括语法、用词、有无错别字、标点符号、逻辑等方面，质量审查的主要任务是消灭差错、规范统一、提高稿件质量。由于理工科刊群中的作者大部分属于理学和工学出身，对语言文字不够敏感，稿件中容易出现用词不够准确，逻辑不通顺和语病，因此，责任编辑在对稿件进行审读时，不仅要纠正文字差错，还要做好规范工作，使稿件的文字内容更符合汉语的语法、修辞、逻辑规则。

3 完善编辑加工业务外包模式的措施

从当前情况来看，在集群化办刊模式下，编辑加工实行外包模式，改变了原有编辑"一条龙"的工作模式，编辑能够更加专注于提升期刊的学术质量和国际影响力。由于有专业的编校公司承担稿件的编辑加工工作，转移了编辑的部分工作内容，刊群编辑不用花大量的工作时间加工稿件，只需把控好出版流程和出版周期，对稿件进行终审，大大提高了工作效率[9-12]。从长远目标来看，在保证各个刊群学术质量的前提下，通过逐渐过渡的方式，最终将整个刊群的编辑加工工作全部采用外包模式。因此，既需要充分利用编辑加工外包模式的优势，也要对其存在的问题进行完善和优化，才能不断提升编辑加工水平，确保编辑加工质量。具体完善措施如下：

3.1 强化责任意识，保障编辑加工质量

在与加工编辑的合作中，需要建立长期稳定的合作关系，在传帮带模式下需要向加工编辑强调责任意识，使其能够明白自身工作责任，在工作中自觉、主动、认真履行编辑加工职责，真正掌握编辑加工规范与技能，不要存在侥幸心理、事不关己心理，认为刊群编辑会对稿件进行终审修改，进而放松责任意识。

3.2 及时沟通，建立定期反馈机制

建立有效的质量问题收集和反馈流程，通过质检实例，将容易出现的问题、注意事项详细反馈给加工编辑。同时，注意收集加工编辑遇到的问题，对编校流程进行优化调整。

3.3 建立激励制度，培养优秀编辑人才

加工编辑的工作较枯燥，为了增加编辑的工作认同感，提高工作积极性，鼓励编辑多参与各种编校竞赛，积累实战经验。同时，鼓励其参与期刊中心各个刊群的宣传推广、选题策划工作，提升个人综合能力，培养潜在的优秀编辑人才。

4 结束语

集群化办刊模式下，编辑加工业务外包使刊群编辑从繁重的案头工作中解脱出来，将时间和精力更多地集中在选题策划、宣传推广等工作上，不仅缩短了出版周期，刊群出版能力也得到了极大提升。清华大学出版社期刊中心在编辑加工外包业务方面的探索实践证明，通过规范化的流程管理和严格的质量控制，期刊的编校质量得到了有力保障。随着该项业务的持续发展，逐渐形成各个刊群编辑加工业务外包体系的固定模式，为集群化建设的快速发展、壮大奠定坚实的基础。

参 考 文 献

[1] 张莉,孟宪飞,陈禾.科技期刊专业刊群建设探索[J].科技与出版,2022(4):11-15.
[2] 郑建芬,刘徽,王维杰,等.科技期刊集群化发展探讨:基于"卓越计划"集群化实践[J].编辑学报,2021,33(4):407-411.
[3] 董玮.出版单位提升社外编辑工作效果问题研究[D].北京:对外经济贸易大学,2017.
[4] 郭田珍.新时代社科期刊编辑政治能力建设探析[J].科技与出版,2021(2):73-77.
[5] 赵琳,张莉,张广萌.英文科技期刊政治性问题探析与防范措施[J].编辑学报,2022,34(1):7-10.
[6] 武晓耕.科技期刊强化政治意识的意义及举措[J].编辑学报,2019,31(6):593-595.
[7] 韩颖,李鸿斌,李淑娟.浅谈对文章的编辑加工[J].今传媒,2011(7):125-126.
[8] 杨丽薇,姚树峰,韩茜,等.高等院校科技期刊编辑出版的程序要点:以《空军工程大学学报》编辑出版程序为例[J].沈阳农业大学学报(社会科学版),2015(2):244-249.
[9] 严谨,王志欣,彭斌.发挥集群化办刊优势推进专业化团队建设[J].科技与出版,2019(1):85-89.
[10] 殷建芳,马沂,王晓峰,等.中文科技期刊编辑加工外包与质量控制实践[J].中国科技期刊研究,2015,26(1):27-31.
[11] 汤淏.高质量科技期刊支持产业发展的作用机制和路径研究:以江苏生物医药类期刊为例[J].天津科技,2022(4):86-91.
[12] 成敏,郭柏寿.科技期刊编校现状分析与编校分离机制设计[J].中国科技期刊研究,2021,32(3):337-343.

InCites 中 Citation Topics 功能应用于科技期刊选题策划的实证研究
——以热带医学研究领域为例

张 乔，梁 倩，梁婷婵，齐 园，雷 燕，潘 茵

(海南医学院杂志社，海南 海口 571199)

摘要：以热带医学研究领域为例，探索 InCites 数据库中的 Citation Topics 功能在选题策划中的应用。选取 Web of Science 数据库中热带医学领域近 5 年 SCIE 收录的论文，利用 Citation Topics，对个别发文量多或被引频次高的研究方向、区域、研究人员、机构进行微观主题举例分析。疟疾微观主题下表现最活跃的区域为 USA，机构为 University of London，研究人员为 Drakeley, Chris，出版物为 Malaria Journal，United States Department of Health & Human Services 为疟疾微观主题提供的基金资助最多；血吸虫病、疟疾、登革热、包虫囊肿和冠状病毒是中国热带医学领域的研究重点，冠状病毒、血吸虫病、隐孢子虫、登革热和疟疾微观主题的论文影响力相对较高；研究人员 Zhou, Xiao-Nong 的重点研究方向为血吸虫病、疟疾和包虫囊肿，疟疾、登革热、轮状病毒、犬弓首线虫和莱姆病研究主题的论文质量和关注度高；University of London 热带医学领域的研究重点为疟疾、血吸虫病和登革热。InCites 中 Citation Topics 功能可以实现对研究主题、人员、机构、国家/地区等模块进行更精细的分析，有助于科技期刊编辑更高效地制定选题方案。

关键词：InCites；Citation Topics；选题策划；热带医学；微观主题

2019 年，中国科协、中宣部、教育部、科技部联合下发的《关于深化改革 培育世界一流科技期刊的意见》的文件，指出重点任务之一是未来五年着力提升科技期刊国际竞争能力，要求期刊编辑能敏锐把握科技前沿和发展规律，拓展选题策划的国际视野。选题策划对提升科技期刊核心竞争力具有重要作用。文献分析法是编辑选题前常用的方法，通过对大量国内外文献的检索分析，从中获得选题灵感和选题依据，判断选题的必要性、可行性和选题价值[1]。面对海量文献和各种工具，如何挖掘数据，提炼出有价值的信息加以运用，是科技期刊编辑进行选题策划的前提。InCites 数据库是美国汤森路透科技集团在汇集和分析 Web of Science (SCIE/SSCI/A＆HCI)权威引文数据的基础上于 2011 年建立起来的科研评价工具[2-3]。该数据库能提供多种文献计量学指标信息，如 Web of Science 论文数(以下简称"WoS 论文数")、被引频

基金项目：2022 年施普林格·自然—中国高校科技期刊研究会英文编辑及国际交流人才培养基金课题(CUJS-GJHZ-2022-25)
通信作者：潘 茵，E-mail: panyin525@outlook.com

次、引文影响力(即篇均被引频次)、论文被引百分比、高被引论文数、学科规范化的引文影响力和期刊规范化的引文影响力等,可以对研究人员、机构、区域、研究方向、出版物和基金分析六大模块的科学产出能力和影响力进行全方位分析和评价[2-3]。2020 年底,InCites 数据库中的 Citation Topics(引文主题)功能全新上线,通过基于文献的 Macro(宏观)、Meso(中观)、Micro(微观)全新三级引文主题分类体系,基于文献之间引用与被引用的关系,通过运行引文聚类算法而得出,可以对 InCites 六大模块的科研产出进行更精细的分析[2,4]。Citation Topics 是动态的研究,每年都会重新运行聚类算法,确保主题持续准确地反映基础文献的变化。根据 2022 年 4 月的数据,宏观主题和中观主题保持原来的 10 个和 326 个,微观主题由 2 444 增加到 2 457 个[5]。目前,利用 InCites 进行选题策划的研究还并不多:2018 年邓小茹[6]利用 InCites 与 ESI 对国家自然科学基金选题进行预测分析;2020 年王继红等[7]利用 InCites 数据库以中国矿业大学深部岩土力学与地下工程国家重点实验室为对象进行分析,提出选题策划的新路径;2021 年王燕等[4]以园艺学科为例,首次展示了如何利用 Citation Topics 功能助力园艺学领域学术期刊编辑进行选题策划。本研究依据王燕[4]对 Citation Topics 功能应用的介绍,以热带医学研究领域为例,分析在 Citation Topics 学科分类体系下,某个国家/地区、研究人员、机构的产出情况,以及某个国家/地区、某位研究人员、某所机构的科研成果中最具影响力的微观主题,探索 Citation Topics 在热带医学领域选题策划中的具体应用,为其他领域利用 Citation Topics 功能挖掘有用信息提供一定借鉴和参考。

1 研究设计

1.1 数据来源

选择 2021 年度《期刊引证报告》(Journal Citation Reports, JCR)中热带医学领域(Tropical medicine)的 24 本期刊,在 Web of Science 数据库中,出版物/来源出版物名称选项下逐个输入 24 本期刊的名称,用布尔运算符 OR 连接,限定年份为 2018—2022 年,共检索出 29 223 篇论文(检索时间为 2022 年 8 月 2 日),被认定为热带医学领域近 5 年发表的所有 SCIE 论文。将其导入 InCites 数据库,由于 InCites 和 Web of Science 更新日期上的差异等因素,最终得到 28 776 篇论文。

1.2 研究方法

本研究将 Citation Topics 融入 InCites 原有经典功能,首先利用 InCites 数据库的评价指标,对全球热带医学领域近 5 年的研究主题、区域、研究人员、机构的发文情况进行综合分析,然后运用 Citation Topics 功能,就每一个研究模块的结果,选择排名相对靠前的一个研究主题、区域、研究人员、机构作为范例(限于篇幅限制,出版物和基金资助机构模块未进行研究),进行微观主题的展开分析,探索 Citation Topics 在热带医学领域选题策划中的应用。

具体方法是选定"研究方向"分析模块,选择"Citation Topics"分类体系,"微观主题";然后在左侧栏目中添加其他筛选条件:选择从 WoS 导出的热带医学领域近 5 年发表的 28 776 篇 SCIE 论文数据源,自定义时间为 2018—2022 年,分别在"研究方向"中添加 WoS 论文数排在首位的微观主题,在"国家/地区"中添加发文量排名靠前的国家/地区,在"人员姓名/ID"中通过姓名锁定学者,在"机构名称"中添加被引频次排名靠前的研究机构,最后添加各个分析指标,查看数据表或生成可视化图表。

2 结果与分析

2.1 研究方向主题分布

本研究筛选的 28 776 篇论文分布在 10 个宏观主题，221 个中观主题和 906 个微观主题上。按照 WoS 论文数进行降序排列，从图 1 可以看出 Top15 的中观主题分别为：Parasitology-Malaria, Toxoplasmosis & Coccidiosis (寄生虫学-疟疾、弓形虫和球虫病)、Virology-Tropical diseases(病毒学-热带疾病)、Parasitology-General(寄生虫学-概述)、Virology-General(病毒学-概述)、Parasitology-*Trypanosoma & Leishmania* (寄生虫学-锥虫和利什曼原虫)、Zoonotic diseases(人畜共患病)、Diarrheal diseases(腹泻病)、Tuberculosis & Leprosy (结核病和麻风病)、Bacteriology (细菌学)、Entomology(昆虫学)、Antibiotics & Antimicrobials(抗生素和抗菌素)、Molecular toxicology (分子毒理学)、Medical mycology(医学真菌学)、HIV(艾滋病病毒)和 Sexually transmitted infections (性传播感染)。中观主题的分布虽然比宏观主题的 10 个分类和 WoS 的研究方向分类都要详细，但是并不能直接看出具体研究内容或者研究热点。

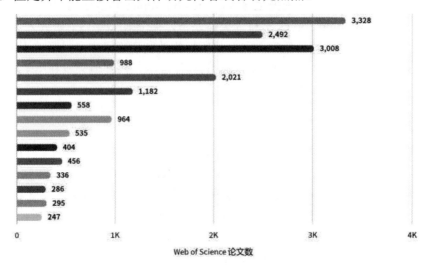

图 1　热带医学领域近 5 年 SCIE 收录论文的 Top 15 中观主题分布

微观主题分布弥补了上述缺陷，分类精细到 2 457 个微观集群，具有更精准的解析度，足以发现一个领域的重点研究方向。从表 1 所示的各项评价指标可以看出，Malaria(疟疾)和 Dengue(登革热)2 个微观主题是近 5 年来热带医学领域所关注的重点内容。Coronavirus(冠状病毒)的发文量不多，总被引频次却位居第 3，高被引论文高达 13 篇，说明新冠肺炎疫情的暴发使得全世界的科研人员都在关注冠状病毒这一微观主题。因此，少量的论文带来了巨大的影响力。此外，Schistosomiasis (血吸虫病)、Lyme disease (莱姆病)、Visceral leishmaniasis (内脏利什曼病)、*Trypanosoma cruzi* (克氏锥虫)4 个微观主题也是近年来的研究热点。值得注意的是，莱姆病微观主题的论文被引百分比、学科规范化的引文影响力、引文影响力、期刊规范化的引文影响力 4 个指标都名列前茅，克氏锥虫主题下出现了 1 篇高被引论文。Onchocerciasis (盘尾丝虫病)、Cryptosporidium(隐孢子虫)、Ebola virus(埃博拉病毒)、Hydatid cyst(包虫囊肿)、*Mycobacterium tuberculosis*(结核分枝杆菌)、Venom(毒液)、Tuberculosis(肺结核)、*Toxoplasma gondii*(弓形虫)8 个微观主题下，隐孢子虫微观主题的被引频次、论文被引百分比、学科规范化的引文影响力、引文影响力、期刊规范化的引文影响力 5 个指标值表现良好，埃博拉病毒和毒液主题下均出现 1 篇高被引论文。值得注意的是，毒液和弓形虫 2 个微观主题虽然发文量排名相对靠后，但其引文影响力、学科规范化的引文影响力和期刊规范化的引文影响力等指标均表现良好，可能是因为这一类的文章数量较少，导致这一主题下的引用集中在少数的文章中，使得这一主题下引文指标偏高，这一类的文章也有可能是将来研究的热点，目前的发文量不大，但是研究结果却具有广泛的影响力，编辑在选题策划时可以在这样的主题上多做一些研究，可能是未来比较好的组稿方向。

表 1 热带医学领域近 5 年发表的 SCIE 论文微观主题分析

排名	名称	WoS论文数/篇	被引频次	论文被引百分比/%	学科规范化的引文影响力	引文影响力	期刊规范化的引文影响力	高被引论文/篇
1	Malaria	3 023	17 432	79.19	0.82	5.77	1.05	2
2	Dengue	2 004	13 902	80.79	0.91	6.94	1.18	2
3	Coronavirus	511	9 103	81.80	0.52	17.81	2.87	13
4	Schistosomiasis	1 370	7 963	79.56	1.14	5.81	0.96	0
5	Lyme disease	819	5 862	81.44	1.30	7.16	1.25	0
6	Visceral leishmaniasis	1 115	5 539	76.68	0.92	4.97	0.87	0
7	*Trypanosoma cruzi*	906	5 168	78.15	1.01	5.70	0.93	1
8	Onchocerciasis	592	3 099	73.48	0.99	5.23	1.31	0
9	Cryptosporidium	309	2 500	78.32	1.09	8.09	1.52	0
10	Ebola virus	390	2 353	75.38	0.71	6.03	1.09	1
11	Hydatid cyst	433	2 185	75.75	1.61	5.05	0.95	0
12	*Mycobacterium tuberculosis*	391	1 505	72.12	0.53	3.85	0.92	0
13	Venom	258	1 370	75.19	1.09	5.31	1.24	1
14	Tuberculosis	435	1 341	64.37	0.66	3.08	0.72	0
15	*Toxoplasma gondii*	249	1 304	74.30	1.00	5.24	1.11	0

进一步分析热带医学领域近 5 年 Top 15 的微观主题，逐个点击各微观主题的 WoS 论文数，聚焦以查看，则可以得到各个微观主题下表现活跃的区域/机构/研究人员/出版物/基金资助情况等数据以辅助编辑组约稿件。受篇幅限制，这里仅以疟疾微观主题为例，通过查看此微观主题的论文数，聚焦以查看，以发文量为标准，得出表现最活跃的区域为 USA，机构为 University of London，研究人员为 Drakeley, Chris，出版物为 Malaria Journal，United States Department of Health & Human Services 为疟疾微观主题提供的基金资助最多。如果编辑想组约疟疾相关的稿件，可以基于上述结果，筛选出必要信息后进行精准约稿。

2.2 不同国家/地区发文情况

对 InCites 数据库中 2018—2022 年热带医学领域 SCIE 收录的 28 776 篇文献进行"区域"分析，发文量 Top15 的国家/地区如表 2 所示。美国位居世界第 1，英国位居第 2，巴西、印度依次位列其后。中国的总被引频次和高被引论文数排名分别为第 4、5 名。英国、巴西、中国、瑞士、澳大利亚、法国、德国、西班牙、荷兰、埃塞俄比亚等 10 国的引文影响力均超过 28 776 篇热带医学领域近 5 年论文平均引文影响力(3.95)，中国最高，其次是澳大利亚、德国，引文影响力均超过 6；发文量和被引频次分别排在第 1、2 位的美国，引文影响力为 3.90，英国的高被引论文篇数排名第 1，美国、巴西、澳大利亚、中国紧随其后。上述数据说明中国作者发表的论文无论是数量还是质量都表现良好。值得注意的是，两个非洲国家肯尼亚和埃塞俄比亚在热带医学领域发文量进入 Top 15 榜单，且埃塞俄比亚的引文影响力超过了 28 776 篇热带医学领域近 5 年论文平均引文影响力(3.95)。

表 2 热带医学领域 SCIE 收录文献的 Top 15 区域分布

排名	名称	WoS 论文数/篇	被引频次	高被引论文数/篇	引文影响力
1	USA	9 086	35 400	8	3.90
2	United Kingdom	4 013	20 643	9	5.10
3	Brazil	3 459	16 119	6	4.66
4	India	2 030	6 390	4	3.15
5	China	1 925	12 958	5	6.73
6	Switzerland	1 473	8 164	3	5.54
7	Australia	1 373	8 341	6	6.08
8	France	1 359	7 943	3	5.84
9	Thailand	1 316	5 049	4	3.84
10	Germany	1 037	6 245	1	6.02
11	Kenya	964	3 434	0	3.56
12	Spain	939	5 214	2	5.55
13	Netherlands	911	5 123	3	5.62
14	Colombia	832	2 251	0	2.71
15	Ethiopia	780	3 428	0	4.16

注：与 InCites 结果不同，United Kingdom 论文涵盖了 England，此处未单列 England。

应用 Citation Topics，以发文量排在第 5 位的中国为例进一步分析其微观主题分布，发现其近 5 年发表热带医学领域论文分布于 267 个微观主题，其中血吸虫病占其总发文量的 18.5%，占比最高，疟疾、登革热、包虫囊肿和冠状病毒微观主题发文比例分别为 14.9%、10.2%、9.0%、8.3%。被引频次方面，冠状病毒微观主题被引频次最高，占比为 34.7%，其次是血吸虫病(11.2%)、隐孢子虫(9.4%)、登革热(8.9%)和疟疾(8.0%)。这说明血吸虫病、疟疾、登革热、包虫囊肿和冠状病毒是中国热带医学领域的研究重点，冠状病毒、血吸虫病、隐孢子虫、登革热和疟疾微观主题的论文影响力相对较高，尤其是冠状病毒，发文量虽未排名靠前，但是却带来了最高的被引频次，这可能与新冠疫情的暴发及其最早在中国报道有关。编辑如果要约稿中国作者，血吸虫病微观主题不失为很好的选择；若组稿血吸虫病方面的文章，编辑可以根据 Citation Topics 结果，有针对性地筛选区域为中国的高影响力作者。当然，编辑还可以继续研究其他 Top 15 区域的微观主题分布以辅助选题策划。

2.3 人员分析

以本研究分析的 28 776 篇论文为对象，应用 InCites 数据库对"人员"模块的分析，分别按照发文量和总被引频次进行降序排列，Top 15 高发文量作者和高被引作者如表 3、表 4 所示。由高发文量作者排序可以看出，来自中国的 Zhou, Xiao-Nong 以 90 篇的发文量位居第 1 位。Top 15 高发文量中有 6 位来自美国，英国和西班牙各 2 位，中国、意大利、瑞士、秘鲁、巴西各 1 位。总被引频次 Top 15 的研究人员来自德国、美国、中国和荷兰 4 个国家，其中有 9 位中国学者，但仔细分析后发现，除 Zhou, Xiao-Nong 和 Li, Meng-Yuan 外，7 位来自四川大学的中国学者与 1 位美国、1 位荷兰学者合著了一篇新冠肺炎相关文章，"Epidemiology, causes, clinical manifestation and diagnosis, prevention and control of coronavirus disease (COVID-19) during the early outbreak period: a scoping review"，获得了 936 次的被引频次，由此可见，7 位中国学者在被引频次指标评价表现突出依赖于同一篇论文，而且是仅有的一篇论文，因此，并不能真正说明中国有 7 位学者进入被引频次 Top 15 榜单，最多算作 1 位。值得注意的是，发文量与被引频次之间没有必然联系，仅中国作者 Zhou, Xiao-Nong 在发文量和被引频次排名均出现在 Top 15 之中。

利用 Citation Topics 可以进一步分析某位作者的研究成果主要分布在哪些主题上。以热带医学领域近 5 年发文量和被引频次排名均出现在 Top 15 之中的 Zhou, Xiao-Nong 为例，具体方法是在研究方向中选择"Citation Topics"分类体系，选择微观主题，在人员姓名/ID 中通过姓名 Zhou, Xiao-Nong 锁定学者，添加各个分析指标，查看数据表(表 5)。Zhou, Xiao-Nong 近 5 年发表热带医学领域论文共 89 篇(有 1 篇未被分配到微观主题下)，总被引频次为 728，分布于 13 个微观主题，血吸虫病发文量和被引频次占比最高；疟疾和包虫囊肿微观主题也是 Zhou, Xiao-Nong 的重点研究领域；引文影响力 10 以上的微观主题有疟疾、登革热、轮状病毒、犬弓首线虫和莱姆病，说明 Zhou, Xiao-Nong 在这 5 个主题下的论文质量和关注度更高。应用 Citation Topics，通过微观主题分析能够帮助编辑更加准确地找到约稿对象并锁定约稿方向。

表 3 热带医学领域近 5 年发表的 SCIE 论文 Top15 高发文量作者榜单

排序	发文量/篇	作者	机构	国家/地区
1	90	Zhou, Xiao-Nong	Chinese Center for Disease Control & Prevention	中国
2	86	Dorsey, Grant	University of California San Francisco	美国
3	71	Drakeley, Chris	London School of Hygiene & Tropical Medicine	英国
4	69	Otranto, Domenico	Universita degli Studi di Bari Aldo Moro	意大利
5	69	Bassat, Quique	ISGlobal	西班牙
6	67	Hoffman, Stephen L.	Sanaria Inc.	美国
7	61	Harris, Eva	University of California Berkeley	美国
8	60	Bassat, Quique	University of Barcelona	西班牙
9	59	Yan, Guiyun	University of California Irvine	美国
10	55	D'Alessandro, Umberto	London School of Hygiene & Tropical Medicine	英国
11	54	Utzinger, Jurg	University of Basel	瑞士
12	54	Garcia, Hector H.	Universidad Peruana Cayetano Heredia	秘鲁
13	53	Monteiro, Wuelton Marcelo	Universidade do Estado do Amazonas	巴西
14	52	Rogier, Eric	Centers for Disease Control & Prevention - USA	美国
15	50	Hotez, Peter J.	Baylor College of Medicine	美国

表 4 热带医学领域近 5 年发表的 SCIE 论文 Top 15 高被引作者榜单

排序	总被引频次	作者	机构	国家/地区
1	1 014	Velavan, Thirumalaisamy P.	Eberhard Karls University of Tubingen	德国
2	957	Meyer, Christian G.	Eberhard Karls University of Tubingen	德国
3	953	Rozelle, Scott	Stanford University	美国
4	936	Mao, Yu-ping	California State University Long Beach	美国
5	936	Adhikari, Sasmita Poudel	Sichuan University	中国
6	936	Zhou, Huan	Sichuan University	中国
7	936	Sun, Chang	Sichuan University	中国
8	936	Ye, Rui-Xue	Sichuan University	中国
9	936	Sylvia, Sean	University of North Carolina Chapel Hill	美国
10	936	Meng, Sha	Sichuan University	中国
11	936	Raat, Hein	Erasmus University Rotterdam	荷兰
12	936	Wang, Qing-Zhi	Sichuan University	中国
13	936	Wu, Yu-Ju	Sichuan University	中国
14	732	Zhou, Xiao-Nong	Chinese Center for Disease Control & Prevention	中国
15	679	Li, Meng-Yuan	China Pharmaceutical University	中国

表 5 热带医学领域核心作者 Zhou, Xiao-Nong 近 5 年发表的 SCIE 论文微观主题分析

排名	名称	WoS 论文数/篇	被引频次	引文影响力
1	Schistosomiasis	46	339	7.37
2	Malaria	18	189	10.50
3	Hydatid cyst	9	75	8.33
4	Maternal mortality	3	28	9.33
5	Dengue	2	26	13.00
6	Rotavirus	1	19	19.00
7	Ebola virus	3	17	5.67
8	*Toxocara canis*	1	11	11.00
9	Lyme disease	1	11	11.00
10	*Trypanosoma cruzi*	2	6	3.00
11	Visceral leishmaniasis	1	5	5.00
12	Home networks	1	2	2.00
13	Onchocerciasis	1	0	0.00

2.4 代表性科研机构分析

利用 InCites 数据库可以更全面地了解热带医学领域相关机构的科研产出能力及其影响力。由表 6 可知，热带医学领域近 5 年发表的 SCIE 论文被引频次 Top 15 的科研机构分布于 6 个国家，除英国、美国、瑞士和法国等欧美国家外，巴西和泰国的科研机构也跻身于 Top 15。伦敦大学的 WoS 论文数和总被引频次均位居世界第 1，奥斯瓦尔多克鲁兹基金会、伦敦卫生与热带医学院、加州大学系统、世界卫生组织、牛津大学这 2 项数据紧随其后。伦敦大学产出了 6 篇高被引论文，奥斯瓦尔多克鲁兹基金会、伦敦卫生与热带医学院、牛津大学、法国

研究型大学以及玛希隆大学各有 3 篇高被引论文。可见，伦敦大学在论文数量和质量上表现突出。

表6 热带医学领域近5年发表的SCIE论文被引频次Top 15的科研机构

排名	名称	WoS论文数/篇	被引频次	引文影响力	高被引论文/篇	国家或地区	机构类型
1	University of London	1 408	7 242	5.14	6	英国	大学
2	Fundacao Oswaldo Cruz	1 143	6 378	5.58	3	巴西	政府组织
3	London School of Hygiene & Tropical Medicine	1 191	5 748	4.83	3	英国	大学
4	University of California System	1 050	4 495	4.28	0	美国	大学
5	World Health Organization	731	4 490	6.14	2	瑞士	政府组织
6	University of Oxford	722	4 193	5.81	3	英国	大学
7	Centers for Disease Control & Prevention-USA	895	3 500	3.91	0	美国	政府组织
8	Universidade de Sao Paulo	690	3 468	5.03	1	巴西	大学
9	UDICE-French Research Universities	489	3 169	6.48	3	法国	大学
10	University of Basel	594	3 151	5.30	0	瑞士	大学
11	Swiss Tropical & Public Health Institute	582	3 122	5.36	0	瑞士	研究所
12	Mahidol University	623	2 913	4.68	3	泰国	大学
13	Liverpool School of Tropical Medicine	578	2 688	4.65	2	英国	大学
14	Le Reseau International des Instituts Pasteur	448	2 662	5.94	1	法国	非营利性机构
15	Institut de Recherche pour le Developpement	438	2 647	6.04	1	法国	研究所

除了可以比较各国科研机构的发文情况外，利用Citation Topics功能还可以进一步分析某个目标机构的研究成果具体分布在哪些主题上。以排名第1的University of London为例，在研究方向中选择"Citation Topics"分类体系，选择微观主题，在机构名称中锁定University of London，添加各个分析指标，生成可视化结果(图2)。University of London近5年发表的热带医学领域论文分布于138个微观主题，其中疟疾主题的总发文量和被引频次占比最高，其次是血吸虫病和登革热，这3个微观主题是University of London的重点研究领域。编辑如果有意向University of London约稿，可约疟疾、血吸虫病和登革热这3个微观主题；反之，如果想组稿疟疾、血吸虫病和登革热主题的文章，编辑可以进入到University of London机构选择研究人员。同样的方法，可以对排名靠前的机构进行逐个的微观主题分析，找到各个机构的研究重点，帮助编辑根据选题方案有针对性地选择目标约稿机构。

3 讨论

本研究首先利用InCites数据库的评价指标，对全球热带医学领域近5年的研究方向、区

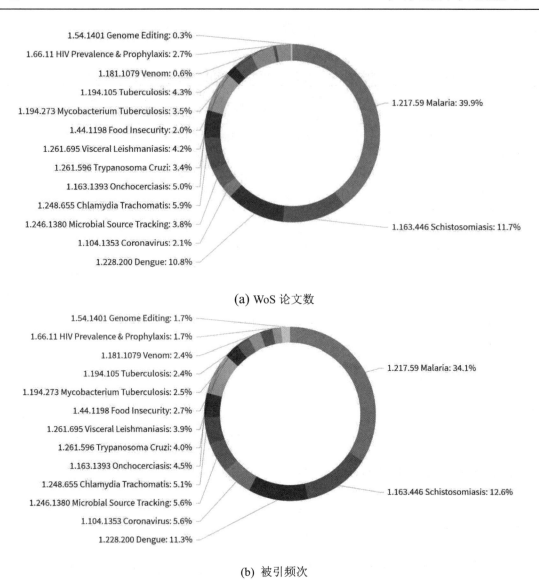

(a) WoS 论文数

(b) 被引频次

图 2 热带医学领域核心科研机构伦敦大学近 5 年发表的 SCIE 论文微观主题分析

域、人员、机构的发文情况进行综合分析，然后运用 Citation Topics 功能，就每一个研究模块的结果，选择排名相对靠前的一个研究主题、区域、人员、机构作为范例，进行微观主题的展开分析。结果发现，疟疾微观主题下表现最活跃的区域为 USA，机构为 University of London，研究人员为 Drakeley, Chris，出版物为 *Malaria Journal*，United States Department of Health & Human Services 为疟疾微观主题提供的基金资助最多；血吸虫病、疟疾、登革热、包虫囊肿和冠状病毒是中国热带医学领域的研究重点，冠状病毒、血吸虫病、隐孢子虫、登革热和疟疾微观主题的论文影响力相对较高；Zhou, Xiao-Nong 的重点研究方向为血吸虫病、疟疾和包虫囊肿，疟疾、登革热、轮状病毒、犬弓首线虫和莱姆病研究主题的论文质量和关注度高；University of London 热带医学领域的研究重点为疟疾、血吸虫病和登革热。

从上述结果发现，利用 Citation Topics 的微观主题分析功能，不仅可以呈现某一个研究领域的重点微观主题、核心区域、核心作者及核心机构的分布，还可以更精确地展示每个微观主题下区域、人员、机构的表现情况以及所有核心区域、核心作者和核心机构的主要微观主题分布，而不只是原来笼统的 10 个宏观研究方向[8]，可以大大提高编辑在选题策划中的工作效率。

热带医学期刊编辑部结合本次选题策划实例，可以按照选题挖掘、选题论证和选题实施的步骤[9]找到合理的研究方向、合适的约稿机构和约稿对象。在选题挖掘阶段，编辑可根据近 5 年来热带医学领域文章微观主题的分析，选定疟疾和登革热为研究方向。在选题论证阶段，编辑对 2 个微观主题进行 Citation Topics 六大模块的展开分析，经编委会讨论、专家论证，找出最具有价值的选题。本文只展开分析了疟疾微观主题，以此为例，结合 Citation Topics 分析结果，在最后的选题实施阶段，编辑可以优先锁定的研究机构为 University of London，以 Drakeley, Chris 为首的前 15 位研究人员，进行约稿。此外，在国家破除"唯 SCI 论"、大力倡导"要把论文写在祖国大地上"的大好形势下，可充分利用国内资源。对国内热带医学领域的研究方向进行分析后，得出血吸虫病、疟疾、登革热、包虫囊肿和冠状病毒是热带医学领域的研究重点，可以利用 Citation Topics 功能，锁定国内如疟疾和登革热等微观主题下最为活跃的研究机构和作者(比如 Zhou, Xiao-Nong)进行定向约稿。同时编辑可以运用期刊的网站、微信号等进行选题宣传，对本微观主题下排名靠前的研究人员、研究机构进行精准推送，广撒网和精准推送相结合，以确保约稿的成功率。最后，可以依托编委的学术圈，如有可能，还通过编委牵线搭桥，联系到目标作者，这种方式犹如让编辑拿到了推荐信一般，约稿对象会更容易产生信任，投来优质稿件。

4 结论与展望

本研究仅仅是对 InCites 中 Citation Topics 功能在热带医学领域选题策划中应用的初探。受篇幅限制以及出于 InCites 六大模块对选题策划的针对性考虑，研究方向、区域、人员、机构对约稿更加具体，尤其是人员模块，是编辑进行约稿的终极对象，故本文只选择了这四个模块进行了微观主题的分析，未涉及出版物和基金资助机构模块，且每一部分只给出了一个示例，并未对所有 Top 15 的上述结果一一展开分析。编辑在进行选题策划时可以具体分析六大模块包含出版物和基金资助在内的所有结果或者锁定任意一个想要约稿的微观主题、国家/地区、研究人员、机构，挖掘目标微观主题下表现活跃的国家/地区、研究人员、机构、出版物、基金资助等信息，找到目标国家/地区、研究人员、机构、出版物以及基金资助的重点研究方向，为选题策划工作提供更全面的信息。

Citation Topics 的应用在本研究中还只停留在粗浅的起步阶段，实际上未来的研究中，还可以更进一步去挖掘，将所有的分析结果落脚点定位到研究人员，以便编辑一步到位，直接找到目标作者进行约稿。以机构分析为例，如前文所述，首先利用 InCites 数据库的机构分析模块得到热带医学领域近 5 年发表的 SCIE 论文影响力 Top 15 的科研机构，然后在左侧栏目中筛选出"机构名称"为排名第 1 的"University of London"，"重新聚焦以查看与此实体合作的研究人员"，得出与 University of London 合作的研究人员论文被引频次前 3 位的是 Freeman, Matthew C.、Pullan, Rachel L.和 Cumming, Oliver。继续深入研究三位作者所发表文章的微观主题，发现 Freeman, Matthew C.的 8 篇论文分布于微生物源追踪、血吸虫病、沙眼衣原体、条件价值评估 4 个微观主题；Pullan, Rachel L.的 21 篇论文分布于血吸虫病、盘尾丝虫病、疟疾、结核分枝杆菌 4 个微观主题；Cumming, Oliver 的 8 篇论文分布于微生物源追踪、轮状病毒、血吸虫病 3 个微观主题。同样的操作方法用于研究方向、区域、出版物和基金资助模块，可以追踪到各个模块下表现突出的研究人员的微观主题分布。因此，Citation Topics 的功能可以从不同角度去剖析研究人员，编辑能够有的放矢，选择合适的作者约稿。

本研究的不足之处在于数据源的选择，由于热带医学领域的很多高水平论文发表在如 *Nature*、*Science*、*Cell*、*Lancet*、*JAMA*、*New England Journal of Medicine* 等国际顶尖综合或国际顶尖医学学术期刊上，仅按照 JCR 中热带医学领域的 24 本期刊检索本学科的论文是不全面的。今后的研究中，可以通过 Citation Topics 功能先勾勒出 JCR 中该领域所有期刊论文分布的微观主题画像，然后锁定排名靠前的目标微观主题，重新选择 InCites Dataset 全库，将所有 Web of Science 核心合集覆盖，呈现目标微观主题下的所有数据，为编辑的选题策划提供更加精确、可靠的结果。

综上所述，利用 InCites 数据库 Citation Topics 功能可以获得有关研究方向、区域、研究人员、机构等精细且准确的信息，希望本研究能够抛砖引玉，使得学术期刊编辑利用此工具，锁定重点研究群体，制定准确的选题方案，提升中国英文科技期刊的国际竞争力，早日达到世界一流期刊水平。

作者贡献度说明：张乔提出研究概念、基本框架、确定研究对象范围、提出研究方向、设计论文框架并撰写论文；梁倩、梁婷婵进行文献调研与整理，收集与分析数据；齐园、雷燕给出修改意见；潘茵参与论文修订、论文最终版本审核。

参 考 文 献

[1] 袁桂清.论科技期刊选题策划的意义与方法[J].中国科技期刊研究,2012,23(2):180-184.
[2] InCites.[EB/OL].[2022-08-02].https://incites.clarivate.com/.
[3] 刘雪立.一个新的引文分析工具:InCites 数据库及其文献计量学指标的应用[J].中国科技期刊研究,2013,24(2):277-281.
[4] 王燕,姚蔚,杜敏,等.利用 InCites 功能 CitationTopics 助力学术期刊编辑制定选题策划方案:以园艺学科研究领域为例[J].中国科技期刊研究,2021,32(6):777-785.
[5] InCites.[EB/OL].[2022-08-02].https://incites.help.clarivate.com/Content/Research-Areas/citation-topics.htm.
[6] 邓小茹.Incites 与 ESI 在国家自然科学基金选题中的预测分析和探索实践[J].现代情报,2018,38(6):122-127,143.
[7] 王继红,刘灿,邓群,等.科技期刊选题策划创新路径探析:基于 InCites 数据库[J].传播与版权,2020(11):26-32.
[8] InCites 新功能 CitationTopics 引文主题带来全新视角[EB/OL].[2022-08-02].https://www.bilibili.com/video/BV1xy4y1i7KA.
[9] 范姝婕,白洋,徐静,等.医学期刊应用文献计量学方法辅助选题策划模式初探[J].中国科技期刊研究,2021,32(11):1460-1466.

高校科技期刊的转型与重构

丁 译

(上海大学期刊社《应用数学与计算数学学报(英文)》编辑部,上海 200444)

摘要: 高校科技期刊是科技创新和学术评价的重要平台,是科技创新体系不可缺失的组成部分。本文以上海大学主办的中文期刊《应用数学与计算数学学报》为例,介绍学报在我国高校科技期刊发展的大背景下转型并成功进入 ESCI、Scopus、EI 等国际著名数据库的方法实践,为提高我国高校科技期刊影响力、推动其健康可持续发展建言献策。

关键词: 高校科技期刊;期刊转型;ESCI;Scopus;EI;国际化办刊;新媒体;学科建设

科技期刊是科技文献的主要载体,是展示科研成果、聚焦前沿信息、传播学术思想、引领科技发展的重要平台。党的十八大以来,以习近平同志为核心的党中央高度重视科技期刊的发展。2018 年,中央全面深化改革委员会第五次会议审议通过了《关于深化改革 培育世界一流科技期刊的意见》[1];2021 年 5 月,中宣部、教育部、科技部印发《关于推动学术期刊繁荣发展的意见》[2],进一步为我国科技期刊发展提供了政策支持,我国科技期刊迎来发展的重要战略机遇期。

高校科技期刊作为科技期刊的重要主体之一,是高等学府最重要的科学档案和科学发展史册,对国内外学术传播、学术交流和培养人才具有不可替代的重要作用,对提升中国科技文化国际交流的话语权,维护国家信息安全,具有非常重要的意义。近年来,高校科技期刊顺应形势发展,更新出版理念,提高办刊能力,整体水平和学术影响力不断提升[3]。然而,我国高校科技期刊总体上竞争力不强,在专业化办刊、集约化管理、数字化传播、国际影响力等方面仍有待改善。

本文以上海大学主办的中文期刊《应用数学与计算数学学报》为例,介绍学报在我国高校科技期刊发展的大背景下转型并成功进入 ESCI、Scopus、EI 等国际著名数据库的方法实践,为提高高校科技期刊影响力提供参考。

1 国内高校科技期刊转型与重构实例

上海大学主办的《应用数学与计算数学学报》(以下简称学报)创刊于 1987 年,中文季刊,由著名计算和应用数学家郭本瑜教授担任主编。多年来,学报在主编和编委的帮助下出版了许多优秀的专辑、综述论文等,获得了一定的学术好评和影响力。然而,在市场化、国际化和以量化评价为导向的科研评价体系[4]以及优秀数学论文严重外流[5]等多重因素冲击下,学报陷入了缺少优秀稿源、学术影响力低、无法进入核心数据库的恶性循环之中,发展面临严峻挑战，变革一触即发，转型刻不容缓。

2019年，经过大量调研，汇聚多方力量，学报转型为 Communications on Applied Mathematics and Computation (《应用数学与计算数学学报(英文)》，以下简称 CAMC)，由上海大学期刊社和 Springer Nature 出版集团合作出版，邀请国际著名数学家舒其望教授担任主编，对标国际知名应用数学和计算数学领域 SIAM Journal on Scientific Computing 和 Journal of Scientific Computing 等高影响力期刊。在舒其望主编的带领下，CAMC 确定了国际化的办刊方向，从刊名、语种(全英文)、办刊宗旨(aim and scope)、国际编委会到稿件来源等都进行了国际化的设计，成为一本全新的全英文发表原创性论文的国际化学术期刊。CAMC 在创刊年即被美国《数学评论》、德国《数学文摘》数据库收录；第3年(创刊29个月)被 ESCI 收录，第4年(创刊40个月)被 Scopus 收录，第5年被 EI Compendex 收录，是国际学术界对期刊学术质量、领域影响力和未来潜力的认可，标志着期刊的全球影响力获得了进一步的提升，并向被 SCIE 收录的目标踏出了坚定脚步。

1.1 提倡"学者办刊"理念，组建国际化编委会

期刊的编委会一般由某个领域中有较高影响力的学者组成。正如《文史哲》编辑部刘培教授所说："学者们有自己的研究领域，对学术有虔诚和敬畏之情，对学术界有深入关注，更能体会到一篇文章的慧眼独具之处。"有研究表明，期刊编委的学术地位对期刊质量和知名度有一定的影响[6]，以及编委会成员的国际化水平与期刊的影响因子和总被引量之间存在着非线性相关关系[7]。因此，期刊编委会不仅代表着期刊的学术声誉，而且对期刊的办刊宗旨、研究风格、发文特征和学科导向有着不可忽视的作用，被认为是学术交流(scholarly communication)系统中的重要组成部分[8]。编委会的人员结构，包括专业方向、学术活跃度等也是 ESCI 初评的重要因素之一。

CAMC 邀请国际著名数学家舒其望教授担任主编。舒其望，美国 Springer Nature 杂志 Journal of Scientific Computing 主编以及十余种国际计算和应用数学杂志的编委，曾获美国宇航和太空总署计算流体力学成就奖和中科院冯康科学计算奖。ISI (Institute for Scientific Information)数学领域高被引作者，H-指数79，发表论文467篇，论文总被引超过3.7万次(数据来源：WoS)。舒教授熟悉国际化高水平数学学术期刊的运作流程，且全身心投入期刊的前期筹备和运作，多次参加期刊转型会议，为 CAMC 创刊尽心尽力。

在舒主编的带领下，CAMC 组建了新一届编委会，在原来学报编委会的基础上增加了编委数量，细化了编委研究方向，为期刊提供更有力的学术支撑。目前，CAMC 编委会由62位专家组成，包括1位主编、2位副主编、56位编委会成员和3位荣誉编委，海外编委占比约43%，主要分布于美国、瑞士和加拿大等。编委多为活跃在一线的国际著名学者、国内知名院士和学者，如中科院院士鄂维南(H-指数60)、江松(H-指数20)、汤涛(H-指数38)、徐宗本(H-指数56)；也包含多位 ISI 数学领域高被引作者，如中科院白中治研究员(H-指数36)、上海大学李常品教授(H-指数42)、中国香港理工大学祁力群教授(H-指数62)、美国加利福尼亚大学 Wotao Yin 教授(H-指数70)和 Stanley Osher 教授(H-指数118)等。

1.2 "借船出海"，立足国际

毋庸置疑，当前的学术期刊竞争在优秀稿源、出版发行等领域激烈而残酷，依靠一两本期刊单打独斗式的经营，几乎是不可能在国际立足生存，更难言发展。近些年来，我国不少科技期刊依托国外数据库商和国际学术出版平台(如爱思唯尔的 Science-Direct、施普林格的

SpringerLink、自然集团的 nature.com 等），大大地提高了期刊的出版效率，快速提升了期刊影响因子，扩大了期刊认知度，增强了期刊品牌影响力[9]。从期刊定位、投稿系统、网页建设、发行推广等角度出发，"借船出海"的合作出版模式无疑为 CAMC 提供了国际化的平台和较强的竞争力。

经过调研和评估，CAMC 决定与 Springer Nature 出版集团合作，采用订阅与部分开放获取(open access, OA)混合出版的办刊模式，利用"借船出海"的方式站在国际出版的舞台上，力争提高期刊国际影响力。CAMC 主办单位上海大学拥有论文全部版权(OA 出版论文除外)，编委会和编辑部负责约稿、审稿、录用稿件，Springer Nature 出版集团提供独立的 Editorial Manager (EM)投审稿系统和编辑加工服务。从期刊的 SpringerLink 主页可以浏览已经集结成册即有卷、期、页码的论文(volumes and issues)和优先出版的论文(online first articles)，也可以看到每篇文章的下载次数(article accesses)、引用次数(cross ref citations)以及论文被哪些期刊引用，方便期刊编辑把握每篇论文的状态，为后续的宣传推广提供参考。

1.3 "请进来"，主编、编委亲力亲为，国际化约稿和审稿

论文学术质量是期刊的生命线，对于新创办的期刊尤其重要。只有严格把关每一篇论文的学术质量，才能获得读者的认可和同行的肯定。

新一届编委会成立后，主编确定了新的期刊宗旨(aim and scope)，即 CAMC 出版应用分析、数学建模、数值分析和科学计算领域的高质量研究论文和综述论文。在新刊没有一个稳定的作者群体的情况下，为保证发文质量，较快地扩大期刊的影响力，主编亲自组织编委选定约稿主题和约稿对象，以主编名义发送约稿函，被约作者高度重视投稿学术质量。编委协助主编组稿、约稿、为期刊投稿，主编、编委把多篇国际一流水平的成果投给期刊，利用国际和国内学术交流的机会宣传推广期刊，并利用学术人脉资源，获得更多高质量的稿件。

截至 2022 年 12 月 31 日，CAMC 共出版 16 期 147 篇论文，海外论文比约 67%，编委亲自参与撰写论文 26 篇；20 多位编委参与组织 4 个专辑和 3 个专栏，共 108 篇优秀论文。CAMC 通过高质量的论文树立期刊形象，提升期刊的影响力，进而带动较高质量的自由投稿进入。

期刊发表的文章表征了其所属学科领域、研究范畴以及学术质量等特点，编委团队则对文章的同行评议以及录用发表起着决定性作用[10]。为最大限度地发挥编委会的作用，CAMC 采用"责任编委负责制"，审稿极为严格。每篇投稿通过 EM 系统学术不端(similarity check)检测后，由主编根据稿件整体质量进行初审，然后根据其研究方向分派给责任编委，每篇稿件都有一名责任编委负责组织审稿，由责任编委邀请或推荐审稿人进行审稿。根据稿件质量，责任编委可以直接拒稿。责任编委在综合外审意见的基础上给出推荐意见。所有稿件都要经过责任编委复审，大修的稿件还需要送审稿人复审。所以，CAMC 录用的论文要经过：①主编初审；②责任编委初审；③审稿专家审稿；④责任编委复审；⑤主编终审等多个环节，保障论文学术质量。根据 EM 系统统计，CAMC 海外审稿专家约占 48%，大多来自美国、意大利、德国等欧美国家。编委亲自给审稿专家发送审稿邀请函，大大提升了审稿效率和审稿质量，为期刊的提升做出了卓越贡献。

1.4 "走出去"，刊媒融合，努力提高国际显示度

与 Springer Nature 合作的前三年，CAMC 是免费获取的模式，论文在线出版后可立即免费下载全文，对论文的快速传播十分有利。为助力期刊宣传，编辑部第一时间创建了 CAMC 官方微信公众号，同步报道在线出版的论文。公众号除了自己的订阅群体，还充分借助学科

已建成的各分支学者微信群，针对不同研究方向，实现论文的微信精准推送，进一步拓展宣传面。另外，挖掘出 CAM-net (computational and applied mathematics) Digest 和 NA (numerical analysis) Digest 等全球大咖都会订阅的专业领域资讯号，定期投稿，推广期刊论文；此外，CAMC 与科睿唯安、Aminer、玛格泰克和 TrendMD 等国际出版数字技术服务公司合作，通过论文关键词等检索方式进行邮件精准推送、期刊个性化推送(如专辑、综述)、在期刊主页上安装"文章跨平台直达推荐"插件的方式，将期刊论文精准地传达给世界各地的相关领域的优秀读者和专家，从而提高期刊的国际学术影响力。

融媒体时代背景下，CAMC 也在积极尝试制作"秒读论文"视频，通过提取论文核心内容，生成形象直观的可视化论文解读，让推送更"好看"，帮助读者快速了解论文亮点，助力期刊传播。

1.5 依靠集约化平台，服务学科建设

CAMC 由上海大学主办，隶属于上海大学期刊社。上海大学期刊社有着国内领先的集约化管理经验，实行差别化定位，专业化办刊，编辑部之间交流互动，共同提高和成长，并且在国际化编辑人才队伍方面有着良好基础[11]。期刊社也着力于期刊社的数字化和国际化建设，积攒了丰富的"走出去"经验，这为 CAMC 的成功转型提供了优秀的平台和丰富的人力资源。

CAMC 作为一本高校主办的学术期刊，一直有着较高的主动服务于学科建设的意识，与上海大学数学学科保持着彼此促进的内生关系。CAMC 充分发挥桥梁纽带作用，通过邀请国际专家为师生做学术讲座、编辑为师生开展学术论文写作讲座、编辑与教师交流期刊发展研讨会等形式，为学科培育青年学者提供平台。多位教授为本刊编委、审稿专家，为刊物的转型和发展做出了卓越的贡献；多位青年骨干教师为本刊作者，以论文的形式在 CAMC 上呈现学科建设成果，通过 Springer Nature 的国际化平台传播出去，大大提升了学术成果影响力。

2 中国高校科技期刊发展建议

在国家持续出台的利好政策的支持下，CAMC 逐渐走出困境并取得了一定的成绩，但是离建设世界一流期刊的目标还有很远的距离。借鉴世界领先科技期刊的发展战略，并结合 CAMC 的办刊实践，以下为我国高校科技期刊的健康可持续发展、提高其服务国家科技创新和"双一流"建设的能力建言献策。

2.1 高校要高度重视科技期刊工作

高校作为主办单位，要充分发挥对所属科技期刊的支撑作用和引导作用。要把所属科技期刊的出版工作纳入高校学科建设和科研创新的范畴，制定科学合理的发展目标，引导高校作者在高质量高校科技期刊上发表论文，实现学科建设、科研创新和科技期刊的相互促进和共同发展。

2.2 牢牢把握高校科技期刊内容质量

高校科技期刊要准确把握国家重大战略需求和国际学术前沿，突出学科专业特色，利用主办单位学科建设平台和期刊编委会平台，积极向国内外学者组稿、约稿，打造国际化、多元化、高质量的作者群、审稿专家群，提高学术质量、审稿质量和效率。

2.3 加快构建高校科技期刊的多维度评价体系

反对"唯 SCI 至上"和"唯影响因子"等不良倾向，引导高校科学合理地应用高校科技期刊相关指标，根据基础研究、应用研究和科普推广分类完善评价体系，鼓励广大科技工作者把论

文写在祖国大地上。

2.4 加强高校科技期刊的能力建设

推进高校科技期刊特色化、专业化、品牌化改革，优化期刊学科专业布局。加快传统出版与新兴媒体的融合，推进自主数字化平台建设，加强国内外数据库和平台合作，促进高校科技期刊优秀论文的国际化传播。

2.5 夯实高校科技期刊的人才基础

通过国家层面的学术期刊人才激励机制，拓宽科技类学术期刊出版人才的引进渠道，将国内外科学家及团队、高校优秀教学科研人员吸引、充实到办刊队伍中，把关办刊方向和学术质量。强化对青年期刊编辑人才的培养和使用，开阔期刊编辑的国际化和专业化办刊视野，着力培育一批既懂学科前沿又懂办刊规律的复合型期刊人才。

3 结束语

期刊工作是创造性的、科学性的，在国家利好政策的大背景下，在国内外科技期刊激烈的竞争中，我们要不断实践和总结，利用与国外领先出版集团合作的契机，学习优秀的办刊出版经验，拓宽视野。不忘初心，严格把好学术质量关，才能"扬帆远航"；不懈努力，提升期刊服务能力，最终让更多优秀的论文写在祖国大地上。

致谢：衷心感谢刘志强编审及潘春枝老师在文章修改过程中给予的悉心指导！

参 考 文 献

[1] 四部门联合印发《关于深化改革培育世界一流科技期刊的意见》[EB/OL].(2019-08-16)[2023-07-01]. http://www.cast.org.cn/xw/TTXW/art/2019/art_b5da1323b57c4d16b779172ad533cd88.html.

[2] 中共中央宣传部 教育部 科技部印发《关于推动学术期刊繁荣发展的意见》的通知[EB/OL].(2021-06-23)[2023-07-01].https://www.nppa.gov.cn/xxfb/tzgs/202106/t20210623_666272.html.

[3] 范娟,张铁明.高校科技期刊高质量发展的实践与思考[J].出版广角,2023(1):14-19.

[4] 李二斌,徐定懿.高校主办学术期刊转型发展路径分析:以《中国农业教育》为例[J].科技与出版,2021(10):30-36.

[5] 曾建勋,杨代庆.关于扭转我国科技论文外流局面的政策性思考[J].编辑学报,2022,32(6):600-604.

[6] 赵宇翔,赵梦圆,巴志超,等.国际学术期刊编委团队变化对期刊发文特征的影响:基于JASIST和IP&M的案例分析[J].情报资料工作,2022,43(2):101-112.

[7] NISONGER T. The relationship between international editorial board composition and citation measures in political science, business, and genetics journals [J]. Scientometrics, 2002, 54(2): 257-268.

[8] NI C, SUGIMOTO C R, CRONIN B. Visualizing and comparing four facets of scholarly communication: producers, artifacts, concepts, and gatekeepers [J]. Scientometrics, 2013, 94(3): 1161-1173.

[9] 初景利.科技期刊国际化:从"借船出海"到"造船出海"[J].科学新闻,2015(11):33-35.

[10] 王兴.国际学术期刊"把门人"视角下的大学学科评价研究:以计算机学科国际1 573所大学为例[J].情报杂志,2015,34(1):83-87,99.

[11] 秦钠,翁春敏.高校学术期刊集约化管理探析:以上海大学期刊社集约化建设为例[J].出版发行研究,2015(1):9-13.

ChatGPT 人工智能对科技期刊编辑出版的影响及对策

李春丽[1]，俞 琦[2]

(1.江南大学《食品与生物技术学报》编辑部，江苏 无锡 214122；2.江南大学食品学院，江苏 无锡 214122)

摘要：我国科技类期刊正向着智能出版发展，以 ChatGPT 为代表的先进人工智能的突然出现，引发了有关出版伦理道德的热议。与此同时，先进人工智能在优化出版流程，协助审稿、策划、编校及传播方面都表现出较大的潜力。作者从诚信和署名角度探讨了这类先进人工智能对出版伦理道德的影响，同时从科技类期刊的角度分析了先进人工智能在编辑出版中的作用、对策及应用前景。

关键词：ChatGPT；学术诚信；署名；科技期刊

ChatGPT(Generative Pretrained Transformer)是一款由人工智能(Artificial Intelligence，AI)驱动的聊天机器人模型，得益于新技术从人类反馈中强化学习(Reinforcement Learning with Human Feedback，RLHF)的引入，使其能够像人类一样根据上下文进行互动交流。除此之外，这款聊天机器人还具有其他广泛的能力，包括诗歌创作、论文写作、解决编码问题以及解释复杂概念[1]。ChatGPT 在"拟人化"和"反应快"方面展示出独特的优点，通过使用更为通用的自然语言处理(Natural Language Processing，NLP)模型，使得智能化应答程度处于较高水平。与此同时，ChatGPT 还能嵌入到搜索引擎中，以此来提高搜索效率。目前微软已将自己的搜索引擎和 ChatGPT 整合推出了新版 Bing，同时，微软也正在将 ChatGPT 整合进 Office 套件。伴随着 ChatGPT 的大火，谷歌和百度也接连宣布了要做自己的 ChatGPT。以百度为例，目前，百度已投入开发类似 ChatGPT 的相关技术"文心一言"，目前已完成内测，面向公众开放。

在人工智能聊天工具功能不断被挖掘的过程中，学生和科研工作者成为了最早使用这一工具的人群之一，利用其高效的创作和写作能力，使得这种人工智能系统所展示的视觉和文本内容制作与人类生成的作品越来越难于区分，甚至机器生成的文本可以无缝地集成到人类生成的科学文章中，这会给编辑出版带来一定的影响。目前，已有很多机构或单位明确表示禁止或限制使用 ChatGPT 等先进的人工智能系统来进行学术研究，究其原因可能是担心学术文章中加入不符合事实的研究或者保护学术诚信。同时，越来越多的大学由于受到该人工智能系统的影响，也改变了原先的教学模式，发展出一种更有助于"批判性思维和解决问题的能力培养"的教学方式[2]。本文从学术诚信和文章署名两个角度探讨 ChatGPT 对出版伦理道德的影响，指出 ChatGPT 对科技类期刊编辑出版的影响、对策及应用前景。

基金项目：江苏省期刊协会立项课题(2022JSQKB22)；中国高校科技期刊研究会"一流高校科技期刊建设"专项基金项目(CUJS2021-034)

1 ChatGPT人工智能对出版伦理道德的影响

1.1 学术诚信

学术诚信是科研伦理的关键问题之一[3]。近些年来,学术不端的丑闻层出不穷,科研失信行为极大地破坏了我国当前的学术环境[4]。规范科学技术活动、抵制学术不端行为已成为一大热门话题。鉴于此,人工智能在此方面起到了重要的作用。目前,出版社针对学术不端主要通过学术不端行为检测系统,具有代表性的为国外的Turnitin和中国知网的AMLC系统[4]。作为全球较权威、使用频率较高的英文论文检测软件,Turnitin在应对抄袭的文章时表现突出,同时还支持多种语言的检测。而国内的检测系统在兼具自身独特的优点的同时,问题也比较突出,尤其是在论文滞后性方面以及图表检测方面。这些问题有可能是由于检测算法的不够智能引起。鉴于此,探索使用高效的人工智能技术能尽快发现学术不端的问题,为提高检测质量提供了可能[4]。

人工智能虽然可能为出版社出版学术诚信的文章带来便利,但随着ChatGPT的出现,这一可能出现了相反的走向,甚至严重威胁到了学术诚信。虽然这类聊天人工智能的创造力存在着被高估的现象,但不可否认的是其可以更方便地为科研工作者或者学生提供答案甚至撰写论文,缩短了思考和探究的时间,减少了花费在这方面的精力,由此更容易引发抄袭和剽窃的现象。通过使用人工智能撰写的文章逻辑框架稳固,论证清晰全面,甚至可以达到迷惑审稿人判断的程度[5]。那么这些通过人工智能撰写或者拼凑的文章是否原创?谁才是这篇文章中相关内容的知识所有者?这些都是现在亟待思考的问题。

以ChatGPT为代表的人工智能虽然在文科或者社科类文章的撰写中提供一系列的便利,但事实上,针对理工科相关问题的回答,ChatGPT表现得较为保守,淡化了人工智能在提供科学洞察力方面可以发挥的作用,有很多可圈可点之处,并不具备严格意义上的论文写作能力,尤其在论文引用方面,缺乏可靠的论据,甚至给出错误的引用。

要想解决人工智能所带来的学术诚信问题,人工智能和科学出版的整合尤为重要。限制和禁止是一种有效的手段。目前,《科学》和《自然》都宣布了相关政策来禁止或限制研究人员使用这类先进的人工智能来撰写文章。同时,为了保护学术诚信,洛杉矶联合学区于2022年12月12日封锁了ChatGPT。但对于科学出版而言,把重点放在学术文章的撰写不及放在学术文章的检测,加强学术审核是解决问题的方法之一。目前,国内外已出现相应的检测系统应用于各大出版社用于有效区分人工生成的文本和AI生成的文本。国外的斯坦福大学在ChatGPT问世不久后便提出一种全新的算法——DetectGPT,用于检测AI生成文本。国内目前针对AI生成的检测也有不少,尽管在效果上还不尽完善。复旦大学自然语言处理实验室推出了一款用于AI生成文本检测的测试软件"谛听"(Sniffer),识别ChatGPT成功率达80%;相比之下,由人民日报社主管的依托人民网建设的传播内容认知全国重点实验室、中国科学技术大学和合肥综合性国家科学中心人工智能研究院联合推出的国内首个AI生成内容检测工具——AIGC-X,其在AI生成内容的检测中准确率超90%。此外,加强学术不端的问责机制,建立完善的科学伦理的教育体系是完善学术诚信的基础。

1.2 署名

除了学术诚信,署名也是出版伦理道德所关注的焦点。首先要确定的是这类人工智能是否具有著作权以及使用了ChatGTP创作出来的论文著作权属于谁?如果ChatGTP根据写作人的要求按照了写作人自身独特的风格进行了独创性的创作(虽然目前在独创性方面尚无定论)，那么，这个著作权应该是谁的？目前的讨论大概可以分为 3 类：①由人工智能生成的作品其著作权应当归属于软件设计者或所有者。ChatGPT 属于科技作品，其本身就具有著作权。②与其他人工智能软件不同，ChatGPT 所输出的内容的所有权利和利益都转让给用户，当 ChatGPT 创作的内容被认定为作品时，享有著作权。③人工智能并非我国著作权法严格意义上的作者，其和/或用户是否享有著作权，还有待商议。

自该类人工智能发布以来，已有多篇文章将其列为作者[6-7]。随着相关科学伦理问题的逐渐暴露，截至 2023 年 3 月 31 日，很多期刊出版商都认为由于无法对出版内容负责，作为人工智能代表的 ChatGTP 列为署名是不合适的。《科学》的主编 H. Holden Thorp 认为 ChatGPT 虽然有趣但不是一个作者。机器只在科学实验中发挥着重要的作用，但最终产品的生成必须来自人类头脑中美妙的"计算机"来表达[8]。虽然《科学》和《自然》相继宣布了不允许将 ChatGTP 列为署名作者，但《自然》在这一方面更缓和，它允许作者在文章中说明的情况下使用 ChatGTP[9]。伴随着科技的进步，人工智能已经不可避免的融入到科研学习中，如何面对这种颠覆性的技术，《自然》给出了 5 个关键的问题[10]。

关于署名问题，中文类期刊也有相关申明。《暨南学报(哲学社会科学版)》编辑部表示暂不接受任何大型语言模型工具单独或联合署名的文章。在此基础上，如果使用了相关工具，需单独提出或引用论证。就目前而言，署名问题的趋势越来越清晰，ChatGPT 不被视为合著者[11]。

2 ChatGTP 人工智能对科技期刊编辑出版的影响

作为先进的人工智能的代表，ChatGTP 在科技类期刊编辑出版中扮演者双面角色。一方面，随着科学技术的进步，出版社在稿件的收录、编校、推送以及学术讨论方面都离不开人工智能的助力[12]。另一方面，先进人工智能给科技类期刊的编辑出版带来一系列问题，例如版权保护、署名规则、查重规则和标准的调整等。人工智能对科技类期刊的影响将会是广而深的，不仅要充分意识到其为编辑出版带来的便利，也要警惕人工智能带来的局限和科学伦理问题。

2.1 ChatGTP 人工智能对编辑出版带来的便捷

当前，各大科技类期刊出版商都在加快智能化转型。通过人工智能提升各类产品的智能化水平是目前主流的方式之一，尤其是在文献检索、论文写作、学术社交等。白小晶[13]等将知名出版社和其相关的学术服务工具进行了汇总。除此之外，人工智能在科技类期刊的编辑出版各个环节都能有效发挥作用。

人工智能在编辑方面比人类智能更具优势，尤其表现在数据信息浏览、筛选、提取和分析方面[12]。随着科技类期刊稿件量的不断增大，简单繁琐的编辑校对工作给人工编辑带来了巨大的压力。传统出版社的内容编辑主要由专业的人员来完成，这就要求所有的编辑人员都需积累大量的科研学术知识，同时具备专业的写作素养和阅读时间。在目前知识更新速度较快的情况下，无法保证人工编辑能正确有效地完成这些任务。人工智能的引入能高效地完成这些任务，甚至在版面设计方面也可提供相应的帮助，使得编辑可以有更多的时间去从事更具创造性的工作。但需要注意的是，人工智能只能初步代替烦琐且重复性高的工作，最终的决定权应当还在编辑手中。当然，随着新技术的不断引入，从事编辑方面的工作人员也需要提高自身的素养，了解人工智能对编辑带来的好处同时能够正确运用这些技术带来的方便，使得编辑工作更智能化、方便化。

除了在编辑方面带来的好处外，人工智能同样能对出版带来帮助。在处理稿件、匹配审稿专家、优化流程方面提供了有效的帮助[12]。融合新兴媒体和高新技术的智慧出版也是当下比较热门的话题之一[14]。作为出版过程最关键的环节之一，同行评议是科技类文章维护和提高学术质量的重要途径。但随着稿件量的增多，出现了小部分科学家承担了绝大部分评议工作的情况，使得同行评议这一过程费时费力且容易出错而饱受争议[12]。通过人工智能的帮助，出版社能快速找到合适的审稿专家。与此同时，人工智能还能在统计研究数据和总结文章的学术价值方面给予反馈，对需要拒稿的稿件给出意见，节约了编辑和审稿专家的时间，缩短了作者出版时滞，优化了出版流程，提高了学术质量[12]。

2.2 ChatGTP人工智能对编辑出版的冲击及挑战

ChatGTP作为一种研究工具，也会给科技类期刊编辑出版带来明显的负面影响，尤其涉及科学诚信方面。首先，先进人工智能带来了更多的不透明性。如果作者在文章中并未挑明这点，这会给接下来的审稿工作带来不公平性。其次，盲目的使用ChatGTP可能会带来不准确的事实描述，存在着剽窃、欺诈和版权侵犯的风险[15]。当前，尚没有官方正规的检测系统用于AI文件的检测，但ChatGPT的原始输出经过仔细比对是可以检测出的，尤其是涉及多个段落与科学工作相关时[16]。同时，由ChatGPT生成的摘要被学术审稿人检测到的机率只有63%[16]，这将会给出版社编辑出版带来巨大的挑战。再次，目前尚没有法律法规来发展或约束这类人工智能，尤其是针对医学相关科技类文章的出版。如果由于使用人工智能出现了医学检测报告的错误，那么谁将承担这份责任？然后，在通常情况下，文章的创新度是科学研究的重要部分。ChatGTP这类人工智能是基于已有数据库，频繁地使用会导致大量重复文本的生成和创造力的缺失，同时也会减轻作者对文章应有责任感。同时，这种LLM是基于大量数据训练得到，其中可能会包含偏见。长期使用可能对导致偏见的延续或放大[16]。最后，相比于国外，国内科技类期刊的出版在利用人工智能技术时相对薄弱。绝大部分的人工智能所使用的语言以英文为主，而在我国，中文期刊占科技类期刊绝大部分。并且，在人工智能的开发和使用上，无法做到深度应用，极大地限制了出版水平。

3 ChatGTP人工智能在科技期刊编辑出版中潜在应用的对策

先进人工智能推动者各领域的不断发展，虽然类似于ChatGPT这类人工智能可能会对编辑出版带来负面影响，但不可否认的是这类人工智能也能给期刊带来许多益处。对于新事物和新技术，科学类期刊不应排斥，更需要的是主动接触和学习，深入思考和探讨ChatGPT所带来科学伦理问题。同时，无论是否支持这类人工智能应用于期刊编辑出版中，都可以理性发声，为ChatGPT的开发与应用带来参考。当下，这类先进人工智能是通过数据库来实现，伴随着OA的发展，引入不同来源的科技类期刊，可以使其提供更加准确的回复。也许未来，通过人工智能使得普通大众与科技期刊的联系更加贴近，搭建起联系的桥梁，拓宽科技类期刊的市场价值，完善科技类期刊的各项技术与服务。

3.1 在审稿系统中潜在应用的对策

AI可智能联系到更广泛的审稿人数据库，根据投稿文章的主题内容甚至图表来筛选定位有效的审稿人，规避可能存在的偏见，保证审稿过程的客观性和公正性。同时，由于稿件数量庞大，许多作者投稿后往往需要等待较长的时间，引入 AI 可以对稿件进行快速识别，加快审稿流程，与此同时也可以实时反馈给作者稿件的相关信息。AI 还可以对论文的真实性、科学性、逻辑性、规范性做出判断，对图表和文字进行深度识别，防止学术不端的发生。

3.2 在选题中潜在应用的对策

AI 可以根据现已发表的文章及学科走向，精准捕捉各个领域的热点，结合读者的阅读趋势和频率，甚至可以分析各级基金组织的申报资助情况，快速生成具有前瞻性，独创性和话题性的选题，实现精准策划(特刊等)，同时给出符合该方向的学者，提高组稿的效率和成功率。

3.3 在编校中潜在应用的对策

编校工作是最耗费时间的工作，且容易受到编辑的主观因素影响，从而降低了文章的出版速度。AI 的引入，可以对这些机械的工作进行快速处理，在减轻编辑负担的前提下缩短了稿件出版周期，使得录用的学术文章能尽快见刊。在此环节中，个别专业性的问题会给处理稿件的编辑带来困惑，以至于编辑需要通过与作者联系验证从而延长了出版的进度。AI 可以给出专业性的回复以便编辑理解和思考，减少了作者的联系沟通，从而提升了出版速度，这也是作者想看到的。

3.4 在推广中潜在应用的对策

AI 可以根据学者的领域，阅读兴趣以及学术社交平台对学者进行精准推送，加快了学术成果的推广和传播。当下，交叉学科的热度持续不减，未来的 AI 也可以根据交叉学科的适用性，对相关学者进行推送，提高学者的学术创新水平以期望更优秀的学术文章。

4 结束语

我国科技期刊目前正处于转型阶段，以 ChatGPT 为代表的先进人工智能正在加快融入社会各个领域，推动着智慧出版的发展。尽管这类人工智能目前存在着学术伦理等问题，但作为工具，其在编辑出版方面也展现出积极的前景。在科技出版智能化时代，科技类期刊应积极了解和掌握先进人工智能，充分把握融合发展的机遇，推进技术创新和产业升级，使其在编辑出版的各个流程都表现出积极的作用。当然，人工智能需要人去驾驭，这就要求出版社和编辑要采取开放包容的态度，努力提高自身素质，学习适应迅速变化的高效工具，克服这些工具带来的弊端，加快先进人工智能在科技类期刊中的应用。

参 考 文 献

[1] PATEL S B, LAM K. ChatGPT: the future of discharge summaries?[J]. Lancet Digit Health, 2023. DOI:10.1016/S2589-7500(23)00021-3.

[2] 郑雨航.高校、中学 ChatGPT"侵入"校园与教育界关系是敌是友，应如何对待？[N].每日经济新闻，2023-02-14(005).

[3] 杜生权.学术不端及相关概念辨析[J].出版与印刷,2022(5):83-92.DOI:10.19619/j.issn.1007-1938.2022.00.063.

[4] 何小军,梁俊.人工智能技术对科技期刊科研诚信的作用[J].中国出版,2019(13):50-53.

[5] GRIMALDI G, BEHRLER B, AI, et al. Machines are about to change scientific publishing forever [J]. ACS Energy Letters, 2023, 8:878-880. DOI:10.1021/acsenergylett.2c02828.

[6] SINGH R, GARG V, GTP-3. Human factors in NDE 4.0 development decisions [J]. Journal of Nondestructive

Evaluation, 2021, 40:71. DOI: 10.1007/s10921-021-00808-3.

[7] ChatGPT, ZHAVORONKOV A. Rapamycin in the context of Pascal's Wager: generative pre-trained transformer perspective [J]. Oncoscience, 2022, 9:82-84. DOI: 10.18632/oncoscience.571.

[8] HOLDEN THORP H. ChatGPT is fun, but not an author [J]. Science, 2023, 379:6630. DOI: 10.1126/science.adg7879.

[9] STOKEL_WALKER C. ChatGPT listed as author on research papers: many scientists disapprove [N]. Nature, 2023, 613:620-621. DOI:10.1038/d41586-023-00107-z.

[10] VAN DIS E A, BOLLEN J, ZUIDEMA W, VAN ROOIJ R, et al. ChatGPT: five priorities for research[J]. Nature, 2023, 614:224-226. DOI: 10.1038/d41586-023-00288-7.

[11] 令小雄,王鼎民,袁健.ChatGPT 爆火后关于科技伦理及学术伦理的冷思考[J/OL].新疆师范大学学报(哲学社会科学版)[2023-02-13].DOI:10.14100/j.cnki.65-1039/g4.20230213.001.

[12] 代妮,步召德.人工智能对科技期刊出版的影响[J].出版广角,2021(11):46-48,51.

[13] 白小晶,刘晶晶,谢珊珊,等.利用智能工具促进我国科技期刊智能出版[J].编辑学报,2020,32(5):555-560.

[14] 张立,张雪,魏子航.融合出版背景下科技期刊的智慧出版模式研究[J].中国编辑,2021(12):51-55.

[15] GORDIJN B, TEN HAVE H. ChatGPT: evolution or revolution? [J]. Medicine, Health Care and Philosophy, 2023. Doi: 10.1007/s11019-023-10136-0.

[16] ChatGPT 对学术出版影响几何？出版商已明确几条原则[N/OL].第一财经[2023-02-17].https://baijiahao.baidu.com/s?id=1758074768204761293&wfr=spider&for=pc.

[17] BISWAS S. ChatGPT and the future of medical writing [J]. Radiology, 2023. DOI:10.1148/radiol.223312.

检验医学领域英文期刊的办刊策略

王尔亮，褚敬申

(上海交通大学医学院附属瑞金医院编辑部，上海 200025)

摘要： 检验医学是临床与实验室之间的桥梁，是有效支撑临床诊断、治疗的重要环节。随着检验医学学科的发展，检验医学英文期刊的创办具有重要战略意义。文章从国内外两个层面分析检验医学领域期刊的现状。从创刊时间、出版地、主办单位、数据库收录等方面分析国内检验医学期刊总体情况；从影响因子、合作出版商、期刊所属国家等方面梳理了 29 种检验医学学科的 SCI 期刊。认为检验医学英文刊的创办具有重要迫切性和重要的现实意义，从紧抓热点选题、主办品牌学术会议、联合国际学会和搭建传播平台等方面提出创办检验医学英文刊的策略和路径。

关键词： 检验医学；英文期刊；办刊策略；国际化

检验医学是临床与实验室之间的桥梁，是有效支撑临床诊断、治疗的重要环节。基础医学的发展及与临床医学的密切结合，是医学检验在整个医疗活动中的地位和作用发生了深刻转变。随着基础医学、临床医学、生物学、物理学、化学、计算机网络科学等多学科的发展及其在检验工作中的广泛应用，检验医学已经不再是医疗辅助性学科，而是逐步转型渗透于临床医疗的各个环节，为临床疾病的诊断、治疗、预后判断提供更精准、更直接的科学依据。新时期的检验医学正向着实验室集约化、自动化；仪器试剂多样化、配套化；检验方法规范化、标准化；床旁检测快速化、准确化的方向不断发展[1]。检验医学科技期刊具有引领学科发展的使命和责任，是构建检验工作者与临床医护人员学术交流和信息沟通的桥梁。将精准的实验数据应用于诊断信息，更直接、更深入地参与临床的诊断和治疗。从医学检验到检验医学的转变，不仅预示着检验工作的定位和理念的转变，也是医学技术发展的必然。

自 2019 年中国科协、中宣部、教育部、科技部联合印发《关于深化改革 培育世界一流科技期刊的意见》，作为我国近年来科技期刊发展的纲领性文件，指出科技期刊传承人类文明，荟萃科学发现，引领科技发展，直接体现国家科技竞争力和文化软实力。随后中国科协实施了"中国科技期刊卓越行动计划"。2021 年 6 月中宣部、教育部、科技部联合印发《关于推动学术期刊繁荣发展的意见》，将我国学术期刊的发展提升到新的前所未有的高度。2023 年 8 月 1 日出版的第 15 期《求是》杂志发表中共中央总书记、国家主席、中央军委主席习近平的重要文章《加强基础研究 实现高水平科技自立自强》。文章指出："要加快培育世界一流科技期

基金项目： 2023 年度中国科技期刊卓越行动计划选育高水平办刊人才子项目-青年人才支持项目(2023ZZ053197)；上海交通大学期刊中心 2023 年度期刊发展研究基金；上海市科技期刊学会"海上青编腾飞"A类项目(2022A04)
通信作者： 褚敬申，E-mail: chujingshen@126.com

刊，建设具有国际影响力的科技文献和数据平台，发起高水平国际学术会议，鼓励重大基础研究成果率先在我国期刊、平台上发表和开发利用。"强调要"把论文写在祖国的大地上，把科研成果应用在全面建设社会主义现代化国家的伟大事业中。"

据《中国科技期刊发展蓝皮书(2022)》，截至2021年底中国科技期刊总量为5 071种，其中，中文科技期刊4 482种，占88.38%；英文科技期刊420种，占8.28%；中英文科技期刊169种，占3.33%。按照学科分布来看，医药卫生期刊1 152种，其中英文期刊92种[2]。纵观国内外检验医学领域期刊，发现存在国内该领域期刊影响力不足、国际检验医学领域SCI期刊缺少话语权等问题。从国内层面来看，国内检验医学领域学术期刊与该学科近年来的发展，以及检验医学在医学科技领域的学术地位不匹配；从国际层面来看，中国在检验医学领域不具有国际影响力和话语权优势。

当今随着科技进步，检验医学走向现代化、自动化、智能化的时代。检验医学的理念也发生了巨大转变，从"以标本为中心"转变为"以患者和临床为中心"[3]。我国检验医学的学科发展与该学科的发文趋势和未来发展要求极其不符。检验医学领域学术期刊需要不断重视，本研究希望能为我国检验医学英文期刊创办提供思路，搭建检验医学国际学术交流平台服务，提升我国检验医学在国际学术圈的地位和影响力。推动我国临床医学的发展，分析检验医学领域国内外一流学术期刊的地区分布、影响力、办刊模式等信息。

1 国内检验医学期刊的现状

国内"检验医学"为主题的期刊有《检验医学》《检验医学与临床》《国际检验医学杂志》等共13种，按照出版地分布，上海、北京均为3种，其次为重庆2种，山东、西安、南昌、合肥和南京各1种(见表1和图1)。

表1 国内医学检验相关的中文医学期刊情况

序号	刊名	主办单位	出版地	创刊时间	2022复合影响因子	2022综合影响因子	数据库收录
1	中华检验医学杂志	中华医学会	北京	1978	2.189	2.058	CA化学文摘(美)(2023) JST日本科学技术振兴机构数据库(日)(2022) CSCD中国科学引文数据库来源期刊(2023—2024年度) WJCI科技期刊世界影响力指数报告(2021)来源期刊
2	国际检验医学杂志	重庆市卫生健康统计信息中心	重庆	1979	1.099	0.88	CA化学文摘(美)(2023) JST日本科学技术振兴机构数据库(日)(2022)
3	检验医学(原上海医学检验杂志)	上海市临床检验中心	上海	1986	1.136	0.984	CA化学文摘(美)(2023) JST日本科学技术振兴机构数据库(日)(2022) Рж(AJ)文摘杂志(俄)(2020)

续表1

序号	刊名	主办单位	出版地	创刊时间	2022复合影响因子	2022综合影响因子	数据库收录
4	检验医学与临床	重庆市卫生健康统计信息中心；重庆市临床检验中心	重庆	2004	1.03	0.865	CA化学文摘(美)(2023) JST日本科学技术振兴机构数据库(日)(2022)
5	理化检验(化学分册)	上海材料研究所	上海	1963	1.047	0.907	CA化学文摘(美)(2023) JST日本科学技术振兴机构数据库(日)(2022) CSCD中国科学引文数据库来源期刊(2023—2024年度)(扩展版) WJCI科技期刊世界影响力指数报告(2021)来源期刊
6	理化检验(物理分册)	上海材料研究所	上海	1963	0.484	0.388	CA化学文摘(美)(2023) JST日本科学技术振兴机构数据库(日)(2022)
7	临床检验杂志	江苏省医学会	南京	1983	0.963	0.839	CA化学文摘(美)(2023) JST日本科学技术振兴机构数据库(日)(2022)
8	临床输血与检验	中国科学技术大学附属第一医院(安徽省立医院)；安徽省输血协会	合肥	1999	0.89	0.809	CA化学文摘(美)(2023) JST日本科学技术振兴机构数据库(日)(2022) JST日本科学技术振兴机构数据库(日)(2022) Рж(AJ)文摘杂志(俄)(2020)
9	实验与检验医学	江西省医学会	南昌	1983	0.848	0.752	CA化学文摘(美)(2023) JST日本科学技术振兴机构数据库(日)(2022)
10	现代检验医学杂志	陕西省临床检验中心；陕西省人民医院	西安	1986	1.356	1.231	CA化学文摘(美)(2023) JST日本科学技术振兴机构数据库(日)(2022)
11	医学检验与临床	山东省千佛山医院	济南	1990	0.179	0.167	不详
12	中国检验检疫	中国海关传媒中心	北京	1985	0.282	0.221	不详
13	中国卫生检验杂志	中华预防医学会	北京	1991	0.789	0.678	CA化学文摘(美)(2023) 北京大学《中文核心期刊要目总览》来源期刊：2011年版

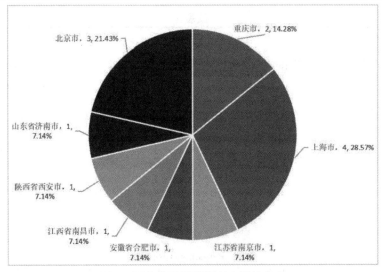

图 1 国内检验医学期刊出版地分布

2 国际检验医学英文期刊

2023 年 6 月，科睿唯安发布了最新的 JCR 期刊引证报告，在 Medical Laboratory Technology 学科，检验医学学科领域 SCI 期刊 29 种。Q1 区影响因子区间 4.6~10.0，Q2 区影响因子为 2.3~3.8，Q3 区影响因子 1.6~2.2，Q4 区影响因子 0.1~1.4(见表 2)。

表 2 29 种检验医学 SCI 期刊列表

Journal Name	Region	Publisher	2022 JIF	1st Electronic JCR Year	Publication Frequency
Critical Reviews in Clinical Laboratory Sciences	USA	Taylor & Francis	10.0	1997	6 issues/year
Clinical Chemistry	USA	Oxford University Press Inc.	9.3	1997	12 issues/year
Translational Research	USA	Elsevier Science Inc.	7.8	2006	12 issues/year
Clinical Chemistry and Laboratory Medicine	Germany (Fed Rep Ger)	Walter DE Gruyter Gmbh	6.8	1998	12 issues/year
Clinica Chimica Acta	Netherlands	Elsevier	5.0	1997	12 issues/year
Annals of Laboratory Medicine	Republic of Korea	Korean Soc. Laboratory Medicine	4.9	2012	6 issues/year
Archives of Pathology & Laboratory Medicine	USA	Coll Amer Pathologists	4.6	1997	12 issues/year
Pharmaceutical Biology	Netherlands	Taylor & Francis Ltd.	3.8	1998	1 issues/year

续表2

Journal Name	Region	Publisher	2022 JIF	1st Electronic JCR Year	Publication Frequency
Cytometry Part B-Clinical Cytometry	USA	Wiley	3.4	2003	6 issues/year
Biochemia Medica	Croatia	Croatian Soc Medical Biochemistry & Laboratory Medicine	3.3	2009	3 issues/year
Clinical Biochemistry	Canada	Pergamon-Elsevier Science Ltd.	2.8	1997	12 issues/year
Journal of Clinical Laboratory Analysis	USA	Wiley	2.7	1997	9 issues/year
Therapeutic Drug Monitoring	USA	Lippincott Williams & Wilkins	2.5	1997	6 issues/year
Seminars in Diagnostic Pathology	USA	W B Saunders Co-Elsevier Inc.	2.3	1997	6 issues/year
Annals of Clinical Biochemistry	England	Sage Publications Inc.	2.2	1997	6 issues/year
Journal of Mass Spectrometry and Advances in the Clinical Lab	Netherlands	Elsevier	2.2	2021	4 issues/year
Clinical Mass Spectrometry	Netherlands	Elsevier	2.1	2019	4 issues/year
British Journal of Biomedical Science	England	Frontiers Media Sa	1.9	1997	1 issues/year
Clinics in Laboratory Medicine	USA	W B Saunders Co-Elsevier Inc.	1.7	1997	4 issues/year
Applied Immunohistochemistry & Molecular Morphology	USA	Lippincott Williams & Wilkins	1.6	1999	10 issues/year
Biopreservation and Biobanking	USA	Mary Ann Liebert, Inc	1.6	2011	6 issues/year
Diagnostic Cytopathology	USA	Wiley	1.3	1997	12 issues/year

续表 2

Journal Name	Region	Publisher	2022 JIF	1st Electronic JCR Year	Publication Frequency
Journal of Cytology	India	Wolters Kluwer Medknow Publications	1.3	2010	4 issues/year
Laboratory Medicine	USA	Oxford Univ Press	1.3	1997	6 issues/year
Journal of Laboratory Medicine	Germany (Fed Rep Ger)	Walter DE Gruyter Gmbh	1.2	2018	6 issues/year
Annals of Clinical and Laboratory Science	USA	Assoc Clinical Scientists	0.8	1997	6 issues/year
Clinical Laboratory	Germany (Fed Rep Ger)	Clin Lab Publ	0.7	2007	12 issues/year
Annales DE Biologie Clinique	France	John Libbey Eurotext Ltd	0.5	1998	6 issues/year
Acta Bioquimica Clinica Latinoamericana	Argentina	Federacion Bioquimica Provincia Buenos Aires	0.1	1998	4 issues/year

检验医学 SCI 期刊 29 种，影响因子最高 10 分，最低 0.1 分。从地区分布来看，美国在检验医学领域共 14 种，其次为荷兰 4 种、德国 3 种、英国 2 种，此外，阿根廷、加拿大、法国、印度、克罗地亚、韩国各 1 种(见表 3、图 2)；从出版商来看，Elsevier 在检验医学领域期刊数量最多，共 3 种，Taylor & Francis Ltd 拥有 2 种，其中之一为 *Critical Reviews in Clinical Laboratory Sciences* (《临床检验科学批判性评论》)，2023 年最新影响因子达 10 分，为该领域最高。Walter DE Gruyter Gmbh 拥有检验医学期刊 2 种(见图 3)；按照语种来看，*Clinical Biochemistry* 和 *Annales DE Biologie Clinique* 为多语种出版，*Acta Bioquimica Clinica Latinoamericana* 为西班牙语出版，其余皆为英语出版。

表 3 检验医学领域 SCI 期刊国家分布情况

序号	国家	数量	占比/%
1	美国	14	48.28
2	荷兰	4	13.79
3	德国	3	10.34
4	英国	2	6.90
5	阿根廷	1	3.45
6	加拿大	1	3.45
7	克罗地亚	1	3.45
8	法国	1	3.45
9	印度	1	3.45
10	韩国	1	3.45

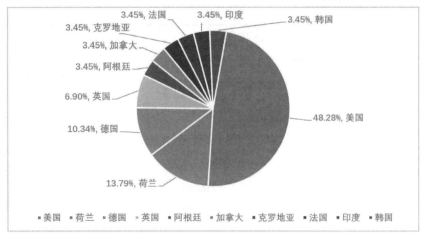

图 2 检验医学 SCI 期刊的国家和地区分布

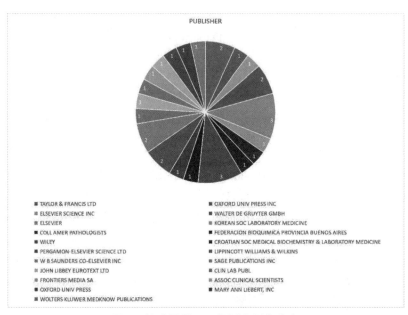

图 3 检验医学 SCI 期刊出版商分布

综上可知，随着检验医学的学科发展，越来越多的学者关注到该领域期刊的重要性。从期刊所属国家和地区分布来看，目前检验医学学科的 SCI 期刊，没有一本为中国创办。而我国检验医学学科的飞速发展，亟须打造一本世界一流的检验医学领域学术期刊，填补我国在检验医学领域的学术空白。

3 我国检验医学英文期刊创办的路径

3.1 紧跟检验医学学科前沿，策划热点选题

检验医学是疾病诊疗的重要支撑，全方位参与疾病的筛查、预防、诊断、治疗和预后。实验室数据是对人体健康状态和疾病发展的客观评判，也是指导临床决策的重要依据。尤其是大健康背景下，疾病早筛、预防、慢病筛查、流行病及传染病的检测等在内的全周期健康

服务体系皆依赖于检验医学的发展。如分子(基因)诊断技术、基因检测技术、病毒检测、单细胞测序、肿瘤标志物等为国内外重点关注的话题。检验医学期刊具有很强的专业性，受众相对稳定。随着数字化、网络出版的普及，对检验医学领域学者进行调研，认为热点解读、临床交流、技术经验等内容受到学者广泛关注，因此组稿时，可加强对相关主题的侧重[4]。对热点、前沿话题的追踪和组稿，有助于期刊影响力的提升。

3.2 关注国内外检验医学相关学会，推动学术交流

期刊编辑应该具有敏锐的洞察力和科研能力。检验医学相关国际学会有国际临床化学和检验医学联合会(International Federation of Clinical Chemistry and Laboratory Medicine, IFCC)、美国临床化学协会(American Association for Clinical Chemistry, AACC)、欧洲临床化学和实验室医学联盟(European Federation of Clinical Chemistry and Laboratory Medicine, EFLM)、中华医学会检验医学分会(Chinese Society of Laboratory Medicine)、国家卫生健康委临床检验中心、中国生物物理学会临床分子诊断分会、中国医院协会临床检验管理专业委员会、中国医师协会检验医师分会、中国老年医学学会检验医学分会以及中国中西医结合学会检验医学专业委员会等。

国际临床化学和检验医学联合会(IFCC)，是一个国际性的、非政治性的临床化学和检验医学组织。其学会成员分为三类：一是正式会员(Full Members)，主要是不同国家和地区建立的临床化学和实验室医学协会；第二类是企业会员(Corporate Members)，是临床检验技术领域相关的个人公司、企业或研究机构；第三类是附属会员(Affiliate Members)，主要是对检验医学感兴趣的国际组织、学会或协会。

IFCC 执行委员会由主席、前任主席、秘书长、财务主管和公司成员代表以及 IFCC 地区联合会代表组成，通常每年举行三次会议。IFCC 下属二级学会的主席每年至少出席一次会议。面对全球出现的新冠肺炎疫情，IFCC 发布持续更新的在线指南，提供实验室指南、生物安全及其他重要资源信息，帮助世界各地会员及社区应对新冠肺炎疫情带来的挑战。

美国临床化学协会(American Association for Clinical Chemistry, AACC)，成立于1948年，拥有协会成员 11 000 余人，总部设在美国华盛顿。

3.3 主办检验医学品牌学术会议，提升期刊学术影响力

为了更好地提升期刊的学术水平，编辑必须时刻跟进国内外检验医学行业的热点和发展趋势。随着科学技术手段的提升，智慧医疗、精准检验医学的概念不断被国内外学者关注。邀请国际临床化学与检验医学学会(IFCC)主席、秘书长等相关学者任期刊国际主编、副主编等。邀请诺贝尔奖获得者、国际顶级科学家出席品牌学术会议，在国际会议宣讲期刊等都能有效提升期刊的国际影响，推动期刊学术品牌建设。检验医学领域国际重要会议包括国际临床化学与检验医学大会年会、欧洲临床化学与检验医学大会。2023 年 IFCC 年会在意大利罗马第二大学举办。检验医学英文刊应抓住该领域国际会议，在会议上与国际学者交流，对期刊进行推介。

3.4 搭建创新交流平台，拓展期刊推广渠道

在医学发展史上，检验医学很长一段时间在医学学科内处于边缘地位，检验科被定位为"医疗辅助科室"。但实际上几乎所有的临床诊断、研判、治疗都离不开检验科提供的重要数据。检验医学期刊融媒体平台覆盖全体检验医学从业人员，结合检验医学的特点，《国际检验医学杂志》《检验医学与临床》借助新媒体融合平台，如微信公众号、微博、视频号等面对不同群

体，定期推送不同内容的文章。"检验医学"订阅号关注用户超过 45 万人，"国际检验医学杂志"服务号关注用户超过 13 万人，"检验医学"抖音号关注用户超过 9 万人[5]。有效地推动了检验医学期刊的推广和传播力。检验医学英文刊应加强与国内《检验医学与临床》《国际检验医学杂志》等编辑部之前的交流，实现国内融媒体平台的资源整合和共享。发挥行业内中英文刊的互动交流，学术资源共享。

新媒体平台的建设，需要清晰定位受众群体，可设置检验医学相关的科普栏目、检验医学国内外动态、检验医学发展史等具有历史性、趣味性的知识；面对检验医学专业学者，侧重于精准检验技术的发展、国内外检验医学研究动态、检验医学热点前沿等话题。

4 结束语

检验医学英文刊的创办需要"立足本土服务检验交叉学科"的发展路径，走检验医学学科的特色，解决我国 SCI 论文外流的问题。我国 SCI 论文"外流"某种意义上是事实，但其根本原因，主要还是我国 SCI 期刊供给不足，"外流"某种意义上是被动的结果[6]。我们通过对国际 29 本检验医学 SCI 期刊的分析可知，检验医学 SCI 外流的根本原因是我国该领域 SCI 期刊供给不足。我国应该在检验医学领域主动培育更多的本土 SCI 期刊，承载我国检验医学学科日益增多的科研成果，鼓励检验医学领域学者将论文发表在祖国大地上。

参 考 文 献

[1] 丛玉隆,张卓.现代科学技术与检验医学的变迁[J].国外医学临床生物化学与检验学分册,2004,25(6):481-482.
[2] 中国科学技术协会.中国科技期刊发展蓝皮书(2022)[M].北京:科学出版社,2022:9.
[3] 潘柏申.检验医学的发展和展望[J].中华检验医学杂志,2019,42(8):585-589.
[4] 王明丰,唐强虎,杨正婷,等.媒体融合背景下检验医学期刊知识服务实践与发展路径探索:基于对检验医学工作中的调查[J].中国科技期刊研究,2022,33(7):942-948.
[5] 汪婷婷,方琪,徐少卿,等.以用户为核心的学科服务模式助推科技期刊刊媒融合发展[J].传播与版权,2022(12): 51-54.
[6] 温景骁,宁笔.中国大陆 SCI 期刊发表的中国大陆论文占中国大陆 SCI 论文的比重研究[J].科技与出版,2023(6):122-126.

医学期刊长摘要写作要求实施的现状及意义
——以 F5000 收录期刊为例

王琳辉[1,2,3]，徐　虹[1,2,3]，倪　明[1,2,3]

(1. 复旦大学附属肿瘤医院杂志社办公室，复旦大学上海医学院肿瘤学系，上海 200032；
2.《中国癌症杂志》编辑部，上海 200032；3.《肿瘤影像学》编辑部，上海 200032)

摘要： 中国科学技术信息研究所于 2012 年启动并建设了"精品期刊顶尖论文平台——领跑者 5000"(F5000)项目，旨在遴选 F5000 项目期刊中的优秀学术论文，并以英文长文摘的形式，集中对国外展示和交流我国优秀的学术论文。2021 年 5 月 18 日，中共中央宣传部、中华人民共和国教育部、科技部联合印发《关于推动学术期刊繁荣发展的意见》：鼓励中文学术期刊提供论文英文长摘要、外文学术期刊提供论文中文长摘要，加强期刊外文或双语学术网站建设。近年来，不少期刊已在稿约中明确要求作者提供长摘要。本研究旨在探讨 F5000 收录的医学期刊长摘要写作策略实施的现状及意义。以 F5000 收录的医学期刊为例，剖析收录期刊摘要写作要求的现状，根据 F5000 长摘要写作的情况，讨论长摘要写作的要点并分析其实施的意义。在入选 F5000 的 320 种期刊中，医学期刊达 101 种(中文期刊有 99 种，英文期刊有 2 种)，占 F5000 收录期刊总数的 31.6%(101/320)；其中 97 种医学期刊在各自的网站上有稿约等写作规范的提示性内容，但仅有 3 种期刊要求投稿作者提供长摘要。在写作方面，长摘要应在方法和结果部分全面展示研究内容、结果和数据。因此，长摘要有利于读者阅读和检索，有利于提高非开放获取期刊的展示度，更有利于提高期刊的国际影响力。期刊采取长摘要的写作要求可促进期刊内容的展示和国际影响力的提升，但目前要求长摘要写作的期刊数量仍较少。此外，期刊应结合自身的出版工作和文章的实际情况制定长摘要的写作要求。

关键词： F5000；医学期刊；中文期刊；长摘要

2000 年起，中国科学技术信息研究所先后承担科技部"中国精品科技期刊战略研究"和"中国精品科技期刊服务与保障系统"项目，并于 2008 年、2011 年、2014 年、2017 年、2020 年公布了 5 届"中国精品科技期刊"的评选结果，对提升优秀学术期刊质量和影响力及带动我国科技期刊整体水平进步起到了推动作用[1]。

为进一步提高我国科技期刊的整体影响力，更好地宣传和推广我国优秀的科研成果，中国科学技术信息研究所 2012 年启动并建设了"精品期刊顶尖论文平台——领跑者 5000"(F5000)项目。每年在 F5000 项目期刊中遴选优秀的学术论文，并以英文长文摘的形式集中对外展示

通信作者：倪　明，E-mail: niming@shca.org.cn

和交流我国优秀的学术论文[2-3]。这一举措也有利于提高期刊的国际显示度。

英文长摘要对期刊内容的国际展示有积极的意义。2021 年 5 月 18 日，中共中央宣传部、中华人民共和国教育部、科技部联合印发《关于推动学术期刊繁荣发展的意见》：鼓励中文学术期刊提供论文英文长摘要、外文学术期刊提供论文中文长摘要，加强期刊外文或双语学术网站建设[4]。

目前已有期刊借鉴了 F5000 的长摘要策略，要求在该期刊投稿的作者按照长摘要模式书写摘要。本文以入选 F5000 的医学期刊为研究对象，剖析长摘要写作的要点，总结入选期刊的摘要写作情况，探讨长摘要写作的意义，为其他期刊采取长摘要写作策略提供参考。

1 F5000 期刊及论文概览

1.1 入选 F5000 的期刊及论文现状

2020 年 12 月，中国科学技术信息研究所公布了第 5 届"中国精品科技期刊"即"中国精品科技期刊顶尖学术论文(F5000)"项目来源期刊的评选结果，并以此为基础连续 3 年遴选 F5000 论文。在第 5 届 F5000 项目来源期刊中，中文期刊 300 种，英文刊 20 种，合计 320 种；2022 年入选 F5000 的论文合计 2023 篇。中国精品科技期刊 2012—2022 年 F5000 评选论文情况分析见图 1。

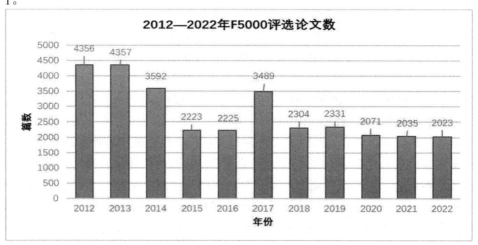

图 1 2012—2022 年 F5000 遴选论文情况变化分析

1.2 入选 F5000 的医学期刊及论文现状

本研究的医学期刊包括了中药学、临床药学和药理学的期刊。入选 F5000 项目的医学期刊数及 F5000 遴选的医学文章情况见表 1。结果显示，入选 F5000 项目的医学期刊数达 101 种(临床医学与基础医学的各二级学科均有涉及)，占总数的 31.6%(101/320)，其中收录的中文期刊有 99 种，英文期刊有 2 种。医学类文献占 F5000 遴选总文献量的 14.0%(4 333/31 006)。

2 F5000 的长摘要写作规范

每年评选出入选 F5000 的文章，需要编辑部与作者联系，将原论文的摘要改写为长摘要。由于文章发表距离评选结果已经有一段时间，因此作者配合度有一定问题，需要编辑部与作者耐心详细地勾通写作事宜。

表 1 入选 F5000 的医学期刊及论文遴选情况

分类	期刊数/种 (N=101)	期刊名称	F5000 文章累积篇数/篇(N=4333)
医科大学学报类	8	《北京大学学报医学版》(18 篇)、《海军军医大学学报》(16 篇)、《陆军军医大学学报》(22 篇)、《南方医科大学学报》(40 篇)、《中南大学学报医学版》(14 篇)、《中国医学科学院学报》(12 篇)、《中山大学学报(医学科学版)》(2 篇)、《新乡医学院学报》(28 篇)	154
中医学	8	《中医杂志》(133 篇)、《中华中医药杂志》(106 篇)、《中医药学报》(29 篇)、《辽宁中医杂志》(13 篇)、《北京中医药大学学报》(22 篇)、《南京中医药大学学报》(1 篇)、《针刺研究》(8 篇)、《中国针灸》(35 篇)	347
医学综合	8	《解放军医学杂志》(9 篇)、《中华医学杂志》(44 篇)、《医学研究生学报》(87 篇)、《医学研究杂志》(15 篇)、Chinese Medical Journal(4 篇)、《中华危重病急救医学》(175 篇)、《实用医学杂志》(78 篇)、《中国全科医学》(60 篇)	472
中西医结合医学	3	《中国中西医结合杂志》(138 篇)、《中国中西医结合急救杂志》(9 篇)、Journal of Integrative Medicine(1 篇)	148
外科学	11	《中华外科杂志》(51 篇)、《临床麻醉学杂志》(60 篇)、《中国实用外科杂志》(124 篇)、《中华骨科杂志》(1 篇)、《中国普外基础与临床杂志》(16 篇)、《中华胃肠外科杂志》(108 篇)、《中华消化外科杂志》(115 篇)、《中华耳鼻咽喉头颈外科杂志》(93 篇)、《中华泌尿外科杂志》(105 篇)、《中国修复重建外科杂志》(31 篇)、《中国矫形外科杂志》(30 篇)	734
流行病学、环境医学	4	《中华地方病学杂志》(2 篇)、《中国人兽共患病学报》(30 篇)、《中华流行病学杂志》(43 篇)、《中国血吸虫病防治杂志》(56 篇)	131
神经病学、精神病学	4	《中国神经精神疾病杂志》(5 篇)、《中华神经外科杂志》(33 篇)、《中华行为医学与脑科学杂志》(56 篇)、《临床精神医学杂志》(11 篇)	105
预防医学与公共卫生	3	《营养学报》(4 篇)、《中国公共卫生》(2 篇)、《中华预防医学杂志》(120 篇)	126
肿瘤学	6	《中国肿瘤临床》(19 篇)、《中华肿瘤杂志》(133 篇)、《中国肿瘤生物治疗杂志》(7 篇)、《中国肺癌杂志》(51 篇)、《中国癌症杂志》(48 篇)、《中国肿瘤》(2 篇)	260
妇产科学与儿科学	3	《中华妇产科杂志》(91 篇)、《中国实用妇科与产科杂志》(1 篇)、《中华儿科杂志》(12 篇)	104
护理学	2	《中华护理杂志》(91 篇)、《护理学杂志》(50 篇)	141
医学影像学及诊断学	6	《中国超声医学杂志》(2 篇)、《中国医学影像技术》(44 篇)、《中华放射学杂志》(21 篇)、《中国介入影像与治疗学杂志》(9 篇)、《中华检验医学杂志》(2 篇)、《中国循证医学杂志》(11 篇)	89

续表 1

分类	期刊数/种 (N=101)	期刊名称	F5000 文章累积篇数/篇(N=4333)
基础医学	3	《中国病理生理杂志》(21 篇)、《中国寄生虫学与寄生虫病杂志》(69 篇)、《中国免疫学杂志》(10 篇)	100
泌尿生殖科学	2	《中华男科学杂志》(35 篇)、《国际生殖健康/计划生育杂志》(14 篇)	49
传染病学与感染科学	5	《中华医院感染学杂志》(34 篇)、《中华感染与化疗杂志》(34 篇)、《微生物与感染》(4 篇)、《微生物学报》(33 篇)、《微生物生物学通报》(39 篇)	144
皮肤病性病学	1	《中国艾滋病性病》(39 篇)	39
口腔医学	2	《华西口腔医学杂志》(40 篇)、《中华口腔医学杂志》(35 篇)	75
眼科学	1	《中华眼科杂志》(28 篇)	28
内科学	10	《中华消化杂志》(44 篇)、《中华肝脏病杂志》(30 篇)、《中华血液学杂志》(34 篇)、《中国实验血液学杂志》(14 篇)、《中华心血管病杂志》(66 篇)、《中华高血压杂志》(30 篇)、《心血管病学进展》(11 篇)、《中华结核和呼吸杂志》(76 篇)、《中华内科杂志》(31 篇)、《中华放射医学与防护杂志》(30 篇)	366
康复医学	2	《中国康复医学杂志》(33 篇)、《中国康复理论与实践》(54 篇)	87
中药学	2	《中草药》(182 篇)、《中国中药杂志》178 篇	360
临床药学	6	《药学学报》(85 篇)、《中国药学杂志》(49 篇)、《中国医院药学杂志》(1 篇)、《中国新药杂志》(42 篇)、《国际药学研究杂志》(21 篇)、《中国天然药物》(8 篇)	206
药理学	1	《中国药理学通报》(68 篇)	68

2.1 F5000 论文长摘要的构成

2.1.1 基本要求

F5000 入选论文均为研究型论文,而且以论文的下载和被引情况作为遴选标准[5]。指南、共识、述评等文章虽然易被引证[6],但是不在遴选范围内。入选 F5000 的论文的长摘要也按照结构化摘要的格式写作,摘要应包含详细的研究方法、结果和数据[7]。中文长摘要字数要求在 800 字以上。英文长摘要内容与中文对应。

2.1.2 长摘要结构[7]

①目的:研究、研制、调查等的前提、目的和任务,所涉及的主题范围。②方法:所用的具体研究方法、实验方法、统计学方法、主要仪器及试剂、细胞、实验动物或临床资料等。③结果:基础实验研究或临床试验的研究结果,包括研究数据、统计学数据等。结果部分的内容应与方法中的研究内容和研究指标相一致。④结论部分:通过研究结果得到的总结、局限性、展望,但不是结果部分的重复表述。⑤其他:不属于目的、方法和结论,但具有创新性和学术交流价值的重要内容。

2.2 长摘要的内容

长摘要应突出作者原创性工作,应排除本学科领域教科书式的内容[7]。长摘要的重点是反映文章的创新内容和数据信息,应突出研究的方法和结果部分,弱化背景内容。此外,展望的内容可在讨论中提及,但不能篇幅过大。文字应做到言简意赅。避免主观评价,应采用客观陈述。长摘要写作应使用规范化的名词术语,写作和修改应严格按照投稿期刊的稿约要求。

2.3 图表

长文摘后须另附原文全部的插图和表格,且图题、图注字数不计入长摘要的字数。

3 入选 F5000 的医学期刊长摘要写作现状

F5000 要求遴选出的论文摘要改写为长摘要,进而提高论文的展示度。这对期刊予以启示:有的期刊在入选 F5000 后,要求投稿论文的摘要按照长摘要标准写作。期刊推行长摘要的写作要求有两点优势:第一,能够提高期刊的展示度,因为期刊申请国际数据库收录后受语种限制通常只展示英文摘要,而长摘要有助于文章内容(特别是中文期刊)的全面展示。第二,后续如果有文章被 F5000 遴选出,则省去与作者沟通将摘要改写成长摘要的时间成本和沟通成本。然而,并非所有入选 F5000 的期刊都选用长摘要模式,本文对入选 F5000 的医学期刊的摘要写作现状进行分析。

3.1 期刊网站公示情况

期刊网站是期刊各项信息和内容的载体,稿约等写作规范的提示性内容应在网站醒目位置进行披露,明确摘要写作的字数和内容要求。稿约等写作规范内容通常在网站的作者须知、作者指南、稿约等栏目中展示,或在论文模板中进行说明。

对 F5000 收录的 101 种医学期刊的网站进行调研,结果发现,4 种期刊的网站上无稿约或未直接提示稿约相关内容,其他 97 种期刊均在作者须知、作者指南、稿约等栏目中展示稿约内容,且基本能够做到及时更新,即大多数 F5000 收录期刊的稿约版本为 2023 年版。

3.2 摘要字数规定情况

97 种有稿约内容的期刊中,规定摘要写作字数的情况见图 2,其中规定摘要字数不超过 400 字的有 49 种期刊,31 种未规定字数,18 种规定摘要 400~600 字。要求长摘要(1 000 字以内)的期刊仅有 3 种,分别是《中国癌症杂志》《中华消化外科杂志》和《中华结核和呼吸杂志》,其中《中华结核和呼吸杂志》要求英文摘要达 1 000 字,中文摘要可短于英文摘要。

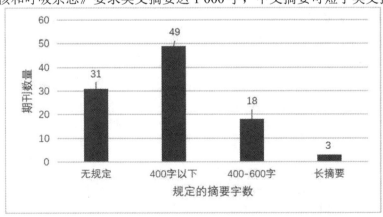

图 2 第 5 届 F5000 收录的医学期刊关于摘要写作字数的要求

有的期刊对摘要的字数要求只规定下限，未规定上限，如《北京大学学报医学版》中文摘要不少于 500 字，英文摘要则要求更详细，且不少于 350 个实词。

3.3 摘要格式规定情况

所有期刊对于研究型论文(论著)的摘要均要求采用结构式摘要的形式，即包括目的(或背景与目的)、方法、结果和结论 4 个部分，每个部分冠以相应的标题。疑难/罕见病例分析栏目应附中、英文摘要，英文摘要放在中文摘要后；综述、病例报告等栏目的摘要采用非结构式摘要的形式(不用分成目的、方法、结果和结论 4 个部分)。

4 长摘要写作的作用和意义

4.1 长摘要有利于展示全文的信息

医学论文通常研究内容较多，在研究方法上涉及多种研究，数据多、图表多，因此长摘要的方法和结果部分有利于全面展现研究的结果及其他信息，尤其能详细地展示结果部分的数据，使读者快速全面地掌握文章中的内容。

4.2 长摘要可提高非开放获取期刊的展示度

由于很多期刊为非开放获取期刊，读者需要付费下载全文才能阅读文章全文，尤其是中华医学会系列杂志，大多数为非开放获取期刊；此外，有的期刊为延时开放获取期刊，出版后要 3~6 个月以上才可以免费下载。因此，对于非开放获取的期刊，长摘要有利于展示文章的内容[8-9]。非开放获取期刊通过长摘要可以使读者了解文章的主要研究方法和结果，期刊的展示度得到进一步提高，弥补了非开放获取期刊展示度不足的问题。

4.3 英文长摘要有利于提高期刊的国际影响力

4.3.1 有利于期刊被国际数据库收录

中文期刊的国际影响力提升的路径之一是被国际高影响力数据库收录。就医学期刊而言，国际上重要的医学数据库包括 MEDLINE/PubMed Central、Scopus、EMBASE 和 DOAJ 等[8]。然而，在这些数据库中，仅有 DOAJ 全文收录各个语种的期刊[9-10]，其他数据库收录中文医学期刊均需要申请期刊有英文的摘要、图表和参考文献，而且 MEDLINE、Scopus、EMBASE 均为文摘数据库。中文期刊如若想全面展示其文章的研究内容，英文长摘要提供了很好的帮助。英文长摘要能够全面展示文章的研究方法、结果和数据，可清楚、全面地展示中文期刊发表的论文的研究内容，有利于期刊被国际数据库收录[8-11]。

4.3.2 有利于国际读者阅读和检索

中文期刊的国际影响力逐年提升，越来越多的中文期刊不断被国际高影响力数据库收录。国际数据库面向全球用户展示收录的文献信息，且目前国际数据库的用户主要以英语用户为主，因此中文医学期刊的英文长摘要便于国外读者了解研究论文的相关内容，包括方法和结果，有利于该研究领域的读者通过长摘要能够重复验证该研究。因此英文长摘要有利于中文期刊面向全世界展示其论文的研究内容。目前，已有多种期刊采取此模式，在期刊各自的英文网站上展示长摘要论文，进而提高期刊的国际影响力[12-13]。

4.4 因地制宜开展长摘要写作要求

医学领域的研究型论文通常篇幅很长，长摘要有利于展示期刊内容，提高期刊的影响力。但是，长摘要也有其适用条件，不可盲目推进。其推广和应用应根据期刊出版和文章的实际情况开展。首先，中英文长摘要会使文章篇幅增加，对于编辑部的出版工作带来了挑战。其次,长摘要应根据研究型论文的实际情况开展,对于研究内容较少、方法学单一、篇幅较短的论文,不适用长摘要写作模式。再次,摘要的内容需充分展示文章的研究方法和结果,应避免堆砌内容和拼凑字数。总之,摘要的篇幅应根据文章的实际情况,因地制宜开展长摘要写作要求。

5 结束语

医学期刊采取长摘要写作策略有利于读者的阅读和检索,可提高非开放获取期刊的展示度,也有利于提高期刊内容的传播,进而提高期刊的国际影响力。然而,长摘要会占用期刊更多的版面,对编辑工作带来一定的挑战。此外,有些论文篇幅较短,不适合采用长摘要的写作模式。因此,期刊应结合自身的出版情况和文章内容的实际情况制定长摘要的写作要求。

参 考 文 献

[1] F5000. F5000 介绍[EB/OL].[2023-06-30].http://f5000.istic.ac.cn/f5000/index.
[2] 陈汐敏,丁贵鹏.医学学报类 F5000 论文特征的文献计量学分析[J].中国科技期刊研究,2019,30(1):88-94.
[3] 潘云涛,马峥,苏成,等.F5000 论文遴选方法与过程解析[J].中国科技期刊研究,2016,27(8):811-817.
[4] 中共中央宣传部,教育部,科技部印发.《关于推动学术期刊繁荣发展的意见》的通知[EB/OL].[2023-08-18]. https://journals.xmu.edu.cn/download/xggf/guanyutuidongxueshuqikanfanrongfazhandeyijian.pdf.
[5] 陈云香,李向森,杨华.高水平医学论文的来源期刊分析及启示:基于 F5000 入选论文特征和入选时效[J].中国科技期刊研究,2020,31(8):964-971.
[6] 王琳辉,倪明,徐虹,等.2018—2019 年肿瘤学领域指南与共识文献的影响力和分布特征分析[J].新闻研究导刊,2022,13(14):195-199.
[7] F5000.长摘要规范[EB/OL].[2023-07-15].http://f5000.istic.ac.cn/static/modules/f5000/领跑者 5000 工作平台及长摘要规范.pdf.
[8] 王琳辉,倪明.中国开放存取期刊申请加入 DOAJ 数据库策略探析[J].出版与印刷,2022(5):74-82.
[9] 王琳辉.DOAJ 数据库收录中文医学期刊现状及期刊网站建设分析[M].学报编辑论丛 2022.上海:上海大学出版社,2022:516-521.
[10] 阮雯,纪炜炜,徐亚岩,等.我国中文科技期刊提升国际传播能力的"英文长摘要出版"模式路径探析:以《海洋渔业》为例[M]//学报编辑论丛 2022.上海:上海大学出版社,2022:671-675.
[11] 郭亿华.中文科技期刊申请 Scopus 数据库收录实践探析以《热带地理》为例[J].出版与印刷,2021,31(6):66-72.
[12] China Oncology. Guide for authors [EB/OL]. [2022-07-20]. http://www.china-oncology.com/EN/column/column359.shtml.
[13] 《广西植物》编辑部.《广西植物》中英文长摘要写作要求[J].广西植物,2023,43(5):782.

中文科技期刊双语出版实践与困境
——以《振动工程学报》为例

郭 欣[1,2]，宋 晴[1]，张晨凯[1,2]

(1.中国振动工程学会《振动工程学报》编辑部，江苏 南京 210016；2.南京航空航天大学，江苏 南京 210016)

摘要：中文科技期刊的中英文双语出版为中文科技期刊提升国际影响力提供了一条路径，中国科协发起了"科技期刊双语传播工程"，旨在鼓励具有一定国际化办刊基础的中文期刊通过双语出版提升国际影响力。《振动工程学报》受该项目资助进行了发布英文长摘要、双语出版全文的尝试，并讨论了在实践中遇到的工作量增加、作者认知、版权归属、资金与稿源的压力、双语出版的传播效果等一系列问题。以期为正在开展和准备开展双语出版工作的期刊提供一些参考和建议。

关键词：科技期刊；中文期刊；双语出版；期刊国际化

科技期刊作为科技成果的重要传播载体，在促进人才培养、科学进步，提升国家科技竞争力方面发挥着重要作用。英文作为国际通用语言，世界上许多重要科学发现大部分通过英文出版，世界一流期刊也大多是英文期刊。而中文作为中国科技工作者的母语，能够更加准确、清晰地表述出中国科技工作者的研究成果，促进国内学术交流。但受语言的限制，中文科技期刊的国际影响力不足，限制了国内优秀科技成果的对外传播与交流，甚至影响我国在国际学术领域的话语权。面对国际期刊的冲击与中文期刊的局限，创办优秀的英文期刊、加入国际期刊的竞争中固然是一种途径，但提升占中国期刊90%以上的中文期刊的影响力和传播力，才是中国科技期刊发展之重[1]。

双语出版为中文科技期刊提升国际影响力和传播力提供了除创办英文刊外的另一条路径。目前，双语出版的期刊主要基于以下目的：首先，双语出版的文章既能够照顾到国内读者的阅读习惯，又可以向外推介国内优秀的科研成果和学术论文，提升中文期刊的国际影响力；其次，双语出版可以为创办英文期刊打基础，将中文文章翻译后发表在期刊的英文版上，在一定程度上解决创刊初期稿源不足或投稿质量不高的问题[2]。双语出版的模式主要分为以下几种：按出版主体划分，可分为期刊社(编辑部)独立进行双语出版；与出版商合作进行双语出版；数据库平台集成双语[3]。按照双语出版形式可划分为：双语对照出版和双语混合出版，其中双语对照出版又可分为双语同步对照出版和后双语出版[4]。

2021年6月，中宣部、教育部、科技部联合印发《关于推动学术期刊繁荣发展的意见》[5]，提出为了提升开放办刊水平，鼓励中文学术期刊提供论文英文长摘要、外文学术期刊提供论文中文长摘要，加强期刊外文或双语学术网站建设，支持学术期刊根据学科发展和学术交流需要创办外文或双语学术期刊。

基金项目：中国科协期刊双语传播能力提升项目(2022KJQK013)

基于此，中国科协组织一批有较好学术水平基础和较强影响力，且具有一定国际化办刊基础的中文科技期刊，支持其通过双语对照出版、双语长摘要发布，以及建立双语在线发布系统、加入国际全文数据库等模式，更加有效传播中国的科技学术成果，促进中外学术交流与合作，强化中国期刊国际学术引领力。本刊入选了这一计划，并进行了一些尝试，希望通过双语出版将振动工程领域国内重要的研究成果传播到国际学术领域中去；满足部分作者对于提升文章传播力的需求；提升期刊对作者的服务能力，例如向作者提供英文摘要或全文的编译服务；为创办双语刊物做一定准备，积累一些经验。

1 双语出版实践

1.1 英文长摘要宣传

《振动工程学报》(以下简称"学报")被 EI 工程索引、Scopus 等重要的国际数据库收录，这些数据库成为国际读者了解本刊内容的窗口，然而这些数据库中仅收录了英文标题、摘要和关键词，因此英文摘要的内容和翻译质量对于文章的国际传播具有非常重要的影响。学报与中国科协的"科技期刊双语传播工程工作平台"合作，推荐 20 篇从 2020—2022 年发表在学报的文章，邀请这些文章的作者重新撰写长摘要(每篇摘要 1 000 个英文单词左右)，并将这些长摘要发布在了"科创中国"网站的"科技期刊双语传播工程"专区。

学报在选择文章时首先考虑学术创新性，这 20 篇文章均为每期学术创新、内容质量较为优秀的稿件；其次在主题上，这 20 篇文章涉及航空航天、高速铁路、机械设备、工程结构等各个方面的振动相关问题，均为我国大力发展且取得重大突破的研究领域，能够代表我国较高的科研与应用水平。

1.2 英文全文双语推广

在推广英文长摘要以外，学报也尝试进行了全文双语出版。在双语出版的模式上，经学报编委会讨论，我们选择了数据库平台集成双语出版和后双语出版的双语发布模式。学报合作的数据库为中国知网的中文精品学术期刊外文版数字出版工程(CNKI Journal Translation Project，JTP)数据库。JTP 是 2013 年由中国知网首创并发起，并于 2015 年 1 月正式实施的。该项目将部分中文论文翻译成英文，在中国知网建立的双语在线平台上对全球发布，帮助中国优秀的科技、文化研究成果向国际传播[6]。与 JTP 合作的期刊已从 2018 年的 139 种增加到现在的 300 多种，发布文章从 12 000 余篇增长到现在的 5 万余篇。

对于双语出版模式的选择主要基于以下几点考虑：①学报的编辑人员有限，日常的审编校工作比较繁重，并且本刊编辑不具备专业的英文翻译资质，因此，本刊选择与中国知网合作，为作者提供专业的英文翻译和编校服务。②以编辑部为主体进行双语出版，涉及英文文章的翻译、编校、出版等各个环节，繁琐费时，且编辑部缺乏发布英文文章的平台；而与国际出版商合作，合作方式和时间不够灵活，且高昂的合作费用也很难负担。因此，基于时间与成本的考虑，本刊没有选择以编辑部为主体或与国际出版商合作进行双语出版。③考虑到翻译需要耗费一定的时间，因此双语出版具有滞后性，为保证学报目前的刊期正常按时出版，因此没有选择混合出版的模式；且双语出版涉及的各项费用较高，本刊目前无法承担同步双语出版所有文章。因此，我们精选了已发表的优质论文进行后双语出版。

选文内容主要反映航空、航天、航海领域中的振动工程问题，主题鲜明，具有很高的学术价值与应用价值。入选文章由中国知网负责翻译为英文，并保证英文翻译质量，再由编辑部进行文章形式和内容上的复查，之后由中国知网发布在 JTP 平台上。同时，JTP 也提供一些增值性编辑服务，例如标注和翻译出版学术论文的创新点；精选创新程度较高、应用价值较大、大众关注度较高的优秀论文改写为学术新闻，在国内外新闻媒体上双语发布；对译文中的重要知识点进行系统的在线知识解读性链接等等。这种双语出版模式从合作方式、选文数量、合作时长、合作费用上都具有很大的优势和一定灵活性。

2 双语出版实践中的困境

现阶段，本刊的双语出版工作因受到中国科协"科技期刊双语传播工程"项目的资助，因此可以与中国知网 JTP 专业的出版平台合作，非常高效地解决了中文文章的翻译以及双语文章的发布问题。然而，在项目进行过程中，以及项目结束后如果本刊要继续开展双语出版业务，仍然面临很多困难。

2.1 双语出版工作量的问题

将中文文章翻译为英文，需要翻译者具备较高的英文水平，同时也需要对于相关知识有所了解，才能准确把握一些专业名词的表达。因此除了寻求专业的翻译机构的帮助外，由作者提供翻译稿是方便且高效的做法，然而这样会大幅增加作者的工作量。对于编辑部，如果缺少双语平台的支持，需要筛选双语出版的文章，了解作者的双语出版意愿，跟进作者的翻译情况，对翻译后的稿件进行校对、出版，并对双语文章在各种平台进行宣传，也额外增加了不少的工作量。

2.2 双语出版的认知问题

当前，部分作者未能认识到双语出版的益处，尤其是选择投稿到中文期刊的作者。现阶段，在中国科协的资助下，我们选择将稿件委托中国知网进行翻译。项目结束后，在经费有限的情况下开展双语出版业务时，如果请作者提供英文翻译稿，作者可能会认为没必要在刊登中文文章的同时再翻译为英文。对于一些英文功底较好的作者，则可能会选择直接写英文文章，投给英文期刊。即使作者愿意提供翻译稿，那么翻译稿的质量和供稿速度也较难保证。

2.3 翻译稿版权归属问题

双语出版中涉及文章作者、译者、中文原文的出版单位、英文版的出版单位对于原作与演绎作品的著作权归属问题。《中华人民共和国著作权法》第十一条规定"著作权属于作者，本法另有规定的除外"；第十二条规定"改编、翻译、注释、整理已有作品，其著作权由改编、翻译、注释、整理人享有，但行使著作权时，不得侵犯原作品的著作权"。这是作品著作权的一般规定以及演绎作品著作权的规定。著作权法对于翻译作品等演绎作品的著作权归属做出明确规定：演绎作品也是一种创作活动，所以翻译者在不侵害原作品著作权人利益的情况下享有翻译作品的著作权。有关法律解释规定：演绎者在演绎前必须征得原作品著作权人的同意并且支付报酬。如果双语出版的翻译者为原作品作者，那么翻译作品的版权(即著作权，下同)归属较为清晰；如果双语出版的翻译者为原作品作者以外的其他公民或者单位，那么翻译作品的版权归属则比较复杂[7]。

此外，双语出版可能存在重复出版的嫌疑。双语出版时，会同时出现内容和学术观点完全一样、只是语种有别的两篇论文，这样可能涉嫌重复出版。

2.4 稿源和资金的问题

在中国科协的双语出版项目支持下，在"科技期刊双语传播工程工作平台"发布英文长摘要是免费的,对于在其他平台上、通过其他形式发布或宣传双语文章,中国科协也给予了资助。但是在实践过程中我们发现,即使选择免费的双语出版平台,翻译费也是较为昂贵的,在没有资助的情况下,双语出版如何可持续发展是一个难题。编辑部的主要收入即为版面费和发行费,每年的收入较为固定,因此,编辑部很难在项目结束后再额外支付双语出版的费用。而对于作者来说,如果要求作者在版面费外额外支付一定的翻译费,对作者的负担也较大,可能会导致一部分作者不愿意参与到双语出版中,影响了双语出版的稿源和可持续发展。尽管一些期刊在这方面做了一些尝试,如《中国公路学报》出版的双语文章均为作者自行翻译,采取提前发表中文学术论文、减收中文论文版面费等方法鼓励作者参与双语出版,但每期也只能支持五篇文章做双语出版[7]。

2.5 传播途径和传播效果的问题

本刊在中国科协"科技期刊双语传播工程工作平台"上传了 20 篇英文长摘要,在中国知网 JTP 数据库发布了 26 篇英文全文。英文长摘要发布在了"科创中国"网站,但是该网站并不是广大科研工作者查找和阅读文献常用的网站。在 JTP 发布的英文全文及其他材料,如创新点报道等,其受众也仅为 JTP 的订阅用户。根据文献可知,与 JTP 正式签约付费的国际用户只有 6 家,试用用户有 250 余家。截至 2017 年底,中国知网向海外 114 万名专家学者推送了双语期刊[8]。虽然 JTP 平台计划转型为开放获取平台,但目前看,订阅数量并不多,这必然会限制译文的传播效果。而由于订阅数量的不足,也使得 JTP 的盈利情况不乐观,可能会对 JTP 平台的可持续发展带来负面的影响。

3 讨论与建议

(1) 学报的双语出版工作涉及作者、编辑部、中国知网、翻译者之间的著作权的归属和转让,非常复杂,在实际操作中一定要厘清这些关系,避免出现潜在的侵权问题。在本刊的实践中,需要编辑部先取得作者的书面转让翻译权、汇编权、复制权、发行权、信息网络传播权以及现在出现的和未来可能出现的其他形式的传播权许可。在译文中需注明作者、译者与文献来源。在支付酬劳和费用方面,译者的报酬由编辑部支付,而英文译文出版平台取得的订阅费用应支付一部分给出版社。

(2) 如何保证双语出版的稿源和资金来源是双语出版持续开展需要解决的难题。出版单位一方面需要调动作者对于双语出版的积极性,宣传双语出版的益处;另一方面也需要发展出适合自身的双语出版模式,积极申报各类项目和资助,拓展盈利的方式,为双语出版争取更多资金支持,减轻编辑部和作者的负担。

(3) 开展双语出版虽然对于文章的显示度,期刊的影响力有正面的影响,但无论采取何种双语出版模式,都需要拥有庞大用户的发布平台和编辑部、作者、出版平台对文章的有力宣传,否则可能会出现出版单位投入了人力物力,但出版的英文译文国外读者看不到,国内读者不想看的尴尬境地[1,3]。

4 结束语

尽管双语出版期刊在发展过程中面临诸多问题,但其在推介中国的学术成果、提高中文期刊的国际影响力、推动创办英文期刊方面有着实际的作用,并有成功案例(例如《石油勘探与开发》的读者已分布在 80 多个国家,并于 2013 年被 SCI 收录;《中国物理 C》和《上海精神医学》,仅用了1年的时间,就由混合双语出版转变为纯英文期刊出版),使中文期刊国际化向前迈进了一步。

在习近平新时代中国特色社会主义思想指引下,本刊也应提前布局,提升国际影响力。本刊计划在今后的刊文中,要求作者尽可能提供更详细且高质量的英文长摘要;继续探索适合本刊的全文双语出版模式,持续加大人力和物力的投入,并与专业的翻译机构合作,为有需要的作者提供专业的英文摘要编校服务,进一步提升期刊对作者的服务能力以及期刊的影响力,吸引更多的作者将优秀的科研成果发表在我国的期刊上,为实现世界科学中心向中国转移做好充分的准备。

参 考 文 献

[1] 师瑞萍,刘燕珍,陈皓侃,等.中英文双语科技期刊的文章微观分析及发展提升策略研究[J].传播与版权,2020,82(3):69-72.

[2] 黄锋,黄雅意,辛亮.中英文双语出版对中国科技期刊国际化的启示[J].中国科技期刊研究,2016,27(11):1128-1132.

[3] 周平,党顺行,郭茜,等.中国科技期刊中英双语出版状况调查与分析[J].中国科技期刊研究,2019,30(4):432-439.

[4] 刘森.对大力推进中国科技期刊双语出版的分析与思考[J].中国科技期刊研究,2022,33(4):433-438.

[5] 国家新闻出版署.中共中央宣传部 教育部 科技部 印发《关于推动学术期刊繁荣发展的意见》的通知[EB/OL].[2023-03-15].https://www.nppa.gov.cn/nppa/contents/279/76206.shtml.

[6] 田莹,肖宏,韩燕丽,等.利用数字出版技术促进学术期刊发展:以"中文期刊外文版数字出版工程"JTP 数据库为例[J].科技与出版,2017(3):78-81.

[7] 芮海田,张伟伟,赵文义.中文学术期刊双语出版的发展困境与解决路径[J].中国科技期刊研究,2018,29(10):971-976.

[8] 肖宏.中国学术期刊双语出版平台与海外传播状况分析[R].北京:《中国学术期刊(光盘版)》电子杂志社有限公司,2017.

中文核心医药期刊作者贡献声明著录现状分析

周春华

(南方医科大学口腔医院(口腔医学院)《口腔疾病防治》编辑部,广东 广州 510280)

摘要: 合作科研在大科学背景下越来越普遍,论文作者数量也呈上升趋势,作者署名混乱严重影响文献计量和学术评价的客观性和公正性,作者贡献声明对规范作者署名具有重要的约束作用。文章以 2018 年《中文核心期刊要目总览》(2021 年版)中的 258 种医药卫生类学术期刊为研究对象,调查其作者贡献声明著录现状及作者贡献要素,发现仅有 63 种期刊著录作者贡献声明,著录率仅为 24.4%,其中 47 种为中华医学会主办期刊(74.6%),而高校及其他主办单位主办期刊的作者贡献声明著录率较低。其中多种期刊存在作者贡献要素著录混乱、不规范的情况。基于此,文章探讨作者贡献声明对于医药类学术期刊学术规范的重要意义,分析国内推广作者贡献声明著录遇到的困境及提出改善建议。

关键词: 作者贡献声明;学术规范;医药期刊

在大科学的背景下,交叉学科的研究不断深入,特别是医学领域常涉及多中心研究,科研工作者合作越来越普遍。国际知名数据库——Medline 和 PubMed 医学文献数据库 2020—2022 年收录的 3 062 677 篇论文作者平均数量是 6.32 位,而在 1995—1999 年该数据是 3.75 位,署名作者的数量在过去 20 年呈逐年上升的趋势[1]。然而,多作者合作带来了合理署名问题不容忽视,例如署名滥用、功能失效等一些列问题。为了精确归咎署名不当的学术不端行为,解决署名争议,国外学者建议以设立贡献者(contributorship)模式替代作者(authorship)模式,该提议获得了国外期刊工作研究者的支持[2]。如今,国外顶级科学杂志如 Nature、Cell 等都要求作者在提交手稿时随附作者贡献声明(author contribution statement, ACS),且国外很多期刊已设立 ACS 栏目,其通常将 ACS 作为独立项目置于论文文末。然而,国内科技期刊的 ACS 的设立仍未普遍。为了解国内医学类期刊的 ACS 设立及筑路状况,本文采用实证研究对此做出调查,并针对调查的现状进行思考与建议。

1 对象和方法

1.1 研究对象

以《中文核心期刊要目总览》(2021 年版)中的 258 种医药卫生类学术期刊为研究对象,剔除停刊、2022 年后数据未更新的期刊。

基金项目: 广东省高水平科技期刊建设项目(20221207);广东省科学技术期刊编辑学会基金项目(202032)

1.2 研究方法

(1) 在中国知网出版物检索(https://navi.cnki.net/knavi/)检索，查看期刊主办单位，将所有纳入研究的期刊按照主办单位的不同分为 3 类：①高校期刊，由国内高校主办，如果由多个主办单位主办，其中含高校，均归为高校期刊；②中华医学会主办；③其他，主办单位为非高校、非中华医学会的机构、组织、单位等归为其他。高校期刊是大学开展学术交流、展示和传播高校科研成果的重要平台，在科技期刊中有重要影响。中华医学会杂志社是我国医学期刊的龙头企业，是拥有医学期刊种类最多的杂志社，其主办的各期刊编辑质量、排版格式、学术质量把控等有较统一的标准，在医学科技期刊中有举足轻重的作用。其他由各医学类协会、组织、医院、研究院等主办的期刊，在医学期刊中也发挥着重要的作用。通过分析这 3 类期刊在设立 ACS 中的特点，找出这 3 类期刊的差距，为国内医学科技期刊设立 ACS 提供借鉴与建议。

(2) 通过中国知网(CNKI)期刊数据库、各期刊官网或中华医学期刊全文数据库(https://www.yiigle.com/index)中进行调查，每种随机下载期刊 2022 年整期定稿的最新一期的、作者数量≥2 位以上的论著类全文 2 篇，调查时间截至 2022 年 11 月 30 日。排除标准：①中国知网网络首发录用定稿文章，因为中国知网的网络首发平台有录用后即上传数据库首发的功能，录用后首发的稿件未经编辑加工、排版，著录格式未确定，可能存在与定稿后的格式不一致的情况；②综述类文章。浏览全文，查看论文是否有设立"作者贡献声明"栏目。

1.3 统计学分析

使用 SPSS 20.0 进行统计学分析。定性资料采用卡方检验分析，当 $P<0.05$，认为差异具有统计学意义。

2 结 果

258 种期刊中，有 1 种期刊停刊，1 种未获取 2022 年后数据更新，共纳入研究期刊共 256 种，其中高校主办期刊 63 种(26.4%)，中华医学会主办期刊 63 种(26.4%)，其他主办单位期刊 130 种(50.7%)。

2.1 中文核心医药期刊 ACS 著录率偏低

纳入研究的 256 种期刊中，设立 ACS 栏目的仅有 63 种，著录率为 24.4%，其中 47 种为中华医学会主办期刊(74.6%)。2022 年的一项调查对 2018 年《中文核心期刊要目总览》中的 255 种医药卫生类学术期刊进行研究，发现仅有 18 种期刊著录 ACS，著录率为 7.2%，且其中中华医学会系列期刊有 9 种(50.0%)[3]。2019 年的一项调查发现中国科学引文数据库(CSCD)中 1 229 种期刊中仅 32 种(0.03%)期刊著录了 ACS[4]。2021 年一项调查发现社科领域的 782 种中文期刊仅 2.3%(18/782)期刊录著 ACS[5]。结合几项研究结果可知，国内医学类科技期刊的 ACS 著录率有上升趋势，但著录率仍较低，且主要以中华医学会系列期刊为主，高校类与其他类期刊中 ACS 著录期刊较少；而与社科领域期刊相比，医学类期刊的 ACS 著录率较高。

2.2 3 类中文核心医药期刊 ACS 著录情况比较

在高校主办期刊中，著录 ACS 期刊占 11.1%(7/63)；在中华医学会主办期刊中，著录 ACS 期刊占 74.6%(47/63)；其他主办类期刊中，著录 ACS 期刊占 6.9%(9/130)。中华医学会主办期刊的著录率较其他两类高($P=0.021$)，而高校主办期刊与其他主办类期刊的著录率无显著差异

(P=0.328)。中华医学会主办杂志是国内最大的期刊集群,无论出版形式、出版质量等均有较为统一的格式标准,这是其著录率远高于其他两类的主要原因。

2.3 作者贡献要素表述不清晰

调查中大部分期刊的作者贡献表述有固定格式,且遵循 CRediT 角色分类法中的 14 个贡献者角色的贡献分类填写。但有部分期刊的作者贡献表述混乱,指代不清晰,例如"支持性贡献""总体把关""直接参与""指导""质量控制"等。这样的贡献要素表述空泛,无法判断该作者的实际贡献大小。另外,还有期刊的作者贡献要素表述笼统含糊,没有细分各位作者的贡献要素。

2.4 辅助人员与作者署名混淆

根据国际医学期刊编辑委员会(International Committee of Medical Journal Editors,ICMJE)制定的《学术研究实施与报告和医学期刊编辑与发表的推荐规范》[6-7],仅有以下贡献(无其他贡献)的贡献者不可获得作者署名资格:①筹得研究资金;②对研究团队进行一般监督或提供一般性的行政管理支持;③协助写作、技术编辑、语言编辑及校对。本调查发现,大部分期刊存在致谢人员与作者署名混淆不清的问题,例如部分作者贡献要素仅为"提供经费""数据校对""定稿校对""协助指导实验"等,不应被列入作者署名中,应列入致谢名单。

3 讨 论

3.1 推广 ACS 的时代背景

为贯彻落实《关于进一步弘扬科学家精神加强作风和学风建设的意见》[8]的要求,2020 年 2 月 17 日,科技部印发了《关于破除科技评价中"唯论文"不良导向的若干措施(试行)》[9],其中第一条提到"重点评价其学术价值及影响、与当次科技评价的相关性以及相关人员的贡献等";第二十六条指出"相关高校、科研院所要加强论文发表署名管理。对论文无实质学术贡献仍然'挂名'的,依规严肃追究责任"。2022 年 8 月 25 日,科技部、教育部等印发了《科研失信行为调查处理规则》[10],其明确强调了"无实质学术贡献署名等违反论文、奖励、专利等署名规范的行为"属于科研失信行为。ACS 是加强作者署名规范、防止无实质贡献署名、评审作者贡献大小的重要举措。

3.2 医药期刊 ACS 著录的重要作用

3.2.1 强化作者定义

医药科技论文的产生包含了前期大量的研究、实验等科研过程。对于医药科技论文的"作者"定义,不能仅仅理解为狭义的"写作者"。在医学科技论文领域中,对于"作者"的定义,最常用的是最常用的标准是国际医学期刊编辑委员会(International Committee of Medical Journal Editors,ICMJE)规定的 4 项标准[11]:①对研究的思路或设计有重要贡献,或者为研究获取、分析或解释数据;②起草、撰写、修订论文或参与重要知识内容的关键性修订;③对即将发表的论文进行最终定稿;④同意对研究工作全面负责,确保与论文任何部分的准确性或诚信有关的质疑得到恰当的调查和解决。GB/T 7713.2—2022《学术论文编写规则》[12]关于"作者信息"中注明:对论文有实际贡献的责任者应列为作者,包括参与选定研究课题和制订研究方案、直接参加全部或主要部分研究工作并作出相应贡献,以及参加论文撰写并能对内容负责的个人或单位。个人的研究成果,标注个人作者信息;集体的研究成果,标注集体作者信息,即列出全部作者的姓名,不宜只列出课题组名称。标注集体作者信息时,应按对研究工作贡献的大小排列名次。以上标准均强调了作者的实际贡献重要性。ACS 可以将作者的实际贡献更清晰地呈现，有利于评价者对作者工作量进行评价，而非仅仅通过作者排名去评判。

3.2.2 对防范学术不端有积极意义

仅仅通过作者署名对研究者的科研诚信进行约束是远远不够的。如今，多作者署名论文越来越普遍，无实质贡献的"挂名"现象频发，例如高校研究生发表论文，通常会被要求带上同专业而不同课题组的其他导师名字；另外还有许多研究者在发表论文时，偷偷将其专业领域的"学术大牛"名字挂上，为了论文更容易被接收。医药领域的研究论文与其他类论文有重要的不同之处是其通常会涉及医学伦理问题，如果乱署名现象不加以遏制，医学科研人员将承受医学伦理审查和职业风险。另外，医学研究是大规模合作研究的典范，这也解释了为什么作者贡献声明在医学领域的期刊中率先得到推广。因此，医药期刊更应重视 ACS 的著录。临床医学领域是大规模合作研究的典范，这也解释了为什么贡献者模式产生于并随后主要应用于医学期刊。ACS 著录对防范学术不端有积极意义。如果在 ACS 中能清晰呈现各作者分工，那么编辑在审理稿件过程中遇到问题，可直接与负责该部分工作的作者进行沟通。例如 ACS 中注明，张三负责收集病例资料数据，那么编辑对病例资料收集中的纳入或排除标准有所疑虑时，可直接联系张三。每位作者均参与论文的修改，解答编辑对自己负责的工作部分中的质疑，而非仅仅挂名而已。

3.2.3 有利于作者与编辑的高效沟通

如 3.2.2 中提及，若 ACS 中作者的贡献部分足够明确，那么当编辑遇到某方面问题时，可直接与负责该部分工作的作者联系，省去先联系第一作者或通信作者，让他们代为询问的过程。

3.3 推广 ACS 的困境

3.3.1 作者因素

医学研究过程较为漫长且复杂，许多工作难以量化与细分。科研合作者常碍于人情关系，难以拒绝挂名。而且，ACS 的著录在中文期刊中并未普及，很多作者在投稿的时候完全不知道 ACS 是什么，更常有作者在论文刊用后再增加作者的情况，这说明了国内的医学科研工作者对作者贡献的忽视。另外，科学的推进是漫长的过程，很多科研成果都是在前人的基础上开展研究的。作者贡献大小的很难评定，一些重复的、耗费时间精力的重复性实验与技术含量较高、实验难度较大的实验比较，无法厘清对文章贡献谁更大。因此，著录 ACS 的初衷是承认所有作者的贡献，但哪怕著录 ACS 也难免要对作者贡献大小进行排序，这也可能引起作者对贡献大小、责任轻重问题的争议。

3.3.2 期刊因素

本研究发现，国内著录 ACS 的医药中文核心期刊比例较低。医药中文核心期刊属于学术质量、办刊能力等都较优秀的期刊，除了中华医学会系列杂志大部分会统一著录 ACS 外，其他期刊基本不要求著录 ACS；即便著录 ACS 的期刊也存在著录不规范的情况。医药中文核心期刊编辑多属于医药专业人员，对出版伦理、编辑专业等问题考虑不够全面，对 ACS 了解不够。另外，著录 ACS 会增加期刊编辑的工作量，例如需要在收稿时检查作者是否上传 ACS，在编辑校对时需要注意作者姓名是否对应、ACS 著录是否规范等。另外，期刊评价的指标多在于学术质量、编校质量等，因此很多期刊对 ACS 的著录并不重视。虽然国内已有众多学者探讨研究合著论文作者贡献声明与署名规则，但国家标准 GB/T 7713 中并没有相关规定，因此 ACS 的著录是期刊编辑部的自愿行为，并非出版的行业规范要求。

3.3.3 科研评价体系因素

目前现行的学术评价体系对学术论文 ACS 著录没有统一的规范性标准。且国内高校、医院、研究院等对人才考核时，通常只承认以第一作者或通信作者身份发表的论文，以此评价科研贡献大小，而对于为论文作出实质贡献的其他作者，机构通常不认定其成绩。如果科研机构在科研人员绩效评价中，参照论文著录的 ACS 进行评价，将大大提高科研工作者对 ACS 的认识与重视。

3.4 推广与规范 ACS 著录的策略

3.4.1 加强宣传，完善稿约

国内科研工作者对 ACS 的著录关注度低，认识不够充分，在论文完成时很少有主动著录 ACS。而国内期刊的稿约或官网中少有强调著录 ACS 的重要性，通常是在作者投稿后再要求作者添加。参考国外杂志 *Cell*、*Nature* 的做法，编辑部会要求作者在初次提交稿件时作为稿件的一部分提交，并且为强制性要求。*PLoS ONE* 直接将 ACS 著录栏目设置在其投稿系统中，在作者投稿时就确认每位贡献者的角色[13]。笔者建议，期刊管理者可在官网首页的"下载栏目"单独设立 ACS 著录规范，或在采编系统中完善投稿流程，要求使作者在初次投稿时单独上传 ACS。另外，期刊管理者在期刊公众号日常的宣传中，可适当增加对 ACS 重要性的推广科普，增加读者、作者对 ACS 的认识。

3.4.2 制定 ACS 著录标准，加强审核

本研究中发现，ACS 著录存在不规范的情况，例如贡献要素指代不清、过于宽泛，辅助人员被列为作者等。关于作者贡献要素的著录，建议参考 CRediT 角色分类法，但并非所有 CRediT 的贡献者能被列为作者。期刊编辑在初审论文时应注意加强对 ACS 著录规范的审核，对于辅助人员被列为作者的，应加以提醒，并且要求其更新更为详细的作者贡献作为审核；对于过于杂乱细分的作者贡献要素，编辑在编辑加工时应对其进行归类统一，例如"石蜡切片的制作""参与小鼠晚期血吸虫感染模型建立和肝纤维化指标检测"等应统一归类为"研究实施"。建议期刊编辑部能提供 ACS 的著录参考范例或贡献要素选项，供作者参考填写；并且在论文审核的过程中，允许作者对作者贡献进行动态调整；最后，建议要求作者提交上传研究原始数据，以便编辑审核。另外，笔者建议尽早制定我国科技期刊的 ACS 著录标准，明确论文作者的署名资格、贡献权重分配等方面的细则，加强 ACS 的推广与应用。

3.4.3 完善科研评价体系

国内的科研人才评价体系过于单一，绩效考核、职称评定、学术能力评价等单纯按照第一作者或通信作者发表论文数量计算。彭翼晔[14]将作者贡献作为参考要素纳入量化科研人员影响力的序列计算中，其综合考虑了作者数量、署名次序、论文数量等因素，能有效筛选出高被引、高贡献的"双高"作者，且其计算结果与论文数量、作者署名、学术生涯时间等具有较强相关性，充分考虑了多种影响力参数，远比单纯计算论文数量更具参考价值。笔者建议，应建设更为全面的科研评价体系，将作者贡献纳入考量中。这样既有利于规避乱挂名、马太效应等学术乱象，也有利于科研人员对 ACS 的重视。

4 结束语

从本研究中发现，ACS 著录在医药类中文学术期刊中并未得到重视，其原因包括作者因素、期刊因素以及国内科研评价体系过于单一等。但 ACS 对学术规范的作用不容小觑。如果

能围绕 ACS 著录模式，优化健全 ACS 著录规范，加强 ACS 审核，建立合理的科研评价体系，将为解决科研诚信、量化考核等难题提供思路。

参 考 文 献

[1] Number of Authors per MEDLINE®/PubMed® Citation [EB/OL]. [2022-05-31]. https://www.nlm.nih.gov/bsd/authors1.html.

[2] WHITE A H, COUDRET N A, GOODWIN C S. From authorship to contributorship: promoting integrity in research publication [J]. Nurse Educator, 1998, 23(6):26-32.

[3] 董敏,杜亮,雷芳,等.生物医学类中文学术期刊作者贡献声明著录现状分析[J].科技与出版,2022(4):126-131.

[4] 徐文华,王景周.科技学术期刊作者贡献声明著录现状分析:以中国科学引文数据库(CSCD)来源期刊为例[J].科技管理研究,2019(12):252-258.

[5] 孔晔晗,刘茜,都平平,等.社科领域期刊作者贡献声明政策的调研与建议[J].中国科技期刊研究,2021(3):344-352.

[6] International Committee of Medical Journal Editors. Recommendations for the Conduct, Reporting, Editing and Publication of Scholarly Work in Medical Journals [R/OL]. [2023-07-01]. ICMJE Recommendations Updated May 2022. http://www.ICMJE.org.

[7] 张俊彦,于笑天,汪源.学术研究实施与报告和医学期刊编辑与发表的推荐规范[R].2021.

[8] 中共中央办公厅,国务院办公厅.关于进一步弘扬科学家精神加强作风和学风建设的意见[EB/OL].[2022-12-22]. http://www.gov.cn/zhengce/2019-06/11/content_5399239.

[9] 科技部.关于破除科技评价中"唯论文"不良导向的若干措施(试行)[EB/OL].[2020-03-14]. http://www.most.gov.cn/mostinfo /xinxifenlei/fgzc/gfxwj/gfxwj2020/202002/t202002 23_151781.htm.

[10] 科技部.科研失信行为调查处理规则[EB/OL].[2022-08-25].http://www.gov.cn/zhengce/zhengceku/2022-09/14/content_5709819.htm.

[11] Defining the role of authors and contributors [EB/OL]. [2020-02-12]. http://www.icmje.org/recommendations/browse/roles and-responsibilities/defining-the-role-of-authors-and-contributors.

[12] 全国标准信息公共服务平台.学术论文编写规则:GB/T 7713.2—2022[S/OL].[2022-12-30].https://std.samr.gov.cn/gb/search/gbDetailed?id=F159DFC2A91247EFE05397BE0A0AF334.

[13] 缪弈洲,张月红.科研诚信建设背景下贡献者角色分类(CRediT)标准解读及应用建议[J].出版与印刷,2021(2):1-6.

[14] 彭冀晔.改进的 EM'序列指数量化科研人员影响力研究:基于作者贡献视角[J].情报杂志,2019,38(3):87-94,74.

科技期刊学术质量控制策略探析

欧 彦，赵姗姗

(中国科学院自动化研究所自动化学报编辑部，北京 100190)

摘要：学术质量是期刊影响力的根本要素，也是期刊可持续发展的重要前提。本文以《自动化学报》(英文版)实践为例，阐述一种编委会和编辑部协同控制学术质量的工作模式，重点介绍学术质量控制环节中的协同约稿和协同审稿机制。以协同约稿作为示范引领增加高质量文章，从源头提升控制对象的质量层次；以协同审稿构建严格的学术质量控制系统，加强把关监测效果。综合分析已发表文章和退稿后在其他出版物发表的文章，形成质量控制效果评估的完整闭环。

关键词：科技期刊；学术质量；优质稿源；质量控制

2019 年，中国科协、中宣部、教育部、科技部联合印发《关于深化改革 培育世界一流科技期刊的意见》[1]，提出"立足国情、面向世界，提升质量、超越一流"的指导思想，以建设世界一流科技期刊为目标，推动科技期刊高质量发展。科技期刊的质量主要包括学术质量、出版质量等，其中，学术质量是根本，打造高学术质量科技期刊是期刊编辑界永恒的主题[2]。在加快培育世界一流科技期刊建设中，通过提高期刊学术质量进一步提升刊影响力，无疑将全面推动我国科技期刊迈向世界一流行列[3]。

近年来，不少期刊编辑认识到编委会和编辑部是学术质量控制的两个关键主体。现有相关研究主要可分为两类：第一类侧重探讨编委在学术质量控制中的作用，包括组建及扩充编委会，邀请优秀中青年学者加入编委队伍，签订责任书，调动编委真正参与办刊并严格审稿[2,4]；设置责任编委，由责任编委推荐审稿人、组织召开编委终审会，进行质量把关[5]。第二类侧重探讨编辑部在学术质量控制中的作用，包括编辑部对稿件格式和学术价值实施集中初审[6]；将具备学科背景作为科学编辑的必备条件，持续强化相关专业知识培训[7]；编辑严格落实期刊审稿制度，提升开展同行评议的能力[8]。然而，现有研究或侧重编委工作模式或侧重编辑部工作模式，缺乏对编委会和编辑部两个关键主体在学术质量控制中交互作用的系统阐述，此外在分析质量控制成效时，通常将其已发表文章作为分析对象，鲜见对其退稿文章进行追踪分析。

本文以《自动化学报》(英文版)(*IEEE/CAA Journal of Automatica Sinica*，JAS)实践为例，阐述一种编委会和编辑部协同控制学术质量的工作模式，重点介绍学术质量控制环节中的协同约稿和协同审稿。以协同约稿作为示范引领增加高质量文章，从源头提升控制对象的质量层次；以协同审稿构建严格的学术质量控制系统，加强把关监测效果。在质量控制成效分析中，除了分析已发表文章之外，系统追踪分析期刊近年退稿后在其他出版物发表的文章，形成质量控制结果评估反馈的完整闭环。以期为我国科技期刊学术质量控制提供参考。

1 学术质量控制的必要性

JAS 创刊于 2014 年，现为自动化与控制系统领域 Q1 区 SCI 期刊、中科院期刊分区计算机科学类一区 Top 期刊，入选世界期刊影响力指数(WJCI)Q1 区、中国科协自动化领域高质量科技期刊 T1 级。JAS 作为所属领域的一本年轻期刊，与国际权威期刊相比，在稿源方面主要存在的问题为高影响力文章的数量偏少、比例偏低。2017—2019 年发表的文章中，ESI 顶尖论文年均仅约 3 篇，高影响力文章占总发文量的比例不足 10%。相当比例的综述引文影响力低于本刊同年发表综述的平均水平，原因之一是部分综述侧重汇总整理现有工作、缺乏深入分析和前瞻视野。

基于上述问题制定核心策略，一方面，通过主动出击邀约优质成果，以高质量约稿作为示范，吸引全球学者的优秀成果，带动优质学术资源集聚，为质量遴选提供基础，提升期刊吸纳高水平自由来稿的能力，从而可持续性地获得优质稿源，以增加高影响力文章；另一方面，通过编委会和编辑部协同严格审稿，提高把关标准，遴选高质量文章、过滤创新性不足的文章，以提升高影响力文章比例。

2 学术质量协同控制模式

2.1 协同约稿

优质稿源是科技期刊生存和发展的根本要素，选题策划是提高学术期刊学术质量的重要途径[9-10]。将优秀论文发表在中国期刊上，才能真正提升中国科技期刊的学术质量[11]。JAS 面向自动化和计算机领域世界科技前沿和国家重大需求，首先制定四个重点选题方向，即体现聚焦前沿的原创思想、面向热点领域难题解决的新方法、基于重大需求的应用探索、交叉领域研究及平台搭建。

围绕这四个方向，编辑部综合利用数据库、全球专家学术网络洞察系统、研究前沿报告、会议资讯、学会通讯、国家重大重点项目等多平台收集遴选业内知名专家、活跃学者以及详细选题信息，为编委会提供参考。编委会发挥其成员的业内影响力，向专家推介期刊、邀请专家组办专刊专题或引荐编辑部约稿。编辑部采用邮件、电话、面谈等约请和跟进，必要时由编委协助推动。编委会和编辑部分别通过高效的评审体系和细致的出版服务形成合力，吸引欧洲科学院院士、美国工程院院士等全球顶尖学者再次投稿。

例如，编委会邀请领域活跃专家、意大利 University of Calabria 的 Giancarlo Fortino 教授等组办大规模网络信息物理融合系统专刊，对热点领域信息物理系统理论与应用中的信息安全等难点问题，遴选成果集中反映相关研究提出的新方法；邀请 ACM 会士、澳大利亚科学院院士陶大程教授等领衔组办协作机器人认知计算专题，面向神经科学和计算机科学的交叉领域，报道机器人研究中的计算机视觉、自然语言处理等理论与应用进展，该专题 67% 的录用论文为约稿，来自 IEEE 会士和国家杰青。编辑部定期向编委会反馈专题约稿及审理进程，对于同意投稿但联系多次仍进展缓慢的专家，由编委会成员协助沟通撰稿事宜。特约专题出版后，受到业内学者的广泛关注。

编辑部参加国际会议时向从事领域前沿方向研究的顶尖专家、欧洲科学院院士、Swinburne University of Technology 副校长韩清龙教授介绍 JAS 并约稿。此后，编辑部与韩教授就科研动态、撰稿进展保持及时通畅的联系和沟通。获得韩教授带领团队完成的网络化控制前瞻综述后，编委会完成快速评审并优先在线发表。该文引起业内广泛关注，在 JAS 创刊以来发表的所有文章中至今被引频次排名第 1，持续入选 ESI 顶尖论文(Top 1%)。

2.2 协同审稿

期刊的学术质量控制需要编委会和编辑部紧密协作。在协同审稿中，编委会预审按收稿领域划分，各由一名编委会成员负责，均从创新性、文字表述、理论分析和实验比较方面初步审查学术质量，预审人员只负责评判稿件是否达到可送外审的学术质量标准，无须推荐审稿人也没有权限做出立即录用决定。该机制保障各领域稿件预审标准的统一，为专家群体分层审查遴选高质量文章提供基础。

编辑部主要从内容查重、主题检索、文献概览等 3 个方面审查。使用 CrossCheck 软件查重，对于总复制比超过 25%、单篇复制比超过 15%的稿件，判断重合部分是否为核心内容；在 Web of Science 核心合集数据库(以下简称 WoS 核心库)检索作者及其团队近年发表论文主题等信息，以快速了解作者研究主题及相关成果；初步审查文献是否具备一定的覆盖面和代表性。

为解决相当比例综述影响力偏低的问题，编辑部审查作者提供的 Cover Letter 要素是否齐全，包括研究意义、对相关方向的贡献、与已有文献的区别，主要贡献作者代表作，以及作者团队之外在相关方向的研究发展，提交编委会作为参考。

对于达到可送外审质量标准的稿件，实行责任编委制，编委会和审稿专家分层对文章学术质量开展专家评议。编辑部实时监测收稿和审稿，定期统计分析预审通过率、评审绩效、发表文章被关注情况等相关数据，与编委会沟通。例如，2020 年 1 月的第一周，编辑部通过实时监测发现投稿量涨幅超过往年同期，立即组织主编讨论会，以及时调整录用标准，与编委一对一沟通，包括根据期刊发展动态最新的录用标准和录用率、该编委目前的录用数据，给予正向反馈或提醒。

3 控制成效分析

3.1 高质量文章显著增加

通过编委会和编辑部持续协同约稿，JAS 获得来自 MIT、耶鲁大学、斯坦福大学、剑桥大学、中国科学院等国内外主要科研机构，包括欧洲科学院院士、英国皇家工程院院士、美国工程院院士、中国科学院院士、中国工程院院士、世界一流国际期刊主编等国内外顶尖活跃学者关于深度学习、智能控制、大数据等前沿热点方向的优质稿源。

根据 2022 年 Research.com 发布的数据，JAS 在统计年前三年内发表了 72 篇全球顶尖科学家的学术论文。在高水平约稿的示范引领下，期刊吸引了更多优秀稿件。2018—2022 年实施协同控制模式前后发表稿件的学术质量相关数据如表 1 所示，数据统计来源于 2023 年 7 月更新的 ESI 数据库和 InCites 数据库。其中,学科规范化引文影响力(Category Normalized Citation Impact, CNCI)消除了出版年、学科和文献类型对被引频次的影响，因而可比较不同出版年的论文学术质量，该数值为 1 时表征论文的引文影响力达到全球平均水平。

由表 1 可知，实施协同控制模式前 CNCI 均值年均为 1.643 9，实施后提升至 2.628 7，是实施前的 1.6 倍；实施前 CNCI 最高值年均为 13.896 4，实施后提升至 31.419 3，是实施前的 2.3 倍；ESI 顶尖论文(Top 1%)和热点论文(Top 0.1%)总量从实施前的 11 篇增至实施后的 28 篇，增长 154.5%。由此可见，实施协同控制工作模式后，在发表量逐年增加的情况下，发表文章的引文影响力均值、引文影响力最高值仍然持续显著提升，高质量论文数量明显增长。

表 1 实施协同控制模式前后发表稿件的学术质量比较

类别	实施协同控制模式前			实施协同控制模式后	
发表年份	2018	2019	2020	2021	2022
学科规范化引文影响力均值	1.532 0	1.709 4	1.690 2	2.425 7	2.831 7
学科规范化引文影响力最高值	13.090 3	14.717 7	13.881 2	22.342 2	40.496 3
ESI 顶尖论文(Top 1%)篇数	2	5	4	13	13
ESI 热点论文(Top 0.1%)篇数	0	0	0	1	1

3.2 学术质量控制标准有效提升

2020 年 JAS 投稿量超过 2019 年的 3 倍，然而通过学术质量控制，录用率保持稳定。2020 年投稿稿件的录用率由 2018 年的 29%控制至 12%，2021—2022 年录用率稳定于 12%左右。

编辑部与科睿唯安研究数据团队合作，跟踪 2017 年 1 月—2022 年 1 月 JAS 的退稿稿件在 WoS 数据库收录期刊的发表情况。使用 Logistic 回归模型，选取标题、摘要和作者姓名三个维度，将所有稿件记录与 WoS 数据库论文相匹配，概率得分≥0.1 的论文被认为匹配成功，结果显示，JAS 的 2 235 篇退稿中有 661 篇最终发表在 WoS 所有数据库收录的出版物。筛除未被 WoS 核心库收录、尚未形成引证数据，以及根据发表年份过滤噪声数据后，共 500 篇 JAS 退稿稿件纳入分析，包括综述和论文 448 篇、会议论文 52 篇。其中，发表在低于 JAS 影响因子或尚无影响因子(ESCI 期刊或 CPCI 收录会议)出版物的文章占 94.6%，篇均被引 1.7 次；发表在高于 JAS 影响因子期刊的文章占 5.4%，篇均被引 3.5 次。说明这些退稿稿件在其他出版物发表后(包括发表于影响力和显示度更高的期刊)，学术关注度总体低迷。

从退稿环节看，编委会预审、编委会/客座编委初审退稿的 16 篇中，6 篇方向与期刊或专题收稿范围相关度不高，最终发表于运筹学与管理、机械工程等方向期刊；其他 10 篇主要因创新性、语言质量或文字表述、理论证明或比较分析问题而退稿。审稿人评审之后在编委会评定环节退稿 5 篇，均为外审一轮即退稿，审稿人较为一致地给出负面评价，包括创新性不足、可读性差、假设限定条件太强、实验缺少定量分析、比较方法陈旧等。编委会骨干成员认为退稿稿件分析结果体现了 JAS 学术质量控制标准的有效性。

4 思考与建议

(1) 协同编辑部的信息整合能力与编委会的业界影响力，重点关注高影响力主题和高影响力学者团队。通过分析期刊发表的高影响力论文发现，高影响力论文的选题表现为面向前沿热点方向重要需求和应用背景的探索或在理论基础难点问题的创新方法。例如，网络控制广泛应用于工业自动化、智能电网、无人车等领域，其建模分析和控制是研究的重点方向之一，文献[12]阐述网络控制系统研究的发展及趋势，并提出未来具有挑战性的研究方向；随着智能交通向更安全高效、自动化的全方位发展，车载环境下的信息技术迅速发展，文献[13]探索分析车联网与大数据之间的关系及无人驾驶环境下的大数据应用，展望相关研究方向，包括如何有效设计更高效的通信协议以提高驾驶安全。其他选题包括以人为中心的智能机器人、利用迁移学习通过 X 光片图像对 COVID-19 感染进行自动检测、深度学习在无人车的应用探索、物联网在智慧农业的应用等。

根据 2023 年 3 月 ESI 数据,2018—2022 年 JAS 发表的 ESI 高被引文章中,论文类型占 60%,说明高质量的研究进展与综述相比更易获得高影响力;54.2%为约稿,可见高质量约稿助力学术质量的提升。20 篇的第一作者/通信作者为业内高影响力学者,h 指数均值 85;8 篇的第一作者/通信作者 h 指数均值 22、合作者为高影响力学者(h 指数均值 78),其他 7 篇中有 5 篇的第一作者/通信作者在谷歌学术中未检索到,另 2 篇的第一作者/通信作者 h 指数均值 8,可见高影响力学者团队更容易产出高影响力论文。

(2) 协同编辑部初审功能与编委会专家分层把关功能,重点关注学术质量控制把关监测效果。对于投稿量较大、发文量限定的期刊,在审稿过程中,有必要设置学术质量分层把关机制,以统一的标准对稿件进行预审,避免创新性一般或较差的稿件大量流入外审阶段。即便采用责任编委制,但由于各编委审理的稿件数量和质量非匀质化分布、编委自身对稿件的衡量尺度难以做到严格一致、对审稿专家意见参考程度难以统一等多种因素,编辑部有必要实时监测学术质量控制标准实施情况并及时向编委会反馈评估结果,从而形成学术质量控制闭环。

5 结束语

本文以《自动化学报》(英文版)实践为例,阐述一种编委会和编辑部协同控制学术质量的工作模式,以协同约稿作为示范引领增加高质量稿源,以协同审稿构建严格的学术质量控制系统。在对期刊已发表文章分析的同时,创新性地追踪分析期刊退稿后发表在其他出版物的文章,形成质量控制结果评估反馈的完整闭环。实践结果表明,该协同工作模式促进了期刊学术质量控制能力的有效提升。

参 考 文 献

[1] 中国科学技术协会.关于深化改革培育世界一流科技期刊的意见[EB/OL].[2022-05-27]. https://www.cast.org.cn/art/2019/8/16/art_79_100359.html.
[2] 李林.科技期刊学术质量保障体系建设策略[M]//学报编辑论丛 2016.上海:上海大学出版社,2016:29-32.
[3] 包旖旎,王晴.如何提高科技期刊学术影响力:基于发文类型分析指导办刊[J].科技与出版,2020(6):15-21.
[4] 武晖.普通高校学报提高学术质量的思考与实践:以西安工程大学期刊为例[J].编辑学报,2021,33(5):576-579.
[5] 张黄群,孙静,夏道家.责任编委制度促进编委办刊模式新转型[M]//学报编辑论丛 2020.上海:上海大学出版社,2020:9-12.
[6] 蒲素清,罗云梅,李缨来,等.编辑部集体分层初审的实施细则及优势[J].编辑学报,2019,31(2):165-168.
[7] 李玥,栾嘉,邓强庭,等.编辑因素对我国中文医学期刊学术质量影响的实证研究[J].中国科技期刊研究,2023,34(3):288-296.
[8] 刘茂.学术期刊出版质量要素与控制策略分析[J].出版广角,2019(17): 45-47.
[9] 蔡斐,苏磊,李世秋.科技期刊争取优质稿源的重要抓手:策划出版专刊/专栏[J].编辑学报,2018,30(4):416-419.
[10] 宋启凡,段鹏丽.英文学术期刊提升国际影响力和传播力的路径探索[J].科技与出版,2022(4):71-78.
[11] 肖宏.论新时代科技期刊的质量要素与高质量发展[J].中国科技期刊研究,2020,31(10):1153-1163.
[12] ZHANG X M, HAN Q L, GE X H, et al. Networked control systems: a survey of trends and techniques [J]. IEEE/CAA Journal of Automatica Sinica, 2020, 7(1): 1-17.
[13] XU W C, ZHOU H B, CHENG N, et al. Internet of vehicles in big data era [J]. IEEE/CAA Journal of Automatica Sinica, 2018, 5(1): 19-35.

医学学术期刊拓展科普功能的思考

沈漱瑜

(上海市医学会杂志编辑部《中华传染病杂志》编辑部，上海 200040)

摘要：《关于新时代进一步加强科学技术普及工作的意见》指出要强化全社会的科普责任，形成全社会共同参与的大科普格局。医学学术期刊有着无可比拟的学术资源优势，应积极响应号召，拓展科普功能，聚力医学科学的内容供给，赋能普通民众，扼杀伪科普的生存空间。医学学术期刊可通过开设医学科普化栏目、出版科普增刊(专刊)、新媒体科普、与医学科普期刊联动、与大众媒体协作等方式有效地拓展科普功能，履行社会责任，创造社会效益。

关键词：医学期刊；学术期刊；科普功能；学术资源；科普资源

科技期刊按发表内容的性质来分，可以分成学术性期刊、技术性期刊和科普性期刊。其中学术性期刊主要刊登学术论文，发表学术成果，是以学界人士为读者的刊物；而科普性期刊则是普及科学知识，是面向大众传播的刊物。所以从期刊定位来看，两者受众迥然不同。医学学术期刊作为学术性期刊中的一大类，毫无疑问受众肯定是医学界的专业人士，然而医学科学与其他科学不同的是，普通大众一生中总会或多或少地面临疾病威胁，所以几乎每个人都会有疾病知识科普的需求。当然，医学科普期刊可以承担起这样的职责，但是就算是作为科学前沿的上海，医学科普期刊也只有《大众医学》《自我保健》《家庭用药》等寥寥数本，与庞大的医学学术期刊群相比力量悬殊[1]，而形成巨大反差的是实际需要获得医学知识科普的广大人群数量远超需要进行医学学术交流的专业人士。在这种情况下，医学学术期刊是否要拓展科普功能，服务于大众，是值得深思和探索的。

1 医学学术期刊应该积极拓展科普功能

1.1 国家层面对科普工作的重视

2022 年 9 月 4 日，中共中央办公厅、国务院办公厅印发的《关于新时代进一步加强科学技术普及工作的意见》指出，科普是实现创新发展的重要基础性工作，当前存在着对科普工作重要性的认识不到位、落实科学普及与科技创新同等重要制度安排得不完善、高质量科普产品和服务供给的不足，以及网络伪科普流传等问题，并提出要强化全社会的科普责任，形成全社会共同参与的大科普格局，为建设世界科技强国提供有力的支撑[2]。同时，政府还要求科研机构和高校院所等开放部分研究基地和实验室，让大众能最大限度地了解和感受科学研究，实现科技资源的科普化。作为同属专业性较强的医学学术出版机构，医学学术期刊更应积极响应号召，在当前国家实施创新驱动发展策略、促进科学普及与科技创新协同发展、加速迈进科技强国的进程中[3]，发挥引领示范作用，强化科普工作的责任意识，充分利用自身深厚的学术资源，积极拓展科普知识宣传功能，进一步扩大知识传播的广度和力度。

1.2 医学学术期刊的科普资源

医学学术期刊通常由专业的学/协会、高校(医学院)、医院、研究院所等主管或主办[4]，所拥有的编辑委员会成员、审稿专家库、作者群体基本囊括了医学界的学术大咖和业内精英，如中华系列杂志的编委会就是在中华医学会相关学科分会的基础上成立的，中华系列杂志属于相关学科分会的会刊；此外，从事医学学术期刊出版工作的编辑通常也拥有医学或相关专业的学历背景，掌握了较为全面和丰富的医学专业知识，同时又具备编辑敏锐的学术洞察力、较强的组织策划能力和规范的文字表达能力，对医学专业的热点、疑点，以及研究进展和发展趋势等有较为明晰的认识和把握。显而易见，医学学术期刊在科普推广方面有着无可比拟的资源优势[5]。如果将这些丰富的学术和编辑出版资源投入科普工作，毫无疑问能有事半功倍的传播和宣传效果。所以作为医学学术期刊，更应该发挥自身的优势，投入到提升全民科学素养的工作中，传播医学科普知识，助力健康中国建设。

1.3 国际顶级学术期刊的科普功能拓展情况

作为国际顶级学术期刊的代表之一，*Nature* 除了常规的学术论文栏目以外，还有多个刊登科普内容的非学术论文栏目，被认为是学术和科普的两栖期刊[6]。*Science* 在出版学术内容的同时，也有约 1/4 的版面是科普内容，相关栏目超过 10 个[7]。Nature Portfolio、Cell Press 等则都充分运用了多元化的新媒体进行了多样化的科普传播[8]。而且，影响因子排名前 20 位的学术期刊中两栖期刊占了近一半，说明学术期刊兼顾科普对提升学术影响力是有极大作用的。翟万银[9]认为，非学术论文栏目的主要作用是以科普的方式宣传和解读学术论文，次要作用是构建良性循环的学术生态。由此可见，学术期刊通过拓展科普功能，加强了与作者、读者、编者的联系和黏性，发挥了期刊桥梁和纽带的作用，促进了以期刊为中心的学术社区的优质发展，使期刊真正成为科学工作者的精神家园。

1.4 国内医学学术期刊的科普功能拓展情况

《中国中药杂志》通过实践"双转型"理念，即将传统媒体和新媒体、学术出版和科普传播分开运营发展，以微信公众号进行科普、大众健康教育，与学术出版相辅相成、优势互补，带动期刊影响力大幅提升[10]。《协和医学杂志》也充分借助新媒体，探索"学术+科普"双重服务定位的创新融合发展，构建了"一文一普"的双优内容体系，并进行双线矩阵传播，助力期刊的学科排名显著提升至 Q1 区[11]。《广西医学》《微创医学》《内科》则通过组建以医学学术期刊编辑人员为主的科普创作团队，将广西壮族自治区的民族艺术与健康科普知识相融合，制作了一批科普短视频进行传播，为期刊拓展了一个联系公众、展示自我的途径[4]。《国际检验医学杂志》在微信视频号以"检验君"IP 进行三大常规系列的科普视频宣传，推动了医学日常化工作的普及[8]。《中国听力语言康复科学杂志》通过每年有针对性地出版一期科普增刊，有效传播了听力语言康复的科学知识，不仅树立了期刊的品牌，而且拓展了期刊的生存空间[12]。《肿瘤基础与临床》通过发现和培养科普写作人才，与各媒体、各机构合作，并借力新媒体技术等进行肿瘤防治科普宣传，促进了全民健康知识的普及[13]。

1.5 新型冠状病毒感染疫情期间的应急科普实践

2020 年新型冠状病毒感染疫情发生期间，《中华传染病杂志》作为专注于报道感染病学科科研成果和临床诊疗经验的学术期刊，积极整合期刊学术资源，凝聚广大编委的智库力量，发挥期刊出版平台的优势，快捷出版(网络预出版)了众多新型冠状病毒感染的诊疗经验，如在对临床 300 多例患者的诊疗进行总结，并充分吸取国内外同行救治经验的基础上形成的《上海市 2019 冠状病毒病综合救治专家共识》，从而助力抗击疫情。然而，新型冠状病毒感染作为新发传染病，在疫情发生初期甚至连感染病学界对其都处于摸索阶段，而当时疫情的紧迫性和严峻性又让大众恐慌不已，急需相关的防护知识来抵御病毒的侵袭。《中华传染病杂志》作为专业期刊，此时不再纠结于杂志的学术定位，不再墨守成规、故步自封，而是勇担应急科普的职责，邀请张文宏总编在百忙之中以接地气的方式撰写了《"防疫""出行"两不误——节后预防新型冠状病毒感染，看这一篇就全了！》，并在上海市医学会的官方微信公众号上及时发布，积极传递了科学防疫之声，将感染病学专家在抗疫过程中总结出的防护经验以"老百姓听得懂的语言"迅速扩散，提高了大众的防范意识，缓解了大众的恐慌情绪，坚定了大众的抗疫信心。这是《中华传染病杂志》首次尝试拓展期刊的科普功能，取得了良好的社会效益和影响力。此外，在疫情防控期间众多医学学术期刊都投入到宣传疫情防控和健康科普教育的活动中，如《广西医学》《微创医学》《内科》编辑部就创作了 20 多个抗疫文化和健康科普精品短视频，获得了显著的成效[4]。

1.6 伪科普的泛滥

随着互联网、微博、微信公众号、视频号等层出不穷的传播方式的出现，每个人都拥有了以前只有主流媒体所掌握的传播渠道，进入了全员媒体时代，为伪科普的泛滥提供了极大的传播便利。特别是医学养生领域，越来越多的自媒体开始热衷于推广医学科普，但是这种全民式的推广其科学水平良莠不齐，不可否认不少自媒体的确是有医生参与，有着较强的专业性，但是同时也充斥着大量扛着医学科普的旗号，然后以"权威专家认为""科学研究证明"等欺骗术语开头，内容填塞了大量高深艰涩的医学名词的伪医学科普，其带有极大的迷惑性，混淆是非，又呈现病毒式的传播，误导了大众的认知和行为，有时会造成不可挽回的恶果[14]。比如前几年网络上流传的疫苗无用论、疫苗阴谋论等，通过引用国外的反疫苗言论，曲解学术论文的研究成果，或诋毁疫苗接种无效，或放大、编造接种疫苗后的不良反应，使不少科学素养不够高、知识分辨能力不够强、容易轻信谣言的网民拒绝接种疫苗。而事实是在疫苗被发明的 200 多年来，其保护了人类免受传染病的侵害，抵御了病原体的传播，甚至彻底消灭了像天花这样的传染病。治理伪科普泛滥的关键是解决高质量科普作品与服务供给不足之间的问题。作为医学学术期刊，不能再高居象牙塔，而是要加大传播的广度，加深传播的力度，聚力医学科学的内容供给，赋能普通民众，培养其科学素质和识别真伪科学的能力，履行医学期刊的社会责任。

1.7 医学学术期刊拓展科普功能的益处

科普其实并不局限于普及科学知识，更是普及科学思维，培养科学方法，发扬科学精神，宣传科学理想。医学科普是医学学术期刊不可忽视的责任。医学学术期刊的学术性与科普性之间并无矛盾和对立，加入适当的科普性元素能增加期刊的阅读量，吸引更多的读者，如《中国中药杂志》侧重于科普的微信公众号就有着 10 万粉丝，远超学术期刊的受众范围[10]。医学学术期刊的科普实践还能拉近医学科学与普通民众之间的距离，起到了学术与科普互相促进的效应[15]。医学学术期刊将所刊登的医学论文通过科普的方式进行传播，能在更广泛的公众层面引发关注和学习，从而使医学论文的作者获得一种荣誉感和喜悦感，并增进了作者对期刊的认可度和忠诚度，巩固了作者群体，也保证了稿源的稳定性。另外，从社会层面而言，医学学术期刊及时地将最新和最先进的医学知识进行科普发布，能扼杀伪科普的生存空间，减轻谣言流传的危害，消除群众的心理恐慌，在展现社会价值的同时，也进一步扩大了期刊的社会影响力和公信力。

2 医学学术期刊拓展科普功能的困境

2.1 科普内容形式和传播能力的短板

作为专业性期刊，医学学术期刊的论文内容在科学性和学术逻辑方面均有可靠的保障，均经过了科学的论证，有高质量的循证医学证据支持[16]，所以在报道的深度和力度上是大众媒体所无法超越的，但这既是优点，也是影响传播范围拓展的阻碍，正因为专业性太强，其学术表达并不适合社会公众的非学术性阅读，如何将原本深度阅读的科学内容转化为能浅阅读的普及性内容，如何使语言科普化、通俗化、趣味化，对于编者和作者而言都是很大的挑战。另外，由于期刊缺乏大众传播相关的经验，在遭遇突发事件时期刊的时效性要弱于大众媒体[17]，而且期刊也缺少稳定的大流量发布平台和互动性体验，所以与大众媒体相比，期刊的传播能力处于劣势。

2.2 从事科普工作人力资源的短缺

到目前为止，很多学术期刊编辑部实际上仍停留在小作坊模式，规模较小，人力资源较为紧张，通常只有 3~4 位专职编辑，既要承担策划、组稿、约稿、初审、送审、退修、编辑加工、校对，以及责任编辑等编辑工作，又要承担编务、发行、会议和运营等期刊出版相关工作，工作量巨大，任务也很繁重，专职编辑在短时间内是无法解决编辑学术出版工作与科普功能拓展之间存在的时间和精力上的矛盾的。此外，学术期刊除了追求社会效益以外，还要与经济效益并重，所以也不可能另外安排专职人员来承担科普创作和传播工作。如何达成学术传播与科普传播之间的平衡已成为当前学术期刊拓展科普功能所面临的难点之一。再加上医学学术期刊的作者全部是医疗工作者，本身的临床和科研压力就非常大，他们积极完成论文发表多是为了职称晋升或课题结题[16]，在没有相关优惠政策的扶持下，另外耗费时间和精力将医学信息转译为科普传播内容并不能给自身的职业生涯带来太多和太大的帮助。

3 医学学术期刊如何有效地拓展科普功能

3.1 开设医学科普化栏目

对于医学学术期刊而言，在常规的学术性栏目(述评、专家笔谈、专家建议、共识与指南、论著、短篇论著、经验交流、病例报告、综述等)以外增设科普化栏目(如医学前沿、医学信息、医学奥秘、健康速递、防疫进行时等)是较为便捷的方法，就如同前文所述的 *Nature* 设置非学术栏目发表科普软文一样[9]。而且科普化栏目也可以紧跟社会的时事热点，将与热点相关的学术论文进行二次加工再发布，让刊物成为传播科普的载体。比如近期国内多地接连发现了数百例猴痘病毒感染，引起了普通民众的关注和焦虑。《中华传染病杂志》在第一时间网络预发表了猴痘方面的公众防护指南，但是因为专业医学知识的艰深，造成阅读范围仍局限于医学界，若能将防护指南简单化、通俗化，甚至漫画化后再在科普化栏目中发表，相信一定会迎来民众求知若渴的阅读，从而及时地将科学的猴痘防护知识有效地传递给公众。所以科普化栏目的设置不仅不会影响期刊的学术品质，反而更能进一步地提升期刊的公众影响力。

3.2 出版科普增刊(专刊)

按照国家新闻出版总署期刊出版管理的规定，期刊可以在正常刊期之外出版增刊，每年可以出版两期增刊。医学学术期刊可以充分利用这项规定,正刊继续保持专业学术内容的正常出版,而将增刊拓展为学科相关的科普专刊,为公众提供专业知识。如《中华听力语言康复科学杂志》就在进行市场调研和资源整合的基础上,以增刊的形式进行科普传播,不但增加了发行量,而且还获得了良好的经济效益[12]。科普增刊(专刊)的选题既可以从正刊的出版主题中选取,也可以另起炉灶。当从正刊的出版主题中选取科普内容时,需要重点考虑主题是否会引起公众的兴趣,是否是公众的关注点,如果是比较小众且冷门的内容,可能就不会引起太大的社会反响[18]。而另起炉灶则是完全脱离正刊的学术内容,另外根据社会热点或需求进行选题,可以将期刊的青年编委会成员或者编委中的网红专家纳入科普增刊(专刊)编写小组,他们思维活跃,富有创意,又善于使用契合公众心理的网络语言,可为科普传播赋能助力[11]。

3.3 新媒体科普

医学学术期刊的学术内容与科普内容也可以分开运营,学术内容主要定位于传统媒体,而科普内容则偏重于新媒体,如微博、微信公众号、知乎、视频号、B 站等[19]。这也是当前不少医学学术期刊所采用的科普传播方式,与前文所述的开设医学科普化栏目和出版科普增刊(专刊)相比,新媒体科普有着更为显著的优势,首先它打破了单向传播的传统,增加了互动性的体验;其次它摆脱了时间和空间上的限制,也更容易为普通民众所接受;再次它的发布形式多样化,可以是图文版,也可以是视频版,明显更符合当下的阅读习惯。如今科技期刊已经越来越重视新媒体传播,不少医学学术期刊都拥有自己的新媒体集群,可在多个平台上同时发布,发布内容也逐渐从早期生搬硬套纸刊的医学论文转变为现在契合民众需求的健康教育,如《中国中药杂志》的微信公众号和视频号的内容就更侧重于百姓喜闻乐见的健康养生科普[10],并且还结合中国传统的二十四节气进行主题科普教育,阅读点击量基本过万。

3.4 与医学科普期刊联动

医学学术期刊在编辑资源缺乏的情况下还可以通过与医学科普期刊联动来拓展科普传播功能。医学科普期刊原本就定位于大众的健康教育,精通如何将专业化的医学知识进行通俗化的解读,也熟知大众市场的营销。医学学术期刊可以突破学术社区的边界,携手科普期刊,共享学术资源、共建编委会、共铸传播平台、共育编辑人才、共同开展品牌特色活动,助力科普传播[15]。一些医学方面的行业学协会本身就同时拥有学术期刊和科普期刊,如上海市医学会不仅有专业的《上海医学》《中华传染病杂志》《中华消化杂志》,也有科普的《自我保健》,两者可协作将学术期刊的专业知识"降维"处理后再由科普期刊接力传播,针对不同的受众传播不同形态的知识,让顶尖的医学科研成果也能服务于普通大众,不仅扩展了知识的传播效应,而且也能引导正确的医学科学舆情方向,同时还构筑了学术交流联手科学普及的传播矩阵,同步提升了期刊的社会影响力和品牌影响力,达成双刊双赢的局面。

3.5 与大众媒体协作

医学学术期刊借助大众媒体进行科普传播也是拓展科普功能的突破点之一。学术期刊与大众媒体虽然同属媒体,但是两者的传播内涵有着较大的差异性,前者属于高端的精神文化产品,受众群体小且单一,而后者则阅读门槛相对较低,但影响面很广。医学学术期刊掌握了大量尖端的医学科研成果,而大众媒体也多设置医学方面的科普版块,但是苦于缺乏稳定、适宜的信息来源,两者之间存在着信息壁垒,缺乏常态化的沟通和交流渠道。大家熟知的 *Nature*、*Science* 等国际顶级学术期刊就与大众媒体都建立了良好的合作关系,最大限度地延伸了学术期刊研究成果的传播范围[20]。所以作为医学学术期刊,更应该主动、积极地与大众媒体进行有效衔接、协同发展,做到多层次传播,实现互利共赢。

3.6 对编辑的要求

对于医学学术期刊编辑而言,科普创作是一项全新的挑战。第一,要做好科普内容的选题,基本原则其实与学术研究选题是一致的,就是多关注热点,可通过社会新闻和网络数据来聚焦民众关心的医学问题,以此作为科普选题的切入点。第二,有了合适的科普选题之后,就要选择与选题契合、有热点效应、能进行科普化创作的学术论文,将其改写成科普文章,既要将学术论文的知识点用通俗、简单的语言阐述出来,又要如实表达出原文的含义,保证内容的准确性和权威性,同时还要保持文章的可读性、趣味性、流行性,这对学术期刊编辑来说并非易事[15],需要通过大量阅读和模仿优秀科普范文来强化这种改写技能;或者也可以从期刊的专家资源库中发掘合适的科普文章写手。第三,短视频已成为当今最为流行的传播载体,其中科普短视频的发展非常迅速,因其能获得更为直观的传播效果,故深受媒体推崇,所以编辑在从事文字编辑的同时也要与时俱进,积极学习创作科普短视频的技能,从创意构思到文案编写,再到拍摄、剪辑、配音、配乐等等,都需要经过一次次的实践来进行磨炼[4]。

4 结束语

医学学术期刊不宜固守传统的责任定位,应充分利用丰富的学术资源,积极参与医学知识的普及工作,将传播和服务的触角延展至公众层面,帮助公众学习和理解医学知识。期刊编辑不能有怠惰因循的心态,满足于学术共同体之间的对话,而是应该积极走出舒适区,利用新媒体并携手其他传播媒体来强化深度融合和创新发展。虽然可能会面临科普创作能力短板以及人员短缺的问题,但是各编辑部可以根据实际情况量力而行地选择适合自身拓展科普功能的方式,同时还应加强新媒体编辑技能的学习,畅通科研到科普的发展路径。医学学术期刊拓展科普功能不仅是回应国家的倡导,更是提升社会效益和扩大社会影响力的有效途径,同时还能促进期刊的高质量、高效率发展。

参 考 文 献

[1] 高霏,王丽丽.应提倡科技学术期刊的教育及科普责任[J].科技传播,2018,10(11):13-15.DOI:10.16607/j.cnki.1674-6708.2018.11.008.

[2] 中华人民共和国中央人民政府.中共中央办公厅国务院办公厅印发《关于新时代进一步加强科学技术普及工作的意见》[EB/OL].(2022-09-04)[2023-08-05].https://www.gov.cn/zhengce/2022-09/04/content_5708260.htm.

[3] 周海鹰,田甜.科技期刊服务浙江区域创新资源科普化研究[J].编辑学报,2018,30(1):13-16.

[4] 龙玲,陈芯语,蔡羽满,等.科技期刊编辑进行科普短视频创作与传播的实践探索:以《广西医学》《微创医学》《内科》杂志为例[J].中国科技期刊研究,2022,33(7):901-908.

[5] 李文英.科技期刊科普功能的实践与拓展:以《湿地科学与管理》为例[J].编辑学报,2014,26(5):473-475.

[6] 江晓原,穆蕴秋.Nature杂志:从科普期刊到学术神话[J].浙江学刊,2017(5):199-204.

[7] 高宏斌.科技类学术期刊应多承担科普责任[J].中国基础科学,2017(1):50-51.DOI:10.3969/j.issn.1009-2412.2017.01.009.

[8] 翁彦琴,胡俊平,肖玥,等.科技期刊视域下的创新成果公众传播[J].中国科技期刊研究,2022,33(3):328-337.

[9] 翟万银.Nature非学术栏目研究及对我国科技期刊的启示[J].中国科技期刊研究,2018,29(12):1183-1191.

[10] 吕冬梅,李禾.从传统纸媒到新媒体的另辟蹊径:《中国中药杂志》的"双转型"战略[J].科技与出版,2016(6):8-12.

[11] 刘洋,李娜,李玉乐,等.创新探索"学术+科普"融合发展,全面助力医学科技期刊双翼齐飞[J].中国传媒科技,2022(9):14-17.

[12] 刘爱姝,魏佩芳,薛静,等.科技期刊出版科普增刊担负普及科学知识的社会责任:《中国听力语言康复科学杂志》出版科普专刊的实践[J].中国科技期刊研究,2012,23(1):122-125.

[13] 程亮星.肿瘤防治科普宣传中肿瘤学术期刊的作用与实施途径思考:以《肿瘤基础与临床》为例[J].中国肿瘤,2022,31(3):235-242.

[14] 姚春娜,吴滨.科技期刊加强科普宣传工作的必要性与可行性研究[J].黄冈师范学院学报,2021,41(6):134-136.

[15] 李明敏,武瑾媛,俞敏.学术期刊与科普期刊双翼齐飞:以《航空学报》《航空知识》为例[J].编辑学报,2020,32(1):85-88.

[16] 吴彬,徐天士,丁敏娇.科技期刊增强科普功能建设面临的问题与路径思考[J].编辑学报,2019,31(5):556-559.

[17] 张明海,欧兆虎.基于社会责任的科技期刊品牌影响力的提升策略[J].编辑学报,2009,21(6):488-490.

[18] 李明敏,俞敏.学术期刊论文科普化方法及思考[J].中国科技期刊研究,2021,32(1):36-40.

[19] 孙莹,龙杰.对标国际建设一流:中国科技期刊建设路径探析[J].传媒,2022(17):35-38.

[20] 贾建敏,丁敏娇,毛文明.新媒体时代高校医学期刊实施健康科普的意义及举措[J].编辑学报,2020,32(3):334-337.

我国学术期刊国际化的发展趋势、主要模式及推进路径

王 篆

(中共天津市委党校期刊部《中共天津市委党校学报》编辑部,天津 300191)

摘要:我国推动学术期刊的国际化趋势明显,以英文期刊为代表的国际化水平不断提升,增强了文化自信,提高了文化软实力。学术期刊国际化主要有自力更生式国际化模式、服务外包式国际化模式、融合式国际化模式、借船出海式国际化模式,选择适合的国际化模式可以加速学术期刊国际化的进程。加强学术期刊国际化基础设施和政策保障建设,建立与国际接轨的学术评价体系,加强国际间合作,主动设置议题,提高策划组织能力。

关键词:文化自信;期刊国际化;国际传播力;国际话语权

我国是学术期刊生产的大国,学术期刊的国际影响力逐渐增大,产生了许多高水平的国际传播力强的学术期刊。但由于学术期刊的国际传播以英文为主,而西方学术期刊市场体系比较完善,期刊运营经验比较丰富,竞争力比较强,西方国家把持着更多的国际话语权。我国学术期刊应大力提升国际化水平,逐渐形成具有中国特色、符合国际标准和惯例的学术期刊发展体系。

1 我国学术期刊国际化的发展趋势

学术期刊在国家的文化传播中占据重要地位,是一个国家文化传播的主要载体。提升学术期刊的国际化水平,优化其传播方式有利于我国学术期刊不断扩大文化交流平台,拓展交流渠道,有利于中国学者开展国际学术交流,把代表中国智慧和中国声音的研究成果和有价值的学术观点推广到世界,增加国外受众群体,让世界更加深入的了解和认识中国。近年我国学术期刊的国际化水平不断增强,国际学术影响力不断提升,涌现了一些传播力较强的优秀期刊,增强了国际话语权,增强了文化自信。

1.1 我国英文学术期刊增长迅速,国际化水平明显优于中文期刊

英语是世界上最重要的交流语言,在国际学术交流中被广泛采用,采用以英文为发刊文字的学术期刊在国际学术交流中发挥着重要作用,越来越多的非英语国家通过创办英文学术期刊提高其文化的国际影响力,获得更多的国际话语权。目前我国对包括学术期刊在内的出版业实施"走出去"战略,加强国际文化传播能力建设,创新文化交流方式[1],其中对英文学术期刊的发展越来越重视,近年连续推出多项办刊扶植政策,英文学术期刊数量实现快速增长。同时,我国期刊出版业蓬勃发展,期刊品种不断增多,规模不断扩大,许多学术期刊积极向

基金项目:全国高等学校文科学报研究会 2023 年度研究课题(PY2023057)的阶段性研究成果

外发展，与国际学术界接轨，减少被国际学术舞台认可的难度[2]。根据《中国学术期刊国际引证年报》(2018—2022)(自然科学与工程技术)数据显示，在中国最具国际影响力学术期刊和中国最具国际影响力优秀学术期刊中，英文刊所占比重一直较大，且中文刊数量逐年递减，而英文刊数量逐年增加统计(见表 1)。这说明英文期刊由于采用了国际通用的语言，具有中文刊无法比拟的语言传播优势，英文学术期刊的国际化发展速度要高于中文期刊，国际传播力明显优于中文期刊。

表 1　2018—2021 年我国 TOP 期刊中英文期刊数量趋势

年份	英文期刊	中文期刊	英文期刊所占比重/%
2018	205	145	58.57
2019	217	133	62.00
2020	234	116	66.86
2021	249	101	71.14

资料来源：《中国学术期刊国际引证年报》(2018—2022)(自然科学与工程技术)。

1.2　我国英文学术期刊的影响因子逐步提升，与国际差距缩短但还有提升空间

国际著名检索数据库对我国学术期刊的认可度不断增加[3]，而影响因子是国际通行的衡量学术期刊影响力的重要指标。一般而言，学术期刊的影响因子越高，期刊的影响力越大，质量越好。根据《中国学术期刊国际引证年报》(自然科学与工程技术)数据统计，我国英文 TOP 期刊的他引总被引频次贡献较大，2021 年达到 86.9 万次，占 TOP 期刊总量的 78.3%，并且英文刊的刊均他引影响因子逐年提高，2021 年达到 5.920，是中文刊刊均他引影响因子的 7.5 倍(见表 2)。英文刊与中文刊的国际他引总被引频次的差距逐年加大，英文刊与中文刊的影响因子的差距逐年增大，这说明，英文刊的国际传播力逐年增强，在向国际社会传播中国优秀文化、交流最新学术成果方面发挥了重要作用。

表 2　2018—2021 年中英文 TOP 期刊国际影响力增长对比

年份	国际他引总被引频次		刊均他引总被引频次		刊均影响因子	
	中文刊	英文刊	中文刊	英文刊	中文刊	英文刊
2018	2 306 449	364 159	1 424	1 776	0.372	2.418
2019	215 586	444 016	1 621	2 046	0.459	2.905
2020	227 540	633 986	1 962	2 709	0.547	3.827
2021	240 114	868 662	2 377	3 489	0.786	5.920

资料来源：《中国学术期刊国际引证年报》(2018—2022)(自然科学与工程技术)。

1.3　我国学术期刊国际化处于爬坡阶段，不进则退

《中国学术期刊国际引证年报》每年从 4 000 多种学术期刊中遴选出"最具国际影响力"和"国际影响力优秀"的学术期刊，所遴选的期刊基本代表了我国学术期刊的国际化水平，属于学术对外交流中的优秀学术期刊，其平均水平一般都已达到 SCI 中等期刊水平。这说明我国学术期刊的国际影响力已大幅提升，与国际一流期刊差距不断缩小，并且已有少数期刊率先达到国际一流水平，如 *BONE*。我国有个别学术期刊已进入 SSCI 期刊方阵，大多数期刊基本具备了国际意识和初步成果，搭建了各种国际传播平台，有一定的国际受众和国际声誉。但目前整体水平仍处于爬坡阶段，不进则退，存在重传播、轻承认，重形式、轻内容，重特色、轻规律，重出版、轻评估。没有一套成熟的学术评价体系，缺乏学术期刊国际化水平最重要

的参照标准[4]。大多数期刊停留于自说自话的阶段，缺乏依据国际化战略目标有针对性地对国际学术承认、影响因子提升、SSCI 入选等硬性、制度性指标进行评估，现状亟须改观。

2 我国学术期刊国际化的主要模式比较分析

学术期刊的国际化模式受多种因素的交互影响，如首发语种、发行方式、出版单位、作者群体、出版规则、出版成本、国际话语权等。以此形成不同的传播模式，目前我国学术期刊的国际化模式主要有四种：一是自力更生式国际化模式，即中国机构+中国出版商；二是服务外包式国际化模式，即中国机构+外国出版商；三是融合式国际化模式，即中国机构+中国出版商+外国出版商；四是借船出海式国际化模式，即中国机构+外国机构+外国出版商[5]。这四种传播方式的运营模式、发展趋势和优化策略各不相同(见表 3)。具体期刊根据实际情况选择适合自己的模式，无好坏优劣之分，适合的是最好的，优化选择，不要搞一刀切。

表 3 中国学术期刊国际化模式比较

因素	自力更生式国际化模式	服务外包式国际化模式	融合式国际化模式	借船出海式国际化模式
首发语种	英文	英文	中文	英文
发行方式	纸版为主	电子版为主，兼纸版	电子版	纸版为主，兼数据库电子格式
出版单位	编辑部	海外出版集团	国内大型出版集团或编辑部	海外出版集团
作者群体	多元	多元，海外作者	偏国内学者	多元，海外作者
出版规则	中国方式	国际标准	部分遵守国际标准	国际标准
国际话语权	国际学术承认度不断提高	有很大潜力获得国际学术承认	有很大潜力获得国际学术承认	较快获得国际学术承认
出版发行成本	成本低	成本适度	成本适度	成本高
优势	完全掌握自主权，出版发行环节畅通	弥补海外市场不足，有效利用国外出版商的学术资源	学习先进出版发行经验，扩大海外发行渠道，双方分工明确	学习先进出版发行经验，有利整合各方资源
劣势	中国式英语的尴尬，受众主要为国内学者，国际化程度不断提高	版权流失，主办方与出版发行方分离，沟通不畅，办刊自主性不强	限制自身独立发展空间，海外版权归属问题，满足国内国外受众难度大	办刊资源集中度低，刊物自主性受影响
优化策略	选题"走出去"，拓展国际交流规模和范围；人才队伍和管理模式"引进来"；聘请更多的国际化专家；组建国际化编委队伍	加强 CN 号的管理，把握独立版权；避免独家授权；注重平台建设与经验	加强版权保护意识，加大编辑人员国际化素质培养，关注国际市场发展，把握国际化发展趋势	加强沟通，形成高效合作机制，把握传播主动权，建立出版平台；实施集约化经营和规模化发展

3 我国学术期刊国际化的推进路径

从根本上讲，一种文化要实现放射四周，关键取决于这种文化影响下的政治和经济的综合力量。改革开放40多年来中国综合国力不断提升，中国特色社会主义文化开始走向世界，并产生了越来越广泛的世界影响力。国际文化传播不仅讲"平等"，讲"道义"，更是国家与国家之间综合国力的较量，是以"硬实力"为支撑、"软实力"为主体，"巧实力"为辅助的竞争。在同等条件下，谁的实力弱，谁的话语权就少，谁的实力强，谁的话语权就多。

3.1 加强学术期刊国际化"硬实力"建设

"硬实力"建设是国际文化传播的支撑，国家的经济、军事、科学技术水平决定了综合国力较量的优势与劣势，是在国际问题上一个国家文化传播的"底气"。"弱国无外交"，同样也没有"文化传播工作"的基础。另一方面，在互联网+的背景下，国际文化传播需要这个国家在国际上有高度发达的媒介经济与IT产业，需要这个国家有信息通讯的核心技术，需要由国家向国际互联网传播中投入大量的人力、财力、物力。我们应加强对外传播，不断提升学术期刊国际传播能力，让全世界都能见到中国元素，听到中国声音。

要积极推进数字化建设，实现刊网结合，立体化办刊。数字化平台是国际化发展的核心，也是难点[6]，要设置开通期刊采编和发布网络平台，并不断升级适应互联网的发展，为广大学者提供初步的交互服务功能。网站可以为知识关联与共享提供可能，缩小与国际著名出版平台的差距。开通微信公众平台，建立专家微信群等，利用发达的网络技术为学术期刊走向海外提供便利和可能。微信公众平台设置推荐文章、当期目录、过刊浏览、论文检索网刊、作者查稿、审稿通知稿件、本刊动态、期刊介绍等。专家微信群为了加强与专家的联系，逐步建立起专家微信群，并通过微信平台给相关专家推送学报优秀论文。需加强学术出版商的经营，创建具有国际领先水平的学术出版平台，为学术期刊搭好平台，加大海外传播力度，学术期刊需要中国自己本土的国际学术出版平台参与国际话语权竞争，在硬件上给予足够的保障，在财力上给予倾斜政策，提供专项基金。

3.2 加强学术期刊国际化"软实力"建设

"软实力"建设就是要建立健全公正合理的学术评价体系，客观认识和对待国外的期刊评价系统，从重视期刊论文的数量向重视科研成果的质量转变，从看重所发表论文的期刊国别、影响因子和期刊等级向看重论文本身的创新性和社会价值转变。在学术界，要提升文化自信，就必须摒弃目前广泛采用的"唯国际SCI论文"论的做法。作为国内发表论文，既要引用国际上SCI杂志上的参考文献，也要引用国内的相关文献。建立合理的科研成果评价体系，发挥导向性作用，鼓励和奖励科研人员把优秀的成果留给国内学术期刊，防止优秀资源流失，促进学术期刊的良性循环[7]。同时，要改变我国一些部门和机构重国外期刊论文、轻国内期刊论文，喜好并重视各种排名排序，很多科研院所和高等学校在制定科研绩效考核、职称晋升和学位申请的政策规定时，都要求在国外"优秀"期刊发表论文，从根本上扭转中国最优秀的成果涌向国际期刊的单极流向的被动局面。

学术期刊提升国际传播能力必须确立期刊国际化新战略，更多地考虑国际学术承认，比如进入SSCI序列，为此，可能有必要发行英文电子期刊的纸质本。应该更精准地监测英文电子期刊的诸多量化指标如影响因子、半衰期等数据。在立足中国立场的基础上，更严格遵守主流出版规范，如注释体例、学术传播模式、网站设计版本、知识产权许可与转移规则等。拓展欧美以外的国际读者市场，发展中世界更可能是中国学术期刊提升国际传播力取得立足点和成效的地方，不断把我国的先进理念、先进文化、先进科研成果成功接轨国际化[8]。应更严格控制规模，打造精品英文期刊，抛弃大而全，转向高精尖的出版模式，选择出版有竞争力、有特色的单刊。

3.3 加强学术期刊国际化"巧实力"建设

"巧实力"建设是国际互联网传播的辅助,"巧实力"是真正获得对方在认知、态度乃至行为层面的理解与支持的关键。"巧实力"需要在对信息资源、传播渠道的占有基础上,在传播策略上进行选择、比较与优化。实际上就是巧妙灵活的应用议程设置:一是主动设置有利于我方的议题进行传播;二是针对对方设置的议题"见招拆招"进行回应;三是引导其他方的议题向有利于我方的方向发展。学术期刊应积极并善于利用已有的国际平台进行海外传播和推广,如与国外出版商合作,可以拓宽国外销售渠道,提高期刊的国际发行量,还有助于期刊被知名检索系统收录,从而促进中国学术研究,提升中国学术的国际地位。另外,我国学术期刊要持续推进与国外优质学术资源的合作,在广度上为新一代知识服务平台的知识检索与发现系统提供支持,增强学术期刊的国际影响力。对于既有的成熟学术出版规范和惯例,既要积极学习,也需要自己创新发展。

学术期刊要参与国际顶级学术组织互动,积极寻求机会,参加国际性展会,跟踪国际舆论的变化,对冲不利中国发展的国际舆论,主动设计议题,引导国际舆论。由于国内国际关注点存在差异,需要在选题策划上下功夫,可以尝试把选题分为国内关注、国际关注、共同关注三类,有针对性地约稿、发稿,还应及时评估各类热点选题,不断提高策划组织能力,增强话语权。依据国际发展形势,制定科学合理的目标和发展计划,通过保障期刊文章的质量,提高学术成果的引用率,提升期刊的国际影响力。立足中国,关照世界,需要在获取国际学术承认、提高国际话语权与发出中国声音之间寻求平衡。

4 结束语

学术期刊承载着学术研究和文化交流的重要使命,在国家话语体系建设中举足轻重。我们应立足现有学术期刊发展优势的基础之上,克服学术期刊国际化的障碍,找到符合中国国情的国际化之路,不断提升学术期刊的国际化水平,积极对外交流,提高中华文化的竞争力。应加强学术期刊国际化的政策支持力度,开拓更多学术期刊国际化发展模式,以"硬实力"为支撑,推进数字化建设,实现刊网结合,立体化办刊;以"软实力"为主体,建立健全公正合理的学术评价体系,从重视期刊论文的数量向重视科研成果的创新性和社会价值转变;以"巧实力"为辅助,在传播策略上进行选择、比较与优化,在国际上发出中国声音,获取国际学术承认,提高国际话语权。

参 考 文 献

[1] 曾光辉.打造出版业"走出去"升级版[J].经济日报,2015-12-24.
[2] 孙志伟.社科学术期刊国际化中的"求同显异"[J].中国出版,2015(8):9.
[3] 崔国平.论高校学报的国际传播能力建设[J].出版发行研究,2018(6):69.
[4] 郑建丽.互联网时代新闻传播学术期刊国际化路径:基于CSSCI来源期刊的分析[J].中国出版,2015(1):3.
[5] 侯潇帆.我国学术出版国际话语权研究[D].西安:长安大学,2021.
[6] 姜志达.话语权视角下的社科学术期刊国际化研究[J].出版发行研究,2018(1):82.
[7] 柳丰.我国学术期刊国际影响力与传播力提升策略研究[J].出版广角,2019(22):27.
[8] 何苗苗.我国学术期刊提升国际传播影响力的路径探析[J].出版广角,2023(9):60.

转企改制形势下科技期刊的经营与管理
——以浙江《机电工程》杂志社有限公司为例

罗向阳

(浙江《机电工程》杂志社有限公司，浙江 杭州 310002)

摘要：《机电工程》杂志社完成改制后，为了期刊的生存以及更好的发展，对改制形势下科技期刊的经营与管理进行了探索。在短短三年多的时间里，杂志社公司通过内抓考核管理，制定考核管理办法，外抓经营，开源节流，以期刊为主，开展多元化的经营，相比于改制转企之前，杂志社公司在社会效益和经济效益都取得了不小的成绩。现将杂志社公司经营管理方面的经验与同行做经验交流，以期为其他期刊改制提供参考。

关键词： 杂志社公司；转企改制；经营管理；考核管理制度；社会效益；经济效益

《机电工程》杂志社 2017 年开始改制，2019 年浙江《机电工程》杂志社有限公司正式经工商登记注册成立。自此，杂志社公司正式走向了市场，成为自负盈亏的公司制企业。

由于历史的原因，我国的科技期刊大多数是由高等院校、科研院所、学会、协会主办，普遍是事业法人性质的，因而科技期刊的经营管理机制带有浓厚的事业单位色彩，导致其经营市场化意识淡薄，在整体上缺乏经营意识。同时，人员管理沿袭传统的事业单位模式，企业化管理的意识淡薄，导致杂志社盈利能力较为有限。

目前，改制期刊(企业)面临的经营现状是：企业作为出版单位需要继续承担社会责任，讲求社会效益，不能只重市场运营，而不重视社会效益；同时，随着新闻出版改革的深入，越来越多的期刊需要面向市场，自主经营，自负盈亏，竞争的形势会愈发激烈，在这个时候也不能只重视社会效益，放缓市场运营。由此可见，科技期刊的发展实际上就是找到市场运营等发展之间的均衡点，实现两者之间相互促进、共同发展。如何强化市场意识，提高经营水平，实现科技期刊经济效益和社会效益的双丰收，成为摆在企业面前的一道难题。

为此，《机电工程》杂志社公司进行了积极的探索，现将有关管理和经营方面的经验与广大同行进行交流，以期为其他将要改制为企业的期刊提供参考，起到抛砖引玉的作用。

1 加强内部考核管理

1.1 考核管理办法制定

制定办法的目的是：加强内部管理，调动员工主观能动性，提高团队的凝聚力，打造业务过硬、有市场经营意识和能力的队伍，促进杂志社公司良好发展。参考其他杂志社改制的经验，结合工作实际，《机电工程》杂志社公司制定了一套量化的考核评定管理办法。

1.1.1 定性考核内容

主要条款有：①工作的主动性、积极性、开拓性和奉献精神。在市场经济形势下，员工很需要这一类的精神，要培养员工的忧患意识、危机意识，要能够未雨绸缪。②团队合作情况，服从工作分配的情况；③综合遵守劳动纪律情况；④主管及分管的各项工作，领导交办其他工作的完成情况。

1.1.2 定量考核内容

主要包含以下条款：①编辑总量。即编辑人员每年完成论文编辑数，以及每年担任责任编辑次数。主要按照职称高低以及工作的年限，分别做出相应的规定。②约稿数量。即员工须与本杂志编委及审稿专家建立约稿联系，每人/年完成约稿数量(约稿的质量具体由主编来判断，共分为优秀、良好、一般三类稿件质量)，也同样主要按照职称高低和工作年限的长短分别做了相应的规定。其目的是为了克服原来编辑在办公室坐等稿件上门的习惯，培养他们在市场环境下主动出击，获得优质稿件的习惯和能力。③论文发表数量。即员工每人/年发表编辑及其相关专业方向学术论文数量。该项也同样主要按照职称高低和工作年限长短分别做了相应的规定。制定该项条款，主要是为了促进编辑能够自觉地钻研编辑业务知识，及时总结平时工作中的业务经验。④经济创收指标。即杂志社公司员工每人/年需完成经济创收任务，包括合作费、广告费及发行费等方面的经济创收指标。此项条款也主要是为了促进编辑人员要有市场意识，要有企业经营的意识。

1.1.3 失误和评价办法

根据上述考核的内容，制定了相应的失误评判标准和相应的评价办法：对于平时工作中出现失误的情况，每次给予责任人记过一次。比如：由于责编自身原因造成杂志出版拖期的；由于责编自身的原因造成当期杂志有重大错误的；杂志网站因自身原因被网监部门关停，造成不良社会影响的；由于责编自身差错造成作者投诉的；等等。

年终根据员工述职情况，组织员工对被评议者的各项表现进行民主测评。评价结果分为：优秀、合格、不合格 3 档。具体办法是将测评分满分设为 100 分。领导、群众测评最后得分取总得分的平均值。即某员工的综合得分=领导测评得分×0.3 系数+群众测评得分×0.7 系数。

在此基础上，对每位员工进行最后的核定，即员工在完成上述全部定量要求后，无工作失误者中，综合得分 90 分以上最高 1 名，考核结果为"优秀"；全年出现工作失误累计 3 次(含)以上，或者定量工作经核定未完成 2 项(含)以上，或者综合得分 60 分以下者，考核结果为"不合格"；其余人员考核结果为"合格"。

1.1.4 奖罚办法

根据评价结果，制定相应的具体奖罚办法：上述考核结果为"优秀"者，由杂志社公司发放"优秀奖"；考核结果为"合格"者，发放"合格奖"；核定工作量每少完成 1 项或工作失误 1 次，每次扣除"合格奖"总额的 1/3。同时，对于超额完成工作定量的员工，如全年完成的论文编辑篇数超过定量的；全年担任责任编辑次数超过定量；全年完成约稿数量超过定量的，对单项工作成绩特别优异者，对公司发展做出突出贡献的，公司另行奖励。考核结果作为享受公司有关奖励，以及今后岗位聘任的重要依据。

1.2 完善内部其他管理制度

公司进一步完善了内部管理制度，陆续制定了期刊的稿酬、审稿费、版面费、审理费等管理制度；完善了其他公司内部规章制度，包括考勤制度、薪酬管理制度等；制定了杂志社有限公司的"十四五"发展规划。因篇幅所限，此处不再赘述。

2 开源节流，搞好经营

2.1 经济效益

改制之前事业体制，杂志社人员工资由财政拨款，实际是处于一种隐性亏损状态，杂志经营所得主要用于奖金与福利的发放。而在企业发展之初，压力主要是在经营，因为转企改制后，企业要直接负担人员工资(人员成本占企业总成本的70%)，包括五险一金；算上企业承担的部分，企业实际承担的人员成本是员工税前工资总额的1.3~1.4倍之间。除此以外，还包括印刷、排版，服务器托管及网站维护费用，稿费、审理费等费用；其他日常费用，如办公场所房租、水电物业，以及培训、节假日福利等费用。

杂志社公司首先在开源上下功夫，千方百计增加收入；其次在节约成本上下功夫，千方百计降低成本。现详述如下：

开源方面：①以期刊为基础，开展多元化经营。比如，与高校开展论坛、学术会议、论文发表合作；为学会、协会等社会团体开设写作技巧方面的讲座；为大型企业提供增刊出版服务。②积极开拓新的广告业务。为广告客户提供论文发表方面的服务，包括论文优先发表、绿色通道开通等。③小幅提高版面费，适当增加发文数量及篇幅。在提高版面费方面，公司事先经过了慎重考虑，做了大量的调研工作。比如，对部分高校师生进行版面费高低(即同样学科、同级别的其他期刊)的问卷调查；采取的方式也包括线上方式(包括电话、邮件、微信、QQ等)和线下方式(包括与高校老师、学生面对面征询)；另外，以作者的名义，向同样学科的其他期刊进行版面费咨询。

节流方面：①缩减人员成本。公司采用一人多岗、身兼多职的方法。比如，公司办公室人员，除了主要负责办公室工作以外，还要负责部分财务出纳工作、工会工作、人力资源管理工作等；采编人员，除了编辑工作，还要负责约稿工作、广告业务工作、发行工作、网站维护工作等。②降低业务成本，主要是印刷成本以及排版费用。从企业改制之初，即联系10多家印刷机构，通过询价、比价、印刷方式、印刷质量对比，最终在保证印刷质量不下降的情况下，每年节省印刷费用近2万元；排版方面也是同样操作。③减少其他业务成本，比如培训成本。以往线下培训需要去外地，除了需要支付高额的培训费，还要承担不少的交通费以及住宿费。企业改制之初，改线下培训为线上培训，大大减少了培训费支出。④减少办公成本。如办公场所够用就行，以减少房租、水电、物业成本。另外，企业缩减了一些其他的非必要性开支。

2.2 社会效益

除了经济方面的经营，企业在社会效益方面的经营也在稳步推进，具体的措施有：①树立期刊的品牌意识。在工作中，在作者投稿、专家审稿等对外流程中，企业要求采编人员时刻注重期刊品牌，维护好企业品牌形象。②加强学术期刊传播力建设。随着数字化、网络化和新媒体带来传播方式重大变化，杂志社公司从收稿、审稿、编辑、出版和发行等流程出发，注重期刊传播力建设，主要体现在改善投稿体验、加大约稿力度等方面。

3 取得的成绩

自杂志社公司成立至今，通过内抓管理、外抓经营，公司不但生存下来了，并且企业发展也蒸蒸日上。公司扩大了与学会、高校和科研机构的合作力度，提升了期刊的知名度，获得了更多业界专家、学者的认同，以及高水平优质稿源，在经济效益和社会效益方面都取得了不小的成绩。

社会效益方面：在中国学术期刊影响因子年报 2022 版中：《机电工程》复合影响因子为 1.620，位列机械学科 91 种期刊第 11 位，位次总体趋势在逐年上升；基金论文比逐年上升，在 2022 版之后一直保持在 1.0；网络下载量也呈现逐年上升趋势。

经济效益方面：自 2019 年杂志社改制以来，杂志社公司的经营性收入逐年增长。具体到 2022 年，杂志社公司经营情况如下：①营业收入同比改制当年几乎翻了一番；②剔除非经营性支出后的利润同比也有较大幅度的增长。

其他方面：《机电工程》连续入编《中文核心期刊要目总览》以及《世界期刊影响力指数(WJCI)报告》、"RCCSE 中国核心学术期刊，并入选《机械工程领域高质量科技期刊分级目录》，2022 年获得"浙江省精品科技期刊称号"，期刊执行主编获得"华东地区优秀期刊工作者"称号。

4 结束语

当前，期刊坐店经营的经营模式已经不适应发展形势，主动走出去，融入市场，成为期刊发展的必由之路。期刊是一种媒体，也是一种商品，因此，期刊要在保证学术质量和社会效益的基础上，用经营的意识来经营学术，塑造品牌形象。另外，期刊编辑也要成为具有市场意识的采编人员，主动出击，了解读者、关心市场、关注效益，成为一名既有扎实专业知识，又有优秀业务能力的综合性人才。

将来，杂志社公司还要尝试合作办刊的经营模式，即期刊与期刊间的合作，以及期刊与学会、协会间的合作，并对此模式进行及时的总结。

参 考 文 献

[1] 唐湘茜,侯钦礼.基于全媒体出版背景之科技期刊立体化经营模式的思考[J].黄冈师范学院学报,2021,41(6):120-122.
[2] 王晓枫.高校科技期刊出版数字化经营模式和盈利途径探析[J].淮海工学院学报(人文社会科学版),2019,17(1):77-80.
[3] 向飒.国外科技期刊出版集团的经营特色和盈利模式分析[J].出版广角,2017(6):12-14.
[4] 董媛媛,史晓宇,林晓晨.技术类科技期刊的品牌化经营模式[J].辽宁科技大学学报,2014,37(2):195-198.
[5] 黄蓓华.浅谈科技期刊的市场化运营[M]//科技期刊发展与导向.上海:上海大学出版社,2018:28-31.
[6] 吕建新,周晟宇.融媒体时代科技期刊经营管理新模式探索[J].科技传播,2020,12(11):22-23.
[7] 李强,苏焕群,杜冠辉,等.论编辑部的人力资源管理:《实用医学杂志》编辑部的经验之谈[J].编辑学报,2008(1):71-73.
[8] 高国赋,贺艺.科技期刊编辑人才队伍建设的实践与思考:以《湖南农业科学》为例[J].中国市场,2016(48):244-246.
[9] 王一伊,王铁军.科技期刊体制改革过程中人力资源管理存在问题与对策[J].河北联合大学学报(社会科学版),2013(4):47-49.

地方高校学报专业化转型可行性研究

乔子栩

(《内蒙古师范大学学报(自然科学汉文版)》编辑部，内蒙古 呼和浩特 010022)

摘要：探究地方高校学报由综合性期刊转型为专业性期刊的风险，并提出合理转型对策。以 2021 年《中国学术期刊影响因子年报(自然科学与工程技术)》分类于"自然科学与工程技术综合"中的期刊为综合期刊研究对象，以分类于"系统科学""数学"等 14 个理学学科中的期刊为专业期刊研究对象，分析综合期刊和专业期刊的办刊现状，为综合期刊向专业期刊转型提供一定的依据。从专业期刊和高校两个角度分析高校学报由综合性期刊转成为专业性期刊存在较大风险。提出由"专业"转向"主题"，出版专栏专刊，严控出版质量的对策实现地方高校学报专业化转型，提升期刊品质。

关键词：地方高校学报；综合性期刊；专业性期刊；专业化转型

中共中央宣传部、教育部、科技部于 2021 年 5 月 18 日印发了《关于推动学术期刊繁荣发展的意见》(以下简称《意见》)的通知[1]，《意见》从 14 个方面对学术期刊的发展进行了全面的要求和系统的指导，对整个学术期刊出版业具有重要意义。《意见》在"优化刊号资源配置"的要求中指出："原则上不再新批多学科综合性学报。着力解决内容同质化问题，支持现有学术期刊合理调整办刊定位，鼓励多学科综合性学报向专业化期刊转型，突出优势领域，做精专业内容，办好特色专栏，向'专、精、特、新'方向发展。""不新批多学科综合性学报""鼓励多学科综合性学报向专业化期刊转型"等指明了学术期刊向专业化方向迈进的趋势。而"向专业化期刊转型"是否只是片面地将综合性期刊转型成专业期刊，是否所有综合性期刊都具有转型成专业期刊的能力，地方性高校学报的实际条件是否允许期刊由综合性期刊转型成专业性期刊等，都是需要深入探讨的问题。

本文以 2021 年《中国学术期刊影响因子年报(自然科学与工程技术)》分类于"自然科学与工程技术综合"中的期刊为综合期刊研究对象，以分类于"系统科学""数学""力学""物理学""化学""天文学""测绘科学技术""地球物理学""大气科学""地质学""海洋科学""自然地理学""资源科学""生物学"14 个理学学科中的期刊为专业期刊研究对象，分析综合期刊和专业期刊的办刊现状，为综合期刊向专业期刊转型提供一定的依据。本文共统计综合期刊 283 种，专业期刊 534 种。

1 综合期刊与专业期刊办刊现状

1.1 主办单位

283 种综合期刊和 534 种专业期刊的主办单位统计情况如表 1 所示。由表 1 可知，综合类

基金项目：内蒙古师范大学高层次人才科研启动经费项目(2019YJRC017)

期刊的主办单位主要是高校，占比 81.27%；专业期刊主办单位相对较为分散，其中占比较高的主要是研究院(研究所)(占比 23.22%)，学会和研究院合办(占比 21.72%)，国家、省级部门(含合办)(占比 17.42%)，学会(协会/研究会)(占比 15.54%)。由此可见，目前专业期刊的主办单位以专业化较高的研究院、学会为主，高校主办的专业期刊只占所有专业期刊的 12.36%，而综合期刊主要以高校为主办单位。

表 1 综合期刊与专业期刊的主办单位

主办单位	综合期刊		专业期刊	
	数量	占比/%	数量	占比/%
高校	230	81.27	66	12.36
研究院(研究所)	27	9.54	124	23.22
学会(协会/研究会)	7	2.47	83	15.54
学会、研究院合办	6	2.12	116	21.72
国家、省级部门(含合办)	6	2.12	93	17.42
公司(含合办)	3	1.06	19	3.56
出版社(含合办)	2	0.71	7	1.31
高校、研究所合办	2	0.71	2	0.38
高校、学会合办	0	0	21	3.93
研究院、学会、高校合办	0	0	3	0.56

1.2 出版地

283 种综合期刊和 534 种专业期刊的出版地统计情况如表 2 所示。由表 2 可知，283 种综合期刊的出版地分布于 31 个省、自治区、直辖市，116 个地级市；534 种专业期刊的出版地分布于 29 个省、自治区、直辖市，51 个地级市。综合期刊分布广泛，专业期刊分布相对集中。

表 2 综合期刊与专业期刊的出版地

出版地	综合期刊		专业期刊	
	办刊城市数	期刊数	办刊城市数	期刊数
北京市	—	33	—	199
江苏省	10	16	2	20
湖北省	4	16	1	29
广东省	7	15	2	14
安徽省	8	13	1	11
上海市	—	12	—	40
河南省	6	12	6	9
四川省	6	11	2	29
山东省	6	11	3	20
甘肃省	1	10	1	17
浙江省	5	10	1	8
福建省	5	10	2	8
广西壮族自治区	2	9	2	5
辽宁省	7	9	4	13
江西省	5	9	1	2
黑龙江省	3	9	2	11

续表 1

出版地	综合期刊 办刊城市数	综合期刊 期刊数	专业期刊 办刊城市数	专业期刊 期刊数
陕西省	4	8	2	22
吉林省	4	8	1	15
河北省	7	8	4	7
湖南省	6	7	2	8
山西省	3	7	1	6
天津市	—	6	—	11
云南省	2	6	1	7
新疆维吾尔自治区	3	5	2	7
内蒙古自治区	3	5	1	3
重庆市	—	4	—	3
贵州省	1	4	1	6
青海省	1	3	1	3
宁夏回族自治区	1	3	0	0
海南省	1	2	1	1
西藏自治区	1	2	0	0

1.3 中英文期刊及数据库收录

数据库收录统计期刊被北京大学《中文核心期刊总览》来源期刊(以下简称"北大核心期刊")以及被中国科学引文数据库及其扩展版(以下简称"CSCD 期刊"和"CSCD 扩展版期刊")收录情况。综合期刊和专业期刊的中英文期刊数及北大核心期刊数如表 3 所示，CSCD 及 CSCD 扩展版期刊数见表 4。由表 3 和表 4 可知，综合期刊中英文期刊较少，283 种综合期刊只有 5 种为英文期刊，占 1.77%；专业期刊中英文期刊相对较多，534 种专业期刊中有 107 中英文期刊，占比 20.04%。综合期刊被北大核心期刊和 CSCD 及 CSCD 扩展版收录的期刊数相比专业期刊来说较少，283 种综合期刊有 59 种期刊属于北大核心期刊，占比 21.22%；534 种专业期刊有 275 种属于北大核心期刊，占比 64.40%。283 种综合期刊有 17 属于 CSCD 期刊，占比 6.01%，18 种属于 CSCD 扩展版期刊，占比 6.36%；534 种专业期刊有 282 种属于 CSCD 期刊，占比 52.81%，有 67 种属于 CSCD 扩展版期刊，占比 12.55%。被北京大学《中文核心期刊总览》来源期刊和中国科学引文数据库及其扩展版收录虽然不能完全代表办刊水平，但是可以作为期刊评价的一个依据。由此可见，综合期刊的专业性和竞争力相对较弱。

表 3 中英文期刊数及北大核心期刊数

期刊类型	中文期刊数	英文期刊 数量	英文期刊 比例/%	北大核心 数量	北大核心 比例/%
综合期刊	278	5	1.77	59	21.22
专业期刊	427	107	20.04	275	64.40

由综合期刊和专业期刊的主办单位、出版地、中英文期刊数、北大核心期刊数和 CSCD 及其扩展版期刊数等基本办刊情况可知，综合期刊的主办单位以高校为主，出版地分布广泛且专业性和竞争力相对较弱；专业期刊的主办单位以专业性较强的研究院、学会等为主，出

版地分布相对集中，专业性及竞争力相对较强。

表 4　CSCD 及 CSCD 扩展版期刊数

期刊类型	CSCD		CSCD 扩展版	
	数量	比例/%	数量	比例/%
综合期刊	17	6.01	18	6.36
专业期刊	282	52.81	67	12.55

2　地方高校学报转变成专业性期刊面临的风险

2.1　地方高校专业性弱于专业期刊主办单位

本文所述"地方高校"是科研实力相对薄弱的非"双一流"建设高校。由表 1 分析可知，专业期刊大多由专业性较强的组织为主，尤其一些国内顶尖的专业期刊，其主办单位多为中国科学院或全国一级学会，集聚了大量优秀的科研人员[2]，其专业化水平不言而喻。依托主办单位中的专家学者和一线科研人员，专业期刊可以及时获得较为前沿的学术信息和优质稿源，这对期刊的发展和竞争力提升至关重要。而这些资源的获取对于主办单位科研实力相对较弱的地方高校学报而言并非易事。

为粗略评估专业期刊中各主办单位办刊情况，笔者统计了中文专业期刊中北大核心期刊和 CSCD 及其扩展版期刊的数量和期刊主办单位情况，结果如表 5 和表 6 所示。427 种中文专业期刊中有 275 种期刊属于北大核心期刊(表 3)；534 种专业期刊中有 282 种期刊属于 CSCD 期刊，67 种期刊属于 CSCD 扩展版期刊(表 4)。北大核心期刊、CSCD 期刊都是学会和研究院合办的期刊数量最多，分别为 71 种和 80 种，分别占全部核心期刊数量的 25.82%和 28.37%；其次是研究院(研究所)及学会(协会/研究会)，所占比例分别为 25.45%和 25.89%、18.18%和 14.54%。高校主办的期刊属于北大核心期刊和 CSCD 期刊及 CSCD 扩展版期刊相对较少，占全部核心期刊数量的 9.82%、11.7%及 10.45%。北大核心期刊从各主办单位的办刊角度分析，仍然是学会、研究院合办的期刊属于北大核心期刊的数量最多，学会、研究院合办的期刊共 90 种，有 71 种属于北大核心期刊，占比 78.89%；其次是学会(协会/研究会)和研究院(研究所)，北大核心期刊比例分别是 72.46%和 72.16%，说明专业性较强的研究院和学会确实具有较高的

表 5　专业期刊北大核心期刊数量及主办单位

主办单位	中文刊	北大核心期刊		
		数量	主办单位比例/%	总数比例/%
学会、研究院合办	90	71	78.89	25.82
研究院(研究所)	97	70	72.16	25.45
学会(协会/研究会)	69	50	72.46	18.18
国家、省级部门(含合办)	80	36	45.00	13.09
高校	49	27	55.10	9.82
高校、学会合办	17	11	64.71	4.00
公司(含合办)	18	7	38.89	2.55
研究院、学会、高校合办	2	2	100	0.73
出版社(含合办)	3	1	33.33	0.36
高校、研究所合办	2	0	0	0

专业影响力和较强办刊水平。而高校主办的专业期刊北大核心期刊比例相对较低，49 种中文期刊中有 27 种属于北大核心期刊，占比 55.1%。CSCD 及其扩展版期刊由于高校、研究所合办、研究院、学会、高校合办及出版社样本数量太少，数值不具有代表性。

表6 专业期刊 CSCD 及其扩展版数量及主办单位

主办单位	CSCD			CSCD 扩展版		
	数量	主办单位比例/%	总数比例/%	数量	主办单位比例/%	总数比例/%
学会、研究院合办	80	68.97	28.37	12	10.34	17.91
研究院(研究所)	73	58.87	25.89	19	15.32	28.36
学会(协会/研究会)	41	49.40	14.54	10	12.05	14.92
高校	33	50.00	11.70	7	10.61	10.45
国家相关部门(含合办)	33	35.48	11.70	10	10.75	14.92
高校、学会合办	7	33.33	2.48	7	33.33	10.45
公司(含合办)	6	31.58	2.13	2	10.53	2.99
出版社(含合办)	5	71.43	1.77	0	0	0
高校、研究所合办	2	100	0.71	0	0	0
研究院、学会、高校合办	2	66.67	0.71	0	0	0

由此可见，专业期刊的资源和影响力都比地方高校主办的期刊有优势，地方高校学报贸然转型成专业期刊，存在一定风险。

2.2 专业期刊不能满足高校多学科发展

1978 年教育部出台的《意见》指出，高校学报是"以反映本校教学科研成果为主的综合性学术理论刊物"；1998 年新闻出版署发布《关于建立高校学报类期刊刊号系列的通知》规定了"学报刊登的稿件，2/3 以上是本校学术、科研论文或信息"；1998 年教育部发布《高等学报学报管理办法》规定了"高等学校学报是高等学校主办的，以反映本校科研和教学成果为主的学术理论刊物，是开展国内外学术交流的重要园地"；2002 年 7 月全国高校社科学报工作研讨会将高校学报界定为"为高等教育服务"[3]。由此可见，高校学报在历史上就是为高校学科建设服务的。随着时代的发展，科技的进步，高校学报逐步转化为学术交流的公共平台。目前高校学报也都不仅仅局限于本校稿件，而是形成了内外稿兼收的开放格局。但是高校学报，尤其是地方高校学报，如果骤然由综合性期刊转变成专业性期刊，从高校的角度考虑仍然存在很多问题。

一所综合性高校往往拥有多个实力相对较强的一流学科，学校出于校内各学科的利益平衡，一般也不会将学报转型为专业性期刊[4]。并且作为高校主办的期刊，高校学报为学校的双一流学科建设提供支持义不容辞。在学校学科发展中，高校学报虽不能占据主导地位，但是可以作为辅助力量支持学科发展。如笔者所在的《内蒙古师范大学学报(自然科学汉文版)》，曾为支持科学技术史研究院开展全国学术交流会议出版专刊，也为内蒙古自治区应用数学中心成立出版专刊。学报和学院合作出版专刊，不仅为学科发展提供支持，也体现了高校学报作为学术交流平台的作用。如果将高校学报由综合性期刊转变成专业性期刊，那么高校学报服务高校学科建设的功能将被大大局限。所以高校学报要实现"为高校教学、科研服务"与高校仅主办一种学报之间的供需形成矛盾[5]。

大部分主办专业性期刊的高校，也会同时主办综合性期刊。如尚利娜等[6]调查"'一流大学'建设高校主办的中、英文期刊和学报数量"中显示，所调查的"一流大学"建设高校在主办专业期刊的基础上都会同时主办一种或一种以上学报，主办多种学报的高校还会依据高校优势学科情况将学报细化为艺术版、法学版、教育科学版等，这样在发展专业期刊的基础上，也可以兼顾学报为学科综合服务的能力。但是对于大多数地方高校而言，并没有"一流大学"建设高校可以主办多种期刊的能力，地方高校的学科发展能力、财政支持力度等都远远不及"一流大学"建设高校，所以要在地方高校为各学科主办相应专业的专业性期刊是不太现实的。此外，地方高校相对于"一流大学"建设高校而言，其自身层次不够高、综合实力不够强、学科竞争力和学术影响力相对较差，对高水平、高科技影响力的论文吸引力较差，使得地方高校学报在高校学报生态系统中处于弱势地位[3]。而如果将地方高校学报由综合性期刊转变为专业性期刊，势单力薄的地方高校更加没有实力去和专业性更强的学会、研究会等竞争。

由此可见，从高校的角度来说，平衡各学科之间的发展，综合学校和学报的实力，地方高校学报并不适合完全转变成专业性期刊。

3 地方高校学报专业化转型的对策

3.1 由"专业"转向"主题"

专业性期刊是在同一个专业领域，发表的文章大多研究该专业中不同的科学问题。对于高校学报这类综合性期刊而言，专业化转型并不一定是将综合性期刊转变成某一个专业的期刊，还可以在综合性的基础上以"主题"为中心组稿出版。比如以"科学问题"为主题，综合性期刊不受专业的限制，可以从不同学科角度深入探讨。不同学科研究者的思维方式、看待问题的角度等都是不一样的，如此以"主题"为中心，可以从多个角度对科学问题进行更加深入的讨论，增进各学科研究者对科学问题的深入理解和思考。抑或者以"方法"为主题，探讨某一种科学研究方法在不同学科领域中的应用，增进学科之间的交叉融合。相对于专业性期刊，综合性期刊可以综合各专业的学术特长进行跨学科研究，推动交叉学科的产生与发展，更好地解决各种科学问题[4]。这种以"主题"为中心的出版方式，既可以缓解目前高校学报存在的"大杂烩"问题，也可以规避高校学报直接从综合性期刊转变成专业性期刊存在的种种风险，在综合的基础上实现相对专业化转型，不失为一种高校学报专业化转型的有效途径。笔者所在的《内蒙古师范大学学报(自然科学汉文版)》曾在"内蒙古自治区应用数学中心"成立时，以"应用数学"为主题出版了专刊，文章涉及数学、物理学、化学、生物学、计算机科学与技术等多个学科，在"内蒙古自治区应用数学中心"成立时期刊起到了宣传作用，专刊出版后也产生了一定的积极影响。可见以"主题"为中心的出版是可行的。

3.2 出版专栏专刊

对于高校学报来说，出版专栏专刊还是目前比较可行且有效的专业化转型方式。周俊等[7]提出"从专栏到专辑再到专刊"的高校学报分步走专业化发展路径。《重庆师范大学学报(自然科学版)》杨新民主编提出：地方高校学报面临本校科研实力不强的情况，从特色化办刊着手，着力为学校的重点学科建设服务，为地方发展服务[2]。又如笔者所在的《内蒙古师范大学学报(自然科学汉文版)》，为学校的特色专业"科学技术史"出版过两次专刊，分别是"纪念吴文俊院士诞辰100周年数学史专刊"和"纪念中国数学会数学史分会、中国科学技术史学会数学史专业委员会成立40周年专刊"；也为学校数学科学学院成立"内蒙古应用数学中心"出版应用数学专刊。出版专刊不仅为学校学科建设提供支持，也可以利用出版专刊的契机向该领域知名专家约稿，为期刊吸引优质稿源。同时学院在举办会议或相关活动时，该领域专家会集聚一堂，此时出版专刊对于学报的宣传和推广也是大有裨益的。笔者所在的《内蒙古师范大学学报(自然科学汉文版)》在出版两期科学技术史专业的专刊后，吸引了很多科学技术史专业的优质稿源。所以，高校学报应该充分利用学校多学科的优势，发现学科在发展过程中的合作潜力，与各学院合作出版专刊，将"综合"的劣势转为优势，多层次推动学报的发展。

在选择专业化方向时，高校学报可以依托本校优势学科，借用优势学科在相关领域的影响力，充分利用学科资源，吸引优质稿源。如笔者所在的《内蒙古师范大学学报(自然科学汉文版)》依托本校优势学科科学技术史专业，借助科学技术史研究院举办学术会议的契机出版专刊，吸引了科学技术史专业很多知名专家的稿件。同时，高校学报可以依托本校专家的人脉资源，通过本校学者向该领域知名专家约稿。如《内蒙古师范大学学报(自然科学汉文版)》在出版科学技术史专刊时，稿源基本是本校学者向校外专家约的稿件，2019年出版的"纪念吴文俊院士诞辰100周年数学史专刊"还约到了王元院士的文章。所以利用本校专家的人脉资源出版专刊，对稿件质量的提升具有非常重要的作用。此外，稿件质量的把控仍然是专刊出版必不可少的环节，不能为了出版专刊而强行拼凑稿件。

3.3 严控出版质量

目前对高校学报主要有两种评价：一种认为高校学报"长期沦为本校学生撰写学术论文的练兵场"[8]，"成为本校研究生、青年学者的论文集散地"[9]；另一种认为高校学报是"培养人才的重要载体，为本校师生提供便捷的交流平台"，并且认为"高校学报在人才培育方面的作用是其他学术期刊无法替代的"[2]。高校学报到底是"自留地"还是"培养基地"，笔者认为不能一概而论。一方面，高校学报确实可以给本校的研究生和青年学者更多的机会，帮助其成长；另一方面，本校研究生和青年学者也不乏优秀论文，并不是本校的论文就是劣质论文。虽然现在确实存在本校科研论文"一流的出国，二流的出校，应急的三流论文流向本校学报"[10]的现象，但即使是"应急的三流论文"经过相关专家、本校学报编辑老师的指导以及作者的认真修改，也不是不可能成为相对优秀的文章。所以出版质量就成为高校学报是"自留地"还是"培养基地"的关键要素。外界对高校学报的一些负面评价，除"大杂烩"外，还有一部分原因是稿件质量不高。如果在出版质量上没有严格把关，即使高校学报转变成了专业期刊，也可能会被外界评价为"学校某专业的自留地"，所以严控出版质量对高校学报的发展至关重要。

4 结束语

我国科技期刊结构好比金字塔，存在高、中、低层次的塔尖、塔体、塔基期刊，它们在各自定位功能上发挥不可替代的作用[11]。地方高校学报应在期刊水平上有一个正确的定位，脚踏实地办好期刊，不要好高骛远，在自己的结构上发挥应有的作用。此外，笔者认为高校学报和专业期刊的服务功能也不完全相同。虽然目前高校学报逐步转化为学术交流的公共平台，但高校学报依托于高校，也应着力于服务高校学科建设。而专业期刊集聚该专业优秀科学家和一线科研人员，完全有实力与国内乃至世界科研水平竞争。但是地方高校学报也应该有改革发展的意识，不能总是停留于过去的模式，应该根据时代的发展而做出一定的变革。停滞不前就是落后，应顺应时代，根据国家政策及时调整发展方向。当前国家对科技期刊的政策便是期刊发展的指示牌，整体政策导向是强调走"专业化"之路，所以找到综合性和专业化的平衡点至关重要。地方高校学报应清晰自身定位,积极响应国家政策,根据实际情况寻求适合自身发展的专业化转型道路。

参 考 文 献

[1] 中央宣传部办公厅.中共中央宣传部教育部科技部印发《关于推动学术期刊繁荣发展的意见》的通知:中宣部发〔2021〕17号[A/OL].(2021-06-23)[2022-03-15].https://www.nppa.gov.cn/contents/312/76209.shtml.

[2] 黄颖.地方高校学报大有可为:《重庆师范大学学报(自然科学版)》主编杨新民教授访谈录[J].编辑学报,2021,33(5):497-501.

[3] 邹强,余朝晖,陈拥彬.新时代地方高校学报转型发展的困境分析与路径选择:基于制度变迁的视角[J].出版发行研究,2020(11):64-71.

[4] 陈未鹏.从"学科综合"转向"问题综合":文理综合性学报的困境及其发展路径[J].中国科技期刊研究,2017,28(12):1104-1109.

[5] 郭伟,李伟.普通高校学报办刊现状调查与分析[J].中国科技期刊研究,2020,31(12):1486-1494.

[6] 尚利娜,牛晓勇,刘改换.我国"双一流"建设高校学术期刊与一流学科建设关系分析[J].中国科技期刊研究,2019,30(9):929-936.

[7] 周俊,段艳文.高校学报专业化发展分步走路径探讨:从专栏到专辑再到专刊[J].中国科技期刊研究,2022,33(2):228-233.

[8] 秦明阳,伍锦花,陈灿华,等.培育世界一流科技期刊背景下高校学报的发展建议:基于高质量科技期刊分级目录分析[J].中国科技期刊研究,2021,32(5):613-620.

[9] 郭伟,唐慧.高校学报:以专业化转型服务学科建设[J].科技与出版,2021(9):12-18.

[10] 史小丽.文献计量视角下高校自然科学学报现状及制约因素分析[J].中国科技期刊研究,2018,29(11):1160-1164.

[11] 陈浩元.中国特色科技期刊强国之路的若干思考[J].编辑学报,2021,33(2):229-236.

ESCI 收录的制造领域英文科技期刊发展现状与思考

姜春明

(上海大学期刊社 Advances in Manufacturing 编辑部, 上海 200444)

摘要: 本文对 2023 年公布的 ESCI 收录的 14 种制造领域英文科技期刊的发展现状进行了统计分析, 包括创刊时间、出版地、出版商、影响因子及分区、出版周期、是否 OA 出版以及刊载量等。针对这些研究分析, 提出一些建设性的建议, 以期对我国科技期刊的高质量发展提供借鉴。

关键词: ESCI 收录; 制造领域; 英文科技期刊

2022 年 7 月 26 日, 科睿唯安正式宣布, 2023 年起将对 Web of Science 核心合集收录的期刊赋予影响因子, 2024 年将放在对应学科中与科学引文索引扩展版(SCIE)/社会科学引文索引(SSCI)期刊一起进行影响因子排名和分区[1]。2023 年 6 月, 科睿唯安公布了《期刊引证报告》(Journal Citation Reports, JCR), 除了 SCIE 和 SSCI 外, 艺术与人文引文索引(A&HCI)和新兴资源引文索引(ESCI)收录期刊首次拥有了影响因子。ESCI 数据库是汤森路透集团在 2015 年推出的, 与 SSCI、SCIE、A&HCI 数据库一样, 同为 Web of Science 数据库核心合集引文索引数据库, 评价收录期刊 2015 年及之后所发表的论文[2]。ESCI 收录期刊只要满足 Web of Science 期刊收录标准的第一级别即可, 达到更高标准后便可被 Web of Science 数据库收录, 晋级为 SCI、SSCI、A&HCI 收录期刊。反之将会降级为 ESCI 收录期刊, 如果连最低级标准也无法达到, 则会降级为普通期刊。已有研究表明, 期刊被 ESCI 收录, 有助于推动论文的传播速度与影响力的提高[3-6]。ESCI 收录期刊拥有影响因子, 这对 ESCI 收录的科技期刊的高质量发展既是机遇, 也是挑战。

制造业是国家工业体系的重要基础和国民经济的重要组成部分。据 InCites 数据库统计显示, 我国 2022 年全年共发表 4 777 篇制造领域的英文论文, 制造领域的科研成果日益丰硕。前期关于 SCIE 收录的制造领域英文科技期刊的情况已有研究[7-8], 在此背景下, 本文将对 ESCI 收录的制造领域英文科技期刊的发展现状进行研究分析, 以期对我国科技期刊的高质量发展提供思路与帮助。

1 数据来源与统计方法

登陆 JCR 数据库, 选择学科 Engineering/Manufacturing, SCIE 期刊 50 种, ESCI 期刊 14 种。调研统计这些期刊的基本信息, 包括影响因子及分区, 出版地、合作出版商、出版周期、刊载量、是否 OA 出版等。检索日期 2023 年 7 月 6 日。

2 结果与分析

14 种 ESCI 收录的制造领域期刊统计结果如表 1 所示。

表1 14种ESCI收录的制造领域期刊统计结果

序号	期刊刊名	创刊时间	出版地	出版商	出版周期	是否OA	2020年和2021年载文量/篇	IF及JCI分区
1	IET Collaborative Intelligent Manufacturing	2019	美国	John Wiley & Sons Inc	季刊	是	57	8.2, Q2
2	Manufacturing Letters	2013	美国	Society of Manufacturing Engineers	季刊	否	151	3.9, Q2
3	Journal of Manufacturing and Materials Processing	2017	瑞士	MDPI	双月刊	是	257	3.2, Q3
4	Manufacturing Review	2014	法国	EDP Sciences	年刊	是	72	2.5, Q4
5	Design Science	2015	英国	Cambridge University Press	年刊	是	58	2.4, Q4
6	International Journal of Interactive Design and Manufacturing - IJIDeM	2007	法国	Springer	季刊	否	188	2.1, Q3
7	International Journal of Design Creativity and Innovation	2013	英国	Taylor & Francis	季刊	否	30	1.8, Q4
8	Production Engineering-Research and Development	2007	德国	Springer	双月刊	否	164	1.7, Q4
9	Journal of Advanced Manufacturing Systems	2002	美国	World Scientific Publ Co Pte Ltd	季刊	否	80	1.4, Q4
10	Journal of Micro and Nano-Manufacturing	2013	美国	American Society of Mechanical Engineers	季刊	否	88	1.0, Q4
11	Smart and Sustainable Manufacturing Systems	2017	美国	AMER Sco Testing Materials	年刊	否	68	1.0, Q4
12	Manufacturing Technology	2000	捷克	Jan Evangelista Purkyne University	双月刊	是	219	0.9, Q4
13	International Journal of Manufacturing Materials and Mechanical Engineering	2011	美国	IGI Global	年刊	否	36	0.7, Q4
14	International Journal of Manufacturing Research	2006	瑞士	Inderscience Enterprises Limited	季刊	否	40	0.4, Q4

2.1 基本情况

从表1可以发现，这14种期刊分别来自6个国家，其中美国6种，瑞士、法国和英国各

2 种，德国和捷克各 1 种。值得注意的是，*IET Collaborative Intelligent Manufacturing* 期刊是英国工程技术学会(IET)主办的，创刊主编为华中科技大学沈卫明院士和高亮教授。从出版周期来看，季刊比例最大 7 种，年刊 4 种，双月刊 3 种。创刊时间方面，大都是 2000 年及以后创刊，具体为 2000—2010 年为 5 种，2010 年之后 9 种。另外，14 种期刊中 OA 期刊比例较低共 5 种，14 种期刊均有相应的国际出版商合作平台。从论文刊载量来看，14 种期刊整体刊载量较少，2 种期刊超过 200 篇，3 种期刊超过 150 篇，3 种期刊低于 50 篇，其余期刊在 50-100 之间。

2.2 影响力分析

期刊引证指标(Journal of Citation Indicator，JCI)是用来衡量期刊在最近三年内发表的可引用项目(article 和 review)的平均类别归一化引文影响力(Category Normalized Citation Impact，CNCI)的，该指标是一个标准化指标，不依赖于类别。14 种 ESCI 收录的期刊根据 JCI 进行了分区，根据今年 6 月公布的最新 JCR 报告显示，除了位于 Q2 区的 *IET Collaborative Intelligent Manufacturing* 和 *Manufacturing Letters*，Q3 区的 *Journal of Manufacturing and Materials Processing* 外，其余 11 种期刊均处于 Q4 区。

3 对我国制造领域期刊发展的思考与建议

3.1 积极创办打造更多制造领域的优质英文科技期刊

根据最新的 JCR 的报告，50 种 SCIE 收录的制造领域期刊我国有 2 种，分别是 *International Journal of Extreme Manufacturing* 和 *Advances in Manufacturing*，且没有来自我国的 ESCI 收录的制造领域期刊。因此亟须打造更多高质量、高影响力的制造领域科技期刊品牌，让我国作者的论文发表在祖国大地上，提高我国学术话语权，形成制造领域刊群。近年来，我国已陆续创办了 2 本制造领域的期刊。如 2020 年创刊的季华实验室主办的 *Light: Advanced Manufacturing* 获得了 2021 年度中国科技期刊卓越行动计划高起点新刊项目。中国机械工程学会主办的 *Chinese Journal of Mechanical Engineering: Additive Manufacturing Frontiers* 入选了 2020 年度中国科技期刊卓越行动计划高起点新刊项目，2022 年已正式出版。除此之外，新创期刊还应积极申请高起点新刊项目，获得国内统一刊号，定位期刊属性。

3.2 加强中文制造领域科技期刊英文表达的完整性

中文科技期刊新被 SCI 收录已成为历史，但 ESCI 数据库的出现为中文科技期刊走向世界打开了另一个窗口。据最新统计发现，ESCI 收录的中文科技期刊有 32 种，主要集中在基础学科，如化学、光学、物理、材料等领域，尚无来自制造领域的期刊。为了改善这一现象，应加强论文中重要科研信息英文表达的完整性，如采用结构化英文长摘要形式，包含背景、目的、方法、结果以及结论等较为全面的信息。此外，论文重要结果的英文图文摘要也是非常重要的一种方式，让读者直观了解论文的核心内容。另一方面，在加大期刊宣传力度的同时，可以借鉴其他非英语母语国家收录的 SCI/ESCI 科技的发展，总结非英语期刊特征，进而学习运用到自身期刊工作中。

4 结束语

通过以上统计分析发现，这 14 种 ESCI 期刊在出版规范等多方面已具备了入选 SCI 的要求，但引证指标等方面前面也提到有待进一步提升。因此，首要任务是争取吸引优质稿源，从根本上优化提高期刊的稿件质量，争取早日被 SCIE 收录，期刊国际影响力迈上新的台阶，为国际学术交流做出积极贡献。此外，新创期刊还应积极申请加入 ESCI 数据库，尤其是在 ESCI 收录期刊同样被赋予影响因子的情况下。在 ESCI 这一国际平台上展示期刊自身，将其作为一个走向国际舞台的跳板。需要指出的是期刊被 ESCI 收录并不是终点，而是新的起点。最后，对我国制造领域科技期刊的高质量发展提出了一些思考与建议。党的二十大报告提出"加快构建新发展格局，着力推动高质量发展"，指出"高质量发展是全面建设社会主义现代化国家的首要任务"。高质量发展概念源于经济领域，但高质量发展的经济社会质态不仅体现在经济领域，而且体现在更广泛的社会、政治和文化等领域。因此高质量发展能够并应该推演到科技期刊领域，成为我国科技期刊发展的重要目标与方向。

参 考 文 献

[1] CLARIVATE. Clarivate announces changes to the 2023 Journal Citation Reports All Web of Science Core Collection journals, including arts and humanities will have Journal Impact Factors [EB/OL].(2022-07-28)[2023-07-09].https://ir.clarivate.com/news-events/press-releases/news-details/2022/Clarivate-announces-changes-to-the-2023-Journal-Citation-Reports-All-Web-of-Science-Core-Collection-journals-including-arts-and-humanities-will-have-Journal-Impact-Factors/default.aspx.

[2] 王继红,刘灿,肖爱华.科技期刊提升国际影响力的新平台:ESCI 数据库[J].中国科技期刊研究,2016,27(11):1215-1220.

[3] 孙劲楠,刘宇舸,丁佐奇.中国 ESCI 收录期刊发展现状研究[J].中国出版,2023(4):3-10.

[4] 付中静.ESCI 数据库收录我国科技期刊的国际学术影响力分析[J].中国科技期刊研究,2017,28(8):757-764.

[5] 丁佐奇,王雅棋.ESCI 收我国科技期刊的发展特征及对培育世界一流期刊的启示[J].科技与出版,2019(1):20-30.

[6] 凌桂霞,张宣,任珊,等.ESCI 数据库对英文期刊 SCIE 收录的影响:以 Asian Journal of Pharmaceutical Sciences 为例[M]//学报编辑论丛 2019.上海:上海大学出版社,2019:426-430.

[7] 姜春明.我国制造领域英文科技期刊发展现状及需求研究[J].出版与印刷,2020(4):67-72.

[8] 洪鸥,姜春明,王宁.基于 Web of Science 数据库的我国制造类期刊分析[M]//学报编辑论丛 2017.上海:上海大学出版社,2017:33-37.

科技强国建设背景下中文科技期刊的作用及发展路径
——以《中国粉体技术》为例

武秀娟[1]，王甲申[2]，朱红霞[3]

(1.《中国粉体技术》编辑部，山东 济南 250022；2.济南大学文学院，山东 济南 250022；
3.济南职业学院，山东 济南 250014)

摘要：中文科技期刊在我国科技强国建设中发挥着不可或缺的作用，以中文科技期刊《中国粉体技术》为例，分析中文科技期刊在科技强国建设背景中的地位和作用。面临的发展机遇和挑战，基于办刊实践，认为期刊发展应从品牌影响力、加强稿源质量监控、开放获取和培养人才 4 个方面提升，提出中文科技期刊应注重聚焦交叉学科研究成果、加强学术传播、优化发表流程和开放获取工作，为中文科技期刊的良性发展提供参考。

关键词：科技强国；中文科技期刊；交叉学科；学术传播

2016 年 5 月中共中央、国务院发布了《国家创新驱动发展战略纲要》，提出到 2050 年建成世界科技创新强国。科技强国的时代背景是全球科技竞争日益激烈、经济转型与创新驱动发展、科技创新的巨大潜力与机遇。近年来大国之间的科技领域的竞争也涉及国家安全的问题，也让我们意识到提升自身科技实力、将核心科技掌握在自己手里的重要性。

《中国科技期刊发展蓝皮书(2020)》指出，基于国家新闻出版署 2019 年全国期刊年检数据，截至 2019 年底，我国科技期刊总量为 4 958 种[1]。中文科技期刊是推动科技进步的重要力量，是科研成果的主要载体，反映本行业本学科研究的成果和研究动态[2]，也是科技成果发布和交流的主要平台之一，在科研评估和学术评价中扮演着重要角色，对于科技创新和进步非常重要。中文科技期刊如何在科技强国建设中发挥自己的作用，同时实现自身的高质量发展是摆在我们期刊人面前的责任和使命[3]。

近年来，已有部分学者对"中文科技期刊与国家重大战略协调发展情况""新时代中文科技期刊的定位与发展策略"等方面提出了中文科技期刊需要力挺学科建设，推动科技成果应用到中国现代化建设上[4-5]。例如，通过捕捉前沿热点领域，以重大、重要事件和活动为契机，创新思维、选择独特视角开展专刊出版，树立期刊的品牌形象，扩大期刊的整体影响力[6]；也有学者指出基于前瞻布局、凸显期刊学术引领，扎根祖国、服务一流学科建设，凝练特色、提升期刊影响力的选题思路出版了"天琴计划"专刊[7]；有的学者认为应该紧跟国家重大发展战略需求，积极关注学术会议，充分发掘研究热点、社会重要议题，加强内容策划和约稿组稿，刊发一系列重要专刊[8]。也有学者认为专刊是实现编辑主体创造意识和期刊办刊计划的重要手段，符合大数据时代知识服务体系建设的要求[9]。充分体现了国家科技强国战略对中文科技期刊发展的推动力。以往的研究偏重于宏观战略下期刊的发展研究，立足于科技强国战略下期刊的定位和发展研究还是偏少。本文中将从办刊实践出发，立足期刊发展战略，为同类型的期刊发展提供思路和借鉴。

《中国粉体技术》于1984年创刊，是国内主要研究粉体与固体颗粒物体学科领域的期刊之一。该期刊集合了高等研究院校和学会的智慧，致力于推广粉体技术领域的学术研究和技术交流，并为涉及的各学科领域提供技术与方案支持。在经过多年的发展，现今《中国粉体技术》已经成为该领域中具有重要参考价值的期刊之一，在粉体行业加强学术交流，促进创新成果的交流，促进科研成果转化以及青年科技人才培养方面发挥了重要作用。《中国粉体技术》是中国科学院"中国科学引文数据库"(CSCD)收录期刊、"科技期刊世界影响力指数报告"(WJCI)收录期刊、中国科学技术信息研究所"中国科技核心期刊"(CSTPCD)、"中国核心学术期刊"(RCCSE)，在我国粉体颗粒学领域具有较高的影响力。本文在充分分析中文科技期刊在新时代的定位与核心价值的基础上，结合《中国粉体技术》近年来的办刊策略，阐述了期刊在发展定位上的思考与实践，以期为同类中文期刊提供参考。

1 中文科技期刊的地位和作用

中文科技期刊作为"世界一流科技期刊的重要组成部分"，在向世界展示中国的科学技术成果的同时，应保持鲜明的"中国特色"和"专业特色"。为了更好地服务国内读者和我国科技人才的培养，中文科技期刊应当以科学传播为使命，努力提高服务于科技强国战略的能力[10-11]。中文科技期刊在推动相关学科发展、培养青年研究骨干、推动期刊整体发展水平方面承担更加重要的学术传播和知识普及的职责[12-13]。另一方面，中文科技期刊还应根据其分类和服务对象的差异性，进行多元化的内容和用户定位，避免同质化办刊，明确办刊特色，树立期刊品牌形象。

1.1 推进粉体颗粒相关学科发展

科技强国建设关键点之一在于科技创新发展[14]，创新发展离不开相关应用学科的发展。《中国粉体技术》自创刊以来，刊载了大量侧重应用的粉体颗粒相关学科科技论文。这些研究成果不仅在一定程度上反映了我国粉体颗粒行业的繁荣的发展趋势，更推进了相关学科向前发展，加快了科技创新。

《中国粉体技术》建立了一支由权威专家组成的编委会，负责审稿和编辑工作。这些专家主要来自国内知名的大学、研究机构和企事业单位，具有深厚的学术背景和丰富的实践经验。《中国粉体技术》还积极开展国际合作与交流，与国际上多个知名的粉体颗粒相关学术期刊建立了合作关系。推进了粉体技术的成果转化，加快了相关技术的创新。

1.2 挖掘青年研究人才，助力培养科研骨干

科技强国的建设离不开青年科研人才的培养[15]，作为青年科研人才的成长需要空间和平台，中文科技期刊在挖掘和培养青年研究人才方面发挥着重要的作用。《中国粉体技术》的许多研究者从研究生阶段发表论文到自己作为论文指导老师，时间跨越数十年。《中国粉体技术》等中文科技期刊为青年研究人才提供了一个展示和交流研究成果的平台。青年研究人才通过撰写和发表论文来分享自己的研究成果，借助期刊的广泛传播渠道，扩大了自己研究的影响力。

中文科技期刊在青年研究人才的评价和认可方面也起到了至关重要的作用。通过同行评

审和编辑部严格的三审三校的审核，不论作者来自什么层次的高校，《中国粉体技术》优先考虑的是稿件的质量，只要能通过同行评议的稿件，都愿意为青年研究人才提供科研成果展示舞台，帮助他们建立起学术地位和与同行交流的机会，帮助他们建立起专业的声誉和学术地位。

《中国粉体技术》等中文科技期刊在青年人才的学术研究方面提供了许多关键的指导和引导。期刊中的学术文章、评论和综述可以帮助青年研究人才了解前沿科技动态、主流研究方向和最新研究方法，为其提供宝贵的参考和学习材料。通过期刊了解到其他领域的研究进展，扩展自己的学术视野，甚至找到跨领域合作的机会，推动科学研究的交叉和创新。

1.3 推动学术研究整体健康发展

中文科技期刊能够提供一个更广泛和多样化的发表平台。涵盖更广泛的学科领域，这种多样性和包容性有助于推动学术领域的全面发展，鼓励不同学术观点和研究范式的交流与对话。

中文科技期刊往往更容易接纳创新和实验性研究[16]。这些期刊对于新颖的研究方法和理论提供了更大的接纳度，鼓励研究人员进行大胆的科学尝试和实验性研究。这种开放性有助于推动学术研究的创新和前沿拓展。

2 中文科技期刊的发展路径

中文科技期刊目前在发展上面临诸多障碍，特别是普通中文科技期刊，在经费投入、稿源质量、评价体系和市场机制等方面存在诸多困境，使中文科技期刊在引领科技创新驱动、前沿科技成果交流成果方面效果并不突出，然而，作为创新研究成果的传播和交流的重要工具与平台，中文科技期刊有责任在引导学科研究方向、规范研究流程，保证研究质量并服务社会需求实现自身的发展。

中文科技期刊要想实现学术期刊自身的跨越式发展，要从品牌影响力、加强稿源质量监控、开放获取和培养科技人才，助力科研人才队伍建设等4个方面入手。

2.1 增强期刊品牌竞争力

通过与其他机构、学术团体或相关学术指南进行合作，扩大期刊的影响范围和影响力。中国颗粒学会是《中国粉体技术》主办者之一，中国颗粒学会作为专注于颗粒学领域的学术组织，可以为中国粉体技术期刊提供学术资源支持。通过组织学术交流会议、学术研讨会或研究论坛，为期刊提供学术合作和交流的平台。提高期刊的知名度和影响力。

利用社交媒体和学术网络平台增强学术影响力。通过建立网站和公众号，期刊可以实现跨地域的影响力扩展[17]。还可以提供实时更新的功能，让读者能够及时了解最新的研究成果、学术动态和专家观点，能够更好地适应数字化时代的学术传播需求。如《中国粉体技术》网站会及时更新期刊内容，网站上内容翔实，不仅有期刊的阅览，还有行业动态和新闻。下一步打算建立海外媒体账号，加强国际学术传播影响力。由于加强了学术传播，2021年复合影响因子出现了较大的提升。

2.2 稿源质量监控是保证期刊质量的重要环节

中文科技期刊应该从源头把控稿件质量，加强审稿流程的规范化和科学化，实行严格的同行评议制度，并加强编辑选稿的自主性和针对性注重稿件质量管理。建立专门的稿件审稿、考核、反馈制度，完善出版工作流程和质量管控标准，强化对稿件的质量把控，保证每一篇论文能够达到较高质量的学术水平。《中国粉体技术》编辑部内部对一篇稿子从收稿到发稿给出了明确的时间节点，加快学术研究的发表时间，把握住期刊出版的时效性。此外，还要开展规范、系统的培训工作，提高编辑团队的素质水平，为优化期刊质量创造条件。同时要充分利用好数据分析与监控，运用数据分析工具对来稿来源、审稿周期、录用率等指标进行实时监控，优化审稿流程。

2.3 提供数据共享和开放获取

随着互联网的快速发展，科学传播逐渐从传统的纸质出版转向数字化和在线出版[18]。开放获取模式适应了数字时代的需求，开放获取为学术交流和合作提供了更广泛的平台和机会。研究人员可以更容易地访问和阅读同行的最新研究成果，促进学术交流和合作的发展，加快学术成果的传播速度。《中国粉体技术》积极参与开放获取，在《博看》《龙源期刊》数据库都是采用对用户免费浏览及下载模式。同时鼓励作者共享研究数据和开放获取论文，以提高研究成果的可见度和可用性，实现资源共享和优势互补。这不仅拓宽了期刊的学术影响范围，也为其提供了更多的发展机遇。

2.4 培养科技人才，助力科研人才队伍建设

人才培养是科技期刊的重要社会功能，科技期刊承担着扶持和培育青年科技人才的责任。构建良好的科研环境是培养科研人才的重要保障，科研人才需要有独立思考和创新的空间，需要有充分的实验条件和研究设备。建立良好的学术交流平台，加强国内外学术合作，让科研人员能够与国际顶尖科学家进行交流，吸收先进的科技理念和创新思维。加强科研人才的培训和交流，提高他们的综合素质。科研人才不仅需要有扎实的学术基础和研究能力，还需要具备良好的团队合作精神、创新能力和国际视野。因此，要加强科研人才的培训，提供系统化的学术课程和专业技能培训。同时，鼓励科研人员参与各类学术会议和交流活动，拓宽他们的学术视野，增强他们的学术交流和合作能力。

3 中文科技期刊发展的新范式与未来方向

《中国粉体技术》作为粉体技术领域的权威学术期刊，在推动粉体技术的发展和传播方面发挥着重要作用，同时也为中文科技期刊的发展提供了有益的借鉴。未来，随着科技的不断发展，中文科技期刊将面临更多的机遇和挑战，需要不断进行创新和优化，以更好地服务于科学研究和技术创新。

3.1 聚焦交叉学科研究成果促进学科之间的交融和融合

不同学科之间的界限在实践中常常变得模糊，许多新兴学科和领域都是由多个学科的交叉形成的。通过交叉学科研究，可以拓展学科边界，开放获取和数据共享，培养出具备跨学科思维能力和综合素质的研究人才。

从2021年开始，《中国粉体技术》着重关注新兴的研究方向和前沿领域，定期发布针对特定领域或主题的专题，以聚焦某一领域的前沿问题和最新研究进展。如纳米粉体技术、环境友好粉体技术、先进制备方法等。有助于推动粉体技术的发展和创新，有助于深入研究和推动该领域的发展，并吸引相关学者提交高水平的研究论文。

交叉学科研究可以促进不同领域的知识交流和合作，激发创新思维。通过将不同学科的理论、方法和技术进行融合，可以培养出解决问题的新思路和方法，推动科学的发展和进步。

3.2 业务创新与数字化转型

伴随着我国经济社会的发展，新技术和新服务模式的出现，传统科技出版服务也同新模式相辅相成，衍生出了新兴的出版服务理念[19]。推动期刊业务创新与数字化转型是中文科技期刊发展面临的客观需要。

在当前的数字化时代，中文科技期刊需要不断地进行业务创新，以适应市场的需求和变化。这不仅需要期刊编辑不断提高自身的素质和能力，还需要积极探索新的出版模式和业务形态。优化科技期刊编辑工具，为中文科技期刊提供最新的编辑工具和技术支持，包括自动化排版、多媒体插图、数据可视化等功能。这些工具能够提高期刊的制作效率和质量，同时减少编辑人力成本。

传统出版流程中，期刊编辑主要负责稿件的编辑、校对和排版等工作。但在数字化时代，期刊编辑需要更加注重与作者的沟通和合作，充分了解作者的需求和稿件的特点，加强出版流程创新，提高出版质量和效率。例如，《中国粉体技术》杂志利用现代化的编辑软件和校对系统等工具，实现稿件的自动化处理和在线协同工作，提高出版效率和质量。

3.3 探索新的出版形态，充分利用市场机制

数字化时代，人们更加注重阅读的多样性和便捷性。中文科技期刊需要积极探索新的出版形态，以满足读者的需求。例如，开展在线先行版和增量出版；可以推出适用于移动终端的电子版期刊，实现随时随地的阅读；可以结合音频、视频等多媒体手段，提供更加丰富多彩的阅读体验。《中国粉体技术》积极探索新的出版形态，文章在线发布后经过同行评议后再正式出版，以加快科技成果的传播速度。同时将不同版本的文章进行区分，允许作者随时更新和完善已经发布的文章，提高出版的质量与效率。

科技期刊是科研成果的权威传播平台和渠道。但在重视传播出版的同时，也不能低估科技传播在国家科技创新体系中的重要性[20]。除了探索新的出版形态，还应充分利用市场机制来促进科技期刊的发展。首先，引入市场竞争机制。可以通过公开竞标的方式来选择期刊出版商，以提高期刊的质量和水平。其次，加强与企业的合作。通过技术转让、专利许可等方式，将科技成果转化为现实生产力，以实现科技期刊的经济价值和社会价值。最后，推广科技期刊社交媒体，利用社交媒体平台，如微信公众号、微博等，加强与读者和作者的互动，提供更加多样化的科技信息传播方式。同时，通过社交媒体平台发起讨论和交流，促进科技知识的共享和传播。

在科技强国建设背景下，中文科技期刊的发展路径需要不断完善和拓展。通过加强学科交叉和融合、推动数字化和探索出版新形态等措施，中文科技期刊将能够更好地为科技强国建设服务，推动我国科技创新和学术交流的进一步发展。相信随着中文科技期刊的不断发展壮大，将在科技强国战略下发挥更大的作用，并迎来自身的发展机遇。

参 考 文 献

[1] 张薇.建设世界一流学术期刊是建设世界科技强国的重要支撑[J].中国期刊年鉴,2019(18):157.

[2] 中国科学技术协会.《中国科技期刊发展蓝皮书(2020)》速览[EB/OL].(2020-09-27)[2021-02-01]. https://www.cast.org.cn/art/2020/9/27/art_88_135566.html.

[3] 孙涛.关于培育世界一流科技期刊首先需要解决的几个问题的思考[J].编辑学报,2019,31(6):596.

[4] 秦明阳,邓履翔,陈灿华.培育世界一流科技期刊背景下中文科技期刊发展定位与使命[J].中国科技期刊研

究,2021,32(3):281-289.
- [5] 马素萍,陈丹丹,张喜龙,等.新时代中文科技期刊的定位与发展策略:以《沉积学报》为例[J].编辑学报,2022,34(1):93-96.
- [6] 付利.专题策划提升科技期刊的品牌影响力:以《科学通报》(化学学科)为例[J].出版科学,2013,21(6):32-35.
- [7] 王海蓉.高校科技期刊专题出版的实践与思考:以《中山大学学报》"天琴计划"专题为例[J].编辑学报,2021,33(4):463-467.
- [8] 仲舒颖,刘春凤,王群英,等.专辑论文对科技期刊学术影响力的作用分析及启示:以《地理科学进展》为例[J].中国科技期刊研究,2021,32(4):509-514.
- [9] 张伟伟,王磊,马勇,等.以出版学术专刊为抓手提升科技期刊影响力[J].科技与出版,2019(4):145-150.
- [10] 何晓燕,王婧,张芳英,等.2020年我国中文科技期刊发展盘点[J].科技与出版,2021(3):67.
- [11] 王琴.科技出版如何服务于科技强国战略[J].出版与印刷,2021(2):46.
- [12] 朱维,杨静.科技期刊的国际影响力评价研究[J].情报理论与实践,2019,42(5):21-25.
- [13] 李伟民,王少民,张东.科技期刊质量评价综述[J].中国出版,2019,11(2):24-29.
- [14] 蔡泳兹.国内外科技期刊出版模式的分析与比较[J].情报资料工作,2005,3(10):10-12.
- [15] 张育彦.数字出版对期刊编辑和出版的影响[J].中国科技期刊研究,2019,30(2):253-257.
- [16] 初景利,王译晗.中文科技期刊的定位与作用再认识[J].中国科技期刊研究,2022,33(1):1-7.
- [17] 黄茂斌.媒体融合背景下科技期刊的发展策略[J].现代图书情报技术,2016,32(6):1-7.
- [18] 吴天柱.科技期刊那些事儿[J].科技导报,2019,37(22):46-49.
- [19] 毕红.中文科技期刊信息服务能力提升策略研究[J/OL].晋图学刊[2023-08-15].https://link.cnki.net/urlid/14.1022.G2.20230817.1437.002.
- [20] 唐名威.中文科技期刊新媒体运营之路[J].中国传媒科技,2022(5):52-54.

新时期高校学报编辑工作的延伸

陈爱萍,刘燕萍,张 弘,徐清华,王东方

(《同济大学学报(自然科学版)》编辑部,上海 200092)

摘要: 新时期高校学报面临着诸多变化。一方面,高校内专业期刊崛起,高校学报的生存空间受到挤压;另一方面,新媒体给高校学报带来了机遇。探讨了新时期高校学报编辑工作内涵,以及新媒体运用下高校学报编辑工作的延伸。通过设立专栏主持人制度组约稿件、采用新媒体进行学术推广,使得新时期高校学报编辑工作向纵深发展。

关键词: 高校学报;新时期;编辑工作内涵;媒体融合

编辑工作是出版工作的核心环节,是细致的创造性劳动。通过对他人作品的选择加工和有效扩散,具有创新性的学术成果得以宣传,进而直接或间接地推动社会生产力的发展。高校学报是我国学术期刊的主体阵营,一直以来,在学科发展、学术传播和交流、人才培养等方面起着至关重要的作用。然而,近些年来,由于内外部环境的变化,高校学报的办刊模式和发展方向等面临着巨大的挑战。随之而来,高校学报编辑工作的转型和创新也就成了必然。

1 传统意义上高校学报编辑工作内涵

学术期刊具有准商品的属性,是以一定的物质形式承载科学研究学术成果的精神文化产品[1]。学术期刊具有4个功能:登记(Registration)、认证(Certification)、传播(Dissemination)和存档(Archiving),即确认作者权利、同行评议论文筛选、研究成果传播以及论文发表并保存[2]。因此,学术期刊编辑工作围绕学术期刊所承载的功能展开。传统意义上学术期刊的编辑工作主要包括收稿、送审、编辑、发行、存档。

1998年教育部在关于《高等学校学报管理办法》的通知中指出:高等学校学报是高等学校主办的,以反映本校科研和教学成果为主的学术理论刊物,是开展国内外学术交流的重要园地。这是高校学报定位的普遍准则。长期以来,高校学报的编辑工作以服务本校师生为主,为本校师生的对外学术交流提供平台。传统意义上,高校学报的编辑工作主要包括收稿、送审、编辑、发行、存档。

2 新时期外部环境的变化

2.1 高校学报发展陷入困境

2.1.1 校内优质专业期刊的迅猛增加

陈浩元等[3]认为,高校学报的功能应该是人才培养、科学研究、社会服务和文化创新传承。高校学报在高校人才培养、宣传本校科研成果、促进本校重点学科建设中确实发挥了重要的作用，但是随着高校对教师考评要求的变化，高质量的稿件流失严重，失去了学报赖以生存的基础。同时，校内新办专业学术期刊的崛起，使得高校学报更难获得高质量稿件。以同济大学为例，目前同济大学的每个学院基本都有自办的英文专业期刊，这些刊物发展势头迅猛，近两年每年都有期刊被 SCI 收录。2020 年同济大学土木工程学院的朱合华院士担任主编的 *Underground Space* 被 SCIE 收录，肖建庄教授任执行主编的 *Low-carbon Materials and Green Construction* 入选 2023 年度中国科技期刊卓越行动计划高起点新刊。高校学报专业化转型一直是编辑出版领域讨论的热点。诚然，高校学报专业化更能突出学科优势和办刊特色，更容易吸引高质量的作者和读者群。然而，高校学报是否专业化取决于主办单位，学报没有自主权。同时，学报专业化意味着只刊登优势学科，放弃其他学科，从学校的角度确实很难权衡。

2.1.2 编辑与老师间感情越发疏离

早期还没有互联网的时候，投稿和审稿回复都靠书信。由于高校学报在校内，联系方便，因此对于本校教师是一个不错的选择。那时候，编辑和本校内老师之间联系更紧密，老师们对学报有感情。对于相同等级的刊物，高校教师和学生优先选择本校的学报，可以省去书信联络的麻烦。随着互联网的普及，各编辑部都配备了网上投稿系统，作者可以远程投稿。国内甚至国外的期刊，作者也能快速投稿和收到反馈。通过网上投稿导致的结果是：网络是没有温度的，远程投稿是方便了，编辑与本校内老师之间的联系却少了；高校学报投稿方便的优势没有了，分流掉部分稿源。

2.2 学术推广方式发生变化

对于学术期刊来说，传统的学术推广方式为纸媒。随着新媒体的快速发展，用户获取信息的方式和阅读习惯发生改变，新媒体和传统媒体深度融合已经成为出版业的发展趋势。

新媒体是利用数字技术，通过计算机网络、无线通信网、卫星等渠道，以及电脑、手机、数字电视机等终端，向用户提供信息和服务的传播形态。从空间上来看，"新媒体"特指当下与"传统媒体"相对应的，以数字压缩和无线网络技术为支撑，利用其大容量、实时性和交互性，可以跨越地理界线最终得以实现全球化的媒体[4]。与传统媒体的"主导受众型"不同，新媒体是"受众主导型"。受众有更大的选择，可以自由阅读，可以放大信息。新媒体形式多样，各种形式的表现过程比较丰富，可融文字、音频、画面为一体，做到即时地、无限地扩展内容，从而使内容变成"活物"。

新媒体时代给高校学报带来了机遇和挑战。高校学报可借助新媒体拓宽论文的传播渠道，促进学术传播和提升自身影响力。

3 新时期高校学报编辑工作内涵

传统意义上高校学报编辑工作主要包括收稿、送审、编辑、发行、存档。新时期，由于内外部情况发生变化，如果固守成规，不打破原有的工作模式，高校学报就很难发展。高校学报编辑工作是有时代性的，需要与时俱进，新时期赋予高校学报编辑工作新的内涵。

高校学报编辑工作应向两端延伸，即打破原有守株待兔收稿模式，主动出击，组约稿件，以及利用新媒体拓展学术推广渠道，提高论文展现度。因此，新时期高校学报编辑的工作应包括期刊的整体构思、栏目策划、选题拟定、组稿、审稿、编稿、校对、学术推广等一系列工作。

4 新时期高校学报编辑工作的延伸

4.1 向前端延伸，设立专栏主持人制度

伴随着教育部"破五唯"的科研评价指导意见发布，鼓励高水平的科研成果发表在祖国大地上，不少准备投往国外 SCI 期刊的论文回流到国内学术期刊，是国内学术期刊发展的重要机遇。举一个真实的例子，同济大学环境学院的一位老师，写了一篇英文的 Review，得知《同济大学学报(自然科学版)》(下文简称同济学报)组约稿件的时候，把英文翻译成中文放到同济学报刊发。

周俊等[5]提出，高校学报专业化发展分步走路径，即从专栏到专辑再到专刊。对于高校学报，开办专栏无疑是最切实可行的一种试水方式。高校有着众多科研人员、广泛的研究领域，某些领域在国内甚至国际上都享有很高的声誉。前些年，同济学报稿源充足，稿件质量较高，随着校内各学院主办期刊的崛起，同济学报的稿件数量开始捉襟见肘，收稿量逐年下降。对国内部分设置特约专栏的高校学报进行调研，并邀请同济大学校内的部分老师开展座谈会，探讨同济学报收稿量下降的原因，老师们纷纷献计献策，一致认为设置特约专栏是提高学报稿件数量和质量的有效方法。因此，2020 年开始，同济学报设置特约专栏，建立主持人制度，内容聚焦于某一细分领域。通过数据库进行文献检索，获得各学科最新的学术观点和成果，在准确和客观的数据支持下进行选题策划及组稿，聚焦于校内的优势学科，如土木、交通、环境、管理等[6-7]。另外，根据网络上当前的"热点"策划专题，如 2022 年热议的数字经济，同济学报策划了一期和 AI 相关的专栏(可信神经网络)。根据选题计划，主动与校内的学术带头人和学术骨干进行联系，积极开展组稿约稿工作，以确保学报获得数量充足、学术水平较高的稿件。为了使特约专栏能够持续下去，同济学报采取的一定的奖励制度，尤其对于专栏主持人和作者，并在封二对主持人和专栏内容进行推介。

在专栏主持人制度设立前，对同济大学校内的老师和学生进行了调研，发现稿件数量下降的部分原因集中在刊发周期。针对该问题，编辑部采取了相应的对策。由主持人约稿并组织审稿，然后复审和终审走"绿色通道"，确保从组稿到出版整个周期控制在 8 个月左右，缩短组稿周期、提高组高效率。

目前每期都有一个特约专栏，同济学报的稿件数量充足，逐渐走出了"没米下锅"的窘境。然而，如何进一步提升稿件质量，维护特约专栏的持续性，主持人由校内向校外扩展仍需每位编辑的努力。

4.2 向后端延伸，新媒体在学术传播中的应用

高校学报借助新媒体促进学术传播和提升自身影响力，传播方式由单一向交融发展，通过文字、图像和声音的多媒体形式增强期刊的可读性。新媒体的引入使得学术传播更加及时、开放和个性化。

4.2.1 提高读者黏性，提供个性化服务

同济学报于 2008 年建立了微信公众号，及时回复微信公众号后台留言，加强与作者、读者的互动交流。编辑与作者、读者之间的互动性越强，期刊受关注的程度就越高，提高读者的黏性。

新媒体时代，各种新型传播媒介已成为人们沟通交流、社会交往的重要平台，新媒体社交具有实时性、多元化、个性化等特点，大众传播已转为个性化精准传播[8-9]。目前，除了加

入各类数据库外,同济学报还建立了自己的门户网站。同济学报虽然也分栏目,但是即使同一栏目内容也很宽泛,涉及同一学科的多个细分领域。精准推送就是以用户为核心,根据其需求和偏好进行细分,将内容以特定的方式准确推送。同济学报设立的特约专栏聚焦于某个细分领域,将特约专栏论文进行精准推送,投递给同细分领域的专家学者,在满足读者需求的条件下进一步促进学术交流及学科发展。精准推送的形式包括微信公众号平台和邮件推送,显著提高了论文的展示度。在进行精准推送后,同济学报主页上论文的展示度明显提高,半年内单篇论文的点击量大约为未精准推送时的8~20倍,1年后大约为2~3倍。

4.2.2 拓展传播平台,向移动空间延伸

随着互联网的普及和新媒体技术的广泛应用,媒体融合不断向纵深发展,高校学报也应顺势而为。为提升学术期刊的出版融合水平,给予学术期刊新的媒体平台,国家新闻出版总署出版融合发展(武汉)重点实验室发起了面向学术期刊行业的开放科学公益计划,即开放科学计划(open science identity, OSID)。在内容和形式上,从技术的角度出发,突破传统纸质期刊传递信息的单一性,提升高校学报出版的多样性,形成立体化传播模式。2019年同济学报加入了开放学者计划,以OSID码为媒介,作者可上传多种形式的论文拓展内容,读者用手机扫描论文的二维码就可获得如音频、视频、ppt等资料。通过论文内容的动态呈现,使读者更加直观地观察到实验现象或了解研究背景,扩展论文的深度和广度。通过打通传统纸质媒体和移动媒体的壁垒,建立作者、读者和编辑的有效链接,旨在促进基于单篇论文的学术交流和评价体系的建立,提升学术期刊和作者的影响力和传播力[10]。除此之外,在微信公众号上可以查阅到2008年第一期开始的所有论文的pdf全文,方便读者采用移动终端阅读。无论以OSID码为媒介还是移动终端阅读,都是吸引或方便读者阅读,提升论文的展示度,从而提升期刊的影响力。

5 结束语

新时期,技术的发展难以改变编辑的社会角色,但必然会使编辑的工作方法与工作角色发生变革,甚至可能改变编辑出版工作的方向。一本好的期刊一定有一批思维活跃、与时俱进的编辑,带领期刊不断往前。科学技术日新月异,活到老学到老,才能跟上时代的步伐。

参 考 文 献

[1] 翁奕波.论学术期刊的准商品属性[J].中国科技期刊研究,2005,16(5):86-93.
[2] WARE M, MABE M. The STM report: an overview of scientific and scholarly journal publishing [EB/OL]. [2023-04-19]. http://www.stm-assoc.org/2015_02_20_STM_Report_2015.pdf.
[3] 陈浩元,郑进宝,李兴昌,等.高校自然科学学报的功能及实现措施建议[J].编辑学报,2006,18(5):323-327.
[4] 新媒体[EB/OL].[2023-04-19].https://baike.baidu.com/item/新媒体/6206.
[5] 周俊,段艳文.高校学报专业化发展分步走路径探索:从专栏到专辑再到专刊[J].中国科技期刊研究,2022,33(2):228-233.
[6] 徐梅.新媒体时代科技期刊如何挖掘优秀专家及组稿专题[J].科技传播,2020(1):191-192.
[7] 朱岚.论新媒体时代教育期刊的选题策划与组稿[J].黑龙江教师发展学院学报,2021,40(4):154-156.
[8] 朱琳峰,李楠.学术期刊内容精准推送服务研究与单刊实践[J].编辑学报,2021,33(2):193-196.
[9] 王杨,李琳.基于读者体验的科技类期刊精准推送质量评价与控制[J].编辑学报,2019(S2):130.
[10] 胡莉,彭茜珍.运用"OSID 开放科学计划"提升普通期刊影响力的实践与探索:以《湖北科技学院学报》为例[J].湖北职业技术学院学报,2022,25(3):108-112.

《中国兽医学报》在服务高校科技论文写作学科建设中的探索和改革

刘珊珊，王浩然，沈晓峰，郭建顺

(吉林大学《中国兽医学报》编辑部，吉林 长春 130062)

摘要：《中国兽医学报》编辑部负责吉林大学农学部科技论文写作教学工作，于2018年创建科技写作、文献检索、试验操作、编辑实践四位一体"移动课堂"融合教学模式，依托吉林大学畜牧兽医专业优势学科，引导学生在查阅和撰写科技论文过程中，追踪学科科研动态，搭建连接期刊——科研团队——学生交流平台。在五年实践中，以"移动课堂"为基点，逐渐构建多形式学术社区，在网络世界搭建学术交流和信息共享平台，为学生提供职业规划、课题选择和毕业设计交流平台，社团成员在我刊融媒体平台建设中做出显著贡献，成为补充我刊编辑技能短板的优质人才资源，充分激活学生们的参与感和自我价值感。

关键词：高校学报；学科建设；移动课堂；学术社区；融媒体平台

2015年10月，国务院印发《统筹推进世界一流大学和一流学科建设总体方案》，方案提出一流学科建设是一流大学建设的基石，学术成果是评价一流学科的重要标准之一[1]。高校科技期刊是高校学术成果发表和宣传的重要载体，也是高校学科建设的有效媒介。高校科技期刊一方面依托于高校学科发展，同时又引领学科的发展方向，促进高校人才培养。高校科技期刊应紧跟时代潮流，在办刊定位、内容传播上主动服务高校学科建设，创新性与时代性相统一[2]。

《中国兽医学报》负责吉林大学农学部科技论文写作教学工作，于2018年创建科技写作、文献检索、试验操作、编辑实践四位一体"移动课堂"融合教学模式，依托吉林大学畜牧兽医专业优势学科，引导学生在查阅和撰写科技论文过程中，追踪学科科研动态，搭建连接期刊——科研团队——学生交流平台。我刊在教学实践改革中，逐步摸索如何引导学生应对融媒体时代学习环境与学习方式的变化，在课程设计中激发学生的内驱力，从而满足其自主感、胜任感、归属感和自我价值感[3]。我刊在期刊学科建设中，多次邀请优秀作者和专家分享研究领域的最新进展，了解学科动态，完善科研思维，学生逐渐在阅读、追踪和撰写文献过程中找到学习的目标感和意义感；青年学生的活跃思维和多样的新媒体技术，激发我刊逐渐构建多形式学术社区，为作者搭建学术交流和信息共享网络，让学生在职业规划、课题选择和毕业设计方面有了交流和借鉴的平台；社团成员在我刊融媒体平台建设中充分发挥青年学生的创造

基金项目：2023年度中国农业期刊网研究基金资助项目(CAJW2023-025)

力和想象力，成为补充我刊编辑技能短板的优质人才资源[4]。

1 科技论文写作联合文献检索课程，追踪学术动态

对科研保有一腔热血的大学生们，入学之初往往对学业规划毫无方向，没有机会接触科研阵地，不懂系统的文献查询方法，对于基础学科学习、实践应用以及未来职业规划感到茫然。学生并未意识到科技论文查询和撰写本身就是探索和研究的过程，与课程教学相辅相成，撰写论文的过程促进逻辑思维系统化，更是追踪学科发展脉络，为未来事业打基础的探路石[4]。

我刊多年负责吉林大学农学部科技论文写作课程，传统的填鸭式教学无法激发学生的写作热情，结合科研和写作探索过程，我刊于2018年大胆改革，创立移动课堂联合文献检索课程，以农学部优势学科学术动态为切入点，利用各搜索平台分析工具及文献管理软件等对科研团队进行科研追踪、文献查新、团队成果展示，培养学生的文献检索和资料整理能力，并结合学生开题、试验设计及论文撰写相关课程，指导学术论文撰写工作。在联合教程中，搭建连接期刊——科研团队——学生交流平台，邀请优秀作者和专家作为主讲嘉宾，分享研究领域的最新进展，让学生直观了解学科动态，完善科研思维；并从学生切身角度邀请高被引论文作者分享科技论文阅读、检索和撰写技巧；线上、线下会议中，学生与业界大咖直接对话，不断拓展科研视野，学生们逐渐找到学习目标感和方向感。联合课堂上组织分组讨论、论文分析、模拟答辩，为学生学术论文撰写和未来从事科研工作做好铺垫。

2 举办作者分享会，搭建学习、就业交流平台

融媒体时代，社会竞争压力的与日俱增，让所有人对未来充满不确定性，使本就焦虑迷茫的大学生承受更多的心理压力。本编辑部从科技写作、科研立项、就业指南等方向，开展数次线上研讨会，学生通过与专家、学者、优秀学生的线上交流，找到学习的意义感，不断寻找和定位自己的人生方向。先后邀请优秀学生和优秀作者分享科研经验和职业规划，为学生呈现科研生活，对于诸多迷茫的学生们，榜样的力量是无穷的[5]。我校优秀毕业生们纷纷展示在各个领域，各个科研机构的优秀成果，交流会上，学生们双眼发着光，"原来可以这样"，"我也可以的"内心力量不断被激发；在公众号开设"优秀大学生成果专栏"集中展示吉林大学本、硕、博学生的优秀研究成果，评选"学术高影响力优秀学生"，并给予奖励，大大激发了在校学生的科研热情。宣传青年学者，展示优秀学生团队风采，从团队研究特色、科研成果、文化氛围等角度，为学生呈现科研的真实面貌。针对学生需要，我刊多次开展"课题申报大讲堂"，涉及科研选题、课题申报、数据统计、分析、课题撰写等，参与并获得课题申报的学生逐年增多。建立青年学生论文撰写微信交流群，交流论文撰写和发表心得，交流内容丰富多彩，交流形式多种多样，完全给予学生自主性，甚至成了很多学生度过心理无助时期的情感抒发平台。我刊在改革和探索中，不断找回"以人为本，服务学生，服务作者"的办刊初心！四年来，来自学生群体的优秀论文和优秀作者成为我刊的新生力量，焕发出蓬勃生机，更为吉林大学人才培养画上浓重的一笔。

3 利用学生社团打造全新期刊发展社区，引导学生找到自主感和胜任感

丰富多彩的大学生活，绚烂多彩的社团活动，是大学生完成自我同一性，绽放自我风采的平台[6]，如何引导学生努力寻找适合自己的目标，激发学生和作者的自我胜任感是我编辑部

一直在努力调整的方向，结合我刊改革实践，逐渐形成读者、作者与学术社群互动循环生态圈，结合学生实际学习需要，实时更新学术前沿、期刊发展、学术交流、学术会议、优秀学者和学生、职业规划等信息，鼓励学生积极参与我刊的平台建设[7]。近几年，社团成员在我刊融媒体平台建设中做出显著贡献，文学社团协助作者和编辑撰写文章导读并拓展论文深度加工；美术社团负责专业海报设计、视频负责多媒体制作；融媒体社团负责视频号和公众号内容生产和推广和数据分析，成为补充我刊编辑技能短板的优质人才资源。社团成员的加入推动了我刊内容生产、封面和公众号设计、宣传推广等各个环节的改革创新，充分发挥青年学生的创造力和想象力，缩短了期刊与科研人员以及学生之间的距离，社团成员在我刊融媒体平台建设中，成为补充我刊编辑技能短板的优质人才资源，充分激活学生们的自主感和胜任感，显示出当代青年的蓬勃生机。

4 结束语

2021年5月10日习近平总书记给《文史哲》编辑部全体编辑人员回信中强调："高品质学术期刊要坚守初心，引领创新，展示高水平研究成果，支持优秀学术人才成长，促进中外学术交流"，再次为我国期刊发展明确方向[8]。我刊结合自身高校学报特点，依托吉林大学优势平台，充分利用优势学科资源，以"学生教育"为起点，搭建学生——科研——期刊联合发展平台，引领大学生"寄写于学，寄学于写"，逐渐摸索出科研方向，也为我刊培养优秀作者群体。在科技论文写作教程改革和期刊社区建设过程中，逐渐引领学生找到人生意义和学业方向，贴合学生发展需要，满足学生内心成长的渴求，促进学生自驱性成长[9]，成为学生自我探索和发展的精神家园，促进期刊与学生协同发展改革中，走出创新的一步。

大学是大学生生活和学习的主阵地，也是"立德树人"的基地。在信息大爆炸时代，如何让当代大学生树立正确的人生观、世界观，是高校各学科教学必须重视的问题[10]。我刊科技论文写作课程联合文献检索课程，引导学生追踪学科发展脉络，了解学科动态，对学科专家谱系有了系统分析，逐渐增加学生的学习目标感。通过搭建联和学生、科研团队和期刊沟通桥梁，让学生与学科专家交流探讨，鼓舞学生的学术热情。同时积极举办作者分享会，搭建学习、就业交流平台，学生通过与专家、学者、优秀学生的线上交流，找到学习的意义感，不断寻找自己的人生方向。在社团建设方面，我刊利用学生社团打造全新期刊发展社区，在我刊融媒体平台建设中显示出当代青年非凡的创造力。我刊在"移动课堂"改革摸索中，逐渐构建多形式学术社区，在网络世界搭建学术交流和信息共享平台，为学生提供职业规划、课题选择和毕业设计交流平台，社团成员在我刊融媒体平台建设中做出显著贡献，成为补充我刊编辑技能短板的优质人才资源，我刊在构建蓬勃发展的服务平台过程中，重拾"以人为本，服务学生，服务作者"的办刊初心，为我刊打造强大的人才和技术储备。

参 考 文 献

[1] 国务院.统筹推进世界一流大学和一流学科建设总体方案[EB/OL].(2015-11-06)[2020-10-05]. http://edu.people.com.cn/n/2015/1106/c1053-27784940.html.

[2] 唐慧,张彤,丁佐奇,等.我国高校科技期刊服务学科建设的现状与对策:基于全229所高校办刊人员(主编、编辑)问卷调查[J].编辑学报,2021,33(1):67-73.

[3] 刘珊珊,王浩然,孙晓芳,等.高校学报"移动课堂"教学促进科技论文写作发展探索[J].编辑学报,2020,32(1):101-104.

[4] 夏娴,聂洋.互联网信息时代的文化传播路径机制:评《互联网思维的传播学逻辑:断裂与重构融合与创新》[J].中国科技论文,2021(7):I0002.

[5] 刘珊珊,韩东,沈洪杰,等.提升编辑"四力"对加快中国科技期刊发展的推动作用[J].编辑学报,2021,33(6):689-692.

[6] 刘珊珊,王浩然,沈晓峰,等.高校学报联合青年学者和学生社团打造全新期刊生态圈[M]//学报编辑论丛2022.上海:上海大学出版社,2022:370-373.

[7] 钟建军,王春光,刘彦.我国大学生自我同一性地位及影响因素研究回顾与展望[J].内蒙古师范大学学报(哲学社会科学版),2022(2):113-119.

[8] 习近平给《文史哲》编辑部全体编辑人员回信[EB/OL].(2021-05-10)[2023-08-15].https://baijiahao.baidu.8857398190699&wfr=spider&for=pc.

[9] 谢平振.新时代大学生可持续性成长与发展的内生性动力:责任[J].河南机电高等专科学校学报,2019(2):32-37.

[10] 白楠.当代大学生心理压力成因及对策[J].黑龙江科学,2021,9(5):158-159.

从协同机制看我国的科技期刊集群化发展

白 光,张晨烨

(对外经济贸易大学学术刊物部,北京 100029)

摘要:我国科技期刊建设存在"小、散、弱"的问题,已有文献多从经验借鉴、工作总结、理论或现象描述、政策解读等方面对刊群化建设进行研究。在此基础之上,本文提出了协同效应是将"学术零件"整合成"学术航母"的灵魂所在,并从匹配、规模、分工合作的概念入手对这一机制进行了剖析,分析了目前的协同障碍问题,提出了通过改善资源协同促进刊群化建设的相关政策建议,有助于相关部门在刊群化建设中规避因忽视协同机制而造成的低水平重复建设等问题。

关键词:协同;集群化建设;科技期刊;匹配;分工合作

我国是世界上优秀科技论文外流量最大的国家:2011 年每流出 72 篇论文的同时仅有 1 篇外国科技论文流入[1];2020 年中国作者共发表 549 845 篇 SCI 论文,其中仅有 25 766 篇发表在中国 SCI 期刊上,另外 95.41%均流到国外,呈现出巨大的"学术逆差"。随之而来的问题,包括学术话语权的丧失、每年数十亿元版面费和订阅费的"逆差"、大量数据资源外流,甚至带来诱发信息安全和战略安全的隐患[2]。这当中固然有"SCI 崇拜"的问题,但导致学术外流中另一个不容忽视的问题是,我国科技期刊发展呈现出"小、散、弱"的格局,在办刊实力、办刊质量、学术定位、作者和读者服务等方面与国外期刊均存在着显著的差距,导致众多作者不愿意将论文发表在我国科技期刊上。刊群化建设是科技期刊出版机构之间相互协同、形成合力、产生规模效应、提升竞争力的重要手段[3]。为了让广大科技工作者把论文写在祖国的大地上,我们需要"造船出海",打造国际化期刊出版的"航空母舰",但其前提条件是要把科技期刊这艘航母造好,苦练内功,才能在国际竞争中屹立不倒。

为实现这一目标,2019 年 10 月,中国科协等 7 部门启动实施了中国科技期刊卓越行动计划,首次设置了集群化试点项目,提出要"试点探索我国科技期刊集群化发展路径"[4]。2021 年 6 月,在中共中央宣传部、教育部、科技部联合印发的《关于推动学术期刊繁荣发展的意见》中指出,要开展学术期刊集群化发展试点,以优质学术期刊为龙头重组整合资源,建设一批导向正确、品质一流、资源集约、具备核心竞争力的学术期刊集群[5]。近些年,诸多学者也对学术期刊集群化建设进行过有益的探索,例如部分学者通过借鉴经济学家马歇尔的产业集群理论,结合我国科技期刊的实际问题,提出了相关发展建议[4];部分学者结合相关案例经验,探讨了六种科技期刊集团化的发展模式[6];还有学者对科技期刊集团化发展提出了若干转型建议[7],并对清华大学出版社的期刊集群化建设进行了经验总结[8];抑或以中国煤炭期刊网的建设和发展为例,分享和探讨科技期刊集群化服务平台的建设及融合出版思路[9];也有文献从编辑人员培养的角度为刊群化建设提出了相关建议[10],或是对国际出版机构集群化发展进行了分析,认为我国科技期刊集群化发展需要走兼并重组、创办新刊、OA出版的道路等[11]。就目前来看,相关研究多以经验借鉴、工作总结、政策解读、理论或现象描述为主,但对于产业集群化为什么会提升办刊质量,爱思唯尔、施普林格等出版集团为什么会因其庞大的规模受益,还需要结合相关理论,更加深入地解释其内在机制。

试想,如果仅将若干期刊统一到一个部门、将若干单位人为拼凑成一个集群,有可能形成一盘散沙、大而不强、貌合神离的问题;反之,如果不做形式上的整合,各个科技期刊之间也有可能呈现出一种复杂的合作网络,"形散而神聚"地发挥出 1+1>2 的效果。可见,集群未必产生规模效应,而规模效应也未必由形式上的集群所引致。从协同论的角度来看,科技期刊集群化不应仅从组织形式上入手,而更应抓住其中引发"神聚"效果的内在机制,即协同,协同效应的强与弱更能决定刊群化发展的成与败。对此,本文在借鉴前人研究的基础上,通过与协同论相结合,构建相关理论观点,对刊群化建设进行剖析并提出建议,以进一步推动我国科技期刊集群化发展。

1 协同机制的概念构建

协同是指不同要素、个体、部门之间相互配合,共同完成某一目标的过程,或是指在某一系统中,要素之间相互配合的复杂关系。协同是促使系统从无序走向有序的重要机制,可进一步分解为匹配和分工合作两种子机制[11]。任何事物的发展、壮大必然经历从无序混乱走向井然有序的过程,而在这一过程中,引发由量变到质变的关键在于有效的匹配与分工合作。例如在造船的过程中,需要将不同的零部件相互匹配、合理分工,使之形成合理分工、相互配合的协同关系,才能发挥船的功能。在这当中,由匹配、分工合作带来的协同就是促成由量变到质变(从疏离无序的一堆零件变成功能有序的一艘船)的关键机制。又如,胚胎虽然可以从母体中获得养分,但单纯的营养摄入不能带来生长发育,胚胎还需要依托自身逻辑(即胚胎的DNA)将这些营养物质组织、装配,通过物质之间的匹配与分工合作形成新的细胞,并通过新细胞之间在另一层次上的匹配、分工合作来发挥特定的生物功能,带来生长发育。虽然这两种组织逻辑一个源于外界(即船被动地依靠人工装配),一个源于内在(即胚胎主动、自发地组织构建),但通过对不同物质之间进行匹配、分工、使其合作,进而产生协同效应并促使组织发展壮大、提升功能的基本过程是一致的。

在协同当中,匹配机制的发挥效果和系统规模息息相关。例如在学术论文送外审的过程中,需要寻找与论文研究方向相同、具备一定资历、具备空余时间且具备评阅意愿的专家。此时,信息库中的信息越全面、专家数量越多就越容易找到适合的专家,更好地实现稿件和专家之间的协同匹配。根据梅特卡夫定理,一个网络的价值与该网络内节点数的平方成正比。那么,如果拥有 N 位专家信息库的 A 刊和拥有 M 位专家信息库的 B 刊共享专家信息库,即便只能运用到对方信息库中一小部分资源(例如 10%),也有助于发现更加匹配的专家,更好地发挥共享信息库的价值[1]。如果将一个出版单位拆分成 C 和 D,同时将数据库也拆分成 E 和 F,那么 C 单位将无法运用 F 中的数据,D 单位也无法运用 E 中的数据,势必会降低送审专家的匹配度,从而降低外审效果。可见,信息共享、资源共享通过匹配效益的提升带来新的价值,

---

[1]对于 A 而言,共享信息库的价值是 $(N+0.1M)^2>N^2$;对于 B 而言,共享信息库价值是 $(0.1N+M)^2>M^2$。

让完全相同的出版资源发挥出额外的价值。对"共享池"的人为拆分、人为限制、人为设置障碍势必会阻碍匹配能力，限制其规模效应的发挥，而信息和要素资源的充分流动则能够有效降低搜寻成本，减少匹配的障碍，更好地发挥规模优势。因此，不同刊物、不同平台之间的资源共享，同一单位内部的资源有效整合，以及高效有序的信息沟通将有助于增强匹配机制、发挥规模效应、实现刊群化建设。对此，先扩大集群规模，形成更大的池子，再增强池子内部的要素和信息流动性、降低内部的匹配障碍，将是发挥协同效应的重要抓手。

通过分工合作机制构建的协同关系需要具备三个前提条件，缺一不可：①参与者之间具备合作的意愿；②参与者之间具备分工合作的外部条件；③参与者之间具备合理的匹配关系，否则将难以产生有效的协同(以下简称为协同条件1、2、3)。从这三点可以发现，造成刊物之间、单位之间难以分工合作、难以发挥1+1>2协同的效应的原因可能在于：①激励机制不到位或与组织目标不相容，造成相互之间合作意愿不足；②体制机制等方面的障碍阻碍了相互之间的合作基础，或因制度上的问题不利于合作关系的建立；③将学科方向、定位、地理位置等方面差异较大的刊物、单位人为地捏合在一起，使之难以有效匹配，难以形成分工合作的关系(以下简称协同问题1、2、3)。这些问题势必会造成协同效应难以发挥，进而造成刊群化建设的失败。

从成本与收益的角度来看，刊群化建设需要更多的投入，引发额外的组织、管理成本。如刊群化建设产生的协同效益不足，有可能出现协同效益不及协同支出的问题。那么，与协同机制不符的制度设计因未能发挥出1+1>2的作用，造成重形式缺实质，可能会导致一轮又一轮的刊群化建设只能在低水平上不断重复，引发无谓的资源浪费。如果未能产生足够的协同效应，会导致刊群化建设的效益小于投入，由此会带来相关单位的自发抵制而难以推行。

正因如此，我们要从协同机制入手，增强激励机制、制度设计、组织匹配等方面的功能发挥，充分增强政府治理和社会效益之间的协同关系，让政府治理和出版规律之间互相协同、共同发力，才能让刊群化建设既有名又有实，扭转我国学术外流问题。对此，本文将结合以上理论，从协同视角出发审视我国科技期刊刊群化建设中的问题，为治理其中的问题和障碍进言献策。

2 应加强主办单位与出版单位的纵向协同

我国现行制度当中，出版单位需服从主办单位的管理。只有当主办单位与出版单位之间形成有效的优势互补、资源共享，才能发挥1+1>2的协同效应，否则刊群化建设的效果将大打折扣。然而，在部分出版单位中，学术期刊的地位容易被边缘化，难以与之发挥必要的纵向协同。

下面以高校办刊为例论述纵向协同问题。高校学术期刊是学术期刊中的重要组成部分，高校对期刊单位的定位和管理方式在一定程度上决定了学术期刊的发展命运[12]。然而，因为岗位定位和人员工作性质的不匹配，以及对部门定位和实际功能上的不匹配，造成了在评定、考核、管理等制度方面与工作内容的不匹配，继而因协同条件1不足而引发主办单位与出版单位资源协同度不够，主办单位资源难以充分下沉到出版单位并与之充分协同，阻碍了出版单位对内和对外的资源协同共享，不利于刊群化建设。学术期刊的编辑工作是我国学术科研中的一部分，具备很强的学术性。但我国部分高校却将编辑人员简单地归口到管理服务部门、校办产业部门、教辅机构等人才梯队，未能归口于科研岗位。这种人才和归口的不匹配导致部分高校的考核标准难以激励办刊人员提高学术刊物水平的动机，造成办刊人员追求匹配合作、积极协同的动机不够强烈(即引发协同问题 1)，容易引发在刊群化建设上的消极怠工(即刊群化做成了也没有激励，随便应付一下没有后果还省事，索性放弃协同、消极应对)，最终因协同问题制约了刊群化发展。对此，可以从协同视角出发，结合上述问题提出相关建议：

(1) 明确出版单位为高校科研机构，增强出版单位激励机制与管理制度之间的协同性。以学术性的角度对学术刊物出版单位进行定位，将有利于开展绩效激励，引导学术和办刊经验交流，有利于刊群化建设。学术刊物建设应该以学术为本，不应在评定、考核、管理、绩效等方面与承担日常事务性工作的部门归口到同一套评价标准，需要在职级上升、薪酬待遇、职称评定等方面制定与刊群化建设相匹配的目标导向，通过改善协同问题 1 来吸引人才、激励学术热情。主办单位应从实际情况出发，促进出版单位与相关学院联合办刊，这样既能提高期刊服务学校"双一流"建设的水平，还能强化期刊集群化、集团化的出版能力[12]。

(2) 通过调整主办单位，集约化地改变组织管理模式。协同效应是主办单位和出版单位在治理结构中的内源性支撑。科技部、教育部、新闻出版署等相关部门应从协同效应入手，对主办单位和出版单位的关系进行集约化调整。可以通过评估，对主办单位和出版单位之间存在的制度不匹配、管理不规范、归口不当、边缘化等对资源协同造成掣肘的问题进行书面通知、促其整改，并将整改无效或难以整改的出版单位从原主办单位当中剥离出来，寻找与刊物在学科、层次、定位、语种等方面较为匹配的主办单位重新整合、集约化管理，以增强协同条件 3，必要时可增设或撤并出版单位，鼓励业务相近、资源易于匹配的出版单位跨行业、跨地区、跨所有制地进行改革重组，以增强学术刊物集群化集团化的凝聚力。这种做法不仅能够增强出版部门和主办单位之间的协同性，有助于形成资源共享、优势互补的格局，还通过引入惩罚机制(即主办单位失去该学术刊物的可能性)，对主办单位构成无形的压力，从而促进权责匹配，增强主办单位和出版单位之间的合作发展意愿，从而提升协同条件 1，引导主办单位利用资源服务期刊发展，增强单位之间、单位内部的集群化效应。

3 应加强出版单位之间的横向协同

目前，国际知名的学术出版集团可用大而强来形容，如爱思唯尔(Elsevier)出版 2 900 余种、施普林格(Springer Group)出版 3 000 余种学术期刊[13]，且集约高效。而我国科技期刊行业却存在着"小、散、弱"的格局，与集群化发展明显不符。据中国科学技术协会统计，2019 年年底我国共有 4 958 种科技期刊，却分散在 4 288 个出版单位当中，平均每个单位仅出版 1.16 种期刊[14]，拥有大于 20 种科技期刊的出版单位只有 3 家[15]。在这样的背景下，如进行行业内的大规模调整，极易遇到较大阻力或引发各类问题，因此通过出版单位相互合并的规模扩张促进协同发展并非当前的最佳选择。

然而，从本文第 1 章中的 3 个协同条件来看，如果做好期刊单位之间的横向合作，"小、散"未必会"弱"，此时横向关系构建的共同蓄水池能够替代兼并整合的规模内化功能，能够通过合作分工扩大共同规模，反哺匹配机制，从而发挥规模经济的效应。在英国近代著名经济学家阿尔弗雷德·马歇尔(Alfred Marshall)提出的产业集群理论当中，中小企业可以通过产业集聚、合作分工的方式提升效率、降低成本，从而对外能够形成规模效应和整体优势，对内能够通过企业之间的合作与竞争促进信息交流和知识溢出，激发企业的创新动力[4]。该理论经 100 多年的发展，已经在产业经济学、城市经济学、区域经济学当中获得了普遍的认可。

国外出版业的发展也支持了这一理论。在英国、美国、荷兰、德国当中，期刊出版企业会在某些地理区域相对集中，其中包含了众多由规模较小的科技期刊出版企业组成的新马歇尔式集群。这些集群往往与大学等科研机构关联密切，形成数量众多的前后端关联服务企业和相应的文化政策环境。例如，在英国的伦敦和牛津地区，除了大量的学术期刊出版企业外，还有着 ATYPON 等专门服务科技期刊出版的国际化专业数字科技公司[12]。在集群内部，各企业则通过相互匹配和分工合作，共同组成了科技期刊的完整产业链，产生了功能强大的协同效应。

产业集群实际是在通过众多企业在区域空间、生产要素、产业关联等方面形成有效匹配，并在匹配的基础之上进行横向的分工合作，呈现出"形散而神聚"的合作网络，并借助这一网络相互协同、发挥出集群效应，可视为刊群化发展的另一条出路。科技期刊具有科学性、创造性的特点，体现的是学术内容价值。如能形成产业集群，将在降低成本的同时增进知识的相互交流和溢出，有助于进一步提升期刊的学术创造性，并在知识协同当中发挥更大的社会价值，能够对出版单位在社会效应和经济效应上带来双重激励，产生强大的协同意愿。如能通过行政手段解决其中匹配效率不足和外部协同障碍的问题(即提升协同条件 2 和 3)，建立期刊部门间有效的横向协同机制，将成为改变当前"小散弱"格局的重要抓手。对此，本文从协同视角，提出以下建议：

(1) 鼓励符合条件的学术期刊出版单位转企改制、做强做大，支持规模性出版企业探索协作办刊等模式，跨地域、跨部门、跨学科地整合期刊出版资源，打通产业链，重构价值链，形成创新链，打造若干具备较强传播力影响力的学术期刊出版集团[2]。当前大部分中国科技期刊缺乏市场主体地位，导致科技期刊出版产业市场整体发育不完善、产业链薄弱[12]，难以形成产业集群。对此，国家应在以社会效益为首的前提条件下，对学术期刊出版单位改制进行探索，在条件允许的情况下明确部分主办单位和出版单位的市场地位，以提升市场对科技期刊的资源配置能力，并建设与之配套的产业政策环境。

(2) 推动数字化转型，积极建设科技期刊产业链。随着无纸化办公、协同编辑系统的普及，出版单位之间的地理障碍被逐渐化解，这使得各个单位主体在产业链上所承担的功能成为增强匹配协同、重构期刊集群化发展的突破口。对此，一方面可以借鉴产业链的发展思路，加大对生产、数字化、传播等相关上下游关联企业的培育，可利用中央和地方文化产业发展专项资金，跨地域、跨部门地整合期刊出版资源，打通产业链，重构价值链，形成创新链。还需培育专门的公司用于期刊公众号传播、期刊数字平台构建、网络维护、协同采编等，鼓励科技期刊在不违反《出版管理条例》的基础上把设计、排版、数据开放、财务、采购、读者服务等业务进行外包，以促进产业链、价值链的形成，通过各个单位、企业在价值链上的匹配、合作构建协同关系网，并借助这张网络关联起各个出版单位，形成新的集群化关系。

(3) 发挥平台规模优势，推动科技期刊融合平台建设。产业集群除了有利于产业链的构建外，其本身也是一个功能平台。对此，可以抓住数字化、智能化促进期刊出版变革的重大机遇，增强融合平台建设，以改善单位之间的横向协同效应。虽然我国存在着万方、知网、维普等数据库，但其平台价值发挥得尚并不完备，还需要在数据资源、外审专家、作者投稿、

---

2 这一观点出自《关于推动学术期刊繁荣发展的意见》第（五）条，网址：
https://www.nppa.gov.cn/nppa/contents/312/76209.shtml。

防范学术不端等方面建设大规模、专业化的平台,通过平台规模化提升资源共享、单位之间分工合作的外部条件(对应于协同条件 2),产生协同效应。此外,如果能以平台的形式与爱思唯尔、施普林格等国外出版集团建立战略伙伴关系,将大大降低谈判成本(例如在成本共担之下,各单位能够以更低的价格雇佣更加专业的谈判和律师团队),还将有助于在谈判中获得优势、规避陷阱,在增强与国外平台协同的同时推动我国科技期刊"走出去",这也是通过平台聚集多家出版单位相互协同的一种方式。

4 应加强办刊资源协同

发挥规模优势的关键不仅于规模本身,还在于由规模引发的协同效应。诚然,更大的规模容易引发更优的匹配、产生更加高效的合作分工(例如,相对于 10 个人,在 100 个人当中能够匹配到更多的合作者,于是可以从这些合作者中优中选优,产生更优匹配,形成更加高效的协同),但仅仅把不同刊物、人员放到一个大的单位当中却不注重资源整合,或因制度障碍阻碍了匹配效应的发挥,就容易因协同机制不畅产生大而不强的问题(对应于协同问题 2)。目前,一些高校中学术期刊众多,但却被分散到各个出版单位当中,有的甚至是"一刊一部"。这些期刊尽管属于同一主办单位,但各个出版单位之间的界限宛若一道道无形的沟壑,对期刊之间的资源协同造成了阻碍,不利于相互匹配、相互统筹、共享资源。反观世界知名的期刊出版商,剑桥大学出版社平均每个编辑负责 10 种期刊[12],集团内部资源能够无障碍高效流动,实现了资源共享、优势互补、相互借力的协同效应,能够增加效率、优化分工,使得人才队伍凝练高效,大大降低了运营成本。对此,我国需要在具备一定办刊规模的主办单位当中,打破资源、人才在出版单位之间的匹配障碍,发挥人才、资源、市场、稿源、审稿专家、数据等方面的内部共享机制,通过创造良好的合作分工条件(对应于协同条件 2),将规模实实在在地转化为规模优势和协同效应,从而实现期刊集群化的真正价值,具体建议包括:

(1) 视情况将不同出版单位的期刊进行整合,以降低出版单位之间对要素、资源的流动障碍,通过为匹配机制创造更优条件(对应于协同条件 3),提升协同效应。相互分离、割裂的"蓄水池"之间无法形成整体,出版单位之间的壁垒宛若池壁那样阻碍了相互之间的匹配效率,只有将资源、人才、刊物等放在一个统一的"大池子"当中才能促进相互之间的匹配和协同。对此,也可由主办单位出面构建统一的人才、资源蓄水池,供不同出版单位协同共享。

(2) 促进人员之间的分工、匹配。当期刊部门具备一定规模之后,可以将内部人员设置为管理人员、编辑人员、营销人员和行政人员等不同序列,并加强人员共用,提高资源利用率,从人员与刊物的匹配转变为人员与职能的匹配(这是大企业发挥规模效应中的重要环节,对应于协同条件 3),通过"流水线式作业"的合作关系增强匹配效率。

5 结束语

刊群化建设是众多期刊、单位、资源之间相互协同的结果,通过匹配和分工合作发挥 1+1>2 是其核心价值所在。对协同机制把握不到位引发协同障碍,进而造成刊群化建设的效益难以全面释放,是制约科技期刊集群化发展的重要原因。我国刊群化建设尚处于较为初级的阶段,但正因如此,我们拥有着更大的提升空间。本文基于协同视角的分析有助于提升相关领域对刊群化建设的认知层次,有助于增强有关部门对其中问题和机遇的把握,有助于规避刊群化建设陷入只有形式而没有实质的低水平建设,有助于规避形式主义等风险,让我国科技期刊真正实现"造船出海",由此抵御学术外流问题,并屹立于世界学术之巅。

参 考 文 献

[1] 曾建勋,杨代庆.关于扭转我国科技论文外流局面的政策性思考[J].编辑学报,2020,32(6):600-604.
[2] 李军.略论现行评价机制的历史作用及其危害[J].编辑学报,2021,33(2):119-128,146.
[3] 曾建勋,苏静,杨代庆,等.基于中国SCI论文分析的科技期刊发展思考[J].科技与出版,2016(10):47-51.
[4] 曾建林.盘活"小"期刊:特色科技期刊产业集群建设路径[J].中国出版,2021(6):10-14.
[5] 中国新闻出版署.中共中央宣传部教育部科技部印发《关于推动学术期刊繁荣发展的意见》的通知[EB/OL].(2021-06-12)[2022-02-15].https://www.nppa.gov.cn/nppa/contents/312/76209.shtml.
[6] 史春薇,王亚新,仲崇民,等.六种科技期刊集团化发展模式的研究[J].出版广角,2011(9):54-55.
[7] 马茂洋.科技期刊集团化、集约化发展的几个关键要素[J].出版广角,2016(2):15-17.
[8] 刘俊,张昕,颜帅.大学出版社学术期刊集群化运营模式研究:以清华大学出版社期刊中心为例[J].编辑学报,2016,28(6):561-565.
[9] 朱拴成.科技期刊集群化服务平台融合出版探索实践:以中国煤炭期刊网为例[J].编辑学报,2019,31(2):209-211.
[10] 邓履翔,杨保华,吴湘华.高校期刊集群化建设的编辑培养策略及实践探索[J].科技与出版,2021(4):83-87.
[11] 白光.基于经济自组织的特大城市职住空间结构演化研究:以北京和东京为例[D].北京:北京交通大学,2021:45.
[12] 康维铎.高校学术期刊出版单位集群化集团化建设探略[J].中国出版,2021(21):39-42.
[13] 宁笔.我国需要更多英文科技期刊[J].科技与出版,2020(4):5-10.
[14] 中国科学技术协会.中国科技期刊发展蓝皮书(2020)[M].北京:科学出版社,2020:9.
[15] 郑建芬,刘徽,王维杰.科技期刊集群化发展探讨:基于"卓越计划"集群化实践[J].编辑学报,2021,33(4):407-411.

资源整合与科技期刊数字化转型
——提升期刊办刊能力的路径

王海燕，刘 群，许晓蒙，戈 皓

(江苏省医学会临床检验杂志编辑部，江苏 南京 210008)

摘要：提升办刊能力是科技期刊从业者永恒关注的话题，资源整合与推进科技期刊数字化转型在其中起着关键作用。本文主要从四个方面探讨资源整合与科技期刊数字化转型及提升科技期刊办刊能力的路径：与行业协会、高校院所、企业、学术网络、国际知名期刊开展合作，整合组织资源；聘请不同领域专家组建高水平编委会，整合人才资源；利用全球图书馆数据库资源，整合服务资源；利用数字化手段建立交流平台，运用稿件系统和大数据技术，实现科技期刊数字化转型。通过对各类资源的整合与利用，以及数字化转型，可以系统提升科技期刊的办刊能力与水平。

关键词：科技期刊；办刊能力；资源整合；数字化转型

我国科技期刊主办单位类型繁多，存在一些问题，如经营理念差异大等，使期刊生存空间较为狭窄。但是，期刊可以根据自身优势，探索适合的发展道路。在科技期刊加速数字化转型的大背景下，提升办刊能力尤为重要。作为期刊从业者，我们要发挥主观能动性，根据期刊环境，拓展期刊的广度与深度，提升办刊能力。"整合"是组织对原本处于孤立的、松散的和自发状态的单元要素，通过重新调整、重新整理、重新组合和重新合并实现一体化、系统性的安排、配置、优化，使之通过新的联系方式而形成崭新的最优方案，实现最佳的整体效应[1]。在科技期刊数字化转型背景下，本文将探讨组织资源、人才资源、服务资源的整合，分析提升科技期刊办刊能力的路径，以指导相关工作。

1 组织资源的整合

组织资源整合能力的强弱将决定着组织的前途，组织领导必须善于围绕本组织的发展战略去整合一切优秀成果，以构成自己独特的内涵和活力、进而形成自己的核心竞争力[1]。科技期刊可以整合的组织资源主要包括行业协会、高校科研机构、企业、学术网络和国际知名期刊等。这些资源可以为科技期刊提供专业指导，传递前沿资讯，提供人才支持等，帮助期刊获得清晰定位。另外，组织资源还可以帮助期刊获得更多政策支持，实现与其他组织的交流合作，从而增强期刊的社会影响力和知名度。总体来说，组织资源可以从多方面提升科技期刊的整体实力和地位。

行业协会通常拥有会员、资讯、专业人才、会展服务、国际交流渠道等资源。高校科研机构通常拥有顶尖团队、前沿研究、学科资源、国际合作网络等资源。企业通常拥有技术、数据、专家等资源。学术网络通常拥有专家团队、合作平台等资源。国际知名期刊通常拥有一流编辑和评审系统等资源。科技期刊可以与各类组织开展合作，利用其资源提升期刊内容质量和影响力。为提升科技期刊的内容质量和影响力，科技期刊可以与各类组织在以下五个方面进行合作，充分利用各类组织资源。

1.1 科技期刊可以与各类学术组织签署战略合作协议，明确互利条件

一是广泛邀请各类组织的专家学者加入期刊的编委会，提供专业指导，同时邀请优秀的青年学者加入编辑部，注入新的办刊思路。二是聘请各类组织的专家学者对文章进行同行评审，确保质量。三是与国际知名期刊互换编委，邀请其专家来访，分享编辑经验，提升期刊水平。通过建立编委会、组织评审、交流学习等方式，科技期刊可以与各类组织开展多层次合作，共同提高期刊质量。

1.2 科技期刊可以与各类组织开展多种形式的合作，搭建学术交流平台

一是举办高端学术会议，发表顶级论文。二是开展原创稿件分享活动，吸引更多投稿。三是与企业建立合作，发表专利、技术文章，使期刊成为行业技术交流的重要渠道，还可以通过采访、参会等方式，发布行业前沿信息。通过开展各种合作与交流，期刊可以交流更多高质量研究成果，汇聚更多人才，从而促进行业技术进步。

1.3 科技期刊可以发起研究项目，吸引高质量稿件

与各类组织合作发起研究项目，或鼓励各类组织开展前沿探索性研究，将高水平研究成果发表在期刊上。通过支持开展高水平研究，科技期刊可以吸引更多优秀稿件。

1.4 科技期刊可以与组织共享部分内容版权，促进科研成果转化

一是提供期刊平台，支持科研组织转化成果。二是与国际知名期刊开展合作，翻译优秀论文，提高国际影响力。通过共享资源与开展合作，科技期刊可以获得更多高质量稿源，充实期刊内容。

1.5 科技期刊可以搭建线下、线上相结合的学术交流平台

一是与各类组织共同举办线下论坛、读书会等，提供内容支持，促进面对面交流。二是利用各类组织的技术优势，建设数字化平台，制作丰富的期刊形式，如视频、动画等，进行线上传播，提高社会影响力。通过线上、线下相结合的交流平台，科技期刊可以丰富学术交流的内容和形式。

2 人才资源的整合

行业竞争力的根本体现是行业人才的竞争，归根到底是行业人才资源综合素质的竞争；行业人才资源整合是对行业中人的整合，并且是把人作为一种宝贵资源的整合[2]。组建高水平的编委会是一流科技期刊建设的重点工作，是充分利用编委资源、办好刊物的重点课题[3]。交叉学科在科技发展和知识进步中扮演着举足轻重的角色[4]，来自不同学科领域的编委通常具有顶尖的学术成就、广泛的人脉网络、不同的学术视角、高素质的人才推荐、高效的同行评议、不同领域的交叉合作、学科前沿动态、国际化视野、丰富的期刊运营经验等优势，综合利用编委的资源，可以提高期刊的学术质量和专业水平。聘请不同学科领域的专家加入高水平的编委会，可以整合多学科资源。构建高水平的跨学科编委会，可以考虑以下两个方面充分利用编委的学术资源和影响力，推动期刊实现融合发展，实现多学科协同创新。

2.1 根据期刊定位和发展目标，确定需要整合的学科领域

广泛研究各目标领域的顶尖学者和代表性机构。优先考虑学术成就卓著、具备国际影响

力的资深专家学者。关注不同国家和地区的学术力量分布,实现编委会的多元化。争取一定比例的业内顶尖期刊的主编或编委加入,提高口碑。考量候选人的学术地位、社会声望、合作意愿等因素,邀请具开拓精神的个别青年学者加入。

2.2 优化编委结构,确保各核心学科都有权威代表参与

鼓励编委之间交叉合作,打破学科界限,促进综合融合研究。定期评估编委会的合作效果,进行必要的调整更新。

3 服务资源的整合

3.1 整合全球图书馆数据库资源等服务资源,可以扩大期刊读者群体[5]

数字信息资源整合是依据一定的需要,利用相关技术,对各个相对独立关系的数字信息资源进行融合、类聚和重组,将其重新构建为一个信息无缝透明链接而效能更高的新数字信息资源检索系统;经过整合的数字资源检索系统具有集成检索功能,是跨平台、跨数据库、跨内容的新型数字信息资源体系[6]。全球图书馆数据库可以为期刊提供多方面资源支持,具体包括:更广阔的读者群体覆盖面,例如中国知网、国家哲学社会科学文献中心等国内重要数据库,以及 ProQuest、EBSCOhost 等全球著名数据库,都可以帮助期刊接触更多潜在读者;提升期刊的馆藏学术影响力,如被 SSCI、A&HCI、Scopus 等著名国际索引数据库收录,可以增加期刊的学术权威性;标准化的元数据,按照数据库统一标准标注期刊元信息,便于被各数据库收录;长期稳定的期刊文献存档,数据库具有专业的期刊数字资源长期保存能力;全球化的文献访问权限,数据库用户通过指定账号即可获取期刊全文;针对优质期刊提供主题页面宣传、目录推送等曝光服务;提供期刊使用量统计数据,编辑可以分析读者访问情况;根据用户阅读兴趣推荐相关期刊文章,提高内容被发现率等。综合利用图书馆数据库的平台与服务,可以帮助期刊获得更大的学术影响力。

3.2 整合全球图书馆数据库资源的途径

为有效扩大期刊的读者群,提高内容影响力,可以通过两方面途径整合全球图书馆数据库资源:

(1) 与各大学术数据库平台达成内容合作,将期刊纳入其学术资源库;申请加入国际知名数据库目录;参与建设各国学术机构的数据库;与各国主要图书馆签署合作协议;对接学术搜索引擎;采用标准化元数据格式。

(2) 开放获取部分数据库内容权限,吸引读者浏览;利用联盟图书馆的网络合作,实现不同地区数据库的期刊内容共享;定制数据库内容推送服务;监测数据库使用量,精准投放期刊内容。

4 科技期刊数字化转型

4.1 整合稿件管理系统,规范期刊的稿件流程

稿件管理系统具有在线投稿系统、稿件跟踪系统、同行评审系统、作者数据库、用户权限管理、文档支持、数据分析、应用程序接口(提供开发应用程序接口,支持系统扩展)、移动应用程序、云服务支持、工作流引擎(可自定义稿件流程,实现流程优化)等功能[7],综合运用这些功能,可以高效地管理期刊的全流程。为规范期刊的稿件流程,可以通过以下方式整合不同的稿件管理系统:

(1) 对接不同系统的元数据，实现投稿信息的互通，无缝对接作者、审稿人。利用应用程序接口实现系统之间自动同步作者、文章等信息，降低重复工作。设置统一的出版格式规范，供各系统执行，确保格式一致。

(2) 使用单点登录系统，作者只需要注册一个账号，就能在不同系统投稿。建立统一稿件编号规则，在不同系统间能识别同一稿件的关联。实现不同系统之间稿件和评论的无缝转递，不重复录入评审意见。

(3) 统一设置标准的编辑和评审流程，上传到每个系统执行。开发数据仓库，汇总不同系统的数据，统一生成出版物数据报告。利用工作流引擎，编排系统间的协作流程，跟踪稿件全流程状态。

(4) 提供统一的在线帮助和知识库，规范使用各系统的标准操作流程。通过对不同系统的深度集成与优化组合，可以实现对整个稿件流程的规范化管理。

4.2 利用数字化手段搭建文章、作者、读者的交流平台，打造期刊网络虚拟社区

期刊网络虚拟社区一方面，实现了知识的共享与传播；另一方面，通过相对透明的交流平台降低了彼此的信息不对称，能够提高成员的反馈积极性，从而提高期刊的品牌影响力[8]。期刊网络虚拟社区可整合利用的资源主要包括专业作者团队、广泛读者群、交互式内容、个性化服务、移动平台、数据分析(收集用户数据以优化社区服务)、电子商务(提供付费专栏、知识服务等创收服务)、三维技术(使用3D、VR等技术提供沉浸式体验)、自助工具(提供在线投稿等作者服务)、第三方合作(与学习平台、企业等开展战略合作)等。综合运用这些资源建设功能完备的期刊网络虚拟社区，可以有效整合期刊的作者、读者和版权资源，实现期刊的数字化转型。为有效促进学术交流，打造期刊的数字化社区，可以考虑以下数字化手段：

(1) 创建期刊的官方网站，并开发论坛等交流功能。创建期刊的官方网站，包括文章数据库、作者主页等，便于浏览和交流。开发互动式的在线论坛，读者可以在文章页留言讨论，作者可以回复提问。

(2) 构建面向作者和读者的社交媒体平台，并利用数据技术实现个性化服务。构建针对作者和读者的社交媒体平台，分享期刊更新、参与话题讨论。利用文本挖掘和语义分析技术，针对读者兴趣推荐相关文章。搭建专门的在线问答平台，连接作者和读者，即时交流。利用调查问卷收集作者和读者的反馈与建议，改进平台。

(3) 定期举办网络讲座、论坛等线上及线下活动。

(4) 依托数据技术分析用户行为，提供个性化服务，并持续优化平台。

4.3 运用大数据技术分析期刊影响力，为未来发展方向提供数据支持

大数据技术可以为期刊提供重要资源，如海量异构数据(包括作者、文章、引文等多源期刊数据)、数据挖掘算法(发现数据间的模式和价值)、数据可视化(将复杂数据以可视化方式呈现)、文本分析技术(分析非结构化文章文本)、数据建模技术(构建预测和评估模型)、机器学习技术(实现自动化分析和内容推荐)、信息检索技术(提高期刊内容的可检索性)、分布式存储技术(存储和处理海量数据)、云计算技术(提供弹性的计算和存储能力)、数据安全技术(保障数据的安全性)、数据开放技术(实现与第三方数据的互通共享)[9-10]。综合利用这些技术与资源，可以强化期刊的分析与决策，提升期刊价值。利用大数据技术分析期刊影响力，可以从以下几个方面进行：

(1) 收集大量期刊元数据，如论文引用数据、作者信息、期刊指标等，构建全面的数据集。

(2) 利用数据挖掘技术，从大数据中发现期刊影响力相关的模式和趋势。建立基于引文网络分析的学术影响力模型，评估期刊在学术网络中的影响力和中枢性。运用文本挖掘和内容分析等技术，评估期刊文章的学术价值和创新性。

(3) 开发情感分析模型，通过公众情绪数据判断期刊的社会影响力。结合多源异构数据，构建综合的期刊评价与排名模型。应用可视化技术，直观呈现期刊影响力的演变及与其他期刊的比较。利用机器学习进行预测分析，评估期刊未来影响力变化趋势。

(4) 挖掘作者和读者行为数据，分析期刊受众偏好，优化内容策略。基于分析结果，制定期刊的发展战略和优化方案。综合运用大数据技术，可以使期刊影响力分析更加全面和智能化，也为期刊发展提供数据驱动的决策支持。

5 结束语

在当今科技快速发展的背景下，科技期刊正面临着数字化转型的重大机遇与挑战。如何提升办刊能力，实现科技期刊持续健康发展，是业内亟待解决的问题。本文通过分析组织资源、人才资源和服务资源三个方面的资源整合路径，结合科技期刊数字化转型，为科技期刊的发展提供了全方位的思路与建议。资源整合是实现科技期刊转型升级、提质增效的重要途径，但也需要科技期刊从业者积极主动作为，不断开拓创新，深入研究所在期刊发展环境，明确资源整合目标，制定科学规划，合理配置资源，充分发挥整合效应，才能走出一条适合自身发展的资源整合之路。相信通过资源整合与自我革新，我国科技期刊必将实现新的发展与跨越，为我国科技进步和文化传播发挥更大的作用。

参 考 文 献

[1] 赵光辉.论组织资源的整合[J].科技与经济,2009,22(5):12-16.
[2] 宋耕春.科技期刊资源整合的方向及模式[J].湖南工程学院学报(社会科学版),2005(3):120-121.
[3] 雷莉,沙逢源,路红,等.科技期刊编委会建设与作用提升[J].科技传播,2022,14(3):20-22.
[4] 张茂聪,窦新宇.交叉学科组织发展的应然样态与多维提升:基于资源依赖视角的分析[J].学位与研究生教育,2023(2):10-16.
[5] 刘笑天,唐岚.提升核心期刊国际影响的策略研究:基于图书馆数据库平台的视角[J].图书情报工作,2021,65(11):115-124.
[6] 叶青,刘洪辉,易娟,等.数字信息资源整合关键技术和策略研究[J].图书馆,2013(6):90-91.
[7] 吕远南.基于J2EE的学术论文在线投稿管理系统设计与实现[D].成都:电子科技大学,2014.
[8] 王宗水,赵红.网络虚拟社区、知识共享与期刊品牌影响力:以中国科技论坛交流站QQ群为例[J].中国编辑,2019(6):81-85.
[9] 梅宏,杜小勇,金海,等.大数据技术前瞻[J].大数据,2023,9(1):1-20.
[10] 高荣慧.携手大数据拓展中医药期刊的发展空间[J].长春中医药大学学报,2015,31(2):422-424.

"双一流"背景下高校农学科技期刊办刊策略探索

——以《浙江大学学报(农业与生命科学版)》为例

梁 容

(浙江大学出版社期刊分社,浙江 杭州 310028)

摘要：高校期刊作为高校学术建设的支撑力量，是学校、学科对外宣传的窗口，也在彰显高校科研实力、促进一流学科发展和评估中起着重要作用。为更好地促进农学与生命科学研究深入发展，为国家农业文明建设及可持续发展成果提供展示平台，更好地服务"三农"和科技强农，高校农学类科技期刊肩负着重要的使命。本文以《浙江大学学报(农业与生命科学版)》近年来的办刊经验为例，探索在浙江大学入选"双一流"建设队伍、21个学科入选一流学科名单的背景下，以浙大农科为基础，学报编委会构建、热点选题与专辑专题策划、新媒体宣传、加强与学科联系等策略在推动高校农学科技期刊发展上的作用，为相关刊物的发展与创建提供了参考。

关键词："双一流"；共同体；《浙江大学学报(农业与生命科学版)》；办刊策略

党的十八大以来，习近平总书记反复强调"文化自信"，并从中国特色社会主义事业全局高度作出论述。从文化自觉到文化自信，再到文化自强，充分彰显了我们国家领导者对文化发展规律的深刻洞悉。高等教育的蓬勃发展便是"文化自强"最有力的写照。而高等教育的发展永远牵动人心，永远动力十足。继"985工程"与"211工程"之后，中国高等教育领域又提出一重大的国家战略"世界一流大学和一流学科建设"，简称"双一流"。高等教育的发展也促进了科技期刊创办的繁荣局面，彰显着我国学术思想百花齐放、百家争鸣的景象。《中国科技期刊发展蓝皮书(2022)》的统计数据显示，截至2021年底，我国科技期刊有5 071种，相比2021版的统计总量(4 963种)增加108种，其中，基础科学类期刊为1 570种，按学科分类，"农业、林业、综合性农业科学"类期刊共计536种[1]。在"双一流"建设背景下，高校学科建设与学术期刊的融合发展迎来了新的发展机遇，促进期刊发展与学科建设同频共振、互利双赢是当前高校努力的方向[2]。高校农学科技期刊一般依附专业性农科院校或者设有农学类学院的综合性大学而发展，这样的科研院校也是期刊的主办单位。浙江大学的农科实力雄厚、根基牢固，为相关农学期刊的创办提供了良好的条件。本文以《浙江大学学报(农业与生命科学版)》(以下简称"浙大学报农学版")近年来的办刊经验为例，探索"双一流"背景下学报编委会、热点选题与专辑专题策划、新媒体宣传、加强与学科联系等策略在推动高校农学科技期刊发展上的作用，以便为相关刊物所参考与借鉴。

1 "双一流"背景下学科建设与期刊发展的关系

1.1 期刊栏目设置与浙江大学一流学科分布相呼应

2022年,浙江大学继续入选第二轮"双一流"建设高校,21个学科入选一流学科建设名单,绝大多数学科在第五轮学科评估中取得可喜进步,其中,各个一流学科按照学校学部分类如表1所示。从中可知,浙江大学农业生命环境学部(以下简称"农生环学部")和工学部入选的一流学科较多,这与浙江大学的建设历史、学术根基密不可分。目前,浙大学报农学版的校内稿源占比40%以上,一直以来期刊的多个栏目设置与入选的农生环学部一流学科相呼应,如浙大学报农学版设置的"生物科学与技术""作物科学""园艺科学""食品科学""农业工程""资源利用与环境保护"等栏目,一方面是因为优势学科相比其他学科的科研实力更强、论文产出更多,另一方面是期刊对此类成果的彰显带动了相关领域专家的投稿热情,大部分来稿都能在期刊找到契合的版面,使得相关栏目稿件能优中选优。因此,浙大学报农学版坚持创办高水平高校学报来服务于学校"双一流"建设的中心工作原则,突出学科优势,形成学报特色,为"双一流"建设成果发表及经验交流提供了平台[3]。

表1 浙江大学一流建设学科名单(第二轮,2022年)

序号	所属学部	学科
1	信息学部	计算机科学与技术、软件工程、光学工程、控制科学与工程
2	农业生命环境学部	生物学、生态学、农业工程、环境科学与工程、园艺学、植物保护
3	工学部	机械工程、材料科学与工程、动力工程及工程热物理、电气工程、土木工程
4	医药学部	基础医学、临床医学、药学
5	社会科学学部	管理科学与工程、农林经济管理
6	理学部	化学
7	人文学部(筹)	

1.2 浙江大学一流学科与期刊发展相辅相成

浙江大学农生环学部下设生命科学学院、农业与生物技术学院、生物系统工程与食品科学学院、环境与资源学院、动物科学学院等5个学院,包含生物学、生态学、农业工程、环境科学与工程、园艺学、植物保护等6个双一流建设学科,在期刊建设上有着得天独厚的学科资源、专家队伍与学术力量。基于此,近年来浙大学报农学版的发展被注入了新的活力,自新一届编委会成立以来,农生环学部各学科对期刊给予了高度支持,不仅校内校外优质稿源比例大幅增加,而且稿件的传播力、影响力也持续扩大。浙大学报农学版2022年在中国知网的影响因子为1.781,相比去年的1.367显著提升;连续入选《世界期刊影响力指数(WJCI)报告》Q2区,而且位于中国科技核心期刊"生物学科"的Q2区(2022年),影响因子稳步增长;还获得"浙江大学2022—2025年高水平学术期刊建设资助项目"(第二批)资助。此外,农生环学部各个学院联合国内外出版机构纷纷创办新刊,近年来依托浙江大学出版社与国外出版机构如Springer、Elsevier、Wiley等创办了 *Crop Design*(《作物设计》)、*Food Quality and Safety*(《食品品质与安全》)、*Waste Disposal & Sustainable Energy*(《废弃物处置与可持续能源》)、*Crop Health*(《作物健康》)等期刊,这几本新刊以浙江大学农科资源为基础,以学科深厚的科研实力为依托,期刊起点高、发展快,多本新刊入选中国科技期刊卓越行动计划高起点新刊项目,并被国内和国外重要数据库收录。

综上可知，期刊与学科形成了一个学术共同体[3]，其在学科发展、学术评价、学术交流等方面具有重要作用。主要体现在，期刊与学科拥有共同的学术资源、学术平台、学术契机和学术队伍。在教育部、财政部和国家发展改革委印发的《"双一流"建设成效评价办法(试行)》通知中，明确提到了"实行代表作评价，强调成果的创新质量和贡献，结合重大、重点创新基地平台建设情况，综合考察建设高校提高科技创新水平、解决国家关键技术'卡脖子'问题、推进科技评价改革的主要举措……"，这就明确了科学研究作为学术评价的标准之一，其学术平台建设至关重要。这个共同体既能建设学校学科，又能创办学术期刊，创建一个展示学科建设成果与传播学术思想的平台，这或许是学科与期刊发展相辅相成的最高境界。

2 "双一流"背景下浙大学报农学版的办刊经验

2.1 充分发挥编委会在提高学报学术影响力上的作用

科技是人类进步的阶梯，而人才则是进步和创新中不竭的动力。期刊编委会是期刊组织中非常重要的一部分，可以说编委会是期刊工作的领头者，是期刊质量的把关者、学术评价的践行者，更是期刊工作能够运行下去的"后勤"保障力量[4]。所以，充分发挥编委会在稿件组织、期刊学术质量提升、期刊宣传、特色栏目推出上的作用，是促进期刊发展不竭的动力。

2.1.1 每年召开编委会，总结上年度工作与部署下年度任务

为更好地促进农学与生命科学研究深入发展，为国家农业文明建设及可持续发展提供重要的人员支撑，浙大学报农学版坚持以编委会主任和主编牵头的编委团队。本刊拥有国内编委 38 名，来自涉农相关各个学院，几乎是各个一级学科或者二级学科学术带头人。编委中老、中、青年龄结构合理，多为 70、80 后，学历均为博士研究生。其中，中国工程院院士 1 名，为本刊编委会主任喻景权教授，本刊编委会主编为国际大麦遗传学专家张国平教授。在主编的号召和组织下，期刊每年定期召开编委会会议，主要是对上年度工作进行总结，对下年度工作做出部署，以及对一些专辑、专题做出策划。面对面的交流促进了编辑部与各位编委老师更频繁的合作与工作往来，一方面编辑部可以借此机会听取编委对于审稿系统、稿源质量、期刊发展方面的意见或者建议；另一方面，可以促进编委彼此之间的交流，促成合作以便共同组织专辑或者专题，实现学科融合发展。

2.1.2 编委参与策划专辑、专题，做好热点选题出版

高校科技期刊的编委一般英文水平高、科研能力强，且学术影响力大、熟悉本领域的国内外专家，可以更快地融入学术圈，更重要的是，这些精挑细选出来的编委大多愿意为我国科技期刊的发展贡献力量[5]。在本刊编委会主任和主编的号召下，为服务国家战略和国家科技专项计划，编辑部通过编委力量组织了多个热点和重要专辑，进一步了提升学报学术影响力。如：①由本刊副主编、全球高被引科学家何勇教授组织，推出了"农用无人机和智能装备专辑"(2018 年第 4 期刊出)，专辑包含 17 篇文章，目前该专辑论文总下载数为 7 285 次，总被引数为 235 次，篇均被引 13.82 次；②由本刊编委、浙江大学长聘教授岑海燕主持的浙江省重点研发计划项目"作物表型分析技术及应用专题"(2021 年第 4 期)，该专题包含 5 篇文章，总下载数为 2 765 次，篇均被引 3.5 次；③以纪念我国著名教育家、昆虫学家、植物保护学家程家安先生为契机，出版的"纪念程家安教授论文专辑"(2022 年第 6 期)，多位编委参与组稿、审稿，该专辑荟萃了吴孔明院士、陈剑平院士团队，以及刘树生、周雪平、林福呈、陈学新、张传

溪、叶恭银、娄永根、祝增荣、沈立荣等植物保护学、植物病理学、昆虫学等领域大家的综述和研究性论文，目前该专辑论文总下载数为 6 770 次，篇均下载数为 399 次(以上数据来自中国知网，截至 2023 年 7 月 25 日，下同)。同时，编委还为 2024 年度期刊策划与组稿，主动参与策划和组织专辑或者专题，以保证期刊论文质量与学术影响力。

2.1.3 编委协助严格把控稿件学术质量

目前，本刊实行严格的责任编委审稿制和双盲审稿制。当收到新稿件以后，编辑部对论文进行形式审查、学术不端检测、稿件质量初审等，若不通过，稿件直接被退稿，审稿流程终止。若稿件通过初审，将会根据稿件所属学科范畴送到相应编委处，此时编委可以选择自己审稿或者送两名以上的外审专家进行审稿，外审结束后，编委会根据外审专家意见给出最终结果。责任编委审稿制有效地缩短了稿件外审的时间，有利于优质稿件快审快发，据统计，自 2020 年本刊实行责任编委审稿制以后，平均每篇论文的外审时间缩短了 10.2 天；同时，经过编委、外审专家审稿，能对论文修改提出更为中肯的建议，让录用稿件学术质量得到进一步提升。因此，编委团队在稿件学术质量的优化、提升上起到了重要的作用[6]。

2.1.4 编委协助期刊搞好宣传工作

一般来说，编委会专家在自己所处的学科领域或者学术圈层有较高的学术声誉，而且很多专家往往是德艺双馨、受人尊敬，也会经常受邀参加国际、国内重要学术会议，因此可借这些机会加强宣传期刊。一方面，本刊将以编委为通信作者或者与其相关微信推文转发给相应编委，让编委在自己的微信朋友圈转发，扩大论文和期刊影响力。如本刊编委王岳飞、李飞、周伟军等教授多次转发本刊微信号所发论文，使得论文阅读量和转载量激增，微信公众号粉丝数也跟着上涨。与此同时，编委周伟军在"科创中国"项目宣传会上对本刊进行宣传，吸粉无数。本刊还根据每个编委所属学科，定制编委专属 PPT，内容包括本刊基本情况、网站二维码、相关编委在本刊所发论文合集二维码等，以便编委在各大国际或者国内会议上对本刊进行针对性的宣传。另外，本刊在宣传期刊时也会结合专辑发布会进行，通过设置展台、印发宣传单、摆放易拉宝和赠阅纸质刊物对期刊进行宣传。同时，编辑部还在编委建议下，在校内各咖啡吧、阅读角、学生活动中心的期刊阅读架上摆放刊物，让更多的人了解浙大学报。编委会专家的号召力毋庸置疑，因此要抓住与编委沟通的契机，扎实推进期刊宣传工作。

2.2 策划热点专辑、专题和特色栏目，推动期刊跨越式发展

在《关于推动学术期刊繁荣发展的意见》中提到"坚持以创新水平和科学价值作为选稿用稿标准，加强编辑策划，围绕重大主题打造重点专栏、组织专题专刊"[7]。一直以来，浙大学报农学版以建设世界一流期刊为目标，在组稿策划与打造重点专题、专辑上不断下功夫。如策划了：浙江大学徐建明教授主持的"十三五"国家重点研发计划"农业面源和重金属污染农田综合防治与修复技术研发"专题(2017 年第 6 期)，该专题包含 13 篇文章，论文总下载数为 8 959 次，总被引数为 152 次，篇均被引 11.7 次；浙江大学农学院常务副院长孙崇德教授主持的"十三五"国家重点研发计划专项"果蔬采后商品化技术专辑"(2020 年第 1 期刊出)，该专辑包含 15 篇论文，目前论文总下载数为 7 500 次，总被引数为 129 次，篇均被引 8.6 次。这些在当时看来是热点的专题或专辑，为提升期刊学术影响力做出了有益的贡献。

为更好地向国内外学术界展示我国优秀青年科学家的风采，促进学术交流，展示当代青年的精神风貌和昂扬气质，激发青年学者的科研建设荣誉感和使命感，2023 年，浙大学报农学版在编委会主任喻景权院士的支持下，开设了"青年科学家论坛"，"论坛"邀请各高校及研究

院所的优秀青年科学家撰稿，结合自身工作对相关研究领域进行系统总结，并阐述学术见解、提出新观点和新思考。"论坛"一经推出，就得到了浙江大学"百人计划"研究员的积极响应，编辑部陆续收到来自浙大农生环学院的一些稿件，这些稿件经过严格的审稿以后，已在中国知网提前上网，在网络上的阅读量和下载量非常可观。

由此可见，策划热点选题，组织专题、专辑，开设特色栏目，是探索期刊发展路径的有益尝试。

2.3 加强新媒体宣传，实现跨平台融合

随着计算机技术的快速发展，传统的纸质出版已明显落后于网络传播，网络出版的时效性、快捷性、方便性，使得新媒体技术快速发展[8]。因此，学术期刊应在分析纸质媒介、互联网平台以及新媒体平台特性的基础上发挥各平台优势，形成学术期刊新媒体矩阵，增强平台互融和跨平台融合，策略性地选择学术成果生产和传播方式，从而优化学术成果的生产流程，提高传播效率[8]。以浙大学报农学版为例，本刊利用微信等社交媒体组建期刊社群，培养期刊核心用户群，包括作者群、专辑联络群、专题联络群、编委群、学报大群等微信群，形成私域流量池，进而发挥期刊社群的智库作用；利用学习强国号"浙大学术期刊"拓展期刊学术传播渠道；利用微信公众号"浙大学报农业与生命科学版"定期发布论文信息、编委资讯、学术会议、报告讲座、行业招聘、数据库相关等信息，目前公众号粉丝数超过 3 400 人，推文单篇阅读量最高超过 5 000 次。跨平台(微信端、学习强国平台、期刊官网)融合，有效地实现了资源整合，也助力期刊高质量发展。

2.4 加强与学科联系，利用封二、封三宣传一流建设学科

期刊的封面包含封一、封二、封三、封四和书脊等[9]，浙大学报农学版的封一和封四一般根据当期封面论文或者专题、专辑论文内容设计，风格严谨、固定，与此相比，封二和封三的利用就显得更加自由与灵活了。学科建设离不开人才，而人才需要在学科的摇篮中成长，加强与学科的联系，就是与人才衔接，以吸引更多好的稿源。为加强与学科的联系，为浙江大学一流学科建设提供更好的宣传平台，浙大学报农学版从 2020 年开始，利用封二和封三版面对浙大相关学科和团队进行深入介绍。本刊根据学科秘书提供的文字材料，对内容进行排版设计，力争其区别于正文与封面排版，增强封面可读性。设计的思路如下：①立意明确，分区清楚。高校学报封面应集知识性(informative)、学术性(academic)、理论性(theoretical)于一体，基于此，在对学科进行版式设计时，要求版面紧凑、风格大气、有权威性，并将其分为"学科简介、师资队伍、人才培养、科学研究及社会服务"4 个板块，逻辑清楚，科学性强；且封二和封三主色是典型的"浙大蓝"，也让校内作者在阅读时有种熟悉的氛围。②表达形式多样，尊重原创作品。不同学科间或者相同学科内的封面图片来源千差万别，有照片图、流程图、绘画图等，我们进行设计时，力争让学科简介有可看性，而且要求刊登的图片均为作者或者单位原创，尊重和提倡原创作品。学科简介封面通过微信公众号分享，得到相关学科老师关注与转发，对学科宣传与促进产生了重要影响。

3 结束语

高校期刊作为高校学术建设的支撑力量，是学校、学科对外宣传的窗口，也在彰显高校科研实力、在一流学科评估中起着作用。随着我国综合实力的增强与科学技术的迅猛发展，各种期刊评价机制与体系不断建立和完善，促进期刊发展被提到了前所未有的高度[10]。"双一

流"建设给我们的发展带来了机遇,但同时充满着挑战。《浙江大学学报(农业与生命科学版)》通过组建高效的编委团队、积极组织专辑专题、大力吸引优质稿源、利用新媒体做好期刊宣传等多元化的办刊实践,打破了高校学报综合性和封闭性的局限,力争办好一本"又专又精"的期刊,使得近些年在英文期刊大量创办的背景下影响力得到快速提升。由此可得,在"双一流"背景下,学科应该与期刊实现融合发展,要充分借助学科优势助力农学类高校学术期刊发展,从而推动高校农学类学术期刊反哺学科建设,构建新时期下的协同发展机制,这从长远来看也是意义非常重大的。

参 考 文 献

[1] 中国科学技术协会.中国科技期刊发展蓝皮书(2022)[M].北京:科学出版社,2022.

[2] 张赓."双一流"背景下学科与期刊融合发展机制研究[J].湖南师范大学社会科学学报,2023,52(2):134-139. DOI:10.19503/j.cnki.1000-2529.2023.02.015.

[3] 马晓芳."双一流"建设背景下高校学报特色发展路径:以《辽宁工程技术大学学报(自然科学版)》为例[J].传播与版权,2023(14):62-65. DOI:10.16852/j.cnki.45-1390/g2.2023.14.018.

[4] 谢武双,全元,孔红梅等.充分发挥编委会在办高品质学术期刊中的作用:以《生态学报》为例[J].编辑学报,2023,35(3):343-346. DOI:10.16811/j.cnki.1001-4314.2023.03.020.

[5] 孙宪昌,逄小红,张金铭,等.高校创办高水平英文科技期刊的现状、问题与策略[J].中国科技期刊研究,2022,33(12):1711-1718.

[6] 贺伟,孙芳.国际知名科技期刊办刊经验初探[J].编辑学报,2017,29(增刊2):93-94.

[7] 国家新闻出版总署网站.中共中央宣传部 教育部 科技部印发《关于推动学术期刊繁荣发展的意见》的通知[EB/OL].(2021-06-23)[2021-07-23].http://www.nppa.gov.cn/nppa/contents/312/76209.shtml.

[8] 赵文青,宗明刚.以融合发展助推学术期刊高质量发展:内在逻辑与路径选择[J].中国编辑,2023(7):39-43,60.

[9] 李娜,戴申倩,刘洋,等.中文科技期刊封面设计与探索:以《协和医学杂志》为例[J].中国科技期刊研究,2022,33(4):487-493.

[10] 王国栋,郑琰燚,张月红,等.学报对高校学科建设的支撑作用[J].中国科技期刊研究,2014,25(10):1238-1241.

我国学术期刊开放同行评议实施现状调研及针对现状的策略建议

张文颖[1]，孟　娇[2]，张盛男[1]，治丹丹[1]，刘志刚[1]，田文强[1]，李蓟龙[1]

(1.河北北方学院学报编辑部，河北　张家口　075000；2.河北北方学院国际教育学院，河北　张家口　075000)

摘要：以"卓越行动计划入选期刊"(以下简称卓越期刊)及非卓越期刊为研究对象，通过期刊官网及文献查阅、网络调研等方法，查询我国实施开放同行评议(open peer review, OPR)的学术期刊，了解目前我国学术期刊 OPR 开展现状，并提出推动我国学术期刊 OPR 进程的相关建议。对卓越期刊的分析结果显示，目前我国学术期刊仍以传统的单盲或双盲同行评议模式为主，仅 2 种卓越计划高起点新刊(*eLight* 和 *Digital Twin*)开始实施 OPR；非卓越期刊中，《心理学报》和《编辑学报》实施 OPR。我国实施 OPR 的学术期刊很少，OPR 在我国处于起步阶段；卓越期刊 OA 程度高，但 OPR 期刊很少，两者发展不协调；我国自科和社科领域的学术期刊都积极开展 OPR 实践。针对我国学术期刊 OPR 现状，提出推动 OPR 进程的 4 点建议，分别为充分发挥卓越期刊的引领作用、采取审稿专家接受度高且可操作性强的 OPR 模式、重视 OPR 平台建设、认可审稿人学术贡献以提升审稿人积极性。可从上述几个方面努力，推动我国学术期刊 OPR 进程。

关键词：开放同行评议；卓越期刊；OPR 平台

自 1665 年英国皇家学会旗下官方刊物《哲学汇刊》首次采用同行评议的审稿方法以来，同行评议一直是评价论文学术质量的重要手段[1]。塞姆金对同行评议进行了较为全面的分析，提出同行评议存在不公正、时间延长、无法检测到学术不端、缺乏可靠的评价工具、评议人缺乏责任感等问题[2]。随着科技水平的快速发展，传统同行评议是否能够保障论文质量，越发受到质疑。斯坦福大学校长 Marc Tessier-Lavigne 被质疑多篇文章存在学术不端问题，发表在 *Nature* 和 *Cell* 上的 2 篇文章存在图片重复使用，知名学术打假人 Elisabeth Bik 指出 Tessier-Lavigne 的多篇论文存在多处疑似"图片操纵"情况，2001 年发表于 *Science* 的论文被质疑结果图片中有非常明显的 PS 迹象。因受到学术欺诈和学术造假的指控，2023 年 7 月 19 日，斯坦福大学校长 Tessier-Lavigne 在学校官网发布声明，表示将辞去校长职务[3]。上述受到质疑的文章，分别发表在 *Nature*、*Science*、*Cell* 等顶级期刊，都经过了严格的同行评议，但发表后依旧被爆出存在学术不端问题。由此可见，传统同行评议并不能保障保论文质量，传统同行评议模式急需变革。

开放同行评议(open peer review，OPR)是一种新型同行评议模式，随着开放获取运动的深

通信作者：李蓟龙，E-mail: 553482232@qq.com
基金项目：中国高校科技期刊研究会 2023 年青年基金课题(CUJS-QN-2023-015)；河北省高等学校人文社会科学研究项目(SZ2022099)；2022 年度河北省高校研究会科学研究项目（HBXB2022YB018）

入开展，OPR 的适用范围也在不断扩大。OPR 促进了作者和审稿人的地位平等，提升了审稿过程的透明度，且有利于作者和审稿人之间的沟通，OPR 还能促使审稿人给出更加积极的意见，有利于论文质量的提升[4]。Wolfram 等[5]研究发现，近 10 年来采用同行评议机制的期刊数量稳步增长，当前全球共有数百种期刊采用 OPR 机制。在开放科学背景下，OPR 必将获得更大发展。分析目前我国学术期刊 OPR 现状，并提出推动我国学术期刊实施 OPR 的可行性建议。

1 我国学术期刊 OPR 开展现状

为认真落实《关于深化改革 培育世界一流科技期刊的意见》，推动我国科技期刊高质量发展，加快建设世界一流科技期刊，中国科协、科学技术部、中国科学院和中国工程院等七部委于 2019 年启动实施中国科技期刊卓越行动计划，"卓越行动计划入选期刊"简称为卓越期刊。卓越期刊是我国优秀的学术期刊，代表我国学术期刊的最高水平。以卓越期刊和非卓越期刊为研究对象，通过期刊官网查询卓越期刊的同行评议类型，并通过文献查阅、网络调研等方法查询非卓越期刊 OPR 开展情况，分析目前我国学术期刊的 OPR 进展。

1.1 实施 OPR 的卓越期刊

2019—2022 年中国科技期刊卓越行动计划入选项目共收录卓越期刊 390 种，从官网查询到的明确同行评议类型的期刊共 148 种，其中，单盲同行评议期刊 94 种，双盲同行评议期刊 51 种，开放同行评议期刊 2 种，分别是 *eLight*(中文名称《光：快讯》)和 *Digital Twin*(中文名称《数字孪生》)，《中医杂志》根据稿件内容选择单盲或双盲方法进行评审。

由中国科学院长春光学精密机械与物理研究所于 2021 年创办的 *eLight* 属于卓越计划高起点新刊。*eLight* 实施 OPR，在作者、审稿人均同意的情况下，致谢审稿人并出版审稿人报告。期刊充分尊重评审专家意见，评审专家可选择是否公开个人身份。读者可在期刊官网下载原始版本和各修改版本的评审报告，查看评审专家意见及作者回复。

Digital Twin 是由北京航空航天大学主办的全球首个专注于数字孪生领域的专业学术期刊，创办于 2021 年，是卓越计划高起点新刊。期刊提供公开透明的同行评审流程，评审人的姓名和他们的评审与文章一起发布，作者对评审人的回应(或对读者评论)也发布给读者；期刊完全实施 FAIR 数据分享政策，以确保对研究结果的全部源数据进行便捷访问。

1.2 实施 OPR 的非卓越期刊

1.2.1 《心理学报》

2014 年《心理学报》开始实施 OPR，也是我国最早开始尝试 OPR 的学术期刊。读者可在期刊官网免费获取论文的同时，一并获取匿名的同行评审报告，查看审稿人意见和作者回复。《心理学报》实施的 OPR 仅披露评议报告，而不披露评议者身份。《心理学报》是国内开展 OPR 的成功案例。

1.2.2 《编辑学报》

《编辑学报》设有"审稿意见选登"栏目，每期都会刊载 3~5 篇当期已发表文章的审稿意见，供读者阅读参考。《编辑学报》采取的 OPR 形式与《心理学报》类似，都发布匿名的同行评审报告，评议人身份保密。《编辑学报》并非真正意义上的 OPR，仅刊载若干文章的同行评审意见，且同行评审意见在期刊官网不可见，仅纸质版和收录的数据库可见；但《编辑学报》设置"审稿意见选登"专栏，刊载论文的评审意见，也是 OPR 的积极尝试。

2 我国学术期刊 OPR 特点分析

以卓越期刊为分析对象,得出目前我国学术期刊仍以传统的单盲或双盲同行评议模式为主,仅 2 种自科领域的新刊实施 OPR;对非卓越期刊的调研结果显示,社科领域的《心理学报》较早实施 OPR,《编辑学报》也开始进行 OPR 尝试。我国实施 OPR 的学术期刊很少,OPR 在我国处于起步阶段。我国卓越期刊 OA 程度高,但 OPR 期刊很少,两者发展不协调,自科和社科领域学术期刊都积极开展 OPR 实践。

2.1 OPR 期刊数量很少,仍以传统同行评议模式为主

卓越期刊和非卓越期刊都在 OPR 领域进行了有益尝试。结果显示,国内 3 本学术期刊采取 OPR 这一新型同行评议模式,包括卓越计划高起点新刊 2 种(分别是 *eLight* 和 *Digital Twin*)及《心理学报》,均为开放获取期刊。对卓越期刊的分析表明,目前我国学术期刊仍以传统同行评议模式为主(单盲和双盲),仅 2 种期刊(*eLight* 和 *Digital Twin*)采取 OPR。这表明我国期刊界已开始关注 OPR 这一新型同行评议模式,并开始在高水平新刊中实践。这是一个良好的开端,相信后续 OPR 实践会更多。《编辑学报》也是开放获取期刊,可在期刊官网免费获取已发表文章,但仅刊载若干文章的同行评审意见,且同行评审意见在官网不可见,仅纸质版和收录的数据库中可见。《编辑学报》此举也算是在 OPR 领域的尝试。

2.2 卓越期刊的 OA 发展与 OPR 发展不协调

OPR 是 OA 运动的实践内容之一,随着 OA 运动的深入开展,OPR 实践也不断增多。截至 2022 年 3 月,我国 245 种卓越期刊中(除去 5 种科普期刊),青铜 OA 期刊数量最多,占比 34%,主要以中文期刊为主;其次为混合 OA 期刊,占比 25%,全部为英文期刊;金色 OA 和钻石 OA 期刊主要为英文期刊,合计占比 32%;订阅模式期刊仅占 9%[6]。我国卓越期刊的开放程度很高,高起点新刊基本采取 OA 模式,但开展 OPR 的期刊很少(2 种),同行评议开放程度远低于期刊论文开放程度,OPR 与 OA 发展不协调。

2.3 自科和社科领域学术期刊都积极开展 OPR 实践

卓越期刊中实施 OPR 的 2 种期刊均属自然科学领域。社科领域中,《心理学报》实施 OPR,《编辑学报》设置"审稿意见选登",刊载文章的同行评审意见,积极开展 OPR 实践。从学科角度来看,我国自然科学和社会科学领域的学术期刊都积极开展 OPR 实践,在该领域进行初步探索。

3 推动我国学术期刊 OPR 进程的相关建议

3.1 充分发挥卓越期刊的引领作用

BioMed Central、Wiley、EMBO 等出版机构率先开始 OPR 的出版实践[7]。2018 年,多学科数字出版机构(MPPI)所有期刊均提供"开放式同行评议"选项[8]。这些国际出版集团积极参与 OA 运动、开展 OPR 实践,在开放获取领域积累了丰富的经验,国内科研机构与上述出版集团合作办刊,可提高其 OA 程度,推动 OPR 进程。

卓越期刊学术水平高,能够代表我国学术期刊的最高水平,很多卓越期刊由国内科研机构与上述出版集团共同承办,OA 程度和国际化水平较高,这为 OPR 的推广奠定了良好基础。基于卓越期刊的优势,应充分发挥卓越期刊的引领作用,可考虑在卓越期刊中率先开展 OPR,重点在卓越计划高起点新刊中开展 OPR 实践,随后分群体、分批次在卓越期刊中开展 OPR 实

践，推动卓越期刊的 OPR 进程，逐步提高学术共同体对其接受度，进而推动 OPR 在普通学术期刊中的应用。

3.2 采取审稿专家接受度高且可操作性强的 OPR 模式

同行评议作为科学研究的"守门人"，对科研论文质量控制起到重要作用。传统同行评议存在低效[2]、不透明、缺乏有效评价标准等问题，对同一篇文章，不同审稿人可能会给出完全相反的意见，存在很大的主观偏见[9]。《心理学报》采取匿名公开审稿意见，不披露审稿人，此举有助于保护审稿人的声誉及隐私，减轻审稿人压力，保证审稿过程顺利开展。《心理学报》于 2014 年开展 OPR，是国内 OPR 的成功示例。eLife 创办于 2012 年，是国际著名生物医学类开放获取期刊，宣布从 2023 年 1 月 31 日起，开始采用 eLife assessment 开放同行评议模式，在期刊官网公开 eLife 评估报告、评审专家的公开评论，其同行评议报告仅公开最实质的修改意见部分，区分核心评论点和次要评论点[10]。eLife 可随时接收来自读者、作者和公众的各类评价和建议以及对评审专家给出评审意见的讨论和看法，建立了一种论文实时评价和修改机制，在开放科学背景下，该种模式有利于各方沟通交流、提升论文质量，有广阔的发展前景[1]。

储冀汝[11]对医药类中文科技期刊实施 OPR 的可行性和策略性进行分析，提出可以采用匿名公开评议报告(包括审稿意见和作者回复)这种 OPR 模式。OPR 的开放主要体现在以下几个方面：开放评审专家身份、开放同行评议报告、开放公众参与、开放交互、开放稿件[5]。最高级别的 OPR 模式是实时地完全公开整个评议过程以及相关的全部信息，同时开放出版前和出版后的公众评议及作者参与的互动交流[7]。目前我国期刊界对 OPR 的尝试处于起步阶段，期刊及审稿人对此了解少、接受度低，若大规模实施 OPR，可能会引起审稿人的反感，打击审稿人的审稿积极性，进而影响审稿进程及质量，不利于 OPR 发展。可考虑先开展低级别的 OPR 模式(仅公开评审报告，不公开评议人)，提升期刊及审稿人对 OPR 的接受程度后，再逐步推进高级别的 OPR。期刊方面还可根据作者/评议者意愿公开评议报告，或按论文类型选择性公开(一般研究论文公开，综述论文不公开)[10]。国内期刊可按照自身情况，参考《心理学报》和 eLife，选择合适的 OPR 类型进行实践。

3.3 重视 OPR 平台建设

国外 OPR 开展较早，目前已建成 Science Open、Open Review、Publons、Pubpeer 等具有较高知名度的 OPR 平台，在完善同行评议、学术不端治理方面发挥了显著作用。Publons 是知名的同行评议认证平台，具有评议人认定服务，平台能够将评议人的审稿数量与发布的评论数转化为学术信誉积分，用于量化审稿人的贡献度[12]。这种激励方式能够提升审稿人的积极性，鼓励他们给出高质量的评审报告，提升论文质量，促进科学研究的发展[13]。AME 出版公司旗下学术期刊已全面采用 Publons 评议人认定服务[2]。Pubpeer 是独立同行评议平台，读者能够匿名对已发表的论文进行评论，在监督论文质量、发现学术不端问题方面起到显著作用，发挥纠错功能。近年来，通过在 Pubpeer 发表匿名评论，发现了多篇已发表文章的质量问题，在学术不端发现与治理方面发挥了显著作用。斯坦福大学校长 Tessier-Lavigne 发表在 Nature、Science、Cell 等顶级期刊上的文章，被读者在 Pubpeer 指出存在质量问题，斯坦福大学校长疑似涉嫌学术不端，后宣布辞职[3]。OPR 平台促进同行评议流程规范化，量化评议人贡献，提升评议人积极性，对提升论文质量起到积极作用。目前国内没有诸如 Publons、Pubpeer 此类成熟的同行评议平台，为推动 OPR 发展，我国应大力推进 OPR 平台建设等硬件基础设施发展，为广泛开展 OPR 创造合适的环境。

3.4 认可审稿人学术贡献，提升审稿人积极性

目前同行评议过程中，审稿工作与科研活动多是分割开来，审稿人完成审稿任务后，会获得一定的物质奖励，有的期刊由于自身经济条件有限，给予的物质奖励亦十分微薄，而且仅是物质方面的奖励很难让审稿人从中获得成就感，导致审稿人积极性不高，还可能会影响审稿效率与审稿质量。应考虑将审稿工作与科研工作关联，将审稿工作量化为科研工作，这对提升审稿人积极性十分有益。

少数期刊为所公开的完整的同行评议报告分配 DOI 号和开放协议，并以 HTML 网页形式呈现。这种方式将审稿人的同行评议结果作为一种科研产出，使得审稿意见与论文一样可以得到引用和认定[10]。应认可评审报告的学术地位，将审稿结果作为审稿人的学术贡献，将其审稿工作转化为科研工作量，用于评优评奖及职位晋升[9]。还可对公开身份和审稿意见的审稿人设置一定的奖励措施，包括颁发证书、提高审稿费、减免版面费等[10]，通过一些奖励措施，提升审稿人对 OPR 的接受度。此外，还应在国内大力宣传审稿人学术贡献认证理念，使广大科研工作者、高校及科研机构等认可审稿的学术价值，为 OPR 的推广奠定基础[10]。

4 结束语

同行评议是科研论文质量的重要保障体系之一，在开放科学背景下，传统的同行评议模式弊端越发明显。E. Geisler 指出同行评议作为"守门人"，将科学困在了封闭的系统中，只能在内部进行发展[9]。一些严格执行同行评议的期刊，如 *Nature*、*Science*、*Cell* 等，也不时曝出一些已发表的文章存在学术不端问题。传统同行评议的可靠性不断受到质疑，同行评议模式改革对提升论文质量、确保学术评价的客观公正十分必要。应努力改革同行评议模式，发展更加快速、透明、公正、公平的同行评议模式，加速学术成果出版、丰富学术交流传播、提升科研论文质量，促进科学成果的早期共享，真正实现开放获取，让知识更加民主化，让科学研究惠及更多国家和人民。

参 考 文 献

[1] 于曦.eLife 开放同行评议模式改革与启示[J].中国科技期刊研究,2023,34(5):609-614.
[2] 张建中,夏亚梅.国际学术出版同行评议:问题与趋势[J].文献与数据学报,2020,2(2):118-128.
[3] 丁香园.坦福校长辞职:被学生发文打假,多篇顶刊论文将撤回[EB/OL].2023-07-20(2023-08-13).https://mp.weixin.qq.com/s/_kuM7Gzm06VeRzQ3H-NCUg.
[4] 张光耀,谢维熙,夏鑫璐,等.非共识研究的影响力更高还是更低呢?基于中文开放同行评议审稿意见的分析[J].情报理论与实践,2022,45(9):102-109.
[5] 秦成磊,章成志.大数据环境下同行评议面临的问题与对策[J].情报理论与实践,2021,44(4):99-112.
[6] 中国科学技术协会,国际科学、技术与医学出版商协会.中国开放获取出版发展报告(2022)[M].北京:科学出版社,2022.@2022CAST&STM(CCBY-NC-ND4.0)2022-12.
[7] 王琳.科技期刊开放同行评议出版实践进展与展望[J].黄冈师范学院学报,2022,42(6):88-93.
[8] 贺颖,徐小然.基于特征数据的开放式同行评议关键因素的实证分析[J].中国科技期刊研究,2022,33(8):1041-1045.
[9] 贺颖,王治钧.预印本自组织同行评议区块链系统框架研究[R].中国科学院科技论文预发布平台.DOI:10.12074/202306.00146V1.
[10] 王琳.科技期刊同行评议内容公开的现状调研及策略建议[J].中国科技期刊研究,2022,33(6):776-783.
[11] 储冀汝.科技期刊实施开放式同行评议的可行性分析[J].新闻研究导刊,2021,12(4):231-232.
[12] 于晓梅,张业安,吴坚.新媒体环境下学术期刊审稿人激励机制的优化:基于"审稿人积分制"的思考[J].中国科技期刊研究,2021,32(6):749-756.
[13] 帅群,曹耐,杨立安.开放科学环境下科技期刊同行评议模式与实践启示[J].黄冈师范学院学报,2022,42(6):49-53.

以创新编辑工作制度为抓手，
提升中文综合性医学期刊专题组建能力
——以《上海医学》为例

潘天昳

(上海市医学会《上海医学》编辑部，上海 200040)

摘要：组建符合我国医疗实际需求的多学科专题，是中文综合性医学期刊凸显自身特色、重塑自身定位的重要途径。编辑仍是多数中文医学期刊专题出版工作的主体，创新编辑相关工作制度、优化编辑角色定位对于期刊组建高质量专题至关重要。现介绍《上海医学》创新的学科编辑制度，分享该制度下学科专题组建工作的流程和相关经验，以探讨期刊创新工作制度对编辑自我提升、期刊可持续发展的促进作用。

关键词：工作制度创新；学科编辑；专题出版；编辑成长；办刊实践；综合性医学期刊

近年来，中文综合性医学期刊因受制于科技评价导向，以及自身固有的专业化程度不高等局限，面临着定位不清晰、发展动力不足的困境[1]。2021 年，中共中央宣传部、教育部、科技部印发的《关于推动学术期刊繁荣发展的意见》(以下简称《意见》)要求"引导学术研究立足中国实际，回应现实关切，把论文写在祖国的大地上，紧密服务党和国家中心工作和战略任务"[2]。这为中文综合性医学期刊的焕新提供了机遇。《意见》中还明确指出"应提升编辑策划与把关能力。坚持以创新水平和科学价值作为选稿用稿标准，加强编辑策划，围绕重大主题打造重点专栏、组织专题专刊"。专题出版是综合性科技期刊通过优化选题策划、整合多学科资源，吸引优质稿源、凸显自身特色、重塑期刊定位的重要途径[3]。

但目前，我国多数综合性科技期刊的专题组建还面临诸多困难，包括专科编委供稿积极性不高、组稿约稿方式不灵活、编辑服务水平低等，其中编辑部人员紧缺更是制约期刊专题工作有效开展的主要问题之一[4-5]。有学者指出，应充沛我国科技期刊编辑部人力资源，同时推动编辑分工的不断细化，从而提升期刊工作的整体水平[5]。但现实情况是，我国多数综合性科技期刊编辑部为单刊运营模式，集约化程度不足，而编辑部体制内特性短期又难以转变[6]，就专题组建而增加编辑人手较难实现，多数编辑在专题工作中仍"身兼数职"。为求解困之法，一些综合性科技期刊编辑部将创新工作模式与探索"优化编辑角色定位"的实践相结合[7-8]。例如，《科学通报》从学科编辑角度出发，围绕如何通过学科编辑联动编委、如何加强学科编辑专业服务意识、提升学科编辑服务水平等进行实践，显著提升了期刊国内外学术影响力。张

基金项目：上海市科技期刊学会"海上青编腾飞"项目(2022A02)

之晔等[9]指出，新时代的科技期刊应结合自身定位和期刊发展要求，优化编辑的角色定位和职责职能。基于此，笔者认为，中文综合性科技期刊编辑部应结合自身办刊实际，积极创新编辑相关的工作制度，重在优化编辑角色定位，依托编辑充分挖掘期刊潜在资源，或可为期刊组建高质量专题、促进自身可持续发展解燃眉之急。

笔者所在的《上海医学》杂志为上海市医学会主办的医药卫生类综合性学术刊物。近年来，因国内外期刊竞争环境的变化，以及自身改革缓慢等因素，《上海医学》也面临着发展动力不足的困境。《上海医学》编辑部自 2020 年起积极审视自身不足，基于现有条件，创新学科编辑工作制度，重塑编辑在期刊工作中的角色定位，并将学科编辑制度与期刊专题组建有机融合，以有效联动编委、挖掘潜在资源，保障期刊专题出版的效率和质量。本文通过介绍《上海医学》杂志创新的编辑工作制度，分享该制度下学科专题组建的流程和相关经验，以期抛砖引玉，为同类型期刊编辑部开展相关工作提供参考。

1 分析自身特点与专题工作现状，创新编辑工作制度，服务专题组建

编委是期刊可持续发展和学术质量不断提升的保证。《上海医学》编委会由 126 名专家组成，涉及多个医学学科，其中半数以上的编委在三级甲等医院担任重要职务，多数编委来源于上海市医学会各专科分会的核心成员，在其专科领域有很强的学术引领力和号召力，这为《上海医学》专题组建提供了重要的质量保障。但《上海医学》专题工作一直存在编委参与程度不高、覆盖学科不广、工作效率低下、出版后学术宣传效果不足等情况，分析主要原因如下：①各分学科编委均为单位骨干，医、教、研任务繁重，难以完全投身专题工作。②编辑与编委、编委与编委间缺乏互动和交流，影响了部分编委与期刊专题工作的黏性，以及编委凝聚力。③过往，《上海医学》编辑均为传统的文字加工编辑，面对专题的选题策划和组建工作缺乏专业性和"主人翁"意识。

近年来，在主办单位的支持下，围绕"坚持以专家办刊，促进期刊高质量发展"的核心思想，《上海医学》编辑部进行了工作制度与模式的创新，其中较为重点的工作包括"深化专题组建"和"创新学科编辑制度"。前者主要是基于上海市医学会的优质平台，通过发挥综合性期刊多学科优势，组建多学科、跨学科的高质量专题，优化期刊定位，服务医学发展。后者则是基于编辑部现有条件和人员构成，通过将创新工作制度与优化编辑角色定位相结合，以期实现：①服务好编委的期刊专题工作，使学科编辑成为联系编委与专题工作的桥梁；②重塑编辑在期刊专题工作中的角色定位，并基于《上海医学》实际探索编辑分工细化的有效路径。

2 有机融合学科编辑制度与期刊专题出版工作

2.1 创新学科编辑制度，优化编辑角色定位

如同多数中文医学期刊编辑部，《上海医学》编辑部为非法人编辑部的单刊运营模式。编辑部现有 4 名在职编辑，专业虽涉及中西医及内外科，但在面临综合性选题和多学科编委时，难免存在对学术内容理解不深、学术沟通局限等情况；同时，因体制内特性及人数制约，编辑部一时难以实现编辑人员分工的完全细化。为此，编辑部创新"学科编辑制度"：对期刊涉及的医学学科，以内在联系重新划分学术小组(每个学术小组包含几个存在疾病诊治或学术研究关联的学科)，并根据编辑的学术背景和工作经验，为其匹配"兼容"的学术小组，各"学科编辑"负责对接、服务小组内编委、专家包括学术交流、选题策划、组稿、约稿、审稿和出版后学

术传播等工作。依托学科编辑制度，《上海医学》通过给予编辑学术身份，增强其对期刊专题工作的参与感、认同感和使命感，从而调动其参与专题工作的积极性。

2.2 学科编辑制度创新下的期刊专题工作方案

编辑部进一步将"学科编辑"制度与期刊专题出版工作有机融合，形成"学科编辑制度创新下的期刊专题工作方案"。该方案下专题组建的工作路径主要为：①筹备，学科编辑与分管编委积极沟通，并于每年定期向编委发布专题征集通知，为组建专题做准备。②选题策划，学科编辑协助有意向的学科编委拟订《学科专辑选题策划意见和建议表》，初步明确选题方向、预期出版时间、计划参与作者，以及配套宣传方案。③主编把关、形成专题，主编审核《学科专辑选题策划意见和建议表》，从策划主题、文章类型、作者影响力等提出修改建议，学科编辑将修改意见反馈给学科编委，以形成最终的专题主题、出版时间、参与作者等。④启动专题组稿、约稿，学科编辑依托负责编委组稿标杆稿件，并协助编委完成专家邀约和组稿通知等工作。⑤跟进专题进度，在落实组稿、约稿后，学科编辑制订《学科专辑工作计划表》，依据此表跟进交稿或投稿、审稿、编校、出刊等环节进度，并定期提醒编委与作者。⑥严格专题审稿，在审稿阶段，协助学科编委把关好专题稿件审理，完善退稿处理。⑦严控专题出版时间，在编校阶段，与责任编辑共同把控专题编辑、校对、印刷各环节时间节点。⑧有效宣传专题，协助编委进行专题出版后的宣传和数字运营工作。学科编辑制度创新下的期刊专题工作路径，见图1。

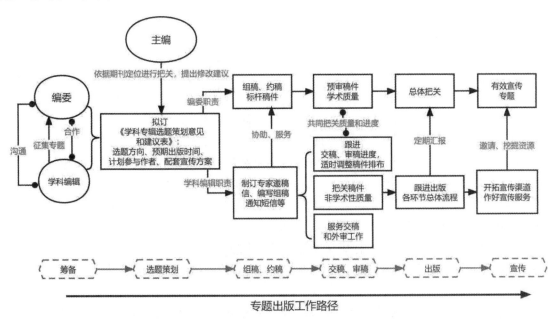

图1 学科编辑制度创新下的期刊专题工作路径

"学科编辑专题工作方案"使《上海医学》编辑摆脱了传统的编辑角色的束缚，其成为在专题工作中联系不同专家、作者，连接不同工作环节的桥梁，该方案为期刊专题工作有序开展提供了制度保障。但当前，国内相同领域的科技期刊都存在不同程度的同质化问题，定位不清晰难以吸引分众读者[10]；同时，科技期刊专题组稿、约稿的弊端主要是交稿不及时且组稿的质量参差不齐、良莠不一。这就要求在专题工作中，学科编辑要充分发挥主观能动性，使得学科编辑助力专题组建落到实处。

2.3 学科编辑参与期刊专题组建的相关经验

2.3.1 学科编辑应做足功课，与编委精准沟通

综合性医学期刊涉及的学科门类多、研究领域广，而各专科成果产出迅速，医疗诊治理念及支撑技术发展日新月异，故学科编辑在与编委沟通前要做足功课，包括：①泛读分管学科的国内外最新文献，了解分学科发展前沿；②关注专科高质量公众号、论坛，研究医疗卫生政策，洞悉行业发展动态；③精读学科编委近期学术研究成果，分析其亚专科方向和学术产出能力。

在充分准备下，学科编辑要积极参加学术会议，与编委面对面沟通。在建立交流初期，学科编辑应将期刊的定位、特色专栏、创新的出版工作机制等内容制作成册，向编委分发与介绍，使编委准确认识期刊定位，便于后续正确专题组稿方向。当与编委"熟识"后，应定期向编委更新期刊工作方案、汇报工作进展，形成良好的学术互动。同时，还应积极了解编委参与专题组稿的意愿和遇到的问题。当与编委成为"朋友"后，应依托编委打通组稿、约稿的绿色通道，通过编委的人脉深入临床一线、高校实验室，为专题组建吸引优质稿源。

基于上述功课与沟通基础，学科编辑进一步明确了分管编委的研究方向、学术产出、重要成果，以及其参与期刊工作的意愿，从中遴选有意向、高产出、富有创造性的编委担任专题的责任编委，为组建高质量专题夯实基础。

2.3.2 学科编辑应严控专题工作流程，提升服务水平、强化把关意识

综合性医学期刊选题组稿易出现：不能按时交稿、常有人情稿件，以及部分稿件质量欠佳等问题[11]。针对这一问题，《上海医学》进行了以下尝试性探索。

(1) 明确工作细节，专题出版有据可依。在选题策划阶段，学科编辑应与编委明确包括：学科专题的主题、负责人及其职责，负责专题各专栏的专家、作者及其联系方式，预计完稿时间，希望出刊时间等细节。这使得专题中具体稿件的负责人、交稿时间、出版时间落到实处，学科编辑和编委的专题工作有据可依。

(2) 结合期刊定位，合理稿件类型分布。《上海医学》主编号召编委重点围绕学科研究热点和服务于国家战略需求，组建跨学科的高质量、实用性专题，服务于医疗实践。基于此，学科编辑会对专题中各类型文章占比及其内容有总体把控。例如，要求专家性稿件(如述评、笔谈等)要结合医疗团队负责项目的研究成果和转化成果进行阐述；对于研究性文章，如论著要聚焦报道高质量、前沿性的流行病学大数据调查和前瞻性、多中心、双盲的临床研究，如病例报告则侧重于与期刊多学科定位相符的多学科协作诊疗(MDT)病例，从根源上提升专题文章质量。

(3) 充足稿件组配，严格专题审稿。首先，《上海医学》学科编辑在选题策划时，即会建议编委要充足专题各栏目稿件组配，允许研究性稿件有一定比例退稿，为保障专题稿件质量"留有余地"。在组稿、约稿阶段，由专题负责编委组织参与专家进行稿件预审，形成第一道把关。在初审时，学科编辑会反复核实稿件是否存在一稿多投、抄袭等学术不端行为，以及是否存在政治质量欠佳等重要问题，形成第二道把关。在外审和终审时，对于学术质量不过关的稿件坚决予以退稿，形成第三道把关。通过层层把关，有效剔除质差稿件、过滤人情稿件，以保证专题的整体学术质量。同时，部分研究性稿件的交稿和审稿会存在不可控性，对交稿严重超时或审稿周期过长但学术质量过关的稿件，学科编辑会向相关作者和负责编委进行说明，

先不纳入相应专辑,或延期发表,从而保证专题出版的时效性。

(4) 提前把关稿件的非学术性质量。因专题中的作者可能来自不同医疗单位、研究领域,研究资历也存在差距,故部分稿件可能存在文字表述有欠缺、图表使用不当等非学术性质量问题。《上海医学》要求学科编辑在稿件进入外审流程前,提前把关上述问题,以帮助作者更好地呈现稿件的学术内容,这也有利于加快稿件后续的处理进度。

(5) 服务好编委的专题组建工作。《上海医学》要求,在组稿、约稿阶段,学科编辑应主动为负责编委把控好专题工作的时间节点,对编委和相关作者进行阶段性提醒。在约稿阶段,学科编辑应根据专题的学科特点、邀约专家的学科属性和级别,为其量身定制《专家邀稿信》,其中包含专家交稿时间、稿件撰写要求等,使受邀约专家清楚时间节点、相关细节,便于专家及时交稿,更有助于其对期刊形成良好的印象。同时,学科编辑也会为负责编委编写好专题组稿、约稿的通知短信及提醒邮件,提升专题组稿、约稿效率。在收稿阶段,学科编辑要主动联系专题第一作者或通信作者了解稿件进度,定期向负责编委汇报;遇到交稿困难的情况,及时向负责编委反馈,以适时调整稿件安排。

2.3.3 学科编辑应做好专题出版后的宣传工作

在专题出版后,学科编辑会在相关学科的编审微信群中有重点地推送与编委学科和研究领域相关的文章,并邀请编委进行转发或合理引用。学科编辑会依托编委联动上海市医学会各专科分会的品牌会议(如东方医学大会)[12],由编委、专家或作者在系列会议中解读专题中的学术内容,特别是共识与指南等,促进专题学术内容向临床一线、基层社区医院下沉。学科编辑会定期向编委汇报专题组建的相关成果(如高下载量、高引用量的专题文章),激励专家和优质作者持续参与专题工作。

同时,利用碎片化时间阅读已成为新媒体时代读者汲取信息的重要方式[13]。《上海医学》鼓励学科编辑通过编委联系学科内认可的、具有权威性的医学公众号,转载期刊专题中的指南与共识、专家笔谈等高质量文章,从而为专题学术内容拓展多媒体宣传渠道。

3 编委凝聚力增强,编辑专题组建能力持续提高,期刊学术影响力稳步提升

3.1 促进编辑成长,提升编委凝聚力

《上海医学》将专题组建与创新编辑工作制度有机结合,使学科编辑成为联系编委与期刊专题工作的桥梁;这一方面使编委与编辑均能更好地投入到自己擅长的领域,另一方面使编委与编辑成为专题组建的合作伙伴,在实践中不断互动、相互学习。促进了《上海医学》编辑,特别是青年编辑的成长,也进一步增强了编委的期刊工作黏性。

同时,《上海医学》分学科编辑间也会积极沟通,邀请不同学科的编委集思广益、打破专科壁垒,组建符合《上海医学》定位的多学科、交叉性学科稿件或专题。例如,由上海市医学会外科专科分会、心血管病专科分会、麻醉科专科分会联合组稿的《抗栓治疗患者接受非心脏手术围手术期管理的上海专家共识(2021 版)》[14]汇聚多方智慧,对接受不同手术方式的围术期患者抗栓治疗提出个体化建议。这有效增强了分学科编委间的交流,促进了编委凝聚力的提升。

3.2 学科编辑专题组建能力增强,期刊学术影响力稳步提升

"学科编辑制度创新下的期刊专题工作方案"使学科编辑基于专题工作与编委形成良好互

动，从而可以更充分地利用专家资源，持续服务期刊专题组建。例如，笔者在2021年协助儿科编委组织、出版专辑时，了解到该编委在"儿童川崎病"方面成果丰富，同时经与编委沟通发现川崎病存在可终身起病、管理难、诊治方案不完善、临床认知欠佳等问题，遂于2022年8月，协助该编委组建了聚焦于"川崎病患儿的早期诊断与终身管理"的专题，融合了智慧医疗、心内科、儿科等不同领域的学术大咖和临床一线力量，为川崎病终身管理奉上了一场学术盛宴[15]。

基于创新的工作制度、优化的编辑角色定位，《上海医学》学科编辑资源整合意识不断加强、专题组建能力持续提高。从2021年至截稿时，《上海医学》有效组建19期学科专辑或疾病专题，涉及多个学科，主题涵盖：突发公共卫生事件、创新科技成果与应用、疾病诊治现状及进展、疾病规范化诊治、多学科诊疗与慢病终身管理、医疗数字化技术创新性应用等。既有学术引领力强的专家性稿件，也有服务于临床一线、基层医疗的实用性文章。部分文章在《上海医学》官网的下载率即可达百余次，有效推动了《上海医学》学术影响力的稳步提升。据《中国学术期刊影响因子年报(自然科学与工程技术·2022版)》显示，《上海医学》在医药卫生综合类期刊中的学科排序由2021版的93/212上升至70/215，位列Q2区高位；复合影响因子较2021版增幅达71.81%。

4　结束语

当前高质量发展深入人心，诸多医学期刊编辑部深入剖析，自我改革，以提升竞争力，增强国际话语权。无论是通过"借船出海"自主创办英文科技期刊，还是结合自身实际探索工作制度的优化，笔者认为都是靶向建设世界一流科技期刊、回归学术交流本质的有益尝试。《上海医学》创新的学科编辑制度使编辑由单纯的文字工作者过渡为医学专题组建的架构者，丰富了编辑角色内涵。当然，目前对于诸多非法人编辑部单刊运营模式的中文科技期刊而言，要完全实现编辑分工的细化非一朝一夕可达成，需要基于自身实际不断探索、深入实践，走出一条符合自身特色的发展道路。

综上所述，《上海医学》通过将创新编辑工作制度与深化专题组建有机融合，借助学科编辑挖掘编委学术资源，依托编委号召力为期刊专题组织标杆稿件，为读者提供了切合实际需求的学术内容，驱动了《上海医学》学术影响力的稳步提升。今后，《上海医学》也将不断探索，持续优化编辑在期刊工作中的角色定位。

参　考　文　献

[1] 李玉乐,李娜,刘洋,等.综合性医学科技期刊品牌建设的探索与效果:以《协和医学杂志》为例[J].中国科技期刊研究,2019,30(10):1091-1096.
[2] 中共中央宣传部,教育部,科技部印发《关于推动学术期刊繁荣发展的意见》的通知[EB/OL].(2021-05-18)[2023-09-02].http://www.nppa.gov.cn/nppa/con-tents/312/76209.shtml.
[3] 卫夏雯,陈广仁.中文综合性科技期刊专题出版选题方向探析[J].编辑学报,2022,34(3):336-341.
[4] 陈汐敏,姜鑫.基于合作对象探讨我国学术期刊专题/专栏建设[J].中国科技期刊研究,2022,33(3):345-353.
[5] 姜鑫,陈汐敏.我国学术期刊专题/专栏建设情况、困难及对策:基于编辑部人员的问卷调查分析[J].中国科技期刊研究,2022,33(11):1520-1530.
[6] 赵俊,邓履翔,郭征,等.科技期刊编辑的本质属性与角色定位[J].编辑学报,2023,35(2):130-134.

[7] 邹文娟,安瑞,肖鸣,等.学科编辑助力期刊影响力提升的策略与实践:以 Science Bulletin 为例[J].中国科技期刊研究,2021,32(12):1571-1577.

[8] 黄月薪.学术编辑在建设科技期刊优秀审稿专家团队中的作用:以《实用医学杂志》为例[M]//学报编辑论丛 2021.上海:上海大学出版社,2021:311-315.

[9] 张之晔,张品纯,李伟.新时代科技期刊编辑的核心素养要求是又红又专[J].编辑学报,2021,33(3):237-241.

[10] 熊远培.加大策划和组稿力度着力解决期刊同质化问题[J].江汉大学学报(自然科学版),2012,40(4):130-132.

[11] 卓选鹏,张敏,刘湘,等.高校学报专题、专刊选题策划的思考与实践:以《西安交通大学学报(医学版)》为例[J].编辑学报,2022,34(5):561-564.

[12] 聚焦推动整合医学发展,第二届东方医学大会在沪召开[EB/OL].人民日报(2023-08-20)[2023-09-02].https://wap.peopleapp.com/article/7177440/7023066.

[13] 陆祎.新媒体时代综合性医学期刊编辑转型的思考[J].新闻研究导刊,2021,12(22):193-195.

[14] 刘凤林,楼文晖,缪长虹,等.抗栓治疗患者接受非心脏手术围手术期管理的上海专家共识(2021 版)[J].上海医学,2021,44(8):537-544.

[15] 黄敏.川崎病的早期筛查与临床诊疗规范管理[J].上海医学,2022,45(8):524-527.

大学学术期刊与出版社的合作共赢

李 涛

(北京师范大学《教育学报》编辑部,北京 100875)

摘要: 大学的学术期刊和出版社都是知识传播的载体,双方携手合作共赢既有基础,也有可能。学术期刊的价值在于其学术性,但简单地将学术期刊"并入"出版社,存在现实的困难。建议大学的学术期刊与出版社实行多种形式的"合作",学术机构确保对学术期刊的主导权和内容编辑权,而将印刷、发行、广告、网络等商业事务委托给大学出版社来经营,从而实现双方的共赢。

关键词: 学术期刊;出版社;合作;共赢

大学作为知识创新的发源地之一,其所属的学术期刊和出版社成为知识分享和传播的重要平台。长期以来,我国大学的学术期刊和出版社都存在着规模小、力量分散、各自为政的不利局面。在新时代,大学的学术期刊和出版社如何携手前行,做大做强,成为值得业内同行共同关注的重要话题。

1 大学的出版社和学术期刊的现状

我国不少大学都有自己的出版社和学术期刊。但一直以来,根据在国家新闻出版署官方网站的查询和统计,包括北京大学、清华大学等高校在内共有 105 所大学拥有出版社(含电子音像出版社),同时不少大学作为主办单位拥有数量不等的学术期刊,按照相关方面的统计,作为统计对象的 1 100 余种学术期刊由 749 所普通高校主办,长期以来,高校的学术期刊出版呈现"小、散、弱"的局面。

从大学出版社发展的角度来说,牛津大学出版社每年出版 350 多种高质量学术期刊,涵盖生命科学、数学等六大学科,得益于其过硬的出版质量和强大的企业运营能力,牛津大学出版社在出版内容方面对期刊合作与期刊内容都提出了严格的质量要求,制定了一整套期刊合作的监管流程,对出版内容设立了监督委员会,与学术团体建立互惠合作制,为合作单位提供各种出版及相关服务,减轻合作单位在出版相关琐事上的负担,学术团体参与出版社期刊的质量把关、贡献优质稿件等[1]。

国内大学所属的出版社和学术期刊的关系,大概可以分为三种情况:

第一种情况是由和出版社平行的期刊中心来统一管理,如上海交通大学期刊中心管理 61 种期刊,武汉大学科技期刊中心管理 29 种期刊,中山大学期刊管理中心管理 28 种期刊,上海大学期刊社管理 15 种期刊。

第二种情况是在出版社下面成立期刊中心进行统一管理,如清华大学出版社期刊中心目前出版 45 种期刊,浙江大学出版社期刊分社出版 30 种期刊,中南大学出版社期刊中心出版

10种期刊。

第三种情况，是大学的学术期刊与出版社之间还存在互不隶属的情况，各学术期刊分散在各学术机构中。如北京大学在北京大学出版社之外，17种正式出版的学术期刊分别属于学报编辑部及数学科学学院、法学院、教育学院、经济学院、外国语学院等学术机构。北京大学出版社与各个期刊之间不存在隶属关系，各个期刊之间也互不隶属。还有的大学出版社下设的期刊社只是管理了一部分学术期刊，其余的学术期刊则由各学术机构管理。如北京师范大学目前拥有34种中英文学术期刊，其中由学校出版集团下设期刊社直接管理的期刊有5种，出版集团和学术机构共同管理的期刊有6种，其余23种学术期刊均依托各学术机构来管理。姜春明通过对国内140所双一流建设高校的期刊状况进行统计分析，发现在统计的140所"双一流"建设高校中，还有65所高校没有实施期刊集约化管理。认为高校学术期刊集约化建设应立足实际情况，稳妥推进，不宜为了集约而集约，搞"一刀切"[2]。

本文探讨的是第三种情况，即大学的出版社如何与所在大学由各学术机构管理的期刊开展合作，实现双方的共赢。虽然集约化带来期刊的管理效率、管理质量和管理水平全面整体提升的事实毋庸置疑。在期刊内部管理集约化日益深入的前提下，集约化也将成为期刊改革发展的重要方向，而且其进程将不断加快[3]。但现实中还是有不少学术期刊是由各学术机构在负责具体的编辑运营，学术期刊的集约化程度还有待提高。有研究认为，学术期刊集约化程度不高，主要是受到国内办刊体制机制束缚、顶层规划与建设动力不足、刊群平台影响力不足、可持续运营模式欠缺等因素的制约[4]。除此之外，我们也应该认识到，大学主办学术期刊，其出发点在于推动学术交流，促进学术发展，学术机构对学术期刊的要求，首先是学术期刊的学术质量，是其在学术界的学术影响力。对于学术期刊，所需补贴的经费并不多，以不多的经费补贴就可以拥有一本高水平的学术刊物，就算是有所亏损，也是大学愿意和能够承担的。这样的情况，那些已经办了许多年内刊依然无法获得正式刊号的学术期刊的主办单位，相信更有体会。一些大学尝试将分散在各个院系学术机构中的学术期刊完全并入出版社或出版社旗下的期刊社，遇到了具体承办学术期刊的各个院系学术机构的抵制，除了担心会割裂期刊的学术支持力量，另一方面学术机构担心由此失去在学术界的影响力。基于这样的情况，探讨在现有条件下大学的学术期刊与出版社的合作共赢就十分有必要，毕竟这是迈向集约化的有益尝试。

2 学术期刊与出版社合作共赢的需求与可能性分析

作为大学下属互不隶属的出版社和学术期刊，双方存在着合作共赢的需求与可能性。

从学术期刊的角度来讲，大学的学术期刊虽然在学术界拥有比较大的影响力，但由于自身的规模偏小，呈现"小、散、弱"特点，大多数编辑部只有两三位专职编辑，只能应付日常的文字编辑事务，大多仅限于满足正常出刊的状况。在涉及融合出版、新媒体传播、期刊推广、版权处理以及期刊编辑专业发展等方面都无法靠自身力量解决，也无力使学术期刊在新媒体时代更上层楼。与同属一个大学的出版社进行合作，学术期刊可以得到相关的支持，借力完成自己原本无法完成的工作。

从出版社的角度来讲，由于学术期刊大多并不能带来盈利，出版社或许只是对合并那些有可能盈利的期刊感兴趣，但这些能盈利的期刊，其具体承办的学术机构却并无兴趣放弃已有的利益。因此部分大学的出版社与学术期刊一直处于一种互不干涉的状态，无法取长补短，形成优势互补。通过与学术期刊的合作，除了通过在印刷、发行、广告等领域的合作可以为出版社带来经济利益外，大学的学术期刊作为具有广泛学术影响力的优质学术资源和文化产品，双方可以共享作者资源和读者资源，期刊促进图书选题开发，推动图书与期刊的互动互助，从而扩大出版社的社会影响。与将学术期刊完全并入出版社的做法相比，出版社与学术期刊只是合作关系，出版社获取由此产生的利润，而无须承担学术期刊的亏损，这也为促进双方的合作提供了一种可能。

2021年6月，中宣部、教育部、科技部联合印发的《关于推动学术期刊繁荣发展的意见》中提到"开展学术期刊集群化发展试点，支持规模性出版企业探索协作办刊等模式"[5]。国家层面的政策，为大学的出版社与学术期刊开展合作提供了有力的支持。

3 "合作共赢"：可行的路径选择

大学的出版社兼具大学的学术优势和出版单位的经营优势，通过大学的出版社对学术期刊进行集群化运营是各大学一直在探索的有效模式，也取得了相应的成功[6]。现实中大学里的一些学术期刊尚处于分散独立状况，尚无法纳入集群化集约运营。那么在此情况下，探索出版社与各学术期刊的合作共赢，不失为一个可行的路径选择，也为后续的发展奠定基础。在确保学术机构对学术期刊具有主导权和内容编辑权的前提下，通过参与出版社提供的合作机制，与出版社或其旗下期刊社的多种形式的合作，提高学术期刊的集约化水平，推动在现有条件下的借船出海和办刊升级，实现双方的共赢，来推动学术期刊的发展，这是学术期刊的现实选择。

3.1 合作的前提：编营分离，确保学术机构对学术期刊的主导权和内容编辑权

有学者指出，编营分离是科技期刊走向市场的突破口，是科技期刊真正"集团化"的基础，是科技期刊实现市场主体地位的前提[7]。对学术期刊来说，编辑权与经营权的分离，是其能坚守学术性的保证。确保学术机构对学术期刊的主导权，其核心是作为学术期刊的主办单位的学术机构，拥有对学术期刊的专业编辑的人事权和内容编辑权。学术机构作为学术期刊的生产者，把好舆论导向关和出版质量关，编辑部专心从事期刊编辑工作，把更多精力放到策划、组稿、编辑、校对等业务工作上去，确保学术期刊的学术质量，目的是打造出版物的"精品"。出版社尊重学术期刊的内容编辑权，学术期刊打造的学术精品，也能为出版社的进一步经营拓展提供良好的素材。

3.2 大学出版社为学术期刊提供经营服务，出版社扩大经营实力

在编辑、经营分离的前提下，各期刊相应的印刷、发行、广告、网络版等具有商业价值的经营事务可以以合同形式委托给更专业的出版社或其旗下的期刊社来统一运营。在学术期刊发展的过程中，国家及大学要鼓励学术期刊按照自己的实际情况选择以何种形式与出版社的合作。出版社或其旗下的期刊社作为新闻出版传媒企业，通过与多个期刊的合作，为学术期刊的运行提供统一的运行平台和推广平台，为学术期刊打造统一的市场品牌。通过合作期刊的平台，为出版社已有的图书等产品提供广告、促销等扩大收益和影响的路径，实现书刊互动。通过整合相关合作期刊的印刷、发行、广告、经营等业务，可以为出版社扩大规模效益，降低相关业务的成本，提高出版社的效益，扩大出版社的经营实力。

在这方面，我国台湾地区的教育学术期刊与出版企业的"合作"经验值得大陆同行借鉴。台湾元照知识集团属下的高等教育出版公司(高等教育文化事业股份有限公司)，除了出版与教育

相关的各类教育理论图书、教科书、教辅书之外，还和《教育研究集刊》《教育与心理研究》等台湾38种教育类学术期刊进行了全方位的"合作"，承担了这些期刊除内容之外的几乎所有商业事务，包括印刷、发行、广告、网络、学术会议等。作为学术期刊，专心于所要刊发的文章的内容策划与编辑即可，双方保持了一种既独立又合作的良好关系。台北高等教育出版公司不仅经销代理教育学术期刊，其网络数据库"高等教育知识库"还与大陆的《北京大学教育评论》《教育学报》《高等教育研究》《比较教育研究》等诸多教育学术期刊建立了合作关系，在实现自身利润的同时，也推动了两岸教育学术的交流与发展[8]。台湾高等教育出版公司这样的企业尚且可以按照合作的模式来对相关学术期刊进行整合，彼此都互惠互利互赢，那么作为同属于一个高校的出版社与学术期刊之间，更应该有理由探索和推动各种形式的合作共赢。

3.3 出版社为学术期刊提供信息化建设服务，出版社提升信息化服务能力

《关于推动学术期刊繁荣发展的意见》特别指出要从"推动数字化转型"和"推进融合发展平台建设"两方面"加快融合发展"。要求学术期刊应该"顺应媒体融合发展趋势，坚持一体化发展，探索网络优先出版、数据出版、增强出版、全媒体出版等新型出版模式"[5]。但分散的各学术期刊限于本身的人力、技术等力量有限，主要精力只能放在按期编辑出版纸质期刊上，最多是同步发布到知网、万方等数据库及期刊的微信公众号上推送，难以在融媒体发展方面有进一步的作为。因此可以通过与出版社的合作，推动学术期刊信息化建设。而出版社在这个过程中，也能够进一步提升信息化服务能力。

一是可以为各学术期刊提供信息化门户服务，构建共同的信息化门户网站平台。大学主办的各学术期刊，分散在大学内的各学术机构，各有自己的网站和投稿系统，不利于作者投稿、专家审稿。在出版社的框架内，构建共同的信息化门户网站平台，可以方便读者投稿和专家审稿，也有利于提升各学术期刊、出版社及大学的整体形象。

二是为各学术期刊提供融媒体建设服务，提升学术期刊的融媒体传播水平。随着媒体融合的迅猛发展，学术期刊的出版内容除了纸媒，还有适应数字技术发展而出现的图片、音频、视频，甚至于使用更先进的虚拟现实(VR)、增强现实(AR)等技术带来沉浸式体验的出版内容[9]。出版社可以利用自己在音像出版、数字出版方面的技术优势，为各学术期刊提供相应的技术服务和支持，促进各学术期刊的融媒体建设，也提升出版社的技术服务能力。

3.4 出版社助力学术期刊的编辑队伍建设，期刊为出版社提供学科专业支持

目前各分散的学术期刊在编辑队伍建设方面十分薄弱和被动，出版社可以与各学术期刊合作为契机，助力学术期刊的编辑队伍建设。包括以出版社或其旗下的期刊社为纽带，构建期刊编辑共同体，加强各学术期刊之间定期的学术交流，互通信息，及时传达有关上级指示，为编辑人员的继续教育、业务培训聘期考核、职称晋升等提供相关的信息和服务支持。同时，我们也应该看到，大学的学术期刊都是在各学科专业领域内具有广泛的学术影响力，拥有一批高质量的审稿专家队伍和作者队伍以及庞大的读者队伍，这些学术资源同样可以与出版社实现共享，为出版社提供学科专业支持，为出版社的选题策划出版提供学术支持和受众群体，扩大出版社在各学科专业领域的社会影响。

4 结束语

千里之行，始于足下。在学术期刊迈向集约化运营的过程中，通过推进出版社与学术期刊的合作，可以使大学内分散的学术期刊增强专业化出版、加强人才队伍建设、加速科技出

版效率、提升期刊内容质量、降低工作成本并持续增强经营能力,也能够让出版社扩大经营规模,扩大社会影响,增强经营实力,实现大学的学术期刊和出版社的合作与双赢。

参 考 文 献

[1] 欧梨成,朱岩,陈培颖.国际一流大学出版社期刊出版运营模式探究:以牛津大学出版社为例[J].科技与出版,2020(6):113-119.

[2] 姜春明."双一流"建设高校学术期刊集约化管理现状分析与思考[J].科技与出版,2021(6):46-50.

[3] 文娟,崔玉洁,包颖,等.基于期刊集约化的管理系统实践探索:以西南大学期刊社为例[J].编辑学报,2020(3):318-322.

[4] 初景利,闫群.我国科技期刊集约化关键问题剖析[J].出版科学,2023(1):66-71.

[5] 中共中央宣传部教育部科技部印发《关于推动学术期刊繁荣发展的意见》的通知[J].编辑学报,2021(4):355-357.

[6] 刘俊,张昕,颜帅.大学出版社学术期刊集群化运营模式研究:以清华大学出版社期刊中心为例[J].编辑学报,2016(6):561-565.

[7] 林树文,杨小萍,刘新永.编营分离是文化体制改革下科技期刊走向市场的必然选择[J].科技与出版,2009(12):9-11.

[8] 李涛.台湾地区教育学术期刊经营模式及启示[J].集美大学学报(教育科学版),2013(1):61-64.

[9] 顾青.媒体融合背景下学术期刊的"数字化"转型发展:上海大学期刊社的实践与探索[J].传媒,2022(10):14-16.

基于 DOAJ 数据库对国内外开放获取英文科技期刊 APC 的调查研究

黎世莹

(司法鉴定科学研究院,上海市法医学重点实验室,司法部司法鉴定重点实验室,
上海市司法鉴定专业技术服务平台,上海 200063)

摘要:本研究基于 DOAJ 和 Web of Science 数据库,采集 2002—2022 年期刊的数量、所属国家和机构、合作出版商、学科领域、期刊影响力等相关参数,分析各参数与 APC 之间的关系,同时调研并比较国内外英文 OA 期刊发展状况和差异。结果显示,DOAJ 收录期刊数量呈持续性增长,出版机构类型、期刊领域对 APC 定价影响较大,影响因子与 APC 价格呈正相关;我国英文 OA 期刊增加速度有所提高,但相较其他国家/地区,总体数量仍无明显提升,且 APC 定价主要由办刊单位或合作出版商主导,缺乏一定的规范性。基于我国相关政策和开放获取出版现状提出了建议和对策,以期为我国科技期刊收费依据、定价方式及操作规范提供参考。

关键词:开放获取(OA); OA 期刊;学术期刊;论文处理费(APC)

开放存取(Open Access, OA)又名开放获取,是 20 世纪 90 年代国际学术界、图书情报界和出版界推出的旨在消除知识传播壁垒,推动学术信息广泛和快速传播,实现学术成果共享和无障碍获取的运动[1]。与基于订阅的传统学术传播模式不同的是,OA 在尊重作者权益的前提下,利用互联网技术,将学术文献、科研成果更加快速、高效地传播,使互联网用户可以免费获取。

OA 运动起源于网络发展之初[2]。图书馆等相关机构的经费短缺是开放存取活动兴起的最主要原因,出版商对学术出版的逐步垄断使得图书馆在与出版商的谈判中逐渐处于被动地位,基于订阅的传统学术期刊出版机制也严重阻碍了学术交流。与此同时,作为一种开放的信息交流平台,电子预印和网络期刊不必经过传统的出版流程,降低了学术出版和科学信息交流的成本;其次,免费的期刊管理系统日渐成熟,使得网络信息技术为开放存取的实现提供了平台和技术保障[3]。随之,国外开放存取期刊开始蓬勃发展。除了创办新的开放存取期刊,很多传统的学术期刊也积极应对,采取不同模式,实现了不同程度的开放存取[4]。

相比之下,国内传统学术期刊开放存取出版发展缓慢,开放存取期刊主要是中国科协主管和中国科学院主办的部分期刊,很多学术期刊仍在采用传统模式。在《中共中央关于制定

基金项目:2022 年中国科技期刊卓越行动计划选育高水平办刊人才子项目(2022ZN051002);2022 年施普林格·自然—中国高校科技期刊研究会英文编辑及国际交流人才培养基金(CUJS-GJHZ-2022-27);上海市法医学重点实验室资助项目(21DZ2270800);上海市司法鉴定专业技术服务平台资助项目(19DZ2292700);司法部司法鉴定重点实验室资助项目

国民经济和社会发展第十四个五年规划和二〇三五年远景目标的建议》中已明确表示，把构建高端科技论文和科技信息的开放交流平台作为一项支撑国家科技创新的重要战略工程。期刊开放存取涉及的利益群体多，如政府部门、科研资助机构和管理机构、研究机构、大学和期刊出版单位；需要解决问题也比较多，如政策支持、科研评价、论文发表费支付、知识产权归属、论文获取利用和期刊运营方式、期刊影响力等，国内外在以上方面存在较大差异。

因此，通过比较研究国内外 OA 科技期刊的收费情况，进而分析我国学术期刊开放存取出版所处环境，对我国科技期刊开放存取出版发展的策略的制定具有重要的研究意义。

1 数据来源和研究方法

本研究对开放获取期刊目录(Directory of Open Access Journals, DOAJ)进行检索，期刊名称、出版商名称、出版年份和出版国家或地区、论文处理费等数据均直接来源于 DOAJ，检索日期为 2023 年 1 月 1 日。对 DOAJ 数据库 2002—2022 年英文 OA 期刊的 APC 进行采集，作为测算 OA 出版和转换成本的基础数据，因币种不同并根据国家外汇管理局 2023 年 4 月 17 日相关国家/地区的汇率，将期刊 APC 统一换算为美元价格进行比较。研究另基于 Web of Science 数据库，检索 MEDICINE、LEGAL 分类下的期刊，作为比较国际 SCI 和 ESCI 期刊 APC 的研究对象，应用 SPSS 21.0 软件对采集的数据进行统计学分析，检验水平 $α=0.05$。

2 结果与分析

2.1 英文 OA 期刊整体情况

2002—2022 年，DOAJ 收录期刊数量呈持续性增长，即由 2002 年的 21 本增长至 2022 年的 18 655 本，平均每年增加约 888 本。其中，免 APC 期刊由 2002 年的 4 本(占当年 DOAJ 收录期刊总数的 19.05%)增长至 2022 年的 12 615 本(占当年 DOAJ 收录期刊总数的 67.62%)，平均每年增长约 600 本，2017 年增长数量最高，为 1 711 本。2020 年，免 APC 期刊数量占总收录期刊最高，为 69.19%。除 2002 年、2003 年、2009 年这三年外，新收录的期刊主要为免 APC 期刊。

本研究选取收文语种范围包括英文的期刊做进一步研究。结果显示 2002—2022 年，DOAJ 收录的英文期刊数量呈持续性增长，与期刊总体变化趋势一致，由 2002 年的 21 本增长至 2022 年的 14 884 本，平均每年增加约 709 本。其中，免 APC 英文期刊由 2002 年的 4 本(占当年期刊数量的 19.05%)增长至 2022 年的 9 399(占当年期刊数量的 63.15%)，平均每年增长 448 本，2021 年增长数量最高，为 1 212 本。DOAJ 于 2002—2022 年期间英文期刊年增量变化趋势见图 1。可见，英文期刊的变化与数据库中所有期刊变化趋势基本一致，因此，后续研究均基于英文期刊数据展开。

2.2 英文 OA 期刊所属地区/国家分析

对 OA 英文期刊所属地区/国家整体变化趋势进行分析。自 2002 年开始，出版商为英国、德国、瑞士、美国、荷兰等发达国家的期刊开始加入 DOAJ 以 OA 模式出版。随后，韩国、印度、巴西、南非、土耳其等国家的期刊陆续加入。截至 2022 年 12 月 31 日，共有 128 个国家或地区的英文 OA 期刊被 DOAJ 收录，平均每个国家或地区拥有 116.3 本期刊，中位数为 20 本。期刊数量排名前十的国家有英国(1 966 本)、印度尼西亚(1 462 本)、美国(1 059 本)、巴西(877 本)、波兰(764 本)、西班牙(673 本)、瑞士(558 本)、意大利(440 本)、土耳其(418 本)、伊朗(403本)，占英文OA期刊总数的57.9%。我国期刊有170本，排名第21位，占总数的1.1%。

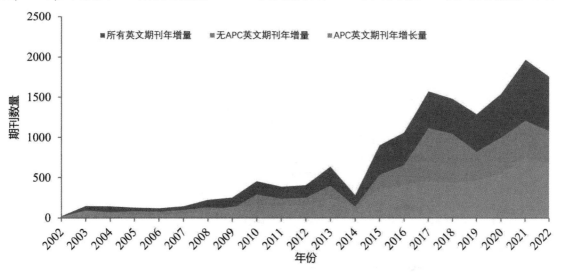

图1　2002—2022年DOAJ收录期刊年度增长量变化趋势

图2分别显示了2002年、2007年、2014年、2017年和2022年英文期刊数量排名靠前的国家/地区，包括英国、德国、瑞士、美国、荷兰、巴西等国家，并与我国期刊的情况进行比较。分析可见，我国英文OA期刊起步较晚，数量增加缓慢。在2017年至2022年这五年期间，我国英文OA期刊增加速度有所提高(图3)，但相较其他国家/地区，总体数量仍无明显提升。

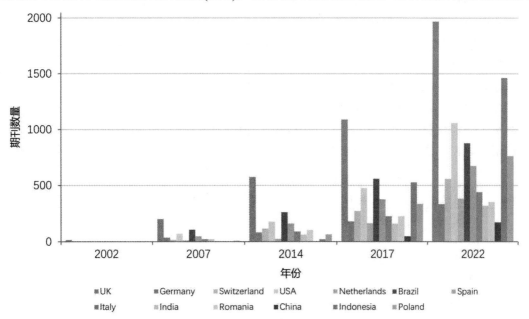

图2　2002年、2007年、2014年、2017年和2022年，DOAJ数据库中英文OA期刊数量排名靠前的部分国家或地区与我国英文OA期刊数量变化趋势

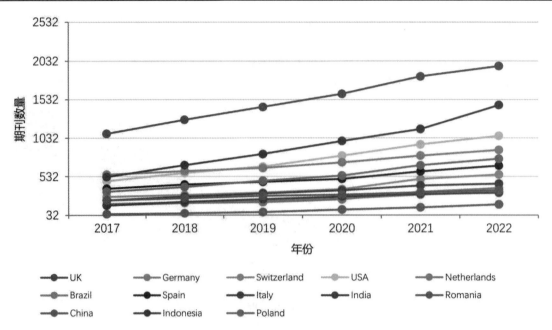

图3 2017年至2022年，DOAJ数据库中英文OA期刊数量排名靠前的部分国家或地区与我国英文OA期刊数量变化趋势

2.3 英文OA期刊所属国家/地区与APC关系

2002—2022年期间，有128个国家/地区共出版14 884本期刊，平均APC约为120美元，其中，共有91个国家/地区(91/128，71.1%)有一本以上的期刊收取APC，平均费用约为169美元，中位数约为75美元。由表1可见，平均APC最高的国家依次为瑞士、英国、荷兰、澳大利亚等国家/地区。我国170本期刊平均APC为469.94美元，收费最高的期刊为 *Journal of Clinical Laboratory Analysis* (3 850美元)；170本期刊中不收取APC的有94本(占55.29%)，另有76本(44.71%)收取APC，平均费用约为1 051.19美元，中位数约900美元。

本研究分别对2002年、2007年、2014年、2017年和2022年新增期刊的平均APC数据进行观察，如表2显示，新增OA期刊平均APC并无显著增长，反而有下降趋势。

表1 DOAJ数据库不同国家/地区的期刊数量及APC价格

No	国家	期刊数量(本)	平均APC/美元	最低APC/美元	最高APC/美元
1	瑞士	557	1 559.77	0	3 590.00
2	英国	1 966	1 463.33	0	6 850.00
3	荷兰	382	1 139.28	0	5 200.00
4	澳大利亚	132	898.89	0	5 000.00
5	美国	1 059	884.15	0	8 900.00
6	新加坡	38	553.02	0	2 500.00
7	中国	170	469.94	0	3 850.00
8	日本	73	468.81	0	3 336.676
9	德国	333	457.27	0	5 000.00
10	阿拉伯	5	412.12	0	1 860.60
11	巴西	877	29.23	0	1 600.00

表 2　DOAJ 数据库 5 个时间段年度新增英文 OA 期刊及 APC 数据

年份	国家/地区数量	英文 OA 期刊数量/本	最高 APC/美元	平均 APC/美元	收费期刊数量/本	收费期刊平均 APC/美元
2002	5	21	3 630.00	1 415.69	17	1 748.79
2007	33	143	2 468.40	420.20	45	1 335.32
2012	49	404	5 000.00	544.71	152	1 447.78
2017	81	1 572	6 850.00	257.65	450	900.06
2022	86	1 755	8 900.00	367.18	644	1 000.61

为更清晰地显示不同国家/地区的平均 APC 变化趋势，本研究分别基于五个时期的平均 APC，使用 Python 3.11.1 软件(https://www.python.org/downloads/)制作国家/地区相应收取的平均 APC(美元)地图，发现 OA 期刊的发展速度快，2017 年几乎已分布于大部分国家/地区，而 APC 的增长仅限于某些国家/地区。进一步分析显示，处于持续增长的国家/地区有美国、澳大利亚和荷兰，除了上述三个国家以外，瑞士和英国的 APC 费用相较其他国家/地区也一直处于高位。我国期刊平均 APC 变化不大，长期稳定在 500 美元左右。

2.4　英文 OA 期刊隶属出版机构分析

数据显示 2022 年共有约 6 894 个出版机构(由于部分出版机构存在录入格式不统一导致的重复现象，因此 6 894 并非准确计数，仅供参考)与上述 14 884 本英文 OA 期刊合作，期刊数量最多的前三大出版机构分别是 Elsevier、MDPI AG 和 BMC(表 3)。

表 3　DOAJ 数据库出版机构合作英文 OA 期刊数量排名前 30

No	出版机构	合作期刊数量/本
1	Elsevier	632
2	MDPI AG	321
3	BMC	307
4	Wiley	228
5	Wolters Kluwer Medknow Publications	224
6	Hindawi Limited	205
7	Sciendo	199
8	Taylor & Francis Group	195
9	SAGE Publishing	185
10	SpringerOpen	176
11	Frontiers Media S.A.	132
12	KeAi Communications Co., Ltd.	109
13	Oxford University Press	91
14	Dove Medical Press	78
15	De Gruyter	73
16	Universitas Negeri Semarang	64
17	Emerald Publishing	50
18	Istanbul University Press	45
19	Ubiquity Press	44
19	Copernicus Publications	44
19	AOSIS	44
22	Pensoft Publishers	41

22	AVES	41
24	University of Bologna	39
24	Cambridge University Press	39
26	Nature Portfolio	35
27	Universidade de São Paulo	33
27	Firenze University Press	33
27	EDP Sciences	33
30	Tehran University of Medical Sciences	32

分别观察 2002—2006 年、2007—2011 年、2012—2016 年、2017—2022 年四个时期 DOAJ 新收录出版机构和期刊的数量变化(图4)。结果发现这四个时期分别收录出版机构 321、790、1 620、5 043 家，期刊为 557、1450、3 274、9 603 本，均呈增长趋势，但总发文数量增长趋势有所减缓，即刊均载文量下降较为显著，分别约为 2 039、1 365、668、243 篇/本。四个时期出版机构与期刊的整体比例无明显变化，平均每家出版机构分别出版约 174、184、202、190 本期刊。

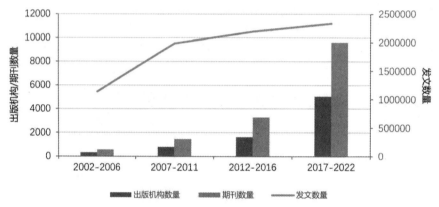

图 4　四个时期 DOAJ 新收录出版机构和期刊的数量变化

本研究将出版机构类型分为出版商、院校和科研机构三类。在选取的四个时期中，排名出现过一次以上的出版机构有 16 家(BMC、Copernicus Publications、Elsevier、Hindawi Limited、KeAi Communications Co., Ltd.、MDPI AG、Oxford University Press、SAGE Publishing、SpringerOpen、Taylor & Francis Group、Universidade de São Paulo、Wiley、Wolters Kluwer Medknow Publications、Elsevier、SpringerOpen)，其中，非国际出版商仅有 Universidade de São Paulo 一家，MDPI AG、BMC、Copernicus Publications、Hindawi Limited 载文量上万。

在 170 本我国 OA 英文期刊中，合作出版机构类型有出版商(148 家，87.06%)、院校(19 所，11.18%)和科研机构(3 所，1.76%)。这其中，与 KeAi Communications Co., Ltd.合作的期刊数量最多为 97 本，占比为 57%，随后是 Elsevier(15 本)和 Tsinghua University Press(8 本)。

2.5　英文 OA 期刊出版机构与 APC 的关系

截至 2022 年，14 884 本期刊中有 4 765 本期刊(占总数 32.01%)与 1 397 家出版机构(占总数 20.26%)合作，收取 APC 约 88.24 亿美元，载文量 4 800 563 篇，占所有期刊载文总数的 62.88%。合作 10 本及以上收取 APC 期刊的出版机构有 46 家。期刊占有量排名前 30 的出版机构有 29 家合作期刊收取 APC(图 5)，即与出版商合作的期刊数量远多于其他机构。因此，期刊载文数量与 APC 收取费用呈正相关。2002—2022 年，仅 11 家出版商就赚取了全球 80% 的出版费用。

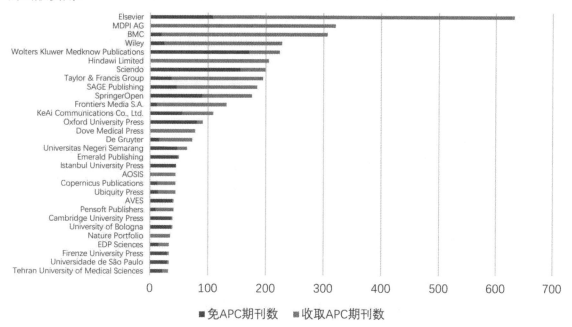

图 5　期刊占有量排名前 30 的出版机构合作期刊 APC 收取情况

同为发展中国家的巴西，其 OA 期刊发展值得瞩目，截至 2022 年，巴西共有涉及 19 个学科的 877 本期刊，仅 105 本期刊收取 APC(平均约 244.11 美元)，办刊机构基本是高等院校和学协会。

大型出版机构在这四个时期的合作期刊数量成逐年递增态势。Elsevier 的期刊数量和收取 APC 期刊数量最多，MDPI AG 采取完全作者支付模式，收取的总出版费最高，占 2002—2022 年所有期刊出版费用总金额的 28.55%，且期刊数量增长速度最快，PLoS 合作期刊平均 APC 最高，约为 2 964.00 美元。

总载文量上万的期刊共 71 本，平均每本期刊总载文数量约 26 073 篇，最大载文量 297 335 篇，最少 10 008 篇。71 本期刊中收取 APC 的期刊 63 本，收取总额约 40.39 亿美元，占所有期刊总收入的 45.77%。63 本期刊 APC 篇均约 2 445.26 美元，最高 6 290 美元，最低 275 美元。与上述 71 本期刊合作的出版机构基本为大型国际出版商。

在 170 本我国 OA 英文期刊中，2002—2022 年总 APC 金额约为 24 602 464.86 美元，期刊 APC 篇均约 469.94 美元；收取 APC 的期刊共 76 本，平均约 1 051.19 美元，在与大型出版商合作的期刊中，平均收取 APC 最低的为 KeAi Communications Co., Ltd.(931.73 美元)，最高为 Wiley(3 190.00 美元)；院校主办收取 APC 的期刊有 9 本，平均约 970.52 美元；学协会主办收取 APC 的期刊有 3 本，平均约 1 095.05 美元。

2.6　英文 OA 期刊学科分析

14 884 本期刊涉及 20 个学科大类，其中数量最多的为医学类(Medicine)期刊，共 3 218 本，平均 APC 在所有学科分类中处于最高位，约 868.79 美元，其次为科技类(Science，1 758 本，平均 APC 约 703 美元)和技术类(Technology，1 791 本，平均 APC 约 614 美元)期刊(详见图 6)，其他领域期刊平均 APC 价格相较上述三类期刊呈断崖式下降。载文量上万的 71 本期刊涉及 7 个学科(表 4)。由此可见，APC 定价与学科类型关系紧密。Medicine、Technology、Science 三大学科的期刊数量、载文量、总 APC 占比均远高于其他学科。

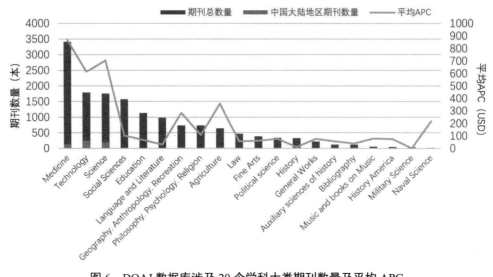

图 6 DOAJ 数据库涉及 20 个学科大类期刊数量及平均 APC

表 4 载文量上万的 71 本期刊涉及 7 个学科

学科	学科期刊数量/本	平均 APC/美元	总 APC/亿美元
Medicine	24	2 318.25	16.21
Science	25	2 315.46	12.54
Technology	15	1 862.18	9.44
Agriculture	3	2 399.72	1.15
Philosophy	1	2 950.00	1.05
Geography	1	0	0
History	1	0	0

170 本期刊分属 12 个学科大类。在期刊数量最多的医学类，我国期刊仅 33 本，占 0.965%。在所有学科中，除农学和海军学以外，其他我国英文 OA 期刊的平均 APC 均显著低于所属学科总体期刊平均 APC。获得影响因子的期刊有 56 本，其中 21 本期刊收取 APC，统计结果显示 APC 与影响因子之间的相关系数值为 -0.157（$P>0.05$），即 APC 和影响因子之间并没有相关关系。

2.7 英文 OA 期刊影响力与 APC 关系

本研究选取法医学领域英文 OA 期刊开展 APC 特征分析。法医学作为一门独特的领域，其学科交叉度极高，是社会科学与自然科学相融合的一门特殊学科，具有较高的代表性。

研究发现该领域有 42 本期刊与 26 家出版机构合作，其中 11 本与 Elsevier 合作；传统订阅期刊 5 本，混合期刊 13 本，OA 期刊 24 本。SCI 期刊 17 本(12 本混合模式，1 本 OA，3 本订阅)，ESCI 期刊 7 本(1 本混合，2 本订阅，5 本 OA)。

17 本 SCI 期刊中，仅 4 本期刊不收取 APC，收取费用的期刊平均 APC 为 3 550.11 美元。

25 本非 SCI 期刊中，20 本为免 APC 期刊，其余 5 本收费期刊的平均 APC 为 1 685.64 美元。研究选取同一出版商(Elsevier)旗下的 11 本期刊，观察其 APC 价格与期刊影响力之间的关系，结果显示 APC 和 2022 JIF 之间的相关系数值为 0.636($P<0.01$)，说明 APC 和 2022 JIF 之间有着显著的正相关关系，即影响因子越高 APC 价格越高(图 7)。

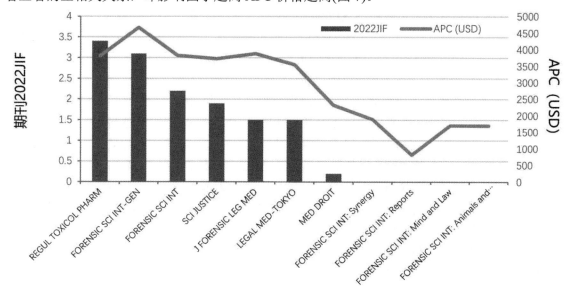

图 7　Elsevier 旗下 11 本法医学领域期刊 APC 与期刊影响力的关系

3　讨论

3.1　英文 OA 期刊整体情况及 APC 的特点

研究发现 2002—2022 年，DOAJ 收录期刊数量呈持续性增长，即由 2002 年的 21 本增长至 2022 年的 18 655 本，平均每年增加约 888 本，近 10 年增长显著，与其他相关文献相似[5-6]。英文 OA 期刊的变化趋势与总体期刊变化一致，其比例自 21 世纪初开始出现增长，本研究发现至今共有 128 个国家/地区共出版 14 884 本期刊，且主要为免 APC 期刊，证明于作者和科研成果传播有利的开放获取出版模式正得到进一步的推广。英文语种的期刊仍是主流趋势，其他单一语种较难发展，虽然部分期刊接收多语种投稿，但对编辑部要求较高，办刊成本也相应提高。欧美国家和地区的英文 OA 期刊数量增长较快，但收取的平均 APC 费用更高，如排名前三位的有瑞士(1 559.77 美元)、英国(1 463.33 美元)、荷兰(1 139.28 美元)。新增 OA 期刊平均 APC 并无显著增长，反而有下降趋势，APC 的增长仅限于某些国家/地区，处于持续增长的国家/地区有美国、澳大利亚和荷兰，除了上述三个国家以外，瑞士和英国的 APC 费用相较其他国家/地区也一直处于高位。上述情况反映出发达国家和地区对 APC 的定价处于主导地位，发展中国家和地区相对被动地采取低定价加入 OA 期刊市场。

3.2　英文 OA 期刊所属学科与 APC 的关系

研究显示，APC 的定价与学科类型关系紧密，医学、科技和技术类期刊数量、载文量、总 APC 占比均远高于其他学科，这可能与上述领域近几年受到的公众高关注度和资金投入有关[7]。基于此，本研究深入分析医学领域中的法医学期刊，发现虽然各大出版商选择公开发布透明的收费政策[8-9]，但 APC 与期刊影响力的关系呈正相关，即影响力越高的期刊收取了更多的 APC，本研究分析可能存在以下两方面的原因：影响力高的期刊往往创刊时间更长，仍固守于传统订阅模式或处于模式转变期，提供混合出版，而非钻石或黄金 OA；较新的期刊则由于影响力低，更倾向于选择钻石 OA 以吸引作者和读者，以期获得更多稿源，并快速提升期刊影响力。

3.3 英文 OA 期刊隶属出版机构与 APC 的关系

对出版机构的研究显示，与出版商合作的期刊数量远多于其他机构，使少数发行商主导着 OA 收益。期刊占有量排名前 30 的出版机构有 29 家合作期刊收取 APC。2002—2022 年，仅 11 家出版商就赚取了全球 80%的出版费用，Elsevier 的期刊数量和收取 APC 期刊数量最多，MDPI AG 采取完全作者支付模式，收取的总出版费最高，占 2002—2022 年所有期刊出版费用总金额的 28.55%，且期刊数量增长速度最快，与 PLoS 合作期刊平均 APC 最高，约为 2 964.00 美元。值得注意的是，印度尼西亚和巴西期刊发展速度较快，前者期刊数量于 2022 年仅次于英国，排名第二，后者期刊数量增长稳健，截至 2022 年，巴西共有涉及 19 个学科的 877 本期刊，仅 105 本期刊收取 APC(平均 244.11 美元)，办刊机构全部是高等院校和学协会，对期刊发展产生了积极的推动作用。由此推测该国期刊采取的是钻石出版模式，这与其他出版模式有着本质的差异，需要国家层面出台相关政策承担运营成本。

3.4 我国英文 OA 期刊发展情况及 APC 定价

相较于国际期刊，截至 2022 年，我国共有 170 本英文 OA 期刊，仅占总数的 1.1%，排名第 21 位，总体起步较晚，数量增加缓慢。在 2017—2022 年这五年期间，我国英文 OA 期刊增加速度有所提高，但相较其他国家/地区，总体数量仍无明显提升。大部分期刊(87.06%)仍选择与出版商合作，并选择免 APC 或收取较低 APC 以吸引稿源，可见办刊费用仍由国内主办单位承担，市场竞争的主导权仍在出版商。170 本期刊分属 12 个学科大类，在国际期刊数量最多的医学类，我国期刊仅 33 本，占 0.965%。在所有学科中，除农学和海军学以外，其他英文 OA 期刊的平均 APC 均显著低于所属学科总体期刊平均价格。研究显示，56 本获得影响因子的期刊中，仅有 21 本期刊收取 APC，且 APC 价格不一，与期刊影响力亦无相关性，推测主要由办刊单位或合作出版商主导出版模式，APC 定价缺乏一定的规范性，侧面印证了我国高影响力的期刊能够在各层面获得足够的资金支持，自主选择收取或免 APC，而影响力较小的期刊只能通过收取 APC 维持运营。整体呈现出开放出版进展缓慢，OA 规范性差，本土化能力弱[10]，这一现状更不利于小领域科研成果的开放获取。

4 结束语

综上，虽然近几年期刊数量增加显著，但总体发文量并未同步增长，导致刊均载文量下降较为显著，在另一方面，由于大型出版商主导的期刊载文量仍在显著上升，导致了"虹吸"现象，即大部分科研成果被投入到了医学和科技类学科的知名期刊，小领域和人文类学科的期刊日渐式微，且由于出版机构从合作办刊模式逐渐转向自主创刊、模式化办刊的套路，这也意味着我国新创立的期刊将面临更局限的选择权和更激烈的竞争，仅靠降低 APC 收费似乎已不是最优解，建议期刊运营方选择合适的学科领域、合作模式和资金来源，以提供更优质的服务和保障期刊质量是办刊基础。国家层面也亟须出台相关指导意见，包括在考量所有科研领域的文化、政策和财务状况后按领域指导差异定价，促使出版商和机构层面达成协议；改革和完善大学和资助机构的资助决策、聘用、升职、任期决策中的研究评估和奖励机制，以提高激励力度。鼓励机构和学者支持不以经济理由排除作者的包容性出版和发行渠道，帮助其充分利用 OA 知识库和非 APC 期刊（"绿色"和"钻石"OA）；督促机构实时监管，避免科研人员选择商业主导的 OA 期刊、避免与长远目标冲突的出版模式，远离"阅读和出版"协议；利用数据库资源开发 OA 数据分析工具，监测 OA 期刊发展和转换情况，确保我国 OA 期刊各发展阶段的透明度和可复制性。总之，在深入推进与出版商的集群化合作、规范化 APC 定价的同时，需要考虑均衡学科发展，使不同领域期刊都能有充足的资金维持良性运营，最终实现可持续的开放获取。

参 考 文 献

[1] 王颖,黄思敏,刘娜,等.国内外学术期刊开放存取出版环境比较[J].中华医学图书情报杂志,2016,25(3):64-69.

[2] HARNAD S, BRODY T, VALLIÈRES F, et al. The access/impact problem and the green and gold roads to open access [J]. Ser Rev, 2004, 30(4):310-314.

[3] LEWIS D W. The inevitability of open access [J]. Coll Res Lib, 2012, 73:493-506.

[4] IRATII R, DEMETER M. Plan S and the 'opening up' of scientific knowledge: a critical commentary [J]. Decolonial Subversions, 2020, 1(1):13-21.

[5] SCHILTZ M. Science without publication paywalls: cOAlition S for the realisation of full and immediate open access [J]. PLoS Biol, 2018, 16(9):e3000031.

[6] DEMETER M, JELE A, BALÁZS Z. The international development of open access publishing: a comparative empirical analysis over seven world regions and nine academic disciplines. [J]. Publishing Research Quarterly, 2021, 37:364-383.

[7] IYANDEMYE J, THOMAS M P. Low income countries have the highest percentages of open access publication: a systematic computational analysis of the biomedical literature [J]. PLoS ONE. 2019, 14(7):e0220229.

[8] OPENAPC[EB/OL]. [2023-01-12]. https://treemaps.intact-project.org/apcdata/openapc/#journal/is_hybrid=.

[9] Plan S Price Transparency Frameworks: guidance & requirements [EB/OL]. [2023-01-12]. https://www.coalition-s.org/price-and-servicetransparency-frameworks/.

[10] 武虹,陈雪飞,王昉,等.全球 OA 期刊出版大数据监测方法[J].现代情报,2019,39(2):145-151.

经管类学术期刊的影响力及其提升路径探讨

高立红

(首都经济贸易大学科研处杂志总社,北京 100026)

摘要: 当前,随着经管类学术期刊的增多及学术竞争的加剧,学术期刊的影响力越来越成为期刊界和学术界重视和关注的话题,不仅仅关系到学术期刊的生存,也是新时期我国文化强国建设和对外话语权的一个重要抓手。本文从学术期刊的学术影响力、社会影响力、国际影响力等相关影响因素分析,并重点分析了社会影响力的发生机制,同时借鉴前人研究的一些成果,结合新时期经管类学术期刊现状特点和传播趋势,给出提升经管类学术期刊影响力提升路径的一些可行的策略。

关键词: 学术期刊;影响因子;学术影响力;社会影响力;国际影响力;提升路径

党的十八大以来,习近平总书记多次强调要办好一流学术期刊和各类学术平台,加强国内外学术交流,构建具有较强引导力和公信力的对外话语体系。党的十九届五中全会对文化建设高度重视,从战略和全局上做了规划和设计,明确提出到 2035 年建成文化强国。2021 年 6 月,中宣部、教育部、科技部联合印发《关于推动学术期刊繁荣发展的意见》指出,学术期刊是开展学术研究交流的重要平台和传播思想文化的重要阵地。加强学术期刊建设,提升国家科技竞争力和文化软实力,对构筑中国精神、中国价值、中国力量具有重要作用。2022 年中央宣传部印发《关于推动出版深度融合发展的实施意见》,提出要加快推动出版深度融合,构建数字时代新型出版传播体系。以全媒体手段推进传播内容、形态、渠道多元化,是出版业面临的时代主题。随着我国现代化进程不断向前推进,社会主义文化强国建设必将以学术期刊为一翼和抓手,迈出更加坚实的步伐。

在上述时代背景和要求下,出版业必将以提高学术话语权和学术影响力为抓手,在追求出版内容和质量提高前提下,加大对外宣传和传播,扩大学术影响力,在对外话语权方面彰显大国形象和分量。随着网络信息技术和移动互联网的飞速发展,信息传播和知识交互的方式不断变革将人类引入到一个新时代的学习场景,人类学习和获取知识的模式发生了极大转变,借助于新媒体技术手段赋能,快速实现知识和学术的交互和传播。经管类期刊作为传播学术思想和国家政治、经济、管理等人文意识形态的学术类期刊,其载文的学术思想和意识形态对社会宏观层面的影响力至关重要。

1 学术期刊影响力的相关研究综述

国际学术出版者学会的调查分析(1997)[1]表明,学术期刊的作者和读者最关注的方面是:期刊声誉(73.8%)、期刊影响因子(59.9%)、同行评议质量(59.1%)、期刊国际彰显度(54.3%)。

喻国明(2003)指出期刊的市场定位、编辑方针、内容策划、经营活动等都要围绕"影响力"来进行，期刊影响力的本质主要是它为社会认知和判断、社会决策和社会行为上打上了"渠道烙印"[2]。丁筠等(2012)指出，影响因子、期刊声誉、期刊传播及发行途径、数字出版以及OA开放获取均能有效提升期刊影响力[3]。王轶(2016)的研究表明，社科类期刊高转载文章的数量、期刊文章的内容与主题是影响学术期刊社会影响力的关键，高转引作者是提高学术期刊转引和转载的前提，扩大期刊优先出版的比例能显著提高期刊的学术影响力[4]。田卫平(2009)指出，判断一本学术期刊影响力的大小，除了"核心期刊"的名次排序可参照外，还有两个不可忽略的参照，就是同行评价和管理层评价[5]。

王陶然(2009)认为，以网络为基础的"新经济"本质是"注意力经济"，其最重要的资源不是信息，而是注意力[6]。郑丽颖、郑丹妮和赵纯(2010)指出媒介影响力需要通过媒介重复传播而形成，受众的忠诚度对研究媒介影响力也至关重要[7]。李艳和刘志新(2010)认为，要打造期刊的影响力，必须占领专业的制高点，拓展专业的延伸点，积极塑造期刊品牌，并通过开展各种活动不断提高期刊的社会影响力[8]。冀芳和张夏恒(2016)基于5种CSSCI来源期刊的实证分析表明，提出了微信公众号平台对提升期刊影响力的具体策略[9]。胡小洋(2018)基于新媒体时代信息传播的特点，构建了基于信息生产、传播和反馈过程的学术期刊影响力形成框架，采用完整"动态—双向"的学术出版全流程出版模式，利用信息化技术和社交工具，使新媒体时代学术期刊生产、传播和信息反馈-分析系统得到立体化延伸和再造，实现学术期刊影响力的跨越式提升[10]。

上述这些研究表明，学术期刊的影响力的影响因素很多，但不论是对于传统期刊还是对于新媒体时代的期刊而言，期刊的影响力因素研究都涉及影响因子、学术影响力、社会影响力、国际影响力等，新时代多媒体呈现的多元化传播影响更为重要。本文针对这些问题，结合当前经管类学术期刊出版和传播情况，提出一些普适性的提升路径分析和探讨。

2 学术期刊的影响力及相关概念

评价学术期刊学术影响力的公认指标为影响因子和被引频次等。影响因子(Impact Factor, IF)是美国科学信息研究所创始人尤金·加菲德在20世纪60年代创立的"期刊引证报告"(JCR)中的一个重要数据。根据JCR规定，一种学术期刊在统计年度的影响因子(IF)等于前面两年该期刊刊发的全部文章被引用的总次数除以该期刊前两年刊发的全部文章的总数量，结果表明了该期刊被"关注"的程度。所以IF直接关系到学术期刊的影响力和"知名度"，并逐渐成为国际上通行的期刊评价指标。透过一本期刊的影响因子可以看出期刊的整体学术水平，例如，国内知名的社科类期刊《经济研究》和《管理世界》，影响因子都在20以上，而世界著名的期刊《自然》(Nature)和《科学》(Science)的影响因子都在30以上，因此，判断一本期刊的学术水平或者说刊载的文章质量水平，基本可以通过影响因子大概看出。

影响力指数(CI)是期刊在一定时期内发表的学术研究成果在某一个时间段内促进相关学术研究与应用发展的能力。选取代表性的评价指标——总被引频次和影响因子，投射到"期刊影响力排序空间"，采用向量平权计算得到的综合指标。该评价指标兼顾了期刊质量、历史、规模等因素，客观地反映期刊学术影响力的相对水平。其本源上产生于论文的学术价值与应用价值的大小，也即期刊被关注、被认可、被转化、被传播和被应用的概率，这与学术出版的内容质量、服务意识、传播状况以及学术创新等息息相关。在新媒体时代，学术期刊的全媒体传播、深度融合以及数字化出版都为影响力指数提升插上了翅膀。

综合而言，学术期刊学术影响力通常依据期刊的影响因子和总被引频次，而影响力指数反映的是期刊的综合影响力，包含了社会影响力方面，这为学术期刊工作者提供了基本参考。

3 学术期刊的社会影响力、国际影响力

3.1 学术期刊的社会影响力

根据前面所述学术期刊的社会影响力是基于学术期刊的学术影响力在社会层面的价值延伸和应用价值而言，是一种社会化效益的体现，同时也是一种经济效益的具体体现。其本质是一种学术资源的价值体现，表现为期刊品牌效应和期刊经济效应。期刊社会化影响是通过期刊及其承载的内容被传播和被社会认可的惯性和社会效益表达而凝聚起来的足够正面的"注意力资源"，这种"注意力资源"是需要规模化和专业化的手段来实现，学术期刊必须瞄准了本专业领域内的学术制高点，提供专业领域内的创新信息和实用性价值，并扩大传播面产生更大的社会价值。这种注意力即是传播力，其决定了影响力。新媒体的优势在于具有互动性和反复性的注意力吸引，形成大数据关联性的持续价值吸引。这种持续的价值吸引产生经济投入和经济产出，也就是经济效益。因此，学术期刊的社会影响力更多体现为社会效益和经济效益两个方面。

社会影响力的影响因素，如期刊的品牌，或者说期刊的声誉；期刊所载文章自身的影响力或者说文章被转载和摘编的平台知名度；期刊的总被引频次和作者的知名度；期刊内容转化为二次文献或者智库的内容质量；期刊选题的专业性高度和创新性；期刊的开放程度和利用新媒体传播的力度及频度；期刊传播渠道的稳定性和持续性，同行评议等等。

3.2 学术期刊的国际影响力

期刊的国际影响力是社会影响力的一种国际范围和空间的表达，表现为在国际舞台上的学术影响力和学术话语权。当前国家在推动中国文化走出去，建立文化强国和提升国家话语权战略方面已经有了进展。据中国知网 2022 年统计的最具有中国国际影响力的社科期刊有 80 种，其大部分为经管中文类核心期刊，表明中国经管类学术期刊已经开始在国际舞台上发挥学术和话语影响力，越来越多的读者和作者开始关注和使用中文类学术期刊，这体现了中国学术期刊的国际影响力。

2022 年，《中国学术期刊国际引证年报》根据 CI 排序遴选了 TOP10%为国际影响力品牌学术期刊和 TOP5%以内的期刊为"中国最具国际影响力学术期刊"，《经济研究》自 2022 年期连续 11 年获得"中国最具国际影响力学术期刊"，国际影响力指数 CI 为 453.919，国际他引影响因子为 0.993，国际他引总被引次 2711 次。学术期刊国际影响力的影响因素，首先与学术影响力有关，同时与该刊的国际化程度有关，还包括与期刊国际化采编平台、国际化传播平台、国际化作者及读者、国际化编委会人员、国际化语言种类、国际化文献使用程度、国际化会议等等。

4 经管类学术期刊社会影响力(含国际影响力)的形成机制

经管类学术期刊不同于其他类别期刊的根本在于，经管类学术期刊除了体现经管类专业学术思想外，还体现为领导者和管理者对于政治、经济、管理等人文意识形态的观点和解释等，甚至反映国家机器的经济战略和施政思想，具有大范围的、特定阶层或者区域的意识形

态，其对于学界或者业界的影响是广泛的、宏观的，甚至是具有权威的力量，如人民银行制定的金融、货币政策等，往往是对于民生的影响都是很广泛的，但却具有一定的地域性；而管理大师德鲁克的管理思想也更是具有广泛社会影响的。因此，其对经济等的影响面更大，范围更广。因此，探讨经管类学术期刊的社会影响力形成机制更加重要。

  学术期刊具有了学术竞争力和传播力，就使得期刊具有社会影响力，这是期刊社会影响力形成的关键。学术期刊具有学术竞争力是第一位的，是核心竞争力。传播力是传播学术思想的手段和方式。学术竞争力是学者的学术成果发表和以发表为根本带来的期刊市场资源和独特优势，是能够带来学术市场上的学术关注和社会经济效益。首先，经管类期刊出版后需要有读者接触，文章观点和思想能对社会经济或者民生产生影响的文章更容易让读者接受，产生愉悦和鼓舞等心理享受和满足，最终被激励。这样，读者对期刊有了美好感受就会由于惯性继续阅读，并自觉加以宣传和引导，以此类推，众多读者的宣传和引导，就会形成良性循环，形成一个局部的口碑效应和影响力。其次，期刊社应当持续这种影响力，如采用多媒体方式加以传播和强化与读者学者互动，形成一种网络上的互动模式和分享优势，瞄准本专业学术领域焦点和制高点，提供专业解读和扩展解读。也就是持续刊登此类专题或者某一个理论的应用文章，形成一个时期内的聚光效应，并依据经济社会发展的现实需要，最后，持续加强优势传播。每本学术期刊都有自己的重点栏目和优势学科，要依靠这些栏目和学科有影响力的作者进行核心竞争力养成，核心竞争力一旦形成，就要持续强化和保持相对稳定，比如固定有影响力的栏目，有影响力的一批作者和有学术威望和实力的学术团队，带动持续产出，形成规模效应和保持读者的黏性，不断强化和提升影响力的动态效应。最终，长期持续性的思想和观点的表达和刊出就形成了一个时期内的影响，期规模性形成影响力，而国际影响力是社会影响力在国际层面反应。

5 提升经管类学术期刊影响力的路径探讨

  经管类学术期刊在期刊经营和运作方面与其他类别期刊都遵循期刊运作的基本流程，但在选题把握、政治性、期刊传播等方面还是具有很多不同。因此在探讨影响力路径时完全切合期刊本身和现实需要展开。由于经管类文章相对于其他类别期刊而言，刊发的文章内容更宏观、更具广泛性，甚至政策性和意识形态，影响面相对宽泛和更具有互动性，因此也更适宜广泛传播。

5.1 依据学术影响力提升的路径策略

5.1.1 建立专业权威的学术委员会、编委会以及高质量的编校队伍

  经管类专业学术委员会负责期刊的学术定位导向、战略大方向、学术难点解读；编委会负责对稿件的选稿专业学术性、前沿性把关。稿件内容质量是第一关键要素，涉及稿件题目和内容，这是选稿着重把握的。稿件题目是否是近些年学术研究热点问题、重大战略、基础研究的关键问题、难点问题、焦点问题等等，都是会导致涉及其他研究者需要阅读、查找、引用、下载的关键；好的题目是审稿人选稿的依据，更是论文的点睛之眼。比如近些年的国家乡村振兴战略，这个问题是中国发展历史进程中涉及未来发展大计的一个至关重要的问题，以前研究的少，是因为国家没有提出这个战略也没有这个实际考虑，现在是国家战略更是民生需要，因此，对于这个战略问题的研究就显得很必要。同理，人工智能的发展对于未来社会个人就业都都有影响，都是关系到人类生存的问题，等等。

其次，高质量的编校队伍是编校质量的保证。文章本身写作的质量，是审稿专家和责编可以发现和修正的地方，高水平的责编不仅要规范文章，更要针对该文章提出修改意见，这是体现编辑创新眼光和思路的地方。学术期刊的编辑通常都是具有研究生以上学历和专业水平，应当且可以对该编校领域的学术研究有大概了解(如果没有，一定在编校前进行了解)，对于作者语言表达和专业表达有判断，能够协助作者理顺层次和逻辑。

5.1.2 推崇专题组稿和学术团队约稿，挖掘学科内的研究实力

通常学术期刊来稿都是不确定的内容，比较杂，或许一期很难成栏目或者专题，零碎的单篇很难形成持续的学术影响。而适当根据期刊需要的重大选题或者专题需要进行提前组稿、约稿，坚持一段时间持续刊发该专题范围内的稿件，会在一定学科范围内实现该学术团队的优质论文持续登载，形成影响，彰显学术团队研究实力和影响力，也展示了期刊的特色和影响力。在期刊论文选题和内容同质化严重的今天，期刊必须做出特色，深入挖掘学科内的有实力的学术团队多出成果，就会在该学科内达到一个稳定产出和高度，长期在某个专题方面的发文就会形成读者的印象和口碑，而经管类期刊发文的影响面比较宽，更容易产生影响力。

5.1.3 缩短出版周期，考虑优先出版、多元化出版

经管类期刊的多数研究都是应用性和理论性研究，不同于基础研究，很多选题都是热点或者是应用面比较广，更需要时效性。在知网可以实现热点文章单篇优先出版和录用后即时出版，可比纸刊提前一个月上网，个别文章甚至可以提前半年上网，每期文章不固定栏目和顺序，这样热点学术问题的研究论文就可以及时被读者下载和引用。学术文章要考虑创新性和对于当前现实经济问题的方案出台，就必须考虑出版时间的时滞性，引用和下载量也都会不同。尤其对于名家和热点问题的文章，更要一经录用简单编校后即可上知网等，或者进行OA出版，提高引用率和下载量，同时电子期刊和微信号传播也要及时跟进。

5.1.4 加强不同学术期刊的联合，进行专题文章的出版推广

每本经管专业的学术期刊，在专业内部针对不同问题的不同方向发表论文，各个期刊发表的同质化内容的论文是比较多的。而零星的发表并不能在茫茫学海中产生思想共鸣，如果针对一段时间内同一个议题的不同期刊的论文考虑进行专题化联合做专题推广，甚至可以考虑电子期刊出版推广。由于不同期刊在专题出版时是一本虚拟期刊的状态，这样合作发表专题论文更能产生思想共鸣。能够进行一个专题的推广，正是说明了这个议题的重要性和战略性，通过对于这个专题的阅读，省去了读者搜索和查找的大量时间，更能找到研究的问题和深度，更受读者和学者的青睐。同时也可以针对同一个专题出版的文章作者，定期联络和研讨交流，加强该领域内作者的研究对接。

5.2 依据学术期刊社会影响力(国际影响力)提升的路径

5.2.1 提升期刊的品牌声誉

经管类期刊种类多，发文同质化普遍，需要期刊经营出特色和品牌，否则可能会被兼并或者自然消亡。而期刊品牌的形成是期刊载文思想影响力的长期持续的影响所致。每个主编都有一定的选文风格和个人倾向，一定时间段内的主编对于期刊有一定的选文倾向。除此外，期刊载文数量和载文传播平台也有影响。载文数量多，主题是否集中还是零散，每期刊物表达出来的风格是不同的；载文的传播平台更是助力文章的宣传和传播，比如学习强国号可能影响会更大和更广泛和深远，还有其他载文传播平台也都有自己的业界口碑。品牌在业界的知名度提升是一个综合的口碑效应，对期刊长期的关注和良好的服务也能形成口碑；读者感

受，期刊影响因子排名，学术会议影响，多个机构评价排序的名次提升，业界报道等等都能对期刊品牌声誉有很大影响。

5.2.2 加大对于期刊转载摘编论文大力度的报道

期刊载文之所以被转载到一些二次文献平台，比如人大复印资料、新华文摘、中国社会科学文摘等国内一定知名度的转载期刊，这些期刊本身有相当的知名度和信誉度，被转载和摘编代表了被载论文在某些方面有需要表达给社会或者业界的见解和观点甚至有加大传播的必要，凝聚社会正能量，体现党的战略政策的价值，这些文章就更加需要我们自己平台或者合作平台加倍宣传、扩大传播，同时对于作者或者作者团队给予介绍和报道，引起对团队研究范围和方向的关注，以期待后续的研究成果出现。

5.2.3 开发二次文献的价值，形成内刊智库，为相关行业提供咨询，扩大行业影响力

经管类学术期刊基本都是以发表教授、研究员和博士硕士的研究成果为主，兼顾科研机构和政策研究制定机构的成果，大部分都有省部级甚至国家级等各类社科基金经费支持，这必然是社会各级政府或者国家战略需要的研究，项目成果大多需要发表文章和撰写报告，发表的文章更多具有理论性或者政策性，但在实践中却是无法直接使用的，而且篇幅比较长，对此编辑部可以在论文发完后与作者商议改写为简短的咨询建议或者智库文章，作为内参智库提交到项目支持单位，局部发行，或许会有实用指导性价值，形成对于行业的指导和影响力，实现载文内容二次开发的价值。

5.2.4 做好新媒体传播运营策划，全媒体提升影响力

新媒体对于期刊论文的传播有更快更直观的效果。利用新媒体的微信号传播精华版论文，还可以推送与选题相关的推荐文章、时事新闻、高被引专家学者的文章，最大限度吸引更多读者关注，增加文章的关注度和曝光度。微信号里开通视频号，定期邀请行业专家和学术专家对某些热点话题和政策进行视频解读，不但可以扩大微信号的关注度，还可以定期激活粉丝用户，扩大宣传的效果。利用微博官方网站传播期刊观点和热点，形成讨论和反馈；使用电子期刊快速传播整版文章，让读者快速了解到新的内容。目前微信企业号的应用越来越普遍，核心文章或者知名文章的观点可以及时定期通过企业号发布，及时针对热点和读者关注的学术新问题聚焦和探讨，凝聚起作者和读者、学者的学术队伍。长期传播形成的传播力和读者习惯会自发推动学术界相关人士加入进来，形成滚雪球式的关注和注意力，加大传播力效应。

5.2.5 捕捉重大突发事件的聚光效应，彰显经管类期刊的正能量导向

2020年的新冠疫情在全球流行的事件表明，重大突发事件的发生往往具有很大的震撼作用，学术期刊要善于抓住机会，充分展示国家在面对重大突发事件面前的应急机制和实践做法，进行正面宣传报道和国内外对比，彰显社会主义核心价值观和以人民为中心的思想，讲好中国故事，传播中华文化守正创新的期刊正能量，经管类文章的社会影响常常反映的是在事件之后态度和导向，这是期刊的初心，也是媒体的温度和力量，这也集中带来期刊影响因子和影响力的提升。

5.2.6 考虑 OA 开放出版

开放获取(Open Access, OA)是指科研成果通过互联网免费、即时、可在线获得的一种行动，用户可免费阅读、下载、复制、传播、使用学术信息和研究成果的全文服务。这种出版模式不同于传统出版运营模式，将期刊收入来源由出版后征订改为出版前由作者支付论文处理费

(Article Processing Charge, APC)的模式,不再出版印刷发行(除非需要印刷),网络发行,减少出版商的成本。科研成果获取方便,曝光度更高,影响因子也可能更高,有利于公众免费获取科研成果。科技期刊界在这方面跟进及时,中科院下属研究所主办的 OA 期刊较多,但经管类期刊还处在观望阶段。事实上,经管类期刊由于论文面涉及问题的广度和深度都比较大,常常由于某个受关注的问题而更容易形成热点讨论,激发出学术探讨和学术发现,发文时效性更强,更加适合这种开放出版模式。

5.2.7 借助已有的双语平台或者国际知名平台,提升国际影响

当前,中国经济实力全球第二,其在国际上的话语权需要提升,表现在学术上就是经管类学术期刊的国际影响力。提升经管类学术期刊的影响力,可以遵循以下方面:①采取双语出版论文摘要或者精华版论文;②传播网络电子版,建立多元化的大版本格局;建立方便快捷的国际投稿平台,确保与国内外审稿人及作者之间的联系顺畅,争取被国外更多数据库收录;③与国外知名出版商合作,扩大刊物的国外发行量,如爱思唯尔(Elsevier)出版集团、施普林格(Springer)科技出版集团、John Wiley & Sons 出版公司等;④利用国际会议扩大期刊影响,加强与国外杂志交流合作;等等。

6 结束语

学术期刊的学术竞争力是学术期刊经营的核心和生存的基础,学术影响力是核心竞争力的一种资源化表达,学术期刊的社会影响力是其学术影响力的社会化价值体现。目前,经管类学术期刊发文同质化、竞争化加剧,期刊经营务必要夯实核心竞争力,从多个角度进行期刊质量和影响力的提升,并借助新媒体手段和互联网信息化优势扩大传播和提升品牌形象,才能赢得国内外市场和生存空间,为建设文化强国提供学术支撑。随着全球一体化和国际化的趋势,中国要提升国际话语权,首先要在科技创新平台和科研成果的发表中体现中国方案,传播中国学术核心竞争力和科研实力,站上世界舞台,借助于新媒体传播的各类创新,推进国际传播和国际影响力提升。

参 考 文 献

[1] West. Impact factors need to be improve[J]. British Medical Journal,1997,(313):14-17.
[2] 喻国明.关于传媒影响力的诠释:对传媒产业本质的一种探讨[J].国际新闻界,2003(2):5-7.
[3] 丁筠,等.提高学术期刊影响因子的策略分析[J].情报科学,2012,30(9):1407-1417.
[4] 王轶.如何提高我国社科类学术期刊的社会影响力[J].北京印刷学院学报,2016,24(3):1-6.
[5] 田卫平."核心期刊"评选与学术期刊的影响力[J].福建论坛(人文社会科学版),2009(1):116-117.
[6] 王陶然.试论传媒经济中的"注意力经济"和"影响力经济"[J].经济师,2009(2):75-76.
[7] 郑丽颖,郑丹妮,赵纯.媒介影响力评价指标体系研究[J].新闻大学,2010(1):121-126.
[8] 李艳,刘志新.学术期刊社会影响力研究[J].中国科技期刊研究,2010,21(5):568-569.
[9] 冀芳,张夏恒.学术期刊公众微信号平台影响力研究[J].情报杂志,2016,35(4):147-151.
[10] 胡小洋,游俊,熊显,等.基于新媒体技术和思维的学术期刊影响力提升理论研究[J].编辑学报,2018,30(1):8-12.

国际影响力头部期刊的特征分析与影响力提升策略
——基于 2022 年"中国最具国际影响力学术期刊(人文社会科学)"的分析

冯莹莹

(上海大学期刊社《社会》编辑部,上海 200444)

摘要: 当前,我国人文社科学术期刊的国际化程度仍比较低,如何使人文社科期刊走向国际舞台,提升国际显示度和影响力是亟待解决的问题。基于 2022 年"中国最具国际影响力学术期刊(人文社会科学)"名单,仔细梳理了期刊影响力指数位居 TOP5% 的 80 种人文社科期刊的基本特征,并详细了解了影响力指数位居 TOP1% 的 16 种期刊的办刊举措,以期掌握国际影响力位居头部的人文社科类学术期刊的现状,总结其办刊经验,助力国内人文社科类学术期刊国际影响力的提升。

关键词: 人文社科期刊;国际传播;影响力提升

2021 年 5 月,习近平总书记在给《文史哲》编辑部的回信中指出:"高品质的学术期刊就是要坚守初心、引领创新,展示高水平研究成果,支持优秀学术人才成长,促进中外学术交流。"同月,中宣部、教育部、科技部联合印发的《关于推动学术期刊繁荣发展的意见》(以下简称"意见")指出,学术期刊是开展学术研究交流的重要平台,是传播思想文化的重要阵地,是促进理论创新和科技进步的重要力量。加强学术期刊建设,对于提升国家科技竞争力和文化软实力,构筑中国精神、中国价值、中国力量具有重要作用。习近平总书记的回信和《意见》为人文社科类期刊的办刊指明了方向和道路。

经过 2000 年前后的快速发展,近年,我国人文社科类期刊数量趋于稳定,期刊品质得到了长足的发展,但是仍面临一些发展困境。与科技类期刊相比,当前,我国人文社科类学术期刊国际化程度低,在国际学术界的影响力十分有限。据国家新闻出版署公布的《2021 年全国新闻出版业基本情况》,2021 年全国共出版期刊 10 185 种[1],经官方认定的人文社科学术期刊大约 2 400 种[2]。此外,人文社科类期刊的国际化程度和国际影响力均较低,中国社会科学评价研究院公布的《中国人文社会科学期刊 AMI 综合评价报告(2022 年)》显示,2022 年我国共出版 151 种人文社科类外文期刊,持有国内统一连续出版物号(以下简称"CN 号")的只有 51 本,其中只有 2 种期刊入选 SSCI[3]。因此,如何使中国人文社科类期刊走向国际舞台,提升国际显示度和影响力是亟待解决的问题。

中国知网自 2012 年起开始编制《中国学术期刊国际引证年报》,通过统计国际期刊对中国期刊的引用,反映我国学术期刊在国际学术界的影响力。十年磨一剑,国际引证年报不仅反映了我国学术期刊的国际影响力，也为研究我国学术期刊"走出去"提供了一个定量与定性分析的视角[4]。在国际引证数据的基础上，中国知网与清华大学图书馆遴选出了中国最具国际影响力学术期刊。此前也有少数文章就"中国最具国际影响力学术期刊"开展研究[5-6]，不过，近几年我国创办了较多外文期刊且发展迅速，结合新的数据指标和发展动态进行分析研究仍十分必要。

基于 2022 年"中国最具国际影响力学术期刊(人文社会科学)"名单[7]，笔者收集了相关数据，梳理了期刊影响力指数(CI)位居 TOP5%的 80 种人文社科期刊的基本特征，并详细了解了影响力指数(CI)位居 TOP1%的 16 本期刊的办刊举措，以期掌握国际影响力位居头部的人文社科类学术期刊的现状，总结其办刊经验，助力国内人文社科类期刊国际影响力的提升。

1 2022 年中国最具国际影响力学术期刊(人文社会科学)的特征分析

1.1 语种分布

2022 年，人文社科类"中国最具国际影响力学术期刊"共 80 种。如图 1 所示，中文刊 66 种，所占百分比为 82.50%；英文刊 13 种，所占百分比为 16.25%；中英文刊 1 种，占比为 1.25%。

2022 年遴选出的 CI 排名前 TOP5%的 175 种科技期刊中，159 种为英文刊，所占百分比为 90.86%；中文刊只有 16 种，中英文刊 1 种。可见，与科技类期刊相比，人文社科类"中国最具国际影响力学术期刊"英文刊所占比重较低，国际化程度有待提升。

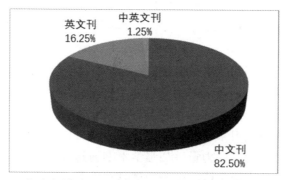

图 1　2022 年人文社科类"中国最具国际影响力学术期刊"的语种分布

1.2 地区分布

2022 年，人文社科类"中国最具国际影响力学术期刊"分布在我国 14 个省级行政区，但数量差距悬殊，如图 2 所示。其中，53 种由北京主办，所占百分比为 66.25%；上海主办 8 种，占 10%。其余 12 个省份数量较少，天津主办 4 种，湖北主办 3 种，吉林、陕西各主办 2 种；安徽、广东、河南、湖南、四川、云南、浙江、重庆各主办 1 种。值得一提的是，13 种英文刊集中在北京和上海两地，其中，10 种英文刊分布在北京，3 种英文刊由上海主办。

创办刊物(尤其是英文刊)需要资金、学科、人才等作为支撑，这些资源主要集中在大城市。北京作为我国的文化中心集聚了大量文化资源，期刊的国际影响力相对较强，地方主办的期刊国际影响力还有很大的进步空间。

1.3 学科分布

本文对人文社科类期刊的学科分类参考了最新公布的《中国人文社会科学期刊 AMI 综合评价报告(2022)》，分为人文、社科两个大类，共 23 个学科。本次统计分析共涉及其中的 15

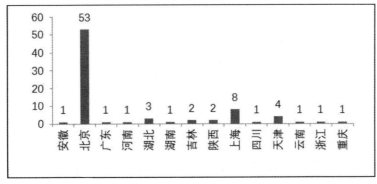

图 2 2022 年人文社科类"中国最具国际影响力学术期刊"的地区分布

种,具体分布详如图 3 所示。其中,人文大类共涉及考古文博、历史学、语言学三个学科(图 3 前三类),共 7 种期刊;社科大类涉及其余 12 个学科的 73 种期刊。2022 年人文社科类"中国最具国际影响力学术期刊"中,经济学期刊 23 种,管理学期刊 20 种,这两类学科占据了半壁江山。改革开放 40 多年来,我国在经济发展上取得了令世界瞩目的成绩,经济学成为显学,经济、管理类的期刊数量众多,在国际上也具有一定的影响力。

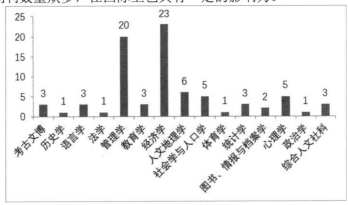

图 3 2022 年人文社科类"中国最具国际影响力学术期刊"的学科分布

另一方面,就综合刊和专业刊的分野而言,综合刊逐渐式微,专业刊的国际影响力不断提升。图 3 中"综合人文社科"期刊只有 3 种:《中国社会科学》及其英文姊妹刊 Social Sciences in China,另一种是英文刊 Fudan Journal of the Humanities and Social Sciences(复旦人文社会科学论丛)。以《浙江大学学报(人文社会科学版)》为例,作为全国千余家高校综合性社科学报中唯一入选过"中国最具国际影响力期刊"(TOP5%)榜单的学报,自 2013 年入选 TOP5%后,2014、2015、2016、2018、2019、2020、2021 年位列 TOP5%~TOP10%的"中国国际影响力优秀学术期刊",但 2022 年则跌出 TOP10%,两个榜单都未入选。因此,人文社科类综合刊尤其是高校学报的国际影响力不容乐观,创办优质的中英文专业刊和英文综合刊则是期刊国际影响力提升的重点。

1.4 创刊年份

2022 年,人文社科类"中国最具国际影响力学术期刊"中,创刊最早的是创办于 1936 年的《考古学报》;最新的则是创办于 2017 年的 International Journal of Innovation Studies(国际创新研究学报)。

本文将国际影响力位居头部的 80 种人文社科类学术期刊的创刊年份划分为 5 个时间段,

详见图4。其中,一半以上(65%)的期刊创刊于1977—1989年。这一时段正值改革开放的春风吹拂,我国科研事业迅速回到正轨,大量期刊纷纷复刊、创刊[8],可以说是"中国期刊业发展的黄金时期"[9]。至今,这些期刊(以中文期刊为主)已创办三四十年,学术底蕴深厚,经受住了时间的考验,在各自的学科内部具有较高的学术声誉和影响力,相应地,在国际上也具有了一定的影响力。

此外,一个新的趋势是,2000年以后英文刊数量和质量的齐头并进。2000—2017年创刊的13种期刊中,10种为英文刊,尤其是2010—2017年,其间创办的6本期刊均为英文刊,且创刊之后短短几年就位列"中国最具国际影响力学术期刊"。在国家文化"走出去"战略的支持和带动下,外文刊尤其是英文刊发展迅速,期刊内容的跨文化传播有助于提高我国的学术影响力和话语权(丁以绣、苗伟山,2020)[10]。

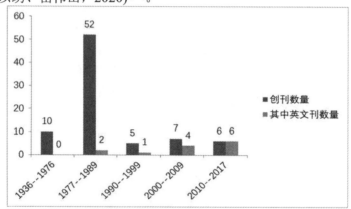

图4　2022年人文社科类"中国最具国际影响力学术期刊"的创刊年份分布

1.5　主办单位分布

入选2022年人文社科类"中国最具国际影响力学术期刊"的主办单位分布如图5所示。其中,单一主办单位与合作办刊的期刊数量分别为66、14种。单一主办单位的66种期刊又可具体分为四类:科研院所(34种)、高校(21种)、学会(6种)和出版传媒集团(5种),占比分别为42.50%、26.25%、7.50%、6.25%。科研院所主办的这34种期刊中,17种由中国社科院主办,其作为中国哲学社会科学研究的最高学术机构和综合研究中心的地位不言自明。此外,由出版传媒集团主办的刊物数量仍较少,人文社科类学术期刊大多由体制内单位主办,市场化程度较低。

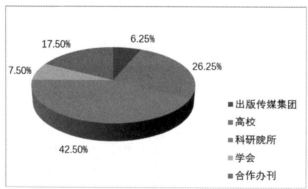

图5　2022年人文社科类"中国最具国际影响力学术期刊"的主办单位分布

1.6 数据库收录情况

鉴于中文刊和英文刊的收录情况不同,本文将分别进行分析。人文社科类中文刊的评价目前主要关注三个数据库:北大核心(北大图书馆等机构发布)、CSSCI(南京大学中国社会科学研究评价中心开发研制)、AMI(中国社会科学评价研究院发布的中国人文社会科学期刊综合评价指标体系)。2022年入选"中国最具国际影响力学术期刊"的67本中文刊均被北大核心、CSSCI和AMI收录,其中6种被收录进CSSCI扩展版(分别为《科技管理研究》《数量经济技术经济研究》《工业技术经济》《中国特殊教育》《华东经济管理》《生态经济》,以经济管理类刊物为主)。整体来看,这些期刊办刊质量较高,在国内外具有不俗的影响力。

13种英文刊中,2种被SSCI收录,即 Journal of Sport and Health Science(运动与健康科学)和 China & World Economy(中国与世界经济);另有8种英文期刊被ESCI收录。

2 提升期刊国际影响力的策略

笔者详细了解影响力指数(CI)位列TOP1%的人文社科类学术期刊的办刊举措,尝试总结国际影响力头部期刊的办刊经验,为国内众多人文社科类学术期刊的国际化提供借鉴,进一步扩大中国人文社科类学术期刊的国际影响力,深化中外学术交流和对话。

2.1 打造专业化、高品质期刊

2.1.1 专业化

《意见》指出,"加快完善基础学科、优势重点学科、新兴学科和交叉学科期刊布局","原则上不再新批多学科综合性学报"。上文也提到,人文社科类综合刊尤其是高校学报的国际影响力不容乐观,创办优质的专业刊是期刊国际影响力提升的重点。影响力指数(CI)位列TOP1%的16种期刊均为专业刊,没有综合人文社科刊物。其中,管理学刊物5种,经济学刊物4种,心理学刊物3种。位列第1的 Journal of Sport and Health Science《运动与健康科学(英文)》是相对小众的体育学类专业刊。可见,专业期刊是国际影响力头部期刊的主要阵地。

2.1.2 高品质

另一方面,"内容为王"仍是期刊在国内外立足的根本[11],人文社科类期刊要立足中国本土,研究真问题,发表高质量的学术研究成果。影响力指数(CI)位列TOP1%的16本期刊中有9种是中文刊,以经济和管理类期刊为主,这些期刊在国内也是得到学界广泛认可和好评的顶级期刊(其中AMI顶级期刊3种,权威期刊2种,核心期刊4种);位列TOP1%的7种英文刊,2种被SSCI收录,其余5种被ESCI收录。高品质的期刊在某一学科的专业领域内得到学界的认可,是期刊对外传播的基础,也是提升期刊国际影响力的一个突破口。

2.2 突破语言障碍、创新传播方式

2.2.1 丰富语言载体

在跨文化传播背景下,语言作为一种重要的媒介,极大程度上决定了受众群体的范围[12]。当前,英语仍是国际学术界的主流语言,要想被国际学术界"看得见""听得到",必须积极寻求英文语境下的传播,为人文社科优秀学术成果搭建国际交流平台。

影响力指数(CI)位列TOP1%的16本人文社科类期刊中,7种是英文刊,其中5本英文刊创刊于2010年之后。作为英文期刊,自创办时就与著名的海外出版平台合作,帮助期刊进行海外发行和推广,影响力提升迅速。可见,"借船出海"或"造船出海"创办优质的英文新刊是提升国际影响力的重要抓手。

另一方面，资深的顶级中文刊物也在设法拓宽其传播渠道，在国际化道路上不懈探索。《经济地理》和《中国管理科学》与中国知网合作进行了双语出版，《经济地理》的电子版发行到全球 40 多个国家和地区。近年来，《心理学报》《心理科学进展》《心理科学》均建立了双语学术网站，将中文论文全部翻译成英文，在其官网上可以方便地查阅、下载英文版论文。这些举措有利于学术成果快速进入国际渠道进行传播。这些举措效果也很显著，《心理学报》被 Scopus、ESCI、APA 等国际数据库收录；《心理学报》和《心理科学进展》连续多年被评为"中国最具国际影响力学术期刊"。

2.2.2 创新传播方式

互联网时代的到来，大大加速了信息的流动和传播，利用网络技术创新期刊内容的传播方式成为出版业的新趋势。预出版/网络首发与开放获取就是创新传播方式的重要手段。

预出版/网络首发借助网络出版途径可以加快科研成果的传播速度和影响力、增强时效性。影响力指数(CI)位列 TOP1% 的 16 本人文社科类期刊中，采取"预出版/网络首发"形式的期刊有 10 种。

开放获取(open access, OA)这种低成本/零经济成本的获取方式扩大了期刊的覆盖面，方便更多受众更容易获取期刊内容，对期刊的传播、被引用以及影响力提升有很大的助益[13]。影响力指数(CI)位列 TOP1% 的 16 种人文社科类期刊中，有 13 种期刊为开放获取，1 种期刊是部分开放获取。

2.3 提高主编和编委的国际化程度，吸引国内外优质稿源

国际化的主编和编委团队可以帮助杂志掌握国际学术界最新的研究进展，学习国际办刊经验，吸引国内外优质稿源。这些举措对提升期刊的国际影响力至关重要。

Forensic Science Research(法庭科学研究)采取双主编的形式，主编来自国内，执行主编来自葡萄牙，编委成员则来自 25 个国家和地区，中国大陆以外编委占 91%。*Journal of Data and Information Science*(数据与情报科学学报)保持多元的国际化编委队伍，主编和副主编均由来自中外的两位专家分别担任，编委会由来自 14 个国家的 50 位知名学者共同组成，国内外人员比例为 1∶1。*Journal of Sport and Health Science*(运动与健康科学)的编委由 43 位专家组成，其中海外编委占 78%。自创刊至今，*Journal of Sport and Health Science*(运动与健康科学)稿件的国际化水平一直很高，国际来稿占 87%。

袁庆莉统计了 2010—2019 年 Scopus 收录的国际人文社科期刊论文，其中，中国学者在人文社科类国际期刊上发表的论文共 154 813 篇，总量排名第 3，位列美国和英国之后[14]。在"把论文写在祖国大地上"的倡议下，优化高校和科研院所的学术成果评价体系[15]，同时提升国内人文社科类学术期刊的办刊能力和国际化程度，对于提升中国人文社会科学的国际学术地位和影响力，进而打破西方学术霸权的桎梏具有重要的意义。

2.4 寻求政策扶持与资金支持

人文社科类学术期刊市场化不足，造血能力相对较差，而办刊需要投入一定的人力、财力，例如上述英文开放获取期刊都需要向海外出版平台支付一定的费用(单篇的费用从几千元到数万元不等)。因此，期刊国际影响力的提升离不开政策扶持与资金支持。

2021 年 5 月 18 日，中宣部、教育部、科技部联合印发了《关于推动学术期刊繁荣发展的意见》，从国家政策层面对我国学术期刊出版工作予以全面部署，明确了学术期刊的重要地位，给学术期刊同仁以极大的激励和鼓舞。

在资金支持上，Journal of Sport and Health Science(运动与健康科学)曾获得"中国科技期刊国际影响力提升计划"和"中国科技期刊卓越行动计划"项目的资助。Journal of Data and Information Science(数据与情报科学学报)也曾获得过"中国科技期刊卓越行动计划"项目的资助。Economic and Political Studies(经济与政治研究)曾获得"国家社科基金中华外译项目"资助。Forensic Science Research(法庭科学研究)连续3年获得"上海市促进文化创意产业发展财政扶持资金"资助。

此外，中文刊方面，《经济研究》《管理世界》《中国工业经济》《心理科学》都入选了"国家社会科学基金资助期刊"。《中国管理科学》曾获得"中国科协精品科技期刊工程项目"和"中文科技期刊精品建设计划项目—学术创新引领项目"的资助。

3 结束语

当前，我国人文社科类学术期刊的国际化程度仍比较低，如何提升人文社科类期刊的国际显示度和影响力是亟待解决的问题。在《关于推动学术期刊繁荣发展的意见》的指引下，人文社科类学术期刊要立足中国本土，深入研究我国在改革发展过程中面临的重大理论和现实问题，推动中国特色哲学社会科学学术体系建设。同时，有实力有条件的人文社科学术期刊也应承担起国际传播的职责，主动向世界讲述"学术中的中国"。[16]在打造高品质刊物的同时，提高开放办刊水平，拓宽国外传播渠道，深化中外学术交流和对话，树立国际学术品牌，促进中外文明交流互鉴。

参 考 文 献

[1] 国家新闻出版署.2021年全国新闻出版业基本情况[EB/OL].[2023-04-25].https://www.nppa.gov.cn/nppa/channels/287.shtml.
[2] 刘永红.中国人文社科学术期刊:现状、问题与发展进路[J].出版广角,2021(16):6-9.
[3] 中国社会科学评价研究院.中国人文社会科学期刊AMI综合评价报告(2022)[EB/OL].[2023-03-20].http://casses.cssn.cn/kycg/202303/t20230320_5614234.shtml.
[4] 唐银辉,刘琳.我国Top5%人文社科期刊"走出去"现状统计分析:基于《中国学术期刊国际引证年报(2015版)》[J].金陵科技学院学报(社会科学版),2016,30(3):80-84.
[5] 程军,姜博.2012—2014年中国教育学期刊国际影响力现状及思考:基于《中国学术期刊国际引证年报》的统计分析[J].中国高教研究,2015(7):41-47.
[6] 温晓平,郭柏寿.2013年中国最具国际影响力科技学术期刊的现状及思考[J].编辑学报,2014,26(6):612-616.
[7] 中国知网.2022年"中国最具国际影响力学术期刊"榜单发布[EB/OL].[2022-12-02].http://www.eval.cnki.net/News/ItemDetail?ID=2135938a61ee46a493e7d376fff5eb3a.
[8] 朱文佩.新中国成立70年科技期刊发展历程与展望[J].今传媒,2019(12):91-94.
[9] 张泽青.期刊业:在发展中走向繁荣[J].传媒,2008(11):6-11.
[10] 丁以绣,苗伟山.中国英文学术期刊走出去的现状、发展与挑战[J].出版发行研究,2020(6):65-69.
[11] 曾伟明,钟晓红.技术革新与内容为王:数字化时代科技期刊办刊问题的思考[J].编辑学报,2014,26(6):539-541.
[12] 刘鑫,刘琳.TOP学术期刊跨文化传播与国际影响力研究述评[J].中国报业,2016(18):14-15.
[13] 刘佳雨,虞为,陈俊鹏.基于OA及免费全文链接的期刊影响力指数优势[J]中国科技期刊研究.2020,31(3):356-364.
[14] 袁庆莉.中国人文社会科学国际期刊论文的学术影响力现状研究[J].科技情报研究,2020,2(3):60-70.
[15] 李军.防止过度使用"影响因子"评价哲学社会科学期刊[J].中国出版,2022(1):17-19.
[16] 刘永红.中国人文社科学术期刊:现状、问题与发展进路[J].出版广角,2021(16):6-9.

"双一流"建设背景下高校学报协同发展路径研究

顾凯，陈玲，邹栩

(《中国药科大学学报》编辑部，江苏 南京 210009)

摘要：研究"双一流"建设背景下高校学报的协同发展路径，为高校学报的可持续发展提供参考。从"双一流"建设任务和高校学报属性入手，分析"双一流"建设与高校学报发展的关系，结合高校学报发展现状和面临的问题，有针对性地提出"双一流"建设背景下高校学报的协同发展路径，即将高校学报自身发展与高校"双一流"建设任务紧密结合起来，从助力师资团队成长、融入创新人才培养、聚焦优势学科发展、打造高效传播平台、增强社会服务能力等五个方面，促进高校"双一流"建设与高校学报发展协同共进，更好地服务于我国高校"双一流"建设和科技发展。

关键词："双一流"建设；高校学报；协同发展；路径

"双一流"建设，即建设世界一流大学和世界一流学科（First-class universities and disciplines of the world），是中共中央、国务院为提升中国高等教育综合实力和国际竞争力于2015年作出的重大战略决策，对于提高我国高等教育综合实力、支撑创新驱动发展战略、服务经济社会高质量发展具有重大意义。2022年开启的第二轮"双一流"建设在建设重点上更加突出培养一流人才、服务国家战略需求、争创世界一流的导向，坚持以学科为基础，淡化身份色彩，不再区分一流大学建设高校和一流学科建设高校，鼓励高校自主探索发展新模式，这为高校的创新发展带来了新的时代机遇。

世界一流大学和世界一流学科体现为在世界范围内享有崇高的声誉、强大的学术话语权和影响力，这些都离不开学术期刊这一重要载体的助力。作为高校科研成果的重要传播窗口和交流平台，服务"双一流"建设是高校学报的价值与使命。此外，教育部、财政部、国家发展改革委在《关于深入推进世界一流大学和一流学科建设的若干意见》中也鼓励高校创办高水平学术期刊。随着"中国科技期刊卓越行动计划"的开展以及高质量科技期刊分级目录的发布，高校学报迎来了新的发展机遇。如何抓住发展契机，在"双一流"建设中积极发挥学术出版的促进作用，实现高校学报与"双一流"建设的协同发展，是当前高校学报面临的重要问题。

1 "双一流"建设与高校学报发展的关系

高校学报与"双一流"建设具有共同的发展方向。高校学报是高等教育事业和出版事业的重要组成部分，兼具育人与传播的双重属性。2015年教育部和国家新闻出版广电总局联合印发的《关于进一步加强和改进高校出版工作的意见》中，将高校出版工作与高校的四大职能联

基金项目：江苏省期刊出版研究课题(No.2021JSQKA13)；中国药科大学基本科研业务费项目(2632023PY20)

系起来，要求"充分发挥高校出版工作在人才培养、科学研究、社会服务和文化传承创新中的重要作用"。这与"双一流"建设的五大任务（建设一流师资团队、培养拔尖创新人才、提升科学研究水平、传承创新优秀文化、着力推进成果转化）基本一致。

高校学报的发展与"双一流"建设相互促进、相辅相成。高校是科学研究的重要基地，具有科技、学科、人才综合优势，为高校学报提供了良好的发展空间。2019年中国科协等七部门联合启动实施了中国科技期刊卓越行动计划，在首批入选的280种期刊中，高校主办的期刊有83种，占比接近三分之一。2021年度中国科技期刊卓越行动计划高起点新刊项目30项中，高校就占15项。同时，高校学报如果能运用好根植高校这一天然优势，也可以在实现自身发展的同时反哺高校，服务学科建设和人才培养，推动"双一流"建设。有研究发现，74.0%的"双一流"大学主办的卓越期刊与本校的一流建设学科之间存在强关联[1]，高校学报为学科发展提供了强有力的支撑。

2 高校学报发展现状和面临的问题

高校学报是我国特有的期刊类型，约占我国科技期刊总数的1/3，是大学综合学术实力和科研水平重要体现，在我国高校学术研究、学科建设、人才培养等方面曾经发挥着不可替代的作用。

然而，受过去一段时间学术评价导向、项目政策引领等多方面因素的影响，越来越多高校产出的优秀学术成果流向国外SCI期刊，致使以校内稿源为主的高校学报面临着优质稿件数量不足、期刊质量整体下滑的尴尬局面。"双一流"建设启动之后，尽管国家大力提倡要把论文写在祖国的大地上，但由于国内具有国际影响力的学术期刊仍十分有限，加上部分科技工作者对中文科技期刊的信任和信心不足[2]，很多优秀的研究成果依然发表在国际学术期刊上。虽然近几年我国科研论文发表数量仍一直保持着较快的增长速度，但包括高校学报在内的中文科技期刊载文量却仍呈现下降趋势[3]。

除了外部影响因素之外，高校学报特有的"大拼盘"式的办刊模式也导致期刊缺乏明确的发展定位和方向，难以维持稳定的读者和作者群，严重阻碍了高校学报的发展[4]。

此外，高校学报的出版和传播能力还有待提高。据统计，我国高校学报中刊期为双月刊、季刊的期刊比例接近90%[3]，而国外权威学术期刊多为半月刊、周刊。过长的出版周期导致高校学报很难争取到优秀论文的首发权。且在论文发表后，高校学报大多缺乏精准有效的传播[5]，大大降低了论文发表的效益。

因此，现阶段高校学报的学术质量和影响力远远落后于高校科学研究和学科建设水平，其发展水平与服务"双一流"建设的战略需求还有一定距离。

3 "双一流"建设背景下高校学报协同发展路径分析

协，众之同和也。"双一流"建设背景下，高校学报应将自身发展与高校"双一流"建设任务紧密结合起来，充分利用高校的人才和学科优势，发挥自身学术交流和思想传播媒介功能，实现高校和高校学报的协同发展。

3.1 助力师资团队成长，促进学术质量提高

一流师资团队的建设离不开教师学者学术话语权和影响力的提升。高校学报作为刊登高校科研成果的重要渠道，可为教师学者提供学术成长的平台，助力一流师资团队建设。高校

学报除了通过向高水平教师学者组稿约稿，使其优秀的科研成果更快见刊之外，还可以通过组建青年编委会，或者聘请热心学术出版的专家担任客座编辑，让高校教师学者参与到期刊的出版工作来，以提升高校教师学者，特别是优秀的青年科研工作者和海外高层次人才在国内的学术声望。此外，高校学报还可通过举办有影响力的学术会议或学术沙龙，推介校内优秀的学术研究成果，为校内外专家学者搭建学术交流的平台。

助力一流师资团队的成长，反过来也为高校学报的发展提供了有力的学术支撑。高校汇聚了大量资深专家、青年学者以及海外留学归国人才，他们是高校学报作者队伍与审稿专家队伍的中坚力量。通过助力一流师资团队的学术成长，高校学报加强了与学者之间的沟通和互动，有机会获得更优质的稿源，更严谨细致的学术把关，甚至更前沿、更精准的选题组稿策划。另一方面，高校的专家学者大多身兼国内外多本学术期刊的编委，对期刊的发展趋势有一定的了解，可为高校学报的发展出谋划策。因此，高校学报编辑在与专家学者进行学术沟通的同时，还应积极了解国内外同行的办刊经验和做法，并邀请专家学者结合学报实际情况为期刊发展提出中肯的意见和建议，以便取长补短，进一步提高期刊的出版质量。

由此可见，"双一流"建设背景之下，高校学报应与校内专家学者形成紧密的学术共同体，通过相互借力，实现共赢发展。

3.2 融入创新人才培养，培育优秀作者队伍

"双一流"建设的根本在于一流人才的培养，高校学报的发展也离不开高水平的作者队伍。高校学报的核心作者多为本校师生。然而，目前我国大学教育往往侧重于基本理论和专业知识的传授，导致部分学生学术表达能力不足、学术道德与诚信缺失、版权保护意识模糊。而美国许多一流大学在本科生教育阶段就将写作课列为必修课程，并将之作为通识教育的重要组成部分。除开设写作课程之外，美国以及俄罗斯等国的一流大学还成立了"写作中心"，专为在校师生提供系统的学术论文写作培训[6]。虽然目前我国包括清华大学在内已有20余家高校陆续成立了"写作中心"[7]，但授课老师多为专职英语老师，很难提供专业的学术论文写作指导。

而高校学报编辑长期从事科技论文编辑，熟知论文写作规范和技巧，且日常工作中与审稿人交流密切，熟悉审稿意见中的共性问题，在学术论文写作方面积累了丰富的经验，完全能够为高校师生提供可持续性的学术写作、学术道德、科研原则等方面的培训和咨询，提高其科技论文写作和学术表达能力，并使其在科研的道路上快速成长。目前已有不少高校学报在此方面进行了积极尝试。如上海大学期刊社《应用科学学报》为在校研究生和青年教师分别开设了学术道德教育、文献阅读与整理、开题报告转化学术论文、科技类公文写作等科技写作公益孵化营，获得了广大师生的肯定和支持[8]；《南京林业大学学报》为研究生开设科技论文写作选修课，深受同学欢迎[9]；《中国药科大学学报》编辑部经常通过面谈或者电话沟通的形式对作者进行"一对一"的指导，并推出"论文写作在线小课堂"，指导作者更好地开展科研工作和进行学术论文写作。

高校学报积极融入"双一流"建设人才培养工作，不仅为高校育才，使拔尖创新人才尽早地脱颖而出，更为期刊培养了一支高水平的作者队伍，在增加作者对期刊的信赖和黏性的同时，有助于期刊学术质量的提高。

3.3 聚焦优势学科发展，突出期刊专业特色

高校学报由高校创办，其显著的特征是为高校学科建设服务，综合性较强。教育部、财政部、国家发展改革委印发的《关于深入推进世界一流大学和一流学科建设的若干意见》中

明确，新发展阶段"双一流"建设的基本原则之一是"坚持特色一流"，要"引导建设高校在不同领域和方向争创一流"。此外，中宣部、教育部、科技部印发的《关于推动学术期刊繁荣发展的意见》也提出了类似意见：鼓励多学科综合性学报向专业化期刊转型，突出优势领域，做精专业内容，办好特色专栏，向"专、精、特、新"方向发展。由此可见，无论是从服务"双一流"建设的角度，还是从高校学报自身发展的角度，专业化都是转型发展的大方向。

目前，我国高校学报积极尝试专业化转型。一种方式是通过变更刊名，如以大学更名为契机变更刊名，或者直接变更刊名，打破高校学报综合性和地域性限制，走专业化办刊道路；另一种方式是保持办刊定位的连续性和刊名的稳定性，利用学科、人才优势或办刊资源，办出学报的特色并提高其影响力[10]。对于大多数高校学报而言，后一种方式的可行性相对更高。高校学报的专业化方向应基于高校重点优势学科，服务国家战略性重大课题[11]，与学校院系科研部门、学科带头人、编委团队共同策划与论证，形成重点组稿和约稿方向[12]，加强专刊、专题、专栏策划[13]。《中国药科大学学报》与学院密切联系，就现代药剂学和人工智能药物设计等新兴交叉学科组约专栏，增强期刊与"双一流"建设学科的互动性和关联性，发挥学术引领作用，提高学报的影响力。

总之，高校学报应依托高校一流学科的优势，重点创设"一流学科建设"栏目，以特色栏目聚焦于特色学科，既培育学术期刊个性鲜明的办刊风格，又集中服务于适应"双一流"要求的学科建设，将"双一流"建设高校的优势学科与学术期刊提升有机结合起来，打造具有世界先进水平、引领学科发展的优秀期刊。学术期刊也为促进新兴学科、交叉学科研究成果发表提供学术交流平台，为学科发展与交流起到桥梁纽带的作用。

3.4 打造高效传播平台，赋能优秀文化传承

高校学报从产生之日起便是科技文化的基本载体，担负着传播科技新知的历史重任。在推动创新优秀文化传承方面，高校学报担负的社会责任和历史使命同样非常重大。一流学术成果能否及时发表和传播，不仅关系到作者的首发权和优先权，更意味着论文的价值是否能得到最大限度的体现。因此论文的发表速度往往是作者在选择期刊时考虑的首要因素。近年来国外兴起的诸多预印本平台(如 arXiv、bioRxiv、medRxiv)正是满足了作者这样的需求。鉴于此，为了更好地服务于学术成果的传播，高校学报应考虑在自身条件允许之下缩短刊期，并利用好数字化出版平台，提高出版效率，缩短论文的发表时滞。此外，高校学报还可通过期刊网站的"网刊"功能或专业数据库(如中国知网)的"网络首发"功能，按篇发布论文，让优秀的论文及早被阅读和检索到。

在内容传播方面，高校学报应顺应媒体融合发展趋势，充分发挥微信公众号、直播平台、视频号、微信社群等社交平台在学术内容传播中的作用，应用图像、音频、视频等丰富的媒体表现形式，提升期刊内容的传播效果，实现内容的"主动传播"[14]。此外，数字出版时代，"以用户为中心"是新媒体的核心思维。高校学报还可借助第三方传播工具，分析潜在的读者及其阅读偏好，挖掘学术信息的内在联系，将已发表的学术成果按照不同的问题视角组建成不同学术专题，在不同学科群体内进行精准推送，实现内容的精准传播。如，《中南大学学报(英文版)》利用 TrendMD、Aminer 等平台，通过组织虚拟专辑、虚拟专刊等形式，及时将论文精准推送给相关学者和科研机构[15]。

可见，在传播速度快、形式多样、互动性强的全媒体传播趋势之下，高校学报应加快内容的编辑加工和出版，注重内容的多次利用，实现出版的延伸与融合，提升期刊的传播效率

和传播效果，进而扩大高校学报的传播力和学术影响力，赋能创新优秀文化传承。

3.5 增强社会服务能力，推进科技成果转化

推进科技成果转化是"双一流"建设的重点任务，也是高校学报弘扬科学精神、服务社会发展的使命与担当。近10年，中国药科大学获国家新药证书105本，其中三分之一的相关研究论文发表在《中国药科大学学报》上。这些研究成果的发表为后续科研成果转化为生产力奠定了坚实的基础。

在组稿和策划选题的过程中，高校学报应面向国家重大战略需求、人民生命健康，积极组约稿件，加快技术成果的传播和转化，提升高校服务社会的能力。特别是面对近年来国内外频发的突发公共事件(如新冠病毒感染等)，及时的科研成果报道可为社会有效地应对和处置突发事件发挥积极作用。如上海中医药大学主办期刊的《上海中医药杂志》《上海中医药大学学报》在新冠疫情发生后，第一时间组稿约稿，及时开设"新冠感染与中医药诊疗"专题，将与新冠肺炎相关的中医药科学发现与临床经验以最快速度传播给民众和一线医护人员，得到读者的广泛好评[16]。

同时，高校学报应组织专家学者利用专业特长，主动对社会热点事件进行科普和深度解读，提升公众科学素养。尤其当突发公共事件发生时，信息的缺乏往往容易导致舆论恐慌。此时高校学报权威的发声可以填补大众在科学认知上的空白，对于正确引导舆论显得尤为重要。例如，《四川大学学报(医学版)》在新冠疫情暴发后，在官网开辟"新型冠状病毒防控专栏"，邀请多学科专家进行流行病学分析、防疫知识科普，并对防控管理提出建议，积极引导群众正确理性看待疫情。

此外，作为实现科技向生产力转化的重要媒介和桥梁，高校学报可通过组织策划高端学术论坛，积极搭建学术交流与产学研合作平台[17]，促进科学界与产业界的信息交流与合作，推动高校科研成果转化，为实现我国高水平科技自立自强贡献力量。

4 结束语

在"双一流"建设的背景下，高校学报面临着新的发展机遇。高校学报应在"双一流"建设的指导下，抓住机遇、找准定位，主动融入高校一流学科建设之中并实现自我提升，使学报的发展与"双一流"建设相结合，促进高校学科建设与高校学术期刊共生共存、协同共进，更好地为我国高校"双一流"建设和我国科技发展作出应有的贡献，以彰显高校学报的责任与使命。

参 考 文 献

[1] 接雅俐,唐震.高校卓越期刊与"双一流"建设的关联性分析及期刊提升策略[J].中国科技期刊研究,2021,32(3):290-298.

[2] 刘天星,武文,任胜利,等.中文科技期刊的现状与困境:问卷调查分析的启示[J].中国科学院院刊,2019,34(6):667-676.

[3] 郭伟,李伟.普通高校学报办刊现状调查与分析[J].中国科技期刊研究,2020,31(12):1486-1494.

[4] 杨保华,秦明阳,邓履翔,等."双一流"背景下高校理工类中文综合性期刊的发展定位与策略[J].中国科技期刊研究,2020,31(4):381-387.

[5] 余溢文.高校学报传播现状与传播能力提升对策研究:基于入选"卓越计划"的几种高校学报[J].中国传媒科技,2022(9):7-9.

[6] 高黎,王方,鲁曙明.俄罗斯一流大学学术写作中心特点及启示:以俄罗斯三所大学为例[J].世界教育信息,2019,32(24):32-38,57.

[7] 夏凡,陈凤华.中美高校写作中心运营模式对比[J].海外英语,2021(6):149-150,167.

[8] 王雪,刘志强.科技写作公益孵化营助力高校人才培养实践探索[J].编辑学报,2022,34(2):226-230.

[9] 李燕文,郑琰燚,刘昌来,等.高校学术期刊在"双一流"学科建设人才培养中发挥作用的途径[J].科技与出版,2019(9):113-115.

[10] 冷怀明,张凌之,邹小勇.学术期刊繁荣发展背景下高校学报转型发展的思考[J].四川省干部函授学院学报,2022(1):3-8,21.

[11] 郭伟,唐慧.高校学报:以专业化转型服务学科建设[J].科技与出版,2021(9):12-18.

[12] 金延秋.立足高校资源优势,创建学报品牌特色:以《清华大学学报(自然科学版)》为例[J].传播与版权,2022(5):10-13.

[13] 范林.守正创新,办出高品质大学学报:以《北京师范大学学报(自然科学版)》为例[J].编辑学报,2022,34(3):330-335.

[14] 谭春林.公众号、视频号与微信群协同推动学术期刊的"主动传播"[J].编辑学报,2021,33(5):549-552.

[15] 平静波,郑羽彤,杨华,等.媒体融合视域下高校学报传播能力提升探讨:以《中南大学学报(英文版)》为例[J].中国传媒科技,2022(9):18-20.

[16] 黄博韬,陈稳根,张旭珍,等.新冠肺炎疫情期间中医药期刊的工作策略实践与思考:以上海中医药杂志社为例[J].中国科技期刊研究,2020,31(4):439-446.

[17] 丁佐奇.科技期刊多维度助力科技创新与"双一流"建设[J].科技与出版,2018(9):11-15.

科技期刊论文图像学术不端行为的识别与防范

陈 静

(《福建师范大学学报(自然科学版)》编辑部,福建 福州 350117)

摘要: 相较于文字学术不端行为,图像学术不端行为更加隐蔽且难以有效检测识别。通过对发布学术不端信息的相关网站进行查询统计,近年来图像学术不端行为已成为最重要的论文撤稿原因之一。在梳理图像学术不端行为的具体表现形式后,将其归纳为图像剽窃、图像伪造和图像篡改3大类型,并介绍了国内外学术出版机构应对不同类型图像学术不端行为的识别方法及其检测工具软件的应用。提出科技期刊在防范图像学术不端行为时,首先需要明确并引导作者处理图像的方式,其次应健全论文刊前和刊后的图像处理制度,还应启动应对图像学术不端行为的基础设施建设,最后期刊和论文作者的主管机构可延伸服务于图像学术不端行为的管理。

关键词: 科技期刊;学术不端;图像剽窃;图像伪造;图像篡改

学术不端行为在学术研究领域并不是一个鲜见的现象,其危害性不言而喻,近年来大规模撤稿、论文工厂等学术不端行为的新闻频发,严重冲击了科研伦理的底线,也给正常的科研工作带来了许多不可挽回的损失。为了营造良好的科研诚信环境,中共中央办公厅和国务院办公厅联合印发了《关于进一步加强科研诚信建设的若干意见》[1],其他科研管理机构也公布了对科研失信行为人员的惩戒措施[2-3],但部分科研人员受到急功近利和利益驱使的影响,学术不端行为仍然时有发生,只依靠科研人员的学术自律和常规性的规章制度,难以完全遏制学术不端现象。科技期刊作为科研成果最主要的载体和传播平台,应在防范学术不端行为方面发挥更加重要和前置性预防的作用。为了降低学术不端行为的发生率,当前科技期刊编辑部已普遍采用了文献检测系统来帮助查证学术不端行为,比如国内主要有中国知网的科技期刊学术不端文献检测系统 AMLC 和万方的文献相似性检测服务 PSDS,国外主要还有 CrossCheck、WordCheck、Plagiarism、Mudropbox 等文献检测系统[4],这类检测系统普遍在文字重合度的检测上具有良好的检测效果。随着检测系统的广泛应用,孙熊勇[5]发现自 2015 年起已发表文献的文字重复率下降明显,此后并保持着较低的数值。

图像作为科学研究中重要且直观的表达手段,是科技论文不可或缺的组成部分,在生命科学等研究领域更是如此。随着出版文献数字化和图像处理工具软件的极大发展,图像获取与处理的难度已大大降低,同时也使得图像这类的隐性学术不端行为更容易产生,更难以识别,虽然已有的文献检测系统在文字检测方面表现优异,但现阶段对于图像学术不端行为仍难以有效检测,每年因图像学术不端行为撤稿论文占比还很高。当前,以 GPT-4 为代表的自然语言生成模型已经可以处理和快速生成图像,Zhang 等[6]利用大型语言模型(LLM)GPT-4 生成代码的功能实现可控型文本到图像生成，能够较好地控制代码生成让程序来控制生成图像的细节，解决了 AI 模型生成的图像在细节上普遍存在诸多瑕疵的问题，新的图像生成技术使图像原创的边界模糊化，进一步增加了科技期刊识别和防范图像学术不端行为的风险与复杂性。

1 图像学术不端行为的现状与界定

我国虽然已经出现了 SelfCheck 这样的论文学术诚信舆情系统，但发布的信息多为站外数据聚合，只有少部分信息由其自身平台的 Figcheck 系统加人工方式筛查得出，因此尚未真正建立权威学术不端行为的发布平台。目前国际上已有两大关于学术不端的信息发布平台，分别为供学者讨论及评审科学研究的网站 PubPeer 和专门关注学术撤稿现象的网站 Retraction Watch，从中可较为完整和系统的分析发掘图像学术不端的现状。

PubPeer 上评论存在学术造假嫌疑的论文已达 10 万多篇，平均每年曝光 1 万余篇，中国、美国、日本、印度等国不但是科研论文产出大国，同时也是在 PubPeer 上论文曝光数量最多的国家，其中较多论文来自生命科学领域。PubPeer 最开始关注学术不端的逻辑就是查找图像相似度，图像相似度较高的主要产生原因为复制、翻转、部分重叠等情形，最常见的情况是由于论文作者对图像进行了人为不当操纵和一图多用导致，具体包括图像重复使用、图像视野重复、图像拼接重复、图像人工绘制、图像 PS 痕迹。

虽然 PubPeer 也包含有撤稿信息，但多数信息是学者对文献的质疑、评论和改进建议等，而 Adam Marcus 等在 2010 年建立了一个报道学术撤稿情况的博客，后来逐渐发展为对学术撤稿这一专题进行持续报道与分析的国际性网站 Retraction Watch，与 PubPeer 不同的是，该网站专门关注于学术撤稿现象。Retraction Watch 通过查阅杂志社的撤稿通知，并把论文被撤稿的原因进行了细分，将撤稿的原因主要分为杂志社调查、作者违反规定、作者自行撤稿、虚假同行评议、一稿多投、数据错误、剽窃他人文章、结果不可信、剽窃部分章节和捏造数据。其中把数据错误、方法错误、分析错误、图表错误、结论错误等归为"学术不当"，而把剽窃、捏造数据、修改图像、捏造作者、虚假同行评议等归为"学术不端"。Retraction Watch 数据库的查询系统中将图像学术不端行为的情况细化为图像重复(duplication of image)、图像伪造制作(falsification/fabrication of image)、图像剽窃(plagiarism of image)、图像篡改(manipulation of images)、图像错误(error in image)、图像不可靠(unreliable image)几种情形，通过查询和统计 Retraction Watch 网站数据库(http://retractiondatabase.org/)的相关数据，2010 年至今(2023 年 5 月)，该网站共发布了 37 107 个撤稿论文信息，涉及图像学术不端的论文共 4 193 篇，占比超过 11%，主要国家的相关数据见表 1。爱思唯尔旗下全科学开放获取期刊 *Heliyon* 主编 Christian 指出，由于数字工具的广泛使用，近年来图像处理不端方面的行为日益增多，约有 10%的已发表论文中存在可疑的数据，这与 Retraction Watch 的统计数据基本相一致。由表 1 可知，除了英国略低于平均值外，传统论文大国的图像学术不端行为占论文撤稿的比例都超过了 11%这一平均值，其中美国和法国的这一比例超过或接近 20%，图像学术不端已经发展为学术不端的一个重要来源因素，根据刘海清[7]的统计，近年来因图像问题而产生的论文撤稿数量已高居榜首。

2019 年，国家新闻出版署正式发布了我国首个针对学术不端行为的行业标准《学术出版规范——期刊学术不端行为界定(CY/T 174—2019)》，其中涉及图像的学术不端行为主要有剽

表1 2010年—2023年5月部分国家作者论文因图像学术不端撤稿数据

国家	图像问题撤稿数/篇	撤稿总数/篇	占比/%
中国	2 464	19 269	12.8
美国	824	3 819	21.6
印度	379	2 765	13.7
英国	93	892	10.4
日本	114	831	13.7
德国	86	734	11.7
法国	96	502	19.1
加拿大	61	499	12.2

窃、伪造、篡改3类，同时参考Retraction Watch有关图像学术不端行为的分类方法，本文将图像学术不端行为归纳为3大类：图像剽窃、图像伪造、图像篡改。具体表现形式界定为：①图像剽窃指使用已发表学术成果中的图像，而不加引注，其中包括直接复制整个图像或部分图像；通过图像旋转、改变图像大小、调整对比度和颜色来增强或弱化图像。②图像伪造则是通过编造实验数据和实验结果而生成图像的行为，因此图像伪造本质上是数据的伪造，是数据伪造的一种具体表现形式。③图像篡改是为了得到人为想要的结果，而对真实图像进行过度修饰和不当改动，破坏了原始图像所表达数据的真实性和完整性。需要特别指出的是，图像剽窃和图像篡改同样都涉及对图像的不当处理，但两者处理图像的来源不同，前者主要来源于已发表的学术成果，后者却是真实研究结果的图像，有时1个图像学术不端行为会同时存在这2种行为。

2 不同类型图像学术不端行为的应对

2.1 图像剽窃的识别与检测

图像剽窃的识别在审阅阶段主要靠编辑和审稿人的专业判断能力，在论文刊发后主要由他人检举和机构事后调查。如果使用检测工具来辅助图像剽窃的判断，那么除了需要图像检测工具软件具备一定的效能外，还需一个提前则是必需首先建立一个广泛且规范的学术图像数据库，能够用于图像的比对，否则性能再好的图像检测工具软件也难以充分且有效识别图像剽窃行为。相关机构已经在这方面取得了一些进展，2016年爱思唯尔和柏林洪堡大学发起过一个旨在对论文进行深度挖掘以识别学术不端行为的项目(https://headt.eu/)，2018年该项目对撤稿论文中的图像进行收集并创建了一个图像数据库，该数据库可作为图像剽窃的比对库，用于各类图像比对工具的测试，帮助出版机构初步识别可能的图像学术不端行为。武晖[8]提出借助开放科学计划(open science identity, OSID)的SAYS(scientist at your system)系统工具包实现对图像学术不端行为的鉴别，虽然可以借助SAYS为论文标注唯一的OSID标识码，将论文中的图像建立一个比对库，但该方法也存在一定的局限性，无法将未加入OSID计划的期刊论文图像收录到该比对库。

2.2 图像伪造的识别与检测

与图像剽窃的学术不端不同，图像伪造更多的是基于虚假的实验数据，但却是通过软件真实生成的图像，该类图像也具有原创性和唯一性，因此图像伪造具有更强的隐蔽性，无法通过图像的比对和分析来判断是否涉及学术不端行为，只能从驱动图像生成的数据来进行识别和查证。特别是对于 GPT-4 这样具备图像生成能力的人工智能系统，具有较好的识别检测能力。比如 Science 让作者提交原始数据给相关领域的专家进行审核，以发现和防止图像伪造行为；Nature 也通过作者提交原始数据，加上编辑抽查和图像出版伦理指南的方式应对图像伪造[9]；Journal of Cell Biology 除设置明确的关于图像处理出版伦理指南，期刊编辑也会查证论文中出现的每一幅图像，通过让作者提供实验原始数据、仪器设备使用、实验参数设置、数据处理和生产系统平台等消除图像伪造的可能性[10]。综合来说，图像伪造的查证对于期刊编辑的专业能力要求较高，期刊编辑需要对相关的学科实验平台和方法有充分的知晓和能力储备。

2.3 图像篡改的识别与检测

相较于图像剽窃和伪造，图像篡改的检测无须依赖大型图像数据库的支撑，也不需要图像生成的原始数据来查证，只需对疑似学术不端行为的图像本身进行分析即可。目前此类检测工具软件按照图像分析方式的不同分为 2 类：

(1) 通过图像源文件分析查证图片是否被篡改。对于一些在实验中所拍摄的图像而言，使用 Photoshop、Coreldraw 等专业图像处理软件进行修改后，容易破坏图片表达信息的真实性，但在被处理后保存的图像中，图像源文件会被写入图像编辑软件的相关信息，最简便的方法就是用文本软件打开图像，再通过在图像本文中搜索常用的图像处理软件名来判断是否属于原始图像。如果图像中的这些信息被人为有意擦除，可采用 JPEGsnoop 或是 MagicEXIF 来检测图像是否有被编辑过的痕迹特征[11]。JPEGsnoop 通过读取图像源码信息辅助判断图像是否被修改过，判断结论中的 SW 标识符后会提示可能使用的图像处理软件名，并依据匹配特征给出 Class1、Class2、Class3、Class4 共 4 个级别的结论，分别表示图像被编辑过、图像极可能被编辑过、图像极可能为原图、图像为原图。MagicEXIF 则除了能检测图像是否被编辑过，还能对图像直方图、尺寸、压缩等特征进行综合评判，和 JPEGsnoop 结论一样也会按照图像被处理的程度生成一个分为 5 级的结论。

(2) 另一类是通过检测图像是否进行过拼接、复制翻转、重采样和修饰等来识别是否具有图像篡改行为。较为常见的有 ORI 提供的 Photoshop 插件 Droplets、iPlagiarism 旗下的猫图鹰图像检测、Wiley 出版社开发的 Image Checks、在线图像取证网站 Forensically，这些检测工具软件通过各自的检测算法提取图像特征值进行检测，检测完成后通常会在图像中直观的标识出可疑的图像区域。

3 图像学术不端行为的防范策略

3.1 明确并引导作者处理图像的方式

正如论文文字部分在投稿前需要经过润色，论文图像在投稿之前，作者也会经过一些诸如格式或像素等方面的处理。但作者对论文所用图像进行处理时，很可能因为对图像处理相关知识和规范的欠缺，导致无意中产生了图像学术不端行为。特别是使用图像工具软件时，首要前提是需要保证图像的安全性和真实性，如果为了美观而对图像的某个部分进行处理，往往会丧失图像的真实性。此外图像被处理时尽量是整张进行处理，容易保证其中重要信息正确无误，比如图像中的比例关系和颜色对比等。最后论文中的图像最好是原图，并保持原始像素，还可用标尺进行标注或者是写明放大缩小的倍数。依据上述图像处理的基本原则，可明确不合适和合理的图像处理方式如下：

(1) 不合适的图像处理包括：将黑白图像处理为彩色图像；过度饱和或锐化；将其他图像中的局部图像复制拼贴后直接在另 1 幅图像中重复使用；未经说明将 2 张不同的图像直接拼接；通过篡改使图片呈现出原本未能观察到的数据或信息；不可随意增强、模糊、位移、删除或添加图像中的元素。

(2) 合理的图像处理包括：局部放大；可调节图片整体的明暗和对比度，但不能仅对局部图像做改动；用箭头、方框标注出图像的某一特定区域作为重点；在不失真的前提下调节图片像素。

论文作者除了需要了解处理图像的规则，日常还应遵循以下具体的图像生成方式，减少因后期图像处理而增加学术不端的风险：

(1) 在处理各类实验数据过程中，应熟悉仪器设备的操作方法，确认图像采集软件的设置，提前找好最合适的明暗及对比度设置；保证样本的纯度与质量，尽可能减少图像背景中的噪点，从而提升图像的分辨率与清晰度；根据实验设计提前构思每一张图像需要达到的呈现效果，便于及时抓取，这项技巧尤其适用于蛋白质凝胶和印迹图像的捕捉。做好对原始图像的存档，如需调整，也在副本中完成，如需生成对比图，应在完全相同的设置下操作。

(2) 作者应提前了解目标期刊对图像放大倍率和分辨率等要求；避免使用如 JPEG 一类有损压缩的图像文件格式，建议将所有图像都存为 TIFF 等位图格式；如图像未经修改，作者可在图例中进行说明，如对图像被修改过，则应标明做了何种改动。

3.2 科技期刊在论文刊前和刊后的制度建设

我国大部分科技期刊对于论文中图像学术不端行为的检测，主要还是依赖于评审专家或同行学者的发现和举报。同行评议是一种非常有效的质量保证机制，但它并不足以防范所有论文图像出现的问题，而一些新的图像检测软件还处于研发和试用阶段，误报率和灵敏度无法兼顾。科技期刊作为图像学术不端行为最直接的关系人，应更多地介入论文刊前的图像出版环节中，建立更严格的图像刊前审查制度。国外已有不少科技期刊针对图像问题在论文初审阶段专门增加了图像检测环节，其中部分生物医学期刊开始实施一种新的图像深度查证流程，并设置专门的审核岗位进行学术图像审核。比如自 2021 年 1 月起，美国癌症研究协会(AACR)出版的 10 种期刊中，刊前图像都要经过一次额外检查，即在同行评审后临时接受的所有手稿上使用人工智能软件检测，目的是提醒期刊编辑注意出现异常的图像，包括那些部分被旋转、过滤、翻转或拉伸的图片；欧洲分子生物学组织(EMBO)出版社出版的期刊对经过同行评议、作者修改后的拟接收稿件，在最终决定发表前，会让图像分析师对图像进行逐一审查，采用人工识别加软件分析的方法进行判别图像是否存在异常；Wiley 出版社的一部分期刊使用自行研发的图像审查软件 Image Checks 对投稿论文在初审阶段就进行检查，帮助判断论文中的图像是否涉及学术不端现象[12]。

即便在刊前多重图像学术不端的防范机制下，仍然不可能消除所有图像出现的问题，因此对于论文刊后再发现的图像学术不端行为，科技期刊同样有必要建立刊后处理制度，以便能够及时启动应对程序，尽可能减少负面影响[13]。依据国际出版伦理委员会(Committee on Publication Ethics, COPE)的撤稿指南，不同的学术不端问题应根据具体情形的不同而采取不同的处理方式。例如论文中的图像问题不足以推翻研究过程的真实性和研究结果的指向性，那么可由作者重新提供新的数据和图像，并刊登更正说明，在论文电子化和数据库化的时代，可以用更正后的论文电子版替换原有文件；如果图像问题已影响到研究结论的可信度，应及时发布撤稿声明并具体说明撤稿原因,如果作者无法提供合理的补充说明,可向相同领域的期刊和作者所在单位通报具有学术不端行为的作者,一是防止学术不端行为向其他期刊转移;二是以期通过更严格的惩处措施让学术失信人员付出更高的代价,有效遏制学术不端行为蔓延的势头。

3.3 防范图像学术不端行为的基础设施建设

当前我国很少有科技期刊在投稿阶段就要求作者将佐证论文结论的图像数据提交,一是受制于期刊数字化平台的系统能力,二是也缺乏保存数据结构的标准化。但部分学科的作者已经习惯在投稿前把相关数据保存在第三方平台并在论文中进行标注,比如信息技术领域的作者将程序源码保存于 Git 代码仓库(https://github.com/);生命科学领域的作者将蛋白质/核酸序列保存于美国国家生物技术信息中心的医学图书馆站点(https://www.ncbi.nlm.nih.gov/)。作者提交原始数据的相关行为给图像学术不端行为的产生建立起一道门槛,但不同学科的图像数据保存在不同的系统平台上,如不能开放访问接口,就无法建立起完备的学术图像比对库,即使图像检测软件的检测效率和精度更优,也不能达到图像匹配的预设效果。此外这些平台大部分由国外的科研机构或大型互联网公司设置和运营,对于我国的科研安全具有一定的不确定性和风险性,我国的科研管理机构或学术数据库平台等相关单位亟须着手建立自己的科研数据存储平台。

3.4 主管机构的服务延伸

当前科技期刊主管部门对期刊的审读工作主要集中在"三审三校"制度的执行情况、出版内容审查、编校和印刷质量,对图像的审阅也只限于基本的合规性和政治性错误,还没有实现对图像学术不端行为进行审读。我国还未形成明确的图像学术不端行为审读具体操作规范标准,也没有广泛使用的图像检测系统平台,导致不同学科、不同期刊、不同作者之间对于图像学术不端行为的认知不同、处理标准不同。图像学术不端行为的检测和识别对于大多数科技期刊而言,并不具备独立完成的能力,需要期刊主管部门集中优势资源,整合具备相关能力的组织和人员,集中评估和采购图像检测系统平台,制定图像处理规范和检测细则,为科技期刊提供业务指导和技术理论支撑。

一直以来,科技论文的评审工作主要由科技期刊负责,而科技期刊却无法获知作者论文产生的具体科研全程,仅依靠有限的论文评审工作,难以全面深入地对论文做出精准评价,这为学术不端行为埋下了隐患的种子。作为最熟悉论文作者科研工作进展的所在科研单位,缺失了对其论文的评价过程,可探索对科研产出的论文进行必要的过程管理,通过论文的全流程管理来从源头上遏制学术不端行为的产生。

参 考 文 献

[1] 中共中央办公厅,国务院办公厅.关于进一步加强科研诚信建设的若干意见[EB/OL].(2018-05-30)[2023-06-01].https://www.gov.cn/gongbao/content/2018/content_5299602.htm.

[2] 国家自然科学基金委员会.国家自然科学基金项目科研不端行为调查处理办法[EB/OL].(2023-01-01)[2023-06-05].https://www.nsfc.gov.cn/publish/ portal0/jd/03/info88369.htm.

[3] 教育部.高等学校预防与处理学术不端行为办法[EB/OL].(2016-09-01)[2023-06-05]. http://www.moe.gov.cn/jyb_xxgk/xxgk/zhengce/guizhang/202112/t20211206_585094.html?eqid=fa43f54f0064daaa000000046429e2d6.

[4] 叶青,林汉枫,张月红.图片中学术不端的类型与防范措施[J].编辑学报,2019,31(1):45-50.
[5] 孙雄勇,耿崇,申艳.学术不端检测的难点及对策[J].中国科技期刊研究,2019,30(1):14-18.
[6] ZHANG T J, ZHANG Y, VINEET V, et al. Controllable text-to-image generation with GPT-4[EB/OL]. (2023-05-29) [2023-06-10]. https://arxiv.org/abs/2305.18583.
[7] 刘清海.国际期刊我国学者论文被撤销情况与分析:基于 RetractionWatch 网站结果[J].中国科技期刊研究,2016,27(4):339-345.
[8] 武晖,孟超,师琅,等.识别科技论文学术不端 2 法[J].编辑学报,2020,32(3):295-298,302.
[9] Nature. Image integrity and standards[EB/OL]. [2023-06-05]. https://www.nature.com/nature-portfolio/editorial-policies/image-integrity.
[10] JCB. Data integrity and plagiarism [EB/OL].[2023-06-10]. https://rupress.org/jcb/pages/editorial-policies#data-integrity.
[11] 孙力炜,贺郝钰,迟秀丽,等.防范图片学术不端的举措研究[J].中国科技期刊研究,2021,32(5):563-570.
[12] 尤嘉琮,刘玮,张丽仪等.国际科技期刊防范图片学术不端对策的探讨:以 Wiley 出版社图像检查系统为例[J].天津科技,2022,49(4):92-96.
[13] 郑晓梅,张利田,王育花,等.期刊编辑和科研人员对学术不端及其边缘行为的界定、防范和处理认知的调查结果分析[J].中国科技期刊研究,2020,31(4):401-412.

科技期刊插图的审读加工在提升
科技论文质量中的作用

王 燕[1]，陈 靖[1]，罗 璇[2]

(1.自然资源部第一海洋研究所海洋数据与信息中心，山东 青岛 266061；
2. 中国科学院海洋研究所文献信息中心，山东 青岛 266071)

摘要：随着新一轮科技革命和产业变革的蓬勃发展，新的技术、方法和科技创新成果不断涌现，科技期刊面临着新的机遇和挑战。插图是科技期刊中直观、形象地表达科学内容的重要手段，其在科技期刊内容方面占比愈来愈重，其出现的问题也屡见不鲜，为编辑审读加工工作带来新的考验。近年来，插图质量日益备受重视。作为承担着插图质量责任的编辑，肩负着探索提升插图质量有效路径的使命。为此，结合审读加工实践中发现的插图科学性、逻辑性、规范性以及学术不端和涉密等问题，提出提升插图质量进而提升科技论文质量的切实措施。

关键词：审读加工；插图质量；插图科学性；插图逻辑性；插图规范性；学术不端行为；涉密插图

插图是科技期刊中形象而直观地表述科学思想和技术知识的有效工具[1]。从某种意义上来讲，插图集中了科学内容的精华，往往能发挥一般文字叙述无法实现的独特作用，可以说"一图抵千文"。插图不但能够缩减复杂的文字表述、避免简单地罗列数据，而且能以更科学、清晰、具象地传达事物的变化规律、内在关系等方式，辅助科学思想和技术知识的完整表达，促使读者跳过文字直观、多维度、深入地理解事物的发展、演化及本质。

在新时代科技期刊高质量发展的征程中，插图的质量逐渐备受重视。插图质量一方面取决于作者创造性地构思和绘制，另一方面也离不开编辑对插图审读加工时的层层把关，往往后者对插图质量的提升更为关键。提升插图质量的实践工作中，编辑并非只关注于体例规范表面加工过程，而是坚持"审""改"并重的原则，运用系统思维，深入解读原文并应对插图出现的种种复杂的问题[2-3]，最终完成插图高质量出版的过程。基于此，笔者以《海洋科学进展》和《海岸工程》两个期刊中的插图为实例，结合审读加工实践过程，分析插图中出现的科学性、逻辑性、规范性，以及学术不端和涉密等问题，并提出解决措施，供期刊同仁参考或共探提升插图质量的更佳对策。

1 插图的典型问题及解决措施

1.1 判别插图科学性

科学性是指内容符合客观实际，能够准确反映事物的本质和内在规律的性质，是科技期刊的本质属性，是科技文章(包括插图)的灵魂[4]121。然而，作者在构思设计并绘制插图的过程中,往往因为对专业知识掌握不牢固、缺乏对内容表述准确性的重视,以及未选对合适的制图方式等,致使绘制出的图片缺乏科学性,难以支持论文的核心观点,更让读者阅后感觉茫然,无法获取真实的信息。

1.1.1 引导插图构思设计

插图作为科技论文的重要组成,在构思设计时不仅应始终遵从科学性原则,还应紧紧围绕论文主题体现出作者的学术观点和见解。例如:笔者在审读《环胶州湾流域总氮总量控制指标体系研究》[5]一文时,理解作者意在利用插图(图1a、图1b)阐述青岛10个区市和入海控制单元4个季节的总氮总量控制指标的总体情况和差异,还意欲探讨在同一季节不同区市和入海控制单元总氮总量控制指标的分布趋势和差异,然而,实际绘制的插图却存在与文意不符且构思不合理的科学性问题,具体问题如下。

(1) 无法根据图例中的"190""360"直接获取每个季节的指标值,且无法比较在指标值较低位置处4个季节的差异,更无法比较不同位置同一季节的指标差异。

(2) 地理名称标注不规范。①示意图中应去掉"市"和"区"表示行政区划的名称;②黄海和胶州湾应修改为左斜体。

(3) 地图三要素标注不规范且有误。①比例尺有误,左侧是14 000,右侧也是14 000;②图1b缺少对1~10的解释,无法从图例柱状图旁的一个数字便捷地获取每个季节对应指标的准确数值;③该图是经过投影形成的经纬网地图,不应再加指北针。

基于这些问题,结合图的类型和功能,笔者认为堆积柱状图更宜科学、准确地表达作者的学术观点,所以,建议作者重新构思设计插图,并引导作者将这种复杂的地图嵌套柱状图形式的图片修改为有层次感的、以区市和入海控制单元名称为横坐标、以总氮总量控制指标数值为纵坐标的堆积柱状图,作者非常认同,并重新绘制插图,经加工,将图1a和图1b分别修改为图1c和图1d,其不但明晰地展示了每处位置4个季节、每个季节不同位置总氮总量控制指标的分布,而且更易于比较分析,也向读者传达了正确的学术思想。

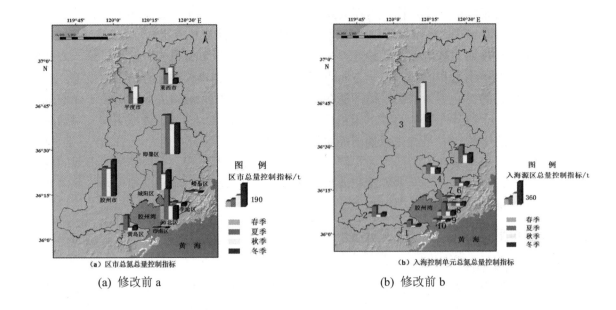

(a) 修改前a　　　　　　　　　　　(b) 修改前b

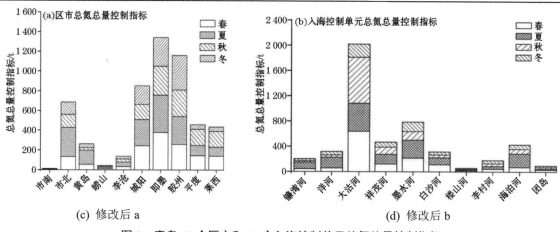

(c) 修改后 a （d) 修改后 b

图 1 青岛 10 个区市和 10 个入海控制单元总氮总量控制指标

1.1.2 消除插图专业知识性差错

知识性差错是指由知识欠缺、记忆模糊或技术疏忽引起的表述不当，进而造成内容上出现的差错[6]。专业知识性差错是在科技期刊中并不鲜见的知识性差错，也是容易被编辑忽视的隐性差错，其出现的根本原因在于个别作者对某学科专业知识的研究不够深入、理解不到位，且对专业术语的概念等知识缺乏深研细究。例如，笔者在审读稿件时，发现有些作者因对物理海洋学中常见的潮流流向、统计学中的百分位数等术语概念理解不够透彻，造成插图内容出现差错，如图 2a[7]和图 3a[8]所示。

图 2a 中潮流流向实际范围应为 0°~360°，即最大值为 360°，有些作者却错将最大值设置成了 400°，明显违背专业常识，与作者沟通后，作者毫不犹豫地重新绘制了插图，如图 2b 所示。

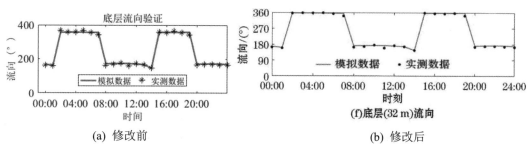

(a) 修改前 （b) 修改后

图 2 大潮期间潮流流向验证

结合图 3a 可知，该图表达的是不同百分数下噪声级随频率的波动趋势，这与原文[8]意在分析不同百分位数下噪声级随频率的变化趋势的实际不符，即作者混淆了百分数与百分位数这 2 个统计学术语的概念。百分数指一个数是另一个数的百分之几的数。百分位数其实是一个位置指标。将一组含有 n 个值的数据按从小到大排列，处于 $p\%$ 位置的值称为第 p 百分位数。显然作者错写了图 3a 中图例的统计学术语，应修改为第 1 百分位数等(图 3b)。

1.2 推断插图逻辑性

插图是作者利用归纳、类比、演绎等逻辑思维准确、有条理地阐述学术思想、观点和主张的思维活动的重要体现。具有条理性且层次分明的插图，有助于科学信息的有效传达，也会给读者带来更强的视觉冲击力，引起读者的关注。然而，有些插图往往因被作者忽略了严密的逻辑性，呈现错乱的视觉效果。

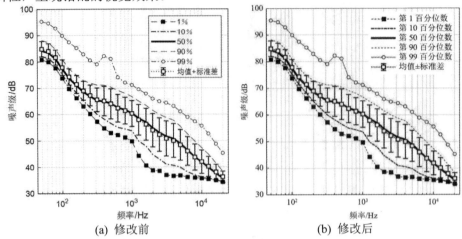

图 3　观测海域环境噪声频谱

1.2.1　提高插图条理性

直观图 4a[9]，图的中央及上半部分一片斑斓，没有经纬线，填色柱只有最大值 4 和最小值 0.1，相差 40 倍的数据中间没再显示具体数值，无法条理清晰地传达准确性结果，即北极圈内具体位置海冰实际厚度的概况，以及海冰出现消融现象的趋势。所以，建议作者添加经纬线和填色柱的数据，即修改为图 4b，最终提高了插图的清晰度和条理性。

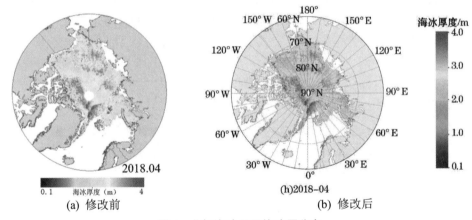

图 4　北极海冰月平均冰厚分布

1.2.2　增强插图层次性

流程图是一种基于流程的模型，是借助多线性组合将多个符号和图形相互连接，有序表征一个逻辑缜密的整体的动态形式[10]。例如图 5a[11]，该图表面看由上而下条理清晰，但实际上，审读正文后发现问题：关于"待匹配的船只"在全局特征提取后，未在图中再出现，而且，按照选择形状和纹理等宏观特征和局部特征点等细节特征将描述船只目标分成了 2 个阶段，并未在原图中明朗地体现。笔者认为，若在原图中增绘出 2 个阶段的名称，对跟踪方法的表达将会起到"点睛"作用。经与作者深度沟通后，作者修正了图 5a，增加了 2 个不同颜色的方框，标注第一阶段和第二阶段，呈现出整体为块状、层次分明的图 5b，使图片的视觉效果得到了提高。

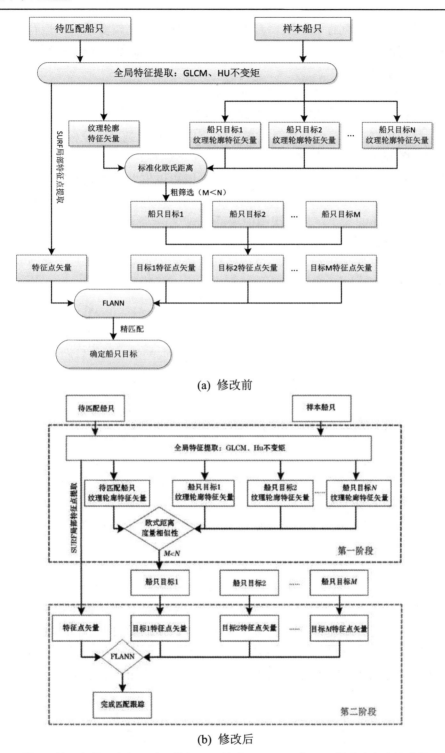

(a) 修改前

(b) 修改后

图 5 基于全局和局部双阶段特征匹配的非同源 SAR 船只匹配跟踪方法的流程

1.3 审核插图规范性

插图的基本要素包括图、图序、图题、图注,插图的绘制应符合 CY/T 171—2019《学术出版规范 插图》、GB 3100—1993《国际单位制及其应用》、GB/T 3101—1993《有关量、单位和符号的一般原则》等系列行业标准。有关插图规范化的研究较多[12-15]，但有关海洋学研究中常见插图的研究尚少。因此，本文分析海洋学研究中典型插图出现的规范化问题。

1.3.1 规范插图基本格式

图 6a[16]是流场图，也是物理海洋学常见典型插图类型之一，其存在问题为：①紧随图外未添加分图序和分图题(原文在整图图题中描述了图题，但未加图序，也未解释周期 T 的时长)；②缺少坐标标目和单位；③缺少流速箭矢和单位；④3 位以上数字未空格。按照规范要求，笔者和作者共同将图 6a 修正为了图 6b。

流场图的基本要素包括流向和流速，其中流向既可以借助具体数值也可以借助经纬度或距离等表示，通常以箭头指向为海流的方向，而流速只以数值表示海流速度的大小，通常以箭头线的长短表示流速的大小，只有在图中规范绘制 2 个要素的完整信息，方可完成对流场特征科学准确的阐述。所以，流场图中必须添加箭矢和流速数值和单位。实际上，笔者在审读稿件时，发现流场插图未添加箭矢和单位的情况确实不少，这可能与作者缺乏绘图专业知识，对图的规范性不够重视有关。

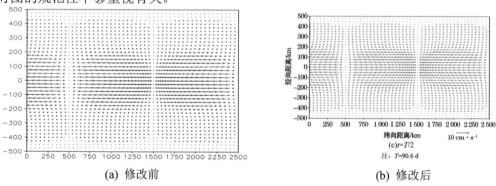

(a) 修改前　　　　　　　　　　(b) 修改后

图 6　第 2 模态各时刻 t 上层流场的水平分布

1.3.2 纠正插图数据重叠问题

由图 7a[17]可以看出，最明显的问题就是数据重叠，还有未加图例名称即填色柱的物理量名称和单位问题。

数据重叠现象，常在图表中出现，多因作者对数据准确性和规范性的意识较为薄弱。填色柱普遍存在于海洋调查、测绘、观测、数值模拟等研究的科技论文中，常在研究区域图(地图)中呈现，辅助分析研究站位物理、生物等指标的分布特征、变化趋势和演变规律等，但作者在绘制图时常忽略标注填色柱代表的物理量和单位，使插图失去了自明性。所以，平时编辑不但应熟练掌握出版专业知识和行业标准等，而且要多学习学科专业知识，提高综合素质，方能在审读加工稿件判断出插图的准确性和规范性，以提高插图的出版质量。

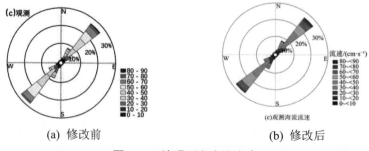

(a) 修改前　　　　　　　　　　(b) 修改后

图 7　S1 站观测海流的流速

1.4 审查插图学术不端行为

2019 年,国家新闻出版署发布的 CY/T 174—2019《学术出版规范 期刊学术不端行为界定》指出学术不端行为包括剽窃、伪造、篡改、不当署名、一稿多投和重复发表,同时对图像的学术不端行为做了明确界定,包括不加引注或说明直接使用或增删等修改后使用他人已发表文献中的图片行为、利用不同手段伪造和篡改图片行为,以及不加引注或说明使用自己(或自己作为作者之一)已发表文献中的图片即重复发表行为。通常,源于作者的主观意识,重复发表最不易引起作者重视,例如《海岸侵蚀与防护技术研究进展》一文[18]中的图 8a,笔者查阅文献后了解到该图实际上也是该文作者为第一作者文中的图,但插图已随文发表,所以,建议作者在图 8a 下方添加图注,说明图片来源,否则一旦插图再次见刊,毫无疑问会被定为重复发表的学术不端行为。

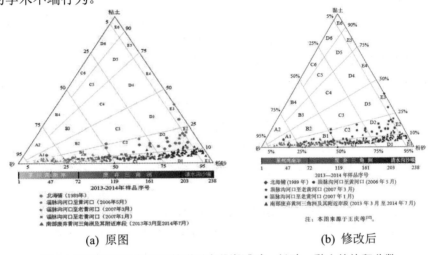

(a) 原图　　　　　　　　　(b) 修改后

图 8　南部废弃三角洲及其附近岸段潮滩砂、粉砂、黏土的体积分数

1.5 慎重审阅涉密插图

科技保密事关国家安全与利益,科技期刊的编辑、出版、印制和发行应遵守《中华人民共和国保守国家秘密法》中的有关保密规定。当科技论文涉及核电等敏感信息时,即使经审密后论文可以公开发表,编辑也应增强审密意识,必要时应请审稿专家协助审查稿件,审密通过后再进行审稿[19]。

2　提升插图质量的有效路径

2.1 编辑应履职尽责,扎实做好审读加工工作

中共中央、国务院《关于加强出版工作的决定》中指出:"编辑工作是整个出版工作的中心环节,是政治性、思想性、科学性、专业性很强的工作,又是艰苦细致的创造性劳动。编辑人员的政治思想水平和业务能力的高低,直接影响着出版物的质量。编辑人员对于提供有益的精神养料、防止精神污染,负有重大的社会责任。"可见,编辑是保障期刊出版质量和社会效益的关键角色,也是推动期刊发展的原生动力。编辑的职责是按照我国相关出版管理规定,执行"三审三校"制度,对期刊质量最终把关定向,以使刊发文稿的质量达到出版的标准要求。

科技论文是由科技工作者对其创造性研究成果进行理论分析和科学总结,并得以公开发表或通过答辩的科技写作文体[4]54。实践表明,绝大多数作者的科技论文原稿,即使是作者针

对专家审稿后修改的稿件，无论在文字表述、图表制作等方面都存在不符合出版要求的多种问题[20]，这就需要编辑人员采取通读、精读、复读等方式，对决定采用的文稿进一步审读加工，进行内容的复查、文章逻辑结构的必要调整、语言文字的适当修饰等[21]，提高文稿的科学性、逻辑性、规范性、可读性等，使文稿能够准确、简明地传播学术研究成果和科技信息。所以，编辑审读加工是延续和深入补充前期的审稿工作[22]、促使作者思维继续拓展和引申，以及整个编辑工作流程中非常重要的环节，对进一步提高论文包括插图质量起着至关重要的作用。

插图是文稿文字内容的辅助表述，与正文内容相辅相成。在审读加工插图时，编辑应像对待文字加工一样，细致审理和修改图片，甚至重新设计、绘制，以保证刊物的出版质量。首先，编辑应掌握和理解文稿的整体结构、研究方法、主要论点、结果和结论等，发现其中的科学思想，分析判断插图的示意性是否合理，内容是否具备写实性，以及能否让读者快速、方便、准确地获取科学信息。然后，编辑应多"动眼""动脑""动手"，撬动思维，提取储备的编辑实务知识及专业知识，查阅《科学技术期刊管理办法》《科技书刊标注化18讲》《作者编辑常用标准集规范》《编辑常用法规及标准汇编》《学术出版规范 期刊学术不端行为界定》《中华人民共和国保守国家秘密法》等相关文献资料，充分发挥专业技能，不仅要综合剖析并精选插图，选取插图的适宜类型，审定插图的科学性、逻辑性、完整性和规范性，审查插图是否涉密、有无学术不端行为，以及审核插图的说明文字等，给予作者合理的修改建议；还要发掘隐藏在文稿中、作者尚未完全意识到的真知灼见，引导作者绘制插图，将学术成果准确、简明、恰当地表达出来。

2.2　编辑应与时俱进，多掌握并灵活运用统计分析和绘图软件

图形一直是科技工作者展示科学数据、解释内在科学规律的重要手段，而且图形具有无国界的显著特点，往往不需要翻译，其蕴含的学术思想便可实现在国内外的传播。所以，图形绘制对科技成果的传播至关重要。

随着科学技术的迅猛发展，适用于生态学、植物学、农业、医学、文献分析学等各学科领域的绘图软件如Microsoft Excel、Origin、SigmaPlot、SPSS、R语言、CiteSpace、VOSviewer等被不断开发出来，数据统计分析和图形绘制的方法也越来越多且越来越灵活。绘图软件的出现以及功能的升级，一方面为科研工作者提供了便利，另一方面也给期刊编辑带来了考验。编辑只有多掌握新的绘制技术和方法，才能在审读加工插图过程中分析判断出插图设计是否合理等问题，并为作者提供更佳的修改建议，帮助作者绘制高水平、令人耳目一新的插图，进而提高论文的质量，促进专业领域的学术交流。

3　结束语

近年来，随着新一轮科技革命和产业变革的蓬勃发展，新的技术、方法和科技创新成果的不断涌现，插图越来越备受作者的青睐。笔者以海洋学科论文为例，在中国知网文献检索平台随机选取了2021—2023年的100篇论文，统计出平均每篇论文中插图数量为31幅，而且图幅数量逐年呈增长的趋势。可见，插图在新时代科技期刊内容方面的占比愈来愈高，伴生的问题也屡见不鲜，新的问题也逐渐显现，无疑为科技期刊的高质量发展带来新的挑战。作为肩负着科技期刊质量使命和重任的编辑，应不惧挑战，与时俱进，深学细悟，深耕细作，构建和完善知识体系，锻炼和提高思维能力，练就审读加工稿件的过硬本领，高效应对并解决插图出现的科学性、逻辑性、规范性,以及学术不端和涉密等种种问题,提升插图质量,助推期刊高质量发展。

参 考 文 献

[1] 中国科学技术期刊编辑学会.科学技术期刊编辑教程[M].北京:人民军医出版社,2010:150.
[2] 翁志辉,周琼.论科技文稿编辑加工的"度"[J].编辑学报,2007,19(5):334-335.
[3] 汪光年.逻辑思维与科技期刊稿件的深度加工[J].编辑学报,2008,20(3):221-223.
[4] 陈浩元.科技书刊标准化18讲[M].北京:北京师范大学出版社,2000:54,121.
[5] 戴爱泉,郝菁,陈亚男,等.环胶州湾流域总氮总量控制指标体系研究[J].海洋科学进展,2019,37(2):342-354.
[6] 刘苏华.图书编校中专名知识性差错的产生与防范[J].出版与印刷,2020(3):28-33.
[7] 张洁,纪棋严,左军成,等.舟山西堰门水道潮流能资源评估及发电站选址[J].海洋科学进展,2022,40(2):327-341.
[8] 李显阳,刘宗伟,史阳,等.南海中南暗沙海域海底环境噪声特性[J].海洋科学进展,2023,41(2):335-343.
[9] 张婷,张杰,张晰.基于CryoSat-2数据的2014—2018年北极海冰厚度分析[J].海洋科学进展,2020,38(3):425-434.
[10] 孙文彩.略谈课堂教学设计中教学"流程图"的优化分析[J].数学学习与研究,2014(5):39,42.
[11] 王炎,张晰,孟俊敏,等.基于双阶段特征匹配的非同源SAR船只跟踪方法[J].海岸工程,2022,41(1):48-60.
[12] 陈爱萍,赵惠祥,余溢文,等.科技论文插图的可读性编辑加工[J].编辑学报,2015,27(4):348-350.
[13] 韦青侠,付会芳,王红红.由科研论文中一个柱状图引发的编辑思考[J].出版科学,2017,25(2):60-63.
[14] 张福颖,倪东鸿.科技论文中图表编辑加工的8类情形[J].编辑学报,2019,31(4):391-394.
[15] 李存葆,张思琪.科技期刊对数坐标图的编排处理[J].编辑学报,2019,31(4):395-397.
[16] 卢姁,路凯程,张铭.二层海洋赤道Kelvin波解析解模态分析[J].海洋科学进展,2017,35(3):337-349.
[17] 谢波涛,张敏霞,张琪,等.辽东湾中部海流特征的同步观测与数值模拟对比检验[J].海岸工程,2023,42(2):121-130.
[18] 王庆,朱君,战超.海岸侵蚀与防护技术研究进展[J].海岸工程,2022,41(4):301-312.
[19] 唐新荣.编辑视角下的科技论文保密审查[J].黄冈师范学院学报,2007,27(5):25-26.
[20] 中国科学技术期刊编辑学会.科学技术期刊编辑教程[M].北京:人民军医出版社,2010:59.
[21] 龚维忠.现代期刊编辑学[M].2版.北京:北京大学出版社,2014:207.
[22] 文双全.提高高校学报编辑加工质量的思考[J].安徽工业大学学报(社会科学版),2015,32(2):149.

科技期刊学术论文表格表头编辑加工"三部曲"

郝 娇，寿彩丽

(浙江大学出版社浙江大学学报(理学版)编辑部，浙江 杭州 310028)

摘要：表格是学术论文的重要组成内容之一，具有直观、简明、易对比和提纲挈领的作用。然而，实际情况是科技论文中的表格存在设计不合理、不规范、自明性不强、阅读困难、不易对比分析、内容重复等问题。从表格的整体架构出发，基于学术论文编辑加工过程中的具体实例，以表格自明性为切入点，对表格中存在的问题进行了分析，总结得到表格编校的一般流程，并提出科技期刊学术论文表格表头编辑加工"三部曲"：横纵表头互换、表头分层、长表转栏或宽表分段。将流程和方法用于表格编校实践，对得到的最终表格与原表格进行比较发现，修改后的表格更直观简明、可读性与自明性更强、更符合学术出版规范。流程和方法有助于提高科技期刊编辑对表格的处理效率，对科技论文作者也有一定参考和借鉴作用。

关键词：科技期刊；学术论文；表格；表头编辑加工

在学术论文中，表格的重要性不言而喻。自 2023 年 7 月 1 日起开始实施的《学术论文编写规则：GB/T 7713.2—2022》[1]明确指出，表格应具有自明性、简明性、规范性和逻辑性。自明性，顾名思义，读者只通过观察表题和表身就能够明晰表格中的主要内容，明白表中各数据的意义，这也体现了表格的可读性属性。表格因其简明、清晰、准确的优点，被科技学术期刊广泛采用。学术论文中表格编排应符合《学术出版规范 表格：CY/T 170—2019》(以下简称《规范》)[2]。学术论文表格包括表号、表题、表头、表身和表注等组成要素[2]，其中表头、表身中涉及科技名词、量、单位、数值修约等，这无疑为表格的编排带来了挑战，部分作者不会设计表格，或设计的表格不规范，部分编校人员在处理表格时无从下手，导致表格编写和编校工作效率较低。

本文从表格的整体架构出发，以表格自明性为切入点，提出科技期刊学术论文表格编校的一般流程及表头编辑加工方法。基于笔者的编辑实践，对表格中可能存在的问题进行了分析，考虑表格各组成要素的细节处理，如横纵表头如何放置、数据横排还是竖排、双栏线如何使用等，给出编校示例，有助于提高科技期刊编辑的加工处理效率，亦可供论文作者参考和借鉴。

1 科技期刊学术论文表格问题

科技期刊学术论文表格编排，不仅要考虑表号、表题、表头、表身和表注等组成要素的

通信作者：寿彩丽，E-mail: zdxb_l@zju.edu.cn

完整性，而且要符合科技名词、量、单位、数值修约等相关规范。陈浩元等[3]对《规范》中表格编排的要求性条款、非要求性条款等使用建议做了详细陈述。也有一些针对科技期刊学术论文表格问题的研究，如陈雯兰等[4]对2016年国内出版的100种科技期刊表格的编排情况进行了调查，发现多数科技期刊表格编排不符合规范，包括表序、表题、栏目、量和单位、数字、表身空缺项符号、表注、辅助线、表格位置等编排不规范。来冰华[5]指出，科技期刊表格常见问题涉及表题拟定不恰当、栏目设计不合理、表身数据有疏漏等。李洁等[6]结合表格编辑加工实例，认为科技期刊论文表格编辑加工常见问题有三线表形式不规范、表格内容(包括栏目中量和单位、表内数据及其他)不规范等。另有研究指出，大多科技期刊学术论文提倡使用三线表[1,3,7]。

对于专业性较强的科技期刊学术论文，其表格涉及量或数据较复杂，有其独有的特点，如王晓梅[8]认为，物理类论文表格的科学性、规范性等存在问题。丁萍[9]对园艺类来稿论文中的表格问题进行了归纳，指出表存在与正文内容重复、与插图内容重复、内容不全、横纵栏目混淆、数据不规范，以及排版不规范等问题。王小辰[10]通过对材料类科技论文中2张表格的宏观分析，分别做出增设栏目、更改行列顺序的修改建议。

综上，对于无自明性的表格，准确把握《规范》要求进行编辑加工，必要时重新设计表格。对于有一定自明性但达不到出版规范的表格，应视实际情况，对标优化、修改。现有对表格问题的研究多集中于对表格不同组成要素的细节勘误，而在具体实践中，表格涉及的错误类型不尽相同，分类和归纳对表格编校效率的提升作用不大，对论文作者的借鉴意义不明显。

2 科技期刊学术论文表格编校流程及表头编辑加工"三部曲"

基于上述问题，提出科技期刊学术论文表格编校的一般流程，如图1所示。首先，查看表格是否具自明性，查看表题与正文、表题与表身内容是否一致；其次，查看表头设计是否合理，与正文、表题、表身内容是否一致或相符；再次，查看表身中数据或用法是否符合规范；最后，对照科技名词术语、量、单位、数值修约等相关规范核查修改。

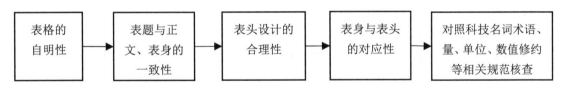

图1 科技期刊学术论文表格编校的一般流程

采用关键词搜索方式检索《规范》中表格各要素的出现次数，结果为：表号出现13次，表题出现15次，表头出现43次，表身出现21次，表注出现17次。这从侧面反映了表头的重要性。表头是对表格各行和各列单元格内容进行概括和提示的栏目。表头对表格的影响相当于建筑框架对建筑整体的影响。基于此，提出表头编辑加工"三部曲"：横纵表头互换、表头分层、长表转栏或宽表分段。在学术论文表格编辑加工实践过程中，还需考虑对表格各组成要素的细节处理，如数据横排还是竖排、双栏线如何使用、如何节省版面等。

3 表头编辑加工"三部曲"在表格编校过程中的应用实例

结合笔者的编辑实践和在论文编辑加工过程中的具体案例,对可能存在的问题进行分析,给出表头编辑加工"三部曲"在表格编校过程中的应用实例。

3.1 横、纵表头互换

【例1】原文描述为:根据变压小于均值减2倍标准差($\Delta p-2\sigma$)的阈值,筛选并统计在4个时间间隔下的样本分布特征。表1显示,随着时间间隔增大,样本分布的偏度及峰度均减小,即24 h间隔的变压样本更接近正态分布……

表1 4个时间间隔下强度变化小于-2σ的样本统计特征(原表)

时间间隔/h	6	12	18	24
$\Delta p-2\sigma$/hPa	-12.18	-18.31	-24.15	-29.82
偏度	0.52	0.38	0.3	0.22
峰度	7.38	4.95	3.63	2.78

【分析】该表有自明性,观察各要素发现:①表题与正文描述不符,根据正文描述,筛选的为变压值小于$\Delta p-2\sigma$的样本,故需修改表题。②根据《学术论文编写规则:GB/T 7713.2—2022)》,表格的编排,宜将内容和测试项目由左至右横排,数据依序竖排。在三线表中,将测试项目作为横表头,可使表格易读性更强,故考虑将横、纵表头互换。③表头中量和单位的标注形式应为"量的名称或符号/单位符号";表身中同一量的数值修约数位应一致,将偏度对应列的数据0.3改为0.30。将原表优化为表2。优化后的表格,表题与正文一直,各测试项目间关系明确,表内数据符合出版规范。

表2 在4个时间间隔下变压值小于$\Delta p-2\sigma$的样本统计特征(最终)

时间间隔/h	$\Delta p-2\sigma$/hPa	偏度	峰度
6	-12.18	0.52	7.38
12	-18.31	0.38	4.95
18	-24.15	0.30	3.63
24	-29.82	0.22	2.78

3.2 表头分层

3.2.1 涉及年份与变量间的关系

【例2】原文描述为:基于2000—2018年我国31个省(市、区)的受灾数据,计算得到灾情指数描述性统计结果,见表3。

表3 2000—2018年我国灾情指数描述性统计(原表)

年份	均值AD	均值RD	标准差AD	标准差RD	变异系数AD	变异系数RD
2000	0.28	0.27	0.20	0.17	0.70	0.65
2005	0.30	0.25	0.22	0.18	0.73	0.72
2010	0.27	0.17	0.23	0.17	0.82	0.99
2015	0.25	0.14	0.17	0.15	0.67	1.06
2018	0.25	0.19	0.16	0.15	0.65	0.81

注:AD为绝对受灾程度,RD为相对受灾程度。

【分析】该表具有一定的自明性,观察各要素发现:①表头、表注中"受灾程度"与正文、表题中"灾情指数"不一致。②描述性统计指标包括均值、标准差、变异系数，原表头中的2个灾情指数重复出现，增加了表格的宽度。

因此，首先删除表注，将原表头中"AD""RD"分别改为对应汉字"绝对灾情指数""相对灾情指数"；其次采用双层表头，即灾情指数为第一层，描述性统计指标为第二层；最后将通栏改为单栏，节省版面。优化后得到表4。优化后的表格自明性更强，分层表头更直观、已读。

表4 2000—2018年我国灾情指数描述性统计(最终)

年份	绝对灾情指数			相对灾情指数		
	均值	标准差	变异系数	均值	标准差	变异系数
2000	0.28	0.20	0.70	0.27	0.17	0.65
2005	0.30	0.22	0.73	0.25	0.18	0.72
2010	0.27	0.23	0.82	0.17	0.17	0.99
2015	0.25	0.17	0.67	0.14	0.15	1.06
2018	0.25	0.16	0.65	0.19	0.15	0.81

【例3】原文描述为：分析陕甘宁老区ESV的时空演变特征(表5)，可知，陕甘宁老区24年间ESV呈现先减少后增加的趋势，总体ESV有所增加。1995、2005、2015、2018年4个时期的生态服务总价值分别是2 236.61、2 141.98、2 104.72、2 300.64亿元……

表5 不同生态系统类型的价值变化(原表)

类型	耕地	森林	草地	水域	未利用地	合计
1995年	508.43	818.15	852.84	49.91	7.27	2 236.61
2005年	507.88	804.14	785.30	40.91	3.75	2 141.98
2015年	509.34	762.92	785.42	42.81	4.23	2 104.72
2018年	480.58	863.91	912.56	39.75	3.83	2 300.64
平均比重(%)	22.88	36.98	37.94	1.98	0.22	100.00
1995—2005	−0.55	−14.01	−67.54	−9.00	−3.52	−94.63
变化率(%)	−0.11	−1.71	−7.92	−18.04	−48.44	−4.23
2005—2015	1.45	−41.22	0.12	1.90	0.48	−37.26
变化率(%)	0.29	−5.13	0.02	4.64	12.86	−1.74
2015—2018	−28.75	100.99	127.14	−3.05	−0.40	195.92
变化率(%)	−5.65	13.24	16.19	−7.13	−9.48	9.31
1995—2018	−27.85	45.76	59.72	−10.16	−3.44	64.03
变化率(%)	−5.48	5.59	7.00	−20.35	−47.32	2.86

【分析】该表无自明性，观察各要素可发现：①表题不能表达该表格想要表达的主题。②纵表头中有年份、平均比重、变化值、变化率等，且变化率作为纵表头重复出现。③横表头中栏目归类不正确，耕地、森林、草地等为不同土地利用类型，其对应列的单元格中数据为该土地利用类型的生态系统价值或变化率。④生态系统价值的单位不明确。⑤表头中量和单位的标注形式应为"量的名称/单位符号"。

考虑前5行数据为原始数据，后8行数据均在原始数据基础上运算所得，虽然变化值和变化率可更直观反映ESV变化，但全部保留增加了表格设计难度，使得表格失去自明性。因此，在编辑加工时，与论文作者沟通，建议将原表拆分为2张表，或删除表中的无关数据。

作者决定仅保留前 5 行数据，故将原表优化为表 6。

表 6　1995—2018 年不同土地利用类型的生态系统价值变化(第一次优化)

类型	耕地	森林	草地	水域	未利用地	合计
1995 年/亿元	508.43	818.15	852.84	49.91	7.27	2 236.61
2005 年/亿元	507.88	804.14	785.30	40.91	3.75	2 141.98
2015 年/亿元	509.34	762.92	785.42	42.81	4.23	2 104.72
2018 年/亿元	480.58	863.91	912.56	39.75	3.83	2 300.64
平均比重/%	22.88	36.98	37.94	1.98	0.22	100.00

观察表 6 发现：①"年份/亿元"的表示方法不正确，在表头中，斜线后加单位，其应与对应物理量同时出现，显然，1995 年并不是物理量。正确表示方法应为"生态系统价值(ESV)/亿元"，故对表头分层。②纵表头"年份"与"平均比重/%"为平行关系，故应添加辅助行线。③考虑版面，改通栏排为单栏排。优化后的表格如表 7 所示。对比表 5 和表 7 可知，优化后的表格具有较强的自明性和可读性，可见，在与作者沟通很重要，在了解文意的基础上，才能进行准确修改，且可能需要多次修改才可将表格调整至最优。

表 7　1995—2018 年不同土地利用类型的生态系统价值变化(最终)

年份	ESV/亿元					
	耕地	森林	草地	水域	未利用地	合计
1995	508.43	818.15	852.84	49.91	7.27	2 236.61
2005	507.88	804.14	785.30	40.91	3.75	2 141.98
2015	509.34	762.92	785.42	42.81	4.23	2 104.72
2018	480.58	863.91	912.56	39.75	3.83	2 300.64
平均比重/%	22.88	36.98	37.94	1.98	0.22	100.00

3.2.2　涉及方法(算法)、目标数据集等指标值或其比较

【例 4】原文描述为：表 8 在数值上显示了各种边缘检测方法与 Candy 算子的相似度，可知……

表 8　RQDPA、RQDPC、RQDLA、DPC 和 MDPC 与 Candy 的相似度(原表)

Lena	SSIM	FSIM	PSNR	pepper	SSIM	FSIM	PSNR
RQDPA	0.5057	0.9312	10.2791	RQDPA	0.5167	0.9750	10.4357
RQDPC	0.4066	0.9060	9.9203	RQDPC	0.4559	0.9159	10.0303
RQDLA	0.3563	0.8932	9.1568	RQDLA	0.3565	0.9009	8.7746
DPC	0.3603	0.8951	9.1891	DPC	0.4020	0.9146	9.2128
MDPC	0.3561	0.8932	9.2211	MDPC	0.3994	0.9125	9.2841
house	SSIM	FSIM	PSNR	box	SSIM	FSIM	PSNR
RQDPA	0.6539	0.9419	11.3172	RQDPA	0.7152	0.9595	13.8027
RQDPC	0.5727	0.9304	10.6129	RQDPC	0.5770	0.9322	11.7789
RQDLA	0.5047	0.9140	9.7250	RQDLA	0.4900	0.9017	10.2255
DPC	0.4780	0.9183	9.6694	DPC	0.5481	0.9287	10.7992
MDPC	0.4772	0.9168	9.7500	MDPC	0.5494	0.9289	10.9931

【分析】该表无自明性。由原文可知，RQDPA、RQDPC、RQDLA、DPC、MDPC 为不同的边缘检测方法，SSIM、FSIM、PSNR 为相似度指标，Lena、house、pepper、box 是被处理图片的名称。观察表格发现：①表头栏目未归类，且与表题不符，其中 SSIM、FSIM、PSNR 在横表头中重复出现。②误用表格分段。《规范》对表格编排时的宽表分段做了详细说明：如果表格栏多行少，横宽竖短，可将表格横向切断，排成上下叠排的两段或多段。表格分段后，横表头不同，纵表头相同，上、下两段中间应以双横细线相隔。此处原表中的两段间无双横细线，且值得注意的是，分段后的纵表头不同，故不适宜采用宽表分段处理。

因此，首先，增加表头栏目分类，采用多层表头呈现。其次，取消表格分段。优化后的表格如表 9 所示。对比表 8 和表 9 可知，优化前后的表格形式差别较大，优化后的表格具有自明性，栏目设置清晰，可读性较强。

表 9　RQDPA、RQDPC、RQDLA、DPC 和 MDPC 与 Candy 的相似度(最终)

方法	Lena			房子			辣椒			盒子		
	SSIM	FSIM	PSNR	SSIM	FSIM	PSNR	SSIM	FSIM	PSNR	SSIM	FSIM	PSNR
RQDPA	0.505 7	0.931 2	10.279 1	0.653 9	0.941 9	11.317 2	0.516 7	0.975 0	10.435 7	0.715 2	0.959 5	13.802 7
RQDPC	0.406 6	0.906 0	9.920 3	0.572 7	0.930 4	10.612 9	0.455 9	0.915 9	10.030 3	0.577 0	0.932 2	11.778 9
RQDLA	0.356 3	0.893 2	9.156 8	0.504 7	0.914 0	9.725 0	0.356 5	0.900 9	8.774 6	0.490 0	0.901 7	10.225 5
DPC	0.360 3	0.895 1	9.189 1	0.478 0	0.918 3	9.669 4	0.402 0	0.914 6	9.212 8	0.548 1	0.928 7	10.799 2
MDPC	0.356 1	0.893 2	9.221 1	0.477 2	0.916 8	9.750 0	0.399 4	0.912 5	9.284 1	0.549 4	0.928 9	10.993 0

【例 5】原文描述为：将基于稀疏一致图分解的 SCGFs 与现有的 NMF、PCA、LLNMF[28]、GNMF、RMNMF、CFANs 和 NMFAN 算法(采用原文的参数设置及代码)进行比较，结果见表 10 和表 11，并对最优结果加粗表示。

表 10　单视图聚类性能 ACC 比较(原表)

数据集	NMF	PCA	LLNMF	GNMF	RMNMF	CFANs	NMFAN	SCGFs
Wdbc	0.8482	0.8541	0.5979	0.8532	0.6892	0.8375	0.8541	0.8893
Abalone	0.3754	0.3589	0.3528	0.3603	0.3196	0.3101	0.3881	0.4058
K1a	0.3088	0.2910	0.2709	0.3049	0.3030	0.3196	0.3217	0.4923

表 11　单视图聚类性能 Purity 比较(原表)

数据集	NMF	PCA	LLNMF	GNMF	RMNMF	CFANs	NMFAN	SCGFs
Wdbc	0.8482	0.8541	0.6554	0.8532	0.6892	0.8375	0.8541	0.8893
Abalone	0.3803	0.3694	0.3579	0.3708	0.3252	0.3253	0.3894	0.4106
K1a	0.6208	0.6248	0.6163	0.6194	0.6162	0.6161	0.6251	0.6038

【分析】两表均无自明性。观察表格各要素发现：①表题对表格内容涵盖不全。②两表的横表头、纵表头均相同，可考虑合并两表。

因此，首先调整表题为"不同算法的单视图聚类性能 ACC 和 Purity 比较"，其次，合并两表，并对表头分层，优化后的表格如表 12 所示，可见，优化后的表格更加简洁、栏目设置更清晰，易读。

表 12　不同算法的单视图聚类性能 ACC 和 Purity 比较(最终)

算法	ACC			Purity		
	Wdbc 数据集	Abalone 数据集	K1a 数据集	Wdbc 数据集	Abalone 数据集	K1a 数据集
NMF	0.848 2	0.375 4	0.308 8	0.848 2	0.380 3	0.620 8
PCA	0.854 1	0.358 9	0.291 0	0.854 1	0.369 4	0.624 8
LLNMF	0.597 9	0.352 8	0.270 9	0.655 4	0.357 9	0.616 3
GNMF	0.853 2	0.360 3	0.304 9	0.853 2	0.370 8	0.619 4
RMNMF	0.689 2	0.319 6	0.303 0	0.689 2	0.325 2	0.616 2
CFANs	0.837 5	0.310 1	0.319 6	0.837 5	0.325 3	0.616 1
NMFAN	0.854 1	0.388 1	0.321 7	0.854 1	0.389 4	0.625 1
SCGFs	0.889 3	0.405 8	0.492 3	0.889 3	0.410 6	0.603 8

3.3　长表转栏或宽表分段

【例 6】原文描述为：分别取射孔密度为 $n=4$ 个/m、16 个/m、28 个/m，对比分析射孔密度大于 4 个/m 时不同孔眼半径下的渗透率比值曲线对射孔密度的敏感程度，该敏感程度通过渗透率比值增长幅度判断，见表 13……

表 13　不同射孔密度的渗透率比值曲线增长幅度表(原表)

孔眼半径，mm	$r1/rw = 8$, $n = 4$个/m	$r1/rw = 8$, $n = 6$个/m	$r1/rw = 8$, $n = 8$个/m	$r1/rw = 8$, $n = 12$个/m	$r1/rw = 8$, $n = 16$个/m
由4增加至9	1.30%	2.36%	3.32%	5.06%	6.69%
由9增加至14	0.94%	1.74%	2.48%	3.89%	5.27%

【分析】该表无自明性。观察表格各要素发现：①表题表述不清晰、不简洁，表题中"渗透率比值曲线增长幅度"与正文中"渗透率比值增长幅度"不一致。②表头冗余，横表头中重复出现穿深比 $r1/rw=8$，可考虑将其提至表题处；将渗透率比值增长幅度作为横表头；$r1$ 和 rw 中的 1 和 w 应为下标，宜改为 r_1/r_w。③纵表头中孔眼半径与其单位 mm 之间用"，"不规范，应用"/"。④表身中"%"提至表头中。将表格优化为表 14。

表 14　穿深比为 8 时不同射孔密度的渗透率比值增长幅度(第一次优化)

孔眼半径, mm	渗透率比值增长幅度/ %				
	$n = 4$个/m	$n = 6$个/m	$n = 8$个/m	$n = 12$个/m	$n = 16$个/m
由 4 增加至 9	1.30	2.36	3.32	5.06	6.69
由 9 增加至 14	0.94	1.74	2.48	3.89	5.27

此时，表的自明性已有所体现，但横表头不能很好地体现射孔密度 n 与渗透率比值增幅的对应关系，考虑将射孔密度作为横表头。同时，根据《规范》，如果表格行多栏少，竖长横窄，可将表格纵向切断，转成两栏或多栏，表格转栏后，横表头相同，纵表头不同，各栏的行数应相等，栏间以双竖细线相隔，故采用长表转栏处理，进一步优化为表 15。可见，表 15 结构清晰，具有较强的自明性和可读性。

表15 穿深比为8时不同射孔密度的渗透率比值增幅(最终)

孔眼半径 r_p/mm	射孔密度/(个·m^{-1})	渗透率比值增幅/%	孔眼半径 r_p/mm	射孔密度/(个·m^{-1})	渗透率比值增幅/%
(4, 9]	4	1.30	(9, 14]	4	0.94
	6	2.36		6	1.74
	8	3.32		8	2.48
	12	5.06		12	3.89
	16	6.69		16	5.27

需要指出的是，各案例中优化后的最终表格并非是最优的，可能还有其他更好的呈现方法。此外，文中编辑加工实例均基于三线表，对于采用非三线表的期刊要视具体情况具体分析。

4 结束语

在科技期刊学术论文表格编辑加工实践中，遇到的问题不尽相同，且并非所有的表格都需重新设计。对部分复杂表格，很难一次性修改到位，需要不断优化。对科技期刊编辑，建议除按照标准、规范做好文字、量和单位等基础编辑校对工作外，还应与作者沟通，在理解文意的基础上对表格进行规范化和优化处理。对论文作者，建议充分利用表格的简明性对其进行认真设计，自查表格是否具可读性、自明性以及表头设计是否合理。对期刊管理部门，建议在编辑继续教育及相关编辑学习培训班中开设针对性讲座，增强编辑对表格及其重要性的认识，提高其处理表格的能力，使最终呈现在读者面前的学术论文，具有较高的编校质量和可读性，为读者提供良好的阅读体验。

参 考 文 献

[1] 全国信息与文献标准化技术委员会.学术论文编写规则:GB/T7713.2—2022[S].北京:中国标准出版社,2022.
[3] 全国新闻出版标准化技术委员会.学术出版规范 表格:CY/T 170—2019[S].北京:中国书籍出版社,2019
[3] 陈浩元,王媛媛.科技学术期刊使用《学术出版规范表格》的要点提示[J].编辑学报,2019,31(4):386-390.
[4] 陈雯兰,吴江洪.科技期刊表格编排不规范问题研究与分析[M]//学报编辑论丛 2017.上海:上海大学出版社,2017:112-117.
[5] 来冰华.科技期刊表格常见问题例析与建议[M]//学报编辑论丛 2019.上海:上海大学出版社,2019:140-145.
[6] 李洁,陈竹,金丹,等.科技期刊论文表格编辑加工常见问题分析[J].编辑学报,2019,31(增刊2):71-73.
[7] 王小艳.中文科技期刊三线表应用时间研究[J].编辑学报,2021,33(1):63-66.
[8] 王晓梅.物理类论文图表常见问题实例解析[M]//学报编辑论丛 2021.上海:上海大学出版社,2021:237-242.
[9] 丁萍.《南方园艺》来稿中表格常见问题与编辑加工[J].文化与传播,2022,11(1):44-49.
[10] 王小辰.材料类科技论文表格设计常见错误剖析[J].编辑学报,2017,29(1):39-40.

科技论文图表编辑加工的矛盾方法

王育英

(《情报杂志》编辑部,陕西 西安 710054)

摘要:科技论文图表编辑加工在整个编辑出版流程中最具思想性和操作性,长期以来围绕这方面的研究成果颇多,但均是具体问题具体分析,缺少对科技论文图表编辑加工方法的整合与提炼。该研究采用实例分析、文献综述等分析方法,从矛盾视角切入,总结归纳 4 种科技论文图表编辑加工的矛盾方法,分别是图表的取舍、增减、合分与转换,试图探寻图表编辑加工工作的价值和规律。矛盾方法看似对立,实则蓄积着辩证统一的哲理意蕴,是编辑哲学意识的生动体现。科技期刊编辑应根据论文实际情况适时调整方略,灵活运用各种方法,提高图表编修水平。

关键词:科技论文;科技期刊;图表;矛盾;编辑加工方法

科技论文图表编辑加工是编辑出版流程中最具思想性和操作性的一个环节。随着论文图表使用日渐频繁,图表编辑加工在整个编辑出版工作中所占分量也越来越重。长期以来围绕科技论文图表编辑加工的研究成果颇多,典型的主要有:浩元先生[1-2]指出了坐标曲线图的坐标原点、标目和标值的规范标注,以及新出台国家标准中关于表格编排的要点提示;官鑫等[3]列举科技论文中直方图和条形图的错用案例;韦轶等[4]论述了科技论文插图后期处理的 3 类情况及技巧;陈先军[5]总结出一套审读处理图表方法;刘改换等[6]总结了三线表编排规范与否的方法;张福颖等[7]归纳了图表编辑加工的 8 种情形;李洁等[8]分析了科技期刊论文表格编辑加工常见问题;张洋[9]总结了科技论文编辑过程中图形的处理方法;马迎杰等[10]分析了简明坐标图编辑加工的规范化和标准化;陈爱华等[11]研究了彩色云图在科技期刊黑白印刷中的信息损失与编辑加工;史亚歌等[12]提出复合型图表的概念及应用;段丽萍[13]分析了图表的规范性问题和处理;沙力妮[14]从适用性、规范性及美观性方面总结科技论文图表存在的问题和对策。

上述研究成果对于编著者加工处理图表有明确指导作用,但研究专注点和着力点多是在原有图表基础上的规范化修改和润色,笔者认为这是不够的,图表编辑加工的思路还可以在广度和深度上再打开一些。本文从唯物辩证法之矛盾视角切入,结合编校实例,首先分析现有图表中存在的主要问题,然后对科技论文图表编辑加工方法加以模式化归纳和阐释,以期使学界关于科技论文图表编辑加工的丰硕成果从个别行为升华为一般规律并探寻编辑工作价值,希望有助于增强编辑科学思维能力,提高编辑创造性劳动质量。

1 现有科技论文图表存在的主要问题分析

提出并分析问题是解决问题的前提。通过上述文献研读发现,现有文献指出的科技论文图表的问题虽错综复杂、纷繁各异，但归结起来无外乎以下几方面：

1.1 合理性问题

图表在科技论文中所起的作用有异曲同工之处，都是为了辅助和补充文字表达，尤其是用来表达用文字叙述难以说清楚的内容。插图适于表现事物的构成、各组成部分的内在联系或相互关系。表格适于呈现较多的精确数值或无明显规律的复杂分类数据和平行、对比、相关关系的描述。科技论文图表的合理性问题主要表现为图表冗余或缺失以及图、表、文的不恰当选取。

1.2 科学性问题

科技期刊图表反映事物真实的形态、现象、运动变化规律和数量关系等，具有突出主题的示意性和写实性特点。因此，不允许随意作有悖于事物本质特征的取舍，更不能臆造和虚构[15]。图表科学性问题主要反映的是科技论文图表及图表中数据来源、研究的真实可靠性。

1.3 自明性问题

所谓自明性，就是读者单独查看一个完整的图表，无须查看文中的表述，即能知道它所表达的内容及其含义[16]。图(表)题的简明完整性、图(表头和表身)设计的科学合理性、图(表)注的有效补充等三方面共同体现出图表的自明性。图表的自明性问题在科技论文中主要表现为图表中必要信息不明、理解上的困难、产生歧义等。

1.4 简明性问题

简明性主要指的是图表所承载的信息不能过多过杂，不必要的信息可以去掉。例如，科技论文中常见的函数曲线图不需像设计手册中那样精确和细微，大多采用简化坐标图；表格中除列出反映研究成果的重要现象、参数、算式和结论外，应删除一切在研究、测试、推理、分析或运算过程中的中间步骤、环节和数据[15]。现有图表中简明性问题主要表现为图表内容繁琐、画面杂乱、信息重复表达、过分追求完整性而忽视目的性、主题不突出等。

1.5 规范性问题

规范化表达的图表是科技期刊作者、编者和读者得以进行思想交流的共同语言和前提，《学术出版规范 插图》(CY/T 171—2019)、《学术出版规范 表格》(CY/T 170—2019)等相关标准中对图表的构成、内容、编排要求等有详细规定。此外，编辑出版实践中还有一些关于图表的约定俗成的规定。图表规范性问题在本文所引用文献中均有涉及，故此处不必详述。

本文从宏观角度对科技论文图表存在的问题和不足进行归纳，为编辑加工处理图表提供理论上的借鉴。只有对问题有清楚的认识，才能据此提炼科技论文图表编辑加工的方法。

2 科技论文图表编辑加工的矛盾方法

2.1 图表的取与舍

陈浩元先生在《科技书刊标准化18讲》中提出，一篇文章中并不是图表越多越好。作者对于得之不易的研究成果往往会不厌其烦地既用文字，又用图表重复同一项内容，或用多张插图表述类同的事实或现象，造成文章冗长、篇幅浪费，编辑应当在通读全文、掌握文章主题的基础上，精选图、表，删除一切可要可不要的图表[15]。

陈先军[5]也认为，编辑审读处理插图的专注点和着力点不能仅放在插图规范性上，这是不够的。编辑处理插图要有一定的逻辑顺序，不能忽视对插图恰当性的审读，即论文内容选用插图表达是否比选用文字或表格表达更好？插图选用的类型是否恰当？这实际上涉及的是图表的合理取舍问题。

对图表的取与舍，体现在编辑加工图表时对图表的精选，这应是图表编辑加工的第一步。

在编辑加工中对图表取舍的一般原则主要包括：第一，能用文字简洁表达的就不必用图表表达，毕竟图表占用的版面空间比文字大得多。第二，并非主要结论的支持数据或论据事项时不必选用图表表达。第三，文字叙述与图、表重复，应保留三者中最合适的一种表达方式，舍去其他重复的表达方式。

2.2 图表的增与减

2.2.1 图表增加

图表是直观性很强的语言，图表能够以直观的方式使读者迅速理解事物的形态、结构、变化趋势及其特点，可以把文字难以表达清楚的情况描绘得一目了然，往往能首先引起读者的兴趣，与读者产生共鸣。图表是独立于正文又是正文的一部分，在文字中适时增加图表可以增强文字说服力，也使那些首先对图表所表现的现象和结果感兴趣的读者，减少通览文字内容的麻烦，节省阅读时间。

以笔者所在期刊为例，图1、表1为编辑在编修阶段根据论文内容新增加的图表[17]。图1增强了作者对域外势力操控网络社交媒体实施路径的单纯文字叙述的观感和说明力，并对其相应的文字描述进行了精简。表1替换了原来作者初投稿中关于重点账号政治机器人操纵的特征表现及判断的大段文字叙述。整体压缩了文字字数，大大节约了版面，达到单纯用文字描述无法达到的效果。

图1 域外势力操控网络社交媒体的实施路径

表1 重点账号政治机器人操纵的特征表现及判断

重点账号	注册启用特征	设备端特征	发文规律特征	互动特征	推文特征
账号一	近期注册的新账号		大量转发和引用其他用户帖子	只发帖不回复	
账号二	近期注册的新账号	网页客户端发送推文	发帖时间非常均衡	多个互动账号注册时间相同	转发吸引年轻人的T恤推文
⋮	⋮				⋮
账号八	新启用的僵尸账号		与其他多个账号同时发布相同或者相似推文		

2.2.2 图表减少

图表减少在本文中主要体现在图表数量的减少。图表减少的第一类情况是采用多组数据图(表)说明同一现象或者同一组数据用不同类型的多个不同图表来展示，应保留一组最准确、最有说服力的图(表)，减去其他重复的图(表)。以图2、图3、表2[18]为例，是同一篇文章中先后出现的图表，分析内容可知，均为算法治理研究的理论体系的相关内容，重复表达，造成冗余，应保留并根据内容完善图3或表2其中任一种即可，弃去图2。

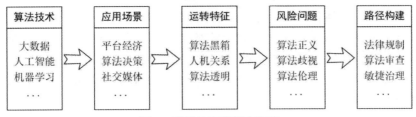

图2　算法治理的研究框架

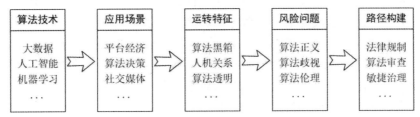

图3　算法治理研究的理论体系构建

表2　算法治理研究的理论体系构成

研究维度	研究内容	相关主题
算法技术	算法有哪些类别、不同算法的技术特征以及如何设计合理的算法系统	算法分类、人工智能、算法设计
应用场景	算法可以应用到哪些领域以及在这些领域中可以产生何种效果	算法决策、社交媒体、平台经济、社会治理
运转特征	相较于传统治理模式，算法嵌入后的治理系统有哪些特征	治理广度增加、侵入性增强、缺乏透明性
风险问题	算法融入治理的过程中会产生哪些风险及治理问题	公共性减损、公平性缺失、算法伦理、数据滥用
路径构建	针对算法治理过程中产生的各类问题有哪些有效的治理方式	技术优化、技术监管、法律规范、协同治理

第二类是长表转栏、宽表分段造成的表格数量非必要增多问题。本文以宽表分段为例(限于篇幅，仅做语言叙述，不附具体表格)进行说明。如果表格栏多行少，横宽竖短，可将表格横向切断，排成上下叠排的两段或多段，表格分段排后，横表头不同，纵表头相同，上下两段中间应以双横细线相隔[19]。

总之，编辑实践发现，交叉学科类期刊论文往往容易有通篇均为文字叙述的语言现象，建议在使用文字不易表达清晰或是太费篇幅的情况下，可以尝试恰当地增加图表，因为图表可以使某些内容的叙述更加简洁、准确和清晰，而且还具有活跃和美化版面的功能，使读者在阅读时赏心悦目，调剂精神，取得提高阅读兴趣的效果。另一方面，编辑也应在通读全文，掌握文章主题的基础上，对于那些太过于简单、冗余、重复表达的图表进行慎重删减，并尽可能事先与作者沟通协商，及时告知编辑处理意见，以免给双方造成误会。

2.3 图表的合与分

2.3.1 图表合并

第一，图与表的合并。随着技术进步，科学研究的范式也在不断变化，科技论文中的图表格式也不断多元化，一体化图表，即表中有图、图中有表的复合型图表在论文中已有少量应用。以往科技论文图表编辑加工的研究均针对的是单一的图或表来开展，而文献[12]归纳了一体化图表的分类、优缺点，并指出图表一体化综合图和表展现形式优点，具有一定的优越性，应该在科技论文写作中被进一步借鉴与应用，同时作为科技期刊的编辑，对图表一体化形式的编辑加工亦应给予关注。

第二，图与图的合并。在科技论文中，当表示不同方法所得结果的差异、说明两种方法之优劣、或有多个并列的特征性指标来表征实验样品时，以多个相似的坐标图分别展示各指标数据结果并不是科技信息最简洁的表达方法。例如，当采用曲线图来表示新旧两种方法的差异时，若新旧两种方法所得结果的差异不大，用两个分开的曲线图很难让读者区分出两种方法的差异。正文中同一标题下，处理相同而测定项目不同的单一数据系列坐标图，可通过编辑加工组合在一起作图，以增加坐标图的信息密度和节约版面。类似的由不同分图组成的组合图也可如此。此类坐标图内容相关联、图线较少，而且具有相同的纵(横)坐标，是可以合并的[10]。如图 4 所示，作者将两组用来对比的数据分别作图，读者很难看出其中优劣，此处忽略该图的规范性。处理方法是将两图合并作图，如图 5 所示。

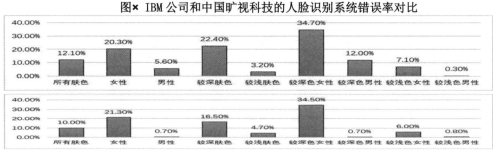

注：上图为 IBM 公司的人脸识别系统错误率，下图为中国旷视科技公司人脸识别系统的错误率。

图 4　作者原图

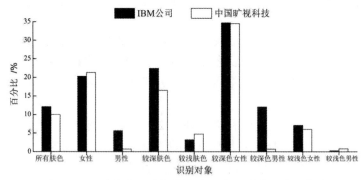

图 5　修改后图

第三，表与表的合并。表与表的合并主要目的是删繁就简，节省版面。如表 3 所示，该表显然是一个不规范的三线表，表中包含两个项目栏，实际上应是两个三线表。两个项目栏下面分 7 小列，在这 7 小列中，第 3 列和第 5 列、第 4 列和第 6 列内容重复，作者对二级指标排序依据的是权重大小，权重这一列完全可以说明问题，因此，可以合并简化为表 4，删去表 3 中的第 5、6 列，完全可以半栏排下。

表 3　网络舆情预警危机预警指标体系评级

指标体系				指标风险排序		
一级指标	权重	二级指标	权重	二级指标风险排序	权重	风险级别
舆论强度	0.21	曝光度	0.059	财产损失程度	0.021	
		权威度	0.059	微博正向情感数量	0.030	
		危害性	0.049	敏感性	0.043	IV级
		敏感性	0.043	微博中立情感数量	0.048	
舆论广度	0.18	覆盖度	0.053	危害性	0.049	
		网民总数	0.049	网民总数	0.049	
		衍生话题数	0.057	覆盖度	0.053	
		财产损失程度	0.021	舆情行为倾向	0.055	
舆论倾向	0.19	微博正向情感数量	0.030	微博负向情感数量	0.057	
		舆情行为倾向	0.055	衍生话题数	0.057	III级
		微博负向情感数量	0.057	曝光度	0.059	
		微博中立情感数量	0.048	权威度	0.059	
舆论热度	0.42	关注度	0.129	吸引度	0.061	
		吸引度	0.061	影响度	0.089	II级
		聚焦度	0.140	关注度	0.129	I级
		影响度	0.089	聚焦度	0.140	

表 4　网络舆情预警指标体系评级

一级指标	权重	二级指标	权重	风险级别
舆论强度	0.21	曝光度	0.059	III
		权威度	0.059	III
		危害性	0.049	IV
		敏感性	0.043	IV
舆论广度	0.18	覆盖度	0.053	III
		衍生话题数	0.057	III
		网民总数	0.049	IV
		财产损失程度	0.021	IV
舆论倾向	0.19	舆情行为倾向	0.055	III
		微博负向情感数量	0.057	III
		微博中立情感数量	0.048	IV
		微博正向情感数量	0.030	IV
舆论热度	0.42	吸引度	0.061	III
		影响度	0.089	II
		关注度	0.129	I
		聚焦度	0.141	I

2.3.2 图的拆分

科技论文中插图需要拆分的第一种情况是不具有比较意义的若干组研究对象的拼凑和堆放，易造成坐标含义不清，具体可参见文献[20]中的分析。

另一种情况是为了突出显示。在科技论文中，常见从一图(整体数据结果)中提取部分数据另作一图的情况，但另作的一图需要有足够的必要性，即原图中无法清楚显示的信息。比如原图的坐标轴刻度范围内无法清楚显示处理间数据结果的差异，那么另作一图采用局部放大的坐标轴刻度，来显示处理间数据结果的差异。但如果在原图上就能清楚展示各处理间的数据结果差异，则没有必要另外提取数据作图[10]。如图 6 所示，为突出显示数据结果的差异，需要局部放大坐标轴刻度，提取出部分数据另作一图，如图 7 所示。

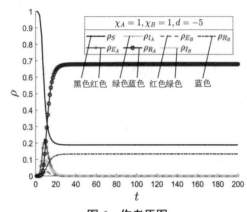

图 6　作者原图

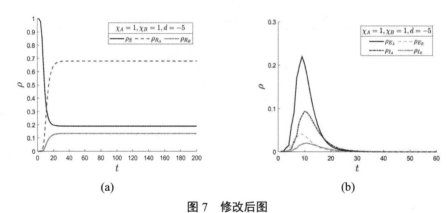

图 7　修改后图

2.4　图表的转换
2.4.1　图与表双向转换

根据文献[9]的研究，展示数据对比、比较时，图和表可转换表达。图与表的双向转换体现为根据研究内容需要，在特定情况下需要将图转换为表或表转换为图。表与图相比，表达更准确，如果其中项目的层次较多时，选用三线表表达应优于图形表达。在论文处理过程中，表比图处理所费的时间少，且能够灵活排版，因此，在不影响表达效果的情况下应优先选择用表来表达。图与表相比，表达更直观，需要直观反映数据总体变化趋势及相互联系时,用图来表达更有优势。

2.4.2 图与图单项转换

图与图的单项转换分两种情况,第一种是彩色图与黑白图的转换。彩色插图往往比较直观明了,但是因单色印刷局限,期刊纸本对其的描述很难达到预期表现效果。如图 6 所示,即使本文对其事先进行图面植字的说明,读者在看纸本期刊时也无法区分图中线条所代表的含义。科技期刊中常见的彩色插图直接转化灰度插图所造成的色标歧义、内容表示不清、图文不一致等问题,要根据具体情况分别提出相应处理方法,或以彩图形式出刊,或变通处理,将彩图转化为正确的灰度、尽量使用不同的线型(例如实线、虚线、点线等)或不同的符号(实心或空心、正方形或三角形等)、底纹等的方式进行附加说明等等[11,21]。

第二种是图型与图型的转换。科技论文中的图种类很多,每一类都有其特点[9],具有多个属性,编辑需要熟知各类图型的应用场景和特点,根据其主要特征判断作者选择的图型是否合适再进行编辑处理,使图的表达效果最优。比如,直方图、柱状图、折线图均是最常见的图表类型。直方图用于表示连续型变量的频数或者频率分布,柱状图(条形图)用于表示离散型变量的分布状况[3],柱状图的适用场合是二维数据集数据之间的差异对比,折线图更强调数据起伏变化的趋势,更适宜数据量较大的情况。但是在具体运用中,特别容易出现混用、用错的现象。如图 8 所示,作者想表达的是一组高频词在 3 个时间段的变化情况,强调的是各数据点的值及其之间的差异,不合理之处在于采用了折线与柱状混用的方式,显然在此处是不恰当的,修改后如图 9 所示。

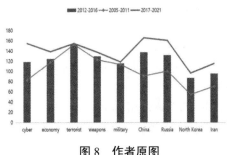

图 8 作者原图

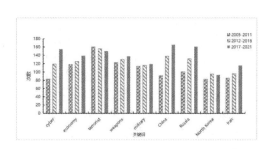

图 9 修改后图

3 结束语

本文以矛盾视角窥视在科技论文图表加工中运用的多种方法,为感性经验提供理性支持。矛盾方法在科技论文图表编辑加工中的运用是无意识的编辑哲学意识的体现,看似对立,实则蓄积着辩证统一的哲理意蕴,矛盾方法最终都统一于科技论文图表编辑加工的"必要、清楚、简洁、准确"的四原则[20]。需要说明的是,本文在写作过程中也对图表进行了一定的取舍,仅在必要之处用图表来展示,以支撑论点,在非必要之处仅用文字叙述,避免重复研究,读者若有进一步学习研究的需求,可详读本文在相应章节引用的文献,这正是矛盾方法在本文的具体体现。由于篇幅原因,本文所探讨的图表编辑加工的矛盾方法,仅是对图表编辑加工方法宏观上的把握和提炼,未能就图表内部具体细节问题展开讨论,实际上针对图表内部的编辑加工也充斥着矛盾的思想。科技论文图表编辑加工的矛盾方法也非限于本文所述，还需要在今后出版实践中不断思考并参悟，继续夯实编辑工作的学理基础。

世界上没有一成不变的法则。随着科学技术的不断发展，图像处理技术与人工智能技术高度融合，使许多研究结果可视化成为可能，科技论文的内涵和形式也随之发生了一定变化，科技论文中的图表形式也必定会随之变化，图表编辑加工的方法也必定要不断守正创新才能适应形势的发展。编辑应根据论文实际情况适时调整方略，灵活运用各种方法，提高图表编修水平。

本文所探讨的科技论文图表的问题，虽然大多不是是非对错问题，但高质量的图表显然更有利于科技信息的有效传播。因此，科技期刊编辑不应以文责自负或尊重作者的写作风格为由，而不坚持出版基本原则，忽视对论文图表表达精益求精的编辑加工。

参 考 文 献

[1] 浩元.规范标注坐标曲线图的坐标原点、标目和标值[J].编辑学报,2019,31(6):641.
[2] 陈浩元,王媛媛.科技学术期刊使用《学术出版规范表格》的要点提示[J].编辑学报,2019,31(4):386-390.
[3] 官鑫,韩宏志,姜瑾秋,等.科技论文中直方图和条形图的错用案例[J].编辑学报,2019,31(3):274-276.
[4] 韦轶,刘韬,海治.科技论文中插图后期处理的3类情况及技巧[J].编辑学报,2019,31(3):277-278.
[5] 陈先军.科技期刊论文的图表审读处理方法探讨[J].编辑学报,2018,30(3):266-268.
[6] 刘改换,刘笑达,牛晓勇,等.判别三线表编排规范与否的方法研究[J].中国科技期刊研究,2013,24(4):803-807.
[7] 张福颖,倪东鸿.科技论文中图表编辑加工的8类情形[J]编辑学报,2019,31(4):391-394.
[8] 李洁,陈竹,金丹,等.科技期刊论文表格编辑加工常见问题分析[J].编辑学报,2019,31(增刊2):71-73.
[9] 张洋,郭伟.科技论文编辑过程中图形的处理方法[J].长江大学学报(社科版),2014,37(8):143-147.
[10] 马迎杰,郝淼闻.高等院校科技期刊编辑加工的规范化与标准化实践:以简明表达的坐标图编辑加工为例[J].沈阳农业大学学报(社会科学版),2021,23(5):559-563.
[11] 陈爱华,颜爱娟.彩色云图在科技期刊黑白印刷中的信息损失与编辑加工[J].编辑学报,2018,30(5):485-487.
[12] 史亚歌,窦春蕊,郭柏寿.科技论文图表一体化应用与实践[M]//学报编辑论丛 2022.上海:上海大学出版社,2022:162-169.
[13] 段丽萍.提高科技期刊编校质量的途径:从插图与表格编排的视角[J].科技传播,2018,10(20):1-3.
[14] 沙力妮.科技论文图表问题分析与对策[J].新闻传播,2022(13):87-88.
[15] 陈浩元.科技书刊标准化18讲[M].北京:北京师范大学出版社,1998.
[16] 于敏.论科技论文中图表的自明性[J].合肥学院学报(综合版),2019,36(4):82-86.
[17] 邵雷,石峰.域外势力操控社交媒体的手段路径及应对策略[J].情报杂志,2022,41(2):65-70,56.
[18] 邝岩,许晓东.算法治理研究述评:演进脉络分析与理论体系构建[J].情报杂志,2023,42(3):158-166.
[19] 学术出版规范表格:CY/T 170—2019[S].北京:国家新闻出版署,2019.
[20] 张丽红,胡敏,阮剑.科技论文编辑加工中的常见图表问题[M]//学报编辑论丛 2020.上海:上海大学出版社,2020:246-254.
[21] 谷松,祝鸿洁,张静雅.科技期刊中彩色插图转化灰度图的常见问题分析[J].科技与出版,2014(6):80-83.

出版实务中汉语拼音隔音符号处理策略探微

张 龙

(温州大学学报编辑部，浙江 温州 325035)

摘要：汉语拼音隔音符号的使用在语言学界已有一定的共识，但在出版实务界争论颇多，这大概与出版行业的质检申辩机制有关。《汉语拼音方案》"隔音符号"规定在逻辑上存在两种解读，"立法"本意难彰。在语用层面，凡 a，o，e 开头的音节作为后一音节时均加隔音符号，是最佳选项。在出版实务层面，印前和印后可采取不同的应对策略：印前，相关方应坚持采用最佳选项；印后，在最佳选项框架内，质检方不妨考虑"与规定所举音节组合特点一致未加隔音符号的，予以计错""其他情况未加隔音符号的予以放过"两种措施。

关键词：拼音；隔音符号；出版实务

　　隔音符号是《汉语拼音方案》的重要组成部分，形式为" ' "，置于连接在其他音节之后的 a，o，e 开头音节的左上方，以免音节界限混淆。普通话音节是自带声调的音节，因此在口语中，除个别连说音变外，普通话音节之间"边界清楚，起讫分明"，"即使后一个音节是零声母音节，也因为充当韵头的元音往往带有辅音性质的伴随音"而"决不会相混"[1]，所以隔音符号是专为汉语拼音词式书写而设立的，实际上并无发音。隔音符号如何使用，在语言学界已有一定的共识，即：凡 a，o，e 开头的音节作为后一音节时，其前加用隔音符号。这一共识也早已普遍融入辞书及大中小学的教学实践，如享有盛誉的《现代汉语词典》[2]、邢福义主编的《现代汉语》[3]、张斌主编的《新编现代汉语》[4]、邵敬敏主编的《现代汉语通论》[5]等均有直言。

　　而在出版实务界，隔音符号的使用问题却成了疑难，争持不下[6-10]，究其原因，很大程度上可能与出版行业的质检申辩机制有关。出版实务中有着质检申辩机制，质检计错了，相关方可以力辩自卫，申辩合理的，计错可以撤销。在这一机制下，出版物内 a，o，e 开头的音节作为后一音节时未加隔音符号被计错，怎么申辩呢？申辩者就发现《汉语拼音方案》对隔音符号原来是这样表述的："a，o，e 开头的音节连接在其他音节后面的时候，如果音节的界限发生混淆，用隔音符号(')隔开，例如：pi'ao(皮袄)。"[11]5 既然原文是"如果音节的界限发生混淆"，岂不是音节界限不混淆就无须使用隔音符号？如此，对 dian(堤岸)计错是无法申辩的，但对 haiou(海鸥)计错却是可以申辩的，因为 hai 和 ou 不会混出其他音节。这种看法深得出版人之心：一方面，haiou 类音节加了隔音符号，符合共识，有权威工具书支撑，不会计错；另一方面，haiou 类音节不加隔音符号，亦符合《汉语拼音方案》表述的字面意思，也不应计错。后一方面甚至衍生出"haiou 类音节不加隔音符号才是《汉语拼音方案》本意"的观点。在这一认知框架下，语言学界的共识反而违"法"了，既然不能违"法"，那么该如何使用隔音符合呢？

究竟哪些情况是混淆，哪些情况不是混淆呢？这些问题又让出版人犯了难，隔音符合的使用问题由此变成了出版实务的一个难点。

1 "立法"层面：本意为何

《汉语拼音方案》是一个法定文件，具有法律效力，在隔音符号的使用上，它就相当于是"根本法"。遗憾的是，《汉语拼音方案》对隔音符号的规定采用了"如果音节的界限发生混淆"这样的假言陈述方式，且对此并无进一步的说明，使得受众不得不基于自己的主观判断而使用隔音符号，以致人们在隔音符号的使用上因认知尺度不一致而产生了争议。可见，对《汉语拼音方案》"隔音符号"规定的解读受困于"如果""混淆"二词。

1.1 "如果"的解读并非唯一

"如果"意味着可能性，而非确定性。在逻辑上，可能性或许存在，或许不存在；即使存在，存在的范围或程度可能也是不确定的。如：

例1 在座的考试时，如果字迹工整，额外加1分。

例2 在座的考试时，如果字迹工整，额外加1分，如第一排的张三。

两例都是假言判断，例2与《汉语拼音方案》"隔音符号"规定表述结构基本一致。假言判断形式为"如果有甲，那么有乙"，"有"只表示"单纯的可能性"，并不意味着"甲""乙"为真，假言判断"仅仅指：假如有一个，那么就有另一个；被建立为有的，仅仅是两端的关联，不是两端本身"[12]。因此，例1并不表明字迹工整存在或不存在，也不表明字迹不工整存在或不存在，所有人都字迹工整、所有人都字迹不工整、部分人字迹不工整都是可能的结果。例2虽然增加了示例"第一排的张三"，但能够确定的也只是"第一排的张三字迹工整，可以额外加1分"，其他人字迹工整与否则依然无法确定。换言之，例2的示例只能排除"所有人都字迹不工整"这一可能结果，而无法排除"所有人都字迹工整""部分人字迹不工整"这两个可能结果。也就是说，例2并不只意味着"所有人都字迹工整"或"部分人字迹不工整"，而是两种可能都存在。例2中，说话人或许认为甚至知道"所有人都字迹工整"，或许认为甚至知道"部分人字迹不工整"，但这只是"或许"，例2所呈现的信息不足以证明这些"或许"。

同样的，从《汉语拼音方案》"隔音符号"规定中，我们也只能得出"a，o，e开头的音节作为后一音节时其前的界限都是混淆的""a，o，e开头的音节作为后一音节时其前的界限有的是不混淆的"两种结论，在当前《汉语拼音方案》"隔音符号"规定框架内这两种结论中的任一结论都无法成为唯一结论。

细心的人可能会指出，既然所有的a，o，e开头的音节作为后一音节时都加隔音符号，那么《汉语拼音方案》"隔音符号"规定中的"如果音节的界限发生混淆"这句表述就是冗余的，这不符合语用常理。首先，某种表达方式违反语用常理并不意味着它一定就是冗余的，或许只是语用策略的表现，借此表达一种言外之意；其次，语用常理不等同于逻辑真值，违反语用常理也无法否定违反语用常理所造成的逻辑上的可能性。虽然《汉语拼音方案》"隔音符号"规定采用"如果音节的界限发生混淆"这一表述的出发点不得而知，但我们推测，"如果音节的界限发生混淆"这一表述可能是一种语用策略。文字改革出版社于1957—1958年编有四辑《汉语拼音方案草案讨论集》，其中内容表明隔音问题是争议较多的一个问题，而且"如果音节的界限发生混淆"这一表述并不见于1956年2月公布的《汉语拼音方案(草案)》以及之后公布的《关于修正〈汉语拼音方案(草案)〉的初步意见》中，意见统一之难由此可见一斑。"如果音节的界限发生混淆"这一表述可以兼顾两种意见，在统一意见的过程中用"如果音节的界限发生混淆"这一表述来搁置争议并非一件不可能的事情。此外，《汉语拼音方案》具有法定性质，并不意味着自身是尽善尽美的，《全国人民代表大会关于汉语拼音方案的决议》就指出："《汉语拼音方案》作为帮助学习汉字和推广普通话的工具，应该……在实践过程中继续求得方案的进一步完善。"[11] 所以我们不必自我设限地认为《汉语拼音方案》"隔音符号"规定存在两种解读就是一件不可接受的事情。

1.2 "混淆"尺度难有定论

对于《汉语拼音方案》"隔音符号"规定中的"混淆"说法，既往研究有"全不混淆"说、"部分混淆"说和"全都混淆"说三种观点。"全不混淆"说主要基于汉语的声调特征；"部分混淆"说中，有的立足声调展开，有的则不是；"全都混淆"说主要基于对 a，o，e 开头音节的认识。

"全不混淆"说认为普通话音节是声、韵、调三位一体的结构，声调本身就有区分音节界限的作用。韩建朝认为，由于声调数量或调值不同，piāo"决不会读成 piāo"，dǎngàn(档案)也不会理解为 dāngàn(单干)，即使是轻声音节，根据"见 a 不放过，无 a 找 o/e，i/u 随在后，越位就是错"这一标调要求，也不会混淆，像 míngé 这类，联系前后词义也能辨别出它是哪个词，真遇到极个别特殊情况，书写时注意间隔也就解决问题了[13]。陈毓舒持类似观点，认为只要正确运用声调符号，并结合具体的语言环境，隔音符号就无关紧要了，尤其指出将不加隔音符号会产生误读音节看成必须加用隔音符号的理由是不合适的，因为不加隔音符号所产生的误读音节实际并不成词[14]。

"部分混淆"说较为复杂。有的学者认为，隔音符号的使用应该立足声调，以此为前提只有部分 a，o，e 开头的音节作为后一音节时才须用隔音符号，如：谢汉江认为普通话音节中只有 fānàn 这类不加隔音符号分不清的音节才须用隔音符号，给 yǒngān 和 dàngàn 这类误读为不存在的字母组合与音节组合加用隔音符号是毫无道理的[15]；钱文俊在对手头《现代汉语词典》300 个左右加用隔音符号的音节组合进行统计辨析之后发现，必须加用隔音符号的不到 30 个，都是以 n 收尾的，如 hūn'àn(昏暗)可能误为 hūnàn(呼难)[16]；钱文俊之前的一篇文章则认为"妨碍""名额"必须分别写作 fáng'ài、míng'é，并指出以 n，g 收尾的音节在作为前一音节时误读所产生的前后组合，不能独立成为音节的可以不用隔音符号(如"恋爱")，可以独立成为音节的须用隔音符号(如"前额")[17]。有的学者不考虑声调，但也认为只有部分 a，o，e 开头的音节作为后一音节时才须用隔音符号，如：辛果认为"恋爱""堤岸""木偶""窦娥"等必须加用隔音符号，而"夺爱""华安""斗殴""差额""俄而"等可以不用隔音符号，甚至指出"湖南""姑娘""比拟""栏杆"等也应加用隔音符号[18]；袁光中将"音节的界限混淆"分成"产生歧义"(如 dangan)、"混后不成词"(如 guanai)、"混后前一音节不存在"(如 biane)、"混后后一音节韵头是 i 或 u"(如 haiou)和"混后前一音节只剩声母"(如 niai)五种情况，并指出只有前二者可用隔音符号，同时认为"狭隘""热爱""超额"这种界限前后音素无法拼合的词语"更不能用隔音符号"[19]。

"全都混淆"说认为 a，o，e 开头的音节作为后一音节时其间界限都易混淆，均应加用隔音符号。周有光认为 a，o，e 开头的音节在作为后一音节时"容易跟前一音节末尾的字母，错误地连接起来"，因此其前必须一概加用隔音符号[20]。李志江也明确指出 a，o，e 开头的音节在作为后一音节时"由于没有声母或 y，w 这样的零声母，音节界限必然发生混淆"[21]。

以上三说表明，怎样才算混淆是一个众口难调的问题，在《汉语拼音方案》"隔音符号"规定的只言片语里注定是一个难解的迷思。

2 语用层面：哪种解读更优

从理论上看，"全不混淆"说是很有道理的，但从现实看，如果普通话音节之间全不使用隔音符号，拼音阅读将会面临诸多挑战：首先，读者在理解上就不得不耗费大量的时间和心力；其次，即使不考虑《汉语拼音方案》制定的背景，仅以今日的情况看，普通话音节的书写在某些情景下也是可以省略声调的，这将增加理解的难度；最后，普通话音节的呈现也并不一定有着前后词义的伴随，某些音节组合在独立出现时将会无解。因此，取消隔音符号并不是个好主意。

"部分混淆"说的处理策略是混淆者才用隔音符号，这也是《汉语拼音方案》"隔音符号"规定两种可能解读之一。但前文已述，混淆与否难有定论，说是千人千面、万人万解也不为过，即使是"部分混淆"说之内，认知尺度也大相径庭，甚至互相抵牾，因此在没有更细致规定的情况下实施混淆者才用隔音符号的处理策略将会导致混乱局面。换言之，《汉语拼音方案》"隔音符号"规定的这一解读不具有现实操作性。

"全都混淆"说的处理策略是凡 a，o，e 开头的音节作为后一音节时全加隔音符号(以下简称"全加")，相较之下，这种处理策略优势明显，理由也相当充分。

第一，"全加"并不违反《汉语拼音方案》精神。首先，"全都混淆"说是《汉语拼音方案》"隔音符号"规定两种可能解读之一，所以它实际上并不违反《汉语拼音方案》这一"根本法"，这是"全加"的"法理"依据；其次，《汉语拼音方案》中容易造成音节界限混淆的是作为后一音节的以 a，o，e，i，u，ü 开头的零声母音节，其中隔音字母 y，w 解决了 i，u，ü 所造成的音节界限混淆问题，且 y，w 适用 i，u，ü 开头的所有零声母音节，从这个角度说，零声母音节作为后一音节时，"全加"的"'"与 y，w 在使用范围上是一致的，这是《汉语拼音方案》自洽性的体现；最后，从字眼上看，《汉语拼音方案》"隔音符号"规定说的是"如果音节的界限发生混淆"，不是"如果音节发生混淆"，前者包含后者，前引诸多观点很多其实着眼的是后者，在以"声母+韵母+声调"为主导的普通话音节中零声母音节作为后一音节时界限是必然混淆的，这也正是"dangan(单干)"无须隔音符号而"dang'an(档案)"须用隔音符号的重要原因。或许有人担心"全加"会造成满篇"蝌蚪"，这是大可不必的。一方面，使用拼音最多的儿童类读物大都是字式注音，普通话音节满篇词式书写的机会极少，毕竟《汉语拼音方案》是学习普通话而非书写普通话的工具，书写普通话主要是通过汉字实现的；另一方面，"全加"产生的"蝌蚪"其实非常少，在"普通话水平测试用普通话词语表"中加用隔音符号的音节只占 0.9%[22]。

第二，"全加"已广泛应用于现实生活的各类主导场景。1958 年中国文字改革委员会词汇小组所编的《汉语拼音词汇(初稿)》、1984 年中国文字改革委员会与其他部门联合发布的《中国地名汉语拼音字母拼写规则(汉语地名部分)》、2004 年国家语言文字工作委员会普通话培训测试中心编制的《普通话水平测试实施纲要》、2013 年教育部语言文字信息管理司组编的《〈汉语拼音正词法基本规则〉解读》等均采用"全加"，可见"全加"在政策及与之相关的场景中是占据主导地位的；前文业已提及的践行"全加"的工具书《现代汉语词典》，影响力巨大，语言文字工作者以之为圭臬，加上相关教材尤其是经典教材的普及以及教师的传授，"全加"其实在普通话的学习、教授与日常运用场景中也是占据主导地位的；如今互联网已经普及，人们每天都在接触计算机或手机，如果细心的话，就会发现各类拼音输入法采用的也是"全加"，众所周知，拼音输入法是最常用中文输入法，可见"全加"在输入法场景中也是占有重要的一席之地的。

第三,"全加"可以兼顾其他语音系统。从前文所引诸家观点可知,在涉及《汉语拼音方案》"隔音符号"规定"混淆与否"这个话题时,讨论者都聚焦在普通话语音系统,这可能还不够,因为学习或使用《汉语拼音方案》之人的脑海中可能印有其他语音系统,如方言的、其他民族语言的,这些先存或并存的对音节的认知可能会扰乱学习者对音节界限的判断,即产生负迁移作用。如北京话、郑州话、成都话、南京话有韵母 iai,昆明话、汉口话有韵母 io,西安话有韵母 üo[23]。再如,壮语的量词 ae 指"个(指男人)"[24]2,壮语的动词 baen 指"把整体的或连在一起的东西分成几部分"[24]27。又如,英语的 change、teen 分别与普通话无隔音符号、省略声调的"嫦娥""特恩"一致。中国有 55 个少数民族、不胜枚举的方言,汉语又是六种联合国工作语言之一,随着中国综合国力和国际影响力的不断提升,汉语如今也已在全球范围内得到越来越多的重视,在这个意义上,"全加"在弭解汉语方言、其他民族语言对学习或使用普通话音节所产生的负迁移作用方面有着不可替代的优势。

第四,"全加"简洁明了,好学易用,省心省力。不管是从学习方面说,还是从认读方面说,抑或是从书写方面说,"全加"无疑在效率上是最佳的,具有经济性、便捷性、有效性的特点,也正因为如此,"全加"才能得到人们的认可与肯定,从而被广泛应用于社会生活的各类场景。

基于以上四点理由,我们认为,在隔音符号的使用方面,"全加"是语用上的优选,踟蹰、排斥甚至否定,均无必要,也无益处。

3 出版实务层面:应对策略

文稿到位后、定稿印刷前,出版实务大致有审稿、编辑加工、校对、通读等主要环节,不少实力较强的出版单位还设有印前质检环节;印制发行后,该书还有可能会被相关部门抽到予以质检,若被抽到,相关方还要进行申辩。在这一系列流程中,隔音符号的处理策略有着差异。

在印前,审稿、编辑加工、校对、通读、质检等相关方应坚持"全加",这看似很简单的道理,在文稿的流转中又存在博弈,毕竟每个环节的责任人的认知难免存在差异,这就需要各个环节之间要保持耐心、有效的沟通,以使各方能够进行理性的选择。最有效的方法还是出版单位定期邀请资深人士对相关方进行业务知识培训,甚至组织编写单位内部业务知识手册或出台单位内部业务操作条例,这有利于形成统一认识,减少不必要的内耗,提高出版效率。

在印后,如果出版物相关内容没有执行"全加",所面临的问题至少有二:一是要不要修订;二是若出版物被抽检,要如何申辩。当然,若发现了问题并有修订机会,要及时予以修订。若被抽检,也不一定非要束手待毙。虽然说"全加"是语用层面的优选,但《汉语拼音方案》"隔音符号"规定存在两种解读也是事实,而且"混淆与否"的问题的确存在较大争议。在这种情况下,申辩者可紧扣《汉语拼音方案》"隔音符号"规定所举示例做文章:所举示例有"不带声调""前后可成一个音节"两个显著特点,所以没有同时具备这两个特点的音节组合未加隔音符号也就有了理由。对于质检者来说,在"全加"框架内,"不带声调""前后可成一个音节"的音节组合未加隔音符号是必须计错的,其他情况未加隔音符号的可以考虑不予计错。

出版实务层面的应对策略用一句话总结来说就是"印前加上不迷惑,印后不加分情况:与例一致要计错,与例有差可放过"。

4　结束语

出版机制赋予了隔音符号的"使用"更多内涵,让在语言学界几无争议的它在出版实务界扬起了再予思考的风帆,令人憬悟:隔音符号的呈现形式不仅是作者学科知识的一种展现、读者知识发展或强化的一个对象,也是出版人员实务能力的一份写照。出版人员对作者所展现或遗漏的隔音符号没有深入的了解,许会造成出版上的失误或纠纷,引起读者或其他相关方的质疑,以致让自己在出版机制的联动中处于不利地位;若也不了解隔音符号的使用之所以成为问题的渊源及应对策略,陷入困境就在所难免。

需要特别强调的是,汉语拼音隔音符号对应汉语拼音书写语境,汉语拼音书写及声调保留的必要性取决于具体行文和相关标准的要求,而一旦面临隔音符号,印前严格执行"全加"编校策略是稳健措施,印后采取宽式质检策略无可非议,申辩指向争议焦点可思放过。

参 考 文 献

[1] 北京大学中文系现代汉语教研室.现代汉语[M].增订本.北京:商务印书馆,2012:91.
[2] 中国社会科学院语言研究所词典编辑室.现代汉语词典[M].7版.北京:商务印书馆,2016:凡例.
[3] 邢福义.现代汉语[M].修订版.北京:高等教育出版社,1993:72.
[4] 张斌.新编现代汉语[M].上海:复旦大学出版社,2002:61.
[5] 邵静敏.现代汉语通论[M].3版.上海:上海教育出版社,2016:28.
[6] 张龙.隔音符号究竟要不要:以泽恩(zeen)为例分析[EB/OL].(2023-01-19)[2023-02-17].https://mp.weixin.qq.com/s/-Kqu2TWbN89saDSSRPz4yw.
[7] 萧振华.关于"泽恩(zeen)"要否隔音符号的探讨:兼谈国家标准与工具书的关系[EB/OL].(2023-01-20)[2023-02-17].https://mp.weixin.qq.com/s/S_j959eSdjIZWlJ3uJXgjA.
[8] 张惠芳.关于拼音隔音符号争论的几点看法[EB/OL].(2023-01-20)[2023-02-17].https://mp.weixin.qq.com/s/-BTuXGspVH015XtAzvex-A.
[9] 陈浩元.拼音zeen不加隔音符号是正确的![EB/OL].(2023-01-23)[2023-02-17].https://mp.weixin.qq.com/s/XYzmVqWFDo1QvlDCdBPDFQ.
[10] 袁林新.关于汉语拼音隔音符号的讨论[G/OL].(2023-01-25)[2023-02-17].https://mp.weixin.qq.com/s/UcYEU79FrqUI0pRu9ln0vw.
[11] 佚名.汉语拼音方案[M].北京:文字改革出版社,1958.
[12] 黑格尔.逻辑学:下卷[M].杨一之,译.北京:商务印书馆,2017:327.
[13] 韩建朝.隔音符号的性质及作用疑辨[J].天中学刊,1995(3):61-63.
[14] 陈毓舒."隔音符号"新探[J].湖南社会科学,1989(2):69-70.
[15] 谢汉江.《汉语拼音方案》隔音符号使用指瑕[J].中国民族博览,2019(6):107-108.
[16] 钱文俊.隔音符号浅议[J].上饶师专学报(社会科学版),1984(1):93-96.
[17] 钱文俊.普通话音节的几个问题[J].上饶师专学报(社会科学版),1983(4):76-84.
[18] 辛果.谈《现代汉语拼音方案》隔音符号使用规则的缺憾[J].牡丹江教育学院学报,2004(2):13-14.
[19] 袁光中.隔音符号用法刍议[J].怀化师专社会科学学报,1988(1):84-85.
[20] 周有光.汉语拼音方案基础知识[M].北京:语文出版社,1995:37.
[21] 李志江.关于完善《汉语拼音方案》的几点建议[J].语言文字应用,2008(3):15-16.
[22] 汤幼梅.隔音符号使用条件的理解分歧及使用现状研究[J].广东技术师范学院学报(社会科学),2009(3):118-120.
[23] 袁家骅.汉语方言概要[M].2版.北京:语文出版社,2001:27.
[24] 广西壮族自治区少数民族语言文字工作委员会《壮汉英词典》编委会.壮汉英词典[M].北京:民族出版社,2005.

中文科技期刊英文摘要的特点分析和优化措施

孙 伟，蒋 霞，黄 伟

(上海交通大学学报编辑部，上海 200030)

摘要：中文科技期刊的英文摘要是对外学术交流的重要手段。本文从期刊编辑的角度出发，对英文摘要包括英文长摘要的特点进行分析，提出优化英文摘要时应注意根据论文类型选择摘要结构、与中文摘要要有良好的对应性、内容和形式应和谐统一。同时，应提升英文摘要的规范性和科学意义，重视内容质量，并积极探索和尝试英文摘要的新型出版模式，多方面采取优化措施，以助力中文研究成果的国际传播。

关键词：中文科技期刊；英文摘要；编辑加工；内容质量；传播

中文科技期刊数量庞大，是中国科技期刊的主要组成部分。根据《中国科技期刊发展蓝皮书(2021)》的统计，截至 2020 年底，中国科技期刊总量为 4 963 种。其中，中文科技期刊有 4 404 种(88.74%)，英文科技期刊有 375 种(7.56%)，中英文科技期刊有 184 种(3.71%)[1]。然而，由于语种等因素导致部分学术质量高的中文期刊未能被国际数据库收录，学术影响力在国际平台上存在不足[2]。根据 Elsevier 官网的 EI Copendex 目录(数据更新至 2022 年 1 月)[3]，Ei Compendex 收录期刊源列表目录的"CHINESE JRS on SERIALS LIST"列表中，连续收录期刊共 5 185 本，含 253 本中国期刊，其中中文刊 158 种(仅 3.05%)，英文刊 88 种，中英文双语 6 种；国内新增收录 18 种。目前，已有部分研究考察了英文摘要对中文期刊文章传播的重要性。邓联健等[4]发现符合国际学术惯例、顺应语言发展趋势的高质量英文摘要可以增加中文科技论文被检索和利用的机会，有益于提升中文期刊的国际影响力；阮雯等[5]指出中文科技期刊采用英文长摘要，有利于国内外读者阅读和检索，更容易被国内外学术同行关注和引用；刘怡辰等[6]指出英文长摘要能够提高论文的显示度及被引率。此外，国家也出台相关意见，对英文摘要很重视，我国科技和期刊出版管理部门在 2021 年发布的《关于推动学术期刊繁荣发展的意见》中提出鼓励中文学术期刊提供论文英文长摘要[7]。因此，作为中文科技期刊的编辑，如何优化英文摘要以助力中文研究成果的国际传播是一个值得探讨的问题。

1 英文摘要的特点

作为中文科技期刊编辑，一般遇到的英文摘要主要分为报道性和指示性及两者混合的结构模式，分析特点如下。

基金项目：施普林格·自然-中国高校科技期刊研究会"英文编辑及国际交流人才培养基金项目"(CUJS-GJHZ-2022-20)；上海交通大学期刊中心期刊发展研究基金项目(QK-C-2022007)

通信作者：蒋 霞，E-mail: jiangxia@sjtu.edu.cn

1.1 英文摘要的一般性特点

(1) 独立性。英文摘要是一篇完整的短文,简明确切地记述了论文的重要内容,独立于论文而存在,可以单独使用。尤其对于文摘杂志和数据库收录,摘要的独立性有助于检索时的直接利用。

(2) 自明性。摘要一般拥有应与论文同等量的主要信息,这样读者即使不阅读全文,仍然可以获得必要的信息。

(3) 信息性。摘要一般包括了论文所有内容的梗概,具有很强的信息性功能。对于原创性研究,摘要至少会提供研究目的、研究方法、研究结果和结论,有时还会附加研究主要贡献或局限性等,有着完整具体的信息。

1.2 英文长摘要的特点

1.2.1 与常规摘要的不同之处

在 2022 年 EI 国际数据库中收录的 164 种中文期刊中(含中英文双语),通过 CNKI、Scopus 等数据库查找文献资料,结合各期刊的投稿简章和已刊发论文,统计并分析出 8 本(约 4.88%)期刊实施英文长摘要,具体要求如表 1 所示。对比实施英文长摘要的期刊与未实施英文长摘要的期刊关于英文摘要的要求,发现英文长摘要与一般英文摘要的异同之处主要如下:①摘要的主要结构基本相同。对于原创性研究论文,摘要无论长短,主要分为研究目的、研究方法、研究结果和结论。②篇幅不同。英文长摘要的篇幅一般要求不少于 800 字(单词数),个别要求不少于 400 字(单词数);一般英文摘要的篇幅通常要求在 300 字(单词数)左右。③研究结果的内容不同。英文长摘要的研究结果更为丰富、具体,基本涵盖论文的所有重要结果;一般英文摘要的研究结果更为概括,侧重体现论文中最主要的研究结果。④与中文摘要的对应情况不同:一般英文摘要要求与中文摘要相对应;英文长摘要不强求与中文摘要对应,可以是在中文摘要内容基础之上的一种扩展。

表 1 期刊实施英文长摘要的基本要求

期刊名称	实施年份	字数要求	结构要求
《工程科学学报》	未知	400 字以上	目的、方法、结果和结论
《原子能科学技术》	2022	不少于 400 个实词	目的、方法、结果和结论
《中国激光》	2021	800~1 200 字(单词数)	研究性论文:研究目的、研究方法、创新性结果、结论
《稀有金属》	2021	800~1 000 单词数	目的、方法、结果、结论、其他
《地震地质》	2019	1 页左右	研究目的、方法、结果和主要结论
《光子学报》	2022	不少于 800 字	背景、研究方法、研究结果和结论
《光学学报》	2023	800~1 200 字(单词数)	研究目的、研究方法、创新性结果、结论
《纺织学报》	2023	600~800 个英文单词	研究性论文:研究目的、研究方法、结果、结论

1.2.2 长摘要的优势

英文长摘要的篇幅多为一般英文摘要的 2~4 倍,丰富的篇幅更有利于研究内容的全面体现。英文长摘要呈现的内容也更加丰富,可以包括所用的原理、理论、条件、对象、材料、工艺、手段、装备等,主要数据、现象、关系、效果、性能等,以及结果的分析总结、评价、应用、假设、启发、建议、预测等；研究结果中还可以标示出所对应的正文中的图表，增强了摘要与正文内容的关联性。例如，发表于《稀有金属》上的《激光选区熔化 GH3536 镍基高温合金组织与性能研究》一文，其摘要中一段 65 字的中文表述"横向试样的屈服强度和极限抗拉强度分别为 645 MPa 和 781 MPa，分别比纵向试样高 4.1%和 7.0%。激光选区熔化 GH3536 合金断口呈明显韧性断裂，存在大量韧窝。"若与中文摘要内容向对应翻译为一般英文摘要，则字数大约为 49 字；而与该段对应的英文长摘要字数为 100 字(见例 1)，在中文内容的基础上，英文长摘要中增加了试样的伸长率(elongation)以及合金的平均尺寸(average size)等指标，信息量更大，使读者能够了解到更多关键性的信息，方便读者全面了解论文的核心内容和创新点，从而更有利于增强读者需求的契合度，提升引用的准确性。

例 1：The yield strength, ultimate tensile strength and elongation of the transverse specimens were 645 MPa, 781 MPa and 24.3%, respectively. Their strengths were comparable to the as-forged GH3536 alloy. The yield strength and ultimate tensile strength of the transverse specimen were 4.1% and 7.0% higher than those of the longitudinal specimens, respectively, while the elongation was 11.5% lower. This was mainly because the distribution of solidification cracks along the building direction reduced its plasticity. The fracture of GH3536 alloy by SLM showed obvious ductile fracture, and there were a lot of dimples and their average size was about 0.5 μm.[1]

2 优化英文摘要的注意点

2.1 根据论文类型选择摘要结构

在撰写论文的英文摘要时，需要结合文章内容类型和实际要求，区分其各自特点。指示性摘要一般较短，所描述的内容主要包括论文的论题和结论，或者概括表述作者的研究目的或者发展趋势，其目的是使读者对论文的主要撰写目的和大概内容有一个了解。报道性摘要的特点是主要介绍研究目的(aim)、方法(method)、结果(results)和结论(conclusion)等，论文结构比较完整，顺序性和层次关系较强，可以说是整篇论文的高度浓缩[8]，在当前专业英文期刊论文中使用较为普遍。报道-指示性摘要是以报道性摘要的形式表述论文中价值最高的内容，其余部分则以指示性摘要形式表达。一般地说，向学术性期刊投稿，应选用报道性摘要形式；若创新内容较少的论文，其摘要可写成报道-指示性或指示性摘要。

2.2 与中文摘要有良好的对应性

无论是否为英文长摘要，都应与中文摘要在逻辑层次上具有良好的对应性，特别是在论文的研究结果部分，当包括数据及关系式等规律性的内容时，良好的对应性有利于关键信息的呈现，增强论文整体的关联性，也有利于读者对关键信息的捕捉和提取。同时，良好的对应性也有利于报道性摘要的层次关系按顺序展开，使读者通过英文摘要能一目了然地了解文章的概貌。

2.3 内容和形式的和谐统一

英文摘要的内容与形式应和谐统一，要素齐全，同时需要能够体现科技英语的语言规范。在表达研究方法和过程上多用观察指示语句，少用主观虚拟语句；在表达研究对象上多用应

---

[1] 《稀有金属》
https://kns.cnki.net/kcms2/article/abstract?v=3uoqIhG8C44YLTlOAiTRKu87-SJxoEJu6LL9TJzd50lx0Uo82TbYqqKUsDZYiEmzWZVuMuIQBk55X8Ub4avfOlyEyqvdGvf1&uniplatform=NZKPT&src=copy

用和发展趋势语句,少用涉及一般范围的语句;在表达研究结果与结论上多用定量获取语句,少用推荐与建议的语句。

3 英文摘要的优化措施

基于以上分析,对中文科技期刊英文摘要的优化提出以下建议。

3.1 提升英文摘要的规范性

根据编辑规范要求,提升英文摘要的结构、语言等规范性,具体可以从以下几个方面考虑:结构要素是否齐全,如是否完整包含研究目的、方法、结果和结论4要素;是否符合语法、搭配是否得当;是否有重复、多余或不充足的信息;慎用长句,句型应力求简单;表述是否准确得体,如"风力机(wind turbine)"应与"风机(fan)"进行区分,不可混用;同一名词是否统一表述,如电力领域内"叶轮"表述为"bladed disk"或"bladed wheel"均可,当译为英文时应统一使用"bladed disk"或"bladed wheel"。从编辑的角度出发,与作者沟通,进行英文摘要的优化。当涉及专业领域的名词和表述时,必要时,可以请教相关领域的专家给予专业意见。

3.2 提升英文摘要的科学意义

英文摘要在符合结构、语法等方面的规范性要求的基础上,更应该注重科学意义的提升:是否能够表达出论文的创新性,新论据、新观点、新结论是否在摘要中表现出来。例2中节选了某摘要中的研究内容部分,该段内容只是简单地罗列出研究所用的方法(oscillating crystal technique)和3个方面的研究内容(一个性能、一种关系和一些见解),如能指出具体的"关系"和"见解",借此体现出研究的独特之处,则更能吸引读者关注。例3中,作者用大部分篇幅介绍了研究背景,论文的研究方法(ACD)、内容(61 cases)和结果(the EKG standard of ACD)却一笔带过,详略失当,导致论文的创新点未能充分体现。

例2:The viscoelasticity of various lubricating oils was measured by oscillating crystal technique. The relationship between shear relaxation behavior and molecular structure of lubricating oil is discussed. Some opinions on the process of estimating relaxation time from molecular structure are presented.[2]

例3:Recent anatomical studies show that the left bundle system of human heart actually branches into three parts, namely, the left anterior part, the left posterior part, and the left septal part. In the case of septal bundle lesions, significant QRS ring forward movement and significant right chest lead high R wave can be recorded in VCG and EKG respectively. It is named as the pre-conduction delay (ACD). ACD is considered as a manifestation of ventricular septal branch block. In this study, 61 cases of ACD were discussed and the EKG standard of ACD was recommended.[3]

3.3 创新英文摘要的出版模式

---

[2] Example 4-8:
https://wenku.baidu.com/view/f95bd5c1132de2bd960590c69ec3d5bbfd0adacd.html?fr=sogou&_wkts_=1691375364825
[3] Example 4-10:
https://wenku.baidu.com/view/f95bd5c1132de2bd960590c69ec3d5bbfd0adacd.html?fr=sogou&_wkts_=1691375364825

英文摘要作为英语阅读者了解一篇论文的重要信息源，是专业论文流通的重要通道[9]。结构型摘要由于在摘要中直接标出目的、方法、结果、结论等，便于读者由摘要快速了解文章的内容而被广泛采用[8]。吕召胜[10]认为英文摘要应能向国际读者提供更丰富的论文内容和信息，其结构要素在4要素的基础上，还要考虑增加背景、讨论等其他要素，同时在方法、结果和结论要素部分给出更多的内容和信息。刘怡辰等[5]建议农业类科技期刊采用精练的中文摘要和长英文摘要相结合的形式。图文摘要是对文章中的主要发现进行简洁的、图形化的及可视化的总结，一张好图可以使读者高效地获取更精准的信息，消除作者与读者之间沟通的壁垒。这些新型出版模式的探索和尝试，在丰富英文摘要的传播方式，多元化信息流通模式的同时，也有利于英文摘要更规范、更准确地传递论文的重要研究成果和创新之处。

4 结束语

英文摘要作为国际读者获取中文科技期刊论文中各项信息的良好媒介，是中文科技期刊能否进入国际重要文献检索系统和数据库的重要影响因素。在撰写英文摘要时，需要结合文章内容类型和实际要求，确定合适的摘要结构；当涉及数据的呈现时，应重点关注与中文摘要的对应性；在保证要素齐全的同时，还应能够体现科技英语的语言规范。在对英文摘要进行优化时，编辑人员应与作者沟通，共同努力提升英文摘要的规范性和科学意义；在积极尝试长英文摘要等新型出版模式的同时，编辑人员应充分了解新模式带来的挑战，努力提升自身硬实力，掌握主动权，以尽快助力新模式的健康运营。

参 考 文 献

[1] 中国科学技术协会.中国科技期刊发展蓝皮书(2021)[M].北京:科学出版社,2021.
[2] 杨美琴,谢明,程杰,等.中文论文再加工对期刊国际显示度的影响[J].中国科技期刊研究,2017,28(11):1034-1037.
[3] 国际核心索引检索咨询.2022年 Ei Compendex 收录期刊源列表目录[EB/OL].(2022-07-17)[2023-05-02].http://www.ei-istp.com/New_714.html.
[4] 邓联健,张媛媛.中文科技期刊英文摘要中被动语态的使用调查与分析[J].中国科技期刊研究,2023,34(4):439-445.
[5] 阮雯,纪炜炜,徐亚岩,等.我国中文科技期刊提升国际传播能力的"英文长摘要出版"模式路径探析:以《海洋渔业》为例[M]//学报编辑论丛2022.上海:上海大学出版社,2022:671-675.
[6] 刘怡辰,夏爱红,沈波.长英文摘要在农业类科技期刊中的应用探讨[J].编辑学报,2015,27(2):127-129.
[7] 中共中央宣传部,教育部,科技部.《关于推动学术期刊繁荣发展的意见》[EB/OL].(2022-06-15)[2023-05-02].http://www.gov.cn/xinwen/2021-06/25/content_5620876.htm.
[8] 林江娇.浅议科技论文结构型英文摘要的句型特点和表达方式[J].江苏理工学院学报,2017,23(3):107-110.
[9] 陈欢.浅谈学术论文英文摘要的撰写[J].出国与就业(就业版),2010(19):78-79.
[10] 吕召胜.长英文摘要在中文科技期刊中的应用模式思考[J].传播与版权,2020(12):42-44.

煤炭类学术期刊中常见的技术名词误用情况辨析

蒋爱玲

(山东矿通信息科技有限公司《山东煤炭科技》编辑部，山东 济南 250031)

摘要：针对煤炭类学术期刊中技术名词使用不规范的情况，总结了4类常见误用类型：误用俗称，误用曾用名，未根据学科、专业选用对应的名词，全文不统一。针对每一类误用情况结合实例分析了误用原因，并给出了规范使用煤炭类技术名词的建议，以期为技术名词的规范使用起到助推和宣传作用。

关键词：煤炭；学术期刊；技术名词；规范使用

作为促进煤炭学科理论与实践发展的舞台、加速科研成果向现实生产力转化的重要阵地，煤炭类学术期刊一直致力于宣传我国煤炭工业和煤炭科学技术发展的方针、政策，报道煤炭行业生产、科研、管理等领域的新技术、新经验、新动向，反映煤炭生产建设与综合利用过程中的重大科技问题，为提升煤炭科学技术水平、实现煤炭工业可持续发展做出了重大贡献。

煤炭类学术论文作者要想用最简洁的语言科学、准确、规范地表达清楚一个问题，使用专业的技术名词是很有必要的。煤炭类学术期刊的稿源一般来自从事煤炭及相关行业的科研人员、煤炭类高校师生、煤矿生产一线的管理人员、工程技术人员和一线员工，由于各类人员理论知识水平、实践经验的丰富程度及受教育程度的差异，导致煤炭类学术论文中技术名词使用不规范的情况时有发生。技术名词的不规范表达阻碍了学术交流和科研成果的推广进程，本文结合文献[1-3]及笔者在编校工作中发现的一些问题，对煤炭类学术期刊中最常见的几种技术名词误用情况进行辨析。

1 煤炭类技术名词使用不规范类型及分析

1.1 误用俗称

任何一个学科技术名词的形成都要经历一个过程，没有哪一个学科在产生伊始就具备完善的术语系统，最初通常使用现场通用的俗语。煤炭类技术名词的俗称一般产生于煤矿一线工程技术人员和工人在现场作业过程中的表达习惯，或为了方便交流而发明的一些口语化叫法。根据全国科学技术名词审定委员会对科技名词的定名原则，非学术用语的俗称不能替代正名。

例1[4]　洗选系统矸石通过洗矸皮带机输送至矸石仓仓储，同样受到排矸系统提升运载排放能力制约，严重限制了洗选系统正常生产。

例2[5]　据不完全统计，神东公司现有运煤皮带108部，长度72 km，这样就导致了皮带转载点多、皮带长度大等问题，在使皮带产尘量增大的同时，也给皮带防尘带来一定的难度。

例 3[6]　尤其是该矿 7009 溜子道在掘进过程中，顺槽巷道出现了顶板下沉、底臌和两帮移近、收缩等大变形现象。

例 4[7]　要简化机电运输系统，只有取消迎头溜子才能达到预期目的。

例 1、例 2 中的"皮带"，例 3、例 4 中的"溜子"，均是广泛流传于煤矿井下生产一线的口语化叫法，其规范化的技术名词分别是"带式输送机""刮板输送机"。全国科学技术名词审定委员会 1996 年公布的《煤炭科学技术名词》对"带式输送机"的定义是：用无极挠性输送带载运物料的输送机，其对"刮板输送机"的定义是：用刮板链牵引，在槽内运送散料的输送机。对照标准定义，口语化的"皮带""溜子"仅仅是对设备主要部件或功能的形象表述，而规范的技术名词明确了设备的驱动方式、基本组成、功能定位等，比口语化叫法更加科学严谨。

1.2　误用曾用名

在国家标准修订过程中，有些曾经在一定范围内使用的专业名词逐渐被更加科学严谨的技术名词所取代，但由于表达习惯的原因，一些曾用名仍经常出现在煤炭类学术论文中。

例 5[8]　试验巷道为山西潞安集团常村煤矿 S6-8 轨道顺槽。

例 6[9]　综合尾巷联络巷的施工量与回风顺槽配风量，尾巷步距为 50 m，配风量为总进风的 2/3 时效果最佳。

例 7[10]　30112 回风顺槽布置在该矿 3-1 煤中，巷道沿煤层掘进。

例 8[11]　监测结果如图 13(支承压力及巷道变形曲线)所示，煤柱侧帮较为破碎，承载能力较低，在工作面超前 80 m 范围内，随着工作面的推进，支承应力逐渐降低。

例 5 中的"轨道顺槽"，例 6、例 7 中的"回风顺槽"，例 8 中的"支承应力"，分别是"工作面轨道巷""工作面回风巷""支承压力"的曾用名。类似的曾用名误用还有"胶带顺槽""进风顺槽"，其规范化的技术名词分别是"工作面胶带巷""工作面进风巷"。

1.3　未根据学科、专业选用对应的名词

不同学科或专业领域对技术名词的使用有不同的要求，宜依论文所在学科或专业领域选择使用规范名词。

例 9[12]　主测路线 2 中的+425 m 水平 B3 巷至南区立风井风硐主要通风机前通风阻力坡度变化较大。

例 10[13]　在风洞中设置一个旋涡发生杆(即阻挡体)，在挡体下方安装一队超声波发射器和接收器。

例 9 中"风硐"是煤炭科学技术名词，指的是主要通风机和风井之间的专用风道。而例 10 中的"风洞"是航天科学技术名词，指的是"在一个按一定要求设计的管道内，产生控制流动参数的人工气流，以供作空气动力学实验用的设备"，因此例 10 中的"风洞"应该改为"风硐"。

例 11[14]　由于 5704 开切眼的底板需要进行混凝土浇筑，因此对底鼓不予考虑。

例 12[15]　煤层顶底板稳定性较差，顶板易冒落，底板遇水易底臌。

例 11 中的"底鼓"是煤炭科学技术名词，是指由于矿山压力作用或水的影响，底板发生隆起的现象。例 12 中的"底臌"是冶金学名词，是指巷道底板向上隆起的现象。虽然两者都是指巷道底板发生隆起的现象，但在不同的学科领域有不同的使用要求，应根据学科、专业选用对应的名词。煤炭科学、土木工程学使用"底鼓"，冶金学使用"底臌"，例 12 中的"底臌"应改为"底鼓"。同样的，前文例3中的"底臌"也应改为"底鼓"。

1.4 全文不统一

例 13[16] 同理分析可得导水裂隙带发育最大高度为 126 m。

《煤炭科学技术名词》中对"导水断裂带"的定义是：能使水流向采空区的断裂带和垮落带的总称。曾称"导水裂隙带"。中华人民共和国国家质量监督检验检疫总局和中国国家标准化管理委员会联合发布的《煤矿科技术语 第 7 部分：开采沉陷与特殊采煤》(GB/T 15663.7—2008)中导水断裂带、导水裂隙带、导水裂缝带是同一个概念，可以通用。笔者查阅了大量煤炭类书籍和论文，使用导水断裂带的少之又少，绝大部分作者还是倾向于使用"导水裂隙带"。2022 年最新修订的《煤矿安全规程》中使用的也是"导水裂隙带"(第三百零四条)。

所以这三个词都是规范的技术名词，但在同一篇文章中使用时应做到全文统一。而例 13 这篇论文正文中同时出现"导水断裂带"和"导水裂隙带"，一篇文章中同一个技术名词前后不一致，读者读起来就比较费劲了。

除上述几种误用类型外，还有一种情形易被误认为是误用。

例 14[17] 随着浅部资源的枯竭，矿井安全改建及水平延深关系着淮南潘谢矿区的可持续开采。

本例中，"延深"一词容易引起读者的误解，因为在《现代汉语词典》(第七版)、《汉语大词典》等词典中均没有"延深"这个词，但是在《煤炭科学技术名词》的词条中，"矿井延深""井筒延深""采场延深""水平延深"等均是规范的煤炭类技术名词。所以判断一个名词是不是规范的技术名词，不能仅凭经验和常识，要查阅相关专业的标准规范才能做出正确的判断。

2 规范使用技术名词的建议

技术名词的误用会在一定程度上影响期刊的声誉和公信力，所以编辑要提高对技术名词重要性的认识，在对论文进行编辑加工和完善过程中，尤其要注意对技术名词进行认真仔细的编校。但是由于煤炭类论文涉及面广，多学科交叉融合，同一篇论文中可能涉及地下采掘、运输、供配电、给排水等不同专业领域的知识，受到编辑学科背景和学科知识等客观因素的限制，同一编辑不可能对每一专业的技术名词都能做到全面掌握。笔者长期从事煤炭类学术期刊的编校工作，积累了大量的编校经验以及处理常见问题的方法，现结合自己工作中的实践经验提出以下建议。

2.1 通过有关标准、专业网站或工具书查询，核实并规范使用正确的技术名词

全国科学技术名词审定委员会 1996 年公布的《煤炭科学技术名词》是煤炭类从业人员进行科研、教学、生产、经营以及新闻出版等活动应该遵照使用的煤炭科技规范名词。全国科技名词委建成开通了工作网站，面向社会无偿提供查询服务，为规范使用技术名词提供了便捷的途径。国家质量监督检验检疫总局 2008 年发布、中国标准出版社 2009 年出版的《煤矿科技术语》共分为 11 个部分(GB/T 15663.1—2008~GB/T 15663.11—2008、GB/T 16414—2008)，涉及煤炭地质与勘查、井巷工程、地下开采、露天开采、提升运输、矿山测量、开采沉陷与特殊开采、煤矿安全、采掘机械、煤矿电气、岩石力学等专业所有的技术名词，是查询煤炭类技术名词的必备工具书。除此之外，煤炭类学术期刊编辑应该随时关注煤炭类专业门户网站，如中国煤炭科技网、中国煤炭信息网、煤矿安全网等，随时了解该领域的新动向、新成果和新政策法规实施情况，以便在编校过程中准确识别技术名词及其更新情况。

2.2 与外审专家和作者建立长期紧密联系，随时掌握领域内最新研究动态

外审专家多是本专业内知名的学者、教授，他们往往对专业内某些研究方向有较深的学术造诣。编辑可以通过了解审稿进度、沟通修改意见等事由经常与审稿专家联系，在与专家交流过程中能进一步提升自身的专业水平，提升对稿件内容的学术性和创新性的评价和判断能力。如前文所述，煤炭类学术论文的作者一般是从事煤炭及相关行业的科研人员、煤炭类高校师生、煤矿生产一线的管理人员、工程技术人员和一线员工，他们最先接触该领域的新技术、新工艺、新材料、新设备，编辑通过与作者沟通论文的研究背景、研究方法和过程等信息，从而第一时间掌握该领域的研究动态。

3 结束语

当前，煤炭科学技术处于一个高速发展的时期，新技术、新材料、新装备、新工艺层出不穷，新的技术名词不断涌现。编辑人员要牢固树立责任意识，时刻关注行业最新发展趋势，不断规范技术名词的使用，不断提高煤炭类学术期刊的规范化水平。本文通过对技术名词误用原因进行分析，结合技术名词相关使用要求，探讨了相应的处理策略，以期为技术名词的规范使用起到助推和宣传的作用。本文中的案例部分来自笔者从中国知网、万方等数据库下载的论文，部分来自笔者单位收到的学术交流期刊中的论文，目的是真实地呈现差错，不针对任何期刊或个人，只是就事论事。

参 考 文 献

[1] 孙淑君,朱艳芝.谈煤炭科技名词的规范使用[J].中国科技术语,2008,10(1):28-29.
[2] 邵一敏.科技学术期刊名词规范化工作的现状分析和建议[J].编辑学报,2015,27(4):346-347.
[3] 姜东琪.科技期刊应促进科技名词术语使用规范化[J].编辑学报,2008,20(4):312-313.
[4] 傅祥泉.排矸工艺系统技术改造[J].煤炭技术,2013,32(3):126.
[5] 张立国,刘军星,史红梅.神东煤炭公司皮带系统粉尘专项治理技术[J].矿业安全与环保,2004(增刊1):102.
[6] 曾开华,王春光,刘静.姚桥矿深部软岩巷道底臌控制对策研究[J].金属矿山,2009,39(10):51.
[7] 陈华.普通 SPJ-800/55 带式输送机尾架改造和 EBJ-120TP 型掘进机的配套使用[J].矿业安全与环保,2006(增刊1):77.
[8] 崔旭芳.常村煤矿掘锚机快速成巷技术研究[J].金属矿山,2014,43(12):57.
[9] 王凯,蒋曙光,张卫清.尾巷改变采空区瓦斯流场的数值模拟研究[J].采矿与安全工程学报,2012,29(1):124.
[10] 高晓旭,石新禹,郭卫彬.软岩巷道底鼓控制技术研究[J].地质与勘探,2020,56(5):1088.
[11] 苏超,弓培林,康红普,等.深井临空高应力巷道切顶卸压机理研究[J].采矿与安全工程学报,2020,37(6):1112.
[12] 刘昆轮,韩耀中,秦存利,等.矿井分区域通风系统优化设计[J].工矿自动化,2021,47(9):28.
[13] 冯柏群.矿井通风传感器的设计[J].煤炭工程,2007(9):17.
[14] 李丛.南阳坡矿大跨度开切眼支护技术研究[J].山东煤炭科技,2021,39(8):58.
[15] 黄庆享,黄克军,刘素花.急倾斜煤层长壁开采顶板结构与来压规律模拟[J].陕西煤炭,2011(3):31.
[16] 黄浩,方刚,梁向阳.呼吉尔特矿区侏罗系深埋煤层导水断裂带发育高度研究[J].煤矿安全,2019,50(10):27.
[17] 夏仕方,黎明镜.淮南潘谢矿区矿井安全改建及水平延深开采方案设计[J].煤炭工程,2020,52(10):2.

参考文献常见准确性和规范性问题举例分析
——以《山西医药杂志》为例

荣 曼，王炳彦

(山西医药卫生传媒集团有限责任公司山西医药杂志编辑部，山西 太原 030006)

摘要：参考文献是论文的重要组成部分。著录失误一方面是对原稿著作的不尊重，另一方面会给读者查阅文献及文献传播造成影响。文章结合本刊编校工作中实例及文献调研针对医学期刊参考文献中等不同类型差错进行归类汇总分析，并提出切实可行的举措，以期有助于科技期刊参考文献的准确和规范性著录。

关键词：参考文献；科技期刊；著录规范；信息准确

参考文献是论文不可或缺的重要组成部分，不仅是对文稿引用数据或者结论提供数据或者结论的有力支持，也体现了作者对参考原著知识产权的尊重，对于读者而言，准确完整的参考文献也给相关领域读者查阅相关专业知识提供了便利；对于出版物而言，参考文献是评价一本出版物的实用价值及科技含量的重要参数，为评定稿件及出版物质量提供了科学依据。而现实编校工作中，即使在稿约或者退修稿件中强调了参考文献的著录规范，但是有些共性问题仍然存在，笔者总结了本刊实际编校工作中存在的显性著录失误现象，归类剖析其发生原因并提出改进建议，以期有针对性地提高科技期刊参考文献的引用准确性和规范性。

1 文后文献常见问题

1.1 外文作者姓名格式不规范

例 1　AMSTERDAM J V, NABBEN T, Brink W V. Recreational nitrous oxide use: Prevalence and risks[J]. Regul Toxicol Pharmacol, 2015, 73(3):790-6.

原文：Jan van Amsterdam, Ton Nabben, Wim van den Brink.

修改：VAN AMSTERDAM J, NABBEN T, VAN DEN BRINK W. Recreational nitrous oxide use: prevalence and risks[J]. Regul Toxicol Pharmacol, 2015, 73(3):790-796.

西文作者和用汉语拼音书写的中国作者姓名著录需遵循姓前名后格式。例 1 中 Jan van Amsterdam，作者未意识到附加词(前缀)van 或者 von 等只是作为姓的一部分，而错将作者著录为 AMSTERDAM J V，实际上 van Amsterdam 才是姓。因此，Jan van Amsterdam 的正确著录应为 VAN AMSTERDAM J，Wim van den Brink 的正确著录应为"VAN DEN BRINK W"。此外还有类似的例子如作者"Germano De Cosmo"应为"DE COSMO G"，而不是"DE C G"。陈爱萍等[1]也提到有些论文引用此类文献时其著录方式容易出错，所以建议将参考文献题名放入 Google 进行搜索，或者通过参考文献作者的主页进行核查。

例 2　DIECK L Q, KHALATBARI H K, DINAUER C A, et al. Management of pediatric graves disease: a review[J]. JAMA Otolaryngol Head Neck Surg. 2021, 147(12):1110-1118.

原文：Lourdes Quintanilla-Dieck, Hedieh K Khalatbari, Catherine A Dinauer, et al.

修改：QUINTANILLA-DIECK L, KHALATBARI H K, DINAUER C A, et al. Management of pediatric graves disease: a review[J]. JAMA Otolaryngol Head Neck Surg，2021, 147(12):1110-1118.

例 2 中，英文作者 Lourdes 的姓氏是 Quintanilla-Dieck，作者意识到西文作者姓在后，名在前，但是只将最后一个单词认为是姓，而对于此类姓氏在文后著录时，有的期刊格式可能参照中国复姓表达为"QUINTANILLA-DIECK L"，也有的期刊表达为"QUINTANILLA DIECK L",此类姓氏规范有待统一。

例 3 SCHREZENMEIER E, DORNER T. Mechanisms of action of hydroxychloroquine and chloroquine: implications for rheumatology[J]. Nat Rev Rheumatol, 2020, 16(3):155-166. DOI:10.1038/s41584-020-0372-x.

原文：Eva Schrezenmeier, Thomas Dörner.

修改：SCHREZENMEIER E, DÖRNER T.

例 3 将拉丁字母 ä、è、ï、ó、ç 等误标注为英文字母 a、e、i、o、c，其原因可能是作者复制原文献信息时或者排版阶段不显示拉丁文格式而误输入为英文字母，所以外文作者姓名中特殊符号须引起重视。

例 4 LUO T D, JR N F A, NEWMAN E A, et al. Early Correction of Distal Radius Partial Articular Malunion Leads to Good Long-term Functional Recovery at Mean Follow-up of 4 Years[J]. Hand (N Y). 2020, 15(2):276-280.

PubMed：Luo TD, Nunez FA Jr, Newman EA, et al.

修改：LUO T D, NUNEZ F A, Jr, NEWMAN E A, et al.

经 PubMed 查证源文献，该文献其署名为"T David Luo, Fiesky A Nunez Jr, Elizabeth A Newman, Fiesky A Nunez Sr"，但著者的姓"Jr"系标示著者的辈分之词，英美家族中有父、子、孙共用同一个姓和名的情况，为了区分，在其名后用罗马数字I、II、III区别父、子、孙，而用 Jr(即 Junior 的缩写)表明父子同名中的子辈，同理 Sr(即 Senior 的缩写)表明长辈，作者因不知道"Jr"系一辈分标识而错视为姓，因此造成差错[2]。

此外，又如"NISHA NATHAN, MD, SHANNON D. Sullivan, et al"中，引用者将 MD 作为名来著录，而且著者的姓名也未按姓前名后格式规范著录，通过 PubMed 查证源文献为"Nisha Nathan MD, Shannon D. Sullivan MD, PhD."，作者未意识到其名后 MD(医学博士)或 PhD(哲学博士)均为学位标识，而学位标识不应出现在著者姓名的著录中[2]，实际署名也只有 2 名作者，正确的文献格式为"NATHAN N, SULLIVAN S D."，因此，编辑应注意甄别国外期刊在著录署名后所标识的论文著者的学位(缩写)信息。

可见，国外著者姓名的构成由于国别、地域、文化背景的差异而较为复杂，而 PubMed 提供的检索格式也不是"金标准"，不能拿来就用，需要编辑提高英文素养，多查阅同行文献，为甄别国外著者的姓和名积累经验。

1.2 中国作者姓名格式照搬

例 5 ZHOU Z, CHEN H , JU H , et al. Platelet indices in patients with chronic inflammatory arthritis: a systematic review and meta-analysis[J]. Platelets, 2020, 31(7):834-844.

原文：Zhongwei Zhou, Hongmei Chen, Huixiang Ju, et al.

修改：ZHOU Z W, CHEN H M , JU H X , et al.

参考文献编校过程中需警惕名字全是单字母的作者，须经检索原文来核实，因为作者可能依赖 PubMed 照搬格式或者二次引用而导致出现示例中名字信息提供不全的现象。此外编校过程碰见独著文献时，也应核实是否遗漏了其他作者[3]。

1.3 外文部分词语连写

例 6 MILLER P D, BOLOGNESE M A, LEWIECKI E M, et al. Effect ofdenosumab on bone density and turnover in postmenopausalwomen with low bone mass after longterm continued, discontinued, and restarting of therapy: A randomized blindedphase 2 clinical trial[J]. Bone, 2008, 43:222-229.

修改：MILLER P D, BOLOGNESE M A, LEWIECKI E M, et al. Effect of denosumab on bone density and turnover in postmenopausal women with low bone mass after longterm continued, discontinued, and restarting of therapy: a randomized blinded phase 2 clinical trial[J]. Bone, 2008, 43(2):222-229.

编校过程中常见英文文献中名词与介词连写，复合名词的连写，编辑须具备一定的英文基础才能在通篇全览文献时准确发现，关于复合名词应遵从原文格式,有时可能因换行正好"-"位于行末，此时不要随意去除"-"。

1.4 外文文献文题大小写问题

例 7 FURIE R A, WALLACE D J, ARANOW C, et al. Long-Term Safety and Efficacy of Belimumab in Patients With Systemic Lupus Erythematosus: A Continuation of a Seventy-Six-Week Phase III Parent Study in the United States[J]. Arthritis Rheumatol, 2018, 70(6):868-877.

修改：FURIE R A, WALLACE D J, ARANOW C, et al. Long-term safety and efficacy of belimumab in patients with systemic lupus erythematosus: a continuation of a seventy-six-week phase III parent study in the United States[J]. Arthritis Rheumatol, 2018, 70(6):868-877.

示例为 PubMed 复制格式，经阅读没有需要大写的特殊词汇，应按照文献格式将大写转换为小写，但是须注意专业词汇缩写不应小写，如 SLE, B lymphocyte 等，此外国家(如 China)、城市(如 Beijing)、机构[如 Systemic Lupus International Collaborating Clinics (SLICC)]、组织、基因名(如 STAT)，Still'disease 等人名来源的疾病等应避免误将全部英文大小写转换，其中基因名又需要注意区分大小写的(对于带有字母的基因名来说，字母是区分大小写的，有的是全部大写，有的是首字母大写，有的是全部小写)。还有如例 1 中冒号后的："Prevalence..."也是文题的一部分，首字母应为小写即"prevalence"。

1.5 字符格式问题

例 8 HATHOUT L, EL-SADEN S. Nitrous oxide-induced B-12 deficiency myelopathy: perspectives on the clinical biochemistry of vitamin B12[J]. J Neurol Sci, 2011, 301(1/2):1-8.

修改：Nitrous oxide-induced B_{12} deficiency myelopathy: perspectives on the clinical biochemistry of vitamin B_{12}.

例 9 陈维安,李春亿,梁宏,等.99Tcm-二乙基乙酰替苯胺亚氨二醋酸显像在婴儿持续性黄疸鉴别诊断中的意义[J].实用儿科临床杂志,2007,22(7):502-503.

修改：^{99m}Tc-二乙基乙酰苯胺亚氨二醋酸(^{99m}Tc-EHIDA)

示例中为英文缩写和数字的上下标不规范，由于论文中会参考大量的基础研究文献，编校中应注意保持前后文的格式一致，除示例中 B_{12}、^{99m}Tc 应规范统一外，文献中字符格式如 *vs*(斜体)，$^{99}Tc^m$，^{18}F-FDG，罗马数字(I、II、III...)等格式也应给予重视。

1.6 文献未汉化问题

例10 ZHANG Y, YAN B, LIU Y. Neutrophil extracellular traps-induced endothelial cell damage in the pathogenesis of dermatomyositis-associated interstitial lung disease [J]. Zhonghua Nei Ke Za Zhi, 2017, 56(9): 650-654.

修改：张燕，严冰，刘毅.中性粒细胞胞外陷阱诱导血管内皮细胞损伤在皮肌炎合并肺间质病变中的作用[J]. 中华内科杂志，2017, 56(9): 650-654.

未汉化问题可能源于作者文献的二次引用，即可能没有获取原文，也可能是一本杂志有中文版和英文版，但是由于本刊目前读者对象定位于国内医学研究者，建议作者提供中文格式文献。

1.7 外文期刊刊名缩写

例11 HSUEH M F, BOLOGNESI M P, WELLMAN S S, et al. Anti-inflammatory effects of naproxen sodium on human osteoarthritis synovial fluid immune cells [J]. Osteoarthritis Cartilage, 2020, 28(5):639-645.

编辑在编校过程中知道刊名中凡带-ogy(-学)的单词，一律将词尾-ogy略去。但还是经常遇到很多不常见或者不确定的期刊缩写需要核实，如上述示例中杂志缩写有误，经查 PubMed 显示也为 Osteoarthritis Cartilage，而 Cartilage 的缩写应为"Cartil"，此时也可以登录题名词缩写表(LTWA)[网址：http://www.issn. org/services/online-services/access-to-the-ltwa/]线上查询，该表包括所有科学引文词语所用标准缩写，该表每年也在更新，是非常实用也方便的科学引文词语缩写查阅工具。也可以参考国际医学期刊编辑委员会推荐的 NLM's Citing Medicine 中的格式，但是不同国家出版的同名期刊，在缩写刊名的后面要加国别或出版地以示区别[4]。

此外，PLoS One 为 PLoS 系列期刊之一，而 PLoS 全称为公共科学图书馆(the Public Library of Science, PLoS)，著录文献时及排版中应注意大小写，避免误将其写成"PLos One"。还有国际通用的刊名，应以大写首字母著录。例如：Journal of the American Medical Association 应为 JAMA，此外 AJR 也是同理[5]。但是，将本专业的外文期刊用其首字母组合式作为刊名著录则不符合规范，如 NEJM 应为 N Engl J Mel《新英格兰医学杂志》，IJCI 应为 Int J Cardiovasc Imaging《国际心血管影像杂志》[6]。

1.8 电子版优先出版的参考文献

例12 JIBRI Z, GAZEL U, SOLMAZ D, et al. Correspondence on 'MRI lesions in the sacroiliac joints of patients with spondyloarthritis: an update of definitions and validation by the ASAS MRI working group'[J]. Ann Rheum Dis, 2021-3-3. doi: 10.1136/annrheumdis-2021-220008. Online ahead of print.

修改：JIBRI Z, GAZEL U, SOLMAZ D, et al. Correspondence on 'MRI lesions in the sacroiliac joints of patients with spondyloarthritis: an update of definitions and validation by the ASAS MRI working group'[J]. Ann Rheum Dis, 2021-3-3[2021-3-20]. https://pubmed.ncbi.nlm.nih.gov/33658237/. DOI:10.1136/annrheumdis-2021-220008. [published online ahead of print].

优先发表的电子文献如上格式可能直接拷贝于 PubMed，编校应联系作者查阅并核实是否有年、卷等信息，且于发布日期后补充引用日期，获取或者访问路径(如果获取和访问路径含有 DOI，可考虑省略)，最后注明"网络预发表(published online ahead of print)"。当期论文编校过程中如果查阅该文献已经见刊(有卷、期和页码等)，还是建议参照参考文献的标准格式进行替换。

1.9 符号混用

例 13　李逸轩，邓小刚，付君婷，等.2000-2007 年海口地区肺癌患者的流行病学调查分析[J].中国研究型医院，2020,7(3):40-43.

此处，作者把时间的范围符号"—"与"-"混用。此外英文文献中引号"" ""避免误排为""等，文献获取路径避免漏排"/"，DOI 因换行漏排或者多排"-"等。还有常见的","在英文文献排版中也要注意其格式。

1.10 其他

(1) 文献缺少卷或者期。来稿中普遍存在的问题是英文文献缺少期，中文文献缺少卷，存在此类问题的主要原因很有可能是作者并没有阅读原始文献，那么，作者阅读的文献就不全面，作者所撰写论文、综述等的科学性、先进性就值得商榷，或是仅通过数据库浏览的中英文摘要即引用(实际工作中发现数据库提供格式并不是完全统一或者准确的)，或者是二次引用，即他文引用格式的照搬。当然，不能排除有的杂志比如有的科普杂志或者电子杂志确实没有卷或者期，针对此类问题建议作者还是需要在阅读并参考原文的基础上引用，必要时编辑部也可以要求作者提供相关文献原文以利核对。

(2) 用语不规范。文献中还出现核磁共振、膝骨性关节炎、病人等不规范用语，原因在于医学杂志众多，编校质量参差不齐，而且医学期刊又分为学术期刊与科普期刊，而科普期刊讲求通俗易懂，对此类用语并不严格要求，引用时可遵从原文献出处，比如医学研究论文讨论内容提及相关文献结果数据时如果修约与该论文不一致时，不能贸然修约，而应遵从原稿，当然如追求正文与文献统一也不能算错，建议引用权威的学术期刊，此类现象可在很大程度上减少。

(3) 页码著录不完整。如例 1 文献中"2015，73(3):790-6."页码的起止页都应完整标注，改为"2015，73(3):790-796."。

(4) 析出文献及标准信息不全。编校中常见论文集中的析出文献未提供出版地和出版商，析出文献起止页码，引用的更新的疾病诊断标准等缺少作者的问题屡见不鲜。

(5) 合期和增刊出版的著录格式。外文期刊合期出版的情况较为常见，如 2020 年 1、2、3 期合期出版，正确的著录格式为 2020(1/2/3)[7]，对于增刊，应标注 suppl。

2　可行性建议

2.1 要求作者提供原始文献

一篇论文的参考文献的引用建立在作者获取原文并认真研读的基础之上，因此如果编辑发现文献存在著录问题，可以要求作者提供原文[目前一些收录中英文的数据库提供文献信息(尤其是浏览模式)并不是肯定准确]以便于核对，当然如果在投稿时要求作者提供所有文献原文必然更能及早高效核查全文献，但也同时增加了编辑的工作量，如有专人负责论文参考文献的审查，则核对效率更高，希望将来有实现选中论文题目即能链接原始文献的大数据软件问世以助力编校工作。

2.2 提供文献著录可参考示例

总结编校过程中文稿参考文献存在的共性问题(如作者格式，英文刊物缩写以及未汉化，卷期页码不完整、不规范等)并分类汇总示例，或者按照领域内如期刊协会等针对参考文献著录发布的更新规范或者要求提前或者于编校中针对性提供示例。相比较纯文字说明，作者更易于接受和理解示例，从而有助于论文的准确和及时修回。

2.3 勤与排版工作人员沟通

由于本刊为医学专业学术期刊，如例 2 中的拉丁字母，例 8、例 9 的格式问题，还有漏排或多排"-"问题较常见，而排版工作人员是基于电子原稿出校样的"第一人"，如果编辑能及时反馈，并不断就新规范、新发现误区，勤与其沟通，有很多细节失误是可以避免的，这样一定程度上就减轻了后期编校的工作量，当然有固定的排版工作人员也非常重要。

2.4 不断学习，更新和总结文献规范知识

编辑不应持有依赖每年的编校培训"才发现""才应用"或者"原来如此"般找答案的态度，而是平时就下到功夫，如多参阅学术文献或者兄弟期刊更新的标准规范以作参考，多关注国标发布的新标准，要知其所以然，毕竟"有据可依，有理可讲"才是规范金标准。参考国标《信息与文献 参考文献著录规则》(GB/T 7714—2015)的基础上认真审读文稿，熟悉新标准的著录规范及常见的错误类型和分布，多重视文献细节问题，勤与同行交流，善于借助多工具查证，如熟练借助 PubMed、万方等数据库及目标杂志网站查阅原文，不断积累文献编校经验，如对于一些不确定的格式或者符号问题，可通过编辑部或者同行内部会议讨论后确定，保证同一文或者同本刊物中相同术语或者名称等格式统一。

3 结束语

文后参考文献著录存在问题颇多，并不是如上示例般以单条文献单个问题存在，而是多种不规范现象同时存在于单条文献中或者单篇论文中，编校工作量大，而英文文献信息著录问题尤其普遍，针对外文文献可借助 PubMed 核对，但当所核查的参考文献同 PubMed 题录不一致(即可能有差错)时则要从 PubMed 调出来源文献进一步核对，并以源文献为准，核查参考文献的正误，而不以 PubMed 题录为准[8]，其审核更需要编辑具备较深的英文功底，一定的编校经验。期刊出版人本身应加强知识产权保护意识，仔细核对参考文献要素，这关系到是否按照《著作权法》的要求合理使用问题[9]。

目前很多杂志可以借助在线投稿系统对于参考文献进行一定程度的初步审核和把关，比如主要信息的缺失以及基本的格式错误等，本刊也在积极推进网络投稿系统工作，但是各种各样的不规范问题依然不能避免。此外，在线投审稿系统具备的点击即链接相关信息的功能也不能保证其格式及信息完全准确及完整，只能起到辅助把关的作用，最终还是需要编辑去严格把关、仔细审核、统一规范。而在规范格式方面，不同类或者不同杂志要求也不一，比如有的杂志要求提供期数即可，有的杂志要求提供 DOI，又比如有的杂志各种符号都追求原汁原味，但有的杂志会统一字母大小写和符号等。而这些参考文献著录格式并不会细化，须出台制定相关标准(有示例)逐步完善统一，适当增加评定稿件及出版物质量的重要参数(尤其是涉及文献信息准确性的问题)，提供科学依据让学术杂志有标准可依据，让编辑有示例可参考，同时引起编辑同行对参考文献的重视。

如今期刊用语标准趋于更完善、更规范，渐与国际接轨，将来不只参考文献，正文、表

格、图乃至标点及字词用语都将趋于更加规范,更加精益求精。作为编辑,应本着尊重原文,尊重作者的出发点,本着高编校素养的标准,本着期刊的优质发展,始终匠心匠行。

参 考 文 献

[1] 陈爱萍,余溢文,赵惠祥.提高参考文献中外国人名著录准确性的途径[J].编辑学报,2012,24(5):441-442.
[2] 丁忠华.外文参考文献著者姓名著录显性失误例析[J].出版广角,2021(13):56-58.
[3] 黄勇.科技期刊参考文献隐性错误例析及编校策略[J].编辑学报,2020,23(4):394-397.
[4] 《中国心血管杂志》编辑部.参考文献外文期刊刊名缩写规范[J].中国心血管杂志,2021,26(1):52,81,85.
[5] 周晴霖,黄亚萍,王志翔,等.编辑加工医学期刊英文参考文献的错误要点及对策分析[J].编辑学报,2016,28(增刊 1):s32-s34.
[6] 谢锡增,徐春燕,施学忠.医学高校学报英文参考文献刊名著录失范例析[J].编辑学报,2020,32(2):166-168.
[7] 刘焕英.医学期刊英文参考文献著录问题[J].新闻研究导刊,2021,12(4):228-230.
[8] 丁忠华.中美医学会会刊参考文献准确性对比分析[J].新闻传播,2021(15):78-80.
[9] 罗剑萍,骆奇峰.从参考文献不当著录谈著作权侵权风险规避及防范[J].黄冈师范学院学报,2021,41(6):225-228.

科技期刊编辑过程中科学性问题的审查与加工
——以《油气储运》为例

刘朝阳 [1,2]

(1.国家管网集团科学技术研究总院分公司,河北 廊坊 065000;2.油气储运杂志社,河北 廊坊 065000)

摘要:探讨科技期刊编辑对文章内容的科学性审查要点与编辑加工经验,有助于提升编辑对于科技论文的质量把关能力。通过文献审读和学习,梳理编辑工作经验,结合在稿件编辑过程中的实例,总结科技论文编校过程中常见的科学性问题与错误类型,从编辑视角提出对于科技论文内容科学性的把关建议。科技论文编校过程中常见的科学性问题主要包括数据错误与定义、判断、论证不符合逻辑两方面。编辑应从原始统计数据的时效性、原始数据错误、原始数据遗漏几个方面审查文中数据是否合理准确,并提出具体可行的数据审查与加工建议;从文字表述与公式推导两个方面判断文中定义、判断、论证是否符合逻辑,并推荐编辑采用量纲分析法快速、有效地判断文中公式的正误。期刊编辑应加强对于科技论文内容科学性的审查与编辑加工,进一步提高编辑自身的审稿能力,提升科技期刊的学术质量与期刊影响力。

关键词:科技期刊;编辑加工;科学性审查;数据;逻辑性

随着越来越多的科技创新成果的不断涌现,科技论文的发文量逐年增长。各学科领域科技期刊的报道范畴逐渐拓宽,而相应报道科技成果的论文的科学性与准确性却不容乐观。把好科技论文的质量关,做好论文的科学性审查与加工,是科技期刊编辑的重要责任。每本期刊涉及的栏目有很多种,报道的技术领域分很多研究方向,编辑不可能完全看懂每一篇文章深层次的核心技术内容,但把住文章的科学性与准确性这一关,是编辑加工中非常重要的一点。

在多年的编辑审稿工作中发现,大量涉及编辑加工方向的研究论文,主要是在编辑常用的标准规范等方面提供借鉴与指导,其中包括科技插图和表格的加工、数学式、化学式、化学结构式的加工、量和单位的标准化处理、数字与外文字母的规范化处理、参考文献的标准化著录等[1-2]。而对于科技论文的科学性审查鲜有报道。且大多数研究从研究者的角度进行分析,从期刊编辑角度把关文章内容的科学性的研究相对较少[3]。在此,本文从科技期刊编辑的视角出发,系统总结和梳理了科技论文编校过程中常见的科学性问题或错误类型。比如数据错误、定义、判断、论证不符合逻辑等。针对每一个问题,梳理总结编辑加工中的审查要点,同时为编辑工作实践提出具有可操作性的解决方案。

1 常见问题归类与分析

1.1 数据错误

1.1.1 原始统计数据缺乏时效性

科技期刊旨在报道最新的科技成果,所以刊发论文的时效性非常重要。作者在撰稿时可能由于粗心，没注意所引用统计数据的截止时间过于老旧，直接引用在文章中，已经不具有参考意义。也有可能是因为这篇文章的发表时滞较长，使得作者原文中的统计数据失效。如在《油气储运》2022 年第 7 期已发表的《中国地下储气库发展现状及展望》一文中有表述"截至 2021 年底，中国建成地下储气库(群)17 座，设计总工作气量 247×10^8 m^3"[4]。而在近期编辑加工《传统管理背景下中国地下储气库经营模式》一文时，原稿中提到"设计总工作气量是 218.57×10^8 m^3"[5]，经与作者核实，作者发现所引用的来自重庆石油天然气石油交易中心数据的统计时间早于 2021 年底，于是请作者更新了数据，这篇文章便更具参考价值和时效性。

虽然编辑不是某一技术领域的专家，但在日常的编辑加工工作中编辑要积累期刊主要报道范畴之内的一些统计数据的最新情况。如在油气储运行业，编辑需了解管道总里程、天然气管道里程、输油管道里程、油气年输量、储气库数量等统计数据的最新值。在具体稿件的编辑过程中遇到统计数据，要核实该数据是否准确，是否已过时，确保科技期刊的先进性与科学性。

1.1.2 原始数据错误

原始数据错误也是科技论文的编辑加工过程中需格外注意的审查要点，这类错误通常是由作者粗心或笔误造成的。表 1 选自论文《盐穴储气库水平腔溶蚀特征实验》，作者采用控制变量法设计了 19 组对比实验，分析不同因素对造腔结果的影响。正文中这样表述："为探究步长对水平对接井造腔的影响规律，开展 3 号、16 号、15 号、14 号、13 号实验，对应步长分别为 6.0 cm、7.5 cm、10.0 cm、15.0 cm、30.0 cm"[6]。

表 1 水平对接井造腔实验方案设计表

实验编号	流量/(mL·min^{-1})	步长/cm	排卤口位置	注水井	是否有阻溶剂
1	1	6	上部	水平井	否
2	2	6	上部	水平井	否
3	3	6	上部	水平井	否
4	5	6	上部	水平井	否
5	2	7.5	上部	水平井	否
6	3	7.5	上部	水平井	否
7	2	7.5	中部	水平井	否
8	2	7.5	下部	水平井	否
9	2	7.5	中部	水平井	否
10	5	7.5	中部	水平井	否
11	3	6	中部	水平井	否
12	3	30	中部	水平井	否
13	3	30	上部	双井	否
14	3	15	上部	水平井	否
15	3	10	上部	水平井	否
16	3	7.5	上部	水平井	否
17	3	6	下部	水平井	否
18	3	6	上部	水平井	是
19	1	7.5	上部	水平井	否

(1) 有效数字小数点后位数不规范。表 1 中"步长"一列数据字均应为小数点后 1 位，该列

部分数据却未显示小数点后 1 位。根据实际需要以及同一指标的数字小数点后保留位数一致的规范要求，经与作者核实将"步长"这一列数据补齐至小数点后 1 位。

(2) 数据张冠李戴。正文中在选择对比分析实验时错将 12 号实验写成 13 号实验了，3 号、16 号、15 号、14 号、13 号实验，对应步长分别为 6.0 cm、7.5 cm、10.0 cm、15.0 cm、30.0 cm，这是正确的，但作者采用控制单一因素变量法分析步长对造腔结果的影响，13 号实验的不同因素除步长之外，注水井类型也不同，经与作者核实，应该是选择 12 号实验进行对比。这类错误非常隐蔽，仅看数据本身是没有问题的，如果没有理解作者的研究思路，这个错误很难被发现。

1.1.3 原始数据遗漏

原始数据遗漏也是经常会发生的数据错误的一种类型。该示例选自论文《金坛储气库井筒风险因素识别及结构重要度分析》，正文中表述："基于识别出的风险和 NORSOK D-010-2013 中生产作业时的井筒风险，整合得到 60 个常规风险和 10 项特有风险，共计 70 项风险因素，形成金坛储气库井筒完整风险因素表(表 1)"[7]。原稿中列出的表 1(金坛储气库注采井筒风险因素表)实则只有 66 项风险因素，经与作者核实，原来作者粗心漏写了 4 项因素，后将其补充至表中。

1.1.4 数据审查与加工建议

在科技论文的写作中，作者常采用大量数据为文章立论提供依据和支撑。目前编辑在对于数据的审查多局限在形式上，对于数据的科学性与准确性审查较少，实则数据的科学性审查是审查论文质量的重要内容。一旦科技论文中出现数据错误，文章的可读性与可信度都会变差。这是需要广大作者和编辑注意的。

编辑在对论文的编校过程中，每遇到一个数据，首先应判断该数据是否为统计数据，若是统计数据需要判断其准确性与时效性。若是作者列出的论证数据，则要判断该数据的合理性：①该数据是由前文中数据计算得到，则需判断计算关系与计算结果是否正确；②该数据在文中首次独立出现，不是由前文数据推算得到的，则要核实该数据的数值与单位是否正确。

1.2 定义、判断、论证不符合逻辑

科技论文的逻辑性审查与编校是提升文章质量与可读性的关键，因此期刊编辑应从以下几个方面进行把关，以促进期刊的可持续发展。

1.2.1 文字表述存在逻辑问题

①在文中总述的时候将一部分内容分成三大类，但是在详细描述时却不止这三大类，这是一种典型的逻辑矛盾。②介绍某试验流程时，中间部分突然少了一个流程，但是前文总述部分已经提到过有这个部分，这种逻辑性错误会导致文章的内容结构不够完整，读者阅读时会有一种疑惑感。③关联词使用错误，例如文章中的两句话之间没有什么关联性，但是后半句却出现了"因此""但是"等关联词，即本身没有关联性的两句话，突然产生了因果或转折关系，文章写作思路不够严谨，降低了读者的阅读体验。

示例选自《储气库设计与建设中的模块化技术应用》一文，其中在"运输方案比选"这一章节有一句表述："现场踏勘结果表明：自模块预制厂到文 23 储气库建设地有 3 条路线可供选择，其中路线 1 和路线 3 为可行路线"。下文也没交代为什么路线 2 不可选，而是直接对路线 1 与路线 3 的经济性进行比选。已知是有 3 种路线可选，直接默认路线 2 不可行，为什么呢？这也是论述不符合逻辑的典型例子，编辑和读者都很疑惑为什么路线 2 不可行。经与作者讨论

核实，补充了原因，将原文改为"现场踏勘结果表明：自模块预制厂到文 23 储气库建设地有 3 条路线可供选择，其中路线 2 有 2.4 m 限宽，大型货车无法通过，所以该路线不可行；路线 1 和路线 3 为可行路线"[8]。这样逻辑清晰合理，更具可信度。

1.2.2 公式存在逻辑问题

作者在撰写科技论文时，通常需要引入传统、经典的计算公式进行自己论文的分析计算，或在其他研究者所提出计算公式的基础上加以改进或优化，这时文章中的公式容易出现以下 3 种逻辑性的问题。

(1) 引用公式导致逻辑性错误。作者将参考文献中的公式或传统计算公式引入自己的文章，这时公式的计算对象不同，公式中字母所代表的参数含义相比原公式也发生了变化，但是作者未根据自己文章对引用的原公式进行改变和调整，也未对公式中出现的很多参数进行有规律的注释，比如原公式中 H 表示高度，引用过来 H 应该表示储气库深度，但作者可能由于对原公式没有清晰了解或自己撰稿时不够严谨，并未进行修改。往往一篇文章中有多个公式，每个公式中都存在大量字母，这些字母又分别对应不同的参数，作者未对自己文章公式中的字母进行统一、有规律命名。因此，经常会出现一个变量可能在不同的公式中代表的字母不一样，比如在同一文章不同公式中分别用字母 Z 和 H 来表示管道高程；或用同一字母表示不同的参数，比如在同一文章中用字母 V 在不同公式中分别表示体积与流量等。

(2) 分段函数本身存在多个取值范围，其中一个取值范围出现错误，就会导致整个结果产生偏差。且在一般情况下，分段函数的几个取值范围应该都是不同且连续的。如果出现取值范围有重复部分或是不连续的，则很有可能出现逻辑性的问题。如果取值范围本身就不连续，需要在文章中进行说明[9]。

目前，科技论文中数理公式越来越多，也更加复杂，专业性更强，一直是科技期刊编辑中的难点之一。量纲分析法可依据公式中量纲一致性原则来检验数理公式的正确性[10]。建议编辑掌握并应用该方法判断文中公式的正误，便可非常高效和简便地降低编辑加工过程中的差错率。

2 科技论文的科学性审查建议

科技期刊论文的编辑加工是一项繁杂、细致、辛苦的工作，要求编辑具有精深的本门学科专业知识和广博的其他学科知识，还要有深厚的语言文字功底，同时还需要掌握科学的加工整理方法。期刊编辑在稿件的编辑加工过程中，尤其要重视文章的科学性审查与加工，保证论文的学术质量。为此，通过总结梳理多年的编校经验，笔者对于编辑如何把关科技论文的科学性提出以下建议：

2.1 编辑要有认真负责的态度

在实际编辑出版过程中，如果一篇文章出现多处错误，则文章的准确性就无从谈起，更不用说科学性和创新性。一是质疑作者的态度和能力；二则可归因于编辑不负责、不认真，对稿件的进一步审读不到位。因此，编辑在对论文的编辑加工环节要从大处着眼，小处着手。要全面加工，从正文到辅文，从篇章结构、语言文字到图表、公式、数字、量和单位等，都要仔细审读，精心订正或修改。

2.2 要善于运用基本的科学知识去识别

编辑需要熟练掌握数学、物理学、化学、热力学等学科的基本知识与理论，如质量守恒定律、常见物质的基本构成、数学基本方程等。在对稿件的编校过程中要判断作者提出的理论与基本的科学理论是否存在矛盾，保持并逐渐提升编辑的敏锐判断能力。

2.3 判断论述是否符合逻辑

简单的逻辑问题，只需与文章作者进行核实与沟通后即可解决。基本不涉及相关的专业知识，也不存在与作者沟通的困难。而对于文章思路、论证关系、图表问题等出现的逻辑性问题，这类问题不容易被发现，并且不一定全部都错，需要编辑在解决这类问题时格外注意。由于这类问题通常涉及专业科技知识，一定要积极与作者进行沟通，经过多次核实确认后才能进行编校，从而保证文章内容的科学性与准确性。

2.4 对目前重大科技项目的进展有整体了解

建议编辑在审稿和加工过程中，逐步积累新名词、新概念，比如《油气储运》近两年报道文章中常出现的"双碳""CCUS""掺氢输送""能源互联网""智慧管道"等。实时跟踪自身负责编辑的技术领域的最新发展动态，并对油气管网行业重大科技项目的进展有整体了解和把握，从而提高编辑自身在审稿时的敏锐判断能力。

2.5 及时提问

对于不熟悉的知识，一定要与作者沟通确认，或通过网络查询、翻阅工具书，一定要找到根据。尤其对于文中核心知识点的表述，更不能出一丝差错。存疑的知识点或表述，向专业人士请教，最大限度确保文章的准确性与科学性。

3 结束语

科技论文是科技工作者对自身科研成果的思考与总结，提高论文的科学性与准确性是科技期刊编辑的共同目标。如果文章中存在科学性错误将直接影响论文的质量及其传播效果。因此，作者与编辑都应以严谨、负责的态度，高度重视科技论文的科学性审查与把关，力争将差错率降到最低。

基于多年从事科技期刊编辑的经验，笔者对科技论文中易出现的科学性问题进行归类分析并提出解决途径，总结了编辑对于科技论文科学性与准确性的审查要点及建议做法，以期提升编辑对于科技论文质量的把关能力。建议科技期刊编辑在编校过程中，应重视科学性问题的审查与编辑加工，从而促进科技期刊发展越来越好，影响力越来越高。

参 考 文 献

[1] 中国科学技术期刊编辑学会.科学技术期刊编辑教程[M].北京:人民军医出版社,2007:35-63.
[2] 中国新闻出版研究院.编辑常用标准规范解说[M].北京:中国标准出版社,2022:17-127.
[3] 崔京艳.论科技期刊编辑规程的功能及其科学性[J].编辑学报,2016,28(5):430-432.
[4] 李建君.中国地下储气库发展现状及展望[J].油气储运,2022,41(7):780-786.
[5] 郭洁琼,周韬,李刚,等.传统管理背景下中国地下储气库经营模式[J].油气储运,2022,41(9):1004-1013.
[6] 康延鹏,焦雨佳,王建夫,等.盐穴储气库水平腔溶蚀特征实验[J].油气储运,2022,41(9):1061-1068.
[7] 蒲宏斌,汪鑫,焦建.金坛储气库井筒风险因素识别及结构重要度分析[J].油气储运,2022,41(9):1014-1020.
[8] 张建.储气库设计与建设中的模块化技术应用[J].油气储运,2022,41(9):1044-1051.
[9] 王萌.浅析科技期刊中数学公式编辑加工常见问题[J].中国传媒科技,2020(9):96,104.
[10] 卢婷,彭红亮,邱为钢.量纲分析法的6个应用案例[J].物理通报,2022(2):2-5.

科技期刊编校质量的控制与提升路径

赵翠兰

(中国科学院上海应用物理研究所联合编辑部，上海 201800)

摘要：编校质量是所有期刊的生命基石，编校质量的优劣是可以影响期刊整体质量的重要因素，高水平的编校质量是科技期刊成为优质科技期刊的根本。通过分析可能会决定科技期刊编校质量的几种因素，提出重视期刊品牌建设、提高编辑专业水平、坚持"三审制"和"三校一读制"、交叉审读制以及利用好作者参与的编校环节等措施，推进编辑队伍建设进而整体提高编辑队伍业务素质，健全管理机制将编辑加工工作落实以提高期刊标准化、规范化水平等方式实现对编校质量的提升。

关键词：科技期刊；编校质量；三审制；三校一读制；交叉审读制

科技期刊是发布前沿技术、获取先进技术信息与获取资料资源的重要平台之一，同时也是科技文献传播的主要途径之一。科技期刊的健康发展可以促进服务创新型国家的建设、构建国家科技信息安全壁垒、提高科研人员在行业中的学术地位和科研影响力、提升科研机构(大专院校及研究院所)的影响力等方面都具有非常重要的意义。作为专业型学术载体，科技期刊在展示、宣传研究机构的科研水平和提高科研机构的知名度上有非常重要的作用[1]。质量是科技期刊的生命，是期刊全体人员需要时刻关注和守卫的所在。编校质量的高低直接决定了科技期刊整体质量的优劣，是影响期刊总体质量的重要基础因素之一，而期刊编辑人员的素质则决定了编校质量。高素质的编校人员和优良的编校质量是高质量期刊缺一不可的条件。作为科技期刊的一名从业编辑，通过工作过程中积累的个人经验的一些总结，阐述了在编校过程中对编校质量有影响的因素，并且提出了能够提升科技期刊编校质量的有效方式和途径的一些个人见解，以期对同行起到抛砖引玉的作用。

1 科技期刊编校质量的影响因素

1.1 编辑本身素质有待提高

(1) 规范性有待加强。因为科技期刊编辑从事的工作具有很强的独特性、专业性，所以对编辑人员的岗位素质和业务能力相应地也有较高的要求，不仅要求编辑对其中某一科学领域有深入研究，还要求其熟知编辑出版方面的政策法规、出版专业知识，掌握科技语言的基本用法[2]。科技期刊编辑与人文科学类编辑的最大不同之处在于并非科班出身，科技期刊编辑对某一自然科学领域有一定研究，可能对于出版方面的一些政策、出版印刷技术了解不多，对文字的使用不严谨，政治敏感度不高，以至于编校过程中对于规范性、常识性、政治性等方面的错误容易忽略；除此以外还有标点符号、量和单位、图表形式、外文字符等规范方面的问题同样不容忽视。

(2) 校对水平有待提高。国家新闻出版署在2020年新颁发的"国家新闻出版署关于印发《报纸期刊管理规定》的通知"中明确说明：期刊编校差错率不超过万分之二的，其编校质量为合格；差错率超过万分之二的其编校质量为不合格[3]。2021 年上海市新闻出版局对本市的期刊进行了编校质量的检查，共检查期刊616 种，其中563 种编校质量合格，占比91.4%，53 种编校质量不合格，占比 8.6%；其中社科期刊269 种，255 种编校质量合格，占比 94.8%；14 种编校质量不合格，占比 5.2%；科技期刊检查347 种，有308 种编校质量合格占比88.8%，39 种编校质量不合格，占比11.2%[4]；相比较而言，科技期刊编校质量的提升空间更大。科技期刊编辑经过学习和培训后可以对相关的政策法规有一定的了解，但对其他学科领域的知识往往会了解得不够多和不够深，在编校过程中容易犯常识性、学术性等方面的错误。在量和单位方面有一些科研人员习惯沿用的已废弃的说法，如："重量"标准名称应为"质量"，"原子量"标准名称应为"相对原子质量"，"浓度"应为"质量浓度"，"ppm"应为"10^{-6}"，"rpm"应为"r/min"等诸如此类的问题，容易被忽略。在文字运用方面，如："的、得、地"不正确使用，"粘性""粘度"应为"黏性""黏度"，"几率"应该用"概率"，"上世纪50 年代"应为"20 世纪50 年代"等等。编辑出版语言文字、量与单位、图表规范、名词(人名、地名、科技名词)规范等这些方面的内容，其中任何一个方面的出现差错，都足以产生编校工作的错误，从而降低了期刊的整体质量。

(3) 责任意识与工匠精神有待加强。责任意识和工匠精神是做好编辑工作，促使编校质量得以实现的前提。编辑不仅要对自己的期刊负责，同时还应对自己的作者和广大的读者负责，编辑的责任意识和工匠精神与编校质量息息相关，"严密细致、一丝不苟的工作作风和习惯"，是衡量一个编辑能否胜任本职工作的重要条件之一[5-6]，对于编辑来说责任意识与工匠精神怎么提倡都不为过。编校工作本身就比较繁重，需要编校人员反复进行打磨，从标题到参考文献，从字词到语法，从逻辑到标点，经过一遍遍的修改打磨，最终才能使文章看起来主题突出，结构严谨，逻辑通顺，层次分明。要日复一日地完成这些重复繁杂的工作，需要编辑具备匠人般的职业精神，不得以加快速度追求效率为目的，而忽略了对精益求精质量的追求，造成差错率增加，编校质量下降的恶果。

1.2 稿件自身质量存在问题

部分作者本身撰写水平有限，仔细程度不够，对编辑出版的规范性不了解，使得虽然稿件的科学性尚可，但是语言文字的规范性给编辑造成了很大的困难。此类稿件中多会出现错字别字，例如将物理学上的"轫致辐射"写作"韧致辐射"，"傅里叶"错误的写成"傅立叶"等；行文中前后不统一，前文用"FTIR"，后面行文中用"FT-IR"；符号正斜体不规范，辐射接枝材料"(UHMWPE-g-PAA)-g-PAA"中的"g"错用正体；以及标点符号错漏、病句、量和单位不规范、上下角标不规范等问题。

2 提高科技期刊编校质量的策略

影响科技期刊编校质量的关键因素众多，编校质量差的科技期刊不仅会失去自己多年辛苦吸引来的读者，也会失去自己长期以来组建和维护的作者队伍及专家团体。读者失去了对期刊的阅读期待，而作者则失去了在此刊投稿的兴趣，期刊的影响力最终会大大下降，甚至以后再难提升。有研究表明，编校质量差的科技期刊基金论文的占比小，说明高水平作者将基金论文投向质量较差的期刊的意愿并不强烈[7]。如何预防这种不幸的事件发生，作者认为可以通过系统的解决主要矛盾来提升编校质量。

2.1 提升认识，重视期刊的质量建设

科技期刊是编者、科研行业的作者、读者共同创造的一个精神文化产品，是科研机构或者出版单位的一张名片，在意识上就应该把编校质量上升到一定高度来重视，把编校、通读环环相扣，组织编辑校对人员内部学习，共同提高。定期或者不定期进行工作交流，共同制定困惑、典型案例等具有代表性的共性问题的解决方案。定期开展学习各种新发行的规范、专家审读意见、同行发表的论文等活动。

2.2 构建编辑成长机制，提高编辑的专业水平

编校质量的高低直接受制于编辑团队人员自身的业务素养，如何建立一支岗位技能过硬的编辑团队，实现科技期刊的可持续发展是每个期刊都应考虑的问题。在网络如此发达的今天，借助于先进的数字化技术不断丰富编辑人员的知识结构、完善知识储备，有针对性地提升现有编辑人员的综合素质。借助电脑、手机等多种手段让编辑人员可以及时掌握专业领域中的难点或者热点问题。除通过参加面授课程、网络培训课程外，还可以采取其他众多学习方式，全方位地提升编辑人员的业务素养和技能[8]。

2.3 做好期刊审读工作

提高科技期刊编校质量审读工作至关重要，"三审三校"和"三校一读"制度既是国家规定并要求长期执行的出版单位内部审稿、校稿制度，也是一种保证出版质量、强化意识形态领域责任意识的立体式编审模式或者审稿的方法[9]。在编辑加工任务越来越重的情况下，切忌强调作者"文责自负"，造成在编辑工作中，缺失审读加工，出版工序不完整，致使制度未能执行到位，流于形式[10]。印前的"交叉审读"与"三审三校"和"三校一读"互为补充，在印发前发现问题，降低科技期刊的差错率[11-12]，是对期刊编校质量的一个保障。

2.4 利用好作者参与的编校环节

在出版过程中，作者并不是简单提供了稿件，其实也参与了出版工作，在作者投稿、稿件录用后定稿、印刷前清样校对这些阶段，既是编辑进行编辑加工的阶段，也是作者在全程参与编校工作的阶段，科技期刊编校质量的提高除了编辑的努力也有作者的参与和配合[13-14]。

作者投稿之初都会去相应的科技期刊网站查看"投稿指南"，"投稿指南"中有写作模板详细告知本刊论文需要的稿件格式要求，通过使用这个模板作者可以直接写出符合期刊发表要求体例格式的论文，同时也减少了编辑排版的工作量，而且如果文中有明显格式错误或行文不规范也能被更快地发现。以笔者所在的编辑部为例，稿件确定被接收后科技期刊都会有一个定稿阶段，在这个阶段科技期刊的编辑会根据国家标准和行业规范对论文里面的各个要素提出详细的修改意见，比如图、表、参考文献的格式等，作者在这个阶段会按照修改意见认真修改，积极配合。期刊在印刷前，笔者所在的编辑部有一个"作者清样校对"的环节，邀请投稿作者在论文发表前对自己的稿件进行逐字逐句地校对，这对编校质量的提高也起到了不可忽视的作用。

科技期刊编辑在编校过程中与作者的多次沟通，能够让作者了解为了保证一篇论文乃至一本期刊的质量，编辑在出版过程中付出的努力，同时也体现了编辑对作者科研成果的尊重。

2.5 采用新兴技术辅助编校工作

近年来，人工智能技术的发展促使一大波专业智能化编校软件涌现，出版行业进入了新的智能化发展的阶段[15]。目前的中文校对软件有黑马校对、方寸校对、善锋软件等，科技期刊采用这些专业的校对软件可以帮编辑发现一些文字和标点符号的错误，也可对参考文献进

行自动、精准的在线审校[16]。科技期刊通过软件自动处理与人工校对相结合，既可以大大减少逐条查找参考文献短时间，也能提高编校质量。

2.6 约稿

科技期刊不可延续"坐等"的方式，被动地等待各个著作者投稿，而应为了获取优质稿源主动出击，立足自身优势，可通过网刊尽快发布最新科技成果，通过微信公众号、视频号等加大对期刊的宣传力度以吸引优质稿源[17]；通过参加学术会议筛选确定约稿的对象；通过编委或者主编向行业内的相关专家约稿，增加期刊优质稿源的来稿量。优质稿源的增加是科技期刊编校质量提升的一大助力。

3 结束语

科技期刊质量的提高需要成体系、系统地去考虑，更是一项需要长期坚持的工作。在这个系统工程中不仅需要考虑论文内容的科学价值、科研项目的创新性，还要考虑作者在语言文字运用上的严谨性、专业术语的准确性等因素，这些综合因素都会影响着科技期刊的质量，从而影响到该科技期刊在业内的声誉。编校质量在科技期刊的整体质量上处于举足轻重的地位，高质量的期刊出版离不开编校工作的创新，打造精品科技期刊离不开编校质量的提升。科技期刊的良好发展，与从业编辑人员的积极发挥戚戚相关，着力打造高素质的期刊编辑队伍，不仅是满足目前期刊出版工作的要求，更是未来期刊优良发展的必要因素。同时，相关部门也要建立合理的人员评价制度，激励期刊从业编辑自发的提高编校水平，推动期刊良性发展。

参 考 文 献

[1] 胡蓉.论高职院校学术期刊编校质量提升策略[J].传媒论坛,2021,4(5):96-97.
[2] 罗香.学术期刊编校质量的影响因素及提高对策[J].江苏经贸职业技术学院学报,2019(5):34-36.
[3] 国家新闻出版署.国家新闻出版署关于印发《报纸期刊质量管理规定》的通知[EB/OL]. (2020-05-28)[2023-04-03]. http://www.gov.cn/gongbao/content/2020/content_5551815.htm.
[4] 上海市新闻出版局.上海市新闻出版局关于 2021 年本市期刊编校质量检查情况的通报[EB/OL]. (2021-01-14)[2023-09-30].https://cbj.sh.gov.cn/html/tzgg1/2022/01/14/9020f8a4-7a6a-40ef-98dc-306901df75e5.shtml.
[5] 陈国剑.学术期刊编辑应有的工作态度[J].南阳师范学院学报,2016(12):76.
[6] 饶华.提高科技期刊编校质量的几点想法[J].医学情报工作,2003(6):460-461.
[7] 盛丽娜.科技期刊编校质量与学术影响力的关系[J].中国科技期刊研究,2013,24(1):76-79.
[8] 王奕.数字化出版时代高校学报编校质量提升路径[J].传媒论坛,2021,4(15):78-80.
[9] 王秀玉,刘瑛,李晓玉,等.落实"三审三校"制度,提升学术期刊质量[J].传媒论坛,2021,4(22):96-98.
[10] 严谨.提高期刊编校质量的对策探讨[J].科学咨询,2017(36):68-69.
[11] 张文光.实行印前内部交叉审读制度是提高科技期刊编校质量的有效办法[J].编辑学报,2003,15(5):375-376.
[12] 蒋巧媛,李莉,黄祖宾,等.科技期刊编校质量控制与提升对策[J].南宁师范大学学报(自然科学版),2022,39(3):109-113.
[13] 贾翠娟.发动作者共把文章编校质量关[J].中国科技期刊研究,2013(3):584-585.
[14] 王晓珍.作者全称参与的科技期刊编校质量控制[J].科技与出版,2016(5):53-56.
[15] 张彤,胥橙庭,夏道家.江苏省科技期刊编校质量审读差错分析[M]//学报编辑论丛 2021.上海:上海大学出版社,2021:280-286.
[16] 房蕊.参考文献审校工具的应用及提高参考文献审校质量的探讨[J].编辑学报,2021(5):508-510.
[17] 赵翠兰.科技期刊的约稿策划[M]//学报编辑论丛 2021.上海:上海大学出版社,2021:579-583.

计算机学科论文中非规范量符号的编辑加工探析

贾丽红，杨　鹏

(《太原理工大学学报》编辑部，山西　太原 030024)

摘要：量符号不规范使用在计算机类论文中出现的比例最高。基于编辑实践，在介绍科技期刊中有关量符号使用应遵守的相关规范基础上，结合专家建议，针对计算机类论文中经常出现的一些量符号的不规范使用，给出了编辑加工方法和建议，以供编辑同仁交流。

关键词：计算机论文；非规范量符号；规范化；缩略词

1　相关规定及规范

量和单位是科技书刊中使用较多的专有名称和符号之一。根据国家技术监督局的规定，除古籍和文学艺术类书籍外，自"1995 年 7 月 1 日以后出版的科技书在使用量和单位名称、符号、书写规则时符合新标准的规定；所有出版物再版时，都要按新标准进行修改"。因此，作者撰稿和编辑加工中，均应遵照国家技术监督局 1993 年 12 月 27 日发布的中华人民共和国国家标准。量的符号(共 614 个)执行 GB 3101—1993《有关量、单位和符号的一般原则》和 GB 3102.1《空间和时间的量和单位》、GB 3102.3《力学的量和单位》、GB 3102.4《热学的量和单位》、GB 3102.5《电学和磁学的量和单位》、GB 3102.6《光及有关电离辐射的量和单位》、GB 3102.7《声学的量和单位》等系列标准。同时在有关计量术语及定义的国家计量技术规范中也定义了一些量，但里面没有定义量的符号[1]。从以上有关量符号的规范可以看出，量主要是物理量符号。

量和单位的编辑加工是每一位科技期刊编辑需熟悉且熟练掌握的基本功。每一位科技期刊编辑在编辑加工科技稿件的过程中都应该遵守量符号的使用规则：首先执行国标里规定的量符号，国标里没有规定行业里有规定的，优先执行行业标准。但是随着科技的发展，必然产生许多新的科技名词，这些科技名词里有的具有物理意义，有的不具物理意义，但又参与公式运算。国家和行业标准没有规定及规范可依，导致编辑加工起来有时无所适从。对于一些有争议的量符号：量的英文名称代替量符号、多单词缩率代替量符号、一些新学科量符号的规范使用，编辑同行也对此展开了一些讨论。比如罗金好在《非规范的量符号及其书写印刷字体的探讨》中提出：由两个或两个以上并排的大写字母有时带有下标或其他的说明性标记组成的符号当作量符号，兼顾到学科的特殊性，符合了国际通行的编辑惯例，已被广大作者和读者认可和接受，因而是可行的，且对印刷体方面提出多字母组合量符号用正体印刷[2]；

姚萍在《科技期刊中新科技名词量符号规范著录探析》一文中指出：如果这些缩略词出现在正文中，其语义功能大于它作为物理量的功能，即量名称的意义更加明显的话，这时建议使用缩略词的正体表示，如果缩略词代表量符号出现在公式和图表中的话，很明显，其量符号的功能即表示变量的意义更为明显，这时建议使用缩略词的斜体表示，并举例示范[3]。上述两篇文献对印刷体方面的观点不同。但是总体上又与《科技书刊标准化18讲》[4]相悖，且此书的编者近年再次呼吁：公式不应采用多字母缩略，且在此文中给出了依据：GB/T 1.1—2020《标准化工作导则第1部分：标准化文件的结构和起草规则》指出："公式不应使用量的名称或描述量的术语表示。量的名称或多字母缩略术语，不论正体或斜体，亦不论是否含有下标，均不应用来代替量的符号；ISO 80000-1:2009《量和单位第1部分：总则》也有相同的规定："公式和方程式中的量都应使用符号，而绝不是用量名称或缩略术语来书写"，将它们分别改写成主符号为单个斜体字母并添加说明性下标或其他标记的量符号[5]。

而科技工作者似乎都十分偏爱于直观地使用其英文缩写词来表示，科技期刊编辑似乎也不再就此问题做探讨。笔者查阅了近5年对量符号的规范表达的文献，发现数量稀少。仅有张玉[6]对量符号的规范表达方面做了阐述，且重点也在于针对有些编辑在编辑加工过程中对国标规定的量符号并没有认真执行进行了纠正和总结，对缩略词作量符号几乎没有探讨。这其中，并不是编辑们都达成了共识，统一执行了相关规范，而是出版业发展迅速，期刊编辑将更多精力放到联系大专家、组约优质稿件、不断优化出版融和平台，对稿件的编辑加工及规范表达放在次要地位。这也源于评价机构及权威数据库在评价一本期刊的影响力时主要考核指标都集中在期刊的影响因子和被引频次上。但是，《关于推动学术期刊繁荣发展的意见》中也明确提出：加强校对工作，切实提高编校质量。编校能力是编辑工作的基本要求，编辑作为科技成果传播的守护人笔者认为双管齐下，学术质量和编校质量齐抓共建，是国家对期刊的要求，也是每一位科技期刊编辑的责任。

2 研究背景

计算机学科发展迅速，且越来越与其他学科交叉、融合，有力地支持着其他学科的发展。计算机学科软件的核心就是算法，算法涉及大量计算公式。笔者查阅了计算机类稿件，大量程序里程序的表达都是以量的英文单词来表示，或者以单词组合后缩写来表达。

在计算机论文中程序代码中笔者认为可遵照作者原文表述。但是作者往往在下文的公式计算时也直接把这些单词作为量进入公式。这明显不符合编辑规范。基于编辑实践，笔者以国内主要刊登计算机类论文的2本刊物为例，以常见的量名称和符号提出自己的编辑方法，以期和同行交流，继而达成一些共识。

3 计算机及其交叉学科论文中量符号及表达的主要形式

计算机学科作为现代新型学科，是搭建在数学学科理论基础上，所以其中的符号并不是物理意义上的量符号。国标只是针对具有物理意义的量符号做出规定，用于定量地描述物理现象。但是如文献[5]中呼吁：公式和方程式中的量都应使用符号，而绝不是用量名称或缩略术语来书写。最新的 GB/T 7713.2—2022 学术论文编写规则 5.7.3 中明确规定[7]：

5.7.3 数学式不应使用量的名称或描述量的术语表示。量的名称或多字母缩略术语,不论正体或斜体,亦不论是否含有下标,都不应该用来代替量的符号。

示例:

正确

$$t_i = \sqrt{\frac{S_{ME,i}}{S_{MR,i}}}$$

式中:t_i 为系统 i 的统计量,$S_{ME,i}$ 为系统 i 的残差均方,$S_{MR,i}$ 为系统 i 由于回归产生的均方。

不正确

$$t_i = \sqrt{\frac{MSE_i}{MSR_i}}$$

式中:t_i 为系统 i 的统计量,MSE_i 为系统 i 的残差均方,MSR_i 为系统 i 由于回归产生的均方。

3.1 机器学习、深度学习类论文示例

目前人工智能中最主要的研究方向是机器学习(machine learning, ML)与深度学习(deep learning, DL)。机器学习和深度学习是一脉相承的两个阶段,是学习样本数据的内在规律和表示层次。这些学习过程中获得的信息对诸如文字、图像和声音等数据的解释有很大的帮助。深度学习主要通过对模型的训练、测试、识别、评估、优化等手段实现。在对模型的测试中产生大量的参数、函数的运算。所以如果论文是单一的计算机方面的论文,笔者将常见到案例分为以下几种:

3.1.1 同样的表达,不同的表示

《软件学报》在 2022 年第 6 期《基于数据合成和度量学习的台标检测与识别》一文中,有一节如图 1 所示:

> B 为使用真实数据和合成数据共同训练的模型进行检测的结果.类似的,(II) 部分为合成图像的检测结果.从图中可以看出,联合合成数据进行训练的模型对真实数据和合成数据的检测效果均有改善,合成数据的优势得以体现,使用较小的合成成本就可以让模型拥有更强的泛化能力.(II) 部分中云南卫视和四川卫视两类图像并未用于训练,其检测结果表明,本文方法可以鲁棒地实现可伸缩检测,将检测目标扩展到未知类别.所提方法可以有效地实现台标检测,提取高质量的候选台标区域.
>
> **4.3 台标匹配结果**
>
> 本节评估不同距离度量方法、不同样本选择方案对台标匹配网络效果的影响.训练时,联合使用了合成数据和真实数据,设置图像输入的大小为 224×224,在进行相似性度量时生成的特征向量为 512 维,输入图像源为对真实数据和合成数据根据真实框标注裁剪的目标区域,使用 Adam 优化器进行训练,初始学习率为 0.001.测试时随机抽取每类的 2 张图像作为目标图像,其余图像为待匹配图像.匹配效果使用精度 *Precision* 和召回率 *Recall* 评估,将 d_E 和预设阈值 T 进行比较,得到相应的匹配状态:
>
> $$status = \begin{cases} S_{TP}, & d_E \leq T \text{ 且匹配正确} \\ S_{FP}, & d_E \leq T \text{ 但匹配错误} \\ S_{FN}, & d_E > T \text{ 但匹配正确} \\ S_{TN}, & d_E > T \text{ 且匹配错误} \end{cases} \quad (11)$$
>
> 以此得到各种状态的图像数量 *TP、FP、FN、TN*,匹配精度计算方式如下:
>
> $$Precision = \frac{TP}{TP+FP} \quad (12)$$
>
> 召回率计算方式如下:
>
> $$Recall = \frac{TP}{TP+FN} \quad (13)$$
>
> 在本节的测试中,每张待匹配图像都有对应的目标图像,我们在每次测试的 *Recall* 为 1 时记录 *Precision*.
>
> 表 3 中首先评估了不同的距离度量方法对结果的影响,我们分别评估了欧氏距离、欧氏距离的平方、余弦距离的效果,在训练模型时选择 batch-hard 样本,可以得出使用欧氏距离度量方法的效果最佳.

图 1 《软件学报》示例

另外一篇如图 2 所示,来自《南京邮电大学学报(自然科学版)》2022 年第 3 期中的《一种基于深度特征融合的网络流量分类方法》一文:

交叉熵损失值与正则化损失值之和。

3.1 评价标准

实验使用总体准确率(acc),精准率(p)和$f1$测度($f1$)这3个指标进行性能评价。

$$acc = \frac{TP + TN}{TP + FP + FN + TN} \quad (16)$$

$$p = \frac{TP}{TP + FP} \quad (17)$$

$$f1 = \frac{2*p*r}{p+r} \quad (18)$$

式中,r=TP/(TP+FN),TP 表示正确分类为 G 类的样本数,TN 表示正确分类为非 G 类的样本数,FP 表示错分为 G 类的样本数,FN 表示错分为非 G 类的样本数。

图 2　《南京邮电大学学报(自然科学版)》示例

其他计算机类论文中也经常出现类似表达,不一一列举。论文中 TP、TN、FP、FN 是机器学习中对一些样本分类的参数。图 1 式(12)、式(13),与图(2)中式(16)、(17)在表达类似的测试结果时出现不一样的表达。式(12)、(13)全部用斜体表示,且没有解释公式中 TP、FP、FP 和 FN;式(16)、(17)解释了 TP、TN、FP 和 FN,但却用正体表示。

以上 2 种都与文献[5]所述相背离。《软件学报》的式(12)、(13)的表达中一个量用缩率多字母表达显然不对,且还斜体字母,也没有对公式中的符号做任何解释;式(17)、(18)用了正体表示,和文献[3]的观点相吻合:兼顾到学科的特殊性,符合国际通行的编辑惯例,已被广大作者和读者认可和接受,因而是可行的。对印刷体方面提出多字母组合量符号用正体印刷,但也与文献[5]所述不符。笔者深究一下这几个量:在机器学习里有 TP、FP、TN、FN 这 4 个符号,说明系统预测的结果有正确和错误,有逻辑运算的含义。如果论文里单纯说预测状态,主要偏重于语义,可直接为 TP、FP,TN、FN。但此两例均涉及运算公式,从上下文可知代表了预测样本数量。图 2 中对式(17)、(18)做了解释,TP 为正确分为 G 类的样本数,FP 为错分为 G 类的样本数,由此可以看出:T 和 F 分别为英文 True 和 False 的缩写,P 总体代表正例样本数(positive),所以按照单个字母代表一个量的原则,且表达主要意思,此处可编辑加工为:T、F 分别代表正确和错误的量符号,P 作为下标,表正向样本,分别改为 T_P、F_P;另外 2 个同理可改为 F_N、T_N(Negative,反例样本数),同时也在文中注释说明。式(12)、(13)也按照此原则修改,同时也在公式后面对公式中的量做解释说明。这样,既符合了编辑规范,又明确了意思。

3.1.2 常见缩略词量符号

计算机类稿件的大部分算法中设计的量是无量纲的概率数,行业里均是按照字面意思直接写英文单词作量符号,如果不涉及运算,只在文中担任语义功能,笔者也一般保留原文。但是,还有一些量,经常出现在公式计算中或图表中。大部分的原稿中都是全英文字母表示,在评估、测试或优化模型的过程中经常会出现,总结大致有以下几类:

(1) 单元词构成的缩略词。例如图 1 中式(12)、(13)中的左边,论文中直接呈现的是英文字母:Precision(精确)代表匹配精确度(又称查准率);Recall(召回率,又称查全率);式(16)中的 Acc 为 Accuracy 的前三个字母,意为准确率。这 3 个量经常在计算机类稿件中出现,呈现的编辑加工方式不统一。笔者在编辑此类量名称作量符号时，均取首字母作为其量符号，即精确度(或查准率)为 P；召回率(查全率)为 R；正确率为 A；相对应的还有错误率(error)为 E；特异度 Specificity 可为 S。

(2) 多元词构成的缩略词。除了(1)中的情况，机器学习方向经常遇到模型评估指标用几个单词的首字母组合在一起作量符号，例如：MLE(Maximum likelihood Estimation，最大似然估计)、MSE(Mean Squared Error，系统均方误差)、AP(Average Precision，平均正确率)、IOU 交并比，Intersection over Union)、ICC mAP (Intra-class correlation mean Average Precision，全类平均精度)；复杂网络理论中重要的拓扑参数：全局效率(Global efficiency, Eg)、局部效率(Local efficiency, Eloc)、聚类系数(Clustering coefficient, Cp)、特征路径长度(Characteristic path length, Lp)。计算机学科飞速发展，作者在优化模型时，会不断加入新的参数。模型越来越大，参数就会越来越多，这样的情况举不胜举，所以也无法一一列出。如果这些量出现在公式中，编辑加工的原则均遵照文献[5]：写成主符号为单个斜体字母并添加说明性下标或其他标记的量符号[5]，并可在文中做文字解释：将某量在公式中表示成某单字母符号。所以以上举例就分别改为 E_{ML}、S_{ME}、P_A、R_{IoU}、P_{mA}……当然，这些量如果只出现在坐标的标目上，可作为量名称，不做编辑加工，最新的国家标准：GB/T 7713.2—2022《学术论文编写规则》5.4.4 中举例 BMI[7]：

> 5.4.4 不同类型的插图有不同的编排要求，编排时应符合下列要求。
> ——坐标曲线图的标目应分别置于横、纵坐标轴的外侧，一般居中排。横坐标标目应自左至右；纵坐标标目应自下面上，"顶左底右"；如有右侧纵坐标，其标目排法同左侧。当标目同时用量和单位表示时，应采用"量的符号或名称/单位符号"的标准化形式，如 c_B/(mol/L)、B 的浓度/(mol/L)、BMI/(kg/m²)（BMI 为身体质量指数的缩写词）。

3.2 计算机与其他学科交叉时的量符号

近年来，计算机学科与各个学科都开始交叉融和。智能电网、智能采矿、智能制造、智能医疗等等均利用人工智能、大数据技术来解决遇到的问题。2022 年底出现的 ChatGPT，作为一种基于人工智能技术的自然语言处理工具，更将人工智能技术提到了前所未有的高度。其作为超大模型，必将在各个领域得到大规模应用。各种参数也会随之出现。笔者认为，无论如何交叉融合，在编辑加工此类稿件时，同样遵循以下原则：①文献[1]中给出的量和量符号，无条件使用。②当文献[1]中没有给出的量和量符号，也没有与文献[1]中意义类似的量和量符号，优先选用行业内公认的、常用的量符号。③当文献[1]中没有给出的量和量符号，也没有与文献[1]中意义类似的量和量符号，也没有行业内公认的、常用的量符号，或者虽然行业内有公认的、常用的量符号，但不符合量符号书写规则、不规范，应选用能代表量主旨的符号作为量符号，但必须符合量符号的书写规则。

4 总结及建议

计算机学科是 20 世纪起步、21 世纪高速发展的学科，新名词层出不穷，且西方的计算机学科领先我国，所以我国的相关从业和研究人员在跟跑的路上基本照单全收，很少从我国的出版国情出发，考虑此方面量符号的规范。作为期刊编辑，该如何从此方面引导作者和相关行业从业人员遵守相关编排规范，笔者有以下几点建议：

(1) 编辑首先自身要认同和重视。近几年编辑队伍的从业人员科学素质越来越高，有一半具有博士学历，在某一学科领域钻研较深。无论如何，加入科技期刊的编辑队伍，首先就要认真学习和领会编辑规范，认可量和单位的使用规范，耐心和作者宣传解释编排规范。不论是专业期刊还是综合性期刊的编辑，必定会碰到不熟悉领域或不涉及领域的量和单位，对一些不确定、无明确权威定论的规范，呼唤更多高素质青年人才参与到此方面的探讨中，以推动编辑学科的发展，力争首先做一名全面、合格的编辑"匠"。继而在编辑"匠"的基础上，结合自己的专业优势和学科历练，在看好每一份稿件的基础上，与时俱进，做一名勇挑重担的编辑"将"。

(2)《关于推动学术期刊繁荣发展的意见》[8]关于提升出版服务能力提出：密切与学者和学术组织的联系互动，充分发挥学术期刊在学术交流中的桥梁和纽带作用。基于此，期刊在与学术组织和学者密切联系中，除了探讨如何提高期刊的学术影响力的同时，是否就规范方面的问题提出出版界的意见和建议，继而邀请各学科的专家、学者和编辑专家，针对新学科、新科技名词中非规范的量和单位的符号问题进行深入地研究讨论，并形成建议方案，报送有关领导部门，供国家标准修订时参考。

科技期刊出版执行国家制定的编辑出版标准是严谨科学精神的体现。在新技术、新术语层出不穷，编辑工作无法在现实中达到完全统一和规范的难题下，科技期刊编辑应多思考，时刻关注新技术、新术语，既守正又创新，以坚定的文化自信守候中国科技期刊的发展。

参 考 文 献

[1] 量和单位:GB 3100~3102—1993[S].北京:中国标准出版社,1994.
[2] 罗金好.非规范的量符号及其书写(印刷)字体的探讨[J].中国科技期刊研究,2003,14(2):225.
[3] 姚萍,庞立.科技期刊中新科技名词量符号规范著录探析[J].中国科技期刊研究,2008,19(5):898-899.
[4] 陈浩元.科技书刊标准化 18 讲[M].北京:北京师范大学出版社,1998.
[5] 陈浩元.公式不应采用多字母缩略术语书写[J].编辑学报,2019,31(6):600.
[6] 张玉.科技论著中人工语言的深度编辑加工和规范使用:以数学模型为例[J].中国科技期刊研究,2017,29(1):9-13.
[7] 国家市场监督管理局,国家标准化管理委员会.学术论文编写规则:GB/T 7713.2—2022[S].北京:中国标准出版社,2022.
[8] 国家新闻出版署,中共中央宣传部,教育部.《关于推动学术期刊繁荣发展的意见》的通知[EB/OL].(2021-06-23) [2023-07-30].http://www.nppa.gov.cn/nppa/contents/312/76209.shtml.

增强作者投稿信心的途径分析

汪宏晨

(武汉大学《测绘地理信息》编辑部，湖北 武汉 430072)

摘 要：基于主编的视觉，详细分析了选题、选刊、学术论文的规范写作、文章的诚信、"善待"审稿人的意见等几个方面应注意的问题，与投稿作者共享，希冀能够对增强作者投稿信心、提升其投稿论文的录用率有所帮助。

关键词：学术期刊；投稿；规范化；学术诚信

作为从事编辑工作 25 年的资深编辑和多年担任中文核心期刊的主编，这里有些建议与初次投稿和潜在投稿作者分享，以便作者们能少走弯路，增强其投稿信心。在把好论文内容质量关的前提下，掌握论文写作的基本要求和规范化写作，并注意选择对口的专业期刊投稿，且遵循所投刊物的格式要求，既可避免因投稿后反复退修而耽误论文发表的时间，又可减少稿件在初审阶段就被退稿的可能，从而提高论文的录用率。

1 正确的选题

发表论文之前需要先对本研究领域的研究现状、研究权威以及研究前沿有所了解，从中找到自己的研究问题，可以研读该领域比较权威的文献综述、追踪文献，还要注重利用网络，特别是一些专业数据库，不断积累。然后像滚雪球一样慢慢形成对这个研究领域的深刻认识，打好研究基础。论文完稿后，要进行校对、调整和仔细琢磨，还要注意新资料的补充，最好放几天，或请团队同事看看，这样便于发现问题。选题时要贴合研究领域的研究热点，紧跟国家重大政策需求，利用本领域的理论应用于当前国家重大需求的方法，如当前的热点：区块链、碳中和、碳达峰、国家流域的发展策略等。若在选题时能把握这些热点中的一两项，那文章就成功了一大半。对于初次写作的作者，要紧跟处于研究前沿导师的研究方向，向各位师兄师姐学习探讨也不失为上策。这样既可以将导师所在研究领域的思想发扬光大，也可以为自己提供一条更便捷的发文渠道。选题时，切忌将自己的研究方向无限扩大。其实，专注于本领域某一方面的某一较小的研究方向更能出成果，能得到与别人不一样的成果，这样更能打动审稿专家和编辑的意图，利于论文审理程序顺利进行。总之，选题实际上是前期积累后的第一次思想井喷，好的选题是论文成功的前提。

在选题之后，还有一个重要的问题就是题目的表达，即怎样把这个内容表达出来。这里要注意以下几个问题：①题目不宜太长，太长则表明作者缺乏概括能力和抽象能力。题目要求精炼、简洁，要力求达到多一个字太长、少一个字太短的水平。②核心概念不宜多，最多

基金项目：湖北省期刊扶持资金(201912)

两个，最好一个。核心概念超过两个，论文到底研究什么就非常难把握了，而且概念太多，通篇很可能就是在解释概念，实质性的内容就容易被冲淡。③表达要精准。题目如果引起歧义，或者模糊不清，论文写作时则很可能出现跑题现象。

同时，要像"专家"一样写作。写出文章的不足，认清文章的软肋并不代表否认了自己的价值，因为任何一篇文章都应该是值得推敲的，都应该有进一步继续研究的必要性。如果自己用审稿专家的观点审视出了文章的不足，我们可以对它进行修改，进行直言不讳的修改，要把自己文章的意义表达到一个极其科学准确的层面上，要对自己试验不足的地方进行改进，要对一些材料的缺陷进行重新剖析，要再做一些补充试验丰富文章的数据，要把别人的工作在前言处表达完整，要把自己和别人的异同准确地剖析。要知道自己的创新点、文章的优势，更要点出文章的不足，在讨论处对这些不足进行详细论证，指出不足的原因，更要点出改进的科学方法，课题今后的研究难点、研究重点、发展趋势等。对自己文章的评价态度多数停留在感性认知上，没有站在审稿人的高度来审视自己的文章。事实上，我认为每个人都应作为自己文章的第一审稿人，用自己就是审稿人的态度来对待自己的文章。作为自己文章的审稿人严格审查自己的文章，一遍一遍认真地修改它、雕琢它，无形中会发现自己在进步，再用审视的观点做科研，自己的境界再慢慢地提升，自己的能力在审视中得到极大的锻炼。

2 选择适合自己论文的期刊

作为一个新作者，最好的方式是一开始就投出一些比较有影响力的文章，同时将这些文章投给合适的期刊。并不是所有的实证性文章都能投到研究领域的顶级期刊，也并不是所有理论结果都值得写到书本中的某一章节或是发表在理论性期刊上。期刊的审稿过程会因为稿件多次"乱投"而效率低下。一般国内比较认可的是北大核心、南大核心(CSSCI)、CSCD、EI、SCI来源期刊。不了解本领域内期刊的作者可以通过相关官网找到对应的期刊目录索引，再寻找自己学科专业对应的期刊，当然询问老师和师兄师姐是最快的方式。此外还要注意，不同期刊的侧重内容不同，论文格式要求以及字数要求也不太相同，因此需要特别注意不要在这些小地方犯错。还有最重要的一点，期刊严禁一稿多投，也就是一篇稿子同时投两个或多个期刊。所以在一开始选择期刊时一定要慎重，不然期刊漫长的审稿期可不是假的。当然，如果你被一个期刊拒稿后，可以选择修改后再投其他期刊。新作者刚开始最了解的期刊可能是来自导师/同学发表过论文的期刊，这些期刊是最稳妥、最直接的，有一定文献调研、研究基础的作者们，可以回顾用于研究的期刊，比如：经常使用哪些期刊来调研所在领域的新发展；在研究中引用了哪些期刊的论文；所在研究领域的主要研究人员使用哪些期刊发表论文；所在的专业机构出版过的期刊等。经常使用、引用文献的时候，可以多多关注与研究方向、内容类似的文章，看这些文献资料的出处，以及它们参考文献的出处，这些期刊一般都会接收相关研究的稿件。一开始就定好期刊目标，写作的时候就有意地去参考这个期刊的写作要求，确保文章水平符合期刊要求水平，而不是让论文质量决定期刊。

3 文章的格式要规范

论文投到自己选定的刊物时，要认真阅读所投期刊的相关格式，比如标题、署名、单位地址、摘要、分类号、正文、参考文献的相关格式，尽量将格式整理成符合所投期刊要求的格式，给编辑的初审留下较好的印象，特别是排名较靠前的期刊，项目基金一定要标注，因为这些指标对刊物和论文的影响力很关键。一般编辑认为没有较大基金项目资助的论文是不可能有大影响的，导致一些没有基金资助的论文在初审的时候就会被直接退稿。此外，在投稿时，投稿系统内个人信息要完善，有些作者为了方便起见，留下寥寥无几的信息，信息不完全，其实这也是一个很不好的习惯，因为这样编辑根本就无法了解此作者的研究方向和研究团队的基本情况。其实，完善个人信息是很有必要的，特别是标注有影响力的团队，编辑会认为完善的个人信息有助于论文送审和同行专家的选择，会关注作者和通信作者更合理，要真正体现每个作者的贡献，而不是仅仅挂名，合作作者有助于论文获得更高的关注。其次，论文要像一篇论文，而不只是一份没有完成的技术报告或程序代码，至少科技论文的基本要素要全面，参考文献的标注和形式要规范，论文中的图表要有一定的自明性。个人建议文中能用图表说明的程序流程，绝不用文字重复其用途和流程，而对于某些固定流程的图表，建议最好用文字语言叙述，这样可能更简洁。

4 文章的诚信

保证投出稿件的重复率在刊物限定的范围内，一篇论文成稿后一定要进行重复率的检测，有相关的检测平台和检测方法，这里不再赘述。若论文的文字重复率较高时，一定要逐字逐句地进行修改，认真推敲，这也是有一定技巧的。个人认为，大多数作者生怕自己的论文别人看不懂，大量引用经典的原始公式和原文出处的介绍，这是完全没有必要的，在具体写作的时候，其实只需要简单引用、标注具体详细的参考文献即可。有些作者可能掩饰自己的复制粘贴，不标注复制内容的文献和出处，在检测时就会全红，解决这些问题的方法是尽量找出原始文献，认真阅读理解后，用自己组织的语言，简洁而不失原意地表达出来，千万不要原文引用，除非涉及名人名言，这是一直强调写文章时一定要看原文的原因。国内有论文重复率检测平台对图表和公式的检测不太准确，一般图表公式的图片形式在数据中存在，这时要仔细核对此公式和图表中是否是直接引用。可能有作者认为，这是为了保证论文的完整性，将公式的推导过程引用，而在中间自己可能又引入了新的参数，得到了一个全新的结果公式。对这块的处理，个人认为公式的推导从引入新参数开始，没有必要从头至尾推导，这其中重要的、不可避免的公式可以列出，其他的尽量以文献形式标出。其实，投稿前进行论文重复率的检测在很大程度上维护了自己的学术诚信和研究团队的学术声誉，同时千万不要一稿多投，一稿多投的后果可能害期刊害己，若是进入了期刊联盟的黑名单，以后可能都与期刊论文无缘。

5 "善待"审稿人的意见

所谓"善待"，就是要仔细阅读审稿人提出的修改意见并逐一回复。因为期刊所选的同行评议基本是本领域的翘楚，他们对本领域的研究热点和方向有较好的把握能力，提出的建议基本能反映本论文的优势和缺点。作者对评审意见，不管是一般性意见还是比较苛刻的意见，都要认真对待，尊重审稿专家，并对论文进行相应修改。文章不厌百回改，这是研究的一种态度。如今大多数人不愿意修改，也不愿意查证文献和材料，这显然缺乏对学术研究的认真和严谨态度。

论文修改完不是终点，而仅仅只是起点。一篇论文被期刊编辑部接收，办理完所有相关的程序后，诸多作者认为万事大吉，到此为止，但这就大错特错。文章被录用只是起点，而不是终点。现阶段，科技期刊由于僧多粥少，一般发表周期较长，作者应隔段时间与编辑部保持联系，经常登录期刊官网或投审稿系统，加入 QQ 群、微信群，关注期刊微信公众号，了解期刊近期的动态，这样可以及时了解自己的论文处于什么样的状态。若论文想要网络优先出版，要积极配合编辑部进行修改，以便此论文能达到网络发表的要求。这阶段的修改与审稿阶段的修改是不大相同的，审稿阶段的修改注重于文章的内容，而这阶段的修改则注重于文章内容的细节和格式的完善，主要是编辑规范的修改，与文中图表格式的完善、文字的推敲、参考文献格式的完善等。作者应与编辑实时沟通，千万不要认为麻烦，因为文章是越修越好的，尽量让自己成文意图，告知编辑，以便编辑能了解此文的具体内容，能更好地进行编辑加工，使论文更加简洁完美。

参 考 文 献

[1] 王先霈.文艺学教材的规范性和创新性[J].华中师范大学学报(人文社会科学版),1999,38(6):144-146.
[2] 于红艳.科技期刊编辑提高稿件送审准确率需要有"三心"[J].编辑学报,2022,34(1):111-115.
[3] 乔玉兰.科技期刊编辑应具备的素质[J].编辑学报,2016,28(增刊 1):73-74.
[4] 申玉美.换位思考在科技期刊编辑与作者沟通中的应用[J].新闻研究导刊,2020,11(17):189-190.
[5] 修利超,赵玉山,曹培培.出版从业者职业压力影响因素及干预策略[J].出版广角,2021(17):33-37.
[6] 李洁,陈竹,金丹,等.科技期刊论文表格编辑加工常见问题分析[J].编辑学报,2019,31(增刊 2):71-73.
[7] 陈先军.科技期刊论文的图表审读处理方法探讨[J].编辑学报,2018,30(3):266-268.
[8] 戴世强.国内外科技论文审稿的区别[EB/OL].[2015-03-18].http://blog.sciencenet.cn/blog330732-407938.html.
[9] 陈湘明.面对严厉的审稿意见[EB/OL].[2016-03-12].http://www.360doc.com/content/12/0710/14/609328_223383784.shtml.
[10] 蒋学东.编辑绩效考核的定量化尝试[J].科技与出版,2014(1):46-50.
[11] 王成文.信息权力结构的演变与大数据时代的"编辑智能论"[J].出版发行研究,2013(6):15-18.
[12] 颜帅,张昕.科技期刊如何服务于创新型国家建设:中国科技期刊的"三步走"[J].科技与出版,2014(1):22-25.
[13] 崔兆玉,穆建叶.论当代科技学术期刊编辑的素质[J].编辑学报,2014,26(4):312-314.
[14] 彭兰.碎片化社会背景下的碎片化传播及其价值实现[J].今传媒,2011(10):9-11.
[15] 何春娥,吴浩,朱晓华.中文科技期刊应服务国家重大战略需求:以《自然资源学报》为例[J].编辑学报,2022,34(1):26-30.
[16] 陈卉.新媒体环境下学术期刊的转型:全国期刊编辑业务培训综述[J].新闻前哨,2013(9):23-24.

科技期刊图表印前审读中应注意的问题
——以《海军军医大学学报》为例

尹茶，孙岩，杨亚红，魏学丽，商素芳，魏莎莎，余党会

(海军军医大学教研保障中心出版社《海军军医大学学报》编辑部，上海 200433)

摘要：印前审读是保障科技期刊质量的最后一道防线，限于时间和精力一般关注那些容易出错的地方。图表是论文的重要组成部分，也是最容易出现差错的部分。以《海军军医大学学报》为例，结合工作实践，总结图表印前审读中发现的典型问题，分析其发生的原因并提出相应的对策，以供同行参考。

关键词：科技期刊；图；表；印前审读

已被期刊录用的论文，其学术质量是过关的，但如果在刊出的论文中出现了错误和疏漏，不仅反映作者科研作风不够严谨，也影响了期刊的质量。论文的数据是否可靠、科学和经得起检验，是论文结论立不立得住的关键，作者应在写作过程中认真核对，从而减少笔误。

在稿件处理流程中，印前审读的目的是查漏补缺，也是保障科技期刊质量的最后一道防线[1]。印前审读的对象是付印清样，已经完成了"三审三校"、责任编辑通读的程序，消灭了绝大部分差错。限于时间和精力，审读者在进行印前审读时难以逐字逐句精读全文，一般是关注那些容易出错的地方，迅速、准确地对可疑之处进行核查，以达到降低差错率、提高期刊质量的目的。

在科技期刊中，图表是论文的重要组成部分，具有直观性、客观性，能简化文字表达，增加论文的说服力。图表容易吸引读者的眼球，很多读者就是先从图表了解论文的主要研究结果的，因此图表的质量不仅反映了论文的研究水平，也影响读者对期刊水平的定位和引用选择。科技期刊对图表的要求是内容应有科学性，表达应规范化和标准化。图表中集中了众多的信息，所以也是论文中最容易出现差错的部分。此外，图表与是否学术不端的紧密关系也受到了广泛的关注，相关新闻时有所见[2]。

本文结合工作实践，以《海军军医大学学报》为例，总结了在印前审读中发现的图表问题，分析其发生的原因并提出相应的对策，与同行探讨。

1 表中发现的问题及原因分析

例1 《多囊卵巢综合征和输卵管阻塞不孕症患者肠道菌群特征分析》[3]一文，以不孕症患者为研究对象，分为3组，表1介绍研究对象一般资料时列明身高分别为 1.64 ± 0.06、1.63 ± 0.05、1.62 ± 0.05，单位是 cm。这不符合常识，正常成人的身高在 1 m 以上，所以单位应

通信作者：尹茶，E-mail: chay_sh@163.com

改为 m。经过回溯，该文原稿即如此表述，显然是作者写作时的笔误，在编校过程中又一直没有被发现和改正过来。

例2 《乙型肝炎病毒感染对肝内胆管细胞癌预后的影响》[4]一文，表1列出的55例乙型肝炎相关组肝内胆管细胞癌患者的基线资料中，TNM分期I、II、III、IV期的患者分别有19、19、8、19例。经计算其总和是65例，而非55例，后提出这个问题并请作者核实，作者核对后告知IV期患者不是19例，应为9例。这个例子是排版修改过程中发生的错误，到编校流程的后期并不容易发现。

例3 《青少年特发性脊柱侧凸患者术后脊柱骨盆矢状面参数的变化》[5]一文，其中一组患者的影像学参数为–1.5 (24.2, 26.1)mm，数据形式为中位数(下四分位数，上四分位数)。根据统计学常识，中位数的大小应该在下四分位数和上四分位数这两个数值之间，所以判断这个数据有误。此问题后经核实，实际数据应为–1.5 (–24.2, 26.1)mm，系作者多次修改后发生的笔误。

2 图中发现的问题及原因分析

例4 《成人脊柱侧凸患者长时间行走后矢状面失平衡的动态评估》[6]一文，图1的图题为"两组成人脊柱侧凸患者的典型影像学表现"，图注有"A,B: Compensated group, a 56-year-old woman with adult scoliosis"。该文研究对象为成人脊柱侧凸患者，分为2组，其中代偿组(compensated group)共纳入19例患者，年龄为58~69岁，而图注中的患者年龄56岁超出了该组年龄范围的下限，据此判断数据有误，经与作者核实，应为59岁，系作者补充患者资料时发生的笔误。

例5 《机器人辅助腹腔镜技术在泌尿外科的临床应用：中国15年数据分析》[7]一文，图2的图题为"中国内地达芬奇机器人手术量学科占比"，用饼图表示。其中耳鼻喉科(otorhinolaryngology)达芬奇机器人手术量为465台，约占总数142 618台的0.3%(数字修约后为0%)；其他科(others)达芬奇机器人手术量为5台，约占0.003 5%(数字修约后为0%)，图注表示为"otorhinolaryngology(465, 0%)"和"others(5, 0%)"。众所周知，饼图无法表示0%或者只能表示为一条线，但可以表示<1%，也更符合实际情况，最后这两项内容修改为otorhinolaryngology(465,<1%)和others(5, <1%)。这个例子属于饼图的一种处理方法，在实际工作中较少遇到。

例6 《氯沙坦联合螺内酯对老年自发性高血压大鼠基底动脉及认知功能的影响》[8]一文，图1中标注了"0.3 μmol/L U46619(血栓素A2类似物)"，但相对应的正文中剂量是0.3 mmol/L，两者相差1 000倍。经与作者核实，前一个单位是正确的，后者出现了笔误。此例是从图上发现问题，而最后修改之处在正文部分。

例7 《重复经颅磁刺激对慢性背根神经节受压致神经病理性疼痛大鼠的镇痛作用和机制》[9]一文，与图2相对应的正文中有"CPP实验结果显示，在经rTMS干预后，NPP+rTMS组大鼠对具备rTMS干预条件的B箱产生了偏爱，在B箱中逗留时间长于NPP+假刺激组($P<0.01$)"的解释说明，但图注中无填充的直条代表B箱、填充黑色的直条代表A箱，与正文表达的意思相反。经过反复核对，这个例子也是排版过程中发生的错误，到最后才被发现。修改后正确的图如下。

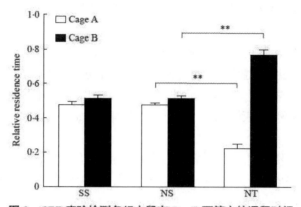

图 2　CPP 实验检测各组大鼠在 A、B 两箱中的逗留时间
Fig 2　CPP test detecting stay in cage A or B of rats in each group

SS group: Sham operation+sham stimulation group; NS group: NPP+sham stimulation group; NT group: NPP+rTMS group. $^{**}P<0.01$. $n=12$, $\bar{x}\pm s$. CPP: Conditioned place preference; NPP: Neuropathic pain; rTMS: Repetitive transcranial magnetic stimulation.

3　小结和对策

以上列举的是科技论文图表印前审读中发现的一些具有典型意义的错误,远非全部。这些错误有的源于作者的笔误,所谓"从一开始就是错的",如例1、例3、例4、例6,也有的是在编辑、排版过程中发生却没有被校对出来,即"本来是对的,突然就不对了",如例2、例7。这充分说明了稿件的每一次编辑和校对都会对论文的最终呈现有重要影响,编辑应熟悉论文各部分之间、相关数据之间的逻辑关系,了解常见指标参数的数值范围和统计学常识,同时关注编校、排版中问题多见之处。习焉不察在编校过程中较多见,编辑还应时时关注和检查结果数据的合理性。所谓"差之毫厘,谬以千里",只有通过对整个编校过程进行严格的质量控制,才能产出合格的"产品"。

以上所举例子中的错误主要可分为两大类,即单位错误和数据错误,例1、例6属于前者,例2、例3、例4属于后者。图表多出现在论文的结果部分,插图"着重表现事物的构成、各组成部分的内在联系或相互位置关系,尤其是它们之间的量化关系"[10],表格"是记录数据或事物分类等的一种有效表达方式"[10]。图表一般都会包含大量的数据和单位,有时错误十分隐蔽,不容易被发现,这就要求编校人员在编辑加工过程中保持科学性、逻辑性和敏感性,加强责任心,必要时不怕麻烦向作者一一核实。

对于编辑过程中不常遇到的问题,如例5,编辑可以通过学习理论知识和多多实践来解决。作为一名编辑应养成良好的学习习惯,主动学习,多动脑,勤动手,在工作中注意总结经验,提高自己的学术素养和编辑技能。

另外,审读中也会发现图表标准化、规范化方面的问题,但大多数此类问题在审读之前已被修正了。在图表的编辑加工过程中,编辑应严格执行国家和行业的相关标准和规范,保证图表的科学性、准确性、自明性。图表规范化才能保证有效的信息传达。

印前审读是期刊印刷前的最后一次审读，是最后一次修正错误以保证质量的机会，审读中所发现的问题实际是之前编校过程的漏网之鱼。编辑部应重视印前审读工作，提高审读者发现问题的综合能力，对每个问题回溯一下，探究在之前流程中未被改正的原因。印前审读的结果一般与当期责任编辑对接，及时将审读结果反馈到每位编辑，如通过集体讨论形式统一认识，积累共识和经验，避免错误重现，对于提高科技期刊的编校质量将大有裨益[11]。

参 考 文 献

[1] 王晓芳,屠晶,孙瑾,等.科技期刊印前审读探析[J].黄冈师范学院学报,2022,42(6):140-142.
[2] 深陷学术不端风波美国斯坦福大学校长宣布辞职[EB/OL].[2023-07-30].https://m.gmw.cn/2023-07/20/content_1303447950.htm
[3] 武亚丽,李宏睿,马晓玲,等.多囊卵巢综合征和输卵管阻塞不孕症患者肠道菌群特征分析[J].海军军医大学学报,2022,43(12):1378-1384.
[4] 苗慧,郭晨旭,万迁迁,等.乙型肝炎病毒感染对肝内胆管细胞癌预后的影响[J].海军军医大学学报,2021,42(8):846-850.
[5] 张毅,邵杰,李唯,等.青少年特发性脊柱侧凸患者术后脊柱骨盆矢状面参数的变化[J].海军军医大学学报,2022,43(5):533-539.
[6] 尹佳,张珂,马骁,等.成人脊柱侧凸患者长时间行走后矢状面失平衡的动态评估[J].海军军医大学学报,2020,41(3):248-253.
[7] 王林辉.机器人辅助腹腔镜技术在泌尿外科的临床应用:中国 15 年数据分析[J].海军军医大学学报,2020,41(7): 697-700.
[8] 李晟,刘宇,宋奇颖,等.氯沙坦联合螺内酯对老年自发性高血压大鼠基底动脉及认知功能的影响[J].海军军医大学学报,2020,41(12):1414-1419.
[9] 张也,赵丹,许东升.重复经颅磁刺激对慢性背根神经节受压致神经病理性疼痛大鼠的镇痛作用和机制[J].海军军医大学学报,2021,42(7):749-754.
[10] 陈浩元.科技书刊标准化 18 讲[M].北京:北京师范大学出版社,1998:117,130.
[11] 邓玲,李晗,朱晓红.印前审读会在科技期刊质量控制中的作用探讨[J].黄冈师范学院学报,2019,39(6): 102-104.

新时期基于波特五力模型的图书出版行业竞争创新思考

冯雅萌

(中国科技出版传媒股份有限公司石家庄分公司,河北 石家庄 050000)

摘要: 随着融合出版和数字出版产业的蓬勃发展,我国的图书出版行业进入了新的发展时期。本文主要从波特五力模型的视角,分析了我国图书出版行业竞争创新发展路径。研究结果表明,打造精品力作和品牌效应是图书出版企业创新发展的主要手段;在激烈的同业竞争环境下,探索传统图书出版企业和新兴竞争者的合作共赢模式是图书出版企业的重要发展路径;加强对图书出版企业的管理,明确竞争原则和底线,才是我国图书出版行业稳步健康发展的重要保障;对于图书出版行业来说,替代品的替代能力巨大,出版企业需要不断创新出版模式,与时俱进。

关键词: 波特五力模型;图书出版行业;融合出版;竞争创新;精品力作

近些年来,我国政府层面持续开展了"全民阅读""倡导全民阅读,建设学习型社会"等系列活动,活动规模不断扩大,内容不断充实,方式不断创新,影响日益扩大,极大地提升了人们的读书热情和社会文明程度,同时有效地促进了我国图书出版行业的发展。据《2021 年中国图书出版行业分析报告——市场规模现状与未来规划分析》,截止到 2019 年,我国出版社数量保持在 585 家,其中中央级出版社 218 家,地方出版社 367 家。2018 年,我国出版社新版图书出版印数达到 25.17 亿册,同比增长 10.69%;定价金额达到 827.17 亿元,同比增长 19.81%。2019 年,我国出版新版图书总印数有所下降,为 24.97 亿册,同比下降 0.79%;定价金额为 841.2 亿元,同比增长 1.7%。2019 年,中国图书出版物零售量为 81.42 亿册,同比增长 9.32%;零售金额为 1 007.97 亿元,同比增长 8.81%[1]。整体来看,我国图书市场规模呈稳步增长的态势,但是市场增长的疲态已初步显露,市场容量趋于稳定,新增市场能量趋弱。

图书市场规模的持续增长,必将带来出版行业全产业链条的竞争和发展[2]。从目前我国图书出版行业的竞争格局来看,国有出版企业占据了绝对的主导地位,代表性企业有凤凰传媒、中南传媒、中文传媒、南方传媒、新华文轩、长江传媒、中国出版、山东传媒等[3]。与此同时,各大型图书出版企业之间存在较为严重的同质性竞争现象,在图书内容、装帧设计、营销手段等方面相互模仿,使得图书的内容质量和阅读价值趋同,这并不利于行业的持续健康发展[4]。近些年来,随着计算机网络技术、大数据技术、人工智能技术、云存储技术的迅猛发展,传统的图书出版行业发生了极大改变,人们的阅读方式也发生了显著变化。例如,"聚典"的诞生就是传统图书出版行业变革的典型代表,它包含了《汉语大词典》《大辞海》《英汉大词典》《中药大辞典》等权威工具书的海量数据,可以在 1 秒内给出生僻汉字和词语的权威释义;高等教育出版社的"爱课程"(中国大学 MOOC)上线以来,累计注册用户超 6 600 万名,累计学习人次超 3.4 亿人，累计推出课程超 1.7 万门，累计服务高校超 1 400 所[5]。这些新技术带动了融合出版和数字出版产业的蓬勃发展，我国图书出版行业由此进入新的发展时期，与此同时，传统的图书出版企业也面临着难得的发展机遇和变革性挑战[6]。新时期科技的进步和发展已经将传统的纸质出版行业推向了新的发展高峰，但也带了一些行业内部的竞争与挑战。本文主要从波特五力模型的视角出发，分析我国图书出版行业竞争创新发展的现状和路径，以期为新时期我国图书出版行业的健康和创新发展提供借鉴与参考。

1 对图书出版行业竞争态势的波特五力模型分析

从全球视野看，我国图书出版行业正处在信息技术高速发展的时代，与时俱进、开拓创新中的图书出版行业正处在加快转变竞争创新发展的关键时刻。对于处于新发展时期的图书出版行业来说，波特五力模型可以使图书出版企业更好地掌握自己在行业内的竞争格局，以期为未来的企业创新发展路径探明方向。波特五力模型又称波特竞争力模型，是竞争力战略领域研究大师迈克尔·波特(Michael Porter)于 20 世纪 80 年代初提出的，用于企业或行业竞争战略的分析，有助于企业或行业有效分析客户的竞争环境，对企业发展战略的制定产生了全球性的深远影响[7-8]。该模型可以汇集大量不同的因素，以分析一个企业或行业目前的基本竞争态势[9]。五种力量模型确定了竞争的五种主要来源，即行业竞争者现在的竞争能力、潜在竞争者进入的能力、替代品的替代能力、供应商的讨价还价能力、购买者的讨价还价能力，如图 1 所示。波特五力模型被广泛应用于许多行业的战略制定中，这五种竞争力量也决定了企业在行业内的竞争态势和盈利水平。

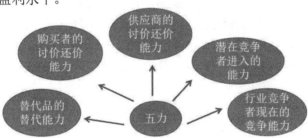

图 1 波特五力模型

1.1 行业竞争者现在的竞争能力

同行业相互竞争是自古以来都存在的，竞争是为了赢得优势，谋求更优质的资源和更大的发展空间。图书出版行业的同业竞争现象更加明显，无序的竞争往往导致两败俱伤，有序的竞争才会彼此成就。例如，某些小型出版公司，为了企业经济利益，对所出版的图书把关不严格，导致大量粗制滥造的图书流入市场，给读者带来了巨大的困扰。近些年来，为了进一步规范化国内的图书出版行业，国家相继颁布实施了《中华人民共和国著作权法》《深化新闻出版体制改革实施方案》《关于支持民间资本参与出版经营活动的实施细则》《"十三五"国家重点图书、音像、电子出版物出版规划》《出版物市场管理规定》等一系列的法律法规，形成了全面、系统、规范的法律体系，为图书出版业营造了良好的发展环境。新的发展时期，对图书出版企业有序竞争活动进行规范，加强对图书出版企业的管理，明确竞争原则和底线，才是我国图书出版行业稳步健康发展的重要保障。在此基础上，各个图书出版企业需要各显神通，发挥自身优势，打造自身品牌，不断推出各类精品力作，在提升自身竞争能力、创新能力的同时，为国家的文化传播贡献力量。

1.2 潜在竞争者进入的能力

对于任何行业来说，潜在竞争者的进入都会使现有市场份额得以重新分配，新进入者的能力和获取的份额都会对产品的价格产生一定的影响。我国的图书出版行业就经历了多次竞争者的加入，如20世纪80年代，民营资本进入图书批发零售领域，民营总发行权的提出就给图书销售市场产生了极大的冲击。2001年中国加入WTO后，外资出版机构涌入中国的图书出版市场，迅速抢占市场份额，外资企业的理念超前、设备先进、出版经验丰富，使得我国的图书出版行业面临着世界范围内的激烈竞争。由此可见，我国出版行业潜在竞争者更加多源，竞争态势越发激烈。如今，在融合出版和数字出版产业蓬勃发展的新时期，各类文化传媒公司、图书工作室、广告公司、短视频运营公司等文化传播形式如雨后春笋般涌现，给传统的图书出版企业再一次带来了前所未有的巨大冲击，但是它们的出现也给传统图书出版企业带来了竞争创新的路径和自我革新的勇气。总体来看，我国图书出版企业所面临的潜在竞争者来源广泛、能力强大。今后，在融合出版和数字出版的时代背景下，如何探索传统图书出版企业和新兴竞争者的合作共赢模式，是值得深入研究的课题。各图书出版企业只有找到适合自身企业发展的创新模式，才能在激烈的竞争环境中不断发展壮大。

1.3 替代品的替代能力

替代品是指通过其他方式可以完成和原产品类似或相同功能的产品。进入新时期，传统图书的替代品层出不穷，如电子书、短视频平台、音像产品、虚拟现实技术等。随着5G、大数据、人工智能、数字孪生等技术的日趋成熟，它们具有传统纸质图书所无法达到的虚拟现实展示效果，可以更加直观和精细地展示内容。短视频平台五花八门，它们正是抓住了现代社会的"快餐式消费"模式，相较于阅读，人们尤其是年轻人更愿意通过视频或音频来快速获得文字内容。因此，对于图书出版行业来说，替代品的替代能力巨大，出版企业也需要不断创新出版模式，与时俱进。

1.4 供应商的讨价还价能力

影响供应商讨价还价能力的因素主要有三方面：供应商拥有数量稳定的买家、供应商处于垄断地位或者供应产品的替代品很少、供应商之间相互联合。换言之，供应商在产品生产过程中投入的生产成本在产品最终售价中的占比越高，供应商议价能力就越强[10]。实力强大的供应商一般通过提高价格、限制质量或服务水平及将成本转移给同业竞争者等途径来获得更大的利益。对于图书出版行业来说，供应商主要是图书作者、图书出版经纪公司、提供印刷设备或纸张的供应商三类。打造精品力作是出版企业提高知名度和竞争力的主要手段，而精品力作一般出自名家之手。因此，出版企业要着力维护好此类图书作者，可以从提高版税、个性化服务、舆情宣传等多方面入手，因为一部畅销书给出版企业带来的品牌效应是十分巨大的。实力强大的图书出版经纪公司往往掌握了较多的资源和渠道，因此具备较强的议价能力。提供印刷设备或纸张的供应商的讨价还价能力较弱，因为此类行业的门槛不高，提供同质化服务的企业较多，出版企业往往会选择质优价廉的厂商进行合作。

1.5 购买者的讨价还价能力

影响购买者讨价还价能力主要有四方面的因素：购买者的数量、购买量、卖家的体量、所购买产品的替代品价格。总之，购买者在购买过程中所占的主导权越大，购买者的议价能力就越强。图书购买者主要是读者和中间商，读者的数量虽多，但是购买量往往较小，所购买的图书往往也具有针对性，因此读者的讨价还价能力相对较弱。然而，中间商的购买量往往较大，所购买的图书的替代品种类也相对较多，因此中间商的议价能力就很强。

2 新时期图书出版行业竞争创新思考

在融合出版和数字出版的时代背景下，我国的图书出版行业面临着传统与新兴交织的巨大挑战，各图书出版企业如何提升自身的竞争创新能力，推进行业高质量发展，是需要深入思考的问题。笔者基于自身的从业经历，从三方面提出了新时期图书出版行业的竞争创新思考。第一，持续打造精品力作和品牌效应是图书出版企业创新发展的主要手段。纵观历史，所有脍炙人口的精品力作都是时代的产物，打造一部精品力作给出版企业带来的品牌效应也将是无穷的。第二，在多源竞争环境下，探索传统图书出版企业和新兴竞争者的合作共赢模式是图书出版企业的重要发展路径。传统图书出版企业可以发展"1+N"的创新发展模式，通过引入新兴企业的优势技术，从而形成较强的生命力和竞争力。第三，加强对图书出版企业的管理，明确竞争原则和底线，才是我国图书出版行业稳步健康发展的重要保障。近些年来频现的图书出版问题，则是市场无序竞争的体现，这就需要作者、编辑、出版企业、管理部门等都能真正地负起责任，由此才能推进出版行业的健康发展。

3 结束语

随着融合出版和数字出版产业的蓬勃发展，我国的图书出版行业进入了新的发展时期。本文基于波特五力模型对我国图书出版行业的竞争态势进行了系统分析，结果表明：打造精品力作是出版企业提高知名度和竞争力的主要手段，一部畅销书给出版企业所带来的品牌效应是十分巨大的。我国的图书出版行业面临着世界范围内的激烈竞争，在融合出版的时代背景下，如何探索传统图书出版企业和新兴竞争者的合作共赢模式，是值得研究的课题。加强对图书出版企业的管理，明确竞争原则和底线，才是我国图书出版行业稳步健康发展的重要保障。对于图书出版行业来说，替代品的替代能力巨大，出版企业也需要不断创新出版模式，与时俱进。新时期，对于图书出版企业来说，只有创新竞争模式，尝试搭建起要素流通、技术发展的平台，创新发展方式，开拓新市场，突出竞争策略要素，才能在瞬息万变的市场大潮中增强竞争力，向创新要动力、要质量、要效益，迈向高质量发展的新时代。

参 考 文 献

[1] 观研天下.2021 中国图书出版市场规模稍有下滑出版社数量保持不变零售量持续上升[EB/OL].(2021-06-07)[2023-07-21].https://free.chinabaogao.com/wenti/202106/0C545J02021.html.
[2] 冯雅萌.基于多源数据融合的图书质量综合评价模型构建研究[M]//学报编辑论丛 2022.上海:上海大学出版社,2022:637-642.
[3] 郭秀微.新媒体时代传统图书出版行业融合发展举措[J].中国传媒科技,2022(8):130-133.
[4] 陈杰.ZX 出版公司发展战略研究[D].成都:西南交通大学,2020.
[5] 孙宗鹤.数字出版:融合发展蒸蒸日上[N].光明日报,2022-10-11(01).
[6] 曹继东.基于数字化技术和互联网思维的"融合出版"[J].科技与出版,2014(9):15-18.
[7] 孙湘.波特竞争力模型在战略管理中的应用[J].企业改革与管理,2012(11):61-62.
[8] 迈克尔·波特.竞争论[M].北京:中信出版社,2009.
[9] 李彤彤.从波特的五力模型看我国图书出版业的竞争环境[J].编辑之友,2011(9):22-23.
[10] 褚四斌,赵明奎,洪浩鹏.电子商务时代的五力竞争模型分析[J].商业时代,2007(6):99.

科技期刊论文插图优化三法

王卉珏，方立国

(《华中科技大学学报(自然科学版)》编辑部，湖北 武汉 430074)

摘要：为了优化科技期刊论文中的插图，结合编辑实践归纳出三种方法：第一种方法是完备，即通过补漏查缺、求同存异来完备插图。第二种方法是精炼，即减少图数、简化图形、精炼图题和图注。减少图数的方法包括删除冗余图、合并同类图；简化图形的方法包括使用局部替代整体、选择有代表性的图示。第三种方法是重构，即通过调整与重组、运用虚实概念来重构插图。调整与重组的方法包括调整坐标轴、重组分图；运用虚实概念的方法包括虚实有别、虚实交融。

关键词：科技期刊论文；插图；编辑；优化方法

插图是科技期刊论文的重要组成部分，是表述科技研究过程及结果的重要形式。由于插图具备直观性、形象性等特点，因此在现代科技论文中所占的比重有进一步提高的趋势[1]。科技期刊论文对插图有严格的规范要求，而插图又种类繁多、构形复杂，涉及许多的因素，因此对于插图的编辑加工与优化，一直以来是科技期刊编辑工作的难点与重点。

科技期刊论文插图编辑工作的难点与重点包括以下几个方面。第一，有些作者不熟悉插图的规范要求，提交的插图有很多须要规范之处；而编辑虽然熟悉插图规范要求，但却容易在细枝末节处掉以轻心，产生疏漏。第二，作者提交的原稿中往往插图太多，其实有些插图没必要出现在论文中。如果编辑直接让作者删减插图而不给出删减的理由，作者一般不会同意，因此这时候就须要编辑有能力给出删图的正当理由。第三，有些插图即使满足规范性的要求，也有必要存在，但插图设计不科学，须要进行优化。面对上述种种问题，科技期刊编辑要努力寻求解决方法，因为科技期刊编辑对论文的加工，不应该只停留在没有错误这个阶段，而应该有更高的标准和境界。本文以探讨如何优化科技期刊论文插图为主题，结合编辑实践归纳出三种有效方法，即完备、精简、重构。

1 完备

科技期刊论文写作规范中要求插图要包含图序、图题、标目、标值、图形，以及必要的图注和图例等要素[2]，即插图应具有完备性。完备性规范看似简单，但却需要编辑仔细审图，否则在编辑实践中很容易造成疏漏。可以通过以下两种途径来完备插图。

1.1 补漏查缺

插图中有些数字或符号易被作者忽略，未在图中标注出来。例如坐标系 $oxyz$ 中的原点 o，

基金项目：中国科技期刊卓越行动计划资助项目(C053)

就是作者非常容易漏掉的符号。在实际编辑工作中，编辑也容易在坐标系插图中疏忽对原点符号 o 的审读。又如某函数图纵轴的标目为 $m/(10^{-5}\text{g})$，其中的 10^{-5}g 为单位，应该用小括号括起来，但在作者的原稿中，遗漏了该小括号，这也须要科技编辑补上。

在运用点、线、面构造图形的时候，要注意完备性，不能有所缺失。文献[3]的图5，因作者提交的原图中的坐标轴纵轴（标目为 β）过短，标值只到0.7，导致该坐标轴的高度低于坐标轴中图形的高度。该论文的编辑在编辑过程中也忽略了这一点，直到副主编终审时才指出应该将该纵轴的标值加长到1.1，解决了这个问题。类似的情况在实际编辑工作中也是容易碰到的。

1.2 求同存异

在同一篇论文的插图中，常常会出现相同的图例、相同的指示线说明等。在通常情况下，不必反复给出相同的图例或指示线说明，可用多个分图共用一个图例，或者在首次出现指示线说明时用"下同"说明即可，这样既可保证行文的简洁性，又可保证插图信息的完整性。但是，对于上述省略方法的运用，应建立在科技期刊编辑仔细审读的基础上，不要为了求同而忽略图形中的细微差别。当不同分图图例之间有细微区别时，就应该为每个分图保留不同的图例。有的时候各分图图例的区别非常微小，这种情况下容易导致科技期刊编辑审读失误，删掉了应该保留的图例。例如文献[4]的图3，各分图都有色标，各分图色标的颜色条颜色是一模一样的，分图颜色条旁的刻度值也是一模一样，只是分图颜色条刻度值所对应的刻度线位置有微小区别，科技期刊编辑审读时没有注意到这个细小的区别，将所有分图都共用一个色标，直到作者校对时才发现了科技期刊编辑的审读失误。

2 精简

简单性是科学理论的重要特点。在信息量激增的时代，也须要作者有简洁的文风[5]。科技期刊论文的简单性体现在多个方面，插图的简单性便是其中之一。在保持插图完备性的前提下，可以运用以下三种方法精简插图。

2.1 减少图数

2.1.1 删除冗余图

编辑应该与作者沟通，在突出重点、避免重复的问题上达成共识，进而在此基础上帮助作者精选插图，删除一切可有可无的插图[1]。例如，对于论文中所引用的其他文献的插图可删去，改用文字说明，并标注相关参考文献。再如，柱状图若存在坐标轴的标目和标值不规范的情况，则改为表格描述效果更好，也更规范。

2.1.2 合并同类图

合并的方式有两种：一是并列式合并，将多幅同一类型的插图合并，使得原来各自独立的插图都变成分图，这样，既节省了篇幅，又便于进行分析比较。例如有4幅图分别表示不同转速下的温度，编辑将这4幅图作为4个分图合并到一个图中，总图题为"不同转速下温度对比"，分图题则为4种不同的转速。二是融合式合并，这种方式是将各相似图形中完全相同的部分提取出来，作为合并后图形的基础，再将各相似图形中的相异部分分别置于合并后的图形中。例如多条曲线共用一个坐标轴，即数个变量共用纵轴，或者数个变量共用横轴。

2.2 简化图形

2.2.1 使用局部替代整体

插图不强调画面的完整性，究竟是采用整幅图还是部分图应该由论文的表述要求决定[1]。

如果在只须给出部分插图时却给出整幅插图，容易喧宾夺主，无法凸显核心内容。例如，某幅图题为"水下闸阀阀座密封试验原理图"，原图中包括三个部分："液压控制单元""静水压试验系统""水下闸阀"。根据图题，编辑建议作者只保留"水下闸阀"部分，其余部分都删除。

2.2.2 选择有代表性的图示

科技实验有时会产生大量实验结果，某些情况下，无须在插图中给出全部结果，只需给出有代表性的部分结果。有的作者会不加选择地将所有实验结果在插图中列出，造成图形的拥挤不堪，影响读者的阅读理解。对此，编辑应该建议作者选取具有代表性的实验结果来进行展示[6]。例如某论文中有一幅工业过程故障的 LASSO(最小绝对收缩和选择算子)回归分析图，图中有 31 条曲线分别对应 31 组实验数据。由于这 31 组实验数据中的部分数据比较类似，导致多条曲线部分重叠，让读者无法辨识每条曲线。科技编辑建议作者保留其中的 10 组数据，删除其余的 21 组实验数据，绘制了 10 条典型曲线，并在正文中对其他实验数据进行补充说明，这样既展示了实验结果、取得了良好的视觉效果，又提供了所有学术信息。

2.3 精炼图题和图注

2.3.1 图题

图题应具有较好的说明性和专指性，也应简洁明了，注意避免重复说明。例如某插图有 4 幅分图，总图题为"各影响因素与相间最小距离的关系"，各分图题分别为"档距与相间最小距离的关系""高差与相间最小距离的关系""导线张力与相间最小距离的关系""风速与相间最小距离的关系"。由于在总图题中已经有了关系的说明，因此各分图题可删去"与相间最小距离的关系"，将各分图题精炼为"档距""高差""导线张力""风速"。

2.3.2 图注

插图中的空白处有限，图注应简洁准确[6]。作者的论文原稿中常常出现图注文字冗长的问题，有时图注甚至会覆盖图形，极大地影响了插图的视觉效果和读者的阅读理解。例如某插图的图题为"焊材试件的应变-寿命关系拟合曲线"，图中有 3 条曲线，分别为总应变幅值(对应的变量符号为 ε_a)拟合曲线，弹性应变幅值(对应的变量符号为 ε_{ea})拟合曲线，塑性应变幅值(对应的变量符号为 ε_{pa})拟合曲线。对图中的这三条曲线分别标注 ε_a、ε_{ea}、ε_{pa} 即可，无须重复标注"拟合曲线"，因为在图题上已经进行了说明。

如果图中确实需要很多说明性文字，可以将其移至图面外[7]，甚至可以放在正文中进行说明。例如某插图的图题为"焊材试件的应变-寿命关系曲线"，图中有红色、蓝色、绿色三条曲线，由于每条曲线的含义需要很多文字进行说明，故未在图中进行图注说明，而是在正文行文中加以说明：绿色曲线为总应变幅值与疲劳寿命反向次数的关系曲线；蓝色曲线与红色曲线分别为塑性应变幅值和弹性应变幅值与疲劳寿命反向次数的关系曲线。

3 重构

重构不是简单地删除，也不是机械地增补，而是在充分了解论文内容、插图内容的基础上，重新调整、设计优化插图。在实际编辑工作中，对原稿中的插图进行重构后，往往能更好地凸显图意，显示出良好效果。

3.1 调整与重组

3.1.1 调整坐标轴

横、纵坐标轴上的标值范围是根据图形的数据确定，调整坐标轴上标值的间距，选取适当的标值范围,这样就可以既不让图形与坐标轴重叠,也不会有过多的留白区域,保证图形得到适当的展示。例如图 1(a)就是省略了横轴[-300,300]之间的部分标值,因为该部分标值间没有图形,但是图 1(a)还有一个问题,即标值与部分图形重合,影响了图形的展示。在这种情况下,就应该把标值进行调整。调整的方法是补充给出横轴上的标值-200 和 200,避免图形与标值重合,得到图 1(b)[8]。

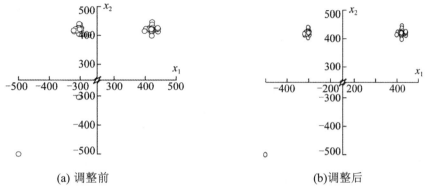

(a) 调整前　　　　　　　　　　　　(b) 调整后

图 1　调整前后的 AGA 算法优化结果分布图

将坐标轴标目中的单位做适当调整,可以使标值更有序,防止出现不圆整的标值。例如作者提供的原图中纵轴标目的单位为 kN,标值为 3 000/9.8、4 000/9.8、5 000/9.8,科技期刊编辑将单位改为 9.8 kN 后,标值就变为圆整的 3 000、4 000、5 000。

3.1.2　重组分图

有的作者认为科技期刊论文中多用插图可以更好地体现论文的学术内容,于是常常使用多个插图来描述同一科研过程,这就导致分图给得又多又杂,各分图之间的内容还有重复。在这种情况下,不能进行简单的删除处理,也不能进行简单的合并处理,而是应该在充分了解各个分图含义的基础上,重新组合[9]。

例如某插图是为了介绍悬臂关节式粒子植入机器人,围绕该内容,作者提供的原稿中用了 4 幅插图,图题分别为"粒子植入机器人布置和可操作空间""粒子植入过程人体截石位""粒子植入机器人三维结构图""粒子植入机器人物理样机"。后 3 幅图都是实物图,并且与第一幅图(模型示意图)都有部分重复的内容。经过与作者沟通,进行如下改动:删除 3 幅实物图,在正文中增加部分文字对删除的图进行描述;保留第一幅模型示意图并对之适当进行改造,增加部分图示反映被删除的实物图的内容。经过重构后的该部分内容,由 4 幅杂乱无序的插图改为一幅完善的插图。

3.2　运用虚实概念

通过对大量的科技期刊论文插图的考察,可以发现:在构图的过程中,广泛地使用了虚与实的概念。例如,插图的示意性与插图内容的写实性是一对虚实;当用机械制图的方法画图时,图形中可见的地方用实线,不可见的地方用虚线,这也是一对虚实;在插图中,实画部分为实,省略部分为虚。此外,定量图为实,定性图为虚;实物图为实,示意图为虚;等等。这启示我们可以从虚与实这一对概念入手来重构插图。

3.2.1　虚实有别

当运用虚实概念重构插图时,应注意虚与实的区别,不能混淆。例如该用实线的地方要用实线,该用虚线的地方要用虚线。某图名为"岩样及裂隙面受力示意图",其中的裂隙面有看得见的地方和看不见的地方,作者提交原图时,将该裂隙面全画成了实线,科技期刊编辑将看不见的地方改成了虚线。又如,在复杂的科技插图中,该画出细节的地方要画出细节,而该省略的地方也该省略。某图名为"ResNet-18 结构图"[10],从输入到输出有 5 层结构,当作者提交原图时,将这 5 层结构全部画出,科技编辑却删掉了第 4 层结构,将该处以省略号代替。因为从第二层和第三层结构可以看出数据增长规律,由此可以推测出第四层结构的数据,此时省略掉第四层结构,不但保证了信息的全面性,而且还节省了版面。但是,如果该插图从第二层和第三层结构看不出省略规律,则不能省略第四层结构。

3.2.2 虚实交融

虚实有别,但虚实又紧密相连,互为依托,互相映衬。只有处理好虚和实的关系,虚实交融,才能更好地重构插图。例如插图的布局有虚和实,空白处为虚,图形处为实,只有虚实得当,才能提高版面利用率。又如有的插图既需要实物图部分,又需要示意图部分,既需要定性部分,又需要定量部分,这时就特别需要运用好虚与实这对概念。某幅图名为"剪切型界面断裂能试件加载方式及尺寸"[11],其中既有实物图部分(剪切型界面断裂能试件),又有示意图部分(界定了尺寸部分);既有定性部分(画出了加载力方向),又有定量部分(标出了尺寸大小)。这幅图虚实结合,成功地向读者展示了所有信息。倘若只有实物图部分,没有示意图部分;或者只有定性图部分,没有定量图部分,读者都无法如此充分全面地获取插图信息。

4 结束语

插图的优化须要从多方面、多层次进行,在完备性的基础上,进行精炼,凸显须突出的内容,若有的插图不能简单地删减或增补,则须重构。科技期刊编辑工作实践表明:经过优化的插图较之于作者提交的原稿中的插图,不仅表达意图突出,形式也更为简洁清晰,这说明在插图的处理过程中采用优化方法能够有效地提高插图信息质量。

参 考 文 献

[1] 陈浩元.科技书刊标准化 18 讲[M].北京:北京师范大学出版社,1998.
[2] 陈雯兰.论科技论文插图的规范化与编辑角色[J].编辑学报,2015,27(5):441-442.
[3] 胡浩中,李华东,梅志远,等.复合材料格栅增强夹芯梁弯曲性能研究[J].华中科技大学学报(自然科学版),2021,49(10):36-41.
[4] 姚春燕,郑忠利,陈冬冬,等.电压对静电喷雾金刚石线锯切割质量的影响[J].华中科技大学学报(自然科学版),2020,48(4):73-78
[5] 王卉珏,钱文霖,许淳熙.试论科技写作中的三个"统一"[J].科技与出版,1998(4):38-39.
[6] 赵丽莹,张宏.科技论文函数图优化案例分析[J].编辑学报,2014,26(5):438-440.
[7] 陈浩元.谈谈简式函数图的规范表示[J].科技与出版,1998(2):12-14.
[8] 杜晓佳,朱显明,丁凡,等.基于 Kriging 代理模型的舰船桅杆雷达隐身优化[J].华中科技大学学报(自然科学版),2020,48(10):109-113.
[9] 黄鹂.科技期刊论文中由多个分图组成的坐标图的编辑加工[J].编辑学报,2018,30(6):589-591.
[10] 黄彩萍,甘书宽,谭金甲,等.基于深度学习的混凝土表观病害智能分类器[J].华中科技大学学报(自然科学版),2021,49(4):96-101.
[11] 岳孔,陆栋,戴长路,等.高温中胶合木构件胶缝界面剪切断裂能研究[J].华中科技大学学报(自然科学版),2021,49(4):86-90.

医学期刊中几组常见易错、易混字词辨析

孙 岩，商素芳，杨亚红，尹 荼，魏学丽，魏莎莎，余党会

(海军军医大学教研保障中心出版社《海军军医大学学报》编辑部，上海 200433)

摘要：消灭语言文字差错是保证期刊编校质量的重要措施。笔者在日常工作中发现，医学论文中有一些字词因为音同、形似或其他原因而被作者误用，且在编校过程中不容易识别或易被忽视，有必要引起重视。本文总结了几组医学期刊中常见的易错、易混词，以加强对这些词语的理解和正确使用，减少文字差错，提高期刊质量。

关键词：医学期刊；编校质量；文字差错；字词

文字编校是科技期刊出版工作中的重要一环。2022 年国家新闻出版署、中国国家广播电视总局联合印发《关于开展新闻出版、广播电视领域不规范使用汉字问题专项整治工作的通知》，要求将汉字使用情况纳入出版物质量检查指标体系，纳入日常审读和管理范围[1]。编辑不但要重视文章的学术质量，也要重视语言文字工作。

在文字差错中，有相当一部分是由于作者对字、词的意义及规范用法把握不准而将音同、形似、义近的字词错用，或因字、词的规范用法与习惯用法存在分歧而导致作者使用失误[2]，例如"暴发"与"爆发"[3]、"阀值"与"阈值"[4]、"辩证"与"辨证"[5]等。虽然这些易错、易混词已经有较多讨论，但在实际应用中仍然有很多误用的情况，尤其是"阀值"虽然被认为是"阈值"的误写，但在科技期刊中的使用已经相当广泛，甚至新闻报道中也有误用[6]。医学论文中包含大量专业术语，有些词语具有一定的相似性，虽然了解其具体概念后并不难辨析，但在写作和编校过程中容易被忽视，从而导致错用和混用。笔者根据日常编辑实践，总结了几组医学期刊中常见的易错、易混词，以提醒作者和同行重视，加强正确使用。

1 音同、形似、义近的字词

"相差显微镜"与"像差显微镜"：重点在于"相差"和"像差"的辨析。"相差"是指相位差(phase difference)，而"像差"(aberration)是实际成像与依据傍轴光学形成的理想像的偏离。"相差显微镜"(phase contrast microscope)为利用光的衍射和干涉现象将透过标本的光线光程差或相位差转换成肉眼可分辨的振幅差显微镜，应使用"相"，该名词已被《组织学与胚胎学名词》《细胞生物学名词》《微生物学名词》收录为规范术语。

"核分裂象"与"核分裂像"：重点在于"象"和"像"的辨析。《现代汉语词典》中，"象"解释为"形状，样子""仿效、模拟"，"像"解释为"比照人物制成的形象""从物体发出的光线经平面镜、透镜、棱镜等反射或折射后所形成的与原物相似的图景"。"核分裂象"(mitotic figure)是指细胞核有丝分裂的形态，用"象"更为确切，该名词已被《病理学名词》《妇科肿瘤学名词》收录为规范术语。

通信作者：余党会，E-mail: medyudanghui@163.com

"预后"与"愈后"：重点在于"预"和"愈"的辨析。《现代汉语词典》中，"预"解释为"预先，事先"，"愈"解释为"(病)好"。在医学上，"预后"(prognosis)是指根据经验预测的疾病发展情况和可能的结局，已被《核医学名词》《结核病学名词》《器官移植学名词》《感染病学名词》收录为规范术语；而"愈后"则表示疾病治愈以后，并不是一个专业术语。这两个名词在使用时，应根据上下文的意思正确选择。

2　规范用法与习惯用法存在分歧

食管胃结合部与食管胃接合部：争议主要在于"结合"与"接合"的辨析。《现代汉语词典》中，"接合"解释为"连接使合在一起"，"结合"解释为"人或事物发生密切联系"。食管胃结合部(esophagogastric junction)是连接食管下段和胃上部的一段区域，从"结合"与"接合"的词义及英文名称来看，似乎用"接合"更为合适，但"食管胃结合部"已经成为习惯用法，在各种教科书和临床指南中广泛使用，《消化内镜学名词》也已将"食管胃结合部腺癌"纳为规范术语，医学论文中若使用"食管胃接合部"反而不恰当了。

"包年"与"包/年""包·年"："包年"(pack-years)是吸烟指数的计量单位。吸烟指数的计算方法为"每天吸烟包数乘以吸烟年数"，单位写成"包年"；或者"每天吸烟支数乘以吸烟年数"，得到的单位为"支年"(cigarette-years)。由于"包年"并不符合量和单位的规范用法，有的作者或期刊编辑将其改为"包/年"或"包·年"，显然不妥。"包/年"可以理解为"平均每年多少包"，与吸烟指数的定义相差甚远；"包·年"虽然看似规范，但也与吸烟指数的定义不同，根据计算方法得到的计量单位应为"包·天$^{-1}$·年"。参照人口生存时间长度的复合单位"人年"(person-years)，建议尊重专业领域的习惯用法使用"包年"，避免产生歧义。

胰漏/胰瘘：从字面意义来说，"瘘"与"漏"并不相同，"漏"为"泄漏"之意，"瘘"为"瘘管"的简称，不少专家据此对"吻合口漏"与"吻合口瘘"进行了辨析[7-8]。同样地，"胰瘘(pancreatic fistula)"是胰腺导管系统和另一个上皮表面之间形成的富含胰腺来源酶液体的异常通道，而"胰漏(pancreatic leakage)"是胰液漏出的现象。早期有文献对"胰漏"和"胰瘘"这两个词作了严格区分[9]，但临床上认为从"漏"到"瘘"是同一种疾病的不同发展阶段，在表达时严格区分两者非常累赘。国际胰腺外科研究组于2005年对术后胰瘘进行了定义和分级，分为A、B、C三级，分别代表了胰瘘的轻、中、重度；2016年更新版将原先的A级胰瘘变更为"生化漏"(biochemical leak)，认为这是一个与临床进程无关、但可依靠实验室检测获知的一个胰瘘前状态，不属于胰瘘，也不属于术后并发症[10]。因此，在提到术后并发症时，应使用"胰瘘"而不是"胰漏"，更不可将两者随意混用。

3　翻译不准确导致的问题

腰痛/下腰痛：腰痛的英文为"lumbodynia"或"low back pain"，在英文文献中常见"low back pain"的写法，有的作者将其翻译为"下腰痛"，俨然已成为一个"新名词"。《解剖学名词》中，背部分为胸背区和腰区，腰区上界为胸背区的下界，下界为两侧髂嵴后份至两侧髂后上棘的连线，胸背区上界为项区下界，下界为第十二胸椎棘突、第十二肋下缘、第十一肋前份的连线，并没有"下腰区"的说法，因此"下腰痛"是不恰当的。

集落形成单位/克隆形成单位："集落形成单位"的英文为"colony-forming unit"，被《细胞生物学名词》《血液学名词》《免疫学名词》收录为规范术语，但可能因为"colony"(集落)与"clone"或"cloning"(克隆)的拼写及读音相似，经常有作者将其写成"克隆形成单位"，在中文医学论文中很常见，甚至在 PubMed 中检索"clone-forming unit"也能得到 10 余篇文献。在概念上，"集落"指由一个或几个细胞增殖而来的细胞群，"克隆"指由一个共同祖先无性繁殖的一群遗传上同一的 DNA 分子、细胞或个体所组成的特殊生命群体。两者都含有"群体"的意思，有一定的相似性，但含义并不相同，需注意正确使用。

4 讨论

语言文字是期刊审读的重要内容之一，文字差错是编校差错的重要类型[11]。文字差错不但会影响期刊的编校质量，甚至会影响读者对语义的准确理解进而影响期刊的学术质量。笔者根据日常编辑实践，总结了几组医学期刊中常见的易错、易混词，这些字词有的是因为音同、形似而被作者误用，有的是因为与传统规范用法不同而被误改，有的是因为翻译不准确而出现错误。这些错误或不规范用法在医学论文中很常见，如在中国知网(建库至 2023 年 8 月 10 日)中通过"题名"途径检索"下腰痛"，可获得 1 700 多条结果，过多的使用甚至会使读者和编辑疑惑其是否为规范名词；通过"题名"途径检索"吸烟指数"，获得 33 条结果，去除 1 篇"改良吸烟指数"的文献、3 篇会议摘要、3 篇硕士论文，其余 26 篇在医学期刊发表的文献关于吸烟指数的描述中，无相关数据 1 篇，无单位 13 篇，以"支年""年支/d"为单位各 3 篇，以"包/年""支/年""年·支$^{-1}$·d^{-1}""支·年""年支""/年"为单位各 1 篇，可见用法较为混乱。因此，作者和医学期刊编辑有必要准确理解这些字词的含义，以便掌握其准确用法。

医学期刊编辑应通过参加学术会议、加强自我学习，注重知识更新，培养自己的医学专业素质，保持编辑对文字的敏感性。在日常工作中遇到不熟悉或易混淆的名词时，应本着大胆质疑、小心求证的原则，及时查阅专业著作和工具书。有一些字词与其规范字意存在差异，切不可凭借固化思维模式随意修改，或强烈建议作者修改。有的作者对编辑规范和专业术语之间的关系并不了解，在得知自己的论文与编辑规范不相符时，倾向于遵从编辑的建议而不是据理力争，反而把本来正确的内容改错了。应积极请教相关领域的专家或资历深厚的编辑同行，力争解决问题、减少差错；确实无法确定或有争议时，建议尊重相关学科领域的习惯用法。此外，积累和分享也很重要，本文总结了 8 组常见医学字词的辨析，仅为汪洋中的一滴水、沙漠中的一粒沙，今后仍有待进一步积累和总结。

参 考 文 献

[1] 国家新闻出版署.国家新闻出版署、国家广播电视总局联合开展不规范使用汉字问题专项整治工作[EB/OL].(2022-04-06)[2023-07-06].https://www.nppa.gov.cn/xxfb/ywxx/202204/t20220406_664418.html.
[2] 朱健华.文稿中易错字词辨析举例[J].贵州师范大学学报(社会科学版),2001(3):98-101.
[3] 杨林成.是"疫情暴发",还是"疫情爆发"?[N].语言文字周报,2020-05-01(2).
[4] 夏朝晖."阀值"乃"阈值"之误[J].编辑学报,2004(2):143.
[5] "辩证"与"辨证"[J].贵州中医药大学学报,2022,44(2):27.
[6] 范雨梦."阀值"应为"阈值"[N].语言文字周报,2021-12-01(3).
[7] 本刊编辑部.吻合口漏与吻合口瘘[J].中华胃肠外科杂志,2019,22(7):696-696.
[8] 程邦昌,高尚志.吻合口"瘘"抑或吻合口"漏"[J].中华外科杂志,2000,38(1):12.
[9] 艾中立,周亚魁.胰腺损伤后胰漏及胰瘘的防治(附 20 例报告)[J].腹部外科,1988,1(3):118-120.
[10] 施思,项金峰,徐近,等.2016 版国际胰腺外科研究组术后胰瘘定义和分级系统更新内容介绍和解析[J].中国实用外科杂志,2017,37(2):149-152.
[11] 张彤,胥橙庭,夏道家.江苏省科技期刊编校质量审读差错分析[M]//学报编辑论丛 2021.上海:上海大学出版社,2021:280-286.

期刊集约化模式下的编校标准化探索与实践
——以西安交通大学社科板块为例

原宝华[1]，高 原[2]，张 茜[3]，杨雪莹[4]

(1.西安交通大学中国医学教育技术编辑部，陕西 西安 710061；2.西安交通大学当代经济科学编辑部，陕西 西安 710061；3.西安交通大学中国医学伦理学编辑部，陕西 西安 710061；4.西安交通大学医学教育研究与实践编辑部，陕西 西安 710061)

摘要：期刊编校质量是期刊出版质量的重要保证。为探索综合性大学期刊集约化模式下的编校标准化，西安交通大学期刊中心整合校内办刊资源，按照学科分布将期刊整合成为理工、社科、医学和英文板块，并重塑编校流程，在板块内各编辑部设学术编辑和责任编辑，采用编辑、校对分离，进行编辑工作分工，以高效发挥人力资源的作用。同时打破学科间的界限，专业相同或相近的期刊由责任编辑打通校对。经过实践表明，这种模式可以使编辑部工作更加高效，且节省人力成本。但是，也存在一些问题需要不断完善，如进一步精细编辑流程，规范编校标准等，不断提高编校标准化质量和效率。

关键词：期刊集约化；编校标准化；期刊质量；编校规范

集约化指在社会经济活动中，充分合理地利用一切资源，并运用现代管理方法，发挥各种资源的积极效应，以提高工作效益和效率的一种模式。这种模式在经济领域取得了重要成就，赢得了广泛赞誉，并被引用到期刊出版等领域。近年来，中宣部、教育部、科技部等部委系列发文，明确提出要全力推进期刊数字化、专业化、集团化、国际化进程，实现科技期刊管理、运营与评价等机制的深刻调整，构建开放创新、协同融合、世界一流的中国科技期刊体系，为我国科技期刊集群化发展指明了方向。国内一些集群化集团化刊群在集约化发展的道路上进行了有益探索和实践，并取得了一定的经验和成绩[1-5]。其中，编校标准化是期刊集约化中极为重要的一环，是期刊内容质量的保证。以往文献大多从单个学科进行集约化报道，鲜见理、工、医、文多学科集约化编校模式的探讨。基于此，本文以西安交通大学社科板块标准化编校为例，从编校集约的角度探讨标准化编校，进而在同一板块、不同期刊之间实现打通校对，并不断优化编校标准，提升编校标准化在期刊中的价值体现。

1 国内外科技期刊集约化发展现状

随着科技期刊发展模式的日新月异，以及信息技术的飞速发展，科技信息的传播越来越多样化，国内外诸多期刊社也进行了积极的探索。国内方面，有以出版社为代表的科学出版社期刊群，以学会为代表的中华医学会期刊群和以学科为代表的中国光学期刊群等。例如：徐雁龙[6]以中国科学院为例，分析了当前科技期刊主管单位面临的战略路径选择，提出了多模式集中办刊的规划思路，探索我国科技期刊集约发展的可行举措。迟美[7]以中国科学院金属研究所材料期刊社为研究对象，结合自身学科特点及工作实践，总结出集约化发展的路径和方法。陈斌[3]以山东大学自然科学学报编辑部为例，积极探索集约化办刊模式，基本形成了以编辑主体业务体系集约化构建为中心、以编辑服务体系(信息化办公室、英文编辑中心、录排中心、综合办公室)为支撑、以编辑质量保证体系(质量监控与考核办公室)为质量监管的办刊格局，初步呈现集团化、集约化、专业化的特征。杨荣星[8]阐述了如何通过集约化办刊形成产业链，打造向受众提供优质服务的强大阵容，向受众提供更精准的服务。

国外科技期刊在集约化发展方面相较于国内期刊有着一定的优势，如牛津大学出版社超过75%的期刊至少在一个学科中位列前1/2[9]，呈现为学科分布范围广、运营模式灵活、刊群规模庞大、影响力大、吸引力强等特点：在学科分布方面，自然科学、工程技术、医药卫生(STM)领域的学术期刊为主流期刊。在运营模式方面，注重集群化发展。期刊出版商广泛与各国的期刊编辑部开展合作，实行编辑和出版分离，各司其职，编辑部负责内容，出版商则负责期刊的运营、宣传和管理。非常注重期刊品牌的打造，并形成规模效益，已经做到了从引导科研到投资科研，把科技期刊置于知识创新、知识推广和知识应用的中心环节，实现了集约化发展与资源的有效整合。

2 西安交通大学集约化编校的实践——以社科板块为例

西安交通大学期刊中心于2020年将校内21种期刊进行整合，形成"四横五纵，纵横联动"的集约化办刊模式(即将学校各校区、附属医院的各期刊编辑部按照学科划分为理工板块、社科板块、英文板块和科普板块，并成立技术部、质量部、发展部、经营部、媒体宣传部为主要支撑)，充分整合期刊资源，实现"以群育刊，刊群联动"的期刊集约化发展，促进期刊中心各刊整体质量的提升。

西安交通大学期刊中心社科板块由《西安交通大学学报(社科版)》(以下简称学报社科版)、《当代经济学》、《中国医学伦理学》、《中国医学教育技术》和《医学教育研究与实践》5个刊物组成。其中，学报社科版和《当代经济学》两刊有一定内容的重合，刊登的探索中国经济改革开放历史进程中亟待解决的重大理论与现实问题的研究成果等具有较高的影响力；《中国医学教育技术》《中国医学伦理学》和《医学教育研究与实践》为医学部所属期刊，在医学教育领域也有些许的内容交叉，是中国医学教育技术理论研究、高等医学教育领域的知名学术期刊，在学科发展和学科教学评估等方面发挥着重要作用。期刊中心按照集约化办刊部署，进行了编辑工作内容的重新分工和编辑流程的再造。横向方面：将各编辑部人员根据职责划分为学术编辑和责任编辑，学术编辑负责稿件录用前的工作；责任编辑则负责稿件录用后的编校规范化处理。人员分工明确，各司其职。纵向方面：社科板块5个刊物设3个责任编辑，进行打通校对。避免了原有期刊编辑部运营中"小、散、弱"的问题，实现期刊资源整合，提高编校效率。

2.1 整合板块内编辑资源，两刊合一，打通校对

根据社科板块各刊实际，采用两刊合一进行集约化编校(即将内容相近的两个杂志合二为一进行编校标准化校对)，归纳各刊的编校特点，梳理不同期刊的编校重点和标准，并推广于板块所有责任编辑；同时兼顾不同期刊的历史沿革以及各自长期以来的风格，在一些细节上又保持了各刊的特色。

五刊采用相同的稿件处理流程，具体到编校上，由于五刊已经基本实现稿件的网络首发，

所以编校流程主要分为两个阶段：即网络首发前和网络首发后。

网络首发前：稿件确定录用后由学术编辑根据期刊的"文章规范化注意事项"组织作者进行稿件的规范化，主要确定题目、作者信息、基金项目、摘要内容、关键词、稿件基本逻辑结构，消除可疑的政治性问题，语言基本通顺，参考文献著录规范，索要中英文对照版长摘要。作者按要求修改，由学术编辑审核通过后提交责任编辑。

责任编辑对稿件进行精编修，再次核实题目、作者信息、基金项目等是否存在不规范处。对文章摘要、关键词、正文、参考文献等字、词、句逐一打磨。对文章中出现的图、表、公式等按照相关的行业标准进行修改。核查图文、表文等的连续性、一致性、必要性。对政策法律法规等文件名一一核实，对出现的国家机关、政府部门等名称一一核实。要求作者在所有英文缩写首次出现时补充对应的中文，对明显的数据或者知识性错误进行核查。核查参考文献前后文对应性、作者、题名、文献等著录项目准确性、完整性，检查英文大小写规范性。将所有需要作者配合处理的问题在word版上进行批注，邮件发送给作者，由作者解决批注问题，并要求作者回复批注修改情况，在规定时间返回修改稿。

作者返回的修改稿由责任编辑检查所有批注是否修改到位，如果修改到位，提交审读老师进行第一轮审读，否则继续退改。审读老师第一轮审读后将发现的问题进行批注，提交副主编进行第二轮审读。两轮审读发现的问题由责任编辑集中汇总处理，然后将接受修订的稿件首发版发给作者，由作者对文章的首发版进行核实，提示作者核实的重点以及要求处理的问题。

作者返回后由责任编辑检查修改之处，通读检查后提交知网网络首发。至此，稿件编校的第一阶段结束。

网络首发后：由责任编辑发送给排版人员进行单篇排版，进入稿件编校的第二阶段。由责任编辑进行一校、二校、核红，并同时将电子版发送给作者进行校对，将稿件中出现的问题逐一与作者沟通处理。三校由学术编辑、责任编辑、作者、英文翻译同时校对，由责任编辑汇总四方修改意见。三次校对后稿件基本定稿，由副主编终校、编辑部主任检查签字后付印。

2.2 保持各刊原有的特色

在编校标准化工作中，责任编辑需要注意保持各刊原有的语言风格和特色，否则千篇一律，就失去了对读者的吸引力。例如社科两刊均采用英文长摘要，长摘要单独编排一个版面，放于各篇文章之后，页眉单独使用英文版式；均在题名上方放置DOI号，题名右侧放置OSID码，两刊均采用三线表形式制表等。在保持高度一致性要求的基础上两刊也保持了各自的特色，主要体现在以下两个方面：

(1) 学报社科版刊发纯文字类稿件稍多，参考文献中含有较多的经典著作在文中多次多处引用的情况，所以学报社科版对于著作类文献的页码统一标在正文标引序号之后。另外，学报社科版从2023年第3期开始中文期刊论文类参考文献采用中英文对照的形式，同时要求卷期号全部著录完整。《当代经济科学》要求中文期刊类参考文献著录年份和期号，统一不加卷号，著作类文献引用的具体页码直接标在文后参考文献年份之后。

(2) 考虑两刊历史沿革，在首页"基金项目"和"作者简介"部分保持了各自的特色。《当代经济科学》完整介绍基金项目级别、名称、编号，学报社科版仅介绍项目级别及编号，不需要写出具体项目名称。《当代经济科学》介绍所有作者的身份信息、研究方向等，学报社科版介绍第一作者及其导师和通信作者的信息。

而医学三刊在保持特色方面则采用报道性摘要或报道-指示性摘要，表格采用三线表，但特点是文章的模式图、效果图较多，尤其是《中国医学教育技术》相关技术文章涉及一些技术规范、标准和计算机应用程序，以及设计呈现的效果图，都需要根据学科特点规范编辑，以较好地体现医学特色。《中国医学伦理学》涉及的政治性、敏感性问题较多，需要学术编辑在稿件录用前予以核实，避免后期编校工作的反复。

2.3 严格执行期刊标准规范

五刊同属于社科类期刊，学科交叉，内容相近，稿件中涉及的标准规范也具有相当的重合度，具体来说主要涉及以下标准和规范：

(1) 学术论文编写规则(GB/T 7713.2—2022)
(2) 信息与文献 参考文献著录规则(GB/T 7714—2015)
(3) 标点符号用法(GB/T 15834—2011)
(4) 出版物上数字用法(GB/T 15835)
(5) 中国人名汉语拼音字母拼写规则(GB/T 28039)
(6) 期刊目次表(GB/T 13417—2009)
(7) 学术出版规范 注释(CY/T 121)
(8) 学术出版规范 表格(CY/T 170)
(9) 学术出版规范 插图(CY/T 171)
(10) 学术出版规范 关键词编写规则(CY/T 173)
(11) 有关量、单位和符号的一般原则(GB/T 3101)
(12) 数值修约规则与极限住址的表示和判定(GB/T 8170)
(13) 中文出版物夹用英文的编辑规范(CY/T 154—2017)
(14) 学术出版规范 学术不端行为界定(CY/T 174—2019)
(15) 文摘编写规则(GB/T 6447)

另外，医学类期刊还应遵守医学术语和缩略语的相关编写规范等。

在集约化编校中应注意不同规范的使用。要想达到较好的编校质量，应将所有编校工作尽量前移：学术编辑负责稿件的学术质量和常规的编校规范化处理；责任编辑负责两个刊物的精细化加工和校对。在此过程中，所有编辑都要转变思想意识，树立强烈的责任感和使命感，发扬团队协作精神，以期刊质量为目标，精心打磨编校过程的各个标准化环节，才能更好实现期刊集约化发展。

3 总结与启示

西安交通大学社科板块实行期刊集约化以后，各刊的编校流程不断调整、优化，效率大幅度提高，各刊齐头并进，整体质量不断提高，期刊影响力不断扩大。在2023年陕西省高校期刊评优活动中，西安交通大学社科板块取得了优异成绩：《西安交通大学学报(社科版)》《当代经济科学》同获"陕西高校权威社科期刊"，医学三刊也分获精品和优秀社科期刊。通过期刊标准化编校，笔者认为期刊集约化有以下优势和不足：

编校集约化便于实现期刊群的整体布局、定位和差异化发展，便于编辑资源、稿件资源、专家资源、发行渠道以及其他资源的共享，可以构建统一的信息化管理和数字出版的平台。

另外，在板块内部进行编校标准化，对保证期刊出版质量具有重要的作用，并满足与国际接轨的需要。同时，有利于编辑人员的沟通交流，更好地掌握和应用编校标准。

但是，编校标准化也存在一些不足：编校标准过于繁杂会对编辑造成心理压迫。编辑有时为了迎合标准，会走向过度审稿的极端，使得其在编校过程中难免会畏手畏脚、过度删改、循规蹈矩，这样就有可能掩盖了稿件本身的写作风格及语言自身的意境和美感。因此，编校标准化如何在科技期刊中体现真正的价值亟待优化和思考。

同时，期刊集约化编校对责任编辑素养提出新的要求和挑战。编校标准化是期刊高质量发展的重要一环。科技期刊具有刊文内容学术性强、数据多、公式多、图表多等特点，加上纷繁芜杂的信息、编校软件等新技术的不成熟都给编校工作带来一定的干扰和影响。另外，在编校过程中涉及的标准多而广且杂，这些都会影响学术论文的正确性与严谨性，同时给编辑工作造成一定程度的困扰。且以往的期刊编辑以单刊为单位进行编辑加工和出版，涉及的编校标准相对较少，而多刊的期刊集约化校对，需要编辑精通更多的编校规范和行业规范并熟练应用，这给编辑素养提出新的要求和挑战，容易出现编校标准化执行得不扎实，标准化意识缺失等问题。

另外，该文只针对一个板块且内容相近的期刊集约化编校实践进行了探讨，缺乏对期刊中心其他板块(如医学板块、理工板块和英文板块)相应内容的总结，而且实践时间较短，能否进一步在其他板块推广，还需要在今后的工作中不断完善和探索。

4　结束语

期刊集约化是科技期刊高质量发展的有效途径。国内外期刊社都进行了积极的探索，有力推动了科技信息的传播。其中，做好编校工作对提升期刊内容整体的质量有着至关重要的作用。盛丽娜[10]采用统计学方法，研究了科技期刊编校质量与学术影响力的关系，得到科技期刊编校质量与学术影响力有关。

西安交通大学期刊编校集约化的实践尽管取得了一定成绩，但是也存在稿件流转环节多，且大多数为单线流转，对各个环节上的人员在时间的把握上提出了要求和挑战。编校人员应当自觉提高标准化意识，不断打磨编辑校对能力和文字编写能力，还需要在不断的实践中探索更高效的稿件编校标准化新模式。

参 考 文 献

[1]　关于推动学术期刊繁荣发展的意见[J].中国出版,2021(14):3-5.
[2]　中国科学技术协会.中国科技期刊发展蓝皮书(2020)[M].北京:科学出版社,2020.
[3]　陈斌.资源共享集约运作努力实现学报各刊的协调可持续发展:山东大学自然科学学报编辑部集约化办刊的探索与实践[J].中国科技期刊研究,2007,18(5):837-840.
[4]　刘俊,张昕,颜帅.大学出版社学术期刊集群化运营模式研究:以清华大学出版社期刊中心为例[J].编辑学报,2016(6):561-565.
[5]　初景利,闫群.我国科技期刊集约化关键问题剖析[J].出版科学,2023,31(1):66-71.
[6]　徐雁龙.科技期刊主管单位集中办刊的规划与思考[J].科技与出版,2018(10):42-47.
[7]　迟美.材料期刊社集约化办刊的实践探索与发展思考[J].中国科技期刊研究,2017,28(9):793-798.
[8]　杨荣星.高校学报要为受众提供"互联网+"优质服务[J].江西广播电视大学学报,2016,18(3):76-81.
[9]　欧梨成,朱岩,陈培颖.国际一流大学出版社期刊出版运营模式探究:以牛津大学出版社为例[J].科技与出版,2020(6):113-119.
[10]　盛丽娜.科技期刊编校质量与学术影响力的关系[J].中国科技期刊研究,2013,24(1):76-79.

我国医学期刊英文编校常见问题的初步分析

杨亚红，余党会

(海军军医大学教研保障中心出版社《海军军医大学学报》编辑部，上海 200433)

摘要：医学论文中准确、简洁用词确保了研究结果的精确传播，编辑在编校过程中识别并改正错误，对于提高研究成果传播质量和效率至关重要。本文通过总结我国医学期刊中英文编校的常见问题，着重分析了英文摘要中句子结构、语态、名词、冠词、形容词与副词、连词、动词、介词、单词拼写、标点符号等常见问题，并提出修改方式和策略。作为医学编辑，不仅要掌握常见的英文表达、正确的翻译修改技巧，还应了解相关研究的学术背景，同时在编校过程中必须总结和积累，不断提高英文素养，从而提高我国医学期刊英文摘要的质量，促进国际传播和交流。

关键词：医学期刊；科技论文；英文摘要；错误案例

《中国科技期刊发展蓝皮书(2022)》统计数据显示，截至 2021 年我国医药卫生类期刊占比高达 22.7%(1 152/5 071)[1]。医学期刊英文摘要更是国内医学研究成果向国际推广的重要窗口。医学科研论文的写作要求精确表达信息，翻译错误会影响读者对研究成果的理解，进而造成后续很多问题[2-3]。然而，我国医学期刊英文摘要亟须从质量上进一步提高，各种各样的英文编校问题普遍存在，可能是由于中文思维方式与英文表达方式的差异所导致的[4-5]，也可能是作者和编辑对英文词汇用法、表达方式不熟悉[6]及对相关学术背景不了解[7-8]等引起的。为了更好地了解和纠正稿件中的英文错误，本文对我国医学期刊英文摘要中句子结构、语态、名词、冠词、形容词与副词、连词、动词、介词、单词拼写、标点符号等常见问题进行分析，提出相应的修改方式和策略，并对我国医学编辑如何避免这些错误，不断提升自身编辑业务能力提出建议。

1 常见问题与修改方式

1.1 句子结构问题

1.1.1 成分结构混乱

目前线上、线下翻译工具相关技术发展成熟，作者大多也会使用这些工具辅助英文摘要的书写，但作者来稿中英文句子结构混乱的情况仍非常常见，有的句子成分甚至没有内在的联系，只是单词或词组的罗列，不能较好地表达语意。例如研究目的为"比较中心夜间血液透析和常规血液透析患者的血钙水平"的一句中文，被译为"To compare serum calcium levels of patients at the centers undergoing nocturnal hemodialysis or routine hemodialysis."。"undergoing

---

通信作者：余党会，E-mail：medyudanghui@163.com

nocturnal hemodialysis or routine hemodialysis"是"patients"的后置定语, 应与"patients"连用。此外"中心夜间血液透析"是一种强化透析方式, 不应将"中心"单独翻译成"at the centers"。所以该句应修改为"To compare the serum calcium levels between patients undergoing in-center nocturnal hemodialysis and conventional hemodialysis."。

1.1.2 句子成分不完整

医学论文中缺少比较对象是较常见的句子结构问题, 例如"The expression of inhibin A was significantly higher in pregnant women than non-pregnant women.", 此句比较的是妊娠和非妊娠女性"抑制素 A 的表达", 而作者写作时省略了非妊娠女性组"抑制素 A 的表达", 导致缺少了比较对象, 使句子成分不全, 但是如果再写一遍"the expression of inhibin A"会使得句子成分累赘, 此时可用"that"代替[9]。因此将该句修改为"The expression of inhibin A was significantly higher in pregnant women than that in non-pregnant women."。

1.2 语态问题

在医学科研论文的英文写作中, 尤其是描述结果、结论时, 为了显得客观, 更多地使用被动语态[10-11]。当然有时用被动语态也是为了强调一种状态, 而非动作。写作英文摘要时需要在照顾汉语表达习惯的同时, 注意语态的恰当使用。例如"Compared with supine position, the intra-abdominal pressure significantly decreased in the prone position.", 可以修改为"Compared with supine position, the intra-abdominal pressure was significantly decreased in the prone position.", 后者强调了"decreased"的这种状态。

1.3 名词使用问题

1.3.1 名词单复数使用问题。

(1) 可数名词单复数错误, 如图题"大鼠清醒膀胱测量记录示意图"被译为"Schematic of conscious cystometry recording in rat", 其中的"rat"为泛指, 且"rat"为可数名词, 所以应使用其复数形式"rats"。

稿件中存在句用于组间比较时, "difference"单复数的使用错误也比较常见。例如"There were no difference in the indexes of routine blood test, liver function or coagulation function between the two groups."。句中的"difference"为可数名词, 且在此句中指代多个参数的差异, 应使用其复数形式"differences", 因此该句应修改为"There were no differences in the indexes of routine blood test, liver function or coagulation function between the two groups."。

(2) 不可数名词用作可数名词, 如"The expressions of apoprotein A and apoprotein B were detected using enzyme-linked immunosorbent assay."的"expression"表示"基因或蛋白质表达"的含义时为不可数名词, 所以这句应改为"The expression of apoprotein A and apoprotein B was detected using enzyme-linked immunosorbent assay."。

(3) 名词的复数形式使用错误, 如"The top four Gram-negative bacteriums were *Klebsiella pneumoniae*, *Pseudomonas aeruginosa*, *Acinetobacter baumannii* and *Escherichia coli*." 中的"bacterium"复数形式使用错误, 其正确的复数形式是"bacteria"。

1.3.2 名词词组使用问题。

(1) 直译错误, 是中国英语学习者较常出现的错误之一[12]。医学中有许许多多的专业术语, 它们的英文用词一般都有经全国科学技术名词审定委员会审定的规范用词, 在使用时应当严格遵循。但在稿件中经常出现直译错误的情况, 如"Annual healthy physical examination was an

influencing factor of the detection rate of chronic diseases.",句中的"healthy physical examination"为直译错误,此处原义是"健康体检",所以应当使用"health examination"或"health inspection"。

(2) 中文概念理解错误,这种错误常见于对中文概念的理解不够清晰、准确或对英文表达方式不熟悉的情况下[13]。例如,"Sixty-four intrahepatic cholangiocarcinoma patients with syndrome of depression of liver *qi* and spleen deficiency after hepatectomy were randomized into two groups.",句中的"syndrome of depression of liver *qi* and spleen deficiency"在原文中含义应为"肝郁脾虚证",为中医药学的专业名词,其中的"郁"表示"停滞、瘀滞",而非"抑郁、精神忧郁",所以英文翻译不应使用"depression"。根据审定的名词,该中医名词应翻译为"syndrome of stagnation of liver *qi* and spleen deficiency"。

(3) 语法错误,这种错误往往是受中文思维方式的影响所致[13]。例如,"miR-142-3p can mediate the inflammatory response induced by lipopolysaccharide, which may be caused by negative regulating HMGB1 expression."中"negative regulating HMGB1 expression"为语法错误,该词组在原文中意为"HMGB1 表达的下调",可以译为"negative regulation of HMGB1 expression"。

1.4 冠词使用问题

1.4.1 定冠词使用错误

定冠词"the"一般都用于特指、具体的事物或人,如专有名词、人体器官、上文中出现过下文又提及的概念之前加"the"[14]。然而在稿件中"the"滥用的情况很多,如"Serum endothelial nitric oxide synthase was detected using the enzyme-linked immunosorbent assay."一句中,"enzyme-linked immunosorbent assay(酶联免疫吸附试验)"是一种普通的实验检测方法,并非专有名词,原稿前文也未出现过,其前面不用定冠词"the",所以该句应修改为"Serum endothelial nitric oxide synthase was detected using enzyme-linked immunosorbent assay."。

定冠词"the"常用于一些固定用法中,如"越……越……"的英文"the more…, the more…""the greater…, the greater…"等是固定搭配,前后2个"the"都不能省略。因此句子"The more comorbidities the patients have, more physical activity barriers they have."应修改为"The more comorbidities the patients have, the more physical activity barriers they have."。

此外,定冠词"the"也可作为抽象类别冠词,用于表达一类事物的全部或本身,而非特指一个代表[15]。例如"疱疹病毒是一组具有包膜的 DNA 病毒。"被翻译为"Herpes virus is a kind of enveloped DNA virus."该句中的"Herpes virus"即表示一个群组,所以前面要加定冠词"the",修改为"The herpes virus is a kind of enveloped DNA virus."。

1.4.2 不定冠词的错误

众所周知,不定冠词用于可数名词单数之前和一些固定搭配中,其中"a"用在辅音开头的单词之前,"an"用在元音开头的单词之前。然而不定冠词使用错误的情况并不少见,如"Patients are more likely to have facial features with a increased proportion of brow to tip distance.","increased"为元音开头的单词,之前不能使用"a",应修改为"Patients are more likely to have facial features with an increased proportion of brow to tip distance."。

医学科研论文中,数字极为常见,与此相对应的计量单位名词使用也较多,如直径、浓度、体积等,这一类名词与"of+数值"连用时往往使用可数名词,而且其单数前应加不定冠词"a"[14]。然而在实践中使用定冠词"the"的情况却很多,例如"Adapters can function at the concentration of 12.5 nmol/L on sheep erythrocytes."中"at the concentration of 12.5 nmol/L"为错误表达，此句应修改为"Adapters can function at a concentration of 12.5 nmol/L on sheep erythrocytes."。

1.5 形容词和副词使用问题

1.5.1 形容词与副词混用

副词不能用于修饰名词，作者来稿中却经常出现用副词修饰名词的现象。例如"Nephritis syndrome was the most frequently clinical manifestation in all cases, followed by nephrotic syndrome."，句中"frequently"修饰的是"clinical manifestation"这个名词性词组，所以应使用形容词"frequent"作定语，修改句子为"Nephritis syndrome was the most frequent clinical manifestation in all cases, followed by nephrotic syndrome."。

1.5.2 立场副词与形容词位置问题

在学术论文中作者常使用立场副词如possibly、potentially、actually、certainly、seriously、significantly、approximately 等表达其观点，且句法位置灵活多样。医学英语中高频使用的立场副词主要有增强语mainly、significantly(用于增加动词、等级形容词或副词的强度)，以及减弱语relatively(用来降低强度并缓和语气)，而且一般用在其修饰的词汇之前[16]。在稿件中经常会见到将立场副词放在形容词之后的情况，如"A1R expression was higher significantly in the preeclampsia placenta tissue than that in the normal placenta tissue."，句子中"significantly"作为状语修饰等级形容词"higher"，表示"显著性地"含义，应置于"higher"之前。所以此句应修改为"A1R expression was significantly higher in the preeclampsia placenta tissue than that in the normal placenta tissue."。

1.6 连词使用问题

"and"与"or"混用是医学论文来稿中较常见的连词使用错误，而且这一错误往往是作者不仔细导致的，例如"There were no significant differences in the water content of stratum corneum, TEWL value, and pH value among three experiment groups."一句为否定句，连词"和"的英文应使用"or"而非"and"。此外，稿件中并列连词如"not only…but also" "either…or""neither…nor""both…and"等的使用问题也很常见，如"Neither hospitalized patients, nor medical staff had nosocomial infection of COVID-19."一句中"neither…nor"使用错误，上述并列连词若成对出现在一个句子中且都连接一个名词时不能使用逗号[17]，所以这句应修改为"Neither hospitalized patients nor medical staff had nosocomial infection of COVID-19."。

1.7 动词使用问题

1.7.1 实义动词误用

此类错误多是因为作者对单词的含义理解或记忆有误导致的。例如"Expression of MAPK protein was measured using Western blotting."，句中"检测"的英文单词使用了"measure"，在柯林斯词典在线版(www.collinsdictionary.com)、牛津词典在线版(www.oxfordlearnersdictionaries.com)中"measure"作"测量、度量"时主要用于物理学中长度、宽度、数量等的度量，而此句主要表达了蛋白质含量的"检测"，使用"detect"更恰当，所以该句应修改为"Expression of MAPK protein was detected using Western blotting."。

1.7.2 系动词与实义动词混用

稿件中"be"和"have"混用是较为常见的系动词与实义动词混用错误，如"The patients with

rs80356892 site mutation were inclined to be bilateral breast cancer, family history and triple negative breast cancer."中系动词"be"使用错误，此处表达了"患者患有双侧乳腺癌"的含义，应使用实义动词"have"，所以应修改此句为"The patients with rs80356892 site mutation were inclined to have bilateral breast cancer, family history and triple negative breast cancer."。

1.7.3 动词现在分词使用错误。医学英语中动词现在分词作后置定语非常常见，而在实践中现在分词作后置定语使用错误的例子时有发生，如"A total of 586 liver disease patients underwent percutaneous liver biopsy were divided into earlier, mid-term and recent groups."，句中"underwent percutaneous liver biopsy"作为"patients"的后置定语时"underwent"使用错误，"undergo"与其前的"patients"在逻辑上为主动关系[18]，所以应该使用其现在分词"undergoing"而非过去式"underwent"，所以修改句子为"A total of 586 liver disease patients undergoing percutaneous liver biopsy were divided into earlier, mid-term and recent groups."。另外，后置定语也表达了被修饰名词的特征，因此该句还可使用定语从词的形式，修改为"A total of 586 liver disease patients who underwent percutaneous liver biopsy were divided into earlier, mid-term and recent groups."。

1.8 介词使用问题

英语中有些名词和动词连用时要求有一定的介词搭配，而且这种搭配必须遵循，随意更改就会出错[19]，医学英文摘要中介词搭配错误是较常见的错误。例如，"Curative effects of cranioplasty for skull defect in different stages after decompressive craniectomy were analyzed."。"stage"与"in"连用"in the stage"表示"在舞台内部"，而该句中表达的含义却是"在不同时期"，"stage"表示"时期"时应使用介词"at"或"on"，又因为"on the stage"常表示"在……阶段"，所以该句修改为"Curative effects of cranioplasty for skull defect at different stages after decompressive craniectomy were analyzed."

1.9 单词拼写问题

单词拼写错误在编校过程中非常常见，此类错误不仅仅是作者投稿时书写错误，改版中出错也很常见，所以单词的拼写在每一校次中都不容忽视，应仔细校对，必要时也可借助校对工具，如黑马校对软件，该软件对英文单词拼写的校对效果较好[20]。笔者列出以下在编校实践中经常出现拼写错误的单词(括号中为错误拼写)，以引起重视：comparison(comparision)、trauma(truama)、length(lenght)、separate(seperate)、medicine(medcine)、headache(headach)、difficulty(difficultly)、disability(disbility)、patient(pateint)、hypertrophy(hypertophy)等。

1.10 标点符号使用问题

1.10.1 点号误用

句末"etc."是拉丁语"etcetera"的缩写，其中的号点并不表示断句或句子的结束，"etc."可以与其他标点符号配合使用，如之后加逗号表示断句，而且可以使用在句子的任何位置[21]。但是，"etc."出现在句末时则不必再加一个号点[21]。然而，在稿件中会出现连用2个号点的情况，例如"Left atrial appendage electrical isolation is mainly achieved through radiofrequency or balloon cryoablation, surgical intervention, LARIAT ligation, etc.."，这时应特别注意删除1个点号。

1.10.2 逗号误用

在英语中逗号不能连接两个独立的句子[22]，而在稿件中可能受汉语使用习惯影响，经常会出现如"Left ventricular end diastolic diameter was measured, cardiac pathological examination was performed."这类错误使用逗号的情况,应在中间加"and",改为"Left ventricular end diastolic diameter was measured and cardiac pathological examination was performed."。

1.10.3 分号误用

相较于点号、逗号、问号等,分号在医学论文中使用并不多见,然而来稿中分号的使用常会出现错误。例如,"Logistic regression analysis showed that place of residence and dietary status were influencing factors of anxiety; age was an influencing factor of depression; the time spent on epidemic-related information was an influencing factor of insomnia."中文为3个分号相连接的是一项研究结果中 3 个独立的部分。在英语中,一个概括性句子之后有几个独立的短句或分句加以论述时,这些短语或分句之间应该用分号连接,而且最后一个分号前应加"and"[23]。所以上句应修改为"Logistic regression analysis showed that place of residence and dietary status were influencing factors of anxiety; age was an influencing factor of depression; and the time spent on epidemic-related information was an influencing factor of insomnia."。

2 改进建议和措施

对于英文摘要中出现的上述错误,医学编辑应予以重视,笔者认为可通过以下措施避免或减少:

(1) 总结编校过程中遇到的错误案例,分析错误出现的原因,了解相关的英文表达方式、语法知识和正确的翻译技巧,在实践中积累经验,避免上述常见问题的发生。

(2) 准确理解语义与所蕴含的文化内涵,是翻译的前提和基础[24]。医学期刊专业性强,英文摘要翻译错误有可能导致严重后果,所以编辑平时应加强专业知识的学习与积累,并在编校英文时注意准确理解中文语义,了解相关学术背景,以做出更准确的英文翻译。

(3) 避免"中国式"直译,尽量贴近国际上主流的科技论文表达方式,建议平时多阅读《柳叶刀》(Lancet)、《新英格兰医学杂志》(NEJM)等国际高水平医学期刊的英文摘要,了解相关用法特点,体会各种语境,减少误译、错译,并使翻译的英文摘要在语言和文体风格上符合医学科技论文的特点[25-27]。

(4) 编校过程中若遇到一些特殊的用法、表达方式,应查阅专业参考工具,或与英语语言专家沟通以寻求专业的指导建议,也可借助一些校对工具[20,28]以避免单词拼写错误。

3 结束语

在医学科研论文写作中,上述几类问题都比较常见,而准确、简洁的英文表达将直接影响医学研究成果的质量与有效传播,以及期刊影响力的提升[29-30]。因此,医学编辑在论文编校过程中应当能够识别英文错误并做到正确改正,以得到高质量的英文摘要,从而促进我国医学研究成果的传播与交流。

参 考 文 献

[1] 中国科学技术协会.中国科技期刊发展蓝皮书(2022)[M].北京:科学出版社,2022:7.
[2] 郑福裕.科技论文英文摘要编写指南[M].北京:清华大学出版社,2003:47-49.
[3] 季鸽.《哈佛医学院特别健康报告》英译汉翻译实践报告[D].成都:成都理工大学,2018.
[4] 杨亚红.学术论文英文摘要中的动词名词化及使用情况分析[M]//学报编辑论丛 2022.上海:上海大学出版

社,2022:249-252.
[5] 孔祥姝.中英思维方式的差异对翻译的影响[J].公关世界,2020(20):138-139.
[6] 张博宇.英语歧义词语翻译问题分析与策略探究[J].现代英语,2021(12):79-81.
[7] 林萍.专业知识在医学翻译中的关键作用[D].青岛:中国海洋大学,2013.
[8] 李静,刘晓丽.中医术语英译标准化与翻译的文化取向[J].生物技术世界,2014(2):181-182.
[9] 侯翠梅.核科技期刊英文摘要编校中的常见问题及对策探讨[J].编辑学报,2012,24(增刊1):S11-S13.
[10] 周莉.基于语料库的西方医学期刊论文摘要特征分析[J].贵阳学院学报(社会科学版),2013,8(6):83-85.
[11] 赵彬.英语被动语态在科技医学论文英语写作中的应用[J].中华医学写作杂志,2004,11(6):451-452.
[12] 李晓利.对中国英语学习者在议论文写作中选词错误的研究:基于语料库的调查[J].北京教育学院学报,2010,24(2):80-84.
[13] 阮爱萍,马艳霞,王沁萍,等.医学论文英文摘要中语义翻译的常见错误[J].山西医科大学学报,2010,41(12):1099-1100.
[14] 朱丽虹.医学英文论文常见错误评析:名词和冠词的用法[J].中国科技期刊研究,2007,18(6):1077-1080.
[15] 包通法.论冠词在科技英语写作类别表达中的运用[J].上海科技翻译,1991(1):41-44.
[16] 娄宝翠,姚文婷.学习者学术英语写作立场副词的使用特征[J].河南师范大学学报(哲学社会科学版),2019,46(3):114-120.
[17] 丁克威.常用并列连词词组辨析[J].新高考(高一版),2010(3):48-50.
[18] 段荣荣.现在分词和过去分词作定语的区别[J].高中生学习(高二版),2013(9):16-17.
[19] 修荣荣.科技论文英文摘要写作中常见介词错误用法分析[J].中国石油大学胜利学院学报,2011,25(1):48-51.
[20] 冯小妹.网络编辑软件在出版稿件编加中的应用探析:以黑马校对为例[J].新闻前哨,2021(8):109-110.
[21] 行正.谈谈 etc.的用法[J].世界科学,1984(12):55,31.
[22] 陶齐英.谈如何使用逗号[J].大学英语,1988(4):91-92.
[23] 殷雪迎.应该重视用好英语分号[J].英语知识,1996(10):21-23.
[24] 周岚.语义理解:准确翻译的重要一条[J].现代企业教育,2011(24):177-178.
[25] 曾经昊.简论语境对英语词汇翻译的影响[D].长沙:湖南师范大学,2012.
[26] 黄媛,陈莉萍.高影响力医学期刊英文摘要的语言特点[J].中国科技期刊研究,2012,23(4):685-687.
[27] 李慧,喻伟.提高科技论文英文摘要编译质量的措施[J].长江大学学报(社会科学版),2010,33(4):124-127.
[28] 张建芬,邓晓群,沈志超.利用方正文易和 Acrobat 软件实现期刊论文校对[J].编辑学报,2004(3):189.
[29] 杨亚红.中文医学期刊论文作者依托单位的英文译写[M]//学报编辑论丛 2019.上海:上海大学出版社,2019:182-185.
[30] 刘萍,程松涛.科技期刊英文摘要的意义及编辑[C]//四川省科技期刊编辑学会.科技期刊编辑研究文集(第四集).成都:四川科学技术出版社,1996:129-131.

科技期刊中英文术语杂糅的现状和规范策略

赵 雁[1]，赵 宇[2]，武秀娟[1]

(1.济南大学《中国粉体技术》编辑部，山东 济南 250022；2.《上海大学学报(自然科学版)》编辑部，上海 200444)

摘要：为了与世界科技发展同步，在科技领域更好地进行学术交流和传播，保证汉语语言体系的健康发展，本文总结了中英文杂糅现象的典型表现形式。从科技成果命名、数值模拟、缩略词等方面对中英文术语杂糅现象结合实际案例进行了分析。并针对此现象提出编辑规范策略，充分发挥科技期刊对社会发展和科技进步的促进作用。具体策略：一是在编辑工作中应予以足够重视，及时关注国家的相关标准规范，并借助现代汉语词典、术语在线等工具，在把握汉语不失单独表情达意的语言功能的前提下，使中英文更好地融会贯通；二是建议由国家相关部门统计和制定具体的规范细则，并应与时俱进，每隔一个时期加以修订和补充，为语言的规范使用提供科学和理论依据。

关键词：科技期刊；中英文术语杂糅；规范用词

伴随着国际经济文化交流的日益深入和扩大的趋势，人类的科技文明成果已突破国别的限制，成为全球共享的科技资源。英语作为国际通用语言，在当今世界的先进科技交流中，基本上是先使用英语表达，之后再向世界传播。在当前我们所处的时代，英语以其特有的优势，兼容并蓄，将大量的新事物、新概念带入国内，在介绍、应用或引用国际先进科研成果时，不可避免地造成中英文杂糅的现象。当前英文不经翻译、直接嵌入汉语的现象越来越多[1]，导致英语正以一种强悍的姿态侵入汉语，其速度之快，广度之大，大有蔓延之势，以至于我们的语言习惯已经部分英语化了。汉英杂糅的现象大量出现，在某种程度上对汉语文化形成了潜在的威胁，影响汉语的健康发展，不容忽视。

对于个体而言不便强制干涉，但对于正规出版物，应做到规范汉英杂糅的标准的表达，防止若干年后，汉语变成汉英混杂、不汉不英的语言，保证汉语是能单独表情达意的语言体系。规范统一的科学技术名词体系是科技创新、交流和传播的基础[2]。因此，为了与世界科技发展同步，在科技领域更好地进行学术交流和传播，有必要制定相应的规范标准，正确引导编辑和科研工作者做好英语与汉语对接工作，并大力加强监督执行。使中英文更好地融会贯通，发挥好语言对促进社会发展和科技进步的作用。

2010年，新闻出版总署下发了《关于进一步规范出版物文字使用的通知》要求"在汉语出版物中，禁止出现随意夹带使用英文单词或字母缩写等外国语言文字……汉语出版物中需要使用外国语言文字的，应当用国家通用语言文字作必要的注释……将出版物使用语言文字情况，尤其是使用外语规范情况作为出版物质量检查和年度核验的重要内容……对违反使用语言文字规范的,要责令改正,依法予以行政处罚"[3]。但实际情况不容乐观,在科技期刊中在使用英文单词或字母缩写等外国语言文字时,没有明确的翻译,照搬照抄,造成以讹传讹、同样的错误一犯再犯的现象屡见不鲜。在实践工作中总结了中英文术语杂糅现象的典型表现形式,并分析了它们的产生原因,提出了相应的规范策略和建议。以期对科研、编辑工作者在科研论文的写作、编辑工作方面有所帮助。规范统一的科学技术名词体系是科技创新、交流和传播的基础。

1 科技期刊中英文术语杂糅现状分析

1.1 以人名命名的科技成果

在科技期刊中经常出现以人名命名的科技成果,以科学家命名的有量名称,如阿伏加德罗常数、吉布斯自由能等;在国际单位的22个导出单位中,有17个单位是用科学家的名字命名的,如赫兹、帕斯卡、韦伯等;有定律、定理等,如牛顿定律、高斯定理、安培定则等。这些科学家在全球科技领域中知名公知性,他们的名字都有明确的中文翻译,不会产生歧义。

科技期刊中还有一些以人名命名的方程、方法等,如 Monte Carlo 方法,在科技论文中有的不翻译,有的翻译为蒙特卡罗,有的则翻译为蒙特卡洛,在中国知网查询相关科技论文中的表达实例如图1所示。同类的还有纳维-斯托克斯方程(Navier-Stokes 方程),阿伦尼乌斯方程(Arrhenius 方程)等。还有直接不翻译成中文的,如获得的氮气吸附等温线通过 BET(Brunauer-Emmett-Teller)方法计算出样品的比表面积。

图 1 Monte Carlo 在科技论文中的表达实例

随着计算机应用的发展和普及,在科技论文写作中,因作者使用的输入法不同,有可能会出现同(近)音误用,如傅立(里)叶、笛卡儿(尔)、霍耳(尔)。由于科学家译名与文学作品中的人名翻译有所不同,其翻译更应注重规范化和统一化,编辑要提高思想认识,予以充分的重视,做好规范编辑工作。

1.2 数值模拟中的科技术语

随着计算机技术的飞速发展，科技论文中出现大量的运用数值模拟的研究方法，通过数值计算和图像显示的方法，达到对工程问题和物理问题乃至自然界各类问题研究的目的。数值模拟软件中英文版居多，大多数未经汉化。例如，选择适用于模拟黏性系统的"Hertz-Mindlin with JKR Cohesion"接触模型。……结合软件内置的 GEMM 数据库，得到模型的接触参数。……时间积分方式选择 Euler 法，固定时间步长，取 Rayleigh 时间步长的 20%~40%以保证仿真的连续性，……应用 Design-Expert 软件中的 Plackett-Burman Design 设计进行参数筛选试验，……采用基于 Python 语言开发的 EDEMpy 库对仿真结果文件进行分析。在论文正文中的模拟过程、参数设置等出现的英文科技术语基础不翻译。科研工作者为了与世界科技发展同步，且语言的运用有一定的使用语境，在有些特定的场合，语言的使用既要注意规范，又要尊重约定俗成的习惯，以行业领域能认同，不引起歧义为原则，这样更有利于科学、技术及文化的交流。故此，对于采用数值模拟研究方法中的未经汉化的英文科技术语，由于缺乏相关的标准规范，因此在编辑工作中基本上是尊重作者在论文中的表述，采用不翻译的处理方式。

1.3 缩略词

1.3.1 公知公用类

英文缩略词具有言简意丰、简洁明了、中外互通等特点，获得了广泛的认同，在学术期刊中被广泛使用。在现代汉语词典(第 7 版)附录中西文字母开头的词语收录的，例如，AI、APEC、BBS、BRT、CAD、CBD、CPU、DNA、EMS、GPS、IT、LED、MRI、SCI、QS、USB、Wi-Fi 等司空见惯的词语，基本上已经形成作者、读者公知公认的一种约定俗成的特定样态[4]，其确切的规范性的全称翻译大多数人不甚明确，在论文正文中出现时可以解释说明，也可以不翻译。还有如 RGB 三色微显示器这类表达形式，相较于将缩略词 RGB 翻译为红色-绿色-蓝色，编辑时采用保留原缩略词不翻译的方式更为适合。

1.3.2 规范用词类

GB/T 7713.3—2014《科技报告编写规则》指出："引用非公知公用的符号、记号、缩略词、首字母缩写字等时，应在第一次出现时加以说明[5]"。除了公知公用类的词语外，在英文缩略词首次出现时，应在正文中解释并列出其中文全称，然后给出其英语缩写形式[6]。例如，离散单元法(discrete element method，DEM)、核磁共振成像(nuclear magnetic resonance imaging，NMRI)、空气质量指数(air quality index，AQI)。

在编辑实践工作中，时常有作者在撰写论文时，在首次出现未经解释说明就使用非公知公认缩略词的不规范现象。例如：据 FAO 统计……采用 FDM-DEM 耦合方法建立……低温处理使小麦细胞 GR 酶活性明显降低等。对于此类不规范表达，应根据规范标准对缩略词在首次出现时进行明确的解释说明。

2 科技期刊中英文术语杂糅的规范策略

2.1 编辑规范策略

随着科技的飞速发展，科技新词层出不穷，目前科技期刊中的中英文杂糅现象呈现明显上升趋势，混乱现象也随之增多，已经影响到了文章的可读性和专业交流，是期刊工作者应该关注的问题。在新媒体时代，编辑应全面分析科技术语传播带来的不利和有利因素，迎接挑战，充分发挥在科技领域传播主体的积极性[7]，以辩证的态度对待外来词的吸收和借用。为了汉语词汇的健康发展,我们在编辑工作中应予以足够的重视,不能有怠惰心理,任由作者原文的表述不修改。针对 1.1、1.3 中出现的不规范现象,在编辑工作中,可以借助现代汉语词典、术语在线、强国词典等工具进行规范处理;针对 1.2 中采用数值模拟方法出现的中英文杂糅现象,可登录行业标准信息服务平台(sacinfo.org.cn)或请作者提供使用软件的相关信息进行核校。同时,要关注国家的相关标准规范,并以此作为最高的规范依据,具体情况具体分析,在把握汉语不失单独表情达意的语言功能的前提下,使中英文更好地融会贯通,在使用规范语言方面起到垂范的作用。

2.2 规范细则的制定

科技论文18讲中提出科技名词术语统一和规范化的原则是单一性、科学性、系统性,对于外来语应尽量采用意译,少用音译,以体现中文特点。科技术语的规范化、标准化程度,从侧面体现了国家科技发展与国民科学素质的整体水平[8],故此,由国家相关部门统计和制定具体的规范细则是必要的,对外来词进行研究和公布规范词表,并每隔一个时期加以修订和补充,为语言的规范使用提供科学和理论依据。词汇的发展不能脱离规范的轨道,只有适时、适当地规范,才能减少不规范使用外来词导致的汉语语言环境的纷乱,同时应开展教育和新闻媒体的宣传、推广及监督工作,使标准规范能得到全面贯彻执行。

3 结束语

随着科技交流的国际化,中英文杂糅现象呈现明显的上升趋势,这是跨文化交流的必然现象,也是社会发展的一种趋势,应加以正确引导。为了保证外来词在汉语词汇的大环境中获得健康的发展,需要制定相关的规范并确保其贯彻执行到位,这是一项长期而艰巨的工作,作为科技期刊新媒体时代的编辑,我们要尽职尽责,充分发挥科技传播主体作用,强化为中华民族的文化建设的使命感,才能真正地提高我国科技期刊的综合实力。

参 考 文 献

[1] 王虎,张明辉.外来词的规范与使用[J].衡阳师范学院学报,2012,33(4):65-67.
[2] 马祥飞.利术语翻译之器,成科技强国之事[J].中国出版,2022(14):71.
[3] 新闻出版总署.关于进一步规范出版物文字使用的通知[EB/OL].[2012-04-18].http://www.gapp.gov.cn/cms/html/21/508/201012/708310.html.
[4] 石春让,陈兵.科技期刊来稿中的汉英杂糅现象及规范策略[J].出版广角,2011(3):56-57.
[5] 中国国家标准化管理委员会 GB/T 7713.3—2014 科技报告编写规则[S].北京:中国标准出版社.2014:10.
[6] 职桂叶,何建妹,夏小东,等.农业学术期刊应规范使用英文缩略词[J].农业图书情报学刊,2013,25(10):145-147.
[7] 迟凤玲,申秋红,吴根.新媒体中科技术语传播的 SWOT 分析[J].科技中国,2022(6):50-55.
[8] 迟凤玲,吴根,张月,等.新媒体中科技术语规范使用与高质量传播的对策研究[J].传播与版权,2022(4):29-31.

科技期刊地图插图规范出版路径探索
——以《南方水产科学》地图审核为例

闫 帅，艾 红，章丽萍，江 睿，荣 辉

(中国水产科学研究院南海水产研究所《南方水产科学》编辑部，广东 广州 510300)

摘要：为探索科技期刊地图插图规范出版的路径与方法，杜绝"问题地图"。本文基于《南方水产科学》期刊地图审核实践，在无测绘专业背景、无测绘资质证书的条件下，采取以标准地图作底图，通过地图软件作投影处理，实现了地图规范出版。根据新要求，阐述了地图审核流程，提出地图审核需编者和作者共同努力，作者根据内容表达需要选用地图，编辑应具备的专业技能等相关建议，以期为科技期刊地图插图规范出版提供参考。

关键词：科技期刊；地图插图；地图审核；规范出版

地图是国家版图的主要表现形式，直观反映国家的主权范围，体现国家的政治主张，具有严肃的政治性、严密的科学性和严格的法定性[1]。地图在展示空间要素和信息时，具有简明、直观、形象、通俗易懂等特点，这是文字、表格等无法比拟的。随着地理信息技术和互联网技术的迅速发展，地图数据的易获得性和操作便利性，使越来越多的作者在科技论文中使用地图进行信息可视化表达，实现内容的生动呈现。然而，一些漏绘领土、错绘国界线、标注错误称谓等的"问题地图"时有出现[2]。

关于科技期刊的地图插图问题有过零星的报道。曹会聪等[3]、李小玲等[4]列举了科技期刊中国界线的错绘、重要岛屿的漏绘、地图名称注记和地图要素的不规范表达等多种"问题地图"的表现类型。魏玉芳等[5]根据不涉及国界、行政区域界线或者范围的地图无须送审这一规定，提出科技论文插图中几种避免使用带国界线地图作底图的方法。白羽红等[6]总结了科技期刊在地图审查和出版中的常见问题。李晓波和周锐[7]针对《地震》杂志的制图送审工作提出优化审图流程的方法和措施，但该杂志在实施过程中有重要的一环——与有测绘资质证书的制图单位合作，借助其资质证书完成地图送审。

为提高地图插图出版质量，杜绝"问题地图"，《南方水产科学》编辑部于2022年4月启动地图审核工作，对涉及国界、省界、行政区域界线等地图均报送广东省自然资源厅审核。本文根据《南方水产科学》期刊在无测绘专业背景且无测绘资质证书条件下完成的地图审核实践，介绍了相应的策略和方法，并提出了建议，以期为科技期刊地图插图规范出版提供参考。

通信作者：艾 红，E-mail: aihong@scsfri.ac.cn

基金项目：中国水产学会一流水产科技期刊建设项目（CSF-2023-C-06）；中国水产学会一流水产科技期刊建设项目（CSF-2023-A-02）

1 《地图审核管理规定》及其要点解读

为了加强地图审核管理，维护国家主权、安全和利益，国土资源部于 2017 年公布了《地图审核管理规定》(下简称《规定》)，《规定》于 2018 年 1 月 1 日正式实施，2019 年自然资源部对部分条款作了修正[8]。自《规定》正式实施后，期刊界一度谈"地图"色变，主要原因是地图具有政治敏锐性，且地图审核严格，非专业人员操作难度较大，因此不少编辑部采取了尽量回避的态度。实际上，准确把握《规定》中第六条、第十条的内容非常关键，地图审核对于非专业人员来说并无想象中困难和复杂。

第六条，规定了 3 类地图不需要审核：①"直接使用测绘地理信息主管部门提供的具有审图号的公益性地图"，这种方式最简单，但要求是全图无缩放、无修改，可直接标注审图号使用；这里需注意 2 个界定词——"测绘地理信息主管部门提供的"和"公益性地图"，有些地图册或专业图书中的地图虽有审图号，但非公益性地图，不得直接使用。②"景区地图、街区地图、公共交通线路图等内容简单的地图"，一些内容简单的地图须注意不得标出国防、军事设施等敏感内容[9]。③"法律法规明确应予公开且不涉及国界、边界、历史疆界、行政区域界线或者范围的地图"，不涉及边界线等是作者或出版单位常用的方法之一。

第十条，规定了申请地图审核应提交的 3 种材料，其中第 3 种"地图编制单位的测绘资质证书"，让很多作者止步(除非作者本身有资质或委托有资质的单位制图)。实际上，多数作者或出版单位无法提供这个证书。科技论文中的地图基本上都是由互联网下载的地图矢量数据通过软件绘制而成，而能直接使用具审图号的公益性地图(无缩放、无修改)很少，即使能利用，大多需要在原图上添加元素，如标注采样站位、添加色块，或者裁切部分区域等。

《规定》也列出了不需提供测绘资质证书的 4 种情形，其中，第 4 种"利用测绘地理信息主管部门具有审图号的公益性地图且未对国界、行政区域界线或者范围、重要地理信息数据等进行编辑调整"很关键，《南方水产科学》的地图送审正是基于这一点，利用自然资源部网站上具有审图号的公益性地图作底图，实现了地图规范化出版。

2 使用标准地图作底图

2.1 从正规渠道获取地图及数据

使用来源不明或国外网站上的矢量数据作图，可能出现"问题地图"，比如使用者众多的开源地图 Open Street Map(简称 OSM)，可下载全球矢量地图数据，虽然其数据类型多、时效性强，但有关中国的地图没有藏南地区、台湾省、南海九段线，利用此类数据要特别谨慎。为避免出现差错，即使是绘制不涉及国界、省界等地图，也应从正规渠道获取地图数据。官方地图数据来源主要有：

(1) 全国地理信息资源目录服务系统(http://www.webmap.cn/)：自然资源部主办，国家基础地理信息中心承办，注册后可下载 1∶100 万和 1∶25 万的全国基础地理数据(内容包含省、市、县级行政区面等数据；数据下载后需作合并处理)。该网站特别注明，因下载的是矢量数据，与符号化后的地图在可视化表达上存在一定差异。因此，使用官方的矢量数据作图，涉及国界、省界等也需送审。

(2) 标准地图服务系统(http://bzdt.ch.mnr.gov.cn)：由自然资源部地图技术审查中心承办，

可以免费下载全国、各省区以及世界地图，提供 jpg、esp 两种格式(栅格、矢量)，对开、4 开、8 开、16 开、32 开、64 开多种规格，用作底图，能满足多数人的需要。

2.2 用地图软件作投影处理

以标准地图作底图，制图软件生成的地图需要做投影处理。其绘制原理是：我国标准地图是投影坐标系(平面坐标，坐标单位：米、千米)，而制图软件绘制的地图为地理坐标系(曲面坐标，坐标单位：经纬度)，因此需要在 ArcGIS 等绘图软件中将地理坐标系转换为投影坐标系，然后导出矢量地图(ai、eps、emf)，再利用 Illustrator 等矢量图形编辑软件将导出的地图要素叠加到标准地图上，达到既能直观、生动地呈现作者需要表达的空间要素和信息内容，也便于地图审核。

要达到与标准底图完全对齐，除了选好投影坐标系(包括技术参数)外，矢量数据的年份、来源以及底图选择也很重要(不同年份的全国或省区标准地图，并非完全一致)，均会影响最终的效果。地图转换最难的是投影坐标系和参数的选择，由于多数标准地图并无明确的投影说明，需要运用地图投影有关知识，根据不同投影的特征，如经纬网形状、变形分布规律等来推断投影的种类、性质和方式；不同区域、不同范围的地图，如中国全图、各省区地图、世界地图、各大洲，使用的投影坐标系和参数不同[10]。

经笔者多次实践摸索，表 1 列出一些常用标准地图的投影名称和技术参数。但有些地图需要较强的专业背景，比如，中国编制的世界地图多采用等差分纬线多圆锥投影，制图软件中并无该投影坐标系，需要做特别处理才能完成转换[11-12]。

表 1 常用标准地图的投影名称和技术参数

地图类型	审图号	投影名称	参考的技术参数
中国全图(以南海诸岛作插图)	GS (2020) 4631	Albers 等面积圆锥投影、Lambert 等角圆锥投影	中央经线=105°E，标准纬线 1=25°N，标准纬线 2=47°N
广东省	粤 S (2020) 037	Albers 等面积圆锥投影	中央经线=113.5°E，标准纬线 1=19°N，标准纬线 2=24.5°N
海南省	GS (2019) 3266	Albers 等面积圆锥投影	中央经线=110°E，标准纬线 1=18.5°N，标准纬线 2=19.5°N
亚洲	GS (2020) 4393	Lambert 方位等面积投影	中央经线=90°E，标准纬线=40.25°N
欧洲	GS (2020) 4390	Lambert 方位等面积投影	中央经线=20°E，标准纬线=50°N
北美洲	GS (2020) 4397	Lambert 方位等面积投影	中央经线=100°W，标准纬线=40°N
南美洲	GS (2020) 4394	Lambert 方位等面积投影	中央经线=60°W，标准纬线=20°S
大洋洲	GS (2020) 4396	Lambert 方位等面积投影	中央经线=180°E，标准纬线=10°S

注：限于篇幅，本表仅列出了笔者使用过的省份、大洲地图参数。

3 地图审核流程

3.1 内部审查

地图送审前，编辑部需先进行内部审查。自然资源部网站对于地图审查应关注的内容有详细说明[9]。编辑需全面掌握地图审核的要求，对截取标准地图局部区域的，应特别注意重要信息和区域的完整性，避免地图审核不通过或反复退修。笔者在地图初审中发现的常见错误主要有：广东省海域漏绘东沙群岛；漏绘香港特别行政区、澳门特别行政区界线；漏绘广东省与海南省在琼州海峡的省界线；漏绘广东省与福建省海域的省界线；海南省未跨海陆标注(其包括了南海诸岛)；以及南海诸岛个别重要岛屿缺失、九段线显示不完整等。

3.2 地图送审流程

李晓波和周锐[7]详细介绍了自然资源部的地图审核流程。根据最新的要求，2022年4月1日至2023年12月31日，北京、吉林、黑龙江、浙江、山东、广东、海南、四川、陕西等省级行政区域内申请人送审包括全国地图以及主要表现地为两个以上省、自治区、直辖市行政区域的地图等，按属地化原则实施地图审核[13]。因此，各省市在地图送审程序上可能有差异，应按其公布的指南来操作。以《南方水产科学》期刊为例，送广东省自然资源厅审核流程：

(1) 到广东省自然资源厅网站(https://www.gdzwfw.gov.cn/portal/v2/guide/11440000MB2D02159F244011200900001)下载广东省地图审核申请表(部委托)。如同一本期刊有多幅地图需送审，只需填一张表格，标题可用"某杂志第几期共几幅地图"；一张图中如含多幅地图，按地图的幅数计。填写完成后加盖法人单位公章。

(2) 地图送审材料说明(也需加盖法人单位公章)：包括文章标题、图的标题，使用的标准地图审图号，所用软件及投影坐标系，对底图修改之处(有无缩放、增删哪些元素等)，并注明因使用标准地图作底图，不须提供测绘资质证书。

(3) 在广东省统一身份认证平台(https://tyrz.gd.gov.cn/)以法人账号注册、登录(编辑部如为非独立法人单位，需用主办单位的账号登录填写申请)，提交4种材料：申请表、测绘资质证明、地图样图以及保密技术处理的证明文件(非必要)，其中前3种为必要材料。用标准地图作底图的，在测绘资质证明处提交地图送审材料说明即可。应注意网上提交的材料、名称等须与邮寄材料一致。

(4) 在网上提交申请后，打印包含试制地图样图的期刊页面(排版好的样稿)一式两份，连同广东省地图审核申请表和地图送审材料说明邮寄到指定地址。如是首次在平台提交材料，应等收到受理通知再邮寄材料。地图审核周期一般为20个工作日；如为时事宣传地图、时效性要求较高的图书和报刊等插附地图，可在申请表中勾选，一般在7个工作日内完成审核。

4 实施地图审核的建议

4.1 重视地图审核工作

《规定》自2018年1月正式实施后，至今地图送审的科技期刊并不多。科技期刊实施地图送审工作，需要编者和作者共同努力。首先，编者应高度重视地图审核工作，做好地图审核的宣传与科学普及，在投稿指南中可建议作者注明地图数据来源，对涉及国界、省界、行政区界线的地图使用标准地图作底图，以方便地图送审。其次，根据期刊的专业性质和自身条件，可选择找有测绘资质的第三方合作；而对于一般性期刊，如果使用标准地图能满足作者表达要求的，不需借助第三方的测绘资质证书即可完成地图送审。最后，应加强与作者的沟通与交流，顺利推进地图审核工作。《南方水产科学》自2022年4月起要求稿件中所有涉及国界、省界、行政区界等的地图全部送审，一些作者对此不理解甚至有些抵触，认为国外的期刊以及国内同行杂志从未有这些要求；有的作者打算删图改用文字或表格来表达；还有作者对于论文中的国外地图插图，采取不标注陆地名称，企图达到模糊国界线的目的。为此，编者加强了与作者的沟通，提出了解决办法，最终所有相关的地图均顺利送审。

4.2 作者应根据内容表达需要选用地图

对于作者来说，不必一听到地图需要送审就贸然删图或调整范围。一般对于少数几个采样站点的地图，如无特别要求，用表格或文字能表达清楚的，无须用地图来表示。而有些地图如删除则失去了关键信息，比如，通过地图中不同色块来表示某些指标的变动，有些文章的核心内容展示就浓缩在一张或若干张地图上。也有作者为避开边界线等敏感信息调整原图范围，导致地图上只有采样散点而无陆地参考点，这种地图的直观呈现效果已大为减弱。因此，作者应根据内容呈现或表达需要选用地图，而不应为避免地图送审而删图或改图。

此外，作者除了会用 ArcGIS、QGIS、Mapinfo 等地图绘图软件外，还应掌握地图投影知识以及一些矢量图编辑软件的使用，如 Adobe Illustrator、Coreldraw 等，以便配合完成地图叠加等操作，积极推进地图送审工作。

4.3 编辑应具备的专业技能

编辑除了掌握地图常见错误，能够对地图初审把关外，还应具备一定的地图学专业知识和绘图加工技能，这在启动地图审核工作的初期尤为重要。因为很多作者都不清楚如何进行投影、地图叠加操作，特别是投影坐标系和参数的选择，需要有经验的编辑指导。可以说，对于无测绘资质证书的出版单位，编辑掌握一定的地图学知识、会做投影地图是确保地图顺利送审的前提，也是科技期刊实施地图审核工作的关键。同时，编辑也需加强与地图审核部门人员的联系，对一些疑难问题要及时咨询，避免地图审核不通过或反复退改。

5 结束语

地图插图是科技论文中极富有表现力的部分，使用规范的标准地图，论文的科学性和可读性明显提升，这不仅体现在地图要素齐全、规范性上，其色彩和符号的搭配与变化，也给读者带来愉悦感，更能激起读者对文章内容的兴趣。科技期刊出版单位应高度重视地图审核工作，对应当送审的地图及时送审、备案，做到规范化出版，避免在地图中出现丝毫差错。

参 考 文 献

[1] 洪伟.标准中地图的编辑与审核[J].中国质量与标准导报,2017(9):42-44.
[2] 中国地图,一点都不能错[N].中国自然资源报,2021-08-30(1).
[3] 曹会聪,朱立禄,王琳.地理学期刊地图插图的编辑加工[J].编辑学报,2015,27(6):540-542.
[4] 李小玲,何书金.科技期刊地图插图的规范绘制和常见问题[J].中国科技期刊研究,2021,32(6):699-718.
[5] 魏玉芳,杜承宸.科技论文地图插图"合理回避"策略[J].黄冈师范学院学报,2021,41(6):241-243.
[6] 白羽红.科技期刊地图插图审查中应注意的问题:写在新版《地图管理条例》颁布之际[J].编辑学报,2017,29(1):36-38.
[7] 李晓波,周锐.科技期刊中地图审核流程优化[J].编辑学报,2022,34(2):158-162.
[8] 自然资源部.地图审核管理规定[EB/OL].(2019-07-24)[2022-04-13].http://gi.mnr.gov.cn/201908/t20190814_2458748.html.
[9] 自然资源部关于印发《公开地图内容表示规范》的通知[EB/OL].(2023-02-14)[2023-08-25].http://gk.mnr.

gov.cn/zc/zxgfxwj/202302/t20230214_2775839.html.

[10] 胡圣武.地图学[M].2 版.北京:清华大学出版社,北京交通大学出版社,2020:123-125.

[11] 左伟,王俊友,蒋卫国,等.基于 GIS 的无参数地图投影转换技术研究[J].测绘通报,2012(4):27-29,49.

[12] 李勇,谭娟,邓新伟.基于 MapGIS 的世界地图等差分纬线多圆锥投影的正反解变换[J].价值工程,2016,35(16):214-218.

[13] 中国政府网.自然资源部关于委托开展地图审核工作的公告(2022 年第 18 号)[EB/OL].[2022-05-10]. http://www.gov.cn/zhengce/zhengceku/2022-03/17/content_5679460.htm.

科技期刊英文摘要中比较句型的分析

杨亚红，魏莎莎，惠朝阳，余党会

(海军军医大学教研保障中心出版社《海军军医大学学报》编辑部，上海 200433)

摘要：在科技期刊的英文摘要中，比较句型的使用非常常见，其重要性不容忽视。比较句型几乎会出现在每一篇研究性论文中，主要用于对比研究方法、分析结果、评估效果等。比较句型的运用有利于研究成果清晰、准确传播，但其用法非常灵活复杂，实践中较难把握，经常会出现各种问题。本文通过分析英文科技期刊的摘要内容，总结常见的比较句型，并提供实例分析，帮助科研人员和科技期刊编辑更好地运用比较句型。

关键词：比较句型；英文摘要；科技期刊；实例分析

在科技期刊的英文摘要中，比较句型被广泛运用[1-2]。通过使用比较句型能够简洁、准确地描述不同变量、组群或方法之间的差异或相似之处，其包含的统计学语言和描述性词汇也增强了研究结果的可信度和科学性，从而向读者清晰地传达研究结果的关键特征[3-4]。然而比较句型的用法灵活复杂，加之中英文语法结构、文化、表达方式等的差异，使其在实践中较难准确把握，经常会出现各种问题[5-7]。本文通过检索《柳叶刀》(*Lancet*)、《新英格兰医学杂志》(*NEJM*)等国际高水平英文科技期刊并阅读摘要，总结常见的比较句型类型，并提供实例分析，帮助科研人员和科技期刊编辑更好地运用比较句型。

1 描述对象相似或没有差异的句型

描述两个或多个对象在某些方面有相同或相似的特征，常见以下几种句型。

①"A be as sensitive/large (形容词) as B"，A 和 B 一样灵敏/大。例如：

The rebreathing technique was as sensitive as the single-breath method in detecting lung haemorrhage in a patient with Goodpasture's syndrome.

②"… be balanced between A and B"，A 和 B 之间……相近。例如：

The adverse event profile was balanced between the voclosporin and placebo groups.

③"A be similar to B"，A 和 B 相似。例如：

Treatment-emergent adverse events with sparsentan were similar to irbesartan.

④"A be little different from B"，A 和 B 差异不大。例如：

The medium and low categories had rates of 46.3 and 49.0 which were little different from each other.

通信作者：余党会，E-mail：medyudanghui@163.com

⑤"Similar results be seen (when A be compared with B)"，A 和 B 有相似的结果。例如：
Similar results were seen when SMART was compared with inhaled corticosteroids alone as the controller therapy.

描述两个或多个对象在某些方面无差异，常见以下几种句型。

①"There be no difference between A and B in …"，A 和 B 之间在……没有差异。例如：
There was no difference between the three treatment groups in the number of antibiotic courses prescribed.

②"A and B do not differ in terms of …"，A 和 B 之间在……没有差异。例如：
The high-carbohydrate/low-fat and low-carbohydrate/high-fat isocaloric diets did not differ in terms of the amounts of slow-wave sleep.

③"A be not different from B"，A 和 B 没有差异。例如：
Children whose illness occurred after the first year of life were not different from their controls.

④"No difference be found/seen between … in A and B"，A 和 B 之间在……没有差异。例如：
No difference was found between the proportion of bone in the fracture and control groups.

2 描述对象存在差异的句型

2.1 组内比较句型

描述一个样本组内某些方面的特征存在差异时，需在比较句型中使用能够反映时间变化的词汇，有名词(如"baseline")、形容词(如"preoperative…")、副词(如"postoperatively")和介词短语(如"after surgery")等。常用比较句有以下表达形式。

①"Compared with A, … be increased/decreased (过去分词) (in/at) B"，B时间点某个变量与A时间点相比增加/下降。例如：
Compared with baseline, minute ventilation was increased at 15 breaths per min.

②"… be increased/decreased (过去分词) … postoperatively (副词)"，(经干预后)某个变量增加/下降。例如：
The number of stools passed per week was increased in the patients with rectal evacuatory disorders postoperatively.

③"A showed a/an reduction/decrease/increase (名词) in … (as) compared with B"，A时间点……与B时间点相比减少/降低/增加。例如：
In the postoperative phase the first measurement two hours after the end of the operation showed a significant decrease in mean blood volume, red cell mass, and plasma volume as compared with the preoperative level.

④"A showed a/an reduction/decrease/increase (名词) in …"，经干预后(A时间点) ……减少/降低/增加。例如：
The treated group showed a reduction in blood-pressure after six weeks' treatment by yoga relaxation methods with bio-feedback (from 168/100 to 141/84 mmHg).

⑤"… (in/at) A be higher (比较级) than B"，……在A时间点与B时间点相比较高。例如：
The glucagon response to insulin hypoglycaemia in patients after selective vagotomy was significantly higher than before vagotomy.

⑥"There be a difference between A and B in …", ……在A时间点与B时间点之间存在差异。例如：

There was a statistically significant difference between the pain intensities before and after transcutaneous electrical nerve stimulation application, for the individuals in group A alone.

2.2 组间比较句型

描述两个或多个样本组间某些方面的特征存在差异，常用比较句有以下表达形式。

①"A be different from B"，A 和 B 在……不同。例如：

The natural history of the disease in boys is different from that in girls.

②"Compared with A, B had/showed less/higher (比较级) …"，B 与 A 相比……。例如：

Compared with the controls, the patients who had elective induction of labor had significantly less meconium staining in labor.

③"… in A be higher/less (比较级) than that/those in B"，A……高于/小于 B。例如：

The serum-glutamic-oxaloacetic-transaminase levels in the halothane group were significantly higher than those in the controls.

④"… be increased/decreased (过去分词) in A compared with B"，A……高于/低于 B。例如：

Healing of duodenal ulcers was significantly increased in patients receiving metiamide compared with those on placebo.

⑤"There be differences/a difference between A and B in …"，A 与 B 之间……存在差异。例如：

There were also significant differences between 90Y-injected and control knees in the changes in range of movement and joint circumference.

⑥"Differences/a difference be seen/found between … A and B"，A 与 B 之间……存在差异。例如：

Statistically significant differences were found between NBT reduction by normal skin and amniotic fibroblasts and by skin fibroblasts of male patients with chronic granulomatous disease (CGD) and their carrier relatives.

描述两个或多个样本组间某些方面存在差异时，也可列出研究数据以反映差异程度，常见以下表达形式。

①在变量名称后或分组名称后加括号，直接列出数值，例如：

The combined regimen had a significantly shorter mean time to abortion (8 hours 2 minutes) compared to the PG alone therapy (22 hours, 14 minutes).

②通过使用介词，在句子中直接列出数值，例如：

In the group treated with ascorbic acid there was a mean reduction in pressure-sore area of 84% after one month compared with 42.7% in the placebo group.

③利用"versus"，分别描述两个或多个样本进行比较的变量的数值，例如：

The probability of event-free survival at 9 years was 0.32 (SD 0.07) for patients receiving chemotherapy versus 0.26 (SD 0.07) for patients who underwent autologous bone-marrow transplants.

At 12 months a significant difference in mortality was seen in the whole population (17.2% in

SK group versus 19.0% in controls, *P*=0.008, relative risk 0.90).

④用"respectively"描述有对应关系的两组或多组数值(可置于句中，也可置于句末)，例如：

T mycoplasmas were isolated from 63% of these couples, and *Mycoplasma hominis* from 18%, compared with 56% and 13%, respectively, in those who did not conceive.

The overall incidence of gallbladder disease in the group with the type IIa was 13 per cent in the males and 22 per cent in the females; the corresponding figures in type IV were 41 per cent and 68 per cent, respectively.

3 描述对象存在倍数差异的比较句型

描述两个样本组间的倍数差异时，有以下几种情况。

①"A be X times greater/higher (比较级) than/ when compared to B"，A 比 B 大/高 X 倍。例如：

The risk of cancer at any site for men with retinol levels in the lowest quintile was 2.2 times greater than the risk for men with levels in the highest quintile.

The IgM and IgG rubella-antibody levels in patients with juvenile rheumatoid arthritis were found to be 4-6 times higher when compared to titers observed in the controls.

②"A be as much as X times higher/lower (比较级) than B"，A 是 B 的 X 倍。例如：

Maternal mortality rates in developing countries are as much as 100 times higher than those seen in industrialized countries.

③"A be X times … of B"，A 是 B 的 X 倍。例如：

At precipitation, the plasma salt mixture had been diluted to a final volume of ten times the amount of plasma employed.

④"A increases by X times (compared with B)"，A(比 B)增加了 X 倍。例如：

The rabies virus neutralizing antibody titer was increased by 1.2 times (compared with threshold value) after vaccine laden microneedle treatment.

⑤"A increases to X times B"，A 增加到 B 的 X 倍。例如：

After 9 sec of stimulation at 20/sec, the short-term $f(t)$ increased to 1.4 times control.

⑥"A increases (outnumbers for B) by a factor of X"，A(比 B)增加了 X 倍。例如：

During infarctive crises the level increases still further by a factor of 2 to 3, and it returns to the patient's normal level on recovery.

In the local irrigation canals snail intermediate hosts for *S. mansoni* have outnumbered those for *S. haematobium* by a factor of 5-40 in the past 7 years.

4 描述变化程度的比较句型

描述双方某些方面相对变化程度时，常用比较句型"the more/greater (比较级) … the more/greater (比较级) …"，表示"越(愈)……越(愈)……"。该句型既可以表达双方的程度同样增加/减少，也可以表达一方增加/减少的程度相当于另一方减少/增加的程度，例如：

The longer women breast feed the more they are protected against breast cancer.

In fact, the later the diagnosis is made the poorer the prognosis is for cases of abnormal placentation.

The better the nutritional status the lower the prolactin levels throughout lactation.

For each outcome measure, the lower the intake of seafood during pregnancy, the higher the risk of suboptimum developmental outcome.

5 需注意的常见词分析

以下列出了工作中遇到的比较句中使用频次较高、出错率也较高的几个单词。

5.1 between 和 among

①"among"用于三个或三个以上同类事物之间，这些事物往往构成一个集合体。例如：

Micronutrient deficiencies are common among women in low-income and middle-income countries.

Salivary IgA antibodies to human T-lymphotropic virus-1 were common among seropositive patients with Sjögren's syndrome.

②"between"主要用于两个事物之间的比较，其宾语往往由"and"连接，是表示两者的名词或代词。例如：

There was no difference in cardiovascular death between the carboxymaltose and placebo groups.

③当三个或三个以上不同的事物进行比较时，应使用"between"，最后一个对象用"and"连接。例如：

There was no difference for any of the three aggregate endpoints between chlorpropamide, glibenclamide, or insulin.

The prevalence of chronic diseases did not differ between the cryopreserved group, standard IVF group, and spontaneous group.

④用于表示两个或多个以上事物之间的区别或关系时，应使用"between"。例如：

This study was underpowered to confirm the established linear relationship between diastolic dysfunction, fibrosis, and exercise intolerance.

However, many uncharacterised genes also contributed to the distinction between tumour types.

We used DisMod-MR 2.1 as the main method of estimation, ensuring consistency between rates of incidence, prevalence, remission, and cause of death for each condition.

5.2 respectively

"respectively"常用于列举两列或两列以上不同但数量相同的要点时，表达一一对应的关系。需要注意的是，用"respectively"时其之前列举的要点须一一对应，且放在要点列举结束之后，或置于句末。为了使句子表达清晰，科技期刊论文中"respectively"前面一般会加逗号。例如：

The mean of the last 30 seconds of both horizontal and vertical saccades were statistically significantly lower in the children's group (52.5±10.6 and 52.1±11.3, respectively) compared to the adults (63.2±10.2 and 59.3±13.4, respectively).

Near point of convergence break and recovery were (2.3±2.3) cm and (3.0±3.3) cm, respectively.

5.3 versus

"versus"常用于表示两个或两个对立的事物之间的比较、对抗或竞争关系,其前后的名词或名词词汇须保持对应,如果用于列举数据时也应与之前的分组对应。例如:

E/e' was 59.7 versus 52.7 mL/m^2, 9.0% versus 18.9%, and 18.5 versus 14.0 in the acute inpatient setting, and 48.3 versus 38.2 mL/m^2, 12.8% versus 23.4%, and 16.9 versus 13.5 in the chronic outpatient setting when comparing HFrEF versus HFpEF, respectively.

5.4 than 和 as

"than"用在比较级中,强调两个事物之间的差异,使用"than"时须注意比较的两个事物之间要有可比性,且其前后的两个事物用法需要对应。例如:

Where rates were decreasing, the rate of decrease for years lived with disability was slower than that of years of life lost for nearly every cause included in our analysis.

"as"在比较句中常用固定结构"as … as",用于引导原级,表示两个事物之间有相似性。两个"as"之间的形容词或副词使用原级。例如:

In patients aged 75 years and older, lipid lowering was as effective in reducing cardiovascular events as it was in patients younger than 75 years.

6 结束语

设置对照是科学研究设计的基本要素之一[8],有对照就有比较。因此,在科技期刊的英文摘要中,比较句型的恰当使用非常重要,科研论文中恰当地运用比较句可以更清晰地描述研究结果和突出显著性,有助于读者准确地了解论文的关键内容。然而比较句型类型众多,表达形式灵活多样,经常会出现各种问题,如比较对象不一致、缺少比较对象等[9-10]。本文列出的比较句型,不仅仅是作者需要掌握的,科技期刊编辑也应该了解,以更好理解科研成果的准确表达,促进学术观点准确传播[11]。

参 考 文 献

[1] 杨栋.浅析特殊比较句型[J].济南交通高等专科学校学报,1999,7(4):63-66.
[2] 王征爱,宋建武.医学科技论文英文摘要常用结构和句型[J].第一军医大学学报,2002,22(5):476-480,封三.
[3] 周英智.医学英语论文比较句型的应用[J].中国科技翻译,2006,19(1):19-22.
[4] 杨亚红.学术论文英文摘要中的动词名词化及使用情况分析[M]//学报编辑论丛 2022.上海:上海大学出版社,2022:249-252.
[5] 魏崇君,高雪萍.英语中一些比较级的特殊句型[J].中学生英语(高中版),2008(Z6):40-42.
[6] 张满胜.英语中的倍数比较句型[J].新东方英语(中英文版),2013(8):14-16.
[7] 陈燕.文化对句型的影响:中英文句型的对比分析(英文)[J].西南农业大学学报(社会科学版),2004,2(1):75-78.
[8] 胡良平,关雪.科研课题的研究设计与统计分析如何正确把握试验设计的三要素[J].中华脑血管病杂志(电子版),2010,4(4):308-315.
[9] 张满胜.英语中比较对象的一致性问题(2)英[J].新东方英语,2011(10):12-13.
[10] 朱徐瑞,王吉琼.英语比较级常见错误例析[J].中学生英语(高中版),2003(9):5-6.
[11] 魏莎莎,余党会.英文医学论文中数量的常用表达[M]//学报编辑论丛 2022.上海:上海大学出版社,2022:210-215.

海洋科学类期刊内容差错典型例析
——以《海洋科学进展》期刊为例

王 燕，胡筱敏，李 燕

(自然资源部第一海洋研究所海洋数据与信息中心，山东 青岛 266061)

摘要：海洋科学类期刊是集中发表海洋特定学科领域学术论文，立足于传播海洋科学领域创新成果、引领学科发展、传承海洋文明，专业性较强且特色鲜明的学术类期刊，其在提升我国海洋文化软实力、推进我国海洋科技实现高水平自立自强，以及助力我国海洋强国建设方面具有独特的功能。随着海洋科技的迅猛发展，科学知识日新月异，发表在海洋科学类期刊的学术论文数量总体呈增多的趋势，出现了一些常见的或者容易被作者忽视也不易被编辑发现的内容质量问题，从而影响学术成果的发表以及期刊的高质量发展。然而，以往专门针对海洋类期刊内容质量问题解析的研究很少，无法满足海洋科研工作者撰写论文的借鉴需求，为此，本文以典型海洋科学类期刊即《海洋科学进展》期刊审编校实践工作中发现的具体问题为案例，解析论文中出现的科学性、逻辑性和专业知识性方面的典型内容质量问题，期望为作者撰写规范且高质量的论文提供有效方法，也期望为编辑同仁传递些许经验，共促期刊高质量发展。

关键词：海洋学术期刊；学术内容质量；内容科学性；内容逻辑性；专业知识性差错

海洋对人类社会生存和发展具有重要意义[1]。海洋科学是人类长期对海洋进行理论认识和实践所总结形成的知识体系，它是研究海洋的自然现象、性质及其变化规律的学问[2]。在人类社会发展进程中，人类对海洋开发利用的研究逐渐深入，进而推动了海洋科学研究浪潮的激情翻涌，耕海踏浪的海洋科研工作者百舸争流、群思探学，取得了大量优秀的海洋基础性、前瞻性、创新性的研究成果。作为承载这些海洋科学研究成果的重要载体，海洋科技期刊肩负使命，深耕细作，不但成为宣传党和国家方针、政策、法律、法规的重要工具，而且成为传播海洋文化、科技信息、学术思想和成果的窗口[3]，在提高全民海洋文化素质，促进我国海洋科学技术跨越式发展，进而推进我国海洋事业高质量发展方面发挥着愈来愈重要的作用。

截至 2021 年底，按照学科分类，海洋科学类期刊有 28 种[4]49,70，占中国科技期刊总量(5 071 种)[4]1 的 0.53%；中文海洋科学类期刊有 22 种[4]49，仅占中文科技期刊总量的(4 482 种)[4]1 的 0.49%。虽然，我国海洋科学类期刊数量较少，但是，它们独具特色，因为它们是集中发表物理海洋学、海洋遥感学、海洋地质学、海洋测绘学、海洋化学、海洋生物学、海洋经济和极地研究等特定学科领域且与海洋相关文献，经过同行评议且内容具有学术研究价值的期刊[5]，在海洋科学领域学术体系、学科体系、话语体系构建中地位显著，而且在海洋科学方面的学术认证、学术交流、学术传播、文明传承方面发挥着独特的作用[6]。

学术内容是期刊的立身之本，而且内容的质量是期刊的生命线。近年来，《关于加强和改进出版工作的意见》《报纸期刊质量管理规定》《关于推动学术期刊繁荣发展的意见》等的陆续出台，明确表明了我国对期刊内容质量的高度重视。中国期刊业在飞速发展的进程中，提高了审查包括自查内容质量的责任意识，从政治性差错[7-8]、逻辑问题[9-10]、文字类以及规范化格式差错等[11-14]各方面研究了内容质量问题。然而，以往研究中，有关图书知识性差错的研究较多[15-17]，而有关期刊知识性差错的研究较少，且针对海洋科技期刊中知识性差错的研究甚少，专门针对海洋科技期刊内容科学问题、逻辑差错示例及分析的研究也十分罕见。

基于此，本文以一种典型海洋科学类期刊即《海洋科学进展》期刊的审读加工论文实例为例，从论文内容的科学性、逻辑性和专业知识性方面分析期刊内容质量问题，以期为编辑同仁传递经验，并为海洋科研工作者撰写论文提供参考。

1 内容缺乏科学性

科学性是学术论文的基础。学术论文应以科学的态度，运用科学的原理和方法，周密严谨地论证学术论点，阐明科学问题。研究方法、技术、结果缺乏科学性，直接导致论文失去学术价值，若未经严格审查把关，一旦发表、传播，将会误导读者对真实科学信息的提取，阻碍科研工作进程，还会影响期刊的质量及在国际上的话语权。

1.1 实验设计不合理

示例："变色水域在青岛某小型支流河段汇入主河道处，在汇入口处设有拦水坝。现场勘查发现，变色河段长约 300 m，宽 20 m，河水处于缓流状态，水体呈红色，无异味(图 1)。在红色河段内设置一个采样点，在其上游 500 m 水色正常处设置对照点。""在水华点和对照点处，用有机玻璃采水器采取 1 L 水样。""对每个样品均取样和计数 2 次。"。

简析：作者意在调查某河段水华河段与非水华河段水质指标和浮游植物种类及丰度，但是存在如下问题：

(1) 作者未提前查阅文献，储备知识，未掌握水体发生水华时浮游植物的丰度阈值及其与水体颜色的关系，也未在正式实验之前做调查进行预实验，仅凭肉眼观测，主观选取水体变色区域为实验点，选取未变色区域为对照点，违背科学原则；

(2) 在如此宽阔的水域，却只取了 2 个采样点，而且每个点位只取了一次仅 1 L 的样品，违背了实验设计非常重要的原则即重复原则；

(3) 在浮游植物鉴定和计数时，对每个样品均取样 0.1 mL 和计数 2 次，没有交代取样次数，而且计数次数较少，导致样本数据违背了统计学原则，即使获得研究结果也没有说服力和科学性。

1.2 研究方法欠缺可行性

示例："Landsat-7、Landsat-8 卫星分别装备有增强型专题制图仪(ETM+)、陆地成像仪(OLI)和热红外传感器(TIRS)。MODIS 卫星数据具有 36 个光学通道，实现了从 0.4~14.4 μm(可见光到热红外)全光谱覆盖。因此本文选取 Landsat-7、Landsat-8、MODIS 卫星数据同时进行黄海海域浒苔遥感信息解译，尽量避免 MODIS 卫星数据分辨率较粗和 Landsat-7、Landsat-8 卫星数据较少的矛盾。""标准差异植被指数 NDVI(Normalized Difference Vegetation Index)，可使植被从水和土中分离出来，在植被遥感中应用最为广泛。因此本文用标准差异植被指数 NDVI

进行黄海海域浒苔遥感信息解译。"。

简析：作者意在利用遥感方法提取浒苔在黄海海域分布的面积，以分析浒苔灾害情况与沿海城市气温特征，但是利用方法时未考虑一些科学问题。

(1) 对 MODIS 和 LandSat 协同获取浒苔信息的流程介绍过于简单，让人无法判断结果是否可信；

(2) 利用 NDVI 提取的是海洋表面所有含有叶绿素的浮游生物，而文中直接断定提取的是浒苔，过于武断；

(3) 当提取遥感数据时，大气会对 NDVI 的提取结果产生影响，所以应提前做大气校正。

1.3 研究结果不可靠

示例：缓冲区 0.5 km 内，新川港线缓冲区内土地覆被以农田、鱼塘为主，面积占比分别为 28.77%、25.21%，表明人工湿地农田、鱼塘对该样带影响最为显著。

简析：示例中仅利用占比相对最高的面积占比便推断某自然要素对样带影响最显著，该结果没有可靠性。推断系统因素对指标的影响是否显著，应该运用统计学理论，做科学性的显著性检验分析，方可推断自然要素是否对某指标有显著影响。

2 内容缺少逻辑性

逻辑思维是人脑的一种理性活动过程，即思维主体将感性认识阶段获得的对事物认识的信息材料抽象成概念，运用概念进行判断，再用判断按照一定的逻辑关系进行推理，从而产生新的思想认识的过程[18]。可以说，几乎人类的一切活动都离不开逻辑思维，学术论文创作更是如此。往往，在学术论文创作过程中，由于作者不注重逻辑性，造成内容表述不清晰，学术内容质量出现严重问题。

2.1 自相矛盾

示例 1："根据数值差异，将反应敏感度划分为：反应不敏感(CV≤1%)、反应低敏感(1%<CV≤10%)、反应中度敏感(10%<CV≤50%)、反应高度敏感(50%<CV≤100%)和反应极高敏感(CV>100%)。" "LPI 在 2000 年后反应敏感度为高度敏感状态。"

示例 2："FRAC 可反映景观形状的复杂程度，取值范围在 1~2 之间。" "FRAC 可体现不同景观或斑块形状的复杂情况，其值属于(1, 2)。"。

简析：经审读，示例 1 的文中比较了 1991 年、2000 年、2008 年和 2017 年四个年份的 CV 数据，且 LPI 的 CV 在 2000 年为 16.50%，在 2008 年为 22.46%，在 2017 年为 31.27%，显然，2000 年以后，LPI 的 CV 高于 10%、低于 50%，属于反应中度敏感类型，而作者却得出"LPI 在 2000 年后反应敏感度为高度敏感状态"的结论，这与前文对反应敏感度的划分类型形成矛盾。示例 2 中，前面 FRAC 的取值范围写为 1~2，明显包括 1 和 2，但后面却用了开区间表示数据范围，明显不包括 1 和 2，前后自相矛盾。

2.2 顺序有误

示例 1：盐城滨海湿地在 1991—2017 年，景观破碎化波动加深，景观斑块数量 NP 快速上升，2017 年末增加了 859，增长率达到 23.93%，在 2004 年景观斑块数量最多，斑块破碎化程度最高，而后缓慢下降，在 2019 年 NP 数量降低，与 1991 年相比增长了 262，破碎化程度趋缓。

示例 2："湿地生态系统稳定性状态中射阳段最高，状态值为 2.842 9，其次为滨海段，全区状态最低,其次为响水段和大丰段。""全区生态系统稳定性状态最低,状态值为 2.291 0,其次为响水段和大丰段,状态值分别为 2.366 8、2.351 1。"

简析:示例 1 第一句总述的意思是本段将分析 1991—2017 年景观破碎化的特征,但后面却出现了 2017 年后的 2019 年,与时间推移顺序不符。示例 2 先表述某区域指标最高,再利用"其次"按由高到低的顺序表述是合理的,但表述最低值后,紧接着再用"其次"表述比最低值高的值,显然没有理解"其次"是正数第二的概念,导致表述的逻辑顺序出现错误。

2.3 类比有误

示例:整体上芝罘湾自然岸线比例显著减少,人工岸线迅速增加。自然岸线比例由 1976 年的 56.93%减少到 2016 年的 12.88%,人工岸线在 1976 年仅有 10.27 km,而到 2016 年已增长至 34.52 km,增长了 236.13%。

简析:作者意在比较自然岸线和人工岸线两个对象相同指标变化趋势的差异,但实际上却利用前者的比例与后者的长度作对比,显然没有理解类比这一逻辑概念,按照文意,应补齐每种岸线的长度和比例两个指标,进而分析比较变化趋势的差异。所以,应修改为"整体上,芝罘湾自然岸线长度和比例显著减少,而人工岸线迅速增加。1976—2016 年,自然岸线长度由 13.58 km 减少至 5.10 km,比例由 56.93%减少至 12.88%,人工岸线长度由 10.27 km 增长至 34.52 km,比例由 43.07%增加至 87.12%。"。

2.4 因果、转折关系错乱

示例 1:随着人类活动的干扰,国家级保护区的建立,加上内部工农业发展,农田、鱼塘、干塘等类型的转化,使得这些景观面积分布更为集中,优势景观也呈下降趋势,导致农田、鱼塘和互花米草地面积增加,而芦苇地和碱蓬地面积减少,但是其他景观面积如建设用地、干塘等的面积也在增加,景观多样性和均匀性逐渐增强,因此一方面 NPP 逐渐减少,另一方面多样性和均匀性增加,因此 NPP 形成了负相关关系,而与碳足迹形成了正相关关系。

示例 2:但在 8—10 月中,存在着两个水质参数、α 都发生了变化,而 FUI 没有改变的情况。这意味着在此期间,水质环境发生了改变,而 FUI 并没有因此响应,但 α 捕捉了水质环境的变化。因此,色度角可以更细致地量化海洋颜色的变化,更好地辅助理解海洋水质环境的变化特征。

简析:示例中 2 段文字逻辑均非常混乱。示例 1 中,"使得""导致"连用,使句子失去了主语;"而""但是"转折连词连用,且"而"后表达的意思是减少,"但是"后面表达的意思却出现了并列词"也",显然,语义矛盾;第一个"因此"与前文没有明确的因果关系,后面紧接着又出现了一个"因此",且第二个因此后面总结的相关关系也没有科学性。示例 2 与示例 1 问题相同,也出现"但""而"转折词连用问题,文中只是表述了 α 捕捉了水质环境的变化就得出色度角可以"更细致地"量化海洋颜色的变化结论,该因果关系过于牵强。

2.5 并列关系有误

示例 1:自然保护区、核心区、试验区、缓冲区等已确立和划分明确。

示例 2:港口建设、货物运输,加深了对岸线的利用和分割,地址占用、水污染、声音、灯光、噪音等影响着原动植物的栖息地生长条件,威胁着区域生态系统的稳定性。

简析:按照《中华人民共和国自然保护区条例》第十八条的规定,自然保护区分为核心区、缓冲区和实验区。所以,示例 1 中的自然保护区不能与其包含的 3 个子区名称并列。噪音是发生体做不规则振动时发出的声音,所以,噪音包含于声音,示例 2 中将噪音和声音并列是不对的。

3 专业知识性差错

知识性差错既指内容方面整体性知识体系、思想倾向等方面的错误，又指由于认识上的模糊、技术上的疏忽、文字表述不当等造成的涉及知识性内容的个别差错[19]。专业知识性差错作为知识性差错的一种，在学术期刊中较为常见，不但严重影响内容质量，而且误导读者对专业知识的正确认知。随着科技的迅猛发展，科学知识日新月异，学术成果如雨后春笋，层出不穷，专业知识性差错也随之增多。

3.1 术语概念理解有误

示例 1："浮游生物作为水生生态系统的初级生产者。""近海浮游植物 190 种，又包括浮游硅藻 166 种，甲藻 21 种，蓝藻和金藻分别为 2 种和 1 种。"

示例 2："一年有 4 个季度：1—3 月(JFM)；4—6 月(AMJ)；7—9 月(JAS)；10—12 月(OND)。本文将季度内各预报月误差增长率的平均值设定为预报误差季节增长率 k。"

简析：浮游植物、季节是海洋学中常见术语。示例 1 中，作者没有厘清浮游生物的概念和分类，以及初次生产者、次级生产者等营养级的概念和分类。实际上浮游生物包括浮游植物和浮游动物，只有浮游植物能进行光合作用，成为水生生态系统的初级生产者；浮游植物中的硅藻按照生活方式，可以分为浮游硅藻和底栖硅藻，显然示例 1 中直接写 166 种浮游硅藻太过武断，应对 166 种硅藻根据鉴定结果分类后方可确定其是否为浮游硅藻。示例 2 中，混淆了季度和季节的概念，所以，示例 2 应重新统计数据。编辑加工稿件时，笔者发现错归类浮游生物及对季节的划分没有依据的情况不在少数，也许与作者并未深究细学看似普通的专业术语概念有关。

3.2 术语错写

示例 1：该区域地处季风区，累年平均风速为 4.0 m/s，年主导风向为东北东和东向。

示例 2："土体的抗剪强度包括内摩擦角和粘聚力两部分。""海上原位十字板剪切试验是针对饱和粘性土进行的一项现场原位不排水抗剪强度的测试试验。"

简析：示例 1 中风向是气象学中常用术语，"东北东"应修改为"东东北"，方位符号为"ENE"。往往作者根据 ENE 将风向翻译为东北东，是不对的。气象学明确了风向的十六个方位的中文、英文符号及角度，正确的表述方法如图 1 所示，该方位图也适用于海流流向。示例 2 中的"粘"应修改为"黏"。1955 年发布的《第一批异体字整理表》中将"黏"作为"粘"的异体字予以淘汰，

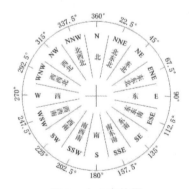

图 1 十六方位图

而2013年发布的《通用规范汉字表》又确认了"黏"为规范汉字,此后,"粘"读作zhān,只表示"使连接";"黏"读作nián,表示"具有连接的性能"[20]。但目前仍有许多作者用错"黏",笔者仅以主题为"粘性"在中国知网检索平台查询了2022年8月至2023年8月这一年的数据,发现竟然出现了445篇文献,可见,"黏"的应用和校改还须加强重视。

3.3 数据出错

示例1:统计模型估计值与测量值之间的相关系数可知,光谱模型的相关系数为0.70,位置模型的相关系数为0.87,坡度模型的相关系数为0.72,空间模型的相关系数为0.89。结果表明,在加入空间特征之后,模型相关性均有不同程度的提高。相较于光谱模型,位置模型相关系数提升了约17%,而坡度模型提升了约2%。

示例2:文章主要选取了4个类型水平指数,分别为景观类型百分比、斑块密度、最大斑块指数、边缘密度和斑块聚集度;12个景观水平指数,分别为斑块总面积、最大斑块指数、边缘密度、平均斑块面积、分维数、斑块数量、斑块密度、聚集度指数、蔓延度指数、景观形状指数、斑块连接度、散布于并列指数、香浓多样性指数。

简析:示例1中结果陈述中算错了百分数,17%应修改为24.3%,2%应修改为2.9%。示例2中数据与内容不匹配,"4"和"12"分别应为"5"和"13"。2个示例均是科技期刊中常出现的隐性错误,若编辑在加工稿件时,不发挥主观能动性,仔细算一算、数一数,很容易遗漏此类型错误。

4 结束语

海洋科学类期刊专业突出,特色鲜明,虽然在我国期刊中占比较小,但在国家海洋强国建设,服务于国家科技自立自强方面发挥的作用不容小觑。事实上,海洋科学类期刊的内容质量问题远不止科学性、逻辑性和专业知识性问题,但往往这些问题是非常典型的、作者容易忽视、编辑不易发现的问题,有些问题甚至可以说是隐性错误。在应对并解决这些问题过程中,编辑作为期刊出版工作的中坚力量,应发挥重要作用。一方面编辑要切实提高政治站位,严把稿件的政治关,筛选有正确导向的论文。另一方面编辑应与时俱进,勤走动多交流、勤观察多判断、勤思考多学习、勤校对多编写,有效践行并增强习近平总书记强调的"脚力、眼力、脑力、笔力",夯实专业技能,争取并捕捉学术质量较高的论文,运用逻辑思维审读并解决论文出现的问题,把好学术期刊内容质量关。

参 考 文 献

[1] 新华网.第一观察丨海洋日,从习近平的这个信念说起[EB/OL].(2021-06-08)[2023-09-05].http://www.xinhuanet.com/politics/leaders/2021/06/08/c_1127544082.htm.

[2] 倪国江,韩立民.世界海洋科学研究进展与前景展望[J].太平洋学报,2008(12):78-84.

[3] 李雪,张潇娴,赵益强,等.新形势下海洋科技期刊市场的完善与创新:以《海洋文摘》改刊和《百科探秘·海底世界》创刊为例[J].中国科技期刊研究,2012,23(3):460-463.

[4] 中国科学技术协会.中国科技期刊发展蓝皮书(2021)[M].北京:科学出版社,2022:1,49,70.

[5] 术语在线.学术期刊[EB/OL].[2023-09-20].https://www.termonline.cn/word/15579098737636720671/1#s1.

[6] 刘仲翔.学术期刊高质量发展:现状、问题与思路[J].现代出版,2023(4):43-55.

[7] 郭柏寿,潘学燕,杨继民,等.科技期刊涉及的有关政治性、法律性及保密性问题[J].中国科技期刊研究,2011,

22(6):941-943.
- [8] 张同学.科技期刊政治性差错几种处理方法的比较与分析[J].编辑学报,2020,32(2):163-165.
- [9] 宋国营,赵景辉,高洁,等.医学论文中常见的逻辑问题[J].编辑学报,2013,25(2):137-138.
- [10] 周蓓.科技论文编校过程中逻辑问题的归类分析与处理[J].编辑学报,2020,32(5):518-521.
- [11] 李苗苗.新时期学术期刊隐性差错典型例析与防范路径[J].文化产业,2022(30):10-12.
- [12] 谢锡增,施学忠.医学期刊参考文献隐性差错的识别方法[J].中国科技期刊研究,2012,23(4):613-615.
- [13] 李燕,胡筱敏,陈靖,等.关于科技期刊居中数理公式按需规范使用点号的建议[J].编辑学报,2017(A1):52-53.
- [14] 王露.航海类书刊编校常见差错类型[M]//学报编辑论丛 2020.上海:上海大学出版社,2020:282-283.
- [15] 朱永刚.书稿细节中的"隐身魔影":科技类图书中的若干知识性差错分析及其防范之道[J].编辑学刊,2022(5):93-99.
- [16] 曲宁.图书中常见的知识性差错举例与简析[J].新闻研究导刊,2019,10(18):193-194.
- [17] 刘苏华.图书编校中专名知识性差错的产生与防范[J].出版与印刷,2020(3):28-34.
- [18] 杨宏郝.论逻辑思维的创新功能:兼论逻辑思维与创新思维的关系[J].学术论坛,2001(4):13-16.
- [19] 曲宁.图书编辑如何避免知识性差错[J].传媒论坛,2020,3(1):96-99.
- [20] 郝远.科技期刊应注意正确使用"黏""粘"[J].编辑学报,2021(2):141.

提高英文科技期刊稿件编辑加工效率实务
——以《东华大学学报(英文版)》为例

高宇[1]

(东华大学期刊中心,上海 200051)

摘要:为有效提高英文科技期刊稿件编辑加工效率,基于专业知识积累及各种工具的利用,结合工作实际对在编辑加工文稿时如何快速规范学术用语、优化英语表达、核对参考文献等方面,介绍提高编辑加工效率的具体方法,以期为英文科技期刊编辑提供借鉴。

关键词:英文科技期刊;编辑加工;工作效率;编辑实务

2021 年 5 月,中共中央宣传部、教育部、科技部联合印发《关于推动学术期刊繁荣发展的意见》[1],为学术期刊的发展指明了方向,对我国英文科技期刊的建设与发展提出了更高要求。英文科技期刊要持续高质量发展,必须兼顾"期刊质量建设"和"期刊宣传推广"。编辑通常身兼编辑加工、宣传推广、编务财务等数职,尤其是一些高校,由于编制紧缺,编辑人员配置不足[2-3],其在岗编辑人员工作繁重。为了确保在有限时间内高质量完成多项工作,唯有提高工作效率。

已有学者针对不同工作内容介绍了提高工作效率的方法,如建立具有引导功能的论文写作模板[4]、制作简明的作者自查表[5],提高作者初投稿件质量,从源头减少编辑加工时间;重视初审,有意识地预测和快速发现原稿中的问题[6];利用 word 中的宏命令,创建宏操作[7],提高文字编辑加工效率;采用"三聚焦"方法高效处理插图[8];科学统筹编务工作、做好总结和知识积累[9]等。专门针对英文期刊的相关报道较少。夏成锋[10]介绍了英文润色软件、英文智能输入软件以及专业词汇和拉丁学名查询的专业网站。王紫萱等[11]介绍了通过建立专家数据库、确定审稿制度、针对不同来源稿件灵活送审不同数量的专家审稿等方式提高英文科技期刊审稿效率。总体而言,针对提高英文科技期刊编辑加工效率的方法或技巧,在公开的文献中鲜有报道。本文将基于作者的工作经验,在如何快速规范学术用语、优化英语语言表达、核实参考文献信息并统一格式方面介绍提高英文科技期刊编辑加工效率的具体方法,以期为英文科技期刊编辑提供借鉴。

1 规范学术用语

标准化和规范化是编辑加工的重点。国家标准 GB/T 7713.2—2022[12]明确指出,同一篇论文使用的科学技术名词应保持前后一致。在编辑加工实践中,常有作者在行文时,对同一个

基金项目:中国科学技术期刊编辑学会基金项目(CESSP-2023-C04);中国高校科技期刊研究会专项基金课题(CUJS2023-D15)

科学技术名词采用不同的表述，致使前后不一致。如果对稿件所涉及的专业不熟悉，再加上非母语的原因，很难迅速发现英文稿件中科学技术名词前后不一致问题。另外，发现这种情况后，还需要选择正确的表达。实践证明，采用以下方法，有助于快速解决英文稿件中科学技术名词前后不一致问题。

1.1 平时注重知识积累

对于英文科技期刊编辑，如果既熟知出版行业编辑常用标准及规范，还拥有深厚扎实的专业知识，熟悉专业术语的英文表达，必定很容易发现科学技术名词前后不一致问题。因此，编辑在加强编校业务培训的基础上，还需要定期阅读专业英文文献，掌握相关专业术语，并及时整理总结。要善于将碎片化知识系统化，并内化于自己的知识结构体系，牢固掌握相关科学技术名词的含义与英文表达。

1.2 通读留意同义词(组)

由于不同文献对某些概念的英文表达不同，投稿作者受不同文献的影响，往往在一篇论文中对同一个科学技术名词采用不同的表达。编辑加工稿件时，在通读全文的过程中要留意文中的同义词、近义词及其词组，判断这些近义词(组)是否表达的是同一个科学技术概念。以一篇关于防水透气膜的制备及其性能研究的稿件(以下简称"稿件 1")为例，稿件 1 中存在意思相同或相近的词(组)，如：electrostatic spinning 与 electrospinning, waterproof film 与 waterproof membrane, rolling speed 与 rolling rate。结合稿件内容，即可判定该稿件存在科学技术名词前后不一致的问题。

1.3 比较相似语境词语

当英文单词完全不同时，留意近似语境，也可迅速找出科学技术名词前后不一致的情况。如：比较稿件 1 中"the fabric with breathable and waterproof properties"和"the fabric with air permeability and waterproof properties"，不难发现稿件 1 关于"透气性"的英文表达不一致。

1.4 巧用辅助工具

发现科学技术名词不一致时，可征求作者意见，统一表述，但有时作者提供的选择未必正确。在对该领域不熟悉，无法判断作者提供的表达是否正确时，可借助一些辅助工具(表 1)选择合适的英文表达。

根据实际情况，表 1 所列辅助工具可单独使用，也可综合应用。以稿件 1 中 electrostatic spinning 与 electrospinning 的选择为例，说明如下。

(1) 在术语在线上搜索，发现 electrostatic spinning 与 electrospinning 分别以化学名词和热点名词出现。前者中文名为静电纺丝；后者中文名为电纺丝，又称静电纺丝。从两者的名词解释来看，两者表达的是同一个科学技术名词。

(2) 在 Wikipedia 网站搜索发现，关于 electrospinning 的解释图文并茂，共计 2 600 余字，并附 70 篇参考文献，却无 electrostatic spinning 的解释。

(3) 使用 Web of Science™ 核心合集，分别以"electrostatic spinning"和 electrospinning 为主题关键词进行搜索。截止撰稿之日，发现前者的搜索结果为 525 条，而后者的为 40 924 条；前者高倍引论文最高引用频次为 500 次，而后者的达 6 158 次。

(4) 综合以上搜索结果可判断，在国际学术交流中，electrospinning 更常用。

对于一些使用频率不高的科学技术名词，可参考国家或行业标准、行业内顶级学术期刊中的英文名称，并结合作者意愿，选择合适的英文表达进行全文统一。

表1 确定科学技术名词正确英文表达的常用辅助工具

名称	简介	官方网址	使用方法要点
术语在线	由全国科学技术名词审定委员会主办的规范术语知识服务平台。每个词条，既有中文名称也有英文名称	https://www.termonline.cn	打开官网或APP，在搜索栏内输入要检索的英文词(组)，点击右侧的搜索按钮。搜索结果显示所有包含该关键词的词条。词条由规范用词、英文、学科、公布年度4项内容组成。使用者可结合稿件内容所属学科及词条公布年度选择合适的英文表达
英语维基百科 Wikipedia	维基百科是基于维基技术的多语言网络百科全书，全球网络上最大且最受大众欢迎的参考工具书。规模最大的维基百科语言版本为英语维基百科	https://encyclopedia.thefreedictionary.com	打开官网或APP，在搜索栏内输入要检索的名词，回车或者点击右侧的箭头按钮。Wikipedia对名词的解释，通常较详尽，并列出相关参考文献。从中可获得较规范的英文表达。根据能否在Wikipedia上搜索到输入的词，可帮助判断该词是否常用
Web of Science™ 核心合集	Web of Science™核心合集是获取全球学术信息的重要数据库，拥有严格的筛选机制，其依据文献计量学中的布拉德福定律，只收录各学科领域中的重要学术期刊和重要的国际学术会议的论文	https://www.webofscience.com/wos/alldb/basic-search	打开Web of Science™官网，在"选择数据库"选项中，选择"Web of Science核心合集"选项。选择检索字段为主题(即检索标题、摘要、作者、关键词)，输入要检索的词，然后点击右下方"检索"按钮。注意：检索词为词组时，需要加双引号。搜索结果包含文献数、文献基本信息、被引频次等，可按照相关性、被引频次、发表时间等进行排序。根据被查词(组)所涉及的文献数及文献被引频次，可选择出较常用的英文表达

2 优化英文语言表达

随着我国出版行业对英文科技期刊的重视，虽已有一些期刊社开始与国外大型出版商合作，语言编辑加工由出版商承担，但仍有许多英文期刊社因资金投入有限或不愿意"借船出海"，没有与国外出版商合作。其稿件的语言编辑仍由期刊社编辑人员承担。尽管英文科技期刊编辑人员通常具有较好的英语基础，但毕竟英语不是母语，尤其是遇到不是自己熟知的专业的稿件，很难快速发现问题并正确改正。因此，有必要借助一些语言工具提供工作效率。

2.1 英文写作书籍

市场上关于英文写作的书籍种类繁多，其中不乏专门针对科技论文写作的书籍。

(1) *English for Academic Research: Grammar, Usage and Style*[13]。这本书是作者基于25年纠正英文研究论文语言用法错误的经验而编写的一本英文写作指导书，由施普林格出版社(Springer)出版。*English for Academic Research: Gramma*r, *Usage and Style* 的目标读者群是母语非英语而需要撰写英文研究论文，在英语语法、用法和风格方面需要接受指导的科研作者。书中列举了常见的约2 000多个语法错误，以及如何避免这些错误，很适合英文科技期刊编辑阅读使用。

(2) 其他。关于英文科技论文写作的指导书还有 English for writing research papers[14], A manual for writers of research papers, theses, and dissertations [15]等，也可借鉴。

2.2 语法修正工具和网站

除了 word 软件自带的单词和语法错误检测功能之外，充分利用一些工具和网站，可提高检查和修改稿件英文语言表达的效率。常见检查工具和网站有：Grammly、LanguageTool、Quillbot 等，其中 Grammly 可以与 word 软件兼容，安装后，用 word 软件审阅稿件时，Grammly 作为插件同时工作，能标记出稿件的语法错误，并给出修改建议。此外，当编辑加工稿件一时想不到合适的英文表达时，可利用 Academic Phrasebank 网站上丰富的语料库，选择合适的语句。

3 核实参考文献信息并统一格式

参考文献体现论文研究价值与立项依据是否充分，其信息的准确性体现作者对他人研究成果的尊重，以及严谨、科学的学术态度。然而，由于参考文献需要著录的信息较多，尤其当参考文献数量较多时，即便是作者阅读了编辑部提供的参考文献模板及注意事项，仍难免出错。在编辑加工《东华大学学报(英文版)》稿件的实践中发现，参考文献著录信息中不符合要求的情况主要有 3 类：①参考文献信息错误，如作者姓名错误、卷期号或页码不全、期刊名未用全称、会议论文集出版商地址缺失或错误、中文文献的英文标题错误等；②格式错误，如单词大小写错误；③参考文献重复著录。现有相关软件如善锋软件，虽能解决一部分问题，但还处于试用和不断完善中，尚未普及。参考文献著录信息的核实、格式修订仍需人工操作。

3.1 充分利用文献数据库获取正确文献信息

3.1.1 Web of Science™

通常作者引用的国外期刊文献是被 Web of Science™ 收录的。Web of Science™ 提供的文献信息完整，完全能满足参考文献验核需求。特别是作者姓名信息，Web of Science™ 按照姓前名后、姓全称、名只保留首字母的格式呈现，与国标 GB/T 7714—2015 提供的参考文献著录实例一致，也符合大部分英文科技期刊的参考文献著录格式要求。并且，Web of Science™ 对会议论文相关会议时间与地点、会议论文集出版商及地址都给出了详细信息。出版商及其地址在页面下方"期刊信息"处(图 1)。因此利用 Web of Science™ 核对稿件参考文献信息，如作者姓名、期刊全称、卷期号及页码、会议论文集出版商地址等，一目了然，方便迅捷。

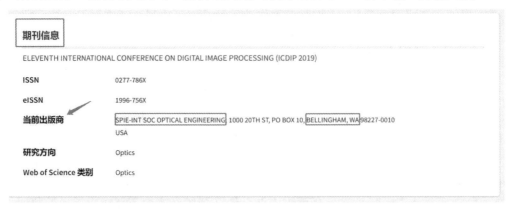

图 1　Web of Science™ 检索到的会议论文集出版商及地址

3.1.2 灯塔索引

当国外期刊文献未被 Web of Science™ 收录时，可使用灯塔索引网站(网址：https://www.dotaindex.com)进行检索。在灯塔索引网站的外文检索栏的搜索框内输入文献标题，即可获得文献信息。灯塔索引网站除了中英文文献检索功能，还设有科研工具箱、生物学与医学最新研究、新闻热点栏目及各种科研相关网站导航，方便相关信息查阅。

3.1.3 知网

英文科技期刊论文中的参考文献是中文时，需要以英文著录其信息。除年代久远的个别期刊外，大部分中文科技期刊的论文，都附有英文标题。然而，一些作者著录参考文献时，使用自己翻译的英文标题，这往往与文献实际英文标题不一致，给读者查阅参考文献原文带来不便。在检查中文参考文献的英文标题是否正确时，可在知网检索待查英文标题，若不能查到对应文献，则该标题很可能有误。根据期刊名称、卷期号和页码，可在知网检索到待查文献。在此文献信息页面点击"HTML阅读"即可找到文献的英文标题。

3.2 使用快捷键修改格式

英文科技期刊的参考文献格式中，不同信息所采用的单词字母格式不同。以《东华大学学报(英文版)》为例，作者姓名字母全部大写；文献标题除第一个单词的首字母大写外，其余单词均小写；期刊名的每个单词斜体且首字母大写；等等。如果遇到格式不符合要求的情况，一个个地修改字母格式非常耗时。选中需要改为相同大小写格式的字母，使用快捷键"Shift+F3"可实现字母批量大小写转换，使用"Ctrl+I"可实现斜体与正体转换。

3.3 利用 Excel 查找重复参考文献

当参考文献较多时，如综述论文的参考文献常近百篇，仅靠瞬时记忆难以保证检查出重复参考文献。本文作者经实践总结出 Excel 查重方法，快速检查是否有重复参考文献，效果良好。以方括号数字编号的参考文献列表为例，方法步骤如图 2 所示。

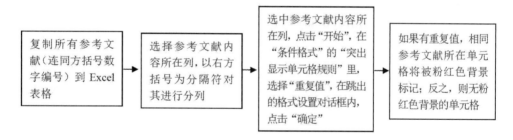

图 2　采用 Excel 查找重复参考文献步骤

为增加检查结果的可靠性，还可对数据列进行排序，比对相邻行内文献是否相同，确保找出所有重复的参考文献。

4 结束语

结合工作实践，本文介绍了英文科技期刊编辑加工中规范学术用语、优化英语语言表达、核实参考文献信息并统一格式的具体方法。这些方法有助于提高编辑加工质量与效率。英文科技期刊编辑加工涉及的内容还很多，如何更加优质高效完成相关工作，有待进一步深入研究、总结。

参 考 文 献

[1] 中华人民共和国教育部.中宣部、教育部、科技部印发《关于推动学术期刊繁荣发展的意见》[EB/OL].(2021-06-25)[2023-08-10].http://www.moe.gov.cn/jyb_xwfb/s5147/202106/t20210628_540716.html?authkey=boxdr3.
[2] 才璎珠.高校学报编辑的素质优化策略研究[J].传播与版权,2014(6):47-48,50.
[3] 乔芸.地方高校学报编辑如何走出职业倦怠[J].传媒论坛,2019,2(3):28-29.
[4] 刘铁英,毕莉明,程爱婕,等.期刊投稿模板中引导功能的设置和优化[J].科技与出版,2014(10):54-56.
[5] 杨建霞,黄伟.简洁的作者须知提升科学出版的效率和质量[M]//学报编辑论丛 2021.上海:上海大学出版社,2021:658-664.
[6] 刘慧洁.编校过程中原稿问题的预测及快速发现[J].中国科技期刊研究,2016,17(6):1216-1218.
[7] 张钰斌.宏命令提高期刊编校质量与效率[M]/学报编辑论丛 2021.上海:上海大学出版社,2021:216-222.
[8] 宋爽.科技论文插图"三聚焦"高效编校方法[J].编辑学报,2023,35(3):284-287.
[9] 孙菊.科技期刊青年编辑提高工作效率的实践与思考:以《应用生态学报》为例[J].传播与版权,2021(7):34-36,93.
[10] 夏成锋.利用好辅助工具提高科技期刊英文的编辑质量和效率[J].编辑学报,2019,31(增刊 1):14-16.
[11] 王紫萱,冯庆彩.Journal of Environmental Sciences 提高审稿效率的探索与实践[M]//学报编辑论丛 2021.上海:上海大学出版社,2021:613-618.
[12] 国家标准化管理委员会.学术论文编写规则:GB/T 7713.2—2022[S].北京:中国标准出版社,2022:1-12.
[13] WALLWORK A. English for academic research: grammar, usage and style[M]. Berlin: Springer, 2013.
[14] WALLWORK A. English for writing research papers[M]. 2nd ed. Berlin: Springer, 2016.
[15] TURABIAN K L. A manual for writers of research papers, theses, and dissertations[M]. Chicago: The University of Chicago Press, 2018.

医学科技期刊 χ^2 检验常见应用错误类型及案例分析

马 莉,张 怡,李晓丽

(山东中医药大学期刊社,山东 济南 250355)

摘要：统计学知识一直是广大医学科技工作者及期刊编辑的薄弱环节。χ^2 检验是医学科研中最常用的统计学方法之一，主要用于对分类资料进行比较分析。粗略估计，医学期刊上刊登的临床研究类论文中，70%以上会使用该统计方法对数据进行分析。若能正确运用 χ^2 检验，将能明显减少医学科技期刊统计学应用的差错率。本文对医学科技期刊 χ^2 检验常见应用错误类型进行归纳总结，并进行案例分析，可为科技期刊编辑和论文投稿者提供为鉴。

关键词：χ^2 检验；错误类型；案例；医学科技期刊

随着医学科研工作的发展，所用到的统计学知识愈来愈复杂，但是大多数作者及编辑因为缺少系统的统计学知识学习及培训，统计学方法误用较为常见，即使是比较常见的统计学方法如 t 检验[1]、χ^2 检验、方差分析等，也时常发生误用。χ^2 检验应用广泛，可用于两个或多个独立样本率的比较、两个或多个样本构成比的比较、配对分类变量资料的比较、两个或多个变量间有无关联的判断，以及频数分布的拟合优度检验等。据粗略统计，医学期刊上刊登的临床研究类论文中，70%以上会使用 χ^2 检验对数据进行分析。但 χ^2 检验应用条件及使用原则复杂，对于总例数、理论频数等均有要求。当二分类变量理论频数过小，且增加样本量较困难，则 χ^2 检验可能不再适用。当总的样本量大于 40 且理论频数都大于 5 时，可以用基本公式；当样本量大于 40 且理论频数在 1 到 5 之间时，可以用校正公式；而当样本量低于 40 或存在理论频数小于 1 时，近似性较差，需要用 Fisher 精确概率法代替 χ^2 检验。对于有序变量或关联变量等，χ^2 检验更不能滥用。但在许多医学科研论文中，作者并不理解 χ^2 检验的应用原则，在不满足检验条件时，错误应用现象频现。

笔者随机翻阅了 2016 年出版的中华系列杂志中的论著 61 篇，其中用 χ^2 检验进行统计学处理的文章有 32 篇，使用率为 52.0%，其中出现 χ^2 检验误用的文章有 11 篇，差错率占 34.4%。现将 χ^2 检验常见错误类型总结如下，并进行案例分析，以避免此类错误再次发生，提高杂志质量。

1 计数资料误用方差分析代替 χ^2 检验

计数资料误用方差分析代替 χ^2 检验见文献[2]中表 4。

首先，上述表格的统计描述中，未正确列出两独立样本四格表的形式。其次，有一个格子的理论数小于 5，因此，应该采用卡方检验的校正公式进行运算。此外，统计学描述中误采用单因素方差分析,表达错误。只有计量资料之间的比较才有可能用到方差分析,而本列是典型的计数资料。上表中既没有给出校正卡方的统计量,也没有给出具体的 P 值,不符合统计学表达规范。

表 1 有无基础左室舒张功能的不全急性左心收缩功能不全的全新弥漫抑制者的 28 d 病死率

急性左心收缩功能不全全新弥漫抑制者	例数	28 d 病死率[%(例)]
合并基础左室舒张功能不全者	7	5/7(5)a
未合并基础左室舒张功能不全者	69	15.94(11)

注:与未合并基础左室舒张功能不全者比较,a$P<0.01$。

表 2 正确表格

急性左心收缩功能不全全新弥漫抑制者	例数	28 d 病死率	χ^{2*}	P
合并基础左室舒张功能不全者	7	5	8.671	0.003
未合并基础左室舒张功能不全者	69	11		

注:*χ^2 值为校正公式计算值。

2 单向有序列联表资料误用 χ^2 检验处理

单向有序列联表资料误用 χ^2 检验处理见文献[3]中的表 1、文献[4]中的表 5。

表 3 伴或不伴皮肤表现的溃疡性结肠炎患者临床特点比较

组别	例数	UC 活动度/例			
		缓解	轻度	中度	重度
有皮肤表现组	34	1	4	12	17
无皮肤表现组	339	11	57	186	85
P 值			0.01		

原文统计学方法的描述中,计数资料采用 χ^2、logistic 回归分析进行分析,表 3 中由于活动度为等级变量,形成单向有序的二行四列列联表资料,正确的分析方法是秩和检验[5]或 Ridit 分析。采用普通的 χ^2 是错误的。

表 4 NERD 组与 RE 组食管外症状的程度评分比较[例(%)]

症状及组别 咽喉部烧灼感	例数	程度评分				P 值
		0 分	1 分	2 分	3 分	
NRRD 组	225	133(59.1)	49(21.8)	28(12.4)	15(6.7)	0.030
RE 组	221	160(72.4)	30(13.6)	20(9.0)	11(5.0)	

原文统计学方法描述中,计数资料采用例数或百分数表示,采用 χ^2 检验进行分析。上表为单向有序二维列联表资料,程度评分为有序变量,需要首先根据等级定两组总的秩次范围,并计算平均秩次,然后计算各组不同等级的秩和,最后分布计算两组的秩和,此即 Wilcoxon 秩和检验过程。此资料也可采用 Ridit 分析进行统计处理。

3 单向有序列表误用 χ^2 检验处理

单向有序列表误用 χ^2 检验处理,且得出多个 P 值,见文献[6]中的表 4。

表6 CRT有反应组和CRT无反应组患者术后6个月随访结果

纽约心脏协会心功能分级	术前	术后6个月	P值
I级	0	11(17.2)	<0.01
II级	5(7.8)	47(73.4)	<0.01
III级	44(68.8)	6(9.4)	<0.01
IV级	15(23.4)	0	<0.01

原文统计学分析中，计数资料比较采用 χ^2 检验；上表心功能分级属于有序变量，误用 χ^2 检验处理，且每个心功能分级得出一个 P 值。这个表格应该得出一个总 P 值，如果需要两两比较，则分别得出 P 值，此表格错误。

4 确切概率法误用 χ^2 检验处理

确切概率法误用 χ^2 检验处理见文献[7]中的表1、文献[8]中表4、见文献[13]中的表1。

表7 患者基本资料

项目	利奈唑胺组	万古霉素组	P值
疾病种类[例(%)]	42	89	
AML	22(52.4)	44(49.4)	
ALL	13(31.0)	30(33.7)	0.234
CML	1(2.4)	6(6.7)	
MDS	6(14.3)	5(5.6)	
其他	0(0)	4(4.5)	

原文统计描述中计数资料以例数、例次(百分率)形式表示，采用 χ^2 检验进行分析。上表属于行×列表无序的计数资料，属于构成比的检验，应该用 χ^2 检验，但是行×列表 χ^2 检验的应用条件是 $5>T>1$ 的格子数小于所有格子总数的 1/5，才能采用 χ^2 检验。否则应该合理合并属性相同的格子以增加理论数或者采用 Fisher 确切概率法，上表中有 5 个格子数的理论频数小于 5，故上表应该用确切概率法进行统计分析。

表8 两组干扰素减量人数比较

组别	N	减量/例	减量发生率/%
对照组	18	6	27.80
治疗组	19	1	5.56[1)]

注：与对照组比较 1)$P<0.05$。

原文统计描述中指出，计数资料采用卡方检验进行分析，但是 χ^2 检验的应用条件是所有格子的理论数 $T \geq 5$ 并且总样本量 $n \geq 40$；如果有理论数 $T<1$ 或 $n<40$，不适合用 χ^2 检验，应该用 Fisher 确切概率法。

表9 某基因在小细胞肺癌和非小细胞肺癌中的表达

组别	某基因的表达		合计
	阳性	阴性	
小细胞肺癌	6	12	18
非小细胞肺癌	3	9	12
合计	9	21	30

原文的样本量仅为 30 个，且最小理论频数为(12×9)/30=3.6，因此采用 Fisher 确切概率法处理数据较为合适。从理论上讲，若要分析四格表数据中的构成比之间的差异是否具有统计学意义，不论样本量和最小理论频数，最可靠的分析方法是 Fisher 确切概率法。

5 定性资料中有关联的数据误用 χ^2 检验处理

定性资料中有关联的数据误用 χ^2 检验处理见文献[9]中的表 3。

表 10　是否头孢哌酮-舒巴坦治疗组的预后比较

治疗方案	例数	死亡例数		
		7 d	14 d	28 d
头孢哌酮-舒巴坦组	47	4(8.9)	14(31.1)	20(44.4)
非头孢哌酮-舒巴坦组	74	45(59.2)	50(65.8)	55(72.4)

原文统计学描述中，计数资料的比较采用 χ^2 检验。但是此表格所表达的定性资料因为三个时间点上的数据不是互相独立，而是有关联的。每个时间点每位受试者的存活重复统计，数据处理不恰当。

6 配对资料误用 χ^2 检验进行统计学处理

配对资料误用 χ^2 检验进行统计学处理见文献[6]中的表 5、文献[10]中的表 1。

表 11　术后 6 个月 CRT 有反应组和 CRT 无反应组不同电轴位置的患者所占比率的变化[例(%)]

组别	正常电轴		电轴左偏		电轴极左偏		电轴右上偏		电轴右下偏	
	术前	术后6个月	术前	术后6个月	术前	术后6个月	术前	术后6个月	术前	术后6个月
CRT有反应组	25(39.1)	15(23.4)	27(42.2)	16(25.0)	3(4.7)	8(12.5)	6(9.4)	7(10.9)	3(4.7)	18(28.1)
CRT无反应组	16(57.1)	7(25.0)	4(14.3)	6(21.4)	2(7.1)	4(14.3)	3(10.7)	5(17.9)	3(10.7)	6(21.4)

原文统计学分析中采用 χ^2 检验；上表属于配对设计后获得的计数资料，正确的分析方法是配对 χ^2 检验进行统计学处理。上表错误有 3 个；一是未注明各组的总例数；二是没有统计量及统计值；三是未考虑此组资料为配对设计。

表 12　4 种不同检测方法阳性结果检出结果比较[n(%)]

检测方法	阳性	阴性	χ^2 值	P 值
培养法	171(41.20)	244(58.80)	4.099	0.043
Xpert 法	200(48.19)	215(51.81)		
培养法	171(41.20)	244(58.80)	0.080	0.777
PCR 法	167(40.24)	248(59.76)		
培养法	171(41.20)	244(58.80)	15.505	<0.01
涂片法	117(28.19)	298(71.81)		
Xpert 法	200(48.19)	215(51.81)	5.319	0.021
PCR 法	167(40.24)	248(59.76)		
Xpert 法	200(48.19)	215(51.81)	35.161	<0.01
涂片法	117(28.19)	298(71.81)		
PCR 法	167(40.24)	248(59.76)	13.382	<0.01
涂片法	117(28.19)	298(71.81)		

原作者是想对不同检测方法的阳性结果率进行比较，直接用了 χ^2 检验。但该资料属于配对设计后获得的计数资料，正确的分析方法是采用配对 χ^2 检验进行统计学处理。上表错误有 2 个：一是未考虑此组资料为配对设计；二是两两比较未考虑一类错误的校正。

7 COX 回归分析资料误用 χ^2 检验处理

COX 回归分析资料误用 χ^2 检验处理见文献[11]中的表 2 和文献[12]中的表 3。

表14 215 例不同临床病理特征的孤立性大肝癌患者总体生存率比较

变量	例数	总体生存率			χ^2 值	P 值
		1 年	3 年	5 年		
年龄(岁)						
<60	162	89.2	62.4	43.2	0.529	0.467
≥60	53	84.7	53.7	37.2		
性别						
女	33	93.5	57.0	35.6	0.111	0.739
男	182	87.1	60.6	42.8		
肝硬化						
有	52	90.7	72.3	54.8	4.953	0.019
无	163	77.9	56.7	34.7		
肿瘤最大径(cm)						
<10	121	88.9	65.2	44.7	0.175	0.676
≥10	94	86.9	53.7	37.8		

原作者的目的是为了分析年龄、性别、肝硬化、肿瘤最大径对孤立性大肝癌患者生存率的影响，此资料为一个多因素研究，需要收集患者的生存时间和生存结局，并根据收集的资料选择相应的回归模型，比如 COX 回归模型分析。

表 15 两组患者生存情况[例(%)]

组别	例数	120 d 生存	1 年生存	2 年生存
观察组	35	34(97.14)	21(60.00)	14(40.00)
对照组	35	33(94.29)	12(34.29)	6(17.14)
χ^2 值		0.348 3	4.643 7	4.480 0
P 值		0.555 1	0.031 2	0.034 3

原作者的目的是为了比较不同组别的生存率，此资料需要收集患者的生存时间和生存结局，并根据收集的资料选择相应的回归模型，比如 COX 回归模型分析。

8 多组资料反复使用 χ^2 检验

多组资料反复使用 χ^2 检验进行比较，增大 I 类错误。见文献[13]中的表 4。

表 16 不同血型的人群 HBV 感染情况调查

血型	HBV 感染人数	总调查人数
A 型	55	587
B 型	63	779
AB 型	32	663
O 型	41	882

原文研究目的主要是分析各种血型的人群 HBV 感染的发病率是否相同。分析此类数据最容易出错的地方是将表格拆分为六个四格表，然后反复采用卡方检验。这种错误与"反复使用 t 检验比较多组资料"相似，会增大I类错误发生的概率。卡方分割法是正确的分析方法，通过校正检验水准的方式来进行两两比较。

9　结束语

一篇优秀的科技期刊论文必须是科学的、有较高的可信度，其可信度主要体现在研究设计合理、统计学方法正确、论据充分、论述合理。卡方检验是统计学中的基本检验方法。本文所总结归纳的均是口碑及品牌效应较好的期刊，仍有不少的统计学错误，管中窥豹、可见一斑，提醒广大医务工作者及医学科技期刊的编辑人员应高度重视统计学知识的学习，避免常见错误发生。在医学论文中正确使用统计方法，准确描述统计结果，不仅能反映作者和编辑的统计水平，也将影响期刊的学术地位和口碑。因此，严格把关医学论文的统计学质量，确保论文结果的科学性和可靠性，是提高文章学术质量的重要内容。

参 考 文 献

[1] 陈文娟,汤雷,马莉.医学期刊常见t检验应用错误及案例分析[J].编辑学报,2016,28(3):237-238.

[2] 王小亭,赵华,刘大为,等.重症急性左心收缩功能不全患者心脏超声评价及其与预后关系的研究[J].中华内科杂志,2016,55(6):433.

[3] 田原,李俊霞.王化虹,等.溃疡性结肠炎患者皮肤表现及影响因素分析[J].中华内科杂志,2016,55(7):507.

[4] 潘红艳,向雪莲,吕尚泽,等.非糜烂性反流病与反流性食管炎症状特点的比较[J].中华内科杂志,2016,55(7):513.

[5] 雷萍.浅论医学统计方法的正确运用[J].中外医学研究,2014,12(3):157-158.

[6] 国建萍,王玉堂,单兆亮,等.心电图预测心脏再同步化治疗效果的价值[J].中华心血管病杂志,2016,44(6):487.

[7] 田洁,徐郑丽,刘代红,等.利奈唑胺与万古霉素在异基因造血干细胞移植后感染治疗中疗效和安全性的比较[J].中华内科杂志,2016,55(2):99.

[8] 车军勇,陆玮婷,何晶,等.加味四物汤对 PEG-IFNα-2a 治疗慢性乙型病毒性肝炎常见不良反应的干预作用[J].山东中医药大学学报,2017,41(5):432-433,444.

[9] 张银维,周华,蔡洪流,等.鲍曼不动杆菌血流感染临床特征和死亡危险因素分析[J].中华内科杂志,2016,55(2):124.

[10] 薛建昌,梁冰锋,孔祥龙,等.4种不同方法检测痰液及支气管肺泡灌洗液中结核分枝杆菌阳性率的比较分析[J].医学动物防制,2021,37(6):526-531,535.

[11] 高文斌,肖帅,雷雄,等.孤立性大肝癌患者肝切除术后长期预后因素分析[J].中华外科杂志,2016,54(7):494.

[12] 郑伊妮.曲妥珠单抗联合 GP 化疗方案对 HER-2 阳性晚期乳腺癌的疗效及生存率的影响[J].中国妇幼保健,2021,36(11):2465-2468.

[13] 胡志德,周支瑞.傻瓜统计学[M].长沙:中南大学出版社.2015:10-12.

学术著作汉译的文内引用规范

姜国会

(西南交通大学外国语学院，四川 成都 610031)

摘要：由于学术著作本身具有严肃与严谨属性，学术著作汉译发挥着知识传播的价值功用，学术著作汉译应注意遵循一定的学术规范。以《劳特利奇翻译与认知手册》的汉译为例，关注学术著作汉译的文内引用规范，通过具体译例，探讨学术著作汉译中文内夹注的处理与引文著者姓名的翻译，以期为相关译者和编辑提供实践思路。

关键词：学术著作；汉译；文内引用规范；文内夹注；人名翻译

在国际交流日益紧密的当今时代，学术翻译是一项重要活动，可以促进国际文化交流、知识共享、融合创新。当前我国学界与国际学术圈积极进行双向互动，在推动我国文化、学术成果"走出去"的同时，紧跟国际学术发展潮流，积极进行先进学术成果的引进与学习。在此背景下，笔者有幸参与了《劳特利奇翻译与认知手册》(*The Routledge Handbook of Translation and Cognition*)[1]，以下简称《手册》)①的汉译。由于该手册具有严肃与严谨的学术著作属性以及知识传播的功用价值，其汉译需遵循一定的学术规范，以符合国内学术著作的出版要求。本文拟基于《手册》的汉译，重点关注学术著作汉译的文内引用规范，对学术著作汉译中文内夹注的处理与引文著者姓名的翻译展开探讨。

1 我国学术著作汉译现状及存在问题

我国积极以文明互鉴的理念、开放包容的胸襟引进和学习其他国家的优秀学术成果，不断拓宽理论视野、发展完善学科体系。早在 1981 年，商务印书馆就组织出版了一套大型学术翻译丛书"汉译世界学术名著丛书"，收录哲学、政治·法律·社会学、经济、历史·地理和语言学等学科的学术经典著作。2023 年 9 月 17 日，"汉译世界学术名著丛书"第二十二辑专家论证会在京举行，计划于"十四五"期间完成第二十二辑规划出版，届时规模将达 1 000 种[2]。2001—2010 年间，上海外语教育出版社引进 40 余部国外翻译研究学术著作，出版了"国外翻译研究丛书"，2020 年起，外教社又推出"翻译研究经典著述汉译丛书"，极大促进了国内外翻译研究学术成果交流共享与融合创新[3]，有效推动了我国本土翻译理论体系的建构与创新。可见，我国一些大出版社在积极进行国外学术著作的引进，这些规模宏大的学术著作汉译活动对我国学术与学科的发展具有重大的价值与意义。

作为一种严谨的学术活动，学术著作汉译也应遵循一定的学术规范。然而，当前我国学术著作汉译乱象丛生，翻译质量参差不齐、译文错误漏洞百出、引用格式处理五花八门，而且至今翻译界、出版界仍未有统一的学术规范可供学术著作汉译者及审校编辑参考。

国内学界对学术著作汉译的学术规范问题关注较少。现有研究多关注学术汉译著作中术语、专名等内容的误译以及漏译等问题,针对具体学术汉译著作指出问题[4-8];或探讨学术翻译存在的问题及原因、学术翻译原则以及学术翻译的规范手段[9-12],在理论层面针对学术翻译现状指出问题、剖析原因、提出建议,并未给予相关译者和编辑工作实务的操作指导。现有研究虽或多或少地涉及学术著作汉译的学术规范问题,但大多只是关注内容翻译的规范,而很大程度上忽略了文内引用处理等格式上的规范问题。然而,"引用与翻译是学术研究的必要环节,涉及原作者、引用者和读者等多重关系,它对于被引用者的声誉至关重要"[13]。

因此,为了弥补当前研究的不足,为相关译者及编辑处理学术汉译著作的文内引用规范提供思路,本文拟集中探讨学术著作汉译的文内引用规范,通过具体翻译案例,分类探讨不同形式的文内引用处理方式,关注引文著者姓名的语种来源,探讨引文著者姓名的翻译方法,以期引起翻译界及出版界对学术著作汉译文内引用规范的关注和重视,尽快发布统一的规范指南,供相关译者与编辑参考。

2 文内夹注处理

作为严肃与严谨的科研成果,学术著作往往引用前人的研究成果以支撑自己的研究论点,引文标注有多种格式,包括脚注、尾注、夹注。"引文、注释、参考文献、索引等是学术著作不可或缺的重要组成部分,体现了学术研究的真实性、科学性与传承性,体现了对他人成果和读者的尊重,是反映学术著作出版水平和质量的重要内容,必须加强出版规范,严格执行国家相关标准。"[14]而早在 2010 年,新闻出版总署就发布了"关于进一步规范出版物文字使用的通知"(以下简称"通知"),其中规定"在汉语出版物中,禁止出现随意夹带使用英文单词或字母缩写等外国语言文字……外国人名、地名等专有名词和科学技术术语要按有关规定翻译成国家通用语言文字。"[15]这就要求译者在进行学术著作汉译时将引文的标注信息译为汉语,相关编辑在审校时做好规范把关。

英文学术著作多使用文内括号夹注(APA 格式),在汉译时文内夹注处理要符合引用学术规范,2015 年发布的国家标准参考文献著录规则中提到"著者-出版年制"这一标注法可供参考。同时,由于译本读者多为专家、学者,因此文内夹注处理也要方便译文读者进行相关文献检索。以方便读者检索文献为原则,以符合引用学术规范为标准,参考 2015 年国标参考文献著录格式,下文将按照文内夹注的不同引用形式,分类探讨相对应的处理方式。

2.1 "(著者姓氏,出版年)"保留不译

原文括号内夹注的文献信息(包括著者姓氏和文献发表或出版年份)予以保留,这样,读者可以根据夹注信息,结合参考文献进行精确的文献查找。

【例 1】

原文:Gile's sequential model of translation (Gile, 2009) includes iterative tests of source-text comprehension and of fidelity and acceptability on translation units and aggregates until satisfactory solutions are found.

译文:吉尔的翻译序列模式(Gile,2009)表明,为得到满意译文,译者往往需要反复理解源文本,反复测试翻译单元与总体上的忠实度和可接受性。

2.2 "著者姓氏(出版年)":翻译姓氏或全名,标注"(著者姓氏,出版年)"

著者姓氏包含在正文叙述中,而出版年份以括号的形式标注在著者姓氏之后。此种情况下,根据"通知"的规定,正文行文中不宜出现外文,因此需要将外文著者姓氏翻译为中文,同时为了

方便读者快速定位、检索文献，以"(著者姓氏，出版年)"的形式标注文献信息。

【例2】

原文：In terms of the relationship between attention and LTM, Baddeley (1999, p. 294) points out that: "nothing is likely to get into long-term memory unless you attend to it".

译文：就注意力和长期记忆之间的关系而言，巴德利(Baddeley，1999，p. 294)指出"任何东西都不可能进入长期记忆，除非你有意为之"。

如果包含在正文叙述中的著者姓氏很明显是汉语拼音或威妥玛士拼音，那么应该注意将该著者的全名翻译出来。这在2015年国标参考文献著录规则中也有相关说明："倘若只标注著者姓氏无法识别该人名时，可标注著者姓名，例如中国人、朝鲜人、日本人用汉字书写的姓名等"[16]。

【例3】

原文：Sun (2018) believes the method can also be employed to measure cognitive load in post-editing of machine translation.

译文：孙三军(Sun，2018)认为该方法也可用于测量机器翻译译后编辑的认知负荷。

所引文献有两位著者时，英文著作中一般以"&"标注，为符合"通知"的有关规定，翻译时应将该符号转换为汉字"和"。另外，文内夹注应使用"&"连接两位著者姓氏，从而与参考文献格式相对应，方便读者定位、查阅文献。

【例4】

原文：Note that Barrouillet & Camos (2012) argue for a different time-based resource-sharing model (TBRS), according to which maintenance of memory traces depends on attentional focusing within a single resource-limited central system.

译文：值得注意的是，巴罗利特和卡摩斯(Barrouillet & Camos，2012)提出一个不同的基于时间的资源共享模式(TBRS)，根据该模式，在单一资源限制的中央系统内，记忆痕迹的保存取决于注意力集中。

所引文献有三位及以上著者时，为了与原文中所附参考文献里的信息相对应，文内夹注应将"et al."保留。

【例5】

原文：Rinne et al. (2000) used PET to measure brain activation in professional interpreters during SI between Finnish (L1) and English (L2) in both directions.

译文：瑞尼等(Rinne et al.，2000)用正电子发射断层扫描技术测量专业口译员在芬兰语(母语)和英语(第二语言)之间双向口译时的大脑激活情况。

2.3 "著者全名(出版年)"：翻译全名，标注"(著者姓氏，出版年)"

正文行文中有时出现所引文献的著者全名，其后括号标注出版年份，此时应将著者全名译出，但由于参考文献通常按照著者姓氏的首字母排序，为了使文内夹注信息与参考文献保持一致，方便读者查找相关文献，因此在括号中只标注著者姓氏。

【例6】

原文：William James (1884) is claimed to be the first psychologist who attempted to establish a comprehensive explanation of emotion.

译文：威廉·詹姆斯(James，1884)据称是第一位试图对情绪进行全面解释的心理学家。

2.4 连续引用同一著者不同年份的文献：译出年份，标注"(著者姓氏，出版年)"

有时为了区别某一学者对某个概念的阐释变化，原文会引用不同年份的文献进行对比分析，此种情况下，为了突出变化，将出版年份在正文中翻译出来，并标注"(著者姓氏，出版年)"。

【例 7】

原文：Pym (2015) advocates a principle whereby so-called high-risk translation problems deserve more effort than low-risk translation problems. His use of the term "risk" is problematic: in Pym (2011), he defines it as the probability of an undesired outcome of an action, while in Pym (2015), the term seems to denote stakes.

译文：皮姆在 2015 年提出，所谓的高风险翻译问题比低风险翻译问题需要更多努力(Pym，2015)。他使用的"风险"("risk")一词语义模糊：在 2011 年的论述中，他将其定义为行动出现不如意结果的概率(Pym，2011)，而在 2015 年的论述中，该词似乎是指赌注(Pym，2015)。

【例 8】

原文：One phenomenon that clearly distinguishes interpreting from translation (except for the case of sight translation, a hybrid) is that while in translation, the intensity of expended cognitive effort is relatively low most of the time, and the feeling of discomfort associated with effort mostly only arises if it is prolonged, in interpreting, it can be very high, e.g. when the speaker is fast or speaks with a strong, unfamiliar accent, or when the speech is informationally dense (a list of "problem triggers" is drawn up in Gile, 2009 and corroborated empirically inter alia in Mankauskienė, 2018).

译文：口译与笔译(不包括视译这一口笔译混合体)明显不同的一个现象是，在笔译中，译者大部分时间不需要付出太多的认知努力，而且大多只在努力时间较长时才会产生不适感，而在口译中，如果讲话者语速快或带有译者不熟悉的严重口音，或是讲话内容信息量大，译者付出努力时经常产生不适感(吉尔在 2009 年的论述中列出了一个"问题诱因"清单(Gile，2009)，该清单在 2018 年由曼考斯基恩得到证实(Mankauskienė，2018))。

以上两个例句中，文献信息直接置于正文行文中，并且与其他文献出版年份不同但彼此关联，为了突出年份的前后及事件变化，将年份单独译出，并标注"(著者姓氏，出版年)"。

2.5 正文中纯文献信息不翻译

学术著作在援引相关文献时，有时会在正文行文中罗列多个文献的著者姓氏及出版年份信息。在英文中，姓氏加年份可以表示某人于某年发表的成果，但若将其译为中文，一连串的姓氏加年份并不能表示文献信息[17]，还会使译文不够通畅。因此，正文中的纯文献信息可以保留，不做处理。

【例 9】

原文：One of the most elaborate approaches using entropy in translation process research is word translation entropy, as initially proposed by Schaeffer and Carl (2014) and taken further in subsequent research as in Carl and Schaeffer (2017a, 2017b), Schaeffer et al. (2016) and Bangalore et al. (2016).

译文：在翻译过程研究中使用熵，最精细的方法之一是单词翻译熵，最初由谢弗尔和卡尔(Schaeffer&Carl，2014)提出，并在随后的研究中得到进一步采用，如 Carl & Schaeffer(2017a，2017b)，Schaeffer et al.(2016)以及 Bangalore et al.(2016)。

该例中的"Carl and Schaeffer (2017a, 2017b)""Schaeffer et al. (2016)"和"Bangalore et al. (2016)"均为纯粹的文献信息，将其中的人名翻译出来并无任何实质性的意义，反而影响读者的阅读通畅度，因此应保留不译。

需要提及的是，由于 APA 格式文献信息中的两位作者姓氏常用"&"来连接，因此为了使此句中的文献信息与参考文献格式相对应，方便读者快速定位、检索文献，将"Carl and Schaeffer (2017a, 2017b)"改为"Carl & Schaeffer(2017a，2017b)"。

文内夹注形式不尽相同，译者与编辑在翻译和审校过程中要时刻保持学术规范意识，严格遵守政府相关出版文件(如"通知"、国标参考文献著录格式)，同时还要服务于译文读者，灵活变通标注方式，给读者提供清晰、准确的文献出处信息，方便读者快速定位、检索文献。

3 引文著者姓名翻译

学术著作是某一学科领域的研究成果，往往需要对国际上的相关研究进行综述，也难免要引用国际上多国学者的观点与研究成果进行佐证，因此学术专著中包含大量所引文献的著者姓名，根据"通知"的有关规定，这些姓名不能保留不译，也要转换为对应的中文。但翻译著者姓名时不能草率音译，要准确转译，这不仅是尊重著者，保护著者版权，也是一种学术伦理与规范。

对于人名翻译，译界广泛认同的原则是"名从主人"。然而，"名从主人"常被狭义地理解为直接按照英文读音进行音译。由于同一名称在不同语言中发音不同，如果不能按照名称来源音译，出现错读音、省音或增音等情况，就无法保证"名从主人"。汉译时的"名从主人"指的是"翻译地名、人名必须遵照原来的读音。英语专名按英、美的读音来译。俄、日、德、法等文字的专名按该语言的发音来译"[18]，因此汉译引文著者姓名时，要想真正做到"名从主人"，首先就得辨别姓名来源语种。

3.1 音译：辨别来源语种

译者在翻译英语人名时可以充分利用权威的纸质词典与丰富的网络资源进行查询，查找约定俗成的译名。如若查询无果，译者往往只好根据发音进行音译，并将原文标注在后。

值得注意的是，有些人名并非来源于英语，有时从字母的形式上能轻易辨别。由于同一人名在不同语言中发音不同，遇到非英语来源人名，译者不能轻易将其视作英文进行翻译，需要"译音循本"[19]，遵循其母语发音，确保人名翻译准确，"名从主人"。在非英语来源人名的翻译上，可以自动检测语种的在线翻译软件成为译者的一大帮手。

【例 10】

原文：Such tests made Kövecses (2014) conclude that differences in metaphorical conceptual systems and the context in which they emerge cause problems in metaphor translation.

译文：斯托纳(Kövecses，2014)从这些实验中得出结论，即隐喻翻译中的问题是由隐喻概念系统及从中出现的语境差异导致的。

根据字母形式可以判断，该人名并非来源于英语。如若将其视作英语翻译，则可能音译为"科维塞斯"。但其在微软翻译中的"自动检测语种"结果显示该词来源于匈牙利语，译为"斯托纳"。

周作人认为，音译要做到名从主人，先弄清国籍，再查出原名的读音[20]。有时，翻译软件并不能准确识别人名的来源，那么就需要译者根据文内夹注信息在参考文献中找到对应文献，根据文献信息查找著者姓名，进而查找著者国籍等信息，了解其原名读音，最终确定其汉语译名。

3.2 华人姓氏回译：呈现全名

在英文中，华人人名往往以汉语拼音、威妥玛式拼音，或英文名加汉语拼音姓等多种形式出现，但华人人名的回译却往往出现差错，如将"Pen Piao"(班彪)误译为"彭彪"[21]、"Mencius"(孟子)误译成"门修斯"[22]、Chiang Kai-shek(蒋介石)误译为"常凯申"[23]，等等。这些误译的出现，显示了译者的知识积累不足，也表现出译者学术规范意识不强，在翻译时并未充分地检索查证。对于以英文出现的华人人名，译者应注意辨别，并利用不同途径"追根溯源"找到原本的汉语名字，确保回译准确；编辑在审校时也应提高规范意识。

值得注意的是，英文学术著作中的引用往往只标注华人姓氏，而中文学术著作却常常标注华人全名。因此，在汉译学术著作时，华人姓氏的回译需呈现全名，以符合中文学术著作的引用学术规范[24]。

【例11】

原文：Liang et al. (2017) used reduction of dependency distance as an indicator of cognitive effort.

译文：梁君英等(Liang et al.，2017)将依存距离的缩短作为认知努力的衡量指标。

2015年国标参考文献著录规则中提到正文中引用多著者文献时，对欧美著者只需标注第一个著者的姓，其后附"et al."；对于中国著者应标注第一著者的姓名，其后附"等"字。姓氏与"et al." "等"之间留适当空隙[16]。例句中的"Liang"很明显是汉语拼音抑或威妥玛式拼音，但即使确定了拼音形式，同一拼音又往往对应多个汉字。这时，可以根据文内夹注信息在原作参考文献中找到对应的文献信息，根据文献信息查找到著者全名，最后根据著者全名查找到其对应的汉语姓名。

值得注意的是，除了华人姓氏之外，有些韩国人的姓氏在英文中与汉语拼音相同，如"安(An)" "韩(Han)" "宋(Song)"等，将其翻译为汉语时需要注意辨别语种来源。

4 结束语

学术著作汉译对于我国学界紧跟国际学术潮流、促进学术发展、激发理论创新具有非凡的功用价值。作为严肃与严谨的学术活动，学术著作汉译应遵循一定的学术规范，尤其是文内引用规范，包括合理的文内夹注处理与准确的引文著者姓名翻译。译者处理文内夹注不仅要遵循文内引用规范，还要服务于读者，方便其快速获取文献信息；翻译引文著者姓名要"名从主人"，辨别姓名来源，华人姓氏回译时要呈现全名。从事学术著作汉译审校的编辑，应时刻保持学术引用规范意识，做好规范把关工作。

在学术著作汉译中，文内引用规范只是学术规范的一个方面，整个学术规范的体系亟待建立。笔者认为，加强学术著作汉译的学术规范可以采取以下措施：①培养学术著作汉译者的学者意识。做学术翻译的译者理应是一位学者，应具有较强的学术规范意识、较高的学术伦理觉悟。译者自身应不断学习，各级翻译协会和出版组织也应积极举办学术规范宣讲活动，培养译者的学者意识。只要译者在翻译过程中能遵守学术规范，后续的编辑审校与出版将会减少不少麻烦，因此译者的学者意识和学术规范意识的培养应得到重视。②提高学术著作汉译审校编辑的学术规范敏感度。相关编辑应注意学术汉译著作的出版规范性和标准化问题，在审读和编辑过程中，提高学术规范敏感度。③建立译者与编辑交互式的规范机制。鼓励译者与编辑积极进行学术规范的探讨，编辑根据相关编辑出版指南给予译者指导与帮助，译者根据翻译专业方法积极反馈意见。译者和编辑根据实践经验积极建言献策,双方以各自的专业视角进行交互探讨,推动建立学术著作汉译的学术规范体系。④国家层面或相关权威机构发布明确系统的学术著作汉译的学术规范。国家相关部门、各级翻译协会、各级出版协会制定科学权威的规范制度,以制度手段统一学术著作汉译的学术规范。总之,学术著作汉译的学术规范体系建设任重道远,需要各方协同努力。

注释: ①The Routledge Handbook of Translation and Cognition 由法比奥·阿尔维斯(Fabio Alves)和阿恩·莱克·雅各布森(Arnt Lykke Jakobsen)主编,在2021年由劳特利奇(Routledge)出版社出版。该手册包含30个章节,对翻译与认知相关学科进行了交叉研究,全面概述了最先进的翻译与认知之间的关系,着眼于不同类型的认知过程,还涉足了神经科学、人工智能、认知工效学和人机交互等新兴领域,对认知翻译研究(CTS)的发展具有重要价值。其汉译本《劳特利奇翻译与认知手册》于2023年由重庆大学出版社出版。

参 考 文 献

[1] ALVES F, JAKOBSEN A L. The Routledge handbook of translation and cognition[M]. NewYork: Routledge ,2021.
[2] 新华社.重大学术翻译出版工程"汉译世界学术名著丛书"规模将达1 000 种[EB/OL].[2023-09-18].http://www.news.cn/politics/2023-09/18/c_1129868345.htm.
[3] 翻译研究经典著述汉译丛书[J].外语界,2023(4):99.
[4] 魏良弢.亟待重视的学术名著翻译质量问题:例举汉译《历史研究(修订插图本)》[J].江海学刊,2002(3):197-202.
[5] 魏良弢.学术著作翻译的几个问题:以汉译《草原帝国》为例[J].史学月刊,2000(5):5-11.
[6] 管机灵.国外译学专著的翻译与技术规范问题:以《翻译学导论:理论与应用》(第三版)中译本为例[J].语言教育,2017,5(3):67-74.
[7] 赵昌汉.学术论著的翻译问题:以王译《民主主义与教育》为例[J].长江大学学报(社科版),2017,40(6):83-87.
[8] 江月.学术著作中人名翻译的基本前提、基本原则与基本方法:以《新帕尔格雷夫经济学大辞典》(中文第二版)人名翻译为例[J].经济研究参考,2018(48):49-51.
[9] 孙秋云,黄健.当前学术翻译的若干问题及其新机遇[J].编辑之友,2014(2):26-30.
[10] 陈才俊.学术著作翻译原则刍议[J].学术研究,2006(9):130-134,148.
[11] 马正义.学术著作翻译的三维透视[J].社会科学论坛,2010(11):174-178,189.
[12] 魏清光,魏家海.我国学术翻译译德失范的原因及解决之道[J].东北师大学报(哲学社会科学版),2012(6):128-131.
[13] 张国清,俞珊.学术引用的伦理问题[J].中国社会科学评价,2016(2):94-104,127-128.
[14] 曾革楠.新闻出版总署规范出版物文字使用[N].中国新闻出版报,2010-12-22(001).
[15] 新闻出版总署.关于进一步加强学术著作出版规范的通知[EB/OL].[2012-09-04].http://www.gov.cn/zwgk/2012-09/24/content_2231969.htm
[16] 中国国家标准化管理委员会.信息与文献 参考文献著录规则[S].北京:中国标准出版社,2015.
[17] 雷少波.学术著作翻译中出处夹注处理方式例析:兼谈建立翻译类图书出版规范国家标准的必要性[J].编辑之友,2014(2):84-87.
[18] 方梦之.译学词典[M].上海:上海外语教育出版社,2005.
[19] 曹明伦.论译者的学者意识[J].中国翻译,2022,43(1):175-179.
[20] 周作人.名从主人的音译[J].翻译通报,1951(2).
[21] 陈才俊.学术著作翻译原则刍议[J].学术研究,2006(9):130-134,148.
[22] 周国强.学术著作中外国人名汉译的若干经验[J].出版参考,2011(24):29.
[23] 孙秋云,黄健.当前学术翻译的若干问题及其新机遇[J].编辑之友,2014(2):26-30.
[24] 姜国会.学术著作汉译中术语、人名的查询与翻译[J].中国科技翻译,2023,36(3):9-11.

编辑学术引领能力提升路径研究

黎雪娟

(广西教育杂志社，广西 南宁 530021)

摘要：根据相关出版规范及国家层面对学术期刊的要求，结合教育期刊的特点介绍促进编辑学术引领能力提升的方法：以编辑团队的力量关注教师撰写论文的需求，结合不同学校特点给予不同的学术引领，以"三导向"引领教学水平高的学校关注教育前沿信息，以栏目设计指引教育教学论文撰写方向等，以促进基础教育高质量发展。

关键词：基础教育；学术引领能力；教育期刊；学术论文；教育教学论文

  2021年5月，习近平总书记给《文史哲》编辑部全体编辑人员回信指出：在新的时代条件下推动中华优秀传统文化创造性转化、创新性发展。高品质的学术期刊就是要坚守初心、引领创新，展示高水平研究成果，支持优秀学术人才成长，促进中外学术交流[1]。习近平总书记对《文史哲》编辑部提出的殷切希望，也是学术期刊编辑需要努力的方向。

  基础教育学术期刊肩负着推动教育发展的职业使命，其从诞生之时就承载着引领和推动基础教育发展的职能。促进学术期刊高质量发展是新时代赋予期刊人的责任和使命。不同地区基础教育水平、师资队伍、学术论文撰写能力等参差不齐，基础教育学术期刊编辑如何基于本地区实际，充分发挥学术期刊的引导职能和传播优秀文化职能，促进基础教育事业高质量发展？这是基础教育类学术期刊编辑应该认真思考的重要课题。

1 "学术"的定义及范围界定

  南京大学教授许苏民在《也谈学术、学术经典、学问与思想》一文中对"学术"的定义倾向于"知识、学问、智慧与方法论的统一"。本文的研究范围是基础教育，对于学术的定义基本上遵循许苏民教授的提法。基于许教授对学术的界定，笔者认为，基础教育学术期刊编辑可从三个层面提升自身的学术引领能力：一是编辑应及时了解和把握教育前沿信息，并善于发现先进学校教科研的先进经验，通过传播先进学校教科研的先进经验引领普通学校的教科研水平提高；二是编辑应深入教学一线，了解和掌握学校教科研活动情况，包括学校开展的教学研讨活动、公开课、学校文化构建等，从编辑角度对学校教科研工作进行泛学术化研究的引领，指导教师写好学术论文；三是编辑应充分发挥期刊传媒的传播和引领效应，通过设计具有特色和影响力的栏目，引领学校教师深入开展教科研工作，促进教科研活动深入发展，在服务教学发展学生的同时体现期刊传媒的社会服务功能。

  编辑是文化创新的重要人才资源，是保障期刊质量的"第一守门员和责任人"。新时代背景

基金项目：广西教育科学"十四五"规划学术期刊建设研究专项课题(2022QKB001)

下，学术期刊编辑除了具备扎实的语言文字功底和清晰的逻辑思维能力以外，还应该具备"学术底气"。而"学术底气"要求学术期刊编辑成为所编辑学科方向的专家，对所编辑学科具有一定的信息感知能力、鉴赏能力、判断能力等。

2 学术论文和教育教学论文的区别与联系

基础教育类学术期刊和科技类学术期刊、高等院校学术期刊相比，其论文的"学术意味"并不是那么浓。《科学技术报告、学位论文和学术论文的编写格式》(GB 7713—87)对学术论文的定义是：从严格意义上说，学术论文是某一学术课题在实验性、理论性或观测性上具有新的科学研究成果或创新见解和知识的科学记录；或者是某种已知原理运用于实际当中取得新进展的科学总结，用以提供学术会议宣读、交流或讨论，或在学术刊物上发表，或作其他用途的书面文件。一般而言，学术论文应提供新的科技信息，其内容应有所发现、有所发明、有所创造、有所前进，而不是重复、模仿、抄袭前人的工作或观点。

但现实中的中小学教育教学论文，往往以实践创新为主，凸显选题内容和方法的实际指导意义，即对教师的教育教学发挥学习、参考、启发、借鉴等作用，对于纯粹的理论探索意味偏少，教师所探究的理论更多的是服务于教学实践。中小学教育教学论文与严格意义上的学术论文的共同点是都要求创新。编辑人员只有清晰地认识到这一点，才能在审稿工作中既不拔高要求，又有针对性从众多来稿中筛选出对教育教学工作具有启发、指导、参考、借鉴作用的文章。

3 国内外对学术期刊编辑引领能力的研究现状

3.1 国内关于学术期刊编辑引领能力的研究概况

郝雪、刘春光、杨永生、刘俊(2021)指出科技期刊通过编辑实现对青年作者的引领作用，建议科技期刊编辑从科学道德引领、学术研究引导、科技论文写作指导与综合能力培养 4 个方面指导青年作者，从而发挥编辑的引领作用[2]。张福贵(2020)指出刊物要起到引领学术、继承传统、培养学科的作用[3]。张品纯(2020)建议科技期刊编辑应从学术性和规范性两个方面提高学术研究能力和论文写作水平[4]。高宏艳(2018)认为在人类社会发展进步当中，编辑的编辑文化引领作用不可小觑[5]。高生文(2018)认为学术编辑的学术引领体现在学术方向的设立，学术意义的发现，学术意义的体现，学术意义的评价、判断和选择，学术意义的成长整个文化活动中[6]。屈忆欣、马小芳、苏华(2016)认为学术编辑需充分发挥主观能动性，在团结学术专家的前提下，引导科研人员在已策划好的选题下开展研究工作，并科学撰写学术论文，使科学研究真正回归学术本位[7]。张慕华(2015)提出编辑应在尊重作者的前提下依靠作者去实现引领学术[8]。

以上各专家、学者等所提出的观点，皆强调编辑的学术引领作用，并结合具体工作介绍编辑学术引领的思考和做法，对学术期刊编辑发挥学术引领作用提供了具有参考价值的做法。这些观点中，既有从科技学术期刊、社科学术期刊的角度，也有从高校学报的角度论述学术期刊编辑的引领作用，但从基础教育学术期刊的角度进行研究的非常少。我国基础教育师资高达 982 万多，其中，广西壮族自治区基础教育教师队伍人数高达 44.7 万多，师资队伍庞大，出于专业发展需要，他们更加渴望得到相关专业人士的学术引领。

3.2 国外关于学术期刊编辑引领能力的研究概况

Fyfe(2020)分析揭示一流的学术期刊不仅仅是一个窗口、一个平台，更应该引领学术潮流，不仅要追求百家争鸣，更要争做百家当中的一鸣[9]。Wright(2011)采用"忠于参与者的研究"的视角，讨论期刊编辑和组织研究者如何有意义地将研究参与者作为研究过程中的宝贵的利益相关者来对待[10]。Aguinis 和 Vaschetto(2011)认为作为新科学知识的"守门员"，期刊的编辑们担任着极其重要的角色。通过讨论期刊编辑和科学期刊对诸如大学、学术研究的消费者和社会等广泛的利益相关者的影响，建立了科学与实践之间的桥梁[11]。

以上研究较为重视一流学术期刊的引领作用，强调一流学术期刊编辑应承担起引领学术的重任，针对普通学术期刊学术引领能力的研究较少。普通学术期刊与一流学术期刊相比，有一定的差距，但是，就如我国知名文化思想家、清华大学教授何兆武所提出的"学术只有对错、精粗、高下之分，没有中西之分"，笔者认为，学术除了无国界，还应该"百花齐放、百家争鸣"，普通学术期刊的作者同样有权利谈论自己对学术的一己之见。

结合习近平总书记对《文史哲》编辑部提出的办刊要求和习近平总书记教育重要论述，以及中宣部中宣局室发函(2021)40368 号文件，基础教育学术期刊编辑需重新正视"编辑的学术引领能力"这一职能，在依托和参考一流学术期刊、各优秀高校学报做法等经验的基础上，探索适合基础教育阶段学术引领的路径，以期实现"编辑要引领教师成长，而不是迁就教师论文"的目标要求。"

4 基于当地实际促进编辑提升学术引领能力的探索

达成"教书育人、培根铸魂"的教育目的是新时代教育发展的迫切需求。探索编辑学术引领的途径，对发挥教育期刊的社会服务功能、促进教师教科研水平和学术论文撰写能力提升均具有重要意义。

4.1 以编辑团队的力量关注教师撰写论文的需求

笔者通过组织创建"学术期刊编辑学术引领团队"，对研究的学校教科研组及教师对象进行持续性的指导和关注，通过树标杆、抓引领，全面推进基础教育阶段学校及教师能够在编辑的引领下更好地开展学科教学研究，进而撰写出合乎中宣部对内容、字数、质量等方面要求的学术论文；通过推动全区基础教育学校营造学术研究氛围，为促进全区基础教育事业健康发展贡献一份力量。每到一所学校开展教育教学论文写作的讲座之前，编辑都会让参加讲座的教师填写一份调查问卷。比如，针对南宁市某小学设计的调查问卷中有"你了解当前国家制定的关于学术论文相关规范和条例吗"这一选项，选择"了解"选项的教师占比为 13.11%，67.21%的教师选择"只了解一点点"，19.67%的教师选择"不了解"选项。由此可见，在对该学校开展论文撰写的讲座时，编辑应注重向教师们宣传出版规范、学术出版规范、《关于开展期刊滥发论文问题专项的检查通知》等知识，让教师了解相关的出版规范和要求，并自觉遵守学术出版规范。

4.2 结合不同学校特点给予不同的学术引领

笔者以特定范围内的城乡学校及教师作为研究对象，广西壮族自治区基础教育学校及教师教科研过程中遇到的先进经验和存在问题、学术论文撰写困境等，通过课题组成员分工合作，探索"因材施'引'，一类问题一个学术引领方案"的编辑学术引领能力提升方案，提出实效性强，融学校特色、实践性、可操作性于一体的促进学校教育发展和教师专业能力健康发展的实施模式，最终推动基础教育快速发展，达到"教书育人、培根铸魂"的教育目的。

结合党的二十大报告提出的"促进教育高质量发展"目标要求可以看出一个大趋势，即国家对于学术论文的质量是逐渐提高要求的,学术期刊编辑有责任和义务让教师们认识和了解这个大趋势,以高要求促使自己写出有思考深度、体现个人创新能力、能反映自己当下阶段的工作思考或实践的学术论文,而不是人云亦云的论文。例如,课题研究小组设计的"关于论文发表,你想了解哪方面的信息?(多选题)"问卷中,某市346名小学语文教师参与问卷调查(如表1),结果显示,78.32%的教师连投稿论文的基本要求都不怎么了解,不知道如何撰写论文的教师占比高达77.75%,可见,基于该校的现实情况,编辑应侧重于讲解基础教育期刊的用稿要求、论文的撰写方法、投稿注意事项等。

表1 "关于论文发表,你想了解哪方面的信息?(多选题)"问卷调查结果

选项	小计	比例
论文的一些基本要求	271	78.32%
投稿方式、技巧,注意事项	263	76.01%
如何撰写论文	269	77.75%
其他	26	7.51%
本题有效填写人次	346	

为了达到"因材施'引',一类问题一个学术引领方案"的目的,课题组设计了"关于论文写作,你的困惑点在于(　　)?(多选题)"的问卷内容(如表2)以及"你是否清楚自己的教学特点?或者擅长的方面是什么?(用一两句话概括)""请写出两三条你当前遇到的与教育教学有关的痛点或难点问题""你是否清楚自己的教学特点?或者擅长的方面是什么?(用一两句话概括)"等问题,了解教师教育教学中的具体困惑或优势所在,再结合教师的这些困惑或优势引导教师寻找学术论文撰写的切入点。

表2 "关于论文写作,你的困惑点在于(　　)?(多选题)"问卷调查结果

选项	小计	比例
缺乏写作题材(不知从何找切入点)	269	77.75%
想了解哪类题材录用率高	200	57.8%
工作忙,抽不出时间	188	54.34%
平时缺乏写作意识,迫不得已才写	150	43.35%
其他	22	6.36%
本题有效填写人次	346	

比如,课题组通过对南宁市某小学的问卷调查得知,该校很多教师的"痛点"是"学生不好管理,缺乏针对性的管理方法",对此,编辑抓住这一共性问题,引领教师思考"管理学生和管理课堂的方法"。这个问题其实也可以作为论文撰写的切入点,甚至学校还可以将其整合为一个校级课题,进而开展课题研究工作。因为从教师们反馈的问题来看,课堂难管理是该校低、中、高学段普遍存在的问题,可以说是学校的普遍性、共性问题,学校如果把其作为课题研究项目来开展研究工作,既可以很好地解决学校现存的普遍性、共性问题,使教师们从中掌握管理课堂、管理学生的方法,又可以从中获得论文写作题材。各学科教师可针对低、中、高不同学段出现的不同的课堂管理问题进行归纳、整理、分类,分析出现问题的原因,再结合学科教材内容、特点及教师的教学艺术、手段等(其中还可参考本校教师课堂管理工作做得好的方法或者其他名师、优秀教师的方法),提出符合本校学情的解决策略。最后,由课题负

责人对各学段各学科教师总结出来的方法进行总结、归纳，形成具有本校特色、符合本校学情的课堂管理方法。编辑通过这样的引领，促使教师在开展课题研究的过程中，既能顺利解决当前遇到的教学"痛点"问题，又能轻松找到写作切入点和写作素材。

4.3 以"三导向"传播先进学校的先进教科研经验

编辑应坚持问题导向、目标导向和方法导向，从推进当地基础教育事业改革发展和基础教育教师专业发展的高度，引领教育教学水平较好的学校结合当前教育教学前沿、热点，以及本校的教育教学实践，撰写高质量的学术论文。不可否认，不同地区、不同学校的教育管理理念、教学水平等仍存在一定的差异性。有些学校的教科研水平比较高，学校领导和教师特别是骨干教师关注和研究的往往是比较前沿、热门的教育教学信息，对此，编辑应及时发现和传播先进学校的先进教科研经验，以先进学校的先进教科研经验带动普通学校，引领普通学校更好地开展教科研活动，促进本地区的基础教育均衡、快速发展；应通过探索"以先进学校带动普通学校"的编辑学术引领模式，使普通学校能在先进学校的带动下，关注教育前沿、热点信息，学习先进的教育教学管理经验，提升普通学校提高教科研水平及教师学术论文撰写水平的同时，促进本地区教科研水平不断提高。

比如，编辑可根据先进学校具有较高的教研水平的优势，以及教育类一流期刊的征稿要求或方向，给予先进学校相关研究方向的指引。以小学语文学科为例，编辑可将2023年热点话题提供给先进学校的教师们探讨，如："文化自信"的内涵解读与培养路径、"核心素养""学习任务群"等课标核心概念的学理阐释及关系分析、"学习任务群"的实施路径及实践案例、基于学习任务群的教材建设和使用、实用性阅读与交流、思辨性阅读与表达、整本书阅读、跨学科学习、学习任务群视域下单元语文要素的重构与落实、"大单元"学习目标设计与落实等，促使先进学校的教师们有意识地往这些方向开展思考和研究，在提升自己研究能力的同时撰写出较前沿、热点的学术论文，最后通过期刊传媒的传播效应影响更多的普通学校。

4.4 以栏目设计指引教育教学论文撰写方向

打造精品期刊可以从打造品牌栏目、精品栏目、特色栏目开始。就读者视角而言，栏目既是读者直接感受期刊内容特色的切入点，也是读者是否会对期刊形成"大同小异""千刊一面"印象的重要影响因素。专栏往往能发挥学术争鸣的作用。编辑应结合本刊特点，发挥本刊优势，做好栏目策划、培养固定的作者群。教育期刊编辑应结合不同地区、不同学校教师的实际，从专栏设计方面提升编辑的学术引领能力，通过专栏设计引领学科研究深入开展。

基础教育期刊编辑可通过特色栏目设计明确学术引领实践模式，在教育期刊范围内推广学术引领模式和方法。比如，基础教育期刊可通过设计《教研争鸣》《学科探究热点》《专题研究》之类的具有一定特色和影响力的栏目，引领基础教育教师对教研活动、学科热点、"痛点"等进行广泛研究，通过有特色、有影响力的栏目影响读者和作者，提升教师的教学和科研水平。这样，既能发挥学术期刊的社会服务作用，又能使学术期刊编辑产生"为促进基础教育高质量发展贡献一份力量"的历史使命感和光荣感。

习近平总书记指出："教育是国之大计、党之大计。""办好教育事业，家庭、学校、政府、社会都有责任。"因此，基础教育学术期刊应该积极发挥引导职能和传播优秀文化职能，与家庭、学校、政府通力协作营造良好的育人氛围。其中，编辑提升自身的学术引领能力又是促进基础教育学术期刊高质量发展的关键影响因素，是新时代赋予学术期刊编辑的责任和使命。本文提出的以编辑团队的力量关注青年教师提高科研能力、结合学校不同特点进行学术引领、以"三导向"传播先进学校的先进教科研经验等实践方法,旨在为期刊社培养学术编辑人才队伍提供一些建议,促进学术期刊编辑更好地发展。

参 考 文 献

[1] 张之晔.一流学术期刊建设视阈下学术期刊编辑的使命与担当[J].出版广角,2021(19):30-32.
[2] 郝雪,刘春光,杨永生,等.科技期刊编辑对青年作者引领作用发挥的路径研究[C]//第十八届沈阳科学学术年会论文集.2021:614-618.
[3] 张福贵.思想创新与人文学术之路[J].文艺争鸣,2021(10):138-140.
[4] 张品纯.科技期刊编辑提高学术研究能力和论文写作水平的一些要点[J].中国科技期刊研究,2020,31(10):1193-1201.
[5] 高宏艳.也谈新时代编辑的编辑文化引领作用[J].长春教育学院学报,2018,34(12):37-39.
[6] 高生文.话语基调下学术期刊编辑之学术引领性研究[J].科技与出版,2018(1):102-106.
[7] 屈忆欣,马小芳,苏华.浅议学术编辑在学术期刊发展中的引领作用[J].西安文理学院学报(社会科学版),2016,19(5):120-123.
[8] 张慕华.论学术编辑是否应引领学术研究[J].出版广角,2015(13):21-23.
[9] FYFE A. 编辑、裁判员和委员会:在19世纪末和20世纪的皇家学会期刊分发编辑工作[J]. Centaurus, 2020, 61(1):125-140.
[10] WRIGHT T A. And justice for all: our research participants considered as valued stakeholders[J]. Management and Organization Review, 2011, 7(3):495-503.
[11] AGUINIS H, VASCHETTO S J. Editorial responsibility: managing the publishing process to do good and do well[J]. Management and Organization Review, 2011, 7(3):407-422.

青年编辑学术能力的提升实践

李金龙，王　祺，陈　永，张　彬，张胯同，李新鑫

(亚太建设科技信息研究院有限公司《给水排水》编辑部，北京 100120)

摘要：为提高青年编辑的学术素质，从而增强科技期刊的学术地位和影响力。总结创新编校过程以提高学术能力，强化编辑业务素养以培育编辑学术能力，创新构建行业交流平台以推进编辑综合能力提升等方面实践对青年编辑专业学术能力和编辑学术能力提升的作用。通过日常工作中的系统培养与沉淀，有利于提升青年编辑个人价值，增加其获得感和成就感。

关键词：青年编辑；学术能力；创新编校；编辑素养；交流平台

青年编辑具有创新的思维理念和敢于开拓的魄力，是科技期刊的新生力量，其综合素质水平关系着科技期刊的健康可持续发展[1]。新时代科技期刊的发展面临着诸多的竞争与挑战，同时也对青年编辑的培养提出了更高的要求。我国科技期刊数量众多，期刊发展参差不齐，青年编辑在日常工作中应充分挖掘和利用资源使自己快速学习与成长。

期刊编辑的学术能力对提升科技期刊的质量至关重要[2]，编辑学术能力的提升不仅有助于对行业热点的洞察、对期刊专业发展方向进行定位、对稿件做出准确的评判，还能有效衔接行业交流活动，提升期刊的行业学术地位。因此，科技期刊编辑不仅要具备本专业的学术素质，还要提高编辑行业的学术能力。

目前，本刊编辑部 2/3 编辑是 35 周岁以下的青年编辑。青年编辑们虽然在毕业时经过了毕业论文的锤炼，但在编辑部报稿论文讨论、行业会议技术讨论或和技术专家聊天时经常表现出知识储备不足，而本刊对青年编辑提出的期望是做优秀的行业指导专家，能够为行业或行业某领域的发展提出独到的见解。同时，所有青年编辑所学专业均为给水排水相关专业出身，对于编辑行业的学习也才刚刚起步，缺乏经验。本文总结《给水排水》编辑部青年编辑学术能力培养实践，以期为青年编辑的成长提供参考建议。

1 创新编校过程，提高学术能力

1.1 做实初审筛查，提升专业评鉴能力

稿件初审是稿件处理过程中体现学术水平的重要环节，做好初审工作可有效提高自身学术能力[3]。初审环节重点在于稿件质量的控制，是与作者、专家建立审稿关系的第一步，需要编辑练就火眼金睛，识别稿件质量优劣，有效分流。青年编辑在初审工作中不能只做传递者，

基金项目：中国建设科技集团青年基金项目(Z2023Q13，Z2022Q09)；亚太建设科技信息研究院有限公司自立科研项目(YT2019)
通信作者：王　祺，E-mail: gsps6@vip.163.com

机械地将稿件和意见互相表达。把好初审关就应该首先通过研究背景、研究方法、结果与实用性进行创新性分析，其次通过研究内容和数据分析判定其文章的真实性，最后通过文章构架和语言区分其文章的规范性和逻辑性。如此往复，在不断积累准确的信息资源的同时，也提升了自身的学术水平。

1.2 强化选题策划，提升专业系统把控能力

选题策划是期刊质量的主旨要义，可以快速吸引读者眼球，保证期刊的质量[4]。《给水排水》编辑部35周岁以下的青年编辑每人每年度至少完成2期责任编辑工作，需要对当期稿件的选题进行评判和把控。青年编辑在策划当期选题时候，需要仔细了解文章的主旨和内容，具备导向性和创新性理念，做出体现行业发展新趋势的好内容。在选题过程中总览全局，以重点内容为突破点，不断进行外围文章的辅助，达到全局覆盖、重点突出的格局。如在2019年第5期编排上重点突出了污泥处理处置和高落差系统中的给排水设计等内容。这样，青年编辑在进行选题策划的同时逐渐培养了学术能力。

1.3 增强外围支撑，培育专业思维能力

学术思维和兴趣是学术能力提升的基础条件，只有感受到了参与学术的快乐，有了追求和努力的方向，才可以乐在其中，使工作和学术不会成为枯燥的累赘，自然而然就能不断成长。学术思维的形成是在工作实践中不断积累学术能力的基础[5]。为此，编辑部自发组织了兴趣小组，首先针对学术英语方面进行提高：本刊的主要稿件研究方向为工程设计类论文，自2019年开始进行版式调整，要求所有文章必须有对照的英文摘要，当时青年编辑的英文摘要审校能力是一个弱项，这给编辑部年轻编辑提出的新要求。加之，为了能够与国际期刊和会议进行沟通交流，青年编辑组织英文互动小组，定期翻译 *Water Research*、*Water Science and Technology* 上的专业文章，增强了专业英语和文章写作水平。此外，上级公司专门设立了针对青年编辑的行业发展报告专项基金，行业发展报告的撰写更需要全面的协调能力、精准的概括能力、过硬的书写功底，青年编辑通过大量阅读相关文献、反复书写精研报告内容，对于提升学术能力大有益处。

1.4 创新培育编审团队，强化审读交流能力

为积攒后备力量，本刊正在组建青年编委会，众多优秀行业青年的加盟，为杂志带来了新的生机与活力。青年编辑作为活动的主要组织和参与者，通过活动的组织和后续活动的开展，不仅提升了组织管理能力，也在工作中开阔了视野，搭建了与行业专家的沟通平台[6]。因年龄相仿，青年编辑与青年编委会专家有更多的交流话题，相处更轻松自在，在潜移默化中不断增加学术储备。此外，本刊还组织优秀论文年度评选活动用以鼓励科技创新，激发作者投稿积极性。通过论文的筛选和讨论也能增加个人的知识储备。

2 强化编辑业务素养，培育编辑学术能力

因编辑岗位大部分都是科班出身，对于编辑方面的学术水平需要通过参加行业会议与同行交流、积极申请编辑相关基金项目支持等方面进行提升。

2.1 设立业务培育基金，培育青年编辑研究能力

科研基金是基金发起部门为鼓励科技创新和发展而设立的各种基金项目，申请人通过阅读和引用参考文献，提出目前存在的问题和解决方案，需要自身不断积累和突破，申请并完成基金是个人学术水平的重要体现[7]。目前针对青年编辑的各类基金项目较多，各组织也在积

极关注青年编辑的发展,如中国科技期刊编辑学会基金项目、中国高校科技期刊研究会专项基金、中国科协科技期刊青年编辑业务研究择优支持项目都发布了基金项目申报指南。本刊青年编辑作为团队申请了 2018 年度获得了总公司的青年科技基金项目,这就系统地让青年编辑们通过申请青年基金、完成青年基金会梳理思路,了解本领域的学术热点与科学问题。增加青年编辑的发现问题、分析问题和解决问题的系统性思维。

2.2 鼓励编辑业务培训学习,培育青年编辑业务提升

编辑是处理稿件的主体,2018 年本刊栏目编辑平均处理稿件量超过 200 篇,但目前编辑部的青年编辑没有或暂未提出关于编辑相关的意见或发表过编辑相关的论文。随着新媒体技术的不断发展,开放交流活动的数量越来越多、质量越来越高,"闭门造车"只会让自己越来越落后,因此有必要通过参加编辑行业学术会议向同行进行学习和交流[8]。参加行业交流会议,能够宏观地把握当前领域内的新观点、前沿动态和未来的发展方向。同时,与专家和同行的交流,了解各个编辑部存在的异同点、发展历史、问题及解决方案,从而增加我们自身分析问题和解决问题的能力。

3 创新构建行业交流平台,推进编辑综合能力提升

组织行业内学术会议是本刊主要的收入来源,也是与专家学者建立专业沟通交流平台、快速提升学术能力和影响力的有效手段[9-10]。如果将每次会议组织作为一个科学问题,那么如何选题、如何开展、如何为下一次会议做铺垫是需要组织者详细考虑的。

3.1 策划行业热点交流,提升编辑学术高度

每次会议的议题是最重要的工作,涉及会议是否站在了行业前端为杂志社塑造了品牌、参会人员是否愿意从全国各地赶来交流、后续的会议是否能连续开展、是否与行业内其他组织的会议有效区分,因此,参与会议主题的确定是对青年编辑学术高度的考验和提升。目前黑臭水体已经进入攻坚阶段,整治过程中雨天黑臭反弹、长治不清等问题比较突出,在此节点组织交流特征城市黑臭水体整治的技术路线、有效做法、优秀案例和管理经验意义明显,因此本年度在福州举办的黑臭水体整治研讨会取得了明显的效果。

3.2 强化会议过程把控,锻炼系统组织能力

在组织行业学术会议过程中,青年编辑可以作为会议主要负责人或参与者,其需要完成邀请行业权威作技术报告、整理参会人员报到信息、组织会议正常开展并协调突发状况、听会学习、技术报告的后期整理与报道等方面工作。在此过程中,青年编辑参与者不仅通过听取报告人关于本专业或研究方向上的最新或最适用的热点技术,积累本领域专业知识,了解本行业的短期发展方向,提高个人在行业的知名度,还可以锻炼自身的系统性思维方式和组织协调能力。

3.3 增强会议全生命周期构建,培育读作者维护能力

当专家和参会代表齐聚一堂进行行业技术交流时,组织方需要与报告专家及参会代表沟通会务安排事宜,同时利用报到、茶歇、用餐时间进行沟通交流。在与报告专家的交流过程中,因其行业地位和技术水平,一般期望能与专家进行约稿,或作为审稿专家加入稿件处理过程中,另外还要维护专家关系,期望其在后期的会议组织中给予技术等方面的帮助。与参会代表沟通时,也需要关注和维护关系,争取其能为成为期刊优秀作者或专家,并对后续会议给予支持和帮助。因此,关注会议全生命周期,不仅要通过会议进行优质组稿和约稿,还

要充分挖掘审稿专家、作者信息，已经成为青年编辑提升自身学术能力的重要途径。

4 结束语

青年编辑是科技期刊发展的创新动力，是决定期刊未来发展的重要因素，因此不能在编辑工作中偏安一隅，只机械作为稿件中转站。而提高青年编辑的学术能力不仅是实现青年编辑自身价值的体现，还能为科技期刊的发展提供源动力。青年编辑在稿件处理、业内交流、会议组织等方面不断提高学术水平和知识储备，为成为专家型编辑奠定了良好的基础，也为青年编辑的成长、创新、突破做好准备。在日益竞争激烈的期刊发展中奋力前行，永不落后。

参 考 文 献

[1] 申轶男,曹兵,佟建国,等.谈新时期科技期刊青年编辑的自我修炼[J].编辑学报,2013,25(增刊1):84-88.
[2] 所静,冯蓉,权燕子.大学出版单位编辑的学术能力及培养策略:以天津大学出版单位为例[J].科技与出版,2016(3):15-18.
[3] 陆宜新.科技学术期刊青年编辑初审工作要做到"1234"[J].编辑学报,2019,31(1):111-113.
[4] 康银花,郑晓南.提升选题策划质量是期刊不变的主题:《药学进展》的实践[J].编辑学报,2017,29(4):394.
[5] 王喜峰.学术兴趣、学术乐趣、学术志趣:对高校人文社会科学领域学术研究现状的思考[J].河南教育:高教,2018(2):83-86.
[6] 蔡斐,李明敏,徐晓,等.青年编委的遴选及其在期刊审稿过程中的作用[J].中国科技期刊研究,2017,28(9):856.
[7] 范雪梅,夏爱红,沈波.科技期刊编辑应积极申请基金项目[J].编辑之友,2011(10):45-46.
[8] 王娇,李世秋,蔡斐.参加学术会议助力科技期刊青年编辑能力提升[J].编辑学报,2018,30(增刊1):195-197.
[9] 周立忠.依托行业学会提高期刊学术质量和影响力:以《硅酸盐学报》组织学术专题研讨会为例[J].编辑学报,2018,30(4):386-388.
[10] 潘淑君,李无双,叶飞,等.办好学术会议促进期刊发展[J].编辑学报,2009,21(3):236-238.

新时期学者型编辑提升路径思考

周明园

(《上海大学学报(社会科学版)》编辑部,上海 200444)

摘要:学者型编辑意旨在完成加工、整理、校对等编辑工作的同时从事所属学科的科研活动,具有相当学术水平的编辑人员。养成学者型编辑的主要挑战在于平衡编校工作与学科研究工作。新时期,应从提升职业素养、厘清权利义务、提高学术认同度、推进回归学术共同体等方面实现并发展学者型编辑。

关键词:学者型编辑;学术期刊;学术共同体

在我国学术期刊的发展历程中,经历过编辑是否应该学者化的探索和争鸣,学术期刊编辑的身份定位由此成为长期以来困扰学术界的问题。观之学术期刊的发展沿革,编辑与学者身份相互融合和转换的历史渊源颇深。最初,各高等院校的综合性学报作为学术期刊的主流,其编辑本就是相关领域的专家学者,而非职业编辑人。随着1980年以来学术期刊体系的逐步确立,学术编辑从科研教学岗位的专家中剥离出来,成为编辑系列中的一员。1984年,胡光清撰文提出编辑应"以专为主,以杂为辅",认为编辑工作专业化、学者化是大势所趋[1];1994年,杨焕章提出学报编辑学者化是一种客观要求,是学报编辑的一条必由之路[2]。此后,随着出版专业技术人员职业资格考试的普及,编辑似乎又从学者行列中分离出来,具有职业出版从业者的固定身份,有关"编辑中介说""编辑再创造说""编辑学者化""学术引领人"等编辑身份定位的话题也被反复提及。

新时期,伴随高校科研水平的提高、科研成果评价体系的完善,学术期刊质量也在不断攀升,学术期刊编辑的培养模式已从编辑学家中逐渐提升,学者型编辑应得以普及并加以重视。学者型编辑意旨在完成加工、整理、校对等编辑工作的同时从事所属学科的科研活动,撰写文章、申报课题,具有相当学术水平的编辑人员。一方面,学者型编辑的落脚点应在于编辑,其并非完全等同于编辑学者化,后者容易引发混同编辑与学者,淡化编辑职业意识等质疑;另一方面,学者型编辑意在强调编辑的学术素养,进而承担传播高质量学术作品,提升学术期刊高质量发展的职责[3]。可见,针对学术期刊,学者型编辑的定位高度切合当前的学术环境。

1 培养新时期学者型编辑的挑战

新时期,如何平衡编校工作与科研工作是养成学者型编辑需要面临的挑战。一方面,在高校培养学者型编辑的大趋势下,各类学术期刊在选择、培养编辑时会考察编辑自身的学科背景。事实上,近年来各高校和研究院等基于期刊学科定位将招聘人员范围限定为学术型博士已是业界常态,具有博士学位从业多年的资深编辑也并非罕见。对于各个不同学科的博士而言，编辑学几乎是一个崭新的领域。编校质量是出版工作者的根基和底线，实践中，编辑必然会投入相当的时间研究如何做好编校工作，保证学术期刊高质量的编校水平。这方面的工作实则较难与学术博士的专业产生关联。另一方面，目前在高校中，科研教学工作与期刊出版工作也并未做到有效对接。学术期刊具有学术权威性，授课教师需要参考前沿的研究成果以促进其科研和教学；反之，学术期刊的出版工作更是以科研教学人员的高质量文章为依托。学术论文能够体现科研人员的学术水平，也是评价其科研完成质量和职称评定的标准。然而就目前而言，尽管各高校积极重视科研、教学、出版的一体化融合，但以教学为中心、科研为基础、期刊出版为平台的管理体制仍未完善，这也制约了学者型编辑的发展[4]。

2 新时期学者型编辑的实现与发展

2.1 学者型编辑职业素养的提升

任何一个行业的职业人想要取得长远的发展，提高职业素养，完善综合能力当是其安身立命之根本。编辑工作是政策性、纪律性较强的工作，良好的政治鉴别力和敏感性能够保障积极正确的出版方向；编辑应在大量的文化资源中寻找和选择最有价值的部分，编辑的职业道德境界影响编辑的选择行为以此传播正能量；此外，编辑还应在语言文字驾驭、选择鉴别、组织协调、沟通表达公关以及新技术运用等方面具备相应的能力。

在此基础上，就学术期刊而言，学者型编辑的养成对其专业知识能力提出了更高的要求。学术期刊的特点在于其学术性，学术意旨对存在物及其规律的学科化论证，其本质在于知识的积累，具体指向进行高等教育和研究的科学与文化群体。随着社会发展，学术内容和学科分类逐渐细化，各类专门的学术领域逐渐出现，研究内容也越来越有针对性。与此相适应的是，学术期刊的专业性也成为影响期刊良性发展的关键。一方面，期刊评价体系多以学科分类为基础，在庞杂的学科分类下，专业性越强的期刊似乎越能够赢得作者和读者的青睐；另一方面，综合类刊物和高校学报同样关注各栏目特色，以找准自身定位谋求长远发展。

在此背景下，学术期刊编辑必然应当具有对专业领域、前沿问题的敏锐洞察力和科学的判断力[5]，这意味着编辑需在思想、政治等方面做好把关工作外，更应具备辨明真伪命题，判断文题是否具有科学性、学术价值以及能否体现前沿科学成果的能力。这种学术上的灵感并非与生俱来，而是需要编辑在长期的工作实践中积累经验，更重要的是要求编辑能够以学者的身份对具体学科进行深入研究，用专家的视角理解并升华作者的来稿，进而提升期刊的学术质量。"编校质量是期刊面向公众的基本要求，但学术质量才是学术期刊发展的生命。"[6]此外，编辑还可以利用自身工作的优势，发掘编辑人的研究领域和学术特长。有文章提出，对于学术期刊编辑，编辑以"科研论文写作""教育研究方法""薄弱研究主题"为方向开展研究工作有益于编辑自身、学术期刊和学术领域的发展，可谓"一举多赢"[7]。

2.2 厘清学者型编辑的权利义务，提升其学术认同度

如前文所述，学术期刊编辑的身份焦虑始终伴随着学术期刊的发展史，如影随形[8]，这也在一定程度上影响了学术界对编辑的学术认同度。究其原因，在于编辑的工作性质与编辑的学术权利之间似乎存在龃龉。一方面，编辑的工作常被形容为"为他人作嫁衣"，抄抄写写、剪剪贴贴、涂涂改改的"编书匠"[9]在高校中多属于辅助类岗位，默默无闻地替旁人铺垫着科研之路。另一方面，在当前的学术评价体系下，编辑的学术权利又迫使学术界不得不对学术期刊编辑"另眼相看"，甚至不乏有作者认为期刊编辑掌握了在当前"非升即走"环境下各位青年教师

的学术命运，如此仿佛编辑在学术圈中又占据了高位。对此，厘清学术期刊编辑的权利，进而强化对编辑的学术认同度，能够在一定程度上完善学者型编辑路径的实现。

社会分工的意义即在于权责分明以提高个人的能动性，从而促进整个行业和社会的发展，责任编辑的责任二字亦在于此。就编辑的义务而言，《报纸期刊质量管理规定》《出版专业技术人员职业资格管理规定》《出版管理条例》等规范对编校质量，承担图书、期刊加工整理、装帧和版式设计人员的职业资格，责任编辑制度等做出相对细化和明确的规定；在权利方面，中华人民共和国《著作权法》中，以邻接权的方式肯定了出版者作为著作权人主体的法律地位，例如，报刊转载的法定许可，报刊、期刊社对作品文字性修改、删节的权利以及对出版的图书、期刊版式设计的保护等[1]。相较而言，有关编辑权利的规定并不具体。有学者指出较为公认的编辑权利基本可以分为三个方面：审稿权(初审权)、修改权(加工权)、建议权，在此基础上还应赋予编辑决定权[10]。实践中，如何正确行使学术论文的审稿权是提升学者型编辑学术认可度的关键。

学术期刊编辑的审稿权多集中在初审阶段，对文章在政治取向、学术规范、学术价值等方面进行初步评价。责任编辑作为文章的第一位把关人，其审稿权限不在于决定某篇文章能否予以录用，而是在于筛选出那些不能予以录用的，从而决定稿件能否进入后续的评审程序。此外，由于学术期刊多采用三审制(初审—外审—终审)流程，外审专家的评议意见一般分为建议刊发、建议不予刊发、退修后或考虑刊发等，对于最后一类文章，责任编辑具有一定程度的自由裁量权。事实上，这种自由裁量权可以划归到更广义、更为普遍意义中的编辑审稿权范围内。对于外审专家较难把握的文章，学术期刊编辑可根据具体的评议意见，统筹考虑文章的质量、修改的难度、组稿的安排、期刊的定位等选择退稿、退修或交予终审进行进一步评议。可以说，编辑的这种审稿权本身是适当的也是必要的，其关键在于如何正确地行使。一方面，文章的刊发需要经过各个层级审稿人就整体架构、学术规范、创新热点等方面客观的评价，同时也需要得到编辑的青睐。编辑应将这种青睐的情怀倾注于文章之上，并严格限定在以审稿标准为原则的框架之下，将其视为编辑与学者之间通过优质文章产生的共鸣，而绝非根据所谓的关系、人情论文章的"短长"。另一方面，学者型编辑应具有与审稿权相匹配的学术素养，这要求编辑掌握所负责学科的基本知识、术语与理论，并能跟踪学术前沿，了解学术动态[3]。可见，明晰学术编辑的审稿权限并在此基础上正确行使这一权利，强化编辑的学科研究力度，精进其学术水平，进而提升编辑在同仁中的整体学术认同度，是养成并完善学者型编辑的重要因素。

2.3 推进学者型编辑回归学术共同体

实现并发展学者型编辑，其核心在于推进学者型编辑回归学术共同体[6]。一是为科研教学人员与学术期刊编辑的双向流动搭建平台。2021年，中共中央宣传部、教育部、科技部联合印发《关于推动学术期刊繁荣发展的意见》，该意见特别提及应加强学术期刊的人才队伍建设，加大对学术期刊从业人员的培养力度，探索编研结合模式，支持教育科研单位教学科研人员与办刊人员的双向流动；2022年，湖南省教育厅印发了《湖南省高等学校哲学社会科学期刊管理规定(试行)》，论及编研结合及编辑、科研人才的双向流动[4]。上述文件的宗旨意在加强对学者型编辑的培养。编辑是学术期刊的第一责任人，而学术期刊的发展是繁荣学术共同体的重要指标。对于学术期刊而言，外审专家和主编多为科研教学人员，作者、编者、读者的身

---

1 参见《中华人民共和国著作权法》第三十五条至三十七条。

份时常是混同的。因而,将优秀的学者和科研人员吸收到编辑队伍中,同时给编辑提供教学科研的平台,有利于提高编辑的业务水平和综合能力,推进学术共同体的繁荣发展。

二是从考评机制、制度奖励、工作量认同等方面鼓励编辑从事学科研究工作,加强对学术期刊编辑队伍的文化建设。在某种意义上,学术期刊编辑职业晋升之路的困境制约了学者型编辑的发展。1980年,国务院通过了《编辑干部业务职称暂行规定》,将编辑职称评定为编审、副编审、编辑、助理编辑。与教师科研岗位和行政岗位等"大系列"给予博士中级职称的待遇相对比,某些高校在博士入职编辑岗位等"小系列"时仅将其聘为助理编辑。无法授课、无法申请教师资格即无法申报相应岗位,而能够申请的科研项目和课题又十分有限,导致高校期刊编辑被困在出版系列的职称通道里,严重打击了编辑的学术热情和工作积极性[11]。对此,高校应发挥其资源和制度等方面的优势以建立长效机制推进学者型编辑的养成。例如,优化职称评审中对编辑从事学科研究成果的认可,而不囿于编辑学的研究;对编辑申请学科项目、课题等提供必要的通道和一定的支持;对编辑参加学科会议、专项培训等可适当折算为相应的工作量,以此丰富编辑的学术维度,促进编辑对学术共同体的有效回归。

三是鼓励学术期刊编辑走出去,加强作者、编者、读者的对话和交流。学术共同体的建设和繁荣需要不同角色学术人的携手共进。学术编辑回归学术共同体,需要编辑走出去,参加学术交流、拓宽学术视野、积累学术人脉[4]。在高校、科研机构、行业企业之间搭建平台,促进学术人的有效互动,从而推进学者型编辑的养成,丰富学术期刊的办刊资源,实现期刊高质量、创新型发展。

3 结束语

周振甫曾说:"我国古代最大的编辑工作,都是极为被人看重的,是用当时的第一流学者和专家来做的。当时的编辑是同学术研究、学术著作结合的,有关的学术著作成为编辑工作的一部分。编辑工作同研究和学术著作不是截然分开的。"[12]编辑在学术共同体中发挥着重要的纽带作用,学者型编辑职业能力及学术素养的提升对学术共同体的建设而言意义重大。新时期应找准学者型编辑的准确定位,促进编校与科研工作的有效联结,强化学者型编辑的培养模式,完善编辑队伍的人才建设,鼓励编辑回归并最终推动学术共同体的繁荣发展。

参 考 文 献

[1] 胡光清.试论编辑的专业化与学者化[J].编辑之友,1984(2):76-82.
[2] 杨焕章.谈谈学报编辑学者化问题[J].华中师范大学学报(人文社会科学版),1994(6):124-128.
[3] 杜生权.学术期刊编辑发展方向探析:从"编辑学者化"到"学者型编辑"[J].青年记者,2022(8):80-81.
[4] 袁建涛.学术期刊编研结合的现实困境与突破对策[J].邵阳学院学报,2022(5):112-116.
[5] 孙保营.新时代高校出版社编辑的学术能力:内涵、问题与提升路径[J].出版广角,2020(18):28-31.
[6] 杜生权."学者型编辑"的实现路径[N].中国社会科学报,2023-05-16(006).
[7] 朱玉军.学术期刊学者型编辑的研究方向及发展路径[J].化学教育,2023(3):126-129.
[8] 朱剑.如影随形:四十年来学术期刊编辑的身份焦虑:1978—2017年学术期刊史的一个侧面[J].清华大学学报(哲学社会科学版),2018(2):1-35.
[9] 熊向东.编辑的本领[J].出版工作,1980(2):15-17.
[10] 杨彬智,郭庆健,赵跃峰.论编辑权利[J].西北大学学报(哲学社会科学版)2006(6):153-155.
[11] 欧阳菁.学术期刊"编研结合"的发展历程和紧迫性探究[J].新闻研究导刊,2022(6):38-40.
[12] 周振甫.编辑•学者•专家[J].出版工作,1984(10):38-45.

论交叉学科出版给编辑带来的挑战

刘 荣

(外语教学与研究出版社,北京 100089)

摘要: 随着科技发展和时代的进步,我国交叉学科迎来了重大发展机遇,同时推动和促进了交叉学科研究成果的出版。编辑如何做好交叉学科的出版工作,是一个值得深入探讨的重要课题。本文从交叉学科的概念和特征入手,结合出版工作实际,进一步探讨了交叉学科出版对编辑的要求,如:要掌握一定的跨学科知识,要具备一定的交叉学科出版工作能力,要保持严谨的治学态度和科学探究精神等。最后,本文对编辑做好交叉学科出版工作进行了深入思考,希望能为编辑做好交叉学科出版工作提供可供参考的建议,如:强化政治意识,提高政治素养;培养专业能力,加强学术训练,提高学术水平;有意识地引导和培养作者,组织策划交叉学科选题。

关键词: 交叉学科;概念与特征;问题与对策

1 交叉学科的概念和特征

1.1 交叉学科的概念

交叉学科是在两个或两个以上学科共同作用下形成的新学科。交叉学科通常涉及多个学科的知识和方法,以解决复杂的问题,或者探索新的领域。我国物理学家王义遒认为,交叉学科的本质在于,用不同学科方法和手段,共同解决同一个比较复杂的问题[1]。例如,生物学、医学和工程学共同发展,于是出现了生物医学工程学这一交叉学科,旨在开发新的医疗设备、诊断工具和治疗方法。又如,认知科学属于计算机科学与心理学的交叉学科,主要研究人类的认知过程,旨在开发人工智能、虚拟现实等技术。

随着科技的发展和时代的进步,在党和国家的高度重视下,我国的交叉学科迎来了前所未有的重大发展机遇。2021 年 12 月,国务院学位委员会印发了《交叉学科设置与管理办法(试行)》这一具有划时代意义的文件。该文件"第一章 总则"中的第二条明确规定:"交叉学科是多个学科相互渗透、融合形成的新学科,具有不同于现有一级学科范畴的概念、理论和方法体系,已成为学科、知识发展的新领域。"[2] 2022 年 9 月,国务院学位委员会、教育部印发了《研究生教育学科专业目录(2022 年)》,该文件中的"14 交叉学科"部分内容明确规定了 9 个可以授予相关学位的交叉学科专业[3]。例如,设计学可授予工学和艺术学学位,国家安全学专业可授予法学、工学、管理学和军事学学位,区域国别学专业可授予经济学、法学、文学和历史学学位。

1.2 交叉学科的特征

交叉学科具有以下几个特征。第一,交叉性。交叉性是交叉学科的基本特征。没有学科交叉，就不可能有交叉学科。交叉学科涉及不同学科的知识和方法，需要研究者具备多学科、跨学科的知识和能力。例如，区域国别学涉及社会科学、人文科学的众多领域，如政治学、社会学、历史学、地理学、文化学、文学、语言学等，要求对共同的研究对象进行整合研究[4]。所有这些学科在打通底层逻辑的基础上实现深度融合，区域国别学才能成为真正意义上的交叉学科。第二，融合性。融合性是交叉学科的重要特征。融合是在交叉基础上的进一步发展。各学科相互交叉与融合，最终形成新的学科，并且具有新学科的理论与方法，自成体系，能解决单一学科解决不了的问题。例如，生物学和信息科学的交叉研究产生了生物信息学这一学科，旨在解决生物信息方面的问题。当前在我国，新能源汽车产业获得了巨大的发展，而它的发展建立在物理、化学、材料、机械、电子等学科交叉、融合发展的基础上。第三，应用性。应用性是交叉学科的显著特征。交叉学科的发展需要应用到现实领域，并能解决实际问题，具有很强的应用特征。例如，生物学和计算机科学的交叉研究可以应用到医学领域，用于研究疾病的发生机制和治疗方法；区域国别学需要社会科学、人文科学等方面的知识和方法，以解决区域国别领域的实际问题。

交叉学科的发展是科学技术发展和时代进步的重要标志。交叉学科的发展有利于科技进步、技术创新，并实现思想上的交融，为解决人类面临的重大问题找到新的路径。

2 交叉学科出版对编辑的要求

顾名思义，交叉学科出版是对交叉学科知识和成果的出版。与一般图书出版相比，交叉学科出版对从事相关出版工作的编辑提出了更高的要求。

2.1 编辑要掌握一定的跨学科知识

从出版角度讲，编辑要做好交叉学科出版工作，首先要具备一定的知识结构，主要包括马克思主义理论知识、编辑专业知识以及跨学科知识。马克思主义理论由马克思主义哲学、马克思主义政治经济学和科学社会主义三部分组成。马克思主义的立场、观点、方法是编辑做好出版工作的理论基础。编辑专业知识是编辑出版做好出版工作的专业基础，内容包括编辑基础知识和编辑实务。跨学科知识是编辑做好某个领域出版工作必须具备的相关学科知识。在实际出版工作中，编辑可能只具备某一方面的专业知识。例如，英语编辑需要精通英语，医学编辑需要具备医学方面的知识。但对交叉学科出版而言，编辑必须掌握一定的跨学科知识。以出版区域国别学基础教材为例，这方面的教材必然会涉及对象国的地理环境、物产资源、历史沿革、宗教民俗、经济和社会状况、政党政治、法律体系、外交关系、文化艺术等内容，可谓"综合之学"。

2.2 编辑要具备较强的交叉学科出版工作能力

编辑在完成交叉学科出版工作时，需要应用自己掌握的跨学科知识，进行综合思考和分析，以解决稿件中存在的各种问题甚至难题。从出版角度讲，编辑本身就是一个"杂家"，需要具备选题策划能力、沟通协调能力、语言文字能力等，但这些能力只是编辑做好出版工作的基本能力。就交叉学科出版而言，编辑还要具备交叉学科的相关知识，同时应用这些知识解决实际问题的能力。比如，编辑要完成生物医学工程学方面的出版工作，就必须具备生物学、医学和工程学等方面的知识，并能够综合应用这些知识解决稿件中存在的专业性问题；编辑要做好区域国别学领域的出版工作，就必须掌握区域国别学知识，了解其学科发展动向。

2.3 编辑要保持严谨的治学态度和科学探究精神

交叉学科出版主要是学术作品的出版,而学术作品的出版具有一定的特殊性,需要严格遵守学术出版的规范和要求,这对编辑提出了更高的要求。编辑不仅要加强学术出版知识的学习,而且要对稿件内容进行审读、加工、校对、查验,并提出确实可行的处理意见。因此,编辑需要保持严谨的治学态度和科学探究精神。以区域国别学基础教材的出版为例,教材必然会涉及某个国家或地区多方面的知识。当涉及历史知识时,编辑需要查阅历史资料;当涉及经济知识时,编辑需要查阅相关经济数据;当涉及地理知识时,编辑需要查阅地理方面的知识。编辑要有恒心和毅力,并怀有一颗平常心,用工匠精神扎实推进交叉学科的出版工作,将自己锻造成既"专"又"硬"的复合型出版人才[5]。

3 编辑做好交叉学科出版工作的主要对策

当前,交叉学科出版存在诸多问题,如:部分出版机构对交叉学科图书出版不够重视,作者编写交叉学科稿件的难度较大等。从编辑角度讲,存在编辑来源不够专业、对跨学科知识掌握不够、交叉学科出版经验不足等问题。在出版机构,大多数编辑只具备本专业知识,比如英语编辑具备英语知识,医学编辑具备医学知识。有些从事交叉学科出版工作的编辑是从其他编辑岗位转过来的,并不具备跨学科知识。此外,大多数编辑在交叉学科出版方面经验不足,主要表现是:很多交叉学科出版项目是由资历丰富的老编辑负责的,年轻的编辑很难驾驭。因此,编辑要做好交叉学科出版工作并非易事。"交叉"意味着"综合"甚至"融合",这就提高了编辑完成出版工作的难度。具体而言,编辑要在以下几个方面下功夫。

3.1 强化政治意识,提高政治素养

编辑活动也是传播知识和文化的活动,因此,编辑首先要有一定的政治意识,把握好政治方向。政治意识始终是编辑的首要意识[6]。编辑有了较强的政治意识,才能更好地培养自身的政治素养,而具备一定的政治素养,才能保证图书出版的正确方向。就人文社科领域交叉学科图书的出版工作而言,编辑的政治素养显得格外重要。例如,编辑要做好区域国别学领域的图书出版工作,其政治素养主要体现在以下四个方面:一要具备一定的马克思主义理论知识;二要具备各门类的哲学社会科学知识以及中国传统文化知识;三要熟知党和国家的大政方针、政策等;四要了解国内外时政,掌握国际发展形势。由于区域国别学属于交叉学科,其相关著作必然会涉及区域、国家、民族、宗教、文化、历史、意识形态等方面的内容。因此,编辑要有强烈的政治意识,将相关的政治敏感问题一一筛查,并确保书稿内容准确无误。此外,区域国别学领域的图书内容经常涉及国家领导人的重要讲话,编辑需要一一核查,确保书稿的引文和出处准确无误。

3.2 培养专业能力,加强学术训练,提高学术水平

编辑的专业能力主要包括选题策划能力、组稿能力、审稿能力等。其中,审稿能力是编辑专业能力的集中体现。编辑在审稿时要过"三关",即文字关、知识关和政治关。其中,文字关是基础,编辑要有强大的文字驾驭能力,能"化腐朽为神奇";知识关是保障,编辑要对稿件当中的知识性问题进行查验、核对,并能提出明确的修改意见;政治关是"红线","政治问题一票否决",因此,编辑要对稿件中的任何政治敏锐性问题进行筛查,如地图边界问题、民族宗教问题、涉及港澳台地区的内容表述等。编辑还要加强学术训练,提高学术水平。交叉学科出版主要是学术作品出版,因此,编辑学术水平的高低也会影响到学术图书的质量。就交

叉学科出版而言，编辑要在以下几个方面下功夫，以便积累跨学科出版的知识、经验和能力。一是积极参加交叉学科出版实践，积累编、审、校等方面的实际工作经验。二是积极参加学术会议，了解学术议题，明确学术出版方向，观察学术发展动态，开发有价值的选题。三是加强国家出版规范文件的学习，强化规则意识、标准意识和质量意识。总之，编辑要加强专业能力的培养，积累跨学科知识，使自己"各方面知识都懂一点儿"，以便形成知识网络，能对复杂问题进行多角度、多层次的思考，并提出科学、合理的解决方案。

3.3 有意识地引导和培养作者，组织策划交叉学科图书选题

作者的能力和水平对稿件的质量具有决定性作用，因此，有了优秀的作者，才可能有优质的稿源。编辑要在以下方面下功夫。首先，编辑与作者进行深度沟通交流，了解其想法和写作思路。编辑与作者加强沟通交流，必然会产生"1+1>2"的效果。其次，编辑要有意识地引导和培养作者，发挥其专长，并帮助其树立编辑意识，实现"自我审稿"。再次，编辑要加强与高校、科研单位的联系与合作，组织策划交叉学科图书选题。例如，为推进构建中国自主的区域国别学学科体系、学术体系和话语体系，培养能够从事区域国别研究的专门人才，外语教学与研究出版社与北京外国语大学合作，启动了区域国别学系列基础教材的编写工作。该项目一共有两期，每期12卷，共24卷。各卷以某一国家、地区或某个国际组织为写作对象，主要为区域国别学及其相关专业的学生提供体现中国视角、反映某一国家或地区主要特性的知识体系。

4 结束语

学科发展到一定阶段必然会出现学科的交叉与融合，学科的交叉与融合必然导致交叉学科的产生、发展与完善。当前在我国，交叉学科迎来了前所未有的重大发展机遇，同时推动和促进了交叉学科研究成果的出版。编辑如何做好交叉学科的出版工作，是一个值得深入探讨的重要课题。在融媒体时代，交叉学科出版工作会遇到更多的问题，也给编辑带来了更大的挑战。本文从编辑角度，对编辑做好交叉学科出版工作进行了思考，旨在为做好该领域的出版工作、增强编辑的工作能力提供可供参考的建议。

参 考 文 献

[1] 王义道.学科"交叉"比交叉学科更重要[EB/OL].(2021-12-15)[2023-07-15].https://www.nsfc.gov.cn/publish/portal0/tab1344/info85558.htm.

[2] 中华人民共和国教育部.国务院学位委员会关于印发《交叉学科设置与管理办法(试行)》的通知[EB/OL].(2021-11-07)[2023-07-15].http://www.moe.gov.cn/srcsite/A22/s7065/202112/t20211203_584501.html.

[3] 国务院学位委员会 教育部关于印发《研究生教育学科专业目录(2022年)》《研究生教育学科专业目录管理办法》的通知[EB/OL].(2022-09-13)[2023-07-15].http://www.moe.gov.cn/srcsite/A22/moe_833/202209/t20220914_660828.html.

[4] 杨丹主编.区域国别学:全球视野[M].北京:外语教学与研究出版社,2022:3.

[5] 商成果.编辑学术出版能力提升策略分析[J].传媒论坛,2020(11):69.

[6] 马春静.政治意识始终是编辑的首要意识[J].新闻论坛,2010(5):34.

期刊青年编辑职业素养提升途径
——基于编辑撰写论文视角

胡晓梅

(华中师范大学学报编辑部,湖北 武汉 430079)

摘要: 积极开展编辑学研究、撰写编辑学论文,可以迅速提升期刊青年编辑的业务能力和学术水平,是青年编辑快速成长为优秀编辑的最佳途径。本文基于编辑撰写论文视角,从写编辑学研究论文对个体成长和期刊发展的作用出发,研究期刊青年编辑如何通过开展编辑学研究并撰写论文来提高自身职业素养和技能。通过分析青年编辑撰写编辑学研究论文中遇到的困难,结合编辑工作实践,总结青年编辑编研有机结合撰写编辑学论文的具体方法和途径,以供探讨和参考。

关键词: 期刊青年编辑;职业素养;论文写作

2021 年,中共中央宣传部、教育部、科技部印发《关于推动学术期刊繁荣发展的意见》,指出要"深入开展增强脚力、眼力、脑力、笔力教育实践,努力造就一支政治强、业务精、作风正的高水平办刊队伍"[1]。然而在实践中,开展编辑学研究并撰写编辑学论文一直是困扰青年编辑最大的焦点问题。笔者今年在参加中国高校科技期刊研究会主办的科技期刊青年编辑高峰研讨会上,通过青年编辑实务工作坊的交流环节,就发现许多青年编辑迫切想要改进自己的编辑学研究能力和写作笔力。交流中了解到的现状首先是由于期刊编辑工作具有周期性、重复性,青年编辑难以在日常工作中找到新颖之处去研究。其次是即使找到一个选题,青年编辑在研究方案的设计和研究资料掌握上很欠缺,往往只能基于个人经验进行简单描述性分析,或是围绕某个具体问题谈谈一般见解,审稿人拒稿意见里常有"作者对研究现状认识不深"和"创新性不足"两个选项,难以发表。最后就是时间上的挤压,在纷繁琐碎的工作与家庭事务中青年编辑容易心态浮躁,难有时间静下心来深入研究并撰写论文。

进一步究其原因,一方面,许多期刊青年编辑从业后并没有参加国家出版专业技术人员职业资格考试,缺乏对编辑出版知识的系统学习;另一方面,青年编辑多为各专业学科背景出身,毕业后进入出版领域来边干边学,往往更擅长所在学科专业研究,对编辑出版学研究感觉很陌生,导致写编辑学论文时很困惑。因此,本文基于此现状,从撰写编辑学论文对个体成长和期刊发展的作用出发,分析青年编辑开展编辑学研究并撰写论文的困难之处,研究青年编辑如何使用科学的研究方法将实践经验升华打磨成文字理论,编研结合提升"笔力",进一步提高自身业务水平与职业素养,进而更好地促进期刊高质量发展。

基金项目: 施普林格·自然—中国高校科技期刊研究会英文编辑及国际交流人才培养基金项目(CUJS-GJHZ-2022-28)

1 为什么要撰写期刊编辑学论文

1.1 有利于期刊行业编辑同仁交流学习

期刊编辑写的论文很多是从自身熟悉的工作出发，结合期刊发展规律，介绍采用了什么方法、解决了什么问题或者启动了什么改革，总结宝贵经验，分享成功案例。比如，新时期的期刊媒体融合发展转型问题，许多科技期刊还处于探索方法和路径阶段，急需学习借鉴成功案例的经验与做法。当下，建设世界一流科技期刊高质量发展过程中也会出现一些新情况、新问题，需要所有期刊编辑同仁群策群力，互学互鉴，加强交流，携手共进。

1.2 有利于提高期刊和期刊团队的美誉度和影响力

很多出版编辑学论文都是以期刊建设和创办新刊实践为例，讲述期刊取得的成绩，成功运营的经验以及期刊发展过程中引领创新改革的思考和总结。这些论文的发表和传播，可以让更多的同行了解期刊，提高自身期刊在期刊界的美誉度和影响力。另外，很多高水平编辑论文都是编辑团队一起分工合作完成，作者都是集体署名，增强了编辑团队的凝聚力和向心力。科研工作的蓬勃开展，探讨选题和写作的过程也促进了成员之间的沟通交流，利于形成一股积极向上的良好氛围并辐射至整个编辑部。

1.3 有利于提高期刊编辑的业务能力和学术水平

撰写论文是一项很好的科研实践活动，需要编辑对期刊工作进行系统的总结、整理和分析，从整体谋篇布局到细节处的字斟句酌都要精心琢磨和推敲。正因如此，论文才能主题明确、框架合理、观点鲜明、论据充分、论证清晰并且文笔流畅。此科研写作过程可以提高编辑思维分析能力、问题解决能力，锻炼他们的逻辑思维能力和语言组织及文字表达能力。科学研究能力的提高反过来又可以完善编辑的知识结构，促进他们创造力和学习力的提升，进而提高编辑业务能力和学术水平，促进期刊发展。

1.4 完成聘期考核以及职业发展的需求

发表论文是评价编辑科研水平和聘期考核工作量的一项重要考评指标，也是我国出版系列职称晋升的硬性需求，申报和评审时必须具备。在各种基金项目申报和结项时，论文也是研究成果展现的一种形式。一些学术交流会议和学术论坛征文或优秀论文评奖，都会要求参会编辑提交原创论文。所以，期刊青年编辑要实现个人职业发展空间的上升，必须发表与编辑出版方向有关的理论研究性高质量文章。

2 青年编辑撰写编辑学研究论文遇到的困难

2.1 难选题——研究什么

写作的第一步当然是如何选题，有价值的选题才能成就有意义的论文。选题需要符合自身职业定位以及一定的学术兴趣。由于期刊编辑周期性按部就班的工作，工作内容总是大同小异，好像没有什么新颖之处值得研究。针对此问题，许多学者对青年编辑如何克服选题关提出了宝贵建议，比如江霞[2]认为期刊编辑应在信息意识与工作实践的契合点中寻找选题；谢晓红等[3]认为编辑应从实际工作和理论研究中抓选题；霍振响等[4]提出了内外结合觅选题打开编辑学论文写作通道。多年来，结合工作实际，编辑和学者们对实践中发现的各种问题进行了多方面研究，已积累了大量的研究成果。青年编辑在确定选题后，上网查阅资料时往往会发现自己的选题并不新颖，相似文献比比皆是，并且文章论述结构合理，内容详尽，文笔流畅。这时候容易自我怀疑，觉得这个选题还值得研究吗？相比前人的成果还有更好的研究视角吗？还有继续探讨的价值与空间吗？花时间写了能顺利发表吗？研究尚未开始心里便已自我否定，进而终止写作与探索之路。所以，如何在蕴藏着大量"课题富矿"的编辑实践中，以敏锐的目光捕捉挖掘到新颖的选题，或者如何把老选题提炼升华写出新意，将零散的经验及感性认知进行持续、系统地反思探究，上升到具有参考价值的理论高度，能够为行业发展所需要，是编辑学写作研究中的一大难题。

2.2 难方法——怎么研究

怎么研究是选题后面临的最大困难。现实中青年编辑常囿于研究资料掌握不足、研究方案、思路不够清晰，导致出现结构不合理、主题不明确、论证逻辑不严密、论述扣题不紧等一种或多种问题，加上文笔水平和写作技巧不佳，许多是结合自己所在期刊讨论"办刊实践"，结论缺乏创新性，文字也缺乏说服力，难以达到刊发标准。学术论文重在一个"论"字，必须有明确的论点、充分的论据和严密的论证过程[5]。从方法论的角度来说，由于编辑出版学是复合性、应用性较强的学科，基本上所有的科学研究方法都适用于编辑出版学的研究。科学、规范和严谨的研究方法可增加结论的可信度。就笔者而言，比较推崇定性与定量相结合，理论与实证相结合的文章。不同类型课题宜采取不同的研究方法，编辑应根据自己的选题来选择恰当的研究方法。受年纪、学识、阅历等局限，初入职的青年编辑缺乏宽厚的知识积累与丰富的研究经历，对期刊出版行业认知不足，开展调研时往往样本过小，从宏观视角进行整理分析的研究不多，文章大多缺乏高屋建瓴和立意深远，最终研究结论的理论深度不足，可信度也差强人意。

2.3 难时间——啥时研究

近年来，学术期刊竞争日趋激烈，新形势下对编辑素质的要求更高，期刊编辑也不可避免地面临严峻挑战。因为人员限制的原因，期刊编辑部一般分工粗，"人少事多"使得每个编辑要身兼数职，工作繁重，时间紧张。不仅需在本专业领域具备较深厚的学术积累，还需要懂编辑出版相关法规以及具备选题策划能力、良好的沟通能力、较强的文字功底、过硬的编校技能以及媒体融合能力等。为促进期刊高质量发展，提高影响力，期刊编辑不仅要积极开展选题策划，引领学术创新，还要聚焦社会重大关切，打造特色专栏专刊。平时还要想办法邀约聚集校内外知名专家学者，组织学术交流活动，扩大核心作者群，努力开拓优质稿源等。每一期工作流程从选题约稿、组稿、初审、送审、多次返修及重审、定稿加工、排版、至少三校后付印、发行，到后期信息传播和媒体融合宣传推广，还有专家审稿费及作者稿酬发放等后续事务，繁琐细碎的每个步骤都必须严谨而细致，不能有任何差错。编辑每年还要抽空参加编辑业务和期刊建设方面学习，完成国家规定的继续教育培训学时。所有这些工作都需要付出大量的时间和精力，加上青年编辑一般刚成家不久，孩子尚小需要看护陪伴，难有时间静下来从事学术研究并撰写编辑学论文。

3 青年编辑开展研究撰写编辑学论文的方法建议

3.1 研究什么——在编辑实践中深挖选题

3.1.1 编研结合，深度挖掘选题

对没有写作经验的期刊青年编辑而言，最佳选题模式是在工作中发现问题并解决问题[6]，深入思索并调查研究，攻坚克难，在解决问题的过程中形成自己的学术观点，并撰写成文。

从工作实践入手，带着问题去大量下载查看文献资料，穷尽式探索，在文献阅读中丰富认知，梳理凝练选题并对原有观点再思考，深入分析研究，最终形成新的有价值见解。这样即便是常见的选题，加入新的元素"老题新做"或深入研究"老题深做"也可以成就一篇优秀的论文。比如"同行评议机制""防范学术不端""编辑人才队伍建设"等选题，一直不断有学者结合当前的新情况、新技术与时俱进在深入研究，写出许多有活力和创新元素的论文。对于初入职的编辑来说，意义重大、内涵深刻的大选题可能还难以驾驭，一般就围绕期刊日常编校实务中处理问题的办法与技巧来挖掘选题。前期可以"小题大做"或"小题精做"，但是随着研究功底的增加，就不能仅仅拘泥于单纯介绍编校经验的小题了，因为大同小异缺乏新意就没有太大推广价值。编辑只有在实践经验积累基础上，进一步深入研究，拔高学术视野，才能从新的角度、新的领域、新的方案中提炼出具有现实意义和长远价值的文章。

3.1.2 通过期刊社团组织的研究项目来选择选题

青年编辑选题除了要结合工作实践，还要满足期刊产业现实发展需求。中国科协、中国期刊协会、中国科学技术期刊编辑学会、中国高校科技期刊研究会等全国性和地方性学术社团会定期发布多个课题研究项目，研究热点和趋势紧跟新时代期刊发展与编辑出版发展方向，大多是行业高度关注或待解决的问题。关注相关的研究主题并结合自身特长与兴趣点，积极申报各类基金项目，对于提升编辑的学术视野和研究水平大有裨益。通过近年的"中国科技期刊卓越行动计划选育高水平办刊人才子项目——青年人才支持项目"，就涌现出一批综合素质和办刊能力强的卓越计划青年人才，比如丁佐奇、王维朗等。通过项目研究形成的论文成果都发表在《编辑学报》《中国科技期刊研究》《科技与出版》等业内高影响力期刊上。

3.1.3 紧密关注国家政策及行业发展最新动态拓宽选题

近年来，推动学术期刊繁荣发展的相关政策、文件、措施使得期刊出版事业蓬勃发展。期刊相关管理部门每年都会举办期刊发展论坛、主编(社长)沙龙等活动；许多期刊会议都会围绕会议主题征文；一些优秀刊物每年都会刊登选题指南，列出选题方向，引导读者开展学术研究[5]。这些研究信息能够开阔编辑眼界、启发思维，为论文选题提供帮助[5]。青年编辑精力充沛，学习能力强，思维活跃，应密切关注行业发展动态和学术研究动向及热点问题，关注国家对出版行业的政策指引，结合社会发展大势，比如：如何建设世界一流科技期刊、实现中国科技期刊强国梦，如何进行期刊集团化建设、科技期刊如何"造船出海"、如何实现学术期刊守正创新发展、提升国际影响力以及如何增强新媒体融合发展等理论与实践问题，进行深入思考，拓宽选题，寻找恰当切入点开展研究。期刊编辑应主动学习涉及期刊发展的国家政策和文件，使自己的研究紧贴国家发展战略，紧跟行业发展态势。

3.2 怎么研究——选择适当研究方法把问题论清楚

3.2.1 选择适合自己的研究方法

文献资料研究法、访谈法、问卷调查法、案例剖析法和统计分析法都是常用的编辑学研究方法[5]，一篇文章可同时使用多种研究方法。在各学科交叉渗透的时代，还可运用现代科技手段借鉴其他学科的研究方法。关于研究方法，可参阅杨雪[7]中的阐述和统计分析。

以文献资料研究法为例，因为编辑职业特点和理工科学术背景，科技期刊青年编辑一般具有较强的搜索、获取和统计分析文献的能力。青年编辑可结合专业背景，发挥学科优势，利用文献查阅法或问卷调查收集的资料数据进行数量化的统计和分析，开展专题研究。获取文献需关注重点网站、期刊行业自媒体和编辑出版类核心期刊的微信公众号；精读《编辑学报》《中国科技期刊研究》等期刊的最新高水平文章；关注各级期刊行业协会、研究会、学会网站或公众号信息；加入期刊会议微信群、本地学会群、同类期刊群；关注行业知名网站，如编辑之家、科学网等；关注科技期刊界专家学者的微信公众号、名人微博等。通过持续关注这些信息渠道，可以获得期刊界最新学术研究动向和会议交流重点，对编辑出版行业体制和政策的解读评价，以及编辑出版学课题项目申报指南等有益信息。针对这些信息关键词或主题词，可以进一步上网搜索获取许多有价值的文献。另外，每年的中国科技期刊产业发展报告和中国科技期刊发展蓝皮书也会提供许多翔实的数据与案例，期刊编辑可及时收藏整理分类，厘清思路，结合自己的兴趣进一步调查研究并深度优化加工，从中寻找选题与写作的启发点。

3.2.2 紧扣主题深入分析，把问题论清楚

结合自身学科背景、工作实践与经验积累，就某一问题对相关理论与实践进行整理研究，紧扣主题和研究难点设计研究方案。从描述现状、提出问题、分析问题到解决问题，整个论文结构要严谨，层次分明。先从整体上谋篇布局，打好框架结构，再从细节上安排好各部分的层次内容。所有章节要围绕主题来展开，环环相扣，深入分析并客观评价，归纳提炼并论证自己的观点，述评结合、用精辟的语言引发读者的思考与共鸣，形成对他人或期刊发展具有参考价值和借鉴意义的学术成果，满足读者、学界和业界的需求。特别推荐《编辑学报》副主编张品纯编审的微信公众号"品味纯美人生"，每周会有被退修或退稿稿件的具体评审意见，青年编辑常去阅读有助于了解期刊和审稿人对稿件的要求，反思自身问题，学习如何撰写和修改论文。

3.3 啥时写——利用碎片化时间阅读思考，养成研究和写作的习惯

3.3.1 功在平时，注重积累

厚积而薄发，做研究和写作的灵感离不开平时的深度积累。青年编辑平时工作忙碌，只能用力挤挤时间海绵，平日利用碎片化时间搜集写作资料，包括从网站、微信公众号获得的行业信息、文章、会议 PPT、国家政策文件等，分门别类整理好文件夹。日积月累，到了假期再集中时间打开文件夹仔细阅读，勤学、勤思、勤动手、勤动笔，逐步积累研究经验。通过对文件资料仔细梳理并深入思考，寻找值得深入研究的选题和素材。锁定选题后再次深度阅读，精读前人研究结论、研究方法等关键信息，学习其所写，并进一步思考其未写。"只读不研则浅，只研不写则失"，思考之后勤动笔，做好阅读笔记，博闻强识，不断提炼优化并结合自己的工作实践对其进行借鉴、批判、拓展，在前人研究基础上组织开展自己的研究，形成自己的观点，进而写出有一定理论深度和学术价值的文章。

3.3.2 对标榜样，向高产优秀编辑学习

对青年编辑来说，参加编辑业务培训班和研讨会可以快速认识许多编辑出版界学养深厚的专家前辈，见识许多论文高产的优秀编辑，除了会上认真聆听他们的精彩报告，会后进一步搜集和阅读专家和优秀编辑们的系列论文，必然有所收获。我曾经请教过一个开会时认识的高产编辑，她说，除了较好的研究能力和语言功底外，当她论文前期调研工作准备成熟后，就立马会着手进行撰写，千万不要拖拉，写文章宜一气呵成，将灵感思路火花及时记录下来。初稿完成后，还要多次修改打磨，使之重点突出，论述充分，措辞得当，并且求真务实、态度谦逊，所谓"文章不厌百回改，反复推敲佳句来"。我想，除了她自身素养，拒绝拖拉、立即行动的一贯勤奋态度也是她能高产的主要原因。

3.3.3 贵在坚持，养成研究和写作的良好习惯

编辑学研究的开展以及论文写作与发表过程并非总能一帆风顺，历练和坚持是必须的。青年编辑初尝写作，加上工作经验尚浅，论文往往创新性不足，缺乏认识深度，被拒甚至屡次被拒的概率极大。此时一定要端正心态，要认识到文章被拒是很常见的事情，即使是从事编辑学研究多年，写作经验丰富的老作者也不一定投稿百发百中。所以投稿被拒不必心灰意冷就此止步，应找出原因进一步反思、调整、改进，提高研究的理论深度和认知高度。修改过程也是一次完善论文的好时机，审稿专家的退稿意见或退修意见中往往有精华。当青年编辑体验到几经修改与锤炼变得内容充实、论证深刻、表达精准的论文终于在心仪的刊物发表时的喜悦，以及成果在期刊同行工作中的应用价值，一定会使作者大受鼓励，增强其研究兴趣和写作信心。这种研究成果被认可的成就感，会极大提升作者的职业认同感、价值感并且激励其继续做研究和写作，养成良好写论文习惯。

4 结束语

开展编辑出版学研究并撰写编辑学论文是提高"四力"的良好实践[8]，对期刊青年编辑的职业素养提升大有裨益。本文仅从编辑开展编辑学研究、撰写论文的视角，探讨如何通过编辑学写作来增强青年编辑"笔力"实践。因为良好的"笔力"既是编辑的看家本领，也是使命担当[8]。当然，青年编辑职业素养提升途径还有很多，比如积极参加出版单位的定期培训和继续教育，前辈对新人的导师制"传帮带"，参加青年编辑业务技能大赛，出版编辑类青年基金项目培育；青年编辑主动学习和交流等。这些途径不是独立的，而是相互渗透和影响的，提高期刊青年编辑的职业素养和能力需要多种途径合力来实现。"纸上得来终觉浅，绝知此事要躬行"——青年编辑要在实践中不断积累经验，增强技能与本领，追求卓越，尽快成长为行业专家，助力国家一流期刊建设，为早日实现我国期刊的强国梦贡献力量。

参 考 文 献

[1] 中共中央宣传部,教育部,科技部.关于推动学术期刊繁荣发展的意见[J].中国出版,2021(14):3-5.
[2] 江霞.从信息意识与职业实践的契合点中寻找论文选题:撰写编辑学论文的体会[J].编辑学报,2017,29(3):296-298.
[3] 谢晓红,王淑华,肖骏.科技期刊青年编辑撰写编辑学论文时如何选题[J].编辑学报,2017,29(5):495-497.
[4] 霍振响,屈李纯,范军.内外结合觅选题打开编辑学论文写作通道[J].编辑学报,2019,31(6):685-688.
[5] 张品纯.科技期刊编辑提高学术研究能力和论文写作水平的一些要点[J].中国科技期刊研究,2020,31(10):1193-1201.
[6] 于红艳.科技期刊青年编辑如何撰写和发表编辑学论文[J].编辑学报,2019,31(4):456-459.
[7] 杨雪.高等教育专业博士学位论文研究方法的运用状况分析[J].现代教育科学,2016(2):139-145.
[8] 任卫娜.编研融合以编促研:科技期刊青年编辑开展编辑出版学研究的实践路径[J].出版与印刷,2022(1):94-101.

人工智能背景下科技编辑的素养提升

陈 露

(上海大学出版社,上海 200444)

摘要: 对人工智能在编辑出版工作中的应用进行了系统梳理,分析了在人工智能背景下科技编辑存在的新问题和面临的新挑战,提出了编辑人员的政治素养、科学素养、人文素养、法治素养、专业素养和数字素养的新要求,给出了科技编辑人员基本素养提升的几条路径,为人工智能背景下的科技编辑的人才培养和业务提升提供参考。

关键词: 人工智能;科技编辑;素养

人工智能的突飞猛进发展,加速了科技革命和产业变革,使世界进入人工智能新时代。人工智能的早期研究可追溯至20世纪中叶,至今已有80多年的历史[1-2]。1956年夏季,在美国汉诺斯小镇的达特茅斯学院举行了人工智能夏季研讨会,明确提出了"人工智能"这一崭新的概念。早期的人工智能方法主要基于人类的知识和经验,后来逐步向专家系统转移,出现了许多基于机器学习的新技术,IBM"深蓝"超级计算机战胜了国际象棋世界冠军卡斯帕罗夫,成为当时最具影响的事件。这些机器学习新技术具有出色的自适应性和自学习能力,可以在大规模数据中自动识别模式,从而为人类提供更加智能和高效的服务和产品,影响着人们的工作、学习和生活。出版业作为引领社会发展的先导领域,自然不可能置身事外。近年来,从选题、审稿、校对到排版印刷,人工智能已经深度融合于编辑出版的各个环节。面对人工智能飞速发展的数字化时代,作为科技编辑人员必须要加强学习,努力提高各项基本素养,适应不断发展的人工智能新技术[3-4]。

1 人工智能在新闻出版业的应用

自20世纪80年代以来,数字化浪潮席卷全球,互联网技术的应用使出版的生产流程、产品形态和传播模式发生了革命性的变化。与一些发达国家相比,我国的人工智能研究起步较晚[5],人工智能在出版领域的应用则更晚,到20世纪末数字出版才开始在国内兴起[6]。进入21世纪,国务院发布《新一代人工智能发展规划》后,人工智能在新闻出版业的应用得到快速发展[7]。"十二五"期间,我国政府出台一系列政策支持出版单位进行数字转型,出版企业利用自身优势,建设了特色资源数据库、专业数字化工具书、知识服务等数字平台[8]。党的十八大之后,传统媒体与新兴媒体的"融合发展"上升为国家战略,一大批出版企业尤其是大型出版集团纷纷上市,数字出版项目和跨界融合项目纷纷涌现。人工智能的发展正在给出版业带来全方位的影响,已应用到整个出版流程中[9]。

在选题策划环节,可以利用出版大数据对选题进行智能分析。结合市场同类出版物数据、

基金项目: 上海出版传媒研究院招标课题资助(SAYB2307)

围绕主题的相关研究热点分析、近期相关政策文件等情况，判断选题是否具备创新型、先进性，帮助编辑人员优化选题、科学决策，提高选题质量和效率[10]。

在新闻传媒业，人工智能可以帮助新闻编辑核查事实，处理数据，挖掘关联信息，从而优化工作流程，为新闻编辑节省大量时间和精力，更多地专注于稿件的创意创新，满足读者的需求。

期刊业利用人工智能技术可对稿件处理流程进行自动化处理，应用较多的是玛格泰克和勤云稿件采编系统等可以做到自动查重，根据查重结果，自动进入稿件处理流程。通过关键词搜索、词义距离计算、知识结构树等辅助要素，对文章的创新性和质量进行初评，挑选适合的送审专家。

在图书编辑校对环节，人工智能技术、自然语言理解技术、机器深度学习技术的发展，为内容质量把关和提升提供了新的解决办法。人工智能技术可用于标准单位转换、统一序号、规范格式等繁琐性工作，可以实现对错别字、语法与语义错误以及英文拼写错误的人工智能校对，例如方正智能辅助审校系统，面向新闻出版机构提供数字化内容辅助审校的工具，能够对内容进行多方面检校，如字词检查、标点符号检查、文章逻辑检查、上下文查重、专业术语检查、敏感词检查等。这类软件大大降低编辑的工作量，将编辑的时间分配到更需要关注的重点内容。

在制作和印刷环节，目前大部分的印刷和数字书籍制作已经完全自动化或半自动化。

利用人工智能深度学习技术，还能准确定位作者和读者的特性，为他们提供更加精准和专业的服务[11]。

2 人工智能时代科技编辑面临的新挑战

人工智能通过优化编辑流程，可以提高编辑效率，提升编辑质量。但是，人工智能在编辑工作中的应用中仍存在不少问题，科技编辑面临许多新挑战。

2.1 人工智能战略价值认识不足

人工智能是国家战略的重要组成部分，是未来国际竞争的焦点和经济发展的新引擎。人工智能与各个行业的深度融合已成为促进传统产业转型升级的重要方式之一，已经渗透到社会经济的各个角落，作为科技编辑应该张开双臂热情拥抱人工智能新技术。但是，在实际工作中，惯性工作导致为数不少的科技编辑并没有认识到人工智能的战略价值，从而发挥其强大的赋能作用[7]。

2.2 人工智能专业人才短缺

人工智能作为引领科技发展的带头学科，技术发展迅速。不少出版机构缺少该领域专业技术人员，加之科技编辑缺乏培训，致使编辑队伍的人工智能水平跟不上行业的发展和要求。

2.3 甄别真伪难度加大

人工智能技术的快速发展为编辑工作带来了许多便利，但是也为论文的审核带来许多麻烦。例如，ChatGPT(Chatbot-based GPT)作为一种基于聊天机器人的生成式预训练模型，正在逐渐成为科研论文写作和编辑审稿的有力助手。作者只需提供论文的主题和大纲，ChatGPT就能够生成相应的段落和句子，提供写作的灵感和思路，还可以生成参考文献。ChatGPT可以帮助编辑人员检测和纠正语法错误、拼写错误和语言不通顺的地方，提高论文的质量和可读性。与此同时，ChatGPT也为论文造假者提供了高科技手段，导致编辑人员甄别真伪增加了难度。这种 AI 虽然生成能力强，但有时也会乱说，并且滥用大模型写文章也违背了做研究的初衷。很多期刊禁止将 ChatGPT 列为合著者，例如《科学》杂志明确表示不接受 ChatGPT 生成的论文，也不允许 ChatGPT 作为论文作者。《自然》杂志则表示可以使用 ChatGPT 等大语言模型工具撰写论文，但也禁止列为论文合著者。

2.4 过度技术依赖导致把关不严、创新不足

在人工智能时代，数据资源的聚集给内容的策划和生产带来了智能化的转变，但大数据所收集的海量信息可能充斥着大量无门槛、低价值，甚至劣质低俗、有着不良导向的内容，基于这些大数据的预训练模型不可避免地在内容上会存在一定的主观性和偏见。研究人员需要对人工智能生成的内容进行审慎评估和修改，以确保论文的客观性和准确性。人工智能技术在处理特定领域的专业知识时还可能存在一定的局限性，它只能限于已经形成的资料、知识、言论的整合，缺少世界观的指导和思想创造，不能创新。研究人员需要对生成内容进行专业性的验证和补充，以确保论文的学术性和创新性。作为科技编辑，如果过度依赖技术，忽视了人在人工智能应用中的主导作用，会导致编辑对政治、意识形态、数据隐私和知识产权保护等重大问题把关不严，甚至会酿成大错。

3 人工智能背景下科技编辑的基本素养

人工智能的快速发展和应用，为科技编辑带来新机遇的同时，也带来新挑战。针对人工智能背景下科技编辑存在的突出问题，提出了编辑人员在政治、科学、人文、法治、专业和数字等方面的基本素养的新要求。

3.1 政治素养

科技编辑作为文化产品生产的主要从业者，在社会主义文化建设和精神文明建设中担负着重要的职责，必须具备较强的政治素养。编辑的政治素养包括政治敏锐性、政治鉴别力和政治洞察力。由于科技类图书的内容主要是科学技术，政治问题常具有隐蔽性，这就需要编辑人员保持更高的政治敏感度，要全面了解党和国家的大政方针，不断提高政治鉴别力和洞察力，对论文书刊中的价值导向、特定概念、特定名称、历史事件等方面的问题，尤其对涉及国家领土主权、民族团结和区域地名的审核，要严格把好政治关，切实维护国家和民族利益。人工智能技术属于高科技前沿技术，是世界各国激烈竞争的领域，许多研究涉及卡脖子问题，是国家战略要地，科技编辑人员要严格审核，严守国家安全红线，在充分发挥人工智能的高效智慧的同时，坚持正确的出版导向，肩负起人工智能背景下编辑的严肃政治责任和崇高社会责任[12]。

3.2 科学素养

科学素养是科学编辑的核心素养，体现编辑的科学知识、科学能力和科学态度。科技编辑要熟悉相关领域的发展历史和发展趋势，把握科技动态，科学策划选题，编辑出版优秀科技作品。人工智能的大背景下，在充分享受数字化带来的高效便利的同时，更要坚持科学精神，努力矫正人工智能对文稿创新性和可信性的影响，从而保证文稿的真实性、客观性和准确性。科学素养在图书选题的科学性、先进性、实用性上起着决定性作用。编辑可以借助人工智能技术，运用自身的专业科学知识和科学敏感，对学科与市场信息进行分析和判断，策划出有价值的选题。在组稿审稿环节，编辑的科学素养是判断书稿质量和水平的基础，文稿是否符合组稿要求、是否符合科技的发展、是否满足读者的需求，都需要编辑人员在人工智

能编辑的基础上充分发挥自身科学素养的优势[13-14]。

3.3 人文素养

人文素养是做人的基本品质、基本态度和基本理念，要求人们遵循社会基本的道德规范，有审美情趣与艺术精神，追求人生和社会的美好境界。期刊图书的主要任务是传播人类先进文化，编辑需具备多领域融合的特性。科技类编辑多数具有很好的理工科专业背景，但在人文知识与社会科学方面多有欠缺。承载着科学知识传播与普及的神圣职责的科技类编辑人员，除了要具有扎实的科技知识，还要具备深厚的人文素养。随着人工智能技术的发展，在人机协作的编辑工作中更要发挥好"人"的人文素养优势，克服人工智能人文之不足，有效审视编辑内容，实现对社会文化、道德价值的正向引领[14-15]。

3.4 法治素养

编辑出版工作涉及非常多的法律问题，因此需要科技编辑要具备极强的法治素养。要熟悉掌握有关的法律知识，特别是相关的著作权法、合同法及出版管理条例等，善于使用法律手段保护维护权益、处理问题，尤其要重视版权问题，遇到版权纠纷，应按照法律程序处理。科技图书的众多内容都和科研有关，有时会涉及国防与国家安全等内容。在人工智能背景下，编辑人员要具备更强的保密意识，对可能出现的泄密载体、介质及相关通信工具应严格监管，避免出现泄密的情况[16]。

3.5 专业素养

科技编辑是一项涉及多学科的交叉复合型专业，要求从业人员具备宽广的综合知识背景、扎实的专业基础和专业素养。随着科技突破和创新需求，学科交叉、专业渗透已成为一种趋势，科技类编辑在自身所学专业基础上要不断拓展知识架构，善于捕捉科技前沿信息，跟踪先进科技成果。编辑工作具备较强的专业性，编辑人员需具备丰富的专业知识和熟练的业务技术，具有敏锐的洞察水平和独到的眼光，超前发现高价值的选题、策划出版出高水平的作品[17-18]。

3.6 数字素养

数字素养主要包括数字意识、计算思维、数字化学习与创新、数字社会责任。随着互联网和人工智能等信息技术的发展，世界已经进入数字化时代，数字技术深刻改变着人类的思维、生活、生产、学习方式。科技编辑作为科学技术的传播者和引领者，更应当具备较高的数字素养。科技编辑人员要有很强的数字意识和动机，在工作中充分利用包括大数据、互联网和人工智能的先进数字技术[19]。

4 人工智能背景下科技编辑人员基本素养的提升路径

人工智能对科技编辑人员提出了更高的要求，要保证基本素养的持续提高，就要不断创新培养路径[20]。

4.1 加强政治学习，不断提高科技类编辑人员的思想政治素养

政治素养是科技类编辑综合素养的核心，是做好编辑工作的根本。政治素养的提升主要有两个途径：一是加强政治理论学习，充分利用"学习强国"等平台，全面系统学习习近平新时代中国特色社会主义思想的基本观点、科学体系，把握好这一重要思想的世界观、方法论，不断增进对党的创新理论的政治认同、思想认同、理论认同、情感认同；二是坚持理论联系实际，自觉用习近平新时代中国特色社会主义思想指导编辑出版工作，做到总书记所要求的"学思用贯通、知信行统一"。

4.2 加强业务学习，不断提高专业素养和业务能力

科技类编辑要树立终身学习的思想，自觉开展主动学习，跟上出版工作的发展要求。出版单位要积极营造学习氛围，为编辑人员提供良好的学习条件。要组织好编辑人员的业务培训，及时更新培训内容，建立考核评价制度，切实提高培训效果。要积极开展业务交流和专业研讨活动，通过交流信息，开阔眼界，取长补短，提高专业素养和业务能力。

4.3 加强智能科学学习，不断提高科学素养和数字素养

首先，科技编辑人员要以科学的态度认识人工智能和数字技术，积极开展数字化学习，在工作中充分利用先进的数字技术，发挥出版业的数字化资源优势，养成探索和创新的思维习惯与工作习惯，不断提高自身的科学素养和数字素养。在人工智能与编辑出版的融合发展中要肩负起数字社会责任，形成正确的价值观、道德观、法治观，遵循数字伦理规范，积极维护数字出版业的健康发展秩序和生态。

5 结束语

展望未来，以互联网和人工智能为代表的信息技术日新月异，数字技术与出版的融合将越来越深入，对出版业的影响将越来越广泛。这就要求科技编辑人员要以崭新的姿态迎接AI时代的到来，加强学习和交流，不断提高自身的政治素养、科学素养、人文素养、法治素养、专业素养和数字素养，积极应对人工智能技术对科技编辑带来的新挑战，拥抱新技术，用好新技术，推动精品出版，为出版强国建设贡献力量。

参 考 文 献

[1] 吴飞,阳春华,兰旭光,等.人工智能的回顾与展望[J].中国科学基金,2018,32(3):243-250.
[2] MCCARTHY J, MARVIN M, NATHANIEL R, et al. Shannon: a proposal for the dartmouth summer research project on artificial intelligence, August 31, 1955[J]. AI Mag, 2006, 27:12-14.
[3] 腾讯研究院,同济大学,腾讯云,等.人机共生:大模型时代的 AI 十大趋势报告[R/OL].腾讯网[2023-07-11]. https://new.qq.com/rain/a/20230710A078YD000.
[4] 谭铁牛.人工智能的历史,现状和未来[J].网信军民融合,2019(2):6.
[5] 蔡自兴.中国人工智能 40 年[J].科技导报,2016(15):12-32.
[6] 魏玉山.数字出版前沿技术应用与展望[Z].中国版权协会微信公众号,2023-06-12.
[7] 国务院.国务院关于印发新一代人工智能发展规划的通知[Z].国发〔2017〕35 号,2017-07-20.
[8] 孔薇.人工智能环境下学术期刊的融合出版:热点主题、维度特征和发展路径[J].中国编辑,2021(4):39-44.
[9] 财经刘大亨.人工智能对人的发展的深刻影响[EB/OL].百度网[2021-08-25].https://baijiahao.baidu.com/s?id=1709060302770989163.
[10] 于孝锋.科技强国建设背景下科技编辑的培养[J].新闻传播,2020(15):68-70.
[11] 李雪.科技图书出版编辑全媒体融合思维的转变策略分析[J].中国传媒科技,2021(6):105-107.
[12] 张蕾,刘晓红.新形势下优秀编辑出版人才的培养:从《中国出版政府奖评奖章程》的修订谈起[J].传播与版权,2021(2):45-46,55.
[13] 李彬.论新形势下图书编辑的职业修养[J].采写编,2023(5):155-157.
[14] 孟嘉.试论科技编辑之科学素养[J].科技与出版,2007(12):35-36.
[15] 张淑谦,杜莹.数字化背景下科技图书编辑出版技能与思维提升研究[J].文化产业,2022(24):13-15.
[16] 张岩.浅析人工智能时代法律出版业的变革和机遇[N/OL].法治日报-法治网[2023-06-25].http://www.legaldaily.com.cn/fxjy/content/2023-06/25/content_8868190.html.
[17] 许宁.探析新媒体时代科技编辑的角色重塑[J].科技传播,2019,11(3):139-140.
[18] 刘涛.融合出版背景下科技图书编辑核心素养探析[J].科技传播,2021,13(9):71-73.
[19] 李丽.人工智能背景下新型职业人的素养需求与培养对策[J].教育教学论坛,2021(43):140-143.
[20] 张玉兰.新媒体时代科技图书编辑工作能力提升策略探究[J].新闻研究导刊,2023,14(1):205-208.

论新时代科技期刊编辑的人文情怀

李文芳

(《健康教育与健康促进》编辑部，上海 200040)

摘要：科技期刊由于其自身的专业要求，使得编辑人员的人文社科类知识相对缺乏，人文情怀不容易受到关注。新时代强调以人为本的发展理念，编辑的人文情怀对于科技期刊的高质量发展必不可少。因此，讨论人文情怀对科技期刊的作用和意义，注重科技期刊编辑人文素养的培养，让人文情怀融入科技期刊编辑出版的全过程，可以促进科技期刊的高质量、可持续发展，同时也有利于科技期刊更好地服务国家的科技创新，推动科学技术的健康发展。

关键词：科技期刊；编辑；人文情怀

进入新时代的中国，科技创新与技术发展成为推动社会进步的重要力量。作为科技创新成果的重要展示平台，科技期刊体现着国家科技竞争力和文化软实力，科技强国建设离不开一流科技期刊的支撑。中国科协日前发布的《中国科技期刊发展蓝皮书(2022)》最新统计数据显示，我国科技期刊总量已达5 071种，学术影响力持续提升[1]。目前中国科技期刊的出版数量已经居于世界前列，但期刊的质量与出版强国相比还很不足，主要表现为国际影响力不强、引用率较低、英文期刊相对较少等。其中的原因是多方面的，中国科技期刊编辑尤其是青年编辑人文素养不高是其中的原因之一[2]。

作为人文素养重要的体现方式——人文情怀近年来被频频提及。新时代的中国，"以人为本"成为各项工作的出发点和立足点。这里就来探讨一下人文情怀对科技期刊编辑的重要意义，以及应如何培养新时代科技期刊编辑的人文情怀。

1 科技期刊编辑需要人文情怀的观照

作为期刊大家庭中的重要组成部分，科技期刊是指发表自然科学与工程技术领域成果的专业性期刊，是科研成果的主要发布平台，也是科技创新成果传播、交流、鉴定、存储的主要载体和工具[3]。由此可见，科技期刊与面向社会大众的新闻类、科普类、时尚类、娱乐类的期刊不同，它的刊载内容是专业领域的研究成果，其作者与读者群体是相对固定的专业人士。由于科技期刊的专业性强、服务受众窄，对这些专业期刊编辑的业务水平要求也高。与之相适应的期刊编辑队伍也有其自身特点：既掌握编辑业务技能，又具备所在专业领域的学术水平。

由于我国的科技期刊一般隶属于科研院所、高等院校、或国家企事业单位，使得期刊编辑部的人员数量有限。目前大部分科技期刊编辑部的人员数量一般在3人左右，多的有4~5人，少的甚至只有1人。这也使得期刊编辑不仅仅承担选题策划、审稿、编辑、校对的具体业务，还成为期刊印刷、出版与发行全过程的具体实施者，同时还承担编委会工作协调、读者来信来访的接待等常规事务与通联工作。可以说，期刊编辑不仅是一个"杂家"，更是一个"全才"。

人文情怀是一个人自身的品质修养，属于道德、精神和意识形态的范畴，它是以人为本，从人的角度来思考、开展期刊编辑的各项工作[4]。但是，由于科技期刊具有较强的专业性，往往都有固定的写作格式及专业术语，对人文社科领域涉及较少，因此，编辑对自身人文素养的培养往往不够重视[5]。加上互联网时代新媒体技术的快速发展，电子刊物、微信公众号、APP等成为科技期刊的必备，这也使得期刊编辑在与作者与读者更加便捷进行沟通和交流的同时，及时回应读者的需求、作者的需要，促进各方互动、协同推进期刊的发展也成为日常的工作事项，而拥有丰富的人文情怀将可以达到事半功倍的效果。因此，科技期刊编辑的人文情怀在新时代不仅应被及时关注，还需要加强训练与培养。

2 人文情怀让科技期刊出版更有温度

科技期刊编辑日常接触的学术论文常常是学术符号、计算公式、统计表格等写成的，但这些学术符号不应是冰冷的，学术论文也应该是有温度的。拥有人文素养的编辑会通过自己的努力，让整个编辑出版流程充满人文情怀。

2.1 用心了解读者，让期刊服务更贴心

读者真正需要什么样的内容，应是期刊编辑日常思考的。在我国，科技期刊有其特殊的学术地位，比如在不同级别科技期刊上刊发的论文往往代表其在业界的学术水平，成为职称晋升、奖励评定的重要指标等，因此多数科技期刊的稿源充足，多有"皇帝女儿不愁嫁"的心态。这些科技期刊编辑长期被众多的来稿淹没，收到什么稿子就刊发什么稿子，加上期刊读者群对固定，使得编辑往往忘记了读者还会有不同的需求，有的想到了读者但也却没有主动去了解，这就会造成读者的真正需求得不到满足。长此以往，期刊不仅吸引不到新的读者，还会渐渐失去原有的读者。

时代在变化、专业在发展，尽管某个领域的科技发展是有规律的，但是不时发生的新情况、研究的新突破也给读者带来新的需求，"为读者提供更好服务"是科技期刊编辑的职责。因此，科技期刊的编辑人员要及时了解领域中的最新进展，掌握最新信息，策划新选题，开设新栏目，应对新变化，及时满足读者的需求。比如，《健康教育与健康促进》杂志由于所在学科在国内起步晚，近年来随着健康中国建设的提出，才受到了多方关注，稿件主要来自全国各地的公共卫生领域的健康教育机构。通过日常工作中的读者来电以及与不同领域人士的交流，发现随着健康中国建设的推进，期刊读者覆盖面的不断扩展，更多的读者希望能够听到不同领域专业权威专家的指导。于是，本刊就在今年开出了新的栏目"专家特稿"，邀请领域内的权威专家撰稿，让专家对某个领域的研究方向、研究成果进行阐述，就关注的问题提出自己的观点与建议，栏目一问世，就受到业界广泛好评。

在信息化社会、互联网飞速发展的今天，了解读者需求的方式很多，但用心去做会让读者更开心。在日常工作和生活中做个有心人，及时发现和借鉴其他刊物的读者服务方式；做个所在研究领域的热心人，主动查询本领域中的最新话题、研究方向、发展趋势等，为读者及时提供最新的学术信息；做学术成果的推广人，对刊发的学术成果通过不同的方式进行介绍、推广，服务社会、服务读者的同时也提升了期刊的社会知名度。

不可忽视的是，有时候期刊的读者也会转化为作者，特别是科技期刊的作者与读者大多

数时间是重合的，因此读者群体也是潜在的作者队伍，用心服务读者实际上也是争取作者和服务作者的一种方式。

2.2 用情处理稿件，让作者对刊物更忠诚

科技期刊的发展离不开强有力的作者队伍，所以期刊界的共识是：作者的水平支撑起了期刊的品质。如何让作者对期刊产生忠诚度，当他们有科研成果需要发布时、辛苦撰写的学术论文投稿时，第一时间就能够想到特定的期刊？编辑的作用非常重要。因为编辑对待来稿的态度和处理方式可以让作者直接感受到期刊温度，也影响到作者对期刊的初步印象，并可能产生可持续影响。因此，编辑在坚持选稿、用稿原则的基础上，如何处理退稿、退修和用稿，需要讲求技巧，具备一定的人文情怀。

在处理退稿时，编辑应充分理解作者的心理，从作者的角度出发，设想他们沮丧的心情与不安。当作者将学术论文投到某个期刊时，说明了他是对该期刊的认可和尊重，同时也对期刊编辑及其编辑部满怀希望。因此，编辑对待退稿，不能简单粗暴，而应该有耐心、细心和爱心。如果作者所投稿件的质量不错但不符合期刊的办刊宗旨，可以耐心地向作者介绍本刊的出版宗旨与用稿范围，争取作者的理解；或者可以同作者商量，是否可以为其推荐相应的合适期刊。编辑利用自身的知识和条件，主动提供的这种额外服务，必将会让作者留下深刻印象，未来一旦有合适的研究论文，作者必将首先考虑编辑所在的期刊。同理，如果是论文质量达不到期刊要求，编辑也不要用一句"论文不符合研究要求"或者"论文没有科研价值"的回复，容易让作者失去信心，而应该将论文存在的问题一一列出，并细心地帮助作者分析，鼓励他认真研读，以便提高下次投稿时的成功率。

对于退修稿件，编辑应讲清论文需要修改的不足之处，是需要补充相关资料，或者需对数据进一步分析等，而不是仅仅笼统地说"论文需要修改后使用"。明确的修改意见不仅显示编辑对专业领域的熟悉程度，也可以让作者针对性地进行修改、完善，同时也可以缩短返修时间。

编辑对稿件充满关爱的处理，可以让作者对期刊产生良好印象的基础上进一步对期刊产生忠诚度。《健康教育与健康促进》杂志创刊时，由于该学科在我国刚刚起步，学科发展不完善，很多从事健康教育工作的专业人士不会写学术论文，为此，杂志编辑就承担起指导和培养作者的任务。对内容尚可、但撰写方式不规范的稿件，编辑将规范的论文撰写要求一一告知作者，甚至还亲自进行格式调整。对于有调查数据却没有进行统计分析、只会做经验性总结的来稿，编辑总觉得数据浪费得可惜，于是会耐心地给他们讲解应采用的统计方法、如何进行数据的整理和分析，以更好地提升论文的质量和水平等。编辑就是通过这样对作者无私地帮助，用"为他人做嫁衣裳"的职业操守和一片真情为杂志汇集了一批忠诚的作者队伍。不少作者的处女作就是这样经过编辑的耐心指导在杂志得以发表，更有一批从创刊到现在依然不断将杂志作为首选的老作者，他们用自己对杂志的忠诚回报编辑的关爱与帮助。

2.3 用爱融入日常，让期刊发展高质量可持续

不少科技期刊由于编辑人员的数量有限，除了编辑的具体业务之外，编辑的日常还包括校对、印刷与发行的各个环节。这些环节通过编辑而形成一个有机的出版整体，编辑成为各个环节沟通的桥梁与纽带。为此，爱岗敬业成为科技期刊编辑的必备品质。

每一份科技期刊都有一个成员众多的编委会，编委会由专业领域内的专家学者构成，做好这些专家的日常联系与沟通是期刊编辑的常规工作。与为读者和作者服务一样，服务于专

家也需要用心、用情，更需要智慧。策划选择题时，在听取专家的建议之前，编辑自己首先要有充分的准备，为此要开展一定的调查研究，有深度的分析判断等。否则，缺乏与编委专家同等对话的能力，也就无法有效实施期刊有创造性的选题策划。而每次编委会、定稿会的举办，专家的邀请、住宿及往返行程的安排，乃至会场的布置及会议流程的制定等，事务性的工作都需要期刊编辑的具体实施。这时，细致周到的考虑、各种条件的准备、多方面的协调都会成为会议成败的影响因素，也直接或间接影响选题的确定以及期刊的正常出版。

另外，编辑对排版印刷人员的沟通、培养也必不可少。由于期刊印刷是由具备新闻出版印刷资质的企业承担，大多期刊出版单位没有自己的印刷企业，一般是由专门的印刷厂承担印刷任务。由于科技期刊的特征，学术论文有固定的撰写格式，不少专业的符号、公式、表格等都有明确的规定，标题及正文的字体、字号也有相应要求，对于排版印刷者来说，往往有一个从陌生到熟悉逐步适应的过程。为保证期刊的编校质量，与排版、印刷人员的及时沟通也成为编辑的日常，培养初次接手的期刊排版人员也成为编辑工作的一项重要内容。而偶尔出现的换搞、调稿现象，更为编辑制造了与排版人员有效沟通的机遇和挑战。面对这样的突发情况，缺乏沟通技巧的编辑则往往担心害怕，而拥有人文情怀的编辑则会保质保量地顺利完成。

加上外审专家的联络、约稿与催稿等等，每一个环节都需要编辑在具备专业知识的基础上拥有丰富的人文情怀，这样才能将使多方智慧汇聚于期刊，利用多方力量共筑期刊的高质量、可持续发展。

3　科技期刊编辑人文情怀的培养

由于科技期刊的编辑一般拥有所属专业领域的知识积累与储备，这些知识属于自然科学、工程技术的范畴，对确保科技期刊的科学性与权威性是必须的。但是科技期刊不是冰冷的客观数据与生硬结论的汇集，它通过编辑的工作成了有温度的出版物。因此，编辑是什么样子，期刊就体现出什么样子；编辑有什么样的情怀，期刊就体现出什么样的情怀。科技期刊编辑要认识到人文情怀的重要性，在不断提升自己业务知识与编辑能力的同时，不断增强人文素养的学习，才能在工作中展现其独特的人文情怀。

3.1　要多读书，读好书，提升自身的人文素养

虽然有学者认为人文情怀与业务能力、知识水平等专业素养关系不大，但是人文情怀的展现离不开个人专业知识的储备和提升。科技期刊的编辑如果不熟悉自己的专业领域，就无法完成初步的审稿，更别说与业界专家进行同等对话了。当然，如果编辑的专业能力缺乏，即使个人有情怀、有愿望也不可能对读者、作者进行有效的人文关怀。

但是，对于科技期刊编辑来讲，最需要补充的是社会人文领域的知识，包括文学、社会学、传播学、心理学、哲学等[6]。这些人类文明与思想文化知识的学习借鉴，可以拓展编辑的学术视野、展现编辑的人文情怀；提升编辑的人文素养与文化修养，提高语言和文字的使用能力；提升编辑的社会交往能力，促进人与人之间的沟通与交流；提升自己的职业道德素养，关注社会与人类发展，展现家国情怀。只有将人文情怀融入科技期刊，才会让科技更具生命力，让期刊更有温度。

3.2　注重优良编辑作风的传承和发扬

我国出版界有着优秀的编辑传统和良好的职业道德，比如具有责任和担当的家国情怀、

精益求精的工匠追求、甘做铺路石的奉献精神等[7]，这些优良的编辑工作作风需要传承和发扬。

期刊编辑部要创造有利于优良编辑作风传承的工作环境和氛围，在日常工作中要注意新老编辑的传帮带，形成老编辑带教、指导年轻编辑，帮助年轻编辑尽快掌握编辑技能、养成良好工作作风。对于年轻的期刊编辑来讲，日常工作中要善于观察、主动向老编辑学习，发现问题要主动请教，不能不懂装懂，要不耻下问；与此同时，老编辑也要主动作为，对年轻编辑要予以关心和爱护，通过亲手带教、言传身教，将优良的编辑作风不断传承下去。

3.3 提升个人的政治思想水平与职业道德

与其他出版物相比，科技期刊具有技术性、专业性强的特点，但也是国家新闻出版的重要组成部分，必须符合国家的各项管理要求。由于科技期刊的编辑与其他期刊、报纸、书籍等的编辑岗位一样，编辑是出版物能够面世的第一把关人，责任重大，科技期刊编辑要有坚定的政治立场、敏锐的政治意识，必须具备较高的政治思想和理论水平。为此，编辑在日常工作中要加强自身的政治理论学习，不断提高自己的思想觉悟与理论水平；要及时学习和了解国家的新闻出版政策，提高执行政策的能力和水平；要严格落实各项规章制度，确保期刊坚持正确的政治导向，更好地服务于国家的科技进步与创新发展。

同时，科技期刊编辑也要不断加强个人的道德修养，提升业务道德水平。编辑是"为他人做嫁衣裳"的职业，岗位要求编辑工作者只能是无名英雄。因此，编辑要有博大的胸怀，不计较个人名利得失，要有甘为人梯、甘做铺路石的奉献精神。

4 结束语

综上所述，进入新时代的中国，科学技术日新月异，互联网技术快速发展，人工智能被广泛运用，让科技期刊在面临着诸多发展机遇、也面临更多的挑战[8]。特别是 ChatGPT 的横空出世，让期刊编辑面临着前所未有的巨大挑战。科技期刊编辑要想跑赢那些编辑机器与新技术，将人文情怀融入期刊编辑出版的全过程将是一个制胜法宝。只有这样才能让科技期刊在国际舞台上更好地展示中国形象、讲好科技创新的中国故事，也才能让期刊的影响力更大、覆盖面更广、发展之路更广阔。无论科学技术如何发展、科技期刊的出版形式如何变化，不变的永远是期刊编辑对出版事业的炽热情怀。

参 考 文 献

[1] 温竞华.我国科技期刊超 5000 种 学术影响力持续提升[N].光明日报,2023-07-07(08).
[2] 田建平,李秋艳.论新媒体时代科技期刊青年编辑的人文素养[J].编辑学报,2017,29(增刊1):149-150.
[3] 余炳晨.2类专业背景的科技期刊编辑业务能力培养与思考[J].编辑学报,2022,34(5):581-582.
[4] 王雪岭,夏周青,罗启香,等.医学学术期刊编辑人文素质的培养[J].内蒙古中医药,2011(19):109-110.
[5] 王继鸽.试论科技期刊编辑的人文素养[J].长江大学学报(社科版),2014,37(8):231-232,246.
[6] 何洪英,葛亮,杨莉娟,等.论媒体融合趋势下科技期刊编辑的素养[J].编辑学报,2018,30(5):541-543.
[7] 高峻.新时代科技期刊青年编辑要有"三心""二意"[J].编辑学报,2018,30(6):655-657.
[8] 高原.新媒体时代期刊编辑面临的挑战及解决策略[J].编辑出版,2020(4):35-37.

建立并维护作者与编辑之间的信任关系
——学术刊物维持高水准约稿的关键一环

陈慧妮

(云南省社会科学院《云南社会科学》编辑部,云南 昆明 650034)

摘要:约稿对于提升学术刊物质量来说是永远在路上的工作,在其中,建立并维护与作者之间的信任关系就是关键一环,缺乏这种信任关系,约稿工作难以长久持续好的效果。在作者和刊物之间的双方关系中,评价是相互的,在每次约稿过程中也会有不同的困难,作者和编辑之间常常沟通不畅,解决问题的关键就在于建立作者和编辑之间的信任。可以通过训练鉴别力、脚踏实地积累、坚持工作水准和职业道德等多种方式来建立这种信任关系,并且通过坚持原则、持续学习、甘受清贫、不断沟通等方式来维护信任关系。

关键词:学术刊物;约稿;信任;沟通;学术道德

约稿对于提升学术刊物质量来说是永远在路上的工作,但是如何约到好的稿子却不是一件容易的事情,需要常常总结工作经验,并不断展开思考。在其中,建立并维护与作者之间的信任关系就是关键一环,缺乏这种信任关系,约稿工作难以长久持续好的效果。工作多年以后这种感觉愈加明显。虽然名家名校文章优质文章概率很高,但这并不意味着在刊物选稿过程中要武断地看待来稿。编辑在选稿、约稿中发现优质作者,沟通后约稿成功,那种喜悦和成就感是溢于言表的。

1 学术刊物约稿工作的难点与痛点

作者和刊物之间的评价是相互的,编辑青睐的作者,未必就愿意把稿件交给编辑,或者不会把质量最好的稿件交来,或者塞一篇学生的文章了事;有时作者对修改过程不配合,或者不认同修改建议,或者不按时交稿,这些都会对办刊流程和编校质量造成影响。这就是为什么要促进作者与编辑之间信任度的提升。

1.1 每个阶段都会有新的困难

对于刚从事编辑工作的年轻人来说,开发优质稿源是最困难的;而对于已经工作一些年头的老编辑来说,保持约稿质量才是最令人头疼的事。除了抵制关系稿和人情稿,为了坚持稿件质量也是将新老作者尽数得罪[1]。初当编辑时,还可以有试错的机会,可以广泛约稿、慢慢摸索,也可以从容地在年轻作者中寻找好苗子,但这种约稿关系能保持稳定吗?当年轻作者逐渐成长为教授或者知名学者以后,还会给稿件吗?当需要提升稿件层次时,要向更知名的专家约稿,这也是刊物发展中的需求,但是不加选择地座谈与拜访似乎收效甚微,需要更有针对性地约稿。以什么标准筛选?能否成功约到?修改建议是否会被接受?约稿最终没有过审如何处理？会有一系列问题产生。因此，这种相互信任关系建立过程很困难。

编辑和作者对于"好文章"的认知存在差异。外界总是以为编辑工作很轻松，或者觉得编辑就是文字匠，没有多少技术含量。作者为了更快看到结果，可能倾向于"海投"，很少关注每本刊物的风格和特点，也不太理解发文是多种因素影响下的综合结果；甚至没有关注刊物是单月刊还是双月刊，有时对编辑提出的修改意见也不见得认同。除此之外，还存在"追求目标之间的差异""付出成本之间的差异""约稿质量参差不齐"等多种困难，不一而足[1]。约稿不可能永远用一种方式：开座谈会，也许有的老师对议题不感兴趣；开线上会议，有的老师没有时间；线下会议参加的人太少效果不好，参会的人太多又缺乏足够的沟通时间。从无接触到产生信任关系，有很长的路要走。

究竟什么才是好文章？为什么编辑总觉得约不到心仪的文章？这里借用《燃灯者》里北大哲学教授周辅成(1911—2009)的观点："有人说，理论著作，只有深浅之别，不会有哭笑之声。我回答说，也许我就是这么糊涂和不懂事吧。"[2]作者赵越胜写道："先生明白，在'小聪明'面前，大智慧总显得'糊涂'与'不懂事'。"[2]写文章理论精深固然是一种令人敬佩的本领，然而学者做学术也需要一腔热血和公义担当，能有一股精神照进现实，这就是有的文章真诚和勇气的体现。写一篇文章，不仅仅是为了学业或者评职称、拿到课题结项。

整个刊文过程都需要编辑倾注大量心血，不断与疲劳和职业病斗争，长期对抗枯燥，要时刻保持看稿过程的高效且高度集中注意力，因此非常伤神伤身。这份工作需要顽强的毅力，需要一种强烈的使命感和责任感，不然很难坚持下去。编辑需要树立对自身职业与工作价值的认同，而不是持续地自我怀疑，这是很重要的基础。需要良好的心态与作者交流，针对不同的作者，还要有不同的沟通方式。工作要做得更加细致，无非是牺牲更多休息时间，甚至是牺牲自己的身体健康，花更多的时间和精力在刊物上。作为编辑，肯定不可能把想要的稿件都约来、把想做的专题都做到完美，但是内心要有一个底线，也要为坚守原则付出很多代价。

1.2 作者和编辑之间常常沟通不畅

双向的约稿工作需要双向的配合，但是大多时候作者和编辑之间仅限于针对文章修改的必要工作联系，而缺乏有关选题、写作进度、质量把握等方面的持续深入沟通。事实上，等一篇文章写完才投稿，"大局已定"，有的文章已经无从"下脚"，不知修改意见从何提起。

如果用较高的标准作为筛选要求，既有的作者群一方面需要维护，另一方面需要新的开拓，都不是容易的工作，较之工作初期的开发资源又平添新的难度。编辑一怕期待的稿子和作者约不到，当然这里面会有多种原因，作者有习惯的刊物或者思维之间的差异；二怕约到的稿子质量不满意，没有达到期待中的水准，或者没有达到其他审稿人的期待，最后造成了时间和心血的白费，还给双方带来一些负面的情绪[1]。如果作者精心写作的文章没有最终通过审稿，尤其在花费较多时间配合修改的情况下，作者势必会产生失落情绪，影响编辑与作者之间的信任关系。但是，在这种情况下，只有以刊物风格特点为标准来坚持，争取下一次顺利合作，而且这种时候，愈发体现出编辑与二审三审、作者之间的"缝合"作用，需要通过解释和反复沟通来减少误解和偏见。如何通过沟通完成一篇广受认同的文章，还是非常考验编辑功力的。

有些文章看似成功刊发了，甚至是基于运气好很快见刊，但是作者没有积极配合修改、写作态度不够严谨、不愿意积极追求更完美的修改方案，如果仅仅是追求见刊的一个表面效果，这些在编辑看来都是"负分"的表现，很有可能不会再策划下一次合作，这样的话彼此之间的信任也无从谈起。

很多困难作者难以理解，这不仅仅是学术讨论问题，所以有的稿子质量好但是不适合刊发，也会引发一系列刊物和作者之间的矛盾。刊物不是哪一个人意志的体现，是综合考虑多方面的因素，也有相对固定的风格和特点。因此不同刊物的存在形成了多种风格，有时候作者不太理解这一点，把退稿一味看成了对文章的否定。选取标准之间的矛盾，作者和编辑会有不同意见，编辑部内部也会有不同意见，这都很正常[1]。因此，建立有效的信任关系很难，有时候约稿靠的是持之以恒的工作信念或者朋友情谊，但是不可能每一次都和作者打感情牌，缺乏持续性。

"目前的学术大环境中，学术期刊是非常稀缺的资源，期刊资源在学科、地域、作者群体等方面的分布并不均衡，期刊选稿标准很难做到清晰明确具体，即使我们常说的学术标准，也有极强的主观性。如此，作者对期刊及期刊编辑存在不信任的现象，也就很好理解。而在相互竞争期刊资源的过程中，少数编辑未能坚持期刊定下的选稿标准，少数作者设法找门路、拉关系，这也使得作者和编辑间的关系复杂化，彼此间的普遍性信任很难建立[3]。"有些作者热衷于和编辑"拉关系套近乎"等方式，其实就是不相信刊物和编辑会正常选稿、会一视同仁、会真的按照文章质量来选稿，他们觉得寻求其他方式更加稳妥。这何尝不是一种信任危机。

1.3 解决问题的关键在于建立作者和编辑之间的信任

编辑选稿并不是居高临下地去"挑选"，而是真诚、专业地沟通。双方信任度提升，双方合作是愉快高效的，甚至引用、转载量也高；反之，双方都会留下不愉快的印象，就不会再寻求下一次合作。作者和编辑沟通约稿的过程，应该是平等双赢，而不应该是互相勉强。相互信任能降低沟通成本、节约时间，也是一种珍贵的资源，因为信任一旦破坏就很难恢复。李娟编辑谈到"编辑与作者关系处理得好有三个境界：获得作者的信任；赢得作者的尊重；由工作关系成为朋友关系。聚焦到编辑工作中，编辑在与作者初次见面或是最初接触时能充分地展露由内而外的真诚，就为建立信任种下了一颗希望的种子。"[4]陈妮编辑谈到"曾经有位作者对我说，对出版社的信任首先是对编辑的信任。于我而言这是一种鼓舞，也让我反思图书编辑工作究竟应怎么做，怎样与取得作者信任。编辑是站在与作者交往的第一线，编辑的知识水平、处理稿件的能力以及如何处理与作者交往中的矛盾或者回应其要求，体现的不仅仅是编辑自身的能力，更是出版社的形象。"[5]

这里谈到的信任，不仅需要作者对刊物认可，某种程度上也需要作者对栏目甚至是编辑个人有认可度，才能达到深度信任，提升合作质量。一篇赶进度或者质量敷衍的文章，是任何一位编辑都不愿意看到的。一篇优质的文章，既需要作者投入大量智力劳力，也需要编辑投入大量心血进行编校。好的相互合作的基础(理想状态)是双方能达到"思想共鸣"，并且其实可能双方并没有见面，编辑一眼看到文章就明白作者投入了多少，双方讨论修改完善过程也是愉快而顺畅的，这不仅需要专业的知识为基础，更需要双方专业的工作态度。很多时候都是慢工出细活，更加细致的工作才可能出来更完美的作品。让作者对编辑和刊物产生信任，不仅在于编辑对文章学术水准提升做出的努力，也在于编辑的强烈责任心和职业精神给作者带来的全方位感受。

质量好的文章不用多讨论(当然也需要精益求精)，还有另外一种情况，形式上好看的文章也不一定就是好文章，尽管它让编辑省心省力，四平八稳也没有政治风险和学术风险，但是编辑想看到的是真正优质的文章，哪怕要付出较多心血编辑也甘之如饴。

我们希望这种信任关系是稳固的，而不仅仅是因为核心评价体系或者仅仅是基于一时的发文需求，否则合作一次以后就不太会有再次合作的必要。编辑愿意再次约稿，作者愿意再次呈现高质量的文稿，并及时沟通、根据热点或者专题需要不断进行完善，这才是真正信任的体现。当然，这种信任关系不是一劳永逸的，如果编辑工作开始懈怠、不负责任、不坚持原则，作者也许不会再合作；作者第二次拿来的稿件质量不高、没有坚持良好学风，编辑也不会再次约稿。能一直维持信任关系的不会太多，需要编辑不断地开拓作者资源，需要双方有共同的信念。所以说这种信任关系是非常珍贵的。

2 如何通过多途径建立与作者之间的信任关系

2.1 训练鉴别力

任何一个编辑入职工作以来，可能对约稿工作都是心里没底的，会担心自己的知识储备不够用，尤其是综合性学术刊物，面对栏目内众多学科方向和热点需求，会觉得茫然，不知向何处用力。这时候首先需要学会训练自己的学术鉴别力，毕竟编辑的首要职能是鉴别和选择文章，要相信自己的判断力，不断通过工作过程来树立自信，在这个过程中实现工作水准的提高和工作技能的积累。

编辑需要积累一种"感觉"或者说"嗅觉"，即迅速的判断力、筛选、加工能力。与作者之间的信任就是要尽力达成这种"感觉"，促成优质文章的刊发。信任不是一种互相勉强，也不是互相将就，而是互相认可。因此，编辑收稿后该拒稿就要果断拒稿，该修改就要尽快提出修改建议，不能畏畏缩缩，也不能居高临下，要始终保持谦卑的心态去对待每一篇稿件。

2.2 脚踏实地积累

不制定不切实际的目标，认真对待每一篇来稿，不歧视学生稿件，也不盲从大咖的稿件。这是一个持之以恒的过程，不以核心评价体系或者数据为导向，严格按照文章质量、创新度来选稿，迟早有一天会看到效果，也需要足够的耐心和坚持。不能害怕与作者之间的沟通，也不能因为预设结果而自我设限，也不能因为怕麻烦而减少与作者的沟通。要注意方式方法，不断总结工作效果，定期总结与调整。和每个作者的沟通方式可能都是有所不同的，作者的写作习惯会有区别，尽可能朝效果好的方向去努力沟通。如有的作者雷厉风行，约稿之前尽量确保栏目有合适档期，以免因时间和档期问题造成负面效果；有的作者交稿习惯拖延，制定约稿计划时就要同时有备选方案。

刊物会有不同的风格，如有的刊物以传统风格文章为主，并未过度追求热点，短期看会有引用、热度方面的欠缺，但从长期看，高质量文章会显示出更强的生命力及正向效应，如引用越来越多。笔者认为，写文章也好，办刊物也好，不应只追求短期效应，更重要的还是在于真诚和用心，这样的文章更值得为它付出。如专题是提升栏目质量较好的一种方式，我们统计一下法学和政治栏目的情况可以看到，不管在质量还是影响力、传播力等方面，专题的效果均优于单篇的表现，当然这需要编辑与作者之间更长时间的沟通。我刊法学和政治栏目专题的发展也是一个从无到有、逐渐积累的过程(见表1)。

2.3 坚持工作水准和职业道德

工作认真负责，不厌其烦地为文章事宜与作者联系、沟通，不计时间和精力成本，这些都是获得作者尊重的一个前提。高水准不只是对作者的要求，也是编辑对自身的要求，这不

表1　《云南社会科学》部分栏目专题比例统计

年份	栏目	刊发篇数	当年栏目专题数量	专题文章占比/%	栏目	刊发篇数	当年栏目专题数量	专题文章占比/%
2016年	法学	20	2	30	政治			
2017年		10	1	20		20	3	60
2018年		13	1	15		19	1	5
2019年		14	2	43		17	3	41
2020年		14	2	36		19	4	52
2021年		16	3	56		17	4	47
2022年		15	2	40		11	4	55

注：表格自制，为不完全统计，仅供本文使用。

仅是坚持工作水准的表现，也是坚持职业道德的表现。任何一份工作，坚持工作水准和职业道德都是获得对方尊重的一个前提，这是属于专业的态度，也是对对方的尊重。现代社会工作节奏不断加快，大家常常说"内卷"，但是不能以这些为借口减少对工作的付出。一篇文章之所以成为精品，不仅在于文章质量，也在于精心编校体现出的严谨，这些是需要反复研读、编校才能得以保障。

当然，有观点认为一名理想的编辑除了敬业态度之外，最重要的是有较高的学术素养，应该是这一方面这一领域的专家、精通专业英语等，笔者认为每本刊物本来情况就不一样，暂且不说收入较低，有的编辑部人手长期不足，一名编辑兼管多个栏目的情况并不少见，在工作如此繁重的情况下再谈这么多要求，对编辑就是一种苛责了，谁也不敢说自己什么都懂。毕竟一般人也不愿意当"为他人做嫁衣"的编辑，付出多、得到少。我们认为编辑不断提升专业水准是必需的，不断提升职业技能和工作经验是必需的，应通过参加学术会议、撰写论文、参与学术交流等多种方式提升编辑素养。

举一个例子，如果有一天"核心评价体系"被取消，核心刊物不再受"盲目追捧"，刊物还能顺利约稿吗？还能约到高质量稿件吗？这时候也许就体现出区别了，也能看出作者和编辑之间信任感的重要性。是基于什么，作者才愿意把质量高的稿件交给刊物。

3　如何维护与作者之间的信任关系

信任是相互的，刊文发表是一个双向的过程，不只是编辑对作者的选择，也是作者对刊物的选择。作者在写作文章的过程中也付出了很多努力和艰辛，通常刊物稿费也不会非常高，作者把反复修改的心血之作投来刊物，也是对刊物信任的表现，编辑不能辜负作者的信任。陆遐、张静编辑谈到"学术期刊编辑与作者要相互理解，相互尊重对方的劳动价值；缩短学术期刊编辑审稿周期，提高作者撰写稿件的专业性；编稿过程中学术期刊编辑和作者要选择合理的沟通方式；期刊出版后学术期刊编辑要做好各项服务工作"等策略[6]。

3.1　坚持原则

坚持原则，自觉维护学术界的良好风尚，这也是获得作者认可很重要的一点。如果一本杂志自我要求不严、关系稿太多，甚至编校规范也做得不好，那么作者群也会渐渐流失。反之，刊物能对刊文质量严格把关，尽最大努力减少关系稿、提升编校质量、提携年轻作者，相信也会逐渐获得作者的认可和信任。

以前不太明白"德才兼备"这个词为什么是把"德"放在首位，年轻时或许觉得"才"更加重要。工作时间越长，越体会到"德"的重要，"德"是人立身之本。学术界写得出好文章的学者永远不在少数，但是能坚持原则、以德为先、严于律己的人更加令人尊重，尤其是能将这种品质一以贯之，更是殊为珍贵。严于律己，说明很多时候外在可能没有太多强制性要求，但是作者自己对自己严格要求，势必要付出更多时间和精力，但是不一定有更多名利的回报，在事事追求快节奏的今天，能够这样坚持做人原则的作者，其实就是把学术追求放在第一位，是在坚守学界良心。这样的作者，值得编辑更加重视。

通过这样严格质量把关、坚持原则的办刊方式，我刊法学栏目才得以逐渐开拓局面、打下基础。从2014年有转载开始(这里只统计《新华文摘》《中国社会科学文摘》《高等学校文科学术文摘》《社会科学文摘》和人大复印资料)，笔者负责的几个栏目(法学、政治学和国际问题栏目)至今常年维持在每年7~11篇转载的水平，其中全文转载的数量也常年维持在4~8篇。很多文章都是基于质量自然而然获得转载的，有些文章同时被几家转载刊物转载。这都说明了文章质量的重要性。

3.2 持续学习，加强自省

不论自己的知识储备有多少、学习兴趣集中在哪个领域，都要持续加强学习，包括跨领域的知识。不故步自封，客观公正地选择文章，坚持以读者和学者的认可作为最高评价标准。特别是增加负责政治、国际问题栏目以后，更加感受到持续学习的重要性，根据工作特性，还要学会利用碎片化时间进行学习，及时关注学科进展和热点情况。

不断总结工作成果和不足之处。如在引用方面，文科文章的引用量本来相较于理科文章就不占优势，而且法学栏目在我刊中也是小栏目，所以长期看引用都不是非常理想。笔者就2013—2021年法学栏目文章在知网上的引用情况进行了统计(注：检索统计时间为2023年6月28日)，见表2。鉴于近年发表的文章引用还会增加，就没有统计2022年的数据。整体统计的结果显示出法学栏目的引用量在稳步增长，虽然是一个比较漫长的过程，但是随着约稿和专题的推进，效果逐渐开始展现，并且还会有持续后劲。2019年以后，引用量超过百次的文章也开始取得突破，如王利明老师《民法典合同编通则中的重大疑难问题研究》和纪海龙老师《民法典物权编(草案)》中的"正常经营买受人规则"两文。虽然引用量只是一个参考的因素，法学文章引用习惯也没有理科文章量那么大，但是也从侧面反映出栏目文章质量的不断提升。今后法学栏目也会根据热点、专题等需要进一步加强栏目选题策划。

表2 《云南社会科学》法学栏目刊文引用情况统计

栏目	年份	刊发篇数	引用10次以上篇数	引用20次以上篇数	引用100次以上篇数
法学	2013年	18	6	2	0
	2014年	21	6	3	0
	2015年	17	7	2	0
	2016年	20	9	5	0
	2017年	13	8	4	0
	2018年	13	5	4	0
	2019年	14	9	6	1
	2020年	14	10	3	1
	2021年	16	10	5	0

注：表格自制，为不完全统计，仅供本文使用。

作为编辑，再多的付出和委屈，不奢望别人看到和理解。唯有不断自省，明白做到这些是基于自身的要求，而不是为了求得掌声。刊物要跟随学术发展而不断进步，如果故步自封，也会渐渐被作者抛弃。

3.3 甘守清贫

编辑职业待遇较低，无法达到富裕的生活状态，面对这一点，编辑需要保持平常心，既不因为这一点降低工作标准和付出程度，也不因核心评价标准改变自己的原则和工作追求。不通过核心刊物的地位谋取不当利益，不能把刊物和栏目当成私人花园，始终保持敬畏心、平常心，甘于清贫，才能不在物欲的社会中迷失自己的内心。

也许有人会质疑，编辑明知这个职业是"为他人做嫁衣"，自己与名利绝缘，而且通常没有什么时间去做自己的科研等工作，落得一身职业病，不仅要承受很多委屈和误解，还要接受清贫的生活，到底图什么？或者说，在坚持什么？是的，也有编辑转行去做别的职业，或者转做科研。笔者也无数次问过自己，在坚持什么？也迷茫过，想过要放弃。但是，既然自认没有做科研的天赋，那么退到幕后，注视、成就这些把科研做到极致的学者，对优秀的年轻学者扶持一把，成就别人的同时对自己也是一种交代，这也是编辑与作者相互信任的意义——不过于计较自身得失。笔者最近读到元代甘泳的《湖上二首·其二》："水浸月不湿，月照水不干。有人湖上坐，夜夜共清寒"，瞬间有被击中的感觉。从古至今，无数文人在思索人生的意义，也许这就是答案。每一份职业都很辛苦，每一个人都要找到自身的定位，在自己的岗位上尽全力做到无愧于心，这才是追求一份事业的意义所在。

3.4 不断沟通

不论在哪个工作阶段，约稿效果都不是编辑能够完全控制或者预设效果的。约稿能做到哪一步？特别是做了多年编辑以后，要对手上的作者资源进行评估，哪些专题可以做、做到什么程度？做出来效果如何？不是贸然去约稿，要结合刊物自身限制、栏目情况、热点情况等多种因素来考虑。因此，栏目不可能按照过于理想化的方式去做，要掌握好作者的情况、学术的进展，和作者不断沟通，还要不断参加学术会议，保持对学术热点的敏感和掌握。毕竟学术热点在不断变化，作者群也在不断变化，刊物也在不断变化，这些需要编辑以时刻警醒的心态去面对，不能仅仅依靠旧有的工作经验去做出判断。

参 考 文 献

[1] 陈慧妮.学术期刊如何保持及稳步提升约稿质量:写在从事学术刊物编辑工作十年之际[M]//学报编辑论丛2022.上海:上海大学出版社,2022:569-578.

[2] 赵越胜.燃灯者[M].北京:中国文史出版社,2016:145.

[3] 谢海定.把平淡的日子过得心安理得[M]//崔建民.作嫁衣者说:中国社科院学术期刊编辑心声.北京:社会科学文献出版社,2022:139-146.

[4] 李娟.论图书编辑与作者关系的三重境界[J].时代报告,2020(4):144-145.

[5] 陈妮.图书编辑如何取得作者信任[J].管理观察,2016(8):136.

[6] 陆遐,张静.论学术期刊编辑与作者间的博弈[J].乌鲁木齐职业大学学报,2022(1):50-51.

业务讨论会议对科技期刊青年编辑成长的作用
——以《保密科学技术》编辑部的工作实践为例

刘 晓,李满意,郝君婷,高雨彤

(《保密科学技术》编辑部,北京 100044)

摘要: 青年编辑的成长关系期刊的长远发展。《保密科学技术》编辑部结合科技期刊办刊工作实际和青年编辑成长规律,以业务讨论会议为载体建立起内部学习机制,推动知识、经验、信息等在编辑部的加速流动和有效吸收,有意识地帮助青年编辑树立大局意识,掌握业务通识,加速经验积累,提升学术鉴别力。同时也注重发挥其特长优势,推动青年编辑与期刊共同进步。通过近几年的实践,我们发现这种方式对青年编辑成长能够起到较好的促进效果。

关键词: 青年编辑;业务讨论会;业务能力;职业素养

编辑的能力素质是影响期刊内容质量和未来发展的重要因素之一。《保密科学技术》编辑部(以下简称编辑部)主要通过校园招聘吸纳新成员,因此刚入职的青年编辑[1]可能具备与期刊所涉专业相关的教育背景,但对编辑工作知之甚少,都是懵懵懂懂地从学校走进编辑部,在边干边学的过程中逐步成长、成熟。他们需要通过"学习—实践—反思"的循环往复才能实现知识、经验的积累,很难一蹴而就。为了实现高质量发展,《保密科学技术》编辑部结合科技期刊编辑工作实际和青年编辑成长规律,以业务讨论会议为载体建立内部学习机制,有意识地推动知识、信息、经验加速流动和有效吸收,帮助青年编辑快速成长,促使编辑工作与时俱进。

1 业务讨论会的形成与形式

1.1 业务讨论会议的形成

《保密科学技术》创刊于 2010 年,是由国家保密局主管、国家保密科技测评中心主办的国内唯一保密科技类期刊。创刊后不久,编辑部建立了业务例会制度,即每两周召开一次业务工作会议,各个编辑简要介绍手头工作进展情况,以及工作中遇到的问题、困难等,大家共同探讨问题解决方案。同时,为了推动"学习型"编辑部建设,编辑部每月开展一次"读书沙龙"活动,由一人分享某本书籍的阅读体悟或某一方面的知识等。无论是工作例会,还是"读书沙龙"活动,其最初都并未特别考虑青年编辑的学习需求和参与度。但是,在一次内部交流中,有青年编辑表示,自己在业务例会的讨论中和在"读书沙龙"的知识分享中受益匪浅,对她准确理解编辑岗位职责和把握编辑工作要求等起到了重要作用。青年编辑的发言给编辑人才培养工作带来启发,也引起了编辑部对青年培养工作的重视。

之后,编辑部召开两次专题会议,对科技期刊的编辑需要具备哪些能力素质,如何有针对性地帮助青年编辑养成这些能力素质进行深入讨论。大家认为，科技期刊具有专业性、实效性、系统性的特点，肩负着交流科研进展、传播科技知识、普及科技文化等任务。科技期刊的特点，决定其编辑不仅要具有期刊所涉专业的基础知识，还要具备一定的政治敏锐性、社会责任感、文字驾驭能力、学术鉴别能力等。同时，随着我国新闻出版事业的不断发展，出版管理政策日趋完善，编辑工作也逐步走向规范化、标准化，各种专门规范科技出版物的编校类国家标准内容繁杂、要求细致，这对编辑的职业操守和素质能力提出了更高要求。在现有的条件下，对于如何帮助青年编辑养成这些能力素质，大家提出，一方面要继续坚持"传帮带"这种简便、易行的编辑培养传统路径；另一方面可以在业务工作例会和"读书沙龙"的基础上，探索建立内涵更加丰富的业务讨论会议，以此作为内部学习交流的平台，促进编辑之间的交流分享，帮助青年编辑快速了解、有效参与各项编辑业务，更好地激发其学习、思考的主动性。

编辑部自此开始探索召开业务讨论会议，在借鉴一些编辑部[2]、企业[3-4]和编辑学会[5]做法的基础上，结合自身人员规模不大、组织结构相对扁平的特点，把理论学习、业务讨论、经验交流等均纳入业务讨论会议内容，建立起内部学习机制。业务讨论会议一般每两周召开一次，时长控制在 1 个半小时以内，这样既能够保证完成会议议程，又不会给日常业务造成干扰。

1.2 业务讨论会的形式

通过近年来的实践探索，编辑部的业务讨论会主要有以下 4 种形式。

(1) 专题学习。组织编辑开展专题学习是业务讨论会的重要内容之一。专题学习一般涉及三个方面：一是政治理论学习，比如党和国家关于国家安全、科技发展、宣传出版等方面的形势判断、政策要求等；二是期刊所涉领域的政策、知识学习，比如中共中央保密委员会关于保密科技工作的阶段性部署和重要政策转向，以及保密科技前沿技术发展等；三是编辑业务学习，比如新修订的编辑业务相关标准或政策，权威媒体总结发布的易错表述、易错字词汇总等。专题学习一般采取一人主讲或领学的方式，主讲人或领学人既可以是编辑部或主办、主管单位工作人员，也可以是聘请的外部专家。

(2) 专题讨论。对于期刊的年度选题计划、月度选题策划、自然来稿情况及争议稿件取舍、公众号推广等较为重要的事项，编辑部一般会组织内部专题讨论。专题讨论一般由编辑部主任主持，具体负责相应工作的人员介绍情况，其他人员发表意见，相互探讨，最后由编辑部主任根据讨论情况确定下一步业务工作安排。在创刊之初，此类专题讨论一般仅在小范围内进行，纳入业务讨论会之后则由编辑部全体工作人员参加，且特别注重青年编辑的参与度，以增进其对编辑业务的整体了解。

(3) 专题分享。专题分享是指由一名编辑围绕某一活动、主题为大家分享特定方面的信息、知识、经验、感悟等。编辑部组织专题分享主要基于两个目的。第一个目的是促进外部知识的内化。当编辑参加知识、信息较为密集的外部活动后，如业务培训、产业论坛、学术交流等，编辑部会邀请其在内部做一次专题分享，为大家讲一讲所见、所闻、所学、所思，以促进外部知识的内化。第二个目的是促进内部经验和知识的传递。比如，刊界交流、出国考察、学术研讨等外部交流活动，不仅是科技期刊编辑提升知识储备和信息触角的有利契机，更是结识同行、专家、学者的难得机会。编辑部通过业务讨论会议，会适时地请资深编辑以"如何开展外部交流"为主题开展专题分享，告诉青年编辑如何事先了解参会人员情况、摸清参会专家的研究领域，会议期间如何敏锐捕捉有价值的信息，争取与专家学者攀谈沟通、建立联系，为期刊发掘潜在的优质稿源，并适时地开展期刊宣传和组稿工作等。

(4) 互动交流。除了以上较为正式的形式外，业务讨论会议还会尽力保持自由轻松的氛围，为不太正式的互动交流保留一定空间。在业务讨论会议上，青年编辑可以分享个人工作感悟、学习体会，提出自己在日常工作、生活中遇到的困惑、难题等，与经验丰富的资深编辑交流互动，寻求答案；资深编辑也可以分享近期在工作、生活中发现的问题，提出自己的见解想法和建议方案等。比如，如何与性格各异的审稿专家、约稿作者等进行有效的沟通协作是青年编辑提出的常见问题之一，一些资深编辑往往结合工作经历提出可行建议，让青年编辑在实际工作中少走弯路。这种类似交心的交流互动能够拉近人际距离，促进情感交流，有利于创造一个轻松、和谐的工作氛围。

可以看出，业务讨论会议题涵盖广泛、形式多样，只要有利于推动知识、经验、信息的流动和吸收，有利于青年编辑的成长，编辑部都愿意积极尝试。

2 业务讨论会议对青年编辑成长的作用

业务讨论会对青年编辑成长的积极作用，主要体现在帮助其树立大局意识，培养社会责任感，快速掌握业务通识，加速经验积累，提升学术鉴别力等方面。同时，编辑部也注重发挥青年编辑的特长优势，推动其与期刊共同成长进步。

2.1 帮助青年编辑树立大局意识，培养社会责任感

编辑的职责是将他人的作品更加规范、准确、美观地呈现在读者面前，这些"幕后工作"细碎、繁琐、重复，而工作成果是为他人"做嫁衣裳"，自身的职业成就感和获得感并不强，一些刚入职的青年编辑有时会产生浮躁、倦怠心理[6]。因此，教育引导青年编辑清晰认识编辑工作的定位和价值，培养其社会责任感和职业荣誉感非常重要。在业务讨论会议上，编辑部经常会组织青年编辑开展政治理论学习，主要学习与国家安全、新闻出版、保密工作、科技创新等与编辑业务联系较为紧密的政治理论材料，帮助青年编辑厚植爱国情怀，培养强烈的社会责任感，把牢科技期刊的政治关口。同时，编辑部会有意识地引导青年编辑将繁琐的日常工作与国家的大政方针联系起来，树立大局意识，清晰了解《保密科学技术》在服务保密工作、推动保密科技创新中定位和作用，逐步树立起职业荣誉感和使命感。

2.2 帮助青年编辑掌握业务通识，快速进入角色

直接从学校"跨进"编辑部的青年编辑，虽然具备一定的文字基本功，但没有系统地接受过编辑业务知识学习，对国家编辑出版相关政策要求、法律规范和标准要求不太了解。同时，保密科学技术是一门以实践需求为导向的交叉学科，涉及信息技术、网络安全、检测监测、载体销毁等多个领域，很多青年编辑在入职前接触不多、了解不深。因此，青年编辑进入编辑部后，需要补足的业务通识主要涉及两个方面：一是编校知识；二是保密科技相关知识。

2.1.1 编校知识

一般而言，编校知识的学习的途径主要有自学、请教同事、实践摸索、参加专业培训等方式。《保密科学技术》编辑部会为新入职的青年编辑准备一些自学材料，比如《图书编辑校对实用手册》等书籍资料，帮助青年编辑熟悉编辑出版专业相关政策法规、期刊编校内部流程，了解科技论文的规范表达、专业术语的常见缩写、插图和表格的准确美观等基本编辑要求，帮助青年编辑养成重视规范、运用规范的习惯。然而，编辑是一门实践性非常强的学问，

青年编辑在自学的基础上参与日常编校工作，往往也会遇到各种各样的问题。因此，编辑部业务讨论会议的常设议题之一是交流近期工作中遇到的困难、困惑或者问题，并一起探讨解决方法或统一工作标准。青年编辑在工作中遇到的疑惑或问题，可以在会议上提出来，其他编辑予以解答；如果大家对这个问题都不太了解，就一起查资料、想办法、定标准。此外，按照国家新闻出版主管部门有关规定，出版专业技术人员每年必须参加一定学时的继续教育，这是提高编辑业务水平的有效途径[7]。《保密科学技术》编辑部每年都会组织编辑人员分批次参加继续教育培训。每批次继续教育培训结束后，编辑部都会安排参加培训的青年编辑在业务讨论会议上围绕培训主题、内容等作主题分享，及时把出版领域的新知识、新做法传递至每一名编辑。而这种主题分享，也可以帮助青年编辑梳理、总结、思考学习内容，巩固学习效果。

2.1.2 保密科技知识

科技期刊的特点之一是具有较强的专业性，涉及特定科技领域专业知识[8]。编辑对科技期刊所涉专业知识的了解把握是其开展编辑工作的基础。《保密科学技术》的作者群之一是保密领域的一线科技人员，其所投稿件的特点是应用性、实用性、指导性强，但在文字表达、论文形式等方面存在一些不足，比如语法修辞、标点符号使用不够准确，专有名词、参考文献标注不够规范等。这就要求青年编辑在准确理解稿件内容的基础上，掌握科技论文的表达方式和语言特点，有针对性地开展审稿、改稿、校稿等工作，帮助作者强化主题、优化结构、弥补缺漏等。为了帮助青年编辑尽快掌握保密科技知识，编辑部会组织一系列保密科技专题学习，按照技术分类请主办单位技术工作人员或外部专家进行授课，使青年编辑能够快速了解保密科技知识架构及相关基础知识。随着信息技术的飞速发展，保密科技领域的知识更新速度也在加速，这要求编辑通过各种途径追踪本专业领域的前沿动态，不断开拓专业视野，更新知识储备。其中，学术交流和产业论坛往往是最新研究成果的展示平台、最新趋势动态的汇集之所，与会者所探讨和争论的焦点往往是专业领域研究的关键所在，具有前沿、动态的特点。编辑部鼓励青年编辑参加各类学术交流、产业论坛等活动，并邀请参会的青年编辑分享保密科技领域的新技术、新观点、新视野等。无论是作为分享者还是倾听者，青年编辑都会有所思、有所获，对其加强保密科技知识储备大有裨益。

2.3 帮助青年编辑加速经验积累，培养学术鉴别力

一般而言，青年编辑经过一段时间的学习和实践，能够较快地摸清编辑业务流程，较为顺畅地开展文字修改、润色等工作。但是，稿件的筛选、审稿专家的确定、期刊的专题策划及组稿等综合性工作，要求青年编辑具备较强的学术鉴别力等。学术鉴别力的提升是一个持续学习、循序渐进的过程，《保密科学技术》编辑部通过业务讨论会议，让青年编辑尽早且有步骤地参与到稿件筛选、专题策划等工作中，在观摩学习、讨论交流和实践磨砺中逐步提升其学术鉴别力。

2.3.1 参与自然来稿的筛选把关

在移动互联时代，面对海量、快捷的网络信息对读者关注力的争夺，内容质量成为关系科技期刊长远发展的核心竞争力[9]。编辑是稿件质量的第一个把关人，承担着对稿件进行初步审查的职责。《保密科学技术》编辑部通过业务讨论会议，定期组织编辑对自然来稿进行讨论，讨论的内容包括但不限于：自然来稿数量、初步筛选后留稿情况、稿件退、改原因等。业务讨论会议上，所有编辑可以结合《保密科学技术》的办刊方向和期刊定位，评价稿件的创新

性、权威性、学术性、指导性等，并根据稿件的内容从审稿专家库中推荐合适的审稿专家对其作进一步的技术审查。尚未接触审稿工作的青年编辑，也要求参与这类会议，他们既能观察、学习资深编辑对于稿件取舍标准的把握，编辑之间不同观点的交锋，也能自由地提出自己的观点和"辩护意见"，这些都能够加深他们对期刊办刊宗旨、科技论文规范等一些抽象概念的思考和理解。比如，去年期刊收到了一篇关于声音信息防护技术研究的文章，文章对各类声音信息防护技术的发展历程、技术原理、适用性等进行了分析介绍。编辑们对是否录用这篇文章产生了分歧：一方认为这篇文章的内容不够聚焦导致研究深度不够，尚未达到技术研究类论文的刊发标准；另一方认为这篇文章虽然深度不够，但内容全面、架构清晰、文字流畅、引注规范，题目和内容稍作修改后可作为综述文章刊发在杂志的"科普园地"栏目。最后，大家经过讨论，最终认为这篇文章符合杂志"普及保密科学技术知识"的要求，进入审稿环节，并在审稿时标注为"科普文章"。对于这次争论，有青年编辑感叹道："稿件筛选需要综合考虑稿件自身特点、刊物定位、栏目需求、读者兴趣等多维因素，我们要尽量让每一篇好文章都以合适的方式发挥自身的作用。"

2.3.2 参与专题策划的讨论与落实

专题策划及组稿工作，决定着期刊的内容质量和影响力度[10]，也集中体现了编辑的专业素养和业务能力[11]，因为相较于自然来稿，专题策划和组稿约稿更能体现出科技期刊的办刊理念、特色和品味，对编辑的能力素质要求也更高。《保密科学技术》的"专题策划"，主要是围绕保密科技相关领域某一项技术、制度或某一个新的理念、问题等，组织5~6篇文章从不同角度展开讨论，旨在让读者对技术、制度、理念或问题等有一个较为全面、深入的了解和把握。专题策划和专题组稿是《保密科学技术》办刊工作的"重头戏"。针对"专题策划"的年度选题计划和每一期的选题，编辑部会召开业务工作讨论会议，组织全体编辑进行研究讨论，集思广益，群策群力。会议之前，编辑部会安排青年编辑对特定选题的文献数量、讨论焦点、作者群体等进行调研，对文献的质量、作者的学术水平等作出初步判断，为其积极参与选题讨论做好准备；会议上，所有与会编辑要结合期刊定位和专业特色等，对约稿作者的选择，专题文章的切入角度、论述重点等进行"通盘"讨论，青年编辑则可在倾听和互动的过程中不断校正自己的判断，在无形中缓慢提升学术鉴别力。会后，青年编辑在资深编辑的指导下，"有的放矢"地开展组稿、约稿工作。

2.4 帮助青年编辑发挥自身优势，与期刊共同进步

青年编辑在网络的陪伴下长大，充满朝气、思维活跃，乐于关注和接受新生事物。他们的这些特点和优势，能够为科技期刊快速适应形势变化提供灵感、思路和力量。进入21世纪以来，知识和信息的传播不再由纸质媒体垄断，新兴媒体不断涌现。2015年前后，国家先后出台《关于推动传统媒体和新兴媒体融合发展的指导意见》《关于推动传统出版和新兴出版融合发展的指导意见》，强调要以先进技术为支撑、内容建设为根本，推动传统媒体和新兴媒体在内容、渠道、平台等方面的深度融合[12]。在媒体融合的大背景下，面对信息技术给期刊出版行业带来的机遇和挑战，《保密科学技术》编辑部于2016年开通了"保密科学技术"微信公众号。在微信公众号开通前后，编辑部围绕公众号的读者群体、内容定位、体裁形式等召开过多次业务讨论会议，青年编辑是这几次业务讨论会议的主角。他们敢于尝鲜、创新，在公众号丰富推送文章类型、增加多媒体技术融合，加强内容策划、图文制作、排版设计、视频推介等方面提出了很多创意，为公众号积累粉丝、提升阅读量发挥了重要作用。同时，一项新

业务的拓展,也让青年编辑有机会站在整个科技期刊的角度,思考如何更好地发挥科技期刊的社会效益。正如一名青年编辑在业务讨论会上所言,微信公众号的推出和运营,让他感受到自己与期刊在共同探索前行,一起成长进步。

3 结束语

青年编辑是科技期刊发展的储备力量,其职业操守和能力素质直接关系科技期刊的长远发展。科技期刊的编辑工作既有重复繁琐的一面,也有发展创新的一面,既需要"埋头看稿",也需要"抬头看路"。《保密科学技术》编辑部通过定期召开业务讨论会议,建立起内部学习交流机制,吸引青年编辑倾听、学习、提问、分享,促进知识、经验的循环流动,为青年编辑成长创造良好的外部环境,取得了较好的实际效果。一方面,青年编辑的业务能力素质提升较快,比如一次性通过出版专业技术人员中级职业资格考试的比率基本能达到百分之百;另一方面,《保密科学技术》的内容质量、编校质量和出刊效率不断提高,被中国计算机学会认定为高质量科技期刊,2015年、2017年连续两次荣获国家新闻出版管理部门评选的"全国百强报刊"(科技期刊)荣誉称号。

参 考 文 献

[1] 李丹霞,黄崇亚,等.论科技期刊青年编辑成长之路:参加专业学术会议与编辑业务培训[M]//学报编辑论丛 2016.上海:上海大学出版社,2016:181-184.
[2] 李薇.网络环境下少儿图书编目工作的质量控制[J].图书馆学刊,2009(8):85-86.
[3] 陈国权,孙锐,赵慧群.个人、团队与组织的跨层级学习转化机制模型与案例研究[J].管理工程学报,2013(2):23-30.
[4] 马黎.行业期刊人力资源开发刍议[J].中国科技产业,2007(4):74-77.
[5] 霍阿俊."问渠哪得清如许,为有源头活水来":谈编辑部内部的学习问题[J].中国科技期刊研究,1999(10):26-28.
[6] 邓大玉,黄天放.关于我国科技期刊编辑人才培养的几点思考[J].广西师范学院学报(自然科学版),2008,25(4):97-100.
[7] 国家新闻出版署.关于印发《新闻专业技术人员继续教育暂行规定》的通知[EB/OL].(2022-04-25)[2023-05-21].http://www.mohrss.gov.cn/SYrlzyhshbzb/rencairenshi/zcwj/202205/t20220509_447013.html?eqid=ebd826ed0001273a000000046458bc20.
[8] 唐瑾,邵自平.知识经济时代科技期刊对青年编辑人员的素质要求[J].编辑学报,2006,18:187-190.
[9] 陶华,朱强,宋敏红,等.科技期刊新媒体传播现状及发展策略[J].编辑学报,2014,26(6):589-592.
[10] 刘珊珊,王浩然,沈晓峰,等.明确定位、突出特色是打造精品期刊的必由之路:以《中国兽医学报》为例[J].出版与印刷,2017(4):31.
[11] 张江.青年编辑如何提升业务能力[J].青年记者,2018(7):55-56.
[12] 陈建华.媒体融合环境下我国科技期刊转型发展的困境及对策[J].编辑学报,2020,32(2):150-154.

高校学报编辑心理素质问题研究

罗红艳

(北京化工大学学报编辑部，北京 100029)

摘要：随着社会的发展以及知识更新速度的加快，高校学报编辑承受的压力越来越大，心理健康状况令人堪忧。高校学报编辑亟须提升心理素质，克服懈怠心理，缓解焦虑心理，改善心理健康状况。高校学报编辑应树立良好的职业道德和价值观以及终身学习的观念；加强自我认知和编辑角色认同；提高心理调适能力；提高心理驱动力。高校学报编辑提升心理素质能使其综合素质得到加强，对于提高编辑工作质量和办刊水平具有重要的意义。

关键词：学报；编辑；心理素质

2019 年 7 月，中国科协、中宣部、教育部、科技部四部委联合印发《关于深化改革 培育世界一流科技期刊的意见》，提出实施"中国科技期刊卓越行动计划"，以建设世界一流科技期刊为目标。2021 年 5 月，中宣部、教育部、科技部发布了《关于推动学术期刊繁荣发展的意见》，对做好学术期刊出版工作、推动学术期刊繁荣发展提出了要求，也指明了路径。国家对于学术期刊的繁荣发展做出了顶层设计，也提供了政策支持，可以说，学术期刊面临着良好的发展机遇，但同时也面临着诸多挑战，对期刊编辑的素质提出了更高的要求。

相关文献对期刊编辑素质的结构和内涵进行了研究。赖莉飞基于层次分析法-熵权法构建了一流科技期刊编辑职业素质评价指标体系，包括心理素质、品格素质和专业素质 3 个一级指标、7 个二级指标和 28 个三级指标，并认为心理素质是一流科技期刊编辑职业素质不可忽视的关键指标[1]。崔兆玉认为当代科技学术期刊编辑应该具备思想素质、业务素质和拓展素质，并将思想素质细分为政治素质、职业素质和心理素质[2]。韩啸等认为期刊编辑人员应提高综合素质，包括政治素质、审美素质、法律素质、文化素质、业务素质和心理素质[3]。

可见，心理素质是期刊编辑综合素质的重要内容，期刊编辑出版工作的专业性和复杂性要求编辑具备良好的心理素质和健康的心理状态，但是从相关调查研究结果来看，期刊编辑人员的心理健康状况不容乐观。李禧娜采用中文版的《病人健康问卷抑郁量表》对广东省 112 名科技期刊编辑展开调查，结果显示，31.2%的科技期刊编辑检出抑郁症状[4]。李广宇、张宁对广东地区部分科技期刊编辑的工作疲溃感与心理健康状况进行调查，结果表明，23 名编辑情绪疲倦感严重，占比为 29.5%，22 名编辑工作冷漠感严重，占比为 28.2%，31 名编辑感觉个人工作无成就感，占比为 39.7%[5]。吕景春对河南省 11 家科技期刊编辑部的 114 名编辑进行了随机调查，发现 18 名存在心理问题，占比 15.79%，其中焦虑、抑郁、人际关系、强迫、

基金项目：全国高校文科学报研究会项目(PY2021057)

躯体化、偏执分别占 4.39%、3.51%、3.51%、2.63%、1.75%、1.75%[6]。姬建敏运用 SCL-90 心理卫生自评量表对河南省高校学报 54 名编辑进行的心理健康调查显示,如果以 2 分(有症状)作为临界值,学报编辑最常见的心理问题依次为强迫症状(31.5%)、人际敏感(20.4%)、躯体化和敌意(16.7%)[7]。

随着时代的发展,知识更新的速度越来越快,作为从事精神生产的高校学报编辑,需要持续关注学术界发展趋势,获取前沿学术信息,每天面对的是代表最新学术成果的稿件,这使得高校学报编辑面对巨大的挑战,承受巨大的压力。高校学报编辑提升心理素质能使其综合素质得到加强,对于提高编辑工作质量和办刊水平具有重要的意义。

1 高校学报编辑提升心理素质的意义

1.1 高校学报编辑提升心理素质能缓解焦虑心理,提高工作质效

高校学报是学术理论刊物,是传播学术研究最新成果的重要载体,因此,高校学报编辑工作的专业性非常强,学报编辑往往肩负巨大的责任和压力,难免产生焦虑心理。焦虑心理来源于三个方面:一方面来源于高强度的工作和高标准要求。目前,国家新闻出版行政管理部门对学术期刊的要求极为严格,各高校学报之间的竞争也非常激烈,再加上学报编辑在责任心和职业道德的驱使下,对自己的要求也是非常严苛,因此,学报编辑容易产生紧张、焦虑的心理甚至会患上强迫症。另一方面,学报编辑想要寻求个人的职业发展,就要在高强度工作之外花费大量的时间参加继续教育培训、撰写论文、承担科研课题等,但是很多高校对学报不重视,尤其是在职称晋升问题上,不仅对学报编辑提出了较高要求而且处处设限,使学报编辑的职业发展受到极大限制。第三,高校学报编辑往往面临极大的人际关系压力。学报编辑部经常收到来自本校的稿件,其中不乏领导、同事、朋友的关系稿、人情稿,面对一些质量低劣、粗制滥造、达不到学术期刊发表标准的稿件,编辑不得不陷入发还是不发的两难境地。如果坚守原则就会得罪人,被朋友抱怨、被同事孤立,甚至可能会遭到报复,影响到职称的晋升和职业生涯的发展。这些引发焦虑的问题叠加在一起严重影响了高校学报编辑的心理状态和心理健康,使学报编辑不堪重负。因此高校学报编辑应掌握缓解焦虑心理的方法,提升心理素质,提高工作效率和质量。

1.2 高校学报编辑提升心理素质能克服懈怠心理,保持工作热情

高校学报作为学术理论期刊,应刊发最新最前沿的理论研究成果,这就需要学报编辑能够紧跟学术热点和学术前沿信息,了解学术界的发展趋势和动态。只有这样,学报编辑在审稿选稿时才能敏锐地发现具有创新性的稿件,才能发现稿件的学术价值。另外随着时代的发展和技术的进步,出版融合已经成为出版业发展的趋势,媒体融合、数字出版已如火如荼,如果编辑还固守传统出版的思维和按部就班的工作模式,墨守成规,将面临被时代淘汰的危机。这就需要学报编辑克服懈怠心理,改变保守僵化的心理,提升心理素质,在互联网+、大数据、云计算等科技不断发展的背景下,顺应潮流,创新性地发展互联网思维和新媒体思维,通过学习培训掌握新媒体应用技术,不断提升媒体融合素养,提高学报的传播力和影响力[8]。

1.3 高校学报编辑提升心理素质能改善心理健康状况

高校学报编辑长期处于消极、抑郁、紧张、焦虑的心理状态下,其身体健康也会受到严重影响。另一方面,学报编辑心理健康状况不佳的情况下,往往无法控制自己的情绪,容易与他人产生矛盾,不能与作者正常沟通,也不能与同事和谐相处,不仅影响其人际关系,而

且会影响工作质量。学报编辑部的工作需要各个编辑之间互相协作,融洽的人际关系、顺畅的沟通是协作的基础,没有这个基础,编辑工作将受到极大的影响。心理健康问题已成为现代社会的一个普遍问题,不容小觑,学报编辑应重视自己的心理健康,通过学习、调适等方法提高自己的心理素质,改善心理健康状况。

2 高校学报编辑提升心理素质的路径

2.1 高校学报编辑应树立良好的职业道德和价值观,以及终身学习的观念

职业道德是职业素质的核心,遵守职业道德是职业发展取得成就的基础。心理素质是职业素质的重要组成部分,因此,职业道德与心理素质密切相关。高校学报编辑的首要任务是挖掘创新性、具有前沿价值的学术论文,促进科技的创新、文化的传播、学术的繁荣,促进学术人才的培养,这就要求学报编辑应具有自律意识,在选稿用稿时以学术质量作为唯一标准,摒弃关系稿、人情稿,恪守编辑的良知和底线。作为学术期刊的编辑,应自觉遵守学术规范,抵制学术不端和学术腐败,倡导优良学风,维护学术生态的纯净。学报编辑还应遵守相关法律法规,坚持正确导向,廉洁自律,爱岗敬业,诚实守信,团结协作,乐于奉献。职业道德作为一种规范和约束,时刻提醒学报编辑可为和不可为的事项,敦促学报编辑保持积极向上的心态,防止其堕落、腐化,对于学报编辑的心理有一种促进作用。

价值观对于个体的性格、心理和行为具有导向作用,正确的价值观能让人产生积极的心理,如积极进取的心理使编辑在工作上精益求精,追求尽善尽美,善于接受新事物、新观念、新方法,并将其运用到工作中,始终保持对工作的热情并不断创新工作方式;包容乐观的心理使编辑在工作环境中如鱼得水,在与所有人的交往中得心应手,人际关系融洽和谐,能够与同事无障碍地沟通合作。

学报编辑的工作是处理具有创新性的学术稿件,随着社会的飞速发展,新技术、新理念、新的社会问题、社会现象不断涌现,因此,学报编辑树立终身学习的观念非常必要。一是加强政治理论学习,如国际国内形势、国家领导人思想和重要讲话精神等,这些对于坚持正确导向和提高意识形态把关能力极为重要。二是加强业务学习,如学术界相关领域的前沿趋势和信息、编辑出版专业知识等,这些对于保证学报学术质量和编校质量非常重要。三是学习心理学相关知识,学报编辑可以适当了解一些心理学常识,随时掌握自身心理状态,测评心理健康水平,适时地予以调整。

2.2 高校学报编辑应加强自我认知和编辑角色认同

自我认知与个体的心理关系密切,自我认知清晰、自我定位准确的人往往有着良好的心理状态,对于自己的性格、能力、专业知识和业务水平、兴趣、优势、劣势等有充分的认识,并善于利用自己的优势,发挥自己的特长,从事自己感兴趣和热爱的工作。另外,个体应对自己有准确的定位,对自己的职业生涯有明确的规划,如对自己今后的发展有什么样的预期,在职称、岗位上有什么样的提升,学术上取得什么样的成就等。这种定位应与自身的能力和努力程度相匹配,如果心理预期过高,却没有相应的能力和水平实现目标,心理上必然会产生落差,进而产生不满、怨愤等消极情绪。加强自我认知能使学报编辑理性地看待自己,坦然地面对自己,从而获得心理上的平静、从容和稳定。

每个人都在社会中扮演一定的社会角色,角色认同是指个体接受自己所扮演角色的规范要求并愿意履行工作职责。当个体认同自己的角色时,会非常满意自己的职业,以一种积极

的心态面对工作，在工作中产生价值感和成就感，从而实现自我价值。就学报编辑角色来说，学报编辑是精神产品的生产者、加工者和创造者。学报编辑的工作就是生产学报这一学术产品、精神产品，通过选题策划、编校稿件等为读者和学术界提供学术和理论资讯，尤其是在编校过程中对稿件进行规范、调整、润色，甚至会进行第二次创作，赋予稿件更高的学术价值。学报编辑是学术理论成果的传播者、学术进步的推动者。学报是高等学校主办的高层次学术理论刊物，是传播社会主义先进文化的重要载体，学报编辑对学术成果进行筛选、加工、创造，并对其进行传播，促进了学术界的交流、探讨和争鸣，然后又不断推陈出新，致力于展示和推介最新的学术成果、最前沿的理论创新，推动了学术的繁荣、发展和进步。

学报编辑还是学术人才的教育者。学报尤其是普通学报经常收到刚踏上学术之路的青年学者和学生的稿件，这些稿件可能比较稚嫩，但也存在创新点和闪光点，学报编辑为学生的论文提出具体详细的修改意见，指导学生反复修改论文，对每一篇论文进行一丝不苟的编辑、校对、加工，使学生的学术思维、对学术写作规范的认知、写作方法等得到进一步的提升和改善，同时增强了学生对科研的兴趣，为国家培养科研后备人才和生力军。另外，对刚踏入学术研究大门的学生进行学术道德教育，有利于他们树立正确的学术道德观，避免学术失范行为，甚至对其整个学术生涯都会产生深远的影响。

学报编辑的这三种角色身份无疑都是崇高伟大的，极具社会价值，学报编辑加强角色认同能使其获得职业自豪感，从而更加积极地投入到学报工作中。

2.3 高校学报编辑应提高心理调适能力

在现代快节奏的社会中，压力无处不在，如果长期处在高压之下而不会自我调适，就可能导致心理问题，影响心理健康。学报编辑工作繁重、琐碎而且责任重大，提高心理调适能力对于学报编辑非常重要。一是要调整工作和生活的节奏，做到张弛有度。学报的出版有一定的周期性，出版时间往往是固定的，每一期都要按时出版，出完一期又接着下一期，这是学报编辑的压力来源之一，甚至常常被压得喘不过气来。这就需要编辑安排好时间，在工作的时候积极专注，提高工作效率，加快工作节奏，在完成一期的工作开始下一期之前，则可以放慢节奏，稍加休整，然后再以良好的状态和饱满的热情投入到下一期的编辑工作中。二是要发展兴趣爱好。身处喧闹的环境，每天面对堆积如山的工作，人们常常想要逃离，寻求内心的宁静。健康的兴趣爱好往往可以安抚人的情绪、愉悦人的身心、陶冶人的情操，不管是体育、艺术、阅读、旅游还是其他爱好，当个体专注于自己的兴趣爱好时，往往会从高压的环境中抽离出来，沉浸在另一个完全不同的世界中，压力和消极情绪得到释放和宣泄，内心得到滋养和满足，再次回到工作环境中时，会以更丰盈的内心、更轻松的心态去面对工作。三是学习人生哲学。高校学报尤其是普通学报编辑，往往不被学校重视，工作环境差，经费和人员配置不足，又没有核心期刊那么好的稿源，编辑编校改稿的任务非常繁重，在付出辛勤劳动之后却经常得不到肯定和认可，只能在夹缝中挣扎。而且学报编辑由于不被尊重，职业成就感低，经常处于心理失衡的状态。我国古代很多文人经历曲折、命运多舛，如苏轼宦海沉浮几十年，数次大起大落，经历牢狱之灾，被贬谪到偏远荒凉之地，但他洒脱、旷达的人生态度使他无论身处顺境还是逆境都能泰然处之，创作大量脍炙人口的名篇佳作。又如陶渊明抛弃了官场的浮华和名利归隐田园，过着"采菊东篱下，悠然见南山"的生活，达到一种淡泊超脱的人生境界。学报编辑不妨学习这种人生哲学和人生态度，对于提高心理调适能力有所助益。

2.4 高校学报编辑应提高心理驱动力

传统上认为驱动力就是能够激励和调动积极性的能量或方式，一般分为三种：第一种是来自基本生存需要的生物性驱动；第二种来自外在动力，即由外部的奖励或惩罚措施刺激而产生的动力；第三种来自内在的动力，即由内在心理、意识上自主产生的动力。心理驱动力能够极大地激发个体的积极性和主动性，促使个体追求更高目标，追求更大的职业发展空间，实现自我价值。学报编辑要提高心理驱动力，一是要提高内心的责任感。责任感首先意味着对学报工作的认同，其次意味着个体发展目标与学报发展目标的一致，将学报的发展和提升作为自己奋斗和追求的目标。因此具备强烈责任感的学报编辑会将全部精力投入学报工作，而缺乏责任感的学报编辑往往敷衍塞责、浑浑噩噩、漫无目的。二是要有崇高的使命感，坚持质量第一，社会效益至上，以传播和弘扬社会主义先进文化、推动理论创新和科技进步、培养学术人才为初心和使命，以创办高质量的学术刊物为己任。责任感和使命感会让学报编辑获得自尊和职业价值感，并使其内化为一种心理驱动力，推动学报编辑为学报向更高层次发展而努力奋斗。

心理素质是个体综合素质的重要组成部分，对个体的性格品质、工作能力、职业发展都会产生极大的影响。高校学报编辑既是精神产品的生产者、创造者、传播者同时也是教育者，学报编辑工作的性质要求学报编辑应具有良好的心理素质和健康的心理状态。因此，学报编辑应树立良好的职业道德和价值观以及终身学习的观念，加强自我认知和编辑角色认同，提高心理调适能力和心理驱动力，提升心理素质进而提高整体综合素质，在学报编辑工作中获得成就感和价值感。

参 考 文 献

[1] 赖莉飞.基于层次分析法-熵权法对一流科技期刊编辑职业素质评价指标体系研究[J].中国科技期刊研究,2022,33(8):1104-1111.
[2] 崔兆玉.论当代科技学术期刊编辑的素质[J].编辑学报,2014,26(4):312-314.
[3] 韩啸,赵莹莹,李琦,等.期刊编辑工作的原则及素质要求探究[J].编辑学报,2019,31(增刊1):134-136.
[4] 李禧娜.广东省科技期刊部分编辑抑郁现状研究[J].韶关学院学报,2023,44(3):103-108.
[5] 李广宇,张宁.科技期刊编辑工作疲溃感与心理健康的相关性研究[J].中国科技期刊研究,2014(5):679-681.
[6] 吕景春.科技期刊编辑心理健康状况调查分析[J].山东精神医学,2005(4):238-239.
[7] 姬建敏.学报编辑心理健康状况的调查[J].河南大学学报(社会科学版),2005(5):230-232.
[8] 罗红艳.媒体融合背景下高校学报编辑素养问题研究[J].新闻研究导刊,2020,11(20):192-194.

学术期刊编辑应用人工智能技能的现状及能力提升策略浅析

陈小明

(福建医科大学附属第一医院期刊中心中华高血压杂志编辑部，福建 福州 350005)

摘要：近年来，学术期刊编辑领域应用了哪些人工智能技能？这些技能的应用有哪些优势？本文通过探讨人工智能的定义和学术期刊编辑工作中的应用，以及编辑需要掌握的相关技能，分析了当前学术期刊编辑应用人工智能技能的现状和不足。虽然人工智能技能的应用可以提高编辑工作的效率和质量，为学术期刊的发展带来了新的机遇。然而，编辑需要充分掌握相关技能，包括自然语言处理和数据分析，才能应对人工智能时代的需求。文章重点阐述了提升学术期刊编辑应用人工智能技能的策略，包括专业知识培训、创新意识培养、高校合作、成功案例分享和国际交流。这些措施有助于提高学术期刊编辑工作能力，提升学术期刊的质量和影响力，推动学术期刊向前迈进，适应并引领人工智能时代的发展。

关键词：人工智能；学术期刊；编辑；能力；培养

在当今数字时代，学术界正经历着前所未有的变革。随着科技的迅猛发展，学术研究和出版领域也随之发生了巨大的变化。学术期刊作为传播学术知识的主要平台之一，扮演着至关重要的角色。然而，面对庞大的学术出版物和数量不断增长的研究论文，期刊编辑们面临着巨大的挑战，如何高效地筛选、评审和编辑加工处理这些文章成了摆在编辑们面前的一项重大任务。同时，人工智能(artificial intelligence, AI)技术也正在迅速崛起，为各个领域提供了前所未有的机会和挑战[1]。

近年来，越来越多的学术期刊开始应用人工智能技能，如自然语言处理、机器学习等。这些技能的应用可以帮助编辑快速处理稿件、提高审稿效率、识别抄袭等问题。同时，一些新的技术，如区块链技术，也开始在学术期刊编辑领域得到应用，可以提高数据的安全性和可信度。这些技能的应用可以提高编辑工作的效率和质量，为学术期刊的发展带来了新的机遇[1]。然而，目前学术期刊编辑应用人工智能技能的现状并不乐观，例如，一些编辑对人工智能技能的了解和掌握程度不够，无法充分利用其优势；另外，一些编辑在应用人工智能技能时缺乏系统性和规范性，可能导致数据泄露和误判等问题。因此，探讨学术期刊编辑应用人工智能技能的现状及能力提升策略具有重要的意义。首先，学术期刊的质量和效率直接关系到学术知识的传播和创新的推动[2]。如果编辑们能够更高效地处理大量的文章，将有助于促进研究领域的进展。其次，人工智能技术的应用可以降低编辑工作中的人为偏见和错误。因为

基金项目：施普林格·自然—中国高校科技期刊研究会英文编辑及国际交流人才培养基金项目(CUJS-GJHZ-2022-30)

自动化系统不受主观情感的影响，能够更客观地评估文章的质量，从而提高同行评审的公正性。此外，人工智能技术的应用可以促进学术期刊的数字化转型，提高其在学术交流中的竞争力。同时，人工智能技术的应用也可以减轻编辑的工作负担，为编辑提供新的工作思路和方法，使他们有更多的时间投入到更高层次的工作，如战略规划和社群建设，推动编辑工作的创新和发展，从而提高期刊的整体质量和竞争力[3]。

因此，学术期刊编辑应用人工智能技能不仅是一项重要的发展趋势，也是提高编辑工作效率和质量的关键。本文将探讨学术期刊编辑如何充分利用人工智能技术，并提供一些提升能力的策略和建议，以确保编辑们在这一数字时代保持竞争力。

1 人工智能及其在学术期刊编辑工作中的应用

1.1 人工智能

人工智能是一门涉及计算机科学、数学和心理学的交叉学科，其目标是模拟和执行人类智能活动，如学习、判断和决策等。人工智能涵盖了多个领域，如机器学习(通过数据和经验获取知识)、自然语言处理(理解和生成人类语言)、计算机视觉(识别和理解图像信息)等，其应用范围广泛，包括但不限于机器人、自动驾驶、智能家居、医疗保健、金融服务等[3]。

1.2 人工智能在学术期刊编辑工作中的应用

近年来，人工智能对学术期刊产生了显著影响，比如可以帮助学术期刊实现更加高效和自动化的出版流程，提高文章质量和研究价值，增强读者体验等。在学术期刊编辑出版的具体工作中，人工智能的应用包括以下几个方面[4-8]：

语言处理和校对：人工智能可以通过自然语言处理技术，自动识别和纠正文稿中的拼写错误、语法错误、标点符号错误等。同时，它还可以根据上下文语境进行语义分析和理解，提高文章的可读性和准确性。

自动化排版和设计：人工智能可以利用计算机视觉和机器学习技术，自动识别和排版文章中的图片、表格、公式等元素，并根据预设的样式和布局规则进行排版和设计，大大节省了编辑的时间和精力。

信息检索和筛选：人工智能可以通过信息检索和筛选技术，快速地从海量信息中找出与特定主题或关键词相关的内容，帮助编辑快速定位和筛选有用的资料和素材。

个性化推荐和营销：人工智能可以通过数据分析和用户行为建模，了解用户的需求和兴趣，为编辑提供个性化的推荐和营销方案，提高编辑工作的针对性和效率。

智能纠错：人工智能可以通过机器学习和深度学习技术，自动检测文稿中的事实错误、逻辑错误等，并给出正确的建议和纠正方案，提高编辑工作的准确性和效率。

1.3 学术期刊编辑基于人工智能需掌握的工作技能

在学术期刊编辑工作中，人工智能相关的技能主要包括以下几个方面[9-12]：①自然语言处理技能。自然语言处理是人工智能的一个重要领域，主要涉及对人类自然语言的理解和生成。编辑在工作中需要处理各种类型的文稿和信息，包括新闻报道、学术论文、广告文案等，掌握自然语言处理技能可以帮助编辑更好地理解文稿的内容和结构，提高编辑速度和质量。②计算机视觉技能。计算机视觉是人工智能中与图像和视频处理相关的技术。在编辑工作中，计算机视觉技能可以帮助编辑更好地处理和识别图像、视频等信息，实现自动化排版和设计，提高工作效率。③数据分析和挖掘技能。数据分析和挖掘是人工智能中与大数据处理相关的技术。编辑通过掌握数据分析和挖掘技能，可以从海量数据中挖掘出有价值的信息和趋势，为编辑决策提供支持和参考。④机器学习技能。机器学习是人工智能中一种重要的算法和技术，通过机器学习算法对大量数据进行学习，可以训练出更加精准的模型和算法，提高编辑工作的准确性和效率。

在这些人工智能相关的技能中，对于学术期刊编辑当前缺失但仍需要掌握的技能主要是两方面[5,13]：①数据分析和挖掘技能。当前编辑工作中，对于数据分析和挖掘的重视程度还不够高，很多编辑缺乏对数据分析和挖掘技术的掌握与应用。因此，加强数据分析和挖掘技能的学习和应用，可以帮助编辑更好地了解市场需求、读者反馈等信息，提高编辑工作的针对性和效率。②机器学习和深度学习技能。机器学习和深度学习是当前人工智能领域最为热门的技术之一，它们的广泛应用已经对编辑工作产生了深远的影响。掌握机器学习和深度学习技能可以帮助编辑更好地自动化和智能化地处理文稿和信息，提高编辑速度和质量，同时也可以为编辑提供更多的思路和方法，拓展编辑工作的创新空间。

2 学术期刊编辑应用人工智能技能的现状

在当今信息爆炸的时代，学术期刊作为知识传播的重要载体，其编辑工作能力对于确保学术质量具有举足轻重的地位。随着人工智能技术的飞速发展，越来越多的期刊开始尝试将人工智能技术应用于编辑流程，以提高工作效率和质量。虽然基于人工智能的学术期刊编辑工作能力已经得到了初步的验证和应用，但编辑工作也面临着一些挑战和不足[14-16]。

2.1 缺乏人工智能专业知识

学术期刊需要编辑和管理人员具备深入了解人工智能技术的知识。然而，目前许多编辑缺乏相关背景，无法应对人工智能时代的技术发展和应用要求。

2.2 缺乏数据管理与分析能力

人工智能时代的学术期刊需要编辑能够处理大规模数据，进行数据分析和挖掘。然而，当前许多编辑在数据管理和分析方面的能力有限，难以充分利用人工智能技术为学术研究提供的机会。

2.3 缺乏创新意识和跨学科合作能力

人工智能的发展涉及多个学科领域的交叉与融合。高水平编辑需要具备创新思维和解决问题的能力，同时能够与不同学科的研究人员合作，推动跨学科的知识交流与合作。然而，目前在编辑中普遍缺乏这种跨学科合作的能力。

2.4 难以跟上人工智能技术的更新和快速变化

人工智能技术在不断发展和更新，相关工具和平台也在迅速变化。编辑需要不断学习和适应新技术，以跟上时代的步伐。然而，由于技术更新速度快，许多编辑难以及时了解和应用最新的人工智能技术。

2.5 教育和培训机制有限

目前，针对人工智能时代学术期刊的高水平编辑培养的教育和培训机制还相对不足。缺乏系统性的培训课程和机会，使得编辑难以获得必要的专业知识和技能。

3 学术期刊编辑提升应用人工智能技能的策略

前述基于人工智能当前学术期刊的编辑工作现状既有挑战也有不足，人工智能技术的应用对编辑工作有着深远的影响和广泛的应用。但掌握所有的人工智能相关技能并不现实，也不必要。编辑需要根据自身的工作需要和发展方向，选择性地学习和掌握相关的人工智能技能，不断提高自身素质和能力水平，以适应人工智能时代数字化和信息化的发展趋势，为未来的编辑工作注入新的动力和活力，以提升学术期刊的质量和影响力，推动学术界在人工智能时代的发展和创新[11,15,17-23]。

3.1 提供专业知识培训与学习

提供专业知识培训与学习是培育高水平编辑的重要方法之一，建立专门的培训计划，提供人工智能相关的知识和技能培训，包括人工智能基础、数据管理与分析、科学计量等方面。这可以通过开设课程、研讨会、短期培训等形式来实施。

基础知识培训：针对人工智能应用于学术期刊编辑和出版领域的基础知识，开设相关的培训课程。这些课程可以包括人工智能的基本概念、机器学习算法、自然语言处理、数据挖掘等内容。培训课程可以通过线上或线下形式进行，以满足不同人群的学习需求。

实践操作培训：除了理论知识，提供实践操作培训是培养高水平编辑的重要方法。为参与培训的人员提供使用人工智能工具和技术的实际操作机会，让他们亲自实践并解决实际问题。这些包括使用人工智能算法进行数据分析、应用自然语言处理技术进行文本挖掘等。

专家指导与讲座：邀请相关领域的专家进行指导和讲座，向参训人员分享其在人工智能应用领域的经验和见解。例如，通过邀请专家到现场讲座，或者通过线上形式进行远程讲座和互动交流。专家的分享可以帮助参训人员深入了解前沿的技术和趋势，激发他们的学习热情。

建立学习资源和平台：建立学习资源和平台，为参训人员提供相关学习材料和工具。包括提供学术期刊出版和编辑方面的书籍、期刊论文、在线教程、学术社区等资源。通过这些学习资源和平台，参训人员可以在培训之外继续学习和深化专业知识。

实践项目和案例研究：组织实践项目和案例研究，让参训人员在真实的情境中应用所学知识。可以与学术期刊或相关机构合作，提供实际的学术出版项目，让参训人员扮演编辑或出版者的角色，实际操作并解决实际问题。

持续学习和发展计划：专业知识培训与学习是一个持续的过程。为编辑提供持续学习和发展计划，包括定期更新的培训课程、研讨会、工作坊等。这有助于跟进技术的发展和新兴趋势，保持人才的专业素养和竞争力。

3.2 培养创新意识与跨学科合作

鼓励编辑具备创新思维和解决问题的能力，培养他们跨学科合作的能力。可以提供创新培训和资源，促进与其他领域的研究人员进行合作，推动学科交叉与合作。

提供创新培训与资源：为编辑提供创新思维的培训和资源。组织创新方法和思维的培训课程，包括设计思维、问题解决、创意产生等方面的内容。提供相关的书籍、文章、案例研究和工具，激发创新意识和思维的发展。

鼓励跨学科合作：建立跨学科合作的机制和平台，促进不同学科领域的交流和合作。鼓励编辑与其他领域的研究人员、学者和专家进行合作，共同解决学术期刊面临的问题和挑战。可以组织跨学科的研讨会、论坛或工作坊，提供交流和合作的机会。

邀请跨领域导师指导：为编辑提供来自不同领域的导师指导。通过与有经验的编辑和专家进行合作和交流，编辑可以获得跨学科合作和创新方面的指导和支持。导师可以分享其领域专业知识和经验，帮助编辑拓宽视野、培养创新意识和跨学科思维。

组建跨学科团队：组建跨学科的团队，将不同背景和专长的人员聚集在一起。团队成员可以来自编辑、出版、数据科学、计算机科学、人工智能等不同领域。通过跨学科团队合作，编辑可以相互学习、借鉴其他领域的思维和方法，共同探索创新的编辑和出版策略。

开展跨界交流与合作项目：促进学术期刊与其他行业、组织或机构的跨界交流与合作项目。与企业、科研机构、政府部门等合作开展项目，共同解决人工智能时代学术期刊面临的问题。这可以通过合作研究项目、知识转移、创新实践等形式来实现。

建立激励与奖励机制：设立激励与奖励机制，鼓励编辑展现创新意识和跨学科合作的能力。例如，设立创新奖项、优秀团队奖励、论文贡献奖等，以表彰在编辑和出版领域做出杰出贡献的人员和团队。同时，招聘具有学术背景和出版经验的高水平编辑加入学术期刊团队，通过激励机制和良好的待遇和福利，留住高素质编辑，保证学术期刊的长期发展。

3.3 加强学术期刊与高校的合作

在人工智能时代，加强学术期刊与高校的合作是培育高水平编辑的重要方法之一，通过与高校的相关学科部门建立合作关系，共同开展编辑培养项目，提供学术期刊编辑实习和交流机会，培养学生对期刊编辑工作的兴趣和专业素养。

举办学术期刊专家讲座与研讨会：学术期刊可以定期邀请高校教授、研究人员和学术期刊专家举办讲座和研讨会。这些活动可以涵盖编辑与出版流程、人工智能应用、学术论文写作等方面的内容，为高校师生提供学术交流和专业培训的机会。

组织学术期刊实习与培训计划：学术期刊可以与高校合作开展实习与培训计划，为高校学生提供参与编辑和出版工作的实践机会。学生可以在学术期刊实习期间，了解学术期刊的运作流程、编辑规范以及人工智能技术的应用等，提升他们的编辑和出版技能。

开展联合研究项目：学术期刊与高校可以联合开展研究项目，探索人工智能在学术期刊领域的应用。通过合作研究项目，学术期刊可以借鉴高校研究团队的专业知识和技术能力，推动学术期刊在人工智能时代的创新发展。

邀请学术期刊专家指导与合作：学术期刊可以与高校教授、研究人员建立合作关系，邀请他们担任学术期刊的编委、顾问或审稿人。高校专家可以为学术期刊提供学术指导和专业意见，推动学术期刊的质量和影响力的提升。

开放学术资源与共享：学术期刊与高校可以共享学术资源，促进知识的交流与共享。学术期刊可以向高校开放部分文章的免费访问，以提供学术资源的便利。同时，学术期刊也可以从高校获取学术研究成果，为期刊的内容丰富性和学术质量增加贡献。

设立学术期刊奖项与评价机制：学术期刊可以设立奖项与评价机制，鼓励高校教师和研究人员积极参与学术期刊的投稿和评审工作。通过奖项和评价机制的设立，激励高校与学术期刊的合作，增强双方的互动与交流。

3.4 推广成功案例和经验分享

分享已经取得成功的编辑培养项目的案例和经验，为其他学术期刊提供借鉴和参考。这可以通过举办研讨会、学术会议、发布相关文章等方式来进行。

出版成功案例：学术期刊可以定期出版专门的专题或特刊，以推广成功案例和经验分享。这些专题可以聚焦于人工智能技术在学术期刊编辑和出版中的应用，介绍成功案例并分享相关经验。通过发表成功案例，学术期刊可以向读者展示人工智能时代下的编辑和出版创新实践，鼓励其他期刊从中借鉴和学习。

组织经验分享会议和研讨会：学术期刊可以组织经验分享会议和研讨会，邀请编辑、出版专家和学者分享他们在人工智能时代下的成功经验和最佳实践。这些会议和研讨会可以提供一个交流平台，促进学术期刊界的经验分享和学习。

建立成功案例数据库：学术期刊可以建立一个成功案例数据库，收集和整理编辑和出版领域的成功案例。该数据库可以包含各类期刊的案例，涵盖人工智能技术应用、工作流程优化、质量管理等方面的经验。编辑可以从数据库中查找并学习成功案例，以指导自身的工作和提升能力。

建立线上资源共享平台：建立一个线上资源共享平台，供编辑分享成功案例和经验。该平台可以是一个专门的论坛、社交媒体群组或在线学习平台。编辑可以在平台上发布自己的成功案例，与其他人交流和讨论，从中获取灵感和启示。

开展案例研究和调研报告：学术期刊可以支持开展案例研究和调研工作，通过深入研究和调查学术期刊领域的成功案例，总结和分享相关的经验和教训。这些案例研究和调研报告可以发布在学术期刊上，供编辑和学术界参考和借鉴。

开设编辑专栏和专题报道：学术期刊可以开设编辑专栏或专题报道，专门介绍成功案例和经验分享。在专栏中，学术期刊可以邀请编辑和出版专家撰写文章，分享他们的成功经验和教训。这些专栏和专题报道可以为编辑提供一个学习和借鉴的平台。

3.5 扩大国际交流

国际交流能够促进不同国家和地区之间的学术合作和文化交流，提升学术期刊的国际影响力和竞争力，同时也为编辑提供更广阔的发展平台和机会。

参与国际学术会议与研讨会：学术期刊可以积极参与国际学术会议和研讨会，并组织相关的专题或分论坛。通过这些活动，学术期刊可以与国际上的学术界专家和研究人员进行交流与合作，分享最新的研究成果和编辑出版经验。

开展跨国合作与交流：学术期刊可以与国际期刊、学术机构或高校建立合作关系，共同开展编辑、出版和研究项目。这些合作项目可以包括共同主办特刊、交流编委或审稿人、共享资源等。通过跨国合作与交流，学术期刊可以吸纳国际先进的编辑和出版理念，拓宽视野，提升编辑的水平。

组织跨文化培训与交流：学术期刊可以开展跨文化的培训与交流计划，邀请国际学术期刊的编辑和出版专家访问学术期刊，分享他们的经验和观点。同时，编辑也可以参加国际培训课程或访问学术机构，学习国际先进的编辑和出版实践。

开展多语言出版与翻译合作：学术期刊可以考虑扩大多语言出版，将研究成果翻译为多种语言，以吸引更多国际作者和读者的参与。同时，学术期刊也可以与专业的翻译机构或国际合作伙伴合作，提供翻译服务，使研究成果更广泛地传播。

建立国际学术交流平台：学术期刊可以建立一个国际学术交流平台，通过在线论坛、社交媒体等方式，促进编辑的国际交流和合作。平台可以提供讨论专业问题、分享经验和资源的机会，加强国际学术期刊界之间的联系和互动。

组建国际化编辑委员会：学术期刊可以努力招募国际知名学者和专家加入编辑委员会，确保编辑团队的国际化和多样性。这样可以使学术期刊更具吸引力，吸引更多国际作者的投稿，并借助国际编辑的专业知识和视野提升学术期刊的质量和影响力。

加强社交媒体宣传：通过社交媒体平台如 Twitter、Facebook、LinkedIn、TikTok 等，发布期刊最新消息和通知，同时鼓励作者和读者在社交媒体上分享自己的研究成果，以扩大期刊的影响力和知名度。

4 结束语

随着人工智能技术的飞速发展，越来越多的学术期刊开始尝试将人工智能技术应用于编辑流程，以提高工作效率和质量。然而，在应用过程中，我们也看到了一些挑战，如缺乏人工智能专业知识、缺乏数据管理与分析能力、缺乏创新意识和跨学科合作能力等。针对这些问题，学术期刊编辑需要根据自身的工作需要和发展方向，选择性地学习和掌握相关的人工智能技能，不断提高自身素质和能力水平。

为了应对这些挑战，本文总结了一些能实际提升学术期刊编辑应用能力人工智能技能的策略。首先，提供专业知识培训与学习是培育高水平编辑的重要方法之一。通过开设课程、研讨会、短期培训等形式，建立专门的培训计划，提供人工智能相关的知识和技能培训。其次，培养编辑的创新意识和跨学科合作能力，鼓励他们具备创新思维和解决问题的能力，与其他领域的研究人员进行合作，推动学科交叉与合作。此外，加强学术期刊与高校的合作，共同开展编辑培养项目，培养学生对期刊编辑工作的兴趣和专业素养。同时，推广成功案例和经验分享，为其他学术期刊提供借鉴和参考。最后，扩大国际交流，与国际学术会议与研讨会开展合作，提升学术期刊的国际影响力和竞争力。通过这些策略的实施，学术期刊编辑可以提高自身素质和能力水平，更好地适应人工智能时代的发展趋势，为学术期刊的质量和影响力提升注入新的动力和活力。同时，这些策略为编辑们提供了实际行动方案，也为其他学术期刊提供了借鉴和参考，有助于推动学术界在人工智能时代的发展和创新。

总之，人工智能技术的发展对学术期刊编辑工作产生了深远的影响，既带来了机遇，也带来了挑战。学术期刊编辑需要不断学习和掌握相关的人工智能技能，以适应人工智能时代数字化和信息化的发展趋势，为未来的编辑工作注入新的动力和活力，提升学术期刊的质量和影响力，推动学术界在人工智能时代的发展和创新。

参 考 文 献

[1] 沈锡宾,王立磊,刘红霞.人工智能生成内容时代学术期刊出版的机遇与挑战[J].数字出版研究,2023,2(2):27-33.
[2] 高清.论编辑工作的四个环节与期刊的学术质量[J].攀登,2007(4):146-148.
[3] 杨涵,张小强.论人工智能应用给学术期刊编辑带来的机遇与挑战[J].编辑学报,2023,35(3):258-262.
[4] 王露.人工智能在科技期刊编辑工作中的应用研究[J].中国传媒科技,2023(6):95-98,153.
[5] 陈健,徐川平,石芸,等.大数据与人工智能在综合性学术期刊编辑工作中的应用[J].科技资讯,2021,19(34):146-148.
[6] 刘芹,毕丽,张芃捷,等.人工智能提升期刊编辑的审核与校对效率[J].中国传媒科技,2021(11):97-99.
[7] 代妮,步召德.人工智能对科技期刊出版的影响[J].出版广角,2021(11):46-48+51.
[8] 高一帆,王霞.人工智能时代科技期刊编辑工作的转变与创新[J].科技传播,2019,11(19):1-3.
[9] 陈帅,朱玲,张祥卉,等.人工智能工具 ChatGPT 对学术期刊编辑出版工作的影响与对策[J].江西科技师范大学学报,2023(3):104-113.
[10] 任璐,赵志宏,戴杰,等.人工智能对科技期刊编辑的影响及应对策略研究[J].新闻研究导刊,2023,14(14):

241-245.
- [11] 张勇,王春燕,王希营.人工智能与学术期刊编辑出版的未来[J].中国编辑,2019(4):64-68.
- [12] 周丽,曾蕴林,张耀元,等.人工智能时代科技期刊编辑模式的改变[J].天津科技,2019,46(3):89-90.
- [13] 陈鸿,刘育猛,裴孟.人工智能与期刊发展融合的机遇、挑战和实践路径研究[J].中国科技期刊研究,2019,30(3):217-224.
- [14] 孔永.人工智能时代学术期刊的创新与坚守[J].长春师范大学学报,2020,39(11):198-200.
- [15] 王政武,李君安,唐玉萍.人工智能背景下学术期刊编辑角色转型与应对策略[J].出版参考,2023(4):13-18.
- [16] 高虹,郝儒杰.人工智能时代学术期刊编辑的职业发展:现实境遇、多重影响与有效应对[J].中国科技期刊研究,2021,32(10):1255-1261.
- [17] 向飒.人工智能对学术期刊智能化转型与融合发展的赋能[J].出版广角,2022(18):81-84.
- [18] 潘雪,房威,胡永国,等.人工智能时代学术期刊编辑能力提升策略[J].文化创新比较研究,2022,6(4):75-78,151.
- [19] 李媛.人工智能时代的学术期刊数字化传播[J].中国科技期刊研究,2019,30(11):1183-1190.
- [20] 王晓枫.数字时代学术期刊发展与人工智能融合研究[J].淮海工学院学报(人文社会科学版),2019,17(3):80-82.
- [21] 吴芳.人工智能时代学术期刊业的发展战略研究[J].出版参考,2018(10):48-50.
- [22] 于泱.人工智能技术支持下的医学期刊编辑出版策略[J].中国城乡企业卫生,2023,38(8):74-76.
- [23] 贾明.基于人工智能的医学期刊编辑出版策略探析[J].新闻研究导刊,2022,13(16):226-228.

学术期刊微信公众号版式多模态话语分析
——以 SageNews 为例

于 成，李雨佳

(青岛大学文学与新闻传播学院，山东 青岛 266071)

摘要：对学术期刊微信公众号进行语艺分析，有利于在理论层面深入对公众号版式设计的认识。本文以多模态话语理论为视角，综合相关文献和其他语艺理论，对 SageNews 公众号展开个案分析。在版式符号体系层面，文字版式、图片版式、视频版式、色彩、线条、留白等以不同的排列组合出现，起到再现、强化和反复提示整体语义的语艺效果。在意义建构层面，版式多模态话语不仅创造了公众号自身的美学风格，而且建构了用户认同。

关键词：学术期刊；微信公众号；版式设计；多模态话语；语艺

微信公众号作为我国具有重要影响力的新媒体传播平台，对于提升学术期刊影响力具有重要作用[1]。对学术期刊微信公众号的相关研究越来越细致，助力学术期刊微信公众号编辑水平的提高。近期关于学术期刊微信公众号论文，从研究对象上看，除了常见的内容建设、微信运营类论文外，亦有与版式设计相关的编辑素养类[2]、上码策略类[3]论文，且有个别以版式设计为主题的论文[4]；然而，这些涉及版式设计的论文多只进行一般化的总结与描述性的分析，缺乏对个案的细致分析与理论的把握。从方法论层面看，除了缺乏方法论意识的描述性文章，主要是关注量化数据(如阅读量、推送时间)[5]的内容分析和这针对内容需求的实证研究[6]，缺乏从视听语艺角度的语艺学(rhetoric，在中国大陆多翻译为修辞，容易误解为只针对内容的修辞，因此采用语艺的译法，本文中专指版式视听传达层面的技艺，不涉及文字修辞)分析。

国外学者对电子媒介版式的研究起步较早，取得了一定成果，如霍顿(W. K. Horton)针对计算机系统文字、图像、色彩等元素进行的分析[7]，诺曼(D. Norman)针对使用者需求、界面的功能性及操作方式进行的评估与探讨[8]，刘和阿奈特(C. Liu and K. P. Arnett)对信息在荧幕上呈现方式的研究[9]。正如范·吕文(Van Leeuwen)所言，这些研究通常落在"易读性"层面[10]，对意义建构层面的挖掘稍嫌不足，且缺乏对微信公众号的直接分析。

我们认为，要想深入地理解学术期刊公众号的视听传达规律和意义建构功能，需要从版式"多模态话语"的角度进行分析。多模态(multimodal)理论认为，人的五种感官分别对应五种模态，每种模态有其各自处理信息的方式。所谓"多模态话语"(multimodal discourse)，即是在媒介表达中，语言、图像、声音、动作等各种符号系统，同时进入到两种或两种以上的模态，而非诉诸单一模态(monomodal)。举例而言，报纸、广播等是"单模态话语"(discourse)，只诉诸视觉模态(visual modality)或听觉模态(auditive modality)；电视和电脑则是多模态话语。需要注意的是，符号系统与模态不是一一对应的关系，如看报纸只涉及视觉模态，但报纸中的图片与文字是两个符号系统[11]。

随着微信公众号功能的发展，微信推送不再以单一的文字符号系统为主导，而转变为以视觉模态和听觉模态之结合为主导的复杂符号系统(相比于听觉模态，以视觉模态处理信息的情况更多)。本文关注的领域是多模态话语的一个组成部分——版式多模态话语，指的是媒体文字、图片、标点符号、音视频、线条、色彩等符号系统的排布和组合[12]，不涉及文字内容层面的分析。希望能够借此为更深入的研究提供思路和方法。

1 研究方法与研究对象

在微信公众号传播活动中，意义的表达和建构不只涉及内容层面，还涉及排版、色彩等形式层面。因此，在微信公众号信息传播的研究中，不能忽略版式多模态话语，即各种符号系统之间的组合设计、布局变化。探究版式多模态话语分析的方法论思路是，在对文字版式、音视频版式、色彩、线条、留白等符号系统之分析的基础上，运用语艺理论，进一步分析这些要素之排列组合所展现的社会功能，从形式层面揭示信息传播的美学风格和社会意义。本文将在第 2 章分析各版式符号系统要素，第 3 章进行整体的美学风格和社会功能分析。

本文的研究对象是SageNews微信公众号(下称世哲公众号)中的微信推送版式设计(包括推送封面)，推送时间范围是 2019 年 5 月—2020 年 5 月，限于文章篇幅，文中仅能对少量截图进行分析。世哲(SAGE)公司于 1965 年成立于美国，是世界领先的独立学术及专业出版集团，出版项目涵盖商业、人文科学、社会科学、科技、医学等各个学科领域(详见公众号简介)。世哲公众号的推送综合应用了视听符号系统，可作为多模态话语分析的典型个案。深入分析其多模态话语机制，能够揭示学术期刊公众号美学风格的展现机制，及在版式话语建构、认同建构等方面的社会功能。

需要说明的是，本文并不关注公众号的实际效益和数据(如在阅读人数方面，世哲公众号发表微文的阅读量基本未超过 3 位数，推测粉丝量可能不高)，并不意在为学术期刊的公众号运营提供借鉴(美学风格作为缺少效益的事情，很难引起关注和响应，尤其对于经费、人员都难以解决的国内学术期刊群体来讲更是如此)，而是在理论层面进行诠释性的分析，揭示出学术期刊公众号在承担信息传递功能之外，还具有多模态话语属性及美学、社会建构功能。也许，国内学术期刊公众号无论是从运营、市场数据层面，还是从内容定位、论文的诠释表现手法乃至版式设计层面，都有更多、更好的案例，但本文的焦点并不在于实践层面的价值判断，而只是认为世哲公众号符合版式多模态话语的一般规律，可以借此揭示学术期刊公众号在美学风格与认同建构方面的意义。

2 各版式符号系统的多模态话语分析

学术期刊公众号常见的版式符号系统有文字版式、图片版式、视频版式、色彩、线条、信息量与留白，下面我们分别对这些要素展开分析。

2.1 文字版式、图片版式和视频版式

文字版式虽然不再像纸媒时代那样占据版式的主导地位，但在微信公众号推送中依然十分重要。文字版式主要由字号、字体、间距和文字方向等构成。总体而言，世哲公众号的文

字版式符合公众号文字版式一般规范(如行距为 1.5~2.0 倍之间，段落前后拉开距离，不同模块的字号有差别等)，且能够灵活运用各种版式技巧。以"神经学优质期刊推荐|Molecular Pain"(图 1、图 2)为例，该版式应用了不同的字体、字号，期刊介绍部分正文字号较大，突出了主要对象；且间距较大，文字排版错落有致。

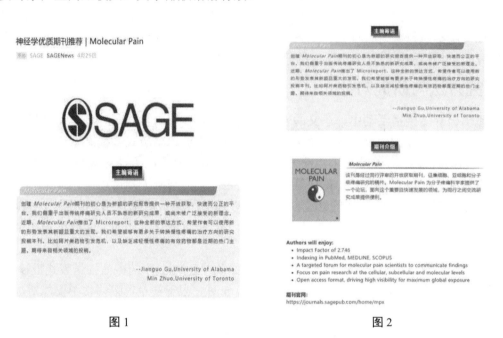

图 1　　　　　　　　　　　　　　　　图 2

图片版式主要涉及图片的形状、类型(静态或动态)和构图(上下、左右、中心-边缘)。为适应长方形的屏幕，公众号多用方形形状图片，世哲亦不例外。值得注意的是，世哲在推送文章开头常用长方形三联动图，第一页是醒目的 logo(图 1)，第 2 页是英文"one desk, one publisher, all we need!"，第 3 页是以上两页的元素配以其他图片。根据范·吕文，一般而言，在视觉构图中，放置于上方信息是理想的，放在下方的信息是实用的；把三联动图放在上方，引导着用户从非实用的理想信息顺利过渡到下面的实用信息。

在整体版式设计中，全部用方形图片会产生审美疲劳。世哲公众号每个推送页面最后的固定图片，不仅采用了长方形套正方形的方式，而且在左上角加入椭圆形元素，使整体版式变得生动。值得注意的是，该图在构图上采用了左右构图，根据克雷斯(G. Kress)[13]和范·吕文，一般而言，左侧的元素观者默认为"给定"，右侧的默认为"新颖"，左和右结合可将视线引导至右侧的新信息。由于我们已经习惯了从左到右的阅读方式，我们认为克雷斯和吕文的分析也适用于中国的受众，图 3 最下面蓝框中的左右构图体现了这一设计理念。

从图片浏览的需要上看，由于需要从上至下滑动手机，两个不同内容的图片基本上采用上下结构(图 3)。单个图片内部有时会采取中心-边缘结构以让观者聚焦，推送封面图片尤其如此(图 4)。

一些学术期刊的公众号会添加视频，如中国出版公众号在推送的论文全文之前配上 10 分钟左右的作者视频，介绍整篇文章的内容(如 2020 年 5 月 9 日第 2 条推送)。且不说视频的质量如何，这样的设计本身使视频沦为文字的附庸，至少从视觉传达的角度来看是本末倒置

的；或者说，没有搞清楚究竟是以文字符号系统为主，还是以视听符号系统为主。如果要凸显视频本身的价值的话，应当以视听符号为主才有意义。在世哲公众号带有视频的推送中，即是围绕视频进行版式设计的，不仅推送封面会标明"讲座视频"，而且推送页面文字部分只起引导作用，视频才是整个推送的"正文"(如2020年5月8日的推送"讲座视频 | SAGE研究方法数据库实战讲座")。

图 3　　　　　　　　　　图 4

2.2　色彩和线条

色彩和线条由于不具有单独表意的功能，因此常被视为视觉设计的辅助元素。但从多模态话语的角度看，色彩不仅可以辅助或增强文字或图像的表意能力，而且可以单独承担表意功能。较常见的例子是企业的"主题色"和"主题图案"，它们类似一个国家国旗的色彩和图案，具有丰富的意义。世哲公众号的一个特色就是，在遵循视觉设计一般规律基础上，巧用主题色和主题线条，这样不仅让各个推送的版面在形式上和谐一致，而且能够负载品牌文化。具体而言，世哲公司的主题色是蓝色(如 logo 皆用蓝色)，公众号的主题色亦是蓝色。当然，这里所说的主题色是通常处于背景的有彩色系，公众号处于前景的文字多为无彩色系，即黑、白及两者混合的灰色。根据视觉传达的一般规律，正文设置为 75%的灰色比较便于阅读，题目等处可用其他色彩，但不能超过三种色彩。世哲公众号多用灰黑和深浅不一的蓝色进行搭配，在个别推送中会用到深浅不一的绿色、红色和黄色等，符合视觉传达的一般原则。另外，对于一些特殊的推送，世哲还会采用特殊的配色，如运用偏粉的色系。

相比于色彩，线条的使用也许更能体现编辑者的功力，很多公众号似乎刻意回避使用线条，大概是因为添加不当往往很容易造成干扰或破坏美感。世哲公众号亦没有频繁使用线条，但偶尔使用却能起到引导视线和修饰衬托等效果。如图 2 在"Jianguo Gu"前划虚线引出主编姓名单位，"Molecular Pain"下面划有透明度变化的直线，起到显著的分隔和提示效果。

2.3　信息量与留白

一些学术期刊公众号在推送时，往往把期刊中的论文内容全部挪移到推送页面。究竟有多少人会把文章从头到尾看完，尚需实证研究，但至少从视觉传达的角度看，这样的做法显然缺乏多模态话语意识，并不能把传达效果最大化。科研人员如果要查阅论文，自会去数据库下载，而不会把公众号作为主要的参考对象。换言之，公众号推送论文的关键不在于信息量的多，而在于信息能否引起对期刊内容的兴趣。公众号的优势在于，能通过多模态话语让读者对某篇或一组文章、某个或一组期刊以及某个数据库产生兴趣，有限的信息量和适当的留白往往更能达到这样的效果。

在笔者关注的时间范围内，世哲公众号没有一篇推送是论文的全文摘录，而是以"研究精选""论文优选"和"期刊优选"的方式呈现。研究精选的信息量较大，采用图文精编的方式，文末附上参考文献和数据库链接、二维码。论文优选与期刊优先的信息量很小，从形式上看，介绍的信息通常只需一到两次滑屏(标准字号下)即可浏览完毕，最后会将读者引导至获取全文的数据库页面。以图1、2、3(三幅图是一个推送页面)神经学优质期刊推荐为例，全篇正文分为三个模块，显然整体上空白的空间不亚于文字部分；推送最终把读者引导至期刊官网中该期刊的网页(二维码亦进入这个页面)，如果读者对该刊感兴趣的话，自会去世哲数据库浏览。

总结而言，文字同其他符号体系以不同的版式组合出现，可以在一定程度上使不同符号体系间的意义融会贯通，起到再现、强化和反复提示整体语义的语艺效果。

3 版式多模态话语的意义建构功能

语言不仅仅是语法结构，它在被使用时会产生社会、审美、道德等层面的意义。如马泰修斯(V. A. Mathesius)提出语言有交际功能和情感表现功能[14]；韩礼德(M. A. K. Halliday)的三功能说认为，语言使用者在语境中组织信息(语篇功能)，从而建立和维系人际关系(人际功能)，反映客观世界和内心世界(概念功能)[15]。版式多模态话语作为一种语言形态，亦能起到意义建构功能。通过多模态话语分析，我们认为世哲公众号的版式在实现美学风格建构功能的基础上，发挥了认同建构的功能。

3.1 建构美学风格

微信公众号推送内容层面的符号系统，与版式设计层面的符号系统实际上是无法分割的，版式多模态话语作为整体设计的重要一环，对于建构公众号的美学风格、带给用户美感经验具有重要作用。版式多模态话语将各项信息、元素加以分类、排布、整合、美化，可以营造舒适的阅读空间[16]。对于以学习为主要目的的学术期刊微信公众号来说，"兼具功能与美感"[17]尤为重要，优美的版式设计可以提升用户在视觉上的愉悦感与满意度，同时提高用户的操作效率与学习效率[18]。

版式设计虽然有基本的准则，但美学风格没有统一的标准，有特色的微信公众号，往往有自己的美学风格。世哲公众号运用版式多模态话语，建构了以视觉多模态为主导的"世哲"美学风格。首先，世哲公众号非常重视各类符号系统自身的特点，努力在设计中把各符号系统的视觉传达优势最大化。如研究精选类的推送，就以文字为主，以图片为辅；带有视频的推送，以视频为主；女神节、护士节等特殊推送，则以富有视觉冲击的图片为主。如此，各符号系统之间不会造成混乱，有利于用户产生规律、秩序的视觉经验。版式多模态话语整合形成的主次、并列、从属等有层次的语义关系，会不断强化视觉经验。

其次，推送页面中模块与模块间既界限分明，又过渡自然。这一方面得益于对字号、间距、图片形状等版式设计一般规律的遵循。另一方面得益于编辑的创造性设计，如采用不规则图形、添加引导线、灵活运用不同的色彩和构图法、让版面呈现为非对称均衡等等。总体而言，世哲的推送以稳固、平衡、简约为基本特点，又不失变化与韵律。

再次，世哲采用以蓝色为主题色的色彩风格。在微信公众号中以蓝色为主，不仅标识着对公司主题色的继承，也有美感经验层面的考量。蓝色是大多数人喜欢的颜色，也是UI设计师的通用颜色，代表安全、值得信赖[19]。在具体的推送中，世哲根据主题在蓝色的基础上配以辅助色和浓淡变化，使版面多元丰富，产生对比、调和等美感经验。

最后，世哲善于运用留白。留白并非单纯的空白，而是一种特别的视觉表达形式，不仅能够让版面变得更活泼、有趣、产生层次感，而且富有暗示性和联想性，能引发用户寻幽探奇的美感经验[20]。

3.2 建构认同

克雷斯和范·吕文的视觉语艺理论认为，视觉图像所反映的世界与观看者之间存在着互动。也就是说，语艺所创造的"终点视界"(借用语艺学家肯尼斯·伯克的术语)[21]，会构成我们看世界的视窗，引导我们关注特定的意义面向。这提示我们，微信公众号所带来的美感经验，不是纯粹审美意义上的经验，而是具有情感和社会意涵。世哲公众号所展现的美学风格，传达出冷静、理性和干练的情绪。一般认为，这些都是科研人员具有的素质，因此可以说，美学风格与科研人员对自身的认同密切相关，建构美学风格，也就是在建构用户共同体的认同。

换言之，版式话语像日常话语一样，具有人际交往等的社会实践功能，可以"提示观看者对所再现的景物应持的态度"[22]。这一点，在世哲公众号中多有体现。首先，世哲公众号的版式话语传达出"让用户主动发现信息"的语义。世哲有意控制微信推送的信息量，通过留白和引导线等版式话语，将用户引导至数据库。也就是说，世哲的微信公众号仅起到信息导引和信息发现作用，并非流通渠道的终端。对于科研人员而言，学术期刊公众号的最主要作用是获取自己关注的信息或最新资讯，满足用户便捷获取信息来源之需要，而非成为真正意义上的参考文献工具，因此没必要完整地呈现信息。让用户主动发现的版式话语，符合科研人员使用学术期刊公众号的行动逻辑，有利于用户产生认同。

其次，世哲公众号的版式话语非常注重节约用户时间。不同于吸引流量式的公众号，学术期刊公众号不需要花哨的版式设计吸引眼球。但是，并不能因此放弃美学追求。具有美感的版式设计一方面令用户获得美的享受，也有节约浏览时间的实用功能。不难发现，世哲公众号的推送逻辑清晰、对比明显且不失韵律，极好地引导了用户的注意力。

值得一提的是，世哲推送的封面图片有效地建构了视觉距离，使用户能够快速形成视觉焦点。具体而言，对于容易用图片表达的推送题目，常采用近景、中心-边缘结构的图片，使用户在不细读文字的情况下也能判断主题；对于难以用图片表达的题目，常采用中景或远景图片，有利于用户把视线转移到文字上，从而判断主题。总之，对于科研人员来说，简约、清晰的内容呈现符合他们快速获得信息的需要，不浪费时间，应当是科研人员和学术期刊公众号共同的追求。

最后，以蓝灰为主的色调和规整的线条符合科学"冷凝视"的风格。另外，世哲会在一些特殊日子(如节日)推送一些暖色调为主、富有生活气息的版式，使得整体推送既有科学理性的一面，又富有人文主义内涵。

4 结束语

读者对微信推送第一印象是视觉印象，然后才会深入到信息的提取。版式设计无疑影响着视觉印象的形成，它可以在各种符号系统的基础上，将信息传播与美学风格相结合，融入趣味性和艺术独创性，营造"实用"与"审美"的双重氛围，带给用户良好的印象。本文从版式多模态话语的角度出发，分析了世哲公众号对各符号系统的排列组合，揭示了视听模态的配置规则，并挖掘了其负载的美学风格建构与认同建构功能。研究显示，实用与审美并非截然二分，美学风格既具有相对独立性，又具有实用功能和社会功能。当然，本文的目的不在于美学风格对于提高学术期刊公众号影响力的实际作用，而在于通过一则版式多模态设计个案，揭示学术期刊公众号的社会和审美意义。在实用导向明显的学术期刊研究领域，审美、语艺取径的方法论或许能带来一些新的启发。

参 考 文 献

[1] 黄雅意,辛亮,黄锋.科技学术期刊微信公众平台问题分析与影响力提升策略[J].编辑学报,2016,28(6):529-531.
[2] 孔薇.科技期刊微信公众号编辑应具备的4大意识[J].编辑学报,2019,31(6):689-692.
[3] 景勇,张扬,秦毅,等.媒体融合背景下科技期刊上码内涵及策略[J].编辑学报,2020,32(1):30-33.
[4] 周丹,周华清.科技期刊微信公众号文章版式设计研究[J].中国科技期刊研究,2017,28(12):1154-1159.
[5] 丛挺,赵婷婷.基于微信公众号的学术期刊移动化传播研究:以"Nature 自然科研"为例[J].科技与出版,2019(7):80-85.
[6] 刘丹,苟莉,王雁,等.医学期刊微信公众号用户需求调查分析:以《中国修复重建外科杂志》为例[J].编辑学报,2018,30(4):406.
[7] HTON W K. The icon book: visual symbols for computer systems and documentation[M]. New York: John Wiley & Sons, 1994.
[8] NORMAN D. The design of everyday things[M]. London: MIT Press, 1998.
[9] LIU C, ARNETT K P. Exploring the factors associated with Web site success in the context of electronic commerce [J]. Information and Management,2000, 38(1):23-33.
[10] VAN LEEUWEN T. Typographic meaning [J]. Visual Communication, 2005, 4(2):137-143.
[11] 尹素伟,姚喜双.信息传播中互动机制的建构与意义生成:基于中美气象频道节目的多模态话语分析[J].现代传播(中国传媒大学学报),2020,42(3):96-100.
[12] 黄璐.政务微信版式多模态话语研究[D].温州:温州大学,2019.
[13] KRESS G. Design and transformation: new theories of meaning [C]// Multiliteracies: Literacy Learning and the Design of Social Futures. London: Routledge, 2000.
[14] MATHESIUS V A. Functional analysis of present day English on a general linguistic basis [M]. Prague: Academia, 1975.
[15] 韩礼德.功能语法导论(第二版)[M].彭宣维,赵秀凤,张征,等译.北京:外语教学与研究出版社,2010.
[16] 林昆范.引领阅读的编排设计[J].科学发展,2007,417:56-61.
[17] 侯纯纯,林品章.华文文字编排设计理论初探[C]// 2007 设计研究论坛论文集.2007.
[18] 李有仁,张芳凯.运用智能型手机应用程序设计博物馆行动导览系统之因素探讨[J].观光休闲学报,2016,22(1):61-94.
[19] UI 设计酱.蓝色那么受设计师青睐,你想到了那几个原因?[EB/OL](2017-11-20)[2023-07-15]. https://www.sohu.com/a/ 205486436_398802.
[20] 陈昱宏.行动应用程序界面及版式设计之美感经验初探:以博物馆 app 为例[J].国教新知,2017,64(3):73-91.
[21] 蔡鸿滨.从语艺观点探讨荒诞宗教广播节目之认同策略[J].传播研究与实践,2011,1(3):211-243.
[22] 李战子.多模态话语的社会符号学分析[J].外语研究,2003(5):4.

新媒体时代我国科技期刊微信公众号运营现状及提升策略

孔艳妮

(攀钢集团研究院有限公司《钢管》杂志社，四川 成都 610300)

摘要：分析了新媒体时代我国科技期刊微信公众号运营情况，指出运营中存在的一些普遍问题，如运营人才缺乏、内容创新型不足、审核过程繁琐，并给出了一些提升运营的策略：通过选题策划、精准推送、建设新媒体矩阵、借助行业力量，增加微信公众号的粉丝量，提升公众号阅读量和吸引力，增加微信公众号关注度；建立科学的运营奖惩制度，重视新媒体运营人才队伍建设，以激发工作热情和提高运营能力。

关键词：科技期刊；微信公众号；运营；提升策略

我国科技期刊数量多，总数占比大，是期刊出版的重要组成部分。随着数字化时代的到来，科技期刊面临巨大转型生存压力，媒体融合已进入下半场[1-3]。微信公众号因传播范围广、受众流量大、表现形式灵活、操作门槛低、费用很少，已成为我国传统科技期刊在新媒体时代优质的宣传平台，更是许多科技期刊唯一的社交平台。目前，绝大多数科技期刊已建设了微信公众平台，并开始推广服务的实践，但服务和传播效果各异。

笔者重点分析新媒体时代我国科技期刊微信公众号运营情况，指出运营中存在的问题，以期找出高质量运营方案，进一步提高科技期刊的传播力和学术影响力。

1 微信公众号运营中存在的问题

1.1 兼职运营，缺乏专职运营人员

很多科技期刊的主办单位是科研院所，但期刊并不是科研院所的主要经营业务，鉴于期刊的办刊费用长期需要依靠主办单位划拨，以及随着网络媒体快速发展冲击导致的发行数量急速下滑，主办单位当然对期刊的关注度和期望值也会变低。此外，当今社会通常将科技期刊编辑工作误解为只是简单的文字工作，缺乏对编辑工作的了解、尊重与认可，造成科技期刊编辑人员的配置相对其他部门存在不足；而且，作为科技知识的传播者，科技期刊编辑工作者在学术界也处于相对弱势地位，比如在成果奖励、科研成果审核和职称评定时，不能与其他部门工作者拥有相同的权利，极大地打击了期刊编辑的工作积极性，种种原因导致编辑工作者的职业认同感较低。由此，据期刊年检数据显示，2021年我国科技期刊从业人员合计36 806人，负责学术推广工作的专业新媒体人员仅占6%[2]。

可见，科技期刊微信公众号的运营大多是由期刊编辑兼任，没有经过专业的培训学习，在微信公众号内容策划、素材收集、推文制作等方面的能力缺乏，也欠缺公众号运营和推广

方面的眼光和见解。此类问题，是很多期刊都面临的问题，包括药学期刊、水利工程类期刊、冶金类期刊等[4-6]。另外，对于专业编辑来说，既要完成已有的日常编辑出版任务，又要完成微信公众号的运营工作，虽然增加了日常工作量，但又没有相应地激励政策，极易导致运营人员出现职业倦怠感，若专业编辑的运营能力和责任心不强，也就会导致运营质量下降，甚至不能持久运营的情况，也就无从谈起传播效果。

1.2 更新次数和篇数偏少，内容创新不足，过度依赖纸质媒体

江文[5]分析了水利工程类 16 种核心期刊的微信公众号的运营现状，包括推送频率、推送内容，认为大部分微信公众号的推送没有规律，发布内容单一重复，对行业热点问题缺乏专业的内容策划，原创性不足，期刊特色未突出，用户群体未形成，在图文排版设计方面美观性不够。王丹[4]系统调查和分析了 19 种药学期刊微信公众号的开通、服务菜单建设、信息推送等情况，发现药学期刊微信公众号的发展比较缓慢，发布内容多局限于纸质期刊的内容，内容比较单一，且缺乏用户阅读后的反馈渠道。孙桂杰[7]以清华大学出版社官方公众号为例，分析并指出了出版类微信公众号出现流量瓶颈的原因之一是：欠缺服务意识，发布的内容严肃枯燥，只注重了专业性和学术性，与用户缺乏互动，这导致公众号与目标用户之间的黏度不高，也致使目标用户没有主动分享微信公众号文章的意愿。

可见，很多期刊都不能定期策划和更新微信公众号中的内容，且更新次数和篇数都太少；此外内容创新性不够，大多是将纸刊中的内容复制、排版到微信公众号中，形式单一。这些都不利于提升公众号的活跃度，造成关注度低，与用户之间的互动不足，难以建立用户黏性和提高传播影响力。

1.3 著作权问题突出

新媒体时代，人人都是信息传播者，行业圈层之间的壁垒也逐渐被打破，人们沟通和交流的方式也发生了很大改变，依托于移动终端如智能手机等，新的应用及媒介形态不断涌现。由此，媒体行业出现著作权保护新问题。

刘玉柱等研究了微作品侵权现状，分析了侵权原因，提出了治理路径[8]。魏新总结了微信公众号中推送信息作品面临的著作权风险[9]，认为：在微信公众号中再现纸刊已发布作品时，需作者许可复制权和信息网络传播权，比如在投稿时向作者提供《转让协议》，声明杂志社有权在文章发表后在"中国知网等媒体上长期发布"，并将关键条款的字体加黑加粗，以示尽到了杂志社提示作者应注意的义务。对于微信公众号中的首发消息，容易忽视署名权问题，建议在内容的显著位置(如开头或结尾)标注实际作者的署名权，以免引起不必要的麻烦。此外，魏新对于网络素材资源的著作权问题以及转载其他主体微信作品的著作权问题也做了讨论[9]，并给出了运营微信公众号时应当注意的方面：比如严密工作流程，防范消息推送中的著作权风险；加强与著作权集体管理组织的联系；自主建立图片等素材库，规范数字素材的来源。

1.4 内容审核过程繁杂

基于官方微信公众号自身性质，一篇文章需要经过多方审核，从运营团队内部、编辑部主任，甚至一些重要信息需要主编把关，一层一层审核并提出内容优化措施。审核和内容优化都需要时间，而新媒体文章的时效性极为重要，在同一主题的推送上，用户会趋向于阅读、点赞和分享更早发出的公众号文章，若在发布前已有其他公众号作了内容发布工作，就非常容易被分散走流量，造成平台关注度极低等情况。

2 提高微信公众号关注度的措施

2.1 注重选题策划

《航空知识》编辑部武瑾媛主任曾将微信公众号中的内容按照选题分为时效新闻类、知识技术类、人文类、服务类、深度类、商业类。

传统出版模式主要依靠出版者的经验和市场直觉，在时效性方面存在严重滞后，而时效新闻类选题也是科技期刊的短板，但此类选题是公众号阅读量和转发量的保障。因此，遇到热点问题时要能快速和准确反应，分析和判断热点问题的科学性，及时关注热点但不被热点所左右，保持用户对科技期刊微信平台的品牌信任度。知识技术类选题是科技期刊的强项，科技期刊社应坚持科学的态度、理性的精神和客观的尺度将科技期刊的专业优势融入微信公众号内容策划中，通过内容重塑——学术论文科普化，除了内容要专业、科学和独特外，图文并茂，表述语言还应科普化以符合移动端阅读习惯，适当增加趣味性、通俗性，若能融入作者的科研经历或科学史料故事，将会使得科学技术知识变得更有温度，更能激发用户的阅读兴趣和增加用户黏性，扩大影响力。此类选题对编辑提出了新要求，要求具有极高的科普创作热情，很强的学习能力及一定的专业知识。例如，《航空学报》微信公众号曾将刊发的《大型客机气动设计综述》科普化改写为"如何设计一架 C919？CR929 总师告诉你"，在 2020 年 5 月 14 日 "航空知识" 首条发布，阅读量达到 16 317，并被 "航空制造网" 转发(阅读量 6 779)[10]。此外，人文类选题会引发用户关注和转发，好的服务类选题的关键是要定位于服务公众平台的受众，而微信公众平台能否盈利的关键是商业类选题。

除此之外，笔者在维护《钢管》微信公众号的过程中发现，关注综述性、统计性内容的用户相对更多。

2.2 增强在线互动，实现精准推送，注重用户服务

微信公众平台与用户之间应该达到彼此长期互动的关系。应该以用户的关注需求为出发点，关注留言板、评论区或者社交群中的用户反馈，及时对内容进行更新，当然推送的方式也可以是多样化，以增强用户体验感。对于期刊来说，小、散、弱是常态，很难以借助大数据、算法等技术来实现精准推送，我们可以通过与专家、读者进行交流沟通互动，了解他们需要什么，关注什么，也可以在微信公众号中发布调查表，以此提升用户对平台的体验感。

2.3 建设新媒体矩阵，通过多平台联动，差异化运营

随着传播技术的升级以及不同媒体平台的迅速崛起，用户的碎片化时间已经被以新闻、娱乐、社交为主的短视频平台逐渐占有，而且各大平台也纷纷加大了对于知识类短视频内容的供给，这使得原本借助微信公众号获取知识的一部分用户逐渐转移至短视频平台，且用户已经对其产生了阅读习惯，微信公众号的传播力也呈现出持续下滑的趋势[7]。因此，建设新媒体矩阵很有必要。

新媒体矩阵指的是在社交媒体环境下，运营者在单个自媒体平台上开设多个账号，或在不同自媒体平台分别开设账号运营，并与客户端相结合，从而形成新媒体账号方阵，实现同类信息的多渠道传播，以及不同渠道的多层次吸粉效果[11]。但据文献[2]介绍，参加 2021 年年检的 5 037 种科技期刊中，5 005 种填报了 "官方微博账号" 项，但 4 412 种没有官方微博账号(占 88.15%)，593 种科技期刊有官方微博账号(占 11.85%)。可见，1/9 的科技期刊还没有官方微博账号，还没有形成建设新媒体矩阵的意识。出版单位的微信公众平台可以与其他新媒体平台

进行多媒介传播渠道的融合，如与传统的官方网站、抖音、快手、微博等传播媒介融合，以用户为中心，始终坚持"运营跟着用户走"，通过文本、图片、音频、视频等多媒体融合，坚持"同选题，异呈现；同内容，异载体"，总结和分析当前行业热点，深入挖掘用户需求，再结合科技期刊自身优势，快速响应，增加媒体曝光度，达成流量相互补给、影响力全方位覆盖的效果，进一步扩大新媒体平台的受众面[6]。例如，可以请作者录制一段几分钟的简短视频，解释自己的科研成果，并在期刊微信公众号及其他新媒体矩阵中分享，以实现传播效果的最大化，改善科技期刊在用户心中严肃、刻板的固有印象，增加温度感，拉近受众与期刊之间的距离，增加用户黏性。又如，《金属加工》开通了以"金属加工"等10个微信号组成的微信矩阵，为了满足读者在线交流学习新技术、研究金属加工解决方案、分享实用性经验，创办了《金粉讲堂》《金粉小讲堂》《加工真奇妙》等视频栏目，在重要展会开展直播，对重点企业进行深度报道，这一系列融合发展凝聚了190万人的专业粉丝。

2.4 借助行业协会和专家学者力量

学术会议是某一学术领域专家和学者进行学术交流的重要场所，是编辑了解期刊报道领域最新研究成果、热点问题的重要渠道，也是编辑与作者、读者、行业专家面对面互动的优质场所，更是编辑组约稿件、学术期刊展示和宣传自身的最佳阵地[7]。因此，应该多参加行业会议，在参会前与会议主办方联系在会上展示自身相关事宜，会场中展示时可将微信公众号二维码印刷在宣传页中，邀请参会代表及时关注微信公众号，增加媒体显示度，增加微信公众号关注度。

目前每个人都有各种各样的微信群、QQ群，编辑可利用各种行业学(协)会、编委会的社交网络，明确群体成员的研究领域，有针对性地推送公众号中的内容。另外，也可以将期刊微信公众号二维码发给行业专家，拜托专家外出做报告时将微信公众号二维码附在PPT报告中，邀请听取报告的行业老师扫码关注，增加微信公众号的粉丝量。

2.5 构建科学的奖惩制度，健全容错纠错机制

针对不同人群，开展相应的激励手段，以激发工作热情。例如，对于女性编辑，出版单位要进行人性化管理，合理安排其工作时间，在其协调家庭与事业的关系中给予帮助，以减轻其生理、工作和生活带来的压力。对于学历不高的、年轻的初级编辑，应充分调动其工作积极性，运用恰当的激励手段促进其学习，让他们在工作中补充自身的知识储备。对于专业性强的学术编辑，由于他们对出版物的创新性、科学性、学术性要求比较刻板、认真、一丝不苟，在新媒体转型的背景下，更易出现身心长期疲惫、矛盾、透支状态，造成职业倦怠；因此，出版单位一方面可以定期组织素质拓展训练或者减压活动，劳逸结合，另一方面可以通过心理健康培训与心理咨询帮助其克服新媒体时代的职业压力[12]。

另外，主管(办)单位也应考虑到出版工作的特殊性，若能专人运营微信公众号平台最好，坚持"专业的人做专业的事"，例如《中国科学》杂志社就设置了专职的新闻编辑岗位负责微信公众号的运营和维护。若不能设专人运营维护，也可以制定一些切实可行的激励机制来提高薪酬，例如以推文发布频次或推文阅读量为衡量标准，发布频次或阅读量达到一定时，可以适当奖励，以此肯定运营维护者的工作，调动其积极性。除了薪酬外，晋升也是影响出版人才职业发展的核心问题之一，因此也可为出版人才设置多个岗位级别的晋升渠道和多样化的晋升路径，提升出版人才的发展空间和晋升机会。

最后，建议健全容错纠错机制。创新是出版单位发展的新动能，而创新的本质就是要打破传统观念，改变固有习惯和固有的生产方式，在创新的过程中是需要通过反复实践、总结正反两方面经验的。而出版工作本身是一个带有遗憾性的工作，建立容错纠错机制，主管(办)单位允许出版工作者在一定范围内试错，宽容失败，为愿干事、敢干事、能干成事的工作者撑腰鼓劲，解决不敢为的问题。

2.6 重视新媒体运营及运营人才队伍的建设与引进

不管是提高公众号的运营，还是发布内容著作权的问题，都与新媒体运营人才密不可分。高素质、专业化的出版团队是期刊核心竞争力的重要体现。目前出版从业人员缺乏创新意识和互联网产品思维，不能深刻把握出版模式变革的内在逻辑、掌握出版转型的关键技术，这在一定程度上阻碍了新媒体技术的应用和传统媒体的转型发展，而加强科技期刊新媒体运营人才队伍的建设，培养复合型、创新型的出版人才是实现科技期刊高质量发展的保障措施之一。科技期刊主管(办)单位不但要认识到这一点，还更要注重科技期刊新媒体运营人才队伍的建设培养与引进。针对著作权侵权问题突出的情况，新媒体运营人员不要发生以下三种侵权行为：第一种是未注明出处且未经授权的转载行为；第二种是虽然在转载内容中注明了作者及来源但未获得作者授权的行为；第三种是未获得作者许可进行摘录和整合他人作品的行为。

3 结束语

随着科技进步的日新月异，经济与科技的竞争日趋激烈，"办好一流学术期刊和各类学术平台"的紧迫性和重要性愈发凸显。数字技术正在颠覆传统的学术出版模式，数字经济也正在重构科技期刊发展的商业逻辑，学术平台建设等在数字发展浪潮中都将迎来新的发展机遇与挑战。以读者需求为中心的出版理念正在逐渐被行业接受。但目前出版从业人员缺乏创新意识和互联网产品思维，不能深刻把握出版模式变革的内在逻辑、掌握出版转型的关键技术，这在一定程度上阻碍了新媒体技术的应用和传统媒体的转型发展，而加强出版人才队伍建设，培养复合型、创新型的出版人才是实现科技期刊高质量发展的保障措施之一。

参 考 文 献

[1] 吴珂.媒体融合中行业期刊发展存在的问题及解决路径[J].北方传媒研究,2021(3):24-27,31.
[2] 中国科学技术协会.中国科技期刊发展蓝皮书(2022)[M].北京:科学出版社,2022.
[3] 赵慧君.不同类别期刊媒体融合路径初探[J].出版广角,2019(24):19-21.
[4] 王丹.新媒体时代我国药学期刊微信公众号的现状分析与发展建议[J].传播与版权,2023(2):62-65.
[5] 江文.水利工程类核心期刊微信公众号运营现状及提升策略[J].黄冈师范学院学报,2022,42(6):118-122.
[6] 孔艳妮.我国冶金类学术期刊微信公众号运营困境及探索[J].传播与版权,2022(4):69-71.
[7] 孙桂杰.出版类微信公众号突破流量瓶颈的方法:以清华大学出版社官方公众号为例[J].出版广角,2021(16):62-64.
[8] 刘玉柱,王飚.微作品侵权问题治理研究[J].出版发行研究,2022(8):60-64.
[9] 魏新.学术期刊微信公众号著作权问题探析[J].中国出版,2018(3):51-55.
[10] 武瑾媛.科技期刊如何把握新媒体机遇[R].2020.
[11] 李鸿飞.论外研社新媒体矩阵建设的实践与经验[J].出版发行研究,2020(12):37-41,87.
[12] 房丽娜.编辑出版人员心理健康问题的研究与探讨[J].新闻传播,2021(14):76-78.

媒介可供性视角下科技期刊微信平台的建设实践及完善对策

高虹[1,2]，王培[1]

(1.河海大学期刊部，江苏 南京 210098；2.南京大学信息管理学院，江苏 南京 210023)

摘要：当下，技术赋权带来的传播可能性增多意味着广大学术期刊也获得了更多的发展机会，较为明显的做法是越来越多的学术期刊开始打造微信平台。然而，如果没有秉持一个完整、系统的研究框架来审视微信平台的建设问题，将导致视角受限、深度不够。为此，基于媒介可供性理论这一系统的媒介研究框架，通过案例分析与文本分析相结合的方法，选择《中国卫生》《中国中药杂志》《建设监理》《建筑师》《金属加工(热加工)》《中华皮肤科杂志》这 6 种期刊的微信平台，从内容可供性、社交可供性和移动可供性视角深度分析其微信平台建设实践，并从把握受众根本需求、优化内容生产并提升资源调配能力以及丰富展现形式、优化交互渠道并提升受众能动性两方面给出对策建议。

关键词：科技期刊；微信平台；媒介可供性；受众需求；资源调配能力

第 51 次《中国互联网络发展状况统计报告》显示，截至 2022 年 12 月，中国网民规模达 10.67 亿人，互联网普及率达 75.6%，网民使用手机上网的比例高达 99.8%，即时通信、网络视频和网络支付等应用的用户规模持续增长[1]。在《关于推动出版深度融合发展的实施意见》等政策制度及办刊实践的双重驱动下，越来越多的学术期刊开始打造微信平台。据相关数据显示，51.53%的科技期刊注册并运营了微信公众号，且有 25 种科技期刊拥有 3 个及以上的微信公众号[2]。在技术赋权带来传播可能性大大增多的情况下，作为引领科技创新、推动科技发展主要力量的科技期刊，也正在积极探索利用新媒体平台和技术不断实现期刊高质量发展的可行路径。

截至目前，学界针对科技期刊微信平台的研究成果较为丰富，基于不同的研究视角和不同的研究方法，学者们进行了广泛的探讨。现有研究进展大致可概括为三大类：一是从微观层面，细致地分析科技期刊微信平台建设的具体方面[3]，如封面设置、可视化版式设计、文案撰写、盈利模式、传播著作权侵权风险等；抑或是探讨微信公众号建设与纸刊融合、与论文传播效果、与栏目设置、与作者队伍、与期刊品牌影响力等的关系等。二是立足中观层面，分析单刊、某学科或某集群期刊的微信平台运营。如，李春丽等[4]在借鉴国际学术期刊社交平台发展模式的基础上，深度分析了我国食品类中文核心期刊微信公众号的运营推广情况。三是从宏观层面切入，在揭开科技期刊微信平台建设的不足与问题之后，针对功能优化、传播

基金项目：中央高校基本科研业务费专项(B220205012)；教育部产学合作协同育人项目；2022 年施普林格·自然—中国高校科技期刊研究会基金项目(CUJS-GJHZ-2022-16)

力提升、阅读效果引导等多方面进行深入思考。如，从积累阅读任务需求视角切入，张筱园[5]提出微信平台积累阅读任务下的相关需求及做好平台建设的重点工作。通过文献回顾可知，已有学术成果的切入视角多样、研究对象丰富，为本研究奠定了重要的基础。但已有研究亦存在一个明显的不足，即没有秉持一个完整、系统的研究框架，这可能会导致在剖析科技期刊微信平台建设现状时视角受限、深度不够，从而无法相对稳定地给出科技期刊微信平台建设的发展建议。

1979 年，美国生态心理学家詹姆斯·吉布森给出了可供性的概念，认为其是动物对特定自然环境中的事物所能感知到的行动的可能性[6]。之后，该概念被引入其他研究领域。2017 年，潘忠党将传播可供性概念引入中国，随后便兴起了对该理论的阐释拓展。如，喻国明提出，媒介可供性是一种全新的媒介研究视角和系统的媒介研究框架，具有相对稳定性和良好的整合力，囊括了生产可供性、社交可供性和移动可供性三个部分，由此不仅可以帮助研究者理解媒介现象，更能评估媒介技术、形态、结构的发展潜力[7]。依托可供性视角，学者们对社交媒体、数字新闻、数字阅读、出版知识服务等各方面问题都进行了拓展性研究。因此，基于媒介可供性理论，采用案例分析与文本分析相结合的方法，从内容可供性、社交可供性和移动可供性视角切入，深度分析科技期刊微信平台的建设实践，并进一步探讨在新技术背景下微信平台建设还需调整的方向，这将有助于科技期刊更好地把握媒介融合规律，不断提升期刊的传播力与影响力。

1 研究对象的遴选及数据的收集

为挑选出适合的研究对象，设计了如下的遴选流程，如图 1 所示。

图 1 研究对象的遴选流程

2.1 获取各刊的 WCI 指数

WCI 指数即微信传播指数，是目前应用最为广泛的微信传播力评判标准，能较为权威地反映微信公众号的整体传播力和影响力。基于《中国学术期刊影响因子年报(自然科学与工程技术)》(2022 年版)名录中的 4 462 种科技期刊，利用清博智能大数据平台查阅每一种期刊的清博指数(查阅时间为 2023 年 6 月 1 日),旨在系统了解广大科技期刊微信传播力的现实情况。需注意,4 462 种科技期刊中为数不少的期刊出现在两个或多个学科门类,在统计时将重复的 104 种期刊删除,剩余 4 358 种科技期刊。

依次查阅可知:第一,4 358 种科技期刊中,由于未入库等原因,高达 3 247 种(74.5%)期刊并无 WCI 指数,仅有 1 111 种(25.5%)可查询到 WCI 指数。第二,1 111 种有 WCI 值的期刊中,其学科分布呈现出一定的差异性(表 1),如"核科学技术""土木建筑工程""妇产科学与儿科学""水产学"等学科中有 WCI 值的期刊数占该学科期刊总数的比例均超过 40%,而像"数学""材料科学"等学科,其有 WCI 值的期刊数占该学科期刊总数的比例不足 10%。

表 1 各学科期刊 WCI 值情况

学科领域	有 WCI 值的期刊数	该学科期刊总数	占比	学科领域	有 WCI 值的期刊数	该学科期刊总数	占比
核科学技术	7	16	0.437 5	园艺学	6	24	0.250 0
土木建筑工程	71	168	0.422 6	神经病学与精神病学	8	33	0.242 4
妇产科学与儿科学	15	36	0.416 7	机械工程	21	88	0.238 6
纺织科学技术	15	37	0.405 4	自然地理学	4	17	0.235 3
环境科学技术	30	75	0.400 0	医药卫生综合	49	215	0.227 9
水产学	9	23	0.391 3	护理学	6	27	0.222 2
医药卫生事业管理	13	34	0.382 4	地球物理学	7	32	0.218 8
航空、航天科学技术	24	65	0.369 2	无线电电子学、电信技术	33	151	0.218 5
农业科学综合	37	103	0.359 2	生物学	19	88	0.215 9
O3 力学	6	20	0.350 0	地质学	21	99	0.212 1
化学	17	49	0.346 9	军事医学与特种医学	5	24	0.208 3
自动化技术、计算机技术	48	141	0.340 4	药学	14	68	0.205 9
食品科学技术	17	52	0.326 9	林学	13	65	0.200 0
金属学与金属工艺	28	88	0.318 2	耳鼻咽喉科学与眼科学	6	30	0.200 0
农业工程	6	19	0.315 8	轻工业(除纺织、食品)	6	30	0.200 0
矿山工程技术	22	71	0.309 9	石油天然气工业	18	92	0.195 7
外科学	34	110	0.309 1	N/Q 自然科学与工程技术综合	55	285	0.193 0

续表1

学科领域	有WCI值的期刊数	该学科期刊总数	占比	学科领域	有WCI值的期刊数	该学科期刊总数	占比
资源科学	4	13	0.307 7	冶金工程技术	16	83	0.192 8
工程技术综合	45	148	0.304 1	海洋科学工程与技术	5	26	0.192 3
电气工程	37	124	0.298 4	科学基础学科	10	53	0.188 7
交通运输工程	43	149	0.288 6	临床医学综合	22	122	0.180 3
武器工业与军事技术	8	28	0.285 7	大气科学	6	34	0.176 5
农业基础科学	6	21	0.285 7	化学工程	31	177	0.175 1
中医学与中药学	35	126	0.277 8	肿瘤学	7	45	0.155 6
皮肤病学与性病学	3	11	0.272 7	植物保护学	3	20	0.150 0
畜牧、兽医科学	19	71	0.267 6	天文学	1	7	0.142 9
口腔医学	6	23	0.260 9	物理学	6	43	0.139 5
水利工程	20	77	0.259 7	能源与动力工程	6	53	0.113 2
内科学	30	116	0.258 6	基础医学	7	62	0.112 9
测绘科学技术	7	28	0.250 0	安全科学技术	2	18	0.111 1
预防医学与卫生学	20	80	0.250 0	材料科学	2	28	0.071 4
农艺学	12	48	0.250 0	O1 数学	2	43	0.068 2

2.2 选择 WCI 指数稳定且良好的期刊

详细分析近千种科技期刊的 WCI 值(表2)可知，在 2023 年 6 月 1 日该时间节点，WCI 值为 701~1 000 的期刊数有 12 种，401~700 的期刊数有 241 种，101~400 的期刊数有 807 种，100 及以下的有 50 种。其中，WCI 值为 101~400 的期刊数量最多，占比高达 72.57%，由此可知，近千种科技期刊的微信平台运营情况一般。

表 2 WCI 值各范围及对应期刊数

WCI 指数	期刊数/种	占比
701~1 000	12	0.010 8
401~700	241	0.216 9
101~400	808	0.727 3
100 及以下	50	0.045 0

查询期刊名录可知，在 2023 年 6 月 1 日该时间节点，《中国卫生》《电子技术应用》《中国中药杂志》《建设监理》《建筑师》《金属加工(热加工)》《天然气工业》《中华皮肤科杂志》《规划师》《古地理学报》《公共卫生与预防医学》共 14 种科技期刊的 WCI 值超过 700。进一步地，

结合历时性数据分析可知,《电子技术应用》《天然气工业》《规划师》《古地理学报》《公共卫生与预防医学》等刊的 WCI 值变动幅度较大。如,《电子技术应用》的 WCI 值在 2023 年 6 月 1 日为 933.37,但是 6 月 13 日的 WCI 值已骤降至 203.60。

为挑选出微信平台运营情况理想且较为稳定的研究对象,选择 WCI 值的历时性数据较好且稳定的科技期刊作为分析对象,主要为《中国卫生》《中国中药杂志》《建设监理》《建筑师》《金属加工(热加工)》《中华皮肤科杂志》6 种期刊。表 3 为 6 种目标期刊的背景信息,包括了微信公众号名称、主管单位、主办单位及办刊定位等基本情况。

表 3 目标期刊的背景信息

期刊名称	微信公众号	主管单位	主办单位	办刊定位
中国卫生	中国卫生杂志	国家卫生健康委员会	《中国卫生》杂志社有限公司	卫生系统导向性新闻期刊
中国中药杂志	中国中药杂志	中国科学技术协会	中国药学会	综合性中医药学术期刊
建设监理	建设监理	上海市住房和城乡建设管理委员会	上海市建筑科学研究院(集团)有限公司	专载建设监理和业主方项目管理咨询内容的期刊
建筑师	建筑师杂志	住房和城乡建设部	中国建筑出版传媒有限公司	中国建筑界最具学术影响力理论刊物之一
金属加工(热加工)	金属加工	中国机械工业联合会	机械工业信息研究院	机械工业技术刊物
中华皮肤科杂志	中华皮肤科杂志	中国科学技术协会	中华医学会	皮肤性病科专业学术期刊

注:《中国中药杂志》开设了两个公众号,一个为"中国中药杂志"原创号,另一个为"中国中药杂志"学术服务号,其中"中国中药杂志"原创号运营情况较佳,将其作为分析对象。

2.3 数据收集及信度检验

将《中国卫生》《中国中药杂志》《建设监理》《建筑师》《金属加工(热加工)》《中华皮肤科杂志》于 2023 年 3 月 1 日至 5 月 31 日这一时段内,在微信平台推送的所有内容作为研究对象。经统计,共获得推送消息 1 687 条、视频消息 224 条。

为系统分析 6 种期刊微信平台的运营情况,邀请两位编码员对上述的 1 687 条消息和 224 条视频进行分别编码。在获取编码信息之后,依据一致性公式计算可知,各个变项的信度系数均为 0.90~1.00,表明信度结果可接受[8]。此外,由于本研究按照严格的文本分析步骤构建了合理的编码框架,且负责编码的两位编辑都拥有博士学位且工作年限较长,由此能保证此次研究的效度较好。

3 微信平台建设实践的可供性分析

3.1 菜单设置及推文情况

3.1.1 菜单设置

表 4 为 2023 年 3 月 1 日—5 月 31 日这一研究时段,6 种目标期刊微信平台的菜单设置及其具体内容。

表4 目标期刊微信公众号的菜单设置情况

期刊名称	微信公众号	菜单设置
中国卫生	中国卫生杂志	①关于我们：杂志介绍，联系我们，往期回顾，杂志订阅 ②中卫会议：大会简介、会议日程、嘉宾介绍、会议直播、参会注册、会议须知、往期回顾、合作伙伴、防疫提示、联系我们 ③项目活动：电子杂志、中卫访谈、中卫沙龙、中卫论坛
中国中药杂志	中国中药杂志	①互动服务：关键词(包括贝母等中药类、失眠等疾病类、紫雪丹等方剂类)+社群交流(中医药知识交流社群) ②中医知识：首页(《中国中药杂志》介绍及期刊阅读)+资讯中心(推送精选)+小说连载(《中医高手》等小说) ③期刊相关：期刊阅读(链接到中国知网)+期刊订阅(订阅消息)
建设监理	建设监理	①杂志投稿：投稿指南 ②杂志订购：微店APP ③监理招聘：建设监理人才网
建筑师	建筑师杂志	①内容导读：往期回顾、大师系列、精彩手绘、精彩导读 ②商务合作：项目投稿、广告投放 ③严选好物：新品速达、爆款专区、好评如潮、家用电器、超值拼团、清洁必备、美妆护肤、服装配饰、美食酒饮、生鲜水果
金属加工(热加工)	金属加工	①直播：九州云播(包括机工直播合集等)、图片直播、视频直播(快讯、每周要闻、小讲堂等) ②投稿：投稿邮箱、投稿平台、免费领取杂志 ③商城：金粉书城
中华皮肤科杂志	中华皮肤科杂志	①成长空间：专家说(医学专题、期刊专题、文化专题)+皮肤相对论(用药问题)+积分商城(兑换纸质期刊) ②搜索历史相关文章 ③论文检索 ④电子期刊订阅：移动微刊

由表4可知，6种期刊微信平台的菜单设置极为丰富且各具特色：

第一，设置的模块数量至少都有3~4大类，每类下面会有更为细分的系列，内容均十分丰富。如，《金属加工》微信公众号设置了三大模块，分别为"直播""投稿""商城"，虽然模块命名较为简洁，但"直播"下面细分为"九州云播""图片直播""视频直播"，其中的"视频直播"又涵盖了"快讯""每周要闻""小讲堂"等更为细化的系列。

第二，各刊设置的模块中都有关于期刊的基本介绍、往期回顾、纸刊订阅、投稿平台等信息，以方便受众快速了解并与编辑部进行沟通联络。还有的微信平台，如《中华皮肤科杂志》直接设置了"搜索历史相关文章"等搜索模块，并设置了"电子期刊订阅"。

第三，由于办刊历史、所属学科行业的不同，6种微信平台的菜单设置虽有一定差异，但都表现出了汇聚行业信息、深度嵌入行业网络等致力于全方位服务垂直行业的鲜明特征。如，作为主要报道我国中药生态与资源等各专业领域科研成果和进展动态的《中国中药杂志》，其微信公众号的一大特色就是设置了与中医药相关的一系列互动服务，不仅能让受众加入中医药知识交流社群，还能极为方便地搜索到各类方剂，同时还有《中医高手》等小说的连载，模块丰富、内容新颖。再如，作为我国建筑界最具学术影响力理论刊物之一，《建筑师》杂志的微信平台延展到了"商务合作"与"严选好物",特别是"严选好物"模块,涵盖了"家用电器""清洁必备""美妆护肤""服装配饰"等与人们生活息息相关的各类产品营销。

3.1.2 推文数据

表 5 和表 6 分别为 6 种微信平台在 2023 年 3 月 1 日—5 月 31 日这一研究时段发推送的消息数据和视频数据。

表 5 6 种微信平台的消息数据

期刊名称	微信公众号	推送消息总数	推送消息数/天	留言占比	原创占比	阅读数/条	最高阅读数	10万+消息数	点赞数/条	在看数/条
中国卫生	中国卫生杂志	282	3	0.01	0.58	4 102	51 000	0	15	8
中国中药杂志	中国中药杂志	153	2	0.27	0.85	13 749	10 万+	2	242	114
建设监理	建设监理	330	4	0.04	0.47	4 965	77 000	0	9	4
建筑师	建筑师杂志	371	4	0.01	0.03	2 110	25 000	0	6	2
金属加工(热加工)	金属加工	457	5	0.26	0.48	2 478	10 万+	1	10	5
中华皮肤科杂志	中华皮肤科杂志	94	1	0.20	0.98	2192	26 000	0	7	3

表 6 6 种微信平台的视频数据

期刊名称	微信公众号	视频数	平均时长	原创性占比	点赞数/条	转发数/条	喜爱数/条	留言数/条
中国卫生	中国卫生杂志	5	2:31	0.4	277	131	85.2	0.2
中国中药杂志	中国中药杂志	8	3:10	1	104	182	88	9
建设监理	建设监理	—	—	—	—	—	—	—
建筑师	建筑师杂志	—	—	—	—	—	—	—
金属加工(热加工)	金属加工	210	2:29	0.89	23	28	31	3
中华皮肤科杂志	中华皮肤科杂志	1	3:00	1	19	6	22	0

从表 5 可知,6 刊均十分重视微信平台的运营且取得了一定的社会反响:一是推送消息的总数较多且每天至少会推送 1 条消息,像《金属加工》的消息推送总数达到 457 条,平均每天推送 5 条消息。二是平均每条消息的阅读数都超过 2 000,其中的《中国中药杂志》,平均每条消息的阅读数突破了 1.3 万,且阅读数超过 10 万+的消息数具有 2 条。三是每条消息的点赞数和在看数都表现较好,特别是《中国中药杂志》,平均每条消息的点赞数为 242 个、在看数为 114 个。

从表 6 可知,除《建设监理》和《建筑师杂志》两刊未开通视频号,其他 4 种平台均开设了视频号1，且视频号具体运营的情况既有共性，又有一定差异：共性表现为每条视频的时长均为 3 分钟左右，但视频数量、原创性占比、受众反映程度等情况却大不相同。如，从视频数量来看，《金属加工》发布的视频最多，一共推出了 210 条视频，平均每天发布 2.28 条，而《中国卫生杂志》《中国中药杂志》推出的视频数量仅为个位数。

3.2 建设实践的三维度分析

上述已对 6 种微信平台的菜单设置和推文数据进行了分析，能大致掌握各平台的运营情况。为了能更为深刻、精准地描绘目标期刊的媒介技术、形态、结构的发展潜力，还需借助媒介可供性理论，从生产可供性、社交可供性和移动可供性三个维度(图 2)对收集到的数据进行深度解析，由此才能更好地理解媒介现象背后的运行逻辑。

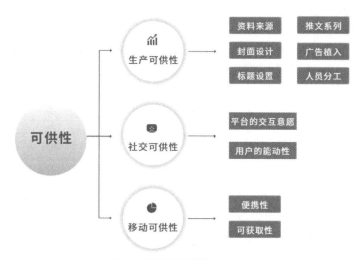

图 2　可供性分析的三个维度

3.2.1 生产可供性维度

在媒体信息生产实践中，信息生产可供性主要包括可编辑、可审阅、可复制、可伸缩可关联五个方面[7]。基于所获取的数据，从资料来源、封面设计、标题设置、推文系列、广告植入和人员分工等多指标分析 6 种微信平台的生产可供性情况。

(1) 资源来源。推文的资源一般有三种来源：原创、转载和资源整合。其中，资源整合包括了两种情况：一是针对某个事件，将各方信息汇总之后，该平台进行二次加工并发布；二是与其他平台进行内容的合作生产。

通过分析消息数据(表 5)可知，《中华皮肤科杂志》和《中国中药杂志》的原创性占比较高，占比分别为 98%和 85%，两者的大部分推文都是基于学术论文转写而来。《中国卫生杂志》《金属加工》《建设监理》推文的原创性占比为 45%~60%，除了转写学术论文，这些微信平台还积极转载国家部委、行业知名网站的最新消息、政策等。像《中国卫生杂志》，经常与各省的卫生健康委等主体进行合作，前者供稿，编辑部进行编辑、审核、制作，资源整合情况较好。值得关注的是，《建筑师杂志》的推文原创比仅为 3%，其绝大部分推文都是转载了行业内其他知名的微信平台，这样一来，《建筑师杂志》的推文主题十分丰富。

此外，分析视频数据(表 6)可知，《中国中药杂志》《金属加工》的视频大多为原创，《中国

---

1 由于《中华皮肤科杂志》在研究时段内仅推出 1 条视频，分析时并不计入计算。

《卫生杂志》的原创性占比不足一半，这与上述消息数据的原创性分析结果较为一致。

(2) 封面设计。封面设计的考察内容涵盖了引导语及配图两部分：一方面，除了《建筑师杂志》不设封面引导语，其余 5 种平台均设置了一定的引导语来吸引受众。如，《中国卫生杂志》的封面引导语共有 29 个类型，包括了"特别关注""要闻""发布""现场""中卫独家""权威解读""权威发布""业界新思"等；《中国中药杂志》的封面引导语包括了"识病用方""每日一药""养生技巧""中医妙计""中医史话""养生经验""会议速递""最新消息"等。由此可知，各平台均根据行业特征和期刊优势设置了丰富的引导语，从而方便受众更为直接、准确地把握推文内容。

另一方面，6 种平台的封面配图也较为丰富，包括了期刊封面、海报设计、人物照片、建筑物照片、会议照片等。此外，像《中国中药杂志》《金属加工》等微信平台也会推荐书籍，因此，书籍照片也是封面配图的重要内容。

(3) 标题设置。6 种微信平台推文的标题均进行了不同程度的改写。如，《中国中药杂志》阅读数突破 10 万+的推文标题有"祛湿最好的办法不是吃药，家中常备这四样东西，从这个时候开始，远离湿气困扰""从这个月起，每天吃几粒它，把肝肾漏出去的精气都补回来！"。《金属加工》阅读数突破 10 万+的推文标题为"一年进账 42 亿！你认为毫不起眼行业，他却干成了全球第一！"。此外，6 种微信平台中，只有《金属加工》的每一篇推文都撰写了编者按，重点提炼了推文的主要内容。

(4) 推文系列。6 种微信平台中，只有 3 种平台的推文是设置系列主题的。如，《中国卫生杂志》的系列主题包括了"聚焦应急能力提升""医药创新会客厅""公立医院改革与高质量发展示范项目""提升患者体验在行动"；《中国中药杂志》推出了"讲解伤寒"系列；《金属加工》的系列则涵盖了"最美劳动者""数控刀具选用指南""技术方程式""金粉小讲堂""机械加工特色操作及实用案例""工匠故事"等多种。把同一主题、不同时间段的推文整合起来，形成主题鲜明、内容丰富的整体，既有利于方便受众信息搜寻，又有利于扩大宣传。

(5) 广告植入。在 6 种微信平台中，只有《金属加工》和《中华皮肤科杂志》的推文被植入广告，前者涉及广告的推文数占其推文总数的 16%，后者的比例高达 62%。其中，《金属加工》的广告内容一般是介绍企业研发的机床、伺服系统等产品，位置一般位于推文刚开始，抑或是整篇推文都介绍相关产品；《中华皮肤科杂志》的广告主要是与皮肤相关的药品、护肤品及治疗仪，在推文的开始、中间及末尾位置都有。

(6) 人员分工。除《建设监理》和《建筑师杂志》，剩余 4 种微信平台都根据具体的分工，明确标注出撰文、来源、整理、编辑、供图、制作、校对、审核等相关人员，由此进一步明确了分工。

3.2.2 社交可供性维度

社交可供性旨在分析传播主体与用户之间的关系[9]，本研究采用平台的交互意愿与用户的能动性两个指标进行考察。

一是平台的交互意愿。通过分析消息数据(表 5)可知，6 刊的交互意愿都较为强烈，均设置了邀请投稿、邀请进社群、邀请商务合作、邀请填答问卷、邀请参会、推荐书籍、推荐好物、发放礼品等多种多样的交互形式。如，《建筑师杂志》的"Studio Arthur Casas &巴西现代主义建筑"的推文中，不仅有热销书的推荐，还引导受众付费关注其他知名设计师的设计作品；《建设监理》"世纪信通 2022 年度信息化案例宣讲会圆满召开"的推文中，不仅引导受众关注公众号、加入社群和云学堂，还让受众积极申请产品试用。但是，6刊唤起受众参与互动的情况并不是非常理想，如用户留言、评论后得到平台回应的情况偏低，在内容传播过程中，6刊仍然缺少互动场景的建构，这有可能影响受众与内容的黏附能力。

二是用户的能动性，主要考察阅读数及阅后的留言数、点赞数和在看数情况，因为其均在一定程度上体现了用户的社交意愿及观点之间的认同程度。分析表5的数据可知，《中国中药杂志》的平均阅读数、点赞数和在看数均遥遥领先，《金属加工》的留言数最多。但是相对于平均阅读数而言，6刊每条推文的点赞数和在看数表现都不是特别理想，这说明了受众可能对内容的认同度一般且不想将此内容实现更为广泛的社交传播。

还需要指出的是，在用户能动性方面，由于微信平台的运营主体都是科技期刊，如果平台推送学术论文，那么作者自然而然承担了主要的内容生产角色，编辑部承担了推文制作、配图、审核等部分生产角色；如果平台推送其他内容，那么受众参与信息收集、生产的情况就较少，一般都由编辑部承担了全部的内容生产角色。这样不仅无法充分调动和激活受众的交互活性和参与能力，使其长期处于信息链的下游，而且无法有效减轻编辑部的新媒体运营压力。

3.2.3 移动可供性维度

移动可供性包括可携带、可获取、可定位和可兼容等方面，结合获取的数据及六刊的实际运营情况，采用移动场景的便携性和可获取性两个指标进行考察。

(1) 便携性。以消息数据为例，6种微信平台推文的展现形式都是较为丰富的，涵盖了图、文、图文、视频、文+视频、图文+视频、图文+音频等多种形式，场景的便携性较好。进一步地，通过SPSS对比不同展现形式是否对阅读情况产生影响。

表7 不同展现形式的描述性结果

展现形式	N	均值	标准差	标准误	均值的95%置信区间		极小值	极大值
					下限	上限		
图	58	4 271.84	6 426.855	843.887	2 581.99	5 961.70	146	27 000
文	76	4 619.53	6 099.599	699.672	3 225.71	6 013.34	334	29 000
图文	1 387	4 211.93	7 745.260	207.969	3 803.96	4 619.89	28	88 000
其他混合形式	161	3 598.08	8 885.168	700.249	2 215.16	4 981.00	128	96 000
总数	1 682	4 173.65	7 751.034	188.993	3 802.97	4 544.34	28	96 000

表8 不同展现形式的单因素方差分析

展现形式	平方和	df	均方	F	显著性
组间	71 036 708.779	3	23 678 902.926	0.394	0.758
组内	100 920 961 342.146	1 678	60 14 3600.323		
总数	100 991 998 050.926	1 681			

分析表7和表8可知：一是从描述性统计结果可知，6种微信平台推文采用最多的形式是图文，在1 682条推文中，占比高达约82%。二是从阅读量的极大值结果可知，相较于传统的图或文的形式，采用图文或是混合形式的推文往往会获得更高的极大值。三是通过单因素方差分析结果可知，无论推文用的是图、文、图文，还是视频、音频等其他混合形式，阅读量均无显著差异。由此可知，虽然采用图文、视频、音频、图文+视频等混合形式可能会取得较

好的阅读量，但是从本质上讲，推文内容仍是至关重要的。

(2) 可获取性。可获取性可以用来评估内容被用户接收的可能性，与用户的获取意愿、发文频次、内容推送方式等密切相关[9]。通过分析表 5 可知，6 刊在推送总量和推送频次上存在一定的差异，其中《金属加工》的积极性最高，推送总量达 457 条，平均每天推送 5 条消息；《建设监理》和《建筑师》两刊的积极性也较好，推文总量均超过了 300 条，平均每天推送 4 条消息；《中华皮肤科杂志》的推文总量最低，每天仅推送 1 条消息。

4 科技期刊微信平台建设的完善对策

媒体可供性水平的提升也意味着期刊能获得更多的机会，当下，科技期刊利用微信平台进行传播已成为其进一步实现可持续繁荣发展的一项重要课题。为更好地打造微信平台，科技期刊应生产出更多符合受众自发传播与扩散的内容，让此平台的生产可供性、社交可供性和移动可供性不断提升。

4.1 把握受众根本需求，优化内容生产并提升资源调配能力

科技期刊要想让自身的微信平台在用户关系链接中发挥强枢纽功能，了解受众、把握受众的根本需求是第一要素，这就需要微信平台在延续纸刊定位风格的前提下，尽可能推送迎合受众需求的内容，要求从菜单设置、封面引导语、封面配图、标题等多方面的内容生产环节进行把握。如，作为中药生态与资源等领域的综合期刊，《中国中药杂志》不仅设置了与中医药相关的一系列互动服务，还基于学术论文进行了标题的撰写、封面引导语的设置、系列主题的推出等，不仅能更好地与期刊的各类特色服务相结合，广泛吸引受众关注、精准对接受众需求，而且能增强期刊品牌，使其特色定位更为鲜明。

为了实现生产可供性水平的提升，科技期刊的微信平台还需不断提升资源调配能力，即让自身深度嵌入行业，与其他主体积极合作，不断寻找价值增长的关键节点。由于身处不同行业，有些期刊微信平台的原创优势较好，转写大量的学术论文能吸引大量受众，而有些平台学术论文的转写效果不佳，这就需要其拓宽与其他平台和主体的合作，推送一些社会化议题，提升平台的开放性：一是共同发起行业服务、会议等；二是及时跟进行业的重要信息或咨询，可从其他平台选择转载；三是与其他平台合作进行内容生产，如其他主体供稿，由编辑制作、审核；四是针对某个事件，依托科技期刊的学术性和权威性，将各方信息汇总之后进行二次加工并发布。如《建筑师》杂志的微信公众号延展功能做得较好，虽然其推文原创比仅为 3%，绝大部分推文都是转载了行业内其他知名的微信平台，但推文主题十分丰富，且平台还开发了购物功能，涵盖了"家用电器""清洁必备""美妆护肤""服装配饰"等与人们生活息息相关的各类产品营销，平台的开放性得到极大的增强。

4.2 丰富展现形式，优化交互渠道并提升受众能动性

虽然科技期刊微信平台的打造仍需牢牢坚守内容为王，但采用图文、视频、音频、图文+视频等混合形式还是可能会取得更好的阅读效果，本研究中 6 刊推文的展现形式都是较为丰富的，为此，微信平台要打破相对单一的信息呈现方式，以图、文、图+文、文+视频、图文+视频、图文+音频等多种形式进行展现，这将便于受众在其他社交平台的扩散传播，也能增强受众的沉浸阅读体验，使其与期刊能进行更深层的关系连接。

通过研究发现，6 刊的交互意愿较为强烈，均设置了邀请投稿、邀请进社群、邀请商务合作、邀请填答问卷、邀请参会、推荐书籍、推荐好物、发放礼品等多种多样的交互形式，但

是其唤起受众参与互动的情况并不是非常理想，互动场景的建构仍然缺乏。因此，科技期刊微信平台的构建要对受众的留言等给予关注、高效审核用户评论、及时推送优质评论、积极参与用户评论，并使用访谈和调查问卷等方式，在不同时间段深入了解受众的想法。与此同时，要邀请受众积极参与内容生产与制作过程，充分调动受众的交互活性和参与能力，如充分发挥微信小程序的一些自主嵌入功能，不断推出话题讨论等议题，通过内容来促进关系和互动场景的建构，增强受众的使用热情。

5 结束语

基于媒介可供性理论，通过案例分析与文本分析相结合的方法，选择《中国卫生》《中国中药杂志》《建设监理》《建筑师》《金属加工(热加工)》《中华皮肤科杂志》这6种期刊的微信平台，从内容可供性、社交可供性和移动可供性视角深度分析其微信平台建设实践。通过研究发现，虽然这些期刊从菜单设置、封面引导语、封面配图、标题等多方面的内容生产环节进行了把握，亦进行了一定的互动场景的建构，但是在寻求与受众双向互动、实现科学传播方面，国内知名的英文学术期刊的做法更值得借鉴，其打造的科技传播脉络更为强大。如，《园艺研究》主导构建了自己的学术社区，不仅运营了微信公众号，而且还将论文内容在哔哩哔哩、YouTube等平台设置成全面的开放分享，开通了WhatsApp等，借助多渠道与受众进行了多平台、多维度的紧密联系；*Light: Science & Applications*则大踏步地建立了以EurekAlert!、科学网、两江科技评论为代表的科技媒体传播网络，以Facebook、Twitter、Instagram、微信、微博为代表的社交媒体网络，以科睿唯安、Trend MD、AMiner为代表的定向推送资源网络，对所发表的科研成果进行全方位、多层次的报道。因此，对于广大中文科技期刊而言，应始终尝试去建设好高黏性的学术社群，始终不断尝试更多的期刊影响力提升方法。

参 考 文 献

[1] 中国互联网络信息中心.第51次中国互联网络发展状况统计报告[R].[2023-03-02].https://www.cnnic.net.cn.
[2] 中国科学技术协会主编.中国科技期刊发展蓝皮书(2021):开放科学环境下的学术出版专题[M].北京:科学出版社,2021.
[3] 程海燕,田艳妮.科技期刊微信公众号运营与其学术影响力关系的实证分析:基于医学期刊数据的研究[J].中国科技期刊研究,2019,30(4):387-393.
[4] 李春丽,张莉会,朱明,等.我国食品类中文核心期刊微信公众号运营提升策略思考[J].科技与出版,2022(9):69-75.
[5] 张筱园.基于积累阅读任务需求的学术期刊微信平台建设策略研究[J].科技与出版,2023(6):59-66.
[6] GIBSON J J. The ecological approach to visual perception[M]. Boston: Houghton Mifflin, 1979.
[7] 喻国明,赵睿.媒体可供性视角下"四全媒体"产业格局与增长空间[J].学术界,2019(7):37-44.
[8] PARKER S R. Content analysis for the social sciences and humanities[J]. Sociology, 1970, 4(2):265.
[9] 王爱玲,朱金德,王泽鹏.专业媒体微信平台的内容传播可供性分析:以《人民日报》和新华社微信公众号的内容推送为例[J].当代传播,2022(5):97-101.

期刊"网络直播"研究的现状、问题及对策探赜

刘 菲，张 迪，崔月婷，朱 岚

(安徽省医学情报研究所《安徽医学》编辑部，安徽 合肥 230061)

摘要：探讨网络直播用于期刊业发展的现况、存在的问题及相应对策，以期为媒体融合及期刊行业转型发展提供参考。2022 年 10 月 15 日，以"期刊"和"网络直播"为主题词，检索 2017-01-01 至 2022-10-15 在中国知网发表或进行网络首发的相关文献，采用文献计量法统计分析其发表时间、来源期刊、第一作者所在机构和具体研究内容。2017 年至今，中国知网期刊网络直播发文数总体呈波动上升趋势。集群化发展的期刊引领网络直播发展潮流；中文核心(北大核心)期刊——《编辑学报》《中国科技期刊研究》《科技与出版》积极捕捉刊发热点题材，下载量、引用量显著高于普刊。期刊网络直播研究内容主要集中在应用研究和直播"带货"研究两个方面。我国期刊业网络直播的研究内容基本上与经济社会发展实际相契合，但存在研究范围较窄、方法单一、机构分散及学界对话不够等问题。未来可从扩大研究范围、丰富研究内容、加强不同学科之间交流协作等方面来丰富期刊网络直播的应用。

关键词：期刊；网络直播；媒体融合；转型发展；直播带货

直播是以互联网为依托，通过移动端或 PC 端即时发布、实时互动为特征的网络社交新方式，实时性和互动性是其主要特点和核心竞争力[1]。据第 50 次《中国互联网络发展状况统计报告》显示[2]，截至 2022 年 6 月，我国网络直播用户规模达 7.16 亿人，占网民整体的 68.1%；目前，直播主要应用于电商平台、游戏、真人秀、演唱会及体育赛事等。在新型冠状病毒肺炎(以下简称新冠肺炎)疫情背景下，网络直播在营销和娱乐领域充分发挥作用，但其在出版领域尤其是期刊出版应用中发挥作用较小。本研究探讨网络直播在期刊应用中的现状及问题，探讨其未来研究方向，以期为后续研究提供借鉴。

1 资料和方法

1.1 文献来源

2022 年 10 月 15 日，以"期刊"和"网络直播"为主题，"and"为逻辑词，"2017-01-01 至 2022-10-15"为时间范围，"更新时间"不限，在中国知网进行高级检索，共检索相关文献 154 篇，剔除资讯、要闻、通知公告和实际内容无关等文献，实际得到文献 46 篇。

1.2 研究方法

下载全部 46 篇文章，建立 Excel 表格，采用文献计量法统计其题名、关键词、来源期刊、作者、第一作者单位、发表时间、下载量和被引量。

2 结果

2.1 载文时间分布

2017年至今,中国知网共发布关于期刊网络直播相关文献46篇,其中2017年4篇,2018年1篇,2019年1篇,2020年14篇,2021年16篇,2022年10篇。期刊网络直播发文数在2020年呈"井喷式"增长,总体呈波动上升趋势。

2.2 文献来源、下载量和被引量分布

对46篇文献的来源进行统计分析发现,《编辑学报》对期刊网络直播主题论文的刊载量最大,近5年刊载8篇(17.39%),篇均引用量和下载量分别为4.88次、398.25次;其次为《中国科技期刊研究》和《新媒体研究》,均为5篇(10.87%),篇均引用量和下载量分别为10.20次、0.60次和840.00次、68.20次;排名第3为《科技与出版》和《中国传媒科技》,均为4篇(8.7%),篇均引用量和下载量分别为6.50次、2.00次和305.25次、100.50次,其余20篇来自17种不同的期刊。见表1。

表1 期刊网络直播文献来源、下载量和被引量情况

排序	发文期刊	发文量/篇	下载量/次	被引量/次
1	《编辑学报》	8	398.25	4.88
2	《中国科技期刊研究》	5	840.00	10.20
2	《新媒体研究》	5	68.20	0.60
3	《科技与出版》	4	305.25	6.50
3	《中国传媒科技》	4	100.50	2.00

2.3 研究机构分布

本文对第一作者所在机构进行统计分析,发现《金属加工》杂志社所属单位——机械工业信息研究院(机械工业出版社)对期刊网络直播主题的研究贡献量最大,共7篇,占比15.22%,其次为中国机械工程学会,共3篇,占比6.52%,再次为亚太建设科技信息研究院有限公司、北京航空航天大学文化传媒集团、重庆市卫生健康统计信息中心《国际检验医学杂志》编辑部、广西科学技术情报研究所,均为2篇,合计占比17.39%,其余28篇(60.87%)分散分布在28个机构。

2.4 文献主题内容分析

笔者通过仔细、反复研读,分析、归纳这46篇文献的关键词及摘要,总结出期刊网络直播研究主要集中在2个方面,即期刊网络直播的应用研究和直播"带货"研究。见表2。

表2 期刊网络直播主要研究内容和研究方向

研究方向	具体研究内容	篇(%)
直播应用研究	直播用于期刊融合、转型发展的实践	15(32.61)
	直播于医学期刊、科普期刊的适用	10(21.74)
	直播对提升期刊影响力、宣传品牌的作用	7(15.22)
	直播用于学术会议或增值办会的实践	3(6.52)
直播"带货"研究	直播的商业价值(知识服务、知识付费及直播带货)	9(19.57)
其他	其他	2(4.35)

3 典型案例

3.1 以《金属加工》杂志社为代表的科技期刊

自2017年3月开播以来，截止到本文投稿前，《金属加工》杂志社目前已经形成了以金粉讲堂、会展直播、企业云直播、在线论坛为主的长视频栏目体系，以及以新闻、访谈、知识分享3大系列为主的短视频栏目体系，初步形成了长短视频结合、深宽内容互补的视频产品体系布局。部分品牌栏目播出时间相对固定，已经形成清晰明确的栏目定位，并发展成为"金粉"中的明星栏目。其中，金粉讲堂是《金属加工》杂志社为广大粉丝打造的以介绍金属加工先进技术、新产品、加工解决方案及实用性经验为主要内容的在线课程学习平台，每周四播出，每期40 min左右，已播出188期，观看人次破200万，留言评论数超9万。许多企业积极组织员工集体收看，部分企业还将其列为培训课程。依靠视频和直播产品强大的传播力，《金属加工》品牌不仅在业内的影响力得到显著提升，还产生了非常可观的收益。仅2021年上半年，金属加工数字媒体营销合同同比增长超31%，数字媒体收入占杂志社总收入比例超54%，其中，视频和直播是第一大产品品类，占数字媒体份额的55%[3]。显而易见，视频和直播已经成为杂志社重要的经营支撑，也成为杂志社报道行业重大技术进展、重要新闻事件的主要方式，更是杂志社服务读者和用户最重要的手段之一。

3.2 以《协和医学杂志》为代表的科技期刊

《协和医学杂志》开始尝试借助新媒体平台进行直播是基于新冠肺炎疫情在全球蔓延的国内和国际背景下。首先，通过"用户画像"和科普知识排名确定了"临床研究与论文写作""关注女性健康"两个与受众关系密切的直播选题；其次，利用自己的微信公众号和其他平台(如"壹生"和"网易健康")共同合作进行直播；再次，建立包括编辑团队、主持团队和主讲团队在内的核心直播团队，邀请10多位循证医学领域顶级专家撰稿，并发挥北京协和医院妇产科在复旦大学中国医院专科排行榜榜首的优势进行授课，传递的科普知识更权威，影响更广泛。两个系列15场直播顺利完成后，"临床研究与论文写作"10场直播的平均在线观看人数超8 000人，微信公众号回看总人数破2万人(截至2021-02-17)；"关注女性健康"系列直播平均每场观看人数超过28万人，微信公众号回看总人数近6 000人(截至2021-02-17)[4]。两个系列的在线直播观看人数均超预期，更直观地影响着公众号粉丝净增长量的变化，98%以上的用户对直播内容的评价为满意或非常满意，对杂志的宣传力度前所未有。目前，《协和医学杂志》的微直播已增加"非常病例分享时间""医学人工智能研讨"及即将上线的"临床实践指南"栏目，相信通过定期、持续直播这一方式，《协和医学杂志》必定能走出一条拓宽期刊传播途径、提升期刊影响力的可持续发展之路。

4 总结与思考

4.1 期刊网络直播研究现状

4.1.1 期刊网络直播的研究内容范围较窄

统计分析关于期刊网络直播研究的具体内容，多是个刊顺应时代发展进行媒体融合、转型发展探索的具体实践(占比32.61%)，有一定借鉴意义。但国内大多数期刊主管、主办和出版单位分布分散，据《中国科技期刊发展蓝皮书(2021)》显示[5]，我国仅主管1种科技期刊的主管单位有885个(占比67.51%)，仅主办1种科技期刊的主办单位有2 449个(占比77.99%)，仅出版 1 种科技期刊的出版单位有 4 069 个(占比 95.49%)。这种以单刊编辑部为主要出版单位的经营模式限制了期刊大规模、集群化发展，个刊的优势未能整合和发掘，导致同行业、同类别期刊研究的具体内容相似，甚至雷同，有量无质，失去了竞争优势。

网络直播于期刊中的应用研究，内容大多雷同，同质化趋向严重，缺乏创新性，这一点在科普期刊中表现得尤为突出。科普期刊营销内容主要集中在封面内容简单介绍、文章翻阅浏览式推荐两种。"期刊+直播"的发展多停留在简单模仿阶段，只是将直播方式进行简单搬用。一方面可能因为科普期刊对用户需求把握的精准度不高，无法根据用户需求制定个性化、差异化的主题进行精准"靶向"推广；另一方面可能是科普期刊未细分市场，忽略了潜在用户的年龄、职业、受教育程度和知识需求，采用千篇一律的模式营销，未进行合理"引流"。越是个性鲜明的期刊，越容易为用户追捧，这提示作为期刊内容策划的编辑，要积极调动各方资源，提高原创内容比例，从源头解决期刊出版内容同质化的问题。

近年来，随着知乎 live、喜马拉雅 FM 等知识付费服务商的出现，我国知识付费用户迅速增长。《2020 年中国知识付费行业运行发展及用户行为调研分析报告》[6]显示，我国知识付费用户收入普遍较高，付费意愿强烈。亚太建设科技信息研究院有限公司基于传统期刊业务基础，通过视频直播管理、直播推流管理和专用软件，完成了建筑行业集付费、互动(打赏)、广告植入、多界面播放等多种功能为一体的新媒体视频直播平台(该平台获得了计算机软件著作权登记)，进一步推动了传统期刊与企业之间"产-学-研"创新发展新业态。然而，期刊创新发展的同时，需警惕知识付费行业侵权盗版、内容同质、过度营销等问题。期刊业未来的发展可从内容、知识产权、营销模式等方面改进，以探索适合期刊行业发展的知识付费新局面。

4.1.2 期刊网络直播与经济社会发展实际相契合

2020 年，受新冠肺炎疫情的影响，我国进入了全民直播时代，这一年也被视为"直播经济元年"。直播作为一种新兴的互联网传播方式，也是一种新的内容生产方式，其经济和社会价值正在不断被发掘出来。期刊网络直播发文数在 2020 年呈"井喷式"增长，基本与我国社会经济发展模式相匹配，且这种增长趋势很可能在未来几年持续下去。网络直播在医学类期刊中的应用较其他行业期刊更普遍，与医学类期刊在新冠肺炎防控方面的科普作用匹配，也体现出网络直播在重大突发公共卫生事件中助力医学类期刊转型发展、辅助疫情防控的重要作用。

4.1.3 期刊网络直播研究方法单一，机构分散，学界对话不够

单刊的发展一般呈现出"小、弱、散"的特点，经费紧张，无法承担起直播平台或专家的费用，不能持续性发展。本研究发现走在期刊网络直播前沿的《金属加工》杂志社和中国机械工程学会下属期刊均为集群化办刊方式。《金属加工》杂志社隶属于机械工业信息研究院(机械工业出版社)，包括《金属加工(冷加工)》《金属加工(热加工)》《汽车工艺师》3 种期刊，目前已形成集行业网站、微信、微博和头条号等网络传播平台在内的新媒体矩阵[5]。以实用为基础、以需求为导向、以平台为依托，活跃的全媒体生态和强大的传播渠道、技术和内容双轮驱动及专业人才队伍培养和运营机制调整是《金属加工》杂志社全媒体转型探索成功的关键，这种老品牌在新时期走出了一条服务于中国经济发展、科技发展的新道路，值得同行借鉴。中国机械工程学会是我国成立较早、规模最大的工科学会之一，其期刊网下属杂志 40 个，集群化办刊优势及规模已较成熟。其他进行网络直播的 28 种期刊均分散分布在 28 个机构独自经营，这提示高校学报、行业期刊网及其他单刊等机构进行网络直播的研究潜力巨大，单刊或行业期刊网之间合作的紧密性有待加强，期刊网络直播的研究价值有待进一步挖掘。

统计分析刊载期刊网络直播内容的来源期刊发现，下载量和引用量前 3 的《编辑学报》《中国科技期刊研究》《科技与出版》均为中文核心(北大核心)期刊，而《新媒体研究》和《中国传媒科技》均为普刊，分析原因可能是普刊通过征稿，或与核心期刊联合举办学术活动等吸引热点题材的稿源。这一方面彰显了头部期刊在引领行业热点方面的带头作用，另一方面也启示普刊需通过各种形式的活动加强与优势期刊合作，才能优化稿源，提升质量，进一步提升期刊的影响力。

综上所述，从微观层面来看，期刊网络直播的应用尚未跳出"发现问题-个案剖析-总结经验"的范式窠臼，不具有代表性和推广性，理论和机制研究不足；从中观层面来看，期刊网络直播也尚未打破期刊与出版学之间的认知壁垒，学科共识不够；从宏观层面来看，期刊网络直播尚未突破出版研究的固化思维，行业联系不密切，学界对话不够。

4.2 期刊网络直播未来研究方向探赜

4.2.1 期刊网络直播"带货"研究

直播带货是明星、网红、公众人物或个体利用互联网平台进行直播的同时，对商品有意助销，进而引发大面积流行、热销的新型互联网商业发展模式[7]。这种模式在新冠肺炎流行、暴发、常态化防控及后疫情时代，对助力商家战疫意义重大。期刊直播带的"货"主要集中在通过直播促进纸媒销售、开展线上培训、提供杂志周边(指旁边的某物，国内用周边产品主要来定义动漫相关产品)、上线知识付费内容等，其中，《环球人物》杂志社、《三联生活周刊》和《博物》等将期刊文化与文创设计相结合，以文创产品锚准用户需求，"期刊+文创"走出了一条蕴含文化符号、融入实际生活的文化自信建设新道路。国内《康复》医学杂志尝试将专家直播融入期刊内容生产过程中，不断推出热点专题，丰富重点选题的内容层次，打造出以短视频和语音新媒体为呈现方式的立体融媒期刊新模式。《中国激光》杂志社在激光器发明 60 周年纪念日之际，同时邀请 19 位专家以线上直播方式从不同主题共同探讨激光技术的发展，不仅吸引多人次观看，还为杂志首创光学产品销售渠道，订单破千万元。

直播使得期刊的产品和服务从单一的杂志社向多个领域延展，期刊直播"带货"跨机构、跨学科、跨区域合作空间较大，项目化、品牌化、商品化值得进一步探索。但是，也应该警惕网络直播在当前经济利润分配新形势下，"流量"与内容归属的知识产权问题和直播的法律边界，切勿因小失大。

4.2.2 期刊网络直播的应用研究

笔者发现，网络直播在体育类期刊领域的发展具有鲜明的学科交叉特点，这可能得益于体育类期刊在学科属性上既是体育传播学的重要组成部分，也是新闻传播学的重要分支。尤其是北京奥运会自 2001 年成功申办到 2008 年、2022 年成功举办，网络直播于体育赛事传播中发展成为一个独立而稳定的研究方向——奥运传播[8]。期刊网络直播是传统媒体和社交媒体的双赢，也使传统媒体和新媒体之间的关系从单一竞争转向协作和竞合。

然而，绝大多数期刊无此先天优势，其进行网络直播更多的是为了提升期刊的影响力、知名度或宣传期刊的品牌，在当前的发展情况下尚不能与经济学、社会学及心理学等学科进行交叉研究。未来，网络直播如何通过宣传、营销、传播和社交等方式辅助期刊内容建设、品牌树立，如何通过直播服务区域文化建设和科技发展，是期刊工作者努力的方向。

4.2.3 期刊网络直播的用户研究

期刊是传播知识的媒介，其核心功能和价值是提供内容及服务。作为知识供给范畴的期刊，要想全面实现其价值，必须主动迎合不同类别、不同层面的受众需求，以需求为导向，实现内容与需求的精准衔接。以用户参与互动为重点，发挥用户的主观能动性，维持与用户的良性互动，甚至赋予用户参与网络营销，打造用户与期刊间的良性品牌生态，不仅能优化用户体验，于期刊而言，则拥有更大的发展空间，实现双赢。

未来，如何运用大数据、人工智能等探索期刊读者及潜在读者购买意愿及决策、重复购买及其影响因素，分析期刊网络直播给读者及潜在读者带来的影响，或精分用户群体探讨其参与直播的内在心理及媒介素养，或如何通过直播增强用户对期刊的黏性等意义重大。

4.2.4 期刊网络直播的主播研究

媒体融合时代的期刊编辑身份和角色定位已悄然转变，新时代的期刊编辑要积极主动向复合型人才转型：相当的政治敏锐性、夯实的编辑业务储备知识、对某一学科有较为专业的认知、了解出版领域新技术与新知识、一定的家国情怀和奉献精神[9]。高度发展的社会文化日益趋向多元化、差异化，受众的自我认知也更为多样，作为彰显期刊特色的编辑成为期刊留住用户的一方面，编辑的个人魅力也是期刊可持续发展需重点打造的基地。挖掘期刊编辑(主播)的专业性、匹配度和用户的关系强度，探讨编辑能否像"网红"一样实现流量变现，分析编辑直播的心理动机及心理现状等，都有助于更好地发挥网络直播对期刊融合发展的作用。

当下，网络直播的应用已渗入到各行各业，出版领域尤其是期刊出版者在面对新媒体对传统期刊带来冲击的同时，应积极应对挑战，永远以"内容为王"，也要抓住机遇，顺应期刊发展趋势，以高品质的内容为发展目标，充分利用新技术、新方法，力争为推动期刊行业的发展做出新的更大的贡献。

参 考 文 献

[1] 郭淑慧,吕欣.网络直播大数据：统计特征与时序规律挖掘[J/OL].复杂系统与复杂性科学:1-9(2022-11-08)[2022-11-08].http://kns.cnki.net/kcms/detail/37.1402.N.20221021.1413.002.html.
[2] 中国互联网络信息中心.第 50 次《中国互联网络发展状况统计报告》[EB/OL].(2022-08-31)[2022-10-16].http://www.cnnic.net.cn/n4/2022/0914/c88-10226.html.
[3] 栗延文,蒋亚宝,韩景春.科技期刊媒体融合发展的探索与实践:以《金属加工》杂志社为例[J].编辑学报,2022,34(2):131-137.
[4] 李娜,刘洋,赵娜,等.基于新媒体平台的科技期刊直播效果研究[J].编辑学报,2021,33(3):318-321,326.
[5] 中国科学技术协会.中国科技期刊发展蓝皮书(2021)[M].北京:科学出版社,2021:11-12.
[6] 上海艾瑞市场咨询有限公司.2020 年中国知识付费行业运行发展及用户行为调研分析报告[R].艾瑞咨询系列研究报告,2020.
[7] 黄河.网红直播带货对消费者购买意愿的影响研究:基于技术接受模型的分析[J].中国市场,2022,1131(32):140-142.
[8] 张磊,高飞.平台化的奥林匹克:英文社交媒体上的奥运国际传播研究[J].国际传播,2022(3):24-34.
[9] 刘菲,崔月婷,张迪.编辑职业素养提升与角色定位重塑举措[J].中国报业,2023(15):184-185.

基于精准语义预测的地学精准推送服务模式实践探索
——以《地理科学》为例

张慧敏[1]，苏 飞[2]，佟连军[1]

(1.中国科学院东北地理与农业生态研究所《地理科学》编辑部，吉林 长春 130102；
2.浙江工商大学旅游与城市规划学院，浙江 杭州 310018)

摘要：基于语义预测的地学期刊精准推送按需出版优化组合模式，助推地学科技期刊发展，由学术成果传播向学术交流平台多功能方向转变。借助文献分析确定预测语义，结合《地理科学》精准推送实践，提出基于预测语义推送对象精准定位及多样化推送方式措施。遴选气候变化等10个关键词作为预测语义，基于主导方差异，设计3种精准推送模式，并通过3个系统模块进行推送流程控制。结合读者需求以积极主动的态度、利用多新媒体技术、采用多样化推送方式实现优质期刊内容的精准推送服务模式，增强读者关注度与主动获取性，提高刊物影响力。

关键词：新媒体；精准推送；语义预测；按需出版

个性化的信息精准推送是在大数据时代背景下，通过对用户信息、兴趣、时间、地点等信息的数据挖掘，主动高效地提供满足用户需求的信息资源的一种新型出版模式。基于"自由、开放、共享"理念，将科技期刊论文精细加工后二次选择推送给读者的精准化、个性化服务，是通过提升文献获取速度和获取效率，进一步加快科技论文传播速度和范围，提高科技期刊学术影响的有效途径[1]。

作为学术出版的新模式之一，精准推送引起了广泛关注。其中精准推送途径与方法探索是出版界研究主要方向。郭媛媛等[2]、杨弘[3]和李晶等[4]对以邮件形式为主的期刊论文精准推送进行分析，并基于此提出精准推送策略。何真等[5]和劳万里等[6]通过微信平台对期刊文献进行多形式的宣传与推介，探索新型传播方式下精准推送运营模式，扩大刊物宣传。刘淑娟[7]、张宏等[8]、李越等[9]基于用户行为大数据分析，确定读者推送需求，并进行用户需求长期跟踪，借此调整制定推送服务平台精准服务方向。吕雪梅等[10]利用中文DOI优先数字出版探索了科技期刊论文的快速精准推送服务策略。亢孟军等[11]基于上下文敏感的空间信息服务开展期刊文献智能推送。可以看出，前人的研究从精准推送的推送手段、推送内容及推送对象进行了多方式地探讨，但是具体策略方面还略显单一，精细化程度不够，还未能针对科技期刊特点，真正实现以需求者为主体，激发需求者主动获取意识提出具体的推送策略。

2009年，Shotton等[12]首次比较系统地提出了语义出版的概念，作为一种可以提高期刊文

基金项目：中国科学院自然科学期刊编辑研究会课题(YJH2019004)

章检索，促进文献自动化获取，并能够链接至语义相关的文章，同时提供获取文章内数据的可行途径[13]，语义出版研究获得更多关注。近年来，许多学者就国内外语义出版理论[14-15]、语义技术对传统出版的影响及发展策略[16]、语义出版的概念与形式[17-20]等诸多方面展开了研究，探讨了现代科技期刊语义技术应用[21]，这些研究为科技期刊按需出版中语义预测需求提供了重要依据。

基于笔者前期关于地学期刊出版供需求主体对期刊文章精准推送存在价值导向差异的这一理论依据[22]，本文以《地理科学》为例，从科技期刊影响力提升、发展定位、发展策略视角，提出利用数据库与多媒体深度挖掘精准推动对象进行语义预测，并探讨基于预测语义地学期刊精准推送按需出版优化组合模式，同时在流程控制、制度设计、具体操作等方面提出实施建议，以期不断探索和推动高科技论文精准推送服务模式优化。

1 精准语义预测

要实现精准推送按需出版首先必须明确出版需求主体要求。这一部分需求可以通过语义预测来实现。要实现语义预测必须预先分析学科研究热点，了解需求主体兴趣点、选择偏好和选择原因。本研究运用文献分析和词频分析法，通过高频主题词的频次高低分析期刊载文的研究热点和发展趋势，借此实现对学术特征和动态演化比较准确、全面的把握[23]。

本文基于 CNKI 数据，借助文献分析软件 CiteSpace，对 2008—2019 年重要地学期刊《地理学报》《地理科学》《地理研究》发表文章进行分析。CiteSpace 工具的设置为：Node Types(节点类型)：Key words；Time slicing(单个时间尺度)：1 year；Select(选择范围)：Top 50，其他采用默认设置，生成的关键词图谱(图 1)，共有 217 个节点，479 条连接线，网络密度为 0.020。从图 1 可知，2008—2021 年中国地理学热点主要集中在气候变化、空间格局研究、影响因素及机制研究、土地利用、青藏高原、区域差异、城市群、可达性研究、GIS 等方面。在此基础上，参考安宁等[24]基于 2020 年国内外地学期刊地理学前沿研究结果，同时辅以半开放式访谈依据专家研究方向，对主体内部差异性进行细化分析，明确不同主体的选择意图，调试预测语义精度，确定气候变化、城市群发展、新型城镇化、乡村振兴、流域城市高质量发展、国土空间规划、智慧城市、高原研究、政治地理学、土壤侵蚀为预备语义，借此作为精准推送的依据和数据基础。

2 精准推送按需出版优化组合模式

根据主导侧不同，本研究设计了 3 种不同组合推送模式。作为推送信息供给方，编辑主导是精准推送组合的主体，以编辑为主导侧的推送模式有 3 种情况：编辑主导的作者群发推送、编辑主导的专业精准推送、编辑主导的团队精准推送；作者既是期刊科技文章的提供者又是最大需求者，设立以作者为主导推送模式是一种新的尝试；最后一种是以读者为主导的精品预约推送，短期内虽是小众模式，但也是未来发展的主要方向，是市场前景最广阔的推送模式。

2.1 编辑主导的作者群发推送

编辑主导的作者群发推送是最常见且最全面的一种推送形式。这种推送大多通过群发邮件、网站公告、微信公众平台公告等途径推送，向作者、读者无差别推送，推送内容主要是期刊基础信息，主要包括期刊公告、重要通知、目录等。

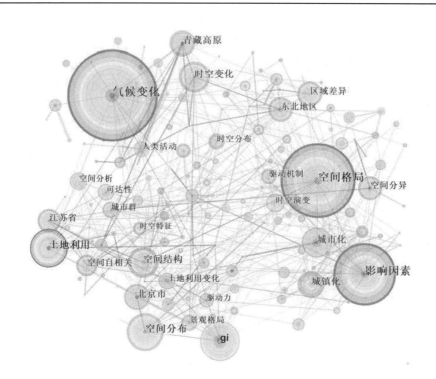

图1 "三地"载文的关键词共现图谱

2.2 编辑主导的专业精准推送

编辑主导的专业精准推送是通过专家数据库与推送语义匹配后，通过网站、微信公众平台、邮件等多种渠道，专项推送给相关专家，实现有针对性、有导向性的推送，既保证供需紧密衔接，又避免资源浪费，还能减少专家干扰顾虑，提高推送精度。推送内容主要包括栏目或精品预告、专栏、专辑等。

2.3 编辑主导的团队精准推送

编辑主导的团队精准推送是更精细的专家分类推送。这要求编辑了解相关领域学科发展，确切把握作者团队研究方向。笔者开展的地学期刊发文作者机构及团队研究就是该领域期刊进行此类推送的专家基础[22]。根据作者团队发展及需求进行定向推送，并建立长期联系，尝试预测语义推送和预约推送。这类组合是期刊精准推送的发展主体。推送内容主要包括即将出版的相关专业文章、栏目或精品预告、已出版相关文章、专栏、专辑等摘要和下载链接，甚至本领域最新信息，如研究热点、最新会议、基金评选等等。

2.4 作者主导的特约通讯员团体推送

作者主导的特约通讯员团体推送是一种作者服务作者的新型推送方式。具体操作是根据学科特性遴选招募年轻、活跃、学术水平较高的学科志愿者。学科志愿者必须了解学科发展，掌握该领域专家的研究方向、课题进展、学术需求，并比较活跃，与大部分领域内专家有长期、稳定联系。期刊可聘学科志愿者为特约通讯员，期刊编辑部将加工后相关领域信息推送给特聘通讯员，由特聘通讯员转发给本领域专家。这一组合可以更精准、更迅捷、更有针对性地实现推送目的，也将成为未来期刊精准推送不可或缺的推送组合方式。

2.5 读者主导的精品预约推送

科技期刊的读者范畴既包括作者，也包括相关领域甚至非相关领域但对此领域感兴趣的阅读者，比如政府政策研究人员、某领域初高级教育者等。这一范畴更广，需求也更个性化。可以在网站、微信公众号等宣传媒体发出预约推送邀约，鼓励读者开展预约推送。针对这些预约推送，有针对性地回复、推送。这一部分就是真正意义上的精品预约推送，也将是未来精品预约推送市场化的主体。

3 精准推送系统设计及流程控制

精准推送系统由 3 个模块构成，包括数据仓库和数据挖掘模块、面向终端用户消息推送模块和消息反馈模块(图 2)。

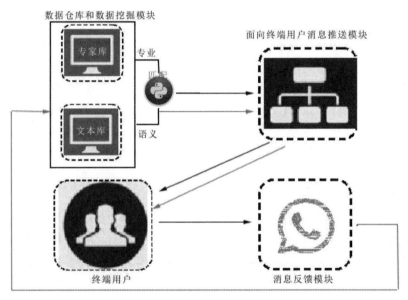

图 2 精准推送系统系统设计

3.1 数据仓库和数据挖掘模块

这一模块主要分为 3 部分：储备待推送素材部分的推送素材数据库、储备专家信息数据库即推送受体数据库，以及推送关键词储备数据库即语义数据库。

3.1.1 推送素材数据库的建立

文章加工定稿后，分别建立目录、正文、实验数据、公众号推送内容等数据文件。根据关键词(或主题词)及中图分类号划分类别。每半年或一年以学科和团队为对象分别整理一次数据专辑。一般学科时间稍短些，团队可以一年整理一次。数据专辑整理可以更好把握学科方向、掌握团队研究进展，跟踪学术前沿，同时也是加强编作交流的最好方式。

3.1.2 专家信息储备数据库

专家信息储备数据库的建立可以借助于编辑平台。多媒体高度发展的今天，大多数期刊都有自己的编辑系统。编辑系统既是编作交流最直接的桥梁，也是编辑积累专家信息最重要的平台。从平台中可以获取专家专业方向、近期研究成果、联系方式等重要信息。可以根据专业方向将专家分类，以备分类推送。

3.1.3 推送语义储备数据库

精准语义推送中最关键的一点就是语义数据库的建立。语义是期刊编辑部精准推送中与专家需求对接最直接的链条，准确并丰富的语义数据库是整个推送系统最重要环节。

以《地理科学》为例，根据地学期刊发展研究规律，从高频关键词提取 2006—2020 年间地理科学研究热点主要集中在空间研究，特定区域研究及城市化研究方面，结合推送需求调查调研热点语义及 2020 年发文实词关键词的收集分类提炼，《地理科学》2021 年即可选定空间分析、城乡发展、气候变化、高原研究、三江平原、土地利用、乡村发展、新型城镇化、政治地理学、土壤侵蚀等热门关键词作为预测语义，据此选取相关文献作为推送重点。

3.2 消息推送模块

消息推送模块分为 2 部分：组连程序(即精准推送关键词)与专家研究方向匹配程序和精准推送设置程序。

3.2.1 组连程序

语义数据库中关键词与专家研究方向精准匹配是实现精准推送最关键环节。这一功能同样可以依靠编辑系统实现，尤其是借助邮件推送这一途径时，往往会事半功倍。

以《地理科学》为例，可以通过 3 个方式实现定向匹配：①在系统人员信息库中，从"其他查询条件"入手，将确定后的语义输入"研究方向"查询专家。②在系统稿件查询界面中，直接输入确定后语义，在全部系统稿件中查找相关稿件，进一步确定作者信息，并实现精准匹配。③在审稿界面，根据关键词进行审稿人查询时可以建立文章与相关专家联系，实现文章与推送对象精准匹配。

3.2.2 精准推送设置程序

根据新媒体背景下地学期刊按需出版精准推送供需协调分析[12]发现，微信公众号是现代媒体宣传推介信息的重要渠道，也是读者钟爱的阅读方式。作为精准推送需求侧，读者更喜欢微信公众号推送形式来实现信息获取，其次是邮件、私信或微信群推送。不同推送手段，其推送设置程序不同。同样地，不同推送内容，推送设置也不同。因此将推送手段和推送内容相结合，设计不同的程序设置。

(1) 期刊网站。期刊网站是一个期刊的大本营，承载所有编辑处理必需要素，更是直接面向大众的推送窗口。期刊网站上推送多种形式(word、pdf、富媒体文件等)的当期文章、往期文章、公告等各类资讯。

(2) 微信公众号推送。微信公众号推送形式灵活，既可以直接开放式获取，亦可定向精确推送给指定读者，是精准推送中最主要的途径和手段。但微信公众号的缺点是手机屏幕较小，不便于大篇阅读，因此借助此途径推送的内容主要包括预告、目录、摘要、链接、全文等，但不适宜推送专栏、专刊、数字期刊、合集等内容。微信公众号推送可以借助朋友圈、群发助手、微信群或私信方式推送。

(3) 系统邮件推送。通过期刊网站建立的专家数据库，进入"人员信息"栏目下，确定推送对象后选择"全选邮件"+"批量发邮件"，将推送内容粘贴入邮件中，即可实现定向群推送功能。

(4) 编辑邮箱。在长期的编作交流中，编辑掌握了大量专家通讯方式。编辑邮箱推送是最直接、最方便的推送操作。借助此渠道，编辑可以凭借日常工作积累有选择地将各类型推送内容推介给专家、作者。这种推送方式也非常适合预约推送。

(5) 编辑个人微信。随着信息技术发展，微信已经成为人际交流必备软件之首。近年来，更因其直接、灵活、迅捷的特性，兼之电脑版与手机版的无障碍切换，逐渐晋升到办公软件行列，很多科技期刊编辑通过微信与作者进行交流，使其成为期刊推送的重要途径之一。相对来说，这一途径比较适合预约推送或知名专家、学科代表人物的定向推送。

3.3 消息反馈模块

消息反馈模块的主要作用是自动收取并回复作者或读者反馈消息。这一功能可以通过多个渠道实现：①邮件推送。专家、作者、或读者有推送需求时可以直接通过邮件联系编辑部，这是最简单易行的方式。②编辑系统。大部分编辑系统中都有作者反馈模块，作者可以借此向编辑部反馈推送需求。③微信公众平台。作者和读者可以在微信公众平台留言区留言，提出诉求，期刊编辑部可以及时看到并反馈。

4 结束语

基于科技期刊发展策略导向引领下，精准推送已经成为现代化期刊新型出版途径之一，本文以《地理科学》为例，提出基于语义预测的地学期刊精准推送按需出版优化 5 种组合模式：编辑主导的作者群发推送、编辑主导的专业精准推送、编辑主导的团队精准推送、作者主导的特约通讯员团体推送及读者主导的精品预约推送。为实现精准推送，研究设计了精准推送系统并完备流程控制。系统包括数据仓库和数据挖掘模块、消息推送模块和消息反馈模块，三块衔合，实现基于预测语义按需推送系统功能的完善。

随着新媒体、新技术不断进步与发展，人们对信息的获取速度和方式会更加关注，学术期刊作为重要的学术信息传播者，必须直面新形势下的学研需求，与时俱进，不断利用新型技术做好文献发挥服务、促进、引导功能。

参 考 文 献

[1] 白娅娜,张晓宁,刘旸.科技论文精准推送服务模式探索[J].编辑学报,2020,32(1):56-58.
[2] 郭媛媛,黄延红,侯修洲,等.通过邮件精准推送实现学术论文高效传播[J].中国科技期刊研究,2015,26(11):1227-1231.
[3] 杨弘.基于邮件的科技期刊论文单篇精准推送服务的实现:以《应用生态学报》为例[J].中国科技期刊研究,2019,30(7):760-765.
[4] 李晶,谭英,师俏梅.三大索引收录论文邮件推送服务系统的设计与实现[J].现代图书情报技术,2010,26(6):83-87.
[5] 何真,王玉锋,王小飞,等.学术期刊微信推送论文的内容选择及加工技巧[J].编辑学报,2017,29(增刊 2):55-57.
[6] 劳万里,陈怡,徐佳鹤,等.面向科技成果转化的林业科技期刊微信公众号运营策略研究[J].编辑学报,2020,32(1):76-79.
[7] 刘淑娟.基于用户行为的精准化推送服务平台的研究与实现[J].宝鸡文理学院学报(自然科学版),2017(4):68-71.
[8] 张宏,王新玲,张丽.基于读者文献推送需求分析的医院图书馆精准服务实践[J].中华医学图书情报杂志,2016,25(4):74-77.
[9] 李越,张玢,唐小利.基于信息门户面向重点领域的信息跟踪与推送服务[J].医学信息学杂志,2016,37(1):68-71.
[10] 吕雪梅,程利冬,张宏,等.基于中文 DOI 优先出版科技期刊论文的快速精准推送[J].编辑学报,30(5):448-491.

[11] 亢孟军,王贝,杜清运,等.上下文敏感的空间信息服务智能推送研究[J].测绘科学,2011,36(3):155-157.
[12] SHOTTON D. Semantic publishing: the coming revolution in scientific[J]. Journal Publishing Learned Publishing, 2009:85-94.
[13] 徐丽芳,丛挺.数据密集、语义、可视化与互动出版:全球科技出版发展趋势研究田[J].出版科学,2012,20(4):73-80.
[14] 王晓光,陈孝禹.语义出版的概念与形式[J].出版发行研究,2011(11):54-58.
[15] 苏静,曾建勋.国内外语义出版理论研究述评[J].中国科技期刊研究,2017,28(1):33-38.
[16] 翁彦琴,李苑,彭希珺.英国皇家化学会(RSC):科技期刊语义出版模式的研究[J].中国科技期刊研究,2013,24(5)825-829.
[17] 李航.浅析语义技术对传统出版的影响及发展策略[J].出版发行研究,2017(1):35-38.
[18] 刘津,田雨,李兰欣.学术期刊媒体融合发展困局与破局之策[J].编辑学报,2018,30(1):4-7.
[19] 吴思竹,李峰,张智雄.知识资源的语义表示和出版模式研究:以 Nanopublication 为例[J].中国图书馆学报,2013,39(4):102-109.
[20] 王石榴.基于 Web 语义出版的科技期刊数字化[J].中国科技期刊研究,2013,24(6):1143-1145.
[21] 周杰,曾建勋.数字环境下的语义出版研究[J].情报理论与实践,2013,36(8):32-35.
[22] 张慧敏,商丽娜,张春丽,等.新媒体背景下地学期刊按需出版精准推送供需协调分析[J].中国科技期刊研究,2020,31(2):141-146.
[23] 周廷刚.地理学报 1984—2003 年论文分析[J].地理学报,2004,59(3):468-475.
[24] 安宁,何慧妍,杨晓婷.2020 年地理学十大研究主题:基于 82 本地理学 SSCI 刊物和 26 种中文人文经济地理类期刊的报告[EB/OL].撸串地理微信公众号(2020-12-25)[2021-07-15]. http://www.360doc.com/content/21/0701/19/2784483_984697381.shtml.

行业科技期刊融媒体传播矩阵构建与发展模式探究

叶靖，杨一舟，徐石勇

(浙江理工大学杂志社，浙江 杭州 310018)

摘要：随着互联网的高速发展，融媒体技术改变了人们的阅读方式，给传统纸媒带来了巨大的冲击。在这场媒体变革中，行业科技期刊既要与时俱进，又不能盲目照搬，应扬长避短，寻找适合自身发展的转型之路才能跟上时代的潮流，掌握发展的主动权。本文以《丝绸》为例，从融媒体发展的现状问题、融媒体传播矩阵的构建、融媒体发展模式的探索与实例分析等方面进行分析，以期为其他行业科技期刊的融媒体发展提供参考与借鉴。

关键词：行业科技期刊；融媒体；传播矩阵；发展模式

2021 年 5 月，中共中央宣传部、教育部、科技部印发《关于推动学术期刊繁荣发展的意见》[1]的通知。通知指出，要加快融合发展，顺应媒体融合发展趋势，坚持一体化发展，通过流程优化、平台再造，实现选题策划、论文采集、编辑加工、出版传播的全链条数字化转型升级，探索网络优先出版、数据出版、增强出版、全媒体出版等新型出版模式。该通知进一步强调了学术期刊融媒体发展的重要性，掀起了各行业科技期刊融媒体化改革的高潮。行业科技期刊不同于一般期刊，它是以特定细分行业为依托的专业性期刊，在特定行业和领域中发挥着权威性及指导性作用，对相关行业有较大的影响力。因此，行业科技期刊应积极应对新的挑战，充分利用媒体融合体制机制改革，运用互联网一体化发展新思维，推动行业科技期刊的转型升级。本文结合获得国家出版奖提名奖的行业科技期刊——《丝绸》的融媒体矩阵具体实践探讨行业科技期刊的融媒体发展新模式与新问题，以期为其他行业科技期刊的融媒体发展转型升级提供借鉴。

1 行业科技期刊融媒体发展的现状与问题

我国行业科技期刊大部分创刊于 20 世纪七八十年代，基本覆盖了国民经济的各个行业，其主管单位通常是行业的行政管理部门、行业协会、相关科研院所等[2]。所以，行业期刊最大的优势就是拥有强大的行业背景与资源，并且在行业内有较大的影响力和话语权。但是，正由于行业科技期刊的特殊管理体制与机制，造成了其在媒体转型中缺乏内驱力，改革步伐较

基金项目：教育部 2021 年第二批产学合作协同育人项目(202102654037)；中国高校科技期刊研究会"一流高校科技期刊建设"专项基金项目(CUJS2021-029)；2022 年度中国科技期刊卓越行动计划选育高水平办刊人才子项目-青年人才支持项目(2022ZZ061015)
通信作者：徐石勇，E-mail: 137371825@qq.com

慢[3]。随着媒体融合上升为国家战略，行业科技期刊也在数字化的浪潮中迈入了融媒体的改革当中。然而，行业期刊媒体融合在探索的道路上仍然存在许多问题，例如：容易出现合而不融[4]或简单地将内容合并、嫁接，出现貌合神离的现象。其次，有些行业科技期刊的定位不清晰，为了追求数量的优势而忽略了内容质量的把控，使期刊的融媒体发展流于形式。同时，运营各种新媒体，需要具有互联网思维、网络技术、软件运用、视觉传达等多方面技能的综合性人才[2]，目前许多行业科技期刊网站、公众号等的运营仍由传统编辑兼任，缺乏系统的规划和新媒体相关技能。

目前，很多学者对融媒体的发展模式进行了探索。其中，沈诗杰[5]对学术期刊媒体融合发展的模式、障碍及对策进行了研究，指出融媒体模式主要有刊网融合模式、微信公众号出版模式、域出版模式、数据出版模式、交叉融合模式等。吴珂[2]对媒体融合中行业期刊发展存在的问题及解决路径进行了探索，指出行业期刊转型路径包含了全文数据库、行业网站、微博微信为代表的社交化聚合平台、短视频和直播等。孟婷婷[6]对行业期刊媒体融合发展之路进行探析，指出当前期刊与媒体融合的形式大致有全文数据库、自建网站、社交媒体及期刊 App 等。总体来看，学者们对融媒体的传播模式已有广泛的研究，但是，针对行业科技期刊的融媒体矩阵构建与实践探索的研究并不多。我国行业科技期刊数量多，质量参差不齐，精品不多，想要在当前激烈的竞争中生存和发展，必须进行创新，整合资源，找到适合自己发展的道路。

2 融媒体传播矩阵的构建

近年来，《丝绸》一直在不断探索并完善融媒体矩阵的构建，致力于解决传统出版中传播速度慢、传播手段单一、传播内容与形式融而不和等问题。经过多年的探索，《丝绸》构建了以主阵地、协同阵地、联合阵地为主的融媒体传播矩阵，进一步推动行业科技期刊的国际化发展，提升期刊的国内国际影响力。

2.1 加强主阵地建设，发挥主渠道作用

《丝绸》从 2011 年开始开通官方网站，使用线上投稿审稿系统，经过十余年的发展，积累了较为丰富的网站运营经验，通过一次次的技术升级不断完善官网的各项功能，方便专家、作者及读者使用。

2.1.1 使用线上办公模块，提高出版效率

采用智能稿件处理系统，打造投稿、初审、外审、终审、发表的一体化在线流程，并完成审稿费、版面费、稿费的线上收取，实现了全程无纸化投稿，极大地方便了专家、读者、作者、编辑，提高了出版效率，也为期刊融媒体的发展打下了良好的基础[7]。2021 年，《丝绸》通过官网收稿首次突破 1 000 篇，共刊出文章 240 篇，其中基金项目文章 178 篇，包括国家基金项目文章 94 篇。同时，每篇文章的摘要、图名、表名、参考文献都有中英文对照，方便国外专家读者的阅读，提高了论文的国际传播度。通过在线审稿系统，编辑也能及时了解每位作者的历史投稿记录，可有效防范学术不端情况的发生[8]。

2.1.2 提供免费全文下载功能，满足用户需求

网站设置了期刊浏览，学者可通过年度期数、栏目目录、领域目录三个方式来检索已发表论文，并且提供全文免费下载服务。该数据库可以追溯到 2011 年至今发表的所有论文。据统计，截至 2021 年 12 月底，《丝绸》官网 2021 年已发表文章下载量超 19 361 次。此外，网

站还提供《丝绸》近两年 PDF 电子版整刊下载，里面包含了每一期的封面、封底、目录、版权页、作品、行业之窗等内容，与纸刊完全一致，满足了作者的不同需求。

2.2 巩固协同阵地，增强传播效果

《丝绸》在探索融媒体传播矩阵的过程中，积极推动多渠道发展，构建了国内外数据库、微信公众号、微信视频号、微信群、QQ 群等协同阵地，为学者提供更加广泛和丰富的阅读形式，扩大期刊的影响力。

2.2.1 利用国内外数据库，提高论文下载量

目前，可通过中国知网、万方数据库、美国《化学文摘》、Elsevier Scopus 等搜索并下载《丝绸》期刊论文。据统计，截至 2021 年 12 月，仅中国知网 2021 年《丝绸》已发表论文全文下载量超 56 377 次，约为《丝绸》官网下载量的 2.9 倍。可见，依托第三方平台进行学术传播能较大幅度提高论文的下载量，进而增加论文的引用率。同时，《丝绸》还借助中国知网提供的网络首发功能，对于已录用待安排刊期或已安排刊期待见刊的文章优先网络首发，大大提高了论文的时效性，让作者的成果能第一时间被学界关注到，也提升了期刊的影响力。

2.2.2 开通微信公众号，提升期刊品牌影响力

微信公众号具有高效率、高用户量、高活跃度等特点，能弥补学术期刊信息传播的滞后性[9]。因此，越来越多的科技期刊开通了自己的公众号，以期增加用户黏性[10]。在 2017 版《中文核心期刊要目总览》中，纺织工业、手工业、生活服务业类核心期刊有 9 本，按 2021 年复合影响因子从大到小排序分别为：《纺织学报》《丝绸》《印染助剂》《印染》《棉纺织技术》《上海纺织科技》《毛纺科技》《针织工业》《产业用纺织品》。其中，前 8 本都开通了公众号，但是通过调查研究发现，只有 4 本期刊的公众号具备完整的在线采编系统，分别是《纺织学报》《丝绸》《毛纺科技》《针织工业》，而在这 4 本期刊中，2021 年全年推文数量超过 200 篇的只有 2 本，分别是《丝绸》《针织工业》，说明在纺织类期刊中，微信公众号的建设还存在功能不完善、推文数量不多等问题。鉴于此，《丝绸》微信公众号平台开发了以下三方面功能。

(1) 杂志介绍。其中包括访问官网、期刊介绍、编委简介、收录情况、在线阅读。

(2) 资讯中心。其中包括期刊动态、行业资讯、每月要闻、博看阅读。

(3) 采编系统。其中包含投稿指南、审稿系统、投稿系统、整期 PDF、超星云期刊。

微信公众号不仅能精准推送，还实现了在线登录系统，实时查稿，满足了专家、作者、编辑的多方需求[11]，方便学者在移动端进行阅读。《丝绸》公众号内容涉及期刊封面解读、文章推荐、行业新闻、公告、喜讯、贺词、新闻等方面。通过分享行业内新闻及期刊动态，让读者能更及时全面地了解期刊发展状态，提升期刊的品牌影响力。

2.2.3 运用微信视频号，传播纺织文化

随着 5G 网络的普及和推广，短视频成为除图文社交外最受欢迎的社交方式之一[12]。2021年 1 月，《丝绸》开通微信视频号，用于发布国内外纺织丝绸文化视频，以此丰富内容传播的形式和体验，利用短视频使科技信息的传播与共享更具沉浸感[13]。

(1) 确定短视频制作主题。以不同系列为主题展开拍摄与制作。目前，《丝绸》微信视频号已发布了以#杭州美丽生活点评#、#国际丝绸历史与产业#、#丝绸科普短片#、#国际丝绸会议#等主题的短视频。从生活、历史、文化、科普、交流等各个方面对学科动态进行传播。

(2) 收集内容素材。《丝绸》联合国际丝绸联盟、杭州东方丝绸文化与品牌研究中心、浙江纺织工程学会、全国丝绸信息中心，邀请各大行业协会组织为本视频号提供传播内容，共

同完成视频号的制作。

(3) 成立专门团队管理视频号。组织专业人员对视频素材进行后期剪辑、配音、制作及渲染，确保每个系列短视频能达到预期的效果。

2.2.4 组建专家作者群，发挥桥梁纽带作用

原创作者群是期刊内容的创造者，审稿专家群是期刊内容质量的保证者，两者缺一不可。在"内容为王"的时代，只有源源不断地吸引优秀原创作者投稿，才能保证期刊的良好发展。通过组建作者专家微信群、QQ群，增强作者专家之间的沟通与互动。

(1) 邀请原创作者团队，扩大稿源数量。通过线上线下邀请，组建各大高校原创作者团队成立作者群，定期向群内发送《丝绸》最新上线文章，方便作者在群内进行文章的学术讨论和交流。对于作者来说，这也是一个展示自我的平台，能更加激励作者创作出更多更好的稿件。

(2) 组建青年编委会，扩大审稿范围。为进一步储备学科新锐力量，《丝绸》组建了首届青年编委会，邀请行业内优秀青年学者，以期在审稿、撰稿、组稿、期刊推广等方面发挥积极作用，扩大期刊的审稿范围，缩短外审周期。

2.3 拓展联合阵地，传播行业声音

2.3.1 联合行业媒体共同造势

目前，《丝绸》已与世界丝绸网、全国丝绸信息中心、《丝绸》官网/官微、《现代纺织技术》官网/官微、浙江省纺织工程学会官网/官微、中国纺织、中国服饰报、中国企业报、中国商报/中国商报网、中国消费者、中国质量报、中国互联网新闻中心、CFW服装设计、纺织报、纺织报告、纺织服装周刊、纺织科学研究、服饰商情网、时尚季风、服装时报、时尚家居、新京报家居周刊、杭州东方丝绸建立合作，共同传播行业最新信息资讯。

2.3.2 联合主流媒体进行宣传

《丝绸》已与海客视频、澎湃新闻网/澎湃新闻客户端/澎湃新闻视频、21世纪经济网(视频)、观察者网(视频)、新蓝网、中安在线、北青网、中原教育周刊官网、东方网、大众网、海报新闻(视频)、今报网、北国网、凤凰网/凤凰周刊/凤凰新闻客户端/凤凰视频、搜狐网/搜狐新闻客户端/搜狐视频、腾讯网/腾讯新闻客户端/腾讯视频、网易网/网易新闻客户端/网易视频、新浪网、北青网、浙江新闻APP、浙江在线、新蓝网、浙江广播网、北京晚报、国家旅游地理网、中国旅游报道网、环球旅游导报、爱尚旅游网、中国上海网、上海网、上海财经网、东方在线、南京在线、中华网广东、今日头条(深圳商讯)、中国深圳网、广东网、深圳之窗、河北在线、北京网、北京新闻时报、杭州网、杭州新闻APP等建立合作关系，将行业信息让更多行业以外的人看到。

2.3.3 联合国际媒体走向世界

《丝绸》已与马来西亚Sin Chew Daily、美国西雅图Seattlechinesetimes、马来西亚Voice Of KL、马来西亚Business Today、新加坡Financial Capital、新加坡Aspirant sg、越南Asean Scoop、越南VN Reporter、泰国Asia Shift、泰国The Pattaya News、菲律宾Buzzing Asia、菲律宾Asialogue、美国雅虎新闻Yahoo News、美国雅虎财经Yahoo Finance、美国美联社Associated Press、法国AFP France、法国Yahoo! Finance、法国MarketWatch、法国Digital Journal、法国Associated Press、日本产经新闻、日本朝日新闻、日本财经新闻、日本读卖新闻、AFP法新社日本站、日本Nifty商务、日本全球新闻、日本乐天新闻、日本Nico Video、CNET-日本、日

本时事社、日本Mapion、日本董事长在线、彭博社-日本、日本每日新闻、日本日经新闻、谷歌日本、日本商务新闻、ZDNet日本、日本Excite新闻、日本现代商业、日本东洋经济、日本Oricon News、日本IZA、《韩国现代周刊/Hyundae News》、韩国Metro Seoul、韩国Chungcheong Today、韩国CHJ News、《韩国新闻/24newskr》、韩国Daejeon News、《韩国浓渔村广播电视/IBN of Korea Rural》、韩国Dasanjournal、韩国e-Seoul Post、韩国Express News、韩国Break News、韩国CCTV News等数百家媒体建立合作关系，进一步推动丝绸行业的国际化发展。

经过融媒体传播矩阵的实践与探索，2020年《丝绸》期刊的复合影响因子较上年增长约4.9%；期刊综合影响因子较上年增长约21%；Web总下载量较上年增长约20%；全国纺织学科期刊影响力指数(CI)排名从2012年的13/33上升到2020年的2/37；北大核心排名从2012年的4/10上升到2/9，并连续入选CSCD数据库、全国中文核心期刊、中国科技核心期刊及"RCCSE中国权威学术期刊(A+)"，被SCOPUS、EBSCO、JST、CA、SCD等20余个国内外重要期刊数据库收录。2021年，《丝绸》荣获浙江省新闻出版局"浙江树人出版奖期刊奖"、中国期刊协会"优秀封面设计奖"和"优秀版式设计奖"、国家新闻出版署"中国出版政府奖期刊提名奖"等荣誉。这些成果说明了《丝绸》的融媒体传播矩阵对期刊的影响力提升效果显著。

3 融媒体发展模式的探究与实例分析

行业科技期刊作为服务专业化领域的科技期刊，应积极利用自身的优势，充分调动行业相关资源，构建以"期刊+学会+协会"的联合发展模式，在保证内容质量的前提下，深耕行业，不断挖掘行业最新的研究成果与研究方向，为作者、读者、企业、专家提供一个互助互利的平台。

3.1 把握期刊定位，突出专业特色

期刊的定位决定了期刊的发展方向，因此需明确期刊的定位。行业科技期刊立足于各自所属的行业，发布行业内的专业知识，更要充分发挥自身的专业优势，深耕内容，挑选收集并发表行业内具有影响力的内容资源[8]，通过组稿、约稿等形式，探索科技期刊出版内容的创新性与多样性，不断强化科技期刊在行业的影响力，提高业内认可度。

实例分析1：《丝绸》期刊的定位是"引领丝绸科技，传承纺织文化"。因此，编辑部非常注重期刊的内容质量与期刊品牌建设。期刊的选题方向主要是服务学科建设与行业发展。编辑部每年会对行业热点趋势进行分析，筛选出未来丝绸纺织领域的十大前沿研究方向，并对其中的重点选题进行针对性的组稿和约稿，提升期刊的影响力。

3.2 整合行业资源，强化内容融合

行业科技期刊应利用互联网技术，结合行业协会、国际组织、行业学会等方面的资源，构建以"期刊+学会+协会"的联合发展模式，将期刊变成立体交互平台，以专业性内容为核心，构建一个由专家、学者、作者组成的行业社群[14]。这既能加强内容的生产与融合，还能为期刊订阅、广告投放等产业链提供支持。通过内容、技术、信息的融合，实现与企业之间的相互赋能，创造合作共赢的新局面。

实例分析2：《丝绸》期刊由浙江理工大学主管，浙江理工大学、中国丝绸协会、中国纺织信息中心共同主办，与浙江省纺织工程学会、国际丝绸联盟、杭州东方丝绸文化与品牌研究中心合作，构建了以"期刊+学会+协会"的联合发展模式。同时，《丝绸》有常务理事单位14家、理事单位45家，为期刊提供产业链的支持，实现企业赋能。

3.3 组织专业人才，加强队伍建设

随着新媒体技术的不断发展，推动着出版业的不断变革，也对期刊的团队建设提出了新的要求[15]。因此，培养和组建一支年龄结构合理的科研人才队伍及复合型编辑队伍至关重要。

实例分析3：《丝绸》从两方面加强队伍建设。①设立常务编委、编委和青年编委三个梯队分别建设专家团队。通过组建国际、国内编委团队，以学术活动、专家委员会等形式，策划举办各类学术活动，推动纺织丝绸学科的发展，扩大《丝绸》在相关学科领域的知名度和影响力。通过组建青年编委会，利用青年编委的学识、人脉，为期刊约稿、组稿、宣传和推广，并且聘请青年编委作为期刊的学术编辑，参与稿件的日常管理工作，提高期刊稿件的质量。②加强期刊编辑人员的业务培训，培养融合思维，增强实务技能，同时，引进专业人才，尤其是要具备新媒体运营、图文和视频的制作等经验，为期刊融媒体的建设保驾护航。

4 结束语

本文从融媒体传播的现状与问题出发，结合行业科技期刊《丝绸》的融媒体传播矩阵构建进行实例分析，并对发展过程中遇到的问题进行总结与建议。通过融媒体传播矩阵的运营，覆盖更加全面的目标用户，增加期刊与用户的黏性，提升期刊品牌形象。在媒体融合思维的基础上，深耕纺织行业相关知识内容，挖掘优秀作者、专家团队，围绕知识生产和信息共享进行多媒体互动，进一步推动行业科技期刊的转型升级。

参 考 文 献

[1] 新闻出版署.《关于推动学术期刊繁荣发展的意见》[EB/OL].(2021-07-08)[2021-12-28]. https://mp.weixin.qq.com/s?src=11&timestamp=1640690050&ver=3524&signature=k4aOti1*cdG3p*InL-a6lEC-0jy5qfX5l9qYuHBH3AEbEdzXubSnktLU9UbBa8UwAmccjsJzbZxjHxCcr-DOTWfwLe7U5z7vB-te0qupPiwHmsiNNGA1*8RBwSNicnRk&new=1.

[2] 吴珂.媒体融合中行业期刊发展存在的问题及解决路径[J].北方传媒研究,2021(3):24-27.

[3] 孟婷婷.媒体融合时代行业期刊的"变"与"不变"[J].新闻世界,2021(5):67-71.

[4] 赵慧君,孙明,谢艳丽.融媒体时代行业科技期刊的创新路径:北京卓众出版有限公司的数字化转型探索与实践[J].出版广角,2019(2):27-30.

[5] 沈诗杰.学术期刊媒体融合发展的模式、障碍及对策[J].长春师范大学学报,2019,38(9):193-197.

[6] 孟婷婷.行业期刊媒体融合发展之路探析[J].中国传媒科技,2021(4):37-39.

[7] 杨婷,姜小鹰,曹作华.科技期刊媒体融合发展的实践与思考:以中华护理杂志社为例[J].中国科技期刊研究,2018,29(12):1252-1256.

[8] 徐石勇,叶靖,康锋,等.期刊学术不端的现象、成因及防范措施[J].编辑学报,2019,31(4):411-414.

[9] 周华清."学术中国"对学术期刊微信公众号运营的启示[J].中国科技期刊研究,2017,28(4):332-339.

[10] 谭春林.公众号、视频号与微信群协同推动学术期刊的"主动传播"[J].编辑学报,2021,33(5):549-552.

[11] 周晔,曹作华,李伟杰,等.中文护理科技期刊融媒体建设的探索:以《中华护理杂志》为例[J].编辑学报,2021,33(5):553-557.

[12] 徐少卿,舒安琴,唐强虎,等.医学科技期刊新媒体运营实践探索:以《国际检验医学杂志》检验医学新媒体为例[J].中国科技期刊研究,2021,32(4):487-492.

[13] 丛挺,王效佐,周飞.5G背景下面向知识短视频的出版价值链分析[J].出版广角,2020(11):22-25.

[14] 魏东.行业期刊从内容传播到知识服务的转型探析[J].中国传媒科技,2021(3):28-30.

[15] 董文杰,李苑.增强现实技术出版融合的案例分析及其在科技期刊中的应用策略[J].中国科技期刊研究,2021,32(5):647-654.

日本出版业智能化转型的探索与实践研究

沈 和

(吉林大学东北亚学院《现代日本经济》编辑部,吉林 长春 130012)

摘要：人工智能、大数据、区块链等新信息技术的不断突破,成为推动内容产业高质量发展的驱动力。加速出版业适应新时代智能化发展的进程,需要在产业层面、平台层面和行业进行深度融合,完善科技创新是壮大出版产业的基本路径。日本在这一领域经历了较长时间的探索,拥有较丰富的实践经验。通过分析其政策创新点和实践经验,以期为我国推进网络强国建设,实现出版业智能化转型提供有益借鉴。

关键词：日本出版业；数字出版；智能出版；内容产业

随着数字化技术的不断发展提升,以数字化转型的方式推动生产方式、生活方式和治理方式的变革成为当前我国推进网络强国建设的关键点。充分利用海量数据并丰富其在数字经济发展中的应用场景,能够促进数字技术与传统产业的有效结合,赋能实体经济实现智能化转型升级。

中共中央宣传部于 2022 年 4 月印发的《关于推动出版深度融合发展的实施意见》中提到,强化出版融合发展内容建设,充分发挥技术支撑作用,强化大数据、云计算、人工智能、区块链等技术应用,创新驱动出版深度融合发展[1]。

日本出版业近年来经历了个人消费低迷、纸质出版物市场规模下降等问题,为此积极探索发展新路径,在这一过程中积累了一些有益的实践经验,一些大型的出版企业集团已经从传统出版商演变为广义的出版服务提供商[2]。通过对日本出版业的回顾与分析,特别是聚焦于近年来日本出版业智能化转型的良性尝试,能够引发我国出版业发展的思考。为我国出版业如何在新旧模式转换中寻求长效之策,在实践中与数字技术和谐共赢提供有益借鉴。

1 日本出版业发展面临挑战与机遇

1.1 传统出版产业链面临挑战

日本传统出版业发展在 1996 年达到顶峰,市场规模高达 26 564 亿日元。但随着 1997 年消费税从 3%增加到 5%,个人消费开始出现低迷,出版业市场规模首次下滑。特别是杂志的销售总额随着少子高龄化加重、网络和智能手机的普及而骤减。到 2021 年,日本出版业的市场规模已降至约 12 080 亿日元,从业人员平均年收入仅为 606 万日元。

日本传统出版产业生态链包括出版社、经销代理商和零售书店 3 个环节。在数字化技术

基金项目：全国高等学校文科学报研究会 2023 年度编辑学研究基金资助课题(PY2023070)

不断发展的当下，均呈现出缩减的趋势，同时有限的市场份额被少数巨头企业占据。日本出版社的数量在1997年达到顶峰，数量为4 612家。而到了2021年年底，仅剩下2 907家，减少了1 705家。其中年销售额超过100亿日元的企业数量仅占1%(29家)，而这1%的企业就占据了全部市场份额的52.5%。日本的出版经销代理商目前约有100家，其中最大的两家是日本出版贩卖和TOHAN，其市场份额占据了整体的约80%。零售书店的数量在20世纪80年代后期达到顶峰，随后进入下降期，在1999年为22 296家，而2020年仅剩11 024家，降幅超过50%。

回顾近年来日本传统出版业的发展，导致其呈现整体萎缩的发展趋势既有全球整体纸媒经营不善的大环境原因，也存在较具日本特色的代表性问题，主要包括以下几个方面。

(1) 刊物内容选取上缺乏精准化和时效性。随着互联网的普及，对各类信息在时效性、针对性方面的诉求大大提升。以年轻人为代表的群体开始缩减纸质出版物的购买预算，这也直接导致了纸质出版物的市场份额大幅下降。

(2) 定价销售制的销售方式削弱了竞争力。日本的出版市场要求所有零售商均以出版社规定的统一价格进行销售，这一举措确保了图书在全国范围内销售价格的一致性，在一定程度上保障了出版社的销售利益。但定价较高的图书在出版后较长时间内的销售率依然较低，市场的调节能力较差。特别是二手书的销售并不受定价销售制度的约束，随着二手书市场的普及，以book-off等为代表的二手书店以及二手书App的崛起，削弱了传统出版行业定价销售制的竞争力。

(3) 高达40%的退货率增加了出版社的成本。根据2019年日本经济产业省发布的《经济构造实态调查》，日本传统出版市场中的书籍销售退货率达到32%，而杂志销售的退货率更是高达40%。造成这一现象的主要原因在于，日本除了上述"定价销售制"外，还存在"委托贩卖制"的销售特征。即书店销售剩余的库存书可以无条件返还给出版社，由出版社承担相应的损失。这一制度的本意是希望书店不以销售率为由拒绝小众图书的销售，以保障出版市场的种类丰富。但高达40%的退货率已成为出版社的沉重负担。当前亚马逊等网上书店开始尝试从出版社直接包销一定数量的图书，相应的条件是将图书进价压低。但大部分传统书店出于库存管理的考虑，依然采取"委托贩卖"这一制度。

1.2 数字出版增幅显著

数字出版的主要特征体现为内容生产数字化、管理过程数字化、产品形态数字化和传播渠道网络化，能够满足大规模定制个性化服务的需要[3]。虽然出版业的整体规模面临逐年缩小的负面局面，但随着数字化技术与传统产业的有效融合，数字出版物的市场规模逐渐增加。2014年以来，数字出版物市场呈现出蓬勃发展的趋势。2021年日本出版市场总额为16 742亿日元，其中数字出版物占比达到27.8%，达到4 662亿日元。其中漫画类为4 114亿日元(占24.6%)、书籍类为449亿日元(占2.7%)、杂志类为99亿日元(占0.6%)[4]。数字出版同比增幅达到18.9%，纸质图书增幅为2.1%，纸质杂志则为-5.4%。

目前日本数字媒体市场整体呈现大幅增长的趋势，但和纸媒相比在整体规模上依然偏小。推广数字出版不受到前文所述的"定价销售"和"委托贩卖"的限制，不用顾忌库存，可以自由设定价格，同时省去了用纸、印刷和物流等环节。一方面节约了销售成本，另一方面也扩大了销售范围，成为当前日本出版业着力推广的重点。

2 以智能化带动出版业发展的新探索

数字化技术发展的最大特点是产业间的跨界、联通与融合,数字出版不仅是数字化技术与传统出版业的融合,而是更广泛意义上内容产业与互联网产业之间的深度融合。为了在数字化时代实现内容产业的整体升级,过去 20 余年来日本政府和企业都在不断积极探索,具体包括两个方面:一是在出版系统内部推动出版流程的智能化重构,即在出版产业链的各个环节使用数字化管理,将原本局限于纸质出版的内容进行数字化处理和多渠道发布,包括将网络和图像进行融合、强化电子媒体的使用、开发电子图书等。目前日本出版企业在打造精品数字出版 IP 这一领域的数字化技术应用已较为成熟。另一方面是建立数字出版产业链以外的智能化推广,包括知识定制服务精准化、科研决策工具智能化等领域的应用[5]。近年来随着 ChatGPT 在智能化出版领域的应用,这一模式在流通宣传领域的创新较为显著。

2.1 日本政府在宏观层面的战略提出

早在 20 世纪 90 年代,日本政府就提出了"IT 立国"的口号。在此背景下,围绕数字基础设施建设、相关人才培养、企业与政府部门的数字化应用等方面制定了一系列具体的政策推进内容。就出版业而言,进入 21 世纪以来,日本传统内容产业与数字化的技术的结合变得更加紧密。

2001 年 1 月,日本 IT 战略本部正式提出 e-Japan 战略,试图以 5 年为目标,通过加强数字化基础设施建设、电子商务制度建设和相关人才培养,将日本建设成为 IT 社会。随后在 2002 年公布的《IT 政策实施基本方针》中强调重视内容产业的发展,通过互联网推动国民更好地利用内容产业的成果,并将此作为政策实施的五大支柱之一。2003 年 7 月公布的 e-Japan II 开始尝试通过数字化技术推动内容产业向海外推广,并将数字化内容产业作为对外宣传日本特色文化的渠道。

此后日本政府又相继发布了 u-Japan 政策、IT 新改革战略、xICT 构想、新信息通信技术战略、综合数据战略等一系列数字化发展战略。在完善数据环境、促进数据与传统内容产业结合、培养数字化人才、增加传统产业新附加价值等方面,助力出版业的数字化转型。

2.2 出版企业在实践层面打造精品数字出版 IP

精品数字出版 IP 的孵化与多维度开发,推动了产品形式的多样化和出版运营的立体化发展。出版业与文创、影视、网络平台相融合的多元化营销相较于传统营销的效果愈加明显,推动日本各大出版社不断探索,以应对新时代出版业整体提质升级的需求。日本出版行业的精品数字出版 IP 建设主要围绕该出版社的核心品牌出版物进行二次开发。

日本著名出版社讲谈社自 1909 年创立以来,已出版了《进阶的巨人》《挪威的森林》《窗边的小豆豆》等多个精品 IP,其中《进阶的巨人》全球销售数量已超过了 1 亿本。为了更好地活用现有 IP,以此增加出版社整体的知名度,讲谈社于 2017 年开发了企业网站"C-station"[6]。该网站主要用于开发该社拥有的内容产品 IP,将其与其他企业的市场营销需求进行对接,共同打造内容 IP 在市场营销及广告宣传的线上或线下活动中的多维度价值。具体做法是在网站上将该社拥有版权的漫画资源进行分类整理,并通过与多种媒体形式相结合的方式对其进行促销宣传。一方面增加了该出版社的用户黏性,另一方面对深度挖掘内容产业的多层次利用起到了良好的铺垫。在此基础上,与有宣传需求的企业进行对接,寻找企业用户在市场宣传中对 IP 的利用价值。例如,2022 年该社将其出版的漫画《逃避可耻但有用》中的 IP 与大型食品公司明治旗下的黄油产品进行合作，一方面丰富了产品的使用场景，提升了用户对产品的亲切感，另一方面实现了出版社对精品 IP 的多维度开发，提升了 IP 的认知度与市场价值。

此外，讲谈社还于 2020 年 3 月同软银等 6 家企业合作，搭建了运用 5G 技术的"Mixer live 东京"这一媒体发布平台。将出版社的内容 IP 与影像相结合，重点是将漫画与小说等进行二次创作，并以现场发布的形式在全世界范围内进行传播。

日本出版企业的创新与探索激发了各参与环节的活力。将内容进行二次创作，多渠道发布，吸引读者群体深度参与到作品创作的过程中，打破了以往单凭纸质出版物进行发布的局限性。不仅能够开拓更广域的市场，而且数字出版物可以根据市场反馈进行灵活调整，提升了对读者群体的针对性。

2.3 ChatGPT 与数字出版的智能化融合

ChatGPT 凭借其强大的信息抽取能力和对标准化术语的吸收能力，在输入知识图谱和相关规则的基础上，可以为科研人员提供数据抓取与清洗、投稿设计等辅助，在内容产业的应用潜力显著。例如日本出版巨头集英社于 2023 年 5 月推出了一款名为「Comic-Copilot」的 AI 漫画编辑，该对话型 AI 由日本科技公司 alu 开发，主要用于集英社旗下的知名漫画杂志《Jump+》，用于辅助年轻作者的创作，例如台词校对、转换说法、题目选定、固定名词选取等均可通过人机对话的形式提供基础数据，以便于作者将注意力更多地用于制作创造性内容方面。

在出版环节，ChatGPT 可代替编辑人员完成对内容采集环节的原创性把关、内容准确性等编校质量把关。例如核对英文翻译、事务性邮件撰写等。在出版产业链之外的智能化推广领域，随着 ChatGPT 交互性能的不断提升，提供知识服务成为其在智能出版领域应用的新突破点。用户视角的人工反馈强化了 ChatGPT 的智能性，不同于以往单纯依靠算法进行信息推荐的做法，ChatGPT 能够更加精准地识别用户需求，更为高效地实现内容的私人订制，以提升出版内容的到达率。例如，日本著名出版社 KADOKAWA 与技术公司合作创立了自动投稿网站 KAKUYOMU，在该网站上，用户可以通过设定故事情节中的关键词、基本情节和主人公姓名等信息，使用 ChatGPT 完成自己的创作。创作过程可以在该网站上实时向读者公开，通过该出版的数字平台及时获取读者的在线评论，产生对稿件的实时评价，并以此为依据推进作者与出版社的后续合作，进而实现作品对于作者和读者需求的精准反馈。

目前日本出版界对于 ChatGPT 的广泛应用依然持谨慎态度。主要基于以下两方面考量：①基于 ChatGPT 等生成式 AI 完成的作品往往缺乏独创性，从本质上讲是基于人类创作的二次创作，局限于对现有人类创作数据文献的整理与描述，导致版权归属不明，同时在创作出版领域挑战者作者与出版社、出版社与用户之间的信任。②AI 无法作为创作主体对其生成的内容承担主体责任，相应地也无法成为著作权的保护对象。因此不仅限于日本，目前国际主流期刊依然要求不得直接使用 ChatGPT 生成的文本。并且，在以人类为主体的创造性作品中，需要标明在内容创作过程中使用 ChatGPT 生成的所有内容，以规避生成式 AI 在内容创作中的管理灰色地带。

3 日本的相关实践带来的启示

3.1 搭建数字内容平台有利于对接产业内各方需求

内容产业是数字出版的基础与核心，数字化技术是其实现加速拓展的手段。近年来随着内容消费需求呈现多元化趋势，对内容产业在内容质量、供给效率和精准度方面提出了更高要求，这也成为驱动智能化出版不断提质升级的内在动力。为了更好地提升生产端与消费端的匹配度，搭建联系出版者与用户之间的平台变得格外重要。数字内容平台的有效连接可以通过两者间的深度互动，用消费驱动生产、生产刺激消费，赋予数字出版生态向积极的、正向的模式发展。

在数字内容平台的培育过程中，市场行为带来的积极竞争提升了部分互联网平台的优势地位。当前应积极参与市场规则的制定与完善，保障出版社、平台和读者在产业链中的平等地位，让出版社在面对大型平台的过程中保持一定的主动地位，维持一定的议价能力，以便维持其积极性。打造由国家主导的知识资源服务平台，构建国家知识资源服务体系，是发挥主流媒体的作用，进而推动出版业转型升级，加强思想文化宣传阵地建设，保障国家信息和文化安全的必然要求[7]。

3.2 应积极防范数字技术在出版行业中的伦理风险

出版行业在生产内容的同时，也被作为认知导向型行业，承担着意识形态宣传作用，应意识到数字技术的使用对于意识形态塑造的风险。出版业智能化推进的过程中，应继续发挥编辑的主体作用，重视编辑队伍的培养，避免出版人才被技术替代，引发人才流失和数字文化价值分裂的伦理风险，以及基于 ChatGPT 生成文本的无序生长[8]。同时尽快在国家层面明确数字技术在出版、流通等领域的参与界限。在向世界发出中国声音的过程中，防范数据与算法带来的伦理风险，坚持人的主体实践。

参 考 文 献

[1] 国家新闻出版署.中共中央宣传部印发《关于推动出版深度融合发展的实施意见》的通知[EB/OL].(2022-04-24) [20023-02-05].https://www.nppa.gov.cn/nppa/contents/279/103878.shtml.
[2] 魏玉山.国际出版业发展报告(2021 版)[M].北京:中国书籍出版社,2022.
[3] 杨贵山.国际出版业导论[M].北京:北京大学出版社,2010.
[4] 出版科学研究所.日本の出版販売額[EB/OL].[2023-04-08].https://shuppankagaku.com/statistics/japan/.
[5] 向飒.用户画像下学术期刊智能出版的融合发展及系统构建[J].郑州大学学报,2023(5):121.
[6] 講談社.マンガ IP サーチ by C-station[EB/OL].[2023-03-08].https://mangaip.kodansha.co.jp/.
[7] 张立,刘颖丽,介晶.出版业知识服务转型之路:国家知识资源服务模式试点研究[M].北京:社会科学文献出版社,2019.
[8] 刘海明,马皖雪.ChatGPT 应用于数字出版的伦理风险与伦理原则[J].数字出版研究,2023(2):23.

浙江省高校学术期刊微信公众号现状调查分析及发展对策

于 芬

(浙江科技学院学报编辑部，浙江 杭州 310023)

摘要：为探讨浙江省期刊微信公众号的建设情况，提高其建设水平，选取浙江省普通本科院校主办的51种中文学术期刊，对其微信公众号的建设现状进行调研。研究结果显示，浙江省期刊微信公众号的建号比例尚可，建设水平存在两极分化现象，一方面，少数期刊微信公众号栏目设置合理、功能齐全、维护及时，推文内容丰富、附加价值大、内容进行了二次加工、推送频率高，用户服务意识强；另一方面，很多期刊微信公众号存在链接失效、信息陈旧、纸刊搬家、用户服务意识弱等问题。针对微信公众号的建设现状，提出"增强责任感、增强数字化意识、提高人员能动性、提高创新能力、提高服务水平"等对策。

关键词：期刊数字化；微信公众号；浙江省学术期刊；良性发展；对策与建议

随着科技的进步和人们阅读习惯的变化，期刊的传播方式和途径也发生着巨大的变革。依赖纸刊订阅和期刊网站等传统的传播渠道进行内容发布的期刊，基本处于被动地等待读者来读的状态，其传播范围及传播速度有一定的局限性，无法覆盖更多的读者。

近些年，随着微信公众号、哔哩哔哩、微信视频号、抖音等社交媒体平台的兴起[1]，期刊的传播渠道更加多样化、更有主动性，期刊内容发布方式更加多元化，发布速度更快，服务对象更广，期刊的获益也更多。通过社交媒体，期刊不仅可以服务读者，还能发现作者，吸引优质稿源，能更好地提升期刊的学术影响力。

微信公众号相比传统的期刊订阅、网站传播方式，具有主动、精准推送功能，适应碎片化移动阅读，传播范围广，传播速度快，缩短出版周期，提升传播效率等特点；相比哔哩哔哩、微信视频号、抖音等传播途径，具有制作相对简单、成本更低等优势。因此，越来越多的期刊建立了微信公众号。微信公众号质量的高低，直接影响着期刊的传播效果。近些年，期刊微信公众号的建设与发展也引起了期刊从业者和研究者的关注，涌现出了一些研究成果，如一些地区或行业期刊微信公众号的发展现状[2-3]，微信公众号与高校学报融合中出现的问题及其解决途径[4]，微信公众号的运营策略[5-7]，提高论文通过微信公众平台传播效果的方式[8]等。

浙江省地处经济较发达的东部沿海地区，期刊的建设和发展表现出一定的地域特征，为了了解浙江省期刊公众号的建设情况，本研究以浙江省普通本科院校学术期刊为例，探索期

基金项目：浙江省期刊协会浙江省高校学报编辑工作研究会科研项目(ZGXB201615)

刊微信公众号的建设现状及发展趋势，以期为期刊微信公众号的建设提供一些参考，从而提升期刊的品牌关注度和学术影响力。

1 研究对象与方法

选取具有国内外正式刊号的浙江省普通本科院校的 51 种中文学术期刊为研究对象，在微信中以刊名为关键词搜索期刊微信公众号或扫描二维码等方式关注、浏览期刊的微信公众号，记录其建设情况并做统计分析。同时，通过面对面或微信、qq 线上访谈的方式与微信公众号负责人进行个别交流，以了解微信公众号建设过程中的问题及原因。调研时间为 2023 年 1—3 月，数据截至 2023 年 3 月 7 日。

2 建设现状及分析

2.1 建号比例

浙江省普通本科院校 51 种学术期刊中，有 37 种期刊已建立微信公众号，建号比例为 72.5%。多种期刊属于同一高校的情况下，建号方式不一，有的为同一单位的多种期刊共用一个微信公众号(如高校学报的自然科学版和社会科学版存在共用微信公众号的现象)，有的则各期刊分别建设自己的微信公众号，还有的期刊社建设一个总的公众号，各期刊又分别建设自己的微信公众号。无论期刊建设自己的微信公众号，还是与其他期刊共用一个微信公众号，统计时都记作有。在统计建设内容时，首先取期刊自己的微信公众号内容，没有自己的微信公众号时则取共用的微信公众号内容。

2.2 栏目设置情况

本研究所调研的样本为浙江省普通本科院校学术期刊，其微信公众号基本没有商业化盈利属性，微信公众号栏目的设置基本与期刊的工作流程一致，大致分为基本信息、稿件处理系统、网刊管理三部分。

2.2.1 基本信息

基本信息栏目是实现良好用户体验的重要保障，基本信息模块能够让读者方便快捷地了解期刊的特点和发展情况、联系方式、订阅方式、公告信息，获得期刊的投稿要求等，基本信息栏目设置情况见表 1。

表 1 基本信息栏目设置情况

子栏目	期刊数	比例/%
期刊简介	27	73.0
投稿须知/投稿指南	25	67.6
联系方式	20	54.1
新闻公告/期刊动态	16	43.2
Web 网站	10	27.05
期刊订阅	9	24.3
编委会	5	13.5
官方微博	3	8.1

由表 1 可知，期刊简介、投稿须知/投稿指南、联系方式等用户需求最多的 3 个子栏目设置比例较高。官方微博、期刊订阅两个子栏目设置比例较低的可能原因是，这两个栏目随着

时代的发展而渐渐淡出历史舞台。Web 网站和编委会两个子栏目的设置比例不够高,这两个子栏目也是读者需求较大的栏目,应重视这两个子栏目的建设。基本信息栏目的设置体现了期刊服务用户的意识,如能让用户很容易得到所需信息,就会给其带来良好体验,从而更容易留住用户。

2.2.2 网刊管理

期刊文章上网,让读者易于获取、易于检索,能够随时随地阅读,有利于扩大期刊的影响力,提高社会效益,这是微信公众号建设的重要目的。网刊管理栏目的设置情况见表2。

表2 网刊管理栏目的设置情况

子栏目	期刊数	比例/%
过刊浏览	28	75.7
当期目录	27	73.0
论文检索	17	45.9
最新录用	3	8.1
栏目浏览	3	8.1
优先出版/优先发表	1	2.7

由表 2 可知,当期目录和过刊浏览两个子栏目设置比例最高,一般情况下,这两个子栏目的内容可以通过数据接口直接链接期刊网站的相应内容,制作和维护简单,没有链接失效的情况。论文检索、最新录用、栏目浏览、优先出版等子栏目因制作和维护费时费力而设置率较低,且存在如链接无效或者内容长时间没有更新的情况。然而,这些费时费力的栏目又在一定程度上体现了期刊微信公众号的创新性,在栏目创新性上,各期刊总体比较欠缺。

2.2.3 稿件处理系统

稿件处理模块主要是为审稿专家、作者和编辑服务的。在微信公众号出现之前,用户大多通过网站或电子邮箱处理稿件,登录方式较为不便。微信公众号提供稿件处理入口,为用户提供了更多、更便捷的选择,能使作者随时随地查询稿件处理进度和处理结果,能让审稿专家随时随地审阅稿件,节约他们的宝贵时间。稿件处理入口设置情况见表3。

表3 稿件处理入口设置情况

子栏目	期刊数	比例/%
作者查稿	22	59.5
专家审稿	19	51.4
编辑办公	8	21.6

由表 3 可见,专家审稿和作者查稿的设置比例较高,这是由公众号服务于读者和作者及审稿专家的定位决定的。而编辑的专职工作就是处理稿件,一般都在电脑前,使用手机办公的情况比较少,因此,编辑办公栏目的设置比例较低。

2.3 推文情况

期刊微信公众号的栏目分门别类地展示期刊相关的内容,能够方便用户主动查询所需信息;相比栏目,推文则会主动将信息推送给用户。因此,推文能否吸引读者阅读甚至转发是期刊微信公众号能否吸引用户、留住用户的重要影响因素。本研究从推送内容和推送频率两方面对期刊的推文情况进行了调研。

2.3.1 推送内容

期刊公众号向用户推送的文章内容情况见表4。

表4 推文内容及其比例

推送内容	期刊数	比例/%
当期目录与摘要	34	91.90
分篇全文	18	48.65
资讯信息	13	35.14
分篇内容梗概	12	32.43
网络首发文章	4	10.81

注：在本研究中，所有非来源于本刊纸质版的推文统称为资讯信息。

微信公众号的附加价值主要蕴含在推文中，推文给用户带来的附加价值越多越能吸引用户。从表4可以看出，九成以上的期刊都能及时推送当期目录与摘要，而其他内容推送比例较低。

各期刊微信公众号的推文部分表现出很大的差异。首先，推送内容的表现形式不一样，例如目录，有的直接用纸刊目录截图；有的重新进行制作，加了花边、分割线、底纹等，制作精美，令人赏心悦目；有的在目录中的每一篇文章下加了一个二维码，扫描二维码即可打开全文。又如分篇内容，有的期刊微信公众号完全是纸刊搬家，甚至直接把pdf稿放上，字迹很小，看起来很费力；而有的充分利用了HTML、XML等超文本标记语言进行二次加工，与纸刊相比，增加了更多的配图，更多的作者信息、研究背景、研究平台介绍，甚至研究过程的视频记录，还有编者导读信息、重要的段落节录等。其次，推送的内容千差万别，有的内容单一，主要为目录和摘要，或加少许全文推送；而有的内容精心挑选，蕴含了编辑的智慧和创造性，如有的期刊提炼一期的关键词，并把关键词相关的文章列出，将文章中对相关词条的解释列出，给用户提供"博文广识"虚拟栏目；有的期刊梳理近年刊发的某个专题的研究成果，推出"虚拟专题"文章；有的期刊紧紧围绕用户所需，推出诸如学术会议、行业动态、主编推荐行业有影响力的前沿性文章、写作技巧等资讯信息。

资讯信息是为了增加附加价值而推送的内容。浙江省期刊公众号的相关资讯信息包含学术动态信息、研究方法、论文书写规范和技巧、转载其他期刊发表的前沿性专业文章、主编与副主编认可的好文章、常用的工具资料等，还有的医学期刊专门发布一些临床手术视频，这对用户来说是非常有用的信息，然而，由表4可知，这部分的设置率并不高。

网络首发文章是在纸质期刊发表之前，为了增加时效性而在网络上优先发表的文章，可以让用户在第一时间读到最新的研究成果。例如，新冠疫情爆发后，与疫情传播、治疗的相关研究成果，越早公布于众越好。遗憾的是，编辑部往往没有那么多时间和精力去做这些内容，因此设置比例很低。

2.3.2 推送频率

推文的推送频率能反映微信公众号的活跃程度，本研究统计了各期刊微信公众号近1年的推文数量来获取其推送频率(表5)。

表 5 近 1 年的推文量和推送频率

月均推文数量/篇	期刊数	比例/%
0	7	18.92
1~4	18	48.65
5~8	2	5.40
9~12	1	2.70
>12	9	24.32

注：月均推文数量为 1 年的推文量除以 12 取整后得到。

由表 5 可见，推文的推送频率呈现出两极分化的现象，大部分期刊的月均推文量为 4 篇以内，但也出现了一些推送频率较高的期刊，一年的推文量达到 200 篇以上，这说明各期刊对微信公众号的投入不均，大部分期刊投入不足。

3 研究结论

高校学术期刊微信公众号建号比例尚可，但建设水平参差不齐。一方面，少数优秀的期刊公众号在栏目设置上合理，内容丰富，更新及时；推文有特色，集聚了编辑工作者的创造性成果，想用户之所想，推用户之所需，推文推送频率高，增值服务多，吸引了大批用户的关注。另一方面，大部分期刊的微信公众号投入不足，存在栏目链接不可用、内容陈旧等问题；推文推送频率低，推文内容无新意，推文简单地进行纸刊搬家，甚至无推文，阅读量低，微信公众号处于"沉睡"状态。针对此情况，笔者通过线上和线下的方式与同行进行交流发现，优秀期刊微信公众号的背后隐藏的是数字化意识强、具有责任感、富有创新性的期刊工作者，他们相信微信公众号对期刊发展有重要作用，能够克服现实存在的种种困难，善于思考想办法，打造出富有特色的微信公众号。而微信公众号建设落后甚至没有设立微信公众号的则原因各不相同：一是部分编辑，尤其是一些稿源不太好、阅读量比较低的期刊编辑带有悲观主义情绪，甚至认为自己做的是无意义的工作，认为不管怎么努力也改变不了现状，只追求完成最基本的任务——按时出版纸质期刊，要么根本不设公众号，要么建起了应付领导检查，检查过后就变成一个"死号"，再也无更新，搞"形式主义"；二是未意识到微信公众号是一种有效的传播渠道，认为期刊已通过中国知网等大型数据库和自建网站实现了数字化，再设微信公众号是多此一举；三是想建微信公众号，但受困于人员配备不足，时间精力不够；四是建立微信公众号，有创新意识，但创新能力不足，不知道如何才能做得更好。

4 对策与建议

针对研究发现的期刊微信公众号出现的问题，结合优秀期刊微信公众号的先进经验，提出以下对策建议。

4.1 增强责任感，促进期刊发展

期刊从业者应增强责任感，即使客观条件不足，诸如存在稿源不佳、期刊名气不大等问题，也应积极进行期刊出版建设与改革，进行数字化建设。数字化建设能为用户提供更好的服务，扩大期刊的影响，促进期刊的发展，提高经济效益和社会效益。期刊从业者要意识到自己的责任和使命，意识到期刊数字化是大势所趋，应密切关注信息技术的发展，充分利用数字化技术完善微信公众号的信息，让用户能方便快捷地获取所需内容；应了解用户的需求，

精准推送用户所需要的内容；利用数字化技术对期刊内容进行二次加工，提高期刊微信公众号的附加价值。除此之外，期刊从业者还应勤于学习微信公众号运营的相关知识，打造一个能持续吸引用户关注的微信公众号。只有怀着强烈的责任感才能打造出一个有创新、有实效、能吸引用户的微信公众号，才能更好地为用户服务，吸引更多的读者，吸引更多的优质稿件，从而提高办刊效益。

4.2 增强数字化意识，与时俱进

随着信息技术的发展，期刊数字化形式越来越丰富。从最早的期刊光盘版到知网等各大数据库、期刊自己的网站，再到新媒体时代的微信公众号、视频平台等，期刊从业者应与时俱进，了解不同数字化形式的优缺点，选择合适的技术为期刊发展服务。即便期刊已经加入数据库、建设自己的网站，再建设微信公众号也是有价值的，原因至少有二。一是时代的需求，随着时代的变迁，城市变大导致通勤时间变长，人们的生活节奏加快，大块时间变少、碎片化时间变多，需要更多的移动阅读，而微信公众号恰好能满足用户的这种需求。微信活跃账户数已超过 12 亿[9]，期刊的推广应该抓住微信这个阵地。二是微信公众号的优势，与网站相比，其内容便于二次加工，不仅能传播纸刊的内容，还可以加入更多的配图、作者信息、研究背景等，如果读者想看记录试验过程的视频，通过识别一个二维码就可以实现；微信公众号内容灵活自由，方便融合编辑的智慧和创造性，如推送的文章都是编辑精心挑选过的，编辑还可以整合近一期、近一年甚至更长时间内的同一个专题文章一起推送，文章中还可以增加编者按、导读语等内容，这都会为读者带来更多的附加价值；微信公众号可以实现精准推送，推送方式也灵活方便，可以充分考虑读者的碎片化时间的长度合理选择推送时机、推送频率和推送文章的篇幅。总之，应该用发展的眼光与时俱进地进行期刊数字化建设。

4.3 提高人员能动性，积极克服困难

因学校编制的限制，大多数期刊的人员配备不足，即便是按时高质量地出版纸质期刊往往都困难重重，更何况加上期刊的数字化建设。面对困难，如果放任不管，只能在数字化浪潮中被越甩越远，应该发挥人的能动性积极克服困难。例如《浙江大学学报(英文版)》虽然不在本次统计之列，但其经验值得借鉴：为了克服人员不足的困境，充分利用本校的资源，召集一批传播学专业的在读硕士生和博士生辅助进行微信公众号的建设。他们通过调研得知用户对什么内容感兴趣、需要什么样的文章，推送大批高质量的文章，能做到每天更新推文，打造了一个名副其实的高质量公众号。公众号吸引了大批用户，关注用户达到 10 万以上，在小众化的期刊公众号中一枝独秀。还有的期刊充分调动主编和编委的力量，开设"主编眼里的好文章""编委推荐"等专题。另外，在经济条件允许的情况下，微信公众号外包也能解决人员不足的困境。

4.4 增强创新意识，提高创新能力

因编制限制，期刊的微信公众号建设一般由期刊编辑兼职完成。相比信息技术人才，编辑有了解期刊内容、了解作者群体等优势，但对新媒体技术、新媒体用户的特点、传播学规律等方面了解不够深入，可以说是在"摸着石头过河"，这就要求期刊编辑工作者加强学习，增强创新意识，提高创新能力。一是内容要有创新。如果只是纸刊搬家或者将网站的内容复制，很难吸引用户。要提高微信公众号的附加价值，就要重视对本刊内容进行二次加工，学习利用 HTML(hyper text markup language, 超文本标记语言)、XML(extensible markup language, 可扩展标记语言)等超文本标记语言加入向作者征集来的研究过程图片、视频、研究背后的趣闻

轶事，增加导读信息，同一专题的文章汇编在一起向读者推送；还要向用户推送更多的资讯和资源，让用户既可获得科研参考，也能获取新知，开阔视野。二是形式要有创新。与纸质期刊相比，微信公众号的语言可以更自由灵活甚至幽默，形式也可以更多样。如果能让科研工作者在繁忙枯燥的科研工作之后来这里既获得新知，又得到放松，便是两全其美。在调研中，笔者发现某公众号的每篇文章的结尾总不忘来一张赏心悦目的图片，让人眼前一亮，带着美好的体验结束阅读。类似的细节都是值得我们去学习和注意的。

4.5 重视用户反馈，提高服务水平

如前所述，微信公众号不是应付检查的，是服务用户、服务社会的。然而，笔者在调研过程中发现很多期刊没有重视用户的反馈信息，没有任何与用户的交流机制，不知道有多少用户关注该公众号，不关心推文的阅读量，"只问耕耘，不问收获"，甚至有的公众号的推文量很高，花了大量时间，但阅读量只有寥寥几次、几十次，这样就谈不上服务。为了更好地提高服务水平，要重视对用户的了解。一要经常查看关注用户(俗称"粉丝")的数量、一段时间内用户的增长(涨粉)数量和减少(掉粉)数量，分析用户变化的原因，以提高服务。二要关注文章的阅读量，分析总结什么样的文章更受欢迎。三要建立与用户交流的渠道和机制，将联系方式放到用户易于获取的位置、充分利用微信平台的问答功能，以获得用户的反馈信息；管理员还可以建立 qq 群、微信群来为用户提供交流讨论的场所；对用户的问题应给出及时的回复，对一些共性问题可以用推文的方式给以答复；更重要的是要积极主动地征求用户的意见和建议，对微信公众号的建设做出优化调整。

5 结束语

本研究对浙江省高校期刊公众号的建设情况进行研究，分析浙江省期刊公众号建设的优势和不足，并给出应对建议，为浙江省期刊公众号的建设发展提供参考。同时，本研究也具有一定的局限性，如调研的样本为高校主办的期刊，这些期刊有一定的特殊性，编辑部一般不是法人单位，没有经济压力，但活力不足等，非高校主办的期刊公众号的建设情况如何，与高校主办期刊公众号的建设有什么区别等问题是下一步要研究的课题。

参 考 文 献

[1] 欧梨成,张帆,陈培颖.传播学视域下科技期刊短视频平台运营策略探析:以抖音、哔哩哔哩和微信视频号为例[J].中国科技期刊研究,2022,33(1):58-66.
[2] 刘璐.医学高校学报微信公众号现状及优化路径[J].科技传播,2021,13(11):1-5.
[3] 张辉玲.广东科技期刊微信公众号现状调查及传播力建设:以中文核心期刊为例[J].科技管理研究,2020,40(20):255-262.
[4] 吴明敏.全媒体时代高校学报微信公众号融合问题探析[J].新媒体研究,2022,8(1):76-78.
[5] 牛琦.大学学报的微信公众号运营策略[J].科技资讯,2021,19(28):117-119.
[6] 林欣,甘俊佳.高校学报微信平台传播力的影响因素研究[J].中国科技期刊研究,2021,32(5):662-670.
[7] 王佳,刘伟霄,杨建肖,等.学术期刊微信公众号运营策略探析:以"河北农业大学学报社会科学版"为例[J].新媒体研究,2021,7(5):56-59.
[8] 吕冬梅,陈玲,李禾,等.基于微信平台的科技期刊学术论文推广分析:以《中国中药杂志》为例[J].编辑学报,2022,34(2):198-201.
[9] 腾讯.腾讯公布 2022 年第一季业绩[EB/OL].(2022-05-18)[2022-05-30].https://static.www.tencent.com/uploads/2022/05/18/9a46878abd6009cacd79f241a814442b.pdf.

媒体融合背景下学术图书出版的困境与出路

刘 荣

(外语教学与研究出版社,北京 100089)

摘要: 学术图书是传播理论知识、传承优秀文化的重要载体,是出版门类中的重要板块。本文探讨了媒体融合背景下学术图书出版的守正与创新问题,为我国融媒体环境下的学术出版工作提供参考性建议。本文先对学术图书出版的特点和价值进行了分析,接着探讨了媒体融合背景下学术图书出版面临的主要困境,最后提出了学术图书出版的守正与创新策略。就学术图书出版的特点而言,学术图书出版存在编校难度大、对编辑的要求高、发行渠道较单一、出版周期较长等特点。就出版价值而言,学术图书的出版价值主要体现在它的学术价值上,而它的社会价值和经济价值相对较小。在媒体融合背景下,学术图书出版面临诸多挑战,学术图书的出版要有适合自身发展的创新路径。学术图书出版要顺应出版规律和时代发展的要求,坚持走高质量发展、专业化发展、融合发展、数字化转型发展的道路。

关键词: 媒体融合;学术图书出版;主要困境

1 学术图书出版的特点与价值

学术图书是指内容涉及某个或多个学科、某个或多个领域,且具有一定学术研究价值的作品。简言之,学术图书是指涉及学术性知识和理论的作品。学术图书包含学术著作,而学术著作包含学术专著。毫无疑问,学术图书出版就是学术作品的出版。学术图书出版具有以下几个特点:

1.1 在内容方面,学术图书的编校难度大

学术图书涉及学术知识,内容专业,理论性强。有的学术图书内容非常专业,知识点较多,参考文献较多,相应地,引用的资料也比较多,编辑需要花费大量的时间做案头工作,比如找错误、查资料、核对引文和事实等。编辑还要对稿件进行修改、订正、加工、润色等。因此,学术图书的编校难度大,一般图书不能与之相比。此外,人文社科领域的学术图书存在较多的政治敏锐性问题,如国家政策文献的引用、领导人讲话、国际关系、区域国别、历史文献资料、地图国界、民族宗教问题等。这些问题需要编辑一一核实、查证。

1.2 在人员方面,学术图书的出版对编辑要求高

学术图书编校难度大,对编辑的要求自然就高。编辑不仅要在编校内容上下功夫,而且要了解学术动态,关注学术前沿问题,以及国家在相关学术领域的政策和要求。因此,学术图书具有"高"(学术水平要求高)、"精"(发行量少)、"尖"(对编辑要求高)等特点。学术图书的出版既要体现经济效益,也要有社会效益,因此,对编辑来说,学术图书选题的开发也是一大

考验。

1.3 在市场方面，学术图书的发行渠道比较单一

学术图书的发行渠道主要是传统的新华书店和网店(当前主要是京东网上书店和当当网上书店)，渠道比较单一。相比之下，一些教辅图书或畅销书的发行渠道就比较广了，除了新华书店和网店，还有民营渠道、直销渠道、专有渠道等。一般而言，因为学术图书的受众较小，读者的层次相对较高，所以它的发行量就比较少，推广难度比较大。

1.4 在出版时间方面，学术图书的出版周期较长

编辑是一个复杂的"系统工程"，想要杜绝和消灭稿件差错并非易事。找错误、查资料、核对引文和事实等，编辑都要耗费大量的心血。学术图书的编写时间、编辑加工时间较长，出版周期也较长。此外，学术图书还存在选题方向、出版经费、编辑考核、品牌建设、市场推广等问题，这些因素也影响着学术图书的出版进度。

学术图书是传播理论知识、传承优秀文化的重要载体，是出版门类中的重要板块。在整个图书市场，虽然学术图书所占的份额并不大，但它不可或缺，地位不可动摇，作用不可替代。换句话说，学术图书的市场发行量较小，但它的出版价值却很高，具有"小而精""小而专""小而美"等特点。

学界对学术图书出版价值的探讨，主要集中在它的学术价值和社会价值两个方面。吴平认为，学术图书出版的价值主要有以下三个：是人类学术成果记录、传播与共享的重要渠道，是认可学术成果、展开学术争鸣、推动学术创新的重要平台，是学术与出版有机结合、互补共赢的纽带[1]。刘蓉和张金柱则认为，学术图书的出版价值主要体现在以下四个方面：对学术研究的爱好和坚守，对文化积累的钟情与追求，对学术体系的贡献与促进，对知识创新的高扬和催生[2]。笔者认为，学术图书具有三个方面的价值，即学术价值、社会价值和经济价值。学术价值是指作者提出了新问题或新观点，开拓了新领域，构建了新理论，做出了新论证，得出了新成果。社会价值是指作者通过自身的实践活动为满足社会或他人需要所做的贡献。经济价值是指经济行为体(主要是出版机构)从图书产品及其服务中获得的经济利益。学术图书出版的价值主要体现它的学术价值上，而它的社会价值和经济价值相对较小。

2 媒体融合背景下学术图书出版面临的主要困境

2.1 学术资源需求不断扩大的现实与学术图书出版整体状况不佳形成鲜明对比

随着科学技术的进步以及国家对学术科研的重视，学术科研人员对学术出版资源的需求越来越大。当下，科技与文化的融合速度进一步加快，学术机构和科研人员对知识服务的需求更加迫切。这个就要求出版机构将传统学术出版向数字化转型，向知识服务转型。然而在当下，我国学术图书出版普遍存在学术价值不高、缺乏系统的评价机制、出版不规范等问题，"资助出版"成为学术出版的主要形式。此外，与大众、教育类图书相比，学术图书市场规模小、利润空间不大，难以形成规模效应。学术图书的出版对编辑能力要求较高，缺少高水平的学术图书编辑人才。这些因素不利于学术图书出版的可持续发展，更不利于学术图书的精品化发展。因此，学术资源需求不断扩大的现实与学术图书出版状况不佳形成鲜明的对比，学术出版机构必须认真思考学术图书出版的转型发展之路。

2.2 数字化转型对传统学术图书出版机制的变革提出了挑战

在媒体融合背景下，图书的传播和阅读方式发生了改变，传统出版受到巨大冲击，数字

出版如雨后春笋，不断发展壮大，大有超越纸质出版之势。随着数字化进程的不断推进，碎片化阅读、移动阅读等新型阅读方式已成为人们的主要阅读方式。在这样的大背景下，学术图书的出版也要向数字化转型，充分利用现代科技，丰富和发展数字内容的呈现形式。这样做不仅可以扩大学术图书的受众范围，而且可以加强学术互动交流，积累学术出版资源。学术图书出版向数字化转型，必然要求对传统的学术图书出版机制进行变革。首先，传统的编审机制需要完善。在过去，学术图书出版实行的是"三审三校"制度，责任编辑、编辑室主任和总编辑需要对稿件进行三级审核、把关。现在，学术图书的出版除了需要出版机构内部进行三级把关，有必要推行"同行评议"制度，同行专家的意见也很重要。其次，学术传播机制需要完善。在过去，图书的传播的主体是图书本身；而现在，通过信息网络技术，图书内容以各种形式和手段进行传播，并且传播的边界被打破，传播的范围更广，传播的力度更大。本质上讲，学术图书出版是一种学术传播活动。学术图书只有给需要的读者使用才能发挥它的价值，才能体现其学术话语权。

2.3 网上渠道和新媒体的出现对学术图书的传统盈利模式提出了挑战

一般情况下，学术图书分为一般图书、重点图书和立项图书这三类。一般图书的学术价值不太高，但市场有一定的出版需求，读者也有一定的阅读需求。重点图书具有一定的学术价值，能够反映某些研究领域的最新进展。通常情况下，重点图书的作者具有一定的知名度，出版成果也具有一定的权威性。立项图书是指得到国家立项、国家资金支持的学术图书。能够得到国家立项支持的图书，一般都具有一定学术价值和影响力。因此，立项图书的出版是学术出版重要板块。在传统出版领域，无论哪一类学术图书的出版，其盈利模式都比较单一，主要依靠出版经费的支持，而出版经费主要来自国家立项以及学校和科研单位的支持，个别图书的出版经费可能来自作者。在发行渠道方面，新华书店渠道实行的是寄销制，图书放在书店销售，如果有一段时间卖不动，还会有退货，而退货会产生一定的库存。随着网上渠道和新媒体的出现，学术图书原有的单一盈利模式不断受到挤压，在线阅读、数据库下载、直播带货等形式精彩纷呈。如此一来，内容资源和数字版权成为图书市场争夺的对象。

3 媒体融合背景下学术图书出版的创新发展路径

当前，我国正处于媒体融合发展的重要时期，传统出版虽然受到巨大的冲击但依然存在，并且不可替代。新媒体的出现也使学术出版具有更多的数字化表现形式。在这样的发展态势下，学术图书出版要寻求适合自身的创新发展路径。具体而言，学术图书出版要顺应出版规律和时代发展的要求，坚持走高质量发展、专业化发展、融合发展、数字化转型发展的道路。下面，笔者从学术图书的发展方向、内容质量、管理运营以及人才培养等方面进行阐述。

3.1 在发展方向上，坚持走传统出版与数字出版相结合的融合发展之路

学术图书的性质决定传统纸媒出版有一定的市场，至少不可替代，但仅仅依靠传统纸媒出版已不能满足时代发展的需要，而数字化发展是其必然趋势。因此，当前要坚持走传统出版与数字出版相结合的道路。

第一，在获得资金支持的条件下，适当扩大学术图书的出版规模，开发多种数字产品。一般情况下，学术图书都有一定的出版资助，出版资助可为图书的出版提供资金保障，同时降低图书的出版风险。出版机构可以根据学术图书发展的需要，在获得出版资助的基础上适当扩大出版规模，开发多种数字产品。

第二，学术图书出版要坚持数字化发展方向。纸质图书具有传播速度较慢、影响范围较小等缺点，而数字出版具有传播速度快、影响范围广等优点，"一出版则天下知"。因此，出版内容的数字化必然成为学术图书出版的发展方向。此外，借助数字平台，编辑可以与广大读者、业内专家进行更多的交流与互动，从而产生更多有价值的选题，同时为用户提供更具个性化的数字内容服务。

第三，以多种手段对学术图书进行宣传和推广。在过去，学术图书的营销模式比较单一，编辑主要对内容负责，很少参与营销工作。在媒体融合背景下，学术图书的编辑要成为"全能选手"，出版的每个环节都要参与。比如，在选题策划阶段，编辑要参加学术会议，进行市场调研，同时做好图书营销方案；图书出版后，编辑要组织学术研讨并对学术图书进行会议发布，提高曝光率，以新闻、公众号、自媒体等形式加强信息传播的力度和广度。

3.2 在内容质量上，坚持内容为王、质量为本，做好优质内容的积累工作

学术图书的核心价值在于它的学术性，而学术性主要体现在它的内容质量上。无论信息技术如何发展，信息传播方式如何变革，学术图书出版始终都要以内容为中心。内容质量的高低是学术图书存在的根本。因此，学术图书的出版始终要把内容质量作为核心竞争力。

从编辑角度讲，编辑不仅要做好选题策划、稿件编加、出版印制等工作，而且要选好作者，有意识地培养作者，不断优化稿源。编辑还要提高个人素养，加强学习，做到"一专多能"，甚至"多专多能"。

从产品角度讲，编辑要找准出版方向，努力深挖选题，打造学术精品。编辑要提前策划好优质图书选题，并在产品上体现学术图书的精品化特征(如图书设计风格、品牌标志等)，同时为读者提供更多的价值感。除了图书内容，编辑还要在图书形式的创新上下功夫，体现其专业性和创新性，使图书质量超出读者的预期。

从出版机构角度讲，需要优化学术图书的出版机制。出版机构除了要优化选题认证制度，完善编校制度，严格落实稿件质检制度，还要在完善"三审三校"制度的基础上，建立外审专家评议制度(如"同行评议"制度)。学术图书的专业性很强，需要外审专家、学者的共同参与。

3.3 在管理运营上，要加强版权保护和运营，打造优质的数字产品，提供学术知识服务

版权是出版机构的核心资源，版权资源的掌控程度决定了出版企业竞争力的强弱[3]。对出版机构来说，多年积累的大量内容资源是其最具价值的核心资产。对学术图书出版而言，其核心资源就是内容资源。在媒体融合发展的大背景下，版权的重要性越来越突出，加强版权保护，已成为出版机构的必然选择。习近平总书记在十九届中央政治局第二十五次集体学习时讲话强调，知识产权保护工作关系国家治理体系和治理能力现代化，关系高质量发展，关系人民生活幸福，关系国家对外开放大局，关系国家安全[4]。这就要求学术图书编辑要有更高的政治站位以及更强的法律意识，加强图书版权的保护工作。

传统出版机构在学术图书的版权保护方面的工作做得不到位，主要存在以下几个问题。第一，学术图书的数字版权资源比较匮乏。虽然传统出版机构出版了大量学术图书，但其拥有的版权类型比较单一，版权期限往往较短。即使得到作者授权，也没有积极开发相应的数字资源。第二，版权保护意识有待加强。传统学术图书出版以纸质图书为主，对电子出版、网络出版、数字出版等重视不足，相应的版权保护也有待加强。当然，版权主体的利益也更容易受到侵害。第三，缺乏维权动力。许多传统出版机构由于缺乏维权意识，在遭遇侵权行为时往往束手无策，不知如何维护自身的合法权益。加之侵权诉讼耗时长、花费大、赔偿额

过低，导致传统出版机构维权动力不足。

在媒体融合背景下，纸介质图书不再是学术图书出版的唯一形式，形式多样的数字产品成为主流产品。版权运营是实现对学术图书进行多元开发、多次利用、多渠道发布、多形态运营的基础[5]。在媒体融合背景下，学术图书的版权运营成为实现版权价值的重要手段。版权运营收入越高，图书的价值就越大，其知名度就越高，且成本就会越低。可以说，成功的版权运营，是对出版机构及其编辑业务的最大回报。

加强版权保护和运营，就要努力打造优质的学术产品，提供优质的知识服务。为此，学术出版机构要加大创新力度。首先，要顺应学术出版的发展趋势，把握国家在出版方面的大政方针，抓住新的发展机遇，努力推出经得起考验的优质的学术产品。其次，要树立"用户思维"，围绕用户需求深度开发内容资源。再次，要由内容服务层面扩大到知识服务层面，由传统的"图书+渠道"扩展到数字化的"内容+平台"。

为此，学术出版机构要有以下两个角色定位。第一，成为内容资源的管理者以及深度加工者。随着媒体融合的进一步发展，数字内容需要深加工，使之更好地成为形式多样、满足读者需求的数字化产品。第二，成为教育和咨询服务的重要参与者。学术出版与教育出版紧密关联，并且趋于融合。咨询服务业也是学术出版机构大有可为的一个领域。学术出版机构可依托自身内容资源，开发学术思想库、专业型智库、策略型智库等咨询产品，在整体上提升学术出版的格局。

3.4 在人才培养上，要加强编辑专业能力的培养，加强学术训练，提高学术水平

人才是企业发展的根本，同理，编辑人才也是图书出版机构事业发展的根本。没有编辑人才，图书出版如无本之末、无水之源。要培养优秀的学术图书编辑人才，首先要加强学术图书编辑专业能力的培养。学术图书编辑需要具备学术图书的选题策划能力、组稿能力、审稿能力以及推广能力。学术图书编辑的专业能力集中体现在其审稿能力上。学术图书编辑在审稿时必须过三关，即文字关、知识关和政治关。其中，文字关是基础，编辑要有强大的文字驾驭能力，能"化腐朽为神奇"。知识关是保障，编辑要对学术稿件当中的知识性问题进行查验、核对，并能提出明确的修改意见。政治关是"红线"，"政治问题一票否决"，因此，编辑要对稿件中的任何政治敏锐性问题进行筛查。

学术水平的高低关系到学术图书的出版质量，因此，学术图书编辑还要加强学术训练，提高学术水平。首先，编辑要参与学术图书的出版工作实践，积累编、审、校等方面的实战经验；其次，编辑要积极参加学术会议，了解学术议题，明确学术出版方向，观察学术发展动态；最后，编辑还要加强学术图书出版规范文件的学习。

总之，学术图书编辑应提高自身的专业能力，同时加强学术训练，提高学术水平，使自己成为专家型编辑、学者型编辑。

4 结束语

学术图书是传播理论知识、传承优秀文化的重要载体，是出版门类中的重要板块。在媒体融合背景下，学术图书的出版面临诸多挑战。当前，我国正处于媒体融合发展的重要时期，传统出版受到巨大的冲击但依然存在，而新媒体的出现也使学术出版具有更多的数字化表现形式。在这样的发展态势下，学术图书出版要有适合自身的创新发展路径。学术图书出版既要守正，也要创新。守正是前提，是专业，是原则，是"红线"，也是保障；创新是内容、形式、

模式以及思维上的创新。守正是创新过程中的守正，而创新是守正基础上的创新。守正与创新辩证统一、相辅相成，缺一不可。

参 考 文 献

[1] 吴平.学术出版的价值与意义[J].出版科学,2019(6):5-8.

[2] 刘蓉,张金柱.学术出版编辑创新研究[J].编辑之友,2018(3):77-78.

[3] 孙伟.重视版权资产管理运营开辟企业融合发展新路:以人民卫生出版社为例[J].出版发行研究,2015(3):35.

[4] 习近平:全面加强知识产权保护工作 激发创新活力推动构建新发展格局[EB/OL].新华网(2021-01-31)[2023-07-15]. http://www.xinhuanet.com/politics/leaders/2021-01/31/c_1127046994.htm.

[5] 刘岩岩,贾晓巍.学术专著出版媒体融合转型的实践与思考[J/OL].科技与出版(2019-05-25) [2023-07-15]. http://kjycb.tsinghuajournals.com/article/2019/1005-0590/113209G-2019-5-105.shtml.

方正学术出版云服务平台应用实践分析

赵 琳

(清华大学出版社有限公司,北京 100084)

摘要:我国科技期刊排版方式加速向数字化与平台化转型。方正学术出版云服务平台以 XML 技术为基础,对学术出版流程进行重构,目前在我国科技期刊排版软件中已占有一席之地。通过实践,本文阐述了方正学术出版云服务平台在在线单篇生产和整期组刊、单篇和整期发布、资源管理、智能审校方面的功能特征,并与传统排版(Word、Latex 等)以及我国期刊常用 XML 排版系统(仁和汇智生产管理云平台)对比,分析方正学术出版云服务平台特点,为平台的发展提出建议,以期为我国科技期刊数字生产平台使用与发展提供参考意见。

关键词:方正学术出版云服务平台;科技期刊;在线排版

为认真落实《关于深化改革 培育世界一流科技期刊的意见》,2019 年 9 月,中国科协等七部门联合下发通知(科协发学字〔2019〕41 号),启动实施中国科技期刊卓越行动计划。关于建设国际化数字出版服务平台方面,提出抓住数字化、智能化促进期刊出版变革的重大机遇,从学协会、高校、企业、科研机构中遴选刊群影响力高、资本实力强的单位,建设高效精准的知识服务数字化平台,以数字化重构出版流程,推动融合发展。2019 年 11 月,北京北大方正电子有限公司中标卓越行动计划的国际化数字出版服务平台子项目——科技期刊数字化生产国际平台服务项目,旨在对数字化生产流程的改造,推进科技期刊规模化和集约化生产水平,促进科技期刊论文大数据中心的建设,提升科技期刊内容运营能力,进而也提升科技期刊国际传播力和影响力。

科学技术的发展推动了传统出版向数字出版转型,科技期刊在生产方式、传播方式、内容服务模式等方面随之变化。在中国科技期刊卓越行动计划的支持下,科技期刊数字化生产国际平台——方正学术出版云服务平台快速发展,截至 2023 年 6 月,方正学术出版云服务平台合作刊超过 1 000 种,平台用户量近 7 000。直面不足,努力实践,寻找短板对于平台的长足发展至关重要。通过对方正学术出版云服务平台实践,本文总结平台功能特征,与传统排版以及我国常用 XML 排版系统对比,分析方正学术出版云服务平台特点,并为平台的发展提出建议。

1 方正学术出版云服务平台功能特征

1.1 在线单篇生产和整期组刊

传统排版以 Word、Latex、方正书版等软件应用为基础,其工作效率和准确性取决于排

基金项目:2022 年度中国科技期刊卓越行动计划选育高水平办刊人才子项目—青年人才支持项目(2022ZZ060914)

版人员对软件的熟练程度与业务水平,通常文章多次排版后更容易产生各种不可预测的错误,包括文字、图表丢失、乱版等,对期刊排版效率和内容质量产生影响。方正学术出版云服务平台是基于 XML 数据对 Word 稿件内容进行结构化在线排版[1-2]。在平台中提前设定好期刊模板,稿件上传至平台后,平台可以自动快速获取稿件全文、表格、公式等完成文章版式文件。稿件排版全流程均在平台中留有痕迹,包括稿件上传、单篇生产、各校次流转、整期组刊等,这便于编辑部进行后续数据核查。图 1 为方正学术出版云服务平台出版中心操作页面。

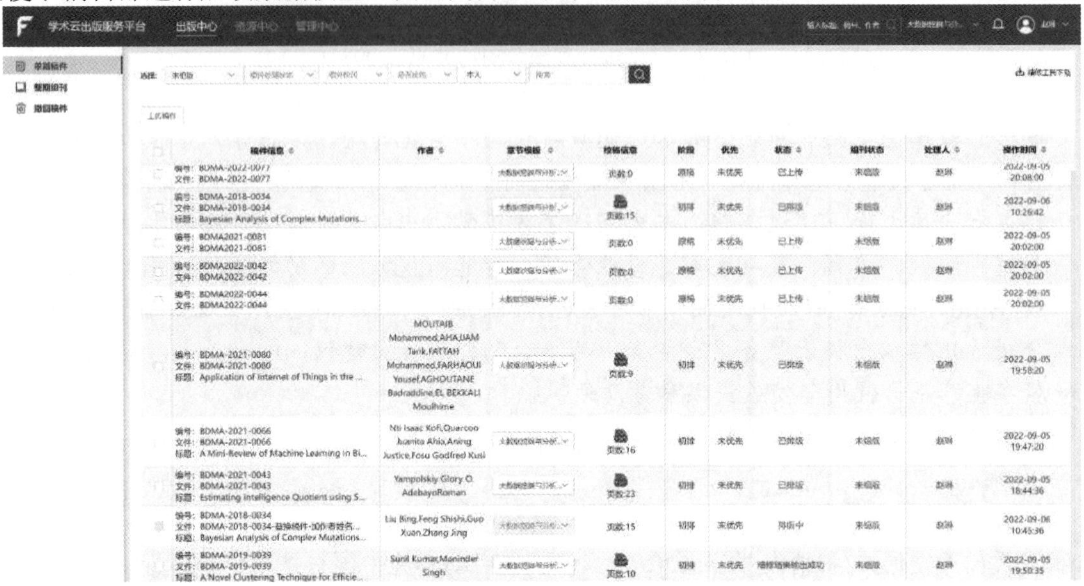

图 1　方正学术出版云服务平台出版中心操作页面

(1) 单篇稿件。对录用的 Word 稿件进行规范化处理后,将单篇或者批量稿件上传至平台,完成自动排版形成文章初稿。编辑或排版员可以在飞翔软件中对稿件进行精修,并输出下一校次 PDF,直至定稿。对于精修后的稿件可以提交优先出版,系统可以输出多种格式。

(2) 整期组刊。整期组刊时,选择稿件刊期,选稿上版(图 2)。编辑可以在平台调整已上版稿件顺序,并设定页码。整期稿件可以精修,直至定稿后付印。

图 2　方正学术出版云服务平台整期组刊

1.2 单篇和整期发布

对于传统的出版，稿件接收之后，编辑部需要一段时间做单篇稿件编校排版、整期组刊，最终才能正式网络出版和纸质版印刷。

方正学术出版云服务平台生产系统、发布系统紧密衔接，简化了出版流程，通过单篇优先、整期网络出版、整期印刷等形式实现快速出版。王利等[3]指出，使用方正学术出版云服务平台排版平均网络出版的效率提高了约2/3。稿件上传至平台后，平台可以自动快速对文章进行结构化排版，并实现单篇发布。稿件单篇生产时，稿件可以在平台上正确显示稿件号、标题、作者等信息，进入整期组刊时，平台快速汇集稿件标题、作者、页码等信息并生成目录，整期定版后可为稿件生成印刷PDF、网络PDF、Word、HTML、XML等多种格式的文件，满足整期网络出版、整期印刷以及多平台使用需求(图3)。

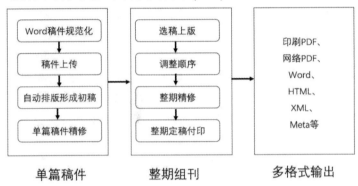

图3 方正学术出版云服务平台功能模块

1.3 资源管理

方正学术出版云服务平台对文章数据进行了深度挖掘，对稿件内容进行细化，关键词、研究内容、人物、组织机构、参考文献等核心内容进行深层次关联，形成统计分析报告和图表，为科技期刊今后选题策划、自主内容运营等知识服务提供数据支撑[4]。

1.4 智能审校

方正智能审校作为一款专业的内容智能检查及纠错产品，它是在电脑本地安装的软件，其可以在Word版稿件的编校、校对、定稿等多环节对稿件的字词符号、知识内容、政治性问题等进行检查，其易操作、准确性较好，且可以快速形成审校报告。方正智能审校切实解决了编辑人员的编校难点，提升了出版工作智能化程度。目前，智能审校工具仅支持对中文稿件审校。

2 对比分析

排版是科技期刊出版中必不可少的重要环节。目前国际数字生产平台未在我国市场推广，且不符合我国科技期刊使用习惯。因此，方正学术出版云服务平台的对比主要体现在两方面，一方面是平台数据生产方式与传统排版(如方正书版、Word、Latex)对比，另一方面是平台XML生产系统与期刊界其他常用XML排版系统(如仁和汇智生产管理云平台)对比。

2.1 生产模式

传统的排版方式主要是编辑部使用方正书版、Word、Latex等排版工具完成排版，数据公司再将排版数据转化为XML数据进行传播。传统排版过程中，编辑主要在纸稿上批校对、批注等，并返回给排版员修改，排版过程反复多次。同时，XML 数据生产后置，整体效率偏低。相比传统排版，方正学术出版云服务平台融合了期刊通用的 XML 结构化排版技术，将 XML 生产前置。排版完成后，可以快速生产印刷 PDF、网络 PDF、Word、HTML、XML、Meta 等多种格式的文件，满足期刊多平台传播需求。编辑可以在平台上多校次无纸化操作，具有提高排版效率和质量、缩短出版周期、云端操作便捷可查等优势。

2.2 系统角度

目前我国期刊界常用 XML 排版系统主要为方正学术出版云服务平台、仁和汇智生产管理云平台。对比发现，方正学术出版云服务平台与仁和汇智生产管理云平台各有特色(表 1)。学术出版云服务平台和仁和汇智生产管理云平台均采用自主研发的 XML 一体化排版技术[5]。方正学术出版云服务平台目前只支持 Word 格式文件。系统精修工具可以对精修工具可以对单篇稿件和整期稿件进行调整，调整痕迹可查。方正学术出版云服务平台数据可输出满足数据库要求的多种格式，包括输出印刷 PDF、网络 PDF、Word、HTML、XML、Meta 等。系统会保存稿件整个生产流程中的全部处理记录和相关数据文件，在系统中可快速定位各版本文件。平台提供方正智能审校工具，审校工具通过插件形式对 Word 稿件的字词符号、知识内容、政治性问题等进行检查。对于仁和汇智生产管理云平台，编辑将 Word、Latex 等格式稿件发送给排版员，平台通过在线上返回文章排版数据[5]。编辑可以在线上对单篇和整期内容自行修改，系统保留调整痕迹。仁和汇智生产管理云平台文件数据格式依据第三方平台要求生成 XML 数据，包括 PubMed、DOAJ、Elsevier、IEEE 等。版本管理过程清晰可查。系统自带智能校对功能，特别可以对参考文献编号和内容自动校对。

表 1 方正学术出版云服务平台与仁和汇智生产管理云平台对比研究

	方正学术出版云服务平台	仁和汇智生产管理云平台
主要支持格式	支持对 Word 格式文件	支持 Word、Latex 等格式文件
XML 在线排版	系统提供"精修工具"。精修工具可以对单篇稿件和整期稿件进行调整，系统保留调整痕迹。精修页面类似 Word 界面，容易操作	精修可以对单篇和整期稿件进行调整，系统保留调整痕迹。精修页面为实际效果界面和数据界面，内容修改后可以直观显示在实际效果界面
数据输出格式	输出印刷 PDF、网络 PDF、Word、HTML、XML、Meta 等	输出第三方平台要求的 XML 文件，如 PubMed、DOAJ、Elsevier、IEEE 等
版本管理	系统会保存稿件整个生产流程中的全部处理记录和相关数据文件。用户不仅可以快速定位各个版本的文件，获得各个版本的全部数据，还可以对任意两个不同版本的版式文件进行比对，通过可视化的方式定位校次差异	系统中显示校对次数，可查询排版日志历史记录，各校次修改信息可查询
智能校对	提供方正智能审校工具，对稿件的字词符号、知识内容、政治性问题等进行检查，操作简单，准确性较好	智能校对与平台结合，不能单独使用。系统可以对错别字、敏感词等内容进行自动标识和校验，还可以对参考文献编号和内容自动校对

3 优化建议

方正学术出版云服务平台通过云端登录，其单篇稿件、整期组刊等功能在平台一目了然，且操作方便，数据有据可查，排版后的文件可以输出多种格式，满足了科技期刊传播需求。平台在优化出版流程、缩短出版周期、提高工作效率、适应期刊数字化出版流程等方面有明显优势，对提升期刊影响力有重要作用。在"新冠肺炎"期间，使用该平台的编辑部可以做到无纸化线上办公，大大提升了出版数字化与智能化程度。接下来，平台可以在以下方面迭代优化：

3.1 增加数据支持格式

方正学术出版云服务平台主要支持 Word 格式文件，不能处理 Latex、方正书版小样[6]等格式文件。Latex 排版适用于在数学、计算机等领域期刊，这些领域的作者也已习惯使用 Latex 排版。例如，清华大学出版社期刊中心信息科学(刊群)所属期刊在投稿系统中接收的定稿文件主要是 Latex 格式文件。仅对 Word 格式文件排版，难以满足期刊多元化排版需求。

3.2 重复上传稿件判定准确性有待提升

方正学术出版云服务平台主要依据文件名对上传系统的稿件重复性进行判定，但存在判定不准确的情况。例如，在系统中重复上传 BDMA-2018-0034，Word 文件名称分别为 BDMA-2018-0034 和 BDMA-2018-0034-替换稿件-加作者姓名，系统未能准确识别重复稿件(图4)。稿件重复处理对编辑来说费时费力，且容易造成出版错误。平台可以提升上传稿件判定准确性，也可以依据文章唯一标识 DOI 对上传文章做重复性判定。

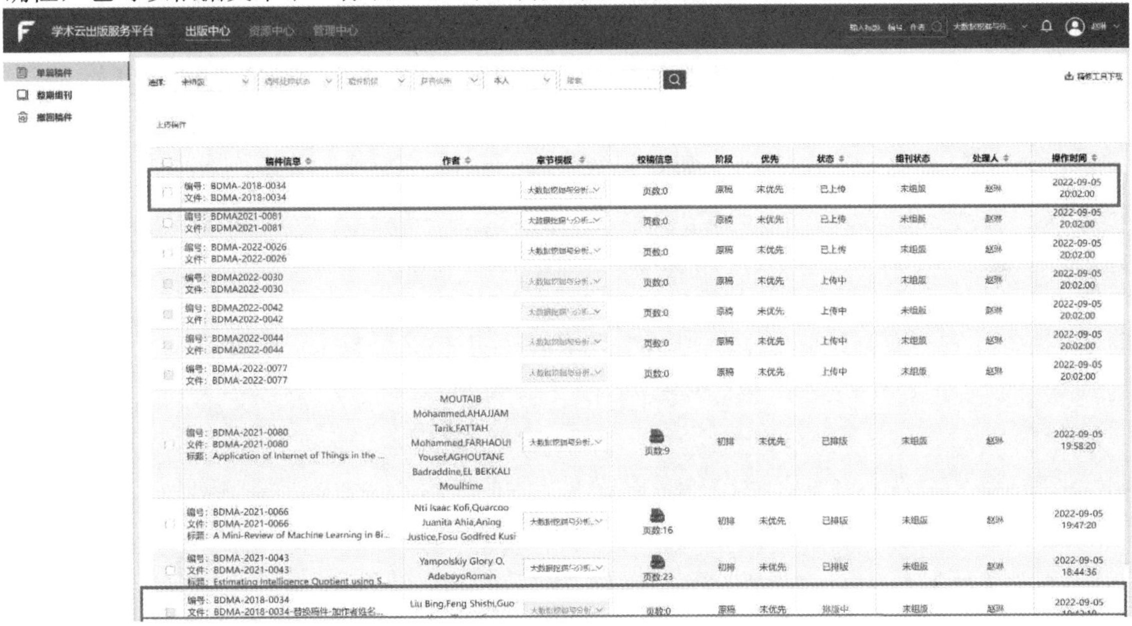

图 4　方正学术出版云服务平台上传稿件重复问题

(3) 排版细节有待优化。使用方正学术出版云服务平台精修过程中，平台不能准确识别一字线、半字线、分隔符等符号，图表排版容易位移等。这些问题容易对平台使用初期的排版人员和编辑造成困扰，从而降低其工作效率和排版准确性。建议平台对排版产生的问题进行调研，结合编辑与排版员反馈意见，在功能迭代中进行优化排版细节。

4　结束语

在卓越行动计划的支持下我国科技期刊数字化生产国际平台加速向数字化、智能化转型。方正学术出版云服务平台结合新兴技术,对学术出版的流程和方式进行重构,推动了传统出版向数字出版转型。平台满足了科技期刊在线编校、网络出版等方面发展需求。通过"所见即所得""生产即发布"的数字化排版方式,提升了期刊排版效率和质量,缩短出版周期,操作简单,内容追溯便捷可查,数字化与智能化程度较高,满足了编辑对数字生产平台的使用需求,为期刊高质量发展提供了保障。作为新产品,其数据支持格式、上传稿件判定准确性、排版细节等内容可以在未来迭代中优化。希望我国科技期刊数字化生产国际平台可以走出特色,走向国际,实现可持续发展。

参 考 文 献

[1] 苏磊,李明敏,蔡斐.科技期刊采用XML结构化排版的优势与应用实践分析[J].科技与出版,2017(10):108-111.

[2] 杨晓翠,于杰.基于方正云服务平台的科技期刊编排一体化[J].编辑学报,2020,32(4):461-464.

[3] 王利,郝爱萍,李舒婕.方正学术出版云服务平台在科技期刊编排中的应用[J].今传媒,2021,29(11):68-70.

[4] 霍宏.方正学术出版云服务平台在科技期刊中的应用实践:以《核技术》为例[M]//学报编辑论丛2021.上海:上海大学出版社,2021:430-434.

[5] 崔玉洁,文娟,包颖,等.基于XML结构化数据的期刊信息化建设路径探析:以西南大学期刊社为例[J].西南大学学报(自然科学版),2021,43(10):192-198.

[6] 钟国翔.科技期刊常用排版软件的选择[M]//学报编辑论丛2019.上海:上海大学出版社,2019:203-208.

大众期刊如何在法律的框架下嵌入ChatGPT技术应用

黄 灵

(《检察风云》编辑部，上海 200031)

摘要：伴随2022年底ChatGPT技术在域外横空出世，国内一大批生成式人工智能产品应运而生，为我国大众期刊内容制作的技术迭代带来了新的契机。2023年7月13日，国家网信办等七部门联合公布《生成式人工智能服务管理暂行办法》，明确了促进人工智能发展的具体措施和生成式人工智能服务的基本规范。笔者认为，要将新技术严丝合缝地嵌入大众期刊内容制作流程，必须遵循相关法律规定，及时规避可能存在的法律风险，如此方能有效提升内容制作的效益。

关键词：ChatGPT；大众期刊；生成式人工智能服务管理；技术嵌入

自2022年11月30日ChatGPT发布上线以来，生成式人工智能正在"脱虚向实"，从服务走向物理世界，开启AI探索和管控物理世界之路，打开了以数据为主的"科学研究第四范式"的新世界。据媒体报道，ChaTGPT自上线后，便成为全球最快消费级的应用程序，5天注册用户突破100万，2个月月活用户达到了1亿[1]。作为史上用户量增长最快的应用程序，ChatGPT可以说构建了一种全新的脑机协作关系。

2023年7月13日，我国国家网信办等七部门联合公布《生成式人工智能服务管理暂行办法》，明确了促进人工智能发展的具体措施和生成式人工智能服务的基本规范，并宣布自2023年8月15日起施行[2]。

与此同时，国内研发团队快马加鞭，一大批生成式人工智能产品应运而生并向公众开放。2023年8月31日，据财联社报道[3]，其从多位独立信源处获悉，国内有11家大模型陆续通过《生成式人工智能服务管理暂行办法》备案，自8月31日起将陆续向全社会公众开放服务。首批大模型产品获批名单共有8款AI大模型，涵盖国内3家知名科技企业，包括百度(文心一言)、抖音(云雀大模型)及商汤(日日新大模型)；3家初创企业，智谱AI(GLM大模型)、百川智能(百川大模型)、MiniMax(ABAB大模型)；以及2家科研机构，中科院(紫东太初大模型)、上海人工智能实验室(书生通用大模型)。另据报道称，华为、腾讯、科大讯飞、360等AI大模型也将陆续获批，向社会公众开放。

作为大众期刊从业人员，笔者认为，如何在现有法律的框架下，合法且安全地使用ChatGPT，将该技术严丝合缝地嵌入采编流程、迭代内容制作技术，从而更好地赓续文化传承、衍生文化IP、延展期刊产品线维度，是大众期刊当前逆风翻盘、占领市场先机的革新要义。

1 ChatGPT 的基本特征及其与大众期刊内容制作的关联

ChatGPT(Chat Generative Pre-trained Transformer)[4]是 OpenAI 研发的聊天机器人程序。ChatGPT 是人工智能技术驱动的自然语言处理工具，它能够基于在预训练阶段所见的模式和统计规律来生成回答，还能根据聊天的上下文进行互动，真正像人类一样来聊天交流，甚至能完成撰写邮件、视频脚本、文案、翻译、代码等任务。在 GPT 中，P 代表经过预训练(pre-trained)，T 代表 Transformer，G 代表生成性的(generative)。大模型需要可持续的文本数据输入和预训练，其使用的大量文本数据包括维基百科、网页文本、书籍、新闻文章等。此外，还可以根据应用场景和需求，调用其他数据外部资源，包括知识库、情感词典、关键词提取、实体识别等。

基于大数据转换生成的大模型，将引发人类知识体系的一系列改变，诸如：改变生产知识的主体(从人类垄断知识向人与 AI 混合生产知识转变)、改变知识的谱系、改变知识的维度(发现知识的隐形维度)、改变知识获取途径、改变推理和判断方式等[5]。

就大众期刊的内容制作而言，我们可以利用采编流程中 ChatGPT 的技术嵌入，不断提升"问商"，将工作流程细化为各种明确的语言指令，使其"为我所用"。诸如，在创办新刊、重点选题策划、新媒体产品开发维度上，嵌入 ChatGPT 技术进行背景调查、数据分析、拓展研究、语言校对和初步编辑等，利用其"机器学习能力"开发产品模板为我们的创意设计"插上翅膀"，从而为大众媒体的内容制作进行技术赋能。

2 ChatGPT 应用技术嵌入过程中可能存在的法律风险与技术盲点

作为文化行业的从业者，我们首先要认识到文化是可以传承的，而技术才是不断迭代的。在人工智能时代，特别是当前的弱人工智能时代，大众期刊的内容制作还是要以人为本，时时把控好审核机制的关键环节。

在 ChatGPT 应用技术还处于前瞻性使用阶段的当下，务必要预估技术嵌入中可能存在的法律风险和技术盲点。

首先，就法律风险而言，ChatGPT 在大众期刊的内容制作中，可能会涉及以下法律问题：①知识产权问题。如果 ChatGPT 所使用的数据集包含他人的知识产权，可能涉及侵犯他人的权益。②版权问题。如果 ChatGPT 生成的内容被用于商业用途，可能会涉及版权问题。③隐私问题。如果 ChatGPT 所使用的数据包含个人隐私信息，则可能会侵犯个人隐私权益。④国家安全问题。如果 ChatGPT 生成的内容危及我国数据安全、文化安全、经济安全乃至意识形态安全，则可能对国家安全造成威胁。

其次，就技术盲点而言，ChatGPT 在大众期刊的内容制作中，可能会出现以下问题：①因信息茧房(训练数据来源有限)而出现机器幻觉，呈现脱离实际的报道。②被恶意语料或指令误导而产生的有害信息，无法把握报道的正向价值观。③无法前瞻未来(知识截至 2021 年)，离开人类的知识更新，便无法提升认知。④不能做严密的逻辑推导，根据语料呈现的内容往往漏洞百出、经不起推敲。⑤不能做 0 到 1 的科研创新。尚未觉醒和完善自我意识，在自主创新领域还不能替代人类专家的脑力。

3 ChatGPT 应用技术合法嵌入内容制作的应对思路

在讨论技术迭代的应对方式前，我们首先要"看懂"大众期刊的文化传承因子。在《新闻的发明：世界是如何认识自己的》一书中提道："18世纪见证了期刊媒体的惊人崛起。随着时间的推移，报纸将只占这一市场的一小部分。新世纪出现了大量其他出版物，以连载的形式提供给定期订阅的读者，这些出版物包括每周或每月发行一次的文学、文化、科学和学术期刊等……期刊崛起的重要性不仅体现在它是一种社会现象，还在于它对新闻市场的影响……它们向公众提供了迄今为止他们在报纸上错过的内容，包括对战争和宫廷招待会的有价值的回顾。期刊提供了评论、感受和判断，但与咄咄逼人的政治评论文章相比，语言要轻松得多。它们直接对读者讲话，并花时间来解释和展开论证……"[6]

根据上述文字记载，我们可以发现，大众期刊是指面向一般社会，普适性较强，以普及知识和娱乐为主要目的的连续出版物，内容涉及新闻报道、科技资讯、文化艺术、社会热点等。其在社会中扮演着重要的角色，为人们提供了信息和文化消遣，也在一定程度上反映了社会的发展趋势和人们的生活方式。期刊和报纸最大的不同是其背后体现的人的意志与偏好，期刊的语言往往通俗易懂、深入浅出，无论是行文和设计，都带有浓重的个性化色彩。在信息发达的社会，带有明显人文观察和意识形态的大众期刊，往往在新闻的第二甚至第三落点切入策划和报道，其背后彰显的是大众期刊强大的人文关怀。

事实上，在带有强大主编意识和个性色彩的大众期刊内容制作流程中，企图滥竽充数、一键生成论文式的刻板文章，往往可能被审稿者一眼甄别并予以退稿。也就是说，根据受众的心理需求，未来缺乏与人类共情能力，由机器人一键生成的文章，其实是很难被大众期刊的受众所追捧的。

当我们明确了文章的撰写主体还是以人类为主的大前提后，利用ChatGPT技术赋能内容制作的第一要务，就是合理规避法律风险。

就法律角度而言，目前涉及ChatGPT技术嵌入的政策及法律包括：

(1)《中华人民共和国著作权法》。根据该法律规定，生成式人工智能生成的内容如果被用于商业用途，则需要获得版权所有人的许可或支付相应的版权费用。

(2)《中华人民共和国网络安全法》。该法律规定了国家网络安全的基本要求和保护措施，其中也包括了个人信息保护的要求[7]。因此，在利用生成式人工智能生成内容时，需要考虑个人信息的保护问题。

(3)《中华人民共和国电子商务法》[8]。该法律规定了电子商务的交易规则和法律责任，其中也包括了电子商务平台的责任和义务。因此，在使用生成式人工智能生成内容时，需要遵守相关的法律规定，确保电子商务平台的责任和义务得以履行。

(4)《新一代人工智能发展规划》[9]。该规划提出，建立健全公开透明的人工智能监管体系。遵守人工智能发展有关法律法规、伦理规范和技术标准，实行设计问责和应用监督并重的双层监管结构，实现对人工智能算法设计、产品开发和成果应用等的全流程监管，加大对数据滥用、侵犯个人隐私、违背道德伦理等行为的惩戒力度。因此，在使用生成式人工智能生成内容时，需要考虑相关的政策措施和规划要求。

(5)《生成式人工智能服务管理暂行办法》，该办法旨在促进生成式人工智能健康发展和规范应用，维护国家安全和社会公共利益，保护公民、法人和其他组织的合法权益[10]。

结合前文所述ChatGPT技术赋能过程中存在的法律风险及法律条文，笔者建议采取以下应对措施：①知识产权问题。建议在使用来自ChatGPT的数据集之前，需要获得合法的许可或证明数据的合法性。②剽窃问题。为了避免这种情况的发生，可以通过使用ChatGPT生成内容的相似度检测技术来监测和预防剽窃行为。③版权问题。可以通过使用 ChatGPT 生成内容的自动标注技术来标识生成内容的来源和版权信息，以便使用者进行合法的使用。④隐私问题。为了避免侵权问题的发生，可以通过使用生成式人工智能生成内容的匿名化技术来保护个人隐私信息。

4 大众期刊嵌入 ChatGPT 应用的未来发展趋势

随着 ChatGPT 技术被广泛使用于大众期刊的内容制作流程，可以预见，未来人类与 AI 混合创作的文化产品将会引领新的潮流。

笔者注意到，在《生成式人工智能服务管理暂行办法》中，涉及新闻出版的内容如下："国家对利用生成式人工智能服务从事新闻出版、影视制作、文艺创作等活动另有规定的，从其规定。"除了遵守相关法律法规、坚持底线思维外，上述办法并没有对人工智能生成物作出定性，诸如"究竟生成物是不是作品，谁是作品的权利人"等，这为未来的相关作品署名权留下了探索的空间。

此外，基于文化传媒的监管要求和大众期刊的个性化特点，未来一定时期内内容制作的主脑还是人类。基于 ChatGPT 技术赋能的海量社会来稿，将给编辑的稿件甄选带来一定的难度，尤其是涉及侵权问题的内容核实等，这就需要用技术对抗技术，通过查重机制等提高处理稿件的效率。

总之，大众期刊内容制作在嵌入 ChatGPT 技术赋能过程中，一定要划定底线，推动生成式人工智能向上向善，从而进一步提升采编内容制作的社会与经济效益。

参 考 文 献

[1] 孙婧.生成式人工智能将引领法律科技成为风口行业[J].检察风云杂志,2023(10):09-11.
[2] 网信中国.互联网+[EB/OL].[2023-08-31]. https://www.thepaper.cn/newsDetail_forward_24438071.
[2] 知乎(数据观综合).互联网+[EB/OL].[2023-08-31]. https://zhuanlan.zhihu.com/p/653526987.
[4] 龙志勇,黄雯.大模型时代[M].北京:中译出版社,2023.14.
[5] 安德鲁·佩蒂格里.新闻的发明[M].桂林:广西师范大学出版社,2022:308.
[6] 央视新闻客户端.互联网+[EB/OL].[2023-07-15].https://politics.gmw.cn/2023/07/15/content_36697409.htm.
[7] 信用中国.互联网+[EB/OL].[2023-03-08].http://slj.jlbc.gov.cn/zcjd/202006/t20200603_850692.html.
[8] 中国人大网.互联网+[EB/OL].[2018-08-31].http://www.npc.gov.cn/npc/c30834/201808/5f7ac8879fa44f2aa0d52626757371bf.shtml.
[9] 百度百科.互联网+[EB/OL].[2019-11-18].https://baike.baidu.com/item/53954972?fromModule=search-result_lemma-recommend.
[10] 百度百科.互联网+[EB/OL].[2023-08-07].https://baijiahao.baidu.com/s?id=1773526772314787771&wfr=spider&for=pc.

新媒体融合助力学术期刊"走出去"与优质稿源"引进来"

谭春林[1]，闵 甜[2]，王建平[1]，龙秀芬[3]

(1. 华南师范大学编辑与出版研究中心/华南师范大学学报编辑部，广东 广州 510631；
2. 华南理工大学《现代食品科技》编辑部，广东 广州 510640；
3. 广东省科学院测试分析研究所/中国广州分析测试中心《分析测试学报》编辑部，广东 广州 510070)

摘要：基于期刊与新媒体融合的具体实践，分析了如何利用新媒体融合推动学术期刊"走出去"以及如何将优秀稿源"引进来"。通过新媒体融合，期刊可以走出去，提高期刊在学术圈的参与度和活跃度，扩大期刊的读者群、作者群、专家群，提升期刊在学术圈的认可度和影响力。同时，新媒体融合可以助力优质稿源的引进来，通过发布优质的学术内容吸引科研读者，举办学术会议引进高层次专家，广泛征稿吸引作者，提升期刊的投稿量和学术质量。

关键词：媒体融合；学术期刊；走出去；引进来；新媒体；公众号

期刊发展的关键在于提升学术质量，而不仅仅是编辑和出版技术的提升。学术期刊能否走得出去、走得更远、走得更久，关键在于期刊所出版的内容价值，而编辑在期刊的审稿、编辑和出版过程中对出版内容质量的把握起到关键作用。期刊编辑应该关注科研动态、国际前沿和研究热点，提升自身的学科素养和对稿件学术质量的评价能力，开展栏目和专题策划工作，有目的、有计划地组稿约稿，拓展优质稿源，提升期刊的学术影响力。

通过新媒体融合，期刊可以走出去，提高期刊在学术圈的参与度和活跃度。新媒体时代，学术期刊与新媒体的融合模式可以归纳为：①跨形态融合，即纸媒、数字、音频、视频等多种媒介形态的融合；②跨媒体融合，即报刊、广播、电视、电脑、手机等媒体终端的融合；③多渠道融合，即论坛社区、博客微博、微信公众号、视频平台、社交平台等"两微一端"多种传播渠道的融合；④内容与服务融合，即学术期刊作为科学成果的传播者和学术交流的桥梁，可通过参加、举办或承办学术会议等形式，对期刊的知识输出、学术资源以及学术服务进行内容与服务的融合。

期刊编辑可以参与学术会议，了解研究动态，结识专家学者，为后续的组稿和约稿奠定基础。期刊编辑部可以鼓励编辑积极参与学术会议交流，开展专题研究和特色栏目建设，提升期刊的学术水平和国际影响力。通过新媒体融合，期刊可以扩大读者群、作者群和专家群。科技期刊可以利用新媒体平台提供知识服务，吸引科研读者，充分发挥期刊的教育和服务功

基金项目：中国科学技术期刊编辑学会基金项目(CESSP-2023-C06)；2023年度中国科技期刊卓越行动计划选育高水平办刊人才子项目-青年人才支持项目(2023ZZ052430)；广东高水平科技期刊建设项目"卓越科技期刊人才培训"(2021B1212120001)

通信作者：王建平，E-mail: xbzb@scnu.edu.cn

能。期刊公众号可以发布学术信息、提供英文润色和写作技巧等服务，吸引读者群。期刊编辑部可以利用新媒体平台与读者进行互动，增加期刊的受众黏性和用户活性。新媒体融合可以加速刊出论文的传播，减小因传统期刊"出版时滞"过长[1]导致论文引用价值的降低所带来的负面影响。期刊可以通过发布优质的学术内容吸引科研读者，举办学术会议引进高层次专家，广泛征稿吸引作者，提升期刊的投稿量和学术质量。

本文基于笔者近年来开展的期刊与新媒体融合实践，以科技期刊与微信公众号融合为例，分析科技期刊如何利用新媒体融合发展"走出去"和"引进来"，期刊如何利用新媒体开展"主动传播"[2]、提升期刊品牌和学术影响力。

1 新媒体融合助力期刊"走出去"

1.1 编辑走出去，提高期刊在学术圈的参与度和活跃度

学术会议是国内外科学家、专家、学者云集的学术交流盛会，也是了解国内外研究热点、研究前沿、研究进展的学术窗口、学术看台。有条件的出版社或期刊社可以举办学术沙龙，利用新媒体融合发展策略搭建高层次学术交流平台，不仅能拓展优质稿源，还能扩大品牌效应、提升期刊影响力。《科技导报》多年来不定期举办的"学术沙龙"就是一个非常成功的例子。期刊编辑"走出去"参与学术会议，可以了解某领域的研究动态，结识该领域的专家学者，为后续的组稿、约稿奠定基础。学术期刊编辑部可以鼓励编辑积极参与学术会议交流，关注科学前沿热点问题，有目的、有计划地开展专题研究和特色栏目建设[3]，提升科技期刊的学术水平和国际影响力。

科技期刊如何利用新媒体融合途径实现期刊"走出去"？可通过以下融合途径：一是通过期刊获得资助的各类卓越计划项目，由期刊主办学术会议"走出去"，将某学科研究领域的专家学者"引进来"，发展期刊新媒体的"私域流量"，提升科技期刊的学术影响力；二是通过协办方式参与各类科研学会主办的学术会议"走出去"，利用期刊新媒体矩阵"私域流量"既宣传了学术会议，又扩大了期刊的品牌效应，实现"双赢"；三是科技期刊与其他学术大 V 新媒体合作，借助第三方新媒体扩大期刊的公众认知度和社会效益；四是通过跨媒体融合、多渠道融合方式扩大期刊自有新媒体用户数规模，采用将期刊出版内容碎片化、音频化、视频化等多形态融合方式，将新形态出版物推送到期刊新媒体"私域流量"中，实现由"浅阅读"引导"深阅读"的精准推送与精准阅读，驱动刊出论文"走出去"，促进优质稿源"引进来"；五是通过"泛垂直"内容策划、活动策划等手段，实现高影响力的内容与服务的融合，扩大期刊学术新媒体的影响力、提升期刊新媒体的传播力。例如"中国光学"公众号每年一度的"中国光学领域十大社会影响力事件(Light10)"的投票评选活动就是一则非常成功的新媒体文案经典策划案例，通过精选 20 项科研成果的投票活动将科学界"牵动"起来，通过文中获奖礼品、文末留言"上墙"集赞拿大奖等措施将读者"激励"起来，该活动不再是只与候选成果的相关科研人"共情"，而是与每位光学领域的科研读者"共情"，近乎人人共情。该活动的公众号推文在发布 3 天内阅读量突破 10w+，取得了非凡的传播力，吸引了巨量光学垂直领域的科研受众。

通过搜索引擎搜索了 2019 年在广州附近举办的学术会议，并从中抽出 10 项学术会议，对期刊编辑部参与学术会议的情况进行了调查(表 1)，结果表明：期刊编辑部在学术会议上的参与度、活跃度不高。在这 10 项学术会议中，只有《消化肿瘤杂志(电子版)》和《器官移植》杂志分别以"共同承办、共同主办"的方式参与学术会议。通常，学术会议均有征文或征稿的要

求,大部分会议的征稿全文以会议论文集的形式出版。学术会议中提交的部分论文,特别是获得优秀奖的论文,都是科技期刊可以充分拓展的稿源。因此,期刊编辑"走出去"积极参与各项学术会议,有利于科技期刊在学术会议的参与度和活跃度的提高,有利于吸引优质稿源。

表1 2019年广州地区举办的各类学术会议中期刊参与度的抽样调查

时间	会议主题	主办单位	分类	期刊及参与方式
03月08日—03月09日	中日减隔震技术交流会	广州大学与日本隔震构造协会	建筑	无
04月20日—04月22日	加速康复外科学分会年会	第二届中国医疗保健国际交流促进会	医学	《消化肿瘤杂志(电子版)》,承办
05月24日—05月26日	2019年第四届广州国际呼吸疾病会议	国家呼吸疾病临床研究医学中心、呼吸疾病国家重点实验室、广州呼吸健康研究院和广东医学会睡眠医学分会	医学	无
09月22日—09月23日	2019年广州国际神经科学研讨会议	广州再生医学与健康广东省实验室	医学	无
11月08日—11月11日	2019广州青年几何分析研讨会会议	中山大学数学学院	数学	无
11月15日—11月18日	中国地理学会世界政治经济地理大会	中国地理学会政治地理与地缘关系专业委员会、中国地理学会世界地理专业委员会、中国地理学会"一带一路"研究分会	地理	无
11月22日—11月25日	2019国际地理信息科学周	广州地理研究所联合全球多个研究机构和高校共同主办	地理	无
11月22日—11月23日	2019年移植肾脏病岭南论坛	APSN、广东省医师学会器官移植医师分会、中山大学附属第三医院、《器官移植》杂志等	医学	《器官移植》杂志,共同主办
11月09日—11月14日	2019年中国机械工程学会年会	中国电机工程学会	机械	
12月04日—12月06日	2019中国锂电正极材料技术创新与产业化研讨会	锂电前沿	能源	

1.2 服务走出去,扩大期刊的读者群、作者群、专家群

科技期刊的教育功能、服务功能是体现期刊社会责任和社会效益的重要功能,将期刊的服务从局限于为作者服务拓展到为广大科研读者服务上来,充分发挥科技期刊对科技人才的"培育教育"功能。在国内大学学报官方公众号中,做得较为成功的是"浙大学报英文版"公众号,提供的传统内容包括期刊介绍、投稿须知、稿件查询、目录摘要;提供的知识服务有英文润色、科研信息查询、英文写作及投稿技巧、最新学术咨询、加学术群、国内EI刊查询、博士后招聘启事等。"浙大学报英文版"公众号为我们科技期刊公众号的建设提供了参考样板,具有很好的借鉴和指导作用。科技期刊公众号不是移动端的"官网",它更应该是一种知识服务的平台,怎样策划有价值的知识服务内容,怎样吸引更多更广泛的垂直领域的作者、读者、专家受众,怎样建立忠实的"三者群"才是科技期刊公众号正确的受众定位策划。让期刊的服务走出去,扩大期刊的读者群、作者群、专家群,利用新媒体融合发展的"反哺"作用提高办刊质量、

1.3 内容走出去，提升期刊在学术圈的认可度和影响力

"内容"是期刊的灵魂，期刊影响力的提升主要取决于高质量的内容，但传统期刊借助数据库"被动发现"式的传播作用并不明显，下载量小、引用率低。新媒体融合加速"内容走出去"，利用虚拟数字人视频合成技术[4]将期刊论文"视频化"为科普视频，增加期刊论文的"易读性""易播性"，全面提升期刊论文的传播力。新媒体时代为传统期刊的发展提供了一种新的传播方式，其传播效力已经在大众、科普期刊或媒体的传播中发挥了突出的优势，但目前新媒体技术的优势并没有在科技期刊的发展中体现出来。借助新媒体传播优势，做好传统媒体与新型媒体有机融合，将有效提升传统科技期刊自身的传播力[5]。本刊利用新媒体融合做过一个实验：利用公众号对本刊编辑部网站发布的 2023 年第 2 期第一篇论文《嵌入式四氧化三钴负极材料的赝电容性能研究》进行了全文推送，而对本期的其他论文不做任何宣传。统计网刊数字出版 60 天的阅读量、下载量数据显示：利用新媒体矩阵推送的公众号推文总阅读量 6 448 次，由公众号引流到网刊后，网刊上该论文的摘要阅读量(1 118 次)是当期其他论文摘要平均阅读量(58 次)的 19.3 倍，网刊上该论文的下载量(283 次)是当期其他论文平均下载量(35.7 次)的 7.9 倍。结果表明：利用公众号推送阅读，由移动端的碎片化"浅阅读"引流到网刊进行"深阅读"，实现期刊论文的"主动传播"，传播效果显著。利用期刊与新媒体融合发展策略，组建或加入学科期刊群[6]，将期刊的出版内容"主动传播"出去，扩大期刊在学术圈的认可度和影响力。

2 新媒体融合助力优质稿源"引进来"

2.1 将读者引进来，提升期刊论文的曝光度和引用率

科技期刊与新媒体实现有机融合，将相关学科领域的科研读者吸引进来，建立忠实的读者流量池。新媒体的读者跟期刊的读者往往有很大区别，新媒体读者中大部分读者可能对发布的科研相关的学术资源和学术内容感兴趣，只有少部分对该新媒体所依托的期刊论文和编辑部征稿通知感兴趣。例如：浙大学报英文版公众号某天发布的头条"2020 年国家公派研究生项目即将启动，这些准备工作可以做起来了！"发布 12 h 的阅读量达 7 133 次；第三条"每项 8 000 万，国基委 2019 年度超大额度项目共 13 项，北大独占 3 项！"发布 12 h 的阅读量达 3 743 次；而第二条"浙江大学甘春标、袁海辉等：欠驱动 3D 双足机器人步态切换控制策略"为该期刊论文，发布 12 h 的阅读量仅 349 次。结果表明：期刊的新媒体读者往往对他感兴趣的内容有阅读动力，而对期刊的论文兴趣不大。可能因为期刊论文的专业与大部分新媒体读者的学科背景不相符，导致公众号所发布期刊论文的阅读量很低，这跟新媒体的受众定位有很大关系。当新媒体发布内容所涉及的学科覆盖面较宽泛时，则关注的用户的学科背景分布也很宽。对于专业期刊的新媒体，特别需要注意对本专业、本学科相关内容的策划，尽可能将本专业、本学科的科研读者引进来，增加期刊读者的比例，为精准推送建立期刊阅读的"私域流量"。将精准读者引进来，增加常读用户比例，增加期刊论文的阅读量、下载量，提升期刊论文的曝光度，最终提升论文的引用率。

2.2 将专家引进来，提升论文的审稿质量和审稿效率

利用举办学科专业相关的学术会议，吸引高层次专家读者，建立学科细分领域的同行专家群。一方面可以向专家组稿、约稿，另一方面可以邀请专家作为本刊的审稿人。以学术会议策划为载体，利用期刊公众号运维技术，通过策划定位吸引高层次垂直学科领域的读者。

这些垂直学科领域与大众科普的受众定位不同，定位虽然非常小众，但一定是非常精准的。例如公众号要吸引有特定知识需要的、来自国内外科研院所的教师和研究生，尽可能地将这些垂直领域的读者吸引到公众号里来。保持公众号后台与读者的良好沟通与互动，增加期刊新媒体的受众黏性和用户活性。另外，对于持续关注的用户，往往与公众号运维编辑或主编建立了一种长期的信任和依赖关系，公众号策划的内容对于他们的科研成长有很大帮助，学术公众号可能成为科研人才的"培育者"或者人才成长道路上的"陪伴着"，当他们从博士成长为副教授或教授后，或许还能继续支持新媒体所属期刊的发展，这些读者将转化为作者、组稿人或审稿人。通过期刊与新媒体融合发展，将专家引进来为稿件质量把关，审稿热情高、效率高，因此，通过新媒体融合将专家引进来，可以提升期刊论文的审稿质量和审稿效率。

2.3 将作者引进来，提升期刊的投稿数量和学术质量

当期刊公众号的关注用户数达到一定规模后，利用期刊公众号发布征稿启事，期刊的投稿作者来源地和机构单位数量将得到拓展。本刊近3年来的稿件质量明显提升、稿源单位覆盖面大幅拓展，外校载文率从2021年的51.5%增加到2022年的68.7%，省外发文量也从2020年的19.5%增加到2021年的31.1%。包括北京大学在内的"双一流"大学在本刊的发文量增加。本刊的学术影响力得到明显提升，复合影响因子从2020年的0.75增长到2021年的1.09。这些成果得益于期刊与新媒体的融合发展。2019年1月，笔者以Origin科学绘图为主题，策划创办了"编辑之谭"微信公众号，运维满3年时的关注量达到10万人，用户画像为教师、留学生、博士、硕士以及能源汽车企业的高级工程师。利用公众号扩大对期刊品牌的宣传，利用用户画像实现内容的精准推送[7]，推动稿源覆盖面由校内拓展到校外、由省内拓展到国内，促使稿源单位也从一般高校拓展到重点高校和中国科学院各研究所。通过期刊与新媒体融合发展，将优质稿源引进来，本刊的投稿数量和学术质量明显提升。

3 结束语

随着新媒体技术和人工智能技术的不断发展，期刊与新媒体的融合对于提升期刊的办刊质量、服务水平和学术影响力起到了越来越显著的作用。然而，如何实现期刊与新媒体的有机融合、深度融合，以及如何利用新媒体融合来提升科技期刊的影响力，仍然是期刊编辑界关注的研究热点。不同期刊在新媒体融合发展方面采取了不同的实践措施，并取得了明显的成果。总结这些期刊与新媒体融合实践的具体案例，分析其对科技期刊影响力的提升效果，将为期刊同行在新媒体融合实践方面提供有益的借鉴和参考。

参 考 文 献

[1] 谭春林.新媒体时代科技期刊的"数字化断层"现象分析[J].编辑学报,2019,31(1):41-44.
[2] 谭春林.公众号、视频号与微信群协同推动学术期刊的"主动传播"[J].编辑学报,2021,33(5):549-552.
[3] 吕海亮,傅游,李磊,等.论高校科技期刊影响力的提升策略[J].出版广角,2017(19):46-48.
[4] 谭春林.虚拟数字人用于学术期刊视频融合出版实践[J].编辑学报,2023,35(1):89-93.
[5] 胡德霖,成燕玲,李春雷,等.借助新媒体传播优势提升科技期刊自身传播力的策略研究[J].江苏科技信息,2017(19):11-15.
[6] 王维朗,吕塞英,游滨,等.提升科技期刊国际显示度的途径与策略[J].中国科技期刊研究,2011,22(5):743-745.
[7] 闵甜,孙涛,赖富饶,等.用户画像在科技期刊微信公众号精准推送中的应用[J].中国科技期刊研究,2021,32(12):1549-1555.

ChatGPT 背景下基于中文科技期刊的智能学术服务

王 萌，李 瑜，陈昊旻，蒋 实

(中国自然资源航空物探遥感中心《物探与化探》编辑部，北京 100083)

摘要： ChatGPT 是一种基于深度学习的自然语言处理模型，它在多个领域展现了强大的语言生成和理解能力。本文旨在探讨在 ChatGPT 背景下，如何基于中文科技期刊构建智能学术服务，以促进科研交流和学术合作。本文介绍了 ChatGPT 的技术背景，探讨了其在学术领域的应用潜力，并提出了一个基于中文科技期刊的智能学术服务框架。通过自然语言处理和机器学习技术，可以实现智能文献推荐、学术问题解答、研究方法咨询等功能，从而为研究人员提供高效便捷的学术支持。最后，讨论了该框架可能面临的挑战，并提出了未来进一步改进和拓展的方向。

关键词： ChatGPT；智能学术服务；自然语言处理；机器学习

自然语言处理(natural language processing, NLP)技术的迅猛发展，为人类与计算机之间的沟通带来了深刻的变革。在这一技术浪潮中，ChatGPT 作为一种基于深度学习的自然语言生成模型，引起了广泛的关注和研究。ChatGPT 在多领域的应用表现出色，为各行各业提供了强大的自然语言处理能力，其潜在应用在学术领域尤为引人瞩目。随着科技的进步，科学研究已经成为人类社会不可或缺的一部分，而中文科技期刊作为科研成果的重要载体，承载着丰富的学术知识。然而，在日益增长的学术信息海量背景下，研究人员面临着信息获取、问题解答以及研究方法选择等诸多挑战。传统的学术服务往往受制于时间和人力，难以满足研究人员多样化的需求[1]。

在这一背景下，借助 ChatGPT 等技术，基于中文科技期刊构建智能学术服务成了一种潜在的解决方案。ChatGPT 以其强大的语言生成和理解能力，具备了为研究人员提供个性化、高效、便捷学术支持的潜力。通过自然语言处理和机器学习技术，我们可以构建一个智能学术服务框架，使得研究人员能够更好地利用中文科技期刊中的知识资源，加速科研进程，解决学术难题。

本论文旨在深入探讨在 ChatGPT 背景下，如何借助中文科技期刊，构建智能学术服务的可能性与挑战。通过对该领域的探索，我们有望为科研人员提供更加智能化的学术支持，推动学术界的创新与合作，为人类的知识体系贡献一份微小而重要的力量。

基金项目：2023 年度中国科技期刊卓越行动计划选育高水平办刊人才子项目——青年人才支持项目(2023ZZ052658)
通信作者：李 瑜，E-mail: 65117298@qq.com

1 ChatGPT 的基本原理与特点

GPT(Generative Pre-trained Transformer)是一种基于 Transformer 架构的语言模型。它采用了预训练-微调的方法,在大规模无监督数据上进行预训练,然后通过有监督学习的微调阶段来完成特定任务。GPT 模型的核心是 Transformer,这是一种使用自注意力机制(self-attention)实现的序列到序列模型,具有出色的建模能力和上下文理解能力。GPT 模型通过堆叠多个 Transformer 编码器层来实现。每个编码器层由多头自注意力机制和前馈神经网络组成。自注意力机制能够对输入序列中的不同位置进行关注,从而捕捉到全局上下文信息。前馈神经网络负责对每个位置的隐藏表示进行非线性变换。通过多个编码器层的堆叠,GPT 模型能够逐层提取和组织输入序列的语义信息[2-3]。

ChatGPT 是在 GPT 模型基础上针对对话生成任务进行训练和微调而得到的模型。相较于传统的单向语言模型,ChatGPT 具备以下特点和功能:①对话生成能力。ChatGPT 具备生成自然流畅对话的能力,能够根据用户输入生成连贯的回复,它可以模拟人类对话的风格和语气,使得与人工智能的交流更加自然和富有互动性。②上下文理解。ChatGPT 通过自注意力机制实现对输入对话历史的全局关注,能够准确理解之前的对话内容,并根据上下文生成合理的回复,这种上下文感知的能力使得 ChatGPT 在对话交互中能够提供更加一致和个性化的回复。③多领域适应性:由于 GPT 模型的通用性,ChatGPT 可以用于各个领域的对话生成任务,包括客户服务、虚拟助手、教育培训等。它可以根据不同领域的语料进行微调,从而适应特定领域的对话需求。④实时响应。ChatGPT 具备较快的推理速度,可以在实时对话中迅速生成回复,使得用户体验更加流畅和高效[4-5]。

然而,需要注意的是,ChatGPT 也存在一些限制和挑战。例如,它可能偶尔生成不准确或不合理的回复,对于含有歧义或模棱两可的问题可能表现不佳。此外,ChatGPT 对于大规模知识的理解和推理能力还有待进一步提升。因此,在应用 ChatGPT 时需要进行适当的监督和后处理,以确保生成的对话内容的准确性和合理性。

2 基于中文科技期刊的智能学术服务

2.1 智能文献推荐

基于研究人员的研究方向、兴趣和历史阅读记录,智能学术服务可以利用 ChatGPT 生成个性化的文献推荐。模型可以分析大量中文科技期刊中的论文,识别与研究人员关注领域相关的关键词、主题和趋势,然后生成推荐列表,帮助研究人员发现重要的文献资源,从而提升他们的学术研究效率和质量[6]。

智能文献推荐的具体内容包括:①个性化推荐。智能学术服务根据研究人员的研究方向、兴趣、历史阅读记录等信息,生成针对性的文献推荐。推荐内容会针对研究人员的特定需求,帮助他们在庞大的学术信息中迅速找到有价值的资源。②主题关联性分析。服务可以分析中文科技期刊中的论文内容,识别出与研究人员关注领域相关的主题、关键词和趋势。这有助于提供更准确的推荐,确保推荐的文献与研究人员的研究方向高度匹配。③近期热点推荐。智能学术服务可以捕捉到中文科技期刊中的近期热点话题和研究趋势,为研究人员提供与时俱进的文献推荐,帮助他们把握最新科研动态。④相关性度量。服务可以对推荐的文献进行相关性度量,根据内容相似性、引用关系等指标,为研究人员提供更精确的推荐排序,使他们更容易找到最有价值的论文。⑤多样性推荐。智能学术服务可以通过多样性算法，避免只推荐相似的论文，从而提供更广泛的文献资源，帮助研究人员获得更全面的视角。

智能文献推荐在中文科技期刊中具有重要的作用，为研究人员提供了一个更智能、更高效的途径。在庞大的学术文献中找到相关论文常常耗费大量时间，智能文献推荐能够迅速地呈现最相关的文献，减少研究人员的检索时间。并且，随着科研领域的不断发展，研究方向可能会发生变化。智能学术服务能够随着研究人员兴趣的变化，调整推荐内容，保持与研究方向的一致性。抑或推荐系统能够将研究人员引向他们可能没有考虑到的相关领域，从而帮助他们拓宽研究视野，发现新的灵感和创新点。同时，通过推荐高质量、有影响力的论文，智能学术服务有助于提升研究人员的研究质量和学术声誉，并发现潜在的合作伙伴，将具有相似研究兴趣的研究人员连接起来，促进学术合作和交流。

2.2 学术问题解答

研究人员在进行科研过程中常常面临各种问题，如实验设计、数据分析、文献理解等。基于 ChatGPT 的智能学术服务可以接受研究人员的问题，并根据模型的预训练知识和领域微调，生成详细且准确的回答，为研究人员提供解决方案和参考文献。

学术问题解答的具体内容包括：①详细解答。学术问题解答服务可以为研究人员提供详细的问题解答，包括具体步骤、方法和原理。这有助于解决研究人员在科研过程中遇到的技术难题和疑问。②案例分析。通过分析中文科技期刊中的案例，学术问题解答可以为研究人员提供实际的案例分析，帮助他们理解并应用科研方法。③数据解释。对于数据分析问题，学术问题解答可以解释不同数据处理方法、统计分析技术以及结果的解释，帮助研究人员更好地理解和解释数据。④实验设计。学术问题解答服务可以为研究人员提供实验设计的建议，包括样本选取、实验流程、控制变量等方面的指导，从而确保研究的严谨性。⑤领域知识传递。学术问题解答不仅提供解答，还会通过相关知识的传递，帮助研究人员提升对特定领域的理解和掌握。

在科研过程中，研究人员可能会遇到许多技术和方法上的困惑。学术问题解答可以为研究人员提供了一个实时、个性化的问题解答平台，提供实际问题的指导，甚至跨足领域的支持，帮助他们在不熟悉的领域中解决问题，又可以促进跨学科交叉合作。通过问题解答，领域专家的知识和经验可以得以传承，为新一代研究人员提供宝贵的学术指导，研究人员也可以更好地掌握科研方法和技能，从而提升他们的学术水平和研究能力。

2.3 研究方法咨询

在科研过程中，选择适合的研究方法和技术路线至关重要。智能学术服务可以结合中文科技期刊中的实例和案例，根据研究人员的实际情况，为其提供研究方法的建议和咨询，从而提高研究的有效性和可重复性。

研究人员在开始一项研究时，常常需要选择适合的研究方法。研究方法咨询可以根据研究目的、研究对象等信息，为研究人员推荐适合的方法，帮助他们做出科学合理的决策。在进行实验时，合理的实验设计对于研究结果的准确性和可靠性至关重要。研究方法咨询可以为研究人员提供实验设计的建议，包括样本选择、控制变量等方面的指导。数据的采集和处理对于研究的结论有着重要影响。研究方法咨询可以推荐合适的数据采集方法和数据处理技术，确保数据的质量和可信度。在数据分析阶段，合适的统计方法和技术可以帮助研究人员得出准确的结论。研究方法咨询可以为研究人员提供统计分析的建议，包括参数估计、假设检验等内容。研究方法咨询不仅可以提供具体的方法和技术，还可以解释研究结果的意义和影响，帮助研究人员更好地理解和解释研究成果。

在研究方法的选择和设计上，研究人员可能需要花费大量时间，研究方法咨询可以为研究人员提供科学的方法选择和实施指导，节省时间并加速研究进程，对于一些常见的错误和误差，也可以帮助研究人员识别和避免，提高研究的准确性和可靠性。

2.4 文献摘要生成

文献摘要生成是一项基于 ChatGPT 等自然语言处理技术的智能学术服务，旨在为研究人员生成简明扼要、内容准确的文献摘要。这项服务利用中文科技期刊中的论文内容，通过模型的语言生成能力，自动提取出论文的核心信息，包括研究目的、方法、结果和结论等，生成包含论文核心信息的摘要，生成的摘要还可以包含关键词和主题的概述，以及论文的作者、发表刊物、出版日期等信息，方便研究人员查找和引用该文献，从而帮助研究人员更快地了解和获取论文的主要内容。

在浏览大量文献或领域陌生的论文时，智能学术服务可以生成简明扼要的文献摘要，帮助研究人员迅速了解论文内容，决定是否深入阅读全文，从而帮助他们更快速地筛选有价值的文献，提升学术研究的效率和质量。

2.5 研究合作推荐

研究合作推荐利用中文科技期刊中的研究成果、作者信息以及研究方向等数据，通过分析研究人员的研究领域、发表论文等信息，为其推荐适合合作的学者、研究团队等，促进学术合作和交流。并且可以同时推荐具有不同研究领域背景的学者，研究合作推荐可以帮助研究人员拓展合作领域，促进跨学科和跨机构的合作和交流。作为学术交流平台，研究学者可以更容易地发现和联系潜在的合作伙伴，避免在寻找合作伙伴上花费过多时间，提高合作的效率，从而推动科研成果的共同创新。

2.6 学术写作辅助

研究人员在撰写科研论文、报告等文稿时，智能学术服务可以提供语法、写作风格等方面的建议和指导，如纠正文稿中的语法错误，包括拼写、标点、语法结构等方面的问题；分析研究人员的写作风格，提供关于语言表达、段落组织、句子连贯性等方面的优化建议，使文稿更具逻辑性和流畅性；学术写作辅助可以推荐使用更丰富、准确的词汇，帮助研究人员提升文稿的表达能力和学术水平；学术写作辅助可以为研究人员提供有关引用格式(如 APA、MLA 等)的指导，确保引用的一致性和准确性。学术写作辅助可以帮助研究人员提升文稿的质量和表达效果，通过与学术写作辅助的交互，研究人员可以逐渐学习写作技巧和规范，提升自己的学术写作能力。

2.7 趋势分析与预测

趋势分析与预测是基于大量的中文科技期刊数据，通过分析中文科技期刊中的论文、研究成果和专家观点，帮助研究人员分析和预测特定领域内的发展趋势、创新方向和热点领域，为研究人员提供前瞻性的建议。智能学术服务还可以跟踪学术前沿，为研究人员提供最新的领域动态，帮助他们保持在学术研究中的领先地位。并通过预测技术创新、市场趋势甚至不同领域的趋势，帮助研究人员提前洞察可能的创新机会和市场需求，发现跨学科的合作和创新机会，促进学术交叉合作，为战略规划提供支持。

3 应用前景与挑战

3.1 辅助写作时可能出现的版权问题

在 ChatGPT 辅助写作时，可能出现的版权问题存在很大挑战，由 ChatGPT 生成的文本是否属于创作人、用户还是人工智能模型本身的知识产权？用户在使用 ChatGPT 时，是否需要对生成的内容进行引用？在未适当引用的情况下，是否会涉及抄袭问题，是否违反了学术诚信的原则，这些都可能会引发争议，特别是当生成的文本被用于商业目的时。

ChatGPT 在辅助写作过程中引发的版权问题需要得到充分的关注和解决，建议可以采取以下策略：加强相关立法，法律中需明确规定生成内容的版权所属，以便在法律层面解决争议。同时，技术平台也应加强对生成内容的监管，确保用户不会滥用模型生成有版权争议的内容。对用户也需提供相关的培训和教育，了解如何合法的使用 ChatGPT，包括适当引用，避免抄袭。通过法律、技术平台的监管以及用户的自律，可以减轻这些问题带来的负面影响，促进人工智能技术在写作领域的可持续和合法应用。

3.2 语言风格问题

不同科技领域具有自己的专业术语和特定的语言风格，ChatGPT 可能面临着一些语言风格的问题与挑战。ChatGPT 是基于大规模的互联网文本数据进行训练，而非专注于某个特定领域。因此，在特定领域的科技期刊中使用 ChatGPT 生成的文本时，可能存在缺乏领域专业性和特定语言风格的问题，以及在表达科学概念或技术术语时存在不准确或模糊的问题，甚至可能会出现错误的断言。

基于这些语言风格问题与挑战，编辑编辑可以将 ChatGPT 模型在特定科技领域的数据上进行微调，并对使用 ChatGPT 生成的文本进行仔细审查和编辑，以确保其语言风格符合期刊的要求。期刊也可以制定明确的编辑准则和指南，对使用 ChatGPT 生成的文本进行规范和指导。通过人工编辑和校对、领域微调、制定编辑准则和指南，以及结合人工智能与人工编辑的优势，可以克服这些挑战，确保使用 ChatGPT 生成的文本符合期刊的语言要求和学术准确性。

3.3 生成内容可信度问题

ChatGPT 是通过对大规模的互联网文本数据进行训练而得到的，其中可能存在错误、虚假或不准确的信息。其次，ChatGPT 是基于预训练和微调的方式进行训练的，模型在训练过程中无法辨别文本中的真实性和准确性，只是通过统计模式进行学习。这意味着模型可能会学习到错误的信息或存在偏见，从而影响到生成文本的可信度。再次，ChatGPT 的训练指导信息缺乏，在训练过程中，模型并没有明确的指导信息来确保生成的文本的可信度。最后，由于 ChatGPT 是在过去的文本数据上进行训练的，它可能难以处理新兴领域或前沿研究中的内容。这些领域和研究可能缺乏足够的训练数据，从而导致模型生成的文本在可信度方面存在问题。

为应对这些可信度问题与挑战，编辑和审稿人应需要根据自身的专业知识和判断力，对文本中的信息进行核实和验证，确保其准确和可信。其次，编辑和审稿人可以通过引入外部知识和验证来评估 ChatGPT 生成的文本的可信度。他们可以参考其他可靠的资源、领域专家的意见或实验证据，以评估文本中的观点和主张的正确性。并且，也可以考虑结合多个 ChatGPT 模型或其他自然语言处理方法，以增强可信度的评估和文本生成的准确性。这种多模型的结合可以降低单个模型存在的偏见和错误的概率。通过人工审核和验证、引入外部知识和验证、结合多个模型和方法，可以有效应对这些挑战，提高使用 ChatGPT 生成文本的可信度。

4 结束语

本论文探讨了在 ChatGPT 背景下基于中文科技期刊的智能学术服务，展示了其在文献推荐、问题解答、方法咨询等方面的应用潜力。尽管面临一些挑战，但通过持续的改进和创新，这一智能学术服务框架有望为科研人员提供更加便捷和高效的学术支持，推动学术交流和合作的发展。

参 考 文 献

[1] 甘杨,孙仲武,张舒怡,等.基于深度学习的智能问答系统综述[J].计算机应用研究,2022,39(3),667-674.

[2] WOLF T, DEBUT L, SANH V, et al. Transformers: state-of-the-art natural language processing[C]// Proceedings of the 2020 Conference on Empirical Methods in Natural Language Processing: System Demonstrations. 2020: 38-45.

[3] VASILEV I, IVANOVA V, KOYCHEV I. Personalized chatbots for academic advising[C]// Proceedings of the 2018 EMNLP Workshop SCAI: The 2nd International Workshop on Search-Oriented Conversational AI. 2018: 78-83.

[4] XU K, BA J, KIROS R, et al. Show, attend and tell: Neural image caption generation with visual attention[C]// International Conference on Machine Learning, 2015:2048-2057.

[5] RADFORD A, WU J, CHILD R, et al. Language models are unsupervised multitask learners[J]. OpenAI, 2019, 1(8):1-25.

[6] LUAN Q, OSTENDORF M. Multi-turn response selection for chatbots with deep attention matching network[C]// Proceedings of the 56th Annual Meeting of the Association for Computational Linguistics. 2019:1118-1127.

地方高校学报稿源现状分析及质量提升策略
——以陕西省为例

吴振松[1]，黄崇亚[2]

(1.西安航空学院学报编辑部，陕西 西安 710077；2.西安交通大学期刊中心，陕西 西安 710049)

摘要：定量分析地方高校学报稿源现状，总结提升地方高校学报高质量发展的举措，更好地为地方高校学科建设服务。以陕西省新建本科高校以及 8 所非双一流普通本科高校学报为例，统计分析其近 5 年的稿源现状、学术影响力、高校对学报支持力度、约定处理稿件周期，通过皮尔森系数表征地方高校学报受高校支持力度和约定处理稿件周期等与学术影响力的相关性。研究发现新建本科高校学报发表本校稿件、具有高级职称作者及基金项目稿件占比较低，高校对学报支持力度较弱，学报学术影响力较低；地方高校学报学术影响力与高校对学报支持力度正相关，学报学术影响力与约定处理稿件周期负相关。提升地方高校学报服务学校发展的管理水平，加大高校对学报支持力度，创建并优化投稿系统，缩短稿件处理周期，加大组稿、约稿，增加高质量稿源占比，提升学报学术影响力的办刊管理策略，更好地为地方高校学科建设服务。

关键词：地方高校学报；稿源现状；学术影响力；支持力度；皮尔森系数；相关性

中宣部、教育部、科技部三部委印发的《关于推动学术期刊繁荣发展的意见》(中宣发(2021)17 号)中"地方高校学报的功能"这一主题，《重庆师范大学学报(自然科学版)》主编杨新民教授指出，地方高校学报是独具中国特色的学术期刊，在创新性人才培育方面的作用不可替代，他阐述了地方高校学报对学科建设的支撑，强调地方高校学报应准确定位、树立自信，紧跟学科前沿，充分发挥对科研人才的发现、培养和训练以及支撑学科发展功能[1]。针对地方高校学报在高校学科建设、人才培养和服务地方经济建设中的重要作用[2-5]，办好、办强地方高校学报显得尤为重要。

学报质量的高低取决于稿源的整体质量，因此从源头提高地方高校学报稿源质量是提升地方高校学报质量的有效方法之一。邹强等[6]指出地方高校学报优质稿源匮乏，难以形成期刊的核心竞争力。梁洁[7]提出立足地方高校科研优势和学报的综合性优势，依靠校内专家专题出版。林海清[8]给出地方性学术期刊获取优质稿源的五个途径。张益嘉[9]指出普通高校科技期刊应积极争取与校内和校外专家学者进行约稿。呙艳妮[10]提出地方高校学报需依托地方特色，完善选稿机制，引领地方学术创新。徐艳等[11]提出，应从更新办刊思路，提升服务质量，推

基金项目：中国高校科技期刊研究会青年基金(CUJS-QN-2023-042)；陕西省出版科学基金(20BSC04)；中国高校科技期刊研究会高职高专期刊专项基金(CUJS-GZ-2021-017)

通信作者：黄崇亚，E-mail：huangcy@xjtu.edu.cn

广实现服务的手段等方面提升影响力。陈留院[12]通过统计分析得出需从多个维度优化稿源的外在质量。

已公开资料表明，地方高校学报在学科建设、人才培养和服务地方经济建设具有重要作用。但经过文献检索，未见对地方高校学报稿源质量调查及定量统计分析，稿源中高质量稿件占比多少，高质量稿件的体现因素(高级职称作者占比、基金项目稿件占比)对于影响因子、年篇均引用数的影响权重有多少，本校稿件占比情况等定量研究的报道。

为推动学术期刊繁荣发展，加快提升地方高校学报内容质量，加强学报在地方经济建设的作用。为了从源头掌握地方高校学报稿源质量，稳步提升学报的学术影响力。本研究以陕西省地方高校学报为调查对象，经过统计分析16种学报稿源现状、高校对学报支持力度、稿件处理周期，以稿源为纽带，通过皮尔森系数定量表征出高校对学报支持力度和稿件处理周期对学报高质量稿源、学术影响力的影响权重。提出提升地方高校学报服务学校发展的管理水平、加大高校对学报支持力度、创建并优化投稿系统、缩短稿件处理周期、加大组稿、约稿，增加高质量稿源占比等措施，提升学报学术影响力。

1 对象与方法

本研究以陕西省地方高校学报为研究对象，通过查询陕西省教育厅官网得知该省公办普通本科高校共35所，其中双一流高校7所，新建本科高校共9所(8刊)，其他普通本科高校19所。从19所普通本科高校中无差别遴选出8所(8刊)高校，命名为非双一流普通本科高校(以下简称非双一流高校)。选取该省新建本科高校9所(8刊)学报、非双一流高校8所(8刊)学报共16种学报为样本，研究地方高校的支持力度等对学报影响力的大小，因双一流高校多为部属院校，不属于本研究的范畴，未纳入研究。由于新建本科高校的地方属性特点明显，因此选取所有新建本科高校9所(8刊)；考虑与新建本科高校的可对比性，从剩余19所普通本科高校中无差别遴选8所(8刊)，均具有科学性和代表性。将8种新建本科高校学报分别命名为学报A、B、C、D、E、F、G、H，8种非双一流高校学报分别命名为学报I、J、K、L、M、N、O、P。

本研究通过查阅资料、电话咨询、现场调研等方式获得16种学报近5年(2018—2022年)稿源现状、学报学术影响力现状、高校对学报支持力度、稿件处理周期；然后以稿源为纽带，经过皮尔森系数定量表征地方高校学报受高校支持力度和稿件处理周期与学报学术影响力的相关性；最后提出增加高质量稿源，提升学报学术影响力的策略。选用皮尔森系数定量表征的科学性：皮尔森系数公式能够量化变化趋势相似的两组数据的相关性，分子的协方差代表相关性，分母的标准差能够消除量纲的影响，本研究拟通过数据表征两个因素之间的相关性，因此通过皮尔森系数定量表征，具有科学性。

2 地方高校学报稿源现状

2.1 本校稿件占比

8种新建本科高校学报已发表论文中本校稿件占比多数学报为39.95%和14.97%两档，且成略微下降趋势；5年均值占比为63.05%、43.95%、38.47%、35.14%、21.78%、18.89%、10.10%、9.32%，其中有6种学报占比低于40.00%(图1)，结果显示本校稿件占比较低。较低的校内稿件占比，反映出本校学报对本校师生的吸引力较低，服务于本校教师的能力较弱，为学校学科发展的贡献度较低。

将新建本科高校学报及非双一流高校学报已发表论文中本校稿件占比分别按由低到高(按5年均值)排序，非双一流高校学报5年均值占比为84.87%、74.91%、63.38%、45.02%、38.03%、27.40%、22.91%、11.42%，其中有4种学报占比低于40.00%(图2)。结果显示，非双一流高校学报对本校师生的吸引力高于新建本科高校学报。

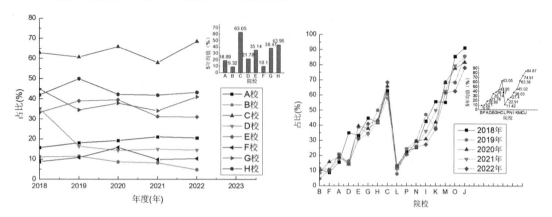

图1　已发表论文中本校稿件占比　　　图2　16种学报已发表论文中本校稿件占比

2.2　第一作者高(含副高)级职称占比

8种新建本科高校学报已发表论文中作者高(含副高)级职称占比多数学报呈上升趋势；5年均值占比为47.25%、47.19%、45.51%、36.75%、33.56%、31.85%、28.63%、26.23%，其中有5种学报占比低于40.00%(图3)。结果显示，高(含副高)级职称作者贡献论文占比较低，反映出新建本科高校学报对校内、外高(含副高)级职称作者投稿的吸引力较弱；但是，通过折线上升的趋势显示这一现象将逐步改观，然而，这一上升趋势暴露出低级别职称的撰稿人发表论文到新建本科高校学报的难度将越来越大。

新建本科高校学报及非双一流高校学报已发表论文中作者高(含副高)级职称占比分别按由低到高排序(按5年均值)，非双一流高校学报5年均值占比为68.59%、66.81%、60.35%、57.00%、47.16%、42.11%、24.64%、20.24%，其中有2种学报占比低于40.00%(图4)。结构显示非双一流高校学报发表稿件中高(含副高)级职称作者贡献论文占比比新建本科高校学报高，对校内、外高(含副高)级职称作者投稿的吸引力比新建本科高校学报大。

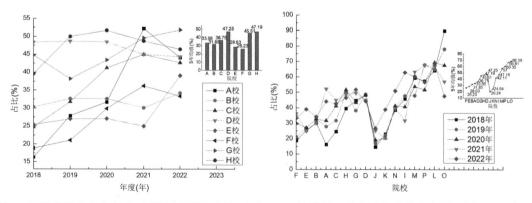

图3　已发表论文中作者高(含副高)级职称占比　　图4　16种学报已发表论文中作者高(含副高)级职称占比

2.3 基金项目稿件占比

8种新建本科高校学报已发表论文中基金项目稿件占比,多数学报呈上升趋势;5年均值占比为 75.50%、72.04%、66.17%、65.82%、64.48%、62.87%、55.57%、52.06%,其中有6种学报占比低于70.00%(图5)。结果显示,新建本科高校学报发表稿件中有基金项目的论文占比较低,但呈现明显的改良趋势,说明新建本科高校学报越来越倾向于发表具有基金项目的稿件。这一结果间接反映新建本科高校教师科研能力较弱,同时也反映新建本科高校学报吸引高质量稿源的能力较弱,学科建设及学科影响力有待提高。

将新建本科高校学报及非双一流高校学报已发表论文中基金项目稿件占比分别按由低到高排序(按5年均值),非双一流高校学报占比为97.47%、96.91%、93.34%、85.2%、78.44%、78.19%、77.99%、76.62%,占比均高于70.00%(图6)。结果显示,非双一流高校学报发表稿件中基金项目稿件占比比新建本科高校学报高。

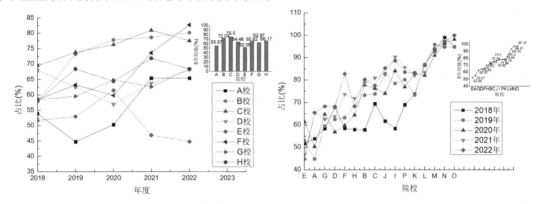

图5 已发表论文中基金项目稿件占比　　　图6 16种学报已发表论文中基金项目稿件占比

8种新建本科高校学报已发表论文为本校稿件、高(含副高)级职称、基金项目稿件占比,多数学报占比为16.15%和6.16%两档,且两档分别呈现上升和下降趋势;5年均值占比为22.09%、19.01%、15.23%、10.25%、8.68%、8.42%、4.57%、4.19%,其中有4种学报占比低于10.00%(图7)。这一结果直接反映出大多数新建本科高校学报服务于本校学术研究的水平较低,学报吸引校内高质量稿件的能力弱,间接反映出新建本科高校科研实力有待加强;两档分别呈现上升和下降趋势,说明新建本科高校学报中略强的学报趋向越强,较弱的学报趋向越弱,呈现两极分化现象。

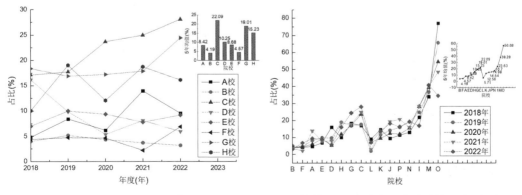

图7 已发表论文为本校稿件、高(含副高)级　　图8 16种学报已发表论文为本校稿件、高(含副高)级
　　 职称、基金项目稿件占比　　　　　　　　　　　职称、基金项目稿件占比

将新建本科高校学报及非双一流高校学报已发表论文为本校稿件、高(含副高)级职称、基金项目稿件占比分别按由低到高排序(按 5 年均值),非双一流高校学报占比为 56.68%、38.28%、23.63%、16.70%、14.98%、14.54%、12.56%、5.71%,其中有 1 种学报占比低于 10.00%(图 8)。结果显示,非双一流高校学报已发表论文为本校稿件、高(含副高)级职称、基金项目稿件 5 年均值占比比新建本科高校学报高。

综上所述,新建本科高校学报稿源与非双一流高校学报稿源相比具有三个特点:一是稿件来源地域分布明显,主要来源是校外稿件;二是所发表论文中高(含副高)级职称作者占比较低;三是所发表论文中有基金项目的论文占比较低。以上三个特点在新建本科高校学报中明显存在,这反映出新建本科高校学报稿源质量低于非双一流高校学报。

3 地方高校学报学术影响力现状

3.1 篇均引用数

为了掌握期刊整体文章的平均影响力,统计期刊年篇均引用数(期刊年发论文总被引数除以年发论文数)。将新建本科高校学报及非双一流高校学报已发表论文中年篇均引用数分别按由低到高排序(按 2019 年年篇均引用数),新建本科高校学报年篇均引用数为 6.607 6、2.660 0、2.644 9、2.440 5、2.435 4、2.302 6、1.493 5、1.330 9,其中仅有 1 种学报大于 4.000 0;非双一流高校学报年篇均引用数为 15.528 3、8.330 0、8.319 4、6.701 8、6.059 1、5.754 4、3.691 5、2.885 7,其中仅有 2 种学报小于 4.000 0(图 9)。结果显示,非双一流高校学报所发表论文年篇均引用数高于新建本科高校学报。

3.2 影响因子

将新建本科高校学报及非双一流高校学报影响因子分别按由低到高排序(按复合影响因子排序),除 F、B 学报比 J、K 学报影响因子高之外,所有非双一流高校学报影响因子均比新建本科高校学报影响因子高(图 10)。

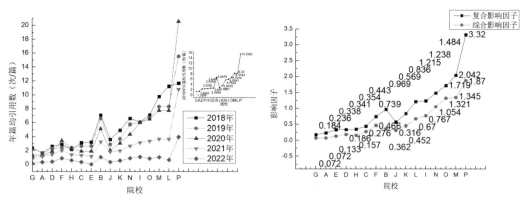

图 9　16 种学报已发论文中年篇均引用数　　　图 10　16 种学报影响因子

4 地方高校学报稿源现状与学术影响力相关性

为了反映稿源现状与年篇均引用数以及影响因子的相关性,通过皮尔森系数来表征。皮尔森系数 r 计算公式如下:

$$r = \frac{\mathrm{cov}(x,y)}{\sigma_X \sigma_Y} \frac{\sum_{i=1}^{n}(X_i - \bar{X})(Y_i - \bar{Y})}{\sqrt{\sum_{i=1}^{n}(X_i - \bar{X})^2} \sqrt{\sum_{i=1}^{n}(Y_i - \bar{Y})^2}}$$

$$r = \begin{cases} 0.8 \sim 1.0 & 极强相关 \\ 0.6 \sim 0.8 & 强相关 \\ 0.4 \sim 0.6 & 中等程度相关 \\ 0.2 \sim 0.4 & 弱相关 \\ 0.0 \sim 0.2 & 无相关或极弱相关 \end{cases}$$

式中：$\mathrm{cov}(X,Y)$ 表示 X 因素和 Y 因素之间的协方差；σ_X 表示 X 因素的标准差；σ_Y 表示 Y 因素的标准差；X_i 表示 i 学报 X 因素数值；Y_i 表示 i 学报 Y 因素数值；$\bar{X}$ 表示 X 因素平均值；$\bar{Y}$ 表示 Y 因素平均值。

通过分析，稿源现状与年篇均引用数以及影响因子的皮尔森系数数值如表 1 所示，新建本科高校学报和非双一流高校学报高(含副高)级职称 5 年均值占比、基金项目稿件 5 年均值占比与 2019 年年篇均引用数、影响因子均具有不同程度的相关性；皮尔森系数不仅能够表明 X 项与 Y 项的相关性，其数值可代表 X 项对 Y 项的影响权重，因此，新建本科高校学报基金项目稿件 5 年均值占比对 2019 年年篇均引用数以及影响因子的影响权重比高(含副高)级职称 5 年均值占比大；非双一流高校高(含副高)级职称 5 年均值占比对 2019 年年篇均引用数以及影响因子的影响权重比基金项目稿件 5 年均值占比大。综上，通过提高所发表论文第一作者的高(含副高)级职称占比与基金项目稿件占比，能快速提升地方高校学报的影响力。

表 1 稿源现状与年篇均引用数以及影响因子的皮尔森系数数值

X	Y		
	2019 年年篇均引用数 (图 9)	复合影响因子 (图 10)	综合影响因子 (图 10)
新建本科高校学报高(含副高)级职称 5 年均值占比(图 3)	弱相关($r=-0.319$)	中等程度相关($r=-0.531$)	无相关或极弱相关($r=0.003$)
非双一流高校学报高(含副高)级职称 5 年均值占比(图 4)	强相关($r=0.669$)	强相关($r=0.620$)	强相关($r=0.684$)
新建本科高校学报基金项目稿件 5 年均值占比(图 5)	中等程度相关($r=0.468$)	中等程度相关($r=0.537$)	中等程度相关($r=0.593$)
非双一流高校学报基金项目稿件 5 年均值占比(图 6)	无相关或极弱相关($r=-0.013$)	无相关或极弱相关($r=0.155$)	弱相关($r=0.378$)

5 高校对学报支持力度

5.1 学报是否为二级单位(处室)

通过调查得到 16 种高校学报编辑部是否为高校设置的二级单位(处室)。从表 2 可以看出，新建本科高校中只有 4 所高校学报为二级单位(处室)，占比为 50.00%；而所有非双一流高校学报均为二级单位(处室)。结果显示，新建本科高校学报中为二级单位(处室)的学报占比不大，这既是由于新建本科高校发展较缓，学校规模总体不大的客观原因造成，也是因为学报在学校的发展中处于教辅地位，在高校的总体规划中被边缘化的主观原因造成。无论是主观原因还是客观原因，这也说明高校学报质量与高校的重视程度相关。例如，如果学报编辑部以科级建制，那么学报编辑部在对校外和对校内二级单位(处室)的沟通交流中就可能因职级不对等，处于劣势；如果学报编辑部以科级建制，可能导致多数编辑待遇提升和职务晋升受阻。

表 2 学报编辑部是否为二级单位(处室)

高校	A	B	C	D	E	F	G	H	I	J	K	L	M	N	O	P
是否为二级单位(处室)	否	否	是	否	否	是	是	是	是	是	是	是	是	是	是	是

5.2 高校相关部门对学报支持情况

高校学报的发展，尤其是校内高质量稿源的多少，受到高校相关部门对学报的政策影响，通过调查得出 16 所高校相关部门对学报政策如表 3 所示。高校人事管理部门(以下简称部门甲)针对本校教师发表到本校学报的论文在职称评审中是否提高认可度，结果显示，新建本科高校学报中有 A、C 两所高校为"是"，占比仅为 25.00%；非双一流高校学报与新建本科高校学报表现一致，占比均为 25.00%；高校科研管理部门(以下简称部门乙)是否鼓励本校教师在本校学报上发表论文，结果显示，新建本科高校学报中仅有 G 一所高校为"是"，占比仅为 12.50%；非双一流高校学报中有 M、O、P 三所高校为"是"，占比为 37.50%；高校财务部门(以下简称部门丙)对本校作者在本校学报发表论文是否收取版面费，结果显示，新建本科高校学报中有 B、C、G、H 四所高校为"否"，占比为 50.00%，非双一流高校学报中有 I、J、K、M、P 五所高校为"否"，占比为 62.50%。通过解读高校三个具有代表性的部门对学报的政策，结果显示，非双一流高校的政策比新建本科高校的政策更有利于本校学报，表明新建本科高校对本校学报的支持程度低于非双一流高校。

表 3 16 所高校相关部门对学报政策

高校	A	B	C	D	E	F	G	H	I	J	K	L	M	N	O	P
部门甲	是	否	是	否	否	否	否	否	是	否	否	是	否	否	否	否
部门乙	否	否	否	否	否	否	是	否	否	否	否	否	是	否	是	是
部门丙	是	否	否	是	是	是	否	否	否	否	否	是	否	是	是	否

注：部门甲中"是"表示提高认可度，"否"表示未提高认可度；部门乙中"是"表示鼓励，"否"表示不鼓励；部门丙中"是"表示收取版面费，"否"表示不收取版面费。

6 学报编辑部管理现状

学报编辑部管理模式也会影响学报的高质量稿源量。如编辑部是否有投稿系统以及编辑部公布的约定处理稿件周期都会直接或间接影响作者所投稿件的质量、投稿的积极性，从而影响高质量稿源占比。经过调查，16 种高校学报管理情况如表 4 所示。结果显示，新建本科高校学报有 B、C、D、G、H 5 种学报有投稿系统，占比为 62.50%，非双一流高校学报有 7 种学报有投稿系统，占比为 87.50%；新建本科高校学报约定处理稿件周期在 1 个月以内(含 1 个月)的学报有 C、D、E、H 4 所，占比 50.00%，1~2 个月(含 2 个月)的有 A、B、F、G 4 所，占比 50.00%；非双一流高校学报约定处理稿件周期在 1~2 个月(含 2 个月)的有 5 种，占比 62.50%，2~3 个月(含 3 个月)的有 3 种，占比 37.50%。综上，新建本科高校学报有投稿系统的占比比非双一流高校学报低；新建本科高校学报约定处理稿件周期与非双一流高校学报约定处理稿件周期不完全相同。可见，新建本科高校学报编辑部应积极争取高校支持，在加强网站、投稿系统建设、缩短处理稿件周期、加强服务管理等举措上下功夫。

表 4 16 种高校学报管理情况

高校	A	B	C	D	E	F	G	H	I	J	K	L	M	N	O	P
是否有投稿系统	否	是	是	是	否	是	否	是	是	是	否	是	是	是	是	是
约定处理稿件周期/月	2	2	1	1	1	2	2	2	2	2	3	3	2	3	2	2

7 学报稿源现状与受支持力度相关性研究

7.1 学报稿源现状与受支持力度的关系

为了分析地方高校学报稿源现状与当前高校相关部门对学报支持力度的相关性，将表 2 至表 4 中的数据做以处理，具体为：首先将表 2 至表 4 中(不包含表 3 中部门丙)"是"赋值为"1"，"否"赋值为"0"；将表 3 中部门丙"否"赋值为"1"，"是"赋值为"0"；然后将表 2 至表 4 中(不包含表 4 中约定处理稿件周期)"1"按所属高校叠加，得到表 2 至表 4 转换后按所属院校叠加的转换数值(支持力度)，如表 5 所示，结果显示，新建本科高校学报在基数为 5 的数值中，数值为 2(含 2)以下的高校占比高达 62.5%；非双一流高校学报中数值为 2(含 2)以下的高校学报占比为 37.5%。对比可看出，新建本科高校学报转换后的转换数值普遍较低，说明新建本科高校相关部门对学报支持力度低于非双一流高校。

表 5 表 2 至表 4 转换后按所属院校叠加的转换数值(支持力度)

高校	A	B	C	D	E	F	G	H	I	J	K	L	M	N	O	P
支持力度	1	2	4	2	0	1	4	3	4	3	2	2	5	2	3	4

将图 8 中本校稿件、高(含副高)级职称、基金项目稿件占比"5 年均值(%)"数值展示如表 6 所示。结合表 5、表 6 得到新建本科高校学报 5 年均值占比与相关部门支持力度关系如图 11 所示，非双一流高校学报 5 年均值占比与相关部门支持力度关系如图 12 所示。观察图 11 和图 12，图 11 中两条折线变换步调几乎一致，即两条折线波峰、波谷变化同步，类似共振现象；图 12 与图 11 类似，表明表 5 中数值越大对应的表 6 中的数值相对越大，增大或减小表 5 中的数值表 6 中的数值会对应增大或减小。

表 6 本校稿件、高(含副高)级职称、基金项目稿件占比"5 年均值(%)"数值展示

高校	A	B	C	D	E	F	G	H
5 年均值/%	8.42	4.19	22.09	10.25	8.68	4.57	19.01	15.23
高校	I	J	K	L	M	N	O	P
5 年均值/%	23.63	14.54	12.56	5.71	38.28	16.70	56.68	14.98

为进一步研究发表高质量论文与当前高校对学报支持力度的相关性，通过皮尔森系数来分别表征图 11 和图 12 中两条折线的相关性。根据皮尔森系数 r 计算公式，令表 5 中新建本科高校相关部门支持力度为 $X_{新}$，表 6 中新建本科高校 5 年均值占比为 $Y_{新}$，得出图 11 中两条折

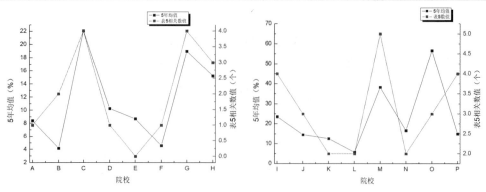

图 11　新建本科高校学报 5 年均值占比与相关部门支持力度关系

图 12　非双一流高校学报 5 年均值占比与相关部门支持力度关系

线的皮尔森系数 $r_{新}=\dfrac{56.830\,0}{69.616\,0}=0.816$(极强相关)，表明图 11 中两条折线极强相关，说明新建本科高校学报发表高质量学术论文与高校相关部门对学报的支持力度有极强相关性；令表 5 中非双一流高校支持力度为 $X_{非双一流高校}$，表 6 中非双一流高校 5 年均值占比为 $Y_{非双一流高校}$，得出图 12 中两条折线的皮尔森系数 $r_{非双一流高校}=\dfrac{57.315\,0}{131.608\,2}=0.435$(中等程度相关)，表明图 12 中两条折线中等程度相关，说明非双一流高校学报发表高质量学术论文与高校相关部门对学报的支持力度有中等程度相关性。

7.2　相关部门支持力度对现有稿源影响权重

为进一步研究表 3 中甲、乙、丙部门支持力度对表 6 中 5 年均值占比的影响权重，通过皮尔森系数来表征。将表 3 按 7.1 节所述处理，得到表 3 的转换形式如表 7 所示。

表 7　表 3 的转换形式

高校	A	B	C	D	E	F	G	H	I	J	K	L	M	N	O	P
部门甲	1	0	1	0	0	0	0	0	1	0	0	1	0	0	0
部门乙	0	0	0	0	0	0	1	0	0	0	0	1	0	1	1
部门丙	0	1	1	0	0	0	1	1	1	1	1	0	1	0	0	1

注：部门甲中"1"表示提高认可度，"0"表示未提高认可度；部门乙中"1"表示鼓励，"0"表示不鼓励；部门丙中"0"表示收取版面费，"1"表示不收取版面费。

结合表 6、表 7 得到相关部门支持力度与 5 年均值占比的皮尔森系数，如表 8 所示，结果显示，地方高校学报 5 年均值占比与相关部门甲、乙、丙均具有不同程度的相关性；新建本科高校学报 5 年均值占比受相关部门影响权重丙>乙>甲；非双一流高校学报 5 年均值占比受相关部门影响权重乙>甲>丙。综上，通过提高相关部门的支持力度，能够提高地方高校学报高质量稿源。

表 8　相关部门支持力度与 5 年均值占比的皮尔森系数

X	Y	
	新建本科高校学报 5 年均值	非双一流高校学报 5 年均值
部门甲	弱相关($r=0.347$)	弱相关($r=0.298$)
部门乙	中等程度相关($r=0.458$)	强相关($r=0.682$)
部门丙	中等程度相关($r=0.581$)	无相关或极弱相关($r=-0.173$)

8 学报稿源现状与约定处理稿件周期关系

结合表 4 中约定处理稿件周期和表 6 中 5 年均值(%)，得出新建本科高校学报 5 年均值占比与约定处理稿件周期关系如图 13 所示，非双一流高校学报 5 年均值占比与约定处理稿件周期关系如图 14 所示。由图 13 可看出，图中两条折线变换步调几乎相反，两条折线波峰、波谷变化相背，即表 4 中约定处理稿件周期越大对应的表 6 中 5 年均值(%)相对越小，增大或减小表 4 中约定处理稿件周期表 6 中 5 年均值(%)会对应减小或增大，图 14 与图 13 类似。

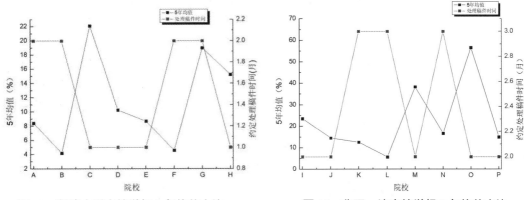

图 13 新建本科高校学报 5 年均值占比与约定处理稿件周期关系

图 14 非双一流高校学报 5 年均值占比与约定处理稿件周期关系

根据皮尔森系数 r 计算公式，令表 4 中新建本科高校学报约定处理稿件周期为 $X_{新1}$，表 6 中新建本科高校学报 5 年均值(%)为 $Y_{新1}$，得出图 13 中两条折线的皮尔森系数 $r_{新1} = \dfrac{-10.0300}{24.6129} = -0.408$(中等程度相关)，表明图 13 中两条折线中等程度相关，说明新建本科高校学报发表高质量学术论文与约定处理稿件周期有中等程度相关性，缩短约定处理稿件周期有利吸引高质量学术论文，反之同理；令表 4 中非双一流高校约定处理稿件周期为 $X_{非双一流高校1}$，表 6 中非双一流高校 5 年均值(%)为 $Y_{非双一流高校1}$，得出图 14 中两条折线的皮尔森系数 $r_{非双一流高校1} = \dfrac{-33.6850}{60.4922} = -0.557$(中等程度相关)，表明图 14 中两条折线中等程度相关，说明非双一流高校学报发表高质量学术论文与约定处理稿件周期有中等程度相关性，缩短约定处理稿件周期有利于吸引高质量学术论文，反之同理。

9 吸引高质量稿源策略

9.1 提升学报服务学校发展的管理水平

鉴于学报在地方高校学科发展及影响力提升中起到越来越重要的作用，地方高校应重视学报的发展，将高校资源适当向学报倾斜[13-14]。根据表 2 的统计显示新建本科高校中只有 4 所高校学报为二级单位(处室)，而所有非双一流高校学报均为二级单位(处室)，通过借鉴非双一流高校学报现状，新建本科高校可以将学报编辑部提升为二级单位(处室)且作为高校的直属部门进行管理。如此定位，有利于校内相关部门将资源向学报倾斜，增强学报的综合实力，为办强学报提供强有力的支撑；有利于激励学报管理者改善其管理模式，待遇级别的提高也会鞭策编辑部管理人员提升自身的管理能力，以达到二级单位(处室)管理人员的管理水平，同时打通编辑行政职务的上升通道,会激励基层编辑人员提升自身编校能力的同时提升自身的管理能力。综上,提升学报编辑部行政级别会激励从事编辑工作人员提高工作效率,增强学报编辑团队的综合实力,为学报增加高质量稿源提供人、财、物的支撑,扶持学报快速发展,从而快速增强学报学术影响力。

9.2 高校相关部门支持力度的倾斜

表 8 的结果显示,地方高校学报 5 年均值占比与相关部门甲、乙、丙政策均具有不同程度的相关性,通过提高相关部门的支持力度,能够促进地方高校学报高质量发展。因为越来越多的高校对本校教师职称评审拥有自主权限,因此,相关部门甲针对学校教师发表到本校学报的论文在职称评审中可以提高认可度,可在较大程度上激励本校教师将高质量稿件投稿至本校学报,达到增加高质量稿源的目的。

相关部门乙可以制定激励性文件鼓励本校教师在本校学报上发表论文。如果教师的横(纵)向项目结项成果中有发表在本校学报的论文,可以适当追加资助费用(横向项目中可适当减少相关部门扣除的管理费);根据本校二级学院教师发表在本校学报的论文总量对应调控对二级学院的科研支持力度,从而鼓励本校教师将科研成果以论文形式发表于本校学报。

相关部门丙也可以制定文件。如免除发表在本校学报论文的版面费或者在收取版面费的同时针对优质稿件给予稿酬,以鼓励作者将更多优质稿件投稿至学报。

除以上三个部门,地方高校相关部门在进行校企合作、对外宣传时也应该积极推广本校学报,对于在宣传本校学报中起到较好效果的部门,可以由学报编辑部推荐,相关部门对该部门进行奖励。经过相关职能部门制定激励性文件,能够增加校内高质量稿源,且随着学报影响力的提升,也会对校外高质量稿源的增加起到促进作用。

9.3 学报编辑部增加高质量稿源途径

针对表 4 的统计结果以及图 11~图 14 的研究结果,地方高校加快网站、投稿系统建设以及缩短稿件处理周期有利于增加优质稿源。因此,学报编辑部应积极向高校争取人力物力财力支持,为增加高质量稿源,在现有管理模式及基础条件上进行改革。学报编辑部适当增加具体投稿要求,一方面可以提醒作者用严谨的科学态度撰写科技论文,提高稿件形式质量和内容质量;另一方面也可以为编辑后期编校稿件节省时间和精力,从而缩短稿件处理周期;使用投稿系统,投稿系统的使用不仅会为处理稿件提供便捷,而且有了投稿系统,作者可以实时查看稿件状态,增强作者的投稿体验,从而吸引更多的作者投稿;稿件处理周期越短,越有利于增加作者的吸引力,为扩展稿源的良性循环提供帮助,因此编辑部在保证高质量处理稿件的前提下,应尽可能地缩短稿件处理周期。

随着地方高校的发展,越来越多的高学历教师进入地方高校工作,同样地,学报编辑部也会涌入高学历教师从事编辑工作,这些教师的学科背景多数不是编辑学,但是他们在从事编辑工作后渐渐熟悉并掌握学术期刊论文的撰写规范,因此在撰写本专业(非编辑类)相关论文时比非从事编辑相关工作教师所撰写的论文质量(主要是形式质量)高,因此学报编辑部可以制定相关激励性文件鼓励本部门编辑人员将所属科研团队撰写稿件投递至本校学报。

学报编辑部可以积极向本校相关部门争取,获得激励性文件鼓励编辑部工作人员积极参加校内外与编辑工作内容相关的科研活动、知识讲座、学术会议等,拓宽作者渠道,加强组稿、约稿力度,多维度提升学报的影响力和传播力,为学校及学科高质量发展贡献力量[15]。

10 结束语

本研究统计分析陕西省地方高校学报近 5 年稿源现状、学术影响力现状、高校对学报支持力度、约定处理稿件周期。经过对比得出：新建本科高校学报影响因子比非双一流高校学报影响因子低，新建本科高校学报高质量稿源占比较低，新建本科高校对学报支持力度较小，地方本科高校学报现有稿源学术水平偏低，办刊管理中高校对学报支持力度较低。利用皮尔森系数显示地方高校学报学术影响力与高校对学报支持力度具有正相关性、学报学术影响力与约定处理稿件周期具有负相关性。提出提升学报服务学校发展的管理水平、提高高校对学报支持力度、创建并优化投稿系统、缩短稿件处理周期、加大组稿、约稿，增加高质量稿源占比等措施，提升学报学术影响力的办刊管理策略，这一策略为地方高校学报增加高质量稿源，提升学报学术影响力提供了思路，使地方高校学报能更好服务高校学科建设、人才培养和地方经济建设。本研究的不足之处：一是在研究稿源分布时，将稿件来源分为校内稿件和校外稿件，后期可以酌情将稿件来源细分，如将稿件来源细分为省内本校、省内外校、省外外校、企业、研究院所、其他等，如此分类可为办刊人员有针对性约稿、扬长避短式在突出学科领域增加高质量稿源、提高期刊影响力提供抓手；二是在研究已发论文被引频次时未进行被引频次分布研究，而被引频次分布可以凸显新建本科高校学报与非双一流高校学报在具体被引频次上的差距。后期研究可以对稿源单位分布细分，将被引频次按细分的单位分类，找出期刊高被引论文单位分布规律，为办刊人员向重点单位约稿提供依据。

参 考 文 献

[1] 黄颖.地方高校学报大有可为:《重庆师范大学学报(自然科学版)》主编杨新民教授访谈录[J].编辑学报,2021,33(5):497-501.

[2] 张莹莹."双一流"背景下地方本科院校学报特色专栏与重点学科建设的协同发展策略[J].出版广角,2022(1):69-72.

[3] 彭熙,贺柳,周江川,等.地方高校期刊助力学科建设的探索与实践:以重庆理工大学期刊社为例[J].编辑学报,2021,33(1):98-102.

[4] 孙涛,闵甜.高校学报履行人才培养职能的主要途径[J].编辑学报,2021,33(3):344-348.

[5] 马颖,王赫.地方高校学报专刊专栏助力地方经济建设的实践:以《北华大学学报》为例[J].吉林化工学院学报,2020,37(12):68-71.

[6] 邹强,余朝晖,陈拥彬.新时代地方高校学报转型发展的困境分析与路径选择:基于制度变迁的视角[J].出版发行研究,2020(11):64-71.

[7] 梁洁.专题出版:地方高校学报吸引优质稿源的法宝[J].科技与出版,2017(7):50-54.

[8] 林海清.地方性学术期刊获取优质稿源的有效途径刍议[J].出版广角,2017(8):48-49.

[9] 张益嘉.普通高校科技期刊特色栏目建设之路探析:以《渤海大学学报》《食品科学》栏目建设为例[J].编辑学报,2021,33(1):103-106.

[10] 呙艳妮."双一流"建设背景下地方高校学报高质量特色发展研究[J].中国编辑,2022(9):63-66,76.

[11] 徐艳,蒋永忠.提升·推广·求新:非"卓越计划"科技期刊拓展稿源的几点思考[J].编辑学报,2021,33(2):202-205.

[12] 陈留院.师范大学学报(自然科学版)稿源特征及优化路径分析[J].中国科技期刊研究,2019,30(4):369-374.

[13] 王静.回归本应:新时代地方高校学术期刊再定位的必要性[J].编辑学报,2019,31(增刊2):95-98.

[14] 姜红贵.场域论视域下高校学术期刊与主办高校的融合发展[J].中国科技期刊研究,2022,33(3):281-288.

[15] 邹文娟,安瑞,肖鸣,等.学科编辑助力期刊影响力提升的策略与实践:以 Science Bulletin 为例[J].中国科技期刊研究,2021,32(12):1571-1577.

SciCloud 投审稿系统在防范期刊学术不端中的应用实践

黄英娟[1]，黄一凡[2]，孟令艳[1]

(1.中国科学院化学研究所《高分子学报》Chinese Journal of Polymer Science《高分子通报》联合编辑部，北京 100190；2.北京中科期刊出版有限公司，北京 100717)

摘要：本文结合工作实例，从作者投稿、稿件初审、外审和终审签发等阶段详细介绍了 SciCloud 投审稿系统在防范期刊学术不端中的应用实践。SciCloud 系统集成了 ORCID、cRedit 作者贡献度、CrossCheck、CNKI 学术不端文献检测以及 FigCheck 图片查重系统等工具，系统内实现了一稿多投检测，并记录投稿人 IP 地址防止代写代发，为防范学术不端行为提供了较为全面的技术支持，为捍卫学术诚信贡献了一份力量。

关键词：学术不端；SciCloud 系统；一稿多投；代投代发

学术不端行为的出现极大地破坏了正常的学术生态和学术秩序，严重影响了学术事业的健康发展，造成了十分恶劣的社会影响[1]。期刊学术不端行为的研究和报道较多，如不当署名[2-7]、剽窃[8-12]、一稿多投[13-20]、重复发表[20-21]、机构代写代投[22-27]等，引起了编辑同仁的广泛关注，加强了防范学术不端的意识。近期，张英丽和戎华刚综述了 2006—2020 年国内学术不端的研究进展，提出了加强编辑和学术期刊在学术不端治理中作用的研究建议[28]。

学术不端行为的愈演愈烈引起了国家的高度重视，国家新闻出版署于 2019 年 5 月 29 日颁布的《学术出版规范 期刊学术不端行为界定》(CY/T 174—2019)[29]，这一标准界定了学术期刊论文作者和审稿专家可能涉及的学术不端行为，其中论文作者学术不端行为包括剽窃、伪造、篡改、不当署名、一稿多投、重复发表、违背研究伦理以及其他学术不端行为；审稿专家学术不端行为包括违反学术道德的评审、干扰评审程序、违反利益冲突规定、违反保密规定、盗用稿件内容、谋取不正当利益以及其他学术不端行为。可见，发生学术不端行为的主体是人，防范学术不端是防止人们为了利益或其他目的发表不实论文。随着网络化程度和技术化水平的提高，预防学术不端行为的手段和方式也多样化，先进的计算机技术、规范的审稿流程和严格的期刊出版工作制度在一定程度上能防范学术不端行为的发生。

在线投审稿系统为规范科技期刊出版工作流程和丰富人员数据库的建立提供了便利，为防范期刊论文的学术不端行为提供了技术支持。众所周知，国外的一些主流投审稿系统(如 ScholarOne Manuscripts、Editorial Manager 等)具有较完备的稿件学术不端行为预防技术，如 ScholarOne Manuscripts 投审稿系统嵌入 CrossCheck 模块，集成 Web of Science、PubMed、HighWire、Google 数据库，提供相关文献链接，同时提供稿件摘要和元数据的审稿人自动推荐等。目前，我国一些比较成熟的在线投审稿系统，如玛格泰克采编系统、三才采编系统、勤云采编系统、知网腾云采编系统与科学出版社 SciCloud 系统等，都具有较完备的投审稿功能，但是对于稿件学术不端的检测功能相差较大(见表1)。玛格泰克、三才、勤云等投审稿系统均嵌入了万方数据库检测系统，能实现自动化出检测报告。中国知网(CNKI)学术不端检测系统的检测范围包括中国学术期刊网络出版总库、中国博士学位论文全文数据库/中国优秀硕士学位论文全文数据库、中国重要会议论文全文数据库、中国重要报纸全文数据库、中国专利全文数据库、图书资源、优先出版文献数据库、学术论文联合比对库、互联网资源(包含贴吧等论坛资源)、英文数据库、港澳台学术文献库、互联网文档资源、源代码库、CNKI 达成编客-原创作品库等，检测的时间范围也比较早，从 1900 年 1 月 1 日至今，所以其查重系统所具有的数据对比库丰富，检测结果更具说服力。知网腾云的投审稿系统也嵌入 CNKI 学术不端文献检测工具，但未嵌入 CrossCheck 以及投审稿系统内查重工具等，对英文文献的查重样本量低，结果可能差强人意，故其更适合中文期刊。综上，我国投审稿系统中的学术不端行为检测技术还需加强开发，以更加完善投审稿系统服务的功能性。投审稿系统中一站式学术不端检测的功能节省编辑的时间和精力，从技术上助力防范学术不端行为的发生。

表 1 我国投审稿系统稿件学术不端检测技术

投审稿系统	学术不端检测技术
玛格泰克	嵌入万方数据库查重检测系统
三才	嵌入万方数据库查重检测系统
勤云	嵌入万方数据库查重检测系统，可在系统内查找以往审过相关稿件的审稿专家来智能推荐审稿人
知网腾云	嵌入 CNKI 学术不端文献检测工具，记录投稿 IP 地址等，可通过编辑部专家库以及 CNKI 学者库进行智能推荐审稿专家，未嵌入 CrossCheck 以及投审稿系统内查重工具等
SciCloud	具有较完善的查重技术，集成 CrossCheck、CNKI 学术不端文献检测工具、投审稿系统内查重工具和 FigCheck 图片查重系统，记录投稿 IP 地址以及利用 CSCD 数据库和系统内自动推荐审稿专家功能等

通过上述调查研究，笔者认为 SciCloud 系统是目前我国投审稿系统中具有先进技术，能够较完善和较全面地预防学术不端行为的系统。SciCloud 投审稿系统是由科学出版社在云服务建设理念下开发的，期刊编辑部无需购买设备、建设机房和配置运维人员，通过互联网即可使用其系统，并且该投审稿系统对接了稿件的后续排版、校对和期刊发行等数字化的全流程出版服务平台，这样能更好地服务于编辑部、作者和读者。本文从作者投稿、稿件初审、外审和终审签发等阶段介绍其在防范学术不端中的应用实践(见表2)，以期为期刊编辑部同仁充分挖掘投审稿系统在防范学术不端行为中的功能提供有益参考，助力学术界营造风清气正的学术氛围。

表 2 投审稿阶段可能发生的学术不端行为与预防技术或措施

投审稿阶段	可能发生的学术不端行为	预防技术或措施
投稿阶段	不当署名	嵌入 ORCID 链接；集成 cRedit 作者贡献角色分类，明确作者贡献等
初审	剽窃、重复发表、一稿多投、代写代投等	集成 CrossCheck 和"CNKI 学术不端文献检测工具"、投审稿系统内查重工具、记录投稿 IP 地址等
外审	一稿多投、审稿专家的学术不端行为	对接 CSCD 数据库、系统内数据库（IMM）后自动推荐审稿专家；严格规范、多人参与的稿件处理流程等
终审	不当署名	专家终审稿件

1 作者投稿阶段不当署名的防范

学术交流中往往存在相同姓名的学者而使人混淆其研究成果。为了解决学术交流中长期存在的名称模糊性问题，科研人员与投稿者身份识别开放项目(ORCID)这一组织致力于通过为每个研究人员注册一个独特的识别码，以及创建 ORCID 与现有其他作者身份识别体系的开放透明的连接机制。SciCloud 投审稿系统中的作者投稿界面嵌入 ORCID 链接，作者可注册和登录用来创建 ORCID 以及关联已有 ORCID(见图 1)，解决了投稿过程中作者姓名相同的问题，确保了每位作者身份的唯一性。

图 1 作者信息

科技期刊论文的作者署名是一个严肃而认真的问题，它不仅关系到署名所带来的荣誉及相关利益；还涉及对所署名论文负有政治、经济、学术、道德和法律上的责任[4]。随着学术交流的深入，合作研究的结果产生了合作作者的论文，期刊论文中也频繁出现共同第一作者、共同通讯联系人等[30]。作者署名顺序原则上应按合作作者贡献大小排列名次。科研管理联盟推进标准(CASRAI)提出了"精细化角色分工"(cRedit)，合作作者的贡献被分为 14 种类型。作者贡献声明是对各类贡献准确且详细的描述，令所有合作作者的工作均得到承认[31]。SciCloud 投审稿系统集成 cRedit 作者贡献角色分类，明确作者贡献。作者贡献度分为贡献角色、贡献程度和贡献详情(见图 2)，其中贡献角色包括论文构思、数据管理、形式分析、获取资助、调查研究、方法论、项目管理、提供资源、软件、指导、验证、可视化呈现、写作-初稿、写作-审核与编辑等 14 种，贡献程度包括主要、次要和相等，贡献详情是作者自己可以编辑添加的信息模块。编辑根据投稿作者在 SciCloud 系统中的贡献角色定性判断署名排序与作者对论文的实际贡献是否相符，为署名顺序提供参考。设立作者贡献声明制度，使期刊应对不当署名行为更加主动，从源头阻断不当署名乱象。

(a) 作者投稿界面

(b) 提交完成后的界面

图 2 作者贡献度

SciCloud 投审稿系统中也设置了代理提交稿件的权限，即，我不是稿件的作者，我代表作者提交这篇稿件。编辑部规定代理投稿人须提交投稿说明(cover letter)，阐述代理投稿的原因，稿件作者与代理投稿人的关系，是否存在他人代写，一稿多投等问题。

2 稿件初审阶段学术不端的防范

稿件查重是预防学术不端的一种重要方法，主要是借助计算机技术将期刊收到的稿件与学科相关文献库中的文献进行对比，通过识别文献之间的相似性(如文字、图片等)来判断该稿件是否存在抄袭、剽窃、重复发表等学术不端行为。SciCloud 系统集成了文献检测工具，能够完成对学术内容的自动查重检测。CrossCheck 和"CNKI 学术不端文献检测工具"，帮助期刊编辑一站式完成中英文学术内容检测，同时进行系统内一稿多投检测，记录投稿人 IP 地址以防止稿件代写代投，也支持 FigCheck 图片查重系统对图片进行查重检测(见图 3)。

2.1 剽窃和重复发表行为的防范

采用不当手段，窃取他人的观点、数据、图像、研究方法、文字表述等并以自己名义发表的行文，界定为剽窃。重复发表是在未说明的情况下重复发表自己(或自己为作者之一)已经发表文献中内容的行为。使用专业的检测软件来检测稿件与其他文章的重复率，当重复率达到一定比例就构成剽窃、重复发表等学术不端行为，这种方法简便有效，对于发现和抵制学术不端具有积极作用，已成为科技期刊稿件处理的必要环节。对于英文稿件的内容查重检测，

图 3 学术不端检查与提交记录

国际上通用的是 iThenticate/CrossCheck，SciCloud 系统集成了这一模块，为我国英文期刊学术内容的查重提供了便利(见图 4)。除此外，SciCloud 系统还集成了 CNKI 学术不端文献检测(Academic Misconduct Literature Check, AMLC)工具，主要是一站式完成中文学术内容的检测。之前使用的玛格泰克、三才、勤云等投审稿系统未实现与 AMLC 的对接，编辑需要将作者投稿的稿件下载后再上传到 AMLC 系统进行检测，耗费大量的时间和精力。而 SciCloud 系统嵌入 AMLC 后，作者在投审稿系统里完成投稿后，系统会自动生成检测报告，检测速度快，节省了编辑的时间和精力，提高了工作效率。其检测报告内容详细、类型丰富，报告单分为三种：全文报告单(见图 5(a))、简洁报告单、对照报告单，同时提供"知网查看"的链接(见图 5(b))。编辑部可以根据自己的需求选择在线或下载查看检测报告的内容。由于中国知网收录的文章来源较广泛，包括学术期刊、硕士博士学位论文、会议论文等，SciCloud 系统里 AMLC 的检测范围较广泛(见图 5(a))。笔者在稿件初审时，发现重复率比较高的稿件内容主要来自硕博士论文，具体案例(见表 3)。

笔者认为表 3 中列举的案例是一种新型的学术不端现象，编辑部一发现这种现象立即做退稿处理。借助 AMLC 检测，避免了学术不端现象的发生，编辑部在退稿信中也会明确告知通讯联系人这种现象属于学术不端行为，以引起他们的重视，从而避免此类事件再发生。

表 3 初审阶段学术不端的案例

案例	稿件相似度/%	原稿件	与之相似内容主要来源	说明
案例 1	70	作者顺序：A, B, C*，A 为第一作者，C 为通讯联系人	相似内容主要来源于 D 的博士论文，D 为博士生，C 为 D 的导师	投稿的稿件没有 D 的署名，直接将 D 博士论文中的内容让 A 为第一作者发表
案例 2	80	作者顺序：A, B, C*，A 为第一作者，B 为第二作者，C 为通讯联系人	相似内容主要来源于 B 的博士论文，B 为博士生，C 为 B 的导师	投稿的稿件 B 作为第二作者，但是 B 博士论文工作的主要完成者
案例 3	59	作者顺序：A, B, C, D*，A 为第一作者，单位 I；B 为第二作者，单位 I；C 为第三作者，单位为 I；D 为通讯联系人，单位为 II	相似内容主要来源于 A 的博士论文，D 为其导师，博士培养单位为 II	投稿的稿件主要内容来源于单位 II 培养的博士生 A 的博士论文中，建议第一作者将其单位标注为两个单位，除了现在的工作单位 I 外，还需标注其博士培养单位 II

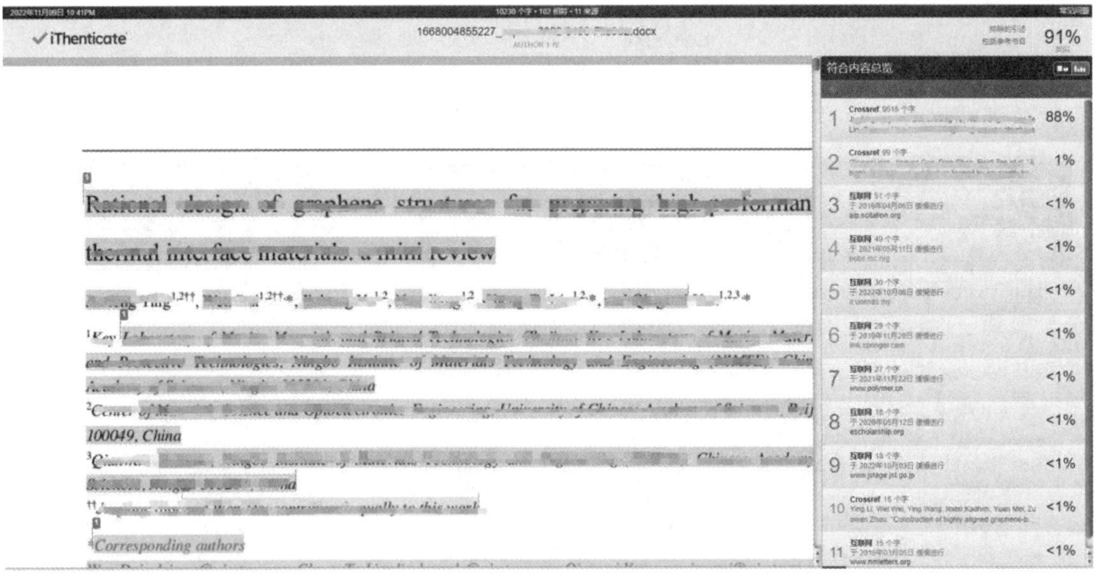

图 4 CrossCheck 检查结果分析页面

CrossCheck 和 AMLC 学术不端检测系统均可以很好地对文字重复进行检测，但是往往无法检测论文中图片的有效内容[32-34]。在其他的投审稿系统如 ScholarOne、Editorial Manager、玛格泰克、三才等未有图片检测的功能。SciCloud 系统为了弥补这一功能的缺失，采用外挂模式设置了 FigCheck 模块，用于图片的学术不端检测，主要是检测图片是否抄袭、重复使用等。编辑手动上传稿件中需检测的图片，显示出检测结果(图 3)。此举有效防范了稿件中图片数据内容的学术不端。但是在使用过程中发现更改图片中的部分内容后，检测结果仍显示未找到重复部分。所以笔者认为在图片检测的精准度方面 SciCloud 系统还需继续完善。

(a) 全文报告单

(b) 知网查看

图 5 CNKI 检测结果分析页面

2.2 一稿多投的防范

一稿多投行为加重了期刊的审稿负担，浪费了学术资源，造成了不良影响。为预防这一学术不端行为，SciCloud 系统设置了在本系统内的自动检测功能，即该系统内置了自动查找相似文献的功能，可自动将系统中的新稿件与系统中尚未发表或已发表的论文做相似比较。本系统的自动检测范围包括两个方面：一方面是检测新稿件在同一种期刊的投稿或发表记录，另一方面是检测本系统内不同期刊之间的投稿或发表记录。显然，稿件在同一种期刊中做相似比较相对容易，而在不同期刊之间，需要编辑进行审查和对比，根据系统检测出的重复率数值进行查看，如果重复率为 0，说明系统内未发现相似文章。如果相似度为 100%，说明本系统内存在相似文章。查看报告，根据稿件号判断出稿件的来源期刊，联系来源期刊编辑部，查询稿件所处的状态，如，正在处理阶段、已被拒稿等，并根据其所处状态判定稿件是否存在一稿多投。虽然此种方法需要编辑花费时间和精力进行调研和审查，但是在一定程度上也避免了一稿多投。如，发现下面这篇稿件作者同时投向了 4 种期刊，为典型的一稿多投。编辑部立即做退稿处理，并将重点关注该作者在本刊上投稿的稿件。

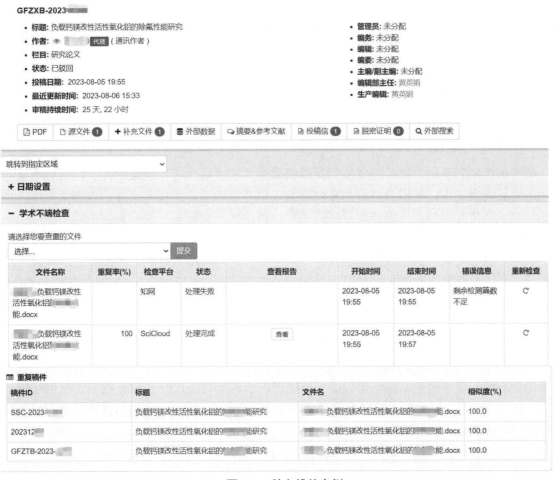

图 6　一稿多投的案例

2.3　代写代投稿件的防范

代写代投产生的论文不仅造成学术资源的巨大浪费，还有损实事求是、求真务实的科学精神，破坏公平竞争的学术规则，侵蚀世界科技强国建设的基石[35]。目前，中介机构代写代发论文的行为难以适用于侵犯著作权罪[36]，所以对于学术期刊来说，编辑部提前预防是关键。

SciCloud 系统在稿件信息界面显示作者最近提交稿件时的 IP 信息(图 3)。互联网协议(IP)定位技术是通过目标主机的 IP 地址以定位其实际物理地址,已被广泛用于定向广告、在线安全监测、网络攻击溯源等位置相关性服务[37]。因为 IP 地址是在互联网上为每一个网络、每一台主机分配的唯一的逻辑地址,所以论文投出地 IP 地址所对应的地理位置应与论文作者单位的地理位置一致。即使存在定位误差,与该 IP 相关的稿件应在同一省份内,在不同省份的可能性极小[22]。SciCloud 系统显示提交稿件记录的功能,其包括投稿时间、提交时的 IP 地址、提交时地域/运营商等信息。根据作者提交时 IP 与地域/运营商等信息检测其与作者单位是否一致等。将 IP 定位技术应用于学术论文代写代投稿审查的方法操作简单,有效地实现了对代写代投稿的防范。笔者在处理稿件过程中,曾发现有篇稿件的提交地址与作者单位信息不对应,经联系作者询问得知这篇稿件为通讯联系人委托其合作者代投的稿件,编辑部联系稿件通讯联系人,要求其补充文章详情的说明,作者说明不存在代写代发,由此引起的一切责任纠纷由他本人承担。为了更方便地应用 IP 地址甄别稿件是否存在代写代发等不端行为,建议 SciCloud 系统在快速搜索栏里增加"IP"的检索条目,查阅出与投出地 IP 地址相关的全部稿件,进一步深入地判定作者投稿的稿件情况。同时,编辑初审时注重对作者注册信息进行辨别,尤其是邮箱,建议所有作者均采用单位的邮箱提交稿件,尽量避免使用 QQ、126 和 163 等无法辨别单位信息的邮箱。

3 稿件外审阶段学术不端的防范

笔者所在期刊使用的稿件处理流程是编辑部格式初审稿件后,送给相关学科领域的兼职副主编进行内容初审,初审合格后的稿件送给审稿专家评议,审稿专家返回审稿意见后,由专职学科编辑进行退修改,退修改返回的稿件,再由副主编把关。编辑和副主编均参与整个稿件的处理流程,这种模式保证了快速公平公正地处理稿件。

文献中报道作者一稿多投的原因较多,其中之一是编辑部处理稿件速度慢,作者急需用文章来满足毕业要求或者评职称[13-15]。SciCloud 系统对接了 CSCD 数据库、系统内数据库(IMM)后自动推荐审稿专家,加快了稿件处理的速度。编辑部缩短审稿周期,快审快发能减少作者一稿多投。副主编送审的优势是了解和熟悉自己相关领域专家学者,可以通过期刊自建的审稿专家库、IMM 或者 CSCD 等筛选与稿件研究主题十分对口的外审专家,实现俗称的"小同行"送审。"小同行"审稿人既最有可能发现剽窃、伪造、重复发表等学术不端行为,也有助于判断文章的创新性和研究价值,在一定程度上保证评审的科学与公正[38]。但根据笔者使用经验,SciCloud 系统日后可以开发对接更多数据库,同时在算法上进行优化,进而推荐更多更精准的"小同行"专家供编辑部进行选择。

编辑跟踪每篇稿件送审的审稿专家及其审稿进程等。一般副主编送的审稿专家不少于 2 位,如果副主编送的审稿专家都是作者推荐的审稿人,编辑会提醒副主编再送一位相关领域内其他专家审理,避免人情关系稿件。针对审稿专家收到审理任务并在 24 小时内处理完毕的情况,编辑会提醒副主编注意,是否涉嫌存在学术不端的同行评议。在同行评议阶段多人监管的流程制度,在一定程度上减少了审稿专家造成的学术不端。为了更好地防范审稿专家学术不端行为,笔者认为除编辑流程制度上进行监测外,如果能将审稿人信息与 ORCID 平台对接,对审稿专家身份信息进行唯一化识别,这样从技术上加强了对审稿专家学术不端行为的防范。同时,建议对审稿专家的审稿时间进行标注,如果审稿在 24 小时内完成的,系统标注红色提醒副主编或编辑注意，这样能节省编辑的时间。

4 稿件终审签发阶段学术不端检查

根据工作需要，笔者所在编辑部提出在 SciCloud 系统里添加主编签发的个性化模块需求。主编签发，即校对完的稿件发给相关领域的副主编进行终审把关。编辑将稿件上传到投审稿系统主编签发模块后，副主编会收到有一篇文章需要签发的邮件通知，可下载或在线查看对稿件做终审处理。在这一阶段，大多数稿件均可正常签收发稿，但也遇到过极个别情况，副主编终审时发现一篇中文稿件的英文摘要撰写水平远远差于其中一位通讯联系人的英文水平，这位通讯联系人是高分子领域内的知名学者，他在国外工作多年后被引进回国，而另一位通讯联系人是他毕业的学生，知名度相对小，目前在某大学工作。常务副主编向编辑部说明了情况后，编辑部联系了这位知名的学者，询问他作为通讯联系人是否知晓并把关了此篇文章内容，他说文章内容具体不清楚，也没有看过投稿的全文。编辑部据此判定他"被通讯联系人"了，这种行为属于不当署名中的一种。据此，编辑部对稿件做了退稿处理。终审签发稿件时，副主编依据熟悉自己相关领域专家学者的优势助力防范了这种更为隐形的学术不端行为。

5 结束语

学术期刊作为科研成果传播的载体和桥梁，在防范学术不端中具有非常重要的作用。遏制学术不端贯穿在期刊稿件出版的整个过程，SciCloud 系统在作者投稿和稿件初审阶段从技术上多维度预防学术不端行为的发生，在外审和终审签发阶段，副主编和编辑等多人参与稿件处理的流程制度，在某种程度上又多加了一层防范。综上，SciCloud 系统为防范学术不端提供了较为全面的技术支持，期刊编辑借助这些手段，在一定程度上能够规避学术不端行为，发挥"科学守门人"的作用，为捍卫学术诚信，净化学术氛围贡献一份力量。

参 考 文 献

[1] 胡应泉.论隐性"抄袭、剽窃"现象[J].商丘职业技术学院学报,2018,17(6):10.
[2] 刘红.科学论文中的不当署名与致谢[J].中国科技期刊研究,2005,16(3):338.
[3] 丛敏.基于作者贡献声明的期刊防范不当署名的研究[J].编辑学报,2020,32(3):303.
[4] 高雪山,钟紫红.科技期刊论文不当署名现象及规避措施[J].中国科技期刊研究,2015,26(6):539.
[5] 段尊雷.论文作者涉嫌不当署名的案例分析及对策研究[J].出版与印刷,2021(2):13.
[6] 李新根,付示威.科技作者署名异化及其治理路径[J].编辑学报,2021,33(1):82.
[7] 邬加佳,余菁,吴秋玲,等.科技期刊论文不当署名的特征分析及风险防范[J].编辑学报,2021,33(3):292.
[8] 张娇.相似比例在科技论文剽窃检测中的适用性评价[J].中国科技期刊研究,2021,32(11):1355.
[9] 赖莉飞."语际变换式"剽窃行为分析及防范对策研究[J].中国科技期刊研究,2020,31(7):789.
[10] 杜鹃,李子轩.编辑视角下的学术剽窃行为及防范对策[J].科技传播,2021(9):24.
[11] 袁杏桃.剽窃行为认定及规则[J].中国出版,2014(10):22.
[12] 吴昕.学术期刊中抄袭剽窃的现状分析及治理举措[J].中州学刊,2008(5):289.
[13] 范志静,孙中悦,顾爽.大数据智能比对系统在防范疑似一稿多投中的应用[J].北京印刷学院学报,2022,30(10):29.
[14] 林清华,王柯元.利用区块链技术解决一稿多投及稿件确权的方案及原型系统实现[J].中国科技期刊研究,

2021,32(9):1105

[15] 朱娇.大数据时代学术期刊"一稿多投"问题的解决路径分析[J].天津科技,2016,43(4):91.
[16] 徐林艳.关于科技期刊一稿多投现象的思考[J].新闻研究导刊,2018,9(9):211.
[17] 孙惠昕,宋冰冰,张茂祥.利用"稿件追踪"防止一稿多投的探索[J].新闻研究导刊,2019,10(11):189.
[18] 郭伟.利用"稿件追踪"平台防范"一稿多投"的实践[J].编辑学报,2016,28(5):470.
[19] 吴庆晏.一稿多投现象再思考[J].编辑之友,2013(4):88.
[20] 王勤芳,林晓雪,郑嘉颖.一稿多投与一稿多发问题的法律思考:兼论硕博论文再发表[J].集美大学学报,2016,19(4):116.
[21] 朱玲瑞,李福果."互联网+"环境下科技期刊对一稿多投和重复发表行为的防范方法:以《半导体光电》为例[J].编辑学报,2020,32(4):435.
[22] 庞海波.IP定位技术在学术论文代写代投稿件审查中的应用[J].编辑学报,2022,34(1):80.
[23] 祁丽娟,戬静漪,方梅.跨语种抄袭和代谢代投类学术不端行为的甄别和防范[J].中国科技期刊研究,2021,32(11):1347.
[24] 王雁,苟莉,刘丹,等.代写代投来稿的甄别及防范措施[J].编辑学报,2018,30(2):171.
[25] 杨春华,姚敏,刘娜,等.代写代发论文的识别、防范及学术不端的治理[J].中华医学图书情报杂志,2020,29(7):65.
[26] 李岩,段玮弘.论文中介网可操作代写代发论文的医药卫生类期刊状况及防范措施探析[J].中国科技期刊研究,2020,31(7):796.
[27] 关珠珠,李雅楠,郭锦秋.医学期刊编辑初审过程中对"枪手"论文的识别[J].编辑学报,2018,30(1):61.
[28] 张英丽,戎华刚.2006—2020年国内学术不端研究进展与文献评述[J].中国科技期刊研究,2021,32(7):917.
[29] 学术出版规范期刊学术不端行为界定:CY/T 174—2019[EB/OL].(2019-05-19)[2023-07-15].https://www.nppa.gov.cn/nppa/contents/805/102815.shtml.
[30] 刘素青,张凌,林娜娜.生物学期刊"同等贡献"作者署名论文调查与分析[J].中国科技期刊研究,2019,30(5):506.
[31] 熊皓男.通信作者不当署名行为界定及规则改进[J].中国科学院院刊,2022,37(10):1491.
[32] 李侗桐,冯秋蕾,韩鸿宾.科技论文伪造数据的识别与防范[J].中国科技期刊研究,2019,30(8):827.
[33] 易耀森.被撤销医学论文数据学术不端行为与防范对策研究[J].中国科技期刊研究,2020,31(3):276.
[34] 陈秀研,张梦狄,韩向娣,等.图表数据学术不端案例调研与防范研究[J].中国科技期刊研究,2021,32(5):555.
[35] 江雨莲,刘爽,孙激.医学学术不端论文特征分析及防范对策:以国家卫生健康委员会通报的科研诚信案件为例[J].中国科技期刊研究,2022,33(11):1490.
[36] 印波,郑肖垚,郭建泉.组织论文买卖、代写行为入刑必要性研究[J].中国科学基金,2019(6):555.
[37] 王志豪,张卫东,文辉,等.IP定位技术[J].信息安全学报,2019,4(3):34.
[38] 钟正灵.论科技期刊编辑在工作中如何防范学术不端行为[J].传播力研究,2020,4(10):74.

高校学术期刊的学术伦理问题及防范对策

高洪涛

(青岛科技大学学报(自然科学版)，山东 青岛 266061)

摘要：高校学术期刊作为学术研究成果发布的重要渠道，其学术伦理问题日益凸显。本文以高校学术期刊的学术伦理问题为研究对象，探讨其存在的问题及相应的防范对策。本文提出防范对策，包括加强编辑审核、建立学术伦理委员会、加强学术道德教育和完善学术评价体系，有助于促进高校学术期刊的学术诚信和学术发展。同时高校学术期刊应积极引导学者遵守学术伦理，共同推动学术界的健康发展。

关键词：学术期刊；学术质量；学术伦理

高校学术期刊是高校学术界的重要组成部分，为学者提供了一个发表研究成果、交流学术观点的平台，同时也是高校评价学者学术水平和研究成果的重要依据。高校学术期刊是学者进行学术交流、分享研究成果和学术观点的重要渠道，通过期刊发表的文章能够传播知识和经验，推动学术进步。高校学术期刊是重要的学术评价标准之一，期刊中发表的文章能够提高作者的学术声誉和学术水平，同时也能促进研究质量的提高。高校学术期刊是重要的学术档案和知识库，能够记录学术研究的发展历程和成果，为后续研究提供重要参考。但随着学术研究的不断发展，学术伦理问题已经成为一个不容忽视的现实。

1 高校学术期刊存在的学术伦理问题

1.1 抄袭和剽窃

抄袭是指未经允许或未注明出处地使用他人在高校学术期刊上的研究成果、观点或文字，而剽窃则是指将他人在高校学术期刊上的研究成果、观点或文字作为自己的创新成果进行发布。这些行为严重违背了学术界的伦理规范，损害了学术研究的公正性和可信度。抄袭和剽窃行为的存在会导致高校学术期刊上的学术成果重复和缺乏创新，降低了学术期刊的学术价值[1]。抄袭和剽窃行为的存在会破坏学术界的信任体系，使得学者们对高校学术期刊的评价产生怀疑，影响学术界的健康发展。

1.2 数据造假和篡改

数据造假是指研究者在高校学术期刊上发表的实验过程中故意篡改或伪造数据，以达到预期的研究结果。数据造假和篡改的方式多种多样，包括但不限于：伪造实验数据、删除或修改不符合预期结果的数据、在高校学术期刊上选择性地报道数据以支持假设、重复使用已发表数据等。这些行为不仅违背了科学研究的基本原则，也违反了高校学术期刊的发表规范和伦理要求。数据造假和篡改的后果是严重的，不仅会误导其他研究者和读者，使得他们基于错误的数据进行进一步的研究或决策，而且会浪费其他研究者在高校学术期刊上的时间和资源，因为他们可能会试图重复已被篡改的研究结果。此外，数据造假和篡改还会破坏高校学术界的信任关系，使得学术界的合作和交流受到阻碍[2]。

1.3 作者署名和版权问题

在学术界，特别是在高校环境中，作者署名被视为评价学术成果的重要指标之一，然而，它也伴随着一些伦理问题。高校学术期刊中，存在着作者署名的不公平现象。有时，有些在文章创作过程中实际付出的作者可能被排除在署名之外，而一些没有实质贡献的人却被列为作者，这违背了学术伦理和公正性的原则。同样，高校学术期刊中也存在作者贡献度的不明确问题[3]。有时候，一篇论文的贡献来自多个作者，但是学术期刊对于每个作者的具体贡献度并没有明确规定，这容易导致评价不公平的情况发生。

1.4 外部压力和干预

在学术界，尤其是与高校紧密相关的学术期刊，理应构建为一个独立、公正、客观的平台。然而，现实中高校学术期刊常受到各种外部压力和干预，导致学术伦理问题的产生。这些外部压力可能来自学术机构、利益相关方，甚至高校内部。它们可能包括经济利益或个人关系等。例如，某些高校或组织可能会干预学术期刊的文章接收和发表策略，引导期刊倾向于发表符合要求的文章，这严重损害了学术期刊的独立性。另外，学术机构或个人也可能通过贿赂、利益交换等方式，影响高校学术期刊的评审和发表过程，这种行为严重违反了学术伦理、损害了学术期刊的声誉和学术品质。商业利益也是一个不容忽视的因素。随着学术期刊的商业化发展，一些出版商，甚至高校为了追求经济利益，可能对期刊的发表政策和评审过程产生影响。例如，他们可能会要求期刊增加发表量，以吸引更多的广告商和读者，这可能导致期刊在选择学术内容时以数量取胜，而忽视了学术质量。此外，一些出版商还可能通过收取高额的发表费用来影响学术期刊的发表决策，这种行为可能使期刊偏向于接受那些能够支付高额费用的作者的文章，而忽视了学术质量[4]。

1.5 高校学术期刊编辑存在的学术伦理问题

高校学术期刊中的文章内容通常与高校的研究领域和学术活动有直接关联。然而，在审稿过程中，高校学术期刊的编辑可能存在偏袒或歧视某些作者或研究领域的倾向，这可能导致评审结果的不公正。编辑可能会滥用职权，优先发表自己或自己团队与高校相关的研究成果，这违背了学术公正原则。编辑还可能存在利益冲突问题，例如与某些作者或机构(包括高校内部的部门或个人)有利益关系，导致对其稿件进行特殊处理或优先发表。另外，高校学术期刊的编辑还可能存在剽窃他人研究成果的行为，将他人的研究成果作为自己或他人的成果进行发表，这严重侵犯了学术道德和高校的学术诚信原则。

2 学术伦理问题的影响

2.1 学术声誉和信任危机

在高校学术期刊中，学术声誉和信任是其存在和发展的基石。然而，一旦学术伦理问题出现，特别是涉及学术不端行为的情况，将严重损害学术声誉和信任，导致学术界和社会对该期刊的质量和可信度产生怀疑。首先，学术声誉和信任危机会导致学术界对该高校学术期刊的评价下降。学术界对期刊的评价往往基于其学术质量和可信度，包括发表的与高校相关的论文质量、学术审稿流程的严谨性以及期刊的学术影响力等。一旦学术伦理问题暴露出来，例如存在抄袭、造假等行为，学术界将对该期刊的学术质量产生质疑，评价下降将直接影响到该期刊的声誉和信任。其次，学术声誉和信任危机会引发读者的不信任和疑虑。读者是高校学术期刊的重要用户，他们依赖期刊发表的与高校相关的论文来获取学术信息和研究成果。一旦学术伦理问题暴露出来，读者将对该期刊的可信度产生怀疑，担心论文的真实性和可靠性。这将导致读者对该期刊的选择产生变化，甚至放弃阅读和引用该期刊的论文，进一步削弱了期刊的学术声誉和信任[5]。此外，学术声誉和信任危机还会对期刊的影响因子和引用率产生负面影响。学术界通常通过期刊的影响因子和论文的引用率来评价期刊的学术影响力和质量。然而，一旦学术伦理问题暴露出来，期刊的影响因子和引用率可能会受到影响。学术界和研究者可能会减少对该期刊的引用，从而降低了期刊的影响力和学术声誉[6]。

2.2 学术界的不公平竞争

在高校学术期刊中，一些学者为了追求个人的名利和地位，采取了不正当的手段来获取与高校相关的学术成果和荣誉。这种不公平竞争的行为严重损害了高校学术界的声誉和与高校相关的学术研究的可信度。一方面，一些学者通过剽窃他人的与高校相关的研究成果或者抄袭他人的与高校相关的论文来提升自己在高校学术界的地位。这种行为不仅违背了与高校相关的学术伦理，也侵犯了他人的知识产权。另一方面，一些学者通过与权威高校学术期刊的编辑和审稿人建立关系网，以获取更多的发表机会和更高的影响因子。这种行为不仅违背了高校学术界的公正原则，也削弱了与高校相关的学术期刊的学术质量和独立性[7]。

2.3 科研成果的可信度和可靠性问题

在高校学术期刊中，科研成果的可信度和可靠性直接关系到学术界的声誉和与高校相关的学术研究的发展。首先，科研成果的可信度问题指的是与高校相关的研究结果是否真实可信。一些学术不端行为，如数据造假、篡改与高校相关的实验结果等，会严重影响科研成果的可信度。这不仅会误导其他与高校相关的研究者的研究方向和结论，还会浪费其他与高校相关的研究者的时间和资源。其次，科研成果的可靠性问题指的是与高校相关的研究结果是否可重复。高校相关科学研究的一个重要特点是可重复性，即其他与高校相关的研究者能否按照相同的方法和条件重复实验，得到相似的结果。如果高校相关科研成果缺乏可靠性，那么其他与高校相关的研究者将无法验证和复制该研究，从而影响高校相关学术研究的进展。为了提高高校相关科研成果的可信度和可靠性，高校学术期刊应加强对高校相关论文的审稿和筛选，确保与高校相关的研究数据的真实性和可重复性。同时，在高校学术界中也需要加强对科研伦理的教育和监督，引导与高校相关的研究者遵守学术道德规范，提高高校相关科研成果的质量和可信度[8]。

2.4 学术界的道德风险

学术伦理问题的影响主要体现在高校学术界的道德风险方面。高校学术界的道德风险包括学术不端行为、学术造假、学术抄袭等问题。这些道德风险不仅会对高校学术界的声誉和信誉造成负面影响，也会对高校相关学术研究的可信度和学术成果的真实性产生严重威胁。学术不端行为的存在会导致高校学术界的失信问题，使得高校学术界的评价体系受到质疑，高校相关学术成果的价值也会受到质疑。高校学术造假和学术抄袭则直接损害了高校相关学术研究的诚信性和创新性，严重影响了高校学术界的发展和进步。因此，学术伦理问题的存在对高校学术界的道德风险产生了深远的影响，需要采取相应的防范对策来维护高校学术界的道德风险防范工作[9]。

3 高校学术期刊的学术伦理问题防范对策

3.1 建立明确的学术伦理规范和道德准则

(1) 明确高校研究的伦理要求：学术期刊应明确规定作者在进行高校研究过程中应遵守的伦理要求，如保护研究对象的权益、遵循知情同意原则以及保护个人隐私等。同时，学术期刊还应制定针对作者在实验设计、数据采集和分析等方面的伦理要求，为了确保高校研究的科学性和可信度。

(2) 规范高校作者行为：学术期刊应明确规定高校作者在投稿和出版过程中应遵守的行为准则，包括禁止抄袭、数据造假以及重复发表等行为。此外，学术期刊还应规定作者应遵守学术诚信的基本原则，例如尊重他人的研究成果和遵循学术规范等。

(3) 加强高校稿件的审稿程序：学术期刊应加强对高校学术稿件的审稿程序，以确保审稿人具备相关专业背景和学术水平，并严格审核论文的学术质量和伦理合规性。此外，学术期刊还应建立起匿名评审制度，保护审稿人的隐私和独立性[10]。

(4) 加强高校学术期刊的编辑和出版管理：学术期刊应加强对高校学术期刊编辑和出版过程的管理，以确保编辑人员具备专业背景和学术素养，并能正确处理学术伦理问题。同时，学术期刊还应建立起严格的出版伦理准则，包括禁止不当修改和不当引用等行为。

3.2 加强学术伦理教育和培训

通过强化学术伦理教育和培训以提高学者和编辑的学术伦理意识，从而增进他们对学术道德规范的理解和遵守能力。高校可组织学术伦理教育讲座和研讨会，邀请专家学者分享和探讨如何在期刊文章中更好地体现和应用学术伦理的重要性和具体操作方法，引导学者树立正确的学术价值观。高校亦可开设学术伦理课程，将学术伦理教育纳入学生的培养计划中，以培养学生的学术道德意识和规范意识，使其在学术写作和发表中得以实践。此外，高校还可以建立学术伦理培训机制，定期组织学者和编辑参加学术伦理培训，以提高他们的学术伦理素养和专业能力。通过这些措施，可以有效预防和解决高校学术期刊的学术伦理问题，同时也能使期刊文章更具高校特色，进一步维护学术界的良好秩序和声誉[11]。

3.3 审稿和编辑流程的规范化和透明化

高校学术期刊应制定详细的审稿和编辑流程，明确每个环节的具体要求和责任，以确保文章的内容和研究均与高校的学术目标和标准相符。例如，需要明确审稿人的资格要求和审稿标准，确保审稿人具有与高校相关专业的背景和丰富的研究经验，并要求他们按照学术规范进行审稿。高校学术期刊还应设立专门的编辑部门或委员会，负责对稿件进行编辑和修改，确保文章的质量和学术水平。

为了进一步公开透明化审稿和编辑流程，高校学术期刊应让作者和读者了解整个流程及其时间节点。可以通过高校学术期刊的官方网站或其他途径公布审稿和编辑流程的详细信息，包括审稿人的选择和邀请、审稿意见的反馈和修改、最终稿件的录用和出版等。这样可以增加流程的透明度，减少不当行为的发生，提高学术期刊的信誉度和可信度。总之，通过规范化和透明化审稿和编辑流程，高校学术期刊可以有效防范学术伦理问题的发生，提升学术期刊的学术质量和声誉，保持与高校教育和研究目标的一致性[12]。

3.4 加强学术伦理监督和惩处机制

首先，需要建立和完善高校学术期刊的学术伦理监督机制，这包括设立专门的学术伦理委员会，负责巡查和监控高校学术期刊的出版流程和学术行为，以确保学术研究的真实性和可信度。其次，针对违反学术伦理规范的行为，应强化高校学术期刊的惩处机制，依据法律规定，严肃处理包括撤销论文发表资格、取消学术职称、追究法律责任等情况。此外，对于高校学术期刊的学者和编辑，还应加强学术伦理教育，提升他们的学术伦理意识，培育良好的学术道德风尚。通过以上措施的实施，可以有效预防和应对高校学术期刊的学术伦理问题，进一步维护学术研究和学术期刊的公正性和可信度。

3.5 推动学术伦理研究和倡导

学术伦理研究在高校学术期刊中具有重要作用，它可以为期刊提供理论基础和指导原则。通过对学术伦理的本质、原则和价值的深入挖掘，学术伦理研究有助于为高校学术期刊建立学术伦理框架和准则，从而确保文章内容与高校的关联性和学术价值。

学术伦理研究还可以促进高校学术期刊中学术伦理问题的识别和防范。通过对学术伦理问题的深入分析，识别出潜在的学术伦理风险和问题，从而为高校学术期刊制定有效的预警机制和防范策略。同时，学术伦理研究可以分析问题的根源和原因，从制度设计、文化建设等方面提出改进措施，预防学术伦理问题的发生[13]。

此外，学术伦理研究可以推动学术伦理倡导和教育在高校学术期刊中的实施。通过开展学术伦理研究，提高学者和编辑对学术伦理的认识和理解，从而强化学术诚信理念和学术道德守则。学术伦理研究还可以为高校学术期刊提供学术伦理教育的内容和方法，通过开展培训活动，提高学者和编辑的学术伦理素养和责任感。

最后，学术伦理研究对于推动高校学术期刊中学术伦理问题的解决和改进具有重要意义。通过研究学术伦理问题的解决途径和经验，学术伦理研究可以为高校学术期刊提供有关问题处理的指导和支持，以及提出改进学术伦理问题防范和处理的建议。

3.6 加强国际学术伦理合作和交流

高校学术期刊在国际学术伦理合作和交流中扮演着重要角色，以借鉴国际先进的学术伦理管理经验和做法，与国际学术界共同推动学术伦理问题的防范和解决。国际学术伦理合作和交流有助于高校学术期刊制定学术伦理规范和形成共识，明确学术行为的底线和标准，减少因文化差异而引发的学术伦理冲突。

国际学术伦理合作和交流还可以加强学术不端行为的检测和排查。通过与国际学术伦理监管机构的合作，高校学术期刊可以获得更多的学术伦理案例和经验，学习先进的学术伦理监管方法和技术。同时，与国外学术期刊进行合作，建立学术伦理数据库和监测系统，可以提高学术不端行为的发现和处理效率。

国际学术伦理合作和交流有助于推动学术伦理教育和宣传的国际化。高校学术期刊可以与国外学术机构合作，开展学术伦理教育项目和培训活动，提高学者和编辑的学术伦理意识和素养。同时，通过国际学术伦理交流，高校学术期刊可以向国际学术界宣传学术伦理的重要性，引导学者遵守学术伦理规范，维护学术诚信和声誉。

国际学术伦理合作和交流有助于促进高校学术期刊的审稿国际化。高校学术期刊可以与国外学术期刊建立审稿人交流机制，共享审稿人资源，提高审稿人的学术伦理素养和责任感。同时，通过国际学术伦理交流，高校学术期刊可以借鉴国外学术期刊的审稿经验和机制，提高审稿程序的透明和公正。通过积极参与国际学术伦理合作和交流，高校学术期刊能够更好地发挥自身作用，为学术界的发展和学术伦理问题的解决做出一定贡献。

3.7 利用信息技术手段提升学术伦理防范能力

高校学术期刊可以利用信息技术手段，如文本相似度检测软件、论文查重工具等，来快速比对已有文献数据库，发现可能存在的抄袭、重复发表等学术不端行为。此外，学术期刊还可以运用人工智能算法对投稿论文进行自动筛查，识别可能的学术不端行为，提高学术刊物的质量和学术诚信。

为了加强学术伦理的监督和管理，高校学术期刊可以利用信息技术手段建立完善的学术伦理数据库和监测系统。这些数据库可以收集和整理学术伦理的相关规范、指南和案例，为学者提供参考和指导。同时，学术期刊还可以开发学术伦理监测系统，对投稿论文进行自动审查，识别可能的学术不端行为，并给予相应的反馈和建议。

此外，高校学术期刊可以利用信息技术手段加强学术伦理教育和宣传。学术期刊可以提供在线学术伦理课程，为学者提供学术伦理教育的学习资源。同时，学术期刊还可以通过自身的网站、社交媒体等渠道宣传学术伦理的重要性，提高学者对学术伦理问题的关注和重视。

为了确保审稿程序的透明和公正，高校学术期刊可以利用信息技术手段加强学术伦理审稿的监督和管理。可以建立在线审稿系统，记录审稿过程和结果，提高审稿程序的可追溯性和公正性。此外，高校学术期刊还可以利用信息技术手段对审稿人进行评估和监测，提升审稿人的学术伦理意识和责任感[14]。

3.8 增强学术伦理意识和责任感

高校学术界应该增强学术伦理意识和责任感，树立正确的学术价值观，坚持学术诚信和道德原则，共同营造良好的学术伦理氛围，推动学术研究的健康发展。高校学术期刊作为学术社群的重要组成部分，应该加强学术伦理教育，提高学者对学术伦理的认识，并与高校的具体研究内容紧密结合。

通过组织学术伦理培训和研讨会，学术期刊可以帮助学者了解学术伦理的基本原则和规范，并探讨如何应对学术伦理问题的发生。这些培训和研讨会可以针对高校学术期刊的具体领域和专业特点进行定制，使学者们更加深入了解与其研究领域相关的学术伦理问题。

此外，高校学术期刊还应鼓励学者参与学术伦理研究，促进学术伦理意识的深入探讨。学术期刊可以提供支持和平台，为学者们提供展示和发表学术伦理研究成果的机会。同时，学术期刊也可以加强对学术伦理研究的关注，推动学者们对学术伦理问题的思考和探索。

高校学术期刊在加强学术伦理文化方面发挥着重要作用。学术伦理不仅仅是一种规范，更是一种价值观念和行为习惯的塑造。学术期刊可以组织学术伦理讨论会、撰写学术伦理宣言等活动，引导学者树立正确的学术伦理观念，并与高校的具体研究内容形成有机的结合。通过这些活动，学术期刊可以共同塑造良好的学术伦理文化，推动学术界的发展和学术伦理意识的提升[15]。

4 结束语

高校学术期刊的学术伦理问题及防范对策是一个复杂而重要的课题。只有通过深入的学术伦理研究，建立科学的学术伦理框架和准则，识别和预防学术伦理风险和问题，进行学术伦理倡导和教育，并总结经验不断改进，才能有效地保障学术诚信和促进学术进步。通过对学术伦理问题的认识和防范，高校学术期刊可以更好地促进学术交流和知识创新，为学术界提供更高质量的学术成果和研究成果。一旦学术伦理问题得到解决，高校学术期刊可以建立起更好的声誉,吸引更多的学者投稿和读者阅读,从而提升其学术影响力;可以树立起学术诚信和学术道德的典范,引领学术界向着更加健康和可持续的方向发展;可以为学术合作提供一个可靠的平台,促进学者之间的交流和合作,推动学术研究的进步和发展;可以提高学术成果的质量和可信度,为学术评价提供更加准确和公正的依据。希望高校学术期刊能够积极采取措施解决学术伦理问题,为学术界的发展作出积极贡献。

参 考 文 献

[1] 胡娟,王美荣.学术期刊在学术伦理建设中的作用研究[J].河南科技大学学报(社会科学版),2019,35(4):1-5.
[2] 李云,王杨.学术期刊在科研诚信建设中的作用研究[J].中国科技期刊研究,2018,29(5):22-28.
[3] 钟凯,张亚楠.学术期刊对学术规范遵循的影响研究[J].中国科技期刊研究,2017,28(3):52-58.
[4] 陈文宇,王静.学术期刊在学术质量保障中的作用研究[J].马鞍山师范高等专科学校学报(社会科学版),2018,30(3):110-113.
[5] 杨晓琴,石晓云.学术期刊对学术伦理约束的探讨[J].现代图书情报技术,2017,33(9):16-23.
[6] 吴惠萍,岳晓丽.学术期刊在科研诚信建设中的防范机制研究[J].情报工程,2019,5(1):11-16.
[7] 许志,陶红.学术期刊在科研规范化建设中的角色研究[J].图书情报工作,2017,61(20):138-143.
[8] 周新华,李琳.学术期刊在学术规范建设中的监督作用研究[J].情报学报,2018,37(3):273-281.
[9] 肖艳,刘秀华.学术期刊在学术质量监管中的作用研究[J].图书情报工作,2019,63(1):120-126.
[10] 魏孝军,陶宏.学术期刊在学术伦理建设中的责任与担当[J].科技导报,2017,35(11):123-126.
[11] 张晶晶,王大钧.学术期刊在科研诚信建设中的重要作用[J].出版发行研究,2018(8):5-10.
[12] 熊亚楠,彭红.学术期刊在科研道德建设中的现状与对策研究[J].出版科学,2017,34(6):75-80.
[13] 汪世玉,孟凡宝.学术期刊在学术规范建设中的作用研究[J].出版发行研究,2019(4):5-10.
[14] 马妍妍,王昊.学术期刊对学术质量与学术规范的要求与促进作用研究[J].医学信息学杂志,2018,39(10):29-33.
[15] 郑静,胡志德.学术期刊在科研诚信建设中的作用及其对策研究[J].出版科学,2019,36(5):51-56.

科技期刊同行评议质量提升的路径探索

龚梦月 [1,2]

(1.江南大学《食品与生物技术学报》编辑部,江苏 无锡214122;

2.江南大学 Systems Microbiology and Biomanufacturing 编辑部,江苏 无锡214122)

摘要：同行评议质量提升对科技期刊的高质量发展至关重要,高水平的同行评议可以保障期刊文章水准、提高期刊学术声誉。但随着文章投稿数迅速增长,目前同行评议过程存在许多亟待解决的问题,因此笔者从期刊编辑部角度入手,总结分析了同行评议存在的问题和可以采取的质量提升举措,从积极筛选、培养优秀审稿人并提供激励；提供格式化审稿单、探索同行评议新模式；加强期刊编辑培养、完善审稿流程管理等方面提高期刊同行评议的质量和效率。

关键词：科技期刊；同行评议；审稿；开放同行评议；编辑

2018 年,中央全面深化改革委员会审议通过了《关于深化改革 培育世界一流科技期刊的意见》；2021 年 5 月,中宣部、教育部、科技部印发《关于推动学术期刊繁荣发展的意见》[1],在政策引导下,我国科技期刊发展欣欣向荣,无数新刊就此诞生,但学术内容的竞争也日益激烈,作为学术传播媒体,内容为王的本质不会改变,内容竞争的结果能直接决定刊物的存续。在意见明确提出"完善科技期刊相关评价体系"的背景下,只有构建符合我国本土性的中国特色学术评价方法、保持高水准的内容输出才能支撑科技期刊的竞争优势,同行评议就是评价论文内容质量的关键[2]。

同行评议是当前学术界最普遍的论文发表前审阅机制之一[3]。高质量的同行评议可以帮助学者有效地评估研究成果的质量和准确性,帮助科技期刊编辑检查文章的严谨性和准确性；还可以帮助作者进一步查漏补缺,提高论文学术价值。提高学术论文同行评议质量是解决科技期刊论文质量把关难、公平诚信问题频发、稿件发表周期长等制约期刊高质量发展问题的关键。已有研究较多集中在审稿专家选择和评审报告质量提升上,从笔者所在编辑部实际情况看来,很多方法投入较大或者需要审稿专家高度配合,可操作性不强,为此,本文以编辑部可操作的角度入手,从评审专家质量、评审报告质量和编辑对评审过程的综合把控质量 3 个方面研究探索了学术期刊编辑提升同行评议质量的可行路径。

1 同行评议的质量内涵

在大多数相关研究中,同行评议质量这一定义似乎不言自明,但许多研究者并未充分挖掘

基金项目：中国高校科技期刊研究会青年基金资助项目(CUJS-QN-2023-020)；中国科学技术期刊编辑学会基金项目(2023—2024 年度)(CESSP-2023-C-10)

其内涵，明确其改进方法。查阅文献，仅发现少数几篇提及同行评议质量的定义。郭欣等认为同行评议质量主要体现在评审报告的内容以及时效两个方面[4]，盛怡瑾等对评审报告的内容质量做出了细化，提出"同行评议质量指同行评议系统或过程的固有特性满足要求的程度"，其中固有特性包括稿件评审中的准确性、公平性、一致性、及时性、经济性、可评价性等[5]。笔者浅见，同行评议的质量内涵应包括评审专家质量、评审报告质量和编辑对评审过程的综合把控质量3个方面。

学术共同体中各主体都可以从高质量的同行评议获益。然而，在科技期刊的同行评议实践中，仍存在诸多问题，需要进一步创新发展，本文将从期刊编辑部的角度入手，着重探讨学术论文同行评议方法的问题和创新建议。

2 同行评议质量提升的现实瓶颈

基于前人研究，提高期刊同行评议质量似乎有迹可循，大多数期刊编辑部也对同行评议的重要性了然于胸，但在现实工作中，同行评议质量的提升仍然困难重重，其原因主要在于以下几点：

2.1 优秀评审专家数量不足

评审专家质量是指审稿专家在同行评议中所带有的与其个人相关的固有属性，包括专家的学术水平、审稿意愿、审稿水平、审稿诚信、审稿时效性等。优秀的评审专家应当具有较高的学术水平、有充分的审稿意愿，能及时、诚信、高质地完成审稿任务。

学术期刊由于自身的学术性和专业性，在审稿人的选择上一般会倾向于选择少数在特定领域享有较高声望和较多研究成果的学者以确保审稿专家的学术水平。如《食品与生物技术学报》就要求审稿人有正高职称，大多数中文刊物也要求审稿人有高级职称，这些学者往往审稿经验丰富，学术水平较高，在某一领域具有较高的声誉和影响力，可以提供独到的观点和深入的分析。

然而，少部分学者承担了大多数的审稿工作已被戏称为"少数派税"，这些对稿件有足够判断能力的审稿专家通常也忙于自己的科研和教学工作，往往没有足够的时间、精力和动力来参与期刊的同行评议工作，部分审稿人出现审稿意愿不足，审稿意见简单或者审稿速度慢等问题，不能成为优秀的审稿人。

另外，优秀审稿人审稿负担过重等原因也导致能长期稳定参与同行评议工作的审稿人数量极其有限，根据陈嵩等[3]的研究，实际能发挥作用的审稿人数不足期刊正式审稿人总量的30%，大多数审稿人仅为期刊审过1篇稿件，因此很难预测他们的审稿行为，更难据此进行优化。笔者所负责的英文刊 *Systems Microbiology and Biomanufacturing* 的审稿人行为也与之相似，根据笔者统计，57%的审稿人仅审稿1篇，而15%的审稿人完成了47%的审稿任务；在笔者工作的另一本中文刊《食品与生物技术学报》中，也是12%的审稿人完成了本刊46%的审稿任务，而80%的审稿人审稿数低于5篇，审稿专家的工作压力非常不平衡。

由于学者为期刊工作大多数是义务劳动，过高的审稿压力会打击学者们的积极性，导致学者降低对同行评议工作的重视程度，甚至引起"影子评审人"等诚信问题的出现[6]。各种原因综合，导致能满足优秀审稿人条件的学者数量远远赶不上期刊的审稿需求。

2.2 评审报告质量参差不齐

一份好的同行评议报告，应当兼具客观性、完整性、准确性和一致性。客观性是指审稿意见客观可信，不夹带主观偏见；完整性是指审稿意见包含对研究意义、方法、数据、创新性和局限等各个方面的评估，而不是片面地提出一些意见；准确性是指审稿专家提出的意见应当是正确、有依据的；一致性是指审稿专家对不同文章提出的水平要求要保持一致，并与期刊的水平相协调。

随机选取笔者所在期刊 400 位审稿人的初审意见，可以发现大多数审稿人审稿态度较为认真，审稿报告内容翔实，1 000 字以上的审稿报告就有 13 篇，有 4 篇审稿结论为退稿的报告也十分翔实，均在 800 字以上，50%以上的审稿报告均超过 300 字；但是值得注意的是有 112 篇审稿报告字数不足 200 字，去掉其中 32 篇退稿评论，还有 80 篇（20%），这些报告字数过少，很难将审稿报告需要介绍的内容完整涵盖，亟待改进。而且有些同行评议报告对研究方法评估不充分，同行评议结果只能表明研究内容正确，忽视了对研究方法的评估，导致研究局限没有被充分揭示。

现实中，受到审稿人固有印象影响，同行评议结果难以避免主观性，还有某些专家的看法比较偏激，导致评审结果存在明显偏差[7]，这一现象显然不是短期内可以解决的。由于本刊作者拥有申诉途径，审稿意见的准确性出现问题的概率相对较低，而审稿意见的一致性却需要关注。笔者随机选取 20 位为所在期刊审稿超过 5 年的审稿人，每年挑选 1 篇稿件进行比较，发现相对年轻的审稿人审稿意见较为宽容、详细，而且随着时间推移，他们的审稿侧重点也会从细节转向宏观。综上，审稿报告在各个方面都表现出不同的质量水平，值得关注。

2.3 编辑对评审过程的综合把控水平有所欠缺

编辑对评审过程的综合把控水平体现在能不能准确送审以及能不能准确评估审稿质量上。随着学科交叉愈演愈烈，期刊编辑在审稿人选择上经常不够明确，有时候会存在选择不当的情况，评审专家有时也缺乏相应细分领域的专业知识或技能，导致评审结果不尽如人意。如果评审专家与期刊层次不匹配，也难以获得高质量的同行评议报告[8]。而且考虑到工作效率和质量，审稿人的选择经常集中在少部分学者身上，如果所选择的少数学者不能充分代表学科目前的各种意见流派，或将导致审稿人的观点和意见趋同，缺乏多样性和客观性，也是需要正视的问题。

现在相当一部分期刊编辑部为了保障学术质量把控，开始采用专职科学编辑，更有一些英文期刊采用具有海外博士学位的全职编辑或该领域的专家担任兼职编辑，可以称得上是专家办刊，但是仍有相当数量的编辑部缺人缺钱，得不到充分发展，工作重心有时更看重维持而非发展，工作人员的主要精力集中于文字编辑，没有充分的时间和精力去优化同行评议流程、正确评估稿件的质量。此外，由于没有政策保障，编辑在期刊所在专业领域的继续深造没有充分保障。部分编辑没有足够的动力更新相关专业知识储备，无法准确判断审稿人意见的准确性的现象时有发生。

3 同行评议质量提升的可行路径

评审专家质量、评审报告质量和编辑对评审过程的综合把控质量，编辑部对他们的掌控力度由弱转强。如图 1 所示，通过结构设计、制度激励等手段，编辑部可以采取措施保障同行评议的权威性，确保审稿人和编辑的行为都符合科学研究伦理和规范。编辑应该认识到自身对同行评议过程的贡献，积极寻求改进以提高同行评议质量，使其成为保证科学研究质量和可靠性的守门角色。

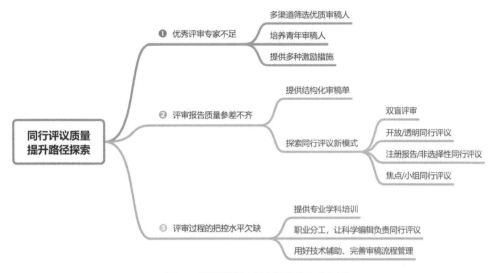

图 1　同行评议质量提升的可行路径

3.1　积极筛选、培养优秀审稿人并提供激励

评审专家的固有属性通常不是期刊编辑部可以左右的，但编辑部可以通过选择合适的审稿人、组建完善的审稿人库来把控这一过程，从而提高评审专家质量。期刊编辑在选择审稿人时应确保他们具备足够的专业知识和能力来评估论文的内容和质量，这可以通过设置审稿人资格要求、要求审稿人提供相关学术背景、时间保证等方式来筛选合适的审稿人。期刊编辑部还可以与其他学术组织、研究机构建立合作关系，拓展邀请审稿人的渠道。

期刊还可以通过组织培训、分享经验、反馈审稿结果等方式提升审稿人的能力，邀请有潜力的青年学者加入审稿人队伍，并组织审稿人培训、研讨会或讲座，邀请资深审稿人或学术专家与新任审稿人分享经验和技巧。这些活动有助于提升审稿人的审稿水平和专业知识。这样可以培养新一代审稿人，并让他们与期刊建立起长期合作关系。

期刊良好的声誉及其影响力对学者而言可能是最重要的同行评议动力和激励。期刊编辑部可以通过提高文章质量，加强与主流学术界的合作、交流等，提高期刊的被引率，提高期刊的声誉、扩大期刊影响力。期刊可以依托高校、学会等积极与学术界开展学术交流和合作，例如组织学术会议、研讨会、研究项目等，增进与学者的联系和合作。通过与学者的深入交流，编辑可以了解学者的需求和关注点，为审稿人提供更多的科研支持和资源，以期与审稿人建立密切的合作关系，提高学者参与期刊同行评议工作的积极性和动力，促进学者与期刊的良性互动。

期刊还可以设立审稿人奖励机制，例如优秀审稿人奖、优秀青年审稿人奖等，以表彰和鼓励积极参与审稿工作的优秀审稿人，激励审稿人参与更多审稿工作，提高审稿质量。另外，期刊可以从其他角度为审稿人提供适当的激励和回报，例如提供审稿人证书或者 Publons 一类的同行评议认证平台认证、提供机会参与期刊的编委会或顾问团队、为他们提供更多的学术交流平台等，以提高专家参与评议工作的积极性和稳定性[9]。

3.2　提供格式化审稿单、探索同行评议新模式

期刊编辑部可以采用结构化同行评议提高同行评议报告的完整性、准确性和一致性，并

通过探索同行评议新模式提高评议报告的客观性。一方面，期刊可以编辑可向审稿人提供格式化审稿单，引导他们从选题的创新性及学术价值、研究设计的科学性、研究方法的合理性、研究结果的可靠性等方面对文章进行评估，从而提高评审过程的一致性，并督促审稿人注重研究方法评估，指出文章的局限性。编辑应要求审稿人尽量简洁、快速地提供清晰明确的评审意见，减少评审意见的模糊性和不明确性，为作者提供更有效的反馈和改进方向。参照《中华胃肠外科杂志》的工作实践，审稿单能极大程度上防止审稿专家评审完整性的疏漏，为其工作提供便利，并利于编辑部评估审理质量[10]，从而更准确地评估优秀审稿人选。

另一方面，期刊可以使用双盲评审制度，隐藏作者和审稿人的身份信息，避免潜在的偏见和影响，确保学术论文的评估是基于论文的科学性和方法论的正确性。在审稿过程中，为避免评审结果存在主观性，可以在同行评议专家组中加入持有相反意见的专家，以平衡各方面专家意见，真正达到"公正公平"地评估学术论文，确保其科学性和方法论的正确性，提高学术研究的质量和可信度。

开放科学实践也可以让同行评议更公平，由于署名的存在，开放同行评议专家对稿件的参与度提高，在一定程度上可以提高审稿的客观性和准确性；但是也有学者指出，该模式反而会造成不良效果，导致评审报告不够诚实，倾向于接收，甚至负面影响期刊审稿人的多样性[11]。透明同行评议只公开审稿报告，不公布审稿人身份，可能是一个很好的折中。

注册报告和非选择性同行评议可以使同行评议更客观，*eLife* 自 2023 年起不再对论文作出接受或拒绝发表的决定，所有评审过的论文都以"同行评议预印本"形式线上发表，并附上同行评议意见，由读者自行判断文章质量。注册报告可以使评审人员专注于研究意义和方法评估，如 Chris Chambers 所说，"由于在评审时无法获知最终研究结果，因此，注册报告可以有效降低科学研究排斥负面结果、研究人员随意更改研究假设和结论等问题的发生率"[12]。

对于少数重点稿件，还可以采用焦点同行评议，邀请多位专家形成焦点小组，充分利用专家的专业性和焦点小组带来的评审深度提高同行评议的效率及准确性、公平性[7]。协作同行评议也有类似效果，单独审稿后再多方协商、讨论，可以产出更有深度的审稿意见，但耗时也相对更长[13]。

3.3 加强期刊编辑培养、完善审稿流程管理

编辑部可以设计一系列考核和激励措施，通过建立合适的质量评估指标，将编辑的工作重点从纯粹的文字编辑转移到稿件质量的评估上，鼓励编辑人员学习研究期刊专业领域的知识，发表相关论文；还可提供培训和专业知识支持，邀请领域专家进行专题讲座，组织学术研讨会，以增进编辑和学术界的联系和合作，让编辑人员及时了解跟进所在领域的学术研究进展和最新动态，对审稿人的工作进行监督和跟踪。科技期刊编辑也应主动更新自己的学科专业知识，提高组约稿件的水平和对稿件质量的评估能力。

编辑部可以通过职业分工，让几名科学编辑专职负责审稿人选择和邀请。通过分工，编辑可以更加明确审稿人的选择标准，确保评审专家具备相应的专业知识和技能，以提高同行评议结果的质量。期刊编辑还可以通过人工智能等新技术辅助审稿系统，更好地管理审稿人和审稿过程，提高工作效率和质量。编辑可以根据系统推荐更轻松地将稿件分配给适合的审稿人，提高送审准确率[14]。

在具体工作中，期刊编辑可以与审稿人保持联系，尽快回复他们的意见和建议，解答审稿人的疑问，设定审稿截止日期，邮件甚至电话提醒审稿人，减少延误或漏审，提高评审过

程的效率和质量。当将审稿意见退回给作者时,编辑应确保意见清晰、适当和礼貌。避免要求作者进行超出期刊要求的工作,如增加不必要的参考文献等[15]。这有助于确保作者对审稿意见的理解和采纳,促进文章改进,加速文章发表,提高期刊声誉,吸引更多优质稿件。

4 结束语

期刊的发展与学术创新相辅相成,积极筛选优质稿件,为学者提供交流和传播平台是科技期刊的本质要求,也是其永葆生机的源泉所在。同行评议的质量控制在期刊高质量发展中有着可以说是最为关键的作用,可以保证期刊文章水准、提高期刊学术声誉、提升读者满意度、吸引高水平作者投稿,促进期刊良性发展。要解决期刊审稿中存在的问题离不开编辑部和学术界的共同努力,从期刊编辑角度入手,积极筛选、培养优秀审稿人并提供激励;提供格式化审稿单、探索同行评议新模式;加强期刊编辑培养、完善审稿流程管理,都有助于提高期刊同行评议的质量和效率。本文结合国内外目前同行评议现状和改进需求,指出了科技期刊同行评议模式改革的方向和可能举措,对研究包括项目评审、图书出版及答辩评审等其他同行评议也有一定借鉴意义。

致谢:感谢朱明编审和李春丽副编审为本文撰写、修改提出的宝贵建议!

参 考 文 献

[1] 国家新闻出版署.事关学术话语权我国科技期刊必须做大做强[EB/OL].[2023-07-04].https://www.nppa.gov.cn/xxfb/ywdt/202109/t20210914_665020.html.
[2] 臧莉娟.多元评价转型:学术期刊质量评价困境及实践进路[J].中国编辑,2022(10):64-69.
[3] 陈嵩,安菲菲,张敏,等.对完善我国科技期刊同行评议机制的思考[J].编辑学报,2022,34(1):53-57.
[4] 郭欣,姚巍,朱金才.科技期刊同行评议质量的提升策略:以《振动工程学报》为例[M]//学报编辑论丛 2021.上海:上海大学出版社,2021:602-606.
[5] 盛怡瑾,初景利.同行评议质量控制方法研究进展[J].出版科学,2018,26(5):46-53.
[6] BAVEYE P C. Objectivity of the peer-review process: enduring myth, reality, and possible remedies[J]. Learned Publishing, 2021, 34(4):696-700.
[7] 索传军,于淼.国外期刊论文同行评议创新态势述评[J].图书情报工作,2021,65(1):128-139.
[8] 黄崇亚,亢列梅.提高同行评议质量和效率的几种方法[J].编辑学报,2021,33(1):78-81.
[9] 王琳.科技期刊同行评议内容公开的现状调研及策略建议[J].中国科技期刊研究,2022,33(6):776-783.
[10] 王静,汪挺.审稿专家、编辑行为及实践过程全方位管理的医学科技期刊审稿策略[J].编辑学报,2022,34(2):193-197.
[11] 姜育彦,刘雪立.开放型同行评议:模式、技术、问题与对策[J].中国科技期刊研究,2022,33(9):1196-1205.
[12] Center for Open Science. Registered reports[EB/OL]. [2023-07-02]. https://cos.io/rr/.
[13] 王瑞,曾广翘.国外期刊小组同行评议与协作同行评议模式研究[J].中国科技期刊研究,2021,32(3):353-359.
[14] 樊敏,张文渲,李红.基于人工智能的期刊专家审稿系统编辑策略的优化研究[J].太原理工大学学报(社会科学版),2022,40(6):95-98.
[15] IWAZ J. To my reviewers, with respect and gratitude: Guidelines from an author [J]. Learned Publishing, 2022, 35(4): 674-677.

科技期刊伦理审查工作的问题与对策
——以公路运输期刊为例

张晓冬，宋庆国，康 军，杨海挺，王 佳

(长安大学学术期刊管理中心，陕西 西安 710064)

摘要：随着我国科技期刊建设的蓬勃发展，伦理审查成为保障学术质量和出版规范性的重要工作。本文以公路运输期刊为例，在分析公路运输期刊伦理审查必要性的基础上，通过资料搜集、文献检索、走访调研等方法对公路运输期刊的伦理审查现状进行了调查，总结了伦理审查工作存在的主要问题和国内外期刊在伦理审查方面存在的差异；同时，分析了造成这些差异的原因，并提出了针对性的发展对策，建议普及伦理审查知识、制定伦理审查规范、加强国际合作和交流、强化伦理审查和监督，为我国公路运输期刊的规范化和国际化发展提供参考。

关键词：科技期刊；伦理审查；公路运输期刊；国际化

近年来，我国科技事业不断发展，科技期刊数量迅速增加[1]。出版伦理审查是科技期刊出版中必不可少的一环，旨在确保期刊的学术质量和规范性[2]，审查的内容主要包括生物医学伦理审查、数据完整性和可靠性、学术诚信以及作者的署名和机构标注、项目资助信息、保密证明、论文格式等。本着以人为本的发展理念，本文重点研究科技期刊生物医学伦理审查(以下简称伦理审查)工作的问题和对策。

伦理审查是科技期刊出版伦理审查工作中的重要环节，是由伦理委员会对涉及人的生物医学研究项目的科学性、伦理合理性进行审查，旨在保护受试者的权益和安全[3]。科技期刊伦理审查工作的起源可以追溯到 20 世纪 50 年代，当时世界各国的科学家和科技期刊编辑开始关注科技研究中的伦理和道德问题，并积极探索如何通过伦理审查来保证科技研究的道德性和真实性[4]。1964 年，《世界医学会赫尔辛基宣言》(以下简称《赫尔辛基宣言》)的通过明确了对涉及人体受试者的医学研究需进行伦理审查，在国际社会上引起了热烈反响[5]。随后，越来越多的科技期刊开始意识到伦理审查的重要性，纷纷实施相关伦理审查制度，包括 Nature、Science、Cell 等顶级科技期刊。我国科技期刊伦理审查工作起步较晚，到 20 世纪 80 年代才开始逐渐引起关注。2016 年 12 月 1 日，中国颁布了《涉及人的生物医学研究伦理审查办法》[6]，明确了在开展涉及人的生物医学研究前必须进行伦理审查。2019 年 9 月，中国科学技术协会颁布了《科技期刊出版伦理规范》，进一步明确了涉及人的生物医学研究应符合生物医学伦理学标准。通过文献分析发现，科技期刊涉及医学伦理审查工作的学科目前主要包括医学、药学和生物学[7-8]，笔者并未检索到其他领域科技期刊进行生物医学伦理审查工作的有关研究。

近年来，一些国外的公路运输期刊已经认识到伦理审查的重要性，在投稿须知中明确了

基金项目：中央高校基本科研业务专项资金项目(300102503603)

伦理审查的要求。随着我国公路运输期刊国际交流与合作越来越广泛，公路运输期刊的学术影响力逐渐增强，对其所传播的科研成果的规范性和学术思想的国际化要求也越来越高。基于此，本文以《公路运输领域高质量科技期刊分级目录》(以下简称分级目录)中的部分公路运输期刊为研究对象，全面调查公路运输期刊伦理审查工作的现状，并将国内外公路运输期刊伦理审查现状进行对比，总结存在的问题并提出切实可行的对策，以期为我国公路运输期刊的规范化、国际化发展提供参考。

1 公路运输期刊伦理审查的必要性

世界医学会在全球医学研究伦理公约《赫尔辛基宣言》中明确指出："在发表研究成果的时候，作者、编辑和出版者均要承担相应的伦理义务[9]。"目前，生物医学期刊进行伦理审查已经达成国际共识，其伦理体系建设也初见成效，但其他领域期刊是否有必要进行伦理审查仍在探索阶段。从广义来看，凡是涉及人的生物医学研究，均需要进行伦理审查。近年来，随着我国交通建设日新月异，公路运输领域的研究成果层出不穷[10]。公路运输领域涉及人类受试者的研究主要为驾驶人相关研究。驾驶人作为道路系统中最重要的控制因素，其是公路系统的主要参与者和控制者。随着研究的逐渐深入，学者们的研究重点逐渐从道路设计要素向人车路协同系统转移。通过文献检索发现，公路运输领域超过 90%的驾驶人相关研究主题为驾驶人行为特性和驾驶人生理特性[11-12]，这些研究涉及人体生物医学，符合《涉及人的生物医学研究伦理审查办法》需要进行伦理审查的研究范围，需要进行伦理审查；此外，为了获取驾驶人的驾驶行为数据和生理指标数据，需要给被试者佩戴相关测量仪器，如脑电测量仪、心电测量仪等等，这些测量仪器能否被被试者接受以及可能带来怎样的影响，也是伦理审查的重要内容。因此，公路运输期刊需要进行伦理审查，通过伦理审查预防伦理违规行为，维护学术道德和规范，保障学术质量和出版规范性，进而提升期刊的声誉和影响力。

2 公路运输期刊伦理审查工作存在的问题

为深入贯彻落实习近平总书记关于办好一流学术期刊的重要指示精神，落实《关于深化改革 培育世界一流科技期刊的意见》[13]，推动建设与世界科技强国相适应的科技期刊体系，助力我国科技期刊高质量发展，2022 年 5 月，在中国科协统一部署下，中国公路学会组织完成了《分级目录》的认定工作并公开发布[14]，目录包含了国内外公路运输领域高质量科技期刊，这些期刊刊发了众多公路运输领域的优秀成果，获得业内的广泛认可。本研究拟以《分级目录》中的期刊为研究对象，调查公路运输期刊伦理审查现状。经检索发现，《分级目录》中部分期刊较少涉及人类受试者相关研究，不适合作为本文的研究对象，将这些期刊予以筛除，最终以《分级目录》中的 29 本公路运输期刊为研究对象，具体包括《中国公路学报》《交通运输系统工程与信息》《西南交通大学学报》等 19 本中文期刊以及 *Journal of Traffic and Transportation Engineering (English Edition)*、*Engineering*、*Journal of Road Engineering* 等 10 本英文期刊，中、英文期刊占比相当，研究对象结构合理。这 29 本期刊近 3 年的年均发文量约为 238 篇，其中约有 23%的文章涉及人类受试者相关研究，涉及的文章数量多、范围广，适用于全面调查公路运输期刊伦理审查现状。

本文通过资料搜集、文献检索的方法对公路运输期刊伦理审查现状进行调查研究，检索的范围主要包括期刊官网以及知网、万方、Web of Science、Scopus 等数据库。投稿须知(Guide for authors)是期刊编辑部向投稿人声明刊物性质、收稿范围及其他注意事项的重要公告性文件，可以直接反映期刊对稿件的要求，便于投稿人筛选合适的期刊并提交符合期刊要求的稿件。因此，本文重点从投稿须知入手，通过在期刊官网中检索投稿须知、投稿指南、征稿启事等，对各刊的投稿须知进行仔细审读，分析公路运输期刊对稿件伦理审查的现状。此外，通过走访部分公路运输期刊的编辑，了解其对伦理审查的知晓程度。

2.1 伦理审查现状及存在的问题

通过对 29 本中英文公路运输期刊的调研，总结公路交通期刊伦理审查工作存在的问题。首先，提及医学伦理审查要求的期刊占比较少。29 种期刊的投稿须知中都提及了伦理审查要求，占比 100%。但是，其中只有 10 种期刊明确要求进行生物医学伦理审查，占比 34.5%，而其余 19 种期刊只要求进行出版伦理审查，不涉及生物医学伦理审查，占比 65.5%。这一结果表明，在这 29 种期刊中，约有 2/3 的期刊对于生物医学伦理审查缺乏明确要求，这可能会导致医学研究中存在的伦理问题不能得到充分审查和监管，从而给受试者和读者带来潜在风险。其次，国内外公路运输期刊对伦理审查的要求存在显著差异。10 本英文期刊在 Ethics in Publishing(出版伦理)中明确要求涉及人的生物医学研究必须符合《赫尔辛基宣言》要求，所有程序都是在遵守相关法律和机构指南的情况下进行的，并且已经取得了适当的机构委员会的批准，相关内容需在稿件中予以声明，明确涉及人体的试验已获得受试者知情同意，并要求在投稿阶段提供伦理审查声明或受试者知情同意书。然而，在本研究所调查的国内期刊中，没有一本期刊明确提及生物医学伦理审查，且在检索的过程中也未发现中文公路运输期刊有明确的医学伦理审查规范和要求。这一结果表明，国内外期刊对于伦理审查的要求存在显著差异，相较于国外期刊，国内期刊在医学伦理审查方面还有很大的提升空间，应该加强对医学研究的伦理审查，以确保研究的伦理性和合规性。此外，国内公路运输期刊编辑对伦理审查的知晓程度较低。通过走访 12 本国内公路运输期刊的 30 位编辑发现，超过 80%的编辑并不了解涉及人的生物医学研究需要进行伦理审查，仅有少数编辑通过在国外期刊投稿和相关学术会议才粗略了解伦理审查的相关内容。

综上所述，国内公路运输期刊缺乏对伦理审查的了解和完善的伦理审查标准，需要进一步强化对伦理审查的监督和管理，更好地保障人类受试者的权益，推动科学技术进步和社会发展。

2.2 产生的原因

在对国内外公路运输期刊伦理审查工作进行对比分析后，我们可以看到两者之间存在明显的差异。经过资料检索和文献分析，笔者总结造成这些差异的主要原因有：

(1) 国内伦理审查起步较晚。国外医学伦理审查起步于 20 世纪 50 年代，经过 60 年的不断发展和进步，已经形成了规范化的伦理审查流程，审查范围也从医学领域逐渐扩展到所有涉及人的生物医学研究，而我国医学伦理审查起步较晚，2007 年原卫生部发布了《涉及人的生物医学研究伦理审查办法(试行)》，后于 2016 年颁布了《涉及人的生物医学研究伦理审查办法》(以下简称《办法》)，明确了伦理审查的原则、规程、标准，但该《办法》的适用范围为开展涉及人的生物医学研究的各级各类医疗卫生机构，对其他领域并未有明确要求。

(2) 国内伦理委员会数量有限。伦理委员会是独立承担伦理审查的机构，旨在确保受试者的权益、安全受到保护。美国伦理机构审查委员会设立在大学、医院、私人、非营利或营利性组织中，且要求申办者必须取得针对每项研究的所在研究机构或者中心伦理审查批准。欧盟独立伦理委员会由医学、科学专业人员和非医学/非科学成员组成的独立机构，一些伦理审查委员会设立在各个地区的大学内，便于学者在开展研究前获得伦理审查批准。相比之下，我国的伦理委员会主要设立于医疗机构内部，为医疗机构的内设机构，数量有限，那么对于非医疗机构进行生物医学研究，如高校或者科研机构从事相关研究的研究人员，要进行伦理审查是非常困难的。

(3) 国内公路运输领域伦理审查普及程度不高。通过走访部分公路运输期刊的编辑发现，超过80%的编辑对涉及人的生物医学研究需要进行伦理审查知晓度较低，仅有少数编辑通过在国外期刊投稿和相关学术会议才了解伦理审查的相关要求。造成这一现象的主要原因是目前我国只有医学领域和生物学领域对伦理审查有严格规定，要求开展涉及人的生物医学研究前必须进行伦理审查，在获得批准后方可进行研究，而对于公路运输领域，虽然部分研究涉及人类受试者，但由于缺乏相应的监管机构，默认是可以直接开展研究的，这也就导致伦理审查普及程度不高，科研人员和期刊编辑等对其重视程度不够。

3 公路运输期刊伦理审查工作的对策

针对我国公路运输期刊伦理审查工作中存在的问题，提出以下改进对策。

3.1 普及伦理审查知识

随着我国公路运输期刊国际交流与合作越来越广泛，公路运输期刊的学术影响力逐渐增强，提高公路运输期刊的规范化和国际化，有助于推动其在世界范围内的广泛交流和传播。作为推动我国公路交通科学技术事业发展的重要力量，中国科学技术协会和中国公路学会应该承担起普及伦理审查的重任，通过广泛宣传并制定相关规定、要求，要求公路运输期刊重视对涉及人类受试者的研究进行伦理审查，提高研究的规范性，逐步与世界并轨。此外，还应加强编辑和作者的伦理意识教育，向他们普及伦理审查的原则和要求、伦理审查的程序和流程、伦理审查结果的处理和使用等方面的内容。

3.2 制定伦理审查规范

目前我国公路运输期刊并没有明确的伦理审查规范，可以参考英文期刊的伦理审查要求，由交通部、中国科学技术协会和中国公路学会等牵头，制定相应的审查规范，逐步推进伦理审查的合理化和规范化。国外期刊中要求如果研究工作涉及人类受试者，作者应确保所有的工作均遵循赫尔辛基宣言，在稿件中声明所有程序均符合相关法律和机构指南，并得到伦理委员会的批准，还应在稿件中声明对人类受试者的实验获得受试者的知情同意。对于我国公路运输领域，要求涉及人类受试者的研究均取得伦理委员会的批准是比较困难的，但是可以要求作者在稿件中声明所有的工作均遵循赫尔辛基宣言且对人类受试者的实验获得受试者的知情同意，并要求提供受试者知情同意书，这可以在一定程度上起到监督作用，从而逐渐推进公路运输研究伦理审查的规范化。

3.3 加强国际合作和交流

为了提高公路运输期刊的国际化水平和学术影响力，公路运输期刊应该加强国际合作和交流。公路运输期刊可以参考国际公路运输领域的伦理审查制度和相关法规，制定更加科学和严谨的伦理审查规定和流程，加强期刊对涉及人类受试者的研究论文的伦理审查和监督。通过积极参加国际学术会议、学术论坛等活动，与国际公路运输领域的专家学者进行交流和合作。在国际合作和交流中，可以了解国际公路运输领域的最新研究动态和伦理审查制度，进一步学习借鉴国际先进的伦理审查经验和管理模式，不断提高我国期刊的国际化水平和学术影响力。

3.4 强化伦理审查和监督

在普及伦理审查、制定伦理审查规范的基础上，公路运输期刊应承担起伦理审查、监督的重要作用。除在投稿须知中明确伦理审查要求外，可在初审阶段要求作者提供受试者署名的知情同意书，加以审查。对于未在稿件中声明工作均遵循赫尔辛基宣言且对人类受试者的实验获得受试者的知情同意或无法提供受试者知情同意书的研究论文，可作退稿处理并告知缘由，从而提高研究人员对伦理审查的重视程度，督促研究人员规范化进行研究。此外，公路运输期刊还可以设立专门的伦理审查部门，由专业人员负责处理涉及人类受试者的研究论文的伦理审查和监督工作，为期刊提供有力的伦理支持和指导，确保研究符合道德和伦理标准。

综上所述，推进国内公路运输期刊的伦理审查工作仅依靠期刊编辑和出版机构是不够的，需要通过政府机构、行业协会、学术机构等的共同努力，旨在从科研流程的上游建立起一套完整的伦理审查机制，从上至下，逐级审查，由点到面，全面推广，确保公路运输领域的研究成果能够得到更加科学、严谨和公正的评价和出版。

4 结束语

近年来，我国公路运输行业蓬勃发展，在大力开展公路运输研究的同时，应该重视对涉及人类受试者研究的伦理审查。目前我国公路运输期刊对伦理审查的知晓度比较低，且缺乏相关的伦理审查要求，与国外公路运输期刊差异显著。建议由交通部、中国科技协会和中国公路学会等牵头制定统一的伦理审查规范，并普及伦理审查的相关内容和要求，提高编辑对伦理审查的知晓度；国内公路运输期刊可以借鉴国际期刊的伦理审查经验，在投稿须知中明确伦理审查要求，强化对稿件的伦理审查和监督，对不符合伦理审查要求的稿件及时进行处理，不断推动我国公路运输期刊的规范化、国际化发展，加快世界一流科技期刊体系建设。

参 考 文 献

[1] 田伟,齐文安,魏均民.以习近平新时代中国特色社会主义思想的世界观和方法论指导科技期刊高质量发展[J].编辑学报,2023,35(1):1-7.

[2] 王群,饶昇苹.高校科研伦理审查工作回顾与思考:以华东师范大学为例[J].中国高校科技,2021(增刊1):70-72.

[3] 张卓然,李小莹,李晓玲,等.医学学术期刊对临床研究文稿的伦理审查要求与思考:基于医院伦理委员会视角[J].中国医学伦理学,2022,35(11):1202-1208.

[4] 李建军,王添.科研机构伦理审查机制设置的历史动因及现实运行中的问题[J].自然辩证法研究,2022,38(3):51-57.

[5] 王福玲.世界医学会《赫尔辛基宣言》:涉及人类受试者的医学研究的伦理原则[J].中国医学伦理学,2016,29(3):544-546.

[6] 蒋辉,陈诺琦.对《涉及人的生物医学研究伦理审查办法》的解读[J].医学与哲学(A),2017,38(11):5-9.

[7] 郑兴东,姜北,陆伟,等.医学科研伦理审查监管问题的思考[J].第二军医大学学报,2007(6):667-669.

[8] 雷瑞鹏,张毅.生物医学研究伦理审查质量影响因素探讨[J].北京航空航天大学学报(社会科学版),2022,35(1):69-76.

[9] World Medical Association. World Medical Association Declaration of Helsinki: ethical principles for medical research involving human subjects [EB/OL]. (2022-09-06)[2023-05-05]. https://www.wma.net/policies-post/wma-declaration-of-helsinki-ethical-principles-for-medical-research-involving-human-subjects/.

[10] 杨亚萍.新形势下公路运输经济发展方式的转变和创新[J].中国航务周刊,2023(3):46-48.

[11] 符锌砂,葛洪成,鲁岳.基于LightGBM的高速公路隧道段驾驶人压力负荷评估[J].交通运输研究,2022,8(5):46-55.

[12] 方振伍,林中盛,王金湘,等.考虑驾驶人疲劳特性的差动转向共享控制[J].东南大学学报(自然科学版),2022,52(5):1012-1022.

[13] 中国科学技术协会.四部门联合印发《关于深化改革 培育世界一流科技期刊的意见》[EB/OL].(2019-08-16)[2022-12-02]. https://www.cast.org.cn/art/2019/8/16/art_79_100359.html.

[14] 中国公路学会.关于发布《公路运输领域高质量科技期刊分级目录》的公告[EB/OL].(2022-05-30)[2023-02-08]. http://www.chts.cn/art/2022/5/30/art_1530_332019.html.

科技期刊有效缩短出版周期探究

徐海丽[1]，梁思辉[1]，张芳英[1]，曹金凤[1]，杨　燕[1]，严巧赟[1]，刘志强[2]

(1.上海大学期刊社《应用数学和力学(英文版)》编辑部，上海 200444；2.上海大学期刊社，上海 200444)

摘要：为了有效缩短文章出版周期，结合笔者工作经验，提出如下建议：①将编辑部对格式排版规范、学术不端、内容、语言等严格审核与主编编委对稿件学术水平初步评估相结合，执行初审双重严格把关制度。②有效利用投审稿系统、根据投稿关键词与专家库进行匹配、REVIEWER LOCATOR 功能，找出最符合的审稿专家，提升效率；及时对各审稿专家进行评分及评审数据整理，优化审稿专家数据库；对其评阅后发表的文章后续下载引用、评论等情况进行汇报，保障刊物核心审稿专家队伍的建设。③寻找良好的排版合作伙伴，编辑自身掌握相关软件的应用；通过良好的内部分工实现单篇录用、单篇上网。内部形成竞争，定期对其质量和完成时间进行考核。适应数字化发展大趋势，主动将新技术引入传统出版，提高出版创新力和服务力，有效缩短出版周期。在保证文稿学术质量的前提下，应尽快缩短其出版周期，为实现我国科技期刊综合实力跃居世界第一方阵助力。

关键词：出版周期；数字化；学术不端

有效缩短出版周期是科技期刊工作者日常工作重点。缩短出版周期可以加快学术信息的传播速度[1]，提高知识的即时性和时效性。随着科技的发展，学术研究成果的发布速度对科技发展和学术界的影响越来越重要。缩短出版周期可以更快地将研究成果公之于众，让更多人了解和引用，从而扩大其学术影响力。

同时，缩短出版周期可以吸引更多更好的优质论文，提升期刊学术水平和质量[2]。较长的出版周期，不仅会导致大量优秀稿件流失，严重时会损害期刊品牌和学术影响力。作者在选择投稿的期刊时，出版周期是一个重要的考虑因素。如果一个期刊的出版周期较长，作者可能会选择投稿到出版周期更短的期刊，以尽快发表自己的研究成果。因此，如何采取有效措施缩短出版周期成为科技期刊工作者研究热点之一[3-4]。

本文总结出有效缩短期刊出版周期的一些方法，通过优化出版流程提高工作效率以便缩短各环节的处理时间，有效地缩短科技期刊的出版周期，从而更好地满足作者和读者的需求，以期助力我国科技期刊健康快速发展。

1　缩短出版周期举措

为使文章能第一时间获得全球学者关注，同时也可获得更多下载和引用，在保证文章高质量出版前提下，期刊应致力于尽快缩短出版周期，如图 1 所示。

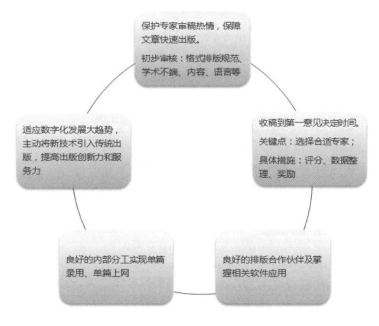

图 1　缩短出版周期举措

1.1　初审严控——编辑部

编辑部在处理稿件时，不仅需注重文章的内容和学术质量，还需要在排版格式规范、语言使用、学术不端等方面进行严格的审核(见图 2)。这种全面的审核流程不仅保证了文章的质量，还使其更具品牌辨识度，从而提升了文章的影响力和可读性。

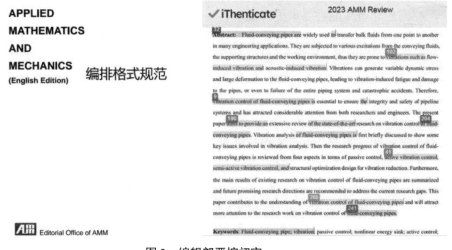

图 2　编辑部严控初审

1.2　初审严控——编委会

编辑部初审通过提交编委会，主编和责任编委对稿件进行严格的把关，对内容进行谨慎评判，特别注意，包括再次详细判定是否符合刊出范围和严格评估稿件学术质量等。只有经过两次审核通过的稿件才获得被送出外审的资格。如果稿件在初审阶段因以上原因被退回，那么该稿件将无法继续审稿流程。

1.3 严格把控外审周期——第一决定时间节点

收稿到第一意见决定时间是作者非常关注的时间节点，而其中最为关键的是加快审稿专家的评审时间。合适的审稿专家的选择又是重中之重。常见的国际审稿系统 ScholarOne 平台[5]可根据投稿关键词，从 Web of Science 等相关数据库以及刊物自身的专家库进行匹配，同时，Publons[6]提供的 Reviewer Locator 功能(见图 3)，提供最符合的审稿专家备选名单，较大提升了主编、编委们选择审稿专家的效率。

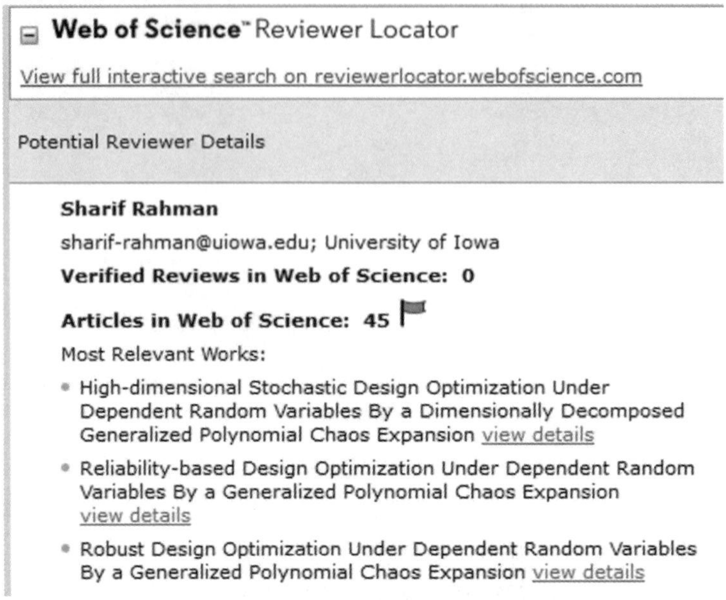

图 3　Reviewer Locator 功能

1.4 严格把控外审周期——审稿评估

编辑部对影响出版周期的各环节进行严格的时间期限控制，有效缩短出版周期，更好地把握时间节点，提高工作效率。编辑部可对各审稿专家按审稿周期、评审质量、评审工作量等因素进行评分及评审数据整理，每年对优秀专家颁发证书，提供类似学术书籍代金券等物质和精神的奖励；并对其评阅后发表的文章后续的下载引用、评论等情况进行汇报，使其及时了解该研究方向的相关进展。

1.5 严控出版印刷周期——高质量排版及熟练掌握软件

良好的排版合作伙伴和编辑自身对相关软件的熟练掌握，是保证出版质量缩短出版周期的保障。他们需要能够熟练应用各种排版软件，例如 LaTex、Adobe InDesign、Microsoft Word 等，以实现有效快速的版面设计和内容布局。

1.6 严控出版印刷周期——良好的内部分工

良好的内部分工也是实现高效出版的重要手段。内部团队应明确分工，确保每篇文章的录用和单篇上网过程都能快速有效地完成，并且达到高质量的标准。

在团队内部，应该形成一种竞争氛围，定期对负责文章的出版质量和完成时间进行考核。这样不仅可以提高团队成员的工作积极性，也可以确保出版流程的高效运转(见图 4)。不论是主动策划和组织的稿件，还是自由投稿的稿件，都应该积极加强编辑和作者之间的沟通。通过积极的沟通，可以更好地理解作者的需求和期望，缩短内容生产周期，从而加快出版速度。

有成员需遵守《期刊社岗位设置工作实施方案》（最新版）。

五、部门例会

部门例会是编辑部工作组织的一项重要内容。通过部门例会可以总结前期工作，安排后期任务，并及时评报，交流部门内部信息，由此及时发现并解决工作中存在的问题与不足。例会参加者必须履行好的职责如下：

1. 如无特殊情况，开会提前半小时通知；

2. 如若有特殊情况不能参加会议，应在会议开始时间前向编辑部主任请假，否则以旷会处理；

3. 提前5-10分钟到达会场，不迟到，不早退，不旷会（如有特殊情况，则视情况而定）；

4. 提前准备开会发言内容（不必写稿，提前思考即可），会上积极发言，交流思想，提高效率；

5. 出席会议时必须自带会议笔记本和笔，并做好会议记录；

6. 会议中手机需禁音或关机，不得因接听电话查看短信等行为打断会议（如有特殊情况，则视情况而定）。

如无特殊情况，每周三（上午）定期开例会。

六、考勤

1. 按照期刊社及编辑部的安排到岗上班。

2. 如有事情请假，请提前向编辑部主任申请同意。

图 4　编辑部分工考核(部分截图)

1.7 严控出版印刷周期——引入数字化新技术

在数字化发展的大趋势下，主动引入新技术到传统出版业是必要的。人工智能、区块链、增强现实(AR)、虚拟现实(VR)和混合现实(MR)、语义出版、数据出版、XML结构化排版等技术的应用[7-8]，可以大大提高出版创新力和服务力。这些技术不仅可以提高出版效率，减少错误，还可以促进学术成果的全球传播，提升品牌影响力。

数字化出版具有更快的传播速度、更强的时效性、更广泛的传播范围和更多样化的出版形式[9]。通过对现有的出版流程进行业务流程再次改造，充分利用数字化出版技术的优势，可以提升科技期刊出版的工作效率，缩短出版周期。这一过程不仅需要先进的软件技术支持，还需要编辑团队不断学习和适应新的技术和工作流程。

2　总结

(1) 通过编辑部和编委会对稿件初审双重严格把关制度，最大限度地保护了审稿专家的审稿热情，确保文章一旦被录用，不会因为格式、语言、学术不端等问题[10]而影响后续的快速出版。同时，这也节省了不必要的人力物力资源的浪费，使期刊能够以更高的效率和质量处理稿件。对于学术期刊来说，审稿专家的时间和精力是非常宝贵的资源。通过编辑部和编委会的严格初审，能够有效地节省审稿专家的时间，使他们能够更专注于文章的内容和学术质量，避免因上述因素而影响对文章质量的评判。

这种严格的审核流程也保障了期刊的品牌形象和声誉。只有符合期刊要求的文章才能进入外审环节，这使得审稿专家对期刊的信任度得到了保障，同时也确保了期刊所发表的文章具有高度的学术水平和质量，从而提升了期刊在学术界的地位和影响力。总的来说，对稿件的严格审核是保证文章质量的重要环节，也是维护期刊品牌形象和声誉的关键步骤。通过这种全面的审核流程，期刊能够为读者和学术界提供高质量、有影响力的学术文章，从而推动学术研究的进步和发展。

(2) 通过严格把控外审第一决定时间节点以及对审稿质量评估，可有效缩短外审周期。缩短收稿到第一意见决定时间的关键是加快审稿专家的评审时间，而合适的审稿专家的选择又是重中之重。有效利用投稿和评审系统，基于提交关键词在专家数据库中进行匹配，以及利用评审专家定位功能来确定最合适的审稿人员，提高了编辑、主编和编委会选择审稿专家的效率。及时对每位评审专家的评审数据进行整理评分，优化评审专家数据库；定期报告该文评审后发表文章的后续下载、引用等情况；加强出版物核心团队的建设。

这些措施增加了编辑部工作量，但有力保障了刊物核心审稿专家队伍的建设。通过这些措施进一步增强审稿机制，通过缩短审稿周期，提高出版效率，从而更好地满足作者的需求。编辑部需要不断改进和完善审稿流程，通过加强与审稿专家的交流以及对专家数据库的积极管理，确保审稿质量和效率的不断提高。此外，编辑部还需要加强与作者的沟通和交流，及时反馈审稿进度和结果。总之，编辑部通过以上措施加强队伍和制度建设，提高审稿效率和质量，不断改进和完善审稿流程，提高作者满意度和信任度，为刊物的长期发展打下坚实的基础。

(3) 良好的排版合作伙伴、熟练精通相关软件的编辑团队、高效的内部流程和明确分工、积极的作者沟通，以及适应数字化发展的新技术应用，都是推动出版业持续发展的重要因素。在数字化时代，充分利用新技术，改造传统出版流程，提高出版效率和质量，是未来出版业发展的关键。适应数字化发展趋势，积极将新技术引入传统出版，将不断提高出版创新和服务能力，有效缩短出版周期。

3　结束语

缩短出版周期对科技期刊的发展具有重大意义。出版周期的缩短能够提升期刊的影响力，从而增强其学术地位和整体评价。期刊的引用率和影响因子是作为评价其学术水平和质量的关键指标。缩短出版周期能够增加论文的发表数量和频率，进一步提升期刊的引用率和影响力。此外，缩短出版周期还有助于提高期刊的市场竞争力，使其更受读者欢迎，增加订阅量，为期刊带来更多的收益。同时，对于读者和作者而言，出版周期短、内容更新快的期刊也更具吸引力。

因此，有效地缩短出版周期不仅是吸引更多的优秀作者投稿的有效手段，更是提升期刊质量和品牌形象的重要保障。在保证学术质量的前提下，本文提出的科技期刊采取一系列有效的措施，可以尽可能缩短出版周期，为实现我国科技期刊综合实力跻身世界第一方阵贡献力量。

参 考 文 献

[1] 刘冰.中国医学类英文期刊国际化发展策略与实践[J].中国出版,2023(4):11-15.
[2] 魏雅雯,韩跃杰,李洋,等.浅析缩短稿件周期的重要性及操作性[J].科技传播,2017(6):2.DOI:10.3969/j.issn.1674-6708.2017.06.025.
[3] 林静,邹小勇,冷怀明.基于期刊管理及作者调查的一稿多投解决策略探索:以审稿周期和出版周期为切入点[J].编辑学报,2023,35(4):368-373.
[4] 崔建勋.合理设置期刊出版周期与载文量的理性思考[J].中国科技期刊研究,2020,31(7):821-827.
[5] ScholarOne, Inc. Applied Mathematics and Mechanics - English Edition. [EB/OL]. [2020-04-20]. https://mc03.manuscriptcentral.com/amm.
[6] Clarivate. Reviewer Recognition Service for Publishers. [EB/OL]. [2020-05-15]. https://publons.com/about/home/.
[7] 陈鹏,徐海丽.我国科技期刊出版管理政策及实施效果[J].中国出版,2020(20):14-19.
[8] 潘雪,张海生,果磊.科技期刊智能出版的发展前景、现实困境与推进策略[J].编辑学报,2022(4):378-383.
[9] 曹启花.一流科技期刊建设背景下的中文科技期刊内容生产能力提升策略[EB/OL].[2021-04-02]. https://zhiku.scimall.org.cn/xqdt/202104/t20210402_2980214.shtml.
[10] 马林岭,冯凌子,袁军鹏,等.中国 SCI/SSCI 收录期刊论文撤销情况分析及思考[J].中国科技期刊研究,2023,34(5):584-592.DOI:10.11946/cjstp.202303310231.

医学论文中隐性学术不端的甄别和处置建议

李 锋

(《同济大学学报(医学版)》编辑部，上海 200092)

摘要： 目前，我国科技期刊论文中学术不端现象仍时有发生，其中医学论文中学术不端的比例较大。随着各个学术不端检测系统向个人用户开放，医学论文中的学术不端类型逐渐发生了变化，单纯文字重复带来的学术不端逐渐减少，而文章内容中的作者信息、基金标注、数据造假、图表抄袭或图片造假、跨语种抄袭及投稿过程中的第三方代写代投、一稿多投等隐性学术不端发生率逐渐增加。本文对医学论文中的隐性学术不端进行分析，并提出处置建议，以期减少此类现象的发生。

关键词： 医学论文；学术不端；甄别；处置

科研诚信是学术进步的基础，关于学术不端对科研造成的危害已得到业界的公认。国家管理层也出台了诸多文件对学术不端进行监管。如：2019 年 5 月 29 日，国家新闻出版署发布了文件《学术出版规范期刊学术不端行为界定》(CY/T 174—2019)；2021 年 1 月 27 日，国家卫生健康委、科技部、国家中医药管理局联合印发《医学科研诚信和相关行为规范的通知》(国卫科教发〔2021〕7 号)；2022 年 12 月 6 日，国家自然科学基金委员会印发国家自然科学基金项目科研不端行为调查处理办法(国科金发诚〔2022〕53 号)，并每年在其官方网站上公布所查的学术不端情况。为有效减少学术不端带来的危害，国内出现了一些学术不端检测系统，如中国知网科技期刊学术不端文献检测系统(AMLC)、万方论文相似性检测系统(PSDS)和维普论文检测系统(VPCS)等，这些系统可有效减少文字重复所导致的学术不端。近年来，随着各个学术不端检测系统面向个人用户开放以后，医学论文中的学术不端类型逐渐发生了变化，单纯文字重复带来的学术不端逐渐减少，而文章内容中的作者信息、基金标注、数据造假、图表抄袭或图片造假、跨语种抄袭及投稿过程中的第三方代写代投、一稿多投等隐性学术不端发生率逐渐增加[1-2]。本文对医学论文中的隐性学术不端进行甄别，并提出处置建议，以期减少此类现象的发生。

1 文章内容中的隐性学术不端

1.1 作者信息

作者信息带来的隐性学术不端主要涉及作者姓名、顺序以及作者单位的变更。在具体编辑出版工作中，编辑会碰到增加或者更改作者信息的情况。①增加：作者因为工作调动或者毕业后去了新的工作单位，要求在最终稿件中增加新的论文署名单位。因知识产权归属和出版伦理的规定，建议编辑部对这两类情形均予以坚决拒绝[3]。②变更：稿件录用后，投稿作者要求更改作者姓名、单位、邮箱等信息或者更改作者排名顺序。如变动较大，就具有代写代投稿件的典型特征；若更改作者顺序，尤其更改第一作者或通信作者，原则上不允许。根据《中华人民共和国著作权法》《学术论文编写规则》(GB/T 7713.2—2022)，我国科技论文署名规则为：参与选定研究课题和制定研究方案；直接参加全部或主要部分研究工作并做出主要贡献；参加论文撰写并能对内容负责；对论文具有答辩能力的人；按贡献大小排列名次。因此，在投稿时候的作者信息应与最终出版一致。编辑部应要求投稿作者在稿件采编系统中完善所有作者的具体信息，确保在修改过程中每一位作者均能收到编辑部发出的邮件，并要求作者提交包含全体作者签名的作者贡献说明，从而尽量规避因作者信息变动带来的隐性学术不端[4]。

1.2 基金

因为在大部分对期刊的评价体系中，均有"基金论文比"这个条目，所以期刊编辑均希望所刊发文章具有基金资助，甚至部分期刊在稿约中写明了优先刊发有基金资助的文章，这就为基金的标注带来了可能的学术不端。①作者标注虚假基金信息或者标注的基金真实存在但是基金责任人并不知情。编辑部可在投稿时候，要求作者前面填写基金期限、责任单位和责任人，并将基金批文作为附件上传；同时，在发表时除了标注类别和编号外，还增加项目的具体名称，从而约束作者对基金的不当标注[4-5]。②部分作者会将新申请到的基金增加到待发表论文中，甚至有作者会将新基金放在第一位，从而有利于新基金结题和进一步申请其他课题。对于投稿后才申请到的基金，原则上不建议增加，如果作者强烈要求增加且内容非常相关，要求提供全体签名且基金主管部门同意并盖章的纸质修改说明。同时，建议编辑部在稿约中约定最多标注的基金数目，且规定结题超过某一期限的项目不再标注，这样有利于基金项目的规范标注。

1.3 数据造假

由于医学科研具有高度专业性和科学性的特点，其结论可用于指导临床，所以医学论文中数据造假危害异常严重，甚至有可能会导致患者生命安全受到威胁。因此，编辑、审稿专家、出版单位应尽最大努力，杜绝医学论文中暑假造假行为。数据造假包括伪造数据、从他人处剽窃数据、错误数据、不可靠数据、重复数据、存疑数据等[6]。数据造假一般具有如下特征：①一个或少量作者在较短时间内获得多个单位且时间跨度较长的病例数据，病例的一般资料和研究方法与结果部分数据有矛盾，作者工作性质和研究内容关系不大。②通过完全使用、部分修改、删减、添加、调整顺序等方式使用自己或者他人已经发表的数据，且没有标注来源，有部分作者认为使用自己已发表的数据不算抄袭。③数据如病例数等太过完美，且对阴性结果进行修改等。目前，国内 ROST 反剽窃系统、中国知网科技期刊学术不端文献检测系统(AMLC)可以部分实现查证此类数据造假行为，但结果差强人意；国外 Elsevier 公司的 StatReviewer 软件可以协助检查论文中的基线数据、样本大小、统计学方法和结果等信息是否准确，从而发现部分伪造数据行为，但其对中文期刊作用不大[6]。

1.4 图表抄袭或图片造假

目前，原封不动抄袭图表的论文已经较少，图表抄袭的形式主要有两种，一种是将文字内容转化为图表，另一种是将图表内容转化为文字表达[7]。图表可能来自已经公开发表的其他文献，或者保密期的学位论文[8]。由于学术不端检测软件的限制性，此类文献的文字重复率一般都不高。图表抄袭的文章主要特征有：①摘要和正文结果部分容易出现连续性文字重复。②一般存在图注、表注和图名、表名相似或重复。③图表中信息和文中其他信息存在矛盾。

如医学论文中常见的 CT 片、MRI 片、X 光片、超声结果等，一般都有医院和患者部分信息，如果信息和作者单位、文中资料不一致，需引起注意。为减少从保密期的学位论文中抄袭或者重复发表，建议将非涉密的学位论文在数据库中公开，允许所有人公开查阅，从而减少作者的作假行为。

近期，中国学者发表的 SCI 论文撤稿的主要原因已经由文字重复转向图片问题，如图片误用、一图多用、篡改图片、图片重叠等，甚至有部分作者将图片局部放大、缩小或者同一结果图片不同角度拍摄。图片造假是学术不端的痛点和鉴别难点，目前业界并没有特别好的办法，对编辑和期刊都提出了极大地挑战。对于图片造假，可采用 Photoshop 软件附带的 Droplets 插件，通过图片逆向还原技术查证是否存在图片造假[2]；另外，可以采用深瞳图片查重(http://www.stlwcc.cn)、Turnitin、艾普蕾猫图鹰图片对比系统、CrossCheck 等国内外先进的软件和检测平台，充分利用人工智能大数据算法，进行图像比对，从而识别图片造假行为；最后，还可以通过搜索数据库中已发表的相似文件，查看是否存在重复或相似的图片。

1.5 跨语种抄袭

跨语种的文字重复是目前医学论文中隐性学术不端高发区域。部分作者将国正式发表的论文经翻译软件翻译英文，然后将此文献再经不同的翻译软件翻译成中文，最后作者再修改文章中的病句，从而得到一篇新的论文[9]。由于目前国内外文献数据库并未实现有效互通，除了一些全文双语出版的文献可以实现跨语种的检索外，更换语种的重复很难被学术不端检测软件发现，因此更需要引起重视[10]。这类问题在初审时，因为编辑的专业水平限制，通常很难发现，但优秀的外审同行专家有可能会发现。对于这类隐性学术不端问题，由于目前还缺少特异性的跨语种查重检测软件，很容易成为跨语种抄袭所致的重灾区。因此，初审编辑及审稿专家对稿件内容具有一定的敏感性，并对可疑的稿件加大检测力度。跨语种抄袭一般具有如下特征：①文字表达具有强烈的机器翻译特征，表达方式不符合汉语习惯，这是所有跨语种抄袭的典型特征。②整个文中多次出现同一种内容前后表达不一致，且部分变量符号定义前后不一致，这种现象一般出现在跨语种抄袭多篇论文而成的稿件中。③图表中有很奇怪的英文，且在正文中没有交代或者和正文主题不相关。目前，中国知网科技期刊学术不端文献检测系统(AMLC)可以进行中英双语对照检测和语义检测，跨语种抄袭可以部分被检测出来。期待中国知网进一步完善此功能，同时也期待更多更精确的跨语种检测系统出现。

2 投稿过程中的隐性学术不端

2.1 第三方代写代投

2015 年 11 月 23 日，中国科协等五部门印发《发表学术论文"五不准"》(科协发组字〔2015〕98 号)，提出禁止由第三方代写代投。2022 年 8 月 25 日，科技部等二十二部门印发《科研失信行为调查处理规则》(国科发监〔2022〕221 号)，新增代写代投论文为科研失信行为。"第三方"指除作者和期刊以外的任何机构和个人；"论文代写"指论文署名作者未亲自完成论文撰写而由他人代理的行为；"论文代投"指论文署名作者未亲自完成提交论文、回应评审意见等全过程而由他人代理的行为。目前代写代投稿件可能具有的特征有：①同一个作者短期内投稿多篇，且每次投稿时候作者信息有变化[11]。②投稿作者的 IP 归属地与作者单位所在地不一致，且后续登录时候 IP 地址仍然和作者单位所在地不一致，但目前已经发现部分技术高明的中介可以伪造 IP 地址[10]。③作者信息不全或错误，如缺少或者虚构身份证号码和电话号码、缺少作者具体单位等、作者投稿时候注册邮箱和作者本人关联性不强。④需要多人合作的稿件只有一个或少量作者，或稿件系统中作者人数和正文中人数不等。⑤文章内容和作者研究方向相差较大。除了具备上述特征的稿件需引起作者注意外，对于疑似代写代投稿件，编辑在与作者交流过程中也可以发现代写代投的痕迹。如交流的时候发现预留电话是错的，或者预留电话是第三方的，通过交流作者信息或文章的细节和专业内容，可以增加发现代写代投的概率[12]。另外，还可以让疑似代写代投稿件在限定时间内缴纳审稿费，一般中介要么不付审稿费，要么会出现同一账户缴纳不同稿件审稿费的现象。

2.2 一稿多投

《中华人民共和国著作权法》第三十二条规定：著作权人向报社、期刊社投稿的，自稿件发出之日起十五日内未收到报社通知决定刊登的，或者自稿件发出之日起三十日内未收到期刊社通知决定刊登的，可以将同一作品向其他报社、期刊社投稿。双方另有约定的除外。目前，众多学术期刊均提倡"勿一稿多投"，有的干脆出台规定禁止"一稿多投"，在约定时间外才可以另投他刊。所谓"一稿多投"，是指论文作者在较短时间内将同一篇论文投给不同期刊的现象。目前，"一稿多投"现象仍时有发生，虽然编辑部并无特别有效的防范方法，但是以下两种方法可以部分规避"一稿多投"现象。首先，中国知网科技期刊学术不端文献检测系统(AMLC)的"稿件追踪"功能可以部分地防范"一稿多投"现象，可通过查看"稿件追踪"界面中"作者""篇名""检测时间""已投编辑部名称""已投编辑部次数"等信息判断是否存在"一稿多投"的现象。建议编辑部在正式录取稿件前和正式发表前再使用"稿件追踪"功能复查，避免作者在外审和发表前这段时间存内在一稿多投行为[4]。但这需要科技期刊同意加入"追踪平台"，这样才能看到"已投编辑部名称"，但由于诸多原因，目前仍有不少编辑部没有加入，导致已投编辑部名称"为空白，增加了判断"一稿多投"的难度"[10]。另外，科技期刊采编系统中的"未发表相似文献"功能也可以避免一部分"一稿多投"现象。此功能可以显示相似度很高的文献投稿同一采编系统中其他杂志的情况，如"作者名字""杂志名称""文章题目""投稿日期""目前状态"等。但中国科技期刊采编系统目前有很多家，如"勤云""玛格泰克""三才"等，各个采编系统的后台资源并不共享，限制了此功能的作用。如果各个采编系统后台可以共享资源，可以更好地发挥此功能。当然，单刊的作战能力非常有限，建议国内医学期刊编辑部成立期刊联盟，共享资源，防范第三方代写代投和一稿多投。

3 结束语

综上所述，在新形势下，医学科技期刊从业者均需积极主动承担各自的责任，更重视甄别论文中隐性学术不端的特征，努力减少此类现象的发生。医学期刊编辑部要加强内控制度建设，规范稿件每一步处理流程；编辑要对隐性学术不端更敏感，充分掌握隐性学术不端的特征；同行评议专家要扩大学术视野，尤其要和国内外已发表的相似文献进行对比；国内各检测平台也应共享资源，提高检测水平。当然，最重要的是加强对学术不端者处罚，从源头减少隐性学术不端的发生。

参 考 文 献

[1] 张英丽,戎华刚.2006—2020 年国内学术不端研究进展与文献述评[J].中国科技期刊研究,2021,32(7):

917-926.
- [2] 韩磊,杨爱辉,赵国妮,等.隐性学术不端论文的查证及处理策略[J].编辑学报,2022,34(1):68-71.
- [3] 陈姗姗,孙琴.学术不端论文的几大隐性特征及其辅助鉴别方法:以医学科研论文为例[J].湖北师范大学学报(自然科学版),2018,38(3):72-76.
- [4] 张和,张海燕,毛文明,等.科技期刊初审阶段隐性学术不端行为的挖掘和防范措施[J].编辑学报,2022,34(4):419-422..
- [5] 徐咏军.医学科研论文隐性学术不端行为的判定和防范机制[J].传播与版权,2017(5):50-52.
- [6] 易耀森.被撤销医学论文数据学术不端行为与防范对策研究[J].中国科技期刊研究,2020,31(3):276-280.
- [7] 徐婷婷,曹雅坤,曾礼娜等.关于防范科技论文中"隐性"学术不端行为的建议[J].编辑学报,2018,30(1):58-60.
- [8] 徐晶,王昱苏,吴凤鸣,等.医学期刊图表重复的防范策略[J].中国科技期刊研究,2015,26(2):152-156.
- [9] 孙雄勇,耿崇,申艳.学术不端检测的难点及对策[J].中国科技期刊研究,2019,30(1):14-18.
- [10] 祁丽娟,戢静漪,方梅.跨语种抄袭和代写代投类学术不端行为的甄别和防范[J].中国科技期刊研究,2021,32(11):1347-1354.
- [11] 王景周.代投论文的甄别与防范[J].中国科技期刊研究,2018,29(6):557-562.
- [12] 王文福.网络时代期刊论文隐形学术不端挖掘策略[J].中国科技期刊研究,2016,27(7):677-682.

媒体融合出版环境下科技期刊编辑参与版权保护的路径探讨

黄月薪[1]，叶明辉[1]，张 玲[2]，刘建勇[3]

(1.广东省医学学术交流中心(广东省医学情报研究所)，广东 广州 510180；2.南方医科大学珠江医院《中华神经医学杂志》编辑部，广东 广州 510250；3.广东省干部保健中心，广东 广州 510180)

摘要：随着科技的进步和媒体融合的发展，学术交流日益频繁和多样化，学术界对版权保护的意识也越来越强，媒体融合出版环境给科技期刊出版物的版权保护面临着新的挑战。作为学术交流的重要平台，期刊编辑肩负着维护学术界版权的重要任务。本文通过分析媒体融合的发展背景及其对出版行业的影响，旨在探讨媒体融合的发展背景下科技期刊编辑在版权保护中的参与方式，期刊编辑可以积极参与保护版权的关键领域，通过对当前版权保护现状的分析，提出编辑参与的新策略，包括制定和公布版权政策及指南、重视学术不端认定等方式，在媒体融合时代推动版权保护，以应对日益严峻的版权保护问题。

关键词：媒体融合；科技期刊；版权保护

在当今媒体融合的环境下，数字技术的迅猛发展和信息传播的全球化互学术交流变得更加方便和快捷，媒体融合带来了无数的机遇和便利，使科技期刊编辑能够更广泛地传播和分享学术研究成果，然而，在数字化时代，文章的复制、传播和修改变得更加容易，这也为学术界版权保护带来了新的挑战。国家广播电视总局2020年印发了《关于加快推进广播电视媒体深度融合发展的意见》，指出坚持深度融合、整体转型，坚持平台与网络并用、内容与服务并重，加快推进广播电视媒体深度融合发展，打造一批具有强大影响力和竞争力的新型广播电视主流媒体[1]。2023年，《政府工作报告》首次提出"扎实推进媒体深度融合"。媒体融合出版环境下的新媒体作品形式多样，但仍然适用现有的版权保护法规，如《中华人民共和国民法典》《中华人民共和国著作权法》《中华人民共和国网络安全法》《中华人民共和国出版管理条例》《中华人民共和国互联网信息服务管理办法》及《中华人民共和国计算机软件保护条例》等，并需要在实践中严格遵守相关法律法规的规定。作为学术交流的重要平台，期刊在学术界版权保护中扮演着重要的角色[2]。科技期刊编辑需要寻求创新的解决方案，采用先进的技术手段，如数字水印、版权认证系统等，以确保学术研究成果的合法性、完整性和权益的保护，此外，与作者、读者、审稿专家等相关方进行紧密合作，加强版权意识的培养和提升，也是有效解决版权保护挑战的重要途径。本论文将重点探讨媒体融合环境下科技期刊编辑所面临的版权保护挑战，并深入分析解决这些挑战的迫切性和特殊性，期刊编辑人员是期刊版权保

基金项目：广东省科技计划项目"《实用医学杂志》高质量科技期刊建设"(2021B1212020014)；广东省中医药局科研项目(20221059)

护的主要负责人，编辑人员需要了解版权法规，加强版权意识，制定合理的版权保护策略，确保学术成果的合法使用和传播。本文旨在探讨期刊编辑人员参与版权保护的意义、方法和面临的挑战等方面，以期为期刊编辑人员提供参考，推动版权保护工作的不断完善和发展。在媒体融合时代，版权保护是科技期刊编辑工作中至关重要的一环。只有通过积极应对挑战，采取有效措施，并不断创新和改进，我们才能确保学术研究成果的正当权益，维护学术界的诚信和可持续发展。

1 媒体融合背景下的科技期刊版权保护现状

在媒体融合背景下，科技期刊版权保护面临着新的挑战和机遇，随着数字技术的发展和广泛应用，科技期刊的数字化和网络化也使版权保护变得更加复杂和困难。孙婧等[3]通过调查研究发现中国知网、万方数据库、维普数据库、超星数据库及中华医学会系列杂志数据库文件均未进行数字加密，可以直接进行文字复制，增加了盗版和侵权风险，数字版权保护意识薄弱，科技期刊应尽快引入相应的技术人才，建立合理的版权保护制度，增强版权保护意识。目前，科技期刊版权保护的相关法律制度逐步完善，例如《民法典》《著作权法》《数字版权管理条例》等法律法规的出台和修订，版权授权机制的运行离不开相关制度。陈笑春等[4]认为随着2021年新的《民法典》和2020年《著作权法》对惩罚性赔偿的引入，在新闻版权诉讼中对其恰当适用具有制度基础和现实意义，可望实现全面赔偿，仅作为民事侵权赔偿例外的惩罚性赔偿案例可以形成示范效应遏制潜在侵权、倡导新闻版权意识，这对媒介融合语境下新闻版权新秩序的建构具有推动作用。同时数字版权保护技术不断创新，随着区块链、数字水印、非同质化代币(Non-Fungible Token, NFT)等新技术的应用和发展，对媒体融合发展中的版权授权具有非常重要的意义。科技期刊出版社和作者对版权保护的重视程度不断提高，科技期刊版权保护仍然存在一些问题和挑战，例如版权侵权行为的多样性和难以追溯性、版权保护技术的成本和效益等。新媒体时代，借助先进技术与新兴平台，侵权方式的发生更隐蔽、追责更困难，姚馨等[5]认为媒体版权维权面临成本高、效果差等困境，探索新媒体时代新闻作品版权维权路径和对策是重中之重。在媒体融合环境下，版权保护面临数字技术应用的局限性，以及侵权行为低成本和便利性的挑战。数字化媒体使复制、传播和修改文献变得容易且低成本，加大了侵权风险。互联网和社交媒体的普及进一步便利了侵权行为的传播，难以追溯和制止。这种情况对传统版权保护手段构成巨大挑战，需要创新解决方案、数字版权保护技术应用、合作机制建立和法律法规完善。

2 期刊编辑人员参与版权保护的意义

对于学术界而言，版权保护不仅涉及作者的切身利益，还关系到学术界的正常运转和发展。期刊作为学术交流的重要平台，肩负着维护学术界版权的重要任务。期刊编辑人员在审核、编辑和出版稿件时，需要特别关注版权问题，确保学术成果的合法使用和传播：①期刊编辑可以促进学术界的良性竞争和创新发展，协同创造一个公正、透明、规范的学术交流环境作为支撑。期刊编辑人员通过加强版权保护，可以防止知识产权侵犯，维护学术成果的合法性和公正性，促进学术界的良性竞争和创新发展。②学术成果是作者的智力成果，作者应该享有对其作品的合法权益。期刊编辑人员通过加强版权保护，可以保护作者的合法权益，防止未经授权使用、抄袭等行为。③作为学术交流的重要平台，期刊编辑人员可以通过版权保护措施，防止他人未经授权使用、抄袭期刊的学术成果，维护期刊的合法权益。当下，数字侵权越来越容易，贺树[6]认为期刊部门要规避可能存在的版权风险，积极采取相关措施来防范侵权，同时也是期刊编辑面对新形势的一种自我素质和能力的提升。期刊编辑人员参与版权保护可以更好地保护期刊的版权，编辑应加强对稿件的版权审查，确保发表的文章不侵犯他人版权，并扮演好作者论文版权保护的角色，维护学术诚信，提升期刊声誉，保护作者权益，确保学术研究成果的合法性和原创性，构建一个健康的学术出版环境，促进学术交流与合作，维护整个学术界的权益和声誉。

3 期刊编辑人员参与版权保护的路径

3.1 制定和公布版权政策及指南

蓝晶晶等[7]指出期刊编辑需要不断提升自身的政治素养和法律素养等，以适应数字化期刊出版需要，期刊编辑可以制定相关政策及指南，明确说明哪些内容需要获得授权，以及获得授权的具体方式和途径，如网上申请、邮寄申请等。同时在期刊网站、视频号、微信公众号等发布"征稿启事"及"版权公告"等规范，详细说明期刊、作者及读者等的权利及义务，期刊编辑人员可以发布版权相关的文章，如版权保护知识、版权法规、版权案例等，帮助作者和读者了解期刊对版权的态度。期刊编辑在审稿时就应根据版权协议或出版合同明确版权归属，作为防范侵权的第一关卡。黄志红[8]通过问卷调研得出有51%的期刊没有签订相应的版权合同或协议，他认为期刊与投稿作者签订书面的版权合同，是其维护自身合法权益的重要保障，合同的内容应与时俱进，跟上时代发展的步伐。编辑还可以通过组织版权保护专题研讨会、撰写相关文章、发布宣传材料等方式，提高认识和展现对版权保护的重视。在制定和公布版权政策及指南时，期刊编辑不是法律专家，应该在专业的知识产权相关专家的指导下进行，可以与专业的知识产权律师或专家合作，以确保制定的政策符合法律法规，并保护期刊和作者的权益。同时，期刊编辑也应该积极学习和科普相关的知识，以提高对著作权法和相关法律的理解，从而更好地主导制定政策并向作者和读者传达相关信息。

3.2 学术不端认定

学术不端行为涉及论文的原创性和学术诚信，违反学术道德和规范的行为，如剽窃、造假、重复发表等，与版权保护紧密相关。在期刊编辑的工作中，他们需要确保稿件的原创性和遵守学术道德规范，同时也要遵守版权法律，保护作者的权益。编辑在评审和处理稿件时，应该注意检测抄袭和重复发表行为，以维护学术诚信和版权保护的双重目标。因此，版权保护和学术不端是需要同时关注和处理的问题。根据《学术出版规范期刊学术不端行为界定》(CY/T 174—2019)，学术不端行为包括剽窃、伪造、篡改、不当署名、一稿多投、重复发表、违背研究伦理以及其他学术不端行为。学术不端违背了《中华人民共和国著作权法》中对著作人的权益保护和"合理使用"的范围。陆平[9]认为对"合理使用""剽窃"等范围的标准需要借助学术不端的官方标准进行补充，编辑应意识到对于学术不端的治理应以中国"德法合治"的方式进行，强调其中法治不是"不治本"而是"保本"的重要性，同时，对"德治"的教学亦需加入"法治"的内容。学术不端行为不仅违反学术规范，也能构成版权侵权，熊皓男[10]运用比较研究的方法发现，学术规范与版权规范作为相互独立的规范系统，存在基本属性等方面的质性差异，在具体学术不端行为的认定上也有不同，但两者基于共同的价值诉求和相似的话语体系，可以形成良性互动的耦合关系，共同促进知识生产和学术研究活动，可以对学术共同体起到指引、评价、教育作用。编辑在保障学术诚信的同时，也是对知识产权的保护，促使学术共同体养成恪守学术诚信与尊重知识产权的文化自觉。

3.3 加强版权意识，维护合法权益

随着依法治国政策的展开，公众更加注重遵守法律，但是维护自身合法权益的意识还有待提升，一些损害版权利益的行为并未深究。如果期刊的版权权益受到侵害、学术成果被未经授权的第三方使用，期刊编辑应该及时采取措施，如与侵权方协商、起诉侵权方等，维护期刊的版权权益。编辑应定期监测互联网和其他渠道上的侵权行为，及时发现兵采取适当的法律手段维护版权权益，包括发送警告信、提起诉讼等。版权保护是整个出版产业的重要基石，应该加强版权保护意识和教育，提高作者、读者和编辑等人员对版权保护的认识和重视程度，以形成全社会共同维护版权保护的氛围和合力。

3.4 加强版权教育与培训

期刊编辑部应重视版权教育，可以制定明确的版权政策和准则，明确期刊对于版权保护的立场和要求加强对版权的教育与培训，提高编辑团队对版权法律法规和相关政策的了解。编辑应该明确知识产权的重要性，并了解如何正确处理版权问题，如在作者提交稿件时明确版权要求，要求作者提供原创性证明材料以及明确期刊对于侵权行为的立场。同时编辑还应定期关注版权法律法规的更新和变化，确保期刊编辑团队对最新的版权法律规定有所了解，并及时更新和调整相应的版权保护措施。在审稿过程中编辑可以通过加强审稿程序和采用相关技术手段来保护版权。例如，加强对稿件的相似性检测，使用专业的反抄袭软件以及建立有效的查重机制，防止抄袭和重复发表，避免侵权行为。

3.5 科技期刊合作与联动

科技期刊编辑可以与相关的媒体、出版机构、学术组织和版权保护机构合作与联动，建立信息共享、案例交流和开展联合行动，共同开展维权打假行动，提高整个行业对版权保护的重视程度，推动版权保护工作。由于大多数编辑并非法律专业出身，需要中国国家版权局、中国版权保护中心牵头，会同有关法律部门、各专业领域组织出台相应的版权转让协议，制作与时俱进、无漏洞的版权协议模板，以提高版权协议的有效性和执行力[11]。科技期刊版权保护也是一个全球性的问题，需要各国和地区共同合作和交流，编辑要注重国际合作和交流，与国际版权保护机构和组织合作保持联系，关注相关动态，推进版权保护的国际标准化和规范化，提高版权保护的国际化水平。

3.6 加强新技术保护手段

新技术如区块链技术、数字水印技术、版权识别和内容识别技术和数据分析和智能算法等，在版权授权机制中的应用主要有解决传统环境下权属和流转等版权交易信息的获取，如判断是否存在版权重复交易及确认版权许可人的主体资格等。解决发展融合了文字、图片、音频和视频等多种媒体形式的全方位媒体传播方式的"四全媒体"需要高效率的版权授权，尤其是全方位、综合性、多元化的同步传播与移动化和碎片化的融合传播带来的快速授权问题[12]。科技期刊编辑可以采用数字版权管理技术如数字水印技术、访问控制、加密技术和权限管理等，确保期刊内容的合法使用和防止未经授权的传播，从而保护期刊出版内容的版权。数字出版时代，书面合同仍然具有重要作用，它可以提供双方更明确、更具体的约定和保障，有助于维护版权的合法权益，而《民法典》合同篇也有规定以电子数据交换、电子邮件等方式能够有形地表现所载内容，并可以随时调取查用的数据电文，视为书面形式。寇晓兵等[11]认

为电子化版权协议并不存在法律冲突，编辑可以利用新兴技术，利用电子技术和互联网的便利性，简化合同签订和授权过程，确保电子签名的本人性和唯一性，提升核对纸质签名的效率并降低核对成本。

4 版权保护对期刊编辑人员的挑战

4.1 法律环境复杂

随着互联网技术的发展，侵权行为的形式多种多样，版权保护的法律环境也在不断变化和更新，期刊编辑需要及时了解和适应法律环境的变化。版权法律的解释和司法判例也会随着时间的推移而发生变化，编辑需要及时了解最新的法律解释和相关案例，针对不同类型的侵权行为，以确保版权保护工作的准确性和合规性。同时不同国家和地区的版权法规和标准不尽相同，期刊编辑可能需要同时遵守来自多个国家的版权法律，如世界知识产权组织(WIPO)的《版权法》和《表演和录音制品制作人的权利》等条约，涉及跨国的版权保护规范和程序，需要期刊编辑与国际法律框架保持一致，这增加了理解和遵守法律的复杂性。当下基于网络效应和用户锁定效应等方式让大型数字内容平台产生一定的竞争优势，叠加版权独家交易又形成呢版权集中效果，极易形成现有竞争者和潜在竞争者进入市场开展经营活动的竞争瓶颈。王佳佳[13]认为要求数字内容平台承担促进市场可竞争的竞争性义务是有效的反垄断监管方式，以应对事后反垄断规制的局限，同时为了能够有效弥补反垄断事后规制的不足，应引入禁止版权滥用原则，以形成对数字内容平台版权滥用的补充规制路径。由于法律制度的滞后性，现有版权制度体系并未直接规定人工智能作品的版权主体，雷传平[14]通过对《著作权法》第十一条第一、二、三款的规定进行深度分析，认为我国有必要以《著作权法》第一条规定，构建人工智能作品版权主体的辨识标准。

4.2 新技术限制

随着人工智能的快速发展，版权保护对期刊编辑人员的挑战也面临着新的变化和影响，侵权行为的形式不断演变，工智能技术如自然语言处理(natural language processing，NLP)和生成对抗网络(generative adversarial networks，GANs)等使得计算机能够自动生成文章、摘要、图像和音频等内容，这可能导致侵权行为的增加。人工智能技术的参与可能为侵权内容的传播提供了更高效和智能化的手段。学术不端抄袭检测工具可以帮助期刊编辑发现文字相似度和引用关系，但也存在一定的局限性，它们无法捕捉到更深层次的侵权行为，如结构性抄袭等。然后人工智能技术也为期刊编辑提供了一些新的工具和方法来进行抄袭检测和版权保护，编辑需要跟上技术创新的步伐，不断探索和尝试新的技术手段，以便了解和应对新型的侵权手段。

4.3 人员配备不足

版权保护需要编辑具备相关的知识和技能，不仅需要了解版权法律的基本原则、侵权行为的识别和处理方法以、抄袭检测工具的使用还要花精力在新技术的学习和使用。编辑本职工作包括多个环节，常常面临紧迫的出版周期和大量的工作任务，很难充分投入到版权保护工作中，往往只能进行形式上的检查，而无法深入分析和处理版权问题。版权保护往往需要编辑与作者、审稿人和其他相关方进行有效的沟通和合作，如信息交流不畅，难以及时发现和解决版权问题。数字化时代，数据的安全性和隐私保护也是重中之重，编辑不仅需要管理和保护数字信息，还需要投入大量的人力、物力和技术资源来建立和维护数字版权管理系统，对于一些资源有限的期刊编辑团队来说，可能无法完全实现有效的数字版权管理。

5 结束语

重视版权保护可以有效地抑制侵权行为的发生，保护科技期刊的知识产权和合法权益，促进科技期刊的创新发展，增强科技期刊的市场竞争力和品牌形象，从而促进整个出版产业的发展。期刊编辑是学术交流的守门员，他们对版权保护的重视程度将直接影响到学术界的正常运转和发展。依靠学术期刊集团的力量能将学术期刊版权的潜在价值最大化，在线出版和开放出版可以成为摆脱现有各种版权侵权情形的一种可选择的方案[15]。鉴于目前版权维权成本高、侵权赔偿额度低、科学新技术发展带来新要求等问题，科技期刊需要未雨绸缪，早期签署版权协议，以避免后续纠纷的发生。期刊编辑需要对版权保护进行深入的研究和思考，不断完善版权保护体系，为学术界的繁荣发展做出更大的贡献。

参 考 文 献

[1] 国家广播电视总局.国家广播电视总局印发《关于加快推进广播电视媒体深度融合发展的意见》的通知[EB/OL]. (2020-11-13)[2023-07-15].http://www.nrta.gov.cn/art/2020/11/26/art_113_53991.html.

[2] 李三阳.期刊编辑人员版权保护问题研究[J].新闻界,2019(10):74-77.

[3] 孙婧,管青山,段立晖,等.科技期刊媒体融合出版现状与数字版权保护及建设思考[J].中国科技期刊研究,2018,29(8):813-821.

[4] 陈笑春,秦赛一.惩罚性赔偿对新闻版权侵权的治理意义:基于 350 份新闻版权侵权诉讼判决书的分析[[J/OL].新闻界[2023-08-15].https://doi.org/10.15897/j.cnki.cn51-1046/g2.20230731.001.

[5] 姚馨.新媒体时代新闻作品版权维权的困境及对策探究[J].新闻前哨,2022(11):61-62.

[6] 贺树.论科技期刊编辑的版权意识培养[J].传播与版权,2019(2):183-186.

[7] 蓝晶晶,范菊琴.数字出版背景下科技期刊编辑素养研究[J].黄冈师范学院学报,2021,41(6):277-279.

[8] 黄志红.关于期刊版权合同的法律思考[J].编辑学报,2016,28(6):515-518.

[9] 陆平.学术不端现象的立法与治理:基于"德法合治"的思考[J].现代交际,2020(21):251-253.

[10] 熊皓男.学术不端与版权侵权比较论考[J].科技与出版,2022(2):72-79.

[11] 寇晓兵,欧彦,葛世超,等.国内科技期刊版权协议现状分析及对策建议[J].编辑学报,2022,34(4):411-414.

[12] 中国新闻出版广电报.如何完善媒体融合发展中版权授权机制:访中国政法大学民商经济法学院副教授付继存[J/OL].[2022-05-27].https://www.jssxwcbj.gov.cn/art/2022/5/27/art_35_73260.html.

[13] 王佳佳.论数字内容平台版权滥用的法律规制[J].知识产权,2023(3):62-76.

[14] 雷传平.人工智能作品版权主体的标准构建探讨[J].出版广角,2023(8):72-75,80.

[15] 朱鸿军.融媒时代学术期刊版权的侵权情形、法律争议与新秩序[J].传媒,2017(17):13-15,17.

多措并举,提升期刊影响力
——以《卫生软科学》实践为例

邹 钰,王晓锋,张永光

(云南省健康发展研究中心《卫生软科学》编辑部,云南 昆明 650031)

摘要:介绍了《卫生软科学》的基本情况,对比 2011—2020 年 10 年间期刊的影响因子、基金论文比等指标,总结了 2015 年以后采取专家约稿设置栏目,拓宽投稿作者群、加强编辑能力建设,挖掘优质作者等措施的效果,并列举了期刊在找准定位,凸显栏目特色的同时,开设专栏、组织系列稿件提升期刊办刊质量、促进期刊快速发展的实践经验及做法。提出通过优化刊稿流程,提升出版效率、整合多传播平台,拓宽传播渠道、有的放矢,增加他引率等方法提升期刊影响力的思考。

关键词:卫生软科学;栏目;作者;影响力

《卫生软科学》是由国家卫生健康委员会主管,中国卫生经济学会、云南省卫生健康委员会主办,《卫生软科学》编辑部出版,国内外公开发行的科技期刊。主要面向医疗卫生领域的行政管理人员、广大医药卫生事业的研究机构和相关从业人员。近年来,通过加强专家约稿、凸显特色栏目、增加主题宣传等举措,期刊影响力有了大幅度的提升。2017 年 10 月 31 日,中国科技论文统计结果在北京发布,《卫生软科学》从全国 7 000 余家学术期刊中脱颖而出,被中国科技核心期刊(中国科技论文统计源期刊)收录,跻身"卫生管理学、健康教育学"类的 26 家科技核心期刊之一。至 2022 年,已连续 6 年被收录,学科排名稳步提升,现对《卫生软科学》杂志的办刊实践进行分析总结,为同类期刊提供有益的参考。

1 基本情况

《卫生软科学》于 1987 年创刊,定位于推广传播国家卫生软科学研究的成果,为我国的卫生改革实践、理论研究提供交流平台。创刊 30 余年,已出版 37 卷,截至 2022 年 12 月 31 日,知网收录 6 191 篇文章。现设聚焦医改、卫生软科学研究、老年健康、卫生经济、卫生资源、卫生管理、卫生服务、医疗保障、调查研究、疾病预防与控制 10 个固定栏目。根据稿件情况,不定期增设:本刊特稿、医学教育、医学信息、医患关系、卫生政策、卫生法制、卫生信息、健康教育、医学伦理学、他山之石等栏目。

2015 年,在主办单位的支持下,编辑部成功在北京完成第四届编委会换届,组建了来自北京、上海、云南等省(区、市)的知名中青年专家、教授团队。同时通过数据库汇总,对《卫生软科学》1994—2013 年 20 年间刊文、被引以及与同类期刊影响力进行统计分析后,发现无论是复合影响因子还是综合影响因子,在医药卫生事业管理类期刊中排名均处于中等偏后。通过深入分析评选指标查找差距,2016 年,编辑部立足现状,制定了《卫生软科学发展改革方案》，确定了杂志发展的近期、中期、远期目标和任务。2017年，《卫生软科学》第一次被中国科技核心期刊(中国科技论文统计源期刊)收录，在卫生管理学、健康教育学类的26种核心期刊中学科排名第22位。为确保期刊能持续被收录，稳步提升期刊的影响因子和学科排名，期刊持续从栏目、稿源、作者等方面进行挖掘，多措并举，突破了期刊发展单一的瓶颈。

2 具体做法和效果

《卫生软科学》重点以健康中国、深化医药卫生体制改革、"互联网+健康医疗"等为主题，密切追踪国家卫生软科学方面的重大研究课题和成果。在"十二五"期间(2011—2015年)，期刊基金论文比在0.27~0.39间波动(平均为0.338)，影响因子在0.416~0.560间波动(平均为0.484)。"十三五"期间(2016—2020年)，基金论文比为0.45~0.79(平均为0.622)，影响因子在0.440~1.099间波动(平均为0.735)。由此可见，与"十二五"期间相比，《卫生软科学》在"十三五"期间，特别是2017年进入中国科技核心期刊后，编辑部明确目标，优化栏目设置，突出刊物特色，影响因子快速增长，影响力持续上升，逐渐步入良性发展期(见图1、图2)。

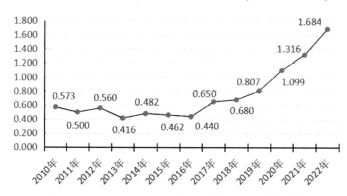

图1 2010—2022年《卫生软科学》影响因子情况

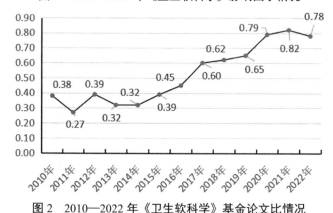

图2 2010—2022年《卫生软科学》基金论文比情况

2.1 找准期刊定位，凸显栏目特色

2016年《卫生软科学》开设"本期关注"栏目，紧紧围绕国家医药卫生方面的热点和焦点，每期关注一个主题，分别围绕"养老""健康管理""基本药物制度""卫生监督""互联网+医疗""医疗联合体""分级诊疗""卫生技术推广""食品安全""卫生资源""医疗纠纷""艾滋病防治"12个主题，共刊文41篇，其中基金支持论文34篇(82.93%)。2017年开设"聚焦医改""软科学研究"栏目，2个主要栏目共刊文76篇，其中基金支持论文50篇(65.79%%)；2018年主

要栏目"本刊特稿""聚焦医改""软科学研究"共刊文 88 篇,其中基金支持论文 65 篇(73.86%);2019 年按国家卫生健康委宣传司要求,每年均增设不同主题宣传栏目。2019 年设"卫生健康事业发展 70 年巡礼"(刊文 8 篇);2020 年设"全民健康助力全面小康"(刊文 7 篇);2021 年设"全民健康助力全面小康/党为人民谋健康的 100 年"(刊文 11 篇);2022 年设"一切为了人民——我们这十年"(刊文 4 篇),2019—2022 年共刊出主题文章 30 篇。特别是 2020 年,编辑部的中国医师节原创手绘画,报国家卫健委宣传司作品进行评审,被评为"优秀作品",在国家卫生健康委员会官网和"健康中国"微信号上进行传播,刊文《用法律保护医疗卫生人员、促进和谐医患关系》获委管出版单位主题宣传"作品奖"。此外,自 2021 年起每期增设"老年健康"栏目,2021—2022 年共刊文 28 篇。

2017 年是期刊发展的分水岭,自《卫生软科学》被收录为"科技核心期刊"后,年投稿量由 500~600 篇增加了 4~5 倍,2018—2022 年最高投稿量接近 3 000 篇,近 5 年平均投稿 2 288 篇/年。至 2022 年,本期关注/本刊特稿、主题宣传、聚焦医改、软科学研究、老年健康 5 个栏目已成为杂志的主要固定栏目,刊文量逐年增加,主要栏目发文量占比均保持在 40%以上;杂志刊文基金占比从 2017 年的 63.68%提高到 2022 年的 80.35%,且基本保持在这个水平;文章刊用率从 2017 年的 33.33%降至 2022 年的 9.30%,说明随着投稿数量的增加,稿件刊用质量不断提高(见表 1)。

期刊栏目的整合设置可以凸显其定位和特色,既能精准面向作者群,还能紧密关注学科发展的前沿动态,预判学科新领域和新热点,提前谋划布局,逐步形成和建立杂志"小而专"的特色栏目。同时,主动承担舆论引导与社会责任,对提高期刊的社会效益和行业内影响也能起到很好的宣传作用,并且有助于挖掘本领域重大问题和社会关注点。通过对核心栏目的调整,在突出主题宣传的同时也能突出杂志特色,从内容、主题等不同角度划分栏目,使其更具有概括性、包容性[1]。我刊栏目经整合后进一步突出了《卫生软科学》杂志"重点刊登国家卫生与健康领域重大的软科学方面的理论研究与实践成果"的办刊宗旨,提升了期刊的学术影响力。

表 1 《卫生软科学》2016—2022 年主要栏目刊稿情况

出版年度	2016	2017	2018	2019	2020	2021	2022
本期关注/篇(本刊特稿)	41		4	4	7	3	8
主题宣传栏目/篇			8	7		11	4
聚焦医改/篇		23	38	33	39	37	26
软科学研究/篇		53	46	59	50	50	49
老年健康/篇						15	13
文章刊用率/%	38.82	33.33	19.52	10.07	8.25	9.93	9.30
主要栏目刊文比/%	20.70 (41/198)	40.00 (76/190)	41.31 (88/213)	43.88 (104/237)	42.21 (103/244)	45.31 (116/256)	41.92 (96/229)
刊文基金占比/%	59.60 (118/198)	63.68 (121/190)	64.79 (138/213)	78.90 (187/237)	81.56 (199/244)	80.47 (206/256)	80.35 (184/229)

2.2 以专家约稿设置栏目，拓宽投稿作者群

期刊出版牵涉到方方面面，从作者群的培养、稿件质量的提高到编辑队伍的建设和专家审稿的完善都是提高办刊质量的重要组成部分，其中稿源是期刊的核心价值，专家约稿则是锦上添花。稿源一般分为自然投稿和专家约稿两种。自然投稿的稿件质量通常参差不齐，大多需要返修，学术前沿的高质量文章一般都来自定向约稿。因此，编辑需要密切关注国内外相关研究动向，积极参加各种学术活动，主动参与学科范围内各类学术会议，尤其是热点领域的学术会议，通过建立专家信息库，掌握行业内专家的背景、学术研究成果和方向等基本信息[2]。

以开设"老年健康"栏目为例，随着我国老龄化程度的加深，党的二十大报告明确指出，实施积极应对人口老龄化的国家战略，老年保健、医养结合、健康养生等领域会成为健康产业发展新的焦点。因此，在确立方向后，编辑部借助主办单位中国卫生经济学会每年在北京召开的学术会议，了解并参与总会下设的多个专委会会议论坛，如卫生财会分会、卫生经济理论与政策、卫生服务成本与价格、老年健康等专委会，从中筛选来自全国高校、科研院所的专家、学者和政府、医院等机构的作者群[3]。经多次努力和接洽，2021年，我刊与中国卫生经济学会老年健康经济委员会主委、北京大学教授合作开设"老年健康"栏目，并将此栏目列为期刊的"主要栏目"打造，同时聘请该教授为期刊的"特约审稿专家"，每年为杂志撰稿2篇。2020—2022年，该教授向杂志投稿7篇(其中第一作者4篇，通信作者3篇)。2023年2月15日知网查询，"老年健康"栏目开设后，此类稿件投稿明显增加，2021年刊文15篇，平均下载724次，总被引45次；2022年刊文13篇，平均下载525次，总被引8次。并且，2020年11月向该教授约稿的文章《突发公共卫生事件应急管理体系和能力及其评价体系研究进展》共下载2413次，被引35次，此文的下载和被引还在持续增加。2020—2022年第一单位为北京大学的刊文有17篇，较同期刊文数量明显增加。充分体现了专家约稿的示范效应，既能提升相关领域和学科的学术水平，又能带动同行、学生、研究团队的投稿热情。因此，积极主动向专家、学者组稿、约稿，充分发挥编委自身的学术影响力，对增加稿件数量、提高稿件质量是最为直接、有效的举措。

2.3 加强编辑能力建设，挖掘优质作者

编辑部加大培训力度，通过国家新闻出版总署的专业培训，建立因需施培、因人施教的长效培养培训机制，切实提高编辑队伍的业务能力；在全面熟悉卫生事业领域的基础上，明确和相对固定每位编辑的关注重点，加强各自细分专业领域基本知识的学习，并随时了解行业动态，增加编辑"广而专"的知识储备。同时鼓励编辑积极参与各类相关学术活动，把握政策方向和学术动态，不断增强政策和理论研究水平[4,5]。当编辑具备一定的职业素养时，就基本具备了研判稿件内容及评估作者撰文水平的能力，如透过文章可以了解该文章的项目产出是否有系列文章，作者的单位和专业是否有挖掘的潜力，通信作者或导师在行业内的学术水平和影响力等基本情况。

以2022年12期的"软科学研究"栏目为例，作者为上海某研究机构的自然投稿作者，文章内容是关于"健康治理"，经与作者沟通后得知此项目将会产出一系列文章，在了解和掌握了项目相关信息后，编辑直接与通信作者(项目负责人)取得了联系，多次沟通后组织了3篇"健康治理"的系列文章，并由项目负责人另行撰文短篇的专题述评，最终形成此栏目《健康治理：实现健康中国战略的必由之路》《健康治理改革的驱动因素与动力体系探讨》《全球健康治理

发展历程及启示》《卫生健康全政府和全社会治理的概念、应用及思考》系列文章。截至2023年2月15日知网数据库统计，4篇文章共计下载1 098次，其中约稿的《健康治理：实现健康中国战略的必由之路》专题述评下载790次。从短期的数据库统计可以看出，此主题文章属于被关注的热点，此作者有可能成为高被引作者，可增加后续关注。

编辑是期刊约稿的代言人，只有具备良好的专业素养和沟通能力才有可能在茫茫投稿中甄选出优质作者，并与之建立良好的合作关系。优质的稿件是各期刊争抢的资源，在没有硬性规定，如必须发表在某核心期刊的规定下，投稿弹性非常大，选择稿件在哪本期刊发表完全取决于作者喜好。因此，要让优质作者在投稿时优先想到熟悉的编辑，并把稿件投给编辑所在的期刊，通过长期维护就有可能成为稳定的优质作者群，在建立多个优质作者群的基础上就能增加优质文章的投稿数量，最终实现提高办刊水平和作者双赢的局面[6]。

3 对提升期刊影响力的思考

虽然我刊在期刊影响力提升方面积累了一些实践经验，但办刊面临的困难从未改变，期刊投稿数量的增加并不代表投稿质量的提升，高质量稿件仍然缺乏。刊稿率低于10%，一方面说明稿件的选择有余量；另一方面也说明投稿多为达不到刊用要求的文章，因此退稿率较高。期刊的发展漫长而不易，任重道远，还需要从多方面整合资源，实现优质稿源与办刊水平的双重提升，以凸显办刊的社会效益最大化。

3.1 优化刊稿流程，提升出版效率

分析期刊的优劣势，培养编辑对学科热点、焦点的敏感度，同时关注数据库内同行期刊的刊稿方向，以及高被引文章的作者[7]。一方面，要主动参与学科范围内各类学术会议，尤其是热点领域的学术会议，向知名专家、高被引作者进行约稿，提高刊文的学术影响力。主动邀请热点领域的中青年作者担任期刊审稿人，增加与专家沟通的频率，以学术创新和应用技术创新为导向，捕捉项目和课题中的成果发表，争取组织系列文章发表。另一方面，要加快出版速度，甚至是实现网络优先出版。形成动态专家库管理，提高审稿效率，遇到问题主动沟通，在保证稿件质量的前提下，争取做到"把关严、回复快、周期短、见刊快"，争取时间优势，缩短作者投稿周期[8]，为期刊建立良好的口碑效应。

3.2 整合多传播平台，拓宽传播渠道

期刊可主动加入多个学术传播平台并完善服务，如官网免费全文下载、中国知网学术推广、维普数据库OA免费下载、"今日头条"新闻推送(将学术论文体改写成新闻科普体)等。联合学科群举办学术能力提升活动，如邀请国家杰出青年科学基金获得者讲解如何申请国家级、省部级科技项目；邀请国家重点研发计划、国家自然科学基金等项目评审专家讲解基金申请报告的思路、写法和注意事项；邀请SCI发文的青年学者、期刊负责人或审稿专家讲解如何在高级别期刊上发表论文，确立选题及写作思路等[9]。多渠道整合传播平台，借助平台力量拓宽作者群，挖掘优质稿源。

3.3 有的放矢，增加他引率

立足期刊现况，采取多种方式满足、维护不同层次的作者需要。以核心期刊为例，有SCI、SSCI、CSSCI、北大核心、南大核心、科技核心等多种划分，同类期刊的栏目也会有不同程度的相似性，多核心期刊的投稿＞单核心期刊投稿＞非核心期刊投稿。不同的单位和学校对论文发表要求不一，例如有的规定必须在A刊/C刊(北大核心/南大核心)发表论文，有的要求评"正

高"职称必须在"双核"期刊发表文章,评其他职称"单核"即可,并且对核心的定义也各不相同,对职称评定、毕业论文、项目评奖都各有要求[10]。因此,期刊除广泛征稿外,有必要根据不同作者的需求有的放矢的锁定作者群,满足作者的分层需要。一方面,知名专家、教授、高被引作者的稿件优先发表;另一方面,要密切关注处于上升期的作者,此阶段的作者参与项目多、发文需求较大,属于潜在优质作者。此外,作者在撰写同类主题时会习惯性地引用自己的已发文章,通过借助大数据及精准推送,圈定学科作者、洞悉期刊高发文量、高被引量、高 H 值的作者,进行同类文献推送,使作者再次写作时增加对推送文献的阅读,从而提高期刊论文的被引用概率。

参 考 文 献

[1] 黄崇亚,卓选鹏.编辑实践中专家约稿与专题约稿的策略:以《国外医学·医学地理分册》为例[J].传播与版权,2017(7):42-44.

[2] 李春红.高校科技期刊精准约稿策略及优化路径[J].传播与版权,2021(5):14-17.

[3] 王银平.一次专家约稿成功案例的几点启示[J].黄冈师范学院学报,2021,46(6):147-150.

[4] 黄月薪.科技期刊编辑在约稿过程中的沟通方法与技巧[J].中国科技期刊研究,2014,25(2):204-207.

[5] 高金梅,徐燕,段玉婷,等.科技期刊组稿和约稿工作要点分析与探讨[M]//学报编辑论丛 2022.上海:上海大学出版社,2022:676-681.

[6] 郭林懿,李启明.浅谈医学期刊约稿的不同处理方式[J].科技与出版,2017(2):57-62.

[7] 魏月华,魏玮.新时代人文社科期刊栏目建设探究:以南华大学学报(社会科学版)为例[J].南华大学学报(社会科学版),2021,22(4):114-120.

[8] 陈宏宇,郝丽芳.中文科技期刊约稿的策略、问题及举措:以《生物工程学报》为例[J].编辑学报,2020,32(1):97-100.

[9] 臧莉娟,唐振贵,卢芳.学术期刊栏目数据库的建设与栏目评价[J].研究与教育,2019(12):113-118.

[10] 刘霞.新媒体时代高校医学学报优质稿件组约策略[J].科技传播,2020(8):187-189.

基于文献计量的中国期刊数字化研究态势分析

沈盼盼，王 艳

(淮南师范学院学报编辑部，安徽 淮南 232038)

摘要：为探究中国期刊数字化的研究态势，通过文献计量学的方法，利用 CiteSpace 和 VOSviewer 文献可视化软件，分析了 2000—2022 年 CNKI 数据库中北大核心学术期刊已发表期刊数字化的相关文献。研究结果显示：发文量总体上呈现波动发展态势，期刊数字化研究受到学界的持续关注；发文期刊和发文机构以出版领域的研究成果和实践较为突出；研究机构和团队的地域性特征较为明显，但相互之间的合作强度较弱。基于此，期刊主体要加强资源的合作与共享，构建专业化期刊群；推动数字化转型，构建全媒体传播体系。

关键词：期刊数字化；研究热点；发展趋势；文献计量学

"十四五"时期是我国在全面建成小康社会基础上开启全面建设社会主义现代化国家新征程的第一个五年，也是加快我国文化产业数字化布局、加快发展数字出版等新型文化业态、推进社会主义文化强国建设的重要时期[1]。政府出台了一系列文件，为数字出版和期刊数字化的发展注入强大的动能。

中国数字出版产业的年度报告显示，我国数字出版产业展现出强劲发展实力，产业整体规模达到 12 762.64 亿元，比上年增加 8.33%；其中，互联网期刊收入为 28.47 亿元[2]。另外，由中国新闻出版研究院组织实施的第十九次全国国民阅读调查显示，2021 年我国成年国民综合阅读率为 81.6%；数字化阅读方式(网络在线阅读、手机阅读、电子阅读器阅读、Pad 阅读等)的接触率为 79.6%，较 2020 年的 79.4%增长了 0.2 个百分点[3]。然而，2021 年，期刊出版营业收入 224.6 亿元[4]，互联网期刊收入占比仅约 13%；同时，期刊阅读率为 18.4%，较 2020 年的 18.7%下降了 0.3 个百分点[3]。可见，信息化的阅读环境和科学技术，一方面为期刊数字化的发展提供了广阔发展空间，另一方面也为期刊数字化的高质量、内涵式发展提出了挑战。

近年来，关于期刊数字化的相关研究不断深入。朱剑[5]以学术期刊的转型为中心，回顾了 30 年的中国学术传播数字化转型；江波等[6]分析了融媒体时代学术期刊的数字化与品牌价值转向；许洁等[7]探讨了科技期刊产业链的数字化融合发展的目标与路径；林威[8]以司法实践的视角剖析了期刊数字化传播的版权风险与管控；李霞[9]总结了《读者》杂志加快创新融合、促进期刊转型升级的措施，提出文摘期刊融合发展的措施。文献成果虽然丰富，但是尚未有全面、定量和深入的文献分析与归纳。而"文献计量学是集文献学、数学、统计学于一身的综合学科"[10]28，在分析研究热点、演化趋势等可视化和定量研究方面有一定优势。

通信作者：王 艳，E-mail: 375116186@qq.com

社会经济科技的发展、政策的大力支持和学界已有成果的积淀为期刊数字化提供了高质量可持续发展的契机。基于此,本文拟通过科学计量可视化软件,从文献计量角度对中国知网(CNKI)中文核心期刊数据库中期刊数字化相关研究进行分析并绘制了知识图谱,以期为未来相关研究的深入发展提供借鉴。

1　材料与方法

1.1　数据收集

本研究的数据以中国知网(CNKI)为检索源,以(期刊)*(数字化)为主题进行检索,为保证样本来源质量,仅以北大核心中学术期刊为检索对象,时间跨度为2000—2022年,共得到相关文献866篇。剔除没有作者署名的文献、会议论文等,最终得到期刊数字化研究相关的有效文献658篇。

1.2　数据分析

VOSviewer和CiteSpace是比较常用在文献计量软件,其中,VOSviewer侧重信息计量学图谱的呈现,CiteSpace侧重研究前沿辨识和热点演进趋势分析[11]。本文运用VOSviewer(1.6.18)和CiteSpace(6.1.R6)软件对中国期刊融合发展的发文作者、来源机构和关键词等进行可视化分析,并讨论研究现状、热点分布和发展脉络。

2　结果与分析

2.1　年均发文量

发文量是衡量某领域研究态势的重要指标。由图1可知,中国期刊数字化研究文献发文量总体上呈现波动发展态势,阶段性特征明显。第一阶段:初步发展期(2000—2007年)。在这8年间,中文核心期刊上发表的期刊数字化主题的论文较少,年发文量均低于10篇,但在普通期刊发表的相关论文年发文量达几十篇,说明此时段我国学术界已关注到期刊数字化的发展,取得了一定的理论成果。第二阶段:快速增长期(2008—2017年)。在这10年间,关于期刊数字化的文献数量大量增加,共发表483篇,年均发表48.3篇论文,尤其是2011至2015年发文量较多,反映了期刊数字化发展日益受到社会和学界关注,出现研究热度。第三阶段:平稳回落期(2018—2022年)。在这5年间,年发文量在10篇以上,年均发表24.2篇论文,表明期刊数字化仍是学界关注的对象,但研究热度有所降低。

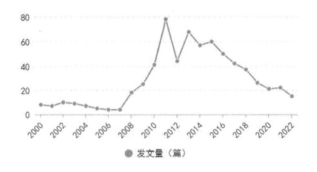

图1　2000—2022年期刊数字化研究的发文量

2.2　发文期刊统计

表 1　2000—2022 年高频发文量的中文核心期刊统计

期刊	主办单位	发文量/篇	影响因子
编辑学报	中国科学技术期刊编辑学会	93	1.883
中国科技期刊研究	中国科学院自然科学期刊编辑研究会，中国科学院文献情报中心	88	2.572
科技与出版	清华大学出版社有限公司	53	1.161
传媒	中国新闻出版研究院	50	0.361
出版发行研究	中国新闻出版研究院	37	0.933
出版广角	广西师范大学出版社集团有限公司	36	0.591
中国出版	中国新闻出版传媒集团	33	0.926
编辑之友	山西出版传媒集团有限责任公司	28	1.209
青年记者	大众报业集团(大众日报社)，山东省新闻工作者协会，山东省新闻学会	15	0.161
编辑学刊	上海市编辑学会，上海世纪出版集团	14	0.324
中国编辑	中国编辑学会，高等教育出版社有限公司	10	1.165

注：CNKI 中的影响因子是 2022 年的综合影响因子。

分析发文期刊来源可以了解期刊数字化研究方向，为后续研究成果的发表提供参考。文献分布在 100 余种期刊中，主要集中在出版领域，其次是高校学报。表 1 显示，发文量前 5 的期刊为《编辑学报》(93 篇)、《中国科技期刊研究》(88 篇)、《科技与出版》(53 篇)、《传媒》(50 篇)、《出版发行研究》(37 篇)，出版研究成果突出。高校学报平均发文量为 2~3 篇，发文较多的有《岩土工程学报》(6 篇)、《河南大学学报(社会科学版)》(5 篇)、《首都医科大学学报》(4 篇)等，显示出部分高校学报作为非独立性法人出版单位，经营性压力较小，但编辑队伍和资金支持等有限，在数字化理论研究和实践方面相对滞后。

2.3　发文作者群体

发文作者和作者合作网络分析有利于筛选发文量较高、影响力较强的学者，其中，作者之间的连线强度能够显示作者之间的合作关系。本文通过 Vosviewer 软件将 2000—2022 年文献作者进行分析(图 2)，节点的大小表示参与合作的发文数量，距离远近代表合作的紧密程度。在作者网络图谱中，设置最小发文阈值设置为 2，共有 155 个节点，节点间有 210 条连线，连接总强度 483。表 2 展示了发文量前 10 的作者。其中，发文量最多的是以游苏宁和刘冰为代表的中华医学会杂志社研究团队，吴一迁、杨蕾、黄文华、林琳、管兴华、郑芹珠、魏莎莎、黄文华等为代表的上海地区合作研究；以游滨、张维、冷怀明、郭飞、薛婧媛为代表的重庆地区合作研究等。从布局来看，发文作者主要呈现出整体分散、部分集中的特点，大部分研究者之间的合作发文量较少，代表性的作者有曾建勋、朱剑、杨春兰；同时，从图中的连线数量和机构分布可以看出，小群体内部之间的合作比较紧密，但小群体与小群体之间的合作较少。从发文时间来看，发文量高的合作者或个人的成果主要集中在研究时段的中段，如上海合作研究成果的平均发表年份是 2013 年。

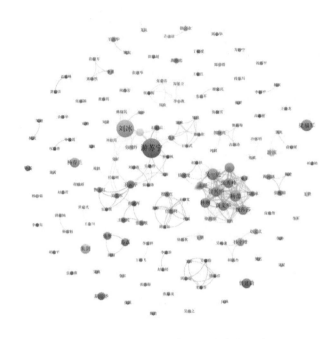

图 2　期刊数字化研究的发文作者群体

表 2　期刊数字化研究发文量前 10 位的作者

排名	作者	机构	发文量/篇	链接强度
1	游苏宁	中华医学会杂志社	10	11
2	刘冰	中华医学会杂志社	9	17
3	吴一迁	上海市肿瘤研究所《肿瘤》编辑部	6	50
4	杨蕾	中国激光杂志社	6	47
5	张秀峰	复旦大学《复旦学报(医学版)》编辑部	5	47
6	林琳	上海市肿瘤研究所《肿瘤》编辑部	5	47
7	管兴华	中国科学院上海营养与健康研究所《生命科学》编辑部	5	47
8	郑芹珠	中国科学院上海药物所《亚洲男性学杂志》编辑部	5	47
9	魏莎莎	中国科学院上海药物所《亚洲男性学杂志》编辑部	5	47
10	黄文华	上海市肿瘤研究所《肿瘤》编辑部	5	47

2.4　机构及网络图谱分析

运用 CiteSpace 软件对发文机构进行分析,以反映期刊数字化研究领域的发展情况和合作强度。阈值设为 50,网络节点数量为 658,连线为 348,网络密度为 0.001 5,得到发文量前 10 的机构(图 3)和机构合作共现图谱(图 4)。图 3 显示,发文量排名前 5 的机构有中华医学会杂志社、武汉大学信息管理学院、重庆大学期刊社、长安大学杂志社和中国科学技术信息研究所。图 4 显示,合作关系较广的机构分别是中华医学会杂志社、《生命科学》编辑部、《复旦学报(医学版)》编辑部、《亚洲男性学杂志》编辑部和长安大学杂志社等机构。其中,中华医学会杂志社的发文量最多且合作关系最广。然而,机构共现合作图谱显示,研究机构网络节点的中介中心性偏低(0),说明各机构之间的合作较少,部分机构仅与一个或者两个机构存在合作关系，仍需进一步提高机构之间的合作能力。另外，发文机构主要集中在出版机构、高校学报和科研机构，分布不均匀，因此，各部门之间应该加强交流合作，促进中国期刊数字化事业进一步提高，达到共同发展的目的。

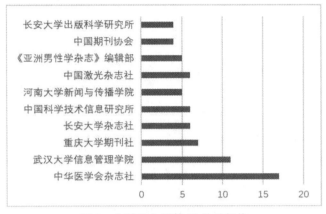

图3　文献发文量前10位的机构

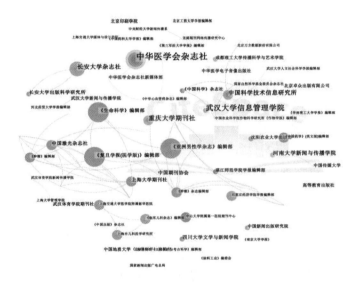

图4　机构合作共现图谱

2.5 研究态势分析

2.5.1 研究热点

在关键词共现图谱中，节点的大小代表它们出现的频次，它们之间的连线表示共现关系和强度[12]。运用CiteSpace软件对关键词进行分析，阈值设为50，网络节点数量为787，连线为1 259，网络密度为0.004 1，得到关键词共现网络图谱(图5)。图5显示，关键词出现最多的是数字出版(163次)，其次是科技期刊(128次)和学术期刊(106次)，同时还包括期刊业(44次)、数字期刊(31次)等。中介中心性较高的为数字出版(0.34)、杂志社(0.28)和科技期刊(0.27)，与其他关键词的联系紧密。由此可知，目前对于期刊数字化研究，学者们研究较多的是出版领域的数字化，杂志社和科技期刊在相关理论研究和应用方面成果较多。

图 5 关键词共现网络图谱

聚类分析属于多变量统计分析范畴，主要依据数据在性质上的相似程度进行分类，能够反映关键词之间的聚类程度，呈现我国期刊数字化研究的特点。其中，Q 值的取值区间为[0, 1]，Q 值>0.3 时意味着得到的网络社团是显著的[12]105。S 值越接近 1，反映网络的同质性越高，S 值为 0.7 时聚类结果具有高信度；在 0.5 以上，可以认为聚类结果是合理的[12]105。采用 CiteSpace 中的 Log-likelihood rate(LLR 算法)进行聚类，聚类模块值 Q 值为 0.878 3，聚类平均轮廓值 S 值为 0.967 2，表明关键词聚类网络社团是显著的、聚类结果是高信度的。关键词聚类图谱(图 6)显示，期刊数字化研究文献主要包含 5 个热点集群。聚类 1 主要是以科技期刊为主题的聚类，该聚类的核心词汇包括数据融合、出版融合、市场细分、集成平台等；聚类 2 主要是以学术期刊为主题的聚类，该聚类的核心词汇包括期刊建设、专业素养、发展对策等；聚类 3 主要是以期刊品牌为主题的聚类，该聚类的核心词汇包括资源整合、期刊转型、媒体融合、信息服务等；聚类 4 主要是以数字化为主题的聚类，该聚类的核心词汇包括时代诉求、数字出版、移动出版、安全性和运营方式等；聚类 5 主要是聚焦杂志社，该聚类的核心词汇包括探索创新、品牌建设和推广、在线营销、移动媒体和有声阅读等。

关键词突现可反映学者对研究领域内关键词的关注情况，一定程度上反映了该时期的研究热点和发展趋势。利用 CiteSpace 软件的突现分析功能对 2000—2022 年的关键词进行分析，结果如图 7 所示。图 7 显示，期刊数字化研究涉及的领域较广，大致可分为 4 个时间阶段。

2000—2004 年，关键词"网络期刊""数字期刊""发展"在这一时期突显，突现强度分别为 2.99、2.18 和 2.02，明确了本领域的研究内容，是期刊数字化研究的起步阶段。曾建勋等[13]阐明了因特网环境下，期刊媒体发展的趋向和实施数字化工程的意义，介绍了期刊的数字化工程的目标、内容、步骤和方式，描绘了中国数字化期刊工程的社会效益和市场前景。此外，也有学者从"信息服务""期刊管理""数据库"展开研究，这与期刊数字化理论与实践研究的不断深入有关。阮建海[14]通过对数据库和电子出版物等的描述，分析了我国信息资源数字化的现状，指出信息资源数字化存在知识产权保护问题、信息安全问题、政策法规方面的问题和重复建设问题。

图 6　关键词聚类图谱

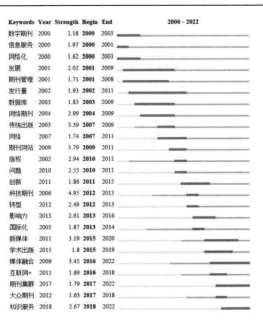

图 7　突现强度最高的 25 个关键词

2.5.2　研究前沿

2005—2010 年，关键词"期刊网站""传统出版"的突现性较高，突现强度分别为 3.79、3.39，表明学者积极探索传统纸质期刊在时代浪潮下的新发展，是期刊数字化研究的初步发展阶段。胡博等[15]指出目前国内期刊网站大多停留在树立刊社形象上，在刊社处于从属地位，期刊网站要发展，必须要在运营、定位、内容、服务和推广方面下工夫；程忠炎[16]认为纸质期刊的发展遭遇了前所未有的挑战，需要及时调整出版模式和运作模式，在期刊出版形态、期刊出版者的角色定位、期刊选题、读者阅读、组织作者创作、双重出版和期刊出版盈利方面开创新模式。针对期刊数字化过程出现的困境，项秉健[17]透过上海期刊网站的发展剖析数字化的挑战；张今[18]指出在版权方面，厘清期刊"数字发行"的法律属性，建立期刊社与作者的出版合同——信息网络传播权的默示许可制度，是治理数字期刊版权困境的可行出路。

2011—2014 年，关键词"科技期刊"突现强度最高，为 4.95，但研究热度只有 2 年。学者更多是从期刊的"创新""转型"和"影响力"等层面展开研究。这一时期，是期刊数字化研究的持续发展阶段。陈蕊等[19]指出在期刊数字化建设的创新阶段，不仅要有创新的理念，还要有创新的思路，主张探索"一刊、一网、一微博"的办刊模式；徐兴华[20]指出数字期刊产业的健康发展，取决于资金、技术、产业政策、商业模式和体制等诸多因素，应将其纳入我国出版产业的整体体系结构中，进而营造适合我国数字期刊出版产业可持续发展的内外部环境，推动其健康、持续、稳定和协调发展。

2015—2022 年，关键词"媒体融合""新媒体"的突现强度分别为 3.45 和 3.15，持续时间较长，明确了本阶段的主要研究热点，是期刊数字化研究的深入发展阶段。秦思慧[21]认为"移动互联网+"时代学术期刊与新媒体融合要提升双效益、拓展传播方式，整合出版与学术资源、打造学术品牌，建立专有的学术交流平台；姜红[22]提出通过拓展传播渠道、形成集约化出版模式、打造高水准学术交流与传播平台以及提升编辑的数字素养等路径，实现媒体融合背景下学术期刊数字化转型的创新性发展。另外，关键词"期刊集群""知识服务"虽然出现时间较晚，但热度不减，显示了近期的研究前沿。周德进[23]指出科技期刊界要深刻把握"开放科学"的理念和"知识赋能服务"的态势，以构建国际先进知识服务体系为中长期建设目标，大力推进期刊数字化平台的建设与应用服务，充分发挥中文科技期刊的引领示范作用，认真做好相关配套制度体系建设，努力培育世界一流科技期刊集群。

3　结论与展望

本文使用文献计量学方法，利用可视化软件 VOSviewer 和 CiteSpace 对中国知网数据库收录的北大核心中文学术期刊中涉及期刊数字化的文献进行分析，获得如下结论：

(1) 发文量总体上呈现波动发展态势，期刊数字化研究受到学界的持续关注；发文机构主要集中在出版领域和高校学报，其中出版研究成果和实践较为突出，《中国科技期刊研究》《编辑学报》《编辑之友》《中国编辑》《科技与出版》等高质量期刊的影响力较强；研究机构和团队的地域性特征较为明显，但相互之间的合作强度较弱。

(2) 20 多年的期刊数字化研究经历了起步阶段、初步发展阶段、持续发展阶段和深入发展阶段；期间，数字出版、科技期刊和学术期刊等高频关键词是国内期刊数字化研究的焦点内容，媒体融合、期刊集群和知识服务是近几年期刊数字化研究的热点和前沿。

(3) 研究热点体现时代特征。关键词聚类与突现分析表明，各阶段期刊数字化研究热点跟随时代而演变，如网络化、版权、国际化、媒体融合和期刊集群等关键词，与社会经济发展状况和国家政策的关系紧密。

基于以上对期刊数字化领域的文献计量分析，提出以下建议：

(1) 加强资源的合作与共享，构建专业化期刊群。集约化管理有助于强化期刊的专业化出版、加强人才队伍建设、加速出版效率、提升期刊内容质量、降低工作成本并持续增强经营能力[24]。2019 年 9 月，中国科协、财政部、教育部、科学技术部等部委联合发布了《中国科技期刊卓越行动计划实施方案(2019—2023)》，并开放集群化试点的项目申报[25]，最终评选出中国科技出版传媒股份有限公司、《中国激光》杂志社有限公司、高等教育出版社有限公司、有研博翰(北京)出版有限公司、中华医学会 5 家国内科技期刊出版规模较大的试点单位[26]。这对于引领期刊群的专业化、高质量发展起到重要作用。同时，规模较小的期刊主体要突破学科、地域和国界等掣肘，深化交流和合作，实现资源共享和优势互补。

(2) 推动数字化转型，构建全媒体传播体系。《"十四五"文化发展规划》指出：要建设全媒体传播体系，加快推进媒体深度融合发展，有效整合各种媒介资源、生产要素，推动在信息内容、技术应用、平台终端、管理手段等方面共融互通[1]。当前信息化发展到了以数据的深度挖掘和融合应用为主要特征的智能化阶段[27]。科技出版服务随之不断转换和演进：从数据服务到信息服务再到知识服务[19]。面对新时代新特点，期刊主体要聚焦 5G、大数据、云计算、人工智能、区块链、物联网、虚拟现实和增强实现等新一代信息技术[28]，积极发挥品牌优势，整合优质资源，深化数字化运作和转型升级；坚持社会效益为首位，实现社会效益和经济效益相统一；打造思想性、权威性和专业性突出的数字出版优质传播平台，加强版权保护；健全体制机制，建强出版融合发展人才队伍[29]；提升内容生产力，深度融合创新发展，开展多元互动式和知识服务式的高质量学术传播。

参 考 文 献

[1] 中共中央办公厅 国务院办公厅印发《"十四五"文化发展规划》[EB/OL].(2022-08-16)[2023-03-16]. http://www.gov.cn/zhengce/2022/08/16/content_5705612.htm.
[2] "十四五"开局之年的中国数字出版:2021—2022 年中国数字出版产业年度报告[EB/OL].(2023-02-16) [2023-03-03].http://www.chuban.cc/lbt/202302/t20230216_32500.html.
[3] 中国新闻出版研究院发布第十九次全国国民阅读调查结果[EB/OL].(2022-04-23)[2023-03-15]. https://finance.sina.com.cn/jjxw/2022-04-23/doc-imcwipii6001976.shtml?cref=cj.
[4] 2021 年新闻出版产业分析报告[EB/OL].(2023-02-22)[2023-03-10].https://www.nppa.gov.cn/nppa/contents/ 764/106277.shtml.
[5] 朱剑.在路上:中国学术传播数字化转型三十年回望:以学术期刊的转型为中心[J].理论与改革,2022 (4):30-60.
[6] 江波,刘梦颖.融媒体时代学术期刊的数字化与品牌价值转向[J].南京大学学报(哲学·人文科学·社会科学), 2021,58(6):45-54,163.
[7] 许洁,田继宇.科技期刊产业链的数字化融合发展:目标与路径[J].中国编辑,2022(5):81-85,105.
[8] 林威.期刊数字化传播的版权风险与管控:以司法实践为视角[J].科技与出版,2022(8):94-100.
[9] 李霞.以技术赋能内容,打造融媒体平台:以《读者》杂志为例[J].出版广角,2021(17):51-54.
[10] 王崇德.文献计量学引论[M].桂林:广西师范大学出版社,1997.
[11] 张力,赵星,叶鹰.信息可视化软件 CiteSpace 与 VOSviewer 的应用比较[J].信息资源管理学报,2011, 1(1):95-98.
[12] 李杰,陈超美.CiteSpace:科技文本挖掘及可视化[M].北京:首都经济贸易大学出版社,2022.
[13] 曾建勋,程少锋.论期刊的数字化工程[J].情报学报,2000(5):510-513.
[14] 阮建海.我国信息资源数字化的现状与发展[J].图书情报知识,2001(2):17-20.
[15] 胡博,周锦宜.期刊网站建设现状及建议[J].中国出版,2010(14):47-49.
[16] 程忠炎.数字化环境下期刊出版和运作新模式探讨[J].编辑之友,2010(1):79-81.
[17] 项秉健.从上海期刊网站发展看数字化挑战[J].传媒,2011(3):46-47.
[18] 张今.期刊业数字化发展过程中的版权困境与治理[J].出版发行研究,2011(3):49-52.
[19] 陈蕊,宋悦.新媒体时代期刊数字化建设创新:"一刊、一网、一微博"[J].编辑之友,2013(12):33-35.
[20] 徐兴华.期刊数字化生存与转型研究[J].中国出版,2012(24):47-49.
[21] 秦思慧."移动互联网+"时代学术期刊与新媒体融合浅探[J].编辑学刊,2022(2):90-94.
[22] 姜红.媒体融合背景下学术期刊发展路径探析[J].科技与出版,2020(8):68-72.
[23] 周德进.打造世界一流科技期刊集群 构建国际先进知识服务体系[J].中国出版,2021(19):11-14.
[24] 刘冰,魏均民,金东,等.提升集群期刊管理运营水平,赋能期刊高质量发展[J].编辑学报,2022,34(4): 363-368.
[25] 关于组织实施中国科技期刊卓越行动计划有关项目申报的通知[EB/OL].(2019-09-19)[2023-03-17]. https://www.cast.org.cn/art/2019/9/19/art_458_101785.html.
[26] 刘冰.面向世界一流:中国科技期刊集群化发展现况与突破[J].中国出版,2021(6):15-19.
[27] 王红君,张锐,吴朝平,等.活动理论视角下一流学术期刊品牌经营的关键影响因素识别[J].中国科技期刊研究,2021,32(8):957-965.
[28] 国家新闻出版署关于实施 2023 年出版业科技与标准创新示范项目的通知[EB/OL].(2023-03-08) [2023-03-17].https://www.nppa.gov.cn/nppa/contents/279/106378.shtml.
[29] 中共中央宣传部印发《关于推动出版深度融合发展的实施意见》的通知[EB/OL].(2022-04-24) [2023-03-17].https://www.nppa.gov.cn/nppa/contents/279/103878.shtml.

科技期刊稿源危机及解决方案
——以《地震研究》为例

郝 洁，武晓芳，张晓曼，宗云婷

(《地震研究》编辑部，云南 昆明 650224)

摘要：近年来，国内许多专业性较强的科技期刊面临严重稿源危机，如何争取更多的优质稿源，谋求科技期刊更加健康的生存和更加可持续的发展，成为科技期刊编辑部不得不面对的问题。本文以《地震研究》期刊为例，介绍了其面临的稿源危机，并提出了去同质化、鼓励自投稿件、设置学术专栏、与优秀期刊联盟、线上线下共同促进5个解决措施及其具体的实现途径。

关键词：科技期刊；稿源；组稿；去同质化；专栏；新媒体

近年来，伴随着国家整体科技水平的提高，我国科技论文产出在数量和质量上都有了较大飞跃。中国科学技术信息研究所最新发布的《中国科技论文统计报告2023》指出，2022年，中国在各学科最具影响力期刊上发表的论文数为16 349篇，占世界总量的30.3%，世界排名第一；同时，按第一作者第一单位统计分析结果显示，中国发表高水平国际期刊论文9.36万篇，占世界总量的26.9%，被引用次数为64.96万次，论文发表数量和被引用次数均位列世界第一。

然而，与论文卓越的发表数量相比，我国大部分科技期刊自身的国际竞争力和影响力要相对逊色，具有国际品牌效应的中国科技期刊不足，这与我国科技事业快速发展和科技论文大量产出的总体情况并不相称。这些不争的事实，导致越来越多的优秀论文外流，使得许多国内科技期刊的发展遭遇了瓶颈，有很多期刊遭遇了稿源危机。

稿源之于期刊，犹如水源之于河流。优质、充足、可持续的稿源，是期刊始终保持活力和生命力的根本保障[1]。专业期刊的竞争实质上就是优质稿源的竞争。近年来，许多科技期刊遭遇了优质稿源外流、稿源不足、组稿困难等问题。根据《中国科技期刊发展蓝皮书(2020)》的统计数据，2010—2019年，中国作者发表的SCI论文数占全球SCI论文总数的比例高达18.06%，而同期中国SCI收录期刊发表论文数仅占全球SCI论文总数的1.72%[2]。面对这样的现实，许多国内期刊也展开了"自救"。李灿灿等[3]从科技期刊编辑和作者的角度出发，通过问卷调查的方法，分析、总结了科技评价体系改革以及国家大力扶持期刊发展新形势下我国科技期刊稿源变化的最新信息。王际科等[4]从优惠政策扶持、建立稳定的作者群和拓展新稿源三方面，提出了普通高校学报应对稿源危机的策略。周群英等[5]提出面对稿源困境，期刊要发挥主观能动性，积极应对，从把握期刊定位与特色、转变思维与工作方式、充分发挥编委会作用、建立主要作者数据库、加强期刊学术与交流、提高编辑素质与能力6个方面入手，多管齐下，以促进期刊的可持续发展。

与普通期刊相比，科技期刊因其专业性强、受众面小等特点，更易于遇到稿源短缺的问题。一些学者针对一些特定学科的期刊稿源问题展开过研究：周汉香等[6]探讨了冶金专业期刊产生稿源危机的原因，并依据期刊特色提出了准确定位、优化栏目、主动约稿等措施；高永辉等[7]提出了通过提高编辑的学术水平、开展特色培训班等从根源上强化中医药类期刊优质稿源建设的策略；张静蓉等[8]以环境类中文科技期刊为切入点，提出了紧跟研究热点、参加学术会议、抓住政策机遇等策略；杨莉娟[9]以《应用与环境生物学报》为例，从加强主题谋划、加大期刊的宣传力度等方面探讨了提高稿源质量的有效措施。本文选取同样专业性极强的地学类期刊《地震研究》为例，全方位分析其面临的稿源危机，并提出解决方案。

1 科技期刊面临的稿源危机

《地震研究》是云南省地震局主管主办的地球物理学类科技期刊，多年来，为促进地震科技进步和地震信息交流发挥了不可替代的作用。但近年来，期刊遇到了比较严重的稿源危机，具体表现在以下两个方面：

1.1 自投稿源严重不足

《地震研究》作为一本专业性较强的科技类期刊，潜在作者并不普遍，一般集中于行业内、科研院所和高校。但一直以来期刊收稿数量也是比较稳定，每年收稿量在 400 篇左右，录用率在 25%上下。从 2020 年开始，《地震研究》收稿骤减四分之一，尤其是上半年，收稿量明显低于往年平均水平，2021 年更是出现了一个大滑坡。

表 1 《地震研究》近 7 年投稿和发稿数量对比

年份	收稿数/篇	发稿数/篇
2016 年	420	116(有一期增刊)
2017 年	408	98
2018 年	393	82
2019 年	395	79
2020 年	305	89
2021 年	267	79
2022 年	302	67

分析其原因，一方面是由于新冠肺炎疫情的客观原因，但究其根源，还是期刊自身的吸引力不足。目前，国家期刊管理部门认定的科技期刊有 6 000 余种，加之数字出版的新模式不断翻新，稿源需求有增无减，这势必会导致优质稿源供不应求。以《地震研究》为例，地震系统内同行业期刊征稿范围大多相似，从栏目设置到作者群体等均呈现着高度的同质现象，渐渐出现"千刊一面"的景观[4]。

1.2 主动组稿困难

云南是地震多发地区，《地震研究》作为地球物理学类核心期刊，一直以最大限度减轻地震灾害为目的，以推动地震科学的发展和促进地震信息交换为己任。2020 年开始，由于新冠肺炎疫情的爆发，行业内学术会议等相关活动减少，编辑部陷入了难以"请进来，走出去"的困境。

2 科技期刊的应对策略

2.1 结合期刊自身特点，去同质化

近年来，与其他行业一样，学术期刊也面临着同质化的风险。如何在这样的时代背景下，找到自身的发展定位，从同质化向特色化发展，是科技期刊面临的一个重要议题。在具备了清晰的学术定位的前提下，要充分发挥编辑和编委的主观能动性，稳抓机遇，走出特色化的发展之路。

《地震研究》期刊，顾名思义，与"地震"息息相关，隶属于地震系统，全国地震系统的相关期刊有35本。各行各业都有自己的行业特色，"地震"行业也不例外。在地球物理学中，有一句常用的名言：地震是照亮地球内部的一盏明灯，是地震领域科研人员深入认识地震、研究地震机理的重要时机。因此，可以这样说，在新闻中常常让人恐惧的"地震"恰恰成了"地震"相关期刊值得抓住的重要机遇。

为了验证这一想法，我们以"影响因子"为例。影响因子(Impact Factor, IF)是汤森路透(Thomson Reuters)出品的期刊引证报告(Journal Citation Reports, JCR)中的一项数据。这是一个国际上通行的期刊评价指标。影响因子现已成为国际上通用的期刊评价指标，它不仅是一种测度期刊有用性和显示度的指标，而且也是测度期刊的学术水平，乃至论文质量的重要指标。

影响因子是一个相对统计量，即某期刊前两年发表的论文在该报告年份(JCR year)中被引用总次数除以该期刊在这两年内发表的论文总数。图1为《地震研究》期刊自2002年以来的影响因子数据统计。从图中可以看出，从2003年影响因子0.084到2022年影响因子1.467，《地震研究》实现了一个影响因子的较大突破。其中在2010年和2020年，都出现了一次跨越式的增长。前文有提到影响因子反映的是前两年发表的论文的引用频度，2008年震惊中外的汶川大地震发生后，《地震研究》推出汶川地震专刊；2018年云南通海"双震"引发大量社会关注，地震发生后，《地震研究》迅速组建了"通海地震专栏"。两个地震专辑专栏的推出，恰好印证了2年后期刊影响因子的大幅增长。

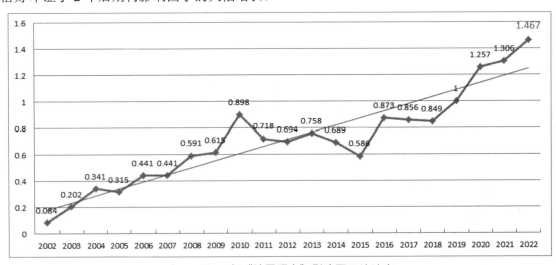

表1 近20年《地震研究》影响因子统计表

2021年5月21日晚上，云南漾濞发生5.6级地震，当晚随后又再次发生6.4级地震。地震发生当晚，《地震研究》编辑部即发出约稿函，开通"绿色通道"，缩短审稿周期，鼓励投稿，

并利用微信公众号把关于此次地震的最新研究成果最优先推送，取得了广泛的关注。随后，许多期刊都发出了漾濞专辑的约稿函，但最终组成专辑的期刊仅《地震研究》一家。

2.2 多措并举，鼓励优秀自投稿件

2020 年上半年，《地震研究》自投稿数量出现了明显下滑。收稿数量减少了，选择范围就会缩小，必然会影响到期刊整体的学术质量。鉴于此，编辑部紧急采取了以下措施，收稿量在 2020 年下半年有了很大回升。

（1）对以往投稿作者进行数据分析，深入了解作者构成。本刊发文作者的所属机构超过 200 个，主要集中在地震系统和高校，这与地球物理学科的专向性有很大关系。影响因子是衡量期刊学术水平的一个重要指标，而影响因子的数据构成取决于期刊发文的被引频次。据统计，以上统计的各科研机构和单位的作者在《地震研究》期刊发文被引频次最高的 3 家单位依次为云南省地震局、四川省地震局、中国地震局地壳应力研究所。

（2）依托上述数据分析结果，创建了两个 500 人的《地震研究》微信作者群，一群为已投稿作者群，二群为依托已投稿作者拓展的潜在作者群，主要为各省级地震系统的助理工程师、新入职员工以及各科研院校的在读本科与硕博研究生。一群主要为学术交流和碰撞，并随时发布约稿信息；二群的活动更加丰富，定期邀请上述单位被引频次较高的发文作者介绍经验，并由编辑部具有编审职称的编辑在群里进行论文写作技巧授课。

（3）对于优秀投稿作者实行奖励鼓励政策，如向本单位科技部门申请为本单位发稿作者发放论文奖金；统计本刊发文被引频次前 50 名的文章，颁发证书和纪念品。

2.3 紧抓组稿，策划学术专栏

学术专栏涵盖了所有细分学科的学术热点，是学术全景展现的一种新方式，对于科技期刊意义重大。对于投稿作者来说，学术专栏的设立使得投稿方向更加精准明确，投稿成功率更高；对于读者来说，可以通过学术专栏更加轻易地获取到最新学术研究成果。所以在作者、读者方面，学术专栏承载了二者之间共同的利益诉求，可以提升读者、作者的满意度，从而帮助科技期刊获得市场影响力和国际影响力的提升[10]。

而"组稿"是"专栏"成功与否的关键一环。一直以来，编辑部都十分注重"走出去，请进来"，每年选派人员前往知名期刊编辑部交流、调研，并邀请影响力较高的学术期刊主编到本刊编辑部开展讲座。还时常策划一些专题活动，推动组稿工作，比如邀请院士、研究员等对相关技术经验进行科学普及，受到广泛好评；比如依托论坛活动、科技会议，追踪学科热点开展组稿，与参会专家进行面对面交流，提高约稿效率和便利性。

也有许多成功的案例，在 2008 年汶川 8.0 级地震和 2014 年鲁甸 6.5 级地震发生后，编辑部派出 2 名编辑深入地震一线，主动约稿制作汶川地震增刊和鲁甸地震专栏，单篇文献最高下载量达 251 次，最高被引 20 多次。2017 年，通过参加学术论坛和会议，邀约到"城市防灾减灾""大数据应用""流动地磁""主动源"4 个专栏论文；2018 年邀约"无人机应用""通海地震"2 个专栏和"地壳形变观测"专辑；2019 年，邀约"地震应急技术及应用""强震动观测及工程应用"专辑。

近年来，由于新媒体的蓬勃发展，加之新冠疫情的客观限制，出版学术专栏也要转变老旧思路：一是要紧跟时代，改变一切依靠"线下交流"的传统思路，利用"腾讯视频会议"等线上方式，定期组织编委或邀请业内专家学者召开选题会，制定合理的选题计划，再通过选题计划开展目标清晰、定位精准的约稿；二是要积极参加线上学术论坛和会议，及时、敏锐地捕

捉新的学术热点；三是要进一步发挥编委会作用，期刊的编委大都是业内有声望的权威人士，眼界和思路也相对更加开阔，一个编辑部的力量是微小的，加上编委的力量就更加有说服力，《地震研究》加设专职副主编负责每期内容定位和导向。

2020年，编辑部在编委付虹研究员的帮助下利用微信交流群和学术论坛成功邀约"地震监测预报理论及技术应用"专辑；通过参加线上学术会议，成功邀约了"韧性城乡与防灾减灾"专辑。随后，2021年出版"2021年云南漾濞$M_S6.4$地震专辑"；2022年，出版"生命线工程系统抗震防灾""地震地下流体监测预报理论及技术应用"专辑，均采用了线上约稿方式。

这些有针对性的专栏选题策划，解决了期刊自投稿源不足的危机，保证了刊物的学术质量。

2.4 联合共赢，与兄弟期刊结盟

众志成城，编辑部之间也可以开展合作。2020年4月1日，面对稿源困境，《地震研究》期刊联合《防灾减灾工程学报》、《华南地震》、《地震地磁观测与研究》、*Earthquake Research in China* 4家期刊，成立了五刊联盟。建立了3个微信粉丝群，用于学术交流，并邀约业内专家学者进行学术讲座。

截至2022年底，五刊联盟微信群人数近2 000人，线上学术讲座一共举办20期，内容涵盖：震级的测定与使用；科技论文的写作与投稿；地震震源机制；地震动基础知识；科技论文写作中的"Kids"思维；科研之路如何启程；科研路上的"第一桶金"；诱发地震的监测及其与机器学习的结合；科技创新的成丛现象及其启示；MT 火山/地热结构成像及地震和地磁联合反演；非结构损失对建筑地震损伤控制提出的新挑战；走滑断层上超剪切破裂的可持续性讨论；中国未来10年(2021—2030年)地震触发滑坡发生概率与危害预测；大地电磁法及其在地震、火山等活动构造研究中的应用等。

2.5 依托新媒体，线上线下两不误

2016年，为提升《地震研究》网站公共服务能力，进一步扩大刊物影响，《地震研究》网站推出全新功能HTML(超文本链接)全文制作，以提供更便捷、强大、全面的阅读、检索、下载服务。与此同时，《地震研究》微信公众号正式上线，公众号收录了2008年以来的所有文章，能提供现刊和过刊的全文快速检索、手机端展示及下载，并与《地震研究》采编系统相互链接，作者可随时随地通过微信平台查询自己的稿件状态。

一直以来微信公众号对于编辑部来说都是一个辅助的工具，直到2020年遇到稿源危机，微信公众号的价值开始被充分利用。主要体现在以下几个方面：一是因为疫情原因，许多印刷厂延迟开工，印刷的时效性无法有效保证，编辑部充分发挥微信公众号的力量，第一时间全文链接全刊内容，并适时发送优秀论文的导读和推荐。二是对于一些时效性强、成果新的论文，推出优先推送机制，即在待刊录用后就将优秀论文的摘要和简介在公众号进行预告推送，提前锁定微信粉丝和读者的关注度。三是及时将"五刊联盟"举办的线上学术讲座的重要内容移植到微信公众号，让重要的科技热点得以半纸质化保存，便于科技工作者反复阅读学习。

3 结束语

优质的稿源有助于提高刊物的质量，而刊物质量的提高又会带来期刊影响力的提升，进一步吸引更多的投稿，这是一种良性的循环。《地震研究》面临困境，从自身实际出发，走出了一条全新的发展之路。但目前,国内学术界大量优质文章流向国外期刊,是我们不得不正视的一个问题,如何加入国外数据库,与国际接轨,是我们未来需要努力的方向。

参 考 文 献

[1] 张晓曼,武晓芳,宗云婷,等.基于刊物实际组稿约稿实践[J].中外企业家,2017(21):252-255.
[2] 中国科学技术协会.中国科技期刊发展蓝皮书(2020)[M].北京:科学出版社,2020.
[3] 李灿灿,徐秀玲,王贵林,等.新形势下我国科技期刊稿源变化趋势:面向作者和科技期刊编辑的问卷调查与分析[J].中国科技期刊研究,2021,32(9):1166-1173.
[4] 王际科,杨正丽.普通高校学报应对稿源危机的策略研究[J].齐鲁师范学院学报,2011,26(6):120-122.
[5] 周群英.行业类普通专业科技期刊的稿源困境与化解策略:以《桉树科技》为例[J].科技传播,2021(10):27-30,34.
[6] 周汉香,刘洪华,江勇,等.新常态下冶金专业期刊如何解决稿源危机的问题[J].湖北师范学院学报(自然科学版),2016,36(3):158-161.
[7] 高永辉,徐晖,刘婉宁,等.中医药科技期刊从青年学者中挖掘优质稿源策略探讨[J].科技传播,2022,14(8):16-19.
[8] 张静蓉,王少霞,邵世云,等.环境类中文科技期刊优质稿源拓展策略:基于环境科学学科高被引学者数据的分析[J].科技传播,2021(15):21-24.
[9] 杨莉娟.科技期刊稿源现状及提升措施研究:以《应用与环境生物学报》为例[J].传播与版权,2022(9):32-34.
[10] 郝洁,张晓曼,武晓芳,等.以出版学术专栏为助手提升科技期刊影响力[J].新闻研究导刊,2021,12(9):92-93.

中文科技期刊如何进入国际检索数据库
——以《电化学》加入 Scopus 的实践为例

郑轻娜[1]，陈咪梓[1]，雷玉娟[2]，顾靖莹[3]

(1.厦门大学《电化学》编辑部，福建 厦门 361005；2.厦门大学《数学研究(英文)》编辑部，福建 厦门 361005；
3.南开大学《电化学与能源科学(英文)》编辑部，天津 300071)

摘要：入选 Scopus 数据库可以加强期刊的传播和规范化建设，提高其国际影响力。本文介绍了 Scopus 数据库的选择标准，并以中文科技期刊《电化学》加入 Scopus 数据库的申请实践为例，分享在线上可及性、学术质量提升、地域多样性改善和优化出版形态方面可采取的措施，为中文科技期刊提供参考。

关键词：Scopus 数据库；收录标准；中文科技期刊；学术影响力

学术期刊是开展学术研究交流的重要平台，是传播思想文化的重要阵地，是促进理论创新和科技进步的重要力量[1]。近年来学术期刊发展受到了有关部门的极大关注[2]。2013 年中国科协、财政部、教育部等六部门联合组织实施了"中国科技期刊国际影响力提升计划"[3]，旨在推动一批重要学科领域英文科技期刊进入学科国际排名前列。2018 年 11 月 14 日中央全面深化改革委员会第五次会议审议通过了《关于深化改革 培育世界一流科技期刊的意见》[4]，是贯彻落实中央精神，推动我国科技期刊改革发展的纲领性文件，为我国科技期刊的发展举旗定向。同年，学术期刊"走出去"专家委员会于北京成立，旨在推动更多的中国优秀学术期刊走向世界[5]。2015—2019 年中文科技期刊国内被引频次在其国内外总被引频次中的占比高达 95.68%，可见中文科技期刊的主要影响力集中在国内[6]。为打破中文期刊影响力主要集中在国内的局面，扩大国际曝光度，中文期刊正积极争取被国际检索数据库收录。

越来越多的中国期刊开始加强自身建设，寻求国际参与融合，以提升国际传播能力和影响力，同时助推世界科学中心向中国转移。Scopus 数据库是目前全球规模最大的文献摘要和引文数据库[7]。Scopus 推出 CiteScore™指标[8]也正逐渐成为与 SCI 的 Impact Factor 相并列的文献计量指标。Scopus 收录的期刊均需经过同行评议，能严格控制论文质量，倒逼期刊从自身提升质量。已有研究显示，入选 Scopus 数据库能助推期刊的传播力和规范性建设[9]。

根据《中国科技期刊发展蓝皮书(2021)》报告，截至 2020 年底，中国科技期刊总量为 4 963 种，从出版文种分布看，绝大多数为中文出版(4 404 种，88.74%)。2022 年 6 月，CiteScore™2021 发布 26 008 种学术期刊当中包含中文期刊 559 本。1 893 本期刊最新获得了引用分，其中 146 本中文期刊[10]。还有很大比例的中文期刊尚未加入 Scopus 数据库。

《电化学》期刊 1995 年创办，是中国电化学专业委员会(CSE)会刊，由中国科学技术协会主管，中国化学会与厦门大学共同主办。作为一本"老牌会刊"如何优化迭代，实现国际数据

基金项目：中国高校科技期刊研究会专项基金项目(CUJS2023-D29)

库的收录，总结此经验将助力中文科技期刊从自身出发优化质量。

1 以中文期刊角度理解遴选标准

期刊申请应符合下列最低标准：①发表同行评审(Peer review)内容并有公开的同行评审流程声明；②定期出版并已注册国际刊号，即 ISSN 号；③参考文献为罗马拼音，且具备英文摘要与英文题名；④具有公开的出版伦理与出版弊端声明；⑤期刊出版 2 年以上。各学科领域的期刊审核采用定量与定性方式，涉及五大类十四条标准。

第一大类，期刊方针(Journal Policy)：包含具有说服力的编辑政策、同行评审类别、编辑和作者的来源地区多样性。对中文期刊而言，需在网站的方针页面上体现其办刊宗旨、评审方式。至于地区多样性，可在网站标注出编辑、编委的所在机构、国家和联系方式。

第二大类，期刊排名(Journal Standing)：包含期刊文章在 Scopus 数据库中获得的引用、编辑的声望。引用情况依靠期刊自身质量提升，是长期系统工程。编辑声望标准中，有专业的全职编辑、编委的国际影响等都是加分项。

第三大类，内容(Content)：对中文期刊而言，必须有 100%英文翻译标题摘要内容。参考文献原则上要求中文全部翻译成英文，实操上可接受 80%以上英文化参考文献。

第四大类，定期性(Regularity)：审查标准要求期刊连续出版。

第五大类，线上可及性(Online Availability)：包含网络版内容、具有英文版期刊网站、网站品质。此处应尽量避免纸质版和网络版不一致的情况。

2 申请加入 Scopus 的几点体会

对照申请标准制定计划，认真思考申请表格对于中文科技期刊的一道必答题："如果并非英文出版，那为何选用该语言为出版语言？"倒逼自身改革与发展。具体有以下几点：

2.1 优化期刊英文网站，提高内容的线上可及性

(1) 英文网站是 Scopus 审核期刊硬性标准的唯一门户。为提升用户及评审专家的使用体验，期刊优化了中英文官网，主要工作包括：第一，明确简洁地在主页上展示期刊 ISSN 号与专门的统一资源定位符(Uniform Resource Locator, URL)，使得每篇文章有专一的 URL。规范期刊基本信息页。编委会信息页需包括各编委姓名、邮箱、所在机构、国家及对应的超链接。在编委详情页上展示《电化学》期刊编委和主办单位的学术声望，如期刊编委团队当中有 5 人任职过国际电化学会(ISE)主席。主办单位厦门大学有着深远的国际影响优势，中国学者当选 ISE 会士共有 10 人，其中厦门大学 4 人。

(2) 对标 ISE 会刊 *Electrochima Eata*，优化网站。优化期刊政策(Policy)，作者指南(Author guidelines)。在出版道德声明(Publication ethics statement)页面，清晰说明对作者和出版作品的道德要求。期刊支持 COPE(国际出版伦理委员会)，同时提供指导准则全文的有效链接。优化同行评议过程(Peer review process)的表述，并在纸质版和电子版同时展示出接收，修订，在线发表等各项时间戳。

2.2 对标国际一流期刊，提升学术质量

提高学术质量，科技期刊除了依靠自由来稿，还可根据学科热点等，加强约稿组稿。期刊围绕电化学学科领域热点前沿，制定了"控制数量，舍得拒稿"的策略，依托中国电化学专业委会和厦门大学电化学学科的力量约稿。客座编辑团队由国内学者，逐渐过渡到海外华人学

者，再过渡到外国学者，以增加约稿的国际性。

高水平的英文表述对于期刊的国际化尤为重要。本刊的要求作者提供英文长摘要，包括研究目的、方法、数据、重要结果、关键科学问题等，其阐述应做到翔实，同时图题、表题、图表中的数据均以英文书写。文章的英文题录等信息聘请专家进行语言润色。参考文献采用中英对译形式。

2.3 编委、作者和引用地域多样性改善

（1）《电化学》期刊作为 CSE 会刊，在主编的领导下，于 2021 年完成第六届编委会换届工作。此次换届注重编委的参与办刊的意愿以及学科、地域，性别等因素的平衡。期刊编委 165 名，青年编委 49 名，其中海内外院士 20 名，海外编委 39 名。

（2）来稿作者多样化也是期刊学术影响的软实力的体现。从制定约稿计划阶段，就与约稿专辑客座编辑达成一致，尽可能地邀约国际稿件或者国际合作稿件。

（3）使用 Elsevier DC 产品的 Google Scholar 搜索引擎优化服务，使国际读者通过英文关键词在 Google Scholar 搜索时，在前几页就能看到期刊内容，提升引用地区多样性。

2.4 优化出版形态

期刊采用 XML 一体化网络融合出版[11]，契合多平台的传播。及时编校处理并以预印本的形式进行网络首发。对网络首发的文章，注册 DOI 号，通过中国知网进行网络首发，在期刊官网"最新录用"栏目展示。通过上述措施，保证了出版时效，拉长了文章的曝光时间。

3 申请收录的注意事项

3.1 前期调研

2021 年 Scopus 收录的电化学学科期刊共 48 本，其中 4 本国产期刊分别是《色谱》《电化学能源评论》《能源化学》和《药物分析》。《电化学》作为 CSE 会刊，依托于厦门大学电化学学科发展起来。同时期刊有完整的 ISSN、CN 号和专业对口的英文刊名 *Journal of Electrochemistry*，与日本电气化学会主办的 *Electrochemistry* 分别代表了中国与日本两国在电化学领域的发展情况。在提交刊物申请时回答重要性问题"如果并非英文出版，那为何选用该语言为出版语言？"时，可适当强调期刊收录对填补 Scopus 在中国电化学学科领域完整性的贡献。

3.2 申请期间注意事项

（1）确保网络是可触达的。很多高校主办中文期刊官网为高校二级域名，尤其要注意这点。

（2）跟进收录后数据的抓取和传输。接到录用的邮件后也要时常登陆 Scopus 官网，首先以 ISSN 号搜索，是否已将数据展示在 Scopus。如果没有，则需要联系数据抓取团队，确认数据传输方式。初始默认收录当年的文章数据，之前回溯的文章需要单独申请，评估通过的话，才能进行收录，重点关注期刊回溯数据的格式和文章质量。

4 结束语

期刊被更多的数据库收录，对提升期刊学术影响力、增加期刊显示度等具有重要意义。Scopus 作为全球最大的同行评议引文数据库是许多期刊的冲刺目标之一，同时 Scopus 收录的中文期刊比例又较少。本文通过总结中文科技期刊《电化学》的自我提升措施，希望能够抛砖引玉，为中文科技期刊申请 Scopus 数据库作参考，做到知己知彼知用。

参 考 文 献

[1] 中共中央宣传部教育部科技部印发《关于推动学术期刊繁荣发展的意见》的通知[EB/OL].(2021-06-23)[2022-12-22].http://www.nppa.gov.cn/nppa/contents/312/76209.shtml.

[2] 任胜利,马峥,严谨,等.机遇前所未有,挑战更加严峻:中国科技期刊"十三五"发展简述[J].科技与出版,2020,39(9):26-33.

[3] 赵勰,李芳,宋军.中国科技期刊国际影响力提升计划D类项目的申报、评审及实施[J].科学通报,2017,62(23):2581-2585.

[4] 中国科学技术协会.四部门联合印发《关于深化改革培育世界一流科技期刊的意见》[EB/OL].(2019-08-16)[2022-12-22].https://www.cast.org.cn/art/2019/8/16/art_79_100359.html.

[5] 2023 Scopus新收录期刊[EB/OL].[2022-12-22].https://goingglobal.cnpiec.com.cn.

[6] 《中国科技期刊发展蓝皮书(2021)》编写组.《中国科技期刊发展蓝皮书(2021):开放科学环境下的学术出版专题》内容简介[J].中国科技期刊研究,2021,32(12):1477-1480.

[7] Expertly curated abstract & citation database [EB/OL]. [2022-12-22]. https://www.elsevier.com/solutions/scopus.

[8] A new standard of journal citation impact: Powered by Scopus [EB/OL].(2016-07-12)[2022-12-22]. https://blog.scopus.com/posts/a-new-standard-of-journal-citation-impact-powered-by-scopus.

[9] 刘静,刘晶晶,王希挺,等.Scopus数据库收录我国中文科技期刊影响力分析[J].中国科技期刊研究,2020,31(4):462-467.

[10] 重磅！CiteScore™ 2021 发布了！27 200期刊影响力免费查[EB/OL].[2022-12-22]. https://mp.weixin.qq.com/s/pVaKcUnKSN-BB6XvXe6ESA.

[11] 秦雅萌,商建辉.中国科技期刊卓越行动计划高起点新刊XML出版策略研究[J].出版广角,2021(5):63-65.

学术期刊与作者的双层关系构建
——以互利与发展为背景

陈冬博

(山西财经大学期刊社，山西 太原 030006)

摘要：学术期刊与作者之间建立起良好关系不但有利于满足作者的个性化需求，提高其科研水平和投稿成功率，而且作者的高质量文章可以促进期刊进一步高质量发展。为此，在互利背景下，本文分别基于组织-个人与个人-个人两个层面提出了编辑部-作者与责任编辑-作者的双层关系构建，并提出了具体的关系构建措施。具体地，在编辑部-作者的关系构建中，本文将关系构建期划分为了基期、审稿期、修稿期、退稿期、录用期、编校期、发刊后，并提出了相应的关系构建措施。在责任编辑-作者的关系构建中，本文将作者按照其发表文章的内容水平和文字水平的不同划分为了学生型、博士型、讲师型、副教授型和教授型五类，并提出了有针对性的关系构建措施。

关键词：学术期刊；期刊作者；双层关系构建；编辑部-作者；责任编辑-作者

新时期我国文化事业日益繁荣，学术期刊作为记录、传播学术成果的重要载体，是文化事业发展的重要组成部分，其高质量发展可以促进文化事业进一步发展。鉴于作者是期刊内容的根本来源，其高水平文章可以促进期刊高质量发展，因此期刊应与作者保持良好关系。而且，期刊与作者保持良好关系有利于满足作者的个性化需求，从而有助于提高其科研水平和投稿成功率，良性循环下也会促进期刊进一步发展。在互利背景下，为促进期刊事业持续发展和助力培养高水平科研人才，有必要在期刊与作者之间建立起良好关系。

客户关系管理(CRM)是企业选择和管理有价值客户及其关系的一种商业理念和方法，其以客户为中心，搜集并管理使用各种客户信息，从而建立起更加积极的客户关系，提高客户满意度和忠诚度，进而充分发挥客户对企业的价值。客户是企业经营发展的重要资源，企业进行客户关系管理有助于提高企业的竞争力和促进其可持续发展。受此理念影响，本文考虑到优秀稿源是保证学术期刊高质量的前提，而优秀稿件的根本来源是作者，所以对作者也可进行关系管理，可在互利背景下和作者建立起和谐积极的关系，这有助于提高作者对期刊的价值，进而提高期刊的竞争力，促进期刊可持续健康发展。

1 学术期刊与作者进行双层关系构建的文献评述

纵观已有文献，学者们均认为期刊或编辑应与作者建立起和谐的关系。张丛等(2019)[1]从审、退、修、录、用五个环节阐述了学术期刊编辑与作者的和谐关系构建。邹岚萍(2014)[2]对"作者是出版社的衣食父母"进行了批判性解读，并结合工作实际提出了编辑与作者是情感互动的诤友、思想契合的同道和互利双赢的伙伴三种关系模式。于华东(2003)[3]指出，作者和编辑在撰稿、投稿、刊登、退稿等过程中会有不同的心理状态，双方要注重调节心理因素，形成良好的心理互动。刘扬和廖小刚(2022)[4]基于编辑实践，阐述了作者资源的良序开发及其维护。刘棉玲(2022)[5]基于 SWOT 分析探讨了学报编辑在培养研究生作者学术诚信中的责任担当及其具体实现路径。丁红艺和毕莉明(2017)[6]探讨了高校学报在研究生作者群体建设中存在的认识误区，并提出了相应的促进该群体建设的建议。可见，学者们的研究视角虽然不同，但均是从期刊编辑与作者的关系处理以及期刊整体与作者的关系处理进行研究。本文认为，编辑部①、编辑与作者均是学术期刊出版的重要主体，在期刊编辑与作者之间构建起良好关系固然重要，但这是基于个人-个人层次的关系构建，而在编辑部与作者之间构建起良好关系是基于组织-个人层次的关系构建，可以与编辑-作者层次的关系构建相辅相成，在互利背景下可以达到更好的作者关系管理效果，因此应同时注重编辑部-作者、责任编辑-作者双层关系的构建。

2 编辑部-作者的关系构建

综合考虑学术期刊编辑部与作者发生相互联系的过程，本文将编辑部-作者的关系构建按其"生命周期"划分为了基期、审稿期、修稿期、退稿期、录用期、编校期、发刊后七个时期，并提出了具体的关系构建措施。

2.1 基期的关系构建

作者在投稿前会对所投期刊的级别、投稿渠道、投稿要求等进行了解，此阶段即为基期。编辑部要做好基期关系构建，为作者留下期刊定位准确、要求清晰明了从而决定是否适合投稿的第一印象，提高作者的投稿率和分享率。首先，对于期刊级别，鉴于不同作者的发文目的不同，如职称评审、毕业需求、科研成果分享等，作者会比较关注所投期刊的级别，所以编辑部要在期刊封面以及期刊主办单位官网、微信公众平台等的期刊介绍中对有代表性的期刊所属级别进行必要标明。比如，是否属于南核期刊，是否属于北核期刊，是省级期刊抑或国家级期刊，等等。其次，对于投稿要求，一般期刊都会在官网、微信公众平台等平台载明投稿须知，在投稿须知中编辑部要尽可能地标明发表要求，包括投稿渠道、内容要求、作者要求、创新性要求、版面费要求、发表期限、联系方式以及其他要求等。编辑部做好基期关系构建的目的在于让作者在投稿前对期刊形成良好体验和印象，使其不会因为不了解投稿要求、不清楚投稿渠道等一些可以避免的客观原因而拒绝投稿。

2.2 审稿期的关系构建

作者投稿后即进入审稿期，出于科研诚信要求的考虑，作者不能一稿多投，所以此阶段中作者最关心的是稿件的处理进度问题，编辑部要做好稿件处理流程的优化工作和稿件进度的反馈工作。首先是稿件处理流程的优化工作。我国审稿制度实行的是三审制，即初审、复审和终审，其中初审是对文章的大致审核，对此编辑部要做到尽量缩短初审环节所用时间，不同编辑部可根据实际状况设定为 5~10 日，并限期完成。其次是稿件处理进度的反馈工作。初审的结果有退修、复审和退稿，无论是何种结果都要做好及时反馈工作，不可以如"3 个月内未收到录用通知可自行处理"来进行简单处理。当前，信息科技快速发展，很多编辑部都引入了投稿系统，作者可在投稿系统中自行查阅审稿状态。对于采用该系统的编辑部，在投稿时要明确总投稿周期，之后限期完成初审工作并将初审结果及时反馈到投稿系统，使作者可及时查看到初审结果。对于仍采用电子邮件投稿的编辑部而言，也要及时将初审结果通过邮件反馈给作者，或者提供随时电话查询。解决一稿多投问题不应只从要求作者的角度解决，编辑部也要进行换位思考，共同解决。

2.3 修稿期的关系构建

对稿件的退修意见一般涉及两个方面：一方面是内容方面的修改意见，另一方面是编辑方面的修改意见。文章之所以会被退修，是因为文章具有一定的发表价值，希望通过作者修改能达到在该期刊发表的目的，所以对于提出的退修意见作者能否解决至关重要。内容方面的退修意见由专业审稿人给出，对此编辑部可要求审稿人在提出文章内容存在的问题时尽可能提出相应的解决方案，要使作者知不足且可修。对于编辑方面的退修意见，鉴于文章在录用后还会进行编校工作，所以此阶段编辑方面的修改意见达到录用要求即可。另外，为了尽可能缩短整个审稿周期，也要限期作者完成文章的修改工作，并设立邮箱或电话等沟通渠道，对于作者不明确的修改意见可及时进行咨询。此阶段的关系构建中要注意实现有效沟通，不但使作者明晰修改意见，更要使作者体会到审稿人和编辑的专业性，使作者形成专业的体验感，提高期刊的品牌影响力，进一步增强编辑部-作者之间的和谐关系。

2.4 退稿期的关系构建

退稿于编辑部而言是一项常规工作，有些期刊的退稿率都达到了95%以上，但于作者而言可能会降低其科研积极性，或者由此对期刊形成不好印象，所以编辑部在退稿期的关系构建中要注意慎重考虑。为了避免作者由于编辑部退稿操作不当而对期刊产生不好印象，从而影响两者间的关系构建，编辑部要做到"退稿不退人"。首先，退稿理由要充分，即编辑部给出的理由要能达到稿件被拒的程度，如初审阶段的选题不符、复审阶段的创新性不足等，要提出能使作者信服的理由。其次，要提供辩证渠道，编辑部给出的退稿意见作者可能会不认可，认为修改即可，不至于退稿，对此编辑部应提供相应的反馈渠道，真正做到以理服人。另外，在退稿时编辑部也可提出一些必要的修改意见或投稿意见，助力作者再次在本期刊或者在其他期刊投稿成功。经此关系构建，作者不但不会因被退稿而对期刊产生不好印象，反而会提升对期刊的信服力。

2.5 录用期的关系构建

文章录用是对作者文章质量的一种肯定，也是作者投稿的目的所在。文章录用对于期刊和作者而言可看作是一件双赢之事，是构建和谐关系的良好时机。在此阶段，编辑部要多从作者角度出发进行考虑，作者主要有及时知悉录用结果、获取录用通知和明晰刊发时间等需求。对此，首先，编辑部要通过系统、邮箱等第一时间将录用结果告知作者，同时借助微信、电话等建立起责任编辑-作者的一对一合作关系；其次，鉴于录用通知是作者的定心丸，所以要综合考虑作者需求和期刊要求开具正式的录用通知；再次，对于版面费、稿费、发票、网络优先出版、具体刊发时间等事宜要进行详尽说明；最后，考虑到部分作者可能存在一些特殊需求，要充分利用好责任编辑与作者的一对一沟通，以尽可能满足作者的需求。责任编辑-作者的一对一合作关系从此阶段开始构建，并延续至之后的编校期及发刊后，这不但为作者和编辑及时沟通提供了便利，也在很大程度上拉近了作者和期刊的距离。

2.6 编校期的关系构建

文章录用至刊发前，编辑部会对文章进行编校，使其达到刊发标准。鉴于编校过程中经常会出现一些编校人员无法自行修改的差错，如文表中的数字不一致、文章题目设定不合理等问题，编辑需要和作者及时进行沟通，此时录用期开始建立的责任编辑-作者一对一沟通机制便可起到关键作用。随着数字经济的发展，当前编辑和作者的沟通已不只限于电话、邮箱等传统途径，为了提高编校效率，编辑部可建议编辑与作者之间通过微信平台建立一对一联系。这不但方便了编辑在编校过程中可以和作者随时取得沟通，对作者而言也提供了一个可随时进行咨询的渠道，不但有利于双方发文中的关系构建，而且有利于双方的个人关系构建。另外，编辑在编校过程中遇到的文章质量参差不齐，如有些文章的创新性一般而语言组织能力较好，还有些文章的创新性很高而语言组织能力较差，对此编辑部就要对编辑的专业素质和敬业精神提出要求，要求编辑根据作者的学术能力、文字能力、沟通能力等的不同进行差异化对待，要让作者充分体会到编辑的专业水平和成长关怀等。编校期的关系构建会使作者对期刊形成更深刻的差评或好评，对此编辑部要借助责任编辑助力期刊和作者的关系朝着更和谐的方向发展。

2.7 发刊后的关系构建

鉴于很多职称评审、毕业等都要求文章见刊，所以此阶段编辑部要及时将期刊寄出。当前大多编辑部寄送期刊都是到付，所以经常会出现拒收、置之不理等情况，对此编辑部要做到全部寄出，全部有通知，全部有反馈。另外，刊物的寄出并不代表编辑部与作者关系构建的结束，之后也要注意与作者关系的维持。对于整个作者群体而言，可定期在线上或者线下召开座谈会，拉近期刊与作者的关系，让作者深入了解期刊的发展理念、办刊流程与工作方法等，进一步增加互信度，为更好办刊献计献策。还可不定期举办主题学术论坛、优秀论文评选等活动，在为作者提供学习、分享平台的同时，也可助力期刊得到更优质稿源，实现二者螺旋式发展。优秀作者是构建高质量作者群体的必备部分，对于优秀作者而言尤其要注意提高其满意度和忠诚度，可将其纳入编委，使其成为办刊的一分子，助力期刊构建并稳定高质量作者队伍，使其在投稿、约稿、推广期刊等方面发挥更大作用。

3 责任编辑-作者的关系构建

前文提到，文章录用后应在责任编辑与作者间建立起一对一的联系。鉴于作者的学术水平、文字水平、学历水平、发文目的等不同，责任编辑在与作者进行关系构建时也要因人而异。一般而言，一篇文章的质量可从内容水平和文字水平两个方面进行评判。基于此，本文结合工作实践，将作者按其文章内容水平和文字水平的不同分为学生型、讲师型、博士型、副教授型和教授型五种[②]（见图1）：学生型作者指文字水平和内容水平均相对较低的作者；博士型作者指内容水平相对较低、文字水平相对较高的作者；讲师型作者指内容水平相对较高、文字水平相对较低的作者；副教授型作者是指内容水平和文字水平均相对较一般的作者；教授型作者指内容水平和文字水平均相对非常高的作者。本部分中的"相对"是指将作者文章和该期刊文章的平均水平相比是相对较高还是相对较低。

3.1 学生型作者

学生型作者的内容水平和文字水平相对该期刊均较低，相对而言有较大的成长空间。对于该类作者，要彰显一名合格责任编辑的素质，不可产生偏见，心生厌烦情绪。不但要助力其提高内容水平，也要助力其提高文字水平，使其投稿结果不只是录用，也要促进其科研综合水平提升。基于培养科研人才的使命要求，授人以鱼不如授人以渔，责任编辑不但要使作者明晰文章哪儿需要修改、如何修改，还要使其明晰为什么要改以及为什么要这样改。学生型作者在通过投稿本期刊获得成长后，会增加对本期刊及其编辑部和责任编辑的信任度，从而形成良好评价,这有助于其在未来成为期刊的潜在优质作者。

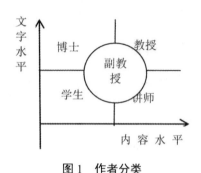

图 1 作者分类

3.2 博士型作者

博士型作者的文字水平相对较高、内容水平相对较低,所以责任编辑在此阶段要更关注其内容水平的提高。责任编辑有义务去培养作者成为优秀的科研人员,虽然责任编辑限于专业水平,可能无法为作者提高科研水平提供直接指导,但可以借助编辑部这个平台以及自身拥有的作者群等资源为作者提供有助于提高科研水平的资源,让自身成为作者获取成长的一个源头。

3.3 讲师型作者

一般而言,学者们都会经过一定的科研历练过程,以大学教师为例,其会经过本科、硕士、博士、讲师、副教授、教授等成长过程,因此其文章内容水平在得到提高的同时,文字水平也会得到相应提高。但是,不排除有部分作者经过长时间的历练其文字水平依然较低,或者其内容水平进步很快而文字水平却进步很慢,所以就出现了内容水平相对较高而文字水平相对较低的讲师型作者。在该类作者的关系构建中,要更注重作者文字水平的提高。文字水平是责任编辑的专长,所以对于讲师型作者而言编辑可以起到指导教师的作用。在该类作者的关系构建中,责任编辑要发挥专长,做到关于作者文字水平的全程细致指导,以尽可能地提高作者的文字水平。

3.4 副教授型作者

副教授型作者的文章的内容水平和文字水平均达到了该期刊的一般标准,属于期刊的目标作者。这类作者最为常见,他们与编辑亦师亦友,适合将之发展成为期刊稳定的作者群,与之建立起长期稳定的合作关系。对于该类作者,责任编辑在做好一般工作的前提下,要注意和作者取长补短,共同成长。在关系建立期间,要强化互动,使作者形成一荣俱荣的共生观念。

3.5 教授型作者

教授型作者的科研功底扎实,内容水平和文字水平相对该期刊均已达到较高水平。鉴于文章质量高是期刊质量高的前提,而优秀人才是写出高质量文章的根本,所以对于优秀人才责任编辑尤其要注意其关系构建。与优秀作者维系好关系不但有助于再次获得其投稿,而且有助于获得其朋友、学生、教师等群体的投稿,有助于期刊的长期向上发展。鉴于该类作者无须责任编辑提供内容和文字水平提高方面的专业指导,在关系构建期间就要注意彰显一名责任编辑的专业水平,所以要更注重做好整个发文期间的服务工作,提高其投稿满意度。

4 结束语

期刊的持续健康向上发展以发表高质量的文章为基础,这就需要期刊建立并维护一支高水平的作者队伍。良好的期刊-作者关系有利于期刊获得高质量文章,在互利背景下,期刊组织及其编辑均应与作者构建起良好和谐的关系。在期刊编辑部-作者的关系构建中,本文将关系构建期划分为了基期、审稿期、修稿期、退稿期、录用期、编校期、发刊后,并提出了相应的关系构建措施。在责任编辑-作者的关系构建中,本文将作者按照其发表文章内容水平和文字水平的不同划分为了学生型、博士型、讲师型、副教授型和教授型五类,并提出了有针对性的关系构建措施。通过期刊组织及其编辑与作者的双层良好关系构建,以期为期刊建立一支高水平的作者队伍,从而为促使期刊实现长远发展打下坚实基础。

注释:
① 本文将组织期刊出版发行的机构统一称为编辑部。
② 此处的学生型作者、博士型作者、讲师型作者、副教授型作者、教授型作者仅指作者类型,与作者是否学生、博士、讲师、副教授、教授等无直接关系。

参 考 文 献

[1] 张丛,赵歌,张园.五环节构建学术期刊编辑与作者的和谐关系[J].科技与出版,2019(11):129-133.
[2] 邹岚萍.构建编辑与作者的关系模式[J].编辑学刊,2014(3):93-96.
[3] 于华东.论编辑过程中作者与编者的心理互动[J].武汉大学学报(人文科学版),2003,56(5):627-630.
[4] 刘扬,廖小刚.编辑实践中的作者群体及其生态构建[J].中国编辑,2022(7):81-84,96.
[5] 刘棉玲.论学报编辑在研究生作者学术诚信培养中的责任担当[J].传播与版权,2022(6):46-48,61.
[6] 丁红艺,毕莉明.高校学报加强研究生作者群建设的探讨[M]//学报编辑论丛 2017.上海:上海大学出版社,2017:450-453.

新时代学术期刊意识形态提升机制研究
——以西安交大主办期刊为例

赵 歌，张 丛

(西安交通大学期刊中心，陕西 西安 710049)

摘要：出版是意识形态领域的重要表现之一，学术期刊是意识形态工作的前沿阵地。在新的时代背景下，探讨学术期刊的意识形态问题不仅能从理论上丰富意识形态的研究范畴，而且能在实践上深化对学术期刊意识形态提升机制的探索。通过对学术期刊内容和评价的意识形态性展开分析，从政治倾向、学科取向、学术立场等方面梳理学术期刊可能涉及的意识形态问题及其产生根源。以西安交通大学主办期刊为例，提出深化理论武装、构筑期刊出版的意识形态高地，加强制度建设、全面推行意识形态工作责任制，聚焦主业主责、巩固壮大新时代主流思想舆论等学术期刊意识形态提升机制。

关键词：学术期刊；意识形态；政治倾向；学科取向；学术立场

意识形态决定文化的前进方向和发展道路。党的二十大报告指出："意识形态工作是为国家立心、为民族立魂的工作。牢牢掌握党对意识形态工作领导权，全面落实意识形态工作责任制，巩固壮大奋进新时代的主流思想舆论。"[1]学术期刊是开展学术交流、传播思想文化、促进理论创新、推动科技进步的重要平台和阵地，并且因其特有的舆论导向功能，成为社会主义意识形态的前沿阵地。在新的时代背景下，学术期刊坚持党性原则、突出意识形态属性，探索形成一套完整的期刊意识形态工作机制，具有重要意义。

1 学术期刊的意识形态属性

习近平总书记在中央党校建校 90 周年庆祝大会暨 2023 年春季学期开学典礼上的讲话中指出："当前意识形态领域的斗争仍然尖锐复杂，需要全党以敢于斗争的精神、善于斗争的本领主动应战，牢牢掌握主动权。"[2] 国家新闻出版署于 2017 年 12 月 11 日修订的《期刊出版管理规定》明确指出，"期刊出版必须坚持正确的舆论导向和出版方向，坚持把社会效益放在首位、社会效益和经济效益相统一的原则。"学术期刊的意识形态属性主要体现在其内容和评价上。一方面，学术期刊刊载的学术内容和研究成果反映了学术界的思想倾向和价值观念，具有意识形态倾向；另一方面，主流意识形态的价值导向是评价学术期刊的核心要素，决定了学术期刊的办刊导向。

1.1 学术期刊内容的意识形态性

任何学术文本的背后都隐含着意识形态的选择，并且在抽象地表达着某种价值选择[3]。不同于一般的大众传媒，学术期刊不仅具有文化传播、信息交流的功能，还具有通过政治舆论对社会政治产生影响的功能[4]，这种政治影响决定了其内容天然地具有意识形态性。为此，2021年 6 月，中宣部、教育部、科技部联合印发的《关于推动学术期刊繁荣发展的意见》明确指出，学术期刊应坚持正确的政治方向、出版导向和价值取向。

正确的政治方向是期刊出版的基本要求和根本保证。新形势下做好学术期刊的出版工作，必须把政治导向摆在第一位，做到学术的真理性和意识形态的阶级性相统一。一是坚持马克思主义在办刊中的指导地位：增强"四个意识"，坚定"四个自信"，做到"两个维护"，始终以习近平新时代中国特色社会主义思想武装学术出版，确保学术期刊的内容不迷失方向、不犯颠覆性错误。二是坚持宣传主流意识形态：通过用学术讲政治，充分阐释党的创新理论成果，发挥学术期刊引领作用，推进习近平新时代中国特色社会主义思想研究走向深入。

正确的出版导向是推动文化发展的重要力量。坚持正确的出版导向，需要以服务读者和文化事业为核心，以质量和社会责任为导向，确保学术期刊在内容上坚持正确的研究导向。一是坚持"双百"方针：学术期刊作为学术交流的重要平台，应该坚持百花齐放、百家争鸣的"双百"方针，鼓励多元的学术观点和研究方法，促进学术研究的进步和创新。二是坚持"双为"方向：学术期刊要以为人民服务、为社会主义服务为中心，站在社会最前沿，持续推动学术、促进学风建设，通过推出前沿性的、开拓性的学术成果，为中国式现代化提供智力支持。

正确的价值取向既是评价学术期刊内容的关键标准，也是学术期刊高质量发展的基本要求。在学术创新性成果的社会传播和期刊传播研究成果的价值选择上，一是坚持"四个面向"：围绕国家社会发展的重大理论与现实需求，坚持面向世界科技前沿、面向经济主战场、面向国家重大需求、面向人民生命健康，不断提升期刊内容质量和水平。二是坚持社会主义核心价值观：通过学术期刊弘扬主旋律、传播正能量，坚决揭露和拒斥西方以文化、文明、学术外衣设置的政治陷阱。

1.2 学术期刊评价的意识形态性

意识形态向度是对学术期刊的政治导向、社会伦理要求等方面的考量[5]。学术期刊评价包括定性评价和定量评价。在定性评价中，期刊的政治导向及主流意识形态导向，是期刊评价体系的重要因素之一。近年来，国家层面高度重视学术期刊的意识形态问题，2018年11月，中央全面深化改革委员会第五次会议审议通过的《关于加强和改进出版工作的意见》指出，"要坚持中国特色社会主义文化发展道路，坚持为人民服务、为社会主义服务"；2019年6月，中共中央印发的《中国共产党宣传工作条例》进一步明确了宣传工作的地位、作用、职责和使命，要求广大宣传思想工作部门和宣传思想工作者践行举旗帜、聚民心、育新人、兴文化、展形象的职责使命，牢牢把握正确的政治方向；2019年8月，中国科协、中宣部等部门联合印发的《关于深化改革 培育世界一流科技期刊的意见》要求"加强党对科技期刊工作的全面领导，确保正确的舆论导向和办刊方向"；2021年6月，中宣部、教育部等部门联合印发的《关于推动学术期刊繁荣发展的意见》指出，"学术期刊出版工作要以习近平新时代中国特色社会主义思想为指导，紧紧围绕党和国家重大决策部署和宣传思想工作根本任务，坚持正确政治方向、出版导向、价值取向"。

为坚持底线思维，做好学术期刊的意识形态工作，使其自觉成为坚守与宣传社会主义意识形态的重要阵地[6]，相关部门通过细化评价指标体系，构建和营造良好的学术生态。2019年3月，中宣部印发的《报刊出版单位社会效益评价考核试行办法》推行"导向正确性"一票否决办法，并在"舆论引导与社会责任"一级指标下明确列出"意识形态工作责任制"的评价考核指标；2020年5月，国家新闻出版署印发《报纸期刊质量管理规定》，规定了期刊内容、编校、出版形式及印制质量的评价标准，为期刊划定了质量"底线"；2021年10月，中宣部印发《关于开展期刊滥发论文问题专项检查的通知》，针对部分违背出版宗旨和准则的期刊，以及存在各类违规问题的期刊开展专项检查，严把期刊内容关。

2 学术期刊可能涉及的意识形态问题及其根源

以上分析了学术期刊的意识形态属性，可以发现，抓好学术期刊的意识形态工作，落实党管宣传、党管意识形态原则，牢牢掌握意识形态工作的领导权、主动权，把培育和践行社会主义核心价值观贯彻落实在学术期刊编辑出版工作中，自觉维护马克思主义学术话语权，对于推进学术期刊事业高质量发展具有十分重要的意义。加强学术期刊意识形态建设的关键是明确学术期刊可能涉及的意识形态问题。为此，本文从政治倾向、学科取向、学术立场等方面对学术期刊可能涉及的意识形态问题展开分析。

2.1 政治倾向方面

政治性问题是学术期刊需要高度重视的红线和高压线，审查稍有不严，就可能会产生严重的政治问题，甚至引发舆情。学术期刊可能涉及的政治问题至少包括三类错误。一是立场错误：这是政治问题中最严重的一类，表现为选题本身涉及国家安全、社会安定等大局问题，在政治立场、政治观点上存在偏移以及在具体文字表述上出现与党和国家方针政策、禁止性规定和法律有关的政治性差错或错误等。二是认知错误：这类差错包括但不仅限于政治用语不规范，基本概念、称谓模糊不清甚至严重错误。其中最为典型的是将中国香港、中国澳门、中国台湾列为国家或与其他国家并列出现。三是引用错误：包括但不限于文献、地图等的引用不严谨、不规范。如一些作者在引用地图时不加考证，缺乏版图和领土意识，使用的地图存在错误表示我国藏南地区和阿克赛钦地区国界线、我国台湾岛和海南岛底色与大陆不一致、漏绘我国南海诸岛和南海断续线、克什米尔地区表示等不符合国家有关规定等问题。

2.2 学科取向方面

学术期刊通常会聚焦于某个学科领域，其发表的研究成果也会受到该学科领域的影响和制约。学术期刊的学科取向虽然有所不同，但是皆属意识形态阵地，均有政治立场、均含政治风险[7]。人文社科期刊具有的文化传递功能和社会思潮影响力决定了其既是意识形态工作的主战场，也是意识形态问题的重灾区。除可能存在上述政治倾向问题外，人文社科期刊还要对西方意识形态的学术话语渗透、西方对中国文化的解构以及"泛国际化"等西方思潮精准识别并严厉拒斥。科技期刊作为引领科技发展、荟萃科学发现的重要载体，直接体现国家的科技竞争力和文化软实力。不同于人文社科期刊以文字集中表达观点，科技期刊可能涉及的意识形态问题具有隐蔽性和潜在性，如科学研究的涉密、科技名词的不规范使用、重要信息的不正确呈现，以及医学期刊可能涉及的医学伦理问题等。随着新媒体技术的发展，学术期刊的意识形态问题已经突破了传统的学科取向，延伸至微信、网站、公众号、微博等新媒体领域，来源广泛且极易被放大。2023 年，习近平总书记在全国网络安全和信息化工作会议上指出："要加强网上正面宣传引导，防范网络意识形态风险，提高网络综合治理效能，形成良好网络生态，牢牢掌握网络意识形态工作领导权。"[8]为此，要特别重视新媒体时代网络意识形态安全。

2.3 学术立场方面

学术期刊的学术性与政治性问题由来已久，学术期刊可能存在的意识形态问题多源自"政治性"与"学术性"的冲突。2016 年 5 月 17 日，习近平总书记在北京主持召开哲学社会科学工作座谈会并发表重要讲话，他指出："要正确区分学术问题和政治问题，不要把一般的学术问题当成政治问题,也不要把政治问题当作一般的学术问题,既反对打着学术研究旗号从事违背学术道德、违反宪法法律的假学术行为,也反对把学术问题和政治问题混淆起来、用解决政治问题的办法对待学术问题的简单化做法。"[9]假学术行为和对待学术问题的简单化做法,不仅与社会主义核心价值观背道而驰,更影响了主流意识形态理论的权威性,进而阻碍社会的发展进步。

深入分析学术期刊在意识形态领域可能存在的问题,可以发现其存在认识层面、制度层面、个体层面等多重根源。认识层面的根源是对意识形态问题的认识和重视不够。集中表现为对马克思列宁主义、毛泽东思想、邓小平理论、"三个代表"重要思想、科学发展观以及习近平新时代中国特色社会主义思想认识不够,对新时代意识形态工作的极端重要性、意识形态工作面临的新形势新任务、树立底线思维筑牢意识形态安全屏障等认识不够,对新时代从事学术研究、开展编辑工作、组织学术出版相关要求的认识不够。

制度层面的根源在于没有建立落实期刊意识形态工作责任制、"三审三校"、重大选题备案等制度。学术期刊意识形态工作责任制旨在围绕党和国家的中心工作,切实把握正确办刊方向,在期刊出版工作和意识形态原则问题上掌握主动权,打好主动仗。包括建立意识形态审查责任与流程、建立意识形态督查考核机制、建立意识形态问题定期研判和通报机制、做好学术期刊从业者的思想政治工作等。此外,严格落实"三审三校"、重大选题备案等制度均能减少意识形态问题的发生。

个体层面的根源体现在作者、审者、编者等缺乏意识形态主体意识。首先,作者缺乏主体意识,容易出现出版法规意识淡薄、治学态度不严、违背学术道德、违反"四项基本原则"等问题。其次,审者缺乏主体意识,容易丧失意识形态警觉性,出现混淆学术问题和政治问题等意识形态问题。最后,编辑缺乏主体意识,会对一些错误的概念、表述和提法不敏感,导致无法及时科学识别并正确处理有害信息,也在无形中增加了意识形态问题发生的概率。

3 新时代学术期刊意识形态提升机制

意识形态"一票否决"的评价标准"倒逼"学术期刊不断探索意识形态的提升机制。作为学校期刊的管理部门,西安交通大学期刊中心在校党委的领导下始终坚持马克思主义在意识形态领域的指导地位,不断增强意识形态领域的主导权和话语权,近年来通过深化理论武装、加强制度建设、聚焦主责主业等打造了许多亮点工作,为构筑期刊出版的意识形态高地、全面推行意识形态工作责任制、巩固壮大新时代主流思想舆论打下了坚实基础。

3.1 深化理论武装,构筑期刊出版的意识形态高地

为坚持正确的政治方向和出版导向,西安交大主办期刊以多种举措增强理论自觉、筑牢思想根基。一是以理论学习坚定意识形态"主心骨":通过专家讲座、专题党课、专题培训、知识竞答等形式学习党的十九大、二十大报告,习近平总书记在党的新闻舆论工作座谈会、全国宣传思想工作会议、哲学社会科学工作座谈会上的重要讲话及其给《文史哲》编辑部的回信等,借助学习强国、党建学习教育等平台学习习近平总书记系列讲话精神和党的创新理论,坚持用习近平新时代中国特色社会主义思想武装头脑,把坚定"四个自信"作为学术期刊意识形态建设的关键。二是以实践学习坚守意识形态"主阵地":通过主题党日、主题实践、支部共建、调查研究等强化意识形态理论素养、增强使命担当意识,在实际的期刊出版工作中提高政治判断力、政治领悟力、政治执行力。

3.2 加强制度建设，全面推行意识形态工作责任制

为加强学术期刊意识形态制度建设，西安交大主办期刊全面推行意识形态工作责任制，进一步完善落实重大选题备案制度、期刊"三审三校"制度、同行评议制度等，同时建立意识形态风险预警机制，将意识形态工作责任落实到期刊出版的全流程。2021 年实行期刊集约化发展以来，先后修订《西安交通大学期刊中心意识形态工作责任制实施细则》《西安交通大学学术期刊出版伦理指南》等涉及意识形态的规章制度，以制度形式明确各环节职责，确保期刊出版导向正确。同时对期刊出版涉及的意识形态工作坚持"一票否决"和"谁主管、谁负责"原则，相关社科期刊目录定期上报校党委宣传部审核，各项讲座活动均严格上报审批。此外，西安交通大学期刊中心下设的技术支持部严格对各主办期刊网站(网页)、投审稿系统以及微信公众号等新媒体内容进行常态化监测和审查，以关键词抓取等技术手段建立有害信息监测、预警、研判、上报、处理的长效工作机制。

3.3 聚焦主业主责，巩固壮大新时代主流思想舆论

为全方位传播社会主义主流意识形态与核心价值观，巩固壮大奋进新时代主流思想舆论质效，西安交大主办期刊通过开展主题出版、主题宣传、学术研究等工作，加强意识形态阵地建设。例如，《西安交通大学学报(社会科学版)》先后组织"改革开放 40 年：成就与挑战"专刊、"庆祝中国共产党成立 100 周年"等专刊，围绕"共同富裕研究""学习阐释党的二十大精神"等内容组织专题出版；多刊利用微信公众号开设"党的二十大精神专题研究"，推送相关研究成果，利用期刊封二封三版面宣传党的创新理论成果等。此外，还通过申报中国精品期刊展、立项学术期刊意识形态工作研究项目等不断深化对学术期刊意识形态工作的规律性认识。

4 结束语

掌握出版宣传领域意识形态领导权，推动习近平新时代中国特色社会主义思想深入人心，是学术期刊及其从业人员的使命和重任。学术期刊在内容和评价方面均具有意识形态属性，要从政治倾向、学科取向、学术立场等方面对可能涉及的意识形态问题进行审查判断，在认识层面提高政治站位、强化意识形态阵地意识，在制度层面建立全流程的意识形态工作机制，在个体层面提升理论素养和编辑水平，使学术期刊能够担负起引领正确理想信念、价值理念和道德观念的战略任务。

参 考 文 献

[1] 习近平.高举中国特色社会主义伟大旗帜 为全面建设社会主义现代化国家而团结奋斗:在中国共产党第二十次全国代表大会上的报告[N].人民日报,2022-10-26(01).

[2] 习近平.在中央党校建校 90 周年庆祝大会暨 2023 年春季学期开学典礼上的讲话[N].人民日报,2023-04-01(01).

[3] 陈更亮.明确"六个意识" 建设科技期刊强国[J].编辑学报,2022,34(4):355-359.

[4] 罗重谱.新时代社科类学术期刊应充分发挥引领作用[J].中南民族大学学报(人文社会科学版),2022,42(10):173-180.

[5] 赵均.学术论文质量评价向度分析[J].现代出版,2022(2):105-112.

[6] 吴林娟.人文社会科学学术期刊质量评价体系构建及实证研究:基于专家视角分析[J].重庆大学学报(社会科学版),2021,27(6):97-110.

[7] 赵水根.科技期刊意识形态阵地建设研究[J].中原工学院学报,2020,31(6):1-5.

[8] 习近平.深入贯彻党中央关于网络强国的重要思想 大力推动网信事业高质量发展[N].人民日报,2023-07-16(01).

[9] 习近平.在哲学社会科学工作座谈会上的讲话[N].人民日报,2016-05-19(02).

中文科技论文泛选关键词问题探讨
——以化工领域为例

杨 鹏

(太原理工大学期刊中心,山西 太原 030024)

摘要:为了解化工类中文科技期刊论文的泛选关键词标引现状,选择中国学术期刊全文数据库工程科技I辑中无机化工、有机化工、燃料化工3个学科为调查范围,分别检索在2000—2009年和2010—2019年两个十年中,较常见的10个泛选关键词("合成""应用""制备""表征""性能""工艺""分析""设计""发展""进展")的数目和出现的频率,发现:与2000—2009年相比,发表在2010—2019年的论文中上述10个泛选关键词的出现频率有所降低;发表在2010—2019年的论文中,上述10个泛选关键词在不同类别期刊上的出现频率累计为4.26%~6.76%,仍需要引起重视。科技论文的作者、科技期刊的编辑、期刊管理部门等应重视关键词的标引,认识到泛选关键词的危害,采取多种措施减少泛选关键词的出现。

关键词:中文科技期刊;化工学科;关键词标引;泛选关键词

关键词是学术论文的必备要素。随着数字技术的发展,通过在网络文献数据库中查找关键词的方式检索文献成为研究人员搜索科研资料的主要手段,给科研工作带来了极大的便利。准确标引关键词是提高论文显示度的有效手段[1],是科技期刊服务作者和读者、提高自身影响力的有效途径。对一定时期内某一领域研究论文的关键词进行分析,可以了解该领域的研究热点[2-4],可以进一步掌握这一领域的研究热点在不同时期的变化趋势。因此,通过关键词可以对该领域的发展动态、发展趋势有一定的了解,可为研究人员进行文献调研、制定科研计划提供一定的帮助。

由编辑出版学名词审定委员会审定、全国科学技术名词审定委员会公布的《编辑与出版学名词》中定义:关键词是为便于检索而提出的能够表达文献主题内容、可作为检索入口的未经过规范化的自然语言词汇。在实践中,科技论文的关键词是从题名、摘要、正文中精炼出来的能反映论文主题概念的词或词组。关键词最初是为了满足计算机系统编制各种文献索引的需要而产生,其需要能反映研究论文的主题内容,符合专指性、全面性、规范性的特点。

许多研究者对关键词的标引方法和需遵循的规范提出了自己的见解[5-6],关键词标引中存在的关键词排列顺序不当、关键词漏选、泛选等问题也被大家关注到。如果关键词选择不当,读者很难检索到论文。屈李纯等[7]分析了农艺学、植物保护、农作物和园艺4个学科领域的期刊论文的关键词标引现状,分析了关键词标引中出现大量泛化关键词的原因及解决对策。伍锦花等[8]分析了中国知网上2015—2019年发表的论文中10个泛选关键词的年度分布规律以及泛选关键词的出现频率与文献类型、作者学历的关系。尚未见有学者对化工领域论文中的关键词标引情况进行分析。

结合文献[7-8]中有关泛选关键词的分析和讨论，以及化工学科论文的特点，笔者确定了"合成""应用""制备""表征""性能""工艺""分析""设计""发展""进展"等 10 个化工学科论文中常见的泛选关键词，以中国学术期刊全文数据库中无机化工、有机化工、燃料化工 3 个学科的论文为调查对象，分析 2000—2009 年和 2010—2019 年两个十年中不同类别期刊(所有期刊、核心期刊，以及 SCI 和 EI 期刊)中这 10 个泛选关键词出现的数目及频率，考察泛选关键词与期刊类别的相关性，并结合工作实践和个人思考，提出一些减少泛选关键词的措施，以期为化工领域的关键词标引工作提供参考和指引。

1 化工领域科技论文 10 个泛选关键词标引现状

在中文学术期刊全文数据库中，以工程科技 I 辑中的无机化工、有机化工、燃料化工 3 个学科领域所载论文为调查对象，限定发表年限为 2000 年 1 月 1 日—2009 年 12 月 31 日，检索"合成""应用""制备""表征""性能""工艺""分析""设计""发展""进展"这 10 个常见的专指性不强的泛选关键词在所有期刊、核心期刊、SCI 和 EI 期刊中的出现频次，并计算每个关键词出现的频率，结果见表 1。限定发表年限为 2010 年 1 月 1 日—2019 年 12 月 31 日，重复上述检索和计算过程，结果见表 2。检索日期为 2022 年 11 月 10 日。

表 1 2000—2009 年 10 个泛选关键词出现频次和频率

期刊类别	频次及频率									
	合成	应用	制备	表征	性能	工艺	生产	分析	设计	发展
所有期刊	14 901	7 895	4 220	1 629	3 177	2 240	1 802	1 685	1 513	1 508
(论文数量 450 136)	3.31%	1.75%	0.94%	0.36%	0.71%	0.50%	0.40%	0.37%	0.34%	0.34%
核心期刊	6 567	1 665	1 700	939	1 341	607	218	331	311	235
(论文数量 141 919)	4.63%	1.17%	1.20%	0.66%	0.94%	0.43%	0.15%	0.23%	0.22%	0.17%
SCI 和 EI 期刊	2 064	271	435	355	366	95	62	39	63	32
(论文数量 55 710)	3.70%	0.49%	0.78%	0.64%	0.66%	0.17%	0.11%	0.07%	0.11%	0.06%

表 2 2010—2019 年 10 个泛选关键词出现频次和频率

期刊类别	频次及频率									
	合成	应用	制备	表征	性能	工艺	生产	分析	设计	发展
所有期刊	11 152	8 354	3 837	1 754	3 900	2 319	1 004	2 500	2 285	1 259
(论文数量 567 292)	1.97%	1.47%	0.68%	0.31%	0.69%	0.41%	0.18%	0.44%	0.40%	0.22%
核心期刊	5 439	1 282	1 632	1 024	1 762	398	102	291	201	118
(论文数量 189 068)	2.88%	0.68%	0.86%	0.54%	0.93%	0.21%	0.05%	0.15%	0.11%	0.06%
SCI 和 EI 期刊	1 156	111	319	216	311	37	18	22	28	1
(论文数量 52 099)	2.22%	0.21%	0.61%	0.41%	0.60%	0.07%	0.03%	0.04%	0.05%	0.002%

对比表 1 和表 2 可计算得知，与 2000—2009 年相比，无机化工、有机化工、燃料化工 3 个学科领域在 2010—2019 年发表的中文科技论文数量增长了 26%，其中发表在核心期刊上的论文数量增长了 33%。数字表明，随着我国科技的发展、国家对科研投入的不断增加，与 2000—2009 年相比，化工领域的科研论文产出在后一个 10 年间发生了较大的提升。但是，"合

成""应用""制备""表征""性能""工艺""分析""设计""发展""进展"这 10 个泛选关键词出现的频次并没有随着刊发论文数量的增长而增长,这说明更多的论文作者以及期刊编辑对关键词的标引提高了重视,关键词的标引越来越规范。然而,2010—2019 年的 10 年间,发表在无机化工、有机化工、燃料化工 3 个学科领域的科技论文中,上述 10 个泛选关键词在不同类别期刊上的出现频率累计仍达到 4.26%~6.76%(所有期刊为 6.76%,核心期刊为 6.48%,SCI 及 EI 期刊为 4.26%),需要引起重视。

从期刊类别上看,不论是 2000—2009 年还是 2010—2019 年,无机化工、有机化工、燃料化工 3 个学科领域的中文科技论文中,10 个泛选关键词在核心期刊上出现的频率整体上低于在所有期刊上出现的频率,在 SCI 及 EI 期刊上出现的频率更低。这一结果与武锦花等人的研究结果[8]类似,他们发现,发表在"学院学报"上的科技论文中无效关键词的出现频率明显比"大学学报"科技论文的高,学位论文中"博士论文"中的无效关键词累计词频明显比同期"硕士论文"中的低。

2 泛选关键词的成因与危害

2.1 泛选关键词的成因

由上述统计结果可以知道,泛选关键词的出现与期刊、作者群体的特征都有关系,核心期刊,尤其是 SCI 及 EI 期刊的论文作者和期刊编辑对关键词的标引更为重视,对论文质量的要求更为严格,这不仅与不同期刊的作者和编辑的能力有关系,更多的是与不同期刊的作者和编辑对论文的态度有关系。作者会对自己将要发表在好期刊上的论文认真写作、修改,对自己将要发表在一般期刊上的论文就应付了事;好期刊的编辑会对稿件编校的要求更高,普通期刊的编辑对待编校可能就没有那么严苛。作者和编辑都认为为一篇普通期刊上的论文花费较大的精力没有必要。这提醒我们,在期刊出版方面要谨防马太效应的影响,防止普通期刊的办刊质量下滑。不规范的关键词只能说是"不合适",不能算"错误"。对作者来说,期刊通常只规定了论文关键词的数量要求,其他与关键词相关的要求都无法量化,所以作者往往只关注关键词的数量。对编辑来说,要规范关键词的标引需要付出较大的精力和较多的时间,而结果几乎没有人会注意——改得更好是工作职责,不会因此而增加评优评先评职称的机会,没改也不是错误,也不会减少评优评先评职称的机会。各方对关键词的要求远不如对论文结构、语言、图表、公式符号等的要求高。因此,作者和编辑都没有动力做好关键词的标引工作。

2.2 泛选关键词的危害

虽然泛选关键词在编校审查中顺利通过,但是其对学术相关的各方有相当大的负面影响。首先,因为选择了泛选关键词,"凑足"了关键词的数量,作者就非常有可能忽略能真正反映论文研究内容的关键词,导致发表的论文不能被他人检索到,沉入浩如烟海的文献库中,不仅影响期刊的影响力提升,而且不能被同行检索到的论文和未发表的研究一样,不产生任何科学上的意义,有违科学研究的初衷。其次,泛选关键词使学者对论文、期刊产生"不专业"的印象,影响同行学者对作者研究团队科研水平、工作态度的认可,以及对期刊学术水平、工作态度的认可,对作者和期刊都造成重大的学术影响力的损失。最后,泛选关键词的出现让人们对期刊审读和管理部门产生"把关不严"的印象,损害管理部门的形象和权威性。

3 减少泛选关键词的对策建议

以上分析表明，出现泛选关键词的根本原因是编辑和作者不够重视论文关键词的标引、对科学论文的严谨性认识不足。关键词标引是科学论文写作中专业要求极强的环节，对作者和编辑的学术水平提出了较高的要求，同时，当前也缺乏简便的、具有可操作性的准确标引关键词的方法和指导，作者有时仅仅从论文题名中选取一些词语作为关键词[9-10]，给了泛选关键词以可乘之机。笔者结合工作实践和个人思考，从期刊、作者和编辑、科技期刊管理部门等角度提出一些减少泛选关键词的对策建议。

3.1 期刊的作为

期刊是学术论文的重要载体。为了减少泛选关键词的出现频率，期刊应细化并明确提出对关键词的标引要求，如避免无具体指向的泛选关键词(可以例举一些泛选关键词以启示作者)，如《材料导报》在投稿指南中明确告诉作者"应避免使用过于笼统的科技词语或非科技名词，比如'制备''表征''分析''对比''应用''进展''展望'等"，也可以根据自身的专业定位为作者提供可供参考的关键词，如《化工学报》在广泛征求专家意见的基础上建立了自己的标准化关键词库，同时，这一标准化关键词库随着化工学科的快速发展也在不断更新，从而避免泛选关键词出现在标准化关键词库中。新媒体出版时代，期刊可将对关键词的具体要求如避免选择泛选关键词、泛选关键词举例等，显示在纸刊、网站、微信公众号等宣传平台，使作者无须通过发邮件或打电话询问即可方便地获取相关信息。

3.2 作者和编辑的作为

作者和编辑是科技论文的直接参与者。作者(大部分为研究生作者)可以通过参加科技论文写作课程获得论文写作的相关知识，包括科技论文关键词的重要性及标引的要求、规则、方法等，并在写作实践中不断积累经验。编辑也要认识到关键词标引的重要性、认识到泛选关键词给期刊带来的损失，在编校过程中关注并思考关键词的标引，利用多种途径提升自身的学术水平和学术鉴赏力、加强自己的关键词编校能力。比如，可在编校关键词时参考和查询汉语主题词表、全国科学技术名词审定委员会上线的术语在线平台，多与作者和审稿专家沟通关键词的选取，参加继续教育培训时关注关键词相关的培训内容等。

当前，各种学科不断交叉，新的研究方向不断产生和发展，编辑在编校新兴研究领域论文的关键词时，可以参考张红霞等[6]提出的方法，先确定主题概念，再把主题概念转换为关键词，最后借助学术期刊全文数据库对所选关键词进行辅助性审核和修改。通过关键词编校使论文更容易被相关领域的研究者搜索和关注。随着人工智能技术的不断发展，已有学者尝试运用 ChatGPT 对科技期刊摘要的文字进行编辑[11]，人工智能辅助编校的时代即将到来，因此，编辑应积极关注人工智能技术在编辑工作中的应用进展，借助新技术辅助关键词编校，选出真正反映论文研究内容的关键词，避免泛选关键词。

3.3 其他

出版专业技术人员继续教育培训主办方可以在筹划培训班时有意加强关键词标引的培训内容。笔者查看了 2023 年 1—7 月的出版专业继续教育培训通知，在培训内容中有学术论文的题目、参考文献、符号、公式、表格、插图等的编校培训，未见有关键词相关的培训内容。培训主办方可以增加关键词相关的培训内容，可通过理论指导和案例分析的方式为广大编辑人员提供更多的学习经验，提高编辑对关键词标引重要性的认识，提高编辑识别泛选关键词的意愿，能显著减少泛选关键词的出现。随着编辑出版的研究不断深入，相应的继续教育培训也可以面向不同学科领域的编校开展不同的培训内容，使培训更有成效，避免泛泛而谈。

科技期刊管理部门是期刊质量的监督者。科技期刊管理部门在审读期刊时可以加强对关键词标引质量的审读，不仅审读科技论文的形式质量，也要审读科技论文的内容质量，从监管的角度督促期刊编辑提高对关键词标引质量的要求，减少泛选关键词。

4 结束语

关键词是科研人员检索文献的重要入口。虽然有学者研究关键词标引中的问题和解决方法，然而多数时候，论文写作和出版的各相关主体对关键词标引重要性的认识仍然显得不足。通过本文的数据统计结果以及讨论分析可知，3个化工学科学术论文中泛选关键词的出现频率仍然较高。出现泛选关键词的根本原因是作者和编辑对关键词的认识不足，没有及时识别出论文的泛选关键词。期望与论文发表相关的期刊、编辑、作者，以及期刊管理审读部门等，都能认识到泛选关键词的危害，做好关键词的规范标引，并能根据不断发展变化的学术研究更新对关键词的认识，为学术界提供高质量有价值的学术论文，促进学术期刊的良性健康发展。

参 考 文 献

[1] 杜秀杰,赵大良,葛赵青,等.数字出版时代如何提高科技论文的显示度[J].中国科技期刊研究,2012,23(1):126-128.
[2] 郭文斌,方俊明,陈秋珠.基于关键词共词分析的我国自闭症热点研究[J].西北师大学报(社会科学版),2012,49(1):128-132.
[3] 马费成,张勤.国内外知识管理研究热点:基于词频的统计分析[J].情报学报,2006(2):163-171.
[4] 池营营,安珍,周小潭.基于载文关键词统计的《编辑学报》研究热点分析[J].传播与版权,2019(1):87-89.
[5] 刘岱伟.科技论文关键词的编辑加工[J].编辑学报,2004,16(2):107-108.
[6] 张红霞,冀伦文,贾丽红,等.信息传播视角下学术论文关键词标引方法与策略[J].中国科技期刊研究,2018,29(12):1213-1218.
[7] 屈李纯,霍振响.科技论文关键词"不关键"原因探析[J].编辑学报,2019,31(5):516-519.
[8] 伍锦花,陈灿华.科技论文10个无效关键词计量学分析[J].编辑学报,2020,32(4):403-408.
[9] 王昌度,熊云,徐金龙,等.科技期刊论文关键词标引的问题与对策[J].编辑学报,2003,15(5):349-351.
[10] 孙君艳,张重毅,方梅.科技论文作者选取关键词行为分析:以《计算机系统应用》为例[J].编辑学报,2022,34(5):519-522.
[11] 李侗桐,高瑞婧,田佳.ChatGPT在中文科技期刊摘要文字编辑中的实用性测试与分析[J].中国科技期刊研究,2023,34(8):1014-1019.

科技期刊聚集优质稿源的思考

——以《移动通信》为例

刘宗祥，陈雍君

(《移动通信》编辑部，广东 广州 510310)

摘要：介绍了我国科技期刊论文的产出情况和优质稿源的外流情况，指出了优质稿源对于提升期刊质量和影响力的重要意义。结合《移动通信》多年来的办刊实践，详细阐述了期刊出版工作中技术专题的组织方法和措施。通过出版后论文被下载和引用数据的统计，证实了围绕行业发展热点聚集优质稿源出版技术专题，是科技期刊提升出版质量和影响力的有效途径。

关键词：稿源策划；出版策划；稿源组织；技术专题

  2021年5月9日，习近平总书记在给《文史哲》编辑部的回信中指出：高品质的学术期刊要坚守初心、引领创新，展示高水平的研究成果，支持优秀学术人才成长，促进中外学术交流[1]。习近平总书记的回信，为在新时代背景下如何办好学术期刊，如何提高期刊的学术水平，提出了明确任务和要求，指明了方向和途径。

  稿源是期刊得以生存和发展的基本前提，加大力度组织优质稿源是出版高质量期刊的根本保障。随着我国科技事业的迅猛发展，我国科技论文的产出数量已稳居全球第一，科技论文的质量和影响力也在不断增长[2]。据371种世界各学科代表性科技期刊发表的高水平国际期刊论文统计，2021年中国发表高水平国际期刊论文占世界份额的35.3%，SCI收录的中国科技论文61.23万篇，占世界份额的24.5%，EI收录的中国科技论文36.78万篇，占EI论文总数的35.4%[3]。然而值得注意的是，我国高水平的科技论文大部分都发表在国外的科技期刊上。2020年我国作者共发表SCI论文54.9万余篇，就只有2.5万余篇发表在中国SCI期刊上[2]。从以上数据可以看出：①我国每年产出的科技论文数量庞大；②我国学者发表在国际期刊上的论文质量很高；③我国学者的优质论文外流严重。

  如何引导科研机构和科技工作者将高水平的论文投稿到国内科技期刊上，从而在一定程度上解决优质科技论文严重外流的现象？如何聚集优质稿源，提升国内学术期刊的办刊质量和学术技术水平？这是我们一线办刊人员应该正视和重视的问题，也是需要我们积极思考和应对的问题。经过多年的办刊实践，我们发现围绕行业发展热点出版技术专题，是科技期刊吸引稿源、提升出版质量和影响力的有效途径。那么，如何找准行业发展热点？如何进行技术专题内容的策划？如何策划组织稿源，提升稿源质量？下面结合《移动通信》杂志的办刊实践，介绍我们的一些做法和取得的成效。

1 行业热点与专题内容的策划

围绕行业发展热点进行期刊的内容策划，出版技术专题，是科技期刊提升出版质量和影响力的有效途径。通过技术专题的出版，可以较全面、系统地阐述行业技术热点出现的背景、现状、发展趋势、关键技术、待解决的问题等；可以聚集热点领域的专家资源，为其探讨技术热点问题提供一个交流的平台，更好地实现学术期刊服务于学术交流的宗旨；可以吸引高质量的稿源，提升刊物的影响影子，扩大刊物的知名度和的影响力；还可以提升编辑出版人员对行业和技术的了解，提高其分析和综合问题的能力。

1.1 出版技术专题要契合行业发展热点

每一个科技领域，在不同的时期都会涌现一些行业发展热点或技术热点。出版技术专题要围绕本科技领域有一定影响力的热点，要有时效性。以移动通信行业为例，截至2023年3月底中国5G移动电话用户6.2亿户，移动物联网用户达19.84亿户；5G专网应用已覆盖52个国民经济大类，网络应用案例数超过5万个[4]；中国《6G总体愿景与潜在关键技术》等系列白皮书的发布[5]；中国将加大投入，全面推进6G技术的研发，抢占未来发展新优势等。这些都是目前移动通信领域的热点，是信息通信界关注的大事。对这些行业热点话题进行跟踪、分析、解读和研究，能形成一系列的科技论文，甚至能产生一系列的科技成果。《移动通信》杂志2022年推出的一系列技术专题，如"5G核心网""5G增强技术""5G专网应用""6G智能感知""通信感知一体化""毫米波、太赫兹通信技术""空天地海一体化网络"等，就是在5G商用网络快速部署应用，6G的研究在全球如火如荼地进行的行业热点背景下策划出版的。这些专题的推出，成为当前国内探讨5G应用与技术演进、6G愿景、6G关键技术、6G技术路线等内容较全面、研究较深入的技术专题。

1.2 出版技术专题要契合刊物的宗旨和专业范围

刊物的技术专题一定要符合刊物的办刊宗旨、专业范围和读者需求。专业的科技期刊都有自己的专业范围和细分读者定位，有自己的作者队伍、审稿专家队伍和专业的编辑出版人员。如果背离办刊方向和专业范围，既无法有效利用刊物的作者资源；也会脱离刊物的专家资源、论文评议资源；还会扰乱期刊的出版秩序，使期刊的健康发展受到损害。因此，科技期刊的出版必须根植于自己的专业学科领域，绝不要为了抓眼球而推出背离办刊宗旨与读者细分市场的技术专题[6]。《移动通信》2022年推出的技术专题，都是围绕移动通信领域的行业热点展开的。这些专题的推出，助推了中国5G的商用进程和6G移动通信技术的开发，迅速提升了《移动通信》的行业影响力和学术水平。

1.3 出版技术专题，要具有较高的科技含量，要坚信读者至上

科技期刊出版的目的就是为了研讨先进的科学理论，探讨先进的科学技术，展示研究领域的优秀解决方案和科技成果，推动技术进步和产业的发展。科技期刊探讨的内容要具有创新性、科学性，要有新的观点和见解。《移动通信》杂志2022年推出的多个6G技术专题，是全球信息通信领域研发的焦点，是在5G移动通信的基础上，将移动通信从服务于人、人与物，进一步拓展到支撑互联体的高效互联，实现从万物互联到万物智联跃迁的技术专题，其研究的范畴和关键技术都是信息通信领域最前沿、最具创新性和突破性的领域，具有非常高的科技含量。

专题内容的策划要坚信读者至上。在做内容策划时，除了考虑先进性、超前性之外，还要抓住全局性的大问题和普通读者关心的问题，向读者提供该专业领域的广泛技术信息。《移动通信》杂志2022年推出的6G技术专题，内容涵盖了全球6G研发计划及进展、我国6G发展计划建议、6G愿景需求、6G发展的技术路线、关键技术、频谱需求、太赫兹通信技术等等，并探讨人工智能、区块链、算力等在6G的交叉应用。这些专题的推出，既具有很好的先进性、超前性，又具有一定的实用性和服务性，得到了业内专家的广泛赞许。

1.4 专题内容的策划

专题方向确定之后，专题的内容策划是专题出版工作的重中之重。要做好专题内容策划工作，首先，策划编辑要具备相关的专业知识和技能，要关注学术热点，了解学术动态，紧跟本学科技术的发展趋势，提升捕捉学术研究热点的敏锐力，成为一个"学者型"编辑[7]。策划编辑在可能的情况下，要积极参加本学科范畴内的学术活动，了解本学科的理论前沿和技术热点，发掘潜在的选题，并积累专家资源；要参加本单位的学术交流活动和信息调研活动，以提升编辑的分析、解决问题的能力。

其次，策划编辑在撰写专题策划方案时要重视如下5点：①明确专题策划的背景和目标，即为何要在这个时间点推出该专题，专题推出期望能达到的目标是什么。②要搭建好专题出版的组织架构，落实好专题出版项目负责人及其职责、任务。③要根据专题推出的策划目标，详细地列出专题的内容刊登方向。④要列出专题出版的时间、形式、发行方式以及时间进度的详细安排。⑤专题策划方案最好还包括撰稿要求、投稿方式、截稿时间、编辑部和组稿者的联络方式等。

为了专题的内容更强大、更精准，策划人除了自己创造性的工作之外，要借助编辑部的整体力量，成立专题项目组，召开专题策划会，对专题内容进行反复的研究、推敲、校正。为了弥补专业知识的不足，策划人在推出基本的专题策划方案之后，可借助外部专家资源，如邀请业内的院士、专家等对专题内容进行指导；邀请活跃于该领域的知名专家担任专题的客座主编，协助稿源的组织和稿件的评议工作等等。

2 优质稿源的针对性组织

组约稿件的方法多种多样，在专题内容方案确定之后，策划人要根据专题内容策划意图、目标，制定详细的专题稿源组织方案，明晰具体的约稿方向和约稿内容，重视向该专题领域的专家、学者特邀稿件。

要改变组稿理念，积极主动约稿，吸纳优质稿源。学术水平高的学者撰写出的论文，内容质量一般都较高，策划编辑要通过自有的途径，主动与高等院校、科研院所等单位的教授、专家联络，积极组织优质稿源。不要觉得期刊在行业内有较大的影响力，只要把专题方案发布出去，就有不少的自由来稿，就可以基本满足用稿的需求。消极、被动地单纯依赖自由来稿的组稿方法，会失去组稿的主动性，难以提高稿源质量[6]。

要重视本专业领域的专家资源数据库建设，这是提高约稿成功率、确保稿源内容方向和质量的基础。目前，专家资源信息基本是公开的，例如，各大高校的导师简介、各类学会的专家委员会名录、各类专业研讨会的通讯录、各大期刊数据库的高被引论文的作者信息等等，只要用心收集，精心整理，就能获取所需的专家资源。科技期刊出版单位要真正建立好动态、细化、有效的作者数据库,这样在组稿时就能做到有的放矢,提高组稿效率和稿件质量。

要充分利用客座主编、审稿人、编委等资源。他们有丰富的社会资源、专家资源等,他们出面约稿,成功率高,稿件质量也有保证。另外,如有可能,可考虑在国内主要的优质稿源产出单位、国家重大基金资助项目研制单位等委任特邀组稿员,拓宽组稿渠道。

要重视约稿函的撰写。一是要尊重受邀作者,了解受邀作者的专业研究方向及其技术观点和主张;二是要将撰稿内容方向、撰稿要求、截稿时间等信息等提供给受邀作者。有些作者可能对期刊的情况不够了解,还需向他们简要介绍期刊出版的宗旨、读者对象、发行范围、出版时间、刊物的影响力等等。发约稿函时最好要求作者填写一份"作者撰稿回执表",以便编辑部了解作者的撰稿意向、写作方向、撰稿框架,从而对稿件内容进行统筹安排,避免重复。

要增强为作者服务的意识,认真对待组稿、审稿、编稿等各个环节。认真、耐心地回复作者投稿前的写作咨询,加强与作者撰稿过程中的协商沟通;高效处理来稿,妥善处理退稿。对学术水平高、论点新颖独到、研究结果有突破性进展的论文,实行"优稿先发"。对于发表后一定时间内下载和引用频次较高的论文,可考虑支付二次稿酬,以吸引高质量的稿件。选择用好采编系统,建设好编辑部的微信公众号等,方便作者投稿查稿,方便专家审稿,方便编辑处理稿件等。

《移动通信》每个专题稿源的策划过程中,都会制订出专题的"约稿方向"文件,将潜在约稿对象的工作单位名称、职务职称、从事的主要研究工作、近年来在该专业领域发表的技术论文、对该专业技术领域的发展主张和观点、邮箱、电话等内容收入其中。并在此基础上,针对专题内容的需求,择优确定20名左右的约稿对象进行稿源邀约。通过这种方式进行稿源组织,可将专题内容与作者的专业相结合,做到定向或定题约稿,提高约稿成功率,确保稿源的内容方向和质量。

3 专题出版后被下载和引用的数据分析

为了评估不同来源的稿件对提升《移动通信》杂志质量和影响力的效果,下面以《移动通信》2022年的出版数据为例,采用中国知网(www.cnki.net)的页面数据和"移动通信微信公众号"的微信点击量数据,对比分析专题特邀稿件和自由来稿对提升刊物质量的贡献。2022年《移动通信》的论文出版、引用、下载数据见表1[8],2022年《移动通信》专题特邀论文和自由来稿的引用、下载、微信点击量贡献率见表2[8]。其中,特邀论文和自由来稿被引和下载量对比见图1。各统计指标中,特约来稿和自由来稿的贡献率对比见图2。

从表2可以看出,《移动通信》全年刊登的207篇论文中,特邀论文和自由来稿的数量占比分别为57%、43%,而论文被引用、下载量和微信点击量的贡献率约分别为88%、78%、69%。平均到每篇稿件,特邀论文的被引用量、下载量、微信点击量分别为1.39次、412次、508次,而自由来稿的被引用量、下载量、微信点击量分别为0.27次、163次、308次。特邀论文的被引用量、下载量、微信点击量分别是自由来稿的5.1倍、2.5倍、1.6倍。57%的特邀论文占比,其被引用量、下载量和微信点击量的贡献率分别达到了整本期刊的88%、78%、69%,特邀论文在提升学术影响力方面的贡献远超过其本身在期刊中论文所占的比例,成为支撑《移动通信》学术质量提升的主要力量。

表1 2022年《移动通信》的论文出版、引用、下载数据表

刊期	全部论文			特邀论文			自由来稿		
	论文数/篇	被引/次	下载/次	论文数/篇	被引/次	下载/次	论文数/篇	被引/次	下载/次
1	17	52	7 413	8	42	4 951	9	10	2 462
2	18	34	4 793	9	28	3 656	9	6	1 137
3	17	13	5 033	10	13	3 768	7	0	1 265
4	16	13	7 797	10	12	6 933	6	1	864
5	18	31	11 837	13	28	9 859	5	3	1 978
6	19	22	8 822	11	21	6 704	8	1	2 118
7	16	5	2 808	10	4	1 880	6	1	928
8	21	11	3 936	14	10	3 132	7	1	804
9	16	1	2 967	6	1	1 505	10	0	1 462
10	15	4	4 357	9	4	3 893	6	0	464
11	15	1	1 581	8	1	1 135	7	0	446
12	19	1	2 045	11	1	1 661	8	0	384
总计	207	188	63 389	119	165	49 077	88	23	14 312

注：中国知网统计数据，截至2023年5月31日。

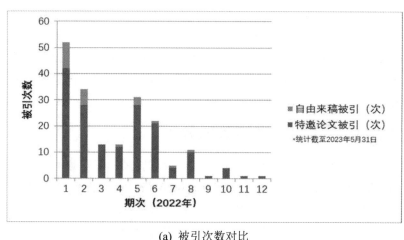

(a) 被引次数对比

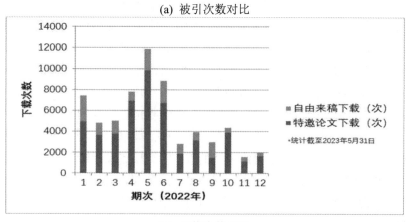

(b) 下载次数对比

图1 2022年《移动通信》各期次自由来稿和特邀论文下载次数对比

表2 2022年《移动通信》专题特邀论文和自由来稿的被引用、下载、微信点击量贡献率

论文数据指标	全年论文总数/篇	特邀论文和自由来稿贡献率（百分比取整）					
		特邀论文数/篇	特邀论文贡献率	特邀论文篇均数据/(次/篇)	自由来稿数/篇	自由来稿贡献率/%	自由来稿篇均数据/(次/篇)
论文数量	207	119	57%	—	88	43	—
被引用量	188	165	88%	1.39	23	12	0.27
下载量	63 389	49 077	78%	412	14 312	22	163
微信点击量	87 661	60 486	69%	508	27 175	31	308

注：中国知网统计数据和"移动通信微信公众号"的微信点击量数据，截至2023年5月31日。

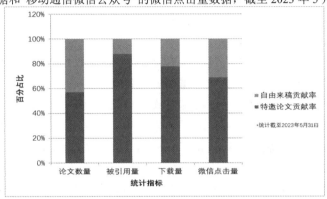

图 2　2022 年《移动通信》各期次自由来稿和特邀论文对统计指标的贡献占比

4　结束语

　　《移动通信》近几年来结合行业热点加强专题的策划，加强专题内容的组织出版，取得了明显的效果，其学术水平、影响力指数、影响因子和综合排名持续攀升。《移动通信》在中国知网中的复合影响因子从 2020 年的 0.828、2021 年度的 1.143，提升到 2022 年的 1.399[9]。2021 年，《移动通信》入选《我国高质量科技期刊分级目录》，2022 年被日本 JST 数据库收录等。这些充分说明了结合行业热点策划出版技术专题，聚集专家稿件，是提升科技期刊出版质量和影响力的非常有效的途径。

参　考　文　献

[1] 周彩珍.基于出版产业链视角探索学术期刊融合发展之路[J].编辑学报,2023(1): 15.
[2] 中国科协学会服务中心.中国科技期刊发展蓝皮书(2021)[M].北京:科学出版社,2021.
[3] 中国科学技术信息研究所.2021 年中国科技论文统计与分析[J].科学,2023(3):59-62.
[4] 刘育英.中国累计建成 5G 基站超过 264 万个,5G 用户达 6.2 亿[EB/OL].中国新闻网 [2023-04-20]. https://www.chinanews.com/cj/2023/04-20/9993805.shtml.
[5] IMT-2030 推进组,中国信通院.6G 总体愿景与潜在关键技术白皮书[EB/OL].[2023-04-20]. https://www.xdyanbao.com/doc/lpj8c1bemk?bd_vid=8680228505776430200.
[6] 刘宗祥.科技期刊发展的思考[C]//中国电子科技集团公司科技期刊主编研讨会,北京.2016.
[7] 郭春兰.我国科技期刊稿源拓展路径探索[J].出版发行研究,2017(12):59.
[8] 中国知网[EB/OL].[2023-05-31]. https://kns.cnki.net/kns8/defaultresult/index.
[9] 《中国学术期刊(光盘版)》电子杂志社有限公司.期刊影响力指数及影响因子[R].中国学术期刊影响因子年报(自然科学与工程技术),2022:93.

新时代高校理工类学报影响力提升的问题与对策
——基于《华东师范大学学报(自然科学版)》的组稿实践研究

陈丽贞，张 晶，李万会

(华东师范大学学报期刊社，上海 200062)

摘要：长期以来，理工类中文期刊受到 SCI 的影响导致优质稿件不足、期刊影响力不高的发展瓶颈，对于高校理工类学报这一类综合性刊物尤其明显。中文综合类科技期刊的发展应该紧紧围绕高质量内容建设这个宗旨，开展期刊建设工作，因此高校理工类学报主动组约优质稿件就显得非常重要。首先分析了高校理工类学报发展的瓶颈问题；然后根据瓶颈问题提出了提升高校理工类学报影响力的对策，主要从瞄准国家政策、服务政策需求，紧追研究热点、出版高质量专题，利用综合优势、助推交叉发展 3 个方面介绍了《华东师范大学学报(自然科学版)》近年来组约优质稿件的实践；最后进行了小结。优质稿件的刊发促进了《华东师范大学学报(自然科学版)》的可持续发展，提高了期刊影响力。

关键词：高校学报；优质稿件；瓶颈问题；出版专题

2016 年，习近平总书记在全国科技创新大会、两院院士大会、中国科协第九次全国代表大会上强调："广大科技工作者要把论文写在祖国的大地上，把科技成果应用在实现现代化的伟大事业中。"为了推动我国科技期刊的改革发展，2021 年 5 月，中共中央宣传部、教育部、科技部联合印发了《关于推动学术期刊繁荣发展的意见》，强调要加强优质内容出版传播能力建设，推动学术期刊加快向高质量发展阶段迈进，努力打造一批世界一流、代表国家学术水平的知名期刊[1]。由于评价体制导向的原因，目前国内中文科技期刊大多数都面临着优质稿件不足的问题，许多学者也对此进行了研究，并提出了一些应对策略。文献[2-3]根据国内科技期刊优质稿件不足的现象进行了分析。文献[4-5]针对国内科技期刊优质稿件外流问题，提出了吸引优质稿件的一些思路。文献[6-7]阐述了国内科技期刊选题策划的一些途径。文献[8]指出了建设世界一流期刊要在选题策划方面下足功夫。本文在分析高校理工类学报发展瓶颈的基础之上，基于《华东师范大学学报(自然科学版)》(以下简称《学报》)的办刊实践，阐述了 2018—2023 年《学报》精心策划选题、吸引优质稿件的成效，进而探讨了吸引优质稿件的路径。

1 高校理工类学报发展的瓶颈问题

1.1 评价体制不健全

国内许多学术单位为了提高本单位学术成果的影响力，要求本单位职工在职称晋升方面需要在国内外顶级学术期刊(如被 SCI 收录的期刊)上发表数篇论文。在评价体制的导向下，作者在投稿时，首选比《学报》影响因子高的国内外期刊，导致了《学报》优质稿件不足。

由于评价体制的原因，优秀的科技成果外流现象还是比较严重的，国内许多优秀的科技成果发表到国外的 SCI。优质稿件的外流导致了当前国内中文综合类学术期刊的优质稿件不足，特别是高校学报这种综合性的中文科技期刊。中文综合类学术期刊的发展应该始终坚持内容为王，紧紧围绕高质量的内容建设这个宗旨，开展期刊建设工作。因此，主动策划吸引优质稿件就显得非常重要，国内有不少科技期刊的办刊人对此进行了研究。例如张春丽[9]论述了科技期刊组约优质稿件可以从 4 种模式出发：调动编委的力量组约稿；组建优质稿件的作者资料库组约稿；通过学术会议组约稿；利用网络与社交平台组约稿。高金梅等[10]论述了科技期刊组约优质稿件的重要性，科技期刊组稿之前需要先做好选题策划，选择最佳的组约稿策略。

1.2 高校理工类学报的专业性较弱

高校理工类学报基本上都是中文科技类综合期刊，所刊发论文涉及主办高校几乎所有的理工学科，学科范围较广。由于版面有限，加上涉及的学科范围较广，导致了每个学科只能刊发少量几篇论文，期刊缺乏侧重点，专业性不强，难以针对某个选题进行深入研究。《学报》围绕多个学科出版高质量专题可以有效提升《学报》的专业性和期刊影响力。专题的出版鞭策着编辑不再是"坐等来稿"这种传统的工作模式，而是"张开嘴，迈开腿"的新工作模式。在新时代背景下，编辑应该加强和专家、学者交流，精心策划专题或者专栏，引领学科前沿的发展。国内有不少学者对中文科技期刊的专题或者专栏出版进行了研究。汤梅等[11]指出，专题出版可以帮助高校学报缓解优质稿件不足，期刊影响力不高的发展困境。高磊等[12]指出，专题或者专栏的出版是对某一个学科研究问题的集中报道，内容更加丰富，能方便作者和读者的交流，促进学术成果的高效率传播。

由于很多高校理工类学报起点较低，所出版的专题或专栏特色不鲜明，专题或专栏的选题策划的着力点在哪？高校理工类学报在专题或者专栏的选题策划时应该依托主办高校的学术平台，以主办高校的优势学科为着手点，精心策划选题，出版特色专题或者专栏。

1.3 高校理工类学报没有充分发挥编委的作用

一流的科技期刊应该拥有一流的编委会团队。编委是科技期刊办刊团队的重要组成部分，对提高期刊的内容质量发挥着重要的作用。文献[13-14]指出充分发挥编委的作用对于提高科技期刊的学术质量、增强科技期刊的影响力有着重要的意义。然而，目前不少高校理工类学报的编委作用并没有得到充分的发挥，主要有 4 个原因：①编委会的组成结构不够合理。编委主要集中为本校的老师，外校的老师较少。在遴选编委时，编委会组建团队往往比较注重编委的行政职务或者学术头衔，往往没有考虑到编委是否有足够的精力投入期刊工作。②编委会没有定期换届。不少高校理工类学报编委会没有根据期刊的实际工作情况按期换届。有些编委会长至十多年都未更新，导致很多编委年龄偏大或者因为工作调动无法拥有足够的精力投入期刊的工作。③编委会制度不健全。不少高校理工类学报没有完善、健全的编委会制度，也没有明确的岗位职责，有些期刊即使有明确的岗位职责，也没有相应的制度督促编委履行岗位职责。④编辑部和编委会没有进行定期的联动。不少高校理工类学报编辑部没有制定和编委会进行定期联动的工作职责，编委会也是很多年才开一次。编辑部和编委会的大部分编委几乎没有联系，或者编辑部邀请编委审稿，编委参与的积极性不高。因此，高校理工类学报应该遴选一些年轻有为，有足够精力的学者担任编委，定期换届优化编委会结构，制定完善、健全的编委会制度确保编委有效履行岗位职责，从而充分发挥编委会的作用，提升期刊的影响力。

2 提升高校理工类学报影响力的对策

2.1 瞄准国家政策、服务政策需求

2021 年，中宣部、教育部、科技部联合印发的《关于推动学术期刊繁荣发展的意见》指出，学术期刊的出版工作要紧密围绕党和国家的重大决策部署根本任务。《学报》在聚焦国家重大战略需求，引领学术发展方面联合不同学科领域的专家团队进行了尝试。

习近平总书记在十九大报告中指出，加快生态文明体制改革，建设美丽中国。《学报》在坚持办刊宗旨的基础上，紧密围绕十九大精神，在地理学科中刊发了一系列高水平论文，引领着地理学科的前沿发展。保护海岸带的生态资源，科学认识海岸带具有重要的生态价值，科学恢复受损的海岸带，是全球共同关注的重大问题。《学报》认真贯彻和落实十九大精神，瞄准这一战略需求。例如鹦鹉洲湿地是首个国家级人工海岸线修复试点项目，于 2016 年建成，坐落于上海市金山。为了评估鹦鹉洲湿地修复的成效，帮助决策者和管理者制定重大决策提供数据和理论支撑服务，《学报》于 2020 年第 3 期刊发了《基于生态系统服务的海岸带生态修复工程成效评估——以鹦鹉洲湿地为例》一文。该文刊发出来之后受到了地理学科领域的专家学者的广泛关注，被《生态学报》《应用海洋学报》《遥感学报》等刊物引用，截至 2023 年 7 月 1 日被引 21 次，其中他引 19 次，被下载 1 269 次[1]。

鉴于二氧化碳的大量排放，导致全球地表温度的升高，为了推动可持续发展，2020 年，习近平总书记在第 75 届联合国大会上宣布了"二氧化碳排放力争于 2030 年前达到峰值，努力争取 2060 年前实现碳中和"的目标，"碳达峰碳中和"已经成为全社会关注的焦点和热点。为了响应习近平总书记提出的这一重要战略部署，2022 年，《学报》编辑部主动联系依托华东师范大学组建的上海市绿色化学与化工过程绿色化重点实验室(Shanghai Key Laboratory of Green Chemistry and Chemical Processes, GCCP)共同策划了"绿色碳科学"专题。GCCP 成立于 2003 年，其前身是何鸣元院士于 2000 年创立的我国第一个离子液体化学研究中心。该专题在上海市绿色化学与化工过程绿色化重点实验室副主任吴鹏教授的带领下开展组稿工作，吴鹏老师是化学与分子工程学院教授，曾入选教育部长江学者、国家自然科学基金委杰出青年计划。在 GCCP 成立二十周年之际，《学报》于 2023 年第 1 期出版了"绿色碳科学"专题。该专题总结了 GCCP 近年来关于绿色碳科学方面的研究成果，展现了 GCCP 在绿色碳科学的研究方面所取得的重要研究进展，助力实现国家的"双碳"目标。

为了响应国家提出的海绵城市和黑臭水体治理等战略计划，系统解决国家在城市发展过程中所面临的水资源问题。《学报》2018 年第 6 期出版了水科学专题，截至 2023 至 7 月 1 日，篇均被引 9.0 次，其中篇均他引 8.3 次，篇均被下载 363 次。

2.2 紧追研究热点、出版高质量专题

在科技领域中，人工智能(Artificial Intelligence，AI)是当下的热点，它在教育学、生物学、

---

[1] 本文例子中所提到的论文被引次数是通过检索中国知网(China National Knowledge Infrastructure，CNKI)的中国引文数据库(https://ref.cnki.net/ref)来获得。CNKI 收录的期刊数量较多、所覆盖的内容范围较广、数据容易获取，因此本文将 CNKI 中国引文数据库作为本研究的数据检索来源，数据统计日期为 2023 年 7 月 1 日。

地理学等学科有着广泛的应用。《学报》抓住这一热点，与华东师范大学数据科学与工程学院(以下简称"数据学院")建立良好的合作关系，出版了一系列专题。出版专题可以促进科技期刊丰富高质量、高水平的学术论文，提升期刊的内容质量，扩大期刊的影响力。数据学院于 2016 年 9 月成立，学院创院院长周傲英教授是国家杰出青年获得者，现为华东师范大学副校长，数据学院拥有雄厚的教学、科研、工程实力。在《学报》和数据学院的精心策划下，2019 年第 5 期《学报》出版了"'智能+'与数据驱动的科学研究"专题，通过官方网站以及微信公众号相结合的方式，向全国相关领域的专家学者征集稿件，总共收录了 16 篇高质量的学术论文。本专题的出版受到了同行的广泛关注，被《软件学报》《计算机研究与发展》《计算机科学与探索》等刊物引用。截至 2023 年 7 月 1 日，本期专题共被引用 162 次，篇均被引 10.1 次。2020 年第 5 期《学报》和数据学院联合出版了"数据中台关键技术与系统研究"专题。本专题的出版同样受到了同领域专家的广泛关注，截至 2023 年 7 月 1 日，本期专题共被引用 197 次，篇均被引 12.3 次。图 1 为 2019 年和 2020 年《学报》第 1~6 期篇均被引频次的折线图，从图 1 中可以看出 2019 年第 5 期和 2020 年第 5 期的篇均被引频次显著高于同年其他期的篇均被引频次，由此可见，这两期的专题出版对《学报》影响力的提升具有一定的促进作用。

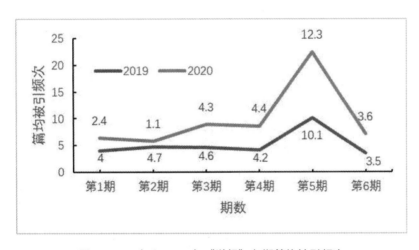

图 1 2019 年和 2020 年《学报》各期篇均被引频次

2020 年第 5 期《学报》被引次数最高的论文为《语义文本相似度计算方法》，截至 2023 年 7 月 1 日，该文被引 64 次，全为他引，被下载 2 230 次。这篇论文是一篇综述，主要介绍了语义文本相似度计算的最新研究进展。随着互联网信息技术日新月异的发展，产生了海量的信息，文本是信息最重要的载体。研究文本信息的深度挖掘，对于人们快速而准确地获取所需内容具有重要意义。语义文本相似度计算是联系文本表示和上层应用之间的纽带。

本文通过比较专题论文和同年的非专题论文的篇均被引频次和篇均下载次数，分析专题论文的影响力。一般来说，论文的篇均被引频次和篇均下载次数越高，即说明该论文的受关注程度就越高。故对专题论文和同年的非专题论文的篇均被引频次和篇均下载次数进行分析和比较，有助于进一步分析专题出版的影响力。表 1 和表 2 分别为 2019 年和 2020 年《学报》专题论文和同年的非专题论文的引证指标对比。

表 1 2019 年《学报》专题论文和同年的非专题论文的引证指标对比

刊期	发文数量/篇	篇均被引次数/次	篇均下载次数/次
第 4 期	19	4.2	189.4
第 5 期(专题)	16	10.1	407.0
第 6 期	17	3.5	204.2

表 2 2020 年《学报》专题论文和同年的非专题论文的引证指标对比

刊期	发文数量/篇	篇均被引次数/次	篇均下载数量/次
第 4 期	18	4.4	181.4
第 5 期(专题)	16	12.3	458.3
第 6 期	19	3.6	186.4

2.3 利用综合优势、助推交叉发展

由于许多复杂的问题是无法用单一学科来解决的，需要运用多个学科的知识，对相关知识进行科学整合，才能有效解决问题，因此各种交叉学科的产生就显得非常有必要。2023 年 5 月 7 日，为了培养教育与人工智能前沿领域的交叉研究和创新型人才，华东师范大学将上海智能教育研究院(教育部哲学社会科学智能教育实验室)与计算机科学与技术学院合并，成立了新的计算机科学与技术学院。新学院的组建是学校基于推动智能教育纵深发展和计算机科学与技术学科整体进步的战略选择，将重点发展智能教育。高校学报是高校学科前沿研究成果展示的窗口和传播平台，高校学报有助于推动高校的学术创新，服务高校的学科建设。在推动华东师范大学新计算机学院学科建设方面，《学报》已经做出了很多努力，刊发了不少智能教育领域的论文。2019 年第 5 期《学报》被引最高的论文为《知识追踪综述》，截至 2023 年 7 月 1 日，该文被引 40 次，他引 39 次，下载次数为 1 618 次。这篇论文是一篇综述，主要介绍了知识追踪以及应用背景，阐述了知识追踪在教育学方面的应用以及相关理论知识。

传统的教学过程是通过人工记录实现的，效率比较低下，将人工智能技术科学地运用到教学过程可以有效推动教育向高水平发展。2022 年第 2 期《学报》刊发了《融合人体姿态估计和目标检测的学生课堂行为识别》一文，截至 2023 年 7 月 1 日，该文被引 8 次，他引 8 次，下载次数为 2 237 次。该文主要内容为利用人工智能技术实现对学生课堂行为分析的自动化，帮助教师高效掌握学生课堂学习行为的投入情况，从而为有效优化教学设计，提高教学效率提供有力的数据支撑。

3 结束语

在新时代背景下，编辑的出版工作不再局限于埋头改稿子，改变了"坐等来稿"的传统出版模式，而是更加主动与专家学者进行更多的沟通交流，精心策划选题，提高期刊影响力，进而提升编辑自身的职业成就感。《学报》在发展过程中始终坚持内容为王，重视高质量的内容建设，通过主动策划选题、吸引优质稿件，丰富了稿件数量，优化了稿件质量，有效提升了《学报》的影响力，促进了《学报》的可持续性发展。

经过多年的努力，《学报》虽然取得了一定的成绩，但是还有很大的提升空间。更加充分发挥主编和编委会的力量，利用华东师范大学雄厚的学术资源搭建学术会议平台吸引优质稿件，更好地服务广大专家学者，是本刊进一步需要解决的问题。

参 考 文 献

[1] 中共中央宣传部 教育部科技部印发《关于推动学术期刊繁荣发展的意见》的通知[EB/OL].(2021-06-23)[2022-03-21]. https://www.nppa.gov.cn/xxfb/tzgs/202106/t20210623_666272.html.
[2] 夏金言.国内科技期刊优质稿源不足现状分析[J].中国科技期刊研究,2014,25(4):485-487.
[3] 董建军.我国科技期刊优质稿源外流现状分析及应对策略[J].科技情报开发与经济,2015,25(7):136-138.
[4] 邵世云,张静蓉,王晓飞,等.环境学科中文期刊优质稿源外流情况及应对策略[M]//学报编辑论丛2022.上海:上海大学出版社,2022:47-50.
[5] 邓雯.浅议科技期刊获取优质稿源的有效途径[J].武汉科技大学学报(社会科学版),2006,8(5):81-91.
[6] 宋旭,陈瀛,李晨曦.行业期刊提升选题策划质量的途径:以《中国环境管理》的实践为例[J].中国科技期刊研究,2017,28(12):1186-1190.
[7] 杜贤."互联网+"时代的选题策划[J].科技与出版,2017(2):47-50.
[8] 谭晓萍.世界一流期刊建设背景下选题策划要点[J].中国出版,2023(4):58-60.
[9] 张春丽.科技期刊组约稿模式与质量管控探讨:以《中国地理科学》(英文版)为例[J].中国科技期刊研究,2017,28(2):117-120.
[10] 高金梅,徐燕,段玉婷,等.科技期刊组稿和约稿工作要点分析与探讨[M]//学报编辑论丛2022.上海:上海大学出版社,2022:676-681.
[11] 汤梅,金延秋,陈禾.基于专刊组稿的高校学报特色办刊之路探索:以《清华大学学报(自然科学版)》为例[M]//学报编辑论丛2022.上海:上海大学出版社,2022:1-5.
[12] 高磊,王俊丽.专题出版提升学术期刊影响力的策略研究:以《航空材料学报》为例[J].出版与印刷,2022(4):92-99.
[13] 周逸辛.高校学报编委会地位和作用探析[M]//学报编辑论丛2004.上海:上海大学出版社,2004:235-237.
[14] 祁鲁彤.有效发挥科技期刊编委会的作用及相应对策[M]//学报编辑论丛2012.上海:上海大学出版社,2012:277-279.

《渔业现代化》近十年零被引论文统计分析

黄一心，鲍旭腾

(中国水产科学研究院渔业机械仪器研究所《渔业现代化》编辑部，上海 200092)

摘要：为提高科技期刊的学术影响力，减少零被引论文数量，提高追踪学科学术热点能力，积极探索学术前沿，把握期刊选题方向和栏目设置，以《渔业现代化》为例，选取 2011—2020 年相关的统计数据，从论文题名、栏目设置、第一作者职称/学位、基金项目资助、下载频次等方面，进行详细统计分析。结果显示：2011—2020 年共发表综述和研究论文 811 篇，其中，到统计日期时尚未被引用的零引用论文 40 篇，总体论文零被引率为 4.9%。高被引与高下载存在强相关关系，低被引和低下载也存在强相关关系。作者当时身份和基金项目支持程度对其发表论文的被引没有必然联系。热点和潜在热点的栏目论文具有高被引性，而边缘性走向的研究及栏目论文容易产生低被引零被引论文。研究认为：应该紧扣国家、行业、科研的关注点，加强对目前政策和学科发展情况研究，注重论文本身的潜在价值，发现其可能的学科潜力，结合学科当前热点及未来发展，开展选题策划、定向组稿约稿。在处理非高职称、高学历作者和非基金项目支持文章时，应该多与作者沟通，了解其未来的研究动向，在论文本身质量的基础上综合考虑，以决定论文取舍，避免受"以人选文""以基选文"等外在因素的影响。不能太关注短期效应，在加强引用方面研究的同时，尽量减少零被引论文，但也不要太过于追求零被引论文产生，需要有长远的眼光看问题，需要有未来视角。同时，为了更好地提高被引率，降低零被引率，需要加强宣传推广，增加曝光度，提高关注度。

关键词：零被引论文；零被引频次；科技期刊；统计分析；渔业现代化

科技期刊论文的被引用情况在一定程度上反映出科技期刊的总体学术质量和影响力，而在各种科技期刊评价系统中，引用类指标如被引量、影响因子等指标往往有着很高的占比，甚至超过 75%[1]，这使得科技期刊的高被引论文及其表现情况得到大量的关注和研究[2-6]。通过知网检索发现，以"低被引论文"为主题共检索到学术期刊论文 24 篇、学位论文 4 篇、会议论文 1 篇；而以"零被引论文"为主题共检索到学术期刊论文 118 篇、学位论文 8 篇、会议论文 5 篇；相反，以"高被引论文"为主题共检索到学术期刊论文 2 549 篇、学位论文 89 篇、会议论文 63 篇(检索日期 2023-08-04)。诚然，刊登高被引论文一直是期刊界及作者们共同追逐的目标，然而，不可忽视的是，低被引论文甚至是零被引论文尽管没有引起足够的重视，其对期

基金项目：中国水产学会"一流水产科技期刊建设项目(CSF-2023-B-5)"
通信作者：鲍旭腾，E-mail：baoxuteng@fmiri.ac.cn

刊的学术影响是大是小，也需要进行相应的研究。

科技期刊中存在不少刊发多年一直未被引用的零被引论文，有的领域零被引论文比例甚至高达90%以上[7]。原因可能是文章质量确实差不值得被同行引用，也可能是重大研究成果在一段时间尚未被发现和借鉴等[8]。刘雪立等[9]统计了中国12种眼科学期刊的科技期刊零被引论文率(rate of non cited articles，RNCA)，认为零被引论文率用于科技期刊的反向评价是合理和必要的，且认为5年的RNCA要优于2年、3年和10年的RNCA。付晓霞等[10]统计了2000—2009年SCI收录的中国作者发表的论文74万篇，其中零被引论文约18万篇，占24.20%，期刊影响因子(IF=0)低时零被引率高，其后随IF升高零被引率降低，但是当IF达到10以后，零被引率再次升高，其研究认为期刊的影响因子并不能完全代表论文的被关注度。职桂叶等[11]分析了《中国水稻科学》2000—2009年发表两年后零被引论文的年度间变化、第一作者、学科分布、栏目等，研究发现综述类文章的零被引比例较低，研究简报的零被引比例较高，后半年发表论文零被引篇数多等。谭雪静[12]统计了《海洋科学》1994—2013年发表的论文数据，分别从刊文量及零被引率的变化、零被引论文外审专家评审意见、基金论文零被引等方面对零被引论文进行分析，认为加强选题策划、加强审稿工作、不发"人情稿"等可降低零被引论文的产生。李广涛[13]研究认为通过期刊微信公众号等对论文进行推广，可以减少零被引论文的数量。杨晓容等[14]认为要加强及重视摘要信息的规范编辑，要及时掌握研究领域动向，加强与学科带头人等行业专家的沟通并积极约稿，同时要不断提高论文的显示度，从而降低零被引论文的产出率。

本研究在以上研究的基础上，以渔业装备类论文为主要刊登内容的《渔业现代化》杂志作为研究对象，选取2011—2020年相关的统计数据，从零被引论文的题名、第一作者职称/学历、基金项目、中文关键词等进行分析，就零被引论文数据展开讨论，并提出相应措施，以期为期刊组稿、选稿提供一定的指导，为调整选题方向和栏目设置提供参考。

1 研究方法

有研究认为，若发表后超过3年(含发表当年)的论文未被引用，则成为零引用的概率是较大的[15]。因此以《渔业现代化》2011—2020年发表的论文为研究对象，通过中国知网(https://www.cnki.net/)，以"文献来源：渔业现代化"进行检索并通过Excel表格导出数据。去除国外渔业文摘、信息集萃、征稿简则和译文等内容，分别获取了零被引论文的题名高频词、第一作者职称/学历、第一作者单位、基金项目、页码等信息。

由于十年来栏目设置上存在交叉重叠和选题转向，为更好地进行分类统计，本研究重新设置了栏目类别，一是更聚焦于本刊特色的渔业装备与工程技术相关的论文，如2015年起本期刊逐步减少直至完全不刊登渔业资源、环境类的论文归类到其他类。二是考虑到有些论文可以放在不同栏目，如养殖工船研究既可放在渔船栏目也可在水产养殖工程栏目，水质在线监控既可放在水产养殖工程栏目也可放在渔业信息化栏目等。为了便于分析，按照"综述与专论""渔业信息化""加工与流通""渔船""水产养殖工程""捕捞""渔业设施"以及"其他"的顺序设置了优先级，将论文进行了重新归类。数据采集的时间为2023年7月20日，并使用Excel 2016进行统计分析。

2 结果与分析

2.1 总体情况

2011—2020 年,《渔业现代化》刊登文章数量为 1 018 篇,其中,综述或研究性的论文 811 篇,截至 2023 年 7 月 20 日仍未被引用的论文 40 篇,具体见表 1。

表 1 《渔业现代化》零被引论文总体情况

项目	2020	2019	2018	2017	2016	2015	2014	2013	2012	2011	合计
总数/篇	76	77	74	84	124	121	112	110	116	124	1 018
研究论文数量/篇	76	77	74	80	84	85	84	82	81	88	811
总下载/次	23 404	26 591	22 831	19 568	23 563	20 762	25 460	27 655	26 762	35 016	251 612
篇均下载/次	307.95	345.34	308.53	244.60	280.51	244.26	303.10	337.26	330.40	397.91	310.25
零被引论文数量/篇	6	4	5	7	5	6	1	2	0	4	40
零被引论文下载/次	1 089	534	683	640	441	754	192	268	—	460	4 716
零被引论文篇均下载/次	181.50	133.50	136.60	91.43	88.20	125.67	192.00	134.00	—	115.00	117.90
占研究论文数量比/%	7.89	5.19	6.76	8.75	5.95	7.06	1.19	2.44	0.00	4.55	4.93

从表 1 中可以看出,十年来《渔业现代化》零被引论文总体波动不大,除个别外,基本在 5 篇上下波动,而其中 2017 年零被引论文比例(8.75%)和篇数(7 篇)均达到最高,可见零被引论文与发表时间的长短不成绝对的线性关系,但 2015 年后发表的论文中零被引论文(均高于 5%)相较前 4 年有一定的提高,除可能的时间因素外,刊登的内容可能也有关。

论文下载量体现了论文被关心的程度,也反映了论文的价值。从论文下载量来看,零被引论文篇均下载量仅有 118(117.90)次,不到十年来所有的论文篇均下载量 310 次的 50%,即使情况最好的 2020 年,也不到 60%,一定程度也印证了论文下载量与被引量呈正向的强相关关系[16]。

2.2 作者情况

作者是论文完成质量的决定性因素,因此在作者因素方面,考虑作者数量、第一作者身份、第一完成单位性质,详见表 2。

第一作者身份为在职的,将根据职称分为正高、副高、中级、初级,在读学生分为硕士研究生(以下简称硕研)和博士研究生(以下简称博研),不在上述范围归为其他。从总体来看,《渔业现代化》的作者主要来源于副高、中级和硕研,可能的原因是副高和中级有职称晋升的需要,硕研有毕业和获得学位的需求。而零引用篇数中,副高、硕研都超过了二位数,而且在发表论文的占比中均处于前三位,可能的原因是,部分研究人员和学生以完成科研任务或学业任务为目标,如有的学校规定必须在 CSCD 库收入的期刊上发表一篇论文等,因此在论文质量上无法保证,从而容易产生零被引论文情况。但值得注意的是博研发表的论文没有一篇被零引用,可能的原因是对博研发表论文本身要求高,文章质量好,同时,内容上也比较契合渔业的热点容易被参考引用。

表 2 《渔业现代化》零被引论文的作者情况

项目一	项目二	全部论文情况/篇	零被引论文情况/篇	零被引论文占比/%
第一作者身份	正高	93	2	2.15
	副高	172	13	7.56
	中级	219	8	3.65
	初级	44	1	2.27
	博研	14	0	0.00
	硕研	236	14	5.93
	其他	33	2	6.06
第一完成单位	本单位	173	9	5.20
	科研院所	186	7	3.76
	高等院校	393	21	5.34
	其他	59	3	5.08
作者人数	1 人	17	2	11.76
	2 人	85	3	3.53
	3 人	150	7	4.67
	4 人	167	8	4.79
	5 人	142	8	5.63
	6 人	136	6	4.41
	7 人及以上	114	6	5.26

《渔业现代化》主办单位是中国水产科学研究院渔业机械仪器研究所,是国内唯一从事渔业装备与工程及相关学科研发的国家科研机构,其科研人员发表的论文基本占总论文数的20%,与其他科研院所总和基本持平,因此单独作为第一完成单位的一项。从表 2 零被引论文情况绝对数来看,高等院校产出率比较高,但主要原因一是本身高等院校有大量的学生投稿论文,二是虽然各个科研院所参与了联合培养,但第一完成单位均填写所在学校,使得高等院校总体数量多,从而零被引论文数量也多。但实际上从零被引论文占比来看,各类单位总体情况差不多,均在 5%附近。

从单篇论文的作者数量来看,《渔业现代化》杂志单篇论文作者的数量主要在 3~6 人,零被引论文占比总体上在 5%左右,但值得注意的是,独立作者论文的零引用率超过了 10%,说明独立作者的相关研究可能缺少团队参与,与有合作伙伴的研究在方向上更容易偏向冷门,从而更容易产生零被引论文,因此在论文选稿时,应该适当避免选用文章研究内容上可能偏向冷门的独立作者投稿论文。

2.3 零被引论文相关情况

零被引论文所属栏目、基金项目和论文占用版面等情况见表 3。

表 3 《渔业现代化》零被引论文栏目、基金项目、占用版面情况

项目一	项目二	全部论文情况/篇	零被引论文情况/篇	零被引论文占比/%
所属栏目	捕捞	26	5	19.23
	其他	35	0	0.00
	加工与流通	98	6	6.12
	水产养殖工程	372	20	5.38
	渔船	68	3	4.41
	渔业设施	10	1	10.00
	渔业信息化	98	5	5.10
	综述与专论	104	0	0.00
基金项目	国家级	258	11	4.26
	省部级	349	21	6.02
	其他	187	8	4.28
	无	17	0	0.00
占用版面页数	3 页	2	0	0.00
	4 页	104	2	1.92
	5 页	229	14	6.11
	6 页	251	15	5.98
	7 页	225	9	2.40
	8 页及以上	100	6	6.00

在刊发栏目上,"水产养殖工程"领域的论文是《渔业现代化》主要刊登的内容,占发文量的比例最大(45.9%),零被引论文占比只有 5.38%;而"捕捞和渔业设施"栏目下不仅刊登的论文数量少(26 篇),零被引论文却占比最大(19.23%)。究其原因,主要是国家为保护生态环境,在长江、黄河等流域全面实施了长期禁捕,同时对近海海洋捕捞也实施了"双控",使得捕捞装备的应用及研究日益萎缩。另外,对于渔道等渔业设施,总体上应用场景比较少,鲜有人研究,因此这类论文被引的概率也相对较少。从表 3 中可以看出,"综述与专论"栏目下刊登的文章很多(104 篇),但却没有一篇为零被引论文,事实上 2011—2020 年被引最多和下载最多的前 5 篇均是"综述与专论"论文,可见高水平的学术综述类论文容易被同行关注从而被引用,这在期刊选稿中尤其需要关注综述性的投稿论文,另外没有证据说明,第一作者为非行业专家的综述论文不被引用的可能性大。此外值得注意的是,"其他"类栏目下没有一篇零被引文章,可能的原因一是这类文章还处于研究探索的爬升期,相对没有引起广泛关注,存在成为下一个热点的可能性;二是这类文章大多处于交叉学科,短期内可能不会有良好的被引数据,但随着研究的深入,长期来说可能存在长尾效应,所以,编辑部在处理这类稿件中应该具有敏锐的前瞻性和超前性视角。

科技研究项目及其所发论文是否有基金项目资助,往往成为期刊发表论文质量的一个重要指标。中文核心期刊要目总览、中国科技期刊引证报告(核心版)和中国学术期刊评价研究报告均将其作为一个重要评价指标。考虑到一篇论文往往由多种基金项目资助,为便于统计分析,本研究统一选用排名第一的基金项目。从 2011—2020 年论文的情况来看,《渔业现代化》上刊登的指标绝大部分都是有各类基金支持,总的基金论文比为 97.9%,国家级、省部级基金

项目支持率为 74.8%。值得注意的是，17 篇没有基金项目支持的论文中却没有产生零被引论文，说明是否有基金项目支持，或基金项目级别的高低等与零被引论文的产出没有必然的联系，这与谭雪静等[12]研究结果一致。因此，编辑部在甄选无基金项目支持的论文时，还是需要主要考虑其论文本身的质量，文章内容质量是其生命力长远的根本属性。

从文章的篇幅来看，《渔业现代化》2011—2020 年录用论文版面数以 5~7 页为主。其中，5 页、6 页、8 页及以上的零被引率相对较高，达到甚至超过 6%，而 4 页以下的文章，零被引率相对较低。当然，文章质量不在长短，《渔业现代化》没有页数和字数方面的硬性限制，论文写作上提倡"简""明"，应避免文字繁琐，而应精炼突出文章实质内容。

3 思考与建议

3.1 要结合学科热点开展选稿

为避免零被引论文的产生，编辑部应该多关注行业及相关学科的研究热点。在栏目设置上突出期刊特色，并结合国家、行业、科研的关注点，开展选题策划、定向组稿约稿。当前在渔业领域中，应紧密围绕绿色发展、生态保护、深远海设施养殖、渔业高质量发展等方向，重点突出《渔业现代化》杂志在渔业工程与装备领域的论文刊发优势，积极吸引高质量论文并进行多方位多角度全面宣传，广泛引起行业内的关注，在增加高被引论文的同时减少低被引、零被引论文的产生。随着海洋渔业，尤其是深远海渔业，包括深远海养殖和远洋捕捞等越来越得到广泛关注，即使前十年较少被引用的渔业设施类论文，也可能因为海洋牧场、人工鱼礁的大量建设和发展，大型桁架式养殖网箱及平台、封闭式养殖工船的成功示范及运营等成为一个个不断冒出的新焦点，而成为未来不断被引用的高被引论文。因此要加强对目前政策和学科发展情况进行研究，注重论文本身的潜在价值，发现其可能的学科潜力，结合学科当前热点及未来发展，进行组稿约稿。

3.2 不要盲目注重论文的作者背景和所属基金项目

从上述研究可以看出，学术期刊论文的零被引率与作者当前的身份和基金项目的支撑情况没有必然的联系。这也间接表明，论文的被引并不看重是谁写的，也不在于是什么基金项目支持的，而是更关注论文本身的创新性和可被引性。通常科技期刊论文是一个个大项目下完成的部分成果的展示或是一些项目的预研成果，而这些小的成果可能尚达不到高水平发表的程度，但却是后续研究的基础，为未来大项目的申报和完成具有不可忽视的重要意义，因此这部分论文的呈现形式可能没有较好的作者背景和较高甚至没有基金项目的支持，但是未来的进一步研究往往还是要借鉴这些论文的研究成果，所以这些论文还是具有一定的被引比例的。编辑部在处理此类文章时，应该多与作者沟通，了解其未来的研究动向，在论文本身质量的基础上综合考虑，以决定论文取舍，避免受"以人选文""以基选文"等外在因素的影响。

3.3 不要过分贬低零被引论文

需要强调的是，科技期刊论文中，零被引论文并不意味着该论文质量一定差，高被引论文也并不意味着该论文质量一定好。好与差的标准不在于引用的数量高低，而在于其论文本身产生的正面效应有多少，该论文为科学发展、技术创新、工程创造以及相关的经济效益、社会效益等带来多大的推动力。零被引论文是存在"睡美人"效应的，比如本研究中，2011 年所发的有篇曾为零被引的论文，在 2023 年 7 月下旬刚刚被关注引用，说明并不是所有零被引论文已经完全被时间抛弃，只是可能选用的时间片段还不足以引起关注，长远来说，只有时间才是衡量论文质量的唯一标准，只有经得起时间考验的论文才是好论文。因此，编辑部不能太关注短期效应，在加强引用方面研究的同时，尽量减少零被引论文，但也不要太过于追求零被引论文产生，需要有长远的眼光看问题，需要有未来视角。

3.4 要加强期刊的宣传力度

"酒香不怕巷子深"的前提是"酒香"，问题和困难是"巷子深"。那如果酒不是很香但却另有特点，巷子深就是大问题了，需要另谋方法。如上所述，一篇好的文章要被广泛关注并能被引用，也需要编辑部全策全力进行大力推广宣传。目前，可以通过期刊网站、微信公众号等进行宣传；积极参加各种会议提高期刊和论文曝光率；与有关数据库合作，采用网络首发等形式尽早让读者看到论文；通过研究读者群体，实行精准推送，提升被引用的概率等。

4 结束语

本研究认为，应该紧扣国家、行业、科研的关注点，加强对目前政策和学科发展情况研究，注重论文本身的潜在价值，发现其可能的学科潜力，结合学科当前热点及未来发展，开展选题策划、定向组稿约稿。在处理非高职称高学历作者和非基金项目支持文章时，应该多与作者沟通，了解其未来的研究动向，在论文本身质量的基础上综合考虑，以决定论文取舍，避免受"以人选文""以基选文"等外在因素的影响。不能太关注短期效应，在加强引用方面研究的同时，尽量减少零被引论文，但也不要太过于追求零被引论文产生，需要有长远的眼光看问题，需要有未来视角。同时，为了更好地提高被引率，降低零被引率，需要加强宣传推广，增加曝光度，提高关注度。

参 考 文 献

[1] 陈建龙,张俊娥,蔡蓉华.中文核心期刊要目总览(2020年版)[M].北京:北京大学出版社,2021.
[2] 韩维栋,薛秦芬,王丽珍.挖掘高被引论文有利于提高科技期刊的学术影响力[J].中国科技期刊研究,2010,21(4):514-518.
[3] 张垒.高被引论文的特征因素及其对影响因子贡献研究[J].中国科技期刊研究,2015,26(8):880-885.
[4] 鲍旭腾,黄一心,梁澄.《渔业现代化》近10年高被引论文及高频关键词分析[M]//学报编辑论丛 2021.上海:上海大学出版社,2021:671-681.
[5] 刘小莉,邓雯静,乔万勇.自动化与仪器仪表领域核心期刊高被引论文分析[J].自动化与仪器仪表,2022(3):1-6
[6] 谢红辉,梁立娟,李伟强,等.《农业研究与应用》高被引论文的特征分析[J].科技传播,2023,15(12):33-37.
[7] 朱梦皎,武夷山.零被引现象:文献综述[J].情报理论与实践,2013(8):111-116.
[8] 胡泽文,武夷山.零被引研究文献综述[J].情报学报,2015,34(2):213-224.
[9] 刘雪立,方红玲,周志新,等.科技期刊反向评价指标:零被引论文率及其与其他文献计量学指标的关系[J].中国科技期刊研究,2011,22(4):525-528.
[10] 付晓霞,游苏宁,李贵存.2000—2009年中国SCI论文的零被引数据分析[J].科学通报,2012,57(18):1703-1710.
[11] 职桂叶,何建妹,夏小东,等.《中国水稻科学》发表后两年内零引用论文分析[J].中国科技期刊研究,2013,24(4):716-720.
[12] 谭雪静.《海洋科学》零被引论文分析[J].编辑学报.2017,29(1):93-95.
[13] 李广涛.肿瘤类期刊高被引和零引用论文特征的对比分析[J].新闻研究导刊,2020,11(18):11-14.
[14] 杨晓容,刘海,冯卫,等.综合性农业科学类中文核心期刊零被引论文特征[J].中国科技期刊研究,2017,28(5):468-473
[15] 何春娥,王群英,冯亚文.《自然资源学报》1986—2015年零引用论文分析[J].自然资源学报,2018,33(9):1666-1674.
[16] 谢娟,龚凯乐,成颖,等.论文下载量与被引量相关关系的元分析[J].情报学报,2017(12):1255-1269.

国家出版基金医药卫生类项目横断面分析

画 恒，顾书源，余党会，惠朝阳

(海军军医大学教研保障中心出版社，上海 200433)

摘要：对 2011—2023 年国家出版基金医药卫生类资助项目回顾性分析，变量包括项目数量、地域分布、出版单位分布、项目版次分类、《中图法》分类、项目名称主题等关键信息，得出该类项目分布情况、发展动态，从而给主管部门提供决策依据，给出版单位长远战略布局、近期具体基金项目策划提供参考，最终为促进学科均衡发展，推动学术进步提供有益借鉴。

关键词：国家出版基金；医药卫生；回顾分析

国家出版基金于 2007 年由国务院批准设立，是继国家自然科学基金、国家社会科学基金之后的第三个国家级专项基金。医药卫生类项目在资助项目中占比举足轻重，尤其 2011 年是基金步入正轨后运行的第一年，立项较前一年增长 95%，客观说明各出版单位兼顾两个效益所面临的困难和实际诉求，奠定了基金立项数量的基础水准[1]。编辑在策划医药卫生类项目选题时，在了解申报指南的基础上，有必要对以往获资助项目进行整理、分析，形成系统的、可参考的信息数据资料，以发现项目分布特点[2]。本文对 2011—2023 年国家出版基金医药卫生类项目进行分析，以国家出版基金年度资助项目(不含国家委托、主题项目等)公示结果[3]为依据，辅以相关文献、专业网站比对整合，研究国家出版基金立项的医药卫生类项目的分布情况、发展动态，为业界提供参考。

1 项目数量

2011—2023 年，国家出版基金项目共 5 893 项，其中医药卫生类项目 371 项，约占 5.45%。按年度项目数量统计，医药卫生类项目数量呈现两次突飞猛进的增长阶段：2012—2013 年，从 16 项增长到 27 项，增长率为 168.8%；2015—2017 年，从 17 项增长到 45 项，增长率高达 264.7%。且这两个明显增长阶段与国家出版基金项目数量发展趋势高度吻合(图 1)。按年度医药卫生类项目占比统计，2011—2023 年医药卫生类项目占年度国家出版基金项目比例维持在 4.91%~8.46%，平均获资助比例为 6.42%，项目数量占比基本保持稳定，每年局部微调；其中 2017 年获资助比例最高(8.46%)。

从项目数量发展趋势来看，2011—2018 年国家出版基金项目数量呈总体上升趋势，2018—2021 年呈精减趋势，项目由 2018 年的 778 项减少至 2021 年的 405 项，2021—2023 年，资助项目数量呈现小幅增长，基本保持稳定。医药卫生类项目基本与国家出版基金项目数量

通信作者：惠朝阳，E-mail: 657791425@qq.com

趋势一致，但伴小幅震荡波动，近 3 年(2021—2023 年)数量基本保持稳定。

	2011	2012	2013	2014	2015	2016	2017	2018	2019	2020	2021	2022	2023
医药卫生类项目	10	16	27	22	17	26	45	46	38	40	27	28	29
比重（%）	5.35	7.80	7.94	6.94	4.91	6.91	8.46	5.91	5.00	6.32	6.67	5.62	5.62
年度资助项目	187	205	340	317	346	376	532	778	760	633	405	498	516

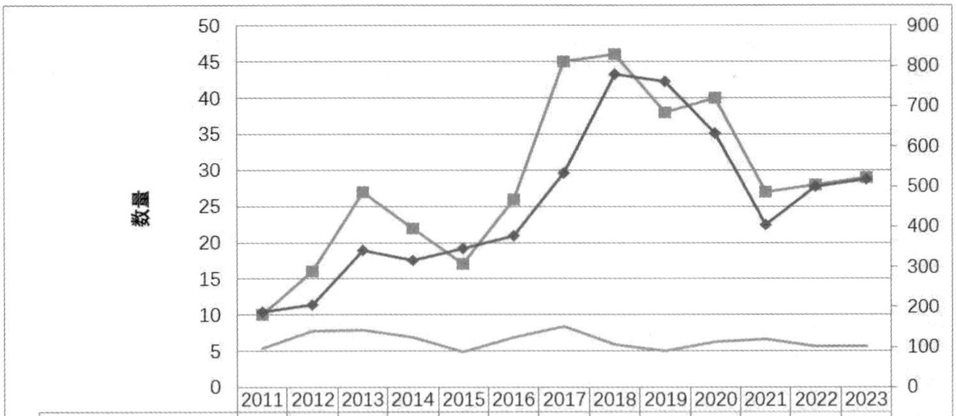

图 1　2011—2023 年国家出版基金项目与医药卫生类项目数量(单位：项)

2　项目地域分布

根据基金项目出版单位所在地统计，2011—2023 年医药卫生类项目地域分布涵盖 30 个省(自治区、直辖市)；资助项目数量位列前 9 位分别为北京(156 项；含中央在京单位 109 项)、上海(41 项)、天津(18 项)、福建(15 项)、广东(14 项)、陕西(12 项)、河南(11 项)、贵州(10 项)、浙江(10 项)，共 287 项，约占医药卫生类资助项目总数的 77.4%。北京作为我国政治、经济、文化中心，且分布多家中央级出版单位，立项数量高居首位(图 2)。

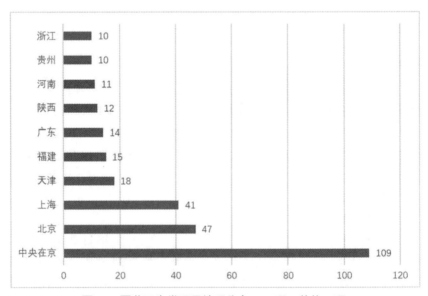

图 2　医药卫生类项目地理分布(≥10 项；单位：项)

3 项目出版单位分布

2011—2023 年，371 个医药卫生类项目共涉及出版单位 86 家。根据主管单位和地区特点，将出版单位其中立项数在 6 项及以上的出版单位 16 家(图 3)，获资助项目共 211 项，约占医药卫生类项目总数的 57%。此外，项目立项数量超过 10 项的出版单位分别是人民卫生出版社(26 项)、北京大学医学出版社(22 项)、北京科学技术出版社(21 项)、中国中医药出版社(18 项)、福建科学技术出版社(15 项)、人民军医出版社(14 项)、天津科技翻译出版有限公司(14 项)、广东科技出版社(11 项)、上海科学技术出版社(11 项)。其中，以人民卫生出版社和中国中医药出版社为代表的国家级医学专业出版社，获资助项目共 44 项。其中人民卫生出版社近 2 年连续每年入选 4 项，充分依托自身在学科、专业方面的出版强项，体现其在医药卫生和中医药专业出版方面较大的影响力，资源优势和品牌优势突出。

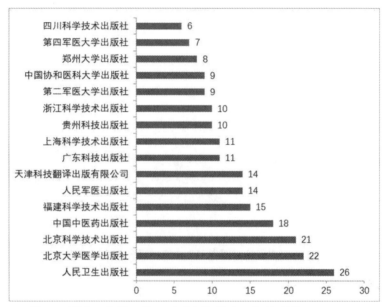

图 3　医药卫生类项前 16 家出版机构立项数量(单位：项)

4 项目版次分类

通过对 2011—2023 年国家出版基金医药卫生类项目按照版次标准，即：初版、再版、修订版、增订版等进行筛选统计，371 个基金项目中无修订版、增订版项目，再版项目共 11 个(表 1)，约占 3.0%，其余均为初版项目。

5 项目《中图法》分类

对符合筛选标准的 359 个基金医药卫生类项目按《中国图书馆图书分类法》(《中图法》)二级类目进行分类统计(其中 4 个项目在《中图法》医学卫生二级类目中跨两类，统计时按 0.5 个计算)。由图 4 可见，医药卫生类项目在《中图法》二级类目中分布不均，数量前 5 位分别为中国医学(161 个)、外科学(44 个)、内科学(26.5 个)、基础医学(21.5 个)、肿瘤学(17 个)，部分二级类目项目分布极少甚至无，如眼科学、理论与方法论、外国民族医学。此外，"中国医学"类项目(161 项)占医药卫生类项目总数的 43.4%，占有较大比重。

表 1 2011—2023 年医药卫生类项目再版项目情况

年度	项目名称	出版单位
2012	克氏外科学(第 18 版)(中文版)	北京大学医学出版社
2017	现代皮肤病学(第二版)	上海大学出版社
2017	肿瘤放射治疗学(第五版)	中国协和医科大学出版社
2018	Perez 和 Brady 放射肿瘤学原理和实践(第 6 版)	天津科技翻译出版有限公司
2018	麦克唐纳-埃弗里儿童口腔医学(第 10 版)	北京大学医学出版社
2018	全身 CT 血管成像诊断学(配盘)(第 2 版)	人民军医出版社
2018	胎儿和新生儿脑损伤(第二版)	上海科技教育出版社
2019	产前遗传病诊断(第二版)	广东科技出版社
2020	协和急诊医学(第二版)	龙门书局
2022	临床内分泌学(第二版)	上海科学技术出版社
2023	超声医学(第 7 版)	龙门书局

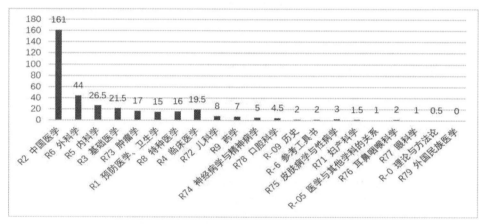

图 4 《中图法》医学卫生二级类目分布情况(单位：个)

6 项目名称主题

6.1 项目名称关键词词频

研究项目主题词可反映研究领域的研究热点和发展趋势[4]。项目名称是项目内容和主题的高度概括，通过对 2011—2023 年医药卫生类项目名称进行词频统计(表 2)，发现"中国""医学"等项目名称中关键词出现频次明显较高(图 5)，分别为 64 次、55 次，凸显项目代表国家水平，学术价值较高。

表 2 项目名称关键词词频(部分)

词频/次	主题词	词频/次	主题词	词频/次	主题词
64	中国	17	临床	11	应用
55	医学	16	资源	11	经典
40	丛书	15	手术	10	医药
38	研究	13	外科学	10	本草
30	中医	12	图谱	9	实践
20	中药	12	技术	8	精准
19	中华	12	理论	8	古籍

6.2 高频关键词共现网络分析

通过运用 Rostcm 6 软件工具对基金项目名称进行"社会网络和语义网络分析"。国家出版基金医药卫生类项目名称主要以"研究""中国""医学""中医""中医药""中药""丛书"等为核心词(图5)。

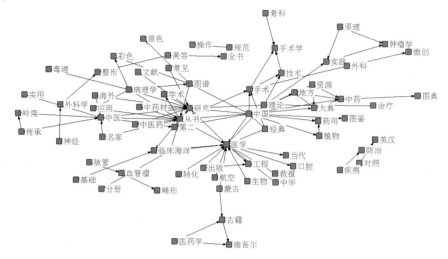

图 5　高频关键词共线关系

7 结论

十余年来，无论是在资金资助力度，还是社会影响力，国家出版基金已成为出版界高质量发展的标志，成为助推文化繁荣兴盛的动力[5]。通过对国家出版基金医药卫生类项目进行分类统计，梳理出以下项目特征：①医药卫生类项目呈现两个快速增长阶段，数量占比基本保持稳定，近 3 年医药卫生类项目数量基本保持稳定。②项目地域分布覆盖面广，东部地区项目数量占明显优势，东西部地区差异明显，主要集中在经济发达、医疗水平高的京沪地区。③医学类中央出版社、医学类大学出版社、科技类地方出版社项目数量集中度高；医学类中央出版社以人民卫生出版社和中国中医药出版社为主。④医药卫生类项目呈现中西并重的格局，主要集中在中国医学、外科学、内科学、基础医学、肿瘤学、预防医学及卫生学、临床医学、特种医学等方面。⑤医药卫生类项目再版项目极少，多为初版项目。⑦项目名称词汇中最高频关键词为"医学""中国"，项目名称主要核心词为"研究""医学""中国""丛书"等。建议编辑在对医药卫生类项目现况整体了解的前提下，结合出版社自身定位，有针对性地进行基金项目策划、申报，提高项目的申报质量和针对性，打造更多匠心佳作、扛鼎力作、传世名作，为推动文化自信自强、建设社会主义文化强国作出贡献。

参 考 文 献

[1] 琚颖.近十年来国家出版基金资助项目数据分析[J].出版广角,2018(12):28-31.
[2] 画恒,尹茶.编辑视角下国家出版基金医药卫生类项目的选题策划[J].编辑学刊,2021(3):100-104.
[3] 国家出版基金规划办公室.国家出版基金资助项目公示[EB/OL].(2020-10-16)[2023-05-13].http://www.npf.org.cn/zzxm.html?categoryId=44.
[4] 陈雪梅.图书情报学研究热点扫描:以近十年国家社科基金立项为例[J].图书馆建设,2005(2):23-26.
[5] 李长青.国家出版基金申报指南的变迁与启示[J].出版广角,2019(13):6-11.

2010—2021年全球肿瘤领域论文撤稿趋势及特征分析

张慧茹

(福建医科大学学报编辑部，福建 福州 350108)

摘要：量化分析2010—2021年全球肿瘤领域撤稿论文的特征、原因与影响，发现全球肿瘤领域撤稿声明发布数量总体呈现上升趋势，全球肿瘤领域中国撤稿论文数量最大，撤稿速度更快。中国论文受到期刊和读者关注较多，建议加强学术道德教育，从论文源头把控质量，建立权威监督报告学术不端行为平台，保护国内科研环境氛围和提高国际科研信任度。

关键词：肿瘤领域；撤稿；学术诚信

撤稿是指在期刊上已经发表过的论文，对其取消此论文的发表权利，是一种常规程序，也是期刊的主要职责之一[1]。由于科研工作存在极大的不确定性，实验技术缺陷、数据假阳性及数理统计分析过程中方法谬误，从而导致非主观的错误结论。论文是否发表是基于同行评议的结果最后裁定。因此，论文发表过程中客观上存在撤稿的风险[2]。撤稿有问题的论文不仅是科学共同体自我纠正错误、维护科研诚信、推动科学进步的有效措施，而且被撤稿的论文作为一种特殊的科学文献类型，在科研规范问题的实证研究方面具有独特优势，可以客观且全面地揭示科学界中失范行为和错误现象[3]。然而，近年来国内外大多数撤稿的作者多存在主观造假或者学术不端意图，这样的论文不仅损害研究结果的有效性和可靠性[4-5]，而且严重影响科学研究人员的科研诚信。因此，遏制违规行为，创建良好的学术诚信大环境已成为极为重要的问题。基于此，本研究拟量化分析2010—2021年全球肿瘤领域撤稿论文的特征、原因与影响，为全球学术界特别是我国的科研规范建设提出切实可行的对策措施。

1 数据来源与研究方法

1.1 数据来源

通过撤稿观察数据库(Retraction Watch Data, RWD)检索2010年1月1日—2021年12月31日全球癌症领域正式发表论文的撤稿记录。在Subject(s)选项中，选定检索关键词"(BLS) Biology-Cancer OR (HSC) Medicine-Oncology"；在Original Paper选项中，检索起止时间设定为2020年1月1日—2021年12月31日；在Retraction or Other Notices选项中，截止时间设定为2021年12月31日；在Nature of Notice选项中，设定为"Retraction"。对检索结果进行人工筛选，统计各年度撤稿及发布撤稿声明的论文数量，计算每篇论文的时滞(时滞)。本次研究数据库导出时间为2022年11月11日。

1.2 作者单位归类

采用人工逐条审核的方法纳入数据,最终纳入 56 个国家/地区肿瘤领域的论著共 2 726 篇,其中研究性论文(Research Article,2 309 篇)、临床研究(Clinical Trial,117 篇)和荟萃分析(Meta Analysis,76 篇),占同期撤稿总量的 91.78%。根据 Retraction Watch 数据库用户指南附录,研究性论文(Research Article)指已发表的项目,描述假设、探索假设的方法、探索结果以及从结果中得出的结论;临床研究论文(Clinical Study)指对人类进行的研究,将接受特定治疗的一组人的结果与未接受治疗的一组人的结果进行比较。对于撤稿记录标注 2 个或 2 个以上国家/地区合作的论文,均按照第一顺序位标注的国家/地区(主导方)归类。中国的撤稿数据不包括澳门特别行政区、香港特别行政区和台湾的数据。收集撤稿时间、发表年代、文献类型、署名国家/地区和合作情况,并计算时滞。

1.3 统计方法

采用 Excel 2019 和 R 软件对数据进行筛选和整理。根据数据类型,采用非参数检验(Kruskal-Wallis H 检验)方法对部分数据(中位值数据)进行分析。依据 KOH 等[6]的观点,当数据不满足正态分布或方差不齐时,Welch's ANOVA 方法的检验效果仍更佳,所以本研究的部分数据(平均值数据)也同时据此进行分析,$P<0.05$ 为差别有统计学意义。

应用 R 软件 wordcloud 包,剔除 of、on、in、at、the、for、with、and、by 等词汇后对 2 726 篇撤稿论文的题目进行词云分析和绘图。

2 结果

2.1 撤稿论文的总体情况及词云分析

2010—2021 年,被撤稿的全球肿瘤领域论文共 2 726 篇。其中,占比从高到低的论文类型依次为研究性论文(Research Article,2 309 篇,占 84.7%)、临床研究论文(Clinical Study,117 篇,占 4.29%)、评论论文(Review Article,78 篇,占 2.86%)和荟萃分析论文(Meta-Analysis,76 篇,占 2.79%),这 4 类论文占全部期刊撤稿论文总量的 94.64%(2 580/2 726)。对撤稿论文题目的词云分析结果发现,出现频率较高的词汇依次为"Cancer"(1 304 次),"cell"与"Cell"共出现(783 次),"cells"和"Cells"共出现(723 次),"miR"(443 次),"proliferation"(319 次),"RNA"(284 次)和"carcinoma"(283 次)。词频前 100 位中出现的器官频数从高到低依次为"breast"(233 次),"lung"(232 次),"gastric"(118 次),"colorectal"(87 次),"ovarian"(83 次),"osteosarcoma"(79 次),"prostate"(64 次),"glioma"(61 次),"cervical"(53 次)和"pancreatic"(51 次),见图 1。

2.2 撤稿论文的时间分布特征

2010—2021 年撤稿论文的数量呈先上升后下降的趋势,峰值出现在 2019 年(430 篇),见图 2。2010—2017 年,撤稿声明的发布数量缓慢增加,增幅较为稳定;2017—2019 年,撤稿声明的发布数量略有下降;而 2019—2021 年,撤稿声明的发布数量快速增加,其中 2021 年撤稿声明的发布数量是 2010 年的 62.81 倍,见图 2。将 2010—2021 年划分为 2010—2015 年和 2016—2021 年 2 个时期,并对该 2 个时期中全球肿瘤领域撤稿论文数量、撤稿声明发布数量和撤稿期刊的情况进行比较分析,结果显示,2016—2021 年期间的撤稿论文数量为 2010—2015 年的 1.52 倍(1 644/1 082),2016—2021 年发布撤稿声明数量为 2010—2015 年的 5.97 倍(2 335/391),见图 3。

图 1　2010—2021 年撤稿论文题目词频前 100 位的词云分析

图 2　2010—2021 年撤稿论文数量和撤稿声明发布数量的变化趋势

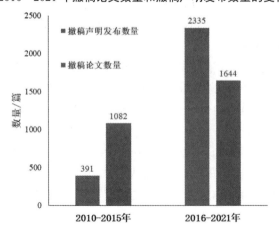

图 3　2010—2015 年、2016—2021 年撤稿论文数量及撤稿声明发布数量

2.3 撤稿论文的地区分布

2010—2021年撤稿文章分布于56个国家，其中撤稿文章数量最多的国家为中国(1 937篇)，其次为美国(194篇)。撤稿论文篇数51~100篇的国家有3个，分别为印度(92篇)、日本(52篇)和伊朗(51篇)。撤稿论文篇数31~50篇的国家只有意大利(38篇)。撤稿论文篇数介于21~30篇的国家有4个，分别为韩国(29篇)、法国(22篇)、加拿大(22篇)和英国(22篇)。撤稿论文篇数介于11~20篇的国家有7个，分别是俄罗斯(16篇)、德国(16篇)、澳大利亚(15篇)、埃及(15篇)、罗马尼亚(14篇)、土耳其(14篇)和西班牙(11篇)，其他国家的撤稿论文篇数均≤10篇。

2.4 撤稿期刊比较

2010—2021年发布撤稿声明数量最多的期刊为 *European Review for Medical and Pharmacological Sciences*，共196篇。2010—2015年期间撤稿数量前10位期刊、会议论文集和数据库分别为 *PLoS One*(61篇)、*Tumor Biology (Tumour Biology)*(43篇)、*The Journal of Biological Chemistry*(30篇)、2011 5th International Conference on Bioinformatics and Biomedical Engineering(18篇)、*Molecular Biology Reports*(11篇)、*Cancer Research*(11篇)、*Diagnostic Pathology*(10篇)、*International Journal of Oncology*(8篇)、*European Journal of Medical Research*(8篇)、*Cochrane Database of Systematic Reviews*(8篇)；2016—2021年期间撤稿数量前10位期刊分别为 *European Review for Medical and Pharmacological Sciences*(195篇)、*Journal of Cellular Biochemistry*(144篇)、*Tumor Biology (Tumour Biology)* (125篇)、*OncoTargets and Therapy*(85篇)、*Bioscience Reports*(60篇)、*Journal of Cellular Physiology*(55篇)、*Cancer Management and Research*(51篇)、*RSC Advances*(45篇)、*Cellular Physiology and Biochemistry*(45篇)、*Molecular Medicine Reports*(44篇)。

2.5 撤稿原因分布

撤稿原因的类型共98种，其中位列前10位的原因类型为论文工厂或论文作坊(743篇)、图片复制(723篇)、数据有关的担忧/问题(657篇)、期刊/出版商调查(652篇)、第三方调查(644篇)、不可靠的结果(510篇)、对图片的关注/图片问题(330篇)、未提供原始数据(310篇)、作者无答复(305篇)和虚假同行评审(246篇)。

2.6 撤稿时滞

2010—2021年，全球肿瘤领域论文的平均撤稿时滞为$(899.96±771.04)$d，中位撤稿时滞为696.50 d；随着发表年代越近，时滞越短；2010—2021年，不同发表年份撤稿时滞的差异具有统计学意义(Kruskal-Wallis H 检验：$\chi^2=510.1$，$P<0.001$；Welch's ANOVA 检验：$F=209.6$，$P<0.001$)。见表1和图4。

表1 不同文章类型的时滞分布情况

类型	总时滞/d	篇数	平均时滞/d	中位时滞/d
研究性论文(Research Article)	2 199 477	2 309	952.6±777.8	747.0
评论文章(Review Article)	67 952	78	871.2±823.7	672.0
临床研究(Clinical Study)	66 139	117	565.3±526.3	426.0
荟萃分析(Meta-Analysis)	60 317	76	793.6±592.5	545.0
个案报道(Case Report)	31 920	54	591.1±725.8	305.0
会议摘要/论文(Conference abstract/paper)	7 160	43	166.5±287.4	21.0
评论/社论(ommentary/editorial)	5 886	11	535.1±548.8	364.0

注：表中平均时滞为($\bar{x}±s$)。

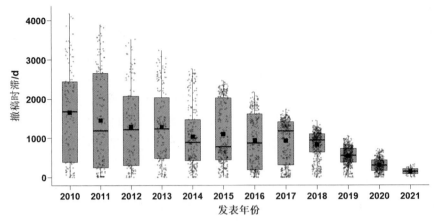

图 4 2010—2021 年发表论文的撤稿时滞(均数、中位数、四分位间距和散点箱式图)

2.6.2 不同国家撤稿论文的撤稿时滞与合作情况

以第一顺位国家记录论文隶属关系。中国共有 1 937 篇撤稿论文，位于第一位，平均撤稿时滞为 853.71 d，中位时滞为 712 d，低于美国(Kruskal-Wallis H 检验：χ^2=41.56，P<0.001；Welch's ANOVA 检验：F=53.78，P<0.001，表 3)。本研究共有 235 篇合作论文的撤稿数据。其中，合作国家/地区数量最少 2 个，最多 8 个。2010—2021 年合作论文的撤稿量依次为 16、21、21、21、32、23、30、18、22、18、12 和 1 篇。合作论文和非合作论文的平均撤稿时滞分别为(1050.8±968.31)、(885.224±748.28)d，中位撤稿时滞分别为 773 d 和 691 d，合作论文与非合作论文的撤稿时滞差异有统计学意义(Welch's ANOVA 检验：F=6.479，P=0.011)。

表 2 前 10 位国家撤稿时滞与合作撤稿情况

主导国家	篇数	平均撤稿时滞/d	中位撤稿时滞/d	最常见合作国家	最常见合作国家的撤稿论文数	合作论文撤稿数
中国	1 937	853.71	712	美国	61	80
美国	194	1 451.09	1 314.5			—
印度	92	1 019.17	588	美国	7	15
意大利	38	1 484.89	1 367.5	美国	8	14
日本	52	964.25	565	美国	8	8
伊朗	51	679.37	427	美国	2	6
法国	22	1 141.36	376.5	英国/瑞士	3/3	14
加拿大	22	972.64	596	美国	8	14
俄罗斯	16	1 320.94	1 443.5	塔吉克斯坦	1	1
韩国	29	725.90	329	美国	5	5

3 讨论

根据撤稿观察数据库官网(https://retractionwatch.com)对撤稿原因的解释，参考杨耀[10]分类方法并结合《学术出版规范——期刊学术不端行为界定(CY/T 174—2019)》，发现本研究前 10 位撤稿原因中有 7 种原因属于学术不端：论文工厂(Paper Mill)、图片重复(Duplication of Image)、期刊/出版社的调查(Investigation by Journal/Publisher)、第三方的调查(Investigation by Third

Party)、不可靠的结果(Unreliable Results)、无法提供原始数据(Original Data not Provided)和虚假同行评议(Fake Peer Review)。其中，2010—2021 年全球肿瘤领域撤稿论文的撤稿原因排名第一位是论文工厂(Paper Mill)。

3.1 全球肿瘤领域撤稿声明发布数量总体呈现上升趋势

本研究对撤稿观察数据库中 2010—2021 年间全球肿瘤领域的撤稿情况进行了分析，结果显示，全球肿瘤领域撤稿声明发布数量总体呈现上升趋势，其中研究性文章占比最大(84.7%)。2019—2021 年全球肿瘤撤稿论文数量呈现大幅度上升可能的原因为 2018 年前发生了几起严重的国际撤稿事件，如 2018 年 10 月哈佛大学医学院著名"心肌细胞"领域教授皮耶罗·艾佛萨(Piero Anversa)以涉嫌伪造数据被撤稿 31 篇；2018 年 10 月 19 日清华大学深圳研究生院 2010 级博士生叶肖鑫因涉嫌学术不端被撤稿 11 篇；2017 年 4 月世界知名杂志《肿瘤生物学(*Tumor Biology*)》对 2010—2016 年间因涉嫌虚假同行评议的中国作者撤稿 107 篇[7]。基于几起严重的撤稿事件，国内外期刊编辑势必提高了严格审查论文和改进措施，对已发表的论文进行自查等原因可能造成 2019 年后撤稿声明文章数量大幅上升。

词云分析结果发现，2010—2021 年全球肿瘤领域撤稿声明发布的文章中，文章研究(Research Article)方向以细胞机制等微观领域居多；而涉及最多的器官肿瘤为乳腺癌(Breast Cancer)和肺癌(Lung Cancer)。据世界卫生组织国际癌症研究机构(IARC)发布的 2020 年全球最新癌症数据[8]可知，新发乳腺癌占比 11.7%排名第一，新发肺癌占比 11.4%排名第二，基于样本易于获得、研究领域具有一定前期基础和热点、乳腺癌和肺癌研究学者数量多等可能是乳腺癌和肺癌频次出现较高的原因。

3.2 我国撤稿论文数量较大

不同国家撤稿数量情况显示，中国(1 937 篇)和美国(194 篇)撤稿数量占据第一和第二位，印度(92 篇)居第三位。中国撤稿论文平均时滞(853.71 d)低于总体平均时滞(899.96 d)，低于美国(1451.09 d)和印度(1019.17 d)，可见全球肿瘤领域中国撤稿论文数量最大，撤稿速度更快，中国论文受到期刊和读者关注较多。这种现象一方面可以起到监督和审查的作用，从而促进我国论文质量提升；但另一方面也暴露了我国论文存在的撤稿问题仍需规范和改进。合作论文平均时滞和中位时滞比非合作论文更长；最常见的合作方为美国；而我国合作论文撤稿数量占我国总体撤稿论文的 4.13%，比例小，提示我国非合作论文存在的撤稿问题较为严重，国际科研合作未来仍有发展空间，科研创新力和科研协作能力还有上升空间，需加大科研资源和科研优势吸引力的宣传，与国际形成优势互补。

3.3 我国的医学论文实验数据存在薄弱环节

本研究中，2010—2016 年间撤稿论文最多的期刊是 2006 年美国公共科学图书馆(Public Library of Science, PLoS)出版的 *PLoS One*。可能的原因是 2014 年 PLoS 旗下所有期刊实行了实验数据强制可用的政策，即要求论文中描述发现的数据完全公开，没有限制(除少数例外)。说明我国的医学实验数据收集、整理和使用过程中还存在薄弱环节。结合本研究词云分析结果，大多数肿瘤领域撤稿论文的研究方向为细胞内部机制基因等微观实验，实验室数据质量、可靠性和真实性很大程度决定了论文的完整性和真实性。

4 建议

2010—2021 年全球肿瘤领域撤稿论文数量呈上升趋势，未来继续上升的可能性较大。鉴于全球肿瘤领域撤稿情况分析,科研机构、医疗机构和高校应采取 5 个措施。①科研人员是论文发表的主体,科研机构、医疗机构和高校进行科研教育过程中应主动承担学术道德教育的责任,完善自我论文审查和监督的制度,同时建立一定的惩罚措施,有利于从论文源头把控质量。②科研过程中产生的数据应从严格、严谨和真实的角度出发,数据保存与整理应具有完整的程序步骤,防止非主观的错误出现。③政府部门间协同合作、相互配合,针对非法的第三方机构,例如论文工厂,一经发现存在涉嫌学术不端行为的合作应严厉打击查处,从而保护国内科研环境氛围和提高国际科研信任度。④建立一个属于我国自己的权威监督报告学术不端行为的平台,对于心存学术不端行为的科研工作者起到震慑和监督作用。⑤同行评议应从实事求是和负责任的态度履行权力、保证公平;期刊编辑应达成统一共识,推行切实有效的政策,严格审核资质和把控论文质量水准。

参 考 文 献

[1] 林琳,苗晨霞,李英华,等.科技期刊编辑如何正确认识撤稿和规范撤稿流程[J].编辑学报,2017,29(4):361-364.

[2] 彭芳,金建华,董燕萍.同行评议造假原因分析及防范措施[J].编辑学报,2018,30(3):240-243.

[3] 范少萍,张志强.国外撤销论文研究综述[J].编辑学报,2014,26(5):496-502.

[4] LIU X M, CHEN X T. Journal retractions: some unique features of research misconduct in China[J]. J Scholarly Publishing, 2018, 49(3):305-319.

[5] 王凤产.中国撤稿现状调查[J].中国科技期刊研究,2019,30(12):1360-1365.

[6] KOH A, CRIBBIE R. Robust tests of equivalence for k independent groups[J]. The British J Mathematical and Statistical Psychology, 2013, 66(3):426–434.

[7] 楼亚儿.从近来几起严重撤稿事件反思期刊防范学术不端的措施[J].北京印刷学院学报,2019,27(2):14-18.

[8] SUNG H, FERLAY J, SIEGEL R L, et al. Global Cancer Statistics 2020: GLOBOCAN estimates of incidence and mortality worldwide for 36 cancers in 185 countries[J]. CA Cancer J Clin, 2021, 71(3):209-249.

[9] 解傲,袁路,汪伟.我国医学 SCIE 研究型论文被撤销的原因分析[J].中国科技期刊研究,2022,33(5):554-560.

[10] 杨耀,施筱勇.基于撤稿观察数据库的论文撤稿国际比较研究[J].科技管理研究,2021,41(10):221-226.

感染性疾病及传染病学期刊引证指标与零被引率的相关性分析

胡佳丽[1,2]，曹忆蕈[1,2]

(1.《中国感染与化疗杂志》编辑部；2.复旦大学附属华山医院抗生素研究所，上海 200040)

摘要：探讨感染性疾病及传染病学期刊零被引率与期刊引证指标的相关性，分析零被引率作为期刊评价补充指标的合理性与可行性。通过查阅《中国学术期刊影响因子年报(自然科学与工程技术)》及万方数据库，统计 14 种感染性疾病及传染病学期刊 2017 年的零被引率，并与期刊影响力指数及影响因子、计量指标等各类引证指标进行相关性分析，计算 Pearson 相关系数 r 和相应的 P 值。直线相关分析的结果显示，零被引率与期刊影响力指数、复合影响因子、复合他引影响因子、复合 5 年影响因子、复合即年指标、综合影响因子、综合他引影响因子、综合 5 年影响因子、综合即年指标呈负相关，与其他期刊影响力指数及影响因子无相关性；零被引率与被引半衰期呈正相关，与被引期刊数、总下载量呈负相关，与可被引文献量、可被引文献比、基金论文比、平均引文数、引用半衰期等其他各类计量指标无相关性。零被引率与期刊影响力指数及影响因子有较高度的负相关性，若把零被引率这一反向评价指标作为期刊评价的补充，对完善科技期刊甚至整个科学评价体系会有积极的指导意义。

关键词：感染性疾病；传染病学；零被引率；期刊引证指标；相关性

2012 年《旧金山科研评价宣言》(简称 DORA)中提出了倡议，期刊影响因子不应是评估科研成果的唯一工具和标准，为了提供更丰富的层次和多元的视角，学术界以 DORA 的建议为准则对期刊新的引证指标进行了探索。而引文分析也是诸多学者在探索的评价指标方向，引文分析可对科学期刊、著作、论文等引用和被引用现象进行分析，揭示其数量特征以及内在规律[1]。大部分期刊引文分布呈高度偏态("二八定律")，学者提出可以通过结合不同学科期刊的正面评价指标(如高被引率、影响因子)与负面评价指标(如零被引率和低被引率等)之间的相互关系和相关程度大小，构建融合上述两类指标的结构性评价指标，用于科学地评价不同学科不同种类期刊[2]。"论文零被引"是指"论文零被引现象"，将其定义为：一个国家、学科、机构、期刊或个人在某年或某个时间周期内出版的论文，在出版后的某一个或几个不同长短的引用时间窗口中未受到任何引用的论文所占的比例[3]。继 1965 年科学计量学之父 Price 对科学论文零被引率作出评估之后，2004 年英国学者 Weale 等[4]通过文献计量学研究发现，论文零被引率在免疫学(rho=-0.854)、外科学(rho=-0.924)研究领域与期刊影响因子呈负相关，可作为期刊评价的负向指标。虽然目前关于零被引率与影响因子关系已在诸多学科领域被广泛研究[4-12]，但已有研究受相应研究学科范围、时间跨度、样本数量等研究特征影响，并未能就两者在方向和强度上的相关关系得出较为一致的结论。其中在预防医学、外科学、眼科学、神经病学等医学期刊中零被引率与期刊影响因子等引证指标的相关性还存在较大分歧，两者之间呈高度负相关、中度负相关、关系不显著甚至正相关均有报道[4,6-9]。目前还缺乏感染性疾病及传染病学期刊零被引率与期刊引证指标的相关性研究，因此本研究选择了此类医学期刊为切入点，重点分析零被引率作为期刊评价补充指标的合理性与可行性，为构建新的科研评价体系提供一定依据。

1 研究方法

1.1 研究对象

一般来讲，文章发表后 5 年为引用高峰期，若文章发表后 5 年未得到引用，则其以后被引用的机会也较少[13-14]，因此我们选择 2018 年《中国学术期刊影响因子年报(自然科学与工程技术)》(内容为统计年 2017 年的数据)内科学领域的 14 种感染性疾病、传染病学期刊在 2017 年发表且截止到 2023 年 8 月 7 日尚未被引用的论文作为研究对象。由于其中 4 种期刊为中华医学会系列期刊且未被中国学术期刊网络出版总库(中国知网 CNKI)收录，因此最终对 14 种期刊在万方数据库进行检索分析，选中期刊依次为《中华结核和呼吸杂志》《中国感染与化疗杂志》《中国感染控制杂志》《中国血吸虫病防治杂志》《中国寄生虫学与寄生虫病杂志》《中国热带医学》《中华临床感染病杂志》《中华实验和临床感染病杂志(电子版)》《中华传染病杂志》《热带医学杂志》《传染病信息》《热带病与寄生虫学》《国际流行病学传染病学杂志》《寄生虫病与感染性疾病》。

1.2 研究方法

将 14 种感染性疾病及传染病学期刊的学术期刊影响力指数(CI)值、复合总被引、复合影响因子、复合即年指标、综合总被引、综合影响因子等期刊影响力指数及影响因子，以及基金论文比、被引半衰期、引用半衰期、被引期刊数、引用期刊数、他引总引比、总下载量等各类计量指标的数据均录入 Excel 进行统计分析。从万方数据库检索 14 种期刊 2017 年发表论文，按照被引频次进行排序，剔除信息交流、总目次、读后感、读者作者编者、补白、勘误、信息动态、征文、会议纪要、简讯等非学术论文，统计出至 2023 年 8 月 7 日从未被引用的论文数；计算零被引率(零被引论文数量/2017 年期刊的可被引文献量)。使用卡方检验比较各期刊的零被引率，再通过 Graphpad Prism 8.0 软件将各类引证指标与零被引率的相关性检验作直线相关分析，并绘制各散点图，计算 Pearson 相关系数 r 和相应的 P 值。

2 结果

2.1 不同期刊零被引率与 CI 值及影响因子情况

14 种感染性疾病及传染病学期刊的零被引率平均为 0.108；零被引率最低为 0.030(8/271)，最高为 0.246(17/69)；不同期刊的零被引率差异有统计学意义(χ^2=59.08，$P<0.0001$)。平均 CI 值为 254.235(42.679~635.608)，复合影响因子为 1.236(0.321~3.246)，复合 5 年影响因子为 1.103(0.284~3.143)，复合即年指标为 0.132(0.029~0.255)；期刊综合影响因子为 1.106(0.288~2.857)，综合 5 年影响因子为 0.920(0.241~2.548)，综合即年指标为 0.127(0.029~0.252)。见表 1。

表1 不同期刊零被引率与影响力指数及影响因子汇总

期刊名称	期刊影响力指数	复合总被引	复合影响因子	复合他引影响因子	复合5年影响因子	复合即年指标	期刊综合总被引	综合影响因子	综合他引影响因子	综合5年影响因子	综合即年指标	零被引率
中华结核和呼吸杂志	635.608	7 079	1.939	1.765	2.327	0.200	5 188	1.722	1.548	1.905	0.196	0.106
中国感染与化疗杂志	536.067	2 488	3.246	2.934	3.143	0.232	1 879	2.857	2.544	2.548	0.232	0.036
中国感染控制杂志	370.757	2 084	1.829	1.562	1.633	0.133	1 744	1.676	1.409	1.433	0.133	0.030
中国血吸虫病防治杂志	250.369	2 132	1.426	0.921	1.173	0.221	1 760	1.295	0.79	1.003	0.211	0.074
中国寄生虫学与寄生虫病杂志	248.395	1 835	1.608	0.984	1.361	0.145	1 350	1.412	0.788	1.125	0.137	0.099
中国热带医学	247.113	3 275	1.093	0.804	0.682	0.255	2 356	1.005	0.716	0.575	0.252	0.080
中华临床感染病杂志	234.902	677	1.035	0.974	0.901	0.149	559	0.922	0.861	0.752	0.138	0.126
中华实验和临床感染病杂志(电子版)	230.656	1 162	1.096	0.971	0.899	0.048	921	0.960	0.834	0.748	0.048	0.095
中华传染病杂志	217.023	1 435	0.840	0.716	0.741	0.058	1 160	0.784	0.660	0.653	0.058	0.136
热带医学杂志	185.675	2 484	0.754	0.549	0.634	0.075	1 836	0.680	0.474	0.527	0.072	0.084
传染病信息	159.428	801	0.909	0.720	0.790	0.221	563	0.737	0.548	0.592	0.200	0.074
热带病与寄生虫学	105.300	363	0.765	0.541	0.480	0.038	295	0.724	0.500	0.424	0.038	0.152
国际流行病学传染病学杂志	95.313	517	0.436	0.419	0.400	0.039	336	0.419	0.401	0.353	0.039	0.175
寄生虫病与感染性疾病	42.679	279	0.321	0.250	0.284	0.029	232	0.288	0.218	0.241	0.029	0.246

2.2 不同期刊零被引率与各类计量指标

14种感染性疾病及传染病学期刊的平均可被引文献量为182(69~442)，基金论文比为0.54(0.16~0.84)，平均引文数为18(11~26)，被引半衰期为4.5(3.0~7.0)，被引期刊数为410(108~815)，除《中华临床感染病杂志》无数据外，各期刊总下载量为3.74(0.63~8.97)万次。见表2。

2.3 期刊零被引率与CI值及影响因子的相关性分析

将14种感染性疾病及传染病学期刊的CI值、复合影响因子、复合他引影响因子、复合5年影响因子、复合即年指标、综合影响因子、综合他引影响因子、综合5年影响因子等指标分别与零被引率作直线相关分析。见图1、图2。研究结果显示，CI值与零被引率呈负相关

表 2　不同期刊零被引率与各类计量指标汇总

期刊名称	可被引文献量	可被引文献比	基金论文比	平均引文数	引用半衰期	被引半衰期	引用期刊数	被引期刊数	他引总引比	web即年下载率	总下载量/万次	量效指数	零被引率
中华结核和呼吸杂志	235	0.64	0.51	21	5.8	5.8	218	815	0.96		2.68	3.965	0.106
中国感染与化疗杂志	168	0.84	0.38	13	5.1	3.4	197	493	0.94	39	6.48	11.930	0.036
中国感染控制杂志	271	0.90	0.49	16	5.2	3.0	432	524	0.90	29	4.89	3.779	0.030
中国血吸虫病防治杂志	204	0.94	0.60	18	7.4	4.7	388	239	0.64	35	3.69	3.896	0.074
中国寄生虫学与寄生虫病杂志	131	0.94	0.78	26	6.6	5.5	228	254	0.70	38	4.25	6.432	0.099
中国热带医学	325	0.89	0.54	16	4.5	4.5	571	694	0.86	24	8.97	1.358	0.08
中华临床感染病杂志	87	0.79	0.53	23	5.0	3.7	203	337	0.97			4.500	0.126
中华实验和临床感染病杂志(电子版)	126	0.98	0.67	24	4.4	3.2	478	446	0.92	14	2.46	2.930	0.095
中华传染病杂志	206	0.75	0.51	16	5.4	5.3	248	478	0.94		0.63	2.132	0.136
热带医学杂志	442	0.99	0.52	15	3.6	3.7	701	610	0.86	22	7.58	0.791	0.084
传染病信息	95	0.72	0.84	24	4.2	4.9	213	338	0.88	54	3.66	4.887	0.074
热带病与寄生虫学	79	0.94	0.43	12	6.0	3.5	200	154	0.80	19	1.08	4.500	0.152
国际流行病学传染病学杂志	103	0.67	0.61	18	4.9	4.6	220	250	0.96		1.32	1.921	0.175
寄生虫病与感染性疾病	69	0.88	0.16	11	6.7	7.0	145	108	0.88	12	0.87	2.058	0.246

(r=−0.601 3，P=0.029 0)。复合影响因子、复合他引影响因子、复合 5 年影响因子、复合即年指标与零被引率呈负相关(r=−0.702 7, P=0.005 1；r=−0.643 9, P=0.013 0；r=−0.612 9, P=0.019 8；r=−0.667 6, P=0.009 1)。综合影响因子、综合他引影响因子、综合 5 年影响因子、综合即年指标与零被引率呈负相关(r=−0.701 5, P=0.005 2；r=−0.631 2, P=0.015 5；r=−0.617 9, P=0.018 5；r=−0.674 8, P=0.008 1)。而复合总被引、综合总被引与零被引率无相关性(r=−0.386 7, P=0.172 0；r=−0.409 3, P=0.146 2)。

2.4　不同期刊零被引率与各类计量指标的相关性分析

将 14 种感染性疾病及传染病学期刊的可被引文献量、可被引文献比、基金论文比、平均引文数、引用半衰期、被引半衰期、被引期刊数、总下载量等指标分别与零被引率作直线相关分析，其中 4 类计量指标与零被引率之间的关系见图 3。结果显示，被引半衰期与零被引率呈正相关(r =0.608 5，P =0.020 9)。被引期刊数、总下载量与零被引率呈负相关(r=−0.539 6，P= 0.046 4；r=−0.677 3，P =0.011 0)。而可被引文献量、可被引文献比、基金论文比、平均引文数、引用半衰期、引用期刊数、他引总引比、web 即年下载率、量效指数与零被引率无相关性(r =−0.493 8，P =0.072 7；r =−0.190 9，P =0.513 3；r =−0.438 3，P =0.117 0；r =−0.257 3，

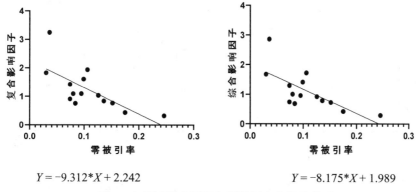

$Y = -9.312*X + 2.242$ $Y = -8.175*X + 1.989$

图 1 各期刊影响因子与零被引率之间的关系

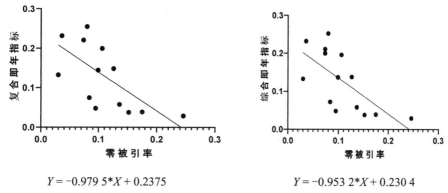

$Y = -0.979\ 5*X + 0.237\ 5$ $Y = -0.953\ 2*X + 0.230\ 4$

图 2 各期刊即年指标与零被引率之间的关系

$P =0.374\ 6$；$r=0.313\ 3$，$P=0.275\ 4$；$r=-0.450\ 7$，$P = 0.105\ 8$；$r=0.129\ 5$，$P=0.659\ 2$；$r=-0.572\ 1$，$P = 0.084\ 0$；$r = -0.423\ 4$，$P = 0.131\ 4$)。

3 讨论

医学期刊中不同学科之间的零被引率差别较大，研究报道 12 种护理管理期刊零被引论文比例较高(基金论文零被引率为 70.98%，非基金论文零被引率为 67.21%)[15]，31 种预防医学期刊的平均零被引率为 49.16%[7]；19 种神经病学核心期刊的平均零被引率为 20.2%[8]，10 种外科学综合类期刊平均零被引率为 14.2%[9]，而本研究 14 种感染性疾病及传染病学期刊的平均零被引率为 0.108，相对处于较低水平。即使同是感染性疾病及传染病学科期刊，不同期刊之间零被引率波动幅度也较大，本研究最低的为 0.030，最高的为 0.246，差异程度可见一斑。

追溯到 2005 年，国外学者 Van Leeuwen 等[16]发现期刊零被引率与影响因子之间存在下降的函数关系，其 Pearson 相关系数 r 为-0.63，而这与 Racki[17]的研究结果相近($r=-0.68$)。在此基础上，Egghe[18-19]根据洛特卡定理，采用了中心极限定理发现期刊影响因子和零被引率之间应该存在一种前凸后凹的 S 形水平曲线反向相关函数关系。本研究显示，各个期刊零被引率与该期刊发文量的相关性不大($r =-0.493\ 8$)，但零被引率与期刊的影响因子总体呈较高度负相关，零被引率与复合影响因子、综合影响因子的 r 值分别为-0.702 7、-0.701 5，显示零被引率越低，期刊的影响因子则越高，这与顾璇等[7]研究发现基本一致($r=-0.708$)。从图 1 中也可以

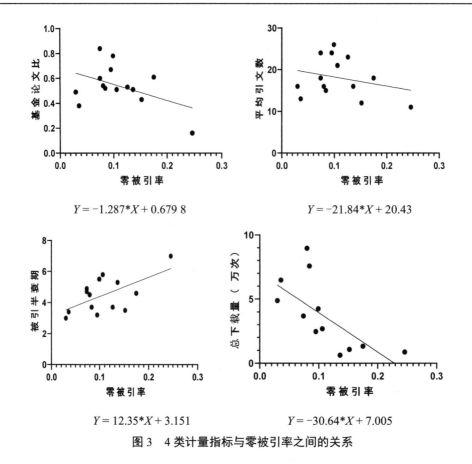

图3 4类计量指标与零被引率之间的关系

看出，2种期刊影响因子和零被引率之间确实也存在一种近似S形曲线反向相关函数关系。除了影响因子外，CI值是反映一组期刊中各刊影响力大小的综合指标，它是将期刊在统计年的总被引频次和影响因子双指标进行组内线性归一后向量平权计算所得来的数值，用于对组内期刊排序，这也是2015年首次纳入《中国学术期刊影响因子年报(自然科学与工程技术)》评价体系中的指标，本研究结果显示CI值与零被引率也呈较高度的负相关(r=-0.601 3，P=0.029)，这也再次验证了零被引率作为反向评价指标的合理性。目前，国内外几乎所有的评价系统是从正面对科技期刊进行评价，缺乏反向评价指标和标准，因此，若把零被引率这一反向评价指标作为期刊评价的补充，对完善科技期刊甚至整个学术评价体系会有积极的指导意义。

即年指标是指某期刊在统计年发表的可被引文献在统计年被统计源引用的总次数与该期刊当年发表的可被引文献的总量之比，它是一个表征期刊即时反应速率的指标，主要表述期刊发表的论文在当年被引用的情况。本研究显示复合即年指标、综合即年指标与零被引率呈较高度负相关关系(r=-0.667 6，P=0.009 1；r=-0.674 8，P=0.008 1)，见图2。一定程度显示了即年指标越高，期刊质量越高，论文零被引率越低。

基金论文比是某期刊在指定时间范围内发表的各类基金资助的论文占全部可被引文献的占比。一般学术界把期刊的基金论文比作为评价科技期刊学术质量的重要指标，不少期刊会向基金论文倾斜。但陈汐敏等[13]研究表明医学期刊零被引论文中基金论文占比也不小，甚至不乏国家级基金及项目资助论文，论文零被引与是否有基金资助的相关性不大。12种眼科学期刊的基金论文比与相应的 2 年、3 年、5 年和 10 年零被引率均无相关性(r=0.055、0.050、0.050 和 0.101，P 均>0.05)[6]。但孙婧等[8]在神经病学核心期刊中的研究显示，零被引率与基金论文比呈负相关(r=−0.520，P=0.027)。而本研究结果显示，感染性疾病及传染病学期刊零被引率与基金论文比无相关性(r=−0.438 3，P=0.117 0)，见图 3。俞立平等[20]以中国科学技术信息研究所医学类学术期刊为例，研究表明当基金论文比处于中等以上水平时，基金论文比与影响因子几乎无关。导致这一现象的原因较为复杂，可能原因为近年来各种层级的基金项目越来越多，有些作者标注基金论文不严谨，经常发生张冠李戴的现象，基金项目并不建议作为评价论文质量的主要标准，需慎重对待基金论文。

平均引文数是指某期刊在统计年内发表论文的篇均参考文献量。诸多前期研究并未把平均引文数与零被引率之间的相关性纳入评价中，胡泽文等[3]也指出零被引影响因素研究主要聚集于零被引率与期刊影响因子之间的关系，而对零被引率与其他影响因素，如参考文献数量等之间相互关系的考察较少。因此本文较为全面地把各种影响因子和各类计量指标纳入分析，研究结果显示 14 种期刊平均引文数为 18(11~26)，与零被引率无相关性(r=−0.257 3，P=0.374 6)。

总下载量是指某期刊在中国知网网络出版的所有论文在统计年被全文下载的总篇次。论文引用率是衡量一个国家科研论文被其他国家或机构的认可度的标志，下载量可以一定程度上反映出论文的吸引力[21]，一般论文被下载和引用次数越多，代表读者对这篇论文的认可度越高，也反映了期刊的发文质量相对越高。本研究显示总下载量与零被引率呈较高度负相关(r=−0.677 3，P=0.011 0)，显示论文总下载量越高，关注度越高，零被引率越低。

零被引论文并不意味着文章质量不好，其中也不乏精品论文，这是一个较为公认的事实，"长尾"现象和"睡美人"现象均可以佐证[3]。但这类论文占比较少，因此期刊同仁还是要尽量降低零被引论文数[12]，因零被引率在一定程度上可以反映期刊的受关注程度，其时间演化规律更是能够反映论文的传播速度和利用状况，从而反向反映期刊的影响力[22]。但是也有研究明确提出，低被引标准合理存在的根本是被引频次能客观有效地反映出期刊出版论文的学术价值，前提条件要具备以下几点：①期刊引文数据库及现代检索工具的成熟应用；②论文发表后已经得到了充分引用，比如至少要与所在期刊被引半衰期的时间类似；③学术研究的规范化程度较高[23]。对标到本研究，感染性疾病及传染病学期刊的被引半衰期平均为 4.5，因此 2017 年发表的论文应该已经获得了充分引用，但是本研究还是有一定的局限性，由于某些期刊在一些大型的数据库中并未被收录，无引用数据，因此只能选择单一的万方数据库进行检索，可能会有零被引论文误判的现象；其次，还有部分感染性疾病及传染病学的其他期刊也未纳入分析，后期还需扩大数据库和该类期刊的检索范围，进一步验证数据的科学性和准确性。

4 结论

综上，感染性疾病及传染病学期刊零被引率与多项引证指标(期刊 CI 值、影响因子、即年指标等)具有较高度的相关性，在科技期刊评价体系中具有重要的应用价值。而引入零被引率指标，对于跳出传统评价指标计量方法的窠臼，从逆向思维的角度为期刊评价未来发展赋能，矫正少数高被引论文对评价结果的干扰和偏向，遏制低质量论文的增量，营造激励性与约束性兼容并包的学术生态，对重构期刊质量评价体系具有重要意义和价值[24]。未来我们应重视不同学科零被引率与期刊影响因子外的其他引证指标的相互关系，研究零被引率的影响因素、演变规律及其预测价值等，致力于构建新的评价体系，推动其在科研评价领域和学术交流系统中的应用,克服影响因子过度使用现象,建设世界一流期刊。

参 考 文 献

[1] 刘武英,张薇,刘影梅.学术期刊中的零被引论文特征分析:以编辑出版类核心期刊为例[J].中国科技期刊研究,2015,26(9):987-991.
[2] 胡泽文,崔静静,曹玲.国内外科技文献低被引研究进展述评[J].情报学报,2020,39(12):1354-1362.
[3] 胡泽文,武夷山.零被引研究文献综述[J].情报学报,2015,34(2):213-224.
[4] WEALE A R, BAILEY M, LEAR P A. The level of non-citation of articles within a journal as a measure of quality: a comparison to the impact factor[J]. BMC Med Res Methodol, 2004, 4:14.
[5] 胡泽文,武夷山,高继平.图书情报学领域期刊论文零被引率的演变规律研究[J].情报学报,2018,37(3):243-253.
[6] 刘雪立,方红玲,周志新,等.科技期刊反向评价指标:零被引论文率及其与其他文献计量学指标的关系[J].中国科技期刊研究,2011,22(4):525-528.
[7] 顾璇,孙云鹏,汤建军,等.预防医学类期刊引证指标与零被引论文率的相关性[J].中国科技期刊研究,2014,25(7):941-944.
[8] 孙婧,周康.期刊零被引率与期刊评价指标的相关性研究:以神经病学核心期刊为例[J].中国科技期刊研究,2018,9(7):81-86.
[9] 李贺琼,张小为,傅贤波,等.10 种外科学综合类期刊零被引论文的特征分析[J].中国微创外科杂志,2018,18(4):304-310.
[10] 王新.科技期刊低被引论文的界定与评价方法探究:以《期刊引用报告》凝聚态物理学 65 种期刊为例[J].中国科技期刊研究,2017,28(7):647-657.
[11] 王宏江,孙君志.国际权威体育科学期刊影响因子构成特征分析[J].中国科技期刊研究,2014,25(12):501-511.
[12] 杨晓容,刘海,冯卫,等.综合性农业科学类中文核心期刊零被引论文特征[J].中国科技期刊研究,2017,28(5):468-473.
[13] 陈汐敏,丁贵鹏,接雅俐,等.医学学报类零被引论文特征及其下载情况分析[J].中国科技期刊研究,2016,27(3):330-336.
[14] 唐晓莉,武群芳,王继民.论文零被引率与期刊影响力关系的研究:以经济学学科为例[J].图书情报工作,2014,58(19):100-104.
[15] 程金莲,韩世范,褚银平,等.我国护理核心期刊刊载护理管理零被引论文分析[J].护理研究,2017,31(2):153-162.
[16] VAN LEEUWEN T N, MOED H F. Characteristics of journal impact factors: the effects of uncitedness and citation distribution on the understanding of journal impact factors[J]. Scientometrics, 2005, 63(2):357-371.
[17] RACKI G. Rank-normalized journal impact factor as a predictive tool[J]. Archivum Immunologiae Et Therapiae Experimentalis, 2009, 57(1):39-43.
[18] EGGHE L. The distribution of the uncitedness factor and its functional relation with the impact factor[J]. Scientometrics, 2010, 83(3):689-695.
[19] EGGHE L. The mathematical relation between the impact factor and the uncitedness factor[J]. Scientometrics, 2008, 76(1): 117-123.
[20] 俞立平,潘云涛,武夷山.学术期刊来源指标与影响力关系的实证研究[J].科研管理,2010,31(6):173-179.
[21] 石浩言.科学论文被引频次和下载量的影响因素分析[D].昆明:云南财经大学,2020.
[22] 郭亿华.地理学中文核心期刊零被引论文特征分析[J].中国科技期刊研究,2016,27(10):1094-1099.
[23] 杨利军,万小渝.期刊论文低被引标准的界定方法[J].情报理论与实践,2013,36(7):51-53,66.
[24] 杨毓丽,张潇,吴华蕾.期刊零被引率与影响因子的相关性[J].图书馆论坛,2023,43(5):45-52.

中文科技论文关键词质量分析及其编写、审查策略
——以水产学科技论文为例

江睿，艾红，章丽萍，闫帅，荣辉

(中国水产科学研究院南海水产研究所，广东 广州 510300)

摘要：关键词是影响科技论文传播力的主要因素之一，近年来中文科技期刊发展迅速，但关键词标引问题却伴随其发展长期存在，未得到充分关注。本研究将科技论文关键词划分为核心主题词、研究内容、研究方法、限定因素、时空因素、组配词 6 要素，采用统计学方法对水产学中文科技期刊近 30 年的高频关键词进行了分析；并着重选择 2 本该领域代表的刊物，对其 2020 年论文关键词存在的问题进行了具体剖析。研究发现，泛化、标引不完整、排序逻辑性较弱是水产学科技期刊关键词标引存在的主要问题。本研究深入剖析了上述问题产生的原因，结合理论和实践经验给出了详尽的更正建议，并进一步提出了关键词的选择、编排思维导图和审查策略。

关键词：关键词问题；水产学论文；关键词质量；关键词审查策略；相关性分析

我国是世界第一渔业大国，渔业科技蓬勃发展。作为渔业科技成果展示和传播的主要载体，水产类科技期刊对渔业科学知识和科技信息的传播、发展和应用发挥着重要作用，成为渔业科技交流的重要平台、科技创新的重要媒介[1-2]。21世纪以来，我国渔业科学研究飞速发展，水产类科技期刊的平均总被引频次和刊载量也呈逐年递增的态势[3-4]。如何在浩瀚的文海中脱颖而出，被读者检索到，是提高论文显示度、传播力的关键，也是作者在论文写作过程中需要着重考虑的问题之一，而关键词在其中发挥着不可或缺的作用。

关键词是能够反映论文主题内容的词或词组，是论文的检索标志；数量一般介于3~8个[5-6]。20世纪90年代以来，基于网络技术的文献数据库(中国知网、万方数据知识服务平台、百度学术等)建设在我国迅速兴起并蓬勃发展，已成为中文科技论文检索的主要通道，关键词检索由于可以准确限定检索范围并兼具灵活易学的特性，成为读者获取目标论文最为普遍的方法之一[7]。然而水产学科技论文因涉及交叉学科较多、作者科研和写作水平参差、编辑人员学科背景多为非图书情报专业等[8]，导致对关键词的编写和审校主观性较强，对关键词的编写规范了解不充分，使得关键词的质量控制问题长期存在；加之关键词的质量并不会影响文章的主体结构，因此作者和编辑对其问题的关注度也相对较低。仅有少数论文对关键词中的部分问题进行了一定的探讨[9-13]，且目前尚未见有关水产学科技论文关键词编写及质量问题审查策略方

通信作者：艾红，E-mail: aihong@scsfri.ac.cn
基金项目：中国水产学会一流水产科技期刊建设项目(CSF-2023-C-05)

面的研究。本文总结并探讨了水产学科技期刊关键词标引存在的主要问题并提出了相应对策，对关键词的质量控制具有一定的指导意义，以期为水产学科技期刊学术影响力的提升起到一定的促进作用。

1 关键词的构成要素和现状分析

本研究以水产学科技论文为例，以10年为时间节点，分别对1991—2000、2001—2010和2011—2020年近30年间，学术期刊全文数据库收录的农业科技类目中，水产和渔业学科领域论文中出现频率前40位的关键词进行了统计分析和对比研究。并根据2021年RCCSE中国学术期刊排行榜——水产学的排名结果，选择评价水平分别为A+的《水产学报》和A的《南方水产科学》2种较高质量的水产科学刊物为代表，对其2020年刊出文章中关键词出现的问题进行了更为细致的分类和剖析。本研究利用理论方法、实践经验与数理统计分析相结合的方法，对科技论文关键词存在的问题进行了深度剖析。依据论文的主题类型并结合《汉语主题词表》《渔业叙词表》和全国科学技术名词审定委员会主办的"术语在线"网站对关键词是否为泛化词进行判定。使用Excel 2010和SPSS 19.0软件对研究数据进行统计和相关性分析(Spearman相关性分析和Pearson相关性分析)。两个连续变量间呈线性相关时，使用Pearson积差相关系数，不满足积差相关分析的适用条件时，使用Spearman秩相关系数来描述。因此，本文对两个连续型变量(如：关键词数目、泛化词数目)采用Pearson分析法[14]，对两个变量是分类变量(或有一个是分类变量的如：关键词完整度)，则采用Spearman分析法[15]。

1.1 关键词的构成要素

根据标准CY/T 173—2019，科技论文关键词可被概括、划分为核心主题因素和非核心主题因素两大类。核心主题因素由核心主题词组成，非核心主题因素则包括：核心主题因素的限定和修饰因素(后文简称限定因素)、研究内容、研究方法、核心主题限定的时空因素(后文简称时空因素)、与核心主题因素组配且能准确表达主题内容的通用概念(后文简称为组配词)，总共可概括为6要素(图1)。其中，核心主题因素是体现论文主题的关键因素，是关键词中的必要因素，不可或缺。此外，已有研究将词义模糊宽泛、检索价值不高但出现在关键词中的词语称为"泛化词"，作为一种常见的问题关键词，本文也将其纳入关键词的统计分析和研究中。

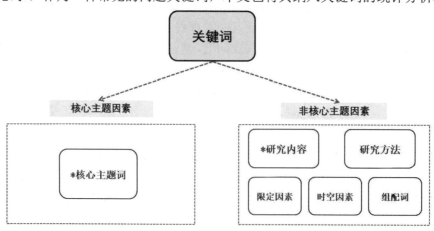

*.表示构成关键词的必需要素，后图同此

图1 关键词的构成要素

1.2 水产学科技论文关键词组成特征

对近30年水产学论文中高频关键词的统计分析发现,这3个10年中均有出现的高频关键词仅14个,重复率仅占统计总量的11.7%;体现出水产和渔业学科重点关注领域的快速发展、更替和近30年来该学科领域较高的科研活力。标引频次前40的关键词中核心主题词占比最高(均高于60%),其次为研究内容,且这两类高频关键词在3个时段间差异较大,反映出该学科领域研究热点的不断变化和研究对象多元化的发展趋势。由于时空因素、限定因素和组配词并不是每篇论文都应具备的关键词,因此在高频关键词中占比较低;但研究方法占比低(均小于5%)以及泛化词在高频关键词中的出现(图2),则是需要引起关注的问题。由上述对高频关键词的组成分析可知,水产学科技论文关键词在组成结构上存在一定问题,在选择关键词时研究方法可能被忽视,而一些常用的关键词则存在泛化词的情况。

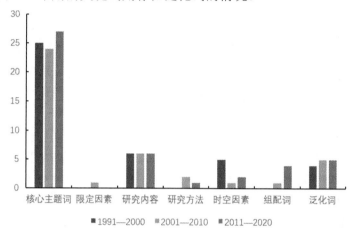

图2 各类高频关键词占比情况

2 水产学科技论文关键词问题

2.1 关键词标引不完整

本研究对《水产学报》和《南方水产科学》2020年刊出的所有论文关键词标引的完整性进行了具体分析。研究发现,这两本期刊的关键词缺失问题具有较高的一致性,均为研究方法、限定因素和时空因素的缺失情况要明显严重于研究内容和核心主题词。其中,《水产学报》的研究方法缺失率最高(45.9%),高于《南方水产科学》的30.6%,其次为限定因素;而《南方水产科学》的限定因素的缺失率最高(59.1%),高于《水产学报》的36%,其次为研究方法;两者时空因素的缺失率也相对较高,均在25%左右(图3)。然而,本研究中具有限定因素的论文仅占全部论文的16.5%,而具有热门、领先研究方法的论文占到了38.7%,说明研究方法缺失相较于限定因素缺失具有更高的普遍性,是缺失情况最为严重的一类关键词,与前文对高频关键词研究时发现的研究方法占比偏低的情况相呼应。

2.1.1 关键词标引不完整的原因解析

研究方法缺失作为最为普遍的关键词标引不完整问题,笔者从实践中总结出以下两种该问题产生的可能原因。一方面由于研究方法通常不会出现在论文标题中,而标题作为体现论文主旨及核心的最简短语句,许多作者习惯于直接从中摘取关键词[16-17],而对其造成忽略。另一方面,作者主观上对核心主题词和研究内容的关注度会明显高于研究方法,认为研究所

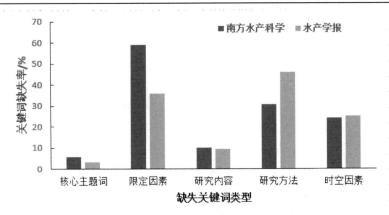

图3 关键词缺失类型分析

用的技术方法在别的研究中已有使用，故而没必要出现在关键词中。然而在文献检索时，部分读者的关注点可能在于如何使用某种研究方法，而不是某个具体的研究对象，因而进行关键词检索时会直接搜索研究方法，故而关键词包含研究方法可在一定程度上提高文章的检索率和引用率。特别是文章在研究方法上有创新，或是使用了新兴、热门的技术方法时，将其纳入关键词十分必要。

根据行业标准CY/T 173—2019，关键词数目以3~8个为宜，通常认为在这个范围内，关键词数量多的，其标引完整的可能性更高，但事实是否如此呢？本研究中，被统计论文的关键词个数均介于3~8个，众数为5，说明多数作者更倾向于为文章选择5个关键词。利用Spearman相关性分析，本文对关键词数量与其标引完整度的关系开展了进一步研究。结果显示，关键词标引的完整性与关键词数量不存在显著相关性（$R=0.018$，$P>0.05$），说明关键词的标引完整度并不会随其数目的增加而提高。例如：《牙鲆"鲆优2号"不同养殖地点生长和存活性状的基因型与环境互作分析》，共有6个关键词，关键词数量高于众数，但仍缺少研究内容(基因型和环境互作)、研究方法(混合线性动物模型)，却多出了2个泛化词"生长"和"存活"。说明在不了解关键词构成要素的情况下，盲目增加关键词数目并不会对其完整性产生积极影响，还会增加泛化词出现的可能性。

2.1.2 关键词标引不完整问题的修正及审查策略

根据上文的分析可知，关键词标引不完整主要由作者的疏忽及对关键词组成的认识不足造成。据此，本研究根据关键词的6要素，绘制了关键词编写和审查的思维导图(图4)：①标引出文章的核心主题词，而后思考该核心主题词是否存在限定因素、时空因素和组配词，若有需标引出来。②概括核心主题因素的具体研究内容，可适当补充研究内容的上下位词，来增加检索率。③思考文章的研究方法是否具有创新性或为当前热点，如果是则需标引出来。作者或编辑在对文章的关键词进行设定或审校时，可按照图4的思维模式对关键词进行查缺补漏，便可有效避免此类问题发生。

2.2 关键词泛化问题

行业标准CY/T 173—2019要求关键词的选词需为能明确表达主题概念的词或词组。然而，关键词不够关键是各类科技类期刊关键词的常见问题之一，存在这类问题的关键词有的不在《汉语主题词表》和"术语在线"的收录范围内，有的虽在收录范围内，但过于空泛，不能表明论文的学科属性、研究方法等，读者通常也不会去检索这类词汇，因此将存在这类问题的关

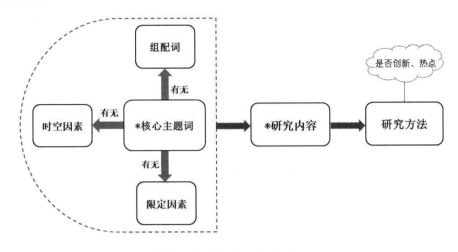

图4 关键词构建的思维导图

键词称为泛化词[18]。本研究发现，《水产学报》和《南方水产科学》2020年所有刊出论文中，泛化词的出现率高达18.7%；水产学期刊近30年高频关键词的统计分析也发现存在泛化词的情况，且随着时间发展泛化词占比呈现出了一定的上升趋势(图5)，这均表明泛化词是一类长期存在且仍在发展的问题，亟须引起关注。

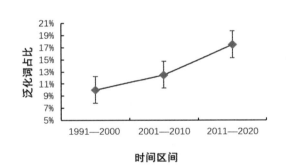

图5 近30年泛化词在水产学高频关键词中的占比变化

通过分析统计结果(表1)，本文进一步将科技论文关键词中的泛化词分为两类：一类是具有一定学科属性，但学科属性模糊的词语或词组(如：生长、存活等)，文中称为"第一类泛化词"；另一类则是不具有学科属性的词语或词组(如：行为、大小等)，文中称为"第二类泛化词"。其中"第一类泛化词"的占比明显高于"第二类泛化词"(图6)。

表1 水产和渔业学科代表期刊2020年泛化关键词统计

期刊	第一类泛化词	第二类泛化词
《水产学报》《南方水产科学》	生长、死亡、恢复过程、组织分布、发育、质构、分离、鉴定、存活、附着、控制区、隔离、养殖、捕后、蛋白、胁迫响应、溯源、再生、感染、表达、运转机制、评估、评估方法、稳定性、稳健性、多样性、肥力、品质	异常结构、变化机制、中心位置、建设模式、管理参考点、行为、抑制、通用性、布置方式、应对方式、处理方法、构建技术、减少措施、危害、大小、结构与功能、强度

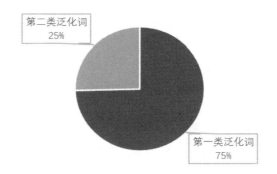

图6 两类泛化词问题的占比

2.2.1 泛化词产生的原因

词组的不合理拆分及缺乏对自由词组的认识和构建能力，是导致泛化词出现的主要原因。本研究发现，《水产学报》和《南方水产科学》2020年所有刊出论文中，由上述因素导致的泛化词占全部泛化词的69.3%。例如：①《不同水稻栽培密度下青田稻—鱼共生系统的土壤肥力》，有5个关键词(土壤、肥力、水稻密度、青田稻-鱼共生系统、全球重要农业文化遗产)，"肥力"便是由词组的不合理拆分导致的泛化词，其应与另一关键词"土壤"组成词组"土壤肥力"便可明确表达主题概念。②《微波-红外联合加热对凡纳滨对虾品质的影响》，有6个关键词(凡纳滨对虾、微波加热、红外加热、联合加热、品质、质构)，"品质"和"质构"均为泛化词，应该根据文章主题构建为自由词组"虾仁品质"和"虾仁质构"。

重视数量而忽视关键词的构成要素，是造成泛化词出现的另一主要因素。Pearson相关性分析结果显示，关键词数目与对应的泛化词数目存在一定的正相关性($R=0.116$，$P<0.05$)，说明随着关键词数目的增加其出现泛化词的可能性也会相对增加，从侧面反映出作者在选取关键词时可能存在为了追求数量而忽视其关键性的情况。例如：《智利外海茎柔鱼角质颚微结构及其年龄与生长研究》，其关键词共有8个而其中泛化词便有3个(年龄、生长、异常结构)。因此，在设定关键词时盲目追求数量不仅不能提高关键词标引的完整性和文章显示度，还可能造成泛化词出现，影响文章的科学性和严谨性。

2.2.2 泛化词与组配词的区分

目前关于泛化词的研究在关键词问题研究中最为广泛，但本研究发现，以往对关键词泛化问题的研究存在一定的片面性和误导性。已有研究将词义模糊宽泛、检索价值不高但出现在关键词中的词语统称为"泛化词"，如：现状、问题、应用、发展趋势等不具有学术属性的通用概念，均被一刀切地归类为泛化词[18-21]，然而这样的判断是缺乏对相关国标和行标的研读和理解的，判断这些词是否为泛化词时，需要具体问题具体分析。行业标准CY/T 173—2019中明确说明，当这类词语与核心主题因素组配后可更准确地表达主题内容时，即便其为通用概念，不具有学术性，也应被标引，本文将其称为组配词。例如：《我国深水网箱养殖产业化发展存在的问题与基本对策》，共有3个关键词(深水网箱、养殖产业、问题与对策)其中的"问题与对策"可与其核心主题词"深水网箱""养殖产业"组配，更准确地表达论文主题，属于6类关键词中的组配词，故其具有标引意义，不应被归类为泛化词。根据水产学期刊近30年高频关键词的统计分析结果，本文总结出4个最为常见的组配词(图7)，需注意具体问题具体分析，将其与泛化词区分开来。

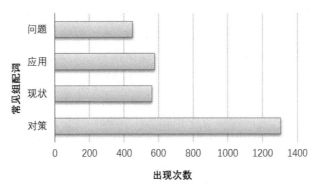

图7 常见组配词

2.2.3 泛化词的修正策略

"第一类泛化词"的修正可根据其涉及的具体研究内容,将其更正为语意更为明确的词语或词组。统计结果显示,"生长"是学术期刊全文数据库近30年收录的标引频率最高的水产学关键词(5 329次),而其同时也是本研究关注的2020年水产学期刊中出现频率最高的泛化词(16次),与"生长"相关的学科包括运动医学、水产、物理学、材料科学等,是学术属性模糊的通用概念。故本研究以"生长"为例,对"第一类泛化词"进行修正。例如:《智利外海茎柔鱼角质颚微结构及其年龄与生长研究》,该研究对星康吉鳗的瞬时生长率和绝对生长率进行了深入探讨,因此可将其中的泛化词"生长"修正为"生长率"。此外,在不确定如何修改时,可在术语在线网站对"第一类泛化词"进行检索,根据网站提供的术语图谱,链接到相关学科后查看相关的专业术语作为参考(https://www.termonline.cn/search?k=生长&r=1617072198833,图8)。对于不具有学科属性的"第二类泛化词",其概念较"第一类泛化词"更为模糊,建议直接删除;但删除前需判断其是否为核心主题的组配词,特别当这些词为常见组配词或与之意思相近的词组时。

图8 与"生长"相关的术语图谱

2.3 关键词标引存在的一些其他问题

除了上述最为常见的标引不完整和泛化词问题外,笔者在实践中发现关键词的标引还存在一些其他问题,虽不如前者普遍,但仍需引起关注。①关键词使用缩写。关键词应选择学科领域内公认的规范术语,当该缩写为公认、通用的词语时,可以作为关键词(如:DNA、RNA),

但其他情况建议使用全称，特别是当同一缩写在不同学科表示不同语意时。如：《锦鲤墨蝶呤还原酶基因的克隆、表达和定位分析》，其中以墨蝶呤还原酶的英文缩写"SPR"作为关键词，而以"SPR"进行关键词检索发现，其最常见于自动化技术、化学和材料科学领域，表示表面等离子体共振；显然此处应将"SPR"改为中文全称"墨蝶呤还原酶"更为准确。②适当补充上、下位词，增加文章的检索率。上位词可能并未在文章的摘要或正文中出现，但却能概括文章的研究内容或核心主题，这类词需要作者根据论文主题进行分析提炼。如：《福寿螺对草鱼粪便再利用的可行性研究》，虽然摘要中并未出现"生态养殖"，但是整个研究内容均围绕着当前的热门研究方向"生态养殖"进行，若对其关键词补充上位词"生态养殖"，则可更好地提升文章的检索率。

3　合理编排关键词顺序

关键词作为读者检索的入口词，其前后顺序并不会影响文章的检索率，因此其排序问题常被忽视。但如果能按照一定的逻辑顺序来选择关键词并排序，将有利于提高关键词标引的完整度，减少遗漏问题的出现。

实践中发现，作者普遍习惯于按照"关键程度"对关键词进行排序，然而许多关键词在文中的"关键程度"相当，很难判定谁先谁后；又或直接将文章标题切割为几个词语作为关键词，关键词顺序与标题一致的情况也常有发生。然而逻辑性较弱的排序，势必会对关键词的完整性产生一定影响。已有研究认为科技期刊关键词排序时应尽量将逻辑关系密切的词语排在相邻位置(如属和种、整体和部分)[22]。本研究总结已有研究、行业标准和实践经验，提出了一种更为严谨的关键词排序法，作者不妨根据文章学科属性，先按照图4的思维导图确定文章的关键词，而后遵循核心主题词排在最前面的行业标准要求，根据图9的逻辑顺序对关键词进行排序，若某一类型的关键词存在多个，则可将逻辑关系密切的词语排在相邻位置。

图9　关键词的编排顺序

4　结束语

作者既是关键词的提供者，也是关键词的检索者，在关键词的选取和检索上处于主导地位；然而许多作者对关键词的选取较为随意，导致关键词泛化、遗漏等问题层出不穷；而编辑作为关键词质量的把关者，应提高对关键词审校的重视度，及时对作者忽视的关键词问题进行查缺补漏。《汉语主题词表》《渔业叙词表》和"术语在线"可提升关键词标引的规范性，但因更新较慢产生的时滞效应是书籍和网站不可避免的缺陷，因此作者和编辑还需紧跟学科发展步伐，以近期国内外一流期刊相关学科的关键词标引情况作为参考和补充。

近30年来各学科快速发展、科研活力充沛，科技期刊的数量和载文量不断攀升，而科技期刊关键词所存在的问题却一直未得到很好的总结和完善。本文以水产学科技论文为例，进行了大量的统计分析，对水产学科技论文关键词问题进行了全面的总结和分类，并将实践经验和历史研究成果相结合，提出了关键词的编写和审查策略，以期对科技论文关键词的规范化发展及影响力提升产生一定的促进作用。

参 考 文 献

[1] 刘杨,林璐.学术出版研究知识结构与前沿热点:基于SSCI期刊Journal of Scholarly Publishing和Learned Publishing (2010—2019年)的文献分析[J].出版发行研究,2021(1):75-84.
[2] 中国水产学会.2014—2015水产学学科发展报告[M].北京:中国科学技术出版社,2016:4.
[3] 许玉艳,张伟倩,李泽娴,等.国内水产科技期刊学术影响力动态评估[J].中国农学通报,2018,34(34): 138-145.
[4] ZHANG Y H, BAO F, WU J, et al. Reflections on the international impact of Chinese STM journals[J]. Learned Publishing, 2019, 32(2):126-136.
[5] 新闻出版总署科技发展司,新闻出版总署图书出版管理司.作者编辑常用标准及规范:3版[M].北京:中国标准出版社,2012:514-524,557-568.
[6] 刘美爽,吕妍霄,杜学惠.科技期刊关键词的统计与分析:以《森林工程》2013—2017年刊发文章关键词为例[J].科技与出版,2018(11):114-118.
[7] 孙岩,吕芳萍,邓晓群.网络环境下科技论文关键词的地位与标引原则[J].中华医学图书情报杂志,2011,20(2):38-40.
[8] 江睿,艾红,丁彦文,等.科技期刊在同行评议环节存在的问题及对策[J].中国科技期刊研究,2019,30(11): 1171-1176.
[9] 丁春.关键词标引的若干问题探讨[J].编辑学报,2004,16(2):105-106.
[10] 马永琍,李太平.农业科技期刊关键词标引的现状、问题及对策[J].农业图书情报学刊,2006,18(2):143-147.
[11] 李秀霞,程结晶,邵作运.文献关键词分布特征与期刊学术质量的关系[J].中国科技期刊研究,2019,30(4): 426-431.
[12] 倪向阳,马永军.科技期刊的关键词标引质量函待提高:从《编辑学报》《中国科技期刊研究》的标引现状谈起[J].编辑学报,2011,23(4):305-307.
[13] 王思哲.我国学术期刊关键词标引质量探析[J].延安大学学报(社会科学版),2001,23(3):97-99.
[14] 杨宁,冀德刚,李双金.Pearson相关分析法在京津冀空气质量分析中的应用(英文)[J].Agricultural Science & Technology, 2015, 16(3):590-592.
[15] WANG Z H, LV J G, TAN Y F, et al. Temporospatial variations and Spearman correlation analysis of ozone concentrations to nitrogen dioxide, sulfur dioxide, particulate matters and carbon monoxide in ambient air, China[J]. Atmospheric Pollution Research, 2019,10:1203-1210.
[16] 王昌度,熊云,徐金龙,等.科技期刊论文关键词标引的问题与对策[J].编辑学报,2003,15(5):349-351.
[17] 袁玉琳,高小强.学术论文关键词标引问题及对策[J].情报探索,2012(10):47-49.
[18] 屈李纯,霍振响.科技论文关键词"不关键"原因探析[J].编辑学报,2019,31(5):516-519.
[19] 江舟群.学术论文关键词不"关键"现象论析[J].浙江工商大学学报,2005(4):71-74.
[20] 伍锦花,陈灿华.科技论文10个无效关键词计量学分析[J].编辑学报,2020,32(4):403-408.
[21] 吴永华.农业科技期刊关键词标引质量控制[J].农业图书情报学刊,2012,24(7):186-189.
[22] 程智强,江洪涛.科技论文关键词标引应琢磨的几个问题[J].编辑学报,2014,26(1):40-42.

基于 HITS 算法的期刊影响力评价指标修正研究

白林雪

(上海电力大学学报编辑部，上海 200093)

摘要：考虑自引率在期刊评价结果中的影响，在期刊自引次数修正的基础上构建期刊引用网络矩阵，借鉴网页排序的 HITS 算法，构建期刊影响力评价指标，以提高期刊评价的科学性和合理性。选取 39 种图书情报与数字图书馆类期刊，计算其权威值和中心值，并与影响因子和篇均被引频次进行对比分析，从有效性、相关性、稳定性和区分性四个方面，分别讨论该权威值指标的评价效果。结果显示，该评价指标与期刊的篇均被引频次和影响因子均存在较强的正相关关系，其评价结果具有一定的科学性和有效性；被篇均被引频次较高的期刊引用，可以提高期刊的权威值，两者之间存在强相关性；稳定性方面，与影响因子排序相比，约有 69.2%期刊的排名波动不大于 5 位；由区分度分析结果可知，指标的区分效果显著。

关键词：HITS 算法；期刊评价；权威值；中心值

HITS 算法是由美国康奈尔大学的 Kleinberg 博士于 1999 年首先提出。该算法利用网页的入链和出链产生 2 个权值，即权威(Authority)值和中心(Hub)值。Kleinberg 认为，权威值与中心值之间是一种相互促进、相互增强的依赖关系，权威值高的网页会被很多中心值高的网页指向，中心值高的网页也会指向很多权威值高的网页[1]。因此，HITS 算法被广泛应用于网页排名[2]、搜索引擎[3]、社交网络影响力研究[4-5]等方面。

由于网页之间的连接关系与期刊之间的引用关系存在一定的相似性，有学者将 HITS 算法引入了期刊评价中。苏成等[6]构建了适用于期刊引用网络的 HITS 算法，解释了权威值和中心值在期刊评价中的含义，并通过实例计算将权威值与影响因子进行了对比研究。喻依等[7]讨论了 PageRank 算法和 HITS 算法与影响因子之间的关系，并分析了两者用于期刊评价的区别，说明 HITS 算法能够更加客观地反映期刊的权威性。但是关于 HITS 算法在期刊评价中的应用研究总体较少，对于评价指标的性能分析仍然不够完善。本文将在期刊自引次数修正的基础上，构建期刊引用网络矩阵，进而利用 HITS 算法构建期刊影响力评价指标，并从有效性、相关性、稳定性和区分性四个方面讨论该指标的评价效果。

1 基于 HITS 算法的期刊影响力评价

1.1 构建期刊引用网络矩阵

与网页之间的链接关系类似，期刊之间不仅存在被引用和引用(类似于网页的入链和出链)的关系，而且这种关系是多次的、可以指向自身的(即期刊自引)，因此 HITS 算法应用于期刊评价的前提是构建可以描述期刊引用关系的网络。可用以下矩阵形式表示期刊引用网络：

$$W_{ij} = \begin{cases} m, \text{期刊}i\text{引用期刊}j\text{共}m\text{次} \\ n, \text{期刊}i\text{自引修正次数为}n\text{次} \\ 0, \text{期刊}i\text{未引用期刊}j \end{cases} \quad (1)$$

其中，由于大多数期刊的自引次数都大幅高于被其他期刊引用的次数，较高的自引率对提高期刊的影响因子作用较为明显，如果将自引次数直接排除，对于消除人为自引等作弊行为的干扰具有一定作用[6]，但是对期刊的评价结果并不科学。本文借鉴影响因子对自引率的限制思想，对矩阵中的期刊自引次数进行修正，修正公式为[8]

$$n = \begin{cases} 0.5n_0, \text{rank}(n_0) = 1 \\ 0.75n_0, \text{rank}(n_0) = 2 \\ n_0, \text{rank}(n_0) \geq 3 \end{cases} \quad (2)$$

式中：n_0 表示统计数据中期刊的自引次数；$\text{rank}(n_0)$ 表示期刊自引次数在该期刊被引次数统计中的排名。

1.2 期刊的权威值和中心值

将 HITS 算法对应于期刊引用网络中，权威值代表了期刊的学科权威性，是期刊影响力的体现；中心值则代表了期刊的信息传播能力，是期刊传播力的体现。根据 HITS 算法，期刊的权威值和中心值分别表示为

$$x^{(k)} = W^{\mathrm{T}}W x^{(k-1)}, \quad k=1,2,3\cdots \quad (3)$$

$$y^{(k)} = WW^{\mathrm{T}} y^{(k-1)}, \quad k=1,2,3\cdots \quad (4)$$

本文假设 $x^{(0)} = y^{(0)} = (1\ 1\ \cdots\ 1)^{\mathrm{T}}$，利用幂法运算分别求取矩阵 $W^{\mathrm{T}}W$ 和 WW^{T} 最大特征值和特征向量。矩阵 $W^{\mathrm{T}}W$ 决定了期刊的权威值，矩阵 WW^{T} 决定了期刊的中心值[9]。

经过 k 次迭代计算后，所得到的权威值 $x^{(k)}$ 和中心值 $y^{(k)}$ 为该统计年内某期刊所有文章的两个值的总和[9]。不同期刊的载文量悬殊，对被引次数和引用次数均有较大的影响，进而影响权威值和中心值的计算，因此要考虑期刊载文量的大小。假设某期刊在统计年之前两年的载文量分别为 p_{n-1} 和 p_{n-2}，则期刊 J_i 在 n 年的权威值和中心值分别为

$$A_{\text{uthority}}(J_i) = \frac{x_n^{(k)}}{p_{n-1} + p_{n-2}} \quad (5)$$

$$H_{\text{ub}}(J_i) = \frac{y_n^{(k)}}{p_{n-1} + p_{n-2}} \quad (6)$$

2 实证研究

2.1 数据来源与处理

本研究以中国引文数据库为数据来源，选择 CNKI 数据库中收录的 48 种图书情报与数字图书馆类期刊。统计这些期刊 2019—2020 年间发表的论文在 2021 年的被引次数，包括自引次数和被其他 47 种期刊引用的次数，并根据式(1)和式(2)对期刊引用矩阵进行修正。由于引用次数过少时期刊的权威性和信息传播能力相应较小，因此剔除与其他所有期刊相互引用总次

数少于 20 次或引文数据库中无法查询相关引用数据的 9 种,共得到 39 种期刊作为本文的研究对象。同时,提取期刊在统计年中的发文量和篇均被引频次等数据。

2.2 计算期刊的权威值和中心值

通过 MATLAB 编程,根据前文中所述的 HITS 算法计算得到 39 种期刊的权威值和中心值,并在 CNKI 数据库中检索各期刊的影响因子,部分结果见表 1。其中,迭代次数高于 6 次时计算结果趋于收敛,故本文取 $k=7$。

表 1 期刊的 HITS 算法评价因子与影响因子(部分)

期刊名称	HITS				影响因子		总被引		篇均被引	
	A_{uthority}	排名	H_{ub}	排名	值	排名	频次	排名	频次	排名
中国图书馆学报	5.904 8	1	2.041 2	27	7.343	1	1 714	8	27.46	1
情报学报	2.592 1	2	2.479 3	22	4.478	2	1 318	11	13.76	4
图书情报知识	2.063 2	5	3.032 8	8	4.038	3	738	17	10.86	13
现代情报	1.485 2	13	3.129 4	6	3.462	4	1 377	10	13.78	3
情报理论与实践	1.739 7	10	2.848 5	10	3.419	5	2 671	2	11.84	7
情报资料工作	2.197 9	3	4.514 6	3	3.387	6	715	20	11.32	9
情报科学	1.370 5	17	2.500 5	19	3.367	7	1 882	5	13.38	5
图书情报工作	1.870 9	9	2.772 7	13	3.199	8	3 512	1	11.1	11
图书与情报	2.189 4	4	1.588 0	36	3.103	9	1 208	12	13.14	6
情报杂志	1.163 5	19	2.077 3	25	3.030	10	1 732	7	11.28	10
大学图书馆学报	2.023 7	6	1.757 7	29	2.934	11	1 034	15	10.36	16
图书馆工作与研究	1.980 5	7	3.145 3	5	2.830	12	2 670	3	11.76	8
数据分析与知识发现	1.059 3	21	1.300 1	38	2.626	13	717	19	11.08	12
国家图书馆学刊	1.968 5	8	2.057 1	26	2.560	14	726	18	14.64	2
图书馆论坛	1.614 5	11	2.154 5	23	2.553	15	1 868	6	10.56	15
信息资源管理学报	1.445 1	15	3.105 6	7	2.549	16	360	29	10.64	14
图书馆建设	1.301 8	18	1.247 1	39	2.393	17	1 184	13	7.75	20
图书馆	1.415 5	16	2.681 5	16	2.296	18	1 396	9	10.27	17
图书馆学研究	1.477 5	14	2.983 7	9	2.218	19	2 197	4	8.74	19
图书馆杂志	1.546 6	12	1.755 5	30	1.683	20	1 171	14	9.05	18

2.3 结果分析

2.3.1 HITS 算法评价因子有效性及相关性分析

为了分析和验证基于 HITS 算法的期刊影响力评价因子即权威值(A 值)和中心值(H 值)的评价效果和有效性,将其与期刊的影响因子、篇均被引频次进行 Pearson 相关性分析,结果见表 2。

由表 2 可以看出,A 值和影响因子均与篇均被引频次为强正相关关系,相关系数分别为 0.941 和 0.956;A 值和影响因子与期刊总被引频次均为弱相关关系,相关系数分别为 0.357 和 0.567;A 值与影响因子之间的相关系数为 0.923。因此得知,A 值、影响因子、篇均被引频次

表 2 Pearson 相关性分析结果

参数	A 值	H 值	影响因子	总被引频次	篇均被引频次
A 值	1(0.000***)				
H 值	−0.068(0.680)	1(0.000***)			
影响因子	0.923(0.000***)	−0.076(0.647)	1(0.000***)		
总被引频次	0.357(0.026**)	−0.099(0.550)	0.567(0.000***)	1(0.000***)	
篇均被引频次	0.941(0.000***)	−0.118(0.474)	0.956(0.000***)	0.535(0.000***)	1(0.000***)

注：***代表在置信度为 0.01 时相关性显著。

三种指数显著相关，且相关结果具有较高的一致性，说明 HITS 算法得出的权威值对期刊的评价结果具有一定的科学性和说服力。

而 H 值与影响因子和篇均被引频次均存在负相关性，说明与两者没有明显的相关性。根据式(4)可知，H 值是对期刊引用频次的迭代，因此其值在一定程度上反映了期刊利用外部资源能力的大小[9]。

将篇均被引频次排名前 10 位的期刊记为 S 集，每本期刊 J_i 被 S 集中所有期刊引用的总频次为 N_i，这一频次占该期刊总被引频次的比例为

$$N_i^{\text{or}} = \frac{N_i}{\sum_i W_{ij}} \tag{7}$$

计算所有期刊的 N_i^{or} 值，通过 SPSS 统计软件可以得到 HITS 算法的 A 值与 N_i^{or} 值的散点图，见图 1。

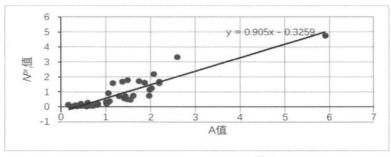

图 1 HITS 算法评价因子 A 值与 N_i^{or} 值的散点图

由 SPSS 的统计分析结果可以看出，期刊的权威值与被 S 集中期刊引用的频次呈现较强的正相关关系。期刊更多地被篇均被引频次较高的期刊引用，经过多次迭代加强后，其权威值也就越高；同时，其权威值越高，在该类期刊中的权威性就有所提高，也就更容易被更好的期刊所引用。

2.3.2 HITS 算法评价因子稳定性分析

HITS 算法得到的期刊权威值是基于被引频次的循环强化指标，能够在一定程度上客观评价期刊的学术影响力。从表 1 可以看出，与影响因子排名相比，有 27 种(69.2%)期刊的排名波动≤5。其中，《中国图书馆学报》的 A 值为 5.904 8，在排名中位居榜首，该期刊为图书情报学领域的权威期刊，其影响因子和篇均被引频次的数值也是明显高于其他同类期刊。

A 值排名上升幅度最大的是《图书馆杂志》,其总被引频次为 1 171 次(排名 14),篇均被引频次为 9.05(排名 18),A 值为 1.546 6(排名 12),较影响因子(为 1.683,排名 20)排名上升了 8 位。究其原因,在统计范围内,将期刊他引频次除以载文量所得到的数值进行排名,《图书馆杂志》排名第 9,而总被引频次除以载文量所得数值排名第 16,可见构建期刊引用网络矩阵时对自引次数的修正会影响期刊的权威值结果,降低了自引次数在期刊评价中的作用。

A 值排名下降幅度最大的是《情报科学》和《中华医学图书情报杂志》,总被引频次分别为 1 882 次(排名 7)和 115 次(排名 36),篇均被引频次为 13.38 次(排名 5)和 3.92 次(排名 33),A 值为 1.370 5(排名 17)和 0.171 6(排名 39),较影响因子(为 3.367 和 0.843,排名 7 和 27),排名分别下降了 10 位和 12 位。根据总被引频次除以载文量的计算结果得知,与《图书馆杂志》的情况相反,《情报科学》较多的载文量和过多的自引次数导致了其 A 值的排名下降。通过查阅引文数据库中的引证文献记录发现,《中华医学图书情报杂志》的大部分被引数出自医学类期刊,这使得该期刊在本文的研究范围中权威值较低。由此可见,HITS 算法用于期刊评价时需要较为准确的学科分类,它不是很适合全学科领域的期刊评价,这与文献[8]的研究结果一致。

2.3.3 HITS 算法评价因子区分性分析

对 39 种期刊的 A 值进行区分度分析,结果见表 2。由表 2 可以看出,对于 A 值,显著性 P 值为 0.000***,水平上呈现显著性,该指标的区分度高,设计较为合理。

表 3 A 值的区分度分析结果

组别(平均值±标准差)			t	p
0%~27%(n=11)	27%~73%(n=17)	73%~100%(n=11)		
0.404±0.141	1.131±0.297	2.377±1.198	-5.423	0.000***

注:***、**、*分别代表 1%、5%、10%的显著性水平。

根据表 1 相关的计算结果可知,期刊的 A 值排名没有重复或并列,最大值和最小值的差为 5.733 2,虽然不如影响因子的差值(7.012)大,但是也可以非常明显地区分期刊的影响力。而在期刊的影响因子排名中,《高校图书馆工作》和《图书馆研究与工作》的影响因子值相等,均为 0.856。将表 1 相关数据结果的精确度缩小至两位小数,可以发现有 3 组期刊影响因子数值相同,涉及 6 种期刊(占总数的 15%),而所有期刊的 A 值均不相同。可见,相比影响因子来说,HITS 算法的区分效果更为显著。

3 结束语

与影响因子相比,基于 HITS 算法的权威值通过循环加强的幂法运算,体现了期刊在所属学科内的权威性。本文在构建期刊引用矩阵时,对自引频次进行修正,使得权威值排除了人为自引的干扰,结果更加科学有效。通过对研究样本的实证对比研究发现,基于 HITS 算法的期刊影响力评价有其特殊优势。

主要研究结论如下:一是权威值与篇均被引频次的相关系数为 0.941,呈强正相关关系;二是期刊更多地被篇均被引频次较高的期刊引用,其权威值就越高;三是期刊的权威值排名与影响因子大体一致,但经过对自引次数的修正,权威值排名更加体现期刊评价的合理性和稳定性;四是在对研究样本的分析中期刊排名没有重复,可见权威值的区分度较高。

当然，对基于 HITS 算法的期刊评价研究仍存在一些不足，如未从施引的角度对期刊的影响力进行补充，即未完全利用算法的中心值结果，对被引频次较低的期刊区分度不够等。未来研究将从以上方面对其做相应的改进。

参 考 文 献

[1] KLEINBERG J M. Authoritative Sources in a Hyperlinked Environment[J]. Journal of the ACM, 1999, 46(5): 604-632.
[2] CHAKPRBARTI S, DOM B, TAGHAVAN P, et al. Auto-maticresource compilation by analyzing hyperlink structure and associated text[J]. Computer networks and ISDN Systems, 1998, 30:65-74.
[3] 贾焰,甘亮,李爱平,等.社交网络智慧搜索研究进展与发展趋势[J].通信学报,2015,36(12):9-16.
[4] 齐佳,徐建民.基于改进 HITS 算法的微博用户影响力计算方法[J].图书馆杂志,2022,41(4):106-114.
[5] 丁兆云,贾焰,周斌,等.社交网络影响力研究综述[J].计算机科学,2014,41(1):48-53.
[6] 苏成,潘云涛,袁军鹏,等.基于 PageRank 的期刊评价研究[J].中国科技期刊研究,2009,20(4):614-617.
[7] 喻依,甘若迅,樊锁海,等.基于 PageRank 算法和 HITS 算法的期刊评价研究[J].计算机科学,2014,41(6):110-113.
[8] 臧志栋,李秀霞,李兴保.基于 PageRank 算法的期刊影响因子修正研究[J].图书情报导刊,2021,6(9):58-65.
[9] 苏成,潘云涛,袁军鹏,等.基于 HITS 算法的期刊评价研究[J].编辑学报,2009,21(4):366-369.

电力工程类中文应用研究型科技论文的影响力提升策略

阎正坤,王　静,常建峰

(山西大学学术期刊社《电力学报》编辑部,山西　太原　030006)

摘要：诞生于生产一线的应用研究型成果具有数据真实性和实时性,但因其写作和研究方法较科研论文优势不明显,故在学术期刊出版中多处于尴尬境地。本文重点分析了应用研究型科技论文的意义和出版现状,结合已出版的影响力较高的该类文献的特点,指出了该类文献在写作中的常见问题,并提出了总体提升该类文献影响力的方案。本文结合所分析的电力领域 9 篇高影响力应用研究型文章的写作特点,提出此类文献在写作中应着眼于问题和解决方案,紧凑文章结构、论述清晰、数据图表翔实,在组稿中可针对行业该类问题进行专题组稿,在审稿中应在初审阶段解决前述写作问题并由行业专家进行同行评议,在编校中着重注意术语使用问题,可提升此类文章的公信力,进而提升其影响力。

关键词：应用研究型科技论文；写作；影响力提升；文献分析

科技论文是发表在报刊中非常常见的一种论文体例,有科技论文发表需求的作者甚多,包括高校在校生(本科、硕研、博研等)和专业技术人员(科研人员、工程师、生产一线的技师)等。在 2020 年 8 月,习近平总书记提出"从国情出发,从中国实践中来、到中国实践中去,把论文写在祖国大地上,使理论和政策创新符合中国实际、具有中国特色"[1]之后,中文科技期刊的发展受到了社会各界的关注,2023 年中国科协发布的《中国科技期刊发展蓝皮书(2022)》显示,我国科技期刊总量已达 5 071 种[2]。越来越多的成果评价机构开始重视国内期刊对科技成果的报道,越来越多的科技工作者在论文写作上下功夫。然而,随着 ChatGPT 的出现,科技论文写作可能会出现一些不同的发展,若在百度搜索词条"科技论文",会发现检索结果中"AI 论文生成"之类的检索结果占有一定比例,如此发展下去,对编辑甄别优秀作品和优质科研成果的要求将越来越高。

基础科学和技术理论的研究需要快速传播已是学术出版界的共识,而理论和技术的应用及反馈在学术期刊中的传播则有些乏力,很多期刊为了保持较高的引用频次,格外重视新理论、新思路的发表,对一些已应用投产成果的应用情况分析、问题调试等针对应用的研究论文则关注度降低。但在工业发展中,一个成果从"诞生"到"落地"再到"开花""结果"往往需要很长时间的市场检验和工艺打磨,而"诞生"仅仅体现了其"孕育"的过程,技术后期的"成长"才是其在行业甚至领域中立足的根本。在我国自主知识产权飞速发展的今天,我国的科研人员发

基金项目：山西省科协科技期刊能力提升项目(KJQK2021-07)；山西省高校期刊编辑学研究项目(XB202215)

布的成果越来越多,理论成果的应用情况、问题反馈等应用研究成果的持续报道,是促进行业健康发展、提升从业人员技术水平的关键交流和传播途径,因此应用研究型科技论文的写作和影响力提升应得到重视。

1 应用研究型科技论文的期刊出版现状

1.1 应用研究型科技论文的定位

应用研究型科技论文,即对某理论、方法、技术等的应用和生产情况进行研究所产生的特殊成果,既可以是应用前的试验/测试、应用模拟分析(仿真模拟等),也可以是应用中的效果分析、故障情况反馈,抑或是突发情况解决方案和现场分析等。其侧重点在于研究某技术或理论在工业生产中的应用方法或问题解决,而非"XXXX 方法的应用"一类的综述评论型文章。这类文献中,前者多由科研人员完成,属于其理论/技术研究的重要组成部分,往往与相关科研成果同步发表,其学术论文写作规范,受同行评议专家和学术期刊编辑的青睐,但后者多由生产一线的工程师和技师在实地应用时打磨出的解决方案和真实应用数据,该成果具有较高的真实性和实时性,也是对前者试验/仿真的重要反馈,本文的主要研究对象为后者。

1.2 应用研究型科技论文的期刊出版现状

来自生产一线的应用研究型科技论文,虽然具有上述作用,却在学术期刊出版中受到较少的关注。在知网检索"试验""仿真"等关键词,共得到 5 018 427 条检索结果,其中期刊文献有 4 037 065 篇,广泛分布于理工类各个学科,图 1 为该检索条件下的知网检索结果统计。

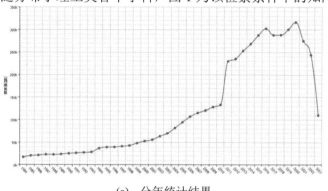

(a) 分年统计结果

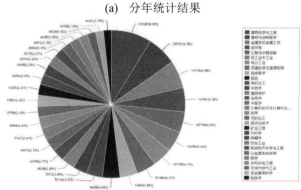

(b) 按学科统计结果(前 30 项)

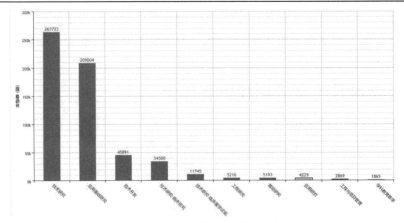

(c) 按研究层次统计(前 10 项)

图 1 以"试验""仿真"为检索条件的知网检索结果统计分析

由图 1 可知,自 1984 年至今,该类型文章发文量总体呈上升趋势,且在 2012 年之后增速明显增加;以"试验""仿真"为题的文章,分布较多的学科有建筑、畜牧、金属、农作物、运输、轻工业、电力工业、环境科学与资源利用、临床医学、园艺、有机化工等,可以说遍布理工类各个学科;从研究层次来看,应用研究型文献占比较少,同前述概念相似,大多数试验和仿真是由技术研究型和应用基础研究型文献产生的。

综上,本文论述的影响力提升方案的研究对象为应用研究型科技论文。结合已发表的文献分析研究[3-7]可以得出相关研究的结论:高被引作者、高被引研究机构、基金资助的理论研究型或综述类文章的引用频次和下载频次较高。理想地讲,实地应用和应用反馈的记录对该项技术的推进也起到不可忽视的作用,然而在学者们普遍关注的"核心期刊"中,上述实地应用记录往往因"可能不具备普遍性""写作规范性较差""理论分析缺乏数理深度"等原因被拒稿,导致学者越来越难以从学术期刊中获得某技术实地应用的问题和反馈。

1.3 应用研究型科技论文出版的必要性分析

核心期刊通常是某领域的权威期刊,往往受到该领域学者的普遍关注,如果核心期刊出版某技术的应用研究型文章逐渐减少,将造成该领域的部分新生代研究人员不了解该技术在实际应用中遇到的问题,其研究则越来越理想化,甚至出现脱离行业一线实际需求的现象,而逐渐偏离行业需求热点将导致其研究成果被边缘化,愈发不被关注,其在发表顶级期刊和申报国家级项目时可能逐渐失去竞争力;此外,科研成果逐渐与行业发展需求热点的关系不够紧密,也可能是一些成果转化不利的原因之一。

与此相反,随着"产学研用"结合的蓬勃发展,相关项目在基金申请中具有一定优势,部分科研单位与企业项目负责人联署发表应用基础研究型和技术研究型论文,在基金的影响力作用下,成果的出版可以选择更具影响力的核心期刊,快速打开该成果的传播渠道,扩大成果影响力,该成果的研究团队和合作企业均可获得收益。在"产学研用"类项目的推动下,项目成果(技术)研发阶段的测试情况被内化在合作双方之间,其潜在问题和调试难点可能不会质朴地出版在相关研究文献中。随着项目的顺利结题,新技术会将由其他企业招标采用,此时已过了技术的研发期,该技术在落地应用后的问题开始慢慢显现,若应用企业的科研实力不足或影响力不够,则会出现该技术的相关科研投入难以追加。若这些技术问题不在权威学术期刊中获得关注,可能出现该技术在实际应用中的问题难以持续跟进、解决和技术升级,该技术则可能在成果落地时经历影响力迅速扩大后，因无法及时解决落地应用的一些问题，而可能在市场中失去推广前景，导致该技术因逐渐远离热点而关注度降低。

上述两种情况从相反的原因出发，最后可能会进入同一个困境——技术落地应用过程中的应用问题解决和跟进受关注度降低。这里反映了一个潜在问题，即期刊的影响力与发文作者的影响力有关联，作者的成果发布需要影响力较高的期刊报道才能体现其价值。在这样的关系中，成果的本真应用情况受期刊的关注降低，若作者不是高被引作者、期刊不是高影响因子期刊，则相关技术的应用研究和反馈的关注度则会进一步降低，进而导致一些应用问题的解决和技术改进时断时续，甚至无法持续跟进。笔者认为，这种"虚张声势"之后又"迅速冷却"的现象，可能是前些年多个流量较高的科普型自媒体提及的"国内部分期刊中数据可信度差"的一种原因。

2 应用研究型科技论文普遍存在的写作问题

在《中国科技期刊综合评价指标体系》中，共列出了19项指标，其中8项指标为客观数据来源指标，6项与刊载文章的引用频次相关[8]，故本文对应用研究型科技论文的影响力方面重点关注引用频次和下载频次，此2个数据也因为公开和便于统计，具有一定可信度。为分析应用研究型文献受学术期刊关注度低的原因，本文先拜读了一些期刊编辑同仁的文献分析报道，再以电力类文献为例，分析具有较高引用/下载频次的应用研究型文献具有的特征，旨在分析该类文献普遍存在的问题，寻找提升影响力的策略。

通过学习一些编辑同仁文献分析报道，发现从统计学角度可归纳出"零引用"文章普遍具备具有未注明基金、文章篇幅短、参考文献数量较少的特点[3]，若以此为依据遴选文章，则可能改变组稿方向，却难以提升生产应用一线科技工作者的研究型论文写作质量和热情，而他们掌握了的生产一线的数据和测试结果，其真实性和实时性对技术研究而言很有价值。由于生产应用一线的科技工作者与高校/研究所的科研学者的工作时间分布不同，因此其科技论文写作通常利用零碎和业余时间整理完成。目前已出版的该类论文的结构大多不够紧凑，也鲜少使用最新的分析软件或人工智能算法，没有体现出其所提方法对问题解决的价值，故其多因没有体现出"学术性"而难以受到学术期刊的关注。

为进一步分析该类文章的写作问题，在前述分析的基础上，结合案例分析，拟整理出"影响力"较高的应用研究型科技论文的写作特点。因笔者所在编辑部为电力类期刊编辑部，电力工程中较常见的应用研究型论文选题多围绕"故障""改造"等展开，故在知网以"故障 or 改造 or 燃烧调整"为条件进行检索，得到 1 421 138 条检索结果，其中期刊类文献有 1 242 170 条，引用频次排名前 10 的文献均为综述类文献，篇均被引 1 111.6 次，篇均下载 23 562.6 次，下载被引比为 0.05。结合前述应用研究型科技论文的范围和特点，遴选出企业作者撰写的、引用频次较高的 9 篇应用研究型论文[9-17]做分析，所选文献的 CNKI 分析情况见表 1 和图 2，所选文献的特点整理见表 2。

表 1 CNKI 导出所选文献指标分析结果

文献数	总参考数	总被引数	总下载数	篇均参考数	篇均被引数	篇均下载数	下载被引比
9	10	340	1 973	1.11	37.78	219.22	0.17

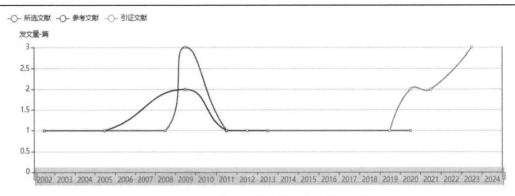

图 2 CNKI 导出所选文献总体趋势分析图

表 2 所选文献特点分析

文献	被引频次	发表年份	页数	基金	期刊核心情况	论述情况
文献[9]	3	2020	7	无	非	设备结合试验，数据图表翔实
文献[10]	8	2019	5	无	北大核心	设备结合试验，数据图表论述详实
文献[11]	9	2012	3	无	北大核心	设备结合试验，论述言简意赅
文献[12]	6	2011	6	无	非	设备结合试验，数据图表翔实
文献[13]	89	2009	3	无	统计源	故障情况，结合图表，分析言简意赅
文献[14]	61	2009	2	无	非	言简意赅
文献[15]	23	2009	3	无	非	故障分析集合线路图，言简意赅
文献[16]	58	2008	5	无	统计源	数据图表翔实，论述言简意赅
文献[17]	83	2005	3	无	北大核心、CSCD扩展	言简意赅，故障分析清晰

从表 1、图 2 和表 2 可知，所选文章的被引频次及和下载频次明显低于排名前 10 的综述类文章，但被引下载比却明显比后者高；此外，所选文章的被引频次差距较大，核心期刊的引用频次明显高于普通期刊，发表年限长的文章引用频次明显高于发表年限短的文章，电力电子类的文章引用频次明显高于锅炉发电类。有意思的是，如图 2 所示，所选文献的引证文献集中出现在 2019—2023 年，距离最早的文献出版年已有 10 年，10 年后的引用恰说明前一章猜测的问题，即应用问题的发现和分析往往在落地之后慢慢显现，该类问题再被科研团队重视往往需要数据反馈积累到一定程度，故该引用往往具有明显滞后性，也反映出相关技术问题在投产后的短期内没有足够的科研继续投入，相关技术研究时断时续。但技术的核心问题总会被发现，需要解决问题才能推进技术发展，因此即便文章篇幅短小，发表年限较长，也会因为报道的频次增多而陆续被科研人员关注到。所选文章篇幅均不长，短小精悍的篇幅对读者快速阅读抓住文章核心研究结果具有较高吸引力。

所选文献的特点与前述文献[3-7]所说的"未注明基金""篇幅过短""参考文献少"导致的"零引用"似乎恰恰相反，上述 9 篇文章均无基金支持、篇幅均较短且参考文献较少。但从核心学术期刊刊载文献的引用频次明显较高可以判断，核心学术期刊在遴选和编校文章中有一定先进性，为该类文章的影响力提升提供了助力。总体来看，该类文章恰因围绕技术问题和解决方案展开，文章结构紧凑，论述清晰条理，且配有效果对比明显的数据和图表，提升了其写作质量。笔者认为，此类文章应优先考虑题名切合研究重点，文章围绕技术问题和解决方案展开，配合数据图表，阐明故障原因和解决方案的优越性，避免冗长的论述可能涉嫌知识性错误的问题，可使同行读者和科研人员迅速捕捉到文章核心价值。

3 应用研究型科技论文的影响力提升策略

本文研究重点为生产一线的科技工作者以其生产实际情况为依据撰写的应用研究型文章，对于高校和科研院所撰写的试验研究、方法改进类的应用研究型科技论文的影响力提升方法不在本文重点论述范畴。参考表 2 所列影响力较高的此类论文的特点分析情况，结合笔者所在编辑部日常来稿中此类文章的写作情况，以及发表此类文章的传播效果来看，提出以下影响力提升建议。

3.1 以栏目为策划点，挖掘稿件共性，结合技术问题和行业需求做专题出版

据调查，科研人员对其成果在研究过程中倾注了大量心血，其普遍对成果的应用情况颇为关注，他们很需要大量的应用情况反馈和生产一线的真实数据，以及生产一线科技工作者的工况分析、操作分析。故单篇零散出版此类文章，往往难以打开影响力，其归类也只能归到期刊普通栏目，出版后的主题性不强，传播力度也不强。应挖掘该类问题的普遍性，以"产学研"结合为切入点，做主题出版，可在出版同时增强该选题和关键词的出现频次，提升该技术的关注热度，并且具有一定普遍性的技术问题探讨，配合质朴的生产一线数据，对该技术相关科研人员具有一定吸引力，省去其调研的时间和成本，从而实现"产学研"互通的纽带。

3.2 把握稿件特点，在初审中解决写作问题

该类稿件往往存在撰写人不是科研人员的情况，应用中的一些问题可能产生于科技工作者的工况环境与理论试验环境不同，或人员操作方式与理论要求不同等情况，故此类文章往往需要科研人员审核。若文章写作冗长拖沓，知识性问题频现，会造成科研人员阅读兴趣低下甚至排斥的情况出现，给出较差的评价意见，出现生产一线的科技工作在日复一日的打磨中获得的实际数据和经验方案不被重视的情况，进而造成"产学研"脱节。故编辑部初审文章时就应提出易于理解的写作修改方案，协助作者挖掘其研究价值和写作切入点，提升写作规范性，补充有价值的数据图表，并避免涉密数据图表出版。

3.3 甄别审稿人，在同行评议中提升文章质量

该类稿件往往针对某一特定问题或突发问题展开论述，其特点是重点反馈某技术在应用过程中在某一方面的问题。故普遍不具备一篇文章可涵盖多篇的特点，但该故障或问题也许随着时间推移陆续出现，最终仍然会被科研人员关注。故遴选审稿人时应着重甄别其是否从事"产学研用"结合的研究，其对生产一线问题是否具有热情和持续关注。往往这类型的专家和作者均不是工作 8 小时专注科研和论文写作的学者，其论文问题通常较零散且具有较强的领域局限性，此时可尝试在双方同意并双盲的情况下，进行语音直接沟通，由编辑部监督并记录，整理修改建议，提升沟通和修改效率。

3.4 重视术语使用规范和数据图表核对，在编校中提升文章公信力

该类稿件在撰写中，可能存在术语使用不当的问题，应在编校中重视。由于前期在提升质量中鼓励作者使用数据图表，在后期编校中应重视数据图表的核对，避免出现低级错误，在编校中提升文章的公信力。

4 结束语

应用研究型科技论文的出版情况较为尴尬，很多核心学术期刊青睐的工程技术文章为基础/理论研究类文章，而技术的应用和成果转化往往需要较强的工程实际价值，技术成果在生产中的问题反馈和解决，往往是"产学研"关注的焦点。此类文章在选题策划和审稿编校中，更应结合行业需求、技术特点和文章特色开展编辑工作，其写作应注重研究论点的突出，围绕论点阐述即可，避免冗长大论涉嫌知识性错误的问题。在保证此质量的前提下，重视问题解决，对提升影响力有帮助。

参 考 文 献

[1] 求是网评论员.求是网评论员：把论文写在祖国大地上[EB/OL].(2020-08-29)[2023-08-13]. http://www.qstheory.cn/wp/2020-08/29/c_1126427016.htm.

[2] 极目新闻.报告显示：我国科技期刊超 5000 种,学术影响力持续提升[EB/OL].(2023-07-06)[2023-08-13]. https://baijiahao.baidu.com/s?id=1770674321073848039&wfr=spider&for=pc.

[3] 谢红辉,梁声侃,梁立娟,等.地方性农业科技期刊零被引论文特征及稿源优化：以《农业研究与应用》为例[J].传播与版权,2023(13):7-11.

[4] 华金珠,史亚军,陈泽斌,等.从文献分析看中国都市农业研究进展[J].中国农学通报,2016,32(6):160-170.

[5] 程红伟.《Journal of Sport & Tourism》(2004—2014)十年体育旅游文献分析[D].上海:上海体育学院,2017.

[6] 韩维栋,薛秦芬,王丽珍.挖掘高被引论文有利于提高科技期刊的学术影响力[J].中国科技期刊研究,2010,21(4):514-518.

[7] 夏朝晖.基金论文比在科技期刊评价体系中的作用探析[J].中国科技期刊研究,2008,19(4):574-577.

[8] 庞景安,张玉华,马峥.中国科技期刊综合评价指标体系的研究[J].中国科技期刊研究,2000,11(4):217-219.

[9] 陈科峰,李源,杜学森.塔式煤粉锅炉效率偏低的燃烧调整研究[J].电力学报,2020,35(6):528-534.

[10] 周文台,杨太勇,林伟康,等.超临界 W 火焰锅炉经济性优化的燃烧调整试验研究[J].锅炉技术,2019,50(1):47-51.

[11] 杨勇,刘海峰,王海涛,等.1177 t/h 循环流化床锅炉燃烧优化调整试验及结果分析[J].热力发电,2012,41(1):53-55.

[12] 曹培庆,刘海峰.480 t/h 循环流化床锅炉燃烧优化调整试验及分析[J].电力学报,2011,26(4):304-309.

[13] 夏长根.一起 35 kV 干式并联空心电抗器故障分析[J].电力电容器与无功补偿,2009,30(5):43-45.

[14] 李颂华,麦炯斌.10 kV 配电线路故障原因分析及防范措施[J].中小企业管理与科技(上旬刊),2009(8):313-314.

[15] 陈韬,胡书琴.变电站直流系统接地故障的分析及对策[J].电力学报,2009,24(2):145-146,149.

[16] 徐林峰.一起干式空心串联电抗器的故障分析[J].电力电容器与无功补偿,2008(2):50-54.

[17] 王志武,周宏根,林忠南.新一代多普勒天气雷达 SA&B 的故障分析[J].现代雷达,2005(1):16-17,28.

高校学报高质量发展的实践策略
——以《广州大学学报(社会科学版)》为例

罗海丰

(广州大学期刊中心,广东 广州 510006)

摘要:高校学报不仅是反映高校办学优势和特色的重要窗口,更是繁荣发展我国哲学社会科学事业,推动社会主义物质文明、政治文明和精神文明建设的重要平台。高校学报的高质量发展,可以有效发挥高校学报在学术引领方面的独特作用,助推中国特色哲学社会科学学科体系、学术体系、话语体系的构建,为建设社会主义文化强国提供重要的支撑。本文以《广州大学学报(社会科学版)》的办刊实践为例,探讨高校学报高质量发展的实践策略,以期为高校学报的可持续发展提供参考。

关键词:高校学报;高质量发展;实践策略

"高质量发展"概念的首次提出是在中国共产党第十九次全国代表大会上,表征中国经济由高速增长转向高质量发展阶段。其后,"高质量发展"开始走出单纯的经济领域,拓展到社会发展的各个领域之中,成为新时期各行业发展的重要时代主题,高校学报也不例外。高校学报作为反映高校办学优势和特色的重要窗口,其高质量发展将在促进学科建设和学术人才的成长,繁荣发展我国哲学社会科学事业,推动社会主义物质文明、政治文明和精神文明建设中发展着重要作用。2021 年 6 月,《关于推动学术期刊繁荣发展的意见》出台,这也为作为学术期刊的高校学报的高质量发展提供了基本遵循与重要保障。随着高质量发展理念不断深入经济社会发展的各个领域并成为研究热点,学术期刊高质量发展也已逐渐成为期刊领域的热点研究问题,学者们纷纷从不同视角对此问题展开理论探讨[1-9]。与此同时,在目前学术期刊种类众多、整体质量明显提升的发展背景下,高校学报既面临着空前的发展机遇和挑战,也面临着如何实现高质量发展的难题,为此,高校学报也在顺应时代发展趋势,在办刊实践中把握学术热点,不断探索高质量发展的有效策略。

《广州大学学报(社会科学版)》是由广州大学主办的国内外公开发行的综合性哲学社会科学学术期刊,创刊于 2002 年,学报坚持"学术本位、现实关怀、本土意识、世界眼光"的办刊方向,坚持专题化办刊思路,注重聚焦主题,以促进哲学社会科学的繁荣与发展为己任,近年来在提升学术话题引领、策划与创新等方面取得了显著成效,先后入选中文社会科学引文索引(CSSCI)来源期刊、教育部名栏建设期刊、"中国人文社会科学综合评价 AMI"核心期刊、"2022 年度复印报刊高转载期刊名录"等,力求成为促进学科建设和学术人才成长、繁荣发展哲学社会科学建设的学术平台。本文拟以《广州大学学报(社会科学版)》的办刊实践为例,探讨推动高校学报高质量发展的策略选择。

1　高校学报高质量发展的时代内涵

"高质量发展"是全面建设社会主义现代化国家的首要任务，涉及经济、社会、文化、生态等众多方面。那么，究竟什么是高质量发展呢？党的十九大报告作出了"我国经济已由高速增长阶段转入高质量发展阶段"[10]的科学论断。习近平总书记曾明确指出："所谓高质量发展，就是能够很好满足人民日益增长的美好生活需要的发展，是体现新发展理念的发展，是创新成为第一动力、协调成为内生特点、绿色成为普遍形态、开放成为必由之路、共享成为根本目的的发展。"党的二十大报告更进一步指出："高质量发展是全面建设社会主义现代化国家的首要任务。"[11]具体到学术期刊，关于高质量发展的内涵，《关于推动学术期刊繁荣发展的意见》提出学术期刊要"坚持追求卓越、创新发展。加强优质内容出版传播能力建设，创新内容载体、方法手段、业态形式、体制机制，实现学术组织力、人才凝聚力、创新引领力、品牌影响力明显提升，推动学术期刊加快向高质量发展阶段迈进，努力打造一批世界一流、代表国家学术水平的知名期刊"[12]。也有学者认为，新时代学术期刊高质量发展，是指学术期刊响应新时代对其发展提出的新要求以及主动肩负起推动理论创新与回应重大现实关切的新使命的一种全新发展状态[13]。还有学者认为，"学术期刊的高质量发展就是要为全社会的高质量发展提供知识支撑，发挥创新引领作用，就是要在新发展格局下提升服务国家创新发展，服务全社会高质量发展的能力和水平，担当好学术期刊的使命"。"学术期刊高质量发展要以高质量的文章和高质量学术创新成果来衡量"[14]。

因此，综上所述，作为学术期刊重要组成部分的高校学报，其高质量发展的内涵应该至少包括五方面的内容：一是高质量的学术研究成果，高校学报要关注学术前沿动态与基础学科的相关问题，以正确的政治导向和优质的学术研究成果展示其学术引领力、创新引领力；二是高水平的选题策划，高校学报要具有问题意识，积极回应重大现实关切，做好选题策划，体现其学术组织力和品牌影响力；三是深层次的融合发展，高校学报要不断创新内容载体和方法手段，适应融媒体时代期刊发展的需求，推进高校学报与新媒体的深度融合，借助新媒体的传播方法与手段，提升高校学报的社会影响力；四是高素质的编辑队伍，高校学报要加强编辑队伍建设，通过在职培训、学术交流等方式方法，不断提升编辑的学术素养、选题策划与编校能力，提升其内容把关能力、出版服务能力，加快复合型编辑队伍建设；五是规范化的管理制度，高校学报要以习近平新时代中国特色社会主义思想为指引，树立牢固政治意识、大局意识，加强制度建设，提高服务质量，以日趋完善的管理体制机制，促进学报的高效运作。

2　高校学报高质量发展的实践策略

高校学报高质量发展是一个长期的系统工程，经过多年实践，《广州大学学报(社会科学版)》逐步形成了一系列具有自身特色的发展策略，有效推动了学报的发展，提升了学报的社会影响力和学术影响力，其在促进学报高质量发展上所践行的策略，具有一定的可迁移性和可操作性，值得加以研究。

2.1　坚持正确的政治导向，执行严格的办刊标准

高质量发展是全面建设社会主义现代化国家的首要任务，高校学报的高质量发展实践，首先必须坚持正确的政治导向，在办刊实践中坚持以习近平新时代中国特色社会主义思想为

指导，贯彻党的二十大精神，以及中共中央宣传部、教育部、科技部联合印发的《关于推动学术期刊繁荣发展的意见》等文件精神，严格遵守国家宪法和法律。为此，《广州大学学报(社会科学版)》在办刊实践中致力于坚持以下两个办刊标准：一是在政治标准方面，坚持正确的政治导向，坚持以习近平新时代中国特色社会主义思想为指导，增强政治意识，确保与主流意识形态保持一致。以教育部名栏"廉政论坛"栏目为主导，辅之以"马克思主义理论研究""纪念建党100周年·马克思新闻传播思想""结对治理与乡村振兴"等专题，积极宣传阐释党和国家的重大方针政策，弘扬民族优秀文化，推动社会主义两个文明建设。二是在业务标准方面，严格执行新闻出版署印发的《报纸期刊质量管理规定》中的各项办刊标准，遵守《中华人民共和国著作权法》，尊重知识产权，在办刊实践中，坚守学术期刊高质量发展的业务标准。

2.2 聚力选题策划，坚持专题化办刊思路

高校学报如何在众多的学术期刊中突围而出，实现高质量发展？明确办刊思路并形成自己的品牌和特色是关键，以"内容为王"并重视内容对价值的引导是原则。《广州大学学报(社会科学版)》在办刊实践中，坚持"学术本位、现实关怀、本土意识、世界眼光"的办刊方向和以"内容为王"的学术标准，并将之落实在内容建设上。学报坚持专题化办刊思路，聚力选题策划，注重聚焦学术前沿和重大现实主题，注意突出问题导向，努力处理好学术本位和现实关怀的关系、本土意识与全球视野的关系。以话题策划力、热点捕捉力、思潮引领力、学术组织力为核心，在提升学术话题策划、学术思潮引领、学术话语创新等方面取得了显著成效，近年来先后推出了"传播与社会发展""后理论转向""后人类研究""审美代沟与文化断裂""后人类纪：突破与界限""当代科幻中的人机关系""后人类语境中的身体研究""数字时代的文化记忆""城市治理""数字时代的现实主义问题""新媒介与青年文化""新媒介时代的公共领域""元宇宙与现实世界治理""结对治理与乡村振兴专题"等一系列重大学术前沿与社会文化热点方面的选题，发表了大量人文社会科学领域具有前沿性、探索性的高质量学术论文，根据中南财经政法大学图书馆期刊检索中心的数据统计，2019—2022年，学报所刊发论文被文摘刊物转/摘文章共计118篇，其中被《新华文摘》全文转载2篇，《中国社会科学文摘》全文转载4篇，《高等学校文科学术文摘》全文转载4篇，《人大复印报刊资料》全文转载72篇，产生了良好的社会反响。

我们认为，高校学报要做好选题策划，要重点考虑以下两点：一是注重选题的前沿性和引领性。在话题源源不断、热点层出不穷的情况下，避免以追热点为目的跟风或浅尝辄止。近年来聚焦风险灾害与国家安全、当代社会文化的数字化转型、国家治理体系和治理能力现代化等研究领域，策划了数字化、国家与社会治理、国家安全、青年文化、代沟等方向的选题，特别注重选择和聚焦若干具有可持续性的选题，形成累积效应，逐步将持久性选题变成相对稳定的特色栏目，如"数字时代的文化记忆"栏目等。二是尝试将前沿热点问题的研究与基础研究加以融合，将前沿热点话题与有历史积累的传统研究课题相融合，比如将新媒介与传统的哲学、社会学、文学理论话题相融合，推出了"新媒体时代的文学经典教育""新媒体时代的现实主义问题""新媒体时代的公共领域问题"等选题，并在选题策划的实践中，注重双向激活：新技术、新潮流激活旧话题，旧话题的历史感和学术积累又能够赋予新话题以厚重感。

2.3 以特色栏目为抓手，带动高校学报高质量发展

在高校学报的发展中，"创办特色栏目和名牌栏目，走内涵式发展之路"[15]是高校学报实现高质量发展的重要方向。高校学报要办出特色，办出质量，一个重要的突破口，就是创办

特色栏目。以特色栏目为抓手，带动学报整体质量的提升，无疑是一条行之有效的实践策略。《广州大学学报(社会科学版)》在办刊实践中，为了提高办刊水平，通过不断创新办刊理念，以特色栏目为抓手，来促进学报的品牌化发展进程，教育部名栏"廉政论坛"的建设与发展，就是对这一办刊思路的有效实践。

为了寻求提升办刊水平的有效路径，有效推进党风廉政建设和反腐败的系统性、专业性、原创性和预见性研究，推动中国特色权力制约监督道路的理论与实践探索，增强廉政研究的学术创新性和原创性，发掘和培育廉政研究学术人才，2006年2月，学报创办了"廉政论坛"栏目，迄今已经开办17年，是目前为止全国创办最早、办栏时间最长、高校学报唯一的深具影响力的廉政理论与实践研究栏目。该栏目于2012年入选教育部第二批高校哲学社会科学名栏建设工程，2016年荣获首届"名栏建设成就奖"，2019年入选"全国高校社科期刊特色栏目"，作为全国高校学报界具有唯一性和突破性的重点栏目，始终坚持高起点、高标准、高质量、高效率的路径选择，发表了一大批具有广泛学术影响力的优秀论文，截止到2022年，栏目共刊发论文308篇，被《新华文摘》《中国社会科学文摘》《高等学校文科学术文摘》《人大复印报刊资料》等全国有影响的重点学术文摘以及中共广州市纪委监委内部资政刊物《广州纪检监察研究》全文转载或观点摘编100次，其中《人大复印报刊资料》全文转载61篇，《新华文摘》《中国社会科学文摘》《高等学校文科学术文摘》等详摘及观点摘编27次，《广州纪检监察研究》转载12次。目前"廉政论坛"栏目已成为廉政理论界和实务界具有广泛和深远影响力的品牌栏目，并在栏目建设过程中，有效带动了学报整体质量的提升。

2.4 坚持专业化的办刊思路，以专刊形式不断扩大学报的影响力

高校学报高质量发展，其中一个重要内容，就是要以正确的政治导向和优质的学术内容展示其学术引领力，而要充分展示主题，专刊不失为一种值得借鉴的思路。《广州大学学报(社会科学版)》在办刊实践中，结合社会及学术界的热点问题，积极探索与尝试了专刊这一形式，并取得了良好效果，有效地展示学报的学术引领力和社会影响力。为了能够充分聚焦社会以及学术界的热点问题，《广州大学学报(社会科学版)》曾分别于2019年第5期和2020年第4期出版了两期专刊。

2019年，为了庆祝中华人民共和国成立70周年，学报邀请了国内知名专家学者，对70年来人文社会科学的学术史分学科进行了总结和反思，在2019年第5期推出了"当代中国人文社会科学70年(1949－2019)"专刊。专刊一经出版，即产生了广泛的社会影响，所刊发论文多篇次被《新华文摘》《中国社会科学文摘》《高等学校文科学术文摘》及《人大复印报刊资料》转载，在学术界产生了广泛的社会影响。2020年伊始，随着新型冠状病毒的迅速蔓延，灾害现象再次作为公共事件成为全国各界关注的焦点。学报于2020年第4期，成功推出"多学科下的疫情反思与灾害研究"专刊，专刊发表了2篇笔谈以及12篇不同领域的高水准的学术论文，尝试对人类灾害现象做长时段的深度文化和哲学反思，充分体现了学报的问题意识和责任意识。

2.5 加深融合发展力度，建设优质内容传播平台

在融媒体时代，随着媒体融合的日渐深化，微信公众号、网刊、网站已成为学术期刊融合出版从理念走向实践的重要平台，不断创新内容载体和方法手段，适应融媒体时代期刊发展的需求，推进高校学报与新媒体的深度融合，是在融媒体时代不断提升高校学报传播质量的有效手段。《广州大学学报(社科科学版)》在建设优质内容传播平台的实践中，将微信公众号作为重点项目加以建设。这是因为,在众多的新媒体中,对于高校学报而言,微信公众号具有传送信息快捷、形式多样的优势,有利于改变传统学报的运营模式,对提升高校学报在融媒体时代的社会影响力和传播力都具有重要意义。为此,学报以强化学术期刊微信公众号传播效能为出发点和归宿,通过加强顶层设计,统筹管理微信公众号等数字媒体的运营工作,加强专业型新媒体人才队伍建设,突破纸质媒体的限制,充分利用图片、音频、视频、动态图等媒体元素对文章进行多样化的呈现,完善公众号服务功能、增强读者黏性等措施,不断加强微信公众号、网刊、网站建设,并取得了显著成效。学报公众号在南京大学中国人文社会科学综合评价研究院、媒体融合与传播国家重点实验室(中国传媒大学)联合发布的2022年度"CSSCI源刊微信公众号传播力指数"排行榜中,居高校学报第3位。在融媒体时代,以微信公众号为主体的优质传播平台,对于进一步扩大学报的影响力,加强作者、编者、审稿人之间的良性互动,形成了高效、务实的学术共同体,都具有重要的实践意义。

2.6 完善管理制度,加强编辑队伍建设

高校学报要实现高质量发展,需要不断完善管理制度,建立联动机制,加强编辑队伍建设,为学报实现高质量发展提供重要保障。在办刊实践中,《广州大学学报(社会科学版)》不断加强学报各项制度建设,尤其是编辑队伍建设,增强编辑的责任心和使命感。从提高办刊质量出发,与主管主办部门联动,对原有管理制度进行修订,比如重新修订了《广州大学期刊管理办法》、编委会工作条例、"三审三校"工作实施细则等,进一步明确编辑人员职责、编辑部人员考勤制度等,全面加强内部管理,强化编辑的责任意识。同时,高校学报要实现高质量发展,也离不开高素质的编辑队伍。编辑队伍建设是学报发展的基础与关键,保持高水准的编辑加工能力,确保学报达到规范化的要求,这是高校学报保持其学术期刊严谨性与科学性所必须坚持的道德底线,也是学报编辑理应坚守的编辑责任和社会使命。为此,学报努力建设一流的编辑队伍,明确定位,积极培训,不断拓展编辑的学术视野,调动和激发编辑人员的主动性和积极性,鼓励编辑开展学术研究,大力强化编辑人员的问题意识和策划意识,提升编辑队伍的政治素养、学术素养以及新媒体素养等,加快编辑队伍向职业化和学者化方向发展,使其担当起"学术把关人"的职责,切实提高学报的学术质量与编辑质量。

3 结束语

高校学报实现高质量发展,可以有效发挥高校学报在学术引领方面的独特作用,助推中国特色哲学社会科学学科体系、学术体系、话语体系的构建,为建设社会主义文化强国提供重要的支撑。但面对高校学报在发展实践中存在的现实问题,高质量发展目标的实现还是一个长期而漫长的过程,不可能一蹴而就。从《广州大学学报(社会科学版)》办刊的实践策略选择上,我们可以看出,坚持正确的政治导向、执行严格的办刊标准、聚力专题化的选题策划、以特色栏目带动期刊整体质量提升、专业化的办刊思路、建设以公众号为主要载体的优质内容传播平台、完善管理制度、加强编辑队伍建设等多种措施联合发力,是助推学报高质量发展的有效策略。其中有一些共性的、可迁移性的经验值得我们去总结,这对于有效推动学报高质量发展具有一定的借鉴意义。

我们认为,高校学报要实现高质量发展,可以根据学报本身的发展定位与优势特色,在办刊实践中选择适合自己的高质量发展之路。第一,高校学报实现高质量发展,必须坚持正确的政治导向,执行严格的办刊标准,这是学报高质量发展的根基。第二,聚力选题策划,

以专题化为核心，实现前沿热点问题与基础研究的双向激活，形成具有可持续性的选题累积效应；同时，对于重大选题，可以考虑通过专刊的形式展开广泛而深入的研究，扩大学报的学术影响力。第三，依托学校学科优势，以创办特色栏目为突破口，走内涵式发展之路，以点带面，促进学报的品牌化发展进程。第四，加大以微信公众号为代表的新媒体传播平台建设，推进高校学报与新媒体的深度融合，提升学报在融媒体时代的社会影响力和传播力。第五，不断完善管理制度，以程序化、科学化的制度来为高校学报高质量发展提供制度保障，并通过加强编辑队伍建设，为学报实现高质量发展提供人才支撑。总之，高校学报要实现高质量发展，需要通过多种措施联合发力，并在办刊实践中不断探索有利于学报高质量发展的有效策略，为建设社会主义文化强国提供可持续发展的智力支持。

参 考 文 献

[1] 陆影,魏建,郝云飞.综合类学术期刊高质量发展路径:以问题导向深化学科融合[J].出版广角,2023(11):49-59.

[2] 姜佑福.探索综合性人文社科学术期刊高质量发展之路[N].中国社会科学报,2021-11-30(6).

[3] 温彩霞.推动学术期刊高质量发展的编辑策略研究:以《税务研究》为例[J].编辑出版,2022(6):15-17.

[4] 黎丽华.以区块链技术助推学术期刊高质量发展[J].中国传媒科技,2021(8):39-41.

[5] 方卿,杨丹丹.矛盾视角下我国学术期刊的高质量发展路径研究[J].出版广角,2021(6):6-8.

[6] 宁平.社科学术期刊高质量发展的思考:基于《人文社会科学期刊评价》国家标准的视角[J].传媒,2022(8):36-38.

[7] 刘晓妍."双循环"驱动高校学术期刊高质量发展[J].科技传播,2022(2):19-21.

[8] 谭晓萍.高校学报高质量发展的现实困境与路径创新[J].创新与创业教育,2021(6):50-57

[9] 黄江华,王维朗,袁文全.重点选题对学术期刊高质量发展的作用及实施策略[J].出版广角,2023(1):25-29.

[10] 习近平.决胜全面建成小康社会 夺取新时代中国特色社会主义伟大胜利在中国共产党第十九次全国代表大会上的报告[M].北京:人民出版社,2017.

[11] 习近平.高举中国特色社会主义伟大旗帜 为全面建设社会主义现代化国家而团结奋斗:在中国共产党第二十次全国代表大会上的报告[N].人民日报,2022-10-26(1).

[12] 关于推动学术期刊繁荣发展的意见[J].中国出版,2021(14):3-5.

[13] 赵超,王慧.论学术期刊与学术共同体融合发展的可能性路径：基于学术话语体系构建的视角[J].重庆大学学报(社会科学版),2022(6):132-141.

[14] 专家学者论道学术期刊高质量发展[EB/OL].(2020-12-21)[2023-06-18].http://www.rmzxb.com.cn/c/2020-12-21/2741896.shtml.

[15] 教育部关于加强和改进高等学校哲学社会科学学报工作的意见[J].教育部政报,2002(10):453-456.